Veröffentlichungen
der Vereinigung der Deutschen Staatsrechtslehrer
Band 72

Repräsentative Demokratie in der Krise?

Christian Walter, Klaus Ferdinand Gärditz

Der Bürgerstatus im Lichte von Migration und europäischer Integration

Hermann Pünder, Pascale Cancik

Wahlrecht und Parlamentsrecht als Gelingensbedingungen repräsentativer Demokratie

Markus Möstl, Margarete Schuler-Harms

Elemente direkter Demokratie als Entwicklungsperspektive

Kay Waechter, Thomas Mann

Großvorhaben als Herausforderung für den demokratischen Rechtsstaat

Referate und Diskussionen
auf der Tagung der Vereinigung der Deutschen Staatsrechtslehrer
in Kiel vom 3. bis 6. Oktober 2012

De Gruyter

Redaktion: Prof. Dr. Giovanni Biaggini (Zürich)

MIX
Papier aus verantwortungsvollen Quellen
FSC® C016439

ISBN 978-3-11-030181-6
e-ISBN 978-3-11-030193-9

Bibliografische Information der Deutschen Nationalbibliothek

Die Deutsche Nationalbibliothek verzeichnet diese Publikation in der Deutschen Nationalbibliografie; detaillierte bibliografische Daten sind im Internet über http://dnb.d-nb.de abrufbar.

Satz: Werksatz Schmidt & Schulz GmbH, Gräfenhainichen
Druck: Hubert & Co. GmbH & Co. KG, Göttingen
∞ Gedruckt auf säurefreiem Papier
Printed in Germany

www.degruyter.com

Inhalt

Vierter Beratungsgegenstand

Großvorhaben als Herausforderung für den demokratischen Rechtsstaat

Jahrestagung 2012

Die 72. Jahrestagung der Vereinigung der Deutschen Staatsrechtslehrer e.V. fand vom 3. bis 6. Oktober 2012 zum zweiten Mal nach 1964 an der Christian-Albrechts-Universität zu Kiel statt. An ihr nahmen 312 Mitglieder und 40 Begleitpersonen teil. *Thomas Giegerich* hatte als kooptiertes Vorstandsmitglied gemeinsam mit *Florian Becker*, *Christoph Brüning* und *Kerstin Odendahl* sowie einem engagierten Team von Mitarbeiterinnen und Mitarbeitern die Tagung vorzüglich organisiert. Ihnen gilt der besondere Dank der Vereinigung.

In der Mitgliederversammlung am 3. Oktober 2012 wurde der seit der letzten Jahrestagung verstorbenen Mitglieder *Christian Autexier*, *Klaus W. Grewlich* und *Winfried Brohm* gedacht. Die Vereinigung wird ihnen ein ehrendes Andenken bewahren.

Die 2011 eingesetzte Arbeitsgruppe, die aus *Frauke Brosius-Gersdorf*, *Michael Fehling*, *Wolfgang Löwer* (Vorsitz), *Helmuth Schulze-Fielitz* und *Ewald Wiederin* bestand, hatte der Mitgliederversammlung den Entwurf der Leitsätze „Gute wissenschaftliche Praxis im öffentlichen Recht" vorgelegt. Nach längerer Aussprache verabschiedete die Versammlung die in diesem Band abgedruckten Leitsätze ohne Gegenstimme bei einigen Stimmenthaltungen.

Am Vormittag des 3. Oktober 2012 tagten die Gesprächskreise „Verwaltung", „Europäisches Verfassungsrecht" und „Grundlagen des Öffentlichen Rechts". Im Gesprächskreis Verwaltung referierten *Dirk Heckmann* und Staatssekretär a. D. *Harald Lemke* zum Thema „Perspektiven für den IT-Einsatz in der öffentlichen Verwaltung". *Paul Kirchhof* und *Thomas Oppermann* führten im Gesprächskreis Europäisches Verfassungsrecht ein „Gespräch zur Lage der EU". *Horst Dreier* referierte im Gesprächskreis Grundlagen des Öffentlichen Rechts zum Thema „Säkularisierung und Sakralität. Zum Selbstverständnis des modernen Verfassungsstaates", *Christian Hillgruber* und *Uwe Volkmann* gaben Kommentare ab.

Das wissenschaftliche Programm der Jahrestagung war dem Thema „Repräsentative Demokratie in der Krise?" gewidmet. Die Referate und die von *Giovanni Biaggini* und *Matthias Ruffert* geleiteten Aussprachen beschäftigten sich mit dem Bürgerstatus im Lichte von Migration und europäischer Integration, Wahlrecht und Parlamentsrecht als Gelingensbedingungen repräsentativer Demokratie, Elementen direkter Demokratie als Entwicklungsperspektive und Großvorhaben als Herausforderung für den demokratischen Rechtsstaat.

Das Begleitprogramm begann am Vorabend der Tagung mit dem Begrüßungsessen für die 15 neu aufgenommenen Mitglieder und deren Mentoren. Am Mittwochabend richteten der Präsident der Christian-Albrechts-

Universität, Prof. Dr. *Gerhard Fouquet*, und der Oberbürgermeister der Stadt Kiel, der wegen der Vakanz des Amtes durch den Kämmerer *Wolfgang Röttgers* vertreten wurde, einen Empfang im Sitzungssaal des Alten Rathauses aus. Der Empfang des Ministerpräsidenten *Torsten Albig* und des Präsidenten des Landtages Schleswig-Holstein *Klaus Schlie* im Landeshaus schlossen sich am Donnerstagabend an. Ein Grußwort des Dekans der Rechtswissenschaftlichen Fakultät der Christian-Albrechts-Universität, Prof. Dr. *Rudolf Meyer-Pritzl*, eröffnete am 4. Oktober die Beratungen. Ein festliches Abschlussessen im Kieler Schloss am Freitagabend und ein Ausflug nach Schleswig am Samstag, der die Teilnehmer in das Wikinger-Museum Haithabu, in den St. Petri-Dom und nach Schloss Gottorf führte, rundeten die Jahrestagung ab.

Joachim Wieland

Erster Beratungsgegenstand:

Der Bürgerstatus im Lichte von Migration und europäischer Integration

1. Referat von Professor Dr. *Christian Walter*, München*

Inhalt

---

* Für wertvolle Anregungen, Hinweise und Kritik danke ich *Antje von Ungern-Sternberg*, sowie *Sophia Henrich*, *Nadja Kunadt*, *Stephan Lorentz*, *Josef Schmid* und *Paulus Suh*.

Im Jahr 1952 hatte der U.S. Supreme Court darüber zu entscheiden, ob es gegen amerikanisches Verfassungsrecht verstößt, wenn Ausländer wegen ihrer früheren Mitgliedschaft in der Kommunistischen Partei des Landes verwiesen werden. Der Supreme Court schmetterte die Klagen regelrecht ab: Über 30 Jahre lang hätten diese Fremden die Vorteile des Aufenthalts in den USA genossen, es aber nicht für nötig befunden, die amerikanische Staatsangehörigkeit anzunehmen, obwohl die Möglichkeit dazu bestanden hätte. Sie hätten sich als Ausländer dauerhaft im Land aufgehalten und damit doppelte Vorteile, den völkerrechtlichen Fremdenschutz und das Aufenthaltsrecht, genossen. Nun müssten sie mit den Konsequenzen leben:[1] „Dass Ausländer auch nach langem Aufenthalt der Gefahr ausgesetzt sind, ausgewiesen zu werden, ist eine Praxis von großer Härte. Aber es ist eine Waffe der Verteidigung und Vergeltung, bekräftigt durch das Völkerrecht, wonach diese Befugnis jedem souveränen Staat zusteht. Dies ist die traditionelle Macht der Nation über den Fremden [...].“[2]

Die Dimensionen des Bürgerbegriffs, der hinter der Entscheidung des Supreme Court aufscheint, sind vielschichtig. Es geht um Inklusion und Exklusion, also um Fragen gesellschaftlicher, aber auch politischer Zugehörigkeit, auch um das Dazugehörenwollen.[3] Und es geht um den Zugang

---

[1] *Harisiades v. Shaughnessy* 342 U.S. 580 (585ff.) (1952): "For over thirty years, each of these aliens has enjoyed such advantages as accrue from residence here without renouncing his foreign allegiance or formally acknowledging adherence to the Constitution he now invokes. Each was admitted to the United States, upon passing formidable exclusionary hurdles, in the hope that, after what may be called a probationary period, he would desire and be found desirable for citizenship. Each has been offered naturalization, with all of the rights and privileges of citizenship, conditioned only upon open and honest assumption of undivided allegiance to our government. But acceptance was and is not compulsory. Each has been permitted to prolong his original nationality indefinitely.

So long as one thus perpetuates a dual status as an American inhabitant but foreign citizen, he may derive advantages from two sources of law – American and international. [...] Under our law, the alien in several respects stands on an equal footing with citizens, but, in others, has never been conceded legal parity with the citizen. Most importantly, to protract this ambiguous status within the country is not his right, but is a matter of permission and tolerance. The Government's power to terminate its hospitality has been asserted and sustained by this Court since the question first arose. [...]."

[2] "That aliens remain vulnerable to expulsion after long residence is a practice that bristles with severities. But it is a weapon of defense and reprisal confirmed by international law as a power inherent in every sovereign state. Such is the traditional power of the Nation over the alien, and we leave the law on the subject as we find it.", ebd., 587.

[3] Vgl. dazu die historische Analyse zum deutschen Staatsangehörigkeitsrecht von *D. Gosewinkel* Einbürgern und Ausschließen. Die Nationalisierung der Staatsangehörigkeit vom Deutschen Bund bis zur Staatsangehörigkeit der Bundesrepublik Deutschland, Göttingen 2001.

zu Lebenschancen,[4] um „life, liberty and the pursuit of happiness", wie es das klassische Versprechen der amerikanischen Unabhängigkeitserklärung formuliert. Die Staatsangehörigkeit prägt heute die Lebenschancen eines Individuums in ganz ähnlicher Weise wie früher die Geburt in einen bestimmten Stand.[5]

Diese Hintergründe haben seit den 1990er Jahren zu einer ungeheuren Renaissance des Bürgerbegriffs in den Sozialwissenschaften geführt.[6] Hinzu kommt, dass der Bürgerbegriff heute im allgemeinen Sprachgebrauch ganz überwiegend positiv besetzt ist. Die negativen Konnotationen der kleinbürgerlichen Enge oder gar des Spießbürgers sind zurückgetreten zugunsten der klassischen Vorstellung des Bürgers als demjenigen, der sich um die öffentlichen Angelegenheiten kümmert, weil es eben auch die seinigen sind.[7] Bezeichnend für dieses positive Bürgerverständnis ist

---

[4] Dieser Gesichtspunkt wird betont bei *U. K. Preuß* Zum verfassungstheoretischen Begriff des Bürgers in der modernen Gesellschaft, FS Mahrenholz, Baden-Baden 1994, 619 ff. (620).

[5] Siehe dazu *J. H. Carens* Migration and Morality. A Liberal Egalitarian Perspective, in: B. Barry/R. E. Goodin (eds.) Free Movement. Ethical Issues in the transnational migration of people and of money, Pennsylvania 1992, 25ff. (26): "Citizenship in the modern world is a lot like feudal status in the medieval world. It is assigned at birth; for the most part it is not subject to change by the individual's will and efforts; and it has a major impact on a person's life chances."

[6] Verschiedene Titel spielen auf die „Wiederkehr" des Bürgers an: siehe etwa *W. Kymlicka/W. Norman* Return of the Citizen: A Survey of Recent Work on Citizenship Theory, Ethics 104 (1994), 352ff.; *A. von Arnauld* Die Rückkehr des Bürgers: Paradigmenwechsel im Europäischen und Internationalen Verwaltungsrecht?, JÖR N.F. 59 (2011), 497ff., der die rechtsstaatliche und grundrechtsschützende Seite des Bürgerstatus in den Mittelpunkt rückt, s. insbes. 510ff.; daneben auch die Hinweise in dem als Literaturbericht angelegten Beitrag von *D. Gosewinkel* Staatsbürgerschaft und Staatsangehörigkeit, Geschichte und Gesellschaft 21 (1995), 553ff.; es gibt inzwischen ein eigenes Teilgebiet der „citizenship studies" (programmatisch *B. S. Turner* Citizenship Studies: A General Theory, Citizenship Studies 1 (1997), 5ff.; siehe auch die Beschreibung der Teildisziplin bei *M. R. Somers* Genealogies of Citizenship, Cambridge 2008, 12ff.; *D. Kostakopolou* The Future Governance of Citizenship, Cambridge 2008) und sehr unterschiedliche programmatische Vorstellungen davon, was diesen Bürgerstatus ausmacht und ausmachen soll (siehe etwa die feministische Richtung in den citizenship studies bei *K. Knop* Relational Nationality: On Gender and Nationality in International Law, in: T. A. Aleinikoff/D. Klusmeyer (eds.) Citizenship Today – Global Perspectives and Practices, Washington 2001, 89ff.; *G. Wilde* Staatsbürgerschaft und Bürgerschaftspolitik in Europa aus feministischer Perspektive, in: J. Mackert/H.-P. Müller (Hrsg.) Moderne (Staats)bürgerschaft, Wiesbaden 2007, 373 ff.).

[7] Vgl. die Diskussionsbemerkung von *C. Tomuschat* in: Bürgerverantwortung im demokratischen Verfassungsstaat, VVDStRL 55 (1996), 178. Auch der gänzlich ins Private zurückgezogene Bürger, der Bourgeois (vgl. *R. Smend* Bürger und Bourgeois im deutschen Staatsrecht, in: *ders.* Staatsrechtliche Abhandlungen und andere Aufsätze,

eine Werbung aus dem Jahr 2010, in welcher der heutige Bundespräsident (und damalige Wahlverlierer) als „kluger Kopf" im Garten des Schloss Bellevue hinter einer bekannten deutschen Tageszeitung steckt. Unterschrift: „Joachim Gauck, Bürger".[8]

Die überwiegend positive öffentliche Einstellung zum Bürger steht in einem nicht unerheblichen Gegensatz zu neueren sozialwissenschaftlichen Arbeiten zum Thema. Dort ist von der Erosion des Bürgerstatus die Rede[9], von „fragmentierter Staatsbürgerschaft"[10] oder von neuen Identitätsmustern jenseits des Bürgerstatus.[11] Ist es wirklich an der Zeit, das Ende des Bürgerstatus auszurufen?[12] Oder durchläuft der Bürgerstatus lediglich einen – weiteren[13] – Bedeutungswandel? Und wenn ja, was bedeutet der Bürgerstatus dann heute im Zeichen von Europäisierung und Migration?

Will man sich diesen Fragen annähern, so bedarf es zunächst einiger Begriffsklärungen (I.). Im Anschluss möchte ich aufzeigen, dass und wie

---

3. Aufl. Berlin 1994, 309 ff. (311 f.)), spielt in der heutigen Diskussion keine entscheidende Rolle mehr. In dem derzeit zu beobachtenden Gegensatz zwischen „den Politikern" und „den Bürgern" erscheint der Bürger selbst dann noch in einem positiven Licht, wenn er sich als „Wutbürger" an gewaltsamen Auseinandersetzungen beteiligt, vgl. die Begründung der Gesellschaft für Deutsche Sprache für die Wahl des Begriffs „Wutbürger" zum Wort des Jahres (http://www.gfds.de/presse/pressemitteilungen/171210-wort-des-jahres-2010). Die Einschätzung ist allerdings keineswegs eindeutig, wie der gleichzeitige Vorschlag für das Unwort des Jahres belegt (http://www.sueddeutsche.de/kultur/unwort-des-jahres-der-wutbuerger-der-keiner-sein-will-1.1040887).

[8] Siehe die Darstellung unter http://verlag.faz.net/unternehmen/kluge-koepfe/joachim-gauck-der-buerger-der-populaere-praesidentschaftskandidat-beim-grillen-im-tiergarten-vor-dem-schloss-bellevue-11129433.html.

[9] *B. S. Turner* The Erosion of Citizenship, British Journal of Sociology 52 (2001), 189 ff.

[10] *A. Wiener* Editorial. Fragmentierte Staatsbürgerschaft, PROKLA – Zeitschrift für kritische Sozialwissenschaft 26 (1996), 488 ff.

[11] *P. J. Spiro* Beyond Citizenship. American Identity After Globalization, Oxford 2008.

[12] Schon früh auf einer konzeptionellen Ebene für die Entbehrlichkeit zumindest im nationalen Recht, *S. H. Legomsky* Why Citizenship?, Virginia Journal of International Law 35 (1994), 279 ff. (285 ff.), der argumentiert, dass sich die mit dem Status verbundenen Rechte auch jeweils einzeln zuordnen ließen.

[13] Zur Wandlungsfähigkeit des Bürgerbegriffs vgl. die einschlägigen Begriffsgeschichten von *M. Riedel* Bürger, Staatsbürger, Bürgertum, in: O. Brunner/W. Conze/R. Koselleck (Hrsg.) Geschichtliche Grundbegriffe – Historisches Lexikon zur politischen Sprache in Deutschland, Bd. 1, Stuttgart 1972, 672 ff.; *P.-L. Weihnacht* „Staatsbürger" – Zur Geschichte eines politischen Begriffs, Der Staat 8 (1969), 41 ff.; *M. Stolleis* Untertan-Bürger-Staatsbürger – Bemerkungen zur juristischen Terminologie im späten 18. Jahrhundert, in: ders., Staat und Staatsräson in der frühen Neuzeit, Frankfurt 1990, 298 ff.

der Bürgerstatus durch die nationale und internationale Menschenrechtsentwicklung überlagert worden ist (II.), sodann über Lösungsmöglichkeiten für das Problem mangelnder politischer Partizipation nachdenken (III.) und Konsequenzen für das Verhältnis von Bürgerstatus und Integration aufzeigen (IV.). Der Vortrag endet mit einer Schlussbemerkung zur gewandelten Bedeutung des Völkerrechts (V.).

I. Begriffliche und konzeptionelle Klärungen

1. Staatsangehörigkeit und Staatsbürgerschaft

Die Begriffe der Staatsangehörigkeit und der Staatsbürgerschaft werden vielfach synonym verwendet.[14] Dagegen ist in den meisten Zusammenhängen wenig einzuwenden.[15] Für die weitere Behandlung des Themas ist aber eine Präzisierung gewonnen, wenn man die beiden Begriffe für eine gesonderte Behandlung der Angehörigkeits- und der Mitgliedschaftsbeziehungen verwendet.[16] In dieser Unterscheidung bezeichnet Staatsangehörigkeit die formale Zuordnung einer Person zu einem Staat. Sie hat damit vor allem auf völkerrechtlicher Ebene Bedeutung für die Ausübung des diplomatischen Schutzes und für die extraterritoriale Juris-

---

[14] Das gilt ungeachtet der Tatsache, dass sie sich in ihrer historischen Entwicklung durchaus unterscheiden lassen, vgl. dazu die zahlreichen Hinweise bei *C. Schönberger* Unionsbürger, Tübingen 2005, 22ff.; das gilt auch für die sprachlichen Pendants im Englischen (nationality/citizenship) und Französischen (nationalité /citoyenneté), auch wenn sich hier bestimmte Verwendungen herauskristallisiert haben. So werden die englischen und französischen Begriffe der „nationality" und „nationalité" für die völkerrechtlichen Wirkungen der Zuordnung eines Individuums zu einem Staat verwendet (für das englische „nationality" statt anderer *O. Dörr* Nationality, in: R. Wolfrum (ed.) Max Planck Encyclopedia of International Law, Vol. VII, Oxford 2012, 496ff., Rn. 2; *St. Kadelbach* Staatsbürgerschaft – Unionsbürgerschaft – Weltbürgerschaft, in: J. Drexl/K. F. Kreuzer/D. H. Scheuing/U. Sieber (Hrsg.) Europäische Demokratie, Baden-Baden 1999, 89ff. (91)), während die Begriffe „citizenship" und „citoyenneté" die innerstaatlichen Wirkungen beschreiben. Teilweise werden auch historische Vorbehalte gegen den Begriff der Staatsbürgerschaft vorgebracht (siehe *I. von Münch* Die deutsche Staatsangehörigkeit. Vergangenheit – Gegenwart – Zukunft, Berlin 2007, 17f.).

[15] Hiervon abgesehen sind die Unterscheidungen, selbst dort wo solche vorgenommen werden, nicht immer übereinstimmend. So kann man etwa in der Soziologie eine Orientierung an der Unterscheidung zwischen Staat und Gesellschaft finden. Danach soll sich Staatsangehörigkeit auf die Mitgliedschaft in einem Staat, Staatsbürgerschaft auf die Mitgliedschaft in einer „nationalstaatlich verfassten Gesellschaft" beziehen (*M. Bös* Die rechtliche Konstruktion von Zugehörigkeit. Staatsangehörigkeit in Deutschland und den USA, in: K. Holz (Hrsg.) Staatsbürgerschaft. Soziale Differenzierung und politische Inklusion, Wiesbaden 2000, 93ff. (96f.)).

[16] *Schönberger* (Fn. 14), 24.

diktion durch Staaten.[17] Die materiellen Rechtspositionen des Individuums, einschließlich des Aufenthalts- und des Freizügigkeitsrechts,[18] und auch etwaige Pflichten werden dagegen der Staatsbürgerschaft zugeordnet.[19] Dieser Ansatz ermöglicht ein breites Verständnis des für den Bericht vorgegebenen Titels, der unter „Bürgerstatus" sicherlich nicht nur politische Mitwirkungsrechte behandelt sehen will.[20]

2. *Zur rechtlichen Bedeutung eines „Status"*

Eine zweite konzeptionelle Klärung bezieht sich auf die Bedeutung der Staatsbürgerschaft als Status.[21] In rechtlicher Hinsicht sind für einen Sta-

---

[17] *Dörr* (Fn. 14), 43ff. und 52ff.

[18] Diese werden teilweise der Staatsangehörigkeit zugerechnet, vgl. *Schönberger* (Fn. 14), 26.

[19] In diesem Sinne auch das Plädoyer bei *Dörr* (Fn. 14).

[20] Außerdem erscheint eine solche Differenzierung anschlussfähiger an die allgemeine sozialwissenschaftliche Diskussion zum Bürgerbegriff, die – ungeachtet der vielen Unterschiede im Einzelnen (vgl. die Konzentration auf ein Bündel materieller Elemente des Bürgerstatus bei *T. H. Marshall* Bürgerrechte und soziale Klassen, Frankfurt 1992, 40ff. *Marshalls* Werk – es handelt es sich um zwei im Jahr 1947 an der Universität Cambridge gehaltene Vorlesungen, die erstmals unter dem Titel Citizenship and Social Class and other Essays, Cambridge 1950 erschienen sind – gilt als Klassiker einer Soziologie des Bürgerstatus. Modernere Arbeiten betonen entweder den prozesshaften Charakter des Bürgerstatus (etwa *Turner* (Fn. 9), 192ff.; *ders.* Contemporary Problems in the Theory of Citizenship, in: ders. (ed.) Citizenship and Social Theory, London 1993, 1ff. (2f.)) oder verstehen den Bürgerstatus sowohl als ein Bündel von Verhaltensweisen wie als ein Bündel von Rechten (*E. F. Isin/P. K. Wood* Citizenship and Identity, London u.a. 1999, 4; ähnlich *L. Bosniak* Denationalizing Citizenship, in: Aleinikoff/Klusmeyer (Fn. 6), 237ff. (240f.)); siehe auch *A. Siehr* Die Deutschenrechte des Grundgesetzes, Berlin 2001, 192f. Eine (rechts)philosophische Rekonstruktion der Staatsbürgerschaft bietet *S. Murmann* Demokratische Staatsbürgerschaft im Wandel, Würzburg 2000) – den Status des Staatsbürgers als eine „substantiell gehaltvolle Form der Mitgliedschaft" versteht (*J. Mackert* Staatsbürgerschaft – eine Einführung, Wiesbaden 2006, 25).

[21] Die umfassendsten Überlegungen zur Staatsangehörigkeit als Status stammen immer noch von *Wilhelm Wengler* (*W. Wengler* Betrachtungen zum Begriff der Staatsangehörigkeit, FS Schätzel, Düsseldorf 1960, 544ff.). *Wengler* versteht die Staatsangehörigkeit als einen *Bereitschaftsstatus*, der durch eine formale Hülle gekennzeichnet ist. Der materielle Inhalt ergebe sich aber nicht aus der Statusbegründung, sondern in der Regel aus anderen gesetzlichen Regelungen (ebd., 546 und 554). Teilweise wird die Verwendung des Begriffs „Status" als nicht mehr zeitgemäß angesehen, weil sie zu sehr an der historisch überkommenen „Gewährung" des Status durch den Staat orientiert sei. Deshalb sei es vorzugswürdig von einem Rechtsverhältnis zu sprechen, welches durch die Staatsangehörigkeit begründet werde (*K. Hailbronner* Begriff und Rechtsnatur der Staatsangehörigkeit, in: ders./G. Renner/H.-G. Maaßen, Staatsangehörigkeitsrecht, 5. Aufl. München 2010, Rn. 4). Letztlich handelt es sich um ein terminologisches

tus mindestens drei Gesichtspunkte charakteristisch: Zum einen operiert er binär, d.h. man hat ihn oder man hat ihn nicht. Es gibt keine Zwischenstufen. Die Verschaffung des Status erfolgt zweitens durch eine rechtsförmige Entscheidung einer staatlichen Stelle. Dadurch wird der Status der autonomen Verfügungsgewalt des einzelnen weitgehend entzogen.[22] Zum dritten, und darin liegt der regelungstechnische Vorteil eines Status, knüpft die Rechtsordnung üblicherweise ein Bündel von Rechten und Pflichten an den Status (Statusfolgen).[23] Besteht allerdings keine Möglichkeit, die einzelnen Rechte daneben auch gesondert zu erwerben, sind diese also zwingend vom Zugang zu Status abhängig, so gehen Differenzierungsmöglichkeiten verloren. Wer den Status nicht erlangen kann, erhält dann eben auch keinen Zugang zu den einzelnen mit ihm verbundenen Rechten.

3. *Die einzelnen Statusrechte und -pflichten*

Woraus besteht nun dieses Bündel an Rechten und Pflichten eines Staatsbürgers? In praktischer Hinsicht äußert bedeutsam sind zunächst das Aufenthalts- und das Freizügigkeitsrecht.[24] Der Unionsbürgerstatus

---

Problem. Im Folgenden wird mit dem Bundesverfassungsgericht am Begriff des Status festgehalten (vgl. etwa BVerfGE 36, 1, (30); 37, 217 (239); 116, 24 (60ff. – Sondervotum Broß, Osterloh, Lübbe-Wolff und Gerhard), ohne dass damit übersehen wird, dass die Staatsangehörigkeit im modernen Verständnis nicht mehr als Privileg gewährt wird, sondern ein Rechtsverhältnis begründet (vgl. zur Abgrenzung zwischen Privileg und Recht im Staatsangehörigkeitsrecht *A. Wallrabenstein* Untertan, Bürger oder Volkszugehöriger? Zum Verständnis des deutschen Einbürgerungsrechts, Der Staat 38 (1999), 260ff. (264 und 278)).

[22] Beispiele bilden etwa Widmung und Entwidmung im öffentlichen Sachenrecht (vgl. *H.-J. Papier* Recht der öffentlichen Sachen, in: Erichsen/Ehlers (Hrsg.) Allgemeines Verwaltungsrecht, 14. Aufl. Berlin 2010, § 38 Rn. 6) oder Ernennung und Entlassung im Beamtenrecht.

[23] Die verschiedenen Rechte und Pflichten müssen nicht nach je eigenen Kriterien gesondert zugewiesen werden. Mit diesem regelungstechnischen Vorteil geht in aller Regel auch ein Gewinn an Rechtsklarheit einher. Der Status lässt sich normalerweise leicht ermitteln. Deswegen gilt beispielsweise für statusbegründende Verwaltungsakte der Grundsatz der Bedingungsfeindlichkeit, siehe *M. Ruffert* Verwaltungshandeln und Verwaltungsrechtsverhältnis, in: Erichsen/Ehlers (Fn. 22), § 23 Rn. 13.

[24] Staatsbürger haben einen – auch völkerrechtlich anerkannten (*Dörr* (Fn. 14), Rn. 50 f.) – Anspruch auf Aufenthalt im Heimatstaat sowie auf freie Wahl des Aufenthalts- und Wohnorts. Das Recht umfasst auch die Einreise. Für das deutsche Verfassungsrecht und Art. 11 GG siehe zuletzt BVerfGE 110, 177 (190 f.); für die völkerrechtlichen Regelungen siehe *W. Durner* Art. 11 Rn. 36ff., in: Maunz/Dürig (Hrsg.) GG-Kommentar, München (Loseblatt; Stand: 64. Ergänzungslieferung Januar 2012); siehe *C. Tomuschat* Staatsbürgerschaft – Unionsbürgerschaft – Weltbürgerschaft, in:

gleicht in dieser Hinsicht dem Staatsbürgerstatus, weil er die früher marktbezogenen Rechte zu einem allgemeinen Freizügigkeits- und Aufenthaltsrecht ausbaut, das an den Status der Unionsbürgerschaft anknüpft und nicht mehr vom Gebrauch einer Grundfreiheit abhängig ist.[25]

Einen zweiten wichtigen Aspekt des Staatsbürgerstatus bildet das Recht auf wirtschaftliche Betätigung, das in Deutschland durch die Berufsfreiheit und in der Europäischen Union durch die Freizügigkeitsrechte abgesichert ist.[26]

Die politischen Mitwirkungsrechte sind das dritte zentrale Element des Staatsbürgerstatus. Zu ihnen gehören vor allem das aktive und das passive Wahlrecht, also diejenigen Rechte, die sich auf den Bereich der organisierten Staatswillensbildung beziehen.[27] Daneben sind hierfür aber auch Kommunikationsgrundrechte, wie die Versammlungs- und Vereinigungsfreiheit, letztlich auch die Meinungsäußerungsfreiheit von Bedeutung.[28]

Als vierter großer Bereich der mit dem Staatsbürgerstatus verbundenen Rechtsstellung ist die sozialstaatliche Dimension anzusprechen. Mit dem Bürgerstatus geht traditionellerweise im Falle der Bedürftigkeit ein Anspruch auf soziale Unterstützung durch die Gemeinschaft einher.[29]

Es bleibt noch die Frage nach den mit dem Bürgerstatus verbundenen Pflichten zu erörtern. Gesetzesgehorsam, allgemeine Wehr- und Steuerpflicht, Eigentumsabtretungspflicht sind die zentralen Grundpflichten gegenüber dem Gemeinwesen.[30] Sie sind der Preis für den Schutz durch

---

J. Drexl/K.F. Kreuzer/D.H. Scheuing/U. Sieber (Hrsg.) Europäische Demokratie, Baden-Baden 1999, 73ff. (76f.); umstritten ist allerdings die Ausreisefreiheit, dazu *R. Hofmann* Die Ausreisefreiheit nach Völkerrecht und nach nationalem Recht, Berlin u.a. 1988; *H. Hannum* The Right to Leave and Return in International Law and Practice, Dordrecht 1987.

[25] Statt anderer *F. Wollenschläger* Grundfreiheit ohne Markt – Die Herausbildung der Unionsbürgerschaft im unionsrechtlichen Freizügigkeitsregime, Tübingen 2007, 122ff.

[26] Ausländer hingegen verdanken ihren Aufenthaltstitel häufig den wirtschaftlichen Bedürfnissen im Aufenthaltsstaat, sind in ihrer Erwerbstätigkeit aber demgemäß auch teilweise beschränkt (s. §§ 4 Abs. 2 und 3, 18 AufenthG und die Beschäftigungsverordnung vom 22. November 2004, BGBl I 2937; vgl. ferner das Verbot der Erwerbstätigkeit für Flüchtlinge und Asylbewerber nach § 61 AsylVfG).

[27] *R. Grawert* Staatsangehörigkeit und Staatsbürgerschaft, Der Staat 23 (1984), 179ff. (197).

[28] Ebd., 197f.

[29] Vgl. dazu die Darstellung zur Entwicklung vom armenrechtlichen Staatsheimatrecht zur politischen Staatsangehörigkeit bei *R. Grawert* Staat und Staatsangehörigkeit, Berlin 1973, 133ff. für den preußischen Bereich.

[30] Diese „Quadriga" bürgerlicher Grundpflichten ist nicht etwa im Sinne einer Schrankenregelung gegenüber den Individualrechten zu verstehen, sondern als Grundpflichten gegenüber dem Gemeinwesen, vgl. ausführlich *H. Hofmann* Grundpflichten

die Gemeinschaft. Allerdings unterscheiden sie kaum zwischen Ausländern und Inländern. Das ist für den Gesetzesgehorsam selbstverständlich. Aber auch die Steuerpflicht knüpft schon seit langem nicht mehr allein an die Staatsangehörigkeit an, sondern vorrangig an den Ort der wirtschaftlichen Wertschöpfung.[31] Schließlich unterscheiden sich auch die Voraussetzungen für die Enteignung nicht nach der Staatsangehörigkeit des Enteigneten.[32]

Einen Sonderfall bildet die – inzwischen einfachrechtlich abgeschaffte[33] – Wehrpflicht. Sie ist zwar nach dem Wortlaut von Art. 12a GG nicht auf Deutsche beschränkt. Die ursprünglich im Wehrpflichtgesetz einmal vorgesehene Möglichkeit der Heranziehung von Ausländern ist aber niemals praktisch geworden und wäre auch völkerrechtlich nur in engen Grenzen zulässig.[34] Für die bürgerlichen Grundpflichten lässt sich deshalb – mit Einschränkungen bei der Wehrpflicht – festhalten, dass sie nicht in nennenswerter Weise zwischen Ausländern und Staatsangehörigen unterscheiden.[35]

---

als verfassungsrechtliche Dimension, VVDStRL 41 (1983), 42ff. (61f.). Eine darüber hinaus gehende allgemeine Treuepflicht hat im modernen Verfassungsstaat unangemessene Anklänge an die Untertanenstellung. Sie ist auch angesichts der Pflicht zur Gesetzestreue nicht notwendig. Weiter reichende Pflichten treffen im Wesentlichen nur noch die Amtsträger (ebd., 64); daneben gibt es teilweise auf Deutsche beschränkte verpflichtende Ehrenämter (s. etwa § 31 GVG und § 20 VwGO für Schöffen bzw. ehrenamtliche Richter oder § 11 Abs. 1 BWahlG, der für Beisitzer der Wahlausschüsse für Bundestagswahlen die Wahlberechtigung voraussetzt).

[31] *H. Schaumburg* Internationales Steuerrecht, 3. Aufl. Köln 2011, 102; *V. Kluge* Das Internationale Steuerrecht, 4. Aufl. München 2000, 30; *K. Vogel* in: ders./M. Lehner, Doppelbesteuerungsabkommen – Kommentar, 5. Aufl. München 2008, Einleitung Rn. 2.

[32] Das gilt sowohl für Art. 14 Abs. 1 GG als auch Art. 1 ZP EMRK, die beide für natürliche Personen nicht nach der Staatsangehörigkeit differenzieren; vgl. zum weitgehend identischen Schutzumfang der beiden Vorschriften *H.-J. Cremer* Eigentumsschutz, in: R. Grote/Th. Marauhn (Hrsg.) EMRK-GG Konkordanzkommentar, Tübingen 2006, 1222ff., Rn. 27.

[33] §§ 2 und 54f. WPflG, BGBl. 2011 I 678.

[34] Siehe näher *H. Krieger* in: K. H. Friauf/W. Höfling (Hrsg.) Berliner Kommentar zum Grundgesetz, Art. 12a Rn. 27; für eine verfassungsrechtliche Begrenzung der Wehrpflicht auf Deutsche *M. Wollenschläger/E. Kreßel* Wehrpflicht für Ausländer?, NVwZ 1989, 722ff.; dem folgend *W. Heun* in: H. Dreier (Hrsg.) GG-Kommentar, Bd. I, 2. Aufl. Tübingen 2004, Art. 12a Rn. 18.

[35] Siehe bereits *Hofmann* (Fn. 30), 72ff.

4. *Staatsangehörigkeit – Staatsbürgerschaft – Bürgerstatus*

Klare Konturen erhält der Bürgerstatus, wenn man ihn auf Staatsangehörigkeit *und* Staatsbürgerschaft bezieht, also die formale Zugehörigkeit und die vollumfängliche materielle Berechtigung aus den gerade beschriebenen Rechtspositionen als Charakteristika des Bürgerstatus ansieht.[36]

Ein so enger Zusammenhang ist zwar im geltenden Recht verschiedentlich durchbrochen. So gibt es etwa Altersgrenzen, die Grundrechtsverwirkung nach Art. 18 GG und die Möglichkeit, in bestimmten Fällen vom Wahlrecht ausgeschlossen zu sein.[37] Aber an der grundsätzlichen Vorstellung vom Bürgerstatus als vollumfänglicher Zugehörigkeit in formeller und materieller Hinsicht ändern solche Durchbrechungen nichts. Ein so verstandener Bürgerbegriff kann allerdings die mit der Migration verbundenen Entwicklungen nur schwer verarbeiten. Das gilt es nun näher aufzuzeigen.

---

[36] Auch die Jellineksche Statuslehre bezieht sich in diesem Sinn umfassend auf die öffentlichen Rechte des Bürgers, siehe *G. Jellinek* System der subjektiven öffentlichen Rechte, 2. Aufl. 1905, 86, neu hrsg. von J. Kersten, Tübingen 2011, der von der „Zugehörigkeit zum Staate" spricht und damit nur Staatsangehörige, nicht aber Ausländer meinen kann; vgl. auch *J. Kersten* Georg Jellineks System. Eine Einleitung, ebd., 1ff. (37), der in Bezug auf die Statuslehre explizit von den Status spricht, „in denen der Bürger zum Staat steht."

[37] Diese betrifft einerseits Auslandsdeutsche (§ 12 Abs. 1 Nr. 2 BWahlG, s. ferner den vom Bundesverfassungsgericht für nichtig erklärten § 12 Abs. 2 BWahlG, BVerfG, Beschluss des Zweiten Senats vom 4. Juli 2012 – 2 BvC 1/11 und 2 BvC 2/11 – http://www.bverfg.de/entscheidungen/cs20120704_2bvc000111.html) und andererseits Straftäter, vgl. dazu die Regelung in § 45 Abs. 1 und Abs. 5 StGB, die vielfach als kriminalpolitisch fragwürdig eingestuft wird (etwa *U. Nelles* Statusfolgen als „Nebenfolgen einer Straftat (§ 45 StGB), JZ 1991, 17ff. (22); *H.-J. Albrecht* in: U. Kindhäuser/U. Neumann/H.-U. Paeffgen (Hrsg.) Strafgesetzbuch, Bd. 1, Baden-Baden, 3. Aufl. 2010, § 45 Rn. 1; für die Gegenposition siehe *A. Mosbacher* in: H. Satzger/B. Schmitt/G. Widmaier (Hrsg.) StGB-Kommentar, Köln u.a. 2009, § 45 Rn. 2; der Europäische Gerichtshof für Menschenrechte hat den generellen und pauschalen Ausschluss aller Strafgefangenen vom Wahlrecht im Vereinigten Königreich für einen Verstoß gegen Art. 3 des Zusatzprotokolls zu EMRK angesehen (EGMR (GK), Urteil vom 6. Oktober 2005, Appl. Nr. 74025/01 – *Hirst gg. Vereinigtes Königreich*). Nachdem es zunächst so aussah, als werde konventionsrechtlich immer eine gerichtliche Einzelfallentscheidung verlangt (vgl. EGMR, Urteil vom 8. April 2010, Appl. Nr. 20201/04 – *Frodl gg. Österreich*), hat sich nun eine vermittelnde Linie durchgesetzt, nach der auch die Bildung von Fallgruppen durch den Gesetzgeber als verhältnismäßige Beschränkung des Wahlrechts angesehen wird (EGMR, Urteil vom 22. Mai 2012, Appl. Nr. 126/05 – *Scoppola gg. Italien*); zur Problematik auch *C. Walter* Gibt es einen Ausschluss aus der Rechtsgemeinschaft?, in: E. Klein/C. Menke (Hrsg.) Der Mensch als Person und als Rechtsperson, Berlin 2011, 203 ff. und 221 ff.).

II. Der Bürgerstatus unter Anpassungsdruck

1. Migration als Herausforderung für den Bürgerstatus

Migration ist zum neuen Schlüsselbegriff der rechtlichen Behandlung von ausländerrechtlichen, aufenthaltsrechtlichen, asylrechtlichen und staatsangehörigkeitsrechtlichen Fragen geworden.[38] Mit dem Inkrafttreten des Zuwanderungsgesetzes[39] zum 1. Januar 2005 verbinden sich gestufte Formen des Aufenthalts und die Perspektive einer dauerhaften Aufenthaltsverfestigung. Erstmals wird gesetzlich ausdrücklich von einer Zuwanderung nach Deutschland gesprochen.[40]

Für die Veränderungen lassen sich auch statistische Belege anführen. Das gilt zunächst für die Erhebungsmethode selbst: Seit dem Jahr 2005 unterscheidet der Mikrozensus nach Einwohnern mit und ohne Migrationshintergrund und nicht mehr allein nach Deutschen und Ausländern.[41] Der Migrationshintergrund definiert sich entweder über den Zuzug nach Deutschland nach 1949, die Geburt als Ausländer in Deutschland oder die Geburt als Deutscher in Deutschland, wenn zumindest ein Elternteil nach Deutschland zugezogen ist oder als Ausländer in Deutschland geboren wurde. Die Statistik erfasst also auch den Migrationshintergrund von Deutschen. Für die Zwecke der Beobachtung von Migration und Integration kommt es offenbar nicht mehr entscheidend auf die Staatsangehörigkeit an, sondern auf eine Migrationsgeschichte in der persönlichen Biographie. Diese kann bis in die dritte Generation zurückreichen. Nach diesen Kriterien hatte im Jahr 2011 ein Anteil von 19,5% der Gesamtbe-

---

[38] Stellvertretend für viele weitere Publikationen sei verwiesen auf die beiden Habilitationsschriften von *D. Thym* Migrationsverwaltungsrecht, Tübingen 2010 und *J. Bast* Aufenthaltsrecht und Migrationssteuerung, Tübingen 2011. Die neue Terminologie ist Ausdruck einer geänderten Perspektive auf die genannten Teilrechtsgebiete: Kam es in der herkömmlichen Sicht vor allem auf die Unterschiede zwischen den verschiedenen Status an, so richtet der migrationsrechtliche Blickwinkel das Augenmerk auf den Übergang von einem Status in einen anderen vgl. *Thym* ebd., 18ff.

[39] Das Zuwanderungsgesetz (Gesetz zur Steuerung und Begrenzung der Zuwanderung und zur Regelung des Aufenthalts und der Integration von Unionsbürgern und Ausländern, BGBl. 2004 I 1950) beinhaltet in seinem Art. 1 das Gesetz über den Aufenthalt, die Erwerbstätigkeit und die Integration von Ausländern im Bundesgebiet.

[40] Vgl. § 1 Abs. 1 Satz 2 AufenthG, nach dem das Gesetz die Zuwanderung „ermöglicht".

[41] Gesetz zur Durchführung einer Repräsentativstatistik über die Bevölkerung und den Arbeitsmarkt sowie die Wohnsituation der Haushalte (Mikrozensusgesetz 2005), BGBl. 2004 I 1359; vgl. die Beschreibung der Erhebungsmethoden unter: https://www.destatis.de/DE/ZahlenFakten/GesellschaftStaat/Bevoelkerung/MigrationIntegration/Migrationshintergrund/Aktuell.html.

völkerung einen Migrationshintergrund; dabei sind 10,7 % Deutsche mit Migrationshintergrund. Entsprechend liegt der Ausländeranteil an der Gesamtbevölkerung bei 8,8 %.[42]

Unter dem Gesichtspunkt des Bürgerstatus aufschlussreich sind Zahlen über die Aufenthaltsdauer von Ausländern in Deutschland. Nach den Angaben im Migrationsbericht 2010 lebten zum Ende des Jahres 2010 gut zwei Drittel (67,4 %) der ausländischen Bevölkerung seit über zehn Jahren in Deutschland, bei 39,1 % sind es mehr als zwanzig Jahre und exakt ein Viertel lebt sogar seit über dreißig Jahren in Deutschland. Die durchschnittliche Aufenthaltsdauer beträgt derzeit 19,0 Jahre. Fast drei Viertel der Ausländer erfüllen eine der Einbürgerungsvoraussetzungen, ohne aber von der Möglichkeit der Einbürgerung Gebrauch gemacht zu haben.[43]

Welche Auswirkungen hat diese Entwicklung auf den Bürgerstatus?

2. *„Entbündelung" des Bürgerstatus durch die nationale und internationale Menschenrechtsentwicklung*

Die zentrale Veränderung liegt in der Überlagerung des Bürgerstatus durch die nationale und internationale Menschenrechtsentwicklung. Betrachtet man das mit dem Bürgerstatus verbundene Rechtebündel, so ist es vor allem das Aufenthaltsrecht, welches durch die internationale Menschenrechtsentwicklung der autonomen Entscheidung der Staaten mehr und mehr entzogen wird (a). Betroffen sind aber auch die wirtschaftliche Betätigungsfreiheit (b), die politischen Mitwirkungsrechte mit Ausnahme des Wahlrechts (c) und die Unterstützung durch die Solidargemeinschaft (d). Der Bürgerstatus wird durch diese Entwicklung „entbündelt".[44]

---

[42] Statistisches Bundesamt, Fachserie 1 Reihe 2.2: Bevölkerung und Erwerbstätigkeit: Bevölkerung mit Migrationshintergrund – Ergebnisse des Mikrozensus 2011, 32. Die Prozentangaben sind eine eigene Berechnung auf der Basis der dort in Zeile 14 angegebenen absoluten Zahlen.

[43] Migrationsbericht 2010, 179 f.; im Internet verfügbar unter: http://www.bamf.de/SharedDocs/Anlagen/DE/Publikationen/Migrationsberichte/migrationsbericht-2010.pdf?_blob=publicationFile.

[44] Vgl. auch *S. Benhabib* Die Rechte der Anderen, Frankfurt 2008, 144 f. die von „Auflösung und Modularisierung zusammenhängender Rechte" und vom Zerfall des einheitlichen Modells spricht; ähnlich auch *P. Häberle* Europäische Verfassungslehre, 7. Aufl. Baden-Baden 2011, 365 f., der den Begriff der Staatsangehörigkeit zugunsten einer erweiterten Vorstellung von Bürgergesellschaft verabschieden möchte.

a) Aufenthaltsrecht

Beim Aufenthaltsrecht spielt die Rechtsprechung des Europäischen Gerichtshofs für Menschenrechte zum Recht auf Privat- und Familienleben nach Art. 8 EMRK eine besondere Rolle.[45] Schon im Bereich des Familiennachzugs (bzw. dem Schutz von Familienangehörigen vor Ausweisung) bestehen erhebliche konventionsrechtliche Bindungen.[46] Darüber hinausgehend hat der Gerichtshof in einer bis in das Jahr 1991 zurückreichenden Kette von Entscheidungen aufenthaltsbeendende Maßnahmen der Mitgliedstaaten als Eingriff in das *Privatleben* der ausgewiesenen Person gewertet.[47] Zentraler Gesichtspunkt ist dabei, dass mit zunehmender Dauer des Aufenthalts ein immer dichteres „Netzwerk aus persönlichen, gesellschaftlichen und wirtschaftlichen Beziehungen entsteht, welches das Privatleben eines jeden Menschen ausmacht."[48] Auf ein Familienleben im Aufenthaltsstaat kommt es dann gar nicht mehr an. Inzwischen ist in der Rechtsprechung des Gerichtshofs die Figur des Langzeitmigranten anerkannt,[49] dem er wegen seiner Integration in den Aufenthaltsstaat besonderen Schutz aus Art. 8 EMRK zukommen lässt.[50]

---

[45] *C. Grabenwarter* Europäisches und nationales Verfassungsrecht, VVDStRL 60 (2001), 290ff. (314f.); für eine Analyse der neueren Rechtsprechung zu Art. 8 EMRK unter dem Topos „Integration", siehe *C. Murphy* The Concept of Integration in the Jurisprudence of the European Court of Human Rights, EJML 12 (2010), 23ff.

[46] Umfassend *A. Walter* Familienzusammenführung in Europa, Baden-Baden 2007, 69ff.; s. auch *A. Zimmermann* Ausweisungsschutz, in: Grote/Marauhn (Fn. 32), 1487ff., Rn. 109ff.

[47] EGMR, Urteil vom 18. Februar 1991, Appl. Nr. 12313/86 – *Moustaquim gg. Belgien.*

[48] In der Entscheidung *Slivenko gg. Lettland*, in der es um die Ausweisung russischer Staatsangehöriger aus Lettland ging, die ihr gesamtes Leben in Lettland verbracht hatten, prägt der Gerichtshof diese Formel: EGMR (GK), Urteil vom 9. Oktober 2003, Appl. Nr. 48321/99, Rn. 96, "[The applicants were] removed from the country where they had developed, uninterruptedly since birth, the network of personal, social and economic relations that make up the private life of every human being."

[49] EGMR, Urteil vom 19. Februar 1998, Appl. Nr. 26102/95, Rep. 1998-I, 88ff., Rn. 45 – *Dalia gg. Frankreich*; bestätigt in *Slivenko gg. Lettland* (Fn. 48), Rn. 95; vgl. zum Ganzen *F. Fritzsch* Der Schutz sozialer Bindungen von Ausländern – eine Untersuchung zu Art. 8 EMRK, Baden-Baden 2009, 102ff.; *W. Kluth* Anwesenheit und Zugehörigkeit – Zur grundrechtsdogmatischen Verortung von Verwurzelung als neuem Topos des Aufenthaltsrechts, ZAR 2009, 381.

[50] In der Entscheidung *Boultif* entwickelte der Gerichtshof detaillierte Kriterien für die Beurteilung der konkreten Betroffenheit von einer Ausweisung. Diese Kriterien sind: Art und Schwere des vorgeworfenen Rechtsverstoßes, Dauer des Aufenthalts im Aufenthaltsstaat, Dauer der Zeit seit dem Rechtsverstoß und Verhalten des Ausgewiesenen während dieser Zeit, Staatsangehörigkeit der verschiedenen von der Ausweisung betroffenen Personen, familiäre Situation des Ausgewiesenen, Kenntnis des Partners vom Rechtsverstoß bei Beziehungsbeginn, Vorhandensein von Kindern und deren Alter,

Die Rechtsprechung wurde zuletzt in Bezug auf die Situation von Staatenlosen oder Staatsangehörigen ehemaliger jugoslawischer Teilrepubliken in Slowenien bestätigt. Nun handelt es sich beim Zerfall der ehemaligen föderativen jugoslawischen Republik sicher um einen Sonderfall, der spezifische Härten für Personen mit sich brachte, die sich auf dem Staatsgebiet einer anderen Teilrepublik dauerhaft niedergelassen hatten. Dennoch ist es bemerkenswert, mit welcher Deutlichkeit der Gerichtshof in dieser Entscheidung nicht nur ein dauerhaftes Aufenthaltsrecht aus Art. 8 EMRK ableitet, sondern darüber hinaus anklingen lässt, dass dieses gerade auch unabhängig vom Zugang zur Staatsangehörigkeit des Aufenthaltsstaats geschützt sein könne. Zur Begründung führt er an, dass Migranten unter bestimmten Umständen ein legitimes Interesse daran haben könnten, sich dauerhaft in einem fremden Staat aufzuhalten, *ohne dessen Staatsangehörigkeit zu erwerben*.[51] Insgesamt ist so im Aufenthaltsrecht ein „paneuropäischer Grundrechtsstatus für Ausländer" entstanden,[52] der – selbst wenn man mit der Präsidentin des Bundesverwaltungsgerichts davon ausgeht, dass Art. 8 EMRK in Deutschland nicht unmittelbar ein Aufenthaltsrecht begründen kann[53] – doch über die Auslegung des AufenthG in vielen Bereichen das Aufenthaltsrecht von Ausländern determiniert.[54]

---

mögliche Umsiedlungshindernisse für den Partner (EGMR, Urteil vom 2. August 2001, Appl. Nr. 54273/00, Rn. 48 – *Boultif gg. Schweiz*). Die Kriterien wurden später noch ergänzt, darunter um die Festigkeit der sozialen, kulturellen und familiären Bindungen sowohl mit dem Aufenthaltsstaat als auch mit dem Heimatstaat (EGMR (GK), Urteil vom 18.10.2006, Appl. Nr. 46410/99, Rn. 58 – *Üner gg. Niederlande*); zum Ganzen *D. Thym* Abschied von Ist- und Regelausweisung bei Verwurzelung – Zugleich ein Beitrag zur Vielfalt europäischer Grundrechtsordnungen, DVBl. 2008, 1346 ff. (1347).

[51] In der Entscheidung heißt es: "[...], the Court points out that an alien lawfully residing in a country may wish to continue living in that country without necessarily acquiring its citizenship. As shown by the difficulties faced by the applicants, for many years, in obtaining a valid residence permit, the Slovenian legislature failed to enact provisions aimed at permitting former SFRY citizens holding the citizenship of one of the other republics to regularise their residence status if they had chosen not to become Slovenian citizens or had failed to do so. Such provisions would not have undermined the legitimate aims of controlling the residence of aliens or creating a corpus of Slovenian citizens, or both.", EGMR (GK), Urteil vom 26. Juni 2012, Appl. Nr. 26828/06, Rn. 357 – *Kurić u.a. gg. Slowenien*.

[52] *Thym* (Fn. 50), 1346 ff. (1347).

[53] *M. Eckertz-Höfer* Neuere Entwicklungen in Gesetzgebung und Rechtsprechung zum Schutz des Privatlebens, ZAR 2008 41 ff. (42).

[54] Die deutschen Gerichte haben diese Rechtsprechung des EGMR zu Art. 8 EMRK in ihrer ausländerrechtlichen Entscheidungspraxis rezipiert. Das gilt namentlich im Ausweisungsrecht, siehe etwa BVerwGE 129, 367 (373 f.): „Insbesondere bei der im Laufe der Zeit angewachsenen Gruppe im Bundesgebiet geborener und aufgewachsener

Neben diese Entwicklung, welche die Rechte von Ausländern betrifft, die sich bereits im Land aufhalten, treten Wirkungen des Flüchtlingsschutzes, also Normen, die den Zugang zum Land betreffen. Hierzu sei auf die inzwischen gefestigte Rechtsauffassung verwiesen, nach der eine Zurückweisung an der Grenze unzulässig ist, wenn eine Person sich auf den Flüchtlingsstatus beruft.[55] Inwieweit Prüfverfahren auf Schiffe oder in Drittstaaten ausgelagert werden dürfen, ist Gegenstand aktueller Auseinandersetzungen.[56] Die jüngste Entscheidung des EGMR im Verfahren *Hirsi gegen Italien*, in der die Überstellung der Flüchtlinge an die libyschen Behörden als durch Art. 4 ZP 4 zur EMRK verbotene Kollektivausweisung qualifiziert wurde,[57] hat den umstrittenen Anspruch auf Zugang zum Staatsgebiet während der Dauer des Asylverfahrens jedenfalls gestärkt, wenngleich nicht zwingend vorgeschrieben.[58]

b) *Wirtschaftliche Betätigungsfreiheit*

Auch im Bereich der wirtschaftlichen Betätigungsfreiheit gibt es eine Überlagerung durch das europäische und internationale Recht. Das bedarf für die Freizügigkeit innerhalb der EU keiner näheren Erläuterung. Darüber hinaus dürften sich aber auch die arbeitnehmerbezogenen Schutzrechte aus Art. 15 Abs. 3 Grundrechte-Charta auf die Rechtstellung jedenfalls solcher Drittstaatsangehöriger auswirken, die im Hoheitsgebiet

---

Ausländer bedarf es bei der Entscheidung über eine Ausweisung einer individuellen Würdigung, inwieweit der Ausländer im Bundesgebiet verwurzelt ist und dies angesichts der konkreten Ausweisungsgründe bei Abwägung aller Umstände des Einzelfalles einer Ausweisung entgegensteht."; dazu näher *H. Alexy* Subsumtion oder Abwägung – Was gilt im Ausweisungsrecht?, DVBl. 2011, 1185 ff. (1187ff.); *Thym* (Fn. 50), 1346ff.

[55] Einzelheiten bei *R. Hofmann/T. Löhr* Introduction to Chapter V, in: A. Zimmermann (ed.) The 1951 Convention Relating to the Status of Refugees and its 1967 Protocol, Oxford 2011, 1081ff., Rn. 51f.; *W. Kälin/M. Caroni/L. Heim* in: ebd., 1327ff., Art. 33 para. 1 Rn. 105ff.

[56] Kritisch dazu *Hofmann/Löhr* (Fn. 55), Rn. 55; *G. Noll* Visions of the Exceptional: Legal and Theoretical Issues Raised by Transit Processing Centres and Protection Zones, EJML 5 (2003), 303ff.; *M. Lehnert/N. Markard* Mittelmeerroulette – Das Hirsi-Urteil des EGMR und die europäische Grenzschutzpolitik auf See, ZAR 2012, 194ff. (197ff.); *A. Fischer-Lescano/T. Löhr/T. Tohidipur* Border Controls at Sea: Requirements under International Human Rights and Refugee Law, IJRL 21 (2009), 256ff. (287f.); *S. Klepp* A Contested Asylum System: The European Union between Refugee Protection and Border Control in the Mediterranean Sea, EJML 12 (2010), 1ff.; zum Ganzen auch *H.-M. Bröcker* Die externen Dimensionen des EU-Asyl- und Flüchtlingsrechts im Lichte der Menschenrechte und des Völkerrechts, Hamburg 2010.

[57] EGMR (GK), Urteil vom 23. Februar 2012, Appl. Nr. 27765/09, Rn. 166ff. – *Hirsi gg. Italien.*

[58] *Lehnert/Markard* (Fn. 56), 194ff. (197ff.).

der Mitgliedstaaten „arbeiten dürfen".[59] Außerdem bewirkt die Richtlinie 2003/109/EG eine Erstreckung sozialrechtlicher Positionen auf Drittstaatsangehörige.[60] Im allgemeinen Völkerrecht gibt es zwar keinen Anspruch auf Zugang zum Staatsgebiet zum Zwecke der wirtschaftlichen Betätigung. Teilweise gibt es aber Ansprüche auf wirtschaftliche Tätigkeit für Personen, die sich bereits rechtmäßig im Land aufhalten, etwa Art. 17 GFK.[61] Auch wird das Diskriminierungsverbot im Internationalen Pakt über wirtschaftliche, soziale und kulturelle Rechte in einer Weise herangezogen, die dafür sorgt, dass Differenzierungen nach der Staatsangehörigkeit als problematisch angesehen werden, wenn eine Person sich rechtmäßig im Land aufhält.[62]

c) *Politische Mitwirkungsrechte*

Das klassische völkerrechtliche Fremdenrecht erlaubt die Begrenzung der politischen Betätigung von Ausländern.[63] In der Allgemeinen Staatslehre von *Herbert Krüger* findet sich dazu die pointierte Aussage, es verstehe sich „überhaupt in jeder Beziehung von selbst, dass Ausländer [...] sich aller Beteiligung an der Politik ihres Gastlandes zu enthalten haben."[64] Diese Aussage ist schon in der Formulierung von der Vorstellung des Ausländers als „Gast" geprägt, die inzwischen unzweifelhaft überholt ist. Es lassen sich aber auch nach wie vor aktuelle Gründe für die Beschränkung der politischen Tätigkeit von Ausländern finden. So sollen etwa politische Auseinandersetzungen aus dem Heimatstaat nicht nach Deutschland „importiert" und Interessen Deutschlands im Ausland nicht beeinträchtigt werden.[65]

---

[59] Näher *M. Ruffert* in: C. Calliess/M. Ruffert (Hrsg.) EUV/AEUV-Kommentar, 4. Aufl. München 2011, Art. 15 GRCh Rn. 9.

[60] Vgl. näher unten 4.b).

[61] Vgl. Art. 17 GFK; zu den damit im einzelnen verbundenen Rechten *A. Edwards* in: Zimmermann (Fn. 55), 951 ff., Art. 17 Rn. 30 ff.

[62] *M. Ssenyonjo* Economic, Social and Cultural Rights in International Law, Oxford-Portland 2009, 285 ff. (287).

[63] Statt anderer *K. Doehring* Völkerrecht, 2. Aufl. Heidelberg 2004, Rn. 863.

[64] *H. Krüger* Allgemeine Staatslehre, 2. Aufl. Stuttgart u.a. 1966, 592, Fn. 66.

[65] Dieser Hintergrund kann die vielfach in Verfassungen, so auch in Art. 8 Abs. 1 und 9 Abs. 1 GG, enthaltene Beschränkung politischer Mitwirkungsrechte auf eigene Staatsangehörige erklären (*M. Heintzen* Ausländer als Grundrechtsträger, in: D. Merten/ H.-J. Papier (Hrsg.) Handbuch der Grundrechte in Deutschland und Europa, Bd. II, Heidelberg 2006, 1163 ff. Rn. 38 ff.); vgl. auch die besonderen Verbotstatbestände für Ausländervereine in § 14 Abs. 2 VereinsG (zu dessen *ratio* etwa *K. Groh* Vereinsgesetz, München 2012, § 14 Rn. 8 ff.) und die Möglichkeit, die politische Betätigung von Ausländern nach § 47 AufenthG zu untersagen.

Die internationale menschenrechtliche Entwicklung hat aber auch hier die Rechtsposition von Ausländern ausgebaut. Weder die EMRK noch der internationale Pakt über bürgerliche und politische Rechte unterscheiden hinsichtlich der politischen Mitwirkungsrechte nach der Staatsangehörigkeit.[66] Zwar enthält die EMRK – anders als der IPbpR – in Art. 16 eine etwas gewundene[67] spezielle Beschränkungsmöglichkeit für die politische Betätigung von Ausländern.[68] Die Vorschrift ist allerdings nach allgemeiner Auffassung eng auszulegen.[69] Sie beschränkt sich auf den „Kernbereich des politischen Prozesses", also etwa die Gründung und Tätigkeit politischer Parteien und Vereine sowie Meinungsäußerungen im Zusammenhang mit Parteiprogrammen und Wahlkämpfen.[70] Die überwiegende Auffassung im konventionsrechtlichen Schrifttum hält die Vorschrift für überholt,[71] was sich auch darin ausdrückt, dass die Parlamentarische Versammlung des Europarats schon 1977 ihre Abschaffung verlangt hat.[72] Sofern in der Praxis noch zwischen der politischen Betäti-

---

[66] *C. Grabenwarter/K. Pabel* Europäische Menschenrechtskonvention, 5. Aufl. München/Basel/Wien 2012, § 18 Rn. 25.

[67] *R. Grote/N. Wenzel* Die Meinungsfreiheit, in: R. Grote/Th. Marauhn (Hrsg.) EMRK-GG Konkordanzkommentar, Tübingen 2006, 895ff. Rn. 52.

[68] Die Vorschrift lautet: „Die Artikel 10, 11 und 14 sind nicht so auszulegen, als untersagten sie den Hohen Vertragsparteien, die politische Tätigkeit ausländischer Personen zu beschränken."

[69] *C. Mensching* in: U. Karpenstein/F. C. Meyer (Hrsg.) EMRK-Kommentar, München 2012, Art. 16 Rn. 3 und 6, zur engen Auslegung gehört auch, dass sie gegenüber Unionsbürgern aus anderen Mitgliedstaaten der EU keine Differenzierung ermöglicht, also mit Blick auf die politische Betätigung Unionsbürger mit eigenen Staatsangehörigen gleichstellt (EGMR, Urteil vom 27. April 1995, Appl. Nr. 15773/89 und 15774/89, Rn. 64 – *Piermont gg. Frankreich*); *Grabenwarter/Pabel* (Fn. 66), Rn. 27; *C. Grabenwarter/Th. Marauhn* Grundrechtseingriff und Schranken, Rn. 61, in: Grote/Marauhn (Fn. 67), 332ff.; *J. A. Frowein* in: ders./W. Peukert, EMRK-Kommentar, 3. Aufl. Kehl 2009, Art. 16 Rn. 1.

[70] *Grabenwarter/Pabel* (Fn. 66), § 18 Rn. 26; ermöglicht werden Beschränkungen der Meinungsäußerungs- sowie der Versammlungs- und Vereinigungsfreiheit für Ausländer, die über die allgemeinen Schrankenklauseln hinausgehen, also etwa nach Art. 10 Abs. 2 und Art. 11 Abs. 2 EMRK unverhältnismäßig wären (vgl. *C. Grabenwarter/Th. Marauhn* Grundrechtseingriff und Schranken, in: Grote/Marauhn (Fn. 67), 332ff. Rn. 60).

[71] Siehe neben den bereits erwähnten Beiträgen noch *D. Ehlers* Allgemeine Lehren der EMRK, in: ders. (Hrsg.) Europäische Grundrechte und Grundfreiheiten, 3. Aufl. Berlin 2009, Rn. 61.

[72] Empfehlung 799 (1977), in: Council of Europe, Parliamentary Assembly, 28th ordinary session, 3rd part, 24ff., January 1977; im Internet verfügbar unter: http://assembly.coe.int/Main.asp?link=/Documents/AdoptedText/ta77/EREC799.htm.

gung von In- und Ausländern unterschieden wird,[73] gerät dies jedenfalls unter konventionsrechtlichen Rechtfertigungsdruck.[74]

Anders sieht die Situation allerdings im Bereich des Wahlrechts aus. Art. 25 IPbpR gewährt das Recht ausdrücklich nur den „Staatsbürgern".[75] In Art. 3 ZP 1 EMRK ist von der „freien Äußerung der Meinung *des Volkes*" die Rede. Hier sprechen sicherlich systematische und historische Gesichtspunkte dafür, gleichfalls zumindest grundsätzlich von einer Beschränkung auf die Staatsangehörigen auszugehen.[76] Dennoch kann man nicht übersehen, dass die Regelung interpretationsoffener formuliert ist, als der klare Bezug auf die Staatsbürger in Art. 25 IPbpR. In der englischsprachigen Lehrbuchliteratur wird dementsprechend argumentiert, man könne kaum annehmen, dass mit dem Begriff des „Volkes" Bewohner ausgeschlossen werden sollten, die sich seit langem im Land aufhalten und zum wirtschaftlichen, sozialen und kulturellen Leben des Landes beitragen, ohne die Staatsangehörigkeit erworben zu haben.[77] Erwäh-

---

[73] Im Versammlungsrecht ist dies schon auf gesetzlicher Ebene nicht der Fall. Im Vereinsrecht besteht zwar eine nach §§ 14, 15 VereinsG erleichterte Verbotsmöglichkeit für Ausländervereine und ausländische Vereine. Die Praxis der letzten Jahre zeigt aber, zumindest was die gerichtlich überprüften und in juris veröffentlichten Streitfälle betrifft, dass für ein Vereinsverbot immer (auch) auf die allgemeinen, für alle Vereine geltenden Verbotstatbestände des Art. 9 Abs. 2 GG, § 3 VereinsG abgestellt wurde. Von der Möglichkeit des § 47 AufenthG, die politische Tätigkeit einzelner Ausländer gezielt zu beschränken, wird in einem gewissen Umfang Gebrauch gemacht (s. die Antwort der Bundesregierung auf die Kleine Anfrage der Abgeordneten Ulla Jelpke u.a. BT-Drs. 17/9076: politische Betätigungsverbote für 14 Personen im Februar 2012).

[74] Die Frage eines unterschiedlichen Grundrechtsstandards für ausländische und inländische Vereine wurde vor dem EGMR unlängst relevant, weil das Bundesverfassungsgericht einem ausländischen Verein den Schutz der Religionsfreiheit mit Blick auf Art. 19 Abs. 3 GG versagt hatte (BVerfG, NVwZ 2008, 670). Der EGMR versagte dem Verein, der das Existenzrecht Israels geleugnet und zur Tötung seiner Bürger aufgerufen hatte, die Berufung auf Art. 11 EMRK unter Verweis auf Art. 17 EMRK, der den Missbrauch von Konventionsrechten verbietet, EGMR, Urteil vom 12. Juni 2012, Appl. Nr. 31098/08 – *Hizb ut-Tahrir u.a. gg. Deutschland.*

[75] Die verbindlichen Fassungen sprechen von „citizen" bzw. „citoyen".

[76] Soweit sich die Literatur mit dieser Frage beschäftigt, tendiert sie in diese Richtung, *Grabenwarter/Pabel* (Fn. 66), § 23 Rn. 103; *R. Thienel* Staatsangehörigkeit und Wahlrecht im sich einigenden Europa: Das „Volk" im Sinne des Art. 3 1. ZP EMRK, FS Öhlinger, Wien 2004, 356 ff.

[77] *J. Schokkenbroek* Free Elections by Secret Ballot, in: P. van Dijk/F. van Hoof/ A. van Rijn/L. Zwaak (eds.) Theory and Practice of the European Convention on Human Rights, 4th ed. Antwerpen-Oxford 2006, 911 ff. (920). Bei der konventionsrechtlichen Beurteilung von Anforderungen an die Dauer des Wohnsitzes als Voraussetzung für die Zuerkennung des Wahlrechts fragt der EGMR auch danach, ob der Beschwerdeführer „wie ein resident citizen" betroffen ist (vgl. EGMR, Urteil vom 11. Januar 2005, Appl. Nr. 66289/01, Rn. 51 – *Py gg. Frankreich*); im konkreten Fall ging es allerdings um die

nenswert ist schließlich noch eine Initiative der Parlamentarischen Versammlung des Europarats, die in den Jahren 2008–2010 mehrfach zur Ausweitung der politischen Betätigungsmöglichkeiten von Ausländern aufgerufen hat.[78] Konkrete rechtliche Folgen haben sich daraus aber nicht ergeben.

d) *Unterstützung durch die Solidargemeinschaft*

Im Bereich der Unterstützung durch die Solidargemeinschaft bewirken die allgemeinen und speziellen Gleichheitssätze und das Antidiskriminierungsrecht gleichfalls eine Annäherung der Rechtstellung von Staatsbürgern und Ausländern. Sowohl nach der Rechtsprechung des Bundesverfassungsgerichts als auch nach derjenigen des EGMR ist eine Differenzierung nach der Staatsangehörigkeit nicht grundsätzlich verboten.[79] Allerdings betonen beide Gerichte, dass dies nicht den Umkehrschluss trage, jede Differenzierung nach der Staatsangehörigkeit sei automatisch gerechtfertigt. Vielmehr bedürfe es eines sachlichen Grundes für die Unterscheidung, der gerade nicht allein in der ausländischen Staatsangehörigkeit liegen könne.[80] Diese Rechtsprechung betrifft vor allem Sozialleistungen und wurde vom Bundesverfassungsgericht erst in diesem Jahr in zwei Entscheidungen nachdrücklich bestätigt.[81] Die in den Ent-

---

Beschränkung des Wahlrechts eines französischen Staatsangehörigen, nicht um die Erstreckung auf Ausländer. Deshalb können aus dieser Entscheidung keine Folgerungen für ein weites Verständnis von „Volk" im Sinne von Art. 3 ZP 1 EMRK gezogen werden.

[78] Vgl. dazu insbes. das Übereinkommen über die Beteiligung von Ausländern am kommunalen öffentlichen Leben vom 5. Februar 1992 (CETS 144), das allerdings bislang erst von acht Mitgliedstaaten des Europarats ratifiziert wurde, sowie Empfehlung 1500 (2001), Resolution 1617 (2008) und Empfehlung 1840 (2008) und Resolution 1705 (2010) der Parlamentarischen Versammlung des Europarats (im Internet verfügbar unter: http://assembly.coe.int/Main.asp?link=/Documents/AdoptedText/ta01/EREC1500.htm; http://assembly.coe.int/Main.asp?link=/Documents/AdoptedText/ta08/ERES1617.htm; http://assembly.coe.int/Main.asp?link=/Documents/AdoptedText/ta08/EREC1840.htm; http://assembly.coe.int/Main.asp?link=/Documents/AdoptedText/ta10/ERES1705.htm).

[79] Siehe im Einzelnen die Nachweise bei *D. König*/*A. Peters* Das Diskriminierungsverbot, in: Grote/Marauhn (Fn. 67), 1114ff. Rn. 136ff.

[80] Bei Differenzierung nach der Staatsangehörigkeit bildet Art. 3 Abs. 1 GG den Prüfungsmaßstab, weil die Staatsangehörigkeit nicht zu den in Art. 3 Abs. 3 GG genannten Differenzierungsverboten gehört, vgl. BVerfGE 90, 27 (37).

[81] Die erste Entscheidung betraf das Bayerische Landeserziehungsgeld (BVerfG, NJW 2012, 1711 (1712)); die zweite die Bedingungen, unter denen Ausländer, die sich aus völkerrechtlichen, humanitären oder politischen Gründen erlaubt in Deutschland aufhalten, vom Bezug von Erziehungs- und Elterngeld ausgeschlossen werden können (BVerfG, Beschluss vom 10. Juli 2012; noch unveröffentlicht; im Internet verfügbar unter http://www.bverfg.de/entscheidungen/ls20120710_1bvl000210.html); vgl. bereits BVerfGE 111, 160 (169ff.).

scheidungen zugrunde gelegten Gleichheitsmaßstäbe folgen der Rechtsprechung des EGMR, der entsprechende Anforderungen bereits ab Mitte der 1990er Jahre entwickelt hat.[82] Das Bundesverfassungsgericht nimmt in beiden Fällen eine strenge Prüfung nach der sog. „neuen Formel" vor. Maßgeblich dafür ist, dass die Leistung im Anwendungsbereich eines nicht auf Deutsche beschränkten Freiheitsrechts liegt (konkret dem des Elternrechts nach Art. 6 Abs. 2 GG), und dass mit der Staatsangehörigkeit an ein Kriterium angeknüpft wird, das der eigenen Verfügungsgewalt der Antragsteller weitgehend entzogen ist.[83] Daneben betont das Bundesverfassungsgericht erstmals, dass eine strenge Prüfung bei Differenzierungen nach der Staatsangehörigkeit auch deshalb veranlasst ist, weil diese „jedenfalls in bestimmten Konstellationen" einer Unterscheidung nach den in Art. 3 Abs. 3 GG genannten Merkmalen nahe komme.[84] Damit wird eine Unterscheidung nach der Staatsangehörigkeit unter Gleichheitsgesichtspunkten tendenziell „verdächtig". Wer die Aufregung um die Rechtsprechung des EuGH zur Erstreckung von Sozialleistungen auf Unionsbürger anlässlich der Fälle *Mártinez Sala*[85] und *Grzelczyk*[86] noch in Erinnerung hat,[87] der reibt sich erstaunt die Augen: Was gestern noch unionsrechtliche Zumutung war, ist heute verfassungsrechtliche Selbstverständlichkeit.[88]

---

[82] EGMR, Urteil vom 30. September 2003, Appl. Nr. 40892/98, Rn. 46 – *Koua Poirrez gg. Frankreich*; zuvor bereits EGMR, Urteil vom 16. September 1996, Appl. Nr. 17371/90, Rn. 42 – *Gaygusuz gg. Österreich*, der allerdings eine beitragsfinanzierte Sozialleistung betraf.

[83] BVerfG, NJW 2012, 1711 ff. (1712 f.).

[84] Ebd., 1713.

[85] EuGH, Rs. C-85/96, Slg. 1998, I-2691 ff.– *Mártinez Sala*.

[86] EuGH, Rs. C-184/99, Slg. 2001, I-6193 ff. – *Rudy Grzelczyk*.

[87] Etwa *K. Hailbronner* Die Unionsbürgerschaft und das Ende rationaler Jurisprudenz durch den EuGH?, NJW 2004, 2185 ff.; *ders.* Diskriminierungsverbot, Unionsbürgerschaft und gleicher Zugang zu Sozialleistungen, ZaöRV 64 (2004), 603 ff.; siehe auch *C. Tomuschat* Case Note, CommMLR 37 (2000), 449 ff.

[88] Und das nicht nur zugunsten von Unionsbürgern, sondern grundsätzlich zugunsten aller Ausländer. Unter dem Gesichtspunkt des Bürgerstatus ist außerdem wichtig, dass es in beiden Fällen nicht um Leistungen aus einem beitragsfinanzierten Versicherungssystem ging, sondern um Leistungen unabhängig von eigenen Beiträgen der Anspruchsberechtigten. Letztlich standen also Leistungen der Solidargemeinschaft in Rede, die sich nach dieser Rechtsprechung nicht auf die Staatsangehörigen beschränken dürfen, sondern am Aufenthalt oder der Erwerbstätigkeit in Deutschland orientieren müssen. Dieser Ansatz der Rechtsprechung wird auch durch die Entscheidung zum Asylbewerberleistungsgesetz bestätigt. Dort geht es zwar nicht um eine unzulässige Differenzierung nach der Staatsangehörigkeit, denn die Leistungen nach dem Asylbewerberleistungsgesetz können nur von Ausländern in Anspruch genommen werden. Das Bundesverfassungsgericht argumentiert aber im Rahmen von Art. 1 Abs. 1 GG

3. *Ein Menschenrecht auf Staatsangehörigkeit?*

Ein weiterer Bereich mit zumindest Ansätzen für eine Überlagerung des Bürgerstatus durch die menschenrechtliche Entwicklung betrifft nicht lediglich einzelne Aspekte des Rechtebündels, sondern sogar einen möglichen Anspruch auf Verleihung der Staatsangehörigkeit.[89] Das Völkerrecht geht traditionell davon aus, dass es zur staatlichen Souveränität gehört, frei über die Vergabe der eigenen Staatsangehörigkeit zu entscheiden.[90] Auch wenn diese Aussage prinzipiell immer noch richtig ist, so gibt es doch Anzeichen für Veränderungen. Neben der Sorge um das Schicksal von Staatenlosen[91] – beispielsweise verpflichtet Art. 20 Abs. 2 der Amerikanischen Menschenrechtskonvention den Staat des Geburtsorts zur Verleihung der Staatsangehörigkeit, wenn die betreffende Person andernfalls staatenlos würde[92] – ist es vor allem das Antidiskriminierungsrecht, wel-

hinsichtlich des Existenzminimums durchaus mit einem Vergleich mit Leistungen für deutsche Bedürftige, vgl. BVerfG, NVwZ 2012, 1024ff. (1027f.). Dazu auch die Anm. von *P. Tiedemann* ebd., 1031ff., der die Ableitung des Anspruchs auf Gewährung des Existenzminimums als Menschenrecht als zu ungenau kritisiert.

[89] Dazu namentlich *P. J. Spiro* A New International Law of Citizenship, AJIL 105 (2011), 694ff.; *A. Kesby* The Right to Have Rights: Citizenship, Humanity and International Law, Oxford 2012, 48ff.; zur menschenrechtlichen Überlagerung auch *A. von Arnauld* in: I. von Münch/Ph. Kunig (Hrsg.) GG-Kommentar, 6. Aufl. München 2012, Art. 16 Rn. 4; *Häberle* (Fn. 44), 369 spricht vom „menschenrechtlichen ‚Statusrecht'", allerdings ohne dass deutlich wird, ob damit ein Anspruch auf eine bestimmte Staatsangehörigkeit gemeint ist.

[90] Klassisch dazu die Position des Ständigen Internationalen Gerichtshofs im Verfahren *Nationality Decrees Issued in Tunis and Morocco*, PCIJ Rep. 1923, Ser. B, No. 4, 7ff (24). Selbst dort, wo es Regeln gibt, betreffen diese vielfach nur einzelne Rechtsfolgen im Verhältnis zu anderen Staaten (dazu die allgemeine Darstellung bei *Dörr* (Fn. 14), Rn. 4 ff.).

[91] Vgl. allgemein die Beschreibung bei *K. Göcke* Stateless Persons, in: R. Wolfrum (ed.) Max Planck Encyclopedia of International Law, Vol. IX, Oxford 2012, 551ff.; Spiro (Fn. 89), 709 ff. sowie *I. van Waas* Nationality Matters: Statelessness under International Law, Antwerpen 2008, 31ff. und 193ff.

[92] "Every person has the right to the nationality of the state in whose territory he was born if he does not have the right to any other nationality.", für eine nähere Analyse der amerikanischen regionalen Entwicklung in diesem Bereich siehe *S. Uslucan* Zur Weiterentwicklungsfähigkeit des Menschenrechts auf Staatsangehörigkeit, Berlin 2012, 127ff.; weitergehende Regeln finden sich im Übereinkommen zur Verminderung der Staatenlosigkeit vom 30. August 1961 (dazu die Darstellung im Überblick bei *W. Hannappel* Staatsangehörigkeit und Völkerrecht, Frankfurt 1986, 41ff.) und im Europäischen Staatsangehörigkeitsübereinkommen vom 6. November 1997 (insbes. Art. 6; näher *Uslucan* ebd., 284ff.). Der prinzipielle Anspruch auf Zugang zu einer Staatsangehörigkeit ist auch Bestandteil der Allgemeinen Erklärung der Menschenrechte (Art. 15). Die Erklärung ist als solche völkerrechtlich nicht verbindlich, sie ist aber in weiten Teilen inzwischen zu Völkergewohnheitsrecht erstarkt und hat verbindliche

ches mittelbare Wirkungen entfaltet.[93] Dabei verdient erneut die Rechtsprechung des Europäischen Gerichtshofs für Menschenrechte besondere Hervorhebung. Weil das Diskriminierungsverbot des Art. 14 EMRK als akzessorisches Recht nur eingreift, wenn die in Rede stehende staatliche Maßnahme „in den Regelungsbereich" eines Konventionsrechts fällt,[94] kam es vor dem EGMR darauf an, ob dies beim Zugang zur Staatsangehörigkeit der Fall ist. Der Gerichtshof hat hierzu entschieden, dass die Konvention zwar keinen Anspruch auf den Erwerb einer bestimmten Staatsangehörigkeit beinhalte. Dessen ungeachtet könne das willkürliche Vorenthalten einer Staatsangehörigkeit wegen des Einflusses der Staatsangehörigkeit auf die Persönlichkeit und ihre sozialen Beziehungen unter Umständen einen Verstoß gegen das Recht auf Achtung des Privatlebens begründen. Auf dieser Basis hat der Gerichtshof eine Regelung des maltesischen Rechts für konventionswidrig erklärt, in der uneheliche Kinder beim Erwerb der Staatsangehörigkeit benachteiligt wurden.[95] Die Entscheidung ist in ersten Stellungnahmen als Meilenstein in der Rechtsentwicklung gefeiert worden.[96] Daran ist sicherlich richtig, dass sie Auswirkungen auf eine Reihe mitgliedstaatlicher Regelungen zum Erwerb der Staatsangehörigkeit für uneheliche Kinder haben wird.[97] Von einem menschenrechtlichen Anspruch auf Erwerb einer bestimmten Staatsangehörigkeit ist man aber schon deswegen noch ein gutes Stück entfernt, weil die genannte Rechtsprechung nur diskriminierende Regelungen erfasst.

4. *Beschleunigung der Entwicklung durch das Unionsrecht*

Die beschriebenen Entwicklungen werden durch die Unionsbürgerschaft und einen neuen Schwerpunkt der Unionspolitik auf der Behandlung von Drittstaatsangehörigen beschleunigt.

---

völkerrechtliche Verträge inspiriert. Außerdem kann sie bei der Auslegung nationalen Rechts herangezogen werden. Dies hat das Bundesverwaltungsgericht mit Blick auf § 60 Abs. 1 S. 5 AufenthG getan (BVerwGE 133, 203 (208 ff.)).

[93] *Kesby* (Fn. 89), 50.

[94] Statt anderer *Grabenwarter/Pabel* (Fn. 66), § 26 Rn. 3.

[95] EGMR, Urteil vom 11. Oktober 2011, Appl. Nr. 53124/09, Rn. 30 – *Genovese gg. Malta*; siehe auch EGMR, Beschluss vom 12. Januar 1999, Appl. Nr. 31414/96 – *Karassev gg. Finnland.*

[96] *L. van Waas* Fighting Statelessness and Discriminatory Nationality Laws in Europe, EJML 14 (2012), 243 ff. (253); ähnlich die Tendenz bei *R. de Groot/O. Vonk* Nationality, Statelessness and ECHR's Article 8: Comments on Genovese v. Malta, EJML 14 (2012), 317 ff. (319).

[97] Siehe die rechtsvergleichende Analyse bei *de Groot/Vonk* (Fn. 96), 320 f.

a) Unionsbürgerschaft

Nach den Entscheidungen des EuGH in den Verfahren *Rottmann*[98] und *Ruiz Zambrano*[99] dürfte klar sein, dass es sich bei der Unionsbürgerschaft[100] um einen eigenständigen Status handelt,[101] der freilich in seiner Begründung akzessorisch ist zur Staatsangehörigkeit eines Mitgliedstaats. In *Rottmann* entschied der EuGH anlässlich eines Rechtsstreits über den Entzug einer erschlichenen Einbürgerung, dass die Mitgliedstaaten ungeachtet der Akzessorietät der Unionsbürgerschaft unionsrechtliche Bindungen beachten müssen, wenn sie eine einmal erteilte Staatsangehörigkeit wieder entziehen wollen.[102] In *Ruiz Zambrano* wurden Rechtswirkungen der Unionsbürgerschaft (ein abgeleitetes Aufenthaltsrecht drittstaatsangehöriger Eltern von Kindern mit Unionsbürgerschaft) angenommen, obwohl jeglicher grenzüberschreitende Bezug fehlte.[103] Die Eigenständigkeit der Unionsbürgerschaft zeigt sich gerade an dem zuletzt genannten Gesichtspunkt der Wirkungen ohne jeden grenzüberschreitenden Bezug.[104]

---

[98] EuGH, Rs. C-135/08, Slg. 2010, I-01449 – *Rottmann.*

[99] EuGH, Rs. C-34/09, EuZW 2011, 359 ff. – *Ruiz Zambrano.*

[100] Die Unionsbürgerschaft bündelt Rechte *erstens* der Mobilität (Freizügigkeit und Aufenthalt), *zweitens* der Gleichbehandlung (nicht nur, aber gerade auch mit Blick auf die soziale Sicherheit (dazu statt anderer *K. Hailbronner* Union Citizenship and Access to Social Benefits, CMLR 42 (2005), 1245ff.), und *drittens* – begrenzt auf das Kommunalwahlrecht – der politischen Mitwirkung.

[101] Gegen die Qualifikation als Status und stattdessen nur für ein Rechtsverhältnis, *W. Kluth* in: C. Calliess/M. Ruffert (Hrsg.) EUV/AEUV-Kommentar, 4. Aufl. München 2011, Art. 20 AEUV Rn. 6 und 16f.; siehe allerdings auch *dens.* Migrationsgerechtigkeit, ZAR 2011, 329ff. (334); überzeugend für eine Einordnung als Status *S. Magiera* in: R. Streinz (Hrsg.) EUV/AEUV-Kommentar, 2. Aufl. München 2012, Art. 20 AEUV Rn. 19; *Th. Giegerich* Unionsbürgerschaft, politische Rechte, in: R. Schulze/M. Zuleeg/St. Kadelbach (Hrsg.) Europarecht. Handbuch für die deutsche Rechtspraxis, 2. Aufl. Baden-Baden 2010, 338 ff. Rn. 14ff.; ausführlich insbes. *F. Wollenschläger* (Fn. 25), 325ff. (mit den Aspekten Freizügigkeit, Gleichheit, Solidarität und Freiheit); überzeugend die Analyse bei *M. Nettesheim* Der „Kernbereich" der Unionsbürgerschaft – vom Schutz der Mobilität zur Gewährleistung eines Lebensumfelds, JZ 2011, 1030ff. (1036f.), wo die *Zambrano*-Rechtsprechung zur Begründung der Eigenständigkeit des unionsbürgerlichen Status herangezogen wird.

[102] *Rottmann* (Fn. 98), Rn. 41ff.

[103] *N. Graf Vitzthum* Die Entdeckung der Heimat der Unionsbürger, EuR 2011, 550ff. (563ff.); zu den aufenthaltsrechtlichen Folgen im deutschen Recht: *B. Huber* Die ausländerrechtlichen Folgen des EuGH-Urteils Zambrano, NVwZ 2011, 856ff., *R. Gutmann* Vom Ende der Inländerdiskriminierung im Ausländerrecht, InfAuslR 2011, 177ff.

[104] EuGH (Fn. 99); dazu *Nettesheim* (Fn. 101), 1030ff. (1036f.) und *K. Hailbronner/D. Thym* Ruiz Zambrano – Die Entdeckung des Kernbereichs der Unionsbürgerschaft, NJW 2011, 2008 ff.; zurückhaltend gegenüber der Bedeutung der Zambrano-Entschei-

b) *Ausweitung der Rechte von Drittstaatsangehörigen*

Von potentiell noch weiter reichender Bedeutung sind bis in das Jahr 1999 zurückreichende Bestrebungen, den Rechtsstatus von Drittstaatsangehörigen demjenigen von Unionsbürgern anzugleichen.[105] In diesem Kontext ist zunächst auf Rechte von Familienangehörigen zu verwei-

---

dung allerdings *H. van Eijken/S.A. de Vries* A New Route into the Promised Land? Being a European Citizen after Ruiz Zambrano, E.L.Rev. 36 (2011), 704ff. (720). Wenn im Folgenden die Unionsbürgerschaft nicht weiter betrachtet wird, soll dies die Bedeutung der genannten neueren Rechtsprechung für die Konzeption der Unionsbürgerschaft als europäischer Bürgerstatus nicht geringachten (vgl. den instruktiven zusammenfassenden Überblick über die gesamte Rechtsentwicklung zum Unionsbürgerstatus bei *F. Wollenschläger* A New Fundamental Freedom beyond Market Integration: Union Citizenship and its Dynamics for Shifting the Economic Pardigm of European Integration, ELJ 17 (2011), 1ff.). Maßgeblich ist vielmehr, dass der Personenkreis, der sich unmittelbar auf die Unionsbürgerschaft berufen kann, über das Erfordernis der Staatsangehörigkeit eines Mitgliedstaats klar umrissen ist. Das Gleiche gilt auch für die mit der Unionsbürgerschaft verbundenen einzelnen Statusrechte. Schließlich kann noch auf die umfassende Behandlung der Unionsbürgerschaft in der Literatur verwiesen werden (neben den Monographien von *Schönberger* (Fn. 14) und *Wollenschläger* (Fn. 25) sei verwiesen auf die Handbuchbeiträge von *Giegerich* (Fn. 101) und *St. Kadelbach* Union Citizenship, in: A. von Bogdandy/J. Bast (eds.) Principles of European Constitutional Law, Revised 2nd ed. Oxford 2011, 443ff.).

105 Bereits die Schlussfolgerungen des Europäischen Rats von Tampere 1999 enthalten eine entsprechende programmatische Aussage: „*Die Rechtsstellung von Drittstaatsangehörigen sollte der Rechtsstellung der Staatsangehörigen der Mitgliedstaaten angenähert werden*. Einer Person, die sich während eines noch zu bestimmenden Zeitraums in einem Mitgliedstaat rechtmäßig aufgehalten hat und einen langfristigen Aufenthaltstitel besitzt, sollte in diesem Mitgliedstaat eine Reihe einheitlicher Rechte gewährt werden, die sich so nahe wie möglich an diejenigen der EU-Bürger anlehnen, z.B. das Recht auf Wohnsitznahme, das Recht auf Bildung und das Recht auf Ausübung einer nichtselbständigen oder selbständigen Arbeit sowie der Grundsatz der Nichtdiskriminierung gegenüber den Bürgern des Wohnsitzstaates. Der Europäische Rat billigt das Ziel, dass Drittstaatsangehörigen, die auf Dauer rechtmäßig ansässig sind, die Möglichkeit geboten wird, die Staatsangehörigkeit des Mitgliedstaats zu erwerben, in dem sie ansässig sind.“, Europäischer Rat von Tampere, 15. und 16. Oktober 1999, Schlussfolgerungen des Vorsitzes, Rn. 21; diese Zielsetzung wurde mit dem Stockholmer Programm des Europäischen Rats vom Frühjahr 2010 noch einmal bekräftigt und intensiviert. In dem dort verabschiedeten „Stockholmer Programm“ heißt es: „Die Union muss eine angemessene Behandlung von Drittstaatsangehörigen sicherstellen, die sich im Hoheitsgebiet ihrer Mitgliedstaaten rechtmäßig aufhalten. *Eine energischere Integrationspolitik sollte darauf ausgerichtet sein, ihnen vergleichbare Rechte und Pflichten wie Unionsbürgern zuzuerkennen*. Dies sollte weiterhin das Ziel einer gemeinsamen Zuwanderungspolitik sein und so schnell wie möglich, spätestens aber 2014, erreicht werden.“ (Abl. 2010 C 115/1 (30)); Hervorhebungen vom Verfasser. Siehe dazu insgesamt auch den Überblick bei *B. Laubach* Bürgerrechte für Ausländer und Ausländerinnen in der Europäischen Union, Baden-Baden 1999, 87ff.

sen,[106] die freilich weitgehend unproblematisch sind, weil es im Kern um die Durchsetzung einer anerkannten Grundrechtsposition (Achtung des Familienlebens i.S. von Art. 8 EMRK) geht.

Anders sieht es dagegen mit der allgemeinen Angleichung des Rechtsstatus von Drittstaatsangehörigen aus. In diesem Bereich gibt es seit dem Jahr 2003 die Richtlinie 2003/109/EG betreffend die Rechtsstellung der langfristig aufenthaltsberechtigten Drittstaatsangehörigen.[107] Diese Richtlinie begründet u.a. eine Gleichbehandlung dieser Drittstaatsangehörigen mit Staatsbürgern des Aufenthaltsstaats hinsichtlich des Zugangs zu einer Erwerbstätigkeit und bei der sozialen Sicherheit;[108] ferner vermittelt sie einen erhöhten Ausweisungsschutz.[109] In der englischsprachigen Literatur ist angesichts dieser Entwicklung und vor dem Hintergrund der Arbeit der Kommission an einem Europäischen Einwanderungsgesetzbuch[110] die Rede von einem „neuen Europäischen Bürgerstatus für Drittstaatsangehörige".[111] Dieser würde sich freilich in einem zentralen Punkt von der Unionsbürgerschaft unterscheiden: Während die Unionsbürgerschaft

---

[106] Hierfür ist inzwischen die Richtlinie 2003/86/EG (Abl. 2003, L 251/12) maßgeblich. Zu Einzelfragen ihrer verfassungs- und EMRK-konformen Umsetzung *Th. Groß/A. Tryjanowski* Der Status von Drittstaatsangehörigen im Migrationsrecht der EU – eine kritische Analyse, Der Staat 48 (2009), 259ff. (263); *N. Markard/N. Truchseß* Neuregelung des Ehegattennachzugs im Aufenthaltsgesetz, NVwZ 2007, 1025 ff.; speziell zu den verfassungsrechtlichen Fragen einerseits *C. Hillgruber* Mindestalter und Integrationsvorleistung – verfassungsgemäße Voraussetzungen des Ehegattennachzugs, ZAR 2006, 304ff., und andererseits *Th. Kingreen* Verfassungsfragen des Ehegatten- und Familiennachzugs im Aufenthaltsrecht, ZAR 2007, 13ff.; umfassend zum Hintergrund *Walter* (Fn. 46), 149ff.

[107] ABl. 2004, L 16/44.

[108] Art. 11 Abs. 1 lit a) und lit d) der Richtlinie; allerdings mit Einschränkungsmöglichkeiten nach Art. 11 Abs. 2 und Abs. 4, vgl. *S. Boelaert-Suominen* Non-EU nationals and Council Directive 2003/109/EC on the status of third-country nationals who are long-term residents: Five paces forward and possibly three paces back, CMLR 42 (2005), 1011ff. (1026f.).

[109] Art. 12, der weitgehend dem Schutz für Unionsbürger entspricht, vgl. *C. Thiele* Einwanderung im Europäischen Gemeinschaftsrecht – Familienzusammenführung und Daueraufenthalt von Drittstaatsangehörigen, EuR 2007, 419 ff. (438).

[110] Vgl. den „Aktionsplan zur Umsetzung des Stockholmer Programms", KOM (2010) 171 endgültig vom 20. April 2010, 8; dort wird erneut das Ziel einer Angleichung an die Rechtstellung der Unionsbürger formuliert und ein „Einwanderungskodex" in Aussicht gestellt; näher zu konkreten Inhalten *S. Peers* An EU Immigration Code: Towards a Common Immigration Policy, EJLM 14 (2012), 33 ff.

[111] *S. Carrera/A. Wiesbrock* Whose European Citizenship in the Stockholm Programme? The Enactment of Citizenship by Third Country Nationals in the EU, EJML 12 (2010), 337 ff. (358): "a new European citizenship of TCNs is already in the making."

vollständige Freizügigkeit für Unionsbürger sichert und damit diesen gegenüber jede Migrationssteuerung ausschließt, hat Migrationspolitik gegenüber Drittstaatsangehörigen gerade Steuerung (und damit immer auch Begrenzung) zum Ziel.[112] Insgesamt ist aber absehbar, dass auch aus Gründen des Unionsrechts die Zahl derjenigen weiter zunehmen wird, die einen mehr oder weniger großen Teil der Statusrechte in Anspruch nehmen können, ohne die Staatsbürgerschaft zu besitzen.

5. *Konsequenz: Dauerhafter Aufenthalt ohne Wahlrecht als Partizipationsproblem*

Die Analyse der menschenrechtlichen Entwicklung hat gezeigt, dass neben die Begründung des Bürgerstatus durch den Erwerb der Staatsangehörigkeit zahlreiche andere Möglichkeiten getreten sind, einzelne oder gar einen großen Teil der mit der Staatsbürgerschaft üblicherweise verbundenen Statusrechte zu erwerben. Das Ergebnis ist eine „Entbündelung" der Statusrechte: Binär wird nur noch bei der Staatsangehörigkeit (also bei der formalen Zuordnung einer Person zu einem Staat) entschieden. Das kann schon aus Gründen der Rechtsklarheit nicht anders sein. Die materiellen Rechte der Staatsbürgerschaft, insbesondere ein dauerhaftes Aufenthaltsrecht, werden hingegen inzwischen weitgehend unabhängig von der Staatsangehörigkeit zugewiesen. Dies führt dazu, dass sich Migranten mit dauerhaftem Aufenthaltsrecht hinsichtlich des Bürgerstatus in der Praxis letztlich nur noch beim Wahlrecht von den Staatsangehörigen unterscheiden.[113] Für diese Personengruppe wird in der sozialwissenschaftlichen Diskussion der aus dem britischen Englisch entlehnte Begriff der „denizens" verwendet.[114] Er bezeichnet Einwohner mit eingeschränkten Bürgerrechten.

Solange die Statusrechte überwiegend gebündelt mit dem Bürgerstatus verliehen wurden, konnte der Bürgerstatus Gleichheit garantieren, gerade auch hinsichtlich der Partizipationsmöglichkeiten. In dem Maße, in dem der

---

[112] Siehe *D. Thym* Freizügigkeit in Europa als Modell? – EU-Migrationspolitik zwischen Offenheit und Abschottung, EuR 2011, 487 ff. (500).

[113] Dies ist eine Beobachtung, die in den Sozialwissenschaften vielfach gemacht wird, siehe etwa: *J. Habermas* Faktizität und Geltung, Frankfurt 1998, 653; *R. Brubaker* Staats-Bürger – Deutschland und Frankreich im historischen Vergleich, Hamburg 1994, 234; *Y. N. Soysal* Changing Citizenship in Europe. Remarks on Postnational Membership and the National State, in: D. Cesarani/M. Fulbrook (eds.) Citizenship, Nationality and Migration in Europe, London-New York 1996, 17 ff. (20); *A. Nassehi/M. Schroer* Staatsbürgerschaft. Über das Dilemma eines nationalen Konzepts unter postnationalen Bedingungen, in: Holz (Fn. 15), 31 ff. (44); *Benhabib* (Fn. 44), 151 f.

[114] Siehe etwa *T. Hammar* Democracy and the Nation State, Aldershot 1990, 13.

Bürgerstatus entbündelt und der dauerhafte Aufenthalt unabhängig von der Staatsangehörigkeit ermöglicht wird, drohen Ungleichheiten, die sich als demokratisches Mitwirkungsproblem darstellen.[115] Für die repräsentative Demokratie kann das zum Krisenfall werden, denn es droht eine Inkongruenz „zwischen den Inhabern demokratischer politischer Rechte und den dauerhaft einer bestimmten staatlichen Herrschaft Unterworfenen".[116]

III. Lösungsmöglichkeiten für das Partizipationsproblem

Für den Umgang mit diesem Problem demokratischer Partizipation sind prinzipiell zwei Lösungswege denkbar. Der erste hält an der Statuslösung fest und setzt auf erleichterte Einbürgerung (1.), gegebenenfalls unter erweiterter Hinnahme von Mehrstaatigkeit (2.). Die Alternative besteht darin, auch das Wahlrecht von der Staatsangehörigkeit abzukoppeln und damit die Statusrechte vollständig zu entbündeln (3.).

1. Großzügigerer Zugang zur Staatsangehörigkeit

Mit der Reform des Staatsangehörigkeitsrechts zum 1. Januar 2000 wurde der Zugang zur deutschen Staatsangehörigkeit durch erleichterte Einbürgerungsmöglichkeiten[117] und durch die Einführung einer Staatsangehörigkeit *iure soli* erweitert. Danach erwerben Kinder ausländischer Eltern die deutsche Staatsangehörigkeit durch Geburt im Inland, wenn ein Elternteil seit acht Jahren rechtmäßig seinen gewöhnlichen Aufenthalt im Inland hat und ein unbefristetes Aufenthaltsrecht besitzt (§ 4 Abs. 3 StAG). Dieser Erwerbstatbestand wird allerdings durch eine Options-

---

[115] Der amerikanische Verfassungsrechtler *Gerald L. Neuman* hat in einem Beitrag Mitte der 1990er Jahre die Wahrnehmung der deutschen Staatsrechtslehre korrigiert, das *ius soli*-Prinzip habe in den Einwanderungsstaaten lediglich dazu gedient, deren Bevölkerungszahlen zu vergrößern. *Newman* hält dem für die amerikanische Entwicklung entgegen, dass es bei der Einführung des 14. Amendments nach dem Ende des amerikanischen Bürgerkriegs darum gegangen sei, formale Gleichheit sicher zu stellen. Es habe vermieden werden sollen, „die U.S.-Bevölkerung aufgrund der Abstammung in eine übergeordnete Kategorie von Bürgern und eine untergeordnete Kategorie von Untertanen einzuteilen.", *G. L. Newman* Staatsangehörigkeitsrecht als Mittel der Integration, KJ 28 (1995), 439 ff. (440).

[116] Vgl. BVerfGE 83, 37 (52).

[117] Bei mindestens achtjährigem gewöhnlichen Aufenthalt und unbefristetem Aufenthaltsrecht besteht ein Einbürgerungsanspruch (§ 10 StAG). Dazu die Darstellung bei *K. Hailbronner* Neuere Entwicklungen des deutschen Staatsangehörigkeitsrechts, in: ders/ Renner/Maaßen (Fn. 21), Rn. 21; *J. Masing* Wandel im Staatsangehörigkeitsrecht vor den Herausforderungen moderner Migration, Tübingen 2001, 5 ff.

pflicht begrenzt: Da die Kinder regelmäßig eine weitere Staatsangehörigkeit – diejenige der ausländischen Eltern – erwerben, müssen sie sich gemäß § 29 StAG nach Eintritt der Volljährigkeit für eine Staatsangehörigkeit entscheiden.[118]

Welche Wirkungen hatte diese Reform? Im Jahr 2011 wurden ca. 107.000 Personen eingebürgert; das entspricht einer Einbürgerungsquote von 1,44 %.[119] Wichtiger als die Einbürgerungsquote, welche die Gesamtzahl der Einbürgerungen ins Verhältnis zur Gesamtzahl aller in Deutschland lebenden Ausländer setzt und nicht danach unterscheidet, ob die Einbürgerungsvoraussetzungen vorliegen,[120] ist die sog. Ausschöpfung des Einbürgerungspotentials. Diese Quote gibt an, wie viele der Ausländer, die grundsätzlich die Voraussetzungen für eine Einbürgerung erfüllen, sich auch tatsächlich einbürgern lassen.[121] Diese Quote liegt bei 2,44 %.[122] Man kann also insgesamt festhalten, dass von der Möglichkeit der Einbürgerung nur in geringem Umfang Gebrauch gemacht wird. Das zentrale Ziel der Reform, dem Auseinanderfallen von Wohnbevölkerung und Staatsbürgern durch erweiterte Einbürgerungsmöglichkeiten entgegen zu treten,[123] wurde demnach nicht erreicht.[124]

---

118 Verfassungsrechtliche Bedenken gegen die Optionspflicht unter dem Gesichtspunkt des Verbots, die Staatsangehörigkeit zu entziehen, überzeugen nicht. Es handelt sich bei der Option nicht um einen Entzug, weil der Betroffene es selbst in der Hand, ihn zu verhindern (vgl. ausführlich *J. Masing* in: H. Dreier (Hrsg.) GG-Kommentar, Bd. I, 2. Aufl. Tübingen 2004, Art. 16 Rn. 71; *ders.* (Fn. 117), 40ff.; *J. A. Kämmerer* in: Bonner Kommentar zum Grundgesetz, Loseblatt; Stand: 157. Ergänzungslieferung, Juni 2012, Art. 16 Rn. 70 ff.

119 Bevölkerung und Erwerbstätigkeit – Einbürgerungen, Statistisches Bundesamt, Fachserie 1 Reihe 2.1, 2011, 15; die durchschnittliche Aufenthaltsdauer dieser Personen im Zeitpunkt der Einbürgerung betrug 15,6 Jahre; türkische Staatsangehörige lebten im Durchschnitt 20,0 Jahre in Deutschland, bevor sie eingebürgert wurden.

120 Vgl. die methodischen Hinweise in: Bevölkerung und Erwerbstätigkeit – Einbürgerungen (Fn. 119), 6.

121 Ebd.

122 Interessant ist auch eine Aufschlüsselung nach Herkunftsländern. Innerhalb der EU gibt es aufgrund der mit der Freizügigkeit und der Unionsbürgerschaft verbundenen Rechte wenig Anreize, sich in Deutschland einbürgern zu lassen. Entsprechend liegt die Ausschöpfung des Einbürgerungspotentials bei EU-Bürgern nur bei 1,1 %. Für die in Deutschland lebenden türkischen Staatsangehörigen liegt die Ausschöpfung allerdings ebenfalls nur bei 2,0 %. (ebd., 128); vergleichsweise hohe Quoten haben Rumänien (7,6 %) und Bulgarien (10,9 %) sowie Afrika (8,5 %) und Asien (7,1 %).

123 Vgl. dazu *K. Hailbronner* Die Reform des deutschen Staatsangehörigkeitsrechts, NVwZ 1999, 1273ff. mit einer vergleichenden Perspektive auf die Erfahrungen anderer europäischer Staaten (1279f.).

124 *Th. Groß* Das demokratische Defizit bei der Grundrechtsverwirklichung der ausländischen Bevölkerung, KJ 2011, 303ff. (309).

2. *Erweiterte Hinnahme der Mehrstaatigkeit*

Aufschlussreich für die Ursachen ist eine im Sommer 2012 veröffentlichte Studie,[125] in der mehr als zwei Drittel der befragten türkischen Staatsangehörigen und 57,4 % der insgesamt Befragten als Haupthindernis für eine Einbürgerungsentscheidung die Notwendigkeit nannten, ihre bisherige Staatsangehörigkeit aufzugeben.[126] Damit ist das Thema der doppelten oder mehrfachen Staatsangehörigkeit angesprochen.[127] Auch hierzu sollen einige Zahlen präsentiert werden: Im Jahr 2011 behielten 50,4 % der Eingebürgerten ihre bisherige Staatsangehörigkeit, 49,6 % mussten sie abgeben.[128] Damit überwiegt in der Einbürgerungspraxis inzwischen die Hinnahme der Mehrstaatigkeit, wenn auch nur knapp. Ursächlich sind hohe Quoten bei der Hinnahme von Mehrstaatigkeit insbesondere bei Einbürgerungen aus Amerika (78,8 %), Afrika (61,9 %) und Asien (57,2 %). Dagegen ist die Hinnahme von Mehrstaatigkeit für europäische Nichtunionsbürger vergleichsweise gering. Für die Kandidatenländer (Kroatien, Mazedonien, Montenegro und die Türkei) liegt sie bei 25,6 %, für das sonstige Europa (mit Ausnahme des Europäischen Wirtschaftsraums und der Schweiz) beträgt sie 26,4 %.[129]

Die Zahlen sprechen dafür, *de lege ferenda* zu erwägen, die auf Vermeidung der Mehrstaatigkeit gerichteten Regelungen des Einbürgerungsrechts abzuschaffen.[130] Eine Regelung, bei der sich das Regel-Ausnahme-Verhältnis in der Rechtsanwendung in sein Gegenteil verkehrt, ist unter Gleichheitsgesichtspunkten problematisch. Mehrstaatigkeit wird dann

---

[125] Immigrant Citizens Survey: Wie Zuwanderer Integration erleben. Eine Erhebung in 15 europäischen Städten, im Internet verfügbar unter: http://www.immigrantsurvey.org/downloads/ICS_ENG_Full.pdf.

[126] Siehe die gesonderte deutsche Publikation „Deutsche Integrationsmaßnahmen aus der Sicht von Nicht-EU-Bürgern. Die Ergebnisse des Immigrant Citizens Survey für Deutschland", die vom Sachverständigenrat deutscher Stiftungen für Integration und Migration veröffentlicht wurde (im Internet verfügbar unter: http://www.svr-migration.de/content/wp-content/uploads/2012/06/studie-ics_svr-fb_deutschland.pdf, 21 f.); die Daten beziehen sich auf die Städte Berlin und Stuttgart; weitere Analysen bei *F. Lämmermann* Einbürgerung – Aktuelle Entwicklungen und Perspektiven, ZAR 2009, 289 ff.; *R. Göbel-Zimmermann/A. Eichhorn* Entwicklungen des Staatsangehörigkeitsrechts seit 2000 – eine kritische Bilanz, ZAR 2010, 293 ff. (Teil 1) und 348 ff. (Teil 2).

[127] Allgemein dazu aus verfassungsrechtlicher und verfassungsvergleichender Sicht *N. I. Goes* Mehrstaatigkeit in Deutschland, Baden-Baden 1996; für den Begriff der Mehrstaatigkeit spricht, dass er auch die Doppelstaater umfasst, vgl. *von Münch* (Fn. 14), 159.

[128] Bevölkerung und Erwerbstätigkeit – Einbürgerungen (Fn. 119), 147.

[129] Bevölkerung und Erwerbstätigkeit – Einbürgerungen (Fn. 119), 143 ff. (Tabelle 12).

[130] Dazu *Lämmermann* (Fn. 126), 293 f.; *ders.* Ein Jahrzehnt ius soli – Bilanz und Ausblick, ZAR 2011, 1 ff. (6 f.); *Göbel-Zimmermann/Eichhorn* (Fn. 126), 296 f.

hingenommen, wenn der Herkunftsstaat besonders restriktive Regelungen hat, also der Betroffene diese Staatsangehörigkeit entweder gar nicht oder nur unter unzumutbaren Schwierigkeiten aufgeben kann.[131] Warum andere Personen, deren Herkunftsstaat weniger restriktiv vorgeht, nicht in den Genuss beider Staatsangehörigkeiten kommen sollen, ist jedenfalls dann nicht mehr recht einzusehen, wenn die Zahl der Personen mit doppelter oder mehrfacher Staatsangehörigkeit ohnehin wächst und inzwischen in mehr als der Hälfte aller Einbürgerungen die Mehrstaatigkeit hingenommen wird.[132] Wenig einsichtig ist auch, dass die Hinnahme der Mehrstaatigkeit bei Unionsbürgern unproblematisch sein (§ 12 Abs. 2 StAG),[133] bei allen anderen Ausländern hingegen ein Integrationshindernis darstellen soll.[134]

Diese Überlegungen werden durch die oben analysierte Rechtsprechung des EGMR und des EuGH noch verstärkt. Aufgrund des Optionsmodells wird es ab dem Jahr 2018 eine größere Zahl von Personen geben, die sich mit Erreichen der Volljährigkeit für eine Staatsangehörigkeit entscheiden müssen und gegebenenfalls die deutsche Staatsangehörigkeit verlieren. Soweit damit auch die Unionsbürgerschaft verloren geht, ist das auch eine Frage des Unionsrechts. Man darf bezweifeln, dass der EuGH, angesichts der großen Zahl akzeptierter Mehrstaater, den Verlust nach einem so langen Zeitraum ohne weiteres als verhältnismäßig ansieht.[135] Und die neuere Rechtsprechung des EGMR, in der die Staatsangehörigkeit in den Anwendungsbereich des Rechts auf Achtung des Privatlebens gebracht wird, wirft gleichfalls die Frage auf, ob ein Verlust nach einem Zeitraum zwischen 18 und 23 Jahren verhältnismäßig wäre.[136]

---

[131] Vgl. § 12 Abs. 1 Nr. 1–3 StAG.

[132] Vgl. die statistischen Angaben oben im Text bei (Fn. 128); hinzukommt, dass diese nur die Hinnahme der Mehrstaatigkeit bei der Einbürgerung erfassen. Für eine Gesamtbetrachtung müssten noch Mehrstaater einbezogen werden, deren mehrfache Staatsangehörigkeiten sich bei bi-nationalen Ehen aus der unterschiedlichen Staatsangehörigkeit der Eltern ergeben können.

[133] Siehe näher *Hailbronner* in: ders/Renner/Maaßen (Fn. 21), § 12 StAG Rn. 48 ff.

[134] *W. Kluth* Variable Staatsbürgerschaftsrechte – eine Alternative zum Optionsmodell?, ZAR 2009, 134 ff. (137); *J. Niesten-Dietrich* Integration und Staatsangehörigkeit, ZAR 2012, 85 ff. (90), deren Hinweis auf die Gesetzesbegründung allerdings fehl geht, weil dort die Europäische Integration in Bezug genommen ist, nicht die Integration von Ausländern in die deutsche Gesellschaft; zur Widersprüchlichkeit der verschiedenen Regelungen des Staatsangehörigkeitsrechts zur Mehrstaatigkeit auch *Masing* (Fn. 117), 18 f.

[135] Dieses Ergebnis wird auch durch einen Vergleich mit anderen Wertungen des Einbürgerungsrechts nahe gelegt, *F. Lämmermann* Unionsbürgerschaft und Optionspflicht – ein Widerspruch?, NVwZ 2012, 75 ff. (79).

[136] Schließlich ist auch auf der Ebene des Völkerrechts die der bisherigen Regelung zugrunde liegende Vorstellung von der Mehrstaatigkeit als „Übel" weitgehend aufge-

Zwei zentrale Argumente werden gegen die mehrfache Staatsangehörigkeit immer wieder angeführt. Das eine, die behauptete gespaltene Loyalitätspflicht, ist mit der sprichwörtlichen Unmöglichkeit, zweier Herren Diener zu sein gut umschrieben.[137] Das andere Argument behauptet eine Übervorteilung des Mehrstaaters, weil dieser in zwei Staaten Rechte, z.B. politische Mitwirkungsrechte habe, und damit besser stehe als Bürger mit nur einer Staatsangehörigkeit.[138] Beides überzeugt nicht. Loyalitätskonflikte sind bei engen Bindungen in andere Staaten ohnehin nicht zu vermeiden.[139] Dem Argument der Übervorteilung ist zu entgegnen, dass Mitwirkung der Mehrstaater in verschiedenen Staaten nicht zu einem rechtlichen Nachteil der Einfachstaater führt.[140] Hiervon abgesehen gibt es Möglichkeiten, diese Probleme auf der Ebene des Völkervertragsrechts zu lösen. Spanien hat entsprechende Vereinbarungen über eine „herrschende" und eine „ruhende" Staatsangehörigkeit mit verschiedenen südamerikanischen Staaten geschlossen, und es gibt weitere Beispiele für solche „variablen Staatsbürgerschaftsrechte".[141]

3. *Ausländerwahlrecht*

Während die bisher diskutierten Wege an der Bündelung der Statusrechte durch die Staatsangehörigkeit festhalten und die Partizipation durch erleichterte Einbürgerung ermöglichen wollen, würde das Ausländerwahlrecht den Bürgerstatus vollständig entbündeln und auch das Wahlrecht nicht mehr an den Status, sondern an den dauerhaften Aufenthalt knüpfen.[142] In Deutschland hat bekanntlich das Bundesverfas-

---

geben worden (dazu die umfassende Darstellung bei *K. Hailbronner* Mehrfache Staatsangehörigkeit, in: ders./Renner/Maaßen (Fn. 21), 125 ff. Rn. 27ff.; *A. M. Boll* Multiple Nationality and International Law, Leiden-Boston 2007). Die Gründe für die sog. „Übeltheorie" finden sich anschaulich zusammengefasst bei *W. Löwer* Abstammungsprinzip und Mehrstaatigkeit, ZAR 1993, 156ff. (158f.). Vereinzelt wird sogar schon – sicherlich übertrieben – von einem Menschenrecht auf doppelte Staatsangehörigkeit gesprochen (*P. J. Spiro* Dual citizenship as human right, I-CON 8 (2010), 111ff.).

137 *B. Ziemske* Die deutsche Staatsangehörigkeit nach dem Grundgesetz, Berlin 1995, 231.

138 *Löwer* (Fn. 136), 158.

139 Überzeugend *T. Hammar* State, Nation and Dual Citizenship, in: W. R. Brubaker (ed.) Immigration and the Politics of Citizenship in Europe and North America, Lanham-London, 1989, 81ff. (89).

140 *U. Sacksofsky* Mehrfache Staatsangehörigkeit – ein Irregulare?, FS Böckenförde, Berlin 1995, 317ff. (336).

141 Siehe im Einzelnen *Kluth* (Fn. 134), 138f.; *Hailbronner* (Fn. 136), Rn. 31ff.

142 Dazu die allgemeinen konzeptionellen Überlegungen bei *Hammar* (Fn. 114), 169ff. und 191ff.

sungsgericht 1989 in den beiden Verfahren aus Schleswig-Holstein und Hamburg solchen Bestrebungen einen Riegel vorgeschoben, der weitere politische Initiativen stark gebremst hat. Das Thema ist dennoch nicht ganz von der Agenda verschwunden.[143]

Die hierzu vertretenen Positionen sind breit gestreut. Sie reichen von der restriktiven Auffassung, nach der das kommunale Wahlrecht für Ausländer durch Art. 79 Abs. 3 GG iVm. Art. 20 Abs. 2 GG ausgeschlossen sei,[144] bis zu der Einschätzung, dass ein Wahlrecht sogar auf Bundesebene durch einfache Gesetzesänderung eingeführt werden könne.[145] Überwiegend wird eine Verfassungsänderung für erforderlich gehalten.[146]

Jedenfalls die Bindung des verfassungsändernden Gesetzgebers aus Art. 79 Abs. 3 GG ist nach der Ergänzung von Art. 28 Abs. 1 GG um einen Satz 3 zugunsten der Wahlberechtigung von Unionsbürgern nicht mehr überzeugend. Die Argumente, welche für die Beschränkung des Begriffs „Volk" auf die deutschen Staatsangehörigen angeführt werden, differenzieren nicht nach unterschiedlichen Kategorien von Ausländern. Vor dem Maßstab des Art. 116 Abs. 1 GG, den das Bundesverfassungs-

---

143 So enthielt etwa der Koalitionsvertrag zwischen SPD und Bündnis90/Die Grünen aus dem Jahr 1998 eine Klausel, nach der das kommunale Ausländerwahlrecht auch für Drittstaatsangehörige eingeführt werden sollte, vgl. „Aufbruch und Erneuerung – Deutschlands Weg ins 21. Jahrhundert, Koalitionsvereinbarung zwischen der Sozialdemokratischen Partei Deutschlands und BÜNDNIS 90/DIE GRÜNEN, 39, im Internet verfügbar unter http://www.boell.de/downloads/stiftung/1998_koalitionsvertrag.pdf; aus der Literatur siehe insbes. *F. Hanschmann* „Die Ewigkeit dauert lange, besonders gegen Ende" – eine rechtliche (Neu-)Bewertung des kommunalen Wahlrechts für Drittstaatsangehörige, ZParl 2009, 74ff.; *Th. Groß* Das demokratische Defizit bei der Grundrechtsverwirklichung der ausländischen Bevölkerung, KJ 44 (2011), 303ff.; *V. Pfaff* Kommunalwahlrecht für Drittstaater? Eine Polemik, ZAR 2011, 102ff.; aus der ausländischen Literatur etwa *C.M. Rodríguez* Noncitizen voting and the extraconstitutional construction of the polity, I-CON 8 (2010), 30ff.; *D.C. Earnest* Old Nations, New Voters: Nationalism, Transnationalism, and Democracy in the Era of Global Migration, New York 2008.

144 *P. Kirchhof* Die Identität der Verfassung, in: J. Isensee/ders. (Hrsg.) Handbuch des Staatsrechts der Bundesrepublik Deutschland, Bd. II, 3. Aufl. 2004, 261ff. Rn. 79ff. (Rn. 89); *K.-P. Sommermann* in: H. von Mangoldt/F. Klein/C. Starck (Hrsg.) Das Bonner Grundgesetz, Kommentar, Bd. 2, München 2005, Art. 20 Rn. 153.

145 *H. Meyer* Wahlgrundsätze, Wahlverfahren, Wahlprüfung, in: J. Isensee/P. Kirchhof (Hrsg.) Handbuch des Staatsrechts, Bd. III, 3. Aufl. Heidelberg 2005, 543ff. Rn. 7ff. (10).

146 *H. Dreier* in: ders. (Hrsg.) GG-Kommentar, Bd. II, 2. Aufl. Tübingen 2006, Art. 20 (Demokratie) Rn. 94; *E. Schmidt-Aßmann* Verwaltungslegitimation als Rechtsbegriff, AöR 116 (1991), 329 (351); *U. Volkmann* in: Friauf/Höfling (Fn. 34), Art. 20 Rn. 30; *B. Grzeszick* in: Maunz/Dürig (Hrsg.) Grundgesetz-Kommentar, München (Loseblatt; Stand: 65. Ergänzungslieferung; April 2012), Art. 20 II Rn. 80ff. und 87.

gericht in den Mittelpunkt rückt,[147] gibt es keinen Unterschied zwischen nicht-deutschen Unionsbürgern und Drittstaatsangehörigen.[148] Beide Gruppen sind Ausländer. Wenn die Verfassungsänderung des Art. 28 Abs. 1 Satz 3 GG mit Art. 79 Abs. 3 GG vereinbar ist, dann muss folglich auch eine Erstreckung des kommunalen Ausländerwahlrechts auf Drittstaatsangehörige mit Art. 79 Abs. 3 GG vereinbar sein.

Vor dem Hintergrund der oben analysierten Entwicklung des Bürgerstatus kann man aber auch noch einmal die grundsätzliche Frage aufwerfen, ob es richtig ist, den Volksbegriff in Art. 20 Abs. 2 GG auf die deutschen Staatsangehörigen und die ihnen nach Art. 116 Abs. 1 GG gleichgestellten Personen zu beschränken.[149] Das Bundesverfassungsgericht argumentiert mit einer Zusammenschau derjenigen Bestimmungen des Grundgesetzes, die einen Bezug zum Volk aufweisen.[150] Zu diesen gehört aber inzwischen auch die Regelung in Art. 28 Abs. 1 S. 3 GG.

Darüber hinaus hat das Gericht in seiner Lissabon-Entscheidung einen engen Bezug zwischen Demokratie und Menschenwürde hergestellt. Damit erscheint auch die Formulierung aus der Entscheidung zum schleswig-holsteinischen Ausländerwahlrecht in einem neuen Licht, der zu Folge es der demokratischen Idee entspricht, „eine Kongruenz zwischen den Inhabern demokratischer politischer Rechte und den dauerhaft einer bestimmten staatlichen Herrschaft Unterworfenen herzustellen".[151] Im Lissabon-Urteil heißt es nun: „Der Anspruch auf freie und gleiche Teilhabe an den der öffentlichen Gewalt ist in der Würde des Menschen (Art. 1 Abs. 1 GG) verankert." Dies relativiert nicht nur die in den Entscheidungen zum Ausländerwahlrecht und zum Vertrag von Maastricht anklingende Vorstellung von der Notwendigkeit einer vorrechtlichen

---

[147] BVerfGE 83, 37 (51).

[148] Überzeugend *Hanschmann* (Fn. 143), 74ff.

[149] Neben dem BVerfG nachdrücklich für eine Beschränkung auf die deutschen Staatsangehörigen *E.-W. Böckenförde* Demokratie als Verfassungsprinzip, in: Isensee/Kirchhof (Fn. 144), 429ff. Rn. 26ff.; *J. Isensee* Die staatsrechtliche Stellung des Ausländers in der Bundesrepublik Deutschland, VVDStRL 34 (1974), 49ff. (91ff.); *ders.* Abschied der Demokratie vom Demos? Ausländerwahlrecht als Identitätsfrage für Volk, Demokratie und Verfassung, FS Mikat, Berlin 1989, 705 ff.; dem folgt die Kommentarliteratur weitgehend, siehe *H. Dreier* in: ders. (Hrsg.) GG-Kommentar, Bd. II, 2. Aufl. Tübingen 2006, Art. 20 (Demokratie) Rn. 94; siehe daneben auch *M. Jestaedt* Demokratieprinzip und Kondominialverwaltung, Berlin 1993, 207ff.

[150] BVerfGE 83, 37 (51).

[151] BVerfGE 83, 37 (52); vgl. dazu auch *A. Tschentscher* Demokratische Legitimation der Dritten Gewalt, Tübingen 2006, 27 und 64ff.

Homogenität,[152] sondern es muss sich angesichts der zentralen Bedeutung der Menschenwürde für die deutsche Verfassungsordnung auch in einer großzügigeren Herangehensweise an die Interpretation des Volksbegriffs in Art. 20 Abs. 2 GG niederschlagen.[153]

Die Zurückweisung dieser Konsequenz durch *Klaus Ferdinand Gärditz* und *Christian Hillgruber* überzeugt nicht. Es ist zwar richtig, dass „das Volk sich als politisches Herrschaftssubjekt nicht nach dem Menschsein schlechthin, sondern nach selbst geschaffenen normativen Kriterien ein-[setzt], was immer reziprok den Ausschluss derjenigen von der politischen Herrschaft bedeutet, die nicht Bestandteil des durch demokratisches Recht definierten Volkes sind."[154] Aber es würde mit dem Ausländerwahlrecht ja auch kein universelles Mitwirkungsrecht aller Menschen geschaffen, sondern es würden andere Kriterien von Inklusion und Exklusion zugelassen als allein die Staatsangehörigkeit.[155] Selbstverständlich nehmen diejenigen Staaten, die ein Ausländerwahlrecht kennen, Abgrenzungen vor, etwa indem sie einen Mindestaufenthalt im Land fordern.[156] Unter Legitimationsgesichtspunkten ist entscheidend, dass die das Ausländerwahlrecht tragende Zuordnung zum Bundesgebiet nicht beliebig locker sein darf.[157] Von der Wahrung dieses Mindestkriteriums kann man aber bei dem in Frage kommenden Personenkreis von Ausländern mit dauerhaftem Aufenthalt ausgehen. Ich verweise noch einmal auf die Statistik zur Aufenthaltsdauer.

---

[152] Vgl. dazu auch die demokratie-theoretische Analyse bei *S. Unger* Das Verfassungsprinzip der Demokratie, Tübingen 2008, 56 ff. (holistisch-monistisches Demokratieverständnis); zur Diskussion um das Homogenitätsargument in der Maastricht-Entscheidung des Bundesverfassungsgerichts (BVerfGE 89, 155 (186)), *J. H. H. Weiler* Der Staat „über alles", Demos, Telos und die Maastricht-Entscheidung des Bundesverfassungsgerichts, JöR 44 (1996), 91 ff.; *B.-O. Bryde* Die bundesrepublikanische Volksdemokratie als Irrweg der Demokratietheorie, Staatswissenschaft und Staatspraxis 1994, 305 ff.; *I. Pernice* Carl Schmitt, Rudolf Smend und die Europäische Integration, AöR 120 (1995), 100 ff.; zum Ganzen umfassend *F. Hanschmann* Der Begriff der Homogenität in der Verfassungslehre und Europarechtswissenschaft, Heidelberg u.a. 2008.

[153] So zu Recht *D. Thym* Europäische Integration im Schatten souveräner Staatlichkeit, Der Staat 49 (2010), 559 ff. (583).

[154] *K. F. Gärditz/C. Hillgruber* Volkssouveränität und Demokratie ernst genommen – Zum Lissabon-Urteil des BVerfG, JZ 2009, 872 ff. (873).

[155] So auch die demokratie-theoretische Aussage bei *C. Möllers* Demokratie – Zumutungen und Versprechen, 2. Aufl. Berlin 2009, 24 f.

[156] Für Neuseeland Section 74 Electoral Act 1993; dazu *Rodríguez* (Fn. 143), 41: "The noncitizen voting rule does not create a universal polity; it merely pushes the decision about whom to include to the point at which the immigration laws are made, rather than placing it at the point of screening for citizenship."

[157] *Schmidt-Aßmann* (Fn. 146), 351.

Auch das Argument von der Schicksalsgemeinschaft, welches in der Diskussion um das kommunale Ausländerwahlrecht eine wichtige Rolle gespielt hat,[158] vermag angesichts der Entwicklungen beim menschenrechtlich gefestigten dauerhaften Aufenthalt nicht mehr zu überzeugen. Es ist hier eine Verbundenheit entstanden, die sich vielleicht nicht in gleicher Weise als „Schicksalsgemeinschaft" überhöhen lässt, wie das bei den Begriffen „Volk" oder „Nation" der Fall ist.[159] Aber einfach durch staatlichen Akt auflösen kann man sie eben auch nicht mehr. Eine Gleichsetzung von Ausländern mit „Transitbürgern"[160] ist vor dem Hintergrund des Migrationsgeschehens nicht mehr zutreffend.[161] Im Ergebnis liegt die Frage des Ausländerwahlrechts in den Händen des verfassungsändernden Gesetzgebers.[162] Um es abschließend mit einem amerikanischen Beobachter der deutschen Entwicklung auf den Punkt zu bringen: „Nur Staatsangehörige haben einen Anspruch auf das Wahlrecht. Aber sie können das Wahlrecht mit anderen teilen."[163]

Was bedeutet dies nun für das Verhältnis von Integration und Bürgerstatus?

---

158 *Isensee* Abschied der Demokratie vom Demos? (Fn. 149), 710; *ders.* Antragsschrift im Verfahren gegen das kommunale Ausländerwahlrecht in Schleswig-Holstein, abgedruckt in: ders./E. Schmidt-Jortzig (Hrsg.) Das Ausländerwahlrecht vor dem Bundesverfassungsgericht, Heidelberg 1993, 1ff. (16, 28); ebenso *P.M. Huber* in: M. Sachs (Hrsg.) GG-Kommentar, 6. Aufl. München 2011, Präambel Rn. 16, wo auf „das deutsche Volk als Schicksals- und Handlungsgemeinschaft (Nation)" Bezug genommen wird.

159 Zu den unterschiedlichen staatsangehörigkeitsrechtlichen Leitbildern in Deutschland und Frankreich *Brubaker* (Fn. 113), 234, dazu auch die Besprechungen von *D. Gosewinkel* Staatsangehörigkeit in Deutschland und Frankreich, im 19. und 20. Jahrhundert, in: C. Conrad/J. Kocka (Hrsg.) Staatsbürgerschaft in Europa, Hamburg 2001, 48ff.

160 *Isensee* Die staatsrechtliche Stellung (Fn. 149), 93.

161 *S. Oeter* Allgemeines Wahlrecht und Ausschluss von der Wahlberechtigung: Welche Vorgaben enthält das Grundgesetz?, in: U. Davy (Hrsg.) Politische Integration der ausländischen Wohnbevölkerung, Baden-Baden 1999, 30ff. (41f.); *S. Lenski* Der Bürgerstatus im Lichte von Migration und Europäisierung, DVBl. 2012, 1057ff. (1063f.).

162 *C. Gusy/K. Ziegler* Der Volksbegriff des Grundgesetzes: Ist die Position des Bundesverfassungsgerichts alternativlos?, in: Davy (Fn. 161), 222ff. (245f.).

163 "The right to have a right to vote is reserved to citizens, but the right to vote can be shared with others." *G. L. Newman* "We are the People": Alien Suffrage in German and American Perspective, Michigan Journal of Int'l Law 13 (1991), 259ff. (334).

IV. Integration als Prozess – Bürgerstatus als Zustand?

Integration ist ein Prozess des Hineinwachsens eines Individuums in eine kulturelle, sprachliche, soziale und politische Gemeinschaft und sie ist auch ein Prozess des Zusammenwachsens einer solchen Gemeinschaft.[164] Es versteht sich deshalb eigentlich von selbst, dass punktuelle Ereignisse, wie die Einbürgerung oder die Zuerkennung des Wahlrechts, nicht schon *per se* entscheidende Integrationseffekte erzeugen können.[165] Auch sie sind eben nur einzelne Schritte in einem Prozess. Der Begriff des Bürgerstatus suggeriert demgegenüber ein Angekommensein. Schon begrifflich geht es um einen Zustand, nicht um Veränderung.[166] Der Begriff bildet das Prozesshafte der Integration nur unzureichend ab. In einer durch Migration geprägten Gesellschaft geht es vor allem um das Bürgerwerden, weniger um das Bürgersein.[167] In den Sozialwissenschaften wird deshalb der prozesshafte Charakter des Bürgerstatus betont.[168] Rechtlich erscheint es demgegenüber auf den ersten Blick ausgeschlossen, einen Status als Prozess zu verstehen, wenn man an der binären Codierung festhalten will.

Aber die in diesem Bericht analysierte Überlagerung des Bürgerstatus durch den nationalen und internationalen Grund- und Menschenrechtsschutz eröffnet doch eine prozesshafte Perspektive auf den Bürgerstatus. Man kann die Entwicklung nämlich so deuten, dass ein *Zustand* durch einen *Prozess der Annäherung* ersetzt wird. Die Entbündelung des Status, verbunden mit dem Festhalten am binären Code für die Staatsangehörigkeit und der Zuweisung einzelner Statusrechte unabhängig vom Status als solchem, ermöglicht genau jene Differenzierungen, die ein am Zustand des Bürgerseins orientiertes Verständnis vom Bürgerstatus ausschließen würde. Es wird möglich, Bürgerrechte zu haben, ohne die Staatsange-

---

[164] Grundlegend *R. Smend* Verfassung und Verfassungsrecht, abgedruckt in: ders., Staatsrechtliche Abhandlungen, 3. wiederum erweiterte Auflage 1994, 119ff. (136ff. und 142ff.); dazu *St. Korioth* Europäische und nationale Identität: Integration durch Verfassungsrecht?, VVDStRL 62 (2003), 122f.

[165] Dazu die Skepsis bei *Oeter* (Fn. 161), 56.

[166] Dieser Gesichtspunkt wird auch betont bei *Lenski* (Fn. 161), 1059ff.

[167] Dieser Punkt wird besonders betont bei *C. Joppke* Immigration and the Nation State, Oxford 1999, 199 ff.; siehe auch den programmatischen Titel bei *G. D'Amato* Vom Ausländer zum Bürger, Münster 1998.

[168] Vgl. die Nachweise oben in Fn. 20; dies wirkt in der englischen Terminologie („citizenship as process") weniger widersprüchlich, als das bei der deutschen Übersetzung „Bürgerstatus als Prozess" der Fall ist (was auch die Attraktivität des englischen Begriffs gegenüber dem deutschen ein Stück weit erklären mag).

hörigkeit zu besitzen.[169] Die Rede vom „ausländischen Mitbürger“ ist dann nicht mehr paradox,[170] sondern sie bildet die Entwicklung sprachlich ab.

V. Schlussbemerkung

Betrachtet man zum Abschluss die Gesamtentwicklung seit der in der Einleitung zitierten Entscheidung des U.S. Supreme Court, so wird deutlich welchen enormen Veränderungsprozess das Völkerrecht in den vergangenen 60 Jahren durchlaufen hat. Die von Justice *Jackson* verfasste Entscheidung, in der die Ausweisung als „Verteidigung und Vergeltung“ qualifiziert wird und in der von der „traditionelle[n] Macht der Nation über den Fremden“ die Rede ist,[171] ist einer Zeit verhaftet, in der Interessenausgleich und Machtkoordination zwischen Staaten die zentralen Regelungsanliegen des Völkerrechts waren. Die Analyse zum Bürgerstatus zeigt demgegenüber nicht nur, dass das moderne Völkerrecht individuelle Rechtspositionen begründet,[172] und damit den Status von Ausländern in vielen Bereichen demjenigen von Inländern annähert, sondern sie belegt auch das Hineinwirken dieser Rechtspositionen in die innerstaatlichen Rechtsordnungen.[173] Der universelle Anspruch der Menschenrechte wirft damit ein neues Licht auf den Begriff des Weltbürgers. Dieser ist zwar vorbelastet mit einerseits manchen elitären und idealistischen Vor-

---

169 Über einen allmählichen Zuwachs dieser Rechte wird eine schrittweise Annäherung möglich. Das führt *de facto* zu einer Entnationalisierung der Statusrechte und damit mittelbar auch der Staatsbürgerschaft, vgl. dazu die Überlegungen bei *H. Kleger* Transnationale Staatsbürgerschaft oder: Lässt sich Staatsbürgerschaft entnationalisieren?, in: F. Paychère (Hrsg.) Herausforderungen an das Recht am Ende des 20. Jahrhunderts, ARSP Beiheft 62, Stuttgart 1995, 85 ff.; ähnlich *R. Bauböck* Citizenship and migration – concepts and controversies, in: ders. (ed.) Migration and Citizenship – Legal Status, Rights and Political Participation, Amsterdam 2006, 14 ff. (22 f.); ob sich zu einem späteren Zeitpunkt über die Anbindung des Bürgerstatus an den dauerhaften Aufenthalt wieder eine vergleichbare Bündelung erreichen lässt, ist eine andere Frage. In der Literatur werden entsprechende Konzeptionen vertreten, siehe *Kostakopolou* (Fn. 6), 112 ff.

170 *Isensee* Diskussionsbemerkung, VVDStRL 55 (1996), 140.

171 Vgl. die Zitate oben in Fn. 2.

172 Dazu die Grundlegung eines „subjektiven internationalen Rechts“ bei *A. Peters* Das subjektive internationale Recht, JöR N.F. 59 (2011), 411 ff.

173 Hieran zeigt sich der durch den internationalen Menschenrechtsschutz begründete „fundamentale Paradigmenwechsel“ im Völkerrecht, *M. Kotzur* Theorieelemente des internationalen Menschenrechtsschutzes, Berlin 2001, 143.

stellungen vom Kosmopolitismus der Aufklärungszeit[174] und andererseits utopischen Anklängen an einen Weltstaat.[175] Man sollte sich davon aber nicht irritieren lassen. In der Vermittlung von Bürgerrechten durch den internationalen Menschenrechtsschutz liegt der Kern für einen Bürgerstatus jenseits des Staates.[176]

---

[174] Vgl. die Hinweise bei *S. Thielking* Weltbürgertum. Kosmopolitische Ideen in Literatur und politischer Publizistik seit dem 18. Jahrhundert, München 2000, 24 ff.; *A. Albrecht* Kosmopolitismus. Weltbürgerdiskurse in Literatur, Philosophie und Publizistik um 1800, Berlin-New York 2005, 391 ff.; *P. Coulmas* Weltbürger. Geschichte einer Menschheitssehnsucht, Reinbek bei Hamburg 1990, 341 ff.

[175] *D. Held* Cosmopolitanism. Ideals and Realities, Cambridge 2010; *O. Höffe* Demokratie im Zeitalter der Globalisierung, München 1999, 335 ff.; vgl. auch die entsprechende Kritik bei *Tomuschat* (Fn. 24), 79.

[176] So auch die Tendenz bei *K. Dicke* Der Fremde als Weltbürger. Zur Tradition und Relevanz des Kosmopolitismus, in: J. Dummer/M. Vielberg (Hrsg.) Der Fremde – Freund oder Feind? Stuttgart 2004, 43 ff. (54); *D. Thürer* „Citizenship" und Demokratieprinzip: „Föderative" Ausgestaltungen im innerstaatlichen, europäischen und globalen Rechtskreis, in: H. Brunkhorst/M. Kettner (Hrsg.) Globalisierung und Demokratie, Frankfurt 2000, 177 ff. (205).

Leitsätze des 1. Referenten über:

Der Bürgerstatus im Lichte von Migration und europäischer Integration

1. Staatsangehörigkeit bezeichnet die formale Zuordnung einer Person zu einem Staat, Staatsbürgerschaft umfasst die materiellen Rechtspositionen des Individuums, einschließlich etwaiger Pflichten.

2. Die Begründung eines Status erfolgt durch eine rechtsförmige Entscheidung und nach einem binären Code, der Zwischenstufen ausschließt. Üblicherweise knüpft die Rechtsordnung ein Bündel von Rechten und Pflichten an den Status (Statusfolgen). Diese Struktur hat den Vorteil der Rechtsklarheit, wird aber jedenfalls dann mit einem Differenzierungsnachteil erkauft, wenn die Statusrechte exklusiv über den Status vermittelt werden.

3. Das Rechtebündel umfasst typischerweise das Aufenthalts- und Freizügigkeitsrecht, Rechte der wirtschaftlichen Betätigung, politische Mitwirkungsrechte an der organisierten Staatswillensbildung und für die Kommunikation im öffentlichen Raum, sowie schließlich einen Anspruch auf Unterstützung durch die Solidargemeinschaft.

4. Die bürgerlichen Grundpflichten (Gesetzesgehorsam, allgemeine Wehr- und Steuerpflicht, Eigentumsabtretungspflicht) unterscheiden – mit Ausnahme der inzwischen allerdings abgeschafften Wehrpflicht – nicht in nennenswerter Weise zwischen Ausländern und Staatsangehörigen.

5. Klare Konturen erhält der Bürgerstatus, wenn man ihn auf Staatsangehörigkeit und Staatsbürgerschaft bezieht, also die formale Zugehörigkeit und die vollumfängliche materielle Berechtigung aus den gerade beschriebenen Rechtspositionen als Charakteristika des Bürgerstatus ansieht.

6. Der Mikrozensus erhebt seit 2005 den Migrationshintergrund der Wohnbevölkerung. Der Migrationshintergrund definiert sich entweder über den Zuzug nach Deutschland nach 1949, die Geburt als Ausländer in Deutschland oder die Geburt als Deutscher in Deutschland, wenn zumindest ein Elternteil nach Deutschland zugezogen oder als Ausländer in Deutschland geboren wurde. Danach hatte im Jahr 2011 ein Anteil von 19,5% an der Gesamtbevölkerung einen Migrationshintergrund. 10,7% der Bevölkerung hatte einen Migrationshintergrund bei Besitz der deutschen Staats-

angehörigkeit. Der Ausländeranteil an der Gesamtbevölkerung lag entsprechend bei 8,8%. Nach den Angaben im Migrationsbericht 2010 lebten zum Ende des Jahres 2010 gut zwei Drittel (67,4%) der ausländischen Bevölkerung seit über zehn Jahren in Deutschland, bei 39,1% sind es mehr als zwanzig Jahre und exakt ein Viertel lebt sogar seit über dreißig Jahren in Deutschland. Die durchschnittliche Aufenthaltsdauer beträgt derzeit 19,0 Jahre. Fast drei Viertel der Ausländer erfüllen eine der Einbürgerungsvoraussetzungen, ohne aber von der Möglichkeit der Einbürgerung Gebrauch gemacht zu haben.

7. Der Bürgerstatus wird in zentralen Bereichen durch die nationale und internationale Menschenrechtsentwicklung überlagert.

a) Inzwischen ist in der Rechtsprechung des Europäischen Gerichtshofs für Menschenrechte die Figur des Langzeitmigranten anerkannt, dessen Integration in den Aufenthaltsstaat in den Schutzbereich des Privatlebens nach Art. 8 EMRK fällt. Darüber hinaus hat der Gerichtshof akzeptiert, dass Migranten unter bestimmten Umständen ein legitimes Interesse daran haben könnten, sich dauerhaft in einem fremden Staat aufzuhalten, ohne dessen Staatsangehörigkeit zu erwerben.

b) Neben der Freizügigkeit für Unionsbürger dürften sich die arbeitnehmerbezogenen Schutzrechte aus der Grundrechte-Charta auf die Rechtstellung jedenfalls solcher Drittstaatsangehöriger auswirken, die im Hoheitsgebiet der Mitgliedstaaten „arbeiten dürfen".

c) Weder die EMRK noch der internationale Pakt über bürgerliche und politische Rechte unterscheiden hinsichtlich der politischen Mitwirkungsrechte nach der Staatsangehörigkeit. Die Ausnahme in Art. 16 EMRK beschränkt sich auf den Kernbereich des politischen Prozesses und wird zu Recht für überholt gehalten.

d) Der EGMR und das Bundesverfassungsgerichts verlangen bei Differenzierungen nach der Staatsangehörigkeit einen sachlichen Grund, der gerade nicht allein in der ausländischen Staatsangehörigkeit liegen darf. Im Ergebnis folgen damit Ansprüche auf Unterstützung durch die Solidargemeinschaft grund- und menschenrechtlichen Maßstäben der Gleichheit, die sich überwiegend an der Situation eigener Staatsangehöriger orientieren.

8. Es gibt keinen allgemeinen menschenrechtlichen Anspruch auf eine bestimmte Staatsangehörigkeit. Allerdings ist die diskriminierende Vergabe der Staatsangehörigkeit durch das allgemeine Diskriminierungsverbot (etwa des Art. 14 EMRK) untersagt.

9. Die Unionsbürgerschaft bündelt Rechte der Mobilität, der Gleichbehandlung und – begrenzt auf das Kommunalwahlrecht – der politischen Mitwirkung. Sie fügt sich in die Entwicklung, nach der die Statusrechte des Bürgerstatus inzwischen vielfach eher vom gefestigten Aufenthalt abhängen als vom formalen Band der Staatsangehörigkeit.

10. Die Richtlinie 2003/109/EG betreffend die Rechtsstellung der langfristig aufenthaltsberechtigten Drittstaatsangehörigen wird dazu führen, dass die Zahl derjenigen weiter zunimmt, die einen mehr oder weniger großen Teil der Statusrechte in Anspruch nehmen können, ohne die Staatsbürgerschaft zu besitzen.

11. Die grund- und menschenrechtliche Entwicklung bewirkt eine „Entbündelung" der Statusrechte. Binär wird nur noch bei der Staatsangehörigkeit entschieden. Die materiellen Rechte der Staatsbürgerschaft, insbesondere ein dauerhaftes Aufenthaltsrecht, werden hingegen inzwischen weitgehend unabhängig von der Staatsangehörigkeit zugewiesen. Dies führt dazu, dass sich Migranten mit dauerhaftem Aufenthaltsrecht hinsichtlich des Bürgerstatus in der Praxis letztlich nur noch beim Wahlrecht von den Staatsangehörigen unterscheiden. Die hierdurch entstehende Ungleichheit kann für die repräsentative Demokratie zum Krisenfall werden, denn es droht eine Inkongruenz „zwischen den Inhabern demokratischer politischer Rechte und den dauerhaft einer bestimmten staatlichen Herrschaft Unterworfenen".

12. Der großzügigere Zugang zur deutschen Staatsangehörigkeit seit der Reform zum 1. Januar 2000 hat das Mitwirkungsproblem nicht beseitigt. Im Jahr 2011 wurden ca. 107.000 Personen eingebürgert; das entspricht einer Einbürgerungsquote (bezogen auf den Ausländeranteil an der Gesamtbevölkerung) von 1,44 %. Die sog. Ausschöpfung des Einbürgerungspotentials, also die Einbürgerungsquote bezogen auf alle grundsätzlich einen Einbürgerungstatbestand erfüllenden Ausländer, liegt bei 2,44 %.

13. In der Einbürgerungspraxis überwiegt inzwischen die Hinnahme der Mehrstaatigkeit (im Jahr 2011: 50,4 % zu 49,6 %). Maßgeblich hierfür sind insbesondere hohe Quoten der Mehrstaatigkeit bei Einbürgerungen aus Amerika (78,8 %), Afrika (61,9 %) und Asien (57,2 %). Dagegen ist die Hinnahme von Mehrstaatigkeit für europäische Nichtunionsbürger vergleichsweise gering. Für die Kandidatenländer (Kroatien, Mazedonien, Montenegro und die Türkei) liegt sie bei 25,6 %, für das sonstige Europa (mit Ausnahme des Europäischen Wirtschaftsraums und der Schweiz) beträgt sie 26,4 %. Hierdurch entstehen Ungleichheiten, die möglicherweise einer Prüfung anhand des Unionsrechts (beim Verlust der Unionsbürgerschaft durch die Optionspflicht) und der EMRK nicht standhalten werden.

14. Seit der Ergänzung von Art. 28 Abs. 1 GG um einen Satz 3 zugunsten der kommunalen Wahlberechtigung von Unionsbürgern ist es nicht mehr überzeugend, ein allgemeines Kommunalwahlrecht für Ausländer als Verstoß gegen Art. 79 Abs. 3 GG anzusehen. Vor dem Maßstab des Art. 116 Abs. 1 GG, den das Bundesverfassungsgericht in den Mittelpunkt rückt, gibt es keinen Unterschied zwischen nicht-deutschen Unionsbürgern und Drittstaatsangehörigen. Beide Gruppen sind Ausländer.

15. Die Gesamtentwicklung beim Bürgerstatus gibt Anlass, noch einmal die grundsätzliche Frage nach der Beschränkung des Volksbegriffs in Art. 20 Abs. 2 GG auf die deutschen Staatsangehörigen und die ihnen nach Art. 116 Abs. 1 GG gleichgestellten Personen aufzuwerfen. In der Lissabon-Entscheidung des Bundesverfassungsgerichts wird einen enger Bezug zwischen Demokratie und Menschenwürde hergestellt: „Der Anspruch auf freie und gleiche Teilhabe an der öffentlichen Gewalt ist in der Würde des Menschen (Art. 1 Abs. 1 GG) verankert." Dieser Ansatz muss sich angesichts der zentralen Bedeutung der Menschenwürde für die deutsche Verfassungsordnung in einer großzügigeren Interpretation des Volksbegriffs in Art. 20 Abs. 2 GG niederschlagen.

16. Der Begriff „Bürgerstatus" bildet das Prozesshafte gesellschaftlicher Integration nur unzureichend ab. In einer durch Migration geprägten Gesellschaft geht es viel mehr um das Bürgerwerden als um das Bürgersein. Die „Entbündelung" der Statusrechte erweist sich als notwendige Flexibilisierung. Es wird möglich, Bürgerrechte zu haben, ohne die Staatsangehörigkeit zu besitzen.

Erster Beratungsgegenstand:

Der Bürgerstatus im Lichte von Migration und europäischer Integration

2. Referat von Professor Dr. *Klaus Ferdinand Gärditz*, Bonn*

Inhalt

* Für kritische Durchsicht und Diskussion von Entwürfen des Vortrages sowie für wertvolle Anregungen danke ich sehr herzlich *Wolfgang Durner, Klaus Frey, Wolfgang Kahl, Johannes Orth* und *Hendrik Steudel.*

I. Territorialität von Herrschaft – Personalität von Herrschaftslegitimation

Als im Jahr 2000 der Konzeptkünstler *Hans Haacke* der Inschrift „Dem Deutschen Volke“ am Reichstagsgebäude einen Pflanzkasten mit dem Schriftzug „Der Bevölkerung“ gegenüberstellte, verwies er auf „die Feststellung, dass die im Parlament verhandelten Fragen alle Bürger gleichermaßen betreffen.“[1] Die Provokation ging auf und löste eine kontroverse Bundestagsdebatte aus,[2] in deren Rahmen eine Abgeordnete das Kunstwerk als Ausdruck „demokratischer Territorialität“ deutete.[3] Damit wären wir mitten im Thema.

Migration und europäische Integration berühren das personale Substrat des Staates[4] und aktualisieren ein latentes Spannungsverhältnis im Fundament demokratischer Verfassungsstaaten:[5] Der moderne Staat als Herrschaftsverband ist Territorialstaat, der sich gerade durch

---

[1] Projektbeschreibung, wiedergegeben in einem Flyer des Deutschen Bundestages, abrufbar unter http://www.bundestag.de/kulturundgeschichte/kunst/kuenstler/haacke/haacke_flyer.pdf.

[2] Siehe Plenarprotokoll 14. WP/97. Sitzung v. 5. 4. 2000, 9034ff.; Dokumentation der öffentlichen Begleitdebatte bei *M. Diers*/*K. König* (Hrsg.) Der Bevölkerung, 2000. Aus verfassungsrechtlicher Sicht kritisch *D. Murswiek* FS Hartmut Schiedermair, 211 (223ff.), der das Kunstprojekt als solches (!) für verfassungswidrig erachtet, was weder die Maßstäbe für die Beurteilung eines unter Art. 5 Abs. 3 Satz 1 GG fallenden Kunstwerks noch die Freiheit des Bundestags bei der rechtsfolgenlosen Selbstdarstellung, die nicht Thema der Art. 20 Abs. 2, 38 Abs. 1 Satz 2, 79 Abs. 3 GG ist, zutreffend bestimmt; er weist aber im Übrigen zutreffend auf die Verkennung der spezifischen Repräsentationsfunktion des Parlaments hin.

[3] Abgeordnete *Rita Süssmuth* (CDU/CSU), Plenarprotokoll 14. WP/97. Sitzung v. 5. 4. 2000, 9044.

[4] Dies geschieht in durchaus unterschiedlicher Weise und spiegelt sich auch darin, dass einerseits die Internationalisierung und andererseits die Europäisierung des Migrationsverwaltungsrechts asynchron und teilweise durchaus gegenläufig (im Sinne von Europäisierung als Verdrängung der Internationalisierung) verlief, vgl. die Beobachtungen von *J. Bast* in: C. Möllers/A. Voßkuhle/C. Walter (Hrsg.) Internationales Verwaltungsrecht, 2007, 279ff. Jeweils wird aber gesellschaftliche Permeabilität abgebildet, so zutreffend *J. Habermas* in: ders., Ach, Europa, 2008, 88 (92f.).

[5] Eine andere Gegenläufigkeit, mit der hier beschriebenen – wie sich zeigen wird – durchaus verwandt, mag man in der Gründung des Verfassungsstaates auf den kosmopolitischen Menschenrechten einerseits und der nationalstaatlichen Demokratie andererseits sehen, so *J. Isensee* VVDStRL 62 (2003), 208; zu den Antagonismen auch *S. Oeter* VVDStRL 67 (2008), 205.

Territorialisierung von mittelalterlichen Personenverbänden[6] abgelöst hat.[7] Demokratie ruht demgegenüber auf einer personalen Legitimationsstruktur von Herrschaft.[8] Die vielfältigen Entgrenzungen, die mit einer Öffnung der Staaten[9] und der Globalisierung[10] sozialer Zusammenhänge

---

[6] Prägend *H. Mitteis* Der Staat des Hohen Mittelalters, 5. Aufl. 1955, 4f., 10, 42; ferner (insbesondere auch zur mangelnden territorialen Radizierung) *W. Reinhard* Geschichte der Staatsgewalt, 2. Aufl. 2000, 31, 42f. Zu dinglichen Elementen des Lehnrechts, die die prädominante personale Komponente ergänzten, siehe *H. Mitteis* Lehnrecht und Staatsgewalt, 1972, 107ff., 500ff., 522; *S. Wiessner* Die Funktion der Staatsangehörigkeit, 1989, 98f.; grundlegend *O. Brunner* Land und Herrschaft, 5. Aufl. 1965. Die Staatsangehörigkeit als Produkt territorialer Radizierung ist demgegenüber eine vergleichsweise junge Institution, die erst Ende des 18. Jahrhunderts auftaucht und sich von früheren Formen bürgerschaftlicher Bindung unterscheidet. Siehe *R. Grawert* Staat und Staatsangehörigkeit, 1973, 22ff.

[7] Vgl. *U. Di Fabio* in: W. Brugger/G. Haverkate (Hrsg.) Grenzen als Thema der Rechts- und Sozialphilosophie, 2002, 153ff.; *K. F. Gärditz* Weltrechtspflege, 2006, 39, 45ff.; *W. Graf Vitzthum* in: J. Isensee/P. Kirchhof (Hrsg.) HStR II, 3. Aufl. 2004, § 18 Rn. 2, 4; *M. Heintzen* Der Staat 36 (1997), 327 (329); aA offenbar *D. Gosewinkel* FS Ernst-Wolfgang Böckenförde, 1995, 359. Eine primär personale und entterritorialisierte Vermittlung von Recht durch bloße Mitgliedschaft ist daher vor allem ein Element religiöser Rechtssysteme geblieben, die Gläubige meist universell (und auch in der Diaspora sowie als autonomes Recht unabhängig vom jeweils territorial geltenden staatlichen Recht) adressieren wollen. Vgl. mit bewunderndem Pathos *J.-J. Rousseau* Politische Schriften, Bd. 1, 2. Aufl. 1995, 230f.; für die christlichen Kirchenrechte *H. de Wall/S. Muckel* Kirchenrecht, 2009, § 17 Rn. 4 ff., § 26 Rn. 1ff.; das klassische islamische Recht kombiniert territoriale und personale Elemente (scil. Gebiet des Islam mit Sonderrecht für Ungläubige, religiöse Pflichten der Muslime in der Diaspora), vgl. *M. Rohe* Das islamische Recht, 2. Aufl. 2009, 149ff., 275ff.; *I. K. Salem* Islam und Völkerrecht, 1984, 59ff.

[8] Hierin sieht *I. Maus* Über Volkssouveränität, 2011, 14, eine Ersetzung des Territorialprinzips durch die Selbstbestimmung des Personenverbandes. Dies ist freilich ungenau und unvollständig, weil – wie zu zeigen sein wird – auch das Territorialprinzip wirkmächtig bleibt und sich beide Verankerungen von Herrschaft in komplexen Wechsel-, mitunter auch Konkurrenzbeziehungen überlagern.

[9] Stellvertretend statt vieler *U. Di Fabio* Das Recht offener Staaten, 1998; *S. Hobe* Der offene Verfassungsstaat zwischen Souveränität und Interdependenz, 1998; *C. Tietje* Internationalisiertes Verwaltungshandeln, 2001; *R. Wahl* in: G. F. Schuppert/I. Pernice/U. Haltern (Hrsg.) Europawissenschaft, 2005, 147ff.

[10] *M. Kment* Grenzüberschreitendes Verwaltungshandeln, 2011, 12ff.; *G. Nolte* Das Verfassungsrecht vor den Herausforderungen der Globalisierung, VVDStRL 67 (2008), 129ff.; *R. Poscher* Das Verfassungsrecht vor den Herausforderungen der Globalisierung, VVDStRL 67 (2008), 160 ff.; *M. Ruffert* Die Globalisierung als Herausforderung an das Öffentliche Recht, 2004; *C. Walter* DVBl. 2000, 1ff.

einhergehen,[11] fordern daher zwangsläufig auch die Personalität demokratischer Herrschaftslegitimation heraus.[12]

II. Bürger, Staatsbürger, Staatsangehöriger, Bürgerstatus

Der schillernde[13] Begriff des Bürgers ist – anders als der des Unionsbürgers (Art. 20 AEUV) – im deutschen Recht jenseits des Kommunalrechts[14] kein Rechtsbegriff,[15] sondern meist entweder Chiffre für das Gegenüber

[11] Analytisch *W. Hoffmann-Riem* AöR 130 (2005), 5 (13ff.); *W. Kahl* in: H.-H. Trute/T. Groß/H. C. Röhl/C. Möllers (Hrsg.) Allgemeines Verwaltungsrecht – zur Tragfähigkeit eines Konzepts, 2008, 71 (76ff.); *S. Korioth* Europäische und nationale Identität: Integration durch Verfassungsrecht?, VVDStRL 62 (2003), 117 (119f.); *J. Masing* Wandel im Staatsangehörigkeitsrecht vor den Herausforderungen moderner Migration, 2001, 20ff.; aus soziologischer Sicht ferner stellvertretend *S. Mau* Transnationale Vergesellschaftung: Die Entgrenzung sozialer Lebenswelten, 2007, 17ff.; *R. Stichweh* Inklusion und Exklusion: Studien zur Gesellschaftstheorie, 2009, 145 ff.

[12] Prononciert *S. Benhabib* Law & Ethics of Human Rights 2 (2008), 1 (10f.); *B.-O. Bryde* in: J. Isensee/E. Schmidt-Jortzig (Hrsg.) Das Ausländerwahlrecht vor dem Bundesverfassungsgericht, 1993, 238 (246); *J. Shaw* The Transformation of Citizenship in the European Union, 2007, 243f.; ferner *Di Fabio* (Fn. 9), 134. Am deutlichsten wird dies, wenn ein transnationaler Bürgerstatus menschenrechtlich konstruiert wird, um den nationalstaatlichen Definitionsrahmen zu überwinden; so grundlegend *Y. N. Soysal* Limits of citizenship, 1994, 140ff. Vgl. zurückhaltender auch *B.-O. Bryde* StWuStP 1995, 305 (306, 311): Ermöglichung von Demokratie in kulturell diversifizierten Gesellschaften. Zur komplementären Verschiebung personal identitätsbildender Faktoren *H. Keller* in: A. v. Bogdandy/A. Büchler/H. Keller/H.-P. Mansel/G. Nolte/C. Walter (Hrsg.) Pluralistische Gesellschaften und Internationales Recht, 2008, 39ff.; *Korioth* Identität (Fn. 11), 138.

[13] So auch *S.-C. Lenski* DVBl. 2012, 1057; eingehend zur begrifflichen Unsicherheit bereits *Wiessner* (Fn. 6), 29ff.; ferner *Burgi*/*Durner* Modernisierung des Verwaltungsverfahrensrechts durch Stärkung des VwVfG, 2012, 159f.

[14] Bürger sind nach der gängigen Terminologie die wahlberechtigten Einwohner, vgl. stellvertretend § 21 Abs. 2 GO NW. Eingeschlossen sind damit wahlberechtigte Unionsbürger; ausgeschlossen bleiben Drittstaatsangehörige sowie Personen, die das Wahlalter nicht erreicht bzw. das Wahlrecht anderweitig verloren haben. Siehe hierzu stellvertretend § 7f. KommWahlG NW; *M.-E. Geis* Kommunalrecht, 2008, § 10 Rn. 4ff. Dem gegenübergestellt sind die Einwohner der Gemeinde; der Einwohnerstatus knüpft an den formellen Wohnsitz an, vgl. § 21 Abs. 1 GO NW. Auch Einwohner haben gegenüber den Nichteinwohnern, die sich lediglich vorübergehend im Gemeindegebiet aufhalten, einen privilegierten Rechtsstatus, insbesondere was den Zugang zu kommunalen Leistungen und Einrichtungen betrifft. Siehe *M. Burgi* Kommunalrecht, 3. Aufl. 2010, § 11 Rn. 3ff. Zu den unionsrechtlichen Problemen eingehend *P. M. Huber*/*F. Wollenschläger* Einheimischenmodelle, 2008; *A. Roeßing* Einheimischenprivilegierungen und EG-Recht, 2008.

[15] Anders und unter präziser Benennung der juristischen Ableitungszusammenhänge Art. 37 Abs. 1 BV Schweiz: „Schweizerbürgerin oder Schweizerbürger ist, wer das Bür-

von Herrschaftsausübung[16] oder Bezeichnung der Mitgliedschaft in einem Legitimationssubjekt.[17] Das Bundesverfassungsgericht rekurriert gelegentlich auf den Begriff des Bürgers oder Staatsbürgers,[18] ohne dass damit ein argumentativer Mehrwert verbunden wäre oder stets eine rechtliche Differenz zu Nichtbürgern zum Ausdruck käme. Auch unbeholfene semantische Umarmungsversuche wie der des ‚ausländischen Mitbürgers'

---

gerrecht einer Gemeinde und das Bürgerrecht des Kantons besitzt." Hierzu das Bundesgesetz über Erwerb und Verlust des Schweizer Bürgerrechts (Bürgerrechtsgesetz [BüG]).

[16] Etwa *A. von Arnauld* JöR 59 (2011), 497ff.; *H. Prantl* ZRP 2011, 24 (25). Dieser Begriffsgebrauch ist gerade im Verwaltungsrecht etabliert, wo Bürger meist Synonym für den Einzelnen ist, vgl. stellvertretend *J. Masing* in: W. Hoffmann-Riem/E. Schmidt-Aßmann/A. Voßkuhle (Hrsg.) Grundlagen des Verwaltungsrechts, Bd. I, 2. Aufl. 2012, § 7 Rn. 71ff.

[17] Zu Verwendungskonnotationen eingehend *S. Baer* „Der Bürger" im Verwaltungsrecht, 2006, 7–43.

[18] Die nachfolgenden Beispiele beschränken sich auf ausgewählte Entscheidungen der letzten drei Jahre. Eine eingehende Analyse der wichtigsten Kontexte der Begriffsverwendung von Bürger in der Rechtsprechung findet sich bei *Baer* Bürger (Fn. 17), 34ff. Verwendung im Sinne von allgemeiner Grundrechtsträgerschaft unter (implizitem) Einschluss von Ausländern: BVerfGE 127, 1 (19); 127, 30 (47); 127, 61 (76); 128, 90 (106); 128, 226 (244); BVerfG-K, NVwZ-RR 2010, 905 (906); NJW 2011, 1863 (1864); NJW 2011, 1859 (1860); plastisch auch BVerfG-K, Beschl. v. 28. 11. 2011, 1 BvR 917/09, Rn. 24: Dem Staat komme „anders als dem einzelnen Staatsbürger" kein grundrechtlicher Ehrenschutz zu. Staatsbürger als Synonym für Staatsangehörigkeit: BVerfG-K, EuGRZ 2009, 645; NJW 2011, 3020; Beschl. v. 24. 6. 2010, 1 BvR 3332/08, Rn. 2. Staatsbürger/Aktivbürger/Bürger als Wahlberechtigte: BVerfGE 11, 266 (272); 13, 54 (55, 87, 95); 123, 267 (273); 124, 1 (18); BVerfG, Beschl. v. 4. 7. 2012, 2 BvC 1/11, Rn. 41; Urt. v. 12. 9. 2012, 2 BvR 1390/12 u.a., Rn. 208; abweichende Meinung der Richter *Di Fabio* und *Mellinghoff* in: BVerfG, NVwZ 2012, 33 (42). Siehe auch BVerfGE 123, 39 (69), mit Rekurs auf die „bürgerschaftliche [...] Kontrollierbarkeit" (74). Schlichter semantischer Missgriff: BVerfG-K, NVwZ 2011, 486 (488): „als Österreicher und damit EU-Staatsbürger". Unklar bei BVerfG-K, NJW 2009, 2735, Rn. 18; Beschl. v. 4.5. 2009, 1 BvR 2252/08, Rn. 18, da hier Staatsbürger im Kontext des Deutschengrundrechts der Berufsfreiheit steht. Selbst dort, wo es zentral um Fragen demokratischer Legitimation durch das Volk geht, misst das Gericht den Begriffen offenbar keine qualifizierte Bedeutung zu, wie das Lissabon-Urteil zeigt, BVerfGE 123, 267: „Bürger" im Sinne von wahlberechtigten Deutschen nach Art. 38 Abs. 1 GG (340f.); „Staatsbürger" im gleichen Sinne (373); „Staatsbürgerschaft" im Sinne von Staatsangehörigkeit (358); teils auch explizit „Staatsangehörige" (374, 388, 404 f.) bzw. Staatsangehörigkeit (376); dann auch kreativ der „Staatsangehörigkeitsstatus" (405); in besonderer Verbindung auch bei BVerfGE 123, 267, Ls. 1 (im Urteil selbst nicht mehr verwendet): „die staatsangehörigen Bürger". Vgl. punktuell auch *W. Kluth* ZAR 2009, 329 (335), der nicht ausschließen will, dass sich dahinter eine dezente Botschaft verbirgt. Gemessen an der inkohärenten begrifflichen Vielfalt erscheint mir dies eher unwahrscheinlich. Siehe auch BVerfG, Urt. v. 12. 9. 2012, 2 BvR 1390/12 u.a., Rn. 206/257: Bürger als Wahlbürger/Bürger im Plural als Chiffre für das Legitimationssubjekt Volk.

tragen wenig zur Präzisierung bei. Einen spezifischeren analytischen Wert erhält der Begriff des Bürgerstatus, wenn man ihn als politische Vollmitgliedschaft in der Gesellschaft[19] und damit als Grundlage demokratischer Gleichheit[20] deutet.[21] Basis des Bürgerstatus[22] ist dann die besondere Formalisierungsleistung der Staatsangehörigkeit, mit der unterschiedliche – vor allem auch politische[23] – Rechte verbunden sind[24] und der die Personalhoheit des Staates korrespondiert[25].

---

[19] *R. Dahrendorf* in: B. van Brink/W. van Reijen (Hrsg.) Bürgergesellschaft, Recht und Demokratie, 1995, 29 (33); *C. Jobbke* Citizenship and Immigration, 2010, 3; siehe auch *Shaw* (Fn. 12), 18f.: „citizenship as membership". Beide gehen freilich darüber hinaus und ordnen dem Bürgerstatus neben politischen auch soziale und bürgerliche Rechte zu. Kritisch zu einer Differenz zwischen menschenrechtlichem Status und Bürgerstatus *B.-O. Bryde* StWuStP 1995, 305 (310). Grundlegend für einen holistischen Ansatz *T. H. Marshall* Citizenship and Social Class, 1949.

[20] *P. M. Huber/K. Butzke* NJW 1999, 2769 (2771); *J. Isensee* FS Paul Mikat, 1989, 705 (707); *U. K. Preuß* European Law Journal 1 (1995), 267 (269); *A. Wallrabenstein* in: K. Sahlfeld u.a. (Hrsg.) Integration durch Recht, 2003, 243 (249). Siehe auch BVerfGE 124, 1 (18): „Der Grundsatz der Gleichheit der Wahl in Art. 38 Abs. 1 Satz 1 GG sichert die vom Demokratieprinzip vorausgesetzte Gleichberechtigung der Staatsbürger". Abweichend aber *S.-C. Lenski* DVBl. 2012, 1057 (1063f.), die Art. 116 GG eine Ermächtigung entnehmen möchte, den Bürgerstatus abweichend von der Staatsangehörigkeit (scil. dieser gegenüber erweiternd) zu regeln.

[21] Deutlich BVerfGE 116, 24 (44): „Funktion der Staatsangehörigkeit als verlässliche Grundlage gleichberechtigter Zugehörigkeit". In diesem Sinne etwa als „demokratische Staatsbürgerschaft", die auf Inklusion Freier und Gleicher „in die politische Gemeinschaft" beruhe: *Habermas* in: Europa (Fn. 4), 138 (140). Auch die rechtliche Gleichheit des Bürgerstatus ist keine Selbstverständlichkeit, wie etwa ein Blick nach Großbritannien zeigt, das als Produkt einer imperialen und kolonialen Vergangenheit eine filigrane und vielschichtige Auffächerung der Statusverhältnisse kennt. Siehe *A. Dummett/A. G. L. Nicol* Subjects, Citizens, Aliens and Others: Nationality and Immigration Law, 1990; *M. Loughlin* in: A. von Bogdandy/P. Cruz Villalón/P. M. Huber (Hrsg.) Handbuch Ius Publicum Europaeum, Bd. I, 2007, § 4 Rn. 95.

[22] Ausdrückliche Begriffsbildung bei *S. Kadelbach* in: D. Ehlers (Hrsg.) Europäische Grundrechte und Grundfreiheiten, 3. Aufl. 2009, § 19 Rn. 23.

[23] Vgl. die Verschränkung von Bürgerstatus und Demokratie *S. Kadelbach* in: J. Drexl/K. F. Kreuzer/H. D. Scheuing/U. Sieber (Hrsg.) Europäische Demokratie, 89 (101ff.). Auch *Aristoteles* (Politik, 1275a, zit. nach der von *F. F. Schwarz* übersetzten Ausgabe 2010) bestimmt den Bürgerbegriff durch die „Teilhabe an richterlicher Entscheidung und Herrschaft", also beruhend auf funktionaler Politizität.

[24] BVerfGE 54, 53 (70): Staatsangehörigkeit als ein umfassendes Rechtsverhältnis, aus dem Rechte und Pflichten erwachsen. Für die Staatsbürgerschaft als inhaltliche Ausgestaltung der formellen Staatsangehörigkeit vor allem *B. A. Corral* Der Staat 46 (2007), 349 (356); ferner *R. Grawert* FS 50 Jahre BVerfG, Bd. II, 2001, 319 (329, 333); *Kadelbach* (Fn. 22), § 19 Rn. 22; *S.-C. Lenski* DVBl. 2012, 1057 (1058f.); *U. K. Preuß* European Law Journal 1 (1995), 267 (269ff.). Bisweilen wird aber auch die Staatsangehörigkeit als völkerrechtlicher Zurechnungsgrund und die Staatsbürgerschaft als

Mit den Worten des Bundesverfassungsgerichts: „Die Staatsangehörigkeit ist die rechtliche Voraussetzung für den gleichen staatsbürgerlichen Status, der einerseits gleiche Pflichten, zum anderen und vor allem aber auch die Rechte begründet, durch deren Gewährleistung die Staatsgewalt in der Demokratie legitimiert wird."[26] Normativ gewendet enthält dies auch einen qualitativen Anspruch an die Rechtsordnung.[27] Der formal-

---

innerstaatlicher Status behandelt, so etwa *A. von Arnauld* in: I. von Münch/P. Kunig (Hrsg.) GG, Bd. 1, 6. Aufl. 2012, Art. 16 Rn. 1; *P. Fischer* FS Günther Winkler, 1997, 237 (241f.); teils werden Staatsangehörigkeit und Staatsbürgerschaft aber auch synonym gebraucht, so namentlich BVerfGE 37, 217 (239); 123, 267 (358); insoweit in der Tradition von *G. Jellinek* System der subjektiven öffentlichen Rechte, 2. Aufl. [2. Neudruck] 1919, 116. Siehe aber auch *W. Wengler* FS Walter Schätzel, 1960, 545, der zwischen essentiellen, statusimmanenten und sonstigen Rechtsfolgen differenzieren will. Allerdings weist *I. von Münch* Die deutsche Staatsangehörigkeit, 2007, 17ff., darauf hin, dass der in diesem Kontext gebräuchliche Begriff „Staatsbürgerschaft" gleich doppelt historisch vorbelastet ist: durch die rassistisch diskriminierend konstruierte „Reichsbürgerschaft" des Reichsbürgergesetzes v. 15.9.1935 (RGBl. 1935 I, 1146) und durch die „Staatsbürgerschaft der Deutschen Demokratischen Republik". Freilich handelt es sich um einen älteren, traditionsreichen sowie auch anderweitig verbreiteten Begriff. Siehe nur Art. 33 Abs. 1 GG; *Grawert* ebd., 337; *H. Burger* in: W. Heindl/E. Saurer (Hrsg.) Grenze und Staat, 2000, 1 (96).

25 *E.-W. Böckenförde* in: H. Barion/E.-W. Böckenförde/E. Forsthoff/W. Weber (Hrsg.) FG Carl Schmitt, 1968, 423 (431); *S. Haack* in: J. Isensee/P. Kirchhof (Hrsg.) HStR X, 3. Aufl. 2012, § 205 Rn. 11; *Kadelbach* (Fn. 22), § 19 Rn. 19; *B. Kempen/C. Hillgruber* Völkerrecht, 2007, § 18 Rn. 28; *Wengler* (Fn. 24), 548 ff. Die Staatsangehörigkeit ist ein personales Rechtsverhältnis, nämlich ein auf wechselseitigen Rechten und Pflichten gründendes „Staatsangehörigkeitsband", so EuGH, Urt. v. 26.5.1980, Rs. 149/79 (Kommission/Belgien), Slg. 1980, 3881, Rn. 10; Urt. v. 27.11.1991, Rs. C-4/91 (Annegret Bleis/Ministère de l'Education Nationale), Slg. 1991, I-5627, Rn. 6; zurückgehend auf IGH, Urt. v. 6.4.1955, Nottebohm, ICJ Report 1955, 3 (23): "nationality is a legal bond". Zur darin liegenden unmittelbaren Personalität *Grawert* Staatsangehörigkeit (Fn. 6), 216 ff.

26 BVerfGE 113, 273 (294).

27 Vgl. aussagekräftig BVerfGE 37, 217 (239): Auch das Verständnis der Staatsangehörigkeit „wird verfassungsrechtlich dadurch gekennzeichnet, daß alle Staatsgewalt vom Volke ausgeht (Art. 20 Abs. 2 GG), daß sich die Willensbildung vom Volk zu den Staatsorganen, nicht umgekehrt von den Staatsorganen zum Volk hin vollzieht, und daß die staatsbürgerlichen Rechte und Pflichten, die für jeden Einzelnen mit dem Besitz der Staatsbürgerschaft verbunden sind, zugleich konstituierende Grundlagen des gesamten Gemeinwesens bilden." Das BVerfG rekurriert explizit auch auf die „besondere Verbindung der Bürger zu der von ihnen getragenen freiheitlichen Rechtsordnung", so BVerfGE 113, 273 (294). Dies impliziert zugleich ein Mindestmaß an sozialer Sicherung, durch die die Ausübung individueller Freiheit sowie Teilhabe an demokratischer Selbstbestimmung erst möglich wird (demokratische Funktion des Sozialstaatsprinzips nach Art. 20 Abs. 1 GG). Siehe allgemein zum sozialstaatlichen Schutz von Freiheitsvoraussetzungen *S. Baer* in: W. Hoffmann-Riem/E. Schmidt-Aßmann/A. Voßkuhle (Hrsg.) Grundlagen des Verwaltungsrechts, 2. Aufl. 2012, § 11 Rn. 74f.; *H. M. Heinig*

demokratische Bürgerbegriff öffnet den Zugang zu den politischen Institutionen und Verfahren, um die Regeln des Zusammenlebens demokratisch zu verändern,[28] und hebt sich damit auch von vermeintlich apolitischen Leitbildern des Bürgerlichen ab.[29] Die Formalität der Staats-

Der Sozialstaat im Dienste der Freiheit, 2008; *J. Isensee* in: J. Isensee/P. Kirchhof (Hrsg.) HStR IX, 3. Aufl. 2011, § 191 Rn. 200; *P. Kirchhof* FS Hans F. Zacher, 1998, 323 (329 f.); *K.-P. Sommermann* in: H. von Mangoldt/F. Klein/C. Starck (Hrsg.) GG, Bd. 2, 6. Aufl. 2010, Art. 20 Rn. 110ff. Eine qualitative Beschreibung der Rechtsordnung enthält auch die Kontrastierung des Bürgerstatus zum Untertanenverhältnis. Siehe etwa BVerwGE 1, 159 (161); *von Münch* (Fn. 24), 8; *U. Volkmann* in: T. Vesting/S. Korioth (Hrsg.) Der Eigenwert des Verfassungsrechts, 2011, 23 (29). Auch der Soldat als ‚Bürger in Uniform' ist kein Untertan, vgl. BVerwGE 53, 53 (57). Siehe ferner BVerfGE 45, 297 (335): Der „Stellung des Bürgers im Staat" entspreche die eines Kommunikationspartners der Verwaltung. Zur Entwicklung vom Untertan zum Bürger unter dem Grundgesetz und der katalytischen Funktion des subjektiven Rechts: *C. Schönberger* in: M. Stolleis (Hrsg.) Das Bonner Grundgesetz, 2006, 53 (66, 71ff.). Eine weitsichtige Weichenstellung bildet insoweit das Fürsorge-Urteil: BVerwGE 1, 159, 161f. Von „Untertanschaft" spricht demgegenüber *H. Krüger* Allgemeine Staatslehre, 1964, 820ff. und *passim* (im vorliegenden Kontext vor allem 948), was dort durchaus als Programm zu verstehen ist (vgl. hierzu auch die distanzierte bis ironische Analyse von *P. Badura* JZ 1966, 123ff.).

[28] Für einen „politisch-demokratischen" Bürgerbegriff auch *D. Thürer/M. Frei* ZSR 2004 I, 205 (229).

[29] Paradigmatisch für eine sterile Absonderung von (entpolitisierter) bürgerlicher Freiheit und (entindividualisierter) politischer Verfasstheit *C. Schmitt* Verfassungslehre, 7. Aufl. 1989, 125ff.; kritisch zur verdeckten hintergründigen Ideologie *H. Hofmann* in: C. Starck (Hrsg.) Die Allgemeinheit des Gesetzes, 1987, 9 (10f.). Bürgerlichkeit fungiert insbesondere auch als Chiffre für eine politikabstinente Vertragsgesellschaft, klammert also Fragen der politischen Herrschaftslegitimation entweder aus oder begreift diese strukturell als externe Intervention (vgl. historisch-analytisch *D. Grimm* Das Öffentliche Recht vor der Frage nach seiner Identität, 2012, 14f.). Dies gilt namentlich für (ahistorische) Idealisierungen einer bürgerlichen Gesellschaft (begriffsgeschichtlich zu dieser instruktiv *U. Scheuner* in: H. Quaritsch [Hrsg.] Gesellschaftliche Strukturen als Verfassungsproblem, 1978, 97 [103ff.]), die etwa im Zivilrecht herangezogen werden, um Grundkonzeptionen des BGB wie die Vertragsfreiheit als übergreifende Systementscheidungen einer materiellen Bürgerlichkeit zu hypostasieren. Politische Eingriffe in die Vertragsfreiheit werden dann pauschal als Fremdkörper angesehen, die schematische und überzogene Abwehrreflexe auslösen, wie stellvertretend die Diskussionen zum Verbraucherschutz- und Anti-Diskriminierungsrecht zeigen. Referierend hierzu *H.-W. Micklitz* in: F. J. Säcker (Hrsg.) Münchner Kommentar BGB, Bd. 1/1, § 13 Rn. 64ff.; *M. Jestaedt* Diskriminierungsschutz und Privatautonomie, VVDStRL 64 (2005), 298 (300ff.). Dies bedeutet keineswegs, dass die jeweiligen Neukonzeptionalisierungen unproblematisch wären, blendet aber die politischen Wertungen aus, die schon immer (nur eben meist mit anderer Marschroute) dem Bürgerlichen Recht inhärent waren und die eben auch demokratisch gestaltbar sind. Bezeichnenderweise ist im Übrigen gerade das BGB, obschon oft zum Leitgesetz materieller Bürgerlichkeit stilisiert, von Migration und Zuwanderung von ‚Nichtbürgern' praktisch unberührt geblieben, auch weil der Regelungsbereich des BGB selbst nicht auf einen materiellen Begriff des Bürgerlichen Bezug

angehörigkeit sichert zugleich die materielle Freiheit des Einzelnen, da der gleichberechtigte Bürgerstatus nicht vom Bestand gesellschaftlicher Inte-

---

nimmt. Dass eine apolitische Bürgerlichkeit im Rechtsstaat weder jemals realistisch noch ihrerseits ideologiefrei war, ist offensichtlich. Mit Recht für die politische Anpassungsfähigkeit des Zivilrechts *M. Schmoeckel* in: M. Schmoeckel/J. Rückert/R. Zimmermann (Hrsg.) Historisch-kritischer Kommentar zum BGB, Bd. I, 2003, Vor § 1 Rn. 53; zutreffend für den notwendigen Blick auf Diskontinuitäten *J. Rückert* in: Schmoeckel/Rückert/Zimmermann, ebd., Vor § 1 Rn. 70.

Materialisierungsversuche des Bürgerlichen sind auch aus dem – mit dem StGB letztlich derselben Epoche wie das BGB verhaftet gebliebenen – Strafrecht bekannt, dort vor allem, um entweder den Begriff des Bürgers als materielle Kontrastfolie zu modernen Humanrisiken zu positionieren (vgl. prägend *G. Jakobs* ZStW 107 [1995], 843 ff.; *ders.* in: A. Eser/W. Hassemer/B. Burkhardt [Hrsg.] Die Deutsche Strafrechtswissenschaft vor der Jahrtausendwende, 2000, 47 ff.; *ders.* HRRS 2004, 88 ff.) oder einen ‚liberalen' Rechtsstaat des 19. Jahrhunderts zu verklären (symptomatisch *W. Hassemer* Freiheitliches Strafrecht, 2001, 218 ff.; *B. Schünemann* ZRP 2009, 104 ff.). Migrationsbedingte Verschiebungen werden im Strafrecht dann vornehmlich als Konflikt zwischen Allgemeinheitsanspruch der Strafgesetze und Individualisierung wahrgenommen, was Pluralismus zu einem Problem werden lässt (vgl. stellvertretend *H. Jung* JZ 2012, 926 ff.; *B. Valerius* Kultur und Strafrecht: Die Berücksichtigung kultureller Wertvorstellungen in der deutschen Strafrechtsdogmatik, 2011; konstruktiv sowie verfassungsrechtlich fundiert hingegen *T. Hörnle* Grob anstößiges Verhalten: Strafrechtlicher Schutz von Moral, Gefühlen und Tabus, 2005; demokratisierend auch BVerfGE 120, 224 [241 ff.]), während die differenziert-arbeitsteilige Rechtserzeugung im demokratischen Rechtsstaat als Modus zur Verteilung von Freiheit in einem Gemeinwesen, das mit Grundrechten und Demokratie eben auf Pluralismus und nicht auf objektiver Wahrheit gründet, kaum wahrgenommen wird – auch eine Spätfolge des deutschen Idealismus.

Sowohl die zivil- als auch die strafrechtliche Materialisierung der Bürgerlichkeit läuft Gefahr, verklärte vordemokratische Leitbilder des 19. Jahrhunderts, geronnen in der Reichsjustizgesetzgebung, mental zu petrifizieren, also (unbewusst) auf die Ordnungserwartungen einer Gesellschaft zu verweisen, die als Konsequenz der folgenreichen Begründung des Rechtsstaats ohne Demokratie in Deutschland (hierzu nur *H. Hofmann* Der Staat 34 [1995], 1 [4 ff.]; *M. Stolleis* Geschichte des öffentlichen Rechts in Deutschland, Bd. 2, 1992, 277 f.) den Bürger im Horizontalverhältnis individualfreiheitlich, aber ohne politische Selbstbestimmung konstruierte (treffend daher zur monarchisch-administrativen Prägung der bürgerlichen Gesellschaft im 19. Jahrhundert *R. Wahl* Der Staat 18 [1979], 321 [332 f.]), also letztlich ohne eigentliche Bürger blieb. Siehe nur *R. Smend* Staatsrechtliche Abhandlungen, 1955, 311 ff., dessen gleichermaßen traditionsreiche wie klischeehafte Überzeichnung des Kontrastes von Citoyen und Bourgeois ihrerseits den Eigenwert sowohl wertfreier Individualfreiheit zur Beliebigkeit als auch rechtsstaatlicher Formalität in einer notwendig relativistischen Demokratie verdeckt. Entsprechende Konzepte sollen hier nicht weiterverfolgt werden und sind im Übrigen auch als Materialisierungsansätze nicht alternativlos. Vgl. etwa mit anderen (gerade auch politischen) Akzenten für eine Renaissance materieller Bürgerlichkeit im Sinne einer Ordnungs-, Integrations- und Tugendidee *U. Di Fabio* Wachsende Wirtschaft und steuernder Staat, 2010, 149 ff.; ferner *P. Kirchhof* Deutschland im Schuldensog, 2012 („Der Weg vom Bürgen zurück zum Bürger").

gration abhängt,[30] die Grundrechte den Bürgern nicht zuletzt eben auch sektorale Rechte auf Desintegration gewährleisten.[31]

Die wachsende Inkongruenz von Wohnbevölkerung und Staatsangehörigen[32] macht es notwendig, verstärkt auch den Status der „Anderen"[33] –

---

[30] Zutreffend *B.-O. Bryde* StWuStP 1995, 305 (311). Siehe ähnlich zur sozialphilosophischen Grundierung des Konzepts der *citizenship* auch *U. K. Preuß* in: ders. (Hrsg.) Zum Begriff der Verfassung, 1994, 7 (26f.). Problematisch ist daher der Ansatz des BVerfG, das im Wahlrecht *innerhalb* der Staatsangehörigen Unterscheidungen nach Maßgabe der durch Aufenthaltsdauer indizierten politischen Integration in die inländische Gesellschaft zulassen möchte, BVerfG, Beschl. v. 4. 7. 2012, 2 BvC 1/11, Rn. 48 f.

[31] Zur fehlenden spezifischen Identitätsbildung negativer grundrechtlicher Freiheit *M. Droege* in: J. Bast u.a. (Hrsg.) Die Europäische Verfassung – Verfassungen in Europa, 2005, 104 (121); *J. Gundel* in: J. Isensee/P. Kirchhof (Hrsg.) HStR IX, 3. Aufl. 2011, § 198 Rn. 88; *J. Isensee* JZ 2010, 317 (318); *Korioth* Identität (Fn. 11), 133; *J. P. Terhechte* Konstitutionalisierung und Normativität der europäischen Grundrechte, 2011, 19; zur subjektiven Kontingenz kultureller Zugehörigkeit *G. Britz* Kulturelle Rechte und Verfassung, 2000, 93 ff.; zum grundrechtlichen Schutz der Inhomogenität *B.-O. Bryde* StWuStP 1995, 305 (322); *U. Davy* in: K. Barwig/U. Davy (Hrsg.) Auf dem Weg zur Rechtsgleichheit?, 2004, 83 (86); insbesondere zum grundrechtlichen Schutz auch verfassungsfeindlicher Meinungen BVerfG-K, NJW 2001, 2069 (2070); *H. Dreier* RW 2010, 11 (27). In der Negativität des Grundrechtsschutzes liegt gerade ein Eigenwert, nämlich die freie Selbstbestimmung ohne autoritative Qualifikation als werthaft oder wertvoll, zutreffend *C. Hillgruber* in: J. Isensee/P. Kirchhof (Hrsg.) HStR IX, 3. Aufl. 2011, § 200 Rn. 14. Auch dies ist ein abstrahierbarer Identitätsfaktor. Eingehend zur Ambivalenz eines grundrechtlich fundierten Identitätskonzepts auch *U. Haltern* Europarecht und das Politische, 2005, 351 ff.

[32] Das Auseinanderfallen von demokratisch teilhabeberechtigten Staatsangehörigen (Aktivbürgern) und ansässiger Wohnbevölkerung ist auch das Produkt inkohärenter sowie anspruchsloser Zuwanderungspolitik. Die für klassische Einwanderungsländer typische Einwanderung mit dem Ziel der Einbürgerung wurde nie gefördert, sondern es wurde im Wesentlichen das Leitbild des Wanderarbeitnehmers gepflegt, das zunehmend überlagert wurde durch eine notwendigerweise – weil individual-grundrechtlich determinierte – ungesteuerte Migration auf Grund von Asyl und Familienzusammenführung. Einwanderung wurde weder konzeptionell begrenzt noch als positiver Beitrag zur Gesellschaft gestaltet, sondern in Passivität überkommener Gefahrenabwehr verharrend (vgl. *J. Bast* RW 2012, 139 [141 f.]) und unter Verzicht auf konstruktive – im wechselseitigen Interesse gleichermaßen auf Vermittlung von Teilhabechancen wie auch auf eine soziale Mindestintegration gerichtete – Integrationspolitik hingenommen (berechtigte Kritik *O. Depenheuer* FS Georg Brunner, 2001, 46 [61]), weshalb ‚der Ausländer' erst in jüngerer Zeit (und damit nach den großen Zuwanderungswellen) auch als potentieller künftiger Bürger wahrgenommen wurde. Siehe den anschaulichen Bericht mit rechtlicher Folgenanalyse bei *U. Davy* European Journal of Migration and Law 7 (2005), 123 ff.; *E. Eichenhofer* ZAR 2012, 135 ff.; sehr kritisch *W. Schmitt Glaeser* Der freiheitliche Staat des Grundgesetzes, 2. Aufl. 2012, 95, 115.

[33] Nach dem Titel der programmatischen Streitschrift von *S. Benhabib* Die Rechte der Anderen, 2008.

sprich: der ‚Nichtbürger' – in den Blick zu nehmen. Der Bürgerstatus kann hier, wie die durchaus vielschichtige *citizenship*-Diskussion zeigt,[34] Bezugspunkt sein, um Statusdifferenzen zu beschreiben und nach Begründungen zu fragen.

III. Gewichtsverlagerungen von der Personalität zur Territorialität

In einer Weltordnung, in der die Staaten primärer Bezugspunkt von Herrschaftsausübung geblieben sind,[35] ist die – völkerrechtlich vorausgesetzte[36] – Unterscheidung zwischen Staatszugehörigen und Fremden unvermeidbar.[37] Verfassungs- und Unionsrecht knüpfen hieran an. Zu-

---

[34] Mit Bezügen zur Rechtswissenschaft etwa *L. Bosniak* Ohio State Law Journal 63 (2002), 1285ff.; *J. Chesterman/B. Galligan* Citizens without Rights: Aborigines and Australian Citizenship, 2010; *C. Jobbke* Law & Ethics of Human Rights 2 (2008), 1ff.; *ders.* (Fn. 19); *Soysal* (Fn. 12); *F. Twine* Citizenship and Social Rights, 1994. Für eine begriffliche Gleichsetzung von Bürgerstatus mit *citizenship* namentlich *Dahrendorf* (Fn. 19), 32f. Prominent für die Wertlosigkeit des Konzeptes freilich *A. Bickel* The Morality of Consent, 1975, 31–53. Zu den Differenzen sowie dem Fehlen einer entsprechenden Diskussion in Deutschland aber *S. Uslucan* Zur Weiterentwicklungsfähigkeit des Menschenrechts auf Staatsangehörigkeit, 2012, 42ff.

[35] Vgl. nur *A. Cassese* International Law, 2. Aufl. 2005, 71; *Di Fabio* (Fn. 9), 122ff.; *R. Wahl* Verfassungsstaat, Europäisierung, Internationalisierung, 2003, 49, 62ff.

[36] Das Staatsvolk ist Bestandteil des völkerrechtlichen Staatsbegriffs, dem bis heute die sog. Drei-Elemente-Lehre zugrunde liegt. Grundlegend *G. Jellinek* Allgemeine Staatslehre, 3. Aufl./5. Neudruck 1928, 394ff.; ferner zur fortbestehenden systemprägenden Bedeutung *A. von Arnauld* Völkerrecht, 2012, Rn. 70, 79ff.; *K. Doehring* Völkerrecht, 2. Aufl. 2004, Rn. 42ff.; *S. Hobe* JZ 1994, 191; *Kempen/Hillgruber* (Fn. 25), § 4 Rn. 2ff.; *S.-C. Lenski* DVBl. 2012, 1057 (1058); *A. N. Makarov* Allgemeine Lehren des Staatsangehörigkeitsrechts, 1962, 12; *A. Proelß* in: W. Graf Vitzthum (Hrsg.) Völkerrecht, 5. Aufl. 2009, Abschn. 5 Rn. 15; *T. Schweisfurth* Völkerrecht, 2006, Kap. 1 Rn. 24ff.; *A. Verdross/B. Simma* Völkerrecht, 3. Aufl. 1984, §§ 380ff.; lediglich eine Bevölkerung fordert *M. N. Shaw* International Law, 6. Aufl. 2008, 198f. Die Differenzierung ist ferner relevant für die Aufnahmepflicht eigener Staatsangehöriger (Fn. 41), die Berechtigung zum Schutz (Fn. 109) und die Mindeststandards des völkerrechtlichen Fremdenrechts (Fn. 110).

[37] *M. Heintzen* Der Staat 36 (1997), 327 (333); *Jobbke* (Fn. 19), 3ff.; auch *J. Menzel* Internationales Verwaltungsrecht, 2011, 418: Bestandteil der „entscheidenden Weichenstellungen für das nationale Grenzrecht"; *R. Grawert* Der Staat 23 (1984), 179 (183), betont die besondere institutionelle Anbindung der Staatsangehörigkeit an das Konzept des Staates. Ohne Andeutung eines positiven Gegenmodells hiergegen aber *U. Lembke* RW 2012, 46 (69f.). Ablehnend ferner *R. Rubio-Marín* Immigration as a Democratic Challenge, 2000, 238. Dass die Staatsbürgerschaft und das Aufenthaltsrecht zwar typische Institutionen der allermeisten Staaten, aber rechtstheoretisch nicht begriffsnotwendige Voraussetzung von Staatlichkeit sind (*H. Kelsen* Allgemeine Staatslehre, 1925,

schreibungen bestimmen sich immer relational. Die rechtliche Bedeutung der Staatsangehörigkeit erschließt sich daher nicht aus dem Status als solchem,[38] sondern aus dem Bündel der verstreuten und keineswegs statischen Regelungen, die im Sinne eines materiellen Bürgerstatus Rechtsfolgen an die Staatsangehörigkeit knüpfen.[39] Statusbedingte Differenzen zwischen In- und Ausländern bestehen fraglos fort. Indes ist eine facettenreiche und fließende Annäherung im Rechtsstatus im Gange, die oft nicht einmal verfassungsrechtlichen Zwängen folgt, sondern Konsequenz veränderter gesellschaftlicher Problemwahrnehmungen in der Gesetzgebung eines faktischen Einwanderungslandes ist.[40]

---

160), ändert nichts daran, dass die Ordnungsfunktionen des *geltenden* Rechts an diese Unterscheidung anknüpfen und alternative Anknüpfungspunkte aus praktischen Gründen auch nicht zur Verfügung stehen. Siehe zur geschichtlichen Bindung der Staatsangehörigkeit an den modernen Territorialstaat *M. Stiller* Eine Völkerrechtsgeschichte der Staatenlosigkeit, 2011, 15ff.

[38] Vgl. *Kadelbach* (Fn. 22), § 19 Rn. 21; *Makarov* (Fn. 36), 30f. Eine Hypostasierung der Staatsangehörigkeit zu einem universellen, von konkreten Rechtsverhältnissen verabsolutierten Bürgerstatus bliebe in einem rechtswissenschaftlichen Kontext ohne Beschreibungswert. Anders aber *Böckenförde* (Fn. 25), 431; einen Eigenwert des bloßen Status befürwortend auch *Uslucan* (Fn. 34), 196. Namentlich eine substanzialistische Deutung der Staatsangehörigkeit als „Eigenschaft", die als „präjudizielle Bedingung" den „staatsbürgerlichen Rechten und Pflichten, die das StAng konkret ausmachen", voraus liege (*Böckenförde* ebd., 430), erfüllt keine unmittelbare rechtliche Funktion. Zutreffende Kritik bei *U. Sacksofsky* FS Ernst-Wolfgang Böckenförde, 1995, 317 (323), die darauf hinweist, dass schon die Grundrechte eine umfassende Inanspruchnahme der Person verhindern. Die insoweit unvermeidbare inhaltliche Konturenlosigkeit des Begriffs Staatsangehörigkeit wurde frühzeitig beklagt von *G. Jellinek* System der subjektiven öffentlichen Rechte, 2. Aufl. [2. Neudruck] 1919, 117: „In der Regel ist man bei einer allgemeinen, nicht nur ein spezielles Merkmal hervorhebenden Definition der Staatsangehörigkeit nicht über eine leere Umschreibung des Tatbestandes hinausgekommen, dass der Staatsangehörige dem Staate angehört". Der Inhalt solcher Zustände könne – anders als der von Rechten – nicht eindeutig bestimmt werden (118). Dies schließt es nicht aus, dass aus besonderen Gründen dem Status als solchem rechtliche Relevanz zugemessen wird. Dies war namentlich der Fall bezogen auf den Erhalt der Einheit der Staatsangehörigkeit und damit einer zu fingierenden Identität des Staatsvolkes als Konsequenz des Wiedervereinigungsgebots, vgl. BVerfGE 77, 137 (149ff.). Im Übrigen bleibt die Staatsangehörigkeit Zurechnungsnorm. Eingehend zur Status-Rechtsverhältnis-Diskussion *Makarov* ebd., 19ff.

[39] Traditionell *M. von Seydel* Bayerisches Staatsrecht, Band 1, 2. Aufl. 1896, 294: „Rundreise durch das gesamte Bereich des Staatsrechts"; ähnlich unter Bezugnahme hierauf *Jellinek* (Fn. 38), 117f. Eine solche Untersuchung versucht *Wiessner* (Fn. 6), 147–395.

[40] Insoweit zeigt sich einmal mehr, dass das beweglichere Verwaltungsrecht oft besser geeignet ist, Auswirkungen gesellschaftlicher Veränderungen auf das Recht abzubilden als das vergleichsweise starre Verfassungsrecht. Vgl. zu den potentiell überschießenden Lernerträgen für das Verfassungsrecht *J. Kersten* DVBl. 2011, 585 (589ff.); ferner

1. *Differenzierung und Verfestigung des Aufenthaltsstatus Nicht-Staatsangehöriger*

Das Aufenthaltsrecht ist kein exklusives Privileg der Staatsangehörigen geblieben. Einen gebundenen Aufnahmeanspruch hat ein Ausländer – anders als der Staatsangehörige[41] – zwar weiterhin grundsätzlich nicht.[42] Aufenthaltsentscheidungen werden aber mit weitreichenden Konsequenzen unions-, grund- und menschenrechtlich überlagert.[43] Unionsbürgern

---

K. F. Gärditz Hochschulorganisation und verwaltungsrechtliche Systembildung, 2009, 6, 9. Allgemein zur gegenläufigen Konstitutionalisierung des Verwaltungsrechts *E. Schmidt-Aßmann* in: W. Hoffmann-Riem/E. Schmidt-Aßmann/A. Voßkuhle (Hrsg.) Grundlagen des Verwaltungsrechts, 2. Aufl. 2012, § 5 Rn. 1 ff.; *G. F. Schuppert/C. Bumke* Die Konstitutionalisierung der Rechtsordnung, 2000; *R. Wahl* Herausforderung und Antworten: Das Öffentliche Recht der letzten fünf Jahrzehnte, 2006, 16 ff., 35 ff.; eine durchaus kritische Bilanz zur Dominanz der Verfassungsrechtsprechung im Verwaltungsrecht aber bei *F. Schoch* in: H. Schulze-Fielitz (Hrsg.) Staatsrechtslehre als Wissenschaft, 2007, 177 (198 ff.). Die unionsrechtliche Überlagerung dürfte auch diesen Prozess allmählich auslaufen lassen (*C. Schönberger* in: Vesting/Korioth [Fn. 27], 7 [20]), was letztlich zusätzlich das Verwaltungsrecht als problemspezifischere Regelungsebene zur Verzahnung des nationalen und des europäischen Rechts stärkt sowie ein Stück weit entkonstitutionalisiert (tendenziell anders aber *H. C. Röhl* in: Trute/Groß/Röhl/Möllers [Fn. 11], 821 [834 f.]).

[41] Art. 11 GG; zur korrespondierenden völkerrechtlichen Aufnahmepflicht siehe BVerfGE 113, 273 (294); *von Arnauld* (Fn. 24), Art. 16 Rn. 2; *W. Durner* in: Maunz/Dürig (Begr.) GG, 2012, Art. 11 Rn. 57; *K. Hailbronner* in: J. Isensee/P. Kirchhof (Hrsg.) HStR, Bd. VII, 3. Aufl. 2009, § 152 Rn. 20; *A. Randelzhofer* in: R. Dolzer/W. Kahl/C. Waldhoff/K. Graßhof (Hrsg.) Bonner Kommentar zum Grundgesetz, 2012, Art. 11 Rn. 72; *Verdross/Simma* (Fn. 36), § 1202. Historisch betrachtet war auch dies keine Selbstverständlichkeit. So sahen die Strafgesetze zahlreicher Staaten noch gegen Ende des 19. Jahrhunderts die Möglichkeit der Verbannung bzw. Landesverweisung auch eigener Staatsangehöriger vor. Kritisch hierzu *F. von Martitz* Internationale Rechtshilfe in Strafsachen, Abt. I, 1888, 14 ff.

[42] Siehe etwa BVerfGE 49, 168 (183 f.); *Hailbronner* (Fn. 41), § 152 Rn. 16; *J. Isensee* Die staatsrechtliche Stellung der Ausländer in der Bundesrepublik Deutschland, VVDStRL 32 (1974), 49 (62); *G. Schwerdtfeger* Welche rechtlichen Vorkehrungen empfehlen sich, um die Rechtsstellung von Ausländern in der Bundesrepublik Deutschland angemessen zu gestalten?, Gutachten 53. DJT (1980), A 31, 39; völkerrechtlich *Durner* (Fn. 41), Art. 11 Rn. 37; *C. Tomuschat* DÖV 1974, 757 (763); *Verdross/Simma* (Fn. 36), § 1210. Plastisch auch *von Martitz* (Fn. 41), 18: „Das Weltbürgerrecht gilt uns Modernen allerdings nicht mehr als ein menschliches Urrecht"; es würde gerade die zwischenstaatliche, auf Abgrenzung beruhende Rechtsgemeinschaft gefährden. In Kontrast von Unionsbürgern und Drittstaatsangehörigen – gleichsam als Projektion der herkömmlichen Statusdifferenz von Ausländern und Inländern auf den Binnenraum der Union – auch *D. Thym* EuR 2011, 487 (497, 499 f.).

[43] Eine zentrale Rolle nimmt der *Schutz der Familieneinheit* ein. Diese genießt Schutz durch Art. 8 EMRK; Art. 7 GRCh; Art. 6 Abs. 1 GG; Art. 7 Abs. 2, Abs. 4, Art. 12, 13, 14 Abs. 1 Richtlinie 2004/38/EG des Europäischen Parlaments und des Rates v.

29.4.2004 über das Recht der Unionsbürger und ihrer Familienangehörigen, sich im Hoheitsgebiet der Mitgliedstaaten frei zu bewegen und aufzuhalten (ABl. L 158, 77), sog. Unionsbürgerrichtlinie; Richtlinie 2003/86/EG des Rates v. 22.9.2003 betreffend das Recht auf Familienzusammenführung (ABl. L 251, 12). Hierzu stellvertretend *J. Bast* Aufenthaltsrecht und Migrationssteuerung, 2011, 190ff.; *H. Dörig* in: K. Barwig/S. Belchel-Benedetti/G. Brinkmann (Hrsg.) Gleichheit, 2012, 231ff.; *F. Fritsch* ZAR 2011, 297ff.; *K. Hailbronner* FamRZ 2005, 1ff.; *C. Heckel* VBlBW 2012, 174ff.; *H.-P. Welte* Der Familienschutz im Spektrum des Ausländerrechts, 2012. Die Rechtsprechung des BVerfG war ursprünglich eher zurückhaltend, hat aber im Laufe der Zeit den Schutz der Familieneinheit verfeinert und verstärkt. Dies gilt namentlich für Deutsche, denen eine Ausreise mit ihren ausländischen Familienmitgliedern in der Regel nicht zugemutet werden kann. Art. 6 Abs. 1 (ggf. i.V. mit Abs. 2) GG verpflichtet nach der Rechtsprechung die Ausländerbehörde bei der Entscheidung über ein Aufenthaltsbegehren, die bestehenden familiären Bindungen des Ausländers an Personen, die sich berechtigterweise im Bundesgebiet aufhalten, zu berücksichtigen und entsprechend dem Gewicht dieser Bindungen in ihren Erwägungen zur Geltung zu bringen. Siehe BVerfGE 76, 1 (49ff.); 80, 81 (93); BVerfGK 2, 190 (193f.); BVerfG-K, NVwZ-RR 2011, 585 (586f.); für die Befristung der Ausweisung BVerwG, ZAR 2012, 344 (347). Der Betroffene braucht es hiernach nicht hinzunehmen, unter unverhältnismäßiger Vernachlässigung dieser Gesichtspunkte daran gehindert zu werden, bei seinem im Bundesgebiet lebenden Ehepartner ständigen Aufenthalt zu nehmen. Eingriffe in seine diesbezügliche Freiheit sind nur dann und insoweit zulässig, als sie unter Beachtung des Grundsatzes der Verhältnismäßigkeit zum Schutz öffentlicher Interessen unerlässlich sind. Vgl. BVerfGK 13, 26 (27); BVerfG-K, NVwZ-RR 2011, 585 (586); FamFR 2011, 384. Ein ähnlicher Entwicklungspfad ist auch im europäischen Grundrechtsschutz sub specie Art. 8 EMRK/Art. 7 GRC zu verzeichnen. Siehe EuGH, Urt. v. 27.6.2006, Rs. C-540/03 (Europäisches Parlament/Rat), Slg. 2006, I-5826, Rn. 52f.

Für das Aufenthaltsrecht kardinal ist daneben der *Schutz von Asylsuchenden und Flüchtlingen*. Siehe zum Schutz von Asylberechtigten und Flüchtlingen Art. 16a Abs. 1 GG, § 2 Abs. 1 AsylVfG (Asylberechtigung); Genfer Flüchtlingskonvention v. 28.7.1951 (BGBl. 1953 II, 560); Art. 18f. GRCh; Richtlinie 2004/83/EG des Rates vom 29. April 2004 über Mindestnormen für die Anerkennung und den Status von Drittstaatsangehörigen oder Staatenlosen als Flüchtlinge oder als Personen, die anderweitig internationalen Schutz benötigen, und über den Inhalt des zu gewährenden Schutzes (ABl. L 304, 12); Richtlinie 2005/85/EG des Rates v. 1.12.2005 über Mindestnormen für Verfahren in den Mitgliedstaaten zur Zuerkennung und Aberkennung der Flüchtlingseigenschaft (ABl. L 326, 13); zur Entwicklung eingehend *D. Fröhlich* Das Asylrecht im Rahmen des Unionsrechts, 2011; *J. Hecker* ZAR 2011, 46ff.; zu den supranationalen Wirkmechanismen, namentlich zur Überlagerung des nationalen Grundrechtsschutzes über Art. 51 GRCh, siehe EuGH, Urt. v. 21.12.2011, Rs. C-411/10 (N. S./Secretary of State for the Home Department), NVwZ 2012, 417 Rn. 68f., 76ff.; *K. Hailbronner/D. Thym* NVwZ 2012, 406 (407); zur unmittelbaren Anwendbarkeit des europäischen Ausländer- und Asylrechts siehe *K. Hailbronner* ZAR 2007, 6ff. Zudem besteht eine lange Rechtsprechungslinie des EGMR, wonach einer Abschiebung Art. 3 EMRK entgegenstehen kann, sofern im Zielstaat Folter oder unmenschliche Behandlung droht. Siehe EGMR, EuGRZ 1989, 314; NJW 1991, 3079; NVwZ 1992, 869; NVwZ 1997, 1100; NVwZ 1997, 1093; NVwZ 1998, 161; European Human Rights Review 26 (1998), 278; International Journal of Refugee Law 12 (2001), 597; NVwZ 2001, 301; NVwZ 2002, 453; NVwZ 2011, 413 (414f.); NVwZ 2012, 809 (812). BVerwGE 104, 265; 99, 331 (334f.); BVerwG, NVwZ 1999, 311; *R. Alleweldt* Schutz vor Abschiebung bei drohender

wird bereits qua Binnenfreizügigkeit statusbedingt[44] ein weitgehendes, zunehmend entökonomisiertes[45] und staatlicher Migrationssteuerung ent-

---

Folter, 1996, 14 ff.; *S. Breitenmoser/G. Wilms* Michigan Journal of International Law 11 (1989/90), 845 ff.; *J. A. Frowein/A. Zimmermann* Der völkerrechtliche Rahmen für die Reform des deutschen Asylrechts, 1997, 29 ff.; *C. Gusy* ZAR 1993, 63 (66 f.); *K. Hailbronner* FS Rudolf Bernhardt, 1995, 365 (379 f.); *O. Lagodny* NJW 1990, 2189 f.; *Lorz/Sauer* EuGRZ 2010, 389 ff.; *A. Peters* Einführung in die EMRK, 2003, 52 ff.; *P. Popp* Internationale Rechtshilfe in Strafsachen, 2001, Rn. 350 ff.; *H. G. van der Wilt* Netherland International Law Review 1995, 53 ff.; *C. Van den Wyngaert* International & Comparative Law Quarterly 39 (1990), 757 ff.; *S. Zühlke/J.-C. Pastille* ZaöRV 59 (1999), 749 ff. Siehe als Konsequenz der unterschiedlichen Schutzbedürfnisse insbesondere den differenzierten *Ausweisungsschutz* nach den §§ 51 ff. AufenthG. Daneben kommen Abschiebungshindernisse wegen drohender asylrelevanter Verfolgung oder Verletzung von Art. 3 EMRK in Betracht, siehe § 60 AufenthG; hierzu etwa *U. Berlit* NVwZ 2012, 193 (197 ff.); *F. Moll* Das Asylgrundrecht bei staatlicher und frauenspezifischer Verfolgung, 2007. Verfassungsrechtlich geboten ist bei bestehenden zielstaatsbezogenen Abschiebungshindernissen insoweit freilich nur der Schutz des Aufenthalts vor Beendigung, nicht die positive Schaffung eines Daueraufenthaltsstatus. So BVerwG, NVwZ 2009, 246 (248); *Bast* Aufenthaltsrecht (ebd.), 270. Mit Zeitablauf wird freilich irgendwann ein ungesicherter Übergangsstatus inadäquat, sodass – abhängig vom Grund des Abschiebungshindernisses – zumutbare Legalisierungschancen aus Gründen der Verhältnismäßigkeit bestehen müssen. Künftig wird wahrscheinlich auch das Problem der Klimaflüchtlinge (vor allem in Europa) neue Rechtsfragen aufwerfen, die teils schon heute diskutiert werden. Vgl. hierzu *J. McAdam* Climate Change, Forced Migration, and International Law, 2012; *dies.* (Hrsg.) Climate Change and Displacement, 2010.

[44] Zutreffend *C. Schönberger* Unionsbürger, 2005, 232 ff., der darauf hinweist, dass es hierbei nicht um eine Erscheinung der Territorialisierung geht, sondern um Folgen, die an einen vorausliegenden personalen Status anknüpfen.

[45] Grundlegende Untersuchung bei *F. Wollenschläger* Grundfreiheit ohne Markt, 2007; ferner *A. Arnull* The European Union and its Court, 2. Aufl. 2006, 508 ff., 527; *N. Burrows/R. Greaves* The Advocate General and EC Law, 2007, 268 ff.; *A. Graser* Gemeinschaft ohne Grenzen?, 2008, 251 f.; *D. Kostakopoulou* The Modern Law Review 68 (2005), 233 ff.; *dies.* European Political Science 7 (2008), 285 ff.; *D. Rabenschlag* Leitbilder der Unionsbürgerschaft, 2009, 135; *T. Oppermann* FS Karl Doehring, 1989, 713 (714 ff.); *S. Stewen* Die Entwicklung des allgemeinen Freizügigkeitsrechts der Unionsbürger und seiner sozialen Begleitrechte, 2011. Zum epochalen Ursprungsmodell des Marktbürgers begriffsprägend *H. P. Ipsen/G. Nicolaysen* NJW 1964, 339 (340). Eine Verselbstständigung des Aufenthaltsrechts von den Marktfreiheiten liegt letztlich in der Doktrin begründet, dass zwar das Aufenthaltsrecht nur nach Maßgabe des geltenden Primär- und Sekundärrechts gewährleistet ist (jetzt Art. 21 Abs. 1 AEUV), diese Bedingungen indes der gerichtlichen Verhältnismäßigkeitskontrolle unterliegen und sich der Betroffene insoweit zugleich unmittelbar auf sein Aufenthaltsrecht berufen könne. So etwa EuGH, Urt. v. 17. 9. 2002, C-413/99 (Baumbast und R), Slg. 2002, I-7091, Rn. 83 ff.; Urt. v. 19. 10. 2004, C-200/02 (Zhu und Chen), Slg. 2004, I-9925, Rn. 25 ff. Hieraus hat sich sukzessive ein eigenständiges und marktunabhängiges Aufenthaltsrecht kraft Bürgerstatus herauskristallisiert. Zum Mechanismus *F. Wollenschläger* European Law Journal 17 (2011), 1 (17 ff.); mit Recht kritisch *Stewen* ebd., 87 f.

gegengerichtetes[46] Recht *auf* Aufenthalt garantiert.[47] Mit der Gewährung von Gebietszugang verfestigt sich schließlich sukzessive[48] der Status eines Ausländers – Drittstaatsangehörige eingeschlossen[49] – *im* Aufenthalt.[50] Der Status wird an die inländische Verwurzelung, sprich: territorial an eine qualifizierte Ansässigkeit, gebunden.[51] Der ursprünglich als vorübergehend konstruierte Aufenthaltsstatus[52] wurde daher von einem feingliedrig austarierten Bündel an Aufenthaltstiteln abgelöst, die einen – zwar nicht vorbehaltlosen[53], aber doch praktisch weitgehend gesicher-

---

46 *D. Thym* EuR 2011, 487 (488 ff.).

47 Art. 5, 6ff. UnionsbürgerRiL (Fn. 43); §§ 2ff. FreizügG/EU. Demgegenüber sieht das Assoziationsrecht für Drittstaatsangehörige weiterhin kein Recht auf Einreise vor, sondern lediglich die Verfestigung des Aufenthaltsstatus nach erlaubter Einreise und Wohnsitznahme, siehe EuGH, Urt. v. 29. 9. 2012, Rs. C-187/10 (Unal), NVwZ 2012, 31, Rn. 42.

48 Vgl. analytisch *Depenheuer* (Fn. 32), 57, 59; auch *K. Hailbronner* ZAR 2011, 138 (139), der hierin mit Recht ein Gegenmodell zum abrupten Statuswechsel in klassischen Einwanderungsländern sieht.

49 Vgl. für diese unionsrechtlich Art. 4 ff. Richtlinie 2003/109/EG des Rates v. 25. 11. 2003 betreffend die Rechtsstellung der langfristig aufenthaltsberechtigten Drittstaatsangehörigen (ABl. L 16, 44); hierzu *K. Hailbronner* ZAR 2004, 163ff.

50 Zur fortbestehenden Differenz der Rechte auf Aufenthalt und im Aufenthalt etwa *T. Kingreen* Soziale Rechte und Migration, 2010, 53ff. Die Möglichkeit der Rückkehr bleibt Ausländern unbenommen, sodass sie grundsätzlich zunächst einmal nicht unentrinnbar auf den Aufenthaltsstaat angewiesen bleiben. So zutreffend *Isensee* Ausländer (Fn. 42), 59. Mit der zunehmenden Verfestigung der Lebensverhältnisse im Inland (insbesondere bei Ausländern der sog. zweiten oder dritten Generation) verliert diese Option freilich ihre praktische Bedeutung (siehe auch Fn. 135). Auch das Recht trägt dem durch einen Schutz des Aufenthalts Rechnung (siehe Fn. 55, 56). Korrespondierend löst sich faktisch zunehmend auch die Bindung einer internationalisierten (Bildungs-)Elite an den Heimatstaat, sofern globale Mobilität und Arbeitsmarkt die primären Faktoren der (entpolitisierten) Lebensgestaltung werden. Auch wenn Deutsche keinen Anspruch auf Aufnahme in einem anderen Land haben, bestehen doch faktisch diese Optionen – oftmals mit Perspektive auf Daueraufenthalt oder Einbürgerung – durchaus, was jedenfalls zu einer graduellen Bedeutungserosion der Staatsangehörigkeit führt.

51 Hierzu *Bast* Aufenthaltsrecht (Fn. 43), 197ff.; speziell zu den kulturellen Aspekten in diesem Kontext *Britz* Kulturelle Rechte (Fn. 31), 27f.

52 So noch als statusprägendes Merkmal hervorgehoben bei *Isensee* Ausländer (Fn. 42), 59: „status temporarius".

53 Treffend spricht *D. Thym* Migrationsverwaltungsrecht, 2010, 211ff., von der „Bedingtheit" des Aufenthaltsstatus, die ein wichtiges migrationsrechtliches Steuerungsinstrument sei. Die wichtigsten Fälle sind die gestuften Ausweisungsgründe wegen unterschiedlich schwerer Störungen der öffentlichen Sicherheit oder Ordnung: obligatorische Ausweisung bei schweren Straftaten nach § 53 AufenthG; Regelausweisung nach § 54 AufenthG; Ermessensausweisung nach § 55 AufenthG. Siehe im Einzelnen *K. Hailbronner* Asyl- und Ausländerrecht, 2. Aufl. 2008, Rn. 537ff.; *B. Huber/R. Göbel-Zimmermann* Ausländer- und Asylrecht, 2. Aufl. 2008, Rn. 1025ff. Die Ausweisung ist hierbei

ten[54] – Daueraufenthalt gewährleisten[55] oder jedenfalls ermöglichen[56]. Daueraufenthalt tritt damit in lebensweltliche Konkurrenz zur Staats-

---

ein klassisches Instrument der Gefahrenabwehr, vgl. *Bast* Aufenthaltsrecht (Fn. 43), 76ff.; *A. Kießling* Die Abwehr terroristischer und extremistischer Gefahren durch Ausweisung, 2012. Hinzu tritt der Widerruf nach § 52 AufenthG.

[54] Von besonderer Bedeutung ist hier der qualifizierte Ausweisungsschutz nach § 56 AufenthG; Art. 12 Richtlinie 2003/109/EG (Fn. 49). Im Rahmen der anzustellenden Ermessenserwägungen nach §§ 54–56 AufenthG ist dann auch dem Grad der inländischen Verwurzelung und etwaigem qualifiziertem Grundrechtsschutz Rechnung zu tragen, und zwar einzelfallbezogen. Siehe *K. Dienelt* in: J. Bergmann/K. Dienelt/S. Röseler (Hrsg.) Ausländerrecht, 9. Aufl. 2011, Vor §§ 53–56 AufenthG Rn. 12 ff., 23ff.; *Hailbronner* (Fn. 53), Rn. 549; *Huber/Göbel-Zimmermann* (Fn. 53), Rn. 1119ff.; *C. Langeheine* in: W. Kluth/M. Hund/H.-G. Maaßen (Hrsg.) Zuwanderungsrecht, 2008, § 5 Rn. 100 f., 114. Auch in Fällen des § 53 AufenthG ist nach der Rechtsprechung eine Verhältnismäßigkeitsprüfung geboten. So BVerfG-K, NVwZ 2007, 1300; *Hailbronner* ebd., Rn. 544. Praktisch gesehen ist die vollziehbare Ausweisung zum Ausnahmefall geworden. Für Unionsbürger gelten vorrangig die besonderen Vorschriften nach Art. 28 Unionsbürgerrichtlinie (Fn. 43); §§ 6, 7 FreizügigkeitsG/EU. Dies wird vom EuGH im Lichte der Grundfreiheiten als erhebliche Schutzverstärkung ausgelegt, weshalb die Anforderungen an eine hinreichende Gefahr für die öffentliche Sicherheit oder Ordnung tendenziell streng ausgelegt werden, vgl. etwa EuGH, Urt. v. 23.11.2010, Rs. C-145/09 (Panagiotis Tsakouridis), 2010 I-11979, Rn. 24ff.; Urt. v. 8.12.2011, Rs. C-171/08 (Nural Ziebell), NVwZ 2012, 422, Rn. 69 ff. Eine Ist-Ausweisung ohne Ermessen wurde vom EuGH im Hinblick auf die Arbeitnehmerfreizügigkeit als unionsrechtswidrig beanstandet. EuGH, Urt. v. 29.4.2004, Rs. C-482/01 und C-493/01 (Orfanopoulos und Oliveri/Baden-Württemberg), Slg. 2004, I-5257, Rn. 62ff. Auch Art. 14 Abs. 1 Beschluss Nr. 1/80 des Assoziationsrates EWG-Türkei über die Entwicklung der Assoziation (ANBA 1981, 4) wird analog tendenziell eng interpretiert. Vgl. EuGH, Urt. v. 22.12. 2010, Rs. C-308/08 (Bozkurt), Slg. 2010, I-4281, Rn. 55ff. Namentlich analytisch zum Bedeutungsschwund der Ausweisung *Thym* Migrationsverwaltungsrecht (Fn. 53), 215.

[55] Siehe vor allem § 9 AufenthG (Niederlassungserlaubnis); BVerwGE 77, 188 (191); für Unionsbürger ferner § 9a AufenthG. Eingehend *Bast* Aufenthaltsrecht (Fn. 43), 269ff., der das Erreichen des Daueraufenthaltsstatus als „den rechtlichen Abschluss des Einwanderungsprozesses“ versteht. Dies ist bemerkenswert und steht in einem Kontrast zum traditionellen Modell, die Einbürgerung als Schlussstein zu setzen.

[56] Vor allem § 7 iVm § 8 AufenthG (Aufenthaltserlaubnis). Verschiedene Ansprüche auf einen Aufenthaltstitel oder jedenfalls auf eine ermessensfehlerfreie Entscheidung hierüber enthalten die §§ 22ff., 27ff. AufenthG; die befristeten Titel können auf unterschiedlichen Wegen zu einer Verfestigung des Aufenthalts und zu einem rechtlich sanktionierten Dauerzustand führen. Vgl. etwa für Kettenduldung nach § 60a AufenthG sub specie Art. 8 EMRK bei Hineinwachsen in die hiesigen Lebensverhältnisse VGH Mannheim, DVBl. 2011, 370ff.; *G. Benassi* InfAuslR 2006, 397 (401ff.); *J. Bergmann* ZAR 2007, 128ff.; *M. Eckertz-Höfer* ZAR 2008, 41 (44f.); *R. Marx* ZAR 2006, 261 (266); *K.-G. Mayer* VerwArch 101 (2010), 482 (523); *D. Sander* Der Schutz des Aufenthalts nach Art. 8 der Europäischen Menschenrechtskonvention, 2008, 342ff.; *D. Thym* EuGRZ 2006, 541 (546ff.); restriktiv *M. Hoppe* ZAR 2006, 125 (128f.). Funktional von vornherein nur vorübergehende Titel sind etwa § 10 AufenthG (Asylverfahren); Aufent-

angehörigkeit und, bezogen auf Drittstaatsangehörige, auch zur Unionsbürgerschaft.[57] Ein Heimatrecht ist vielschichtig geworden.[58]

2. *Angleichung der Freiheit im Aufenthalt*

Deutschengrundrechte zeigen, dass sich die Verfassung – im Einklang mit der EMRK[59], aber zunehmend unionsrechtlich nivelliert[60] – Privile-

---

haltserlaubnis für einen vorübergehenden Zweck nach § 7 iVm § 16ff. AufenthG. Auch Abschiebungshindernisse (Fn. 43, 54) sind praktisch meist dauerhaft und unvermeidbar, weil Drittstaaten zur Aufnahme nicht bereit sein werden, führen also zu einem rechtlich induzierten Daueraufenthalt.

[57] Deutlich *Bast* Aufenthaltsrecht (Fn. 43), 270, der insoweit eine Annäherung konstatiert; *J. Masing* in: W. Bottke/T. M. J. Möllers/R. Schmidt (Hrsg.) Recht in Europa – Festgabe zum 30jährigen Bestehen der Juristischen Fakultät, 2003, 171 (184), der zutreffend auf die geringe praktische Relevanz der Einbürgerung im Alltag hinweist; *Shaw* (Fn. 12), 169: "permanent resident" als Alternativstatus zur Einbürgerung; für Unionsbürger *Oppermann* (Fn. 45), 713 (723). Luzide auch *H. Motomura* Americans in Waiting, 2006, 89: Soziale Zugehörigkeiten müssten nicht notwendig vom echten Bürgerstatus abhängen, solange Aufenthalt und persönliche Rechte gesichert seien. Auch die Möglichkeiten auf Grund der rasanten Entwicklung globaler (elektronischer) Kommunikationsmöglichkeiten und globaler Dienstleistungen trotz Auswanderung weiterhin Identitäten und intensiven Kontakt zum Herkunftsstaat aufrecht zu erhalten, erleichtert die Pflege einer Diaspora-Kultur. Analytisch *S. Benhabib* in: R. Kreide/A. Niederberger (Hrsg.) Transnationale Verrechtlichung, 2008, 209 (218). Legt man auf politische Mitwirkung keinen gesteigerten Wert, ähnelt der gesicherte Daueraufenthalt im Wesentlichen der Lebenswirklichkeit des wachsenden Kreises notorischer Nichtwähler. Treffend wurde bemerkt, dass das Wahlrecht auch nicht zu denjenigen Vorzügen gehört, mit denen um Zuwanderer geworben wird, so *Shaw* (Fn. 12), 275. Verbleibende – obschon eher graduelle als prinzipielle – Differenzen zum Staatsangehörigen auch im Falle eines rechtmäßigen Daueraufenthalts des Ausländers bestehen vor allem hinsichtlich des Familiennachzugs. Siehe §§ 28ff. AufenthG; mit Folgen auch für das Spracherwerbserfordernis, siehe BVerwG, Urt. v. 4.9.2012, 10 C 12/12. Realistisch und differenziert *Uslucan* (Fn. 34), 93f. Insoweit wird bisweilen der Ausbau von Rechten unterhalb des Bürgerstatus auch als „Falle eines Zwischenstatus" kritisiert, bei dem sich das Recht einerseits mit dem Daueraufenthalt abfinde, andererseits die politische Integration vorenthalte. So *R. Brubaker* Der Staat 28 (1989), 1 (8).

[58] Vgl. korrespondierend zur juristischen Konturenlosigkeit eines fiktiven Rechts auf Heimat, das bisweilen Art. 11 GG entnommen wird, *Durner* (Fn. 41), Art. 11 Rn. 92. Diese Unschärfe erlaubt es auch, die Sicherung des Daueraufenthalts als Schutz eines Rechts auf eine Heimat qua Ansässigkeit zu bezeichnen.

[59] Vgl. Art. 16 EMRK. Diese Bestimmung bezieht sich auf politische Betätigung, was eng auszulegen ist und nur Tätigkeiten im Kernbereich des politischen Prozesses einschließt. Siehe *C. Grabenwarter/K. Pabel* Europäische Menschenrechtskonvention, 5. Aufl. 2012, § 18 Rn. 27. Hintergrund ist der demokratische Funktionsbezug zum politischen Legitimationsprozess, der auch nach der EMRK dem jeweiligen Staatsvolk verbleibt. Das Deutschengrundrecht des Art. 12 GG fällt hiernach zwar nicht unter Art. 16

gierungsoptionen für eigene Staatsangehörige punktuell offen hält.[61] Die Staatsangehörigkeit ist auch weiterhin ein grundsätzlich zulässiges Differenzierungskriterium,[62] vorausgesetzt freilich, dass es im jeweiligen

---

EMRK, was jedoch unschädlich ist, weil die EMRK keine Berufsfreiheit kennt. Eine Beschränkung von Rechten der Unionsbürger nach Art. 16 EMRK ist ebenfalls ausgeschlossen. Siehe EGMR, Piermont/Frankreich, InfAuslR 1996, 45 (47); *D. Ehlers* in: ders. (Hrsg.) Europäische Grundrechte und Grundfreiheiten, 3. Aufl. 2009, § 2 Rn. 61; *R. Esser* in: Löwe-Rosenberg, StPO, Bd. 11, 26. Aufl. 2012, Art. 16 EMRK Rn. 6; *Grabenwarter/Pabel* ebd., § 18 Rn. 27.

[60] Für eine Erstreckung auf Unionsbürger qua allgemeinem Diskriminierungsverbot (Art. 18 AEUV) *J. Masing* in: W. Hoffmann-Riem/E. Schmidt-Aßmann/A. Voßkuhle (Hrsg.) Grundlagen des Verwaltungsrechts, Bd. I, 2. Aufl. 2012, § 7 Rn. 42, 198; ablehnend und auf einen gleichwertigen Schutz durch Art. 2 Abs. 1 GG verweisend mit Recht *H. Bauer/W. Kahl* JZ 1995, 1077ff.; *H. Dreier* in: ders. (Hrsg.) GG, Bd. I, 2. Aufl. 2004, Vor Art. 1 Rn. 115 f. Einen ersten Schritt in Richtung einer Ausdehnung der Deutschengrundrechte auf Unionsbürger in der Rechtsprechung bildet die Erstreckung des Begriffs *inländisch* im Sinne des Art. 19 Abs. 3 GG im Lichte des Art. 18 AEUV auf juristische Personen mit Sitz in anderen EU-Mitgliedstaaten, so BVerfG, JZ 2011, 1112 (1114ff.). Dies lässt sich grundrechtsdogmatisch nur schwer begründen und wäre auch unionsrechtlich nicht geboten gewesen, weil die Ausgestaltung des Grundrechtsschutzes und der daran anknüpfende Verfassungsrechtsschutz weiterhin in die Regelungsautonomie der Mitgliedstaaten fällt. Berechtigte Kritik bei *C. Hillgruber* JZ 2011, 1118ff.; zuvor *ders.* in: W. Kluth (Hrsg.) Europäische Integration und nationales Verfassungsrecht, 2007, 97 (133f.). Es liegt jedenfalls in der Ratio des nunmehr betretenen Rechtsprechungspfades, auch eine Gleichstellung im Rahmen der Art. 8, 9, 12 GG einzuleiten – über welchen Angleichungshebel auch immer. Vorliegend erübrigt sich jedenfalls eine weitergehende Diskussion der Besonderheiten ausländischer juristischer Personen und deren Rechtsstellung im Rahmen des Art. 19 Abs. 3 GG, da es insoweit nicht um den personalen Bürgerstatus, sondern lediglich um grundrechtlich derivative Handlungsfreiheit geht. Vgl. *J. Isensee* in: ders./P. Kirchhof (Hrsg.) HStR IX, 3. Aufl. 2011, § 199 Rn. 88.

[61] *Isensee* Ausländer (Fn. 42), 58. Grundlegend zur Problematik der damit verbundenen Spannungsverhältnisse zum Universalitätsanspruch von Menschenwürde und Menschenrechten *A. Siehr* Die Deutschenrechte des Grundgesetzes, 2001, 65 ff. Zur Tradition der bloßen Staatsbürgerrechte im Frühkonstitutionalismus siehe *E.-W. Böckenförde* EuGRZ 2004, 598.

[62] Art. 3 Abs. 3 Satz 1 GG verbietet nur eine Ungleichbehandlung wegen der Herkunft oder Heimat, nicht aber wegen der Staatsangehörigkeit. Zutreffend BVerfGE 51, 1 (30); 90, 27 (37); BVerfG, NJW 2012, 1711 (1713), Rn. 46; BVerwGE 22, 66 (70); *K. Doehring* Die staatsrechtliche Stellung der Ausländer in der Bundesrepublik Deutschland, VVDStRL 32 (1974), 7 (43); *Gundel* (Fn. 31), § 198 Rn. 84; *Hailbronner* (Fn. 53), Rn. 493; *U. Sacksofsky* in: D. C. Umbach/T. Clemens (Hrsg.) GG, Bd. 1, 2002, Art. 3 II, III Rn. 326; *Schwerdtfeger* (Fn. 42), A 37; *C. Starck* in: H. von Mangoldt/F. Klein/C. Starck (Hrsg.) GG, Bd. I, 6. Aufl. 2010, Art. 3 Rn. 395. Dies bedeutet aber nicht, dass Differenzierungen generell zulässig wären, da eine unterschiedliche Behandlung von In- und Ausländern immer noch an Art. 3 Abs. 1 GG zu messen ist (Fn. 63). Zu weit geht es hingegen, wenn postuliert wird, dass bei einem langfristigen Aufenthalt die

Regelungskontext plausibel auf personale Zugehörigkeit ankommt.[63] Zunehmend ist dies weniger der Fall. Der Arbeitsmarktzugang für drittstaatsangehörige Ausländer ist zwar reguliert,[64] die Gleichstellung von Ausländern als Wirtschaftssubjekte im Übrigen aber durchgehend verwirklicht,[65] für Unionsbürger sogar die Essenz der Grundfreiheiten und

---

Staatsangehörigkeit in die Nähe der Kriterien des Art. 3 Abs. 3 GG rücke, so *Wallrabenstein* (Fn. 20), 256; ähnlich BVerfG, NJW 2012, 1711 (1713), Rn. 46. Siehe auch *D. König*/*A. Peters* in: R. Grote/T. Marauhn (Hrsg.) EMRK/GG, 2006, Kap. 21 Rn. 138; *L. Osterloh* in: M. Sachs (Hrsg.) GG, 6. Aufl. 2011, Art. 3 Rn. 297, die von einer regelmäßigen mittelbaren Diskriminierung wegen der Heimat ausgehen. Parallel nimmt auch das – an sich ausgreifendere – europäische Antidiskriminierungsrecht Differenzierungen auf Grund der Staatsangehörigkeit ausdrücklich vom Anwendungsbereich aus. Siehe Art. 3 Abs. 2 Richtlinie 2000/78/EG des Rates v. 27. 11. 2000 zur Festlegung eines allgemeinen Rahmens für die Verwirklichung der Gleichbehandlung in Beschäftigung und Beruf (ABl. L 303, 16); Art. 3 Abs. 2 Richtlinie 2000/43/EG des Rates v. 29. 6. 2000 zur Anwendung des Gleichbehandlungsgrundsatzes ohne Unterschied der Rasse oder der ethnischen Herkunft (ABl. L 180, 22). Der EuGH lehnt daher mit Recht eine mittelbare Diskriminierungsrelevanz ab, vgl. EuGH, Urt. v. 24. 4. 2012, Rs. C-571/10 (Kamberaj), NVwZ 2012, 950, Rn. 49f.

[63] In diesem Sinne BVerfG, NJW 2012, 1711 (1712, 1713 f.), Rn. 41, 49 ff.; allgemein *Gundel* (Fn. 31), § 198 Rn. 86; sub specie Verhältnismäßigkeit *Hailbronner* (Fn. 53), Rn. 494. Anders noch BVerwGE 22, 66 (70).

[64] Vgl. § 4 Abs. 3 Satz 1 AufenthG, wonach Ausländer eine Erwerbstätigkeit nur aufnehmen dürfen, wenn der jeweilige Aufenthaltstitel hierzu berechtigt. Zu den Zugangsvoraussetzungen siehe §§ 39 ff. AufenthG, §§ 288, 292 SGB III iVm ArbeitsgenehmigungsVO; *E. Eichenhofer* Sozialrecht, 7. Aufl. 2010, Rn. 461. Mit der Erteilung einer Niederlassungserlaubnis als dem stärksten Aufenthaltstitel geht automatisch die uneingeschränkte Berechtigung zur Aufnahme einer Erwerbstätigkeit einher (§ 9 Abs. 1 Satz 2 [ggf. iVm § 9a Abs. 1 Satz 2] AufenthG). Weitere gesetzliche Öffnungsklauseln bestehen im Bereich der Aufnahme aus humanitären Gründen (§ 22 Satz 3, § 25 Abs. 1 Satz 4 AufenthG), beim Familiennachzug zu Deutschen (§ 28 Abs. 5 AufenthG) und unter qualifizierten Voraussetzungen beim Familiennachzug zu Ausländern (§ 29 Abs. 5 AufenthG), jeweils auch mit Möglichkeit der Verselbstständigung nach § 31 AufenthG, beim Recht auf Wiederkehr (§ 37 Abs. 1 Satz 2 AufenthG) sowie für ehemalige Deutsche (§ 38 Abs. 4 AufenthG). Im Übrigen besteht parallel hierzu die Möglichkeit der Erteilung von Erlaubnissen zur Aufnahme einer Beschäftigung nach der Beschäftigungsverfahrensverordnung v. 22. 11. 2004 (BGBl. I 2934), die zuletzt durch Art. 12 Abs. 5 des G. v. 22. 11. 2011 (BGBl. I 2258) geändert worden ist. Siehe eingehend *W. Breidenbach* in: Kluth/Hund/Maaßen (Fn. 54), § 4 Rn. 280 ff.

[65] *Gundel* (Fn. 31), § 198 Rn. 86; *Starck* (Fn. 62), Art. 3 Rn. 397, gehen sogar davon aus, dass eine einfachgesetzliche Schlechterstellung von Ausländern im Berufsrecht in der Regel gegen Art. 3 Abs. 1 GG verstoße. Vergleichend für die USA (betreffend den 14. Verfassungszusatz) US Supreme Court, Truax v. Raich, 239 U.S. 33, 42f. (1915); Takahashi v. Fish and Game Commission, 334 U.S. 410 (1948). Siehe bereits Art. 41 der Magna Charta Libertatum (1215), zit. nach *D. Maier*/*M. Hunziker* (Hrsg.) Verfassungsstrukturen, Freiheits- und Gleichheitsrechte, 2009, 211 (212). Diesen Hinweis verdanke ich *Durner* (Fn. 41), Art. 11 Rn. 7.

ihres spezifischen Integrationsansatzes.[66] Die meisten Rechtsregime stellen daher nicht auf die Staatsangehörigkeit, sondern auf die Ansässigkeit ab.[67] Ausländern wird weitgehend[68] gleiche politische Freiheit im indi-

---

[66] Etwa *H. P. Ipsen* Europäisches Gemeinschaftsrecht, 1972, 593f.; *S. Magiera* DÖV 1987, 221 (222 f.); *Wollenschläger* Grundfreiheit (Fn. 45), 315 f. Plastisch Schlussanträge GA *Villalón* v. 14.9.2010, Rs. C-47/08 u.a. (Kommission/Königreich Belgien u.a), Rn. 129: „In einer Union, die die Schaffung eines Marktes ohne Binnengrenzen proklamiert, bildet das Bestehen von unmittelbaren Diskriminierungen aus Gründen der Staatsangehörigkeit eine Negation des Integrationsgedankens selbst." Auch das Assoziationsrecht sieht daher akzessorisch in der Regel unter bestimmten Voraussetzungen und nach einem Mindestaufenthalt ein Recht auf freien Zugang zum Arbeitsmarkt vor, vgl. stellvertretend Art. 6, 10 Assoziationsratsbeschluss 1/80 (Fn. 54).

[67] Beispiel *Internationales Steuerrecht*: Art. 4 Abs. 1 OECD-Musterabkommen zur Doppelbesteuerung; hierzu *F. Haase* Internationales und Europäisches Steuerrecht, 3. Aufl. 2011, Rn. 602; *M. Lehner* in: K. Vogel/M. Lehner (Hrsg.) Doppelbesteuerungsabkommen, 5. Aufl. 2008, Art. 4 Rn. 11ff.; *Menzel* (Fn. 37), 429; Begriff der Ansässigkeit rezipiert durch § 2 Abs. 1 Satz 1 Nr. 1 AStG; hierzu *G. Frotscher* Internationales Steuerrecht, 3. Aufl. 2009, § 3 Rn. 91; *Haase* ebd., Rn. 349; die Kombination personaler und territorialer Elemente stellt hier zugleich eine verfassungskonforme Besteuerung nach der Leistungsfähigkeit sicher, eingehend *M. Lehner/C. Waldhoff* in: P. Kirchhof/H. Söhn/R. Mellinghoff (Hrsg.) EStG, Bd. 1, 2012, § 1 Rn. A 4ff., A 76, zur Ansässigkeit A 218 ff.

Beispiel *Klagebefugnis*: Für Klagerechte (insbesondere § 42 Abs. 2 VwGO) ist die Staatsangehörigkeit unerheblich. Zutreffend *D. Ehlers* in: F. Schoch/J.-P. Schneider/W. Bier (Hrsg.) VwGO, 2012, Vor § 40 Rn. 72; *K. F. Gärditz* in: ders. (Hrsg.) VwGO, 2013, § 42 Rn. 83; *Menzel* (Fn. 37), 699. Die territoriale Geltung der Klagerechte hängt daher schlicht von der Reichweite des jeweiligen materiellen Rechts ab. Siehe BVerwGE 75, 285 (286); 132, 151 (157); OVG Saarlouis, NVwZ 1995, 97f.; *Menzel* ebd., 700f.; *R. Schmidt/W. Kahl* Umweltrecht, 8. Aufl. 2010, § 9 Rn. 43 ff.; *M. Schmidt-Preuß* Kollidierende Privatinteressen im Verwaltungsrecht, 2. Aufl. 2005, 439f.; *C. Sennekamp* in: Kluth/Hund/Maaßen (Fn. 54), § 9 Rn. 4; *H. Sodan* in: ders./J. Ziekow (Hrsg.) NK-VwGO, 3. Aufl. 2010, § 42 Rn. 414.

Beispiel *Kommunalrecht*: Der Zugang zu kommunalen Einrichtungen ist ebenfalls partiell territorialisiert und steht allen Einwohnern der Gemeinde offen, vgl. z.B. § 8 Abs. 2 GO NW.

Beispiel: *Umwelt- und Planungsrecht*: Ausländer können Teil der (betroffenen) Öffentlichkeit sein, der in Planungs- und Genehmigungsverfahren qualifizierte Partizipationsrechte zukommen (etwa nach § 73 VwVfG; §§ 9, 14i UVPG; § 10 Abs. 3–4 BImSchG iVm §§ 8ff. 9. BImSchV; § 83 Abs. 4 WHG). Da diese Öffentlichkeitsbeteiligung zutreffenderweise allein rechtsstaatlich und nicht demokratisch begründet wird – *K. F. Gärditz* GewArch 2011, 273 (274ff.); *E. Hien* UPR 2012, 128 (130f.); *F. Ossenbühl* Welche normativen Anforderungen stellt der Verfassungsgrundsatz des demokratischen Rechtsstaates an die planende staatliche Tätigkeit?, 1974, 125f.; *W. Schmitt Glaeser* Partizipation an Verwaltungsentscheidungen, VVDStRL 31 (1973), 179 (220); ähnlich (für eine demokratische Funktion, aber ohne eigenständigen Legitimationsbeitrag) *E. Hofmann* JZ 2012, 701; aA aber *F. Ekardt/K. Senderlein* NVwZ 2008, 1059 (1063); *A. Fisahn* Demokratie und Öffentlichkeitsbeteiligung, 2002, 331ff.; *C. Franzius* GewArch 2012, 225

vidual-grundrechtlichen Bereich (Art. 5 Abs. 1 Satz 1, Art. 17 GG[69]) gewährt.[70] Der Nichtbürger darf also zumindest Wutbürger sein.[71]

Der Zugang zum öffentlichen Dienst wurde vor allem für Unionsbürger[72] als Ausdruck personaler Europäisierung[73] in weitem Umfang ge-

---

(235); *G. Lübbe-Wolff* Europäisches und nationales Verfassungsrecht, VVDStRL 60 (2001), 246 (278 ff.); *M. Röckinghausen* EurUP 2008, 210 (211, 219); *G. Winter* ZUR 2012, 329 f.; vorsichtig auch *M. Knauff* DÖV 2012, 1 (2) –, bereitet hier die Teilhabe von Nichtstaatsangehörigen auch keine legitimatorischen Probleme.

Siehe *rechtsvergleichend* zur Statusangleichung für die USA *Bickel* (Fn. 34), 48.

[68] Die Versammlungsfreiheit nach Art. 8 Abs. 1 GG ist zwar nur Deutschengrundrecht. Jedoch ist sie einfachgesetzlich nach § 1 Abs. 1 VersG auch Ausländern gewährleistet.

[69] Auch auf europäischer Ebene ist das Petitionsrecht sowie das Befassungsrecht der Bürgerbeauftragten über die Unionsbürger hinaus ausdrücklich auch auf andere im Unionsgebiet wohnhafte Personen erstreckt worden, vgl. Art. 227, 228 AEUV; Art. 44 GR-Charta.

[70] Siehe *Isensee* Ausländer (Fn. 42), 99 f., der mit Recht darauf hinweist, dass politische Freiheitsgrundrechte des Ausländers ihren Eigenstand haben und sich nicht schlicht unter Verweis auf die demokratische Komponente von Meinungsbildung verfassungskonform aushebeln lassen; ferner *K.-P. Dolde* Die politischen Rechte des Ausländers in der Bundesrepublik, 92 ff., 186 ff.; *M. Zuleeg* DÖV 1973, 361 (369). Restriktiver *C. Tomuschat* Zur politischen Betätigung des Ausländers in der Bundesrepublik Deutschland, 1968, 51 ff. Wie hier parallel für die EMRK *C. Grabenwarter* Europäisches und nationales Verfassungsrecht, VVDStRL 60 (2001), 290 (313). Siehe zur grundsätzlichen Freiheit des Ausländers zur politischen Betätigung § 47 AufenthG mit den abschließend genannten und eng gefassten Untersagungsgründen, die grundsätzlich auf allgemeinen – nach Art. 5 Abs. 2 GG zulässigen, freilich restriktiv anzuwendenden (vgl. nur *Dienelt* [Fn. 54], § 47 Rn. 5 ff.) – Gründen der Gefahrenabwehr beruhen. Ähnliche Feststellungen werden für die USA getroffen; zugleich wird hiermit die Beobachtung erklärt, dass Fragen der *citizenship* in der Rechtsprechung nur eine sehr untergeordnete Rolle spielten, so *P. J. Bruer* in: K. L. Hall/J. W. Ely, Jr./J. B. Grossmann (Hrsg.) The Oxford Companion to the Supreme Court of the United States, 2. Aufl. 2005, 169. Vgl. bahnbrechend insbesondere US Supreme Court, Yick Wo v. Hopkins, 118 U.S. 356 (1886); hierzu eingehend *Motomura* (Fn. 57), 63 ff.

[71] Plakativ BayVGH, Beschl. v. 2. 7. 2012, Az. 10 CS 12.1419: Protest von Asylbewerbern durch Hungerstreik mit zugenähtem Mund zulässig; ferner BayVGH, Beschl. v. 20. 4. 2012, Az. 10 CS 12.845: Schutz durch einfachgesetzliche Versammlungs- und Meinungsfreiheit, die freilich nicht das Aufstellen eines Zeltes auf einer öffentlichen Straße decke.

[72] Für nicht völkervertragsrechtlich privilegierte Angehörige von Drittstaaten bleibt es dabei, dass der Zugang insbesondere zum Beamtenverhältnis versagt werden kann, wobei auch hier Ausnahmemöglichkeiten im Ermessen der Verwaltung bestehen. Siehe § 7 Abs. 3 BBG; § 7 Abs. 3 BeamtStG; auch hier hat der Bewerber immerhin einen Anspruch auf fehlerfreie Ermessensausübung, so wohl auch *U. Battis* BBG, 4. Aufl. 2009, § 7 Rn. 9; *A. Reich* BeamtStG, 2. Aufl. 2012, § 7 Rn. 10.

[73] *K. F. Gärditz* EWS 2012, 209 (220); zum personellen Austausch als Europäisierungsfaktor *A. K. Mangold* Gemeinschaftsrecht und deutsches Recht, 2011, 380 f.

öffnet.[74] Reservate für Staatsangehörige (Art. 45 Abs. 4, 51 AEUV) schrumpfen mit fortschreitender europäischer Integration[75] auf enge Bereiche, in denen ein „Verhältnis besonderer Verbundenheit des jeweiligen Stelleninhabers zum Staat" erforderlich ist,[76] etwa Justiz, Diplomatie und innere Sicherheit.[77]

---

[74] Die Bedeutung für die staatliche Verwaltung sollte nicht überschätzt werden, weil weder die Hoheitsfunktion als solche noch die staatliche Verantwortung für die Aufgabenerfüllung in Frage steht. Erst recht bleiben beamtenrechtliche Loyalitätspflichten unberührt. Tendenziell anders aber *Tomuschat* (Fn. 70), 57: der Staatsangehörigkeitsvorbehalt zeige „den nationalen Charakter der staatlichen Herrschaftsstruktur"; ähnlich *K. Hailbronner* VBlBW 2000, 129. Nicht zu verkennen ist allerdings, dass der Ausgestaltung des Personalrechts im Allgemeinen (*A. Voßkuhle* in: W. Hoffmann-Riem/ E. Schmidt-Aßmann/A. Voßkuhle [Hrsg.] Grundlagen des Verwaltungsrechts, Bd. III, 2009, § 43 Rn. 32, 122) und dem Staatsangehörigkeitsvorbehalt im Besonderen (*P. M. Huber* FS Walter Leisner, 1999, 937 ff.; ähnlich *R. Grawert* in: J. Isensee/P. Kirchhof [Hrsg.] HStR II, 3. Aufl. 2004, § 16 Rn. 60) auch eine demokratische Komponente zugemessen wird. Im Übrigen katalysiert eine Öffnung für Unionsbürger mittelbar auch den Berufszugang für Drittstaatsangehörige, weil es wenig plausibel ist, einen erst einmal für einige Nichtstaatsangehörige geöffneten Bereich des öffentlichen Dienstes weiterhin abzuschirmen, zumal aus der Unionsbürgerschaft kein qualifiziertes Treueverhältnis zum Aufenthaltsstaat erwächst. Siehe parallel für den Binnenmarkt *D. Kugelmann* in: R. Schulze/M. Zuleeg/S. Kadelbach (Hrsg.) Europarecht, 2. Aufl. 2010, § 41 Rn. 72 („mittelbare Wirkung von Grundfreiheiten").

[75] Zutreffende Diagnose *M. Franzen* in: R. Streinz (Hrsg.) EUV/AEUV, 2. Aufl. 2012, Art. 45 Rn. 146; *K. Hailbronner* VBlBW 2000, 129. Zur Entwicklung stellvertretend EuGH, Urt. v. 2. 7. 1996, Rs. C-290/94 (Kommission/Republik Griechenland), Slg. 1996, I-3285, Rn. 34; Urt. v. 2. 7. 1996, Rs. C-473/93 (Kommission/Grossherzogtum Luxemburg), Rn. 31 ff., 46 ff.; Urt. v. 30. 3. 2006, Rs. C-451/03 (Servizi Ausiliari Dottori Commercialisti), Slg. 2006, I-2941, Rn. 45; Urt. v. 29. 11. 2007, Rs. C-393/05 (Kommission/ Österreich), Slg. 2007, I-10195, Rn. 35; Urt. v. 29. 11. 2007, Rs. C-404/05 (Kommission/ Deutschland), Slg. 2007, I-10239, Rn. 37, 46; Urt. v. 24. 5. 2011, Rs. C-54/08 (Kommission/Bundesrepublik Deutschland), NJW 2011, 2941; *U. Battis* NVwZ 1994, 667 ff.; *C. Hillgruber* ZBR 1997, 1 ff.; *P. M. Huber* Die Verwaltung 29 (1996), 437 (457 ff.); *S. Jakobs* in: O. Depenheuer/M. Heintzen/M. Jestaedt u.a. (Hrsg.) Hommage an Josef Isensee, 2002, 507 ff.; *J. A. Kämmerer* EuR 2001, 27 ff.; *ders.* Die Verwaltung 37 (2004), 353 ff.

[76] EuGH, Urt. v. 26. 5. 1980, Rs. 149/79 (Kommission/Belgien), Slg. 1980, 3881, Rn. 10; Urt. v. 27. 11. 1991, Rs. C-4/91 (Annegret Bleis/Ministère de l'Education Nationale), Slg. 1991, I-5627, Rn. 6; ferner etwa *Franzen* (Fn. 75), Art. 45 Rn. 146.

[77] Absolute Vorbehaltsbereiche, in denen eine Beschäftigung von Ausländern generell unzulässig ist, bestehen vor allem für die Justiz, vgl. § 9 Nr. 1 DRiG (für Staatsanwälte iVm § 122 DRiG); für Schöffen auch § 31 Satz 2 GVG. Dies ist unionsrechtskonform, vgl. nur *L. Kathke* ZBR 1994, 233 (238); *J. Schmidt-Räntsch* DRiG, 6. Aufl. 2009, § 9 Rn. 10; unter dem Topos „Kontrollaufgaben" auch *T. Schotten* DVBl. 1994, 567 (571); für eine Öffnung im Bereich der ehrenamtlichen Richter für Unionsbürger aber *S. Jutzi* DRiZ 1997, 377 ff.; *E. Röper* DRiZ 1998, 195 ff.; ablehnend *D. Gittermann* in: Löwe-Rosenberg, StPO, Bd. 10, 26. Aufl. 2010, § 31 GVG Rn. 8 ff.

3. *Territorialer Rechtsgehorsam und personale Sonderpflichten*

Die allgemeine Gehorsamspflicht gegenüber geltendem Recht[78] wirkt territorial für alle der Staatsgewalt Unterworfenen. Sonderpflichten, die sich spezifisch an Inländer oder Ausländer richten, bestehen zwar fort,[79] haben aber ebenfalls an Bedeutung eingebüßt. Die als Grenzszenario einer spezifisch bürgerschaftlichen Opferlast traditionell hervorgehobene[80] Wehrpflicht[81] wurde bekanntlich jüngst – als Endpunkt langfristiger Erosionsprozesse[82] – mit Abschaffungsneigung und in apolitischer Geschäftsmäßigkeit ausgesetzt.[83] Sie war im Übrigen auch in der Vergangenheit

---

[78] Betont bei *Böckenförde* (Fn. 25), 426; *P. K. L. Zorn* Das Staatsrecht des Deutschen Reiches, Bd. I, 2. Aufl. 1895, 369.

[79] *Sacksofsky* (Fn. 38), 324; *P. Szczekalla* in: F. S. M. Heselhaus/C. Nowak (Hrsg.) Handbuch der Europäischen Grundrechte, 2006, § 7 Rn. 12; vgl. für Japan *J. Koshikawa* The American University Law Review 9 (1960), 130 (144f.). Beispiele wären etwa die Passpflicht (§ 3 AufenthG) oder Beschränkungen der Lebensführung während des Asylverfahrens nach §§ 55ff. AsylVfG. Auch besteht für nicht staatenlose Ausländer ein Pflichtenverhältnis zum Mutterstaat kraft Personalhoheit fort. Siehe *Isensee* Ausländer (Fn. 42), 56; *M. Jestaedt* Demokratieprinzip und Kondominialverwaltung, 1993, 222 f.

[80] *R. Brubaker* Der Staat 28 (1989), 1 (5); *D. Gosewinkel* Einbürgern und Ausschließen, 2. Aufl. 2003, 310ff.; *Schmitt* Verfassungslehre (Fn. 29), 227, 254; ferner *J. Habermas* Die Normalität der Berliner Republik, 1995, 179. Siehe einfach-gesetzlich § 7 SoldatenG. Zur begrenzten Überzeugungskraft zutreffend *R. Keil* Kants Demokratieverständnis und Ausländerwahlrecht heute, 2005, 375 ff., 381.

[81] Vgl. den ausnahmslosen Staatsangehörigkeitsvorbehalt nach § 1 Abs. 1 WPflG; parallel für Berufssoldaten § 37 Abs. 1 Nr. 1 SoldatenG. Art. 12a Abs. 1 GG ließe freilich die Verpflichtung von Ausländern zu, vgl. *G. Gornig* in: H. von Mangoldt/F. Klein/C. Starck (Hrsg.) GG, Bd. 1, 6. Aufl. 2010, Art. 12a Rn. 29. Die Exklusivität des individuellen Wehrbeitrags spiegelt sich auch im Staatsangehörigkeitsrecht. Es tritt nach § 28 Satz 1 StAG grundsätzlich ein Verlust der Staatsangehörigkeit ein, sofern ein Deutscher in Streitkräfte oder einen vergleichbaren bewaffneten Verband eines ausländischen Staates, dessen Staatsangehörigkeit er besitzt, eintritt. Vgl. zum Sonderproblem des Eintritts in multinationale Verbände islamistischer ‚Aufständischer' *H.-G. Maaßen* ZAR 2011, 336 (339). Diesem Modell entsprechend kennen einige Staaten die Einbürgerung nach Ableistung des Wehrdienstes. Siehe für die Vereinigten Staaten Sec. 328 United States Immigration and Nationality Act (8 U.S.C. 1439); hierzu *P. M. Stahl* Military Law Review 177 (2003), 1ff.

[82] Siehe zur Diskussion um die zerfallende Wehrgerechtigkeit etwa BVerfG-K, NVwZ 2010, 183 ff.; VG Köln, Vorlagebeschl. v. 3.12.2008, 8 K 5791/08; *J. Fleischhauer* NZWehrr 2008, 112ff.; *W. Glenewinkel/P. Tobiassen* NVwZ 2010, 171ff.; *D. Walz* NZWehrr 2010, 81 ff.

[83] §§ 2, 54ff. WPflG. Hierzu *M. Wiemes/S. Petri* RuP 2011, 221ff.; befürwortend *I. von Münch* Rechtspolitik und Rechtskultur, 2011, 68. Auf Verfassungsebene bleibt die allgemeine Wehrpflicht freilich als Option erhalten (Art. 12a GG). Die Bestimmung ist indes als Grundrechtsschranke formuliert und verpflichtet daher nicht, die Wehrpflicht gesetzlich aufrecht zu erhalten (vgl. Art. 12a Abs. 1 GG). Siehe *R. Scholz* in: Maunz/Dürig (Begr.) GG, 2012, Art. 12a Rn. 16.

ersichtlich nicht das Proprium politischer Zugehörigkeit,[84] da sie stets nur Männer[85] im wehrfähigen Alter betraf.

4. *Sozialstaatlich funktionalisierte Solidarität*

Bürgerschaftliche Solidarität schulden sich zwar an erster Stelle die jeweiligen Staatsangehörigen untereinander.[86] Solidarität wird indes im

---

[84] Generell ablehnend auch *Rubio-Marín* (Fn. 37), 48ff., 239; *Wiessner* (Fn. 6), 259ff., mit Nachweisen zu Staaten (wie die USA), die auch Ausländern den Wehrdienst eröffnen. Vgl. im Übrigen karikierend *G. Lübbe-Wolff* FS Renate Jaeger, 2010, 225 (239ff.). Sichtbares ritualisiertes Relikt einer vormaligen Verknüpfung von Wehrbeitrag und Bürgerstatus ist der als Wahlberechtigungsausweis zur Landsgemeinde in Appenzell Innerrhoden (vgl. zum Verfahren *F. Helg* Die Schweizerischen Landsgemeinden, 2007, 155 ff.) von Männern vorgezeigte Degen (sog. Seitengewehr).

[85] Die unionsrechtlich induzierte – EuGH, Urt. v. 11.1.2000, Rs. C-285/98 (Kreil), Slg. 2000, I-69, Rn. 15ff. – Öffnung der Streitkräfte für Frauen (vgl. Art. 12a Abs. 4 Satz 2 GG) hat hieran nichts geändert, namentlich nur berufliche Optionen für Frauen erweitert, die Wehr*pflicht* aber weiterhin auf Männer begrenzt. Siehe *J. Schwarze* Zukunftsaussichten für das Europäische Öffentliche Recht, 2010, 27 f.

[86] *U. Becker* FS Dieter H. Scheuing, 2011, 480 (482); *H. F. Zacher* FS Peter Badura, 2004, 639 (643); demgegenüber staatstheoretisch aus vorrechtlichen Gemeinschaftsbindungen heraus argumentierend *Depenheuer* (Fn. 32), 53; empirisch für eine (hier abgelehnte, vgl. auch Fn. 202) Korrelation von ethnischer Homogenität und Bereitschaft zu sozialer Solidarität *E. Wiederin* Sozialstaatlichkeit im Spannungsfeld von Eigenverantwortung und Fürsorge, VVDStRL 64 (2005), 53 (81f.). Vgl. ferner *J. Isensee* FS Gerd Roellecke, 1997, 137 (144): Die personenrechtliche Bindung konstituiere das Staatsvolk als Solidargemeinschaft; in der nationalen Komponente betont bei *S. Müller-Franken* AöR 134 (2009), 542 (560ff.); allgemein für eine Integrationskomponente des Sozialstaats *E. R. Huber* Nationalstaat und Verfassungsstaat, 1965, 260. Dies bedeutet nicht, dass es nicht schon immer auch Sozialleistungen an Nichtstaatsangehörige gab, offenbart sich aber z.B. in zusätzlichen Anspruchsvoraussetzungen (etwa qualifizierter sowie legaler Aufenthaltsstatus) oder in der Abhängigkeit von Sozialleistungen als Ausweisungsgrund, was fortbestehende (wenn auch schwindende) Differenzen markiert. Analytisch werden solche Modelle unter dem Topos der kommunitaristischen Solidarität verklammert, so treffend *U. Volkmann* Solidarität – Programm und Prinzip der Verfassung, 1998, 32ff. Konsequent wird dann das Zusammenwachsen Europas zum demokratischen Verband vom Vorhandensein einer transnationalen „Bürgersolidarität" abhängig gemacht, so *J. Habermas* Zur Verfassung Europas, 2011, 62. Eine solche Solidarität mag sich durch positive Setzung rechtlich normieren lassen, ist aber als soziologisches Zusammengehörigkeitsgefühl in weiter Ferne. Wer Solidarität (anders als hier) daher vorrechtlich-substanzhaft begreift, wird einem Projekt einer europäischen Solidarisierung eher mit Skepsis begegnen. So konsequent *Volkmann* ebd., 410ff.; auch *H. M. Heinig* ZESAR 2008, 465 (475); ähnlich *E.-W. Böckenförde* in: ders., Wissenschaft, Gericht, Bundesverfassungsgericht, 2011, 267 (270ff.). Zur sozialpolitischen Komponente der Staatsangehörigkeit, Fürsorgelasten zu verteilen, siehe *R. Brubaker* Citizenship and Nationhood in France and Germany, 1992, 70f.; *M. Heintzen* Der Staat

Sozialstaat vornehmlich durch soziale Teilhaberechte abgebildet,[87] die heute zunehmend entnationalisiert sind.[88] Leistungen werden einfachgesetzlich entweder nach Versicherungsprinzip[89] oder nach spezifischer Bedürftigkeit organisiert, in der Regel jedoch nicht (oder jedenfalls nicht primär) nach Staatsangehörigkeit.[90] Elementare Sozialleistungsansprüche

---

36 (1997), 327 (330 f.); *H. Quaritsch* DÖV 1983, 1 (5 f.). Eingehend zur Relevanz für den Bürgerstatus *Twine* (Fn. 34). Das BVerfG thematisiert die soziale Dimension des Bürgerstatus bemerkenswerterweise im Kontext der Frage, ob die Unionsbürgerschaft die Staatsangehörigkeit und damit das Staatsvolk abgelöst habe und hebt insoweit die verbliebenen Differenzierungsoptionen im sozialen Leistungsrecht hervor, so BVerfGE 123, 267 (405 f.). Zur Verfassung als Solidaritätsversprechen etwa *O. Depenheuer* in: ders./C. Grabenwarter (Hrsg.) Verfassungstheorie, 2010, § 16 Rn. 18, 22. Eine Verknüpfung sozialer Teilhabe mit dem Bürgerstatus stellt her: *Dahrendorf* (Fn. 19), 36 ff. In diesem Sinne werden in föderalen Staaten traditionell die Verpflichtungen zur sozialen Fürsorge nach der Ansässigkeit bestimmt, wird eine weitergehende besondere Verbindung zu Gliedstaaten (wie eine Dauer der Ansässigkeit) aber nicht verlangt. Siehe US Supreme Court, Saenz v. Roe, 526 U.S. 489 (1999). Für die Herausbildung eines globalen Solidaritätskonzeptes entlang sich formierender Demokratisierungsprozesse von unten nach oben demgegenüber *H. Brunkhorst* Solidarität, 2002, 203 ff.

[87] Siehe *R. Schlegel* FS Renate Jaeger, 2010, 331 (341 f.); zur Verschleifung rechtsvergleichend nur *P. Cruz Villalón* in: von Bogdandy/Cruz Villalón/Huber (Fn. 21), § 13 Rn. 99 f.

[88] Vgl. *Gundel* (Fn. 31), § 198 Rn. 89; allgemein für die Staatsleistungen *Menzel* (Fn. 37), 429; zur Übernahme sozialstaatsanaloger Strukturen durch die EU siehe *E. Eichenhofer* Geschichte des Sozialstaates in Europa, 2007, 97 ff. Eingehende Bestandsaufnahme bei *C. Janda* Migranten im Sozialstaat, 2012, die zutreffend darauf hinweist, dass das Recht insoweit vor allem auf die Normalisierung mobilitätsgeprägter Erwerbsbiografien reagiert (6 f.). Zum Grundmuster ‚Einschluss' und ‚Ausschluss' im Sozialrecht plastisch *H. F. Zacher* ZIAS 2003, 193 (197 ff.).

[89] Leistungsberechtigt sind also die Versicherten. Anknüpfungspunkt der Sozialversicherung ist eine Beschäftigung (vgl. § 7 SGB IV) oder ein Wohnsitz im Inland, vgl. § 3 SGB IV. Siehe im Einzelnen §§ 117 ff. SGB III (Arbeitslosengeld); §§ 5 ff. SGB V (Gesetzliche Krankenversicherung), dort vor allem § 5 Abs. 11 SGB V; § 1 SGB VI (Gesetzliche Rentenversicherung); § 2 SGB VII (Gesetzliche Unfallversicherung); §§ 14 ff., 20 ff. SGB XI (Gesetzliche Pflegeversicherung). Insoweit kommt es allein auf die Versicherteneigenschaft, nicht hingegen auf die Verbandszugehörigkeit an, so zutreffend *U. Becker* in: A. Hatje/P. M. Huber (Hrsg.) Unionsbürgerschaft und soziale Rechte, 2007, 95 (99); *Kingreen* Migration (Fn. 50), 10; rechtspolitisch auch *K. Hailbronner* JZ 1997, 397 (400 f.). Zum Grundprinzip der solidarischen Finanzierung *T. Kingreen* Knappheit und Verteilungsgerechtigkeit im Gesundheitswesen, VVDStRL 70 (2011), 152 (155); *ders.* Das Sozialstaatsprinzip im europäischen Verfassungsverbund, 2003, 268 ff.

[90] *U. Becker* in: E. Benvenisti/G. Nolte (Hrsg.) The Welfare State, Globalization, and International Law, 2003, 1 (10 f.); *Davy* (Fn. 31), 88; *Hailbronner* (Fn. 53), Rn. 496; *Janda* (Fn. 88), 5; *J. Kokott* in: K. Hailbronner (Hrsg.) Die allgemeinen Regeln des völkerrechtlichen Fremdenrechts, 2000, 25 (28 f.); anders noch *E. Eichenhofer* ZAR 1996, 62 ff. Für einen Verstoß gegen Art. 14 EMRK EGMR, Gaygusuz/Österreich, JZ 1997,

sichern das in der Menschenwürde wurzelnde[91] und damit statusunabhängige soziale Existenzminimum[92].[93] Für weitergehende beitragsunab-

405, Rn. 46ff. (keine sachliche Rechtfertigung bei legalem Aufenthalt und geleisteten Sozialversicherungsbeiträgen); EGMR, Okpisz, NVwZ 2006, 917f. (Kindergeld falle unter Art. 8 EMRK und eine unterschiedliche Behandlung nach Status sei eine unzulässige Benachteiligung); kritisch *K. Hailbronner* JZ 1997, 397 (399f.). Einen allgemeinen Anspruch für rechtmäßig im Inland lebende Staatsangehörige der Mitgliedstaaten (als Nicht-EU-Staaten sind auch Norwegen und die Türkei Mitglied) gewährt völkerrechtlich Art. 1 Europäisches Fürsorgeabkommen v. 11.12.1953 (BGBl. II 1956, 564); hierzu Näheres auch unten Fn. 110. Eine sozialrechtliche Gleichstellung anerkannter Flüchtlinge mit Inländern gebieten Art. 23 GFK; Art. 1 Europäisches Fürsorgeabkommen iVm Art. 1 und 2 des Zusatzprotokolls zu diesem Abkommen v. 11.12.1953 (BGBl. II 1956, 578); hierzu BVerwGE 111, 200 (202 ff.); 130, 148 (150 ff.). Zu den vergleichsweise schwachen völkerrechtlichen Sozialstandards (insbesondere der IAO) siehe *Janda* (Fn. 88), 140f.; *A. Nußberger* Sozialstandards im Völkerrecht, 2005. In gewissem Kontrast zum geltenden Recht steht daher eine substantialistische Konstruktion der Solidarität im Staatsverband, die vor allem auf ethnischer Volkszugehörigkeit begründet werden soll. So *O. Depenheuer* Solidarität im Verfassungsstaat, 1991 (2009), 274ff., 301, 304, 309ff.; analytisch zu dem dahinter vermuteten Korrespondenzverhältnis von Solidarität und Homogenität auch *H. Butzer* Fremdlasten in der Sozialversicherung, 2001, 379.

[91] Siehe etwa BVerfGE 125, 175 (222f.); BVerfG, NVwZ 2012, 1024 (1025), Rn. 89; *Eichenhofer* (Fn. 64), Rn. 120; *M. Herdegen* in: Maunz/Dürig (Begr.) GG, 2012, Art. 1 Abs. 1 Rn. 114; *H. Dreier* in: ders. (Hrsg.) GG, Bd. I, 2. Aufl. 2004, Art. 1 Rn. 158; *W. Höfling* in: M. Sachs (Hrsg.) GG, 6. Aufl. 2011, Art. 1 Rn. 48; *R. Waltermann* Sozialrecht, 9. Aufl. 2011, § 1 Rn. 13. Gegen die gelegentliche Zitierung in Verbindung mit dem Sozialstaatsprinzip *P. Tiedemann* NVwZ 2012, 1031 (1032).

[92] Hierzu allgemein BVerfGE 40, 121 (133); 45, 187 (228); 82, 60 (85); 99, 246 (259); 110, 412 (433f.); 113, 88 (108f.); 120, 125 (154); BVerwG, NVwZ 1999, 669; *A. von Arnauld* in: ders./A. Musil (Hrsg.) Strukturfragen des Sozialverfassungsrechts, 2009, 251ff.; *T. Aubel* in: S. Emmegger/A. Wiedmann (Hrsg.) Linien der Rechtsprechung des Bundesverfassungsgerichts, 2011, 273 ff.; *P. Badura* Staatsrecht, 5. Aufl. 2012, D 36; *W. G. Leisner* Existenzsicherung im öffentlichen Recht, 2007; *V. Neumann* NZS 2006, 393ff.; *J. Martínez Soria* JZ 2005, 644 ff.; *E. Riehle* ZFSH/SGB 2006, 643 ff.

[93] Die Menschenwürde lässt eine Differenzierung nach der Staatsangehörigkeit nicht zu. Zu den insoweit notwendig auch Ausländern zustehenden Leistungsansprüchen *Becker* (Fn. 89), 98; *Davy* (Fn. 31), 88; *dies.* European Journal of Migration and Law 7 (2005), 123 (134); *Hailbronner* (Fn. 53), Rn. 494; *C. Rausch* in: A. Walter/M. Menz/S. De Carlo (Hrsg.) Grenzen der Gesellschaft?, 2006, 53 (62ff.); auch *K.-H. Hohm* NVwZ 2007, 419ff. Siehe eingehend zur (staatsangehörigkeitsindifferenten) menschenrechtlichen Dimension *A. Frohwerk* Soziale Not in der Rechtsprechung des EGMR, 2012. Eine Ausnahme vom Grundsatz der Staatsangehörigkeitsindifferenz bildet auch nicht das AsylbLG, das zwar gegenüber dem Sozialhilferecht reduzierte Leistungen nur für Ausländer vorsieht, aber nicht an die Ausländereigenschaft anknüpft, sondern an den Status als Asylbewerber (vgl. im Einzelnen § 1 AsylbLG). Kritisch zur Abstufung des sozialen Existenzminimums für Asylbewerber *F. Ekhardt* ZAR 2004, 142ff.; *Kingreen* Verteilungsgerechtigkeit (Fn. 89), 167; *ders.* NVwZ 2010, 558 (560ff.). Zutreffen-

hängige Sozialleistungen ist etablierter Differenzierungsgrund meist der rechtlich gesicherte, Schutzbedürfnisse indizierende[94] Daueraufenthalt[95] – erneut: eine territoriale, nicht personale Anknüpfung.[96]

---

derweise kann die Differenzierung jedoch gerechtfertigt werden, sofern sich im Hinblick auf die vorübergehende Natur des Aufenthalts bestimmte (rational quantifizierbare) soziale Bedürfnisse (insbesondere des soziokulturellen Existenzminimums) nicht stellen oder jedenfalls nicht existenziell sind, vgl. BVerwG, NVwZ 1999, 669; *K. F. Gärditz* BRJ 2010, 4 (9f.); *Hailbronner* (Fn. 53), Rn. 510; *S. Horrer* Das Asylbewerberleistungsgesetz, die Verfassung und das Existenzminimum, 2001, 141ff., insbes. 187ff.; allgemein zur möglichen Rechtfertigung BVerfGE 116, 229 (239ff.). Dies entbindet nicht davon, ein existenzielles Minimum konsistent zu ermitteln und insoweit Bedarfsdifferenzen plausibel zu begründen; das Argument des vorübergehenden Aufenthalts verblasst zudem mit der tatsächlichen Verfestigung zum Aufenthalt auf unbestimmte Zeit (mit Recht betont bei *Horrer* ebd., 195ff.). Insoweit hat das BVerfG die Regelsätze des AsylbLG im Ergebnis zutreffend für verfassungswidrig erachtet. Siehe BVerfG, NVwZ 2012, 1024 (Zitat 1029f.), dort auch die markante Kernaussage (Rn. 121): „Migrationspolitische Erwägungen, die Leistungen an Asylbewerber und Flüchtlinge niedrig zu halten, um Anreize für Wanderungsbewegungen durch ein im internationalen Vergleich eventuell hohes Leistungsniveau zu vermeiden, können von vornherein kein Absenken des Leistungsstandards unter das physische und soziokulturelle Existenzminimum rechtfertigen [...]. Die in Art. 1 Abs. 1 GG garantierte Menschenwürde ist migrationspolitisch nicht zu relativieren."

94 Vgl. *Becker* (Fn. 89), 102f.

95 *Becker* (Fn. 86), 481. Siehe hierzu, insbesondere zur Aufenthaltsdauer und der akzessorischen Bemessung des Existenzminimums, BVerfGE 116, 229 (239); BVerwG, NVwZ 1999, 669; BSG, NVwZ-RR 2009, 638 (640). Grundsätzlich ist für Leistungen der Wohnsitz entscheidend (Prinzip der Ansässigkeit), vgl. § 30 Abs. 1 SGB I. Versicherungsunabhängige Sozialleistungen werden daher jedem Leistungsberechtigten nach gesetzlich spezifizierter Bedürftigkeit unabhängig von seiner Staatsangehörigkeit gezahlt, vgl. für die Sozialhilfe § 23 SGB XII; für die Grundsicherung für Arbeitsuchende § 7 Abs. 1 Satz 1 Nr. 4 iVm Sätzen 2–3 SGB II; für die Arbeitsförderung (Berufsausbildungsbeihilfe) § 63 Abs. 1 Nr. 2–6, Abs. 2, 2a und 3 SGB III. Abhängig vom Aufenthaltstitel wird z.B. Elterngeld auch an Ausländer gezahlt, vgl. § 1 Abs. 7 BEEG. Zur Verfassungswidrigkeit der Ausnahmen siehe BVerfG, Beschl. v. 10.7.2012, 1 BvL 2/10, Rn. 39ff. Ziel ist es, nur solchen Ausländern Sozialleistungen zugutekommen zu lassen, die sich dauerhaft im Bundesgebiet aufhalten (vgl. BT-Drs 15/420, 122; BT-Drs 16/1889, 19). Ausbildungsförderung nach BAföG wird nicht nur Unionsbürgern und ihren Familienangehörigen, sondern auch sonstigen Ausländern gewährt, die über einen qualifizierten Aufenthaltsstatus verfügen (§ 8 Abs. 1 Nr. 6, 7, Abs. 2, 2a und 3 BAföG). Kinder- und Jugendhilfe wird Ausländern bereits gewährt, wenn sie rechtmäßig oder aufgrund einer ausländerrechtlichen Duldung ihren gewöhnlichen Aufenthalt im Inland haben (§ 6 Abs. 2 Satz 1 SGB VIII). Keine Differenzierung gilt schließlich im Rahmen der Rehabilitation und Teilhabe behinderter Menschen, vgl. §§ 1, 2 SGB IX.

96 *Becker* (Fn. 86), 482. Zutreffend zum Spannungsverhältnis *H. M. Heinig* ZESAR 2008, 465 (466f.). Die Folge ist dann, dass in Konfliktfällen auch nach primär territorialen Abgrenzungskriterien gesucht wird, vgl. EuGH, Urt. v. 20.5.2008, Rs. C-352/06 (Bosmann), Slg. 2008, I-3827 Rn. 16ff.; das Unionsrecht schließt es allerdings nicht aus,

Nach einer – im Einzelnen freilich angreifbaren[97] – Rechtsprechung des EuGH besteht primärrechtlich eine (begrenzte) finanzielle Solidaritätsverpflichtung gegenüber Unionsbürgern,[98] sofern sich diese „bis zu einem

---

dass ein Mitgliedstaat jenseits seiner territorialen Zuständigkeit weitergehende Leistungen an Unionsbürger gewährt, so EuGH, Urt. v. 12.6.2012, Rs. C-611/10 und C-612/10 (Hudzinski und Wawrzyniak), Rn. 57ff.; hierzu *R. Wendl* DStR 2012, 1894ff. Dem Primat des Territorialitätsgedankens entspricht es auch, dass im Ausland lebende Deutsche grundsätzlich keine Sozialhilfe beanspruchen können (§ 24 Abs. 1 Satz 1 SGB XII).

[97] *Arnull* (Fn. 45), 532; *S. Bode* EuZW 2003, 552 ff.; *M. Dougan* in: U. Becker/J. Schwarze (Hrsg.) Gemeinwohlverantwortung im Binnenmarkt, 2010, 97 (124ff.); *K. Hailbronner* NJW 2004, 2185ff.; *ders.* JZ 2005, 1138ff.; *H. M. Heinig* ZESAR 2008, 465 (473ff.); *W. Kahl* FS Reiner Schmidt, 2006, 75 (87ff.); *von Münch* (Fn. 24), 299f. Dem EuGH zustimmend demgegenüber etwa *Becker* (Fn. 86), 484 f.; *W. Cremer* WissR 36 (2003), 128 (146ff.); *R. Höfler*, NVwZ 2002, 1206ff.; in Vorwegnahme der Rechtsprechung bereits *K.-D. Borchard* NJW 2000, 2057ff.; jedenfalls relativierend *M. Schuler-Harms* JöR 59 (2011), 477 (487). Einige Elemente der Rechtsprechung wurden zwar von der Unionsbürgerrichtlinie 2004/38/EG übernommen, siehe hierzu *Arnull* ebd., 528; *C. Schönberger* ZAR 2006, 226ff.; die Differenziertheit der Art. 7f. wird allerdings von der Rechtsprechung primärrechtlich überspielt, siehe *K. Hailbronner* ZaöRV 2004, 603 (611f.). Eine Fortsetzung des Streits erscheint freilich unergiebig, da die ‚richterrechtlich' kreierten sozialstaatlichen Impulse der Unionsbürgerschaft mit der Verabschiedung des Lissabon-Vertrages stillschweigend von den Mitgliedstaaten als Teil des *acquis communautaire* übernommen und sanktioniert worden sein dürften. Vgl. allgemein *S. Pötters/R. Christensen* JZ 2012, 289 (291). Zur eher terminologischen Frage, ob mit der im Wesentlichen auf Inländergleichbehandlung beschränkten Rechtsprechung eine „Sozialbürgerschaft" begründet worden sei, siehe zutreffend verneinend *P. Axer* in: ders./B. Grzeszick/W. Kahl/U. Mager/E. Reimer (Hrsg.) Das Europäische Verwaltungsrecht in der Konsolidierungsphase, 2010, 123 (134 f.).

[98] EuGH, Urt. v. 18.11.2008, Rs. C-158/07 (Förster), Slg. 2008, I-8507 Rn. 48: Bei der Organisation und Anwendung ihres Sozialhilfesystems sei „eine gewisse finanzielle Solidarität mit den Angehörigen anderer Mitgliedstaaten zu zeigen". Jedem Mitgliedstaat stehe es indes frei, darauf zu achten, dass die Gewährung von Sozialleistungen an Unionsbürger nicht zu einer übermäßigen Belastung werde, die Auswirkungen auf das gesamte Niveau der Leistungen haben könnte, die dieser Staat gewähren könne. Letzteres hebt das BVerfG wenig überzeugend als besondere Einschränkung hervor, so BVerfGE 123, 267 (406). Die Grenze der Leistungsfähigkeit ist indes auch im nationalen Sozialverfassungsrecht nicht ungewöhnlich. Siehe zu den Verteilungsmechanismen stellvertretend *J. Lege* Knappheit und Verteilungsgerechtigkeit im Gesundheitswesen, VVDStRL 70 (2011), 112 (124ff.); zur Verdrängung des Knappheitsproblems *Kingreen* Verteilungsgerechtigkeit (Fn. 89), 156ff.; verfassungsrechtlich *W. Höfling/S. Augsberg* ZfmE 2009, 45 ff. Zur Solidarität als schwach ausgeformtes Strukturprinzip des Unionsrechts *A. von Bogdandy* in: ders./J. Bast (Hrsg.) Europäisches Verfassungsrecht, 2. Aufl. 2009, 13 (70); kritische und ausführliche Bestandsaufnahme bei *Kahl* (Fn. 97), 79ff. Die prägende Bedeutung unterschätzend *C. Enders* Sozialstaatlichkeit im Spannungsfeld von Eigenverantwortung und Fürsorge, VVDStRL 64 (2005), 7 (31f.). Das Kriterium der Vermeidung übermäßiger Belastungen hat der Gerichtshof zudem jüngst stark relativiert, sobald ein Unionsbürger einmal in einem anderen Mitgliedstaat

gewissen Grad in die Gesellschaft“ des Aufnahmestaates „integriert haben“, was bislang vor allem formal anhand der Aufenthaltsdauer bemessen wird.[99] Sozialleistungsansprüche von Unionsbürgern wurden letztlich in erheblichem Umfang denen deutscher Staatsangehöriger angeglichen.[100] Langfristig aufenthaltsberechtigte Drittstaatsangehörige er-

---

Arbeit gefunden und insoweit durch seine Abgaben zur Leistungsfähigkeit des dortigen Sozialsystems beigetragen hat, siehe EuGH, Urt. v. 14. 6. 2012, Rs. C-542/99 (Kommission/Niederlande), Rn. 65 ff.

[99] EuGH, Urt. v. 18. 11. 2008, Rs. C-158/07 (Förster), Slg. 2008, I-8507 Rn. 49 ff. Wohnsitzerfordernisse, die nicht den Erwerb eines Anspruches, sondern dessen Auszahlung betreffen (Begrenzung der Auszahlung ins Ausland), müssen demgegenüber dem Verhältnismäßigkeitsgebot genügen, siehe EuGH, Urt. v. 4. 12. 2008, Rs. C-221/07 (Zablocka-Weyhermüller), Slg. 2008, I-9029, Rn. 41 ff. Von der Formalisierung nach Aufenthaltsdauer scheint der Gerichtshof jüngst wieder teilweise abzurücken. Siehe EuGH, Urt. v. 21. 7. 2011, Rs. C-503/09 (Stewart), der zwar die Aufenthaltsdauer weiterhin als legitimes Kriterium ansieht, um „das Bestehen einer realen Verbindung des Antragstellers zum zuständigen Staat“ nachzuweisen (Rn. 92), dies jedoch gemessen an Art. 21 AEUV im Fall für nicht gerechtfertigt erachtet hat, weil „konkrete Zeiträume vorherigen Aufenthalts im zuständigen Mitgliedstaat“ dazu führten, dass „einem Umstand unangemessen hohe Bedeutung“ beigemessen werde, der nicht zwangsläufig für den tatsächlichen und effektiven Grad der Verbundenheit repräsentativ sei (Rn. 95). „Es ist nämlich nicht ausgeschlossen, dass eine solche Verbundenheit anhand anderer repräsentativer Umstände nachgewiesen werden“ könne (Rn. 96). Dies bedeutet wohl, dass nationale Regelungen über entsprechende Öffnungsklauseln flexibilisiert werden müssen (zutreffend *A. Epiney* NVwZ 2012, 930 [932]). Die geringe Praktikabilität und Anfälligkeit für Rechtsstreitigkeiten ist dann die Kehrseite einer Materialisierung, Individualisierung und Enttypisierung des sozialen Leistungsrechts.

Im Hinblick auf die Arbeitnehmerfreizügigkeit gilt die Gleichbehandlung namentlich auch für Sozialleistungen, die den Arbeitsmarktzugang erleichtern sollen. So EuGH, Urt. v. 15. 9. 2005, Rs. C-258/04 (Ioannis Ioannidis), Slg. 2005, I-8275, Rn. 22 ff. Arbeitsmarktspezifische Voraussetzungen können aber von dem „Bestehen einer tatsächlichen Verbindung des Arbeitsuchenden mit dem Arbeitsmarkt dieses Mitgliedstaats“ abhängig gemacht werden, etwa davon, dass der „Betroffene während eines angemessenen Zeitraums tatsächlich eine Beschäftigung in dem betreffenden Mitgliedstaat gesucht hat“ oder durch ein Wohnsitzerfordernis. So EuGH, Urt. v. 23. 4. 2004, Rs. C-138/02 (Collins), Slg. 2004, I-2703, Rn. 69 ff.; ferner EuGH, Urt. v. 4. 6. 2009, Rs. C-22/08 und C-23/08 (Vatsouras/Koupatantze), Slg. 2009, I-4585, Rn. 37 ff.

[100] Vgl. EuGH, Urt. v. 18. 7. 2006, Rs. C-406/04 (De Cuyper), Slg. 2006, I-6947, Rn. 40; Urt. v. 26. 10. 2006, Rs. C-192/05 (Tas-Hagen und Tas), Slg. 2006, I-10451, Rn. 33; Urt. v. 4. 12. 2008, Rs. C-221/07 (Zablocka-Weyhermüller), Slg. 2008, I-9029, Rn. 37; Urt. v. 23. 4. 2009, Rs. C-544/07 (Rüffler), Slg. 2009, I-3389, Rn. 74; Urt. v. 21. 7. 2011, Rs. C-503/09 (Stewart), Rn. 87: Rechtfertigungsgründe müssen von der Staatsangehörigkeit unabhängig sein. Bereits nach dem (inzwischen außer Kraft getretenen) Art. 3 Verordnung (EWG) Nr. 1408/71 des Rates v. 14. 6. 1971 über die Anwendung der Systeme der sozialen Sicherheit auf Arbeitnehmer und Selbständige sowie deren Familienangehörige, die innerhalb der Gemeinschaft zu- und abwandern (ABl. L 149 v. 5. 7.

1971, 2), galt ein Gleichbehandlungsgrundsatz für die dort erfassten Sozialleistungen. Das heute geltende Sekundärrecht enthält ein im Anwendungsbereich breit gefasstes Gleichbehandlungsgebot nach Art. 3, 4 Verordnung (EG) Nr. 883/2004 des Europäischen Parlaments und des Rates v. 29.4.2004 zur Koordinierung der Systeme der sozialen Sicherheit (ABl. L 166 v. 30.4.2004). Das Gleichbehandlungsgebot schützt auch vor mittelbaren Diskriminierungen, siehe EuGH, Urt. v. 14.6.2012, Rs. C-542/99 (Kommission/Niederlande), Rn. 37f. Weitsichtige Prognose bereits bei *S. Magiera* DÖV 1987, 221 (225). Zu den dahinter stehenden strukturbildenden Prinzipien der Permeabilität der Sicherungssysteme und Portabilität der Leistungsansprüche siehe *H. M. Heinig* in: J. P. Terhechte (Hrsg.) Verwaltungsrecht der Europäischen Union, 2011, § 32 Rn. 22.

Das Gleichbehandlungserfordernis ist gegenständlich weitreichend, was zuletzt die Einbeziehung der Unionsbürger in das nicht auf Beitragsleistungen beruhende Arbeitslosengeld II (ALG II) verdeutlicht hat. § 7 Abs. 1 Satz 1 Nr. 1 bis 4 SGB II gewährt auch Nichtstaatsangehörigen Anspruch auf Leistungen. Voraussetzung ist allerdings, dass der Aufenthalt legal ist, zutreffend etwa *E. Tießler-Marenda* SRa 2012, 41 (42f.). Erfüllt ein Ausländer diese Voraussetzungen, ist er innerhalb der ersten drei Monate seines Aufenthalts nach § 7 Abs. 1 Satz 2 Nr. 1 SGB II dennoch von den Leistungen der Grundsicherung für Arbeitsuchende ausgeschlossen, sofern er in Deutschland weder Arbeitnehmer noch Selbstständiger noch aufgrund von § 2 Abs. 3 FreizügG/EU freizügigkeitsberechtigt ist. Gleiches gilt nach § 7 Abs. 1 Satz 2 Nr. 2 SGB II für Ausländer und ihre Familienangehörigen, deren Aufenthaltsrecht sich allein aus dem Zweck der Arbeitssuche ergibt. § 23 Abs. 3 SGB XII regelt Entsprechendes für den Bezug von Sozialhilfe. Unbeeinträchtigt hiervon bleiben Ansprüche von Unionsbürgern, denen nach der UnionsbürgerRiL bereits ein anderweitiges Aufenthaltsrecht zusteht. Der dreimonatige Ausschluss ist richtigerweise nach Art. 24 Abs. 2 UnionsbürgerRiL (Fn. 43) gerechtfertigt, weil es sich um Sozialhilfe im Sinne dieser Bestimmung handelt. Vgl. LSG BW, Urt. v. 15.4.2010, L 13 AS 1124/10; LSG Hessen, Urt. v. 14.10.2009, L AS 166/09; LSG Niedersachsen-Bremen, Urt. v. 26.2.2010, L 15 AS 30/10; LSG Berlin-Brandenburg, Urt. v. 8. 1. 2010, L 34 AS 2082/09; *D. Frings* Sozialrecht für Zuwanderer, 2008, S. 73; *F. Schreiber* info also 2009, 195 (195); aA LSG RP, Beschl. v. 21. 8. 2012, L 3 AS 250/12; *Janda* (Fn. 88), 243ff.; *K. Strick* NJW 2005, 2182 (2184). Auch wenn das ALG II in Beziehung zur Integration in den Arbeitsmarkt steht, ist es inhaltlich vornehmlich eine Sozialhilfeleistung, weil es primär der Existenzsicherung dient und als beitragsunabhängige Sozialleistung auch von keinen spezifischen Vorleistungen des Hilfeempfängers abhängt. AA *H. M. Heinig* ZESAR 2008, 465 (471); *E. Steffen* Asylmagazin 7–8/2009, 13 (15); offen gelassen EuGH, Urt. v. 4.6.2009, Rs. C-22/08 und C-23/08 (Vatsouras/Koupatantze), Slg. 2009, I-4585, Rn. 40f. Abweichendes wird man – auch im Hinblick auf EuGH, Urt. v. 15.9.2005, Rs. C-258/04 (Ioannis Ioannidis), Slg. 2005, I-8275, Rn. 22ff. – für die Eingliederungsmaßnahmen nach §§ 14ff. SGB II annehmen müssen; ebenso differenzierend *Schreiber* ebd., 196.

Problematisch ist jedoch, ob auch nach Ablauf der dreimonatigen Sperrfrist Unionsbürgern weiterhin ALG II versagt werden kann, wenn sie allein zum Zwecke der Arbeitssuche eingereist sind. Hierbei ist die Einreise zu Zwecken der Arbeitssuche als solche von den Grundfreiheiten geschützt, solange die Arbeitssuche nicht objektiv gescheitert ist. Siehe Art. 14 Abs. 4 lit. b UnionsbürgerRiL (Fn. 43); EuGH, Urt. v. 26.2.1991, Rs. C-292/89 (Antonissen), Slg. 1991, I-745 Rn. 21f.; Urt. v. 26.5.1993, Rs. C-171/91 (Tsiotras), Slg. 1993, I-2925, Rn. 13f.; *Stewen* (Fn. 45), 57ff. Das BSG hatte zunächst entschieden, dass den zur Arbeitssuche in Deutschland lebenden Ausländern im Anwendungsbereich des (völkerrechtlichen) Europäischen Fürsorgeabkommens (Fn. 90) grundsätzlich ein Anspruch auf ALG II zusteht (BSG 19.10.2010 – B 14 AS

langen kraft Sekundärrechts einen – insoweit territorialisierten – sozialrechtlichen Gleichbehandlungsanspruch.[101]

23/10 R). Im Dezember 2011 erklärte die deutsche Bundesregierung daraufhin einen Vorbehalt zu dem Abkommen (kritisch hierzu BT-Drs. 17/9036, 2). Dieser Vorbehalt ist freilich nach Art. 19 lit. c WVRÜbk völkerrechtlich unzulässig, da er mit Ziel und Zweck des auf Gegenseitigkeit beruhenden Abkommens nicht in Einklang steht. Zutreffend LSG Berlin-Brandenburg, Beschl. v. 9. 5. 2012, L 19 AS 794/12. Unabhängig davon ist ein Ausschluss von Leistungen gemäß § 7 Abs. 1 Satz 2 Nr. 2 SGB II für Unionsbürger, deren Aufenthaltsrecht sich aus dem Zweck der Arbeitssuche ergibt, mit dem allgemeinen Diskriminierungsverbot (Art. 18 AEUV), verstärkt durch die vom EuGH entfaltete teilhaberechtliche Dimension der Unionsbürgerschaft (Art. 20 AEUV) und Freizügigkeitsgarantie (Art. 21 AEUV), nicht vereinbar. Wie hier LSG Berlin-Brandenburg, Urt. v. 25.4.2007, L 19 B 116/07; LSG Niedersachsen-Bremen, Urt. v. 2.11.2007, L 6 AS 664/07; aA LSG NRW, Urt. v. 15.6.2007, L 20 B 9/07; Urt. v. 22.3.2007, L 19 B 21/07; LSG Berlin-Brandenburg, Urt. v. 5.9.2007, L 29 B 828/07; LSG Hessen, Urt. v. 13.9.2007, L 9 AS 44/07; OVG Hamburg, Urt. v. 15.1.2007, S 2 B 426/07. Einige Gerichte haben daher neu eingereisten Unionsbürgern nach dreimonatiger sowie ernsthafter Arbeitssuche einen Anspruch auf ALG II gewährt (LSG BW, Urt. v. 25.8.2010, L 7 AS 3769/10; LSG NW, Urt. v. 27.4.2010, L B 323/09). Teils wurde dies zwar abgelehnt; es wurde aber – gestützt auf das primärrechtliche Diskriminierungsverbot – zumindest das unabweisbare Existenzminimum zugesprochen (LSG Berlin-Brandenburg, Urt. v. 11.01.2010, L 25 AS 1831/09; Urt. v. 30.6.2011, L 25 AS 535/11; Urt. v. 29.11.2010, L 34 AS 1001/10; LSG NW, Urt. v. 4.10.2010, L 19 AS 942/10; Urt. v. 10. 5. 2010, L 7 AS 134/10; Urt. v. 26. 2. 2010, L 6 B 154/09 AS ER; LSG Niedersachsen-Bremen, Urt. v. 22.12.2009, L 15 AS 864/09; LSG Bayern, Urt. v. 4.5. 2009, L 16 AS 130/09; LSG BW, Urt. v. 23.7.2008, L 7 AS 3031/08).

Richtigerweise ist der Leistungsausschluss aber auch mit dem Diskriminierungsverbot nach Art. 4 VO 883/2004/EG seit dem 1.5.2010 (Anwendbarkeit der VO nach deren Art. 91 durch Erlass der Durchführungsverordnung VO [EG] 987/2009) unvereinbar und daher nicht mehr anzuwenden (LSG Niedersachsen-Bremen, Beschl. v. 11.8.2011, L 15 AS 188/11; LSG Hessen, Beschl. v. 14.7.2011, L 7 AS 107/11; LSG BW, Beschl. v. 24.10.2011, L 12 AS 3938/11). Als besondere beitragsunabhängige Leistungen gemäß Art. 3 Abs. 3 iVm Art. 70 iVm Anhang X der VO 883/2004 werden auch die Leistungen für Arbeitsuchende nach ALG II vom Regelungsumfang der VO erfasst (eingehend und bejahend auch *D. Frings* ZAR 2012, 317 [320f.]). Anders als nach der früheren Rechtslage setzt nach Art. 2 Abs. 1 VO 883/2004 ein Leistungsanspruch – in konsequenter Territorialisierung – nur noch voraus, dass der Unionsbürger den Wohnort in dem jeweiligen Mitgliedstaat hat, ohne dabei dessen Status als Arbeitnehmer, Selbstständiger oder Studierender zu berücksichtigen. Siehe *B. Schulte* ZESAR 2010, 201 (206). Allerdings wird man aber bei teleologischer Auslegung den Gleichbehandlungsanspruch des Art. 4 VO 883/2004 an die Legalität des Aufenthalts knüpfen müssen (so wohl auch LSG Berlin-Brandenburg, 30.9.2011, L 14 AS 1148/11: Anspruch entfällt, wenn Ausländerbehörde das Erlöschen des Aufenthaltsrechts festgestellt hat; offen gelassen LSG RP, Beschl. v. 21.08.2012, L 3 AS 250/12), weil anderenfalls die Voraussetzungen des Art. 7 UnionsbürgerRiL unterlaufen würden (abweichend *D. Frings* ZAR 2012, 317 [322]).

[101] Art. 11 Abs. 1 lit. d Richtlinie 2003/109/EG (Fn. 49): Langfristig Aufenthaltsberechtigte werden hiernach explizit „wie eigene Staatsangehörige behandelt". Hierzu

Verfassungsrechtlich wird die fremde Staatsangehörigkeit *als solche* vor diesem Hintergrund nicht mehr als hinreichende Rechtfertigung angesehen, Leistungen gesetzlich zu versagen.[102] Die Entscheidung, mit der das Bundesverfassungsgericht jüngst den Ausschluss ausländischer Staatsangehöriger mit humanitären Aufenthaltstiteln von Bundeserziehungs- und Bundeselterngeld für gleichheitswidrig erklärt hat,[103] markiert den Stand einer differenzierten Rechtsprechungslinie, die letztlich die Territorialisierung des Sozialen verstetigt. Lediglich das Recht *auf* Aufenthalt wird teils – und keineswegs generell[104] – davon abhängig gemacht, keine

EuGH, Urt. v. 24. 4. 2012, Rs. C-571/10 (Kamberaj), NVwZ 2012, 950, Rn. 76 ff. Siehe ferner für unmittelbare Ansprüche auf Existenzsicherung für Opfer von Straftaten Art. 7 Richtlinie 2004/81/EG des Rates vom 29. April 2004 über die Erteilung von Aufenthaltstiteln für Drittstaatsangehörige, die Opfer des Menschenhandels sind oder denen Beihilfe zur illegalen Einwanderung geleistet wurde und die mit den zuständigen Behörden kooperieren (ABl. L 261, S. 19).

[102] Der Ausschluss von Ausländern im Rahmen einer sozialrechtlichen Leistungsberechtigung ist nach der Rechtsprechung nicht generell zulässig, sondern vor Art. 3 Abs. 1 GG durch hinreichende Gründe zu rechtfertigen. Siehe BVerfGE 111, 160 (171 ff.); 111, 176 (185 f.); BVerfG, NJW 2012, 1711 (1712 f.), Rn. 41 ff.; BVerfG, Beschl. v. 10. 7. 2012, 1 BvL 2/10, Rn. 39 ff.; *Kokott* (Fn. 90), 35; frühzeitig *M. Zuleeg* DÖV 1973, 361 (369). Allein die Staatsangehörigkeit als solche stellt keinen hinreichenden Differenzierungsgrund dar, weil Sozialleistungen typischerweise an Schutzgüter anknüpfen, auf die sich gleichermaßen auch Ausländer berufen können (namentlich Art. 1 Abs. 1, 2 Abs. 2, 6 Abs. 1 GG). Ein prinzipiell legitimer Differenzierungsgrund ist hingegen der voraussichtlich nur vorübergehende bzw. nicht dauerhafte Aufenthalt im Bundesgebiet. Siehe BVerfGE 111, 176 (185). Dieser kann aber nicht schon aus der fremden Staatsangehörigkeit als solcher geschlossen werden, zutreffend BVerfG, NJW 2012, 1711 (1713), Rn. 51. Im Übrigen kann auch der fehlende Daueraufenthalt, wie das Gericht zutreffend hervorhebt, nicht jedwede Differenzierung rechtfertigen, obgleich bevölkerungspolitische Ziele grundsätzlich eine Rechtfertigung für eine Beschränkung auf Ausländer mit voraussichtlich dauerhaftem Aufenthalt sein können. So BVerfG, Beschl. v. 10. 7. 2012, 1 BvL 2/10, Rn. 42.

[103] BVerfG, Beschl. v. 10. 7. 2012, 1 BvL 2/10, Rn. 39 ff., betreffend § 1 Abs. 6 Nr. 3 lit. b BErzGG 2006 und § 1 Abs. 7 Nr. 3 lit. b BEEG. Das Gericht betont hier zutreffend, dass für die Frage, ob eine Perspektive auf einen Daueraufenthalt besteht, auch die gesetzlichen Möglichkeiten einer Verlängerung und Verfestigung des Aufenthaltsstatus zu berücksichtigen sind. Auch hier überspielt also im Zeitablauf die zunehmende Territorialisierung die Personalität. Das BSG (Beschl. v. 15. 12. 2011, B 10 EG 15/10 R) hält zudem – und insoweit wohl mit Recht – den Ausschluss von Elterngeld für Ausländer, denen ein Aufenthalt nach § 104a AufenthG gestattet wurde, für unvereinbar mit Art. 3 Abs. 1 GG, da das Elterngeld dem Familienschutz diene und dieser nicht auf Deutsche begrenzt sei; § 104a AufenthG betreffe zudem nicht notwendig einen nur vorübergehenden Aufenthalt im Bundesgebiet.

[104] Namentlich mit dem Migrationsgrund der Asylsuche ist typischerweise (zunächst) soziale Bedürftigkeit verbunden (vgl. *Kingreen* Migration [Fn. 50], 10). Der allgemeine Zurückweisungsschutz geht insoweit konsequent mit diskriminierungsfreiem Zugang zu

(steuerfinanzierten) Sozialleistungen in Anspruch zu nehmen.[105] Anlass für den Leistungsausschluss ist dann aber *nach* Verlassen des Bundesgebietes schlicht die mangelnde territoriale Fürsorgeverantwortung, nicht die Minderung der Rechte *im* Aufenthalt.[106]

Sozialleistungen einher. Siehe im Übrigen auch BVerfG, Beschl. v. 10.7.2012, 1 BvL 2/10, Rn. 51. Vgl. Art. 21, 28 QualifikationsRiL 2004/83/EG (Fn. 43). Sozialhilfebedürftigkeit ist daher kein Zurückweisungs- oder Ausweisungsgrund für Flüchtlinge oder Asylbewerber. Nach Art. 14 Abs. 1, Abs. 3 UnionsbürgerRiL (Fn. 43) beeinträchtigt nur eine unangemessene Inanspruchnahme von Sozialhilfeleistungen das Kurzaufenthaltsrecht von Unionsbürgern (Art. 6); die Inanspruchnahme darf im Übrigen – insoweit in Positivierung der Rechtsprechung des EuGH – nicht automatisch zu einer Ausweisung führen. Der EuGH hat Grenzen der Ausweisung überdies aus der primärrechtlichen Unionsbürgerschaft abgeleitet. Bei der Ausweisung sozialhilfebedürftiger Unionsbürger ist hiernach stets der Grundsatz der Verhältnismäßigkeit zu beachten; die Ausweisung darf zudem keine automatische Folge der Mittellosigkeit sein, vgl. EuGH, Urt. v. 20.9. 2001, Rs. C-184/99 (Grzelczyk), Slg. 2001, I-6193 Rn. 42f.; Urt. v. 11.7.2002, Rs. C-224/98 (D'Hoop), Slg. 2002, I-6191 Rn. 36; *Becker* (Fn. 86), 488; *M. Schuler-Harms* JöR 59 (2011), 477 (487); *Stewen* (Fn. 45), 134ff. In der Sache geht es also nur noch um einen Missbrauchsvorbehalt, zutreffend *D. H. Scheuing* FS 600 Jahre Würzburger Juristenfakultät, 2002, 103 (131, 133). Nicht jede Vergünstigung oder Sozialleistung ist im Übrigen statusrelevante Sozialhilfe, sondern nur eine solche, die mangels fester und regelmäßiger Einkünfte gewährt wird, vgl. EuGH, Urt. v. 4.3.2010, Rs. C-578/08 (Chakroun), 2010, Slg. I-1839, Rn. 49ff.; zu den Folgen für das deutsche Recht *B. Huber* NVwZ 2010, 701f. Ein Ausweisungsverbot wegen Hilfsbedürftigkeit mit restriktiven Ausnahmen kennen Art. 6, 7 Europäisches Fürsorgeabkommen v. 11.12.1953 (BGBl. II 1956, 564). Auch ob der vom EuGH – obschon mit zweifelhafter Begründung – angenommene Kernbereichsschutz (unten bei Fn. 318ff.) allein wegen Hilfsbedürftigkeit relativiert werden kann, begegnet erheblichen Zweifeln, mit Recht *A. Epiney* NVwZ 2012, 930 (932). Teils verbietet das Unionsrecht auch, eine Ausweisung auf wirtschaftliche Gründe zu stützen, was richtigerweise gesamtwirtschaftliche Erwägungen ausschließt (vgl. in diese Richtung wohl EuGH, Urt. v. 14.6.2012, Rs. C-542/99 [Kommission/Niederlande], Rn. 57), nicht aber die – spezieller geregelte – Ausweisung wegen individueller Sozialhilfeabhängigkeit. Siehe für Unionsbürger Art. 27 Abs. 1 Satz 2 UnionsbürgerRiL (Fn. 43); für langfristig aufenthaltsberechtigte Drittstaatsangehörige Art. 12 Abs. 2 Richtlinie 2003/109/EG (Fn. 49). Unzulässige wirtschaftliche Erwägungen sind vor allem arbeitsmarktpolitische Motive, vgl. *K. Hailbronner* ZAR 2004, 163 (164).

105 § 5 Abs. 1 Nr. 1 AufenthG; § 4 Satz 1 FreizügG/EU; Art. 7 Abs. 1 lit. b, Art. 14 Abs. 2 UnionsbürgerRiL (Fn. 43): ausreichende Existenzmittel für Aufenthalt von über drei Monaten. Allgemein *A. Nußberger* in: E. Benvenisti/G. Nolte (Hrsg.) The Welfare State, Globalization, and International Law, 2003, 33 (40).

106 Leistungen sind dann also solange zu gewähren, bis eine vollziehbare Ausweisungsverfügung ergangen ist. Zutreffend *F. Schreiber* ZESAR 2006, 423 (431); *ders.* info also 2009, 195 (199); *Schwerdtfeger* (Fn. 42), A 40. Folge der Nichtabschiebbarkeit ist daher konsequenterweise eine fortbestehende territoriale Verantwortung. Zutreffend *Becker* (Fn. 89), 102. Siehe auch *Scheuing* (Fn. 104), 138; *dens.* EuR 2003, 744 (785), der aber wohl eine Konnexität von Leistungsansprüchen und Legalität des Aufenthalts annimmt.

5. *Territorialisierte staatliche Schutzverantwortung*

Allgemein besteht zwar eine Schutzverpflichtung des Staates gegenüber den eigenen Staatsangehörigen.[107] Als *exklusive* Pflicht aktualisiert sie sich indes meist erst extraterritorial (etwa durch diplomatischen, konsularischen oder militärischen Schutz[108]).[109] Auf dem eigenen Gebiet muss der

---

[107] BVerfGE 36, 1 (30f.); *R. Grawert* Der Staat 23 (1984), 179 (189); *ders.* (Fn. 24), 339; *von Münch* (Fn. 24), 11; *F. Schorkopf* Grundgesetz und Überstaatlichkeit, 2007, 130; *Wengler* (Fn. 24), 549 („Essentialia in dem völkerrechtlichen Begriff der Staatsangehörigkeit"); betont auch bei *Böckenförde* (Fn. 25), 426, 434. Siehe ferner *C. Schmitt* Der Begriff des Politischen, 3. Aufl. 1963, 53, der mystifizierend überzeichnet von der Schutzherrenstellung „kraft des ewigen Zusammenhangs von Schutz und Gehorsam" spricht. In der Tendenz auch BVerfGE 113, 273 (298), das in der Durchbrechung des absoluten Auslieferungsverbots zum Schutze eigener Staatsangehöriger ein offenbar diskussionswürdiges Risiko der „Entstaatlichung der vom Grundgesetz verfassten Rechtsordnung" erblickt, also den sozialphilosophischen Konnex in die Grundrechtsdogmatik projiziert; vgl. *U. Hufeld* JuS 2005, 865 (866). Ergänzende Erstreckung des diplomatischen und konsularischen Schutzes auf Unionsbürger durch Art. 23 AEUV; Art. 46 GR-Charta. Eingehend *C. Storost* Diplomatischer Schutz durch EG und EU?, 2005. Etymologische Wurzeln des Bürgers in „burgari", „burgware", „burgwaran" (Schutz, Burg, Wehren usf.) verdeutlichen dies. Siehe *E. Seebold/F. Kluge* Etymologisches Wörterbuch der deutschen Sprache, 24. Aufl. 2002, 162.

[108] § 1 Sp. 2, §§ 5ff. KonsG; Art. 5 lit. e, i WÜK; hierzu *T. Kleinlein/D. Rabenschlag* ZaöRV 2007, 1277 (1280ff.; 1296f.); *M. Kötter/J. Nolte* DÖV 2007, 186ff.; *Menzel* (Fn. 37), 252 f. Ob diese Bestimmungen dem Einzelnen ein subjektiv-öffentliches Recht gewähren, ist umstritten. Überwiegend wird sub specie Schutzpflichten jedenfalls ein Anspruch auf ermessensfehlerfreie Entscheidung bzw. ein Anspruch dem Grunde nach bei weitem Mittelauswahlermessen angenommen, siehe BVerfGE 37, 217 (241f.); 40, 141 (177f.); 55, 349 (364ff.); VG Berlin, Urt. v. 4. 4. 2006, 14 A 12.04, Rn. 46; *U. Becker* in: H. von Mangoldt/F. Klein/C. Starck (Hrsg.) GG, Bd. 1, 6. Aufl. 2010, Art. 16 Rn. 23; *W. K. Geck* ZaöRV 17 (1956/57), 476 (508 ff.); *A. Randelzhofer* in: Maunz/Dürig (Begr.) GG, 2012, Art. 16 Rn. 61ff.; für eine grundrechtslosgelöste Begründung etwa *R. Hilger* Die Geltendmachung der Ansprüche aus einer völkerrechtswidrigen Verletzung von Privatpersonen, 1966, 132f.; *Isensee* (Fn. 27), § 191 Rn. 212 (institutionelle Gewährleistung nach Art. 16 Abs. 1 GG); kritisch etwa *H. Treviranus* DÖV 1979, 35 (37ff.).

Zur Zulässigkeit des *Streitkräfteeinsatzes* in diesem Rahmen *K. Dau* NZWehrR 1998, 89 (95); *O. Depenheuer* DVBl. 1997, 685 (688); *J. Kokott* in: M. Sachs (Hrsg.) GG, 6. Aufl. 2011, Art. 87a Rn. 27, 32; *C. Kreß* ZaöRV 57 (1997), 329ff.; namentlich zur Schutzpflichtdimension *V. Epping* AöR 124 (1999), 423 (438ff.); *F. Pudlas/U. Brinkmann* Jura 2012, 426 (429); kritisch *M. Baldus* in: J. Erberich u.a. (Hrsg.) Frieden und Recht, 1998, 259 (282 ff.); *B. Grzeszick*, in: K. H. Friauf/W. Höfling (Hrsg.) Berliner Kommentar zum GG, 2012, Art. 87a Rn. 25.

Im *Strafrecht* gilt für Auslandstaten zudem das Schutz- und das passive Personalitätsprinzip (§§ 5, 7 Abs. 1 StGB); hierzu *K. Ambos* Internationales Strafrecht, 3. Aufl. 2011, § 3 Rn. 68ff.; *Gärditz* (Fn. 7), 29, 360ff.; *B. Hecker* Europäisches Strafrecht, 3. Aufl. 2010, § 2 Rn. 45f.; *A. Henrich* Das passive Personalitätsprinzip im deutschen Strafrecht, 1994; *F. Jeßberger* Der transnationale Geltungsbereich des nationalen Strafrechts, 2011,

Staat ohne qualitative Abstufung auch anderen Staatsangehörigen Schutz gewähren.[110] Grundrechtliche Schutzpflichten[111] wirken rechtsgutsbezogen und lassen eine Differenzierung nach der Staatsangehörigkeit grundsätzlich nur bei Deutschengrundrechten zu.[112] Schutz ist damit, korrelierend zum Rechtsgehorsam,[113] ebenfalls territorialisiert.[114]

---

240 ff.; *C. Safferling* Internationales Strafrecht, 2011, § 3 Rn. 39 ff.; *M. Traub* Das universelle Schutzprinzip und das Prinzip der identischen Norm, als ein regulierender Faktor der staatlichen Strafkompetenz, 1913.

[109] Für eine Beschränkung etwaiger Schutzpflichten bei extraterritorialen Gefährdungslagen auf eigene Staatsangehörige mit Recht BVerfGE 37, 217 (241 f.); *Becker* (Fn. 108), Art. 16 Rn. 23; *W. K. Geck* ZaöRV 17 (1956/57), 476 (510 f.); *E. Klein* NJW 1989, 1633 (1635); siehe verfassungsgeschichtlich auch § 189 Paulskirchenverfassung (1848); Art. 3 Abs. 6 Reichsverfassung (1871), mit expliziter Zuständigkeit des Bundes; Art. 112 Abs. 2 WRV; für einen Anspruch auf fehlerfreie Ermessensausübung qua Schutzpflicht für Nichtstaatsangehörige demgegenüber *T. Kleinlein/D. Rabenschlag* ZaöRV 2007, 1277 (1301 ff.). Im Übrigen wird auch hier teils für eine Territorialisierung plädiert, wonach der Wohnsitzstaat neben dem personalen Mutterstaat zum Schutz berechtigt sein soll. So *Kleinlein/Rabenschlag* ebd., 1284 f. mwN.; *M. Ruffert* in: J. Isensee/P. Kirchhof (Hrsg.) HStR X, 3. Aufl. 2012, § 206 Rn. 21; de lege ferenda für eine allmähliche Lockerung des Staatsangehörigkeitsnexus *L. Henkin* FS Rudolf Bernhardt, 1995, 89 (92, 100 f.). Siehe zum praktischen Referenzfall „Kurnaz" auch VG Bremen, InfAuslR 2006, 198 ff.

[110] Aus den Grundfreiheiten folgen Schutzpflichten zu Gunsten der freiheitsberechtigten Unionsbürger, EuGH, Urt. v. 9. 12. 1997, Rs. C-265/95 (Kommission/Frankreich), Slg. 1997, I-6959; Urt. v. 12. 6. 2003, Rs. C-112/00 (Schmidberger), Slg. 2003, I-5659. Zum Schutz als Grundvoraussetzung der Grundfreiheiten auch EuGH, Urt. v. 2. 2. 1989, Rs. 186/87 (Cowan/Tresor public), Slg. 1989, 195 Rn. 17. Zum fremdenvölkerrechtlichen Mindestschutz *von Arnauld* (Fn. 36), Rn. 584 f.; *Verdross/Simma* (Fn. 36), § 1212 ff.; zu den (ebenfalls rein territorialen) Schutzpflichten einer Besatzungsmacht nach Völkerrecht auf dem besetzten Gebiet siehe Art. 55 f., 59 ff. Genfer Übereinkommen v. 12. 8. 1949 zum Schutze von Zivilpersonen in Kriegszeiten (BGBl. 1954 II, 917); *Y. Dinstein* The International Law of Belligerent Occupation, 2009, 89 ff., 132 ff., 148 ff., 180 ff.; *E. E. Benvenisti* The International Law of Occupation, 2. Aufl. 2012, 68 ff.

[111] BVerfGE 39, 1 (36 ff.); 46, 160 (164 f.); 49, 24 (54); 49, 89 (141 f.); 53, 30 (57 f.); 77, 170 (229 f.); 79, 174 (201 f.); 88, 203 (251 ff.); *Dreier* (Fn. 60), Vor Art. 1 Rn. 101 ff.; *J. Isensee* Das Grundrecht auf Sicherheit, 1983, 34 ff.; *E. Klein* NJW 1989, 1633 ff.; *M. Möstl* Die staatliche Garantie für die öffentliche Sicherheit und Ordnung, 2002, 25 ff., 52 ff., 84 ff.

[112] Schutzpflichten, die aus Deutschengrundrechten abgeleitet werden (vor allem Art. 8 Abs. 1, 12 Abs. 1 GG), können daher notwendigerweise auch in ihrer objektiven Schutzkomponente nicht weiter reichen als der Grundrechtstatbestand. Vgl. für den sozialen Schutz ähnlich *Isensee* Ausländer (Fn. 42), 87. Gerade unter dem Gesichtspunkt einer Schutzpflicht spielen freilich die Deutschengrundrechte gegenständlich eine nachgeordnete Rolle.

[113] *T. Hobbes* Leviathan, 1651 (zit. nach der Ausgabe Amherst 1988), Chap. XXI: "The end of obedience is protection".

[114] Zur Territorialität der Schutzpflichten *P. Badura* FS Walter Leisner, 2000, 403 ff.; *Gärditz* (Fn. 7), 359. Vgl. auch *F. Müller* Demokratie zwischen Staatsrecht und Welt-

Mit dem – ohnehin nicht vorbehaltlosen[115] – Verbot einer Auslieferung eigener Staatsangehöriger (Art. 16 Abs. 2 Satz 1 GG) garantiert das Grundgesetz ein – wie schon ein Vergleich mit anderen rechtsstaatlichen Demokratien zeigt[116] – nicht zwingendes Schutzkonzept.[117] Dieses lässt sich weder zu einem Kerngehalt des Bürgerstatus[118] noch zu einer spezifisch demokratischen Institution überhöhen.[119]

---

recht, 2003, 88, der gerade die Territorialität der Schutz- und Ausgleichsfunktion als erhaltenswert erachtet; ähnlich *Gärditz* ebd. 436ff.; *J. Isensee* in: ders. (Hrsg.) Der Terror, der Staat und das Recht, 2004, 83 (94).

[115] Siehe Art. 16 Abs. 2 Satz 2 GG; § 80 IRG; eingehend *C. Globke* Die Auslieferung an den Internationalen Strafgerichtshof, 2009, 159ff. und *passim*; ferner *H. Baier* GA 2001, 427ff.; *A. Uhle* NJW 2001, 1889 ff.

[116] Siehe Art. 26 Verf. Italien; Art. 33 Abs. 3 Verf. Portugal; *J. Masing* in: Dreier (Hrsg.) GG, Bd. 1, 2. Aufl. 2004, Art. 16 GG Rn. 37. Insbesondere der angloamerikanische Rechtskreis kennt – korrespondierend zu einem strikt territorialen Strafrecht – traditionell kein Verbot der Auslieferung eigener Staatsangehöriger. Siehe *C. Maierhöfer* „Aut dedere – aut iudicare", 2006, 98ff.; *D. S. Margolies* Spaces of Law in American Foreign Relations, 2011, 242; *D. Oehler* Internationales Strafrecht, 2. Aufl. 1983, Rn. 205 ff.; *C. Rinio* ZStW 108 (1996), 354 (367ff.); *T. Stein* Die Auslieferungsausnahme bei politischen Delikten, 1983, 42 f. Ein Auslieferungsverbot enthält § 9 Abs. 3 Satz 1 Verf. Finnland.

[117] Vgl. *B. Pieroth* FS Renate Jaeger, 2010, 297 (310): ein Grundrecht „in spezifischer deutscher Tradition". Zur rechtspolitischen Umstrittenheit siehe *T. Vogler* Auslieferungsrecht und Grundgesetz, 1970, 138ff. Namentlich die Nichtauslieferung eigener Staatsangehöriger tritt in unmittelbare Konkurrenz zum gerade im Strafrecht etablierten Territorialitätsprinzip, das zu Gunsten personaler Anknüpfungspunkte verdrängt wird. Vgl. *Margolies* (Fn. 116), 241ff.

[118] Abgestufte rechtsstaatliche Auslieferungsgrenzen gelten auch für Ausländer (vgl. auch *N. Weiß in:* J. Isensee/P. Kirchhof [Hrsg.] HStR X, 3. Aufl. 2012, § 207 Rn. 5), obschon diese deutlich niedriger anzusiedeln sind, was in der Rechtsprechung auch mit der Notwendigkeit internationaler Kooperation in Strafsachen begründet wird. Vgl. hierzu BVerfGE 63, 332; 75, 1; 108, 129; 109, 13; siehe im Übrigen zum Schutz durch Art. 3 EMRK Fn. 43.

[119] So aber tendenziell BVerfGE 113, 273 (298), das in seiner EU-Haftbefehlsentscheidung eine Entstaatlichung der verfassten Rechtsordnung sowie eine Desavouierung des Demokratieprinzips qua Substitution der Staatsangehörigkeit durch die Unionsbürgerschaft problematisiert; mit Recht kritisch Sondervotum Richterin *Lübbe-Wolff* in: BVerfGE 113, 273 (327ff.); *K. F. Gärditz* in: J. Menzel/R. Müller-Terpitz (Hrsg.) Verfassungsrechtsprechung, 2. Aufl. 2011, 760 (762f.); *T. Gas* EuR 2006, 285 (293); *Globke* (Fn. 115), 150f., 167f.; *U. Hufeld* JuS 2005, 865 (867, 869f.); *J. Jekewitz* GA 2005, 625 (635, 637); *C. Möllers* Der vermisste Leviathan, 2008, 107; *C. Tomuschat* EuGRZ 2005, 453 (454); *J. Vogel* JZ 2005, 801 (805f.); hingegen für eine Rechtfertigung aus den Besonderheiten eines freiheitlichen Strafrechts *B. Noltenius* ZStW 122 (2010), 604 (605).

6. *Bestandsaufnahme: Statusdifferenzierung und poröse Territorialität*

Die feingliedrige Annäherung des Status von In- und Ausländern wird schließlich überlagert von der Differenzierung zwischen Unionsbürgern sowie assoziationsrechtlich privilegierten[120] und sonstigen Drittstaatsangehörigen[121].[122] Es kommt also quer zu territorialen und personalen Anknüpfungen zur Auffächerung der Statusverhältnisse.[123] Mehrfache Staatsangehörigkeiten nehmen zu;[124] Uneindeutigkeiten entstehen; Zugehörigkeiten und Loyalitäten fransen aus.[125] Unverfügbarkeit und Unentrinnbarkeit des Staatsangehörigkeitsbandes[126] verlieren so graduell an

---

[120] Auch das Assoziationsrecht beruht in der Regel wiederum auf einem System der sukzessiv gestuften Verfestigung des Aufenthaltsrechts, siehe EuGH, Urt. v. 29.9.2012, Rs. C-187/10 (Unal), NVwZ 2012, 31, Rn. 28, 42. Zu den verbleibenden strukturellen Unterschieden einerseits *von Münch* (Fn. 24), 298; andererseits (aufenthaltsrechtliche Gleichstellung mit Unionsbürgern im Rahmen der Grundfreiheiten) EuGH, Urt. v. 10.2. 2000, Rs. C-340/97 (Ömer Nazli u.a./Stadt Nürnberg), Slg. I-2000, 957 Rn. 54 ff.; BVerwG, NVwZ 2005, 224; *A. Dietz* NJW 2006, 1385 (1388). Zum Assoziationsaufenthaltsrecht eingehend *R. Gutmann* in: Barwig/Davy (Fn. 31), 169 ff. Zu den spezifischen Übergangsproblemen im Beitrittsverfahren *A. Domaradzka* Unionsbürger im Übergang, 2006.

[121] Nach der letzten Auswertung des Ausländerzentralregisters durch das Bundesinnenministerium waren im Dezember 2010 insgesamt 6,75 Millionen Ausländer erfasst, wovon 2,4 Millionen Personen eine Staatsangehörigkeit eines Mitgliedstaates der EU besaßen (entspricht 36%). Siehe Bundesministerium des Innern (Hrsg.) Migration und Integration – Aufenthaltsrecht, Migrations- und Integrationspolitik in Deutschland, 2011, 31.

[122] Anschaulich *Hailbronner* (Fn. 53), Rn. 500; ferner *D. Thym* in: Barwig/Belchel-Benedetti/Brinkmann (Fn. 43), 60ff. Mit Recht hebt *Graser* (Fn. 45), 254, hervor, dass die Schlechterstellung von Drittstaatsangehörigen dem Konzept der Unionsbürgerschaft inhärent ist. Prononciert EuGH, Urt. v. 8.12.2011, Rs. C-171/08 (Nural Ziebell), NVwZ 2012, 422, Rn. 72ff. Gemeinschaftsbildung nach innen bedeutet negativ eben auch Abgrenzung nach außen – eine bislang zu wenig beachtete Kehrseite des Integrationsansatzes, die gerade in Einwanderungsländern mit hohem Anteil an Drittstaatsangehörigen durchaus auch desintegrative Effekte haben kann. Zu den Statusunterschieden bezogen auf Drittstaatsangehörige, insbesondere im Hinblick auf die (nicht anwendbaren) Grundfreiheiten eingehend *K. Hailbronner* FS Ulrich Everling, 1995, 399ff. Zu der weiteren Binnendifferenzierung der Drittstaatsangehörigen als Familienmitglieder, Flüchtlinge, illegale Einwanderer usf. *T. Groß*/*A. Tryjanowski* Der Staat 48 (2009), 259 (262 ff.).

[123] Vgl. auch *Soysal* (Fn. 12), 141.

[124] Vgl. *von Münch* Rechtspolitik (Fn. 83), 83ff. Eingehende Bilanz *Uslucan* (Fn. 34), 400 ff.

[125] Plastisch *H. P. Glenn* Legal Traditions of the World, 4. Aufl. 2010, 57f.; ferner *Benhabib* (Fn. 57), 218. Nicht zu übersehen ist, dass es auch Staaten gibt, die intern vielschichtige Zugehörigkeiten kennen, vgl. für das Vereinigte Königreich *von Münch* (Fn. 24), 306.

[126] *Depenheuer* (Fn. 90), 300; *J. Isensee* in: J. Isensee/P. Kirchhof (Hrsg.) HStR II, 3. Aufl. 2004, § 15 Rn. 121.

Bedeutung.[127] Personalität, Territorialität und, mit der Aufenthaltsdauer, auch der Faktor Zeit amalgamieren zu einer anspruchsvollen Statusschichtung.

Eine Bestandsaufnahme der Rechtsentwicklung verdeutlicht damit: Statusunterschiede, die noch vor wenigen Jahrzehnten als Proprium des Bürgerstatus ausgeflaggt wurden, verblassen mit Verfestigung des Aufenthalts[128] und zerfasern in Details des Fachverwaltungsrechts, das als Anknüpfungspunkt für Rechte vornehmlich unterschiedlich qualifizierte Formen der Ansässigkeit nimmt. Differenzen werden – anders gewendet – zwar nicht aufgegeben, aber durch Territorialisierung spürbar eingeebnet. Es ist bemerkenswert, dass dies just in einer Zeit globaler Entgrenzungsprozesse geschieht, in denen die Territorialität von Herrschaft ihrerseits porös wird[129] und in einer neuen „Ortlosigkeit" zerfließt.[130]

---

[127] Zutreffende Diagnose bei *Benhabib* (Fn. 12), 6, 10; *ders.* (Fn. 57), 230 f.; *Masing* Staatsangehörigkeitsrecht (Fn. 11), 23; *dems.* (Fn. 116), Art. 16 Rn. 26; auch (obschon überzogen) *S.-C. Lenski* DVBl. 2012, 1057 (1061 f., Fn. 57); bezogen auf die Unionsbürgerschaft *F. Wollenschläger* European Law Journal 17 (2011), 1 (2, 4). Wenn das BVerfG jüngst die Unverfügbarkeit der Staatsangehörigkeit als Grund benennt, eine Ungleichbehandlung von Nichtstaatsangehörigen gerade qualifizierten Rechtfertigungslasten zu unterwerfen (BVerfG, NJW 2012, 1711 [1712 f.], Rn. 45), läuft dies in der Sache auf eine Kompensation hinaus, die einen freiheitlichen Status durch Abmilderung der Folgen divergierender Staatsangehörigkeiten herstellen möchte.

[128] *Baer* Bürger (Fn. 17), 24; *C. Gusy* in: U. Davy (Hrsg.) Politische Integration ausländischer Wohnbevölkerung, 1999, 262 (264); *Kadelbach* (Fn. 23), 89 ff. *Masing* Staatsangehörigkeitsrecht (Fn. 11), 32; *P. Saladin* Wozu noch Staaten?, 1995, 26 f., 129; *Soysal* (Fn. 12), 141 ff.; ferner (primär bezogen auf die Europäisierung) *M. Heintzen* Der Staat 36 (1997), 327 (340); *U. Hufeld* JuS 2005, 865; frühzeitige (wenn auch vorsichtige) Prognose bei *R. Grawert* Der Staat 23 (1984), 179 (185). Zum damit verbundenen Konzept der Ermächtigung durch Verrechtlichung *J. Bast* RW 2012, 139 (166 ff.).

[129] Anschaulich für die begriffliche Hilflosigkeit BVerfG, JZ 2011, 1112 (1114): „Auch wenn das Territorium der Mitgliedstaaten der Europäischen Union angesichts des ihren Bürgern gewährleisteten Raumes ‚der Freiheit, der Sicherheit und des Rechts ohne Binnengrenzen' mit freiem Personenverkehr (Art. 3 Abs. 2 EUV) nicht mehr ‚Ausland' im klassischen Sinne sein mag, wird es dadurch nicht zum ‚Inland' im Sinne der territorialen Gebietshoheit". Siehe ferner BVerfGE 123, 267 (402 f.). Für eine Relativierung der identitätsstiftenden Bedeutung der Staatsgrenze *D. Thym* EuR 2011, 487 (501 f.). Dass bereits die demokratische Offenheit des vollpositiven Rechts die Keimzelle für eine „raum-zeitliche Entgrenzung" enthält (*Maus* [Fn. 8], 381), ist nur Konsequenz politischer Entscheidbarkeit, unterstreicht also die mehrdimensionale demokratische Gestaltbarkeit durch Recht. Auf den Teilaspekt der Perforierung territorialer Grenzen gerade durch eine Dominanz des Rechts weist wiederum hin *C. Franzius* Europäisches Verfassungsdenken, 55.

[130] Ausdrucksstark *M. Stolleis* Geschichte des öffentlichen Rechts in Deutschland, Bd. IV, 2012, 665 ff.; zur Entterritorialisierung ferner *Benhabib* (Fn. 57), 216 f., die die heutige Entterritorialisierung durch Migrationsbewegungen auch als soziale Spätfolgen

IV. Politische Teilhabe der „Anderen“?

Fundamentale Statusdifferenz zwischen Staatsangehörigen und Ausländern bleibt jedoch die demokratische Teilhabe und Repräsentation.[131] Das Volk, von dem alle Staatsgewalt ausgeht (Art. 20 Abs. 2 Satz 1 GG), ist die Summe der Staatsangehörigen,[132] die insoweit das demokratische Zurechnungs- und Legitimationssubjekt konstituieren[133] und Herrschaftslegitimation personalisieren.[134] Der Bürgerstatus ist hier *demokratisches Heimatrecht*.[135]

---

des seinerseits entterritorialisierenden Kolonialismus deutet; *dies.* (Fn. 12), 12ff. ("deterritorialization of law"); *U. Di Fabio* Der Verfassungsstaat in der Weltgesellschaft, 2001, 51ff., 67ff.; *C. Franzius* Walter Hallstein-Institut Paper, 4/08, 4: Ablösung der räumlichen Grenzen durch funktionale Grenzen im Migrationsrecht; *F. Meyer* NStZ 2009, 657 (661f.): „Entterritorialisierung der Strafgewalt“; *U. K. Preuß* European Law Journal 1 (1995), 267 (279); *Stichweh* (Fn. 11), 156: Migration als „eine Form der Ablösung vom Raum“; *G. Teubner* Rechtshistorisches Journal 15 (2006), 255 ff.

[131] Insoweit passend werden daher die auf demokratische Teilhabe gerichteten Grundrechte auch als die „staatsbürgerlichen“ apostrophiert. So *Dreier* (Fn. 60), Vor Art. 1 Rn. 80.

[132] BVerfGE 83, 37 (51); *P. Badura* FS 50 Jahre BVerfG, Bd. 2, 2001, 897 (907); *H. Dreier* in: ders. (Hrsg.) GG, Bd. II, 2. Aufl. 2006, Art. 20 (Demokratie) Rn. 94; *Grawert* (Fn. 24), 328; *ders.* (Fn. 74), § 16 Rn. 20; *H.-D. Horn* in: Depenheuer/Grabenwarter (Fn. 86), § 22 Rn. 28; *Isensee* (Fn. 126), § 15 Rn. 121; *Jestaedt* Demokratieprinzip (Fn. 79), 207; *W. Kahl* Sprache als Kultur- und Rechtsgut, VVDStRL 65 (2006), 386 (418); *Masing* Staatsangehörigkeitsrecht (Fn. 11), 24; *Menzel* (Fn. 37), 420; *C. Walter* DVBl. 2001, 1 (6); *F. Wittreck* in: H. Dreier (Hrsg.) GG, Bd. III, 2. Aufl. 2008, Art. 116 Rn. 41, 109.

[133] *Jestaedt* Demokratieprinzip (Fn. 79), 207ff.; *Masing* (Fn. 60), § 7 Rn. 189. Vgl. auch die Differenzierung bei *F. Müller* Wer ist das Volk?, 1997, 23–38, 57ff.; *ders.* Weltrecht (Fn. 114), 99ff., der zwischen dem Aktivvolk (den Wahlberechtigten), dem Volk als Zurechnungssubjekt (der Legitimationsquelle) und dem Adressatenvolk (den Herrschaftsunterworfenen) mit dem Ziel einer Herstellung größtmöglicher Kongruenz differenziert. Im Folgenden wird es vor allem um das Zurechnungssubjekt Volk gehen. Ein Adressatenvolk wird nicht auftauchen, da die Normgeltung (anders als die Normerzeugung) von einem Legitimationssubjekt entkoppelt ist, anders gewendet also die Bindung an im Einklang mit der Verfassung gesetztes Recht nicht von den Mitwirkungschancen bei der Normerzeugung abhängt. Siehe aber S. 118ff.

[134] Konsequent ist dies im deutschen Recht nicht verwirklicht. So ist die geringe Herrschaftsbetroffenheit eine verfassungsrechtliche Rechtfertigung für den grundsätzlichen Ausschluss des Wahlrechts von Auslandsdeutschen. Siehe § 12 Abs. 1 Nr. 2 BWahlG; *R. Grawert* Der Staat 23 (1984), 179 (200); *Menzel* (Fn. 37), 426; *W. Schreiber* BWahlG, 8. Aufl. 2009, § 12 Rn. 4, 11ff.; verfassungsrechtlich unproblematisch ist dies freilich nicht, vgl. auch die eingehende Analyse von *M. Breuer* Verfassungsrechtliche Anforderungen an das Wahlrecht der Auslandsdeutschen, 2001. Das BVerfG rechtfertigt den Ausschluss hingegen nicht territorial, sondern mit der „Kommunikationsfunktion der Wahl“, die eine soziale Mindesteingliederung erfordere, die gerade auf Grund

1. Befund: Die politische Exklusion von Ausländern

Ausländern bleibt – einer globalen Tradition[136] folgend[137] – das aktive Wahlrecht zu Landesparlamenten und Deutschem Bundestag, das Herz-

des Abstammungsprinzips im Staatsangehörigkeitsrecht nicht gewährleistet sei, so BVerfG, Beschl. v. 4.7.2012, 2 BvC 1/11, Rn. 48f. Eine Verfassungsbeschwerde hat freilich dazu geführt, dass die – in der Tat kaum zu rechtfertigende – Differenzierung in Relation zu einem früheren Aufenthalt nach § 12 Abs. 2 BWahlG für verfassungswidrig erklärt wurde, so BVerfG, Beschl. v. 4.7.2012, 2 BvC 1/11, Rn. 45ff. Zur Vereinbarkeit des Wohnsitzerfordernisses im Inland mit Art. 3 1. ZP EMRK siehe EGMR, Urt. v. 11.1.2005, Nr. 66289/01, Py/Frankreich; unter Bezugnahme hierauf BT-Drs. 17/4600, 27. Parallel für das Wahlrecht zum Europaparlament Art. 22 Abs. 2 Satz 1 AEUV, Art. 39 Abs. 1 GR-Charta; zur Definitionskompetenz der Mitgliedstaaten, was in diesem Sinne Wohnsitz bedeutet, siehe *A. Haratsch* in: F. S. M. Heselhaus/C. Nowak (Hrsg.) Handbuch der Europäischen Grundrechte, 2006, § 47 Rn. 26; *H. D. Jarass* Charta der Grundrechte der EU, 2010, Art. 39 Rn. 7. Im Ausgangspunkt ebenso EuGH, Urt. v. 12. 9. 2006, Rs. C-300/04 (Eman und Sevinger), Slg. 2006, I-8055 Rn. 40 ff., wonach es den Mitgliedstaaten grundsätzlich frei stehe, das Wahlrecht für nicht im Unionsgebiet ansässige Unionsbürger frei zu regeln; es gelten jedoch Mindestanforderungen an die Gleichbehandlung innerhalb des nationalen Hoheitsbereichs, die verletzt sein können, wenn nur einem Teil der nichtansässigen Bürger das Wahlrecht zum EP vorenthalten wird (Rn. 56ff.). Umgekehrt hat die personale Legitimation auch eine unterstützende territoriale Komponente. Denn der Staat muss allen Staatsangehörigen *auf seinem Territorium* gleiches Wahlrecht vermitteln. Siehe EGMR, Matthews, EuZW 1999, 308 (309), Rn. 29; *Haratsch* ebd., § 47 Rn. 31.

135 Vgl. auch die These, dass mit Fragmentierung und multikultureller Pluralisierung ein Anspruch des Bürgers, „irgendwo zu Hause" zu sein, an Bedeutung gewinnt. So *Burger* (Fn. 24), 91.

136 Hierbei geht es nicht um eine Denknotwendigkeit; die Einräumung von politischen Rechten auch an Nichtbürger ist demokratietheoretisch jedenfalls möglich. Vgl. nur *H. Kelsen* Vom Wesen und Wert der Demokratie, 2. Aufl. 1929, 17f.

137 Siehe nur Art. 25 IPbpR; *Rubio-Marín* (Fn. 37), 235 und *passim*. Aus dem nationalen Verfassungsrecht z.B. Art. 3 Abs. 4 Verf. Frankreich; hierzu *O. Jouanjan* in: Bogdandy/Cruz Villalón/Huber (Fn. 21), § 2 Rn. 101. Zur Kompatibilität der Beschränkung des Wahlrechts auf eigene Staatsangehörige mit Art. 3 des 1. ZP zur EMRK *Grabenwarter/Pabel* (Fn. 59), § 23 Rn. 103. Zu Durchbrechungen *D. C. Earnest* Old Nations, New Voters: Nationalism, Transnationalism, and Democracy in the Era of Global Migration, 2008, 13ff. *Saladin* (Fn. 128), 26f.; *Schönberger* Unionsbürger (Fn. 44), 435f.; namentlich für die sehr vielfältigen gliedstaatlichen Verfassungen der USA und die dortige Diskussion etwa *E. Brozovich* Hamline Journal of Public Law & Policy 23 (2001–2002), 403 (406 ff.); *V. Harper-Ho* Law & Inequality 18 (2000), 271ff.; *R. Hayduk* New Political Science 26 (2004), 499 ff.; *G. L. Neumann* Michigan Journal of International Law 13 (1992), 291ff.; *J. B. Raskin* University of Pennsylvania Law Review 141 (1993), 1397ff. Im Vereinigten Königreich genießen ansässige ausländische *Commonwealth citizens* das allgemeine Wahlrecht, vgl. Art. 1 Abs. 1 lit. c Representation of the People Act 2000 (UK). Andere Staaten des Commonwealth haben oft vergleichbare Regelungen. Generelles aktives (nicht hingegen passives) Wahlrecht besteht für dauer-

stück des aktiven Bürgerstatus,[138] verschlossen.[139] Entsprechendes gilt, bezogen auf den Unionsbürgerstatus, für die Wahl des Europäischen Parlaments.[140] Die Rechtsordnung öffnet die Mitgliedschaft im Legitimationssubjekt für Nichtstaatsangehörige lediglich in Bereichen der Selbstverwaltung,[141] da hier das Korrespondenzverhältnis von konkret-situa-

---

haft Ansässige in Neuseeland; hierzu *Earnest* ebd., 32f. Hier geht es freilich teils auch um eine differenzierte Bewältigung der kolonialen Vergangenheit von Einwanderungsländern im Staatsangehörigkeitsrecht. Siehe zur Entwicklung auch *J. H. Colomer* Political Institutions: Democracy and Social Choice, 2001, 53. Art. 16 Abs. 2 Verfassung Irland (1937) sieht die Möglichkeit vor, das Wahlrecht auch Nicht-Staatsangehörigen zu verleihen.

[138] Vgl. BVerfGE 123, 267 (340); *R. Grawert* Der Staat 23 (1984), 179.

[139] Art. 38 Abs. 2 GG enthält zwar keine explizite Beschränkung auf Deutsche. Eine solche folgt aber aus dem Funktionszusammenhang mit Art. 20 Abs. 2 GG, da das Wahlrecht den Zurechnungszusammenhang zwischen *deutschem* Volk und Staatsgewalt herstellen soll. Zutreffend etwa *Grawert* (Fn. 74), § 16 Rn. 59; *Jestaedt* Demokratieprinzip (Fn. 79), 210. Konsequent umgesetzt durch § 12 Abs. 1 BWahlG; exemplarisch aus dem Landeswahlrecht Art. 1 Abs. 1 LWahlG BY; § 1 LWahlG NW. Siehe allgemein *Böckenförde* (Fn. 25), 428.

[140] Art. 22 Abs. 2 Satz 1 AEUV; Art. 39 Abs. 1 GR-Charta; siehe auch *C. Calliess* in: Hatje/Huber (Fn. 89), 7 (21). Auch der Unionsbürgerstatus ist insoweit eine personale, keine territoriale Kategorie und erfasst folglich auch Staatsangehörige, die nicht im Unionsgebiet ansässig sind. Zutreffend EuGH, Urt. v. 12. 9. 2006, Rs. C-300/04 (Eman und Sevinger), Slg. 2006, I-8055 Rn. 27–29. Der EuGH hat die Bestimmung über das aktive Wahlrecht der Unionsbürger allerdings als bloße Mindestgewährleistung für Unionsbürger interpretiert, die es nicht ausschließe, auch anderen dauerhaften Einwohnern ohne Staatsangehörigkeit eines Mitgliedstaats das aktive Wahlrecht einzuräumen, so EuGH, Urt. v. 12.9.2012, Rs. C-145/04 („Gibraltar"), Slg. 2006, I-7917 Rn. 76. Diese Ansicht dürfte seit Inkrafttreten des Lissabon-Vertrages überholt sein, da nunmehr explizit auf eine Repräsentation *der Unionsbürger* abgestellt wird (Art. 10 Abs. 2 UAbs. 1 EUV), was zugleich das Legitimationssubjekt abschließend definiert. Das Vereinigte Königreich hat den Bestand betreffend Gibraltar allerdings über die Erklärung Nr. 64 des Vereinigten Königreichs Großbritannien und Nordirland über das Wahlrecht für die Wahlen zum Europäischen Parlament zum Lissabon-Vertrag abgesichert. Auch auf der Ebene des Wahlrechts zum Parlament wird eine Öffnung für ansässige Drittstaatsangehörige diskutiert. Siehe GA *Tizziano*, Schlussanträge v. 6.4.2006, Rs. C-145/04 („Gibraltar"), Rn. 92; *Shaw* (Fn. 12), 172 ff.

[141] Entsprechendes gilt für die Teilhabe an Formen funktionaler Selbstverwaltung etwa im Berufsrecht (Anknüpfung Berufsträgerschaft, vgl. §§ 60 Abs. 1 Satz 2, 64 Abs. 1, 65, 78 Abs. 1, 88 BRAO; §§ 90 Abs. 2, 92, 93 Abs. 1, 95, 96 HwO; §§ 2, 5 IHKG; §§ 73, 74, 77 StBerG; Anknüpfung amtliche Bestellung, vgl. §§ 65 Abs. 1, 68, 69 Abs. 2 Satz 2, 71 BNotO), in der Hochschule (Gremien werden nach Mitgliedschaft besetzt, nicht nach Staatsangehörigkeit, siehe z.B. § 13 Abs. 1 Satz 1 HSchG NW; wie hier *Dolde* [Fn. 70], 84ff.; *H. Gerber* Das Recht der wissenschaftlichen Hochschulen, Bd. I, 1965, 124) oder in der Sozialversicherung (§§ 50, 51 Abs. 1 Satz 1 Nr. 3 Var. 2 SGB IV). Für letztere ist die Unionsbürgergleichbehandlung bei Wahlen seit Art. 3 Abs. 2 Verordnung (EWG) Nr. 1408/71 (Fn. 100), nunmehr über das allgemeine Gleichbehandlungsgebot

tiver Betroffenheit und Legitimation in den Vordergrund rückt.[142] Das kommunale Wahlrecht für Unionsbürger[143] hat daher weniger den Bürger-

---

nach Art. 4 Verordnung (EG) Nr. 883/2004 (Fn. 100), garantiert. Allgemein *W. Kluth* Funktionale Selbstverwaltung, 1997, 131, 406, 463; offen gelassen zuletzt BVerfGE 107, 59 (88 f.). Auch der Rechtsvergleich bestätigt dies. Eine Öffnung politischer Teilhabe gerade auf kommunaler Ebene ist verbreitet. Vgl. etwa Art. 14 Abs. 3 Verfassung Finnland: generelles Ausländerwahlrecht auf kommunaler Ebene. Siehe im Überblick *Shaw* (Fn. 12), 252 ff. Ein allgemeines kommunales Ausländerwahlrecht kennen mit unterschiedlicher Ausgestaltung derzeit 17 Mitgliedstaaten der EU. Siehe zur Diskussion in Japan *S. Day* Democratization 16/3 (2009), 558. Zum legitimationstheoretischen Mehrwert einer Betrachtung auch von Selbstverwaltungskörperschaften *Möllers* FS Rainer Wahl, 2011, 759 (763 ff.).

142 Vgl. ähnlich *B.-O. Bryde* JZ 1989, 257 (260); aA *D. Breer* Die Mitwirkung von Ausländern an der politischen Willensbildung, 1982, 79 ff. Siehe auch *Masing* (Fn. 60), § 7 Rn. 190: Im Bereich der funktionalen Selbstverwaltung gelte nicht die strikt formale Gleichheit des Demokratieprinzips, sondern nur eine Gleichheit „nach Maßgabe von an der Realität orientierten Sachgesichtspunkten". Gegen eine Erstreckung des Homogenitätsgebots nach Art. 28 Abs. 1 Satz 1 GG auf Gemeinden und daher für die einfachgesetzliche Gestaltung *Schwerdtfeger* (Fn. 42), A 110. Wenn man freilich auch hier über die kommunale Selbstverwaltung hinaus – entgegen der hiesigen Ansicht – die Kreation von Teilvölkern als staatsvolksanaloge Legitimationssubjekte zu erkennen meint – so etwa *B. Pieroth* EuGRZ 2006, 331 (332); auch *T. Groß* in: Redaktion Kritische Justiz (Hrsg.) Demokratie und Grundgesetz, 2000, 93 (98); hiergegen *Jestaedt* Demokratieprinzip (Fn. 79), 500 ff.; *Kluth* (Fn. 141), 369 ff. –, läge es nahe, ebenfalls die deutsche Staatsangehörigkeit zur Voraussetzung der politischen Vollmitgliedschaft zu machen. Gegenläufig *S.-C. Lenski* DVBl. 2012, 1057 (1063), die die Begrenzung auf den Sonderbereich der funktionalen Selbstverwaltung beklagt; für eine Verallgemeinerung des Betroffenheitskriteriums auch *Keil* (Fn. 80), 522 f.

143 Im Mittelpunkt steht das auf Unionsbürger beschränkte – und insoweit territorialisierte – Kommunalwahlrecht nach Art. 22 AEUV; Art. 28 Abs. 1 Satz 3 GG; eingehend hierzu *K. Barley* Das Kommunalwahlrecht für Ausländer nach der Neuordnung des Art. 28 Abs. 1 S. 3 GG, 1999. Hierdurch wurde Unionsbürgern nicht nur eine Partizipationsmöglichkeit eröffnet, sondern das Legitimationssubjekt auf kommunaler Ebene umgestaltet. Siehe *Schönberger* Unionsbürger (Fn. 44), 450 ff. Die Öffnung ist mit Art. 79 Abs. 3 GG vereinbar, der Modifikationen bei der Ausgestaltung des demokratischen Legitimationssubjekts nicht generell untersagt. So im Ergebnis zutreffend *Haratsch* (Fn. 134), § 47 Rn. 19; *M. Kaufmann* ZG 1998, 25 (42 ff.); *H.-J. Papier* KritV 1987, 309 (314); *R. Scholz* in: Maunz/Dürig (Begr.) GG, 2012, Art. 28 Rn. 41d; zuvor in einem obiter dictum bereits BVerfGE 83, 37 (59). Zum einen ist die kommunale Ebene ungeachtet ihrer staatsanalogen Konstruktion – hierzu *Jestaedt* Demokratieprinzip (Fn. 79), 516, 524 ff.; zu den Folgen konsequent etwa BVerwGE 119, 305 (308); BayVGH, BayVBl. 2012, 303 – wesentlich stärkerer Fluktuation im Verbandsvolk ausgesetzt (Wohnsitzverlagerung), sodass die Stabilität des Legitimationssubjekts von vornherein weniger zentral ist. Zum anderen lässt es Art. 79 Abs. 3 GG jedenfalls zu, die kommunale Ebene auch anders als staatsanalog und als selbstständige Demokratie auszugestalten, etwa als (nichtdemokratische, aber den Formen der Demokratie nachgebildete) Betroffenenselbstverwaltung.

status europäisiert als den Unionsbürger kommunalisiert. Die Einführung eines allgemeinen Ausländerwahlrechts wäre gemessen am geltenden Verfassungsrecht unzulässig.[144] Andere Formen der Ausländerpartizipation

---

[144] BVerfGE 83, 37 (51 f.); *Badura* (Fn. 132), 907 f.; *Dreier* (Fn. 132), Art. 20 (Demokratie) Rn. 94 und Art. 28 Rn. 78; *Grawert* (Fn. 24), 327; *Isensee* (Fn. 126), § 15 Rn. 41; *Jestaedt* Demokratieprinzip (Fn. 79), 222 ff.; *P. Kirchhof* in: J. Isensee/P. Kirchhof (Hrsg.) HStR IX, 1997, § 221 Rn. 17; *H. H. Klein* in: Maunz/Dürig (Begr.) GG, 2012, Art. 38 Rn. 96; *H.-J. Papier* KritV 1987, 309 (311); die prozessuale Zuspitzung des Streits vor dem BVerfG ist dokumentiert bei *Isensee/Schmidt-Jortzig* (Fn. 12). Mit umgekehrten Vorzeichen *S. Baer* Demografischer Wandel und Generationengerechtigkeit, VVDStRL 68 (2009), 290 (310): Die Einführung eines Ausländerwahlrechts sei rechtlich nicht zwingend. AA *S.-C. Lenski* DVBl. 2012, 1057 (1064), die sich unzutreffend auf die abweichende Regelungsbefugnis nach Art. 116 GG stützt. Diese Bestimmung bezieht sich freilich allein auf die Staatsangehörigkeit, ist im Gleichklang mit Art. 20 Abs. 2 GG auszulegen und lässt – wie schon die systematische Stellung (Schlussbestimmung zur Regelung von Staatsangehörigkeitsfragen) zeigt – keine vom Staatsvolk unabhängige Ausdifferenzierung eines demokratischen Legitimationssubjekts zu. Verfassungspolitisch für ein allgemeines Ausländerwahlrecht etwa *Rubio-Marín* (Fn. 37), 236 f. *Earnest* (Fn. 137), 142, versucht die Rechtsprechung des BVerfG rechtsvergleichend – wenig überzeugend – aus den Besonderheiten des deutschen Nationalstaats zu erklären; gerade diese Erklärung dürfte hinkend sein, wenn man das eher prekäre Verhältnis von Nation und Staatswerdung in Deutschland betrachtet, vgl. grundlegend *H. Plessner* Die verspätete Nation, 1935.

Ob eine Öffnung des Art. 38 GG für ein Ausländerwahlrecht durch Verfassungsänderung an Art. 79 Abs. 3 GG scheitern würde, ist umstritten. Für die Verfassungswidrigkeit etwa *H.-G. Henneke* in: B. Schmidt-Bleibtreu/F. Klein/H. Hofmann/A. Hopfauf (Hrsg.) GG, 12. Aufl. 2011, Art. 28 Rn. 26; *P. Kirchhof* in: J. Isensee/P. Kirchhof (Hrsg.) HStR II, 3. Aufl. 2004, § 21 Rn. 89; *Murswiek* (Fn. 2), 218, 225; *Schreiber* (Fn. 134), § 12 Rn. 4; *Sommermann* (Fn. 27), Art. 20 Rn. 153; jedenfalls zweifelnd *T. Giegerich* in: R. Schulze/M. Zuleeg/S. Kadelbach (Hrsg.) Europarecht, 2. Aufl. 2010, § 9 Rn. 80; *G. Roth* in: D. C. Umbach/T. Clemens (Hrsg.) GG, Bd. II, 2002, Art. 38 Rn. 27; aA eine beachtliche Gegenansicht, etwa *B.-O. Bryde* JZ 1989, 257 (260); *H. Meyer* in: J. Isensee/P. Kirchhof (Hrsg.) HStR III, 3. Aufl. 2005, § 46 Rn. 7, 10; wohl auch *H.-J. Papier* KritV 1987, 309 (314); tendenziell *S. Hobe* JZ 1994, 191 (194). Zunächst wird das Demokratieprinzip durch eine Veränderung des Volkes nicht im Sinne von Art. 79 Abs. 3 GG substantiell angetastet (berührt), da Demokratie zwar notwendig auf ein Volk als Legitimationssubjekt Bezug nehmen muss, sich damit aber keine zwingenden Aussagen über die materielle Zusammensetzung des Staatsvolkes ergeben. Das deutsche Staatsvolk lässt sich daher auch anders bzw. weiter definieren, als dies im Zusammenspiel mit Art. 116 GG bislang der Fall ist. Damit die Staatsgewalt indes weiterhin vom Volke ausgeht (Art. 20 Abs. 2 Satz 1 GG) – die unaufgebbare Kerngewährleistungen des Demokratieprinzips –, muss eine eindeutige Zurechnung des Legitimationsobjekts Herrschaft zu einem formell definierten und stabilen (vgl. *Kirchhof* ebd., § 21 Rn. 89) Legitimationssubjekt möglich sein. Dies ist dann nicht mehr der Fall, wenn sich das Staatsvolk in der amorphen und fließenden Masse der zufällig im Bundesgebiet Ansässigen auflöst, also als stabiles Legitimationssubjekt durch territoriale Atomisierung untergeht. Eine Bezugnahme auf ein Legitimationssubjekt, das sich durch stabile

(etwa durch Ausländerbeiräte[145]) sind vor diesem Hintergrund keine Emanation demokratischer Teilhabe und auch nicht geeignet, Entscheidungen zu legitimieren.[146] Durch eine Institutionalisierung von Interessenrepräsentation wird aber immerhin die individuelle Selbstbestimmungsrelevanz gebündelter Artikulation respektiert,[147] weshalb die Nachbildung demokratischer Wahlverfahren[148] auch hier einen Wert haben kann. Insgesamt entfaltet die Staatsangehörigkeit damit – bezogen auf den Bürgerstatus – eine gewollte politische Exklusionswirkung.[149]

Zurechnung formalisieren lässt, schließt dies freilich nicht aus, da das Staatsvolk unter demokratischen Auspizien nicht notwendig mit der Summe der Staatszugehörigen im völkerrechtlichen Sinne deckungsgleich zu sein braucht. Praktikabel ist ein solches ‚erweitertes Inländerwahlrecht' aber nicht.

Die Einführung eines *allgemeinen* Ausländerwahlrechts auf *kommunaler* Ebene scheitert nach zutreffender Ansicht an der abschließenden Öffnungsklausel des Art. 28 Abs. 1 Satz 3 GG, für die hM etwa *Geis* (Fn. 14), § 10 Rn. 8; *B. Pieroth* EuGRZ 2006, 331 (332); *Scholz* (Fn. 143), Art. 28 Rn. 41f.; *P. J. Tettinger/K.-A. Schwarz* in: H. von Mangoldt/F. Klein/C. Starck (Hrsg.) GG, Bd. 2, 6. Aufl. 2010, Art. 28 Rn. 125; aA *S. Edathy* in: M. Oppong (Hrsg.) Migranten in der deutschen Politik, 2011, 25ff.; ferner *V. Pfaff* ZAR 2011, 202 ff.

[145] Ab einer bestimmten Gemeindegröße obligatorisch nach § 27 Abs. 1 GO NW (Integrationsrat). Zur institutionellen Vielfalt *Geis* (Fn. 14), § 10 Rn. 7 ff.

[146] BayVGH, BayVBl. 2012, 303 f.; für eine bloß konsultative Funktion auch *A. Herbert* NVwZ 1995, 1056 (1061); aA *T. Troidl* BayVBl. 2004, 321 (322). Konsequenterweise können daher bloße Initiativbürgeranträge nach § 25 GO NW auch Ausländer stellen, wohingegen sie sich an den verbindlichen Bürgerbegehren und Bürgerentscheiden nach § 26 GO NW nicht beteiligen dürfen.

[147] Es geht mithin bei der Konsultation der demokratischen Gemeindeorgane um mehr als um eine bloße Beratung bei der objektiv sachgerechten Erfüllung von Selbstverwaltungsaufgaben. Die wahlberechtigten Ausländer werden als Subjekte mit eigenen Interessen anerkannt, die durchaus auch in Kontrast zu den Mehrheiten im Rat als dem primär legitimierten Organ treten können.

[148] § 27 Abs. 2–3 GO NW. Verfassungsrechtlich zwingend ist eine solche Verfahrensgestaltung konsequenterweise nicht. Zutreffend BayVGH, BayVBl. 2012, 303.

[149] *M. Heintzen* Der Staat 36 (1997), 327 (330); *F. Reimer* in: H. Eberhard/K. Lachmayer/G. Thallinger (Hrsg.) Reflexionen zum Internationalen Verfassungsrecht, 2005, 49 (51); politikwissenschaftlich *M. Helbling/H. Kriesi* Swiss Political Science Review 10/4 (2004), 33 (38ff.). Und hiergegen richtet sich die grundsätzliche Kritik, vor allem *Müller* Volk (Fn. 133), 47ff.; ferner *B.-O. Bryde* StWuStP 1995, 305ff.; eher analytisch durch mögliche Themen einer Dekonstruktion *S. Baer* Die Philosophin 15 (1997) 75ff. Die Exklusion gilt hier – im Kontrast zur programmatischen Nichtanerkennung der Staatsangehörigkeit als Differenzierungsgrund – auch für Unionsbürger. Siehe *D. Thym* EuR 2011, 487 (490).

2. *Divergenzen zwischen Herrschaftsbetroffenheit und Herrschaftslegitimation*

Daher besteht ein verbreitetes – teils demokratietheoretisch, teils staatsrechtlich unterlegtes – Unbehagen, wenn sich die der Herrschaftsgewalt Unterworfenen und die Mitglieder des Legitimationssubjekts Volk auseinanderentwickeln.[150] Wer kein Wahlrecht hat, ist nicht politisches Mitglied;[151] seine Anliegen sind nicht die eines Wählers.[152] Die Lasten von Herrschaft hat er gleichwohl mitzutragen – mit der (besitzbürgerlichen) Polemik des Protestslogans amtlicher Kfz-Kennzeichen von Washington D.C.: „Taxation without Representation"[153]. Die längst überwundene

---

[150] Etwa BT-Drs. 10/2071, 12; BT-Drs. 14/533, 11; *Brunkhorst* (Fn. 86), 105 f.; *B.-O. Bryde* JZ 1989, 257; *T. Groß* RW 2011, 125 (136, 142); *H. Hofmann* JZ 1999, 1065 (1066): „Metöken-Wirtschaft"; *Korioth* Identität (Fn. 11), 140f.; *Masing* Staatsangehörigkeitsrecht (Fn. 11), 24; *Menzel* (Fn. 37), 422; *Müller* Volk (Fn. 133), 47ff.; *Rubio-Marín* (Fn. 37), 20 ff., 235ff.; *Wallrabenstein* (Fn. 20), 247, 249; aus sozialphilosophischer Sicht *Benhabib* Andere (Fn. 33), 51ff.; *T. Kostakopoulou* Journal of Political Philosophy 17 (2009), 275; *A. Niederberger* Demokratie unter Bedingungen der Weltgesellschaft?, 2009, 412f.; demokratietheoretische Problemanalyse bei *C. Möllers* Demokratie – Zumutungen und Versprechen, 2008, 25; politisch *F. Decker/Ö. Ayanoglu* Ausländer im politischen Abseits, 1982. Ein Defizit konzediert auch das Bundesverfassungsgericht in seiner Entscheidung zum hamburgischen Ausländerwahlrecht. Siehe BVerfGE 83, 37 (52). Eine Nähe zum überwundenen Untertanenverhältnis stellen her *Bryde* (Fn. 12), 246; *Keil* (Fn. 80), 274.

[151] Das Problem mangelnder politischer Teilhabe lässt sich jedenfalls nicht dadurch lösen, dass man auf die politische Gestaltung im Heimatstaat verweist. Diese Exit-Option, die ohnehin nur der nicht staatenlose Ausländer hat, ist vielfach schon deshalb praktisch verstellt, weil der Heimatstaat eben gerade keine demokratische Teilhabe an der Herrschaftsausübung eröffnet. Zudem trägt eine politische Mitbestimmung im Heimatstaat nicht dazu bei, die Rechtsordnung zu legitimieren, der der dauerhaft im Bundesgebiet ansässige Ausländer unterworfen ist. Im Übrigen ist in zahlreichen Fällen (namentlich bei Flucht, Asyl) die Rückkehroption in rechtlich relevanter Weise versperrt (vgl. Fn. 43).

[152] Vgl. *B.-O. Bryde* JZ 1989, 257 (258). Zutreffend auch *Gusy* (Fn. 128), 270: Unter den demokratischen Bedingungen zeitlicher Herrschaft und Abwählbarkeit müsse das politische Verhalten auch mit der schwebenden Option verkoppelt sein, abgewählt und damit von einer anderen Majorität beherrscht zu werden. Dieser Mechanismus sei gegenüber denjenigen außer Kraft gesetzt, die nicht wählen könnten, weshalb Ausländerpolitik auch nach anderen kognitiven Mustern ablaufe. Zur anderen Seite der Medaille, der Integration von Politikern mit ausländischen Wurzeln in den Politikbetrieb, siehe empirisch *C. Schmitz/A. M. Wüst* ZParl 2011, 850 ff.; ferner *B. Arslan* in: Oppong (Fn. 144), 39 ff.

[153] So auch der plakative Titel bei *E. E. Stefonick* Florida Coastal Law Review X (2009), 691. Die darin liegende Analogie zur vorrevolutionären Forderung des kolonialen Nordamerika („No taxation without representation!") ist in einem modernen demokratischen Kontext zumindest hinkend, weil sie jedenfalls ursprünglich auf der Bindung

Figur der virtuellen Repräsentation Nichtwahlberechtigter[154] steht einem freiheitlichen Gemeinwesen nicht zur Verfügung, um Klüfte zwischen Herrschaftsbetroffenheit und Legitimationssubjekt zu überbrücken. Herrschaftsunterworfenheit der Nichtstaatsangehörigen ruht allein auf Territorialität[155] und muss insoweit legitimierbar sein.

---

des Wahlrechts an (Grund-)Besitz (dazu unten Fn. 154) gründete. Zutreffend die Kritik bei *Isensee* (Fn. 20), 730 f. Bemerkenswert ist daher auch die unbefangene Reanimierung im Konzept der jüngeren Demokratiedebatte etwa bei *P. Bofinger/J. Habermas/J. Nida-Rümelin*, FAZ v. 4.8.2012, 33; *B.-O. Bryde* in: Redaktion Kritische Justiz (Fn. 142), 59 (64).

[154] Diese historisch vorbelastete Figur diente seit dem 17. Jahrhundert in der englischen Herrschaftstheorie dazu, den Ausschluss breiter Bevölkerungsteile des Landes im Parlament sowie später die Legitimation der Herrschaft Westminsters über die im Parlament nicht durch gewählte Repräsentanten vertretenen nordamerikanischen Kolonien zu rechtfertigen. Siehe etwa The Parliamentary History of England from the Earliest Period to the Year 1803, Bd. 16 (1813), 167, 173; *J. C. Miller* Origins of the American Revolution, 1943, 212; *M. Zuckert* Social Philosophy and Policy 22 (2005), 27 (53 ff.); zu Vorläufern auch *H. Hofmann* Repräsentation, 4. Aufl. 2003, 455. Innerhalb der Kolonien wurde der Verweis auf die virtuelle Repräsentation bis weit in den nachrevolutionären Verfassungsstaat verwendet, um den Ausschluss von Besitzlosen, Frauen und Afroamerikanern vom Wahlrecht zu den Vertretungskörperschaften zu begründen. Hierzu *A. Keyssar* The Right to Vote, 2. Aufl. 2009, 8 ff. Nach dem britischen Politiker *William Pitt*, der den politischen Anliegen der nordamerikanischen Kolonisten durchaus aufgeschlossen gegenüberstand, erschien die virtuelle Repräsentation bereits 1767 als „the most contemptible idea that ever entered into the head of a man; it does not deserve serious refutation" (zitiert nach *M. Jensen* The Founding of a Nation: A History of the American Revolution 1763–1776, 1968 [Nachdruck 2004], 240 f.). Siehe auch die berühmte Rede von *James Otis Jr.* vor dem Superior Court of Massachusetts im Februar 1761 (zitiert nach *W. Tudor* The Life of James Otis of Massachusetts, 1823, 71). Die Figur der virtuellen Repräsentation ist mithin auf vorliberale Besitzbürger- und Sklavenhaltergesellschaften zugeschnitten, die sich äußerer Formen demokratischer Herrschaftsbegründung bedienten, das Legitimationssubjekt aber in unter Selbstwidersprüchen leidender Ungleichheit exklusiv konstruierten.

[155] *Isensee* (Fn. 86), 143. Indirekt bringt dies auch ein Vergleich mit Art. 25 Satz 2 GG zum Ausdruck, wo die Rechtsgeltung explizit territorial auf „die Bewohner des Bundesgebiets" bezogen wird. Zutreffend *Jestaedt* Demokratieprinzip (Fn. 79), 223. Die größten Probleme, die Territorialität von Herrschaft gegenüber Ausländern zu legitimieren, hatten vor allem kontraktualistische Modelle, die hier auf die Kunstfigur des *pactum tacitum* rekurrieren mussten. Vgl. *S. von Pufendorf* De jure naturae et gentium libri octo, 1759 (Nachdruck 1967), lib. III. cap. VI, § 2; *C. Wolff* Jus gentium methodo scientifica pertractatum, 1749 (Nachdruck 1972, hrsg. von M. Thomann), § 300. Siehe zu diesem Argument auch *W. Kersting* Die politische Philosophie des Gesellschaftsvertrages, 1994, 137 f.; zu den Unzulänglichkeiten vertragstheoretischer Konstruktionen im vorliegenden Kontext *M. C. Nussbaum* Frontiers of Justice, 2007, 18 ff., 92 ff. Sozialphilosophisch wurde auf den gewillkürten Gebietszugang verwiesen. Wirkmächtig *J. Locke* Two Treatises of Government, 1690 (zit. nach 5. Aufl. 1728), Sec. Tr., Chap. VII, § 122:

3. *Demokratisches Optimierungsgebot?*

Demokratie gründet auf der freien und gleichen Selbstbestimmung und damit auf der Regelerzeugung durch die Regelunterworfenen.[156] Ausgehend von der Herrschaftsbetroffenheit als Grund demokratischen Legitimationsbedarfs wird eine Legitimationsmittlung allein durch das Staatsvolk bisweilen als unvollständig angesehen.[157] Das Demokratieprinzip sei ein Optimierungsgebot,[158] das es fordere, weitestgehende Deckungsgleich-

"But submitting to the Laws of any Country living quietly and enjoying Privileges and Protection under them makes not a Man a Member of that Society: This is only a local Protection and Homage due to, and from all those, who, not being in a state War, come within the Territories belonging to any to all parts whereof the Force of its laws extends. But this no more makes a Man a Member of that Society, a perpetual Subject of that Commonwealth, than it would make a Man a Subject to in whose Family he found it convenient to for some time tho whilst he continued in it". Hierzu *Kersting* ebd., 138 f.; siehe auch die ironische Kritik an *Platon* bei *D. Hume* Of the Original Contract, in: ders., Essays, moral, political and literary, Vol. II, 1793, 247: "Thus he builds a tory consequence of passive obedience on a whig foundation of the original contract." Das traditionsbeladene Argument taucht auch in der gegenwärtigen Diskussion gelegentlich auf. Vgl. etwa *Löwer* ZAR 1993, 156 (158); *Masing* Staatsangehörigkeitsrecht (Fn. 11), 59. Auch das Exit-Argument gerät freilich spätestens dort in eine Schieflage, wo eine Rückkehr in den Heimatstaat nicht zumutbar ist, was namentlich auf Flüchtlinge, anerkannte Asylbewerber und Betroffene mit Abschiebungsschutz zutrifft. Hier darf schon von Rechts wegen nicht auf eine Rückkehroption verwiesen werden. Es wird im Übrigen auch den faktischen Kontexten von gewählter Heimat nicht gerecht, was schon *Hume* ebd., 234, bemerkte: "Can we seriously say that a poor peasant or artisan has a free choice to leave his country when he knows no foreign language or manners and lives from day to day by the small wages which he acquires? We may as well assert that a man by remaining in a vessel freely consents to the dominion of the master though he was carried on board while asleep and must leap into the ocean and perish the moment he leaves her." Zur beschränkten rechtsstaatlichen Tragfähigkeit des Freiwilligkeitsarguments zutreffend auch *C. Tomuschat* DÖV 1974, 757 (763). Alternativ wurde traditionell die Verlassensoption bemüht, um Herrschaftsunterworfenheit zu legitimieren.

[156] Statt vieler BVerfGE 5, 85 (197); 44, 125 (142); *P. M. Huber* Europäisches und nationales Verfassungsrecht, VVDStRL 60 (2001), 194 (206); *Korioth* Identität (Fn. 11), 140; *G. Lübbe-Wolff* in: Kluth (Hrsg.) Europäische Integration (Fn. 60), 47 (57, 60): „Gemeinschaft von Regierten"; *S. Unger* Das Verfassungsprinzip der Demokratie, 2008, 15. Demokratietheoretisch *Kelsen* Staatslehre (Fn. 36), 326. In BVerfGE 37, 217 (246), wird dies hingegen gerade als eine Besonderheit der Staatsangehörigkeit hervorgehoben.

[157] *B.-O. Bryde* JZ 1989, 257 f.; *B. A. Corral* Der Staat 46 (2007), 349 (351). So wird etwa eine Erosion der Kraft der Verfassung prognostiziert: *Baer* Generationengerechtigkeit (Fn. 144), 311 (dort Fn. 91).

[158] Programmatisch *Bryde* (Fn. 153), 59 ff.

heit von Herrschaftsunterworfenen und Mitgliedern des Legitimationssubjekts herzustellen.[159] Überzeugend ist dies nicht.

a) Formalisierungsbedarf freiheitlicher Ordnungen

Die Kongruenz von Herrschaftsunterworfenen und Legitimationssubjekt ist ein puristisches Idealbild, das nicht nur der – ihrerseits freiheitsimmanenten – inhaltlichen Dezision positiver Verfassunggebung[160] bei der Kreation von Legitimationssubjekten nicht gerecht wird.[161] Das Kongru-

---

[159] So *Masing* Staatsangehörigkeitsrecht (Fn. 11), 24; demokratietheoretisch, aber mit Anspruch für das positive Recht geltender Verfassungen *B. A. Corral* Der Staat 46 (2007), 349 (350 f., 355); *Müller* Volk (Fn. 133), 52 ff.; *ders.* Weltrecht (Fn. 114), 101; ferner *B.-O. Bryde* StWuStP 1995, 305 (324), wenn er eine expansive Definition des Volkes im Lichte des Demokratieprinzips fordert; *A. Wallrabenstein* Das Verfassungsrecht der Staatsangehörigkeit, 1999, 170. Ein Vorstoß wurde auf europäischer Ebene unternommen von GA *Tizziano*, Schlussanträge v. 6. 4. 2006, Rs. C-145/04 („Gibraltar"), Rn. 69, 92: Der Grundsatz der Demokratie spreche nämlich „für die Zubilligung des Wahlrechts ‚an den größtmöglichen Personenkreis', und daher gegebenenfalls an die in einem bestimmten Staat niedergelassenen Ausländer, die, wie die Staatsangehörigen, tatsächlich den von den nationalen und gemeinschaftlichen Gesetzgebungsorganen erlassenen Rechtsakten unterworfen sind."

[160] Siehe nur *C. Hillgruber* in: Depenheuer/Grabenwarter (Fn. 86), § 15 Rn. 16. Hiergegen aber im vorliegenden Kontext *B. A. Corral* Der Staat 46 (2007), 349 (351), der eine „strukturelle Verfassungsbedingung" postuliert, die auch dem Verfassungsinhalt ihren Stempel aufdrücken soll – ein erstaunlich rückwärtsgewandtes Argument in progressiver Absicht.

[161] Wie hier ablehnend auch *Badura* (Fn. 132), 908, der zutreffend darauf hinweist, dass externe demokratietheoretische Modelle dem geltenden Verfassungsrecht übergestülpt werden sollen. Im geltenden – insoweit global verbreitete Legitimationsmechanismen widerspiegelnden – Verfassungsrecht lässt sich dies besonders deutlich nachweisen anhand des Erfordernisses eines Mindestalters beim aktiven Wahlrecht, vgl. Art. 38 Abs. 1 Halbs. 1 GG, § 12 Abs. 1 Nr. 1 BWahlG; BVerfGE 36, 139 (141 f.); 41, 1 (11 f.); BVerfG, NVwZ 2002, 69 f.; BVerfG, Beschl. v. 4. 7. 2012, 2 BvC 1/11, Rn. 41; *Schreiber* (Fn. 134), § 12 Rn. 4; siehe ferner für die Beschränkung der Wählbarkeit Art. 137 Abs. 1 GG; BVerfGE 42, 312 (341); 48, 64 (82); für den Ausschluss dauerhaft Betreuter und in einem psychiatrischen Krankenhaus Untergebrachter § 13 Nr. 1, 3 BWahlG. Jüngst hat das Gericht dies funktional-kommunikativ gerechtfertigt, vgl. BVerfG, Beschl. v. 4. 7. 2012, 2 BvC 1/11, Rn. 41: „wenn bei einer bestimmten Personengruppe davon auszugehen ist, dass die Möglichkeit der Teilnahme am Kommunikationsprozess zwischen Volk und Staatsorganen nicht in hinreichendem Maße besteht". Siehe auch *Kelsen* Demokratie (Fn. 136), 17. Verfassungspolitisch selbstverständlich ist dies nicht, was die Diskussion um das Kinder- bzw. Familienwahlrecht (hierzu einerseits *L. M. Peschel-Gutzeit* NJW 1997, 2861 ff.; *F. Reimer* ZParl 2004, 322 ff.; andererseits ablehnend *A. Glaser* Nachhaltige Entwicklung und Demokratie, 2006, 388 ff.; *H. Holste* DÖV 2005, 110 ff.; *H. H. Klein* FS Rupert Scholz, 2007, 277 ff.; *W. Schreiber* DVBl. 2004, 1341 ff.; *W. Schroeder* JZ 2003, 917 ff.; *R. Wernsmann* Der Staat 44 [2005], 43 ff.) zeigt; vgl. plakativ *P. Kirchhof*

enzideal ließe sich nicht verwirklichen, ohne seinerseits die sozialen Voraussetzungen demokratischer Selbstbestimmung zu untergraben, weshalb es auch als theoretisches Konzept die anspruchsvolleren Legitimationsanforderungen eines Verfassungsstaates nicht erfüllt. Demokratie ist zwar selbstverständlich immer auch Herrschaft *für* jeden Gewaltunterworfenen,[162] also auch für nicht wahlberechtigte Inländer und Ausländer. Eine automatische Einbeziehung Letzterer in das Legitimationssubjekt folgt hieraus aber nicht. Das abstrakte Postulat, Demokratie sei eine „Staatsform der Inklusion", die sich mit Exklusion nicht vertrage,[163] verfehlt die Funktionsbedingungen formalisierter Herrschaft im demokratischen Rechtsstaat.[164] Verfassungsrecht ist immer auch Barriere, indem es Zu-

---

FAZ v. 11.4.2012, 27: Das Wahlrecht stehe „allen Bürgern zu. Kinder sind Bürger." Die Differenz zwischen Volk als Zurechnungssubjekt und Wahlvolk kann auch andere Unvollkommenheiten nach sich ziehen. Siehe etwa BVerfG, NVwZ 2012, 622 (624ff.): Einteilung der Wahlkreise auf der Grundlage der deutschen Wohnbevölkerung ist zulässig.

Unter demokratischen Auspizien schwieriger zu rechtfertigen ist demgegenüber die strafgerichtliche Aberkennung des aktiven Wahlrechts nach § 45 Abs. 5 StGB. Kritisch *J. Albrecht* in: U. Kindhäuser/U. Neumann/H.-U. Paeffgen (Hrsg.) StGB, Bd. 1, 3. Aufl. 2010, § 45 Rn. 1; *U. Nelles* JZ 1991, 17 (23); *K. Stein* GA 2004, 22ff. (22: „Atavismus eines überwundenen Verfassungsverständnisses"); eher affirmativ, aber im Detail kritisch *J. Jekewitz* GA 1977, 161 (169f.). Legt man die demokratisch-kommunikative Deutung des BVerfG zugrunde, lässt sich diese Beschneidung politischer Rechte, die Staatsbürgerrechte und keine (archaischen) ‚Ehrenrechte' sind, kaum rechtfertigen. Diese Regelung ist auch deshalb fragwürdig, weil der in Strafhaft Befindliche auf Grund der Eingriffsintensität objektiv ein besonderes Interesse daran hat, eine Stimme zu haben, um an der Definition und Veränderung seines Status politisch teilzuhaben. Art. 3 1. ZP EMRK verbietet aus Verhältnismäßigkeitsgründen einen pauschalen Entzug ohne Einzelfallprüfung, EGMR, Urt. v. 30.03.2004, Nr. 74025/01, Hirst/GB; *K. Pabel* ÖJZ 2005, 550 ff.; *J. A. Frowein* in: ders./W. Peukert (Hrsg.) EMRK, 3. Aufl. 2009, Art. 3 des 1. ZP Rn. 15; *Grabenwarter/Pabel* (Fn. 59), § 23 Rn. 117. Zum Ganzen mit verfassungspolitischer Wertung *Reimer* (Fn. 149), 52 ff.

[162] *Müller* Volk (Fn. 133), 58; *ders.* Weltrecht (Fn. 114), 72, 100. Vgl. die vieldeutige Bezugnahme „for the people" in *Abraham Lincolns* Gettysburg-Address v. 19.11.1863 (abgedruckt in *O. V. Burton* [Hrsg.] The Essential Lincoln, 2009, 153 [154]); zur Vieldeutigkeit etwa *E. Black* The Quarterly Journal of Speech 80 (1994), 21ff.; *R.A. Epstein* Harvard Journal of Law & Public Policy 34 (2011), 819ff.; zu historischen Deutungsverschiebungen *B. Schwartz* Poetics 33 (2005), 63 ff.; das „for" materialisierend im Sinne von Output-Legitimation etwa *C. Brettschneider* Politics, Philosophy & Economics 5 (2006), 259 (269).

[163] *Müller* Weltrecht (Fn. 114), 100; ähnlich auch *M. Mona* Das Recht auf Immigration, 2007, 50ff., unter den Auspizien eines liberalen Konzeptes der Bestimmung von Mitgliedschaft; kommunikationstheoretisch *I. M. Young* Inclusion and Democracy, 2002.

[164] Vgl. zum zentralen Eigenwert von Formalität und inhaltlicher Kontingenz im demokratischen Rechtsstaat *Masing* (Fn. 60), § 7 Rn. 188; *F. Schorkopf* Finanzkrisen

ständigkeiten und Verantwortlichkeiten begrenzt sowie formale Zurechnungskriterien zur Legitimation von Herrschaft[165] einfordert,[166] auch um inhaltliche Offenheit erst zu ermöglichen[167].

Hinreichend stabile Formalität kann nur die Staatsangehörigkeit gewährleisten, keine fluktuierende Ansässigkeit.[168] Die Anknüpfung von demokratischer Teilhabe an den bloßen Gebietszutritt würde zudem die freie Willensbildung über die Regeln politischer Integration aushebeln, die ihrerseits – wie letztlich jede demokratische Entscheidung – Derivat

---

als Herausforderung der internationalen, europäischen und nationalen Rechtsetzung, VVDStRL 71 (2012), 183 (214 f., 224). Plakativ *A. Scalia* A Matter of Interpretation, 1998, 25: "Long live formalism. It is what makes a government a government of laws and not of men".

[165] Vgl. BVerfGE 116, 24 (44): Staatsangehörigkeit als „*verlässliche* Grundlage" (Herv. d. Verf.). Vgl. parallel auch die strikte Formalisierung der Wahlrechtsgleichheit, die dem gleichen Bürgerstatus entspricht: BVerfGE 34, 81 (98); 47, 253 (277); BayVerfGHE 28, 222 (234). Mit Recht prononciert für klare Verantwortungszusammenhänge etwa *O. Lepsius* Steuerungsdiskussion, Systemtheorie und Parlamentarismuskritik, 1999, 25 f.; *Lübbe-Wolff* Verfassungsrecht (Fn. 67), 256 f., 259, 267, 282.

[166] Vgl. *Korioth* Identität (Fn. 11), 135. Deutlich sowie wie hier auch *J. Isensee* VVDStRL 68 (2009), 360 (361): „Das Recht ist [...] seinem Wesen nach Barriere: Begrenzung von Rechten und Pflichten, von Zuständigkeit und Verantwortung, von Selbstbestimmung und Solidarität". Grenzziehung ist Voraussetzung von demokratischer Freiheit, so für einen primär territorialen Kontext zutreffend *Di Fabio* Weltgesellschaft (Fn. 130), 55, 58, mit dem Hinweis auf die identitätsstiftende Funktion von Grenzen; ferner *ders.* Rechtstheorie 39 (2008), 399 (401).

[167] Demokratischer Voluntarismus bleibt notwendiges Element jeder Demokratietheorie, sofern sie Demokratie noch als Selbstbestimmung und nicht nur als bloßes Instrument vernunftsorientierter Deliberation ausweisen möchte. Zutreffend *C. Möllers* in: R. Kreide/A. Nieberger (Hrsg.) Transnationale Verrechtlichung, 2008, 160 (166 f.). Richtig zur Offenheit von Gemeinwohlkonstruktion im demokratischen Rechtsstaat *H. Dreier* AöR 113 (1988), 450 (457, 460, 466 f.); *C. Engel* Rechtstheorie 32 (2001), 23 (25 ff.); *P. Häberle* Öffentliches Interesse als juristisches Problem, 2. Aufl. 2006, 60, 208 ff., 499 ff., 709 f., 771; *G. F. Schuppert* in: H. Münkler/K. Fischer (Hrsg.) Gemeinwohl und Gemeinsinn im Recht, 2002, 67 (74 f.). In der Gewährleistung der Offenheit des politischen Prozesses als Voraussetzung von Selbstbestimmung liegt dann auch eine zentrale Funktion freiheitlicher Verfassungen. So mit Recht *M. Nettesheim* Der Staat 51 (2012), 313 (330).

[168] Zur Unbestimmtheit *M. Birkenheier* Wahlrecht für Ausländer – zugleich ein Beitrag zum Volksbegriff des Grundgesetzes, 1976, 60; *Isensee* (Fn. 20), 733 ff.; siehe ferner *Dreier* (Fn. 132), Art. 20 (Demokratie) Rn. 94, wonach als Volk nicht die „wechselhafte Summe der von der Staatsgewalt ‚Betroffenen'" tauge, sondern nur das Staatsvolk. Insoweit müsste dann eine Kritik am etablierten Bezugssystem auch den Eigenwert des Formalen in Frage stellen – prononciert *D. Sterzel* in: Redaktion Kritische Justiz (Fn. 142), 156 ff. – und auf fluide, mobile und elastische Kategorien ausweichen. Insoweit zwar nicht überzeugend, aber konsequent *S.-C. Lenski* DVBl. 2012, 1057 (1060 ff.). Deren Konzept der „modernen Netzwerkgesellschaft" (1063) steht als solches für eines

der Freiheit des Einzelnen sind.[169] Materieller Stabilisator einer freiheitlichen Ordnung ist schließlich der demokratische „Zusammenhang von Mitentscheidung und Mitverantwortung".[170] Dieser würde unterlaufen, wenn sich Ausländer als Wahlberechtigte auf Grund ihres Rückkehrrechts jederzeit den Zumutungen entziehen könnten, unter den von ihnen mitlegitimierten politischen Entscheidungen auch selbst leben zu müssen.[171]

b) Pragmatistische Demokratisierung statt demokratietheoretischer Idealisierung

Die politische Integration eines Ausländers zum Bürger erfolgt daher konsequenterweise durch Einbürgerung,[172] über deren Voraussetzungen demokratisch entschieden werden muss.[173] Demokratische Verfahren, in denen das Legitimationssubjekt Volk fortgeschrieben wird, bleiben dann aber notgedrungen immer asymmetrisch. Denn allein die vom bestehen-

---

der gegenwärtig gravierendsten Risiken sowohl für demokratische als auch individuelle Selbstbestimmung, nämlich für die Diffusion von Verantwortung und Zurechnung in einem Geflecht informaler Beziehungen, in denen das Politische invisibilisiert und damit von den Rechtfertigungslasten gegenüber individueller Freiheit wie auch gegenüber der Öffentlichkeit frei gestellt wird. Ablehnend zum Netzwerkkonzept daher *U. Di Fabio* Rechtstheorie 39 (2008), 261 (267); *Gärditz* (Fn. 40), 209 ff.

[169] Nachweise bei Fn. 196. Es würde das Problem verkürzen, wenn man in der exkludierenden Definition des Legitimationssubjekts lediglich eine Frage des Vorranges der demokratischen Politik vor der Freiheit des Einzelnen sähe, so aber *Rubio-Marín* (Fn. 37), 202. Es kollidieren vielmehr verschiedene Selbstbestimmungsinteressen miteinander. Ein bipolarer Konflikt zwischen Kollektiv und Einzelnem entsteht allenfalls dann, wenn man das Volk als eine von den in ihm zusammengefassten Individuen verselbstständigte Entität begreift. So etwa *Isensee* (Fn. 20), 712. Dies entspricht aber nicht dem hier eingenommenen Standpunkt, vgl. S. 107 ff.

[170] *Masing* Staatsangehörigkeitsrecht (Fn. 11), 60.

[171] In diesem Sinne *Isensee* (Fn. 20), 710 f.; *A. Uhle* in: J. Isensee/P. Kirchhof (Hrsg.) HStR IV, 3. Aufl. 2006, § 82 Rn. 72; *B. Ziemske* Die deutsche Staatsangehörigkeit nach dem Grundgesetz, 1995, 304. Die Selbstbetroffenheit ist ein stabilisierendes Moment für die Freiheitlichkeit repräsentativer Herrschaft. Die kognitive Möglichkeit, auch einmal aus der (individuellen oder kollektiven) Opposition heraus unter qua Mehrheit gesetzten Regeln leben zu müssen, wirkt Radikallösungen entgegen. Siehe anhand der kollegialen Binnenorganisation der Verwaltung *Gärditz* (Fn. 40), 493 ff., 549.

[172] BVerfGE 83, 37 (52); *Gusy* (Fn. 128), 269; *P. M. Huber/K. Butzke* NJW 1999, 2769; *Isensee* Ausländer (Fn. 42), 96; anders aber *B.-O. Bryde* JZ 1989, 257 (258 ff.), der die Verleihung des Ausländerwahlrechts als kleine Lösung unterhalb der Einbürgerung spezifisch zu Zwecken politischer Integration zulassen möchte. Zur parallelen Diskussion in den USA siehe *S. A. Renshon* Noncitizen Voting and American Democracy, 2009, 105 ff. Seit dem Jahr 2008 bewegt sich in Deutschland die Zahl der Einbürgerungen – mit leicht steigender Tendenz (vgl. ZAR 2012, 353) – bei etwa 100.000 pro Jahr, siehe Bundesministerium des Innern (Fn. 121), 45.

[173] *Möllers* Demokratie (Fn. 150), 24 f.; *ders.* Gewaltengliederung, 2005, 55.

den Legitimationssubjekt legitimierten Organe können – als Ausdruck der „Selbsteinwirkung einer demokratischen Bürgergesellschaft auf ihre Existenzvoraussetzungen“[174] – über die künftige Einbeziehung der Anderen als Mitglieder entscheiden.[175]

Der demokratische Rechtsstaat erträgt die Aporie zwischen einem idealisierten Inklusionsanspruch aller Herrschaftsunterworfenen und dem Anspruch eines formal definierten Legitimationssubjekts, auch über sein eigenes personales Substrat selbstbestimmt zu entscheiden.[176] Solche Widersprüche können durchaus konstruktiv sein, zumal sie Raum für politische Entscheidungen markieren,[177] die wiederum der

---

[174] *Habermas* Verfassung (Fn. 86), 51, freilich mit anderer Zielrichtung.

[175] Dies konzediert in der Sache auch *B. A. Corral* Der Staat 46 (2007), 349 (374), der freilich auf vermeintlich vorpositive Rechtsfunktionen zurückgreifen möchte – eine für einen modernen, vollpositiven Verfassungsstaat von vornherein unbrauchbare sowie epistemologisch inoperable Option. Siehe ferner *M. Helbling/H. Kriesi* Swiss Political Science Review 10/4 (2004), 33 (53 f.), die analytisch zutreffend darauf hinweisen, dass sich insoweit das spezifische Staatsbürgerverständnis der bisherigen Aktivbürger auf die Regelbildung durchschlägt. Dezidiert demokratieunspezifisch, aus der Natur von Sozialverbänden heraus argumentierend *Depenheuer* (Fn. 32), 50.

[176] *M. Walzer* Spheres of Justice – A Defence of Pluralism and Equality, 1983, 52, 62; ferner *Möllers* Gewaltengliederung (Fn. 172), 55; auch *M. Kotzur* Grenznachbarschaftliche Zusammenarbeit in Europa, 2004, 282, der der Definition des Demos eine immanente legitimatorische Ordnungsfunktion zugesteht. Dieser Konflikt wird von *Benhabib* Andere (Fn. 33), 52 f., als Paradox der demokratischen Legitimation bezeichnet, jedoch anders aufgelöst als hier; ähnlich *Wallrabenstein* (Fn. 159), 170. *Mona* (Fn. 163), 42 ff., nimmt ebenfalls ein Paradoxon an, da erst demokratisch entschieden werden müsse, wer zum demos gehöre, und reformuliert dies als Konflikt zwischen Liberalismus und Demokratie. Ähnlich auch *R. Bauröck* Transnational Citzenship, 1994, 180 f. Siehe zutreffend auch *Maus* (Fn. 8), 14 f., 17, 19, 394 f., die in dem Rekurs auf eine Bevölkerung eine Verwechslung von Volk mit einer soziologischen Kategorie sieht, die den Volksbegriff gerade seiner freiheitlich-politischen Funktion entkleide.

[177] Pragmatizistisch gewendet bewährt sich der Vorrang der Demokratie vor der Philosophie (wirkmächtig *R. Rorty* in: ders., Solidarität oder Objektivität?, 1988, 82 [87 ff.]) auch hier, indem Kontingenz und Unvollkommenheit hingenommen, dafür aber Gestaltbarkeit ermöglicht wird. Auch Modelle einer Migrationsgerechtigkeit, insbesondere Postulate eines Rechts auf freie Migration für eine moralische Universalverpflichtung liberaler Staaten ohne Verzicht auf Zuwanderungskontrolle (*Rubio-Marín* [Fn. 37], 247 f.; für Gerechtigkeitsprinzipien als Grundlage sowohl der Volksdefinition als auch der Migrationspolitik *Mona* [Fn. 163], 65 ff., 318–346), vermögen es – wie alle moralphilosophischen Begründungen von Gerechtigkeit – nicht, Kontingenzprobleme zu bewältigen und damit zur Entscheidungslegitimation bei konfligierenden Gerechtigkeitsmodellen beizutragen. Zunächst gründet eine rechtsstaatlich-liberale Demokratie eben nicht auf konkreten Konzepten einer materialen Gerechtigkeit, sondern ist offen für sehr unterschiedliche Gerechtigkeitsvorstellungen, deren Normativierung dem politischen Prozess überantwortet wird, dessen Eigenwert für eine relativ ‚gerechte‘ Ordnung aber durch einen simplen Schluss von dem Faktum Migration auf die Vollmit-

demokratischen Identitätsbildung[178] dienen[179] und Akzeptanz[180] fördern

---

gliedschaft aller Einwohner ausgehebelt würde. Selbst die Anerkennung eines – hier abgelehnten, zudem allenfalls sozialphilosophisch, nicht völkerrechtlich begründbaren (Fn. 42) – Menschenrechts auf Migration würde also nicht zwingend auch die politische Integration zur Folge haben. Zudem scheitern Argumente migratorischer Gerechtigkeit an ihrer Inkompatibilität mit einer immer noch primär territorial definierten Weltordnung, in der unverzichtbare Ordnungsfunktionen, namentlich Aufgaben der Freiheitssicherung, weiterhin von Staaten wahrgenommen werden (*Depenheuer* [Fn. 32], 48ff.; *W. Kluth* ZAR 2011, 329 [332]; *Walzer* [Fn. 176], 61f.), deren auch ethischer Wert in der praktischen Ermöglichung von Autonomie liegt (*Nussbaum* [Fn. 155], 261f.). Anders gewendet würde also durch das unterkomplexe Argument der Territorialität von Herrschaft die Leistung gerade der Territorialisierung für die Herstellung einer beherrschbaren Friedensordnung unterlaufen.

178 Zum Begriff der demokratischen Identität *Möllers* Demokratie (Fn. 150), 48ff. Die Semantik von Identität beruht – entgegen *M. Nettesheim* in: A. Hatje/J. P. Terhechte (Hrsg.) Grundgesetz und europäische Integration, 2010, 101 (114) – nicht auf kruden Anthropomorphismen (vgl. auch Fn. 202). Gegen solche mit Recht etwa *H. H. Rupp* Grundfragen der heutigen Verwaltungsrechtslehre, 2. Aufl. 1991, 23.

179 Vgl. *M. Helbling/H. Kriesi* Swiss Political Science Review 10/4 (2004), 33 (38); *Korioth* Identität (Fn. 11), 130, 141; *Thym* Migrationsverwaltungsrecht (Fn. 53), 65; zur Relation von Staatsangehörigkeitsrecht und Staatsverständnis *K. Hailbronner* ZAR 1999, 51 (54 ff.); *A. Wallrabenstein* Der Staat 38 (1999), 260 (262 ff.). Zur Vielschichtigkeit aus sozialwissenschaftlicher Sicht *I. Götz* Deutsche Identitäten, 2011.

180 Die Geltung demokratisch gesetzten Rechts hängt zwar nicht davon ab, ob es akzeptiert wird. Eine wesentliche Leistung repräsentativ-demokratischer Systeme besteht gerade darin, die Staatswillensbildung als Organwillensbildung zu verselbstständigen. Für das praktische Funktionieren demokratischer Gesetzgebung bleiben Kommunikationsmechanismen, die ein Werben um Akzeptanz ermöglichen, gleichwohl notwendig. Siehe etwa *C. Calliess* Die neue Europäische Union nach dem Vertrag von Lissabon, 2010, 166; *D. Grimm* JZ 1995, 581 (589f.); *R. Wahl* in: Vesting/Korioth (Fn. 27), 355 (356, 363ff.); zum insoweit notwendigen Kontextbezug von Demokratie *A. Benz* in: H. Bauer/P. M. Huber/K.-P. Sommermann (Hrsg.) Demokratie in Europa, 2005, 253 (271f.); auch *F. Scharpf* Regieren in Europa – Effektiv und undemokratisch?, 1999, 29 ff.; luzide für den Eigenwert demokratischer Rechtserzeugung für die Akzeptanz von Recht und die Rechtsbefolgungsbereitschaft jüngst *D. Hildebrand* Rationalisierung durch Kollektivierung, 2011, 410ff.; für die Motivation der Wahlteilnahme als gefühlte Teilhabe *A. Sen* Rationality and Freedom, 2002, 165. Schon aus diesem Grund ist es jedenfalls ein legitimes Ziel, Mechanismen der politischen Inklusion nicht zu automatisieren, sondern zu politisieren, um Entscheidungen auch in einen gesellschaftlichen Diskurs einzubinden. Hierin liegt im Übrigen auch auf europäischer Ebene der (freilich begrenzte) Eigenwert der Beteiligungsverfahren nach Art. 11 f. EUV. Die Notwendigkeit von Akzeptanz im Staatsangehörigkeitsrecht wird zusätzlich dadurch verstärkt, dass die Einbeziehung des Fremden als Bürger (Mitglied) auch die Legitimationsbasis verändert, von der Entscheidungen ausgehen, die für den Einzelnen auch nachteilig sein können. Die Potentialität des künftigen Überstimmtwerdens durch Neubürger ist für die Altbürger selbstbestimmungsrelevant, weshalb eine demokratische Absicherung der Entwicklung im öffentlichen Diskurs letztlich unverzichtbar ist.

können.[181] Demokratien sind immer im Fluss,[182] auch personal, brauchen aber diskursiven Raum zur Politisierung von Anpassungsprozessen.[183] Praktisch bedeutet dies eine beständige, behutsame und evolutive Fortentwicklung des Legitimationssubjekts durch Bestimmung der Zugehörigkeit im hinreichend beweglichen demokratischen Verfahren.[184] Die Gesetzgebung ist der Ort, an dem über das jeweilige demokratische Selbstverständnis[185] und angemessene Bedingungen der Einbürgerung verhandelt und gerungen werden kann, zumal auch Dissens und Konflikt demokratischen Eigenwert haben[186].

c) *Individualfreiheit zur politischen Interessenartikulation*

Nichtwahlberechtigte sind vom Prozess demokratischer Selbstdefinition auch nicht gänzlich ausgeschlossen. Obgleich gebietsansässige Ausländer demokratische Herrschaft nicht mitlegitimieren, steht ihnen doch insbesondere uneingeschränkt die Meinungsfreiheit (Art. 5 Abs. 1 Satz 1

---

181 Vgl. allgemein zur notwendigen Verständigung über die elementaren Voraussetzungen politischer Selbstbestimmung *D. Grimm* in: ders., Die Zukunft der Verfassung II, 2012, 241 (242 f.); *J. Isensee* NJW 1977, 545 (546); *W. Kahl* in: ders. (Hrsg.) Nachhaltigkeit als Verbundbegriff, 2008, 242 (253); treffend zu den dahinter stehenden Kontinuitätsbedürfnissen *Kirchhof* (Fn. 144), § 221 Rn. 14, 21.

182 *H. Dreier* RW 2010, 11 (19).

183 Die Geschichte der Demokratie ist daher nicht zufällig auch eine Geschichte der Expansion des Legitimationssubjekts und damit des Bürgerstatus; Entwicklungssprünge werden meist durch ein demokratisches Selbstverständnis katalysiert, das die politische Exklusion bestimmter Gruppen (etwa der Besitzlosen, Sklaven, Frauen) dauerhaft nicht zu verkraften vermochte. Siehe *P. Nolte* Was ist Demokratie?, 2012, 174 ff.; auch *Isensee* (Fn. 20), 71; *Keil* (Fn. 80), 85, 286 f., der dies als Prozess der Überprüfung anhand der hinter dem demokratischen Gedanken stehenden Prinzipien deutet. Vgl. auch Fn. 154; sowie zum Spezialproblem des Frauenwahlrechts vergleichend die Beiträge in *B. Rodríguez-Ruiz* (Hrsg.) The Struggle for Female Suffrage in Europe, 2012.

184 Für eine demokratisch-prozedurale Bestimmung des Legitimationssubjekts als Kompromiss zwischen den Extrempolen eines vorrechtlichen Substantialismus einerseits und eines gegenüber sozialen Voraussetzungen abgeschotteten Formalismus jüngst *Möllers* (Fn. 141), 775 ff., der insoweit die Beweglichkeit und Korrekturoffenheit dieses Prozesses betont. Auch hier kommt im Übrigen der Verwaltung ein Eigenwert zu, die abstrakt-generellen Entscheidungen personenbezogen durch Einbürgerungsentscheidungen zu konkretisieren und zu individualisieren, was das demokratische Recht erst einzelfallbezogen verfügbar macht.

185 Betont bei *Rubio-Marín* (Fn. 37), 249; ferner *Möllers* Demokratie (Fn. 150), 25.

186 Zu Letzterem *E. Fraenkel* Deutschland und die westlichen Demokratien, 9. Aufl. 2011, 259; *H. Dreier* RW 2010, 11 (34 ff.); *Möllers* Demokratie (Fn. 150), 53 f.; zum Wert der (potentiellen) Politisierbarkeit zutreffend auch *Lübbe-Wolff* Verfassungsrecht (Fn. 67), 277.

GG) zu.[187] Diese macht das Gewaltunterworfensein erträglicher[188] und gibt die Möglichkeit, auf die politische Fortschreibung des Legitimationssubjekts kommunikativen Einfluss[189] zu nehmen.[190] Auch die Exit-Option[191] kann politischen Charakter haben.[192] Dies alles ersetzt keine

[187] Restriktiv aber *Tomuschat* (Fn. 70), 60 ff., der meint, ein minderer Status in Sachen politischer Meinungskundgabe müsse aus dem Umstand folgen, dass sich der Ausländer durch Verlassen des Bundesgebiets jederzeit den politischen Folgen seines Handelns entziehen könne. Siehe für das Gegenmodell einer (nicht Verfassung gewordenen) objektiven Meinungsfreiheit, die dann nur Mitgliedern des Staatsvolkes zustehen solle: *H. K. J. Ridder* in: F. L. Neumann/H. C. Nipperdey/U. Scheuner (Hrsg.) Die Grundrechte, Bd. II, 1954, 243 (269).

[188] Treffend *Isensee* Ausländer (Fn. 42), 101; ähnlich *Kirchhof* (Fn. 144), § 221 Rn. 17, mit dem zutreffenden Hinweis, dass hierdurch auch eine substanzielle Ausgrenzung ausgeschlossen ist.

[189] Mit Recht wurde in der Rechtsprechung frühzeitig die politische Meinungsäußerung dem Vorfeld der politischen Volkswillensbildung zugeordnet. Vgl. BVerfGE 8, 104 (113); 20, 56 (98); ebenso *K. Hesse* Grundzüge des Verfassungsrechts der Bundesrepublik Deutschland, 20. Aufl. (Neudr.) 1999, Rn. 150; *Tomuschat* (Fn. 70), 59 f.; *Ridder* (Fn. 287), 249 ff.; siehe rechtsvergleichend für die USA z.B. *L. Stein* Speech Rights in America: The First Amendment, Democracy, and the Media, 2008, 1 ff., 66 ff. Für einen gewissen ergänzenden (zum fehlenden primären oben Fn. 67) demokratischen Eigenwert partizipativer Kommunikation allgemein etwa *E. Hofmann* JZ 2012, 701 f.; *J. Saurer* DVBl. 2012, 1082 (1086 f.); *E. Schmidt-Aßmann* Das allgemeine Verwaltungsrecht als Ordnungsidee, 2. Aufl. 2004, 2/106. Zur Offenheit dieses diffusen Prozesses für jeden Diskursteilnehmer zutreffend *S.-C. Lenski* DVBl. 2012, 1057 (1059). Aus der auch demokratischen Schutzrichtung der Kommunikationsgrundrechte lässt sich jedoch nicht schließen, dass Ausländer allgemein als politisch teilhabeberechtigt anerkannt würden, so aber *B.-O. Bryde* StWuStP 1995, 305 (322).

[190] An dem fortwährenden Aushandeln des Verhältnisses von individueller politischer Teilhabe und demokratischer Selbstbestimmung – *Benhabib* Andere (Fn. 33), 116, 137 f. – ist also auch ein Ausländer als individuelles Rechtssubjekt, wenn auch nicht als Aktivbürger, beteiligt.

[191] Oben Fn. 155.

[192] Vgl. *S. Haack* Verlust der Staatlichkeit, 2007, 41; *A. Peters* Wettbewerb von Rechtsordnungen, VVDStRL 69 (2010), 7 (17 ff.); siehe exemplarisch für das Spezialproblem des Steuerwettbewerbs *A. Glaser* JöR 58 (2010), 251 ff.; *dens.* ORDO 61 (2010), 205 ff.; *C. Waldhoff* Finanzautonomie und Finanzverflechtung in gestuften Rechtsordnungen, VVDStRL 66 (2007), 216 (252 ff.). Das Recht auf Ausreise wurde sozialphilosophisch gerade auch zur Begründung eines Rechts, Zugehörigkeiten abzulegen, in Stellung gebracht. Siehe *Locke* (Fn. 155), Sec. Tr., Chap. VII, §§ 115 ff., der für eine natürliche Ausreisefreiheit als individuelles Sezessionsrecht plädiert, korrespondierend aber auch die Hoheitsgewalt strikt territorialisiert deutet (vgl. § 118 sowie Chap. II, § 9); vgl. ferner *S. von Pufendorf* De jure naturae et gentium libri octo, 1688 (zit. nach der von J. N. Hertius herausgegebenen Ausgabe 1716), lib. VII, cap. II, § 7; hierzu *Durner* (Fn. 41), Art. 11 Rn. 11; *Grawert* Staatsangehörigkeit (Fn. 6), 90 ff. Für die Gegenposition *G. W. F. Hegel* Grundlinien einer Philosophie des Rechts, 1820 (zit. nach der Ausgabe 1981), § 75 Zusatz, wonach es nicht in der Willkür der Individuen liege, sich vom Staate zu trennen, „da man schon Bürger desselben nach der Naturseite hin ist."

politischen Mitwirkungsrechte,[193] mildert aber die Folgen ihres (vorübergehenden) Fehlens.

4. *Politische Gleichheit als Konsequenz der Menschenwürde?*

Wenn das Bundesverfassungsgericht kraftvoll und im Ausgangspunkt zutreffend – obschon vielleicht nicht in allen Konsequenzen reflektiert – unterstreicht, dass der „Anspruch auf freie und gleiche Teilhabe an der öffentlichen Gewalt [...] in der Würde des Menschen (Art. 1 Abs. 1 GG) verankert" ist[194], folgt hieraus kein automatischer Anspruch des nichtstaatsangehörigen Würdeträgers auf gleiche politische Teilhabe,[195] sprich: auf die territoriale Universalisierung des Bürgerstatus. Die legitimationstheoretische Rückanbindung individueller wie demokratischer Selbstbestimmung an einer gemeinsamen Freiheitsidee[196] ändert nichts daran, dass

[193] *Möllers* (Fn. 141), 760; zum Unterschied grundrechtlicher und demokratischer Mitwirkung klar auch *Unger* (Fn. 156), 29 f.

[194] BVerfGE 123, 267 (341). Durchaus treffend stellt *D. Thym* (Der Staat 48 [2009], [584]) fest, das Gericht habe „ein Element des normativen Individualismus in das Demokratieverständnis" aufgenommen.

[195] Angedacht aber bei *B.-O. Bryde* JZ 1989, 257 (258). Im Ergebnis ähnlich wie hier *Möllers* Demokratie (Fn. 150), 77, der auch die Frage aufwirft, warum wir von Menschen- und nicht von Bürgerwürde sprechen: Er begründet dies gerade damit, dass demokratische Ordnungen grundsätzlich aufnahmebereit und damit unabgeschlossen sind, die Menschenwürde aber insoweit den Respekt auch vor potentiellen künftigen Mitgliedern garantiere. Parallel für die Differenz zwischen Menschenrecht und politischer Teilhabe *E.-W. Böckenförde* in: J. Isensee/P. Kirchhof (Hrsg.) HStR II, 3. Aufl. 2004, § 24 Rn. 46. Erst recht muss das hier Vertretene gelten, wenn man – einem jüngst eindrucksvoll entwickelten, hier nicht abschließend zu bewertenden Ansatz folgend – Menschenwürde als *innere* Freiheit konstruiert, so *C. Goos* Innere Freiheit, 2011, 139 ff., 159 ff.

[196] Dies hat unterschiedliche Traditionen, die oft miteinander verknüpft werden. Demokratietheoretisch wirkmächtig *Kelsen* Demokratie (Fn. 136); kontraktualistisch auf der Grundlage der Sozialphilosophie des Gesellschaftsvertrages *J. Isensee* JZ 1999, 265 (277); ebenfalls sozialphilosophisch *H. Dreier* RW 2010, 11 (16); *Habermas* Berliner Republik (Fn. 80), 79; *G. Haverkate* Verfassungslehre, 1992, 331; mit (auch) verfassungsrechtsdogmatischem Anspruch *T. Blanke* KJ 1998, 452 (457); *A. von Bogdandy* Gubernative Rechtsetzung, 2000, 31 f.; *B.-O. Bryde* FS Manfred Zuleeg, 2005, 131 (132); *Dreier* (Fn. 132), Art. 20 (Demokratie) Rn. 67, 71; *K. F. Gärditz/C. Hillgruber* JZ 2009, 872 (873); *T. Groß* Kollegialprinzip und Verwaltungsorganisation, 1999, 166; *ders.* RW 2011, 125 (142); *P. Häberle* in: J. Isensee/P. Kirchhof (Hrsg.) HStR II, 3. Aufl. 2004, § 22 Rn. 61 ff.; *ders.* JöR 58 (2010), 317 (327): Menschenwürde als „kulturanthropologische Prämisse", Demokratie als „organisatorische Konsequenz"; *P. M. Huber* in: Bauer/Huber/Sommermann (Fn. 180), 491 (503); *ders./K. Butzke* NJW 1999, 2769 (2771); *Kotzur* (Fn. 176), 282; *W. Maihofer* in: E. Benda/W. Maihofer/H.-J. Vogel (Hrsg.) Handbuch des Verfassungsrechts, 2. Aufl. 1995, § 12 Rn. 100 ff.; *Möllers* Gewaltengliederung

die positiv-rechtliche Menschenwürde nur einen Teilaspekt abdeckt und in ihrem individualisierten sowie negativen Absolutheitsanspruch kollektive Mechanismen der Herrschaftslegitimation nicht unmittelbar thematisiert.[197]

V. Legitimationssubjekte als Produkte demokratisch gesetzten Rechts

Wenn das Demokratieprinzip auf das Volk Bezug nimmt (Art. 20 Abs. 2 Satz 1 GG), meint es das Volk als Zurechnungseinheit,[198] nicht als eine – wie auch immer zu konstruierende – organische Entität.[199] Das Staatsan-

---

(Fn. 172), 29 ff., 52 f.; *I. Pernice* Europäisches und nationales Verfassungsrecht, VVDStRL 60 (2001), 148 (161 f.); *F. Schorkopf* FAZ v. 16. 7. 2009, 6; *H.-H. Trute* in: W. Hoffmann-Riem/E. Schmidt-Aßmann/A. Voßkuhle (Hrsg.) Grundlagen des Verwaltungsrechts, Bd. I, 2. Aufl. 2012, § 6 Rn. 19; *A. Voßkuhle* FAZ v. 9. 2. 2012, 7; explizit auch für das Staatsangehörigkeitsrecht *Wallrabenstein* (Fn. 20), 252.

[197] Mit Recht sehr zurückhaltend auch *M. Herdegen* in: T. Maunz/G. Dürig (Begr.) GG, 2012, Art. 1 Abs. 1 Rn. 27; vgl. auch *Wallrabenstein* (Fn. 159), 145, wonach Art. 1 GG abhängig vom Vorverständnis Ausgangspunkt unterschiedlicher Demokratiemodelle sein könne. Hieraus erklären sich letztlich auch die Differenzen zwischen In- und Ausländern innerhalb der Einzelgrundrechte. Dies zeigt sich namentlich darin, dass eine (im Übrigen sehr unterschiedlich) philosophisch radizierte Idee der Freiheit im positiven Recht in Grundrechte mit unterschiedlichen sowie inhaltlich kontingenten Themenbereichen und Schranken umgegossen wurde. Eingehend und grundlegend *Siehr* (Fn. 61), 65 ff. Die – ihrerseits ohnehin vielschichtige – Idee der Freiheit bleibt letztlich zu abstrakt, um aus ihr konkrete Folgerungen für Inhalte des positiven Rechts abzuleiten. Dies zeigt sich auch im Kontrast von allgemeinem Würdeschutz und voraussetzungsvollem Wahlrecht. Menschliche Würde ist stets dort, wo menschliches Leben ist. Vgl. nur BVerfGE 39, 1 (41). Befähigung zum Selbstentwurf im Sinne der Menschenwürde ist hier ein formales und abstraktes Konzept, das Würde gerade nicht von individuellen Leistungen oder konkreten Fähigkeiten des einzelnen Trägers – die etwa bei Embryonen, Säuglingen oder Schwerstdementen fehlen – abhängig macht. Vgl. etwa *R. Gröschner* Menschenwürde und Sepulkralkultur in der grundgesetzlichen Ordnung, 1995, 32 ff.; *C. Starck* in: ders. (Hrsg.) GG, Bd. 1, 6. Aufl. 2010, Art. 1 Rn. 18. Demgegenüber hängen konkrete Möglichkeiten politischer Teilhabe entscheidend von solchen Fertigkeiten ab. Über die konkreten Anforderungen muss dann demokratisch entschieden werden. Dem korrespondiert wiederum der Regelungsauftrag des Art. 38 Abs. 3 GG.

[198] Zum juristischen Charakter des Volkes nur *Kelsen* Demokratie (Fn. 136), 14 ff. Es ist richtig, dass hier altphilologisch semantisierende Deutungen des Begriffs „Volk" keinen substanziellen Ertrag versprechen. So pointiert *B.-O. Bryde* StWuStP 1995, 305 (308 f.); ferner *Lübbe-Wolff* Verfassungsrecht (Fn. 67), 250. Ein formell definiertes Legitimationssubjekt wird damit aber nicht verzichtbar.

[199] Zutreffend etwa *G. Britz* in: Hatje/Terhechte (Fn. 178), 151 (164); *J. Isensee* in: ders., Recht als Grenze – Grenzen des Rechts, 2009, 13 (16); allgemein ferner *O. Lepsius* Kelsens Demokratietheorie, in: T. Ehs (Hrsg.) Hans Kelsen – Eine politikwissenschaft-

gehörigkeitsrecht fungiert hier als Instrument, das Legitimationssubjekt Volk über seine individuellen Mitglieder durch die strikt formale Zugehörigkeit[200] zu definieren,[201] und ist daher keine Projektionsfläche für

liche Einführung, 2009, 67 (70); *Lübbe-Wolff* (Fn. 156), 57; *R. Zippelius* Allgemeine Staatslehre, 16. Aufl. 2010, 23f.; gegen eine naturalistische Bestimmung des Volkes allgemein auch *Müller* Volk (Fn. 133), 41; *A. Peters* Elemente einer Theorie der Verfassung Europas, 2001, 655f. Siehe zur Differenz von Staatsvolk und Volk als einer soziologisch-deskriptiven Konstruktion *K. Stern* Das Staatsrecht der Bundesrepublik Deutschland, Bd. II, 1980, 6 ff. Für einen freiheitlich-demokratischen Rechtsstaat letztlich nicht anschlussfähig sind daher organische Modelle der Begründung von Staat und Staatsvolk. Diese hatten in Deutschland durchaus Tradition (wirkmächtig etwa *O. von Gierke* Die Genossenschaftstheorie und die deutsche Rechtsprechung, 1887, 614 ff.; *ders.* Die Grundbegriffe des Staatsrechts und die neuesten Staatstheorien, 1915, 52ff.; *ders.* Das Wesen der menschlichen Verbände, 1902 [Nachdruck 1954], 13ff.; ferner mit unterschiedlichen Akzenten *J. C. Bluntschli* Allgemeines Staatsrecht I, 3. Aufl. 1863, 39f.; *F. C. Dahlmann* Die Politik, auf den Grund und das Maß der gegebenen Zustände zurückgeführt, 1924, 38; *C. F. Gerber* Ueber öffentliche Rechte, 1852, 17; *L. von Stein* Die Verwaltungslehre, Bd. I/1, 2. Aufl. 1869, 46; *E. Kaufmann* Über den Begriff des Organismus in der Staatslehre des 19. Jahrhunderts, 1908, 3ff., 32; in Anlehnung an den Volksgeist bei *Savigny* auch *H. Schulze* Einleitung in das deutsche Staatsrecht, 1865, 170; wirkmächtig *Hegel* [Fn. 192], § 269; analytisch insgesamt hierzu *H. Hofmann* in: J.-C. Hilinger/C. G. King [Hrsg.] Individualität und Selbstbestimmung, 2009, 157ff.; treffend *Volkmann* Solidarität [Fn. 86], 118ff.). Organisch-empathische Ansätze erfahren aber auch heute noch vereinzelt (und in der Sache unverdient) Wiederbelebungsversuche. Siehe etwa *Depenheuer* (Fn. 86), § 16 Rn. 8: Nation als „ein lebendiger Organismus"; allgemeiner und in expliziter Tradition Hegels für ein Verständnis der Verfassung als organisches, gewachsenes und im Bewusstsein des Volkes verankertes Gebilde *U. Volkmann* Verfassungsrecht zwischen normativem Anspruch und politischer Wirklichkeit, VVDStRL 67 (2008), 57 (85 f.); ähnlich auch *Haack* (Fn. 25), § 205 Rn. 7.

[200] Betont bei *Maus* (Fn. 8), 379 („Entsubstantialisierung"); in diesem Sinne auch *B. A. Corral* Der Staat 46 (2007), 349 (354); *Murswiek* (Fn. 2), 217. Vgl. auch die Differenzierung bei *Habermas* Berliner Republik (Fn. 80), 179: Staatsbürger als rechtlich formaler Status im Kontrast zum Volksgenossen als Mitglied einer das Recht transzendierenden Schicksalsgemeinschaft. Für ein substanzialistisches, von vorrechtlichen Gegebenheiten abhängiges Verständnis demgegenüber *Depenheuer* (Fn. 90), 356: „Die Substanz der staatsbürgerlichen Solidarität bildet die Volkszugehörigkeit, die juristisch durch Staatsangehörigkeit vermittelt wird"; *Haack* (Fn. 25), § 205 Rn. 7 f. Ähnlich, aber zurückhaltender *Böckenförde* (Fn. 195), § 24 Rn. 47. Krude Verschärfung demgegenüber bei *A. Bleckmann* NJW 1990, 1397 (1398), der von einer materiellen Staatsangehörigkeit ausgeht, die zur formellen hinzutrete und deren zulässigen Inhalt determiniere; hiergegen mit Recht *Wallrabenstein* (Fn. 159), 156. Aus der Bestimmung der Statusdeutschen nach dem materiellen Kriterium der Volkszugehörigkeit nach Art. 116 Abs. 1 Var. 2 GG folgt im vorliegenden Kontext nichts Abweichendes. So aber *C. Hillgruber* in: V. Epping/C. Hillgruber (Hrsg.) GG, 2009, Art. 116 Rn. 3.2. Denn die Bestimmung über Statusdeutsche ist als materielle Übergangsbestimmung zur Bewältigung einer historischen Sondersituation konzipiert. Vgl. BVerwGE 8, 340 (342); *T. Giegerich* in: Maunz/Dürig (Begr.) GG, 2012, Art. 116 Rn. 88; *Menzel* (Fn. 37), 421; *Sacksofsky*

eine angewandte Volksmythologie. Die Staatsangehörigkeit ist ein Institut des positiven Rechts, das zwar auf einer kulturellen Matrix aufbaut, aber keine bloße Funktion einer vorrechtlichen Nation ist[202] und damit der

---

(Fn. 38), 335. Allgemeine Aussagen zur regulären Staatsangehörigkeit lassen sich hieraus daher nicht ableiten.

[201] Dass insoweit im jeweils geltenden Staatsangehörigkeitsrecht sehr unterschiedliche Konzepte materialer Einheitsvorstellungen einer politischen Gemeinschaft aufschimmern, ist kaum zu bestreiten. Vgl. nur *Earnest* (Fn. 137), 128 ff.; *C. Walter* DVBl. 2001, 1 (6 f.).

[202] Für die Gegenansicht aber *Böckenförde* (Fn. 25), 430 f., wonach (ersichtlich in Nachzeichnung der verfassungsrechtlich wie verfassungstheoretisch unproduktiven Scheidung von ‚Verfassung' und ‚Verfassungsgesetz') das Staatsangehörigkeitsgesetz die Staatsangehörigkeit nicht schaffe, sondern sie nur ausforme; *ders.* (Fn. 195), § 24 Rn. 48; *Isensee* (Fn. 20), 706: Staatsangehörigkeit müsse insoweit an vorrechtliche „Vorgaben realer Homogenität und politischen Einheitswillens anknüpfen"; *P. Kirchhof* DVBl. 1999, 637 (643), der hier Staatsangehörigkeit und Nation (also eine rechtliche und eine soziologische Kategorie) unmittelbar verkoppelt; *Depenheuer* (Fn. 90), 299 ff.; auf ein Bewusstsein des Verbundenseins stellt ab *Haack* (Fn. 192), 32 ff., 305. Siehe auch *Isensee* (Fn. 126), § 15 Rn. 122, der von einer „vorrechtlichen und vorstaatlichen Einheit des Volkes: der Nation" ausgeht, anderenorts (Fn. 199, 16) aber durchaus die rechtliche Formalität des verfassungsrechtlichen Volksbegriffs anerkennt; in der Spielart der Integration in die Kulturnation *A. Bleckmann* NJW 1990, 1397 (1399); zustimmend *D. Blumenwitz* ZAR 1993, 151 (153); ähnlich *Haack* (Fn. 25), § 205 Rn. 8, 17. Herkömmlich wird postuliert, Demokratie setze eine (relative) Homogenität voraus. So etwa BVerfGE 89, 155 (186); *E.-W. Böckenförde* in: ders., Staat, Nation, Europa, 1999, 103 (111 f.); *ders.* (Fn. 195), § 24 Rn. 46 f.; *Dreier* (Fn. 132), Art. 20 (Demokratie) Rn. 77; *S. Haack* JZ 2012, 753 (756 mit Fn. 33); *J. Isensee* Das Volk als Grund der Verfassung, 1995, 92; *M. Kaufmann* Europäische Integration und Demokratieprinzip, 1997, 48, 261 f.; traditionsbegründend für eine substantialistische Deutung *C. Schmitt* Die geistesgeschichtliche Lage des heutigen Parlamentarismus, 2. Aufl. 1926, 13 f.; *ders.* Verfassungslehre (Fn. 29), 228 f.; kritisch hierzu etwa *Baer* Generationengerechtigkeit (Fn. 144), 302; *Benhabib* (Fn. 12), 2 ff.; *T. Groß* RW 2012, 125 (149 ff.); *U. Lembke* RW 2012, 46 (66); *O. Lepsius* in: C. Gusy (Hrsg.) Demokratisches Denken in der Weimarer Republik, 2000, 366 (377 ff.); *G. Lübbe-Wolff* ZAR 2007, 121 ff.; *C. Möllers* in: von Bogdandy/Bast (Fn. 98), 227 (241 f.); *Wallrabenstein* (Fn. 159), 163 ff.; *M. Zuleeg* in: von Bogdandy/Bast (Fn. 98), 1045 (1046 f.); grundlegende konzeptionelle Kritik, namentlich unter Einbeziehung der methodischen Probleme sowie der Inkompatibilitäten mit den Funktionsbedingungen pluralistischer Gesellschaften: *F. Hanschmann* Der Begriff der Homogenität in der Verfassungslehre und Europawissenschaft, 2008. Eine andere Spielart hat das Kriterium bei *H. Heller* Staatslehre, 1934 (Neudruck 1983), 206, im Sinne hinreichender sozialer Homogenität, was durchaus auch ein (letztlich sozialstaatlich zu operationalisierendes) Thema der Funktionsvoraussetzungen von Demokratie sein kann. Ein abstrakter Rekurs auf eine relative Homogenität kann unverfänglich sein, solange man diese nicht substantialistisch respektive anti-pluralistisch versteht, sondern nur auf die Selbstverständlichkeit verweist, dass Demokratie voraussetzungsvoll ist und nicht allein durch ihre Institutionen lebendig sowie praktisch überlebensfähig wird (in diesem Sinne etwa *Britz* Kulturelle Rechte [Fn. 31], 222 f.; man darf wohl auch *Böckenförde* so ver-

verstehen). Gewiss kann ein demokratisches Gemeinwesen an seinen inneren Konflikten zerbrechen. Diese Erkenntnis ist gleichermaßen banal wie in einem rechtlichen (anders als möglicherweise in einem sozialwissenschaftlichen) Kontext nicht weiterführend. Denn die Voraussetzungen sind zum einen kaum bekannt, zum anderen stark kontextabhängig und damit begrenzt abstrahierbar sowie ihrerseits so komplex, dass sie sich einer gesetzlich ausbuchstabierten Regelung oder gar ‚Subsumption unter das Demokratieprinzip' entziehen. Zur Unbestimmtheit und Unergiebigkeit des schillernden Homogenitätskriteriums etwa *Korioth* Identität (Fn. 11), 132; *A. Peters* VVDStRL 62 (2003), 210; kritisch zum latenten Fortwirken identitär-demokratischer Theorien *Poscher* Globalisierung (Fn. 10), 172 f.

Nicht weniger unbestimmt, aber jedenfalls zur analytischen Problembeschreibung wohl besser geeignet – und zudem positiv-rechtlich verankert (Art. 4 Abs. 2 Satz 1 EUV) – ist der Begriff der *Identität*, solange man ihn nicht substanzialistisch missversteht. Denn er beschreibt positiv einen essentiellen sozialen Kernbestand, den ein demokratisch verfasstes Gemeinwesen zum Funktionieren demokratischer Institutionen benötigt, lässt im Übrigen aber die Inhomogenität der Gesellschaft unberührt, zu deren Bewältigung demokratische Verfahren gerade geschaffen wurden (vgl. auch *Kelsen* Demokratie [Fn. 136], 66; *T. Groß* RW 2012, 125 [150]; *Möllers* Demokratie [Fn. 150], 49; ferner im vorliegenden Kontext *Mona* [Fn. 163], 61 ff.). Wie hier *D. Grimm* JZ 1995, 581 (589 f.). Identität kann anders gewendet gerade auch durch den Grad zugelassener Pluralität geprägt werden. Vgl. am Beispiel der stabilisierenden Kraft der Religionsfreiheit *J. Isensee* in: ders./P. Kirchhof (Hrsg.) HStR IX, 3. Aufl. 2011, § 190 Rn. 198; für die kulturelle Vielfalt *Kahl* Sprache (Fn. 132), 439 ff. Ein offener Identitätsbegriff – hierfür z.B. *M. Nettesheim* in: Bauer/Huber/Sommermann (Fn. 180), 143 (170 ff.) – gerät dann auch nicht in die Gefahr, den Bürger mit freiheitsunverträglichen Erwartungen an innere Einstellungen zu konfrontieren; hierzu mit Recht kritisch *A. v. Bogdandy* Europäische und nationale Identität: Integration durch Verfassungsrecht?, VVDStRL 62 (2003), 156 (178 ff.). Auch das geltende Recht wählt bisweilen den offenen Begriff der Identität, der gerade die Funktion hat, Pluralität zu bewahren, so namentlich Art. 4 Abs. 2 EUV. Entsprechendes würde auch für das Konzept der ‚Verfassungsidentität' (Art. 23 Abs. 1 Satz 3 iVm. Art. 79 Abs. 3, Art. 20 GG), wie es das BVerfG ausgeformt hat (BVerfGE 123, 267 [354 ff.]; BVerfG, Urt. v. 12. 9. 2012, 2 BvR 1390/12 u.a., Rn. 208, 213; ferner etwa *P. Kirchhof* in: J. Isensee/P. Kirchhof [Hrsg.] HStR II, 2. Aufl. 2004, § 21 Rn. 11, 64 ff.; für die Kritik stellvertretend *M. Nettesheim* Der Staat 51 [2012], 313 [322 ff.]), gelten, das gerade entwickelt wurde, um die Offenheit der demokratischen Willensbildung auf staatlicher Ebene zu gewährleisten.

Der verbreitete Rekurs auf eine Vorstaatlichkeit muss bezogen auf die Staatsangehörigkeit schließlich schon *a priori* scheitern, weil sich Staatsangehörigkeit auf den Staat bezieht (siehe nur *von Münch* [Fn. 24], 1). Und da Staatsangehörigkeit eine normative Zuschreibung ist, an die das positive Recht Rechtsfolgen knüpft, handelt es sich insoweit auch um eine originäre Eigenleistung des Rechts. Der Verweis auf vorrechtliche Zugehörigkeiten – wie auch immer deren Konstruktion gelingen soll – erscheint dann aber schon deshalb dysfunktional, weil inkommensurable Größen relationiert werden sollen. Vgl. auch Art. 2 Europäisches Übereinkommen über die Staatsangehörigkeit v. 6. 11. 1997 (ILM 37 [1998] 44): Hiernach „bedeutet ‚Staatsangehörigkeit' das rechtliche Band zwischen einer Person und einem Staat und weist nicht auf die Volkszugehörigkeit einer Person hin". Zutreffend weist im Übrigen *R. Herzog* Allgemeine Staatslehre, 1971, 45 f., darauf hin, dass sich ein nationales Zusammengehörigkeitsgefühl als kulturelle Erscheinung keineswegs im gemeinsamen Willen zur Staatswerdung niederschlagen muss.

Gestaltung durch Recht entzogen wäre.[203] Die Zusammensetzung eines Gemeinwesens ist geschichtlich kontingent,[204] insoweit aber vor allem Folge einer Sequenz politischer Entscheidungen[205], Einbürgerungen eingeschlossen. Die Geschichtlichkeit und Kulturabhängigkeit des Rechts werden im demokratischen Rechtsstaat vor allem durch Gesetzgebung abgebildet,[206] die ihrerseits die Zeitlichkeit von Herrschaft[207] und damit der Veränderbarkeit des Rechts[208] gewährleistet.

Gegen die Kompetenz, das Zurechnungssubjekt Volk demokratisch zu gestalten, wird freilich das Argument in Stellung gebracht, die Demokratie schaffe sich nicht das Volk, sondern das vorausgesetzte Volk eine

---

[203] Siehe allgemein zur Inkongruenz von kulturellen Identitäten und rechtlichen Relationen *O. Lepsius* EuGRZ 2004, 370 (373).

[204] *Habermas* Berliner Republik (Fn. 80), 180; *ders.* Verfassung (Fn. 86), 52; bezogen auf das nationale Bewusstsein auch *Böckenförde* Staat (Fn. 202), 34 (52); *H. Hofmann* JZ 1999, 1065 (1070); *Wittreck* (Fn. 132), Art. 116 Rn. 3; bezogen auf die Homogenität *C. Möllers* Staat als Argument, 2. Aufl. 2011, 226; bezogen auf das Staatsgebiet *J. Isensee* JZ 1999, 265 (277). Anschaulich auch *H. Schulze* Staat und Nation in der europäischen Geschichte, 1994, 189 ff.; ferner *L. Kühnhardt* European Union – The Second Founding, 2. Aufl. 2010, 14.

[205] Ähnlich *B.-O. Bryde* StWuStP 1995, 305 (309 f.); *Masing* Staatsangehörigkeitsrecht (Fn. 11), 76. Deutlich auch *U. K. Preuß* European Law Journal 1 (1995), 267 (274 f.), der historisch die Rechtlichkeit des Bürgerkonzepts im Kontrast zu vorrechtlichen und vorpolitischen Personenverbänden unterstreicht. Zur Verrechtlichung von Einreise, Aufenthalt und Staatsangehörigkeit im Zuge der inneren Konsolidierung der europäischen Nationalstaaten im 19. Jahrhundert siehe *J. Osterhammel* Die Verwandlung der Welt, 2009, 1223; grundlegend zur schwankenden und kontextabhängigen historischen Einbürgerungspraxis *Gosewinkel* (Fn. 80), 246 ff. und *passim*.

[206] Zur Nähe des positiven Rechts zu gesellschaftlichen Entwicklungen siehe *Möllers* Leviathan (Fn. 119), 12. Der mitunter bewusst überzeichnete Konflikt zwischen egalitärer Rechtsgemeinschaft und historischer Schicksalsgemeinschaft – *Habermas* Berliner Republik (Fn. 80), 179 – verliert damit praktisch deutlich an Schärfe, weil auch die Rechtsetzung in einen gesellschaftlichen Kontext eingebettet ist und schon auf Grund allgemeiner Kontinuitätsbedürfnisse sowie der Zeitgebundenheit von Gesetzgebung an Vergangenheit anknüpfen muss.

[207] *Böckenförde* (Fn. 195), § 24 Rn. 50; *Dreier* (Fn. 132), Art. 20 (Demokratie) Rn. 79; *Hesse* Grundzüge (Fn. 189), Rn. 139; *P. Kirchhof* in: J. Isensee/P. Kirchhof (Hrsg.) HStR V, 1992, § 124 Rn. 188; *H.-P. Schneider* in: ders./W. Zeh (Hrsg.) Parlamentsrecht und Parlamentspraxis, 1989, § 38 Rn. 17.

[208] Hervorgehoben etwa bei BVerfG, Urt. v. 12. 9. 2012, 2 BvR 1390/12 u.a., Rn. 223: „Art. 79 Abs. 3 GG gewährleistet […] Strukturen und Verfahren, die den demokratischen Prozess offen halten“. Wie hier auch *H. Dreier* RW 2010, 11 (18); *Gärditz* (Fn. 40), 363, 452, 494, 563; *O. Lepsius* in: Kahl (Fn. 181), 326 (333 ff.); ferner auch *C. Engel* Rechtstheorie 32 (2001), 23 (32 f.).

Demokratie.[209] Der darin liegende Verweis auf die staatstheoretische Figur der verfassunggebenden Gewalt des Volkes[210] bleibt freilich rechtlich unergiebig. Diese hat sich mit der positiven Verfassunggebung erledigt,[211] ist also kein *modus operandi* unter dem vollpositiven[212] Recht eines Verfassungsstaates.[213] Auf den eigenen Geltungsgrund kann eine geltende Verfassung nicht sinnvoll verweisen.[214] Auch die Festlegung, wer personales Substrat des Staatsvolkes sein soll, bestimmt sich daher rein rechtsendogen[215] und wird zur Modelliermasse demokratischer Rechtsetzung.[216]

---

[209] *D. Blumenwitz* ZAR 1993, 151 (154); *Horn* (Fn. 132), § 22 Rn. 68; *J. Isensee* JZ 1999, 265 (274); *H. Quaritsch* DÖV 1983, 1 (9); ähnlich erneut *H. Quaritsch* Der Staat 31 (1988), 481 (496f.); rechtsphilosophisch-analytisch und insoweit kritisch *Mona* (Fn. 163), 45ff. Die freie Definition des Volkes über die Staatsangehörigkeit wird teils unter Autokratieverdacht gestellt, so *Isensee* (Fn. 126), § 15 Rn. 122; das Ausländerwahlrecht erscheint dann (konsequent) als „demokratiewidrige Fremdbestimmung", so *J. Isensee* in: ders./Schmidt-Jortzig (Fn. 12), 3 (14).

[210] Explizit z.B. *Depenheuer* (Fn. 86), § 16 Rn. 8f. Zu den dahinter stehenden substanzialistischen Vorstellungen von Repräsentation analytisch *O. Lepsius* in: W. Heun/M. Honecker/M. Morlok/J. Wieland (Hrsg.) Evangelisches Staatslexikon, 2006, 2036 (2037).

[211] Vgl. etwa *M. Jestaedt* Der Staat 48 (2009), 498 (512f.); *Kelsen* Staatslehre (Fn. 37), 313f.; *Lepsius* (Fn. 202), 368; *C. Waldhoff* in: Depenheuer/Grabenwarter (Fn. 86), § 8 Rn. 8.

[212] *M. Jestaedt* Grundrechtsentfaltung im Gesetz, 1999, 292; *ders.* in: Depenheuer/Grabenwarter (Fn. 86), § 1 Rn. 82. Zur Autonomie des Rechts und dem Ausschluss externer Strukturdetermination *N. Luhmann* Das Recht der Gesellschaft, 1993, 50, 542. Eine freiheitliche Konsequenz ist ein demokratischer Autonomisierungsprozess, der die politische Ordnung von Tradition, Vorgefundenem und Ontischem abkoppelt, vgl. *H. Dreier* RW 2010, 11 (15). Recht wird damit unter Freien und Gleichen gestaltbar.

[213] *Jestaedt* Demokratieprinzip (Fn. 79), 157f., 161; ferner *C. Hillgruber* in: Epping/Hillgruber (Fn. 200), Präambel, Rn. 17.1. Folgerichtig *Isensee* Volk (Fn. 202), 73, 77f.: „Mythos wie Bild des Volkes als Verfassunggeber taugen nicht für die Verfassungstheorie oder Verfassungsdogmatik. […] Die alte Aufklärungsdoktrin wird geglaubt und weitererzählt als ein Klapperstorchmärchen für Volljuristen" (73).

[214] *Isensee* Volk (Fn. 202), 78, 79f.; *M. Jestaedt* Der Staat 48 (2009), 498 (511ff.). Siehe auch *Jestaedt* Demokratieprinzip (Fn. 79), 158: Jede verfassungsdogmatische Operationalisierung zur Schrankensetzung sei zum Scheitern verurteilt; *D. Halberstam/C. Möllers* German Law Journal 10 (2009), 1241 (1256).

[215] Änderung des personalen Substrats des Volkes sind aus der Perspektive des geltenden Verfassungsrechts keine Änderung einer staatstheoretischen Bezugsbasis der Volkssouveränität, sondern ein positiv-rechtlicher Vorgang, der wiederum keine Aussagen trifft und treffen kann, was Volk im Sinne einer fiktiven Verfassunggebung unter Kappung der Rechtskontinuität wäre. Prozesse einer Veränderung der Zusammensetzung eines Volkes werden zwar auch von Vertretern eines substanzialistisch-vorrechtlichen Volksbegriffs konzediert, freilich in der Regel nicht methodisch näher verortet. Vgl. *Böckenförde* Staat (Fn. 202), 54 f.; *Horn* (Fn. 132), § 22 Rn. 68.

[216] Ablehnend aber *Isensee* (Fn. 86), 142. Der Einwand, dass es für den Einzelnen

Auch als extrakonstitutionelle Referenz zur metarechtlichen Legitimation der Verfassung bliebe ein Volksbegriff der Verfassunggebung im Übrigen inhaltsleer. Denn die Fiktion[217] der Verfassunggebung ist keine urwüchsig-romantische Selbstfindung eines präexistenten Volkes,[218] sondern auf formelle Institutionalisierung angewiesen,[219] zu der auch eine

---

schlechterdings unerträglich sei, sich einem Mehrheitswillen zu beugen, wenn er „mit beliebigen anderen zu einem Abstimmungsverband zusammengepfercht" werde – so wortmächtig *J. Isensee* JZ 1999, 265 (274) –, hat damit seine Berechtigung nicht von vornherein verloren. Nur stellt bereits das demokratische Verfahren hinreichend sicher, dass es nicht um einen „beliebigen" Verband gehen kann, sondern nur um einen, dessen Fortschreibung – wie alle anderen Schicksalsfragen (von Krieg und Frieden über die europäische Währungsunion bis zur Bewältigung von Finanzkrise, Klimawandel oder demografischer Entwicklung) im Übrigen auch – an einen öffentlichen demokratischen Legitimationsprozess rückangebunden bleibt. Anders gewendet: Die Frage ‚quis iudicabit?' muss auch hier entschieden werden. Und wer sollte über die demokratische Fortschreibung des Legitimationssubjekts besser entscheiden können als die allgemein demokratisch legitimierten Institutionen? Auch ein anderer Aspekt bleibt außer Betracht: Mit der vorrechtlichen Nation als Referenz des demokratischen Volkes wird auf eine soziohistorische *Makro*konstruktion rekurriert, die nur noch historisierenden Makroanalysen zugänglich ist. Das Recht (hier: das Wahl- oder das Staatsangehörigkeitsrecht) kann aber nur einzelne Akteure sinnvoll durch konkrete Rechte und Pflichten adressieren. Das Staatsvolk wird daher ausschließlich über seine Mitglieder und damit über die individuelle *Mikro*ebene definiert. Mit historisch-kollektiver Nation einerseits und individualbasiertem Staatsvolk im Rechtssinne andererseits werden also zwei rechtlich inkommensurable Größen relationiert. Gleich wie man das Bezugssubjekt der verfassunggebenden Gewalt definiert, lassen sich folglich auch aus diesem Grund keine hinreichend deutlichen (metarechtlichen) Schlüsse auf die Legitimität individueller Mitgliedschaftsvoraussetzungen ziehen.

[217] Vgl. *J. Isensee* Der Staat 20 (1981), 161 (163). Siehe auch *J. Isensee* in: C. Hillgruber/C. Waldhoff (Hrsg.) 60 Jahre Bonner Grundgesetz – eine geglückte Verfassung?, 2010, 117 (136): Volk der Präambel sei nicht Handlungssubjekt, sondern Referenzsubjekt. Auch dieses Referenzsubjekt entsteht freilich als *rechtliche* Referenz erst durch die Inbezugnahme, ist also seinerseits eine Konstruktionsleistung des referierenden Rechts und teilt gleichermaßen dessen Schicksal wie dessen interpretatorische Deutung.

[218] Zur Zirkularität und Unauflösbarkeit wechselseitiger Rekurse auf Volk, Staat und Verfassung *Böckenförde* Staat (Fn. 202), 127 (136 f.); *H. Grefrath* AöR 135 (2010), 221 (236). Unklar etwa bei *Stern* (Fn. 199), 10. Siehe auch die pointierte Kritik an krypto-romantischen Argumentationsmustern im Staatsangehörigkeitsrecht *R. Marx* ZAR 1997, 67 (70).

[219] *Heller* (Fn. 202), 314; ferner etwa *Möllers* (Fn. 202), 252; *H.-P. Schneider* in: J. Isensee/P. Kirchhof (Hrsg.) HStR VII, 1992, § 158 Rn. 19 ff., 24; *C. Seiler* Der souveräne Verfassungsstaat zwischen demokratischer Rückbindung und überstaatlicher Einbindung, 2005, 134; *R. Steinberg* ZParl 23 (1992), 497 (501 f.). In der Sache geht es hierbei um einen paradoxen Vorgang der Selbstermächtigung des handelnden Organs, vgl. *H. Kelsen* A Pure Theory of Law, 1960,154 f. Zu den Verfahrensfragen etwa *K. von Beyme* Die verfassunggebende Gewalt des Volkes, 1968, 8 ff., 63 ff. Ob eine Verfassunggebung

(diskretionäre[220]) Bestimmung der Mitglieder des Bezugsvolkes gehört.[221] Ein handlungsfähiges Volk entsteht also erst im Verfahren. Gerade in einer

---

gelingt oder nicht, der ermächtigende Akt also auch als Kreationsakt einer Rechtsordnung gewertet werden kann, lässt sich stets nur retrospektiv beurteilen. Vgl. in der Traditionslinie Kelsens reformuliert jüngst bei *H. Lindahl* in: M. Loughlin/N. Walker (Hrsg.) The Paradox of Constitutionalism, 2007, 9 (11, 19f.); ähnlich ferner *H. Hofmann* JZ 1999, 1065 (1074); *Möllers* ebd., 251. Siehe auch *J. Isensee* JZ 1999, 265 (274): Wirksamkeit einer Verfassung a posteriori durch Akzeptanz der Entscheidungsregeln durch die Bürger; ferner in der freiheitlichen – also nicht auf faktische Wirksamkeit qua Macht, sondern auf inhaltliche Freiheit abstellenden und damit qualitativ auf den demokratischen Rechtsstaat austarierten – Variante *H. Hofmann* Legitimität und Rechtsgeltung, 1977, 77: freiwillige Befolgung und Ausgestaltung als die einzigen Mechanismen einer Legitimierung der Verfassung ex post.

220 Zur Verfahrensautonomie der verfassunggebenden Gewalt *U. K. Preuß* in: G. Frankenberg (Hrsg.) Auf der Suche nach der gerechten Gesellschaft, 1994, 103 (104); *Waldhoff* (Fn. 211), § 8 Rn. 13 f., 18; vgl. auch *M. Jestaedt* Der Staat 48 (2009), 498 (513). Mangelnde Bindung konsequent betont bereits bei *E. J. Sieyès* Politische Schriften 1788–1790, [1789] 2. Aufl. 1981 (übersetzt und herausgegeben von E. Schmitt/ R. Reichhardt), 239 (250). Ferner tastend BVerfGE 1, 14 (61): keine rechtliche Bindung, sondern nur Bindung an die „jedem Recht vorausliegenden überpositiven Rechtsgrundsätze". Anders *P. Häberle* AöR 112 (1987), 54 (86 f.), der aus dem Begriff Verfassung als Ausdruck kultureller Identität bestimmte, spezifisch verfassungsstaatsadäquate Verfahrensregeln ableiten möchte; ähnlich *A. Arato* Cardozo Law Review 17 (1995/96), 191 (205, 224ff.); *Schneider* (Fn. 219), § 158 Rn. 2, 33. ‚Realistisches' Gegenmodell *Schmitt* Verfassungslehre (Fn. 29), 75: verfassunggebende Gewalt als Machtfrage. Den radikaldemokratischen Wurzeln des metarechtlichen Konzepts der verfassunggebenden Gewalt entspräche es immerhin, binnenrationale Bedingungen von Gleichheit und Freiheit zu fordern, auf substanzialistische Anforderungen aber gänzlich zu verzichten, so *Möllers* (Fn. 202), 252f. Davon strikt zu unterscheidende – indes vom BVerfG nicht hinreichend klar unterschiedene (BVerfGE 123, 267 [342f.]) – Frage ist, inwiefern eine Norm des positiven Rechts wie Art. 146 GG Anforderungen an eine Verfassungsablösung formulieren kann. Dies wird man zutreffenderweise verneinen müssen. So auch *C. Waldhoff* in: R. T. Baus/M. Borchard/K. Gelinsky/G. Krings (Hrsg.) 60 Jahre Bundesverfassungsgericht, 2012, 51 (53); ferner *M. Nettesheim* Der Staat 51 (2012), 313 (334 f.). Insoweit geht es allenfalls um einen spezifischen Fall der Rechtskontinuität, der sich vielleicht metaphysischer Symbolik revolutionärer Verfassunggebung bedienen möchte. Siehe unten Fn. 222.

221 Vgl. *Mona* (Fn. 163), 48ff.: Bestimmung der Mitgliedschaft sei nicht selbsttragend, sondern nur über externe Kriterien möglich; ferner *Böckenförde* Staat (Fn. 202), 137; *Keil* (Fn. 80), 284 ff. Ungeachtet problematischer Verschleifungen zwischen Staatstheorie und geltendem Verfassungsrecht bemerkenswert bleibt hierbei ein Diktum des BVerfG im Lissabon-Urteil (BVerfGE 123, 267 [404]), das es offenbar für möglich hält, dass „ein neues Legitimationssubjekt [ge]schaffen" werden könne. Für eine Bestimmung des Subjekts ex post, also nach Verrechtlichung *H. Götz* NJW 1958, 1020 (1021f.). Zur politischen Spannungsgeladenheit der sich ventilierenden Vorverständnisse der Volksdefinition *M. Mann* The Dark Side of Democracy, 2005, 3ff., 55ff.; *A. Wirsching* ZSE 2010, 301 (309).

fingierten Stunde Null, also jenseits pragmatischer Rechtskontinuität[222],

---

[222] Vgl. anschaulich *P. Kirchhof* DVBl. 1999, 637 (638), zur Verfassunggebung, die auf die vorgefundene „Welt der Normen" und die „Rechtsideen" verweisen könne; auch *H.-P. Schneider* FAZ v. 9.8.2012, 6; allgemein ferner *G. Lübbe-Wolff* Die Grundrechte als Abwehrrechte, 1988, 101. Die Besonderheit der theoretischen Fiktion der Verfassunggebung besteht indes gerade in der Abwesenheit eines rechtsordnungsimmanenten Ableitungszusammenhanges, vgl. nur *C. Winterhoff* Verfassung – Verfassunggebung – Verfassungsänderung, 2007, 131f. Eine Anknüpfung an die bisherige Staatsangehörigkeit als formale Kategorie wäre zwar aus rechtsimmanenter Sicht zwanglos möglich. Dies würde aber eine (zumindest minimale) Rechtskontinuität voraussetzen. Rechtskontinuität kann die Volkssouveränität als abstrakter Legitimationsansatz der politischen Philosophie indes nicht zugrunde legen, ohne die eigenen Prämissen – namentlich die Regelfreiheit, siehe *E. J. Sieyès* Politische Schriften 1788–1790, [1789] 2. Aufl. 1981 (übersetzt und herausgegeben von E. Schmitt/R. Reichhardt), 239 (250) – zu gefährden. Siehe auch *B.-O. Bryde* JZ 1989, 257 (259): Das Volk als Träger der verfassunggebenden Gewalt lasse sich nicht in das rechtliche Korsett der Staatsangehörigkeit zwängen. Ein unaufgelöstes konzeptionelles Spannungsverhältnis ist freilich bereits bei *Sieyès* angelegt, der zwar von einer ungebundenen verfassunggebenden Gewalt ausgeht, hier aber die Nation zum Bezugspunkt nimmt (hierzu auch *H. Hofmann* Ius Commune XVII [1990], 310 [316]) und Ausländern als Einwohnern nur ein passives Bürgerrecht zugestehen will. Siehe *Sieyès* ebd., 242, 250 f.

Die vorherrschende Deutung des Art. 146 GG beruht letztlich auf einer qua Rechtskontinuität kupierten und damit nicht mehr originären verfassunggebenden Gewalt. Besonders deutlich ist dies, wenn das BVerfG diese Bestimmung sub specie Volkssouveränität als rechtliche Möglichkeit einer Verfassungsablösung nach den Regeln der geltenden Verfassung nimmt, vgl. BVerfGE 123, 267 (331f., 343 [Zitat]): „in einer Legalitätskontinuität zur Herrschaftsordnung des Grundgesetzes"; in diesem Sinne auch *H. Dreier* Gilt das Grundgesetz ewig?, 2008, 92 ff., der Art. 146 GG eine Brückenfunktion zuschreibt, Systembrüche im Rahmen der verfassungsrechtlichen Legalität zu vollziehen; *B. Stückrath* Art. 146 GG: Verfassungsablösung zwischen Legalität und Legitimität, 1997, 240ff.; *J. Isensee* in: ders./P. Kirchhof (Hrsg.) HStR VII, 1992, § 166 Rn. 61: als derivatives Verfassungsrecht Bindung an Art. 79 Abs. 3 GG; ähnlich wohl *P. Häberle* JöR 58 (2010), 317 (323f.); hiergegen etwa *Nettesheim* (Fn. 178), 108. Zur Normativierung des Vorpositiven *H. Grefrath* AöR 135 (2010), 221 (227ff.). Zur Verdrängung der dahinter liegenden Schicht der Demokratietheorie durch dogmatisch operationalisierbare Vertextung *C. Möllers* in: Loughlin/Walker (Fn. 219), 87 (96ff.). Gerade fundamentale Systembrüche können für den Umgang mit dem Problem der Basiszugehörigkeit – letztlich ein Henne-Ei-Problem (*Grefrath*) – lehrreich sein. Auf grundsätzlicher Rechtskontinuität – korrigiert hinsichtlich staatsangehörigkeitsrechtlicher Folgen spezifischer NS-Gesetzgebung – basierte im Übrigen auch die deutsche Staatsangehörigkeit mit der Gründung der Bundesrepublik. Vgl. hierzu Gesetz zur Regelung der Fragen der Staatsangehörigkeit v. 22.2.1955 (BGBl. I, 65); BVerfGE 14, 142 (151); *Grawert* (Fn. 24), 321f.

Auch das „Deutsche Volk", das sich ausweislich der Präambel mit dem Grundgesetz rechtlich verfasst hat, ist insoweit keine vorstaatliche und vorrechtliche Größe (zur anthropomorphen Metaphorik aber *J. Kersten* RW 2012, 249 [260]), sondern die Summe der bei Verfassunggebung vorgefundenen Staatsangehörigen. Das BVerfG hat

stünden hierzu mangels Bestimmtheit[223] operable Kriterien neben der schlichten Gebietsansässigkeit[224] kaum zur Verfügung.[225]

Gleiches angenommen für den Erhalt der Einheit des Deutschen Volkes durch die Staatsangehörigkeit, auf deren Grundlage völkerrechtlich das Selbstbestimmungsrecht der Völker hätte ausgeübt werden können. Siehe BVerfGE 77, 137 (151). Solche pragmatischen Erwägungen scheitern jedoch immer dann, wenn das selbstbestimmungsfähige Volk als Träger der verfassunggebenden Gewalt *in statu nascendi* nicht über eine Staatsangehörigkeit als einigendes Band verfügt (z.B. in Sezessionsfällen); vgl. zum Problem Special Rapporteur *V. Mikulka* Second report (17. 4. 1996) on State succession and its impact on the nationality of natural and legal persons, UN-Doc A/CN.4/474; *European Commission for Democracy through Law* (Hrsg.) Consequences of State Succession for Nationality, 1998; *C. Kreuzer* Staatsangehörigkeit und Staatensukzession, 1998; *Verdross/Simma* (Fn. 36), § 1015. Was Volk als Träger des völkerrechtlichen Selbstbestimmungsrechts sein soll, ist mehr als unklar. Vgl. hierzu etwa *A. Cassese* Self-Determination of Peoples: A Legal Reappraisal, 2008, 141 ff.; *Kempen/Hillgruber* (Fn. 25), § 46 Rn. 8; *Shaw* International Law (Fn. 36), 199, 251; für eine materiell historisch-kulturelle Betrachtung etwa *von Arnauld* (Fn. 36), Rn. 83; zum Problem der Dominanz westlicher Kulturmaßstäbe in diesem Kontext *J. Tully* Strange Multiplicity, 1995, 39 f.

223 Mit Recht wurde darauf hingewiesen, dass materiell-substanzhafte Kriterien in einem rechtlichen Kontext schlicht zu unbestimmt bzw. umstritten sind (rechtstheoretisch *O. Lepsius* Die gegensatzaufhebende Begriffsbildung, 1994, 26; *Möllers* [Fn. 141], 770 f.; sozialphilosophisch *Mona* [Fn. 163], 46 f., 48 f., 57 ff.; staatsrechtlich *Grawert* [Fn. 24], 329; auch *H. Hofmann* JZ 1999, 1065 [1070]: „Begriffsamalgam aus Staat, Volk und Verfassung"). Deutlich schließlich *Isensee* (Fn. 199), 16: „Gleichwohl baut das Grundgesetz die Demokratie nicht auf einen so unsicheren, unabgrenzbaren, schwankenden Grund wie den der Wunschvorstellung vom Volk als naturwüchsiger Organismus oder als ethnischer, historischer, kultureller, soziologischer Einheit." Er weist zudem zutreffend darauf hin, dass solche Definitionen diejenigen auf den Plan rufen, die in elitärer Selbstüberhöhung die Definitionskompetenz an sich reißen. Das Problem wird etwa anschaulich, wenn ein „gemeinsame[r] Mythos" oder „ein vor-rational geprägtes, lebendig erhaltenes [...] kollektives Bewusstsein und Gedächtnis" als Kristallisationspunkte der Volkswerdung identifiziert werden (*Böckenförde* Staat [Fn. 202], 113). Bewusstsein ist jenseits eines metaphorischen Gebrauchs eben nicht kollektivierbar, sodass es, um politische Relevanz zu erlangen, erst intersubjektiv durch politische Kommunikation und in rechtlicher Form erzeugt werden muss. Und auch in diesem Fall lässt sich nur eine abstrakt-kollektive Entität Volk beschreiben; es lassen sich aber keine konkret-individuellen Zuweisungen treffen, wer im Einzelnen Mitglied dieses Volkes ist. Zur Vergänglichkeit vermeintlich historisierender Konzepte zutreffend auch *Huber* Nationalstaat (Fn. 86), 278 f. Zu den historischen Abgründen materialisierter Zugehörigkeitsdefinition schließlich eingehend *Gosewinkel* (Fn. 80), 402 ff.

224 Vgl. aussagekräftig (wenn auch ohne die vorliegenden Fragen zu problematisieren) *Pernice* Verfassungsrecht (Fn. 196), 163, auf der Grundlage (hier bewusst nicht zu Grunde gelegter) kontraktualistischer Sozialphilosophie: bei der Verfassunggebung „definiert sich eine auf einem Gebiet ansässige Menschengruppe als Bürger oder Volk." Siehe für eine Bürgerdefinition auf der Grundlage territorialer Ansässigkeit im Gründungszeitpunkt Art. 5 Verfassung von Indien; vgl. migrationsbezogen auch Supreme Court of India, Judgement v. 2. 3. 1966, Kulathil Mammu/State of Kerala,

Kurzum: Rechtlich ist eine metaphysische Letztbegründung der demokratischen Verfassung aus einem vorrechtlichen Volk schlicht überflüssig. Mit der Befreiung des demokratischen Rechtsstaats von Gründungsmythen[226] tritt an die Stelle präeminenter Ordnung[227] das politische Ordnen[228].

1966 AIR 1614, 1966 (3) SCR 706 (720): Inkrafttreten der Verfassung als Referenzzeitpunkt.

[225] In der Sache ähnlich wie hier *Keil* (Fn. 80), 286f. Vgl. auch *M. Nettesheim* Der Staat 51 (2012), 313 (340f.), der mit Recht – und gegen BVerfGE 123, 267 (331f.) – in Frage stellt, warum „die verfassunggebende Gewalt auf den Kreis der Wahlberechtigten (!) der alten Ordnung beschränkt" sein soll. Zur Situationsgebundenheit von Verfassunggebung allgemein *Hofmann* Rechtsgeltung (Fn. 219), 61, 70, 72; *Waldhoff* (Fn. 211), 316.

[226] *Maus* (Fn. 8), 380; in Analyse der Rechtsprechung auch *Grawert* (Fn. 24), 329; ähnlich *Korioth* Identität (Fn. 11), 137: In der rechtlich integrierten „Entscheidungsgemeinschaft" löse das „konkrete Volk" das abstrakte „Subjekt von Souveränitätsrechten" ab. Vgl. ferner *Haverkate* (Fn. 196), 36; *Pernice* Verfassungsrecht (Fn. 196), 162. Siehe allgemein auch *C. Hillgruber* Verfassungsrecht zwischen normativem Anspruch und politischer Wirklichkeit, VVDStRL 67 (2008), 7 (49): Keine metaphysische (geschichtsphilosophische) Spekulation über die Zukunft, sondern Anerkennung des geltenden Rechts (und damit auch seiner Grenzen). Zur Undeutlichkeit der verfassunggebenden Gewalt, dem Fehlen eines sauberen Legitimationsaktes, siehe auch *H. Dreier* VVDStRL 67 (2008), 102 f. Allgemein gegen metaphysische und selbsttragende Staatsbegründungen auch BVerfGE 123, 267 (346). Kritischer Gegenentwurf bei *U. Haltern* Was bedeutet Souveränität?, 2007, 50 f., 113 ff.

[227] In diesem Sinne prononciert aber *Haack* (Fn. 192), 32ff. Über substanzhafte Volksverständnisse ventilieren sich teils Erwartungen an eine substanzielle Identität von Regierenden und Regierten (namentlich in Rousseauscher Tradition *Schmitt* Verfassungslehre [Fn. 29], 234f.), die aber der Funktion demokratischer Repräsentation als formalem Zurechnungsgrund eines Organwillens von vornherein nicht gerecht wird. Zutreffend z.B. *Fraenkel* (Fn. 186), 264 ff., 285 ff.; *C. Gusy* AöR 106 (1981), 329 (331); *Hesse* Einführung (Fn. 189), Rn. 131; *O. Lepsius* in: H. Brunkhorst/R. Voigt (Hrsg.) Rechts-Staat, 2008, 15 (23). Im Ausgangspunkt wie hier *Habermas* Berliner Republik (Fn. 80), 180f., der mit Recht davor warnt, politische Fragen der öffentlichen Kommunikation und politischen Willensbildung zu entziehen, um sie der imaginären Figur eines vermeintlich homogenen Volkes zu überantworten.

[228] Allgemein zur Ersetzung substanzialistischer Gemeinwohlkonzepte durch demokratische Prozeduralität etwa *Maus* (Fn. 8), 15f. Zur Demokratie als Methode, mit relativem Anspruch fortwährend eine soziale Ordnung zu erzeugen, *Kelsen* Staatslehre (Fn. 37), 369. Damit ist auch vorentschieden, dass sich Demokratien praktisch immer in Rechtskontinuität entwickeln müssen (ähnlich wohl auch *M. Nettesheim* Der Staat 51 [2012], 313 [338]), eine Ausgangsdefinition des Volkes letztlich immer irgendwann auf vordemokratische Besitzstände verweisen muss und dass externe Kriterien zur Bestimmung der Zugehörigkeit weder demokratisch noch liberal sein müssen (zur Kritik *Mona* [Fn. 163], 52 ff.). Die prozedurale Seite der Demokratie, die Veränderbarkeit, überlagert also ihren materiellen Gleichheitsanspruch. Dass der demokratische Prozess innerhalb einer bestehenden Verfassung seinerseits – etwa um Identität einzustiften – auf ideali-

VI. Demokratieadäquater Zugang zum Bürgerstatus durch Einbürgerung

Schnittstelle zur Öffnung des Bürgerstatus ist das Staatsangehörigkeitsrecht, das in Deutschland – obschon verzögert – durchaus auf Migrationsbewegungen reagiert hat. Staatsangehörigkeitsrecht ist kein Bestandteil des sich formierenden Migrationsrechts,[229] da die Entscheidung über ein *Bleibe*recht längst gefallen ist.[230] Das Staatsangehörigkeitsrecht sollte daher weniger migrations- als vielmehr demokratiepolitisch ausgestaltet werden.[231]

---

sierte vorrechtliche Volkskonzepte zurückgreifen kann, ist damit ebenfalls nicht ausgeschlossen. Es greift dann allerdings legitimationstheoretisch ein Konsequenzgebot, dass die Referenzen ihrerseits mit den formellen und materiellen Anforderungen an die demokratische Rechtserzeugung der verfassten Rechtsordnung im Einklang stehen, was Exklusion jedenfalls argumentativ legitimationsbedürftig macht.

[229] Vgl. *Gusy* (Fn. 128), 263, der mit Recht darauf hinweist, dass es bei der Relation von Integration und Staatsangehörigkeitsrecht nicht um die Frage geht, wer einwandern darf, sondern wie mit Eingewanderten umzugehen ist. Deutlich auch *Glenn* (Fn. 125), 171, der zutreffend bemerkt, dass die Gewährung von Rechten im Aufenthalt oft nur vom schlichten Gebietszutritt abhängt, sodass westliche Staaten umso mehr darum bemüht sind, den Gebietszugang zu begrenzen. Changierend *S. Hobe* JZ 1994, 191 (194). Die systematische Einordnung des Staatsangehörigkeitsrechts als Baustein eines sich allmählich konturierenden Migrationsrechts – so *Thym* Migrationsverwaltungsrecht (Fn. 53), 11 – beschreibt zwar die politische Instrumentalisierung zutreffend (vgl. etwa BT-Drs. 14/533, 11), überzeugt aber in der Sache nicht.

[230] Der relevante Einbürgerungstatbestand des § 10 StAG knüpft an einen rechtmäßigen Aufenthalt und sonstige qualifizierte Merkmale an, die über die Voraussetzungen einer (unbefristeten) Niederlassungserlaubnis nach § 9 StAG grundsätzlich hinausgehen. Jeder Ausländer, der einen Einbürgerungsanspruch hat, kann alternativ problemlos einen rechtlich gesicherten Daueraufenthalt erlangen, falls er dies bevorzugt.

[231] Nicht demokratieadäquat sind namentlich Einbürgerungsregelungen nach Maßgabe von Reziprozität, da in diesem Fall die Aufnahme in die politische Gemeinschaft des Staatsvolkes gerade nicht von einer demokratisch legitimierten Willensentschließung abhinge, sondern von dem (demokratischen oder undemokratischen) Einbürgerungsrecht eines Fremdstaates. Auch primär volkswirtschaftlich austarierte Regelungen (etwa Punktesysteme, Bildung und Einkommen als Indikatoren usw.) sind kein adäquater Maßstab für die Einbürgerung. Sie gehören in das Zuwanderungsrecht und sind dort selbstverständlich legitim, da es jedem Staat unbenommen bleibt, Gebietszugang vorbehaltlich abweichender völkerrechtlicher Regelung nach nationalen Nutzenerwartungen zu gewähren (so auch *Depenheuer* [Fn. 32], 60). Einem gesichert dauerhaft im Inland lebenden Ausländer indes die politische Mitwirkung (und um die geht es bei der Einbürgerung in ganz erster Linie) zu versagen, weil er ungebildet, gering verdienend oder nur für derzeit nicht nachgefragte Berufe qualifiziert ist, ist konzeptionell unvereinbar mit der Idee der demokratischen Gleichheit. Dies bedeutet nicht, dass solche Regelungen stets verfassungswidrig wären, weil es plausible Gründe geben kann, den Einzelnen auch mit der Option der Einbürgerung zu Integrationsleistungen zu bewegen. Demokratietheoretisch wären solche Regelungen aber ein Fremdkörper, allenfalls

1. Zumutbare Einbürgerungschancen

Es gibt „kein allgemeines Menschenrecht auf Bürgerstatus".[232] Dem inzwischen durchaus liberalen Einbürgerungsrecht des Staatsangehörigkeitsgesetzes korrespondiert kein verfassungsrechtlich gesicherter An-

---

adäquat für klassische Einwanderungsländer, die Zuwanderung bereits mit dem Ziel der Einbürgerung verknüpfen und insoweit zu einem einheitlichen Migrationsrecht verschmelzen. Tatsächlich werden aber auch dort, wie etwa das Beispiel Kanada zeigt, solche Fragen zuwanderungsrechtlich vorab abgeschichtet.

Aus dem Kontext demokratieadäquater Regelungen fällt auch die Voraussetzung, dass der Ausländer den Lebensunterhalt für sich und seine Angehörigen ohne Inanspruchnahme von Sozialleistungen bestreiten kann (mit unterschiedlichen Formulierungen und Akzenten § 8 Abs. 1 Nr. 4 und § 10 Abs. 1 Nr. 3 StAG). Sinn und Zweck dieser Bestimmung ist zum einen die Vermeidung sozialer Folgelasten, zum anderen die Sicherstellung einer gewissen Eingliederung in das wirtschaftliche Leben der Bundesrepublik Deutschland. Siehe BVerwGE 6, 207 (208); zu den Voraussetzungen BVerwG, NVwZ-RR 1997, 738 (739); *K. Hailbronner* in: ders./G. Renner/H.-G. Maaßen (Hrsg.) Staatsangehörigkeitsrecht, 5. Aufl. 2010, § 8 StAG Rn. 41. Damit geht es aber im Kern nicht um ein staatsangehörigkeitspolitisches, sondern um ein zuwanderungspolitisches Ziel: die Reduktion von Anreizen einer Einwanderung in die Sozialsysteme (überzogen kritisch zu diesem *Kingreen* Migration [Fn. 50], 55 ff.). Soziale Folgelasten begründet indes die Einbürgerung allenfalls ausnahmsweise, da in den relevanten Fällen bereits ein gesichertes, durch soziale Bedürftigkeit nicht fortfallendes Aufenthaltsrecht bestehen wird. Die damit einzig verbleibende Abschottung des Bürgerstatus für Mittellose wirkt aber unter demokratischen Gesichtspunkten dysfunktional (vgl. zur Diskussion von *freeholder requirements* und *pauper exclusions* bis ins 19. Jahrhundert *Keyssar* [Fn. 154], 8 ff.). Die wirtschaftliche Integration ist gerade keine Voraussetzung politischer Integration. Funktional ventiliert sich insoweit die Begrenztheit der rechtlichen Optionen, die Zuwanderung von Mittellosen durch Zuwanderungsrecht zu steuern. Die Akzeptanz der Einbürgerungspraxis insgesamt würde ohne positiven ökonomischen Beitrag zum Gemeinwesen leiden. Dies zu berücksichtigen, ist auch gemessen an Art. 3 Abs. 1 GG wohl ein ausreichender Differenzierungsgrund.

[232] *Möllers* Demokratie (Fn. 150), 25. Ähnlich *Isensee* (Fn. 20), 709; *P. Kirchhof* in: J. Isensee/P. Kirchhof (Hrsg.) HStR II, 3. Aufl. 2004, § 20 Rn. 122: Mit dem Recht auf Einreise sei kein Herrschaftsrecht über das Gebiet, in das man einreise, verbunden; völkerrechtlich *W. Graf Vitzthum*/*M. Kau* in: Graf Vitzthum (Fn. 36), Abschn. 3 Rn. 109. Dies entspricht allgemeinen Verfassungstraditionen. Vgl. anschaulich Indian Supreme Court, Judgement v. 16. 2. 1962, Izhar Ahmad Khan/Union of India, 1962 AIR 1052, 1962 (3) Suppl. SCR 235 (270): kein Grundrecht auf Bürgerstatus, sondern parlamentsgesetzliche Regelung. Das Völkerrecht kennt teils ein Recht auf Staatsangehörigkeit, etwa Art. 24 Abs. 3 IPbpR; völkerrechtspolitisch auch Art. 15 Allgemeine Menschenrechtserklärung (1948); Art. 4 lit. a Art. 2 Europäisches Übereinkommen über die Staatsangehörigkeit v. 6. 11. 1997 (ILM 37 [1998] 44). Dies vermittelt jedoch kein Recht auf Einbürgerung, sofern der Betroffene bereits über eine anderweitige Staatsangehörigkeit verfügt. Vielmehr entscheidet der einzelne Staat weiterhin grundsätzlich frei über die Erwerbsvoraussetzungen seiner Staatsangehörigkeit, kann allerdings eine positive Anerkennung nur verlangen, sofern ein hinreichender Inlandsbezug

spruch auf Einbürgerung.[233] Ein Großteil der Migration folgt humanitären oder individual-grundrechtlich fundierten Aufnahmeansprüchen,[234] die sich – im Kontrast zum Regelungsmodell traditioneller Einwanderungsländer – nur begrenzt nachsteuern lassen[235] und nicht auf politische Integration austariert sind. Aufenthaltsgewährung einerseits und Einbürgerung andererseits dürfen daher von unterschiedlichen Voraussetzungen abhängig gemacht werden.[236]

Sowohl das Demokratieprinzip als auch das vom Bundesverfassungsgericht über das Wahlrecht (Art. 38 Abs. 1 Satz 1, Abs. 2 GG) konstruierte

---

(*genuine connection/link*) besteht. Siehe IGH, Urt. v. 6. 4. 1955, Nottebohm, ICJ Report 1955, 3 (23); *von Arnauld* (Fn. 36), Rn. 80; *R. Grawert* Der Staat 23 (1984), 179 (192); *M. Herdegen* Völkerrecht, 14. Aufl. 2012, § 25 Rn. 6; *Makarov* (Fn. 36), 64 ff.; *Uslucan* (Fn. 34), 196 ff.; *Wittreck* (Fn. 132), Art. 116 Rn. 21. Ein Optimierungsgebot auf Vermittlung der den Lebensumständen am besten passenden Staatsangehörigkeit besteht also nicht. Demgegenüber sozialphilosophisch für ein solches Recht *Benhabib* Andere (Fn. 33), 134 ff. Ein privilegierter Status gilt allerdings für Staatenlose. Vgl. das Übereinkommen über die Rechtsstellung der Staatenlosen v. 28. 9. 1954 (BGBl. 1976 II 474); Übereinkommen zur Verminderung der Staatenlosigkeit v. 30. 8. 1961 (BGBl. 1977 II 598); Übereinkommen zur Verringerung der Fälle von Staatenlosigkeit v. 13. 9. 1973 (BGBl. 1977 II 613); Gesetz zur Verminderung der Staatenlosigkeit v. 29. 6. 1977 (BGBl. I 1101), das durch Art. 3 § 4 des Gesetzes v. 15. 7. 1999 (BGBl. I 1618) geändert worden ist; *Grawert* (Fn. 74), § 16 Rn. 61. Art. 38 Abs. 3 BV Schweiz verpflichtet den Bund, die Einbürgerung staatenloser Kinder zu erleichtern. Generell zu den Maßnahmen, die als Übel erkannte Staatenlosigkeit zu reduzieren, siehe *Stiller* (Fn. 37), 101 ff.

[233] *Grawert* (Fn. 24), 338; ferner *Ziemske* (Fn. 171), 301 ff. Eine fragmentarische Gewährleistung enthält immerhin Art. 38 Abs. 2 BV Schweiz: Der Bund „erlässt Mindestvorschriften über die Einbürgerung von Ausländerinnen und Ausländern durch die Kantone und erteilt die Einbürgerungsbewilligung." Die Kantone können freilich die Voraussetzungen gegenüber dem Bundesrecht verschärfen. Siehe *G. Biaggini* Bundesverfassung der Schweizerischen Eidgenossenschaft und Auszüge aus der EMRK, den UNO-Pakten sowie dem BGG, 2007, Art. 38 Rn. 13; *F. Hafner/D. Buser* in: B. Ehrenzeller/P. Mastronardi/R. J. Schweizer/K. A. Vallendar (Hrsg.) Die schweizerische Bundesverfassung, Bd. 1, 2. Aufl. 2008, Art. 38 Rn. 6.

[234] Asyl, Flüchtlingsschutz; Familienzusammenführung (oben Fn. 43).

[235] Vgl. *Becker* (Fn. 90), 17 f.; realistisch auch *K. Hailbronner* ZAR 2011, 138 (139 f.), der zudem zutreffend darauf hinweist, dass die menschenrechtlich katalysierte Einzelfallperspektive zugleich die Entscheidungsmacht auf die Verwaltung verschiebt und damit die abstrakt-generellen Einwirkungsmöglichkeiten des Gesetzgebers zusätzlich schmälert.

[236] Diese Frage wurde in den USA bereits auf der verfassunggebenden Versammlung 1787 ausgiebig diskutiert, wobei *J. Madison* die Gestaltungsspielräume des Gesetzgebers betonte, über das Einwanderungsrecht auch den Bürgerstatus (Citizenship) gestuft nach Niederlassungszeiten zu verleihen; Bericht der Debatte vom 9. 8. 1787 in: *R. Ketcham* (Hrsg.) The Anti-Federalist-Papers and the Constitutional Convention Debates, 2003. Gegen den hier vertretenen Ansatz aber *Masing* Staatsangehörigkeitsrecht (Fn. 11), 31 f.

Individualrecht auf effektive Demokratie[237] setzen zwar die Zugehörigkeit zum Staatsvolk voraus, gewährleisten also keinen Statuszugang. Dennoch steht die Festlegung des Legitimationssubjekts nicht im freien Regelungsermessen des Staates.[238] Der Gesetzgeber muss, um die Belastungen der Herrschaftsunterworfenheit auch auf der Zeitachse für den Einzelnen zumutbar zu halten, adäquate Einbürgerungschancen eröffnen,[239] die dauer-

[237] BVerfGE 123, 267 (331); zuletzt erneut BVerfG, Urt. v. 12.9.2012, 2 BvR 1390/12 u.a., Rn. 196, 208. Folgenreich ist die damit einhergehende Projektion des Demokratieprinzips in das Individualrecht des Art. 38 Abs. 1 GG, wodurch Demokratie in der Sache für den Einzelnen verfassungsbeschwerdefähig gemacht wird. Siehe *K. F. Gärditz/C. Hillgruber* JZ 2009, 872 (873). Dem BVerfG zustimmend etwa *D. Murswiek* JZ 2010, 702 ff.; *N. Soder* DVBl. 2011, 1274 (1276); ablehnend etwa *B.-O. Bryde* FS Renate Jaeger, 2010, 65 (71, Fn. 23); *M. Jestaedt* Der Staat 48 (2009), 498 (503 f.); *C. Schönberger* JZ 2010, 1160 ff. Die Kritik, dies habe weniger eine Individualisierung des Staatsrechts als eine Etatisierung des Individualrechts bewirkt – so *Möllers* (Fn. 141), 760, Fn. 8 – greift zu kurz. Denn aus der Sicht des Einzelnen ist es durchaus konsequent, ein Recht auf Erhalt eines selbstbestimmungsfähigen demokratischen Raumes, in dem freie und gleiche Teilhabe an der Herrschaftslegitimation praktisch wirksam möglich ist, auch gegen die repräsentativ institutionalisierten demokratischen Mehrheiten wehrfähig zu machen. Ob diese *Last-man-standing*-Sicht der Verfassungsbeschwerde und die konkret abgeleiteten materiellen Gehalte dem Demokratieprinzip gerecht werden, ist eine andere Frage. Luzide hierzu *H. Grefrath* AöR 135 (2010), 221 (240 ff.).

[238] BVerfGE 37, 217 (239 f.): Anbindung an die Grundentscheidungen der Verfassung.

[239] Auch wenn es kein Grundrecht auf Einbürgerung gibt und die politischen Teilhaberechte als solche verfassungsrechtlich für Staatsangehörige reserviert sind, ist die abstrakte Möglichkeit, bei dauerhafter Herrschaftsunterworfenheit auch legitimatorisch auf den Inhalt von Herrschaft Einfluss nehmen zu können, eine Frage der Zumutbarkeit der jeweiligen Belastungen. Legitimationschancen wären daher eigentlich ein Thema aller Grundrechte, in die durch hoheitliche Gewalt eingegriffen wird. Einzelne Grundrechte vermitteln zwar kein Abwehrrecht gegen an sich verfassungskonforme Eingriffe, aber in ihrer Gesamtheit einen Leistungsanspruch auf adäquate Statuszugangsbedingungen, der vornehmlich durch abstrakt-generelle Gesetzgebung zu erfüllen ist. Grundrechtlich reformuliert könnte man – in Abbildung der zum Sozialstaatsprinzip entwickelten Dogmatik – die allgemeine Handlungsfreiheit als Muttergrundrecht mit dem objektiven Demokratieprinzip verknüpfen und zu einem Anspruch auf Schaffung selbstbestimmungsadäquater Zugangschancen zur Einbürgerung verdichten (Art. 2 Abs. 1 iVm Art. 20 Abs. 1 GG). Dies ist weniger als der politische Integrationsmechanismus, den z.B. *Masing* (Staatsangehörigkeitsrecht [Fn. 11], 24 f.) fordert, trägt aber dem dahinter stehenden Anliegen ebenfalls Rechnung und sichert dieses rechtsdogmatisch ab. Eine inhaltlich zurückhaltende menschenrechtliche (nicht verfassungsrechtliche) Begründung einer Mitwirkung an der Schrankensetzung im Rahmen universeller Menschenrechte wagt immerhin *T. Groß* RW 2011, 125 (139, 142). Einen rechtsethisch begründeten Anspruch auf Einbürgerung kraft Zeitablaufs postuliert *Depenheuer* (Fn. 32), 57, 59; ferner *Walzer* (Fn. 176), 62. Aus sozialphilosophischer Sicht partiell weitergehend sowie (anders als hier) diskurstheoretisch angereichert, aber in der Sache

haft Ansässigen den Zugang zum Bürgerstatus unter subjektiv erfüllbaren Anforderungen in angemessener Zeit möglich machen und auf sachlichen Differenzierungsgründen beruhen (Art. 3 Abs. 1–3 GG).[240]

2. *Demokratieadäquate Begrenzungen des Zugangs zum Bürgerstatus*

Das Einbürgerungsrecht schafft einen Ausgleich zwischen politischen Teilhabeinteressen der Einbürgerungswilligen und den Interessen der bisherigen Staatsangehörigen, die Funktionsbedingungen ihrer Demokratie auszuformen. Da es bei der Einbürgerung um eine fundamentale und folgenreiche Statusentscheidung geht, sind die Voraussetzungen nach dem Vorbehalt des Gesetzes[241] – wie geschehen – zu vertatbestandlichen. Der Selbstbestimmungsrelevanz der Einbürgerung entspricht ein gebundener

---

durchaus strukturähnlich (auch die Unterschiede der demokratisch gesetzten positivrechtlichen Anforderungen anerkennend) *Benhabib* Andere (Fn. 33), 137 ff.; ähnlich für eine liberale Sicht, die freilich allein die soziopolitische Integration als zulässige Voraussetzung anerkennt *Mona* (Fn. 163), 374 ff. Anders als hier, nämlich für eine Ausblendung des Individualinteresses und eine primäre Orientierung an den Interessen des aufnehmenden Staates, *R. Grawert* Der Staat 23 (1984), 179 (192), der freilich auch grundrechtliche Einflüsse anerkennt (196).

[240] Unzulässig ist hiernach vor allem eine Bevorzugung oder Benachteiligung beim Staatsangehörigkeitserwerb nach Heimat, Herkunft, Geschlecht, „Rasse" (sprich: aus rassistischen Gründen) oder Religion (Art. 3 Abs. 3 Satz 1 GG). Geschlechtsdifferenzierte Einbürgerungsgründe, wie sie früher bezüglich der Eheschließung bestanden, sind mit Art. 3 Abs. 2 Satz 1 GG unvereinbar. Siehe BVerfGE 37, 217 (249); *von Münch* (Fn. 24), 140 f.; *Starck* (Fn. 62), Art. 3 Rn. 336. Legt man die (hier nicht näher zu würdigende) Rechtsprechung des BVerfG (BVerfGE 124, 199; 126, 400; BVerfG, Beschl. v. 19. 6. 2012, 2 BvR 1397/09, Rn. 57 ff.) zugrunde, dürften für eine mittelbare Anknüpfung an die sexuelle Orientierung im Wesentlichen gleiche Maßstäbe gelten, obschon sich hier bislang keine staatsangehörigkeitsspezifischen Fragen gestellt haben; der Privilegierungstatbestand des § 9 StAG stellt Ehepartner und Eingetragene Lebenspartner gleich. Historisches Beispiel für eine explizit herkunftsbezogene Diskriminierung ist Art. II Sec. 1 Constitution of California (1879), der als Folge allgemeiner Ressentiments gebürtige Chinesen explizit dauerhaft vom Wahlrecht ausschloss. Wie hier für die Schweiz *Hafner/Buser* (Fn. 233), Art. 38 Rn. 8.

[241] Es handelt sich um eine wesentliche Entscheidung sowohl kraft Demokratie- als auch kraft Grundrechtsnähe, weil zum einen das personale Substrat der Demokratie definiert, zum anderen einige Grundrechte bzw. grundrechtsgleiche Rechte von der deutschen Staatsangehörigkeit abhängen. Im Ergebnis ähnlich, in der Analyse aber relativierend *J.-A. Kämmerer* NVwZ 2006, 1015 (1017). Zum Wesentlichkeitsdogma stellvertretend BVerfGE 40, 237 (249); 47, 46 (79); 49, 89 (126 f.); 58, 257 (269); 80, 124 (132); 95, 267 (307 f.); 98, 218 (251); 83, 130 (142); 101, 1 (34); 108, 282 (311).

gesetzlicher Anspruch.[242] Eine Ermesseneinbürgerung[243] wird dem grundsätzlich nicht gerecht,[244] da politische Freiheit anderenfalls unangemessen in Abhängigkeit von politischen Opportunitätserwägungen der Verwaltung gebracht würde.[245]

---

[242] So auch der Regelanspruch nach § 10 Abs. 1 StAG. Vgl. *Hailbronner* in: ders./Renner/Maaßen (Fn. 231), § 10 StAG Rn. 8f. Auf dieser Grundlage erlangten 72,5% der im Jahr 2010 eingebürgerten Personen die deutsche Staatsangehörigkeit (so Bundesministerium des Innern [Fn. 121], 45); 2011 waren es 74 % (vgl. ZAR 2012, 353).

[243] Befürwortend *H. Quaritsch* Der Staat 31 (1988), 481 (501), der insoweit auf eine „bevölkerungspolitischen Vorstellungen entsprechende Einbürgerungspolitik" verweist. Anders als hier auch *A. Bleckmann* NJW 1990, 1397 (1400), der einen behördlichen Entscheidungsspielraum positiv fordert, um die nach seiner Ansicht gebotene Integration in die Kulturnation verarbeiten zu können. Neben dem Risiko des Einsickerns unsachlicher Gründe würde sich hier auch das praktische Problem stellen, wie das anspruchsvolle Konzept kulturnationaler Verwurzelung in Massenverwaltungsverfahren von Beamten des mittleren und (gelegentlich) gehobenen Dienstes abgeprüft werden soll.

[244] § 8 StAG ist eine Ermessensnorm, deren Tatbestandsmerkmale erfüllt sein müssen, damit eine Einbürgerung erfolgen darf. Integrationsanforderungen werden daher in die Ermessenserwägungen verlagert. Vgl. *Hailbronner* in: ders./Renner/Maaßen (Fn. 231), § 8 StAG Rn. 9, 57ff. Diese Ermessenseröffnung ist jedoch im Ergebnis unschädlich, weil das Gesetz für Ausländer mit einem längeren Aufenthalt mit § 10 StAG eine vorrangige Sonderregelung enthält, § 8 StAG also in der Sache ein irreguläres Dispensermessen eröffnet.

[245] Siehe gegen dysfunktional freiheitsgefährdende Entscheidungsspielräume allgemein BVerfGE 34, 165 (193); 45, 400 (417f.); 49, 89 (127); 56, 1 (12); 78, 214 (226); 80, 137 (161); 83, 130 (142, 152); BVerwGE 100, 230 (236); *K.F. Gärditz* in: K.H. Friauf/W. Höfling (Hrsg.) Berliner Kommentar zum Grundgesetz, 2012, Art. 20 Abs. 3 (Rechtsstaat) Rn. 138; zur rechtsstaatlich unverzichtbaren Mittlerfunktion des Gesetzes siehe *Masing* (Fn. 4), § 7 Rn. 71 f. Hieran können auch legitimationstheoretische Erwägungen anschließen, die stets die institutionelle Verteilung von Regelungszuständigkeiten zwischen Gesetzgebung, Verwaltung (und Justiz) im Blick haben sollten. Vgl. *O. Lepsius* EuGRZ 2004, 370 (378); *Möllers* Gewaltengliederung (Fn. 172), 112ff. Der administrative Einzelfallbezug kann der Verwirklichung von Freiheit dienen, soweit den meist grundrechtlich gesättigten Besonderheiten des konkret-individuellen Falles erst hier angemessen Rechnung getragen werden kann. Einzelfallbezogene Entscheidungsspielräume können aber auch eine Gefahr für die Freiheit sein. Zu den Grenzen siehe stellvertretend *K.F. Gärditz* NVwZ 2009, 1005ff.; *M. Jestaedt* in: H.-U. Erichsen/D. Ehlers (Hrsg.) Allgemeines Verwaltungsrecht, 14. Aufl. 2010, § 11 Rn. 39f. Freiheitsrisiken treten namentlich dort auf, wo gegenstandsspezifisch ein besonderes Risiko für das implizite Einsickern unsachlicher Erwägungen besteht. Zum Problem impliziter Mechanismen im Rahmen rechtlicher Entscheidung *G. Britz* JZ 2000, 1127ff. (obschon in den Konsequenzen teils zu rigide); klassenkämpferisch überzeichnet, im Ausgangspunkt aber zutreffend *A. Fisahn* Herrschaft im Wandel, 2008, 273ff. Kritisch zur Wiedereinführung des Verwaltungsermessens im kanadischen Einwanderungsrecht *N. Kelley/M. Trebilock* The Making of the Mosaic – A History of Canadian Immigration Policy, 2. Aufl. 2010, 417 ff.

Die mit der abstrakt-generellen Normierung von Anspruchsvoraussetzungen einhergehende rechtsstaatliche Distanzierung schützt den Einzelnen vor unsachlichen Benachteiligungen[246] und zugleich davor, zum Spielball entindividualisierter und kulturell überfrachteter Makrokonflikte gemacht zu werden.[247] Negative Erfahrungen aus der Schweiz mit der Einbürgerung an der Urne, dem Grenzszenario urtümlicher Politisierung, unterstreichen dies.[248] Inhaltlich bleiben dem Gesetzgeber im Übrigen breite Gestaltungsmöglichkeiten,[249] wobei verfassungsrechtlich Mindestanforderungen an eine konsistente Differenzierung zu beachten sind.[250]

a) Schutz der Funktionsbedingungen des demokratischen Rechtsstaats

Eine freiheitliche Rechtsordnung kann ihren Mitgliedern keine emotionale Zugehörigkeit oder innere Identifikation abverlangen.[251] Das Recht kann aber im Interesse des Gelingens gemeinsamer Freiheit[252] die demo-

---

[246] *F. Ossenbühl* in: J. Isensee/P. Kirchhof (Hrsg.) HStR V, 3. Aufl. 2007, § 100 Rn. 12; in diesem Sinne ferner *Hofmann* (Fn. 29), 46; *G. Kirchhof* Die Allgemeinheit des Gesetzes, 2009, 202 ff.; *P. Kirchhof* in: J. Isensee/P. Kirchhof (Hrsg.) HStR VIII, 2010, § 181 Rn. 151.

[247] Dies kann gerade die besonderen Individualisierungsleistungen des Rechts aushebeln. Insoweit zutreffend *C. Möllers* in: H. Dreier/E. Hilgendorf (Hrsg.) Kulturelle Identität als Grund und Grenze des Rechts, 2008, 223 (230 f.). Siehe auch *Tully* (Fn. 222), 189 ff., der vor allem einen – freilich in der Sache grob überzeichneten – Hegemonieverdacht gegenüber soziokulturellen Präsumptionen hegt.

[248] Schweizer Bundesgericht, BGE 129 I 217 (223 ff.); 129 I 217 (236 ff.); 130 I 140 (146 ff.); 131 I 18 (20 ff.): Das Gericht beanstandet mit Recht sowohl, dass die Abstimmungsergebnisse objektiv diskriminierend wirken, als auch das Fehlen einer rechtsstaatlich überprüfbaren Begründung. Ebenso kritisch *A. Auer/N. von Arx* AJP 2000, 923 (928 ff.), die mit Recht auch auf die Inadäquanz von Referenden über personenbezogene Einzelfälle hinweisen; *D. Thürer/M. Frei* ZSR 2004 I, 205 ff. Polemisch gegen die Rechtsprechung *M. Schubarth* Verfassungsgerichtsbarkeit, 2011, 76 f. Empirisch zu den hinter den Beanstandungen stehenden latenten Abschottungsmechanismen *M. Helbling/H. Kriesi* Swiss Political Science Review 10/4 (2004), 33 (36 ff.).

[249] Vgl. auch unten Fn. 288.

[250] Verfassungsdogmatischer Hebel ist zum einen der Grundsatz der Verhältnismäßigkeit, der mit legitimer Zielbestimmung, Eignung, Erforderlichkeit und Angemessenheit auch Mindestanforderungen an eine konsistente Rechtfertigung aufstellt, Ausländern eine Einbürgerung zu versagen. Zum anderen fordert Art. 3 Abs. 1 GG gemessen am jeweiligen Regelungsgegenstand plausible Gründe für eine Differenzierung.

[251] *E.-W. Böckenförde* Der Staat als sittlicher Staat, 1978, 24 f., 31 f.; *ders.* in: ders., Staat, Verfassung, Demokratie, 1991, 277 (279).

[252] Plastisch *G. Jakobs* GA 2012, 48: „Ein liberaler Staat fordert nicht Respekt vor Sitten, sondern vor der Freiheitlichkeit seiner normativen Struktur."

kratische Selbstergänzung von Voraussetzungen abhängig machen.[253] Wer demokratische Teilhabe einfordert, muss seinerseits die konstitutiven Mindestvoraussetzungen demokratischer Willensbildung in gleicher Freiheit[254] anerkennen,[255] namentlich staatsbürgerlich-loyal Mehrheitsentscheidungen hinzunehmen bereit sein.[256] Dies ist als Ausdruck streitbarer Demokratie[257] auch denjenigen geschuldet, die weiterhin in einer freiheitlichen

---

[253] Allgemein in diesem Sinne *P. Kirchhof* VVDStRL 62 (2003), 197.

[254] Allgemein EGMR, Urt. v. 13.2.2003, 41340/98 u.a. (Refah Partisi u.a./Türkei), NVwZ 2003, 1489, Rn. 100; *Möllers* Demokratie (Fn. 150), 72 f.; pluralismustheoretisch vor allem *Fraenkel* (Fn. 186), 259 ff., 339 f.; im Anschluss etwa *A. Benz* in: Bauer/Huber/Sommermann (Fn. 180), 253 (257). Siehe auch *J. Habermas* Faktizität und Geltung, 1992, 643: gemeinsame politische Kultur. Hinzu tritt die Akzeptanz elementarer Freiheitsrechte sowie der Säkularität des Rechts. Dies entspricht der freiheitlichen demokratischen Grundordnung, wie sie das BVerfG als Essentiale des Verfassungsstaates (mit universalistischem Duktus) definiert hat. Siehe BVerfGE 2, 1 (12 f.).

[255] Vgl. bezogen auf die Demokratie *Böckenförde* (Fn. 195), § 24 Rn. 63; *Dreier* (Fn. 132), Art. 20 (Demokratie) Rn. 77; *D. Grimm* JZ 1995, 581 (589 f.); *Seiler* (Fn. 219), 74 f.; allgemein *F.-W. Dollinger/A. Heusch* VBlBW 2006, 216 ff.; materialisiert *F. Scharpf* StWuStP 1992, 293 (296 f.). Ferner *J. Rawls* Das Recht der Völker, 2002, 229 (Anm. 48): Einwanderungsbegrenzung zum Schutz der politischen Kultur und der Verfassungsprinzipien. Zutreffend auch *Mona* (Fn. 163), 372: Gerade weil der liberale Rechtsstaat dem Einzelnen weitgehende kulturelle Freiheit belässt, die institutionell voraussetzungsvoll ist, könne die politische Integration gefordert werden. Ganz allgemein zur gegenseitigen Anerkennung als Integrationsvoraussetzung, die sich komplementär auch an Minderheiten richtet, BVerfGK 1, 141 (143); *J. Isensee* JZ 2010, 317 (318). Realitätsfremd sowie restriktiv demgegenüber *Benhabib* Andere (Fn. 33), 92 f., 121 f., die eine mögliche Bedrohung der Verfassungswerte nicht erkennen möchte und pauschal unterstellt, Zuwanderung sei in der Regel ein Gewinn für die Freiheitlichkeit einer Verfassung.

[256] Vgl. *Böckenförde* (Fn. 195), § 24 Rn. 47; *Dreier* (Fn. 132), Art. 20 (Demokratie) Rn. 77; *G. Frankenberg* Die Verfassung der Republik, 1997, 213 f.; *Isensee* (Fn. 126), § 15 Rn. 122; *Korioth* Identität (Fn. 11), 131.

[257] Zur Diskussion unter dem Grundgesetz stellvertretend *W. Berg* FS Harro Otto, 2007, 1065 (1066 ff.); *O. Depenheuer* Die Politische Meinung 460 (2008), 15 ff.; *E. Klein* Ein neues NPD-Verbotsverfahren?, 2012, 10 ff.; *W. Löwer* in: Hillgruber/Waldhoff (Fn. 217), 65 ff.; *M. Thiel* in: ders. (Hrsg.) Wehrhafte Demokratie, 2003, 1 ff. Der Vergleich trägt insoweit, als es auch bei der wehrhaften/streitbaren Demokratie um den Grundkonflikt geht, entweder aus demokratischem Selbstverständnis alle auf dem Marktplatz der Meinungen angebotenen Standpunkte als Ausdruck epistemologischer Relativität als gleichwertig zuzulassen oder positiven Schutz der Freiheitsvoraussetzungen zu betreiben. Auch die wehrhafte Demokratie hat durchaus einen individualbezogen konstruierbaren Kern. Sie schützt nämlich mittelbar (ohne freilich notwendig subjektive Rechte zu begründen) auch das Recht jedes Einzelnen, in einer Ordnung zu leben, die das Miteinander auf der Grundlage gleicher Freiheit regelt. Wehrhafte Demokratie ist damit auch das Recht des fiktiven ‚letzten Demokraten', weshalb sie nicht notwendig in den Konflikt mit den staatstheoretischen Voraussetzungen von Demokratie tritt. Streitbare Demokratie produziert also nicht zwingend ein ‚demokrati-

Ordnung leben und ihr Miteinander im Wege demokratischer Selbstbestimmung regeln wollen.[258] Loyalität gegenüber der säkular gesetzten Rechtsordnung[259] ist daher eine sachgerechte Zugangsvoraussetzung zum Bürgerstatus.[260] Dies gilt auch deshalb, weil eine spätere Ausbürgerung

---

sches Dilemma', sondern kann auch als immanente Selbsterhaltung eines ungeachtet des dahinter stehenden Relativismus eben nicht voraussetzungslosen Demokratieprinzips verstanden werden. Statt vieler nur *H.-J. Papier*/*W. Durner* AöR (128) 2003, 340 (362 ff.). Das gegenüber Konzepten demokratischer Selbstverteidigung eingebrachte Argument, Feinde der Demokratie müsse man mit demokratischen Mitteln rein politisch im Meinungsstreit bekämpfen – etwa *Möllers* Demokratie (Fn. 150), 160 –, ist daher schon allgemein unzutreffend und im vorliegenden Kontext noch weniger hilfreich, weil es auf der Voraussetzung eines demokratischen Basiskonsenses beruht, der bei einer globalen Rekrutierung potentieller Neubürger weder selbstverständlich ist, noch aufgegeben werden muss, namentlich durch eine nicht demokratisch sozialisierte Masseneinwanderung aber durchaus erschüttert werden kann.

[258] Sofern eine Abschaffung der Demokratie nur möglich sein soll, wenn damit keine „Unterwerfung" Einzelner einhergeht – so *Möllers* Demokratie (Fn. 150), 81 – müsste man konsequenterweise auch jedem Einzelnen, der weiterhin in einer auf gleicher Freiheit beruhenden Ordnung leben möchte, ein Recht auf Erhalt der Demokratie zubilligen (vgl. Fn. 237). Dies ist durchaus die Perspektive des BVerfG, siehe BVerfGE 123, 267 (331). Es ist kein Zufall, dass gerade der EGMR, der funktional eine dezidiert menschenrechtlich-individualzentrierte Perspektive einnehmen muss, Maßnahmen der wehrhaften Demokratie (vom Partei- bis zum Kopftuchverbot) gerade dort zulässt, wo eine verfassungsfeindliche Vereinigung die demokratische Verfassung reell durch entsprechende Erfolge bzw. Erfolgspotentiale bedroht. Siehe EGMR, Refah Partisi, NVwZ 2003, 1489, Rn. 90 ff.; Leyla Şahin, NVwZ 2006, 1389, Rn. 104 ff. Hierzu *Grabenwarter* Verfassungsrecht (Fn. 70), 309 ff.

[259] Für diese kann eine kommunizierte respektive praktizierte „Gesinnung" durchaus objektivierbarer Indikator sein. Vgl. parallel für die Verfassungstreue im Beamtenrecht BVerfGE 39, 334 ff.; *B. Rudolf* in: Thiel (Fn. 257), 209 ff. Zur parallelen Diskussion im Einbürgerungsrecht der USA US Supreme Court, Schneiderman v. United States, 320 U.S. 118 (1943); *Bickel* (Fn. 34), 49.

[260] *H. Dreier* RW 2010, 11 (26); *J. Kokott* in: M. Sachs (Hrsg.) GG, 6. Aufl. 2011, Art. 16 Rn. 4. Das geltende Recht macht dies zum einen an der Verfassungstreue (§ 10 Abs. 1 Satz 1 Nr. 1 StAG), zum anderen an dem Fehlen einschlägiger Vorstrafen (§ 10 Abs. 1 Satz 1 Nr. 5 iVm § 12a StAG) fest. Mit Recht wird darauf hingewiesen, dass Anerkennung mehr ist als bloße Beachtung, die von jedem vorbehaltlos erwartet werden kann, selbst wenn er sich nur vorübergehend im Bundesgebiet aufhält. So *J. Isensee* JZ 2010, 317 (326). Es geht um die Anerkennung der Rechtsordnung als solcher, also auch ihrer Bedingungen der Rechtserzeugung – namentlich die Unverbrüchlichkeit, Legitimität und Säkularität des Rechts als Ordnung des Miteinanders – sowie um den Verweis auf demokratische Verfahren der Rechtsänderung zur friedlichen Durchsetzung politischer Ziele. Rein verbale Bekenntnisse reichen nicht; eine subjektive Loyalität muss plausibel gemacht werden, vgl. VGH Mannheim, NVwZ 2006, 484 (485). Zum Ausschluss bei extremistischer oder terroristischer Betätigung siehe § 11 Satz 1 Nr. 1–2 StAG, ergänzt durch die Regelanfrage beim Verfassungsschutz nach § 37 Abs. 2 StAG; hierzu *H.-G. Maaßen* ZAR 2011, 336 (337 ff.), der die Reaktionsmöglichkeiten des

wegen Illoyalität zwar im Rechtsvergleich nicht vorbildlos,[261] verfassungsrechtlich in der Regel aber nicht möglich[262] und im Übrigen weder demo-

---

Staates insgesamt als zu eng erachtet, zugleich aber auf die Spielräume hinweist, die Einbürgerungsvoraussetzungen verfassungskonform strikter zu fassen (339 f.). Ob die allgemeine Loyalitätserwartung durch Loyalitätseid oder Einbürgerungszeremonie bekräftigt werden sollte (beispielhaft Art. 339 Staatsangehörigkeitsgesetz der Vereinigten Staaten [US Immigration and Nationality Act]; zur mittelalterlichen Traditionslinie *B. Koch* in: M. Beer/M. Kintzinger/M. Krauss [Hrsg.] Migration und Integration, 1997, 75 [77 f.]), hängt davon ab, welchen sozialkommunikativen Wert man solchen Symbolen beimisst. Positiv sub specie Integrationslehre vor allem bei *Smend* (Fn. 29), 260 ff. Tendenziell positiv zum Einbürgerungseid *von Münch* (Fn. 24), 268. Aus kontraktualistischer Sicht kritisch *P. Rinderle* Der Zweifel des Anarchisten, 2005, 134 (dort Fn. 25). Zur rechtspolitischen Diskussion *K. Tietze* Einwanderung und die deutschen Parteien: Akzeptanz und Abwehr von Migranten, 2007, 244 f. Vgl. zur kulturellen Identitätsstiftung durch nationale Symbolik auch anschaulich *P. Häberle* Nationalhymnen als kulturelles Element des Verfassungsstaates, 2007, 49 ff.

[261] Beispielsweise Art. 23 § 1 Belgisches Staatsangehörigkeitsgesetz (Code de la nationalité belge): Entziehung wegen schwerer Verletzung staatsbürgerlicher Pflichten („s'ils manquent gravement à leurs devoirs de citoyen belge") bei derivativem Erwerb; hierzu *C.-L. Closset/P. Harmel* Traité de la nationalité en droit belge, 2004, 407 f.; Art. 96, 98, 99 Französisches Staatsangehörigkeitsgesetz (Code de la nationalité française): Entzug wegen Illoyalität durch Gerieren wie ein Ausländer (!) oder wegen Straftaten innerhalb einer Frist nach Einbürgerung; Art. 40 (2) Britisches Staatsangehörigkeitsgesetz (British Nationality Act): Entzug aus Gründen der öffentlichen Sicherheit („The Secretary of State may by order deprive a person of a citizenship status if the Secretary of State is satisfied that deprivation is conducive to the public good."); Art. 19 Abs. 1 lit. b Irisches Staatsangehörigkeitsgesetz (Irish Nationality and Citizenship Act): Entzug wegen Illoyalität („that the person to whom it was granted has, by any overt act, shown himself to have failed in his duty of fidelity to the nation and loyalty to the State"); Art. 16 Türkisches Staatsangehörigkeitsgesetz (Türk Vatandaşlığı Kanunu): Entzug bei derivativem Erwerb wegen gegen die Türkei gerichteter Auslandstaten, sofern in der Türkei keine Strafverfolgung stattfinden kann; Art. 349 (7) Staatsangehörigkeitsgesetz der Vereinigten Staaten (US Immigration and Nationality Act): Entzug bei Gewaltanwendung oder Hochverrat gegen die Vereinigten Staaten. Übersicht mit akribischer Vergleichsdarstellung bei *Ziemske* (Fn. 171), 205, 333 ff. Vgl. rechtspolitisch für eine entsprechende Ausbürgerungsoption: Stellungnahme des Landesinnenministers v. 22. 9. 2005 gegenüber dem Landtag BaWü, Drs. 13/4669, 3 f.; Interpellation 10.3965 der SVP-Fraktion der Schweizerischen Bundesversammlung v. 14. 12. 2010 („Staatsbürgerschaft auf Probe").

[262] Art. 16 Abs. 1 GG. Der Verlust der Staatsangehörigkeit ist gemessen hieran nur zulässig, wenn der Betroffene kraft freier Willensentschließung die Verlustfolge zumutbar beeinflussen kann. Vgl. BVerwGE 137, 47 (49); *Haack* (Fn. 25), § 205 Rn. 19. Ein Staatsangehörigkeitserwerb durch vorsätzliche Täuschung fällt nicht unter den Schutz des Art. 16 Abs. 1 GG. So BVerfGE 116, 24 (44 f.); BVerwGE 118, 216 (220); 119, 17 (19). Auch der Verlust nach § 25 StAG ist keine unzulässige Einziehung im Sinne des Art. 16 Abs. 1 GG, zutreffend BVerfG-K, NVwZ 2007, 441 (442 f.). § 35 StAG ermöglicht verfassungskonform die Rücknahme einer erschlichenen Einbürgerung, sofern

kratieadäquat noch mit der strikten Statusgleichheit der Bürger vereinbar ist.[263]

---

diese durch Täuschung, Drohung oder Bestechung erwirkt wurde. Dies kann auch der Fall sein, wenn über rechtlich relevante Umstände mangelnder Loyalität getäuscht wurde. Dies setzt aber voraus, dass sich Illoyalität bereits im Zeitpunkt der Einbürgerung objektiviert hatte. Vgl. *K. Hailbronner* in: ders./Renner/Maaßen (Fn. 231), § 35 StAG Rn. 30; *H.-G. Maaßen* ZAR 2011, 336 (338); *M. Nettesheim* DVBl. 2004, 1144 (1146). Der Widerruf einer rechtmäßigen Einbürgerung ist daher unzulässig, zutreffend z.B. *von Arnauld* (Fn. 24), Art. 16 Rn. 22; *Becker* (Fn. 108), Art. 16 Rn. 40; *J. A. Kämmerer* in: BK-GG, 2012, Art. 16 Rn. 56. Späterer Abfall von der Verfassungstreue (praktisch relevant z.B. die islamistische Radikalisierung im Internet, vgl. *Maaßen* ebd., 336, der zudem darauf hinweist, dass 55 % islamistischer Gefährder Deutsche seien) zeitigt damit keine staatsangehörigkeitsrechtlichen Folgen.

[263] Die demokratische Öffnung der Mitgliedschaft im Legitimationssubjekt ist grundsätzlich eine Einbahnstraße. Der Vorbehalt des Widerrufs der Einbürgerung würde in der Sache zwei verschiedene Staatsangehörigkeiten schaffen: eine Vollbürgerschaft kraft Geburt und eine zweitklassige unter Vorbehalt kraft Erwerbs. Dies läuft aber der demokratischen Gleichheit des Bürgerstatus zuwider und würde die Ermächtigungsrichtung vom Volk zur Staatsgewalt untergraben. Das BVerfG hat insoweit mit Recht hervorgehoben, dass Art. 16 Abs. 1 GG gerade auch vor einer Aufspaltung der Staatsangehörigkeit in Zugehörigkeiten verschiedener Güte schützen soll, BVerfGE 116, 24 (44). Siehe wortmächtig Chief Justice *Earl Warren* in: US Supreme Court, Perez v. Brownell, 356 U.S. 44, 64–65 (1957): "The people who created this government endowed it with broad powers. They created a sovereign state with power to function as a sovereignty. But the citizens themselves are sovereign, and their citizenship is not subject to the general powers of their government." Diese von *Warren* zunächst als Dissenter formulierte Auffassung hat sich später auch durchgesetzt: US Supreme Court, Afroyim v. Rusk, 387 U.S. 253, 257 (1967): "In our country the people are sovereign and the Government cannot sever its relationship to the people by taking away their citizenship."

Es widerspricht allgemein den Grundannahmen der Demokratie, die auf gleicher Teilhabe an der Herrschaftslegitimation beruht, Mitglieder unter Desavouierung ihrer Gleichheit aus der Gemeinschaft auszustoßen. So auch *Möllers* Demokratie (Fn. 150), 25 f. Daher ist die Korrekturoffenheit des demokratischen Prozesses hier sachimmanent begrenzt. Mit der Aufnahme als Mitglied müssen Konflikte folglich innergesellschaftlich bewältigt werden. Einheitsstiftung erfolgt daher nicht exkludierend durch personale Flurbereinigung, sondern integrativ durch Sanktionierung. Hierin zeigt sich dann auch der Eigenwert eines rechtsstaatlichen Strafrechts für die Demokratie. Zur Integrationsprävention (positiven Generalprävention) durch Bestätigung der desavouierten Norm stellvertretend *G. Jakobs* Strafrecht AT, 2. Aufl. 1993, 1. Abschn. Rn. 4 ff.; konzeptionell für das Verfassungsrecht übernommen durch BVerfGE 120, 224 (252); *K. F. Gärditz* Der Staat 49 (2010), 331 (357 f.). Für eine Zurückhaltung bei der Ausbürgerung spricht im Übrigen auch die Wertung des Art. 18 GG, der unter besonders qualifizierten Voraussetzungen nur eine Aberkennung einzelner missbrauchter politischer Grundrechte kennt und insoweit das (praktisch irrelevante) Grenzszenario einer verfassungskonformen Reaktion auf Illoyalität absteckt. Vgl. zur Sperrwirkung nur OVG Berlin, NVwZ 2000, 1201 (1202); *M. Pagenkopf* in: M. Sachs (Hrsg.) GG, 6. Aufl. 2011, Art. 18 Rn. 7a.

b) *Integrationsanforderungen*

Die Einbürgerung ist kein Instrument *gesellschaftlicher* Integration.[264] Auch lassen sich demokratische Mitwirkungsrechte nicht auf ein bloßes Derivat kultureller Identität reduzieren.[265] Demokratische Institutionen bleiben aber dennoch voraussetzungsvoll,[266] weil politische Interaktionen möglich und praktische Verständigungschancen eröffnet sein müssen,[267] damit die Bürger gemeinsame Verantwortung für ihr Gemeinwesen übernehmen können.[268] Daher vertatbestandlicht das Einbürgerungsrecht legi-

---

[264] Anders *Davy* (Fn. 31), 93, die allerdings auch dem geltenden Recht die Integrationseignung teils abspricht; *P. M. Huber*/*K. Butzke* NJW 1999, 2769 (2775).

[265] Insoweit zutreffend *Möllers* Demokratie (Fn. 150), 50ff.; prononciert auch *Mona* (Fn. 163), 352 ff.

[266] Mit Recht BVerfGE 123, 267 (358f., 363), unter Rekurs auf den – freilich hinlänglich unbestimmten und daher methodisch nur begrenzt operationalisierbaren (kritisch etwa *M. Ruffert* DVBl. 2009, 1197 [1204 f.]) – Begriff „Kulturraum"; ferner etwa *Uhle* (Fn. 171), § 82 Rn. 37, 45. Durchaus plastische Problemanalyse bei *J. H. H. Weiler* European Law Journal 1 (1995), 219 (228ff.). Beschreibend *J. Habermas* Die postnationale Konstellation, 1998, 99f.; *ders.* Verfassung (Fn. 86), 72f. Kritik hieran: *Benhabib* Andere (Fn. 33), 83 ff., die auf die Kontingenz und Formbarkeit kultureller und moralischer Grundlagen sowie die dabei bestehenden Machtasymmetrien verweist. Selbst wenn man die Richtigkeit dieser (zumindest plausiblen) soziologischen Annahmen unterstellt, müsste der demokratische Rechtsstaat doch mit der Gesellschaft leben, so wie sie (gewachsen) ist, müsste also einen konkreten sowie realistischen und keinen abstrakten sowie idealistischen Zugang zu demokratischer Verständigung suchen (allgemein *J. Isensee* Das Grundrecht auf Sicherheit, 1983, 20). Die Verfassung kennt insoweit auch kein allgemeines kulturelles Neutralitätsgebot. Siehe BVerfGE 93, 1 (22); *Britz* Kulturelle Rechte (Fn. 31), 233; *K. F. Gärditz* in: Depenheuer/Grabenwarter (Fn. 86), § 5 Rn. 38ff.; *D. Grimm* Kulturauftrag im staatlichen Gemeinwesen, VVDStRL 42 (1984), 46 (63); *K. Schlaich* Neutralität als verfassungsrechtliches Prinzip, 1972, 253 f.

[267] Zutreffend *Niederberger* (Fn. 150), 476, der daher konsequent auch einen allgemeinen Anspruch auf Ermöglichung von Migration ablehnt; ferner in diesem Sinne für demokratische Kommunikationsvoraussetzungen BVerfGE 123, 267 (358ff.); *B. Grzeszick* in: Axer/Grzeszick/Kahl/Mager/Reimer (Fn. 97), 95 (106 f.). Zur insoweit prozeduralen Seite von Integration, die nicht auf Konsens gründet, sondern Einheitsbildung durch Entscheidung ermöglicht, zutreffend *Fraenkel* (Fn. 186), 259; *Schlaich* (Fn. 266), 253 f.

[268] *Böckenförde* (Fn. 195), § 24 Rn. 76: „Ethos der Partnerschaft"; *Sacksofsky* (Fn. 38), 327; in diesem Sinne auch *Habermas* Konstellation (Fn. 266), 100; *ders.* Verfassung (Fn. 86), 56 f.; *P. Kirchhof* in: J. Isensee/P. Kirchhof (Hrsg.) HStR IX, 1997, § 221 Rn. 7. Die Zusammengehörigkeit in einer Nation war daher auch ein Katalysator demokratischer Prozesse, vgl. zutreffend *Habermas* Berliner Republik (Fn. 80), 176. Siehe wirkungsmächtig auch *J. Dewey* Democracy and Education, 1916 (Neuausgabe 2008), 80: "A democracy is more than a form of government; it is primarily a mode of associated living […]"; dies drängt freilich das primäre Herrschaftselement zu stark in den Hintergrund und enthält zugleich über den Anspruch, kommunikative Regeln für ein gutes

timerweise auch Integrationsfaktoren[269] wie Mindestaufenthalt[270], Spracherwerb[271] oder soziokulturelles Grundwissen[272].[273] Eine aufenthaltsrecht-

---

Leben zu formulieren, latent auch ein autoritär-edukatives Element. Zu kurz greift es, wenn teils behauptet wird, es komme nicht auf soziokulturelle Voraussetzungen, sondern allein auf eine „gemeinsame politische Kultur" an – so *B.-O. Bryde* StWuStP 1995, 305 (311) –, da auch politische Kultur voraussetzungsvoll ist und auf vorpolitische gesellschaftliche Vorleistungen vertrauen muss. Dass dies in einem erheblichen Teil der Welt nicht gewährleistet ist, namentlich politische, religiöse, soziale und kulturelle Rahmenbedingungen eine sehr unterschiedliche Affinität zur Demokratie aufweisen können, und allein institutionelle Rahmenbedingungen noch keine stabile demokratische Kultur zu erzeugen vermögen, unterstreichen gescheiterte Demokratisierungsversuche (z.B. Afghanistan). Im Übrigen dürfte es einer Rechtsordnung, die primär repräsentativ-demokratisch verfasst ist, leichter fallen, auf allzu strenge Hürden zu verzichten, als eine stark direkt-demokratisch geprägte, weil direkte Demokratie (zu deren strukturell systemveränderndem Anspruch mit Recht *M. Schuler-Harms* Elemente direkter Demokratie als Entwicklungsperspektive, in diesem Band) anspruchsvollere Erwartungen an die unmittelbar an der politischen Kommunikation beteiligten Bürger stellen muss.

[269] Stellvertretend für ein Einwanderungsland Subsec. 5 (1) lit. c)–e) Citizenship Act Canada (1985).

[270] Vgl. § 10 Abs. 1 Satz 1 Halbs. 1 StAG: gewöhnlicher rechtmäßiger Aufenthalt von acht Jahren.

[271] Vgl. § 10 Abs. 1 Satz 1 Nr. 6 iVm Abs. 4 StAG. Zur gemeinsamen Sprache als einer Funktionsbedingung von Demokratie *Kelsen* Demokratie (Fn. 136), 65 f. Daher mit Recht betont bei *H. Dreier* RW 2010, 11 (36); *Kahl* Sprache (Fn. 132), 428 ff.; *Kirchhof* (Fn. 232), § 20 Rn. 82; *C. Langenfeld* Integration und kulturelle Identität zugewanderter Minderheiten, 2001, 336 ff.; kritisch aber *U. Volkmann* DVBl. 2005, 1061 (1070). Für das Zuwanderungsrecht BVerwGE 136, 231 (240 ff.); gebilligt durch BVerfG-K, NVwZ 2011, 870 (871); für die Verfassungskonformität migrationsrechtlicher Spracherfordernisse zutreffend *C. Hillgruber* ZAR 2006, 304 (308 ff.). Auch *Baer* Generationengerechtigkeit (Fn. 144), 377, betont im Ausgangspunkt zutreffend die Bedeutung der Sprache als (zu fördernde) praktische Voraussetzung politischer Teilhabe. Allgemein *Britz* Kulturelle Rechte (Fn. 31), 232; *E. Schindler/H. Ryfisch* ZAR 2004, 318 (319); *A. Uhle* Freiheitlicher Verfassungsstaat und kulturelle Identität, 2004, 485 f. Siehe zu den Anforderungen im Einzelnen BVerwGE 79, 94 (97); 124, 268 ff.; BVerwG, DVBl. 2006, 922. Kritisch aber *Davy* (Fn. 31), 94. Es ist bezeichnend, dass verfassungsrechtliche Modelle eines Sprachenföderalismus, wie neben der Schweiz vor allem Indien zeigt, in erster Linie auf der Territorialisierbarkeit (ggf. auch durch Gebietsanpassung durch Bundesgesetz nach Art. 3 Verfassung von Indien) gründen, die eine Abarbeitung der Konflikte in einem bundesstaatlichen Mehrebenensystem ermöglicht. Vgl. anschaulich hierzu *G. Austin* The Indian Constitution, 1966 (17. Nachdruck 2012), 236 ff.; *S. Choudhry* International Journal of Constitutional Law 7 (2009), 577 ff.

[272] Vgl. § 10 Abs. 1 Satz 1 Nr. 7, Abs. 5 StAG iVm Integrationskursverordnung. Zur Bedeutung für das praktische Funktionieren demokratischer Institutionen siehe *B. Westle* ZParl 2011, 835 ff.

[273] *Löwer* ZAR 1993, 156 (159), der auch auf die Notwendigkeit einer Probe der Ernsthaftigkeit sowie auf die tendenziell integrationsschwächende Tendenz rein formaler Einbürgerungsvoraussetzungen hinweist. Anders aber *Masing* Staatsangehörigkeits-

liche Abschichtung ist ebenso sinnvoll wie eine Unterstützung beim Befähigungserwerb[274]. Mehr als abstrakt-generell formalisierbare Anforderungen sind in einem demokratischen Rechtsstaat freilich nicht zu haben.[275] Das Recht kann in seiner Begrenztheit[276] bekanntlich „keine

---

recht (Fn. 11), 24, der auf Dauer eine politische Integration auch für diejenigen gewaltunterworfenen Ausländer fordert, die sich nicht in die vertrauten Strukturen eines Gemeinwesens einfügen. Grundsätzlich jedwede Voraussetzung (jenseits der Straffreiheit) ablehnend *D. Kostakopoulou* Perspectives on European Politics and Society 4 (2003), 85ff.; *dies.* The Modern Law Review 73 (2010), 933ff. Für eine Einbürgerung nach Integration mit Recht hingegen *C. Hillgruber* in: J. Isensee/P. Kirchhof (Hrsg.) HStR II, 3. Aufl. 2004, § 32 Rn. 32; *J. Isensee* JZ 2010, 317 (325); *Kahl* Sprache (Fn. 132), 433f.; *Uhle* (Fn. 171), § 82 Rn. 72. Für das Gegenmodell einer Instrumentalisierung des Staatsangehörigkeitsrechts für die gesellschaftliche Integration *Korioth* Identität (Fn. 11), 140ff.; *Masing* ebd., 31f.; in diese Richtung, wenn auch zurückhaltend *Gusy* (Fn. 128), 269. Allgemein zur gesellschaftlich-kulturellen Integration als legitim definierter Staatsaufgabe *J. Isensee* JZ 2010, 317 (318); *Kahl* (Fn. 181), 248f.; *Langenfeld* (Fn. 271), 212ff.; *Uhle* ebd., § 82 Rn. 44f. Siehe demgegenüber *D. Thym* EuR 2011, 487 (492f.), zur gezielten Verdrängung im Freizügigkeitsrecht der Unionsbürger, das kulturell indifferent gewährleistet ist. Letzteres bestätigt freilich nur die Differenz zwischen Aufenthaltsrecht und politischer Integration.

[274] In diese Richtung zielen mit Recht bereits die im geltenden Recht verankerten und staatlich subventionierten Integrationskurse. Siehe §§ 43ff. AufenthG iVm der IntegrationskursVO v. 13.12.2004 (BGBl. I S. 3370), die zuletzt durch Art. 1 der VO v. 20.2. 2012 (BGBl. I S. 295) geändert worden ist. Rechtspolitisch auch *G. Krings* ZAR 2011, 161 (163); frühzeitig und weitsichtig für die sozialstaatliche Bildungsteilhabe insbesondere von Migrantenkindern *M. Zuleeg* DÖV 1973, 361 (369). Dies ist allerdings genau genommen keine einbürgerungsspezifische Aufgabe, sondern allgemein demokratierelevant, vgl. nur *C. Hohmann-Dennhardt* in: Redaktion Kritische Justiz (Fn. 142), 102 (109).

[275] *Benhabib* Andere (Fn. 33), 121, weist mit Recht darauf hin, dass dieser Mindeststandard wesentlich abstrakter ist als eine kulturelle Identität. Das Recht schützt den Einzelnen gerade dadurch, dass das Gesetz abstrakt-generelle Begriffe bilden muss, um Tatbestände zu formulieren, sich anspruchsvolle Fragen kultureller Identität aber kaum vertatbestandlichen lassen. Formelle Zugangsvoraussetzungen sind grundsätzlich zumutbar. Vgl. für das Zuwanderungsrecht nur BVerfGK 13, 26 (27f.); 13, 562 (567); BVerfG-K, Beschl. v. 17.5.2011, 2 BvR 1367/10, Rn. 15; Beschl. v. 17.5.2011, 2 BvR 2625/10, Rn. 14. Auch wenn der politische Zusammenhalt einer Nation immer auch von nicht rationalisierbaren Voraussetzungen abhängt – etwa *S. Müller-Franken* AöR 134 (2009), 542 (560ff.) –, lässt sich diese eher sozial-psychologische Prognostik schwer in rechtliche Kategorien übersetzen, vor allem nicht auf individuelle Rechtsverhältnisse projizieren. Rechtliche Verfahren sind schlechterdings nicht operabel, irrational-weiche Kriterien zum Prüfungsgegenstand einer Einbürgerung – cineastisch karikiert in „Die Schweizermacher" (1978) von *R. Lyssy* (mit *E. Steinberger*) – zu machen.

Verstärkt wird der Abstrahierungsbedarf auch dadurch, dass es der westlich-liberalen Tradition entspricht, den Bürgerstatus auf der formalen Gleichheit des Einzelnen zu gründen (oben bei Fn. 196), wohingegen kulturelle Gruppenrechte, die letztlich zu einer kollektivierenden Typenbildung führen, die dem individualfreiheitlichen Rechtekonzept

Vollendungsordnung“ sein[277] und bleibt daher gerade in einer pluralistischen Gesellschaft auf außerrechtliche Integrationsmechanismen angewiesen.[278]

---

zuwider läuft (*Gärditz* [Fn. 266], § 5 Rn. 24; kritisch auch *M. Rohe* JZ 2007, 801 [804]; *ders.* FS Christoph Link, 2003, 409 [415 ff.]), aus gutem Grund prinzipiell vermieden werden. Zum parallelen Folgeproblem des Gruppismus im Antidiskriminierungsrecht stellvertretend *S. Baer* in: B. Dennerlein/E. Frietsch/T. Steffen (Hrsg.) Verschleierter Orient – entschleierter Okzident?, 2012, 23 ff.; *dies.* in: Heinrich-Böll-Stiftung (Hrsg.) Positive Maßnahmen, 2010, 23 ff.; *R. Brubaker* Ethnicity Without Groups, 2006.

Selbstverständlich ist diese bewusst individualisierende Indifferenz gegenüber Gruppenzugehörigkeiten im Rechtsvergleich freilich nicht. Andere Demokratien versuchen teils Diversität gerade durch partielle Autonomisierung und Gruppenrechte zu verarbeiten. Repräsentativ ist vor allem Indien, vgl. hierzu *R. Bajpai* Debating Difference: Group Rights and Liberal Democracy in India, 2011, insbes. 177 ff. (mit der Deutung als Prozess der Dezentralisierung 286 f.); *A. A. A. Fyzee/T. Mahmood* Cases in the Muhammadan Law of India, Pakistan and Bangladesh, 2. Aufl. 2004, S. XXIV ff. In dieser Tradition steht auch das einflussreiche – freilich anhand kanadischer Eingeborenenstämme entwickelte und damit auf die Kontexte von Einwanderungsgesellschaften nur begrenzt übertragbare – Modell des Konfliktausgleichs in multikulturellen Gesellschaften von *Tully* (Fn. 222), 183 ff., das auf die Einräumung von Selbstverwaltungsrechten zielt, also auf die rechtliche Institutionalisierung kultureller Pluralität, freilich ohne das allgemeine Problem gruppenspezifischer Ansätze befriedigend zu lösen, wie mit Konflikten der Einzelnen mit der ihnen jeweils zugeschriebenen soziokulturellen oder gar ethnischen Gruppe umzugehen ist.

[276] Begrenztheit ist hierbei kein Proprium des Rechts, sondern auch anderer Institutionen, die bisweilen mit Integrationsaufgaben überfordert sind, etwa der Schule. Vgl. zutreffend *J. Isensee* JZ 2010, 317 (326), der freilich das Problem mE unzutreffend im Kontext der Doppelstaatlichkeit verortet. Für die erzieherischen Leistungen der Schule (oder deren Versagen) spielt nämlich die Staatsangehörigkeit der Kinder schlechterdings keine Rolle. Ganz allgemein kann eine freiheitliche demokratische Ordnung nie eine Versicherung gegen die Risiken von Freiheit bieten. Siehe nur *H. Dreier* RW 2010, 11 ff.; *Frankenberg* (Fn. 256), 213.

[277] *E.-W. Böckenförde* Vom Ethos des Juristen, 2010, 35.

[278] Es geht also um bedeutende Trägerstrukturen, auf denen eine rechtlich verfasste Gesellschaft gründet, die indes einer normativen Steuerung entzogen bleiben müssen, wenn sich der freiheitliche Anspruch nicht in Selbstwidersprüchen verfangen will. Allgemein *E.-W. Böckenförde* in: ders., Recht, Staat, Freiheit, 1991, 92 (112 f.); *Schlaich* (Fn. 266), 254; *Volkmann* Solidarität (Fn. 86), 70 f. Zur begrenzten Leistungsfähigkeit des Rechts in diesem Kontext auch *H. Dreier* in: ders./Hilgendorf (Fn. 247), 11 (26 f.). Indem der Staat – anders gewendet – durch Verzicht auf einen Zugriff auf die Gesinnung Kontingenzerfahrungen stiftet, kann er auch das Zutrauen der Bürger in eine auf gegenseitiger Freiheit gründende Ordnung jedenfalls anregen, so mit Recht *G. Jakobs* Norm, Person, Gesellschaft, 3. Aufl. 2008, 77.

3. *Staatsangehörigkeitsrechtliche Reaktionsmöglichkeiten auf Migration*

Das deutsche Staatsangehörigkeitsrecht beruht bislang primär auf dem Abstammungsprinzip (§ 4 Abs. 1 StAG). Verschiebungen zum – im Rechtsvergleich nicht seltenen[279] – Geburtsortsprinzip (*ius soli*) wären ein Vorgang materieller Territorialisierung.[280] In das deutsche Recht hat diese Anknüpfung bislang nur über die hinkende Konstruktion[281] des Optionsmodells Eingang gefunden (§ 4 Abs. 3 iVm § 29 StAG). Eine Fortentwicklung ist durchaus möglich, aber nicht unbedingt sachgerecht.

---

[279] Prominent etwa Amendment 14 Sec. 1 US Constitution: "All persons born or naturalized in the United States, and subject to the jurisdiction thereof, are citizens of the United States and of the state wherein they reside." Das darin angelegte Prinzip des *ius soli* wurde von der Rechtsprechung tendenziell weit interpretiert, vgl. US Supreme Court, U.S. v. Wong Kim Ark, 169 U.S. 649 (1898); *Bruer* (Fn. 70), 170; *Motomura* (Fn. 57), 72 f.; zur politischen Folgediskussion, ob eine Beschränkung im Hinblick auf illegale Einwanderer notwendig sei, siehe *P. Irons* A People's History of the Supreme Court, 2. Aufl. 2006, 193 f.; zu den von den heutigen Fragen abweichenden historischen Hintergründen der Verfassungsänderung (namentlich dem berüchtigten Dred-Scott-Fall) siehe stellvertretend *B. Schwartz* A History of the Supreme Court, 1993, 118 ff.

[280] In diesem Sinne *Böckenförde* Staat (Fn. 202), 34 (55). Zutreffend unterstreicht *Wallrabenstein* (Fn. 159), 204, dass dahinter weniger kategoriale Systemunterschiede als vielmehr unterschiedliche Gewichtungen rechtlich relevanter Integrationsfaktoren stehen.

[281] Insoweit kritisch *Masing* Staatsangehörigkeitsrecht (Fn. 11), 68. Gegen die Optionsregelung (§ 29 StAG) wurde auch eingewandt, sie sei unvereinbar mit Art. 3 Abs. 3 Satz 1 GG, weil sie nach der Herkunft differenziert ausgestaltete Staatsangehörigkeiten schaffe. So vor allem *Wallrabenstein* (Fn. 20), 258 ff., die allerdings eine verfassungskonforme Auslegung nach Maßgabe des Differenzierungskriteriums bestehender Familienbeziehungen für möglich hält (264). Dies ist im Ergebnis nicht überzeugend, weil die Differenzierung nicht an die Herkunft, sondern an die – als Differenzierungskriterium zugelassene – anderweitige Staatsangehörigkeit und ihren Erwerbsgrund anknüpft. Hierin liegt auch keine relevante mittelbare Diskriminierung, weil zwar typischerweise eine Korrelation zwischen Herkunft und Staatsangehörigkeit besteht, in dem zulässigen Rekurs auf die Staatsangehörigkeit aber keine herkunftsspezifischen Benachteiligungen aktualisiert werden, sondern nur die formelle Differenz zwischen In- und Ausländern, und im Übrigen die mittelbare Herkunftsbezogenheit abstammungsimmanent und insoweit durch Art. 116 GG legitimiert ist. Für die Verfassungskonformität insoweit *P. M. Huber/K. Butzke* NJW 1999, 2769 (2774); *Masing* ebd., 52 f. Mit Recht wird allerdings eingewandt, dass die grundsätzliche zeitliche Unbegrenztheit und Unbedingtheit der Staatsangehörigkeit durchbrochen werde. So *Badura* (Fn. 92), L 39. Dies ist aber mit der institutionellen Garantie der Staatsangehörigkeit (Fn. 283) unvereinbar. Wie hier allgemein für eine Befristung der Staatsangehörigkeit, jedoch anders in Bezug auf § 29 StAG *von Arnauld* (Fn. 24), Art. 16 Rn. 9.

a) *Verfassungsrechtliche Gestaltungsoffenheit der Staatsangehörigkeit*

Eine deutsche Staatsangehörigkeit wird zwar vom Grundgesetz vorausgesetzt (vgl. Art. 16, 116 GG)[282] sowie institutionell gewährleistet;[283] ihre konkrete rechtliche Gestalt ist aber verfassungsrechtlich nur schwach vorgezeichnet.[284] Der Erwerb der Staatsangehörigkeit nach Abstammung gehört zwar zur institutionellen Garantie[285] und ist zudem Konsequenz des grundrechtlichen Familienschutzes (Art. 6 Abs. 1, 2 GG)[286]. Eine *Ergänzung* durch andere Anknüpfungspunkte, namentlich Geburtsort, schließt dies indes nicht aus.[287] Die Gestaltung des Staatsangehörigkeits-

---

[282] *Isensee* Ausländer (Fn. 42), 58 f.

[283] Art. 16, 116 GG; siehe *von Arnauld* (Fn. 24), Art. 16 Rn. 9; *P. M. Huber/K. Butzke* NJW 1999, 2769 (2770); *Menzel* (Fn. 37), 421; *H. Quaritsch* Der Staat 31 (1988), 481 (496). Zurückhaltend *Giegerich* (Fn. 200), Art. 116 Rn. 86 ff.; kritisch *Becker* (Fn. 108), Art. 16 Rn. 17. Zum insoweit für institutionelle Garantien typischen Rekurs auf ein vorverfassungsrechtliches (also auch auf vordemokratische Besitzstände verweisendes) Gesamtbild BVerfGE 2, 380 (403); 9, 89 (96); 14, 197 (216 ff.); 21, 54 (62); 25, 269 (290); BVerwGE 1, 159 (161); BayVerfGHE 2, 181 (206); 4, 251 (276); 8, 11 (20); *P. Häberle* Jura 2000, 1; *W. Kahl* Die Staatsaufsicht, 2000, 276; *H. Nawiasky* Allgemeine Rechtslehre als System der rechtlichen Grundbegriffe, 2. Aufl. 1948, 137 f. Kritisch *A. Blankenagel* Tradition und Verfassung, 1987, 134 ff.; *Jestaedt* Demokratieprinzip (Fn. 79), 151 f., 359 f., 521 f.

[284] Siehe *K. Hailbronner* ZAR 1999, 51 (53); *M. Heintzen* Der Staat 36 (1997), 327 (347); *P. M. Huber/K. Butzke* NJW 1999, 2769 (2770); *R. Marx* ZAR 1997, 67 (68 ff.); *Masing* Staatsangehörigkeitsrecht (Fn. 11), 29 f., 59; *Menzel* (Fn. 37), 419; *H.-U. Predeick* DVBl. 1991, 623 ff.; *C. Vedder/S. Lorenzmeier* in: I. von Münch/P. Kunig (Hrsg.) GG, Bd. 2, 6. Aufl. 2012, Art. 116 Rn. 34; *Wittreck* (Fn. 132), Art. 116 Rn. 43 f.; *M. Wollenschläger/A. Schraml* ZRP 1994, 225 (226). Für eine weitgehende Anreicherung durch tradierte Strukturen des RuStAG a.F. aber *R. Scholz/A. Uhle* NJW 1999, 1510 (1512). Gegen jedwede inhaltliche Prägung demgegenüber *Becker* (Fn. 108), Art. 16 Rn. 18.

[285] Dies ergibt sich bereits daraus, dass Art. 116 Abs. 1 Halbs. 2 und Abs. 2 Satz 1 GG den *Abkömmlingen* deutscher Volkszugehöriger und unter dem NS-Regime Ausgebürgerter den Zugang zur Staatsangehörigkeit erhält (so auch *von Münch* [Fn. 24], XXV). Diese Regelung soll eine Gleichstellung bewirken (*K. Hailbronner* in: ders./Renner/Maaßen [Fn. 231], Art. 116 GG Rn. 65), nicht hingegen eine Privilegierung der erfassten Fallgruppen gegenüber den regulären Staatsangehörigen, sodass die Abkömmlinge von ‚regulären' Staatsangehörigen folglich ebenfalls Deutsche sind. Wie hier *P. M. Huber/K. Butzke* NJW 1999, 2769 (2771). Ein reines *ius soli* wäre hiernach unzulässig, so tendenziell auch BVerfGE 37, 217 (249).

[286] BVerfGE 37, 217 (247); *P. M. Huber/K. Butzke* NJW 1999, 2769 (2771); *Ziemske* (Fn. 171), 289.

[287] *P. M. Huber/K. Butzke* NJW 1999, 2769 (2771); *Menzel* (Fn. 37), 422; *Sacksofsky* (Fn. 38), 335; *Wallrabenstein* (Fn. 20), 253; *Wittreck* (Fn. 132), Art. 116 Rn. 44. Für die grundsätzliche Ausschließlichkeit des Abstammungsprinzips hingegen *Hillgruber* (Fn. 273), § 32 Rn. 22; *ders.* (Fn. 200), Art. 116 Rn. 3.1; *R. Scholz/A. Uhle* NJW 1999, 1510 (1512); *Ziemske* ebd., 290 ff.; *ders.* ZRP 1994, 229 (231 f.); ähnlich (nämlich für

erwerbs wird insoweit dem Bundesgesetzgeber überantwortet (Art. 73 Abs. 1 Nr. 2 GG).[288]

b) *Territorialisierung durch Ausbau des Geburtsortsprinzips?*

Das Abstammungsprinzip als konfliktarme Basis des deutschen Staatsangehörigkeitsrechts hat sich bewährt. Es gewährleistet unter strikt for-

---

eine Kerngewährleistung) *J. Isensee* Am Ende der Demokratie – oder am Anfang, 1999, 58. Überzeugend ist dies nicht. Das unter dem GG vorgefundene Staatsangehörigkeitsrecht (RuStAG 1913) kannte schon immer auch Formen des derivativen Erwerbs der Staatsangehörigkeit (Einbürgerung), vgl. nur *S. Hobe* JZ 1994, 191 (192). Zwischen dem Zeitpunkt des Erwerbs mit Geburt im Inland oder später durch Einbürgerung auf Grund sozialer Verwurzelung im Inland bestehen eher graduelle Unterschiede in der regelungstechnischen Abbildung von Territorialität. Solche Details des Statuszugangs sind von vornherein keine Fragen, die auf verfassungsrechtlicher Regelungsebene sinnvoll angesiedelt werden können und – wie Art. 73 Abs. 1 Nr. 2 GG belegt – sollten. Die Frage der künftigen Fortentwicklung des Staatsangehörigkeitsrechts war insoweit offen und anfangs mit gänzlich anderen Problemen (nämlich Flucht, Vertreibung und deutscher Teilung) belastet, hielt aber für die – schlicht außerhalb des Kognitionshorizontes des Verfassunggebers liegenden – heutigen Migrationsbewegungen weder positive noch negative Antworten bereit. Dass das Abstammungsprinzip im Sinne des tradierten Bestandes des RuStAG 1913 nicht im Detail konstitutionalisiert wurde, wird bereits dadurch deutlich, dass die einschlägige Vorschrift (§ 4 Abs. 1 RuStAG a.F.) ihrerseits wegen einer mit Art. 3 Abs. 2 GG unvereinbaren Geschlechterdifferenzierung (Regelerwerb allein nach dem Vater) verfassungswidrig war. Siehe hierzu *G. Dürig* in: Maunz/Dürig (Begr.) GG, 2012, Art. 3 II Rn. 37f. Die nur geringfügig entschärfte Nachfolgeregelung aus dem Jahr 1963 wurde daher auch vom BVerfG für verfassungswidrig erklärt (Fn. 240).

[288] BVerfGE 83, 37 (52); *B.-O. Bryde* JZ 1989, 257 (259); *Menzel* (Fn. 37), 421; im Ergebnis ebenso *Becker* (Fn. 108), Art. 16 Rn. 18; sogar für eine umfassende Gestaltungsfreiheit *Menzel* ebd., 422; *Wittreck* (Fn. 132), Art. 116 Rn. 45, 47; *M. Wollenschläger/A. Schraml* ZRP 1994, 225 (226). Anders aber *Hillgruber* (Fn. 273), § 32 Rn. 18, der die Gestaltungsbefugnis des Gesetzgebers sehr eng fassen möchte, weil anderenfalls die Identität des Legitimationssubjekts durchtrennt werde. Auch dies überzeugt nicht. Denn die demokratische Identität des Legitimationssubjekts Volk bestimmt sich zum einen gerade formal durch Verweis auf die Summe der Staatsangehörigen und ist zum anderen immer in Bewegung (originäre wie derivative Erwerbstatbestände, Verlusttatbestände, Geburt, Tod), sodass die Identität in der Fortschreibung von vornherein nur durch den formellen Legalitätszusammenhang zu wahren ist, sprich demokratisch legitimierte Gesetzgeber und Verwaltungen durch abstrakt-generelle wie konkret-individuelle normative Entscheidungen die Fortschreibung des Legitimationssubjekts Volk, das nicht mehr ist als die Summe seiner Teile, steuern. Namentlich enthält die Verfassung keine zwingenden Einbürgerungsvoraussetzungen, die in jedem Fall gesetzlich etabliert werden müssten. Anders *A. Bleckmann* NJW 1990, 1397 (1399), der eine „Integration in die deutsche Kulturnation“ als verfassungsrechtlich gefordert ansieht und der der Verwaltung hinsichtlich der Voraussetzungen einen Beurteilungsspielraum zubilligen möchte (1401).

maler Gleichheit rechtliche Kontinuität in der Selbstdefinition des demokratischen Gemeinwesens. Abstammung bedeutet hierbei nicht soziokulturelle oder gar ethnische Herkunft, sondern die formelle Ableitung von der Staatsangehörigkeit der Elternteile – woher auch immer diese stammen mögen. Ungerechtfertigt ist daher der polemische Vorhalt, das Abstammungsprinzip transportiere völkisches Denken.[289]

Ist die demokratische Teilhabe durch Wahlen das Proprium des Bürgerstatus, ist eine Einbürgerung vor Erreichen des Wahlalters nicht erforderlich. Es besteht daher kein Bedürfnis, das für Zufälle volatiler Wanderungsbewegungen anfällige Geburtsortsprinzip[290] auszubauen,[291] dessen gleichermaßen aktionistische wie regelungstechnisch misslungene Einführung mehr Probleme geschaffen als gelöst hat. Privilegierte Einbürgerungstatbestände für im Inland Geborene bei Erreichung der Volljährigkeit wären ausreichend[292] und würden in echter Liberalität die identitätsrelevante Wahl der Zugehörigkeit[293] dem Einzelnen überlassen.

---

[289] So aber *B.-O. Bryde* StWuStP 1995, 305 (313); tendenziell ferner etwa *Shaw* (Fn. 12), 299f. Abstammung ist ein rein formaler Anknüpfungspunkt, durch den die formale Staatsangehörigkeit weitergegeben wird. Siehe *von Münch* (Fn. 24), 136; ähnlich auch *Grawert* (Fn. 24), 335. Abstammung bedeutet eben auch, dass der soeben Eingebürgerte ohne Abstriche zur künftigen Zusammensetzung des Staatsvolks beiträgt. Mit einer pseudobiologistischen Identitätsbildung hat der Abstammungserwerb nichts zu tun. Die Vielfalt der familiären Hintergründe und generationenübergreifenden Migrationsbiografien wächst insoweit mit der Zahl der Einbürgerungen beständig an, was bei historischer Projektion ebenfalls kein Novum ist. Umgekehrt lassen sich auch aus der Abstammung keine rechtlich relevanten Loyalitätsvermutungen herleiten. So aber *Ziemske* (Fn. 171), 291.

[290] Mit Recht kritisch *von Münch* (Fn. 24), 137f.; siehe auch *von Arnauld* (Fn. 24), Art. 16 Rn. 3, der freilich darauf hinweist, dass sich praktische Probleme vor allem durch eine Kombination beider Prinzipien entschärfen lassen. Ein Verzicht auf das Geburtsortsprinzip und eine Verlagerung politischer Integrationsfragen in das Einbürgerungsrecht vermeidet Konflikte von vornherein und ermöglicht es zugleich, Integrationsanforderungen zu implementieren, die dem Automatismus des Geburtsortsprinzips gänzlich verloren gehen.

[291] Hierfür aber z.B. *Davy* (Fn. 31), 93. Ablehnend etwa *Isensee* (Fn. 86), 157, mit dem Hinweis, dass hierdurch die Lasten der sozialen Integration vom Elternhaus auf den Staat verschoben würden.

[292] Für ein entsprechendes Konzept in der Sache auch der Oppositionsentwurf zur Staatsangehörigkeitsrechtsreform von 1999, siehe BR-Drs. 196/99, 44f., 60. Praktisch spricht für eine privilegierte Einbürgerung, dass diese von weiteren Integrationsleistungen abhängig gemacht werden kann. Der gesicherte Aufenthalt bis zum Einbürgerungsalter kann dann als eine ‚Probezeit' fungieren.

[293] *Britz* Kulturelle Rechte (Fn. 31), 76, 84, 100, 287; *Sacksofsky* (Fn. 38), 320.

c) *Personale Auffächerung durch Mehrfachstaatsangehörigkeit?*

Die Zulassung mehrfacher Staatsangehörigkeit[294] ist zwar nicht per se unzulässig,[295] teils sogar geboten[296]. Sie ist auch nicht in erster Linie ein

---

[294] Befürwortend etwa *Rubio-Marín* (Fn. 37), 237; *Uslucan* (Fn. 34), 432ff., der als Ergebnis seiner Untersuchung insoweit ein Menschenrecht in der Entstehung zu beobachten meint (mit Recht kritisch *S. Schnöckel* ZAR 2012, 349 [350 f.]); tendenziell auch *Sacksofsky* (Fn. 38), 338 f. Nach Angaben des Statistischen Bundesamtes (Stand Juli 2012) bewegte sich die Zahl der neu eingebürgerten Ausländer, die ihre bisherige Staatsangehörigkeit beibehielten (§ 12 StAG), seit dem Jahr 2006 konstant über 50 %. Einbürgerungsstatistik abrufbar unter www.bmi.bund.de. Allenfalls ließe sich daher gegen die geltende Regelung der Einwand mangelnder Effektivität anführen. Zu berücksichtigen ist dann freilich, dass bereits in dem gesetzestechnischen Regel-Ausnahme-Verhältnis eine identitätsstiftende Wertung steckt, deren Eigenwert erhalten bleiben kann, auch wenn sich das Verhältnis empirisch umkehrt.

[295] Zutreffenderweise wird aber ein Verfassungsgebot zur Vermeidung von Mehrstaatlichkeit aus der institutionellen Garantie abgeleitet, so *P. M. Huber/K. Butzke* NJW 1999, 2769 (2771f.); *Masing* Staatsangehörigkeitsrecht (Fn. 11), 59f.; *R. Scholz/A. Uhle* NJW 1999, 1510 (1512); *Ziemske* (Fn. 171), 277ff. Dies bedeutet aber lediglich, dass es für jede Abweichung eines sachlichen Grundes bedarf, der selbstverständlich auch darin liegen kann (ggf. sogar muss), dass der Heimatstaat des Einbürgerungswilligen eine Entlassung aus der Staatsangehörigkeit verweigert oder unzumutbar erschwert, schon weil die deutsche Staatsgewalt bei der Einbürgerung an Grundrechte gebunden ist (Art. 1 Abs. 3 GG) und daher die totale und untrennbare Inanspruchnahme der eigenen Staatsangehörigen durch einen fremden Staat schlicht nicht rechtlich anschlussfähig ist. Zu weit gehend wäre demgegenüber eine Konstitutionalisierung der auch historisch nie konsequent verwirklichten Ausschließlichkeit der Staatsangehörigkeit. So aber wohl *Isensee* Ende der Demokratie (Fn. 287), 58. Für eine generelle Zulässigkeit von Mehrfachstaatsangehörigkeit demgegenüber *Kokott* (Fn. 260), Art. 16 Rn. 7; *Menzel* (Fn. 37), 422f.; *Sacksofsky* (Fn. 38), 336; *Wallrabenstein* (Fn. 20), 252; *Wittreck* (Fn. 132), Art. 116 Rn. 44. Völkerrechtlich besteht kein allgemeines Verbot von mehrfachen Staatsangehörigkeiten, siehe *Graf Vitzthum/Kau* (Fn. 232), Abschn. 3 Rn. 110; *Uslucan* (Fn. 34), 405. Das Übereinkommen über die Verringerung der Mehrstaatigkeit und über die Wehrpflicht von Mehrstaatern v. 6. 5. 1963 (BGBl. 1969 II S. 1954) wurde von der Bundesrepublik Deutschland – wie im Übrigen auch von anderen Vertragsstaaten – zum 22. 12. 2002 gekündigt (vgl. BT-Drs. 16/13321), um eine Modernisierung des Staatsangehörigkeitsrechts zu erleichtern. Art. 14ff. des Europäischen Übereinkommens über die Staatsangehörigkeit v. 6. 11. 1997 (BGBl. 2004 II S. 578) lassen Mehrstaatlichkeit grundsätzlich zu. Allerdings kann die Mehrfachstaatsangehörigkeit zu völkerrechtlichen Folgeproblemen führen. Daher kritisch *H. von Mangoldt* JZ 1993, 965ff.; siehe zudem zu den kollisionsrechtlichen Hürden im Privatrecht *N. Dethloff* JZ 1995, 64 ff.

[296] Bei Kindern binationaler Eltern gebietet Art. 6 Abs. 1 GG im Hinblick auf die statusrechtliche Einheit der Familie grundsätzlich die Hinnahme von Doppelstaatlichkeit. Jedenfalls rechtspolitisch für eine Tolerierung *von Münch* (Fn. 24), XXVI. Einem EU-Ausländer kann die Aufgabe seiner bisherigen Staatsangehörigkeit nicht abverlangt werden, siehe § 12 Abs. 2 StAG; frühzeitig für eine Unzumutbarkeit bereits: *B.-O. Bryde* JZ 1989, 257 (258); anders *E. Grabitz* Europäisches Bürgerrecht, 1970, 114f., der das

Problem provozierter Loyalitätskonflikte.[297] Mehrfachstaatlichkeit bedeutet indes eine gerade demokratisch dysfunktionale Privilegierung, weil – praktisch durchaus relevante[298] – politische Einflussmöglichkeiten multipliziert[299] und asymmetrische Ausstiegs-Optionen offen gehalten wer-

---

Problem über Einbürgerungs- und Rückeinbürgerungsansprüche im Sinne einer ausschließlichen sowie flexiblen Staatsangehörigkeit auflösen möchte.

[297] Dass Loyalitätskonflikte provoziert werden (*Grawert* Staatsangehörigkeit [Fn. 6], 248; *Isensee* Ende der Demokratie [Fn. 287], 56; *Uhle* [Fn. 171], § 82 Rn. 72), ist im Ausgangspunkt sicher richtig, spielt aber praktisch eher eine nachgeordnete Rolle. Wie hier *von Münch* (Fn. 24), XXVII. Faktische Loyalitätskonflikte gründen vor allem auf einem abweichenden emotionalen Zugehörigkeitsgefühl, das nicht (oder jedenfalls nur ausnahmsweise) von der Staatsangehörigkeit abhängen wird. Um *rechtliche* Loyalitätskonflikte geht es heute nur am Rande, da die Personalhoheit des Fremdstaates nicht die primäre Territorialhoheit des Aufenthaltsstaates zu überwinden vermag. Verbleibende Konflikte – wie etwa im Bereich des Wehrdienstes – können durch bilaterale Verträge weitestgehend entschärft werden. Realistisch auch *Masing* Staatsangehörigkeitsrecht (Fn. 11), 66; *Rubio-Marín* (Fn. 37), 241; *Sacksofsky* (Fn. 38), 326 f., 330 f., 334; *Uslucan* (Fn. 34), 410 f.; siehe ferner *S. Baer* Die Philosophin 15 (1997) 75 (78 f.), mit dem Hinweis, dass viele Konflikte erst durch Recht geschaffen werden und im Übrigen nicht wehrpflichtige Frauen nicht betreffen. Ein weiterer Aspekt tritt hinzu: Loyalitätskonflikte werden in Mehrebenensystemen mit wachsender demokratischer Repräsentation zunehmend zu einem ubiquitären – wenn auch vertikalen – Phänomen, das bislang nicht einmal ansatzweise bewältigt wurde. Vgl. analytisch *Möllers* (Fn. 141), 764. Überzogen *Böckenförde* (Fn. 25), 432: Eine mehrfache Staatsangehörigkeit widerspreche dem Wesen des modernen Staates; gleichsinnig BR-Drs. 196/99, 47; *Krüger* (Fn. 27), 948 f. Wenn das geltende Recht auf eine unterstellte Konfliktlage reagieren wollte, müsste es zudem das Vorliegen einer fremden Staatsangehörigkeit auch im Übrigen als Risikofaktor behandeln, also namentlich auch Deutsche, die eine weitere Staatsangehörigkeit besitzen, von Tätigkeiten mit besonderen Loyalitätsanforderungen ausschließen. Dies ist aber gerade nicht der Fall; das Beamtenrecht verlangt nur das positive Vorliegen der deutschen Staatsangehörigkeit, vgl. § 7 Abs. 2 BBG; § 7 Abs. 2 BeamtStG. Eine weitere Staatsangehörigkeit wird selbst in Kernbereichen der öffentlichen Gewalt als unschädlich erachtet, vgl. für die Justiz *Schmidt-Räntsch* (Fn. 77), § 10 Rn. 11.

[298] Dass die Vervielfältigung politischer Einflusspfade nicht nur ein theoretisches, sondern ein manifestes praktisches Problem darstellt, zeigt nicht zuletzt die subversive Instrumentalisierung der Deutschen mit türkischen Wurzeln (bzw. der in Deutschland lebenden Türken mit Einbürgerungsmöglichkeit) als verlängerter politischer Arm durch die türkische Regierung. Hierzu anlässlich der Kölner Rede von Ministerpräsident Erdogan 2008 analytisch und kritisch *S. Luft* Politische Studien 419 (2008), 64 (66 f.).

[299] Vgl. etwa *J. Isensee* JZ 2010, 317 (325): Mehrfachstaatlichkeit führe zu einem „Zwei-Klassen-System", das die Solidarität des Staatsvolkes untergrabe. Siehe auch Art. 39 Abs. 3 Schweizerische BV: „Niemand darf die politischen Rechte in mehr als einem Kanton ausüben." Siehe zur freiheitsrechtlichen Privilegierung ferner *P. M. Huber*/*K. Butzke* NJW 1999, 2769 (2773). Ohne substanzielle Argumente hiergegen *Uslucan* (Fn. 34), 424 ff., der im Wesentlichen auf faktische Vorteile für die Betroffenen verweist, die aber eben das Problem sind, sowie behauptet, die Ausdehnung des Kreises der Wahlberechtigten entspreche eher demokratischen Grundsätzen als eine

den.[300] Das Staatsangehörigkeitsrecht sollte dem (weiterhin) entgegenwirken.[301]

Verengung. Letzteres ist in dieser Pauschalität unzutreffend, weil Demokratie sowohl auf formaler als auch auf reziproker Gleichheit beruht, zumal die wahlrechtliche Begünstigung einer Personengruppe die realen Durchsetzungschancen der anderen verringert, die Demokratieadäquanz also entscheidend weniger von der Extension als vom sachgerechten Anknüpfungspunkt der Mitgliedschaft in einem Legitimationssubjekt abhängt.

[300] Wie hier *P. M. Huber/K. Butzke* NJW 1999, 2769 (2773). Vgl. auch *Uhle* (Fn. 171), § 82 Rn. 73: Es komme ein Vorbehalt gegenüber einer Integration in das Staatsvolk zum Ausdruck; ähnlich BR-Drs. 196/99, 47. Hiergegen aber *Sacksofsky* (Fn. 38), 328 f.; *Wallrabenstein* (Fn. 159), 117, mit der Begründung, die Möglichkeit der Ausreise oder Niederlassung in einem anderen Staat stünde auch Deutschen zu. Diese Ausreise wird allerdings mit dem Preis erkauft, in einer Ordnung leben zu müssen, an deren Autorenschaft man nicht mehr beteiligt ist. Und ob man ein gefestigtes Aufenthaltsrecht in einem anderen Land erlangt, hängt zudem von vielen Faktoren ab; außerhalb der Europäischen Union ist das Zuwanderungsrecht sehr unterschiedlich – und teils äußerst restriktiv – ausgestaltet. Siehe auch die Kritik, die doppelte Staatsangehörigkeit wirke auf Grund von Doppeldeutigkeiten integrationshemmend, so *Hillgruber* (Fn. 273), § 32 Rn. 32. Und *H. von Mangoldt* JZ 1993, 965 (973), sieht es zudem als unvereinbar mit Art. 3 Abs. 1 GG an, wenn Ausländern bei der Einbürgerung der Behalt der bisherigen Staatsangehörigkeit gestattet wird, während Deutsche ihre Staatsangehörigkeit bei einer Einbürgerung in einem fremden Staat in der Regel aufgeben müssen. Dies überzeugt jedoch nicht, weil die Folgen des Einbürgerungsrechts eines anderen Staates der Bundesrepublik Deutschland nicht zurechenbar sind und Reziprozität in einem demokratischen Rechtsstaat kein sachgerechtes Leitbild ist (Fn. 231).

[301] Statt vieler *M. Heintzen* Der Staat 36 (1997), 327 (346); vgl. auch BVerfG-K, NJW 1991, 633 (634); im Hinblick auf die Nachteile für den Betroffenen auch *Kokott* (Fn. 260), Art. 16 Rn. 7; anders aber etwa *Davy* (Fn. 31), 93; *R. Göbel-Zimmermann* in: Barwig/Davy (Fn. 31), 148 (161). Namentlich zu befürworten ist der Fremderwerb als Verlusttatbestand, so §§ 17 Nr. 2, 25 StAG; *Badura* (Fn. 92), L 39; der Verlust setzt allerdings Kenntnis von der deutschen Staatsangehörigkeit voraus, so BVerwG, NJW 2008, 2729 (2730). Zu den wahlrechtlichen Folgefragen und den Problemen einer inzidenten Feststellung des Fremderwerbs im Wahlverfahren vertiefend *Schreiber* (Fn. 134), § 12 Rn. 5; zur Vermeidung von Wahlfehlern kann eine melderechtliche Auskunftsanordnung gegenüber den Eingebürgerten betreffend der Wiedererlangung ihrer früheren Staatsangehörigkeit erlassen werden, so zutreffend OVG Münster, NJW 2005, 2940; gebilligt durch BVerfG-K, NVwZ 2006, 681 f. Rigide ferner Art. 9 Verfassung von Indien; Indian Supreme Court, Judgement v. 16. 2. 1962, Izhar Ahmad Khan/Union of India, 1962 AIR 1052, 1962 (3) Suppl. SCR 235 (248). Siehe zu weiteren, eher technischen Folgeproblemen eingehend *Makarov* (Fn. 36), 305 ff.

VII. Unionsbürgerschaft als europäischer Bürgerstatus

Neben die Staatsangehörigkeit tritt mit zunehmender Bedeutung die Unionsbürgerschaft, die die europäische Integrationsgemeinschaft der Staaten um einen einigenden Bürgerstatus der einzelnen Staatsangehörigen ergänzt.[302]

1. *Politischer Bürgerstatus qua territorialer Repräsentation*

Der Unionsbürgerstatus bündelt nicht nur Freiheitsrechte gegenüber den Mitgliedstaaten, sondern schafft auch einen politischen Rechtsstatus gegenüber der Europäischen Union.[303] Die Unionsbürger sind auf Unionsebene unmittelbar im Europäischen Parlament repräsentiert (Art. 10 Abs. 2 UAbs. 1 EUV). Der im Wahlrecht abgebildete politische Bürgerstatus bezieht sich seinerseits auf den jeweiligen Mitgliedstaat, mit dem der Unionsbürger jedoch nicht notwendig durch die Staatsangehörigkeit verbunden ist, sondern qua Territorialität als unionszugehöriger Einwohner.[304] Es ist daher zumindest ungenau, wenn das Europäische

---

[302] Zum Unionsbürgerstatus als spezifisches Integrationsinstrument *N. Kotalakidis* Von der nationalen Staatsangehörigkeit zur Unionsbürgerschaft, 2000, 294 f.; *S. Magiera* DÖV 1987, 221 ff.; *Oppermann* (Fn. 45), 713 ff.; *M. Reddig* Bürger jenseits des Staates?, Unionsbürgerschaft als Mittel europäischer Integration, 2005; *D. H. Scheuing* EuR 2003, 744 (785): „Vollintegration“; *C. Walter* in: Kluth (Hrsg.) Europäische Integration (Fn. 60), 65 (70); *Wollenschläger* Grundfreiheit (Fn. 45).

[303] *Kadelbach* (Fn. 22), § 19 Rn. 24; *Schönberger* Unionsbürger (Fn. 44), 488 ff.; *F. Wollenschläger* in: S. Boysen u.a. (Hrsg.) Netzwerke, 2007, 104 (119); *ders.* Grundfreiheit (Fn. 45), 319. Dieser Status spiegelt sich auch in der GR-Charta, vgl. *Calliess* (Fn. 180), 367 f., 381.

[304] *K. F. Gärditz* DÖV 2010, 453 (455); vgl. auch *Giegerich* (Fn. 144), § 9 Rn. 87 ff. (Fall der Inländergleichbehandlung ansässiger Unionsbürger). Den fortbestehenden Bezug des Wahlrechts auf die Mitgliedstaaten betont (obschon mit kritischer Zielrichtung) auch *M. Ruffert* in: J. Schwarze/A. Hatje (Hrsg.) Der Reformvertrag von Lissabon, 2009, 31 (40). Die Wahlen in einem Mitgliedstaat vermitteln den Einwohnern mit Staatsangehörigkeit eines EU-Mitgliedstaates demokratische Repräsentation. Siehe Art. 22 Abs. 2 Satz 1 AEUV; Art. 3 ff. Richtlinie 93/109/EG des Rates v. 6. 12. 1993 über die Einzelheiten der Ausübung des aktiven und passiven Wahlrechts bei den Wahlen zum Europäischen Parlament für Unionsbürger mit Wohnsitz in einem Mitgliedstaat, dessen Staatsangehörigkeit sie nicht besitzen (ABl. L 329, 34); Art. 39 Abs. 1 GRCh; § 6 Abs. 3 EuWG; *M. Degen* DÖV 1993, 749 (742 ff.); *Grabenwarter/Pabel* (Fn. 59), § 23 Rn. 102. Ziel der Regelung ist gerade die politische Integration der Unionsbürger im jeweiligen Wohnsitzstaat, vgl. *W. Kluth* in: C. Calliess/M. Ruffert (Hrsg.) EUV/AEUV, 4. Aufl. 2011, Art. 22 AEUV Rn. 9.

Parlament vom Bundesverfassungsgericht weiterhin[305] als Vertretungsorgan der Völker bezeichnet wird.[306] Im Rahmen der dualen demokratischen Legitimationsstruktur der Europäischen Union[307] bilden die Unionsbürger die Mitglieder eines fragmentierten[308], personell atomisier-

---

[305] Früher so auch noch Art. 189 EG. Zur nicht nur terminologischen Verschiebung etwa *Wollenschläger* (Fn. 303), 120. Der EuGH maß im Übrigen dem Begriff Volk hier keine entscheidende Bedeutung zu, da dieser in den verschiedenen Mitgliedstaaten und Sprachen unterschiedlich verstanden werde, so EuGH, Urt. v. 12.9.2006, Rs. C-145/04 („Gibraltar"), Slg. 2006, I-7917 Rn. 71; Urt. v. 12.9.2006, Rs. C-300/04 (Eman und Sevinger), Slg. 2006, I-8055 Rn. 27–29. Bezeichnenderweise wurde unter der alten Sprachfassung vom Vereinigten Königreich in Frage gestellt, ob „Völker" notwendig auf die Summe der Staatsangehörigen beschränkt sein müsse oder ob der Begriff nicht auch im Sinne von Wohnbevölkerung verstanden werden könne, vgl. die Parteieinlassung in EuGH, Urt. v. 12.9.2012, Rs. C-145/04 („Gibraltar"), Slg. 2006, I-7917 Rn. 52.

[306] BVerfGE 123, 267 (368, 375); erneut BVerfG, NVwZ 2012, 33 (35). Zustimmend aber *J. Isensee* ZRP 2010, 33 (35). Eine solche Sicht wäre allenfalls plausibel, wenn man die spezifische Form der Repräsentation vom territorialen Wahlakt ablöst und den Blick auf das Europäische Parlament richtet, in dem dann entterritorialisiert die Völker Europas, abgebildet durch die Staatsangehörigkeit der Abgeordneten und/oder ihrer Wähler, vertreten sind. Darauf deutet hin, dass das BVerfG in der Wahl des deutschen Kontingents im Europäischen Parlament „eine ergänzende Mitwirkungsmöglichkeit", und zwar – insoweit offensichtlich verzerrend – „für das Wahlrecht der Bundesbürger" (!) sieht, so BVerfGE 123, 267 (370). Dies läuft freilich dem Sinn des gerade territorial vermittelten und insoweit parzellierten Vertretungsanspruchs der Unionsbürger, den Art. 10 Abs. 2 UAbs. 1 EUV formuliert, zuwider und entspricht im Übrigen auch nicht § 6 Abs. 3 EuWG. Namentlich werden die wahlberechtigten EU-Ausländer innerhalb der Sitzquote des Wohnsitzstaates im Parlament repräsentiert. Insoweit berechtigte Kritik an der Rechtsprechung des BVerfG bei *S.-C. Lenski* DVBl. 2012, 1057 (1062 mit Fn. 61); *I. Pernice* in: C. Franzius/F. C. Mayer/J. Neyer (Hrsg.) Strukturfragen der Europäischen Union, 2010, 102 (109). Zur Gegenüberstellung von Unionsbürgern und Völkern der Mitgliedstaaten in Art. 10 EUV zutreffend *Calliess* (Fn. 180), 168; *R. Streinz* Europarecht, 9. Aufl. 2012, Rn. 138; relativierend aber *U. Everling* EuR 2010, 91 (98). Dass der Bezug auf die Völker der Mitgliedstaaten schon früher im Kontrast zum territorialisierten Wahlrecht stand, merken mit Recht *M. Dürig* NVwZ 1994, 1180 (1181 f.) sowie *Schönberger* Unionsbürger (Fn. 44), 493 f., an.

[307] BVerfGE 89, 155 (184 ff.); 123, 267 (370); *von Bogdandy* (Fn. 98), 64; *Calliess* (Fn. 180), 168; *F. Brosius-Gersdorf* EuR 1999, 133 ff.; *U. Di Fabio* JZ 2000, 737 (742); *W. Kluth* Die demokratische Legitimation der EU, 1995, 87, 95; *M. Ruffert* EuR 2004, 165 (179 ff.); *E. Schmidt-Aßmann* in: W. Hoffmann-Riem/E. Schmidt-Aßmann/A. Voßkuhle (Hrsg.) Grundlagen des Verwaltungsrechts, Bd. 1, 2. Aufl. 2012, § 5 Rn. 60.

[308] Siehe *Huber* Verfassungsrecht (Fn. 156), 208; *Shaw* (Fn. 12), 189; ferner *O. W. Lembke/E. Peuker/D. Seifarth* DVBl. 2012, 401 (404 f.): Fortsetzung der dualen Legitimationsstruktur im Parlament und Projektion kultureller Identitäten. Die Fragmentierung kommt vor allem in der degressiven Proportionalität der Verteilung der Sitze auf die Mitgliedstaaten (Art. 14 Abs. 2 Satz 3 EUV) zum Ausdruck, vgl. BVerfGE 123, 267 (372); *P. M. Huber* in: R. Streinz (Hrsg.) EUV/AEUV, 2. Aufl. 2012, Art. 14 EUV Rn. 39, der insoweit zutreffend auf die Kontinuität zum alten Art. 189 EG hin-

ten[309] und unselbstständigen Legitimationssubjekts.[310] Die Unionsbürgerschaft ersetzt als abgeleitete Zugehörigkeit (Art. 20 Abs. 1 Satz 2 AEUV) nicht die nationale Staatsangehörigkeit (Art. 20 Abs. 1 Satz 3 AEUV)[311] und stellt für diese auch keine echte Konkurrenz dar.[312] Die Unions-

weist; eingehende Kritik bei *E. Peuker* ZEuS 2008, 453 ff.; mit Recht differenzierend hierzu *U. Everling* EuR 2010, 91 (97); *J. Isensee* FS Roman Herzog, 2007, 131 (136); *Lübbe-Wolff* Verfassungsrecht (Fn. 67), 249; *C. Möllers* in: Franzius/Mayer/Neyer (Fn. 306), 150 (165); *Nettesheim* (Fn. 202), 159. Vgl. auch die Deutung von *Calliess* (Fn. 180), 172: Im Parlament konkurriere die demokratische Gleichheit der Wahl mit der völkerrechtlichen Staatengleichheit. Dies entspricht freilich nicht der klaren Scheidung der Zurechnungs- und Legitimationsstränge im Rahmen des Art. 10 Abs. 2 EUV, erklärt aber dennoch die rechtsimmanenten Widersprüche, die zwischen dem abstrakten repräsentativ-demokratischen Anspruch und der konkreten Operationalisierung bestehen. Demgegenüber für ein einheitliches Legitimationssubjekt („föderativ gegliederte Gesamtheit der Unionsbürger") *Schönberger* Unionsbürger (Fn. 44), 499 f.

309 Der Aufwertung des Bürgerstatus korrespondiert hier – wie nicht zuletzt die Semantik des Art. 10 Abs. 2 EUV zeigt – kein europäisches Volk (sprich: kein verselbstständigtes Legitimationssubjekt), zutreffend *Huber* (Fn. 308), Art. 14 EUV Rn. 40; anders etwa *R. Schütze* Common Market Law Review 46 (2009), 1069 (1085). Bezugspunkt bleiben die einzelnen Unionsbürger, was freilich aus der vorherrschenden Perspektive der Demokratietheorie, die die Legitimationsbegründung letztlich bei den Individuen ansetzt und das Kollektiv Volk eher als Chiffre für den Vorgang formaler Bündelung begreift, keine Besonderheit ist.

310 Weitergehend, nämlich für eine selbstständige und unmittelbare Legitimation, die auf die Unionsbürger zurückgeführt wird: *Pernice* (Fn. 306), 106 f.; *Peters* (Fn. 199), 566, 651 ff.; aus demokratietheoretischer Sicht *Habermas* Verfassung (Fn. 86), 67 f. Hiergegen mit Recht, namentlich unter zutreffendem Verweis auf die fehlende Verselbstständigung der politischen Mitwirkungsmöglichkeiten der Unionsbürger an der Primärrechtsänderung gegenüber den Mitgliedstaaten, *Grimm* in: ders. (Fn. 181), 275 (286 ff.). Richtigerweise lässt sich auch die duale Legitimationsstruktur (Fn. 307) aus individueller Perspektive konstruieren, weil der Bürger eine Doppelrolle als Unions- und Staatsbürger einnehmen kann, die situationsspezifische Rollendifferenzierung (z.B. bei Wahlen) ermöglicht sowie erfordert. Zutreffend *C. Calliess* in: ders. (Hrsg.) Verfassungswandel im europäischen Staaten- und Verfassungsverbund, 2007, 187 (225 f.). Mit Recht schließlich gegen einen Kurzschluss von einer demokratietheoretischen Konstruktion auf eine dogmatische Inhaltsbeschreibung des positiven Rechts *von Bogdandy* (Fn. 98), 64 f.

311 BVerfGE 123, 267 (404 ff.). Ferner BVerfGE 89, 155 (184 f.); 113, 273 (298); *K. Hailbronner* ZAR 1993, 51 (53); *Isensee* (Fn. 308), 135; *Kadelbach* (Fn. 22), § 19 Rn. 24; *S. Magiera* in: R. Streinz (Hrsg.) EUV/AEUV, 2. Aufl. 2012, Art. 20 AEUV Rn. 21; *Menzel* (Fn. 37), 419; *von Münch* (Fn. 24), 307.

312 Siehe auch *Calliess* (Fn. 180), 370; *K. Hailbronner* NJW 2004, 2185 (2187); *S. Hobe* Der Staat 32 (1993), 245 (257); *von Münch* (Fn. 24), 309. Anders *A. Bleckmann* DVBl. 1992, 335 (336), der die Unionsbürgerschaft als echte Staatsbürgerschaft bewertet. Für eine Annäherung jedenfalls *C. Tomuschat* in: Drexl/Kreuzer/Scheuing/Sieber (Fn. 23), 73 (84).

bürgerschaft bezieht sich auf ein anderweitiges Legitimations*objekt* (die öffentliche Gewalt der Union),[313] erlangt aber gerade insoweit demokratischen Eigenstand als europäischer Bürgerstatus[314] mit unterstützendem Legitimationswert[315].

2. *Unionsbürgerschaft als grundlegender Status der Angehörigen der Mitgliedstaaten*

In der Rechtsprechung des EuGH zeichnet sich allerdings schon länger ein sukzessiver Ausbau der Unionsbürgerschaft zu einem übergreifenden Status mit selbstständigen Rechten ab. Der Unionsbürgerstatus wurde kürzlich von einem Generalanwalt des EuGH sogar zur solidaritätsge-

---

[313] Vgl. auch *W. Kluth* ZAR 2009, 329 (334): die Staatsvölker seien auf staatliche Organe und staatliches Gemeinwohl, die Unionsbürger auf Unionsorgane und Gemeinwohl der Union ausgerichtet. Ähnlich *Schönberger* Unionsbürger (Fn. 44), 492 f. Hieran knüpft dann konsequenterweise auch die Kritik an, dass in europäischen Angelegenheiten nur „die europäischen Bürger [...] ihre Stimme erheben" könnten, an diesen die politischen Diskurse indes vorbeiliefen (*Habermas* Europa [Fn. 4], 91). Die Mitgliedschaft in verschiedenen politischen Gemeinschaften – richtigerweise eine schlichte Zurechnungsfrage – ist sowohl demokratietheoretisch als auch verfassungsrechtlich problemlos möglich. Eingehend *Möllers* (Fn. 141), 759 ff.; auch *Tomuschat* (Fn. 312), 85 f. Auch ein Konflikt mit Art. 79 Abs. 3 GG zeichnet sich insoweit nicht ab. Soweit die Ewigkeitsgarantie nach vorherrschender Auffassung die Staatlichkeit der Bundesrepublik Deutschland garantiert (BVerfGE 123, 267 [343]; *W. Durner* in: J. Isensee/P. Kirchhof [Hrsg.] HStR X, 3. Aufl. 2012, § 216 Rn. 20; *U. Fink* DÖV 1998, 133 ff.; *Hillgruber* [Fn. 273], § 32 Rn. 40 f., 108; *J. Isensee* in: Hillgruber/Waldhoff [Fn. 217], 117 [133]; *M. Sachs* in: ders. [Hrsg.] GG, 6. Aufl. 2011, Art. 79 Rn. 60), wird diese nicht durch multiple Zugehörigkeiten als solche substantiell erodiert.

[314] So *Magiera* (Fn. 311), Art. 20 AEUV Rn. 22; in diesem Sinne auch *Kadelbach* (Fn. 22), § 19 Rn. 24; für den auch politischen Eigenwert über den Status als Marktbürger hinaus auch *Calliess* (Fn. 140), 41. Programmatisch *Grabitz* (Fn. 296), 111. Die Unionsbürgerschaft sei ein Instrument „politischer Identitätsbildung", so *M. Droege* in: J. Bast u.a. (Hrsg.) Die Europäische Verfassung – Verfassungen in Europa, 2005, 104 (119); gleichsinnig *A. von Bogdandy* JZ 2004, 53 (54). Als demokratischer Bürgerstatus bedarf auch die Unionsbürgerschaft konsequenterweise einer strikt formalen Gestaltung, weshalb Vorstöße, demokratische Rechte auf Drittstaatsangehörige auszudehnen – *Shaw* (Fn. 12), 233 f. –, abzulehnen sind.

[315] Vgl. BVerfGE 89, 155 (184); *C. Hillgruber* in: B. Schmidt-Bleibtreu/H. Hofmann/A. Hopfauf (Hrsg.) GG, 12. Aufl. 2011, Art. 23, Rn. 9; *Huber* Verfassungsrecht (Fn. 156), 207; ähnlich erneut BVerfGE 123, 267 (370). Dass der zusätzliche Legitimationsbedarf korrespondierend zur Erweiterung der Tätigkeitsfelder und Intensivierung des Regelungszugriffs der EU zunimmt, ist schwer zu bestreiten. Vgl. nur *M. Ruffert* in: Hatje/Terhechte (Fn. 178), 83 (95). Zur Bedeutung des zusätzlichen Tariergewichts der Mehrheitsregeln *M. Böse* FS Klaus Tiedemann, 2008, 1323 (1334).

prägten Mitgliedschaft in einer Wertegemeinschaft[316] überhöht,[317] obschon die Werte der Union (vgl. Art. 2 EUV) – soweit in Recht umgegossen – territorial und damit gleichermaßen für Drittstaatsangehörige beachtlich sind. Dahinter steht das gleichermaßen anspruchslose wie methodisch fragwürdige Unterfangen, in Nachahmung idealisierter Nationengründungen den formalen Zugehörigkeitsstatus der Unionsbürger durch eine vermeintlich vorrechtliche Substanz anzureichern.

a) *Materialisierung durch Territorialisierung*

Seit über einer Dekade betont der Gerichtshof, dass der Unionsbürgerstatus (Art. 20 AEUV) dazu bestimmt sei, „der grundlegende Status der Angehörigen der Mitgliedstaaten zu sein".[318] Als vorläufiger Endpunkt einer materiellen Überdehnung wird ein Kernbereich an Statusrechten konstruiert, die dem Unionsbürger – in Ablösung von der tradierten Dogmatik der Grundfreiheiten[319] – selbst gegenüber dem eigenen Herkunftsstaat[320] zustehen.[321] Der Gerichtshof sprach in der Rechtssache *Zambrano*

---

316 Zum gleichermaßen vielschichtigen wie fragwürdigen Konzept näher *C. Calliess* JZ 2004, 1033 ff.; kritisch *Franzius* (Fn. 129), 69 ff.; *Hanschmann* (Fn. 202), 261 ff.

317 Schlussanträge GA *Villalón* v. 14. 9. 2010, Rs. C-47/08 u.a. (Kommission/Königreich Belgien u.a), Rn. 138: „Indem sie eine transnationale Dimension annimmt, überwölbt die Unionsbürgerschaft die bestehende Gemeinschaft von Staaten und Individuen, die eine Reihe von Werten, ein hohes Maß an gegenseitigem Vertrauen und eine Solidaritätspflicht teilen. Wird mit der Verleihung der Staatsbürgerschaft eines Mitgliedstaats der Einzelne in diese Gemeinschaft von Werten, des Vertrauens und der Solidarität aufgenommen, so erwiese es sich als paradox, wenn ausgerechnet die Zugehörigkeit zu dieser den Unionsbürger daran hinderte, die vom Vertrag gewährleisteten Rechte und Freiheiten wahrzunehmen."

318 Etwa EuGH, Urt. v. 20. 9. 2001, Rs. C-184/99 (Grzelczyk), Slg. 2001, I-6193, Rn. 31; Urt. v. 17. 9. 2002, Rs. C-413/99 (Baumbast und R), Slg. 2002, I-7091, Rn. 82; Urt. v. 2. 10. 2003, Rs. C-148/02 (Garcia Avello), Slg. 2003, I-11613, Rn. 22; Urt. v. 19. 10. 2004, Rs. C-200/02 (Zhu und Chen), Slg. 2004, I-9925, Rn. 25; Urt. v. 12. 9. 2006, Rs. C-145/04 („Gibraltar"), Slg. 2006, I-7917, Rn. 74; Urt. v. 2. 3. 2010, Rs. C-135/08 (Rottmann), 2010 I-1449, Rn. 43; Urt. v. 8. 3. 2011, Rs. C-34/09 (Zambrano), NVwZ 2011, 545, Rn. 41; Urt. v. 21. 7. 2011, Rs. C-503/09 (Stewart), Rn. 80; Urt. v. 8. 12. 2011, Rs. C-171/08 (Nural Ziebell), NVwZ 2012, 422, Rn. 73.

319 Vgl. *M. Nettesheim* JZ 2011, 1030 (1031, 1036).

320 Zur darin liegenden Zäsur *K. Hailbronner/D. Thym* NJW 2011, 2008. Zuvor im Ergebnis bereits *A. Hatje* in: J. Schwarze (Hrsg.) EU-Kommentar, 2. Aufl. 2009, Art. 18 EGV Rn. 9. Ein davon zu unterscheidendes Problem sind Rechte eines Unionsbürgers, der neben der erworbenen Staatsangehörigkeit des Aufenthaltsstaates auch die frühere eines anderen EU-Mitgliedstaates beibehält. Hier wird man richtigerweise davon ausgehen können, dass die Rechte als Unionsbürger nicht durch die Einbürgerung erlöschen, der Aufenthaltsstaat also den Auch-Ausländer – entgegen den völkerrechtlichen Traditionen – nicht (etwa nach Maßgabe einer ‚effektiven' Staatsangehörigkeit,

Drittstaatsangehörigen ein Aufenthaltsrecht zu, weil sie als Folge des in Belgien geltenden *ius soli* Eltern minderjähriger Unionsbürger waren, die zwar selbst nie von ihrer Freizügigkeit Gebrauch gemacht hatten, aber deren Aufenthaltsrecht im Unionsgebiet durch eine Ausweisung der Eltern ausgehebelt worden wäre.[322] Auch wenn der Gerichtshof den

vgl. hierzu *Grawert* Staatsangehörigkeit [Fn. 6], 244 f.) als reinen Inländer behandeln darf. Der EuGH hat dies jedenfalls für den parallelen Fall der Rechte, die in Bezug auf türkische Staatsangehörige aus dem Assoziationsratsbeschluss 1/80 erwachsen, so gesehen. Siehe EuGH, Urt. v. 29.3.2012, Rs. C-7/10 und C-9/10 (Kahveci und Inan), ZAR 2012, 298, Rn. 35ff. Erwirbt ein Inländer eine zweite Staatsangehörigkeit eines EU-Mitgliedstaates, dürfte richtigerweise Gleiches gelten, sodass der Doppelstaatler künftig auch im Heimatstaat als Unionsbürger behandelt werden muss. Denn es würde dem Freizügigkeitsrecht des Unionsbürgers zuwider laufen, wenn sein Unionsbürgerstatus allein auf Grund einer bestimmten Erwerbschronologie in einem Staat, dessen Staatsangehörigkeit er besitzt, von vornherein unwirksam bliebe. AA *A. Pfersich* ZAR 2012, 300. Vorgezeichnet war die Entscheidung letztlich bereits durch EuGH, Urt. v. 7.7.1992, Rs. C-369/90 (Micheletti u.a.), Slg. 1992, I-4239, Rn. 10; Urt. v. 2.10.2003, Rs. C-148/02 (Garcia Avello), Slg. 2003, I-11613, Rn. 28, wonach es den Mitgliedstaaten nicht erlaubt sei, die Wirkungen der Verleihung der Staatsangehörigkeit eines anderen Mitgliedstaats dadurch zu beschränken, dass zusätzliche Voraussetzungen für die Anerkennung dieser Staatsangehörigkeit im Hinblick auf die Ausübung der Grundfreiheiten verlangt werde.

[321] EuGH, Urt. v. 8.3.2011, Rs. C-34/09 (Zambrano), NVwZ 2011, 545, Rn. 40ff.; zustimmend *H.-P. Welte* ZAR 2012, 336 (337); Kritik bei *K. Hailbronner/D. Thym* NJW 2011, 2008 (2010ff.). Die Argumentationslinie wurde in Fällen mit grenzüberschreitendem Element vorbereitet durch EuGH, Urt. v. 19.10.2004, Rs. C-200/02 (Zhu und Chen), Slg. 2004, I-9925, Rn. 45. Auf die staatsangehörigkeitsrechtlichen Unterschiede zur Bundesrepublik Deutschland weist hin *G. Ring* NJ 2012, 30 (31f.).

[322] In der Sache ging es um die Verhältnismäßigkeit der faktischen Ausweisung von Unionsbürgern aus dem Unionsgebiet, die keine zumutbare Alternative hatten, als ihren Eltern zu folgen. Eine grundrechtliche Begründung scheiterte in der Rechtssache *Zambrano* jedoch daran, dass Art. 9 GRCh nicht generell für die Mitgliedstaaten gilt (Art. 51 Abs. 1 GRCh) und Art. 8 EMRK kein selbstständiger Prüfungsmaßstab des Unionsrechts ist. Siehe *M. Nettesheim* JZ 2011, 1030 (1032). Ein alternativer Ansatz wäre es gewesen, die bislang aus dem Unionsrecht ausgeklammerten Inländerdiskriminierungen – vgl. statt vieler *J. Gundel* DVBl. 2007, 269 (270); kritisch etwa *C. Tietje* in: D. Ehlers (Hrsg.) Europäische Grundrechte und Grundfreiheiten, 3. Aufl. 2009, § 10 Rn. 40 – unter den Auspizien der Grundrechtecharta auch unionsrechtlich zu untersagen und insoweit einen gleichwertigen Standard zu erzwingen. In diese Richtung *R. Gutmann* InfAuslR 2011, 177ff.; *M. Nettesheim* JZ 2011, 1030 (1036); ablehnend *Hailbronner/Thym* NJW 2011, 2008 (2009); analytisch *M. Hong* ZJS 2012, 249 (251). Dies wäre jedoch verfehlt. Denn bei der Inländerdiskriminierung geht es aus unionsrechtlicher Sicht im Ergebnis nicht um ein inhaltliches Problem – dieses ist innerhalb der nationalen Rechtsordnung zu korrigieren (zutreffend *M. Bullinger* IStR 2005, 370 (373 f.); *Isensee* [Fn. 27], § 191 Rn. 215; *C. Riese/P. Noll* NVwZ 2007, 516 [520]) –, sondern allein um ein Kompetenzproblem. Insoweit zutreffend *U. Fastenrath* JZ 1987, 170

inhaltlichen Kernbestand an Statusrechten in seiner Folgerechtsprechung enger gefasst hat,[323] wird doch aus der formal-personalen Unionsbürgerschaft ein materieller Bürgerstatus kraft *Ansässigkeit* herausgeschält.[324] Der Bürgerstatus wird so im Unionsgebiet als staatsanalogem Bezugsraum territorialisiert.[325]

b) Personale Verselbstständigung der Unionsbürgerschaft?

Dogmatisch überzeugend ist diese in der Sache durch die Hintertür eingeschleuste Unitarisierung von Grundrechtsstandards zwar nicht,[326]

(177f.). Eine unionsrechtliche Bereinigung würde daher entgegen einer Strukturentscheidung des Primärrechts die inhaltliche Bindung des Gleichheitssatzes von der Kompetenz ablösen und die Begrenzungen des Art. 51 Abs. 1 GRCh unterlaufen. Wie hier *N. Graf Vitzthum* EuR 2011, 550 (556ff.); *Schönberger* Unionsbürger (Fn. 44), 429ff.; *Wollenschläger* Grundfreiheit (Fn. 45), 222 f.

[323] In den Entscheidungen EuGH, Urt. v. 5.5.2011, Rs. C-434/09 (McCarthy), NVwZ 2011, 867, Rn. 45ff.; Urt. v. 15.11.2011, Rs. C-256/11 (Dereci u.a.), NVwZ 2012, 97, Rn. 61ff., hat der Gerichtshof zwar den materialen Kernbereich der Unionsbürgerschaft präzisiert und begrenzt, aber nicht aufgegeben. Zutreffend *M. Hong* ZJS 2012, 249 (250); *B. Huber* NVwZ 2011, 856 (859); ähnlich ferner *M. Nettesheim* JZ 2011, 1030 (1033). In der Bewertung abweichend *N. Graf Vitzthum* EuR 2011, 550 (565). Vgl. auch GA *Trstenjak*, Schlussanträge v. 16.5.2012, Rs. C-40/11 (Yoshikazu Iida/Stadt Ulm), Rn. 64 ff., die zwar Ansprüche aus Art. 21 AEUV restriktiv fasst, aber über den Umweg einer Weiterung des Anwendungsbereichs der Grundrechtecharta wiederum zu einer Expansion der Statusrechte kommt. Rechtsprechung übernommen von BVerwG, BayVBl. 2012, 311 (312 f.).

[324] Treffend *M. Nettesheim* JZ 2011, 1030 (1036); relativierend demgegenüber *N. Graf Vitzthum* EuR 2011, 550 (565). Vgl. auch *P. Kubicki* GPR 2011, 279 (280): von der Geltendmachung einzelner Unionsbürger*rechte* zur Verteidigung des Unionsbürger*status*. Zur darin liegenden unsicheren sowie latenten Speicherfunktion für die Ableitung sektoraler Rechte bei Bedarf siehe *F. Schoch* in: U. Kischel/J. Masing (Hrsg.) Unionsgrundrechte und Diskriminierungsverbote im Verfassungsrecht, 2012, 57 (70 f.).

[325] Vgl. auch *N. Graf Vitzthum* EuR 2011, 550 (566): Der Unionsbürger habe nunmehr eine „Heimat“. Dies hat auch eine negative Gegenseite, wenn der Raum der Freiheit, der Sicherheit und des Rechts zum strafverfolgungsrechtlichen Inland fusioniert. Siehe *U. Hufeld* JuS 2005, 865 (866). Konsequent wird dann konstatiert, dass der Unionsbürger aus der Sicht des Unionsrechts kein Migrant sei, so *T. Tohidipur* in: J. P. Terhechte (Hrsg.) Verwaltungsrecht der Europäischen Union, 2011, § 33 Rn. 37. Raumdefinition ist zudem oftmals sozial wirkmächtig und weist über ihren Gegenstand hinaus; sie kann Rückwirkung auf die inhaltliche Struktur der jeweiligen Ordnungsmuster haben, vgl. *A. von Bogdandy* JZ 2004, 53 (57). Abweichende Diagnose aber bei *Haltern* (Fn. 31), 500, wonach der EuGH als Bezugspunkt den „wandernden Bürger“ wähle, was die Zugehörigkeitsstruktur gleichsam nomadisch auflockere.

[326] *M. Hong* ZJS 2012, 249 (253); *P. M. Huber* NJW 2011, 2385ff.; *ders.* EuR 2008, 19ff.; *ders.* European Public Law 14 (2008), 323ff.; *Schoch* (Fn. 324), 79. Zu den ohnehin bestehenden ‚weichen‘ Mechanismen einer entwicklungsoffenen Anpassung im rich-

zumal sie die materiellen Begrenzungen durch Art. 51 Abs. 1 EU-Grundrechtecharta durchbricht[327] und das vertikale institutionelle Gleichgewicht[328] zu den Mitgliedstaaten und deren Verfassungsgerichtsbarkeiten gefährdet.[329] Liegt hierin aber die Sollbruchstelle zur Ablösung eines europäischen Bürgerstatus von den Mitgliedstaaten, der das Verhältnis

terlichen Dialog siehe instruktiv *M. Kauff* DVBl. 2010, 533 (539 ff.). Zutreffend weist *C. Möllers* in: M. Jestaedt/O. Lepsius/C. Möllers/C. Schönberger (Hrsg.) Das entgrenzte Gericht, 2011, 281 (341), darauf hin, dass es ein allgemeines Phänomen föderaler Ordnungen ist, über Diskriminierungsverbote den Kompetenzbereich der Zentralebene zu vergrößern, was aber die Unparteilichkeit des Gerichts in Frage stelle.

[327] Tendenziell auch *A. Epiney* NVwZ 2012, 930 (931 f.). Bei allen Unsicherheiten über die Auslegung dieser Bestimmung – einerseits *S. Augsberg* DÖV 2010, 152 ff.; *C. Calliess* JZ 2009, 113 ff.; *T. Kingreen* in: C. Calliess/M. Ruffert (Hrsg.) EUV/AEUV, 4. Aufl. 2012, Art. 51 GRCh Rn. 12; *H.-J. Papier* DVBl. 2009, 473 ff.; *B. Pieroth/B. Schlink* Grundrechte, 27. Aufl. 2011, Rn. 61; *G. Ziegenhorn* NVwZ 2010, 803 ff.; andererseits *F. Brummund* Kohärenter Grundrechtsschutz im Raum der Freiheit, der Sicherheit und des Rechts, 2011, 67 f.; *H. D. Jarass* EU-Grundrechte, 2005, § 4 Rn. 13; *J. Kühling* in: von Bogdandy/Bast (Fn. 98), 657 (682 f.); *J. F. Lindner* EuZW 2007, 71 ff. – lässt sich nicht ernsthaft bestreiten, dass der bloße Unionsbürgerstatus des Adressaten einer hoheitlichen Maßnahme noch nicht als eine Durchführung des Unionsrechts in diesem Sinne zu qualifizieren ist. Der EuGH scheint dem inzwischen auch Rechnung zu tragen, indem er Art. 51 GRCh wieder strikter handhabt. Siehe EuGH, Beschl. v. 12. 11. 2010, Rs. C-339/10 (Estov), Slg. 2010, I-11465, Rn. 12 f.; und vor allem EuGH, Urt. v. 1. 3. 2011, Rs. C-457/09 (Chatry), Rn. 24 f.; hierzu *J. M. Hoffmann/V. Rudolphi* DÖV 2012, 597 ff.; in der Bewertung ähnlich wie hier *P. M. Huber* NJW 2011, 2385 (2388).

[328] Vgl. hierzu *M. Brenner* Der Gestaltungsauftrag der Verwaltung in der Europäischen Union, 1996, 173 ff.; *K. F. Gärditz* in: B. Rill (Hrsg.) Die Dynamik der europäischen Institutionen, 2011, 89 ff.; *P. Kirchhof* JZ 1998, 965 ff.; *W.-H. Roth* RabelsZ 75 (2011), 787 (837 f.); zurückhaltend *Franzius* (Fn. 129), 59; zum ursprünglich horizontalen institutionellen Gleichgewicht auf Unionsebene nur *B. Wegener* in: C. Calliess/M. Ruffert (Hrsg.) EUV/AEUV, 4. Aufl. 2011, Art. 19 EUV Rn. 34.

[329] Analytisch zutreffend *K. Hailbronner/D. Thym* NJW 2011, 2008 (2014). Damit geht auch eine allmähliche Marginalisierung des BVerfG einher, das dann nicht mehr ein gleichberechtigter Akteur in einem austarierten System grundrechtsschützender Gerichte ist, sondern eher zum in seiner Maßstabsbildung abhängigen Hilfsgericht wird, das einen gemeineuropäischen Rechtsschutzstandard durchzusetzen hat. Das BVerfG hat freilich eine strukturell gleichartige Unitarisierung und Zentralisierung der Maßstabsbildung auf Kosten der Landesverfassungsgerichte erzwungen. Siehe BVerfGE 96, 345 (366 ff.); kritisch zur dortigen Unitarisierung *H. Dreier* Grundrechtsschutz durch Landesverfassungsgerichte, 2000, 34 ff.; *K. F. Gärditz* AöR 129 (2004), 584 (616); *ders.* in: J. Isensee/P. Kirchhof (Hrsg.) HStR IX, 3. Aufl. 2011, § 189 Rn. 41; *U. Sacksofsky* in: G. Hermes/T. Groß (Hrsg.) Landesrecht Hessen, 6. Aufl. 2008, § 2 Rn. 47 ff.

von nationaler Staatsangehörigkeit und Unionsbürgerschaft umkehrt?[330] Zwingend erscheint dies nicht. Aufenthaltsrecht und Solidarität sind heute – wie gezeigt – sehr unspezifische Inhalte, die keine qualifizierte Zugehörigkeit (mehr) voraussetzen[331] und mit denen keine demokratischen Legitimationsleistungen verbunden sind.[332] Allein die materielle Anreicherung des Bürgerstatus verselbstständigt kein Legitimationssub-

---

[330] Insbesondere *M. Nettesheim* JZ 2011, 1030, der einen „grundlegenden Bedeutungswandel" der Unionsbürgerschaft konstatiert (1030), der auf das mögliche Zusammenspiel mit der Entscheidung in der Rechtssache Rottmann hinweist (1034) und vermutet, dass die „Keimzelle für eine Umkehr des Verhältnisses von EU- und staatlicher Bürgerschaft gelegt" sei (1037). Ferner *Haack* (Fn. 25), § 205 Rn. 35; *K. Hailbronner/ D. Thym* NJW 2011, 2008 (2013): „Ausbau der Unionsbürgerschaft zum föderalen Bürgerrecht"; *P. Kubicki* GPR 2011, 279 (281), mit warnendem Hinweis auf die verfassungsrechtlichen Grenzen; *G. Ring* NJ 2012, 30 (32); *M. Steinbeis* FAZ v. 16.2.2012, 32; vorsichtig und kritisch auch *C. Langenfeld* in: R. T. Baus/M. Borchard/K. Gelinsky/ G. Krings (Hrsg.) 60 Jahre Bundesverfassungsgericht, 2012, 69 (77). Frühzeitig zum Entwicklungspotential der Unionsbürgerschaft *Haltern* (Fn. 31), 492 ff., 497 f.; *M. Heintzen* Der Staat 36 (1997), 327 (339 f.). Der Begriff des Bürgerstatus (in der Verfahrenssprache: „true citizenship") wird mit einer solchermaßen fundamentalpolitischen Konnotation auch ausdrücklich gebraucht in den Schlussanträgen von GA *Sharpston*, 30.9.2010, C-34/09 (Zambrano), Rn. 3: „Ist die Unionsbürgerschaft lediglich die nichtökonomische Variante derselben generellen Freizügigkeitsrechte, die für wirtschaftlich tätige oder über Eigenmittel verfügende Personen schon seit Langem anerkannt sind? Oder ist unter Unionsbürgerschaft ein radikaleres Konzept zu verstehen: ein echter Bürgerstatus mit einheitlichen Rechten und Pflichten in einer Union des Rechts, zu deren Wesensmerkmalen zwangsläufig die Achtung der Grundrechte gehört?"

[331] Anders *Haltern* (Fn. 31), 493 ff.; auch *M. Degen* DÖV 1993, 749 (750).

[332] Dies zeigt in der relevanten Fallkonstellation auch, dass die Union grundsätzlich eine Kompetenz hat, den Rechtsstatus von Drittstaatsangehörigen umfassend zu regeln, Art. 79 Abs. 2 lit. b, c AEUV; vgl. für den rechtmäßigen Aufenthalt auch das Freizügigkeitsrecht nach Art. 45 Abs. 2 GRCh. Wie hier auch *Langenfeld* (Fn. 330), 76. Dies ließe eine Regelung des Aufenthaltsrechts gerade in Relation zu Familienangehörigen zu. Vgl. nur *K. Groenendijk* ZAR 2006, 191 (192); *Kugelmann* (Fn. 74), § 41 Rn. 84; *M. Rossi* in: C. Calliess/M. Ruffert (Hrsg.) EUV/AEUV, 4. Aufl. 2011, Art. 79 AEUV Rn. 13, 15; *W. Weiß* in: R. Streinz (Hrsg.) EUV/AEUV, 2. Aufl. 2012, Art. 79 Rn. 24; *T. Wilson* Die Rechte von Drittstaatsangehörigen nach Gemeinschaftsrecht, 2007, 158 ff.; eingehend zur Entwicklung unter der ersten Säule *T. Groß/A. Tryjanowski* Der Staat 48 (2009), 259 ff. Eine Entwicklung zur Verselbstständigung von Aufenthaltsrechten war grundsätzlich bereits in der Ausdünnung des grenzüberschreitenden Elements in der Carpenter-Entscheidung des EuGH angelegt. Siehe EuGH, Urt. v. 11.7.2002, Rs. C-60/00 (Carpenter), Slg. 2002, I-6279, Rn. 32 ff.; kritisch insbesondere *G. Britz* NVwZ 2004, 173 (174 ff.). Insoweit nimmt es nicht wunder, dass auch eine sukzessive Ausweitung des Freizügigkeitsrechts von Drittstaatsangehörigen zu Lasten der migrationspolitischen Spielräume der Mitgliedstaaten verzeichnet wird, so die luzide Analyse von *D. Thym* EuR 2011, 487 (493 ff.).

jekt.[333] Historische Erfahrungen mit föderalen Ordnungen[334] lassen sich nur begrenzt verallgemeinern, weil gerade die aus demokratischer Sicht entscheidenden Legitimationsstrukturen und materiellen Legitimationserwartungen jeweils sehr unterschiedlich ausfallen.[335] Der Unionsbürgerstatus fungiert hier eher als Ventil für diffuse Visionen und Sorgen über die künftige Entwicklung der Union.[336] Auch für den vom Bundesverfassungsgericht problematisierten demokratiebezogenen Substanzverlust[337]

---

[333] Vgl. auch *Möllers* (Fn. 202), 245, zur Differenz von Bürgerrechten, die eine individuelle Sphäre der Herrschaftsfreiheit gewähren, einerseits und der demokratischen Legitimation von Herrschaft andererseits. Dass in der Anerkennung selbstständiger subjektiver Rechte des Einzelnen eine relative Entkopplung von einer ursprünglichen Regelungsebene liege, wobei insoweit an die Legitimationsleistungen der individuellen Selbstbestimmungen angeknüpft werden könne (so *Möllers* Gewaltengliederung [Fn. 172], 213), würde, wenn diese Annahme zuträfe, hieran nichts ändern, weil die Ermächtigung zur Rechtserzeugung ohne demokratische Selbstbestimmung auch legitimatorisch unvollständig ausfallen würde, insoweit aber die vertragliche Rückanbindung an die Mitgliedstaaten uneingeschränkt erhalten bleibt.

[334] Detailliert und grundlegend hierzu *Schönberger* Unionsbürger (Fn. 44), 272ff., insbesondere für die Gestaltung des Wahlrechts zum Europäischen Parlament (494). Für eine Konstruktion als Bundeszugehörigkeit ferner *O. Beaud* in: Franzius/Mayer/Neyer (Fn. 306), 97 (99).

[335] Dies zeigt im Grunde genommen bereits Art. 23 Abs. 1 Satz 1 GG, der eine Mitwirkung an der europäischen Integration von der Verpflichtung der Europäischen Union auf föderative Grundsätze abhängig macht, ohne den Anspruch einer unverbrüchlichen Geltung der wesentlichen Staatsstrukturprinzipien aufzugeben (Art. 23 Abs. 1 Satz 3 iVm Art. 79 Abs. 3 GG).

[336] Analytisch ähnlich auch *Haltern* (Fn. 31), 426f.; siehe programmatisch etwa *J. Habermas* European Law Journal 18 (2012), 485ff. Die Unionsbürgerschaft war von Anfang an ein Projekt mit zukunftsbezogenem Überhang. Vgl. bereits *U. Everling* in: Hrbek (Hrsg.) Bürger und Europa, 1994, 49 (50), der scharfsichtig darauf hinweist, dass die Unionsbürgerschaft durch den Maastricht-Vertrag zwar *im EGV*, aber nicht als *Gemeinschafts*bürgerschaft eingeführt wurde, weil man den Bürger „als Träger der künftigen Entwicklung" der *Union* im Entwicklungsprozess zu einem echten Bürgerrecht (63ff.) angesehen hatte. Auch wird die Unionsbürgerschaft häufig mit der Frage nach einem europäischen Volk verknüpft. Zum Stand der (weitgehend unproduktiven) Diskussion *P. C. Jiménez Lobeira* European Law Journal 18 (2012), 504 ff.

[337] BVerfGE 113, 273 (298); 123, 267 (343, 357ff.); zustimmend etwa *D. Grimm* Der Staat 48 (2009), 475 (481ff.); *J. Isensee* ZRP 2010, 33 (35ff.); *F. Schorkopf* American Journal of International Law 104 (2010), 259 (262ff.); differenziert *E. Pache* EuGRZ 2009, 285 (295f.), der vor allem die positiven demokratischen Impulse betont. Aus der Fülle der Kritik stellvertretend *Calliess* (Fn. 180), 251ff.; *E. Denninger* JZ 2010, 969ff.; *D. Halberstam/C. Möllers* German Law Journal 10 (2009), 1241ff.; *M. Jestaedt* Der Staat 48 (2009), 498 (504ff.); *F. Mayer* NJW 2010, 714ff.; *ders.* The Journal of International Constitutional Law 9 (2011), 757ff.; *Nettesheim* (Fn. 178), 102ff.; *ders.* NJW 2009, 2867 (2868); *ders.* Der Staat 51 (2012), 313 (318 ff.); *M. Ruffert* DVBl. 2009, 1197 (1204 f.); *C. Schönberger* German Law Journal 10 (2009), 1201 (1208 ff.).

kommt es auf die Materialisierung der Unionsbürgerschaft, die den Ableitungszusammenhang der Unionsgewalt von den Mitgliedstaaten[338] unbeeinträchtigt lässt, nicht entscheidend an.[339]

3. *Europäisierung der Staatsangehörigkeit?*

Potentiell folgenreicher erscheint hingegen der schleichende Zugriff des Unionsrechts auf die nationale Staatsangehörigkeit. Der EuGH bekräftigt zwar, dass die Festlegung der Voraussetzungen für Erwerb und Verlust der Staatsangehörigkeit in die Zuständigkeit der einzelnen Mitglied-

---

[338] Die Fixpunkte wurden von der Rechtsprechung zutreffend benannt. Die Mitgliedstaaten bleiben Herren der Verträge (keine Primärrechtsänderung nach Mehrheitsprinzip); die Union bleibt also von einem positiven Übertragungsakt (begrenzte Einzelermächtigung) abhängig und kann nicht unabhängig von den Mitgliedstaaten Kompetenzen selbst generieren (Art. 5 Abs. 2 Satz 1 EUV; in der frühkonstitutionell inspirierten Terminologie des BVerfG fehlt eine sog. „Kompetenz-Kompetenz"). Siehe BVerfGE 89, 155 (187f., 192, 199); 123, 267 (349f., 353); 126, 286 (303); BVerfG, Urt. v. 12.9.2012, 2 BvR 1390/12 u.a., Rn. 209; *Grimm* (Fn. 310), 282; *Lübbe-Wolff* (Fn. 156), 49; für die Relevanz auch *Möllers* (Fn. 202), 244. Entscheidend für die hinreichende demokratische Steuerung der Sekundärrechtsetzung ist, dass die duale Legitimation der Europäischen Union erhalten bleibt, die Mitgliedstaaten weiterhin unverzichtbar an der Rechtsetzung unmittelbar beteiligt sind. Dies betrifft dann vor allem die institutionellen Organbeziehungen zum Rat. Einer Verbesserung der Legitimationsbasis des Europäischen Parlaments über die Unionsbürgerschaft kann dies demgegenüber nicht entgegenstehen. Mit Recht hebt z.B. *Ruffert* (Fn. 315), 97; auch *C. Schönberger* German Law Journal 10 (2009), 1201 (1210, 1213f.), hervor, dass es problematisch ist, Aufwertungen der demokratischen Struktur der europäischen Institutionen als Aufbau staatsanaloger Organisation verfassungsrechtlich zu blockieren; ähnlich (jedoch mit anderer Bewertung als hier, nämlich für eine allmähliche Verselbstständigung der europäischen Demokratisierung) *S. Oeter* in: von Bogdandy/Bast (Fn. 98), 73 (98ff.); ferner *Lübbe-Wolff* Verfassungsrecht (Fn. 67), 263f., die betont, dass eine Reduktion des Demokratiedefizits der Union nicht über eine Staatsbildung verlaufen müsse.

[339] Inwiefern eine Überlagerung der nationalen Staatsangehörigkeit durch eine selbstständige Unionsbürgerschaft der Bundesrepublik Deutschland das Staatsvolk und die Staatlichkeit zu rauben vermag (geprüft in BVerfGE 123, 267 [404]; zuvor bereits BVerfGE 113, 273 [298]), macht das BVerfG nicht deutlich. Für den demokratisch notwendigen Ableitungszusammenhang kommt es nicht zwingend auf die Ableitung der Unionsbürgerschaft aus der nationalen Staatsangehörigkeit an, sondern auf die Ableitung des statusbegründenden (Primär-) Rechts von den Mitgliedstaaten. Insoweit sollte man im Kontext der vorliegenden Diskussion zur Probe die Testfrage stellen, ob eine Ergänzung des Art. 18 AEUV um ein allgemeines Verbot der Inländerdiskriminierung – und dem nähert sich die Rechtsprechung de facto an – tatsächlich der Weg in einen europäischen Bundesstaat wäre. Dies darf man getrost verneinen. Vgl. zutreffend auch BVerfG, JZ 2011, 1112 (1116), wonach die Verfassungsidentität durch eine unionsrechtlich induzierte Erweiterung des Grundrechtsschutzes nicht berührt werde.

staaten fällt.[340] Der Gerichtshof hat jedoch in der Sache *Rottmann* zugleich wegen der Auswirkungen auf die Unionsbürgerschaft – in Konkretisierung der Unionstreue (Art. 4 Abs. 3 EUV)[341] – die Beachtung der unionsrechtlichen Verhältnismäßigkeit bei der Ausgestaltung der nationalen Verlusttatbestände eingefordert[342] und insoweit dem Staatsangehörigkeitsrecht die Keimzelle für eine sukzessive Europäisierung[343] eingeimpft.

Der Legitimationsstruktur der Europäischen Union wird dies nicht gerecht. Solange die Union aus verfassungsrechtlicher Sicht als legitimatorisch abgeleitete Rechtsordnung konstruiert wird,[344] muss die Definition

---

340 EuGH, Urt. v. 7. 7. 1992, Rs. C-369/90 (Micheletti u.a.), Slg. 1992, I-4239, Rn. 10; Urt. v. 11. 11. 1999, Rs. C-179/98 (Mesbah), Slg. 1999, I-7955, Rn. 29; Urt. v. 19. 10. 2004, Rs. C-200/02 (Zhu und Chen), Slg. 2004, I-9925, Rn. 37. Schon hier wurde jeweils darauf verwiesen, dass von dieser Zuständigkeit nur „unter Beachtung des Gemeinschaftsrechts Gebrauch zu machen" sei. Bekräftigt in EuGH, Urt. v. 2. 3. 2010, Rs. C-135/08 (Rottmann), Slg. 2010, I-1449, Rn. 39, 48. Zur mangelnden Regelungskompetenz der Union zutreffend *C. Sauerwald* Die Unionsbürgerschaft und das Staatsangehörigkeitsrecht in den Mitgliedstaaten der EU, 1996, 156 ff.; *Schönberger* Unionsbürger (Fn. 44), 285 f.

341 *W. Kahl* Jura 2011, 364 (369 f.); ferner *Haack* (Fn. 25), § 205 Rn. 26; kritisch hierzu *Schönberger* Unionsbürger (Fn. 44), 287 ff.

342 EuGH, Urt. v. 2. 3. 2010, Rs. C-135/08 (Rottmann), Slg. 2010, I-1449, Rn. 55 f. Zustimmend *C. Behme* EWiR 2010, 373 f.; *W. Kahl* Jura 2011, 364 (369); *Magiera* (Fn. 311), Art. 20 AEUV Rn. 28; kritisch *Stewen* (Fn. 45), 23. Frühzeitig für ein unionsrechtliches Rücksichtnahmegebot als Gegengewicht zur mitgliedstaatlichen Personalhoheit *Grawert* (Fn. 24), 342.

343 Vgl. etwa die Diskussion, ob das deutsche Optionsmodell nach § 29 StAG mit den Anforderungen des EuGH im Hinblick auf den potentiellen Verlust des zur deutschen Staatsangehörigkeit akzessorischen Unionsbürgerstatus kompatibel ist: *F. Lämmermann* NVwZ 2012, 75 ff. Eine solche Europäisierung durch diffuse Verkoppelung ohne Blick auf grundlegende Differenzierungsbedürfnisse – meist mit der deskriptiv als Abbreviatur sinnvollen, aber im Übrigen gleichermaßen nichtssagenden wie normativ irrelevanten Metapher des Verbundes beschrieben – gefährdet gerade die demokratisch unabdingbare Klarheit und Eindeutigkeit der Legitimationspfade.

344 BVerfGE 89, 155 (181, 190); 123, 267 (402); ferner etwa *Di Fabio* (Fn. 9), 139 ff.; *P. Kirchhof* DRiZ 1995, 253 (259); *ders.* DVBl. 1999, 637 (648 ff.); *U. Hufeld* in: J. Isensee/ P. Kirchhof (Hrsg.) HStR X, 3. Aufl. 2012, § 206 Rn. 5 ff.; *C. Koenig* DÖV 1998, 268 (274); *Streinz* (Fn. 306), Rn. 90 ff., 146 ff.; *R. Wahl* Der Staat 48 (2009), 587 (589). Für die Gegenansicht etwa *Pernice* Verfassungsrecht (Fn. 196), 171; *R. Schütze* Common Market Law Review 46 (2009), 1069 (1082 f.). Dies soll nicht die Eigenleistungen der ebenenspezifisch ausdifferenzierten Rechtserzeugung – *Möllers* Gewaltengliederung (Fn. 172), 213, 217 – in Frage stellen, die jedoch erst durch vertragliche Ermächtigung möglich wurden und bleiben.

Rechtstheoretisch lässt sich die Frage nach dem Geltungsgrund freilich nicht entscheiden, weil innerhalb einer einheitlichen Rechtsordnung sowohl eine Deutung auf der Geltungsgrundlage des Unionsrechts als auch auf der des mitgliedstaatlichen Rechts möglich und die Chronologie der Gründungsakte geltungstheoretisch unerheblich ist, der Geltungsgrund also letztlich eine nicht auflösbare Perspektivenfrage bleibt. Konzise

der Mitgliedschaft in den nationalen Legitimationssubjekten autonome demokratische Entscheidung der Mitgliedstaaten bleiben.[345] Die Europäisierung der nationalen Legitimationssubjekte wäre ein Staatsstreich von oben.[346] Auch jenseits verfassungsrechtlicher Schranken ist die

---

J. Isensee FS Klaus Stern, 1997, 1239 (1263ff.); *M. Jestaedt* FS Wolfgang Blomeyer, 2004, 637 (668ff.). Das positive Recht weist die EU freilich weiterhin als einen Verband aus, dessen Kompetenzen auf einer Ermächtigung durch die Mitgliedstaaten beruhen (Art. 5 Abs. 2 Satz 1 EUV), was zwar nicht die rechtstheoretische Grundnormfestlegung erledigt (das geltende Recht kann über seinen eigenen Geltungsgrund keine Aussagen treffen), aber Konflikte praktisch reduziert. Auf pragmatischen Lösungen beruhen daher auch alle Konfliktvermeidungsversuche (zutreffend *Jestaedt* ebd.); sie sind letztlich im Ernstfall Machtfragen (*Isensee* ebd., 1265). Die insoweit kaum bestreitbare Präponderanz der Mitgliedstaaten beruht freilich nicht nur auf physischer Zwangsgewalt, die unional nicht organisierbar ist, sondern auch auf unmittelbarer Legitimationserzeugung. Und *legitimations*theoretisch lässt sich durchaus die Forderung nach einer bestimmten Deutungsrichtung bzw. -perspektive formulieren, wenn – wie im Fall der EU – eine Regelungsebene nur durch ihre Abhängigkeit von einer anderen Ebene legitimatorisch akzeptabel erscheint.

345 Siehe BVerfGE 123, 267 (358, 405); zustimmend auch *K. F. Gärditz/C. Hillgruber* JZ 2009, 872 (879); *Giegerich* (Fn. 144), § 9 Rn. 24; *W. Kluth* ZAR 2009, 329 (335). Partiell anders aber noch *W. Kluth* ZAR 2008, 196 (197); auch *Grawert* (Fn. 74), § 16 Rn. 64, der Koordinationsmechanismen zur Verhinderung aufgedrängter Unionsbürger fordert; ferner *G.-R. de Groot* Staatsangehörigkeitsrecht im Wandel, 1988, 26 ff.; *Sauerwald* (Fn. 340), 119 ff. Richtigerweise ist eine Einflussnahme auf die mitgliedstaatliche Staatsangehörigkeit zur Durchsetzung der Grundfreiheiten auch nicht notwendig, so *Stewen* (Fn. 45), 23. Zutreffend ist allerdings auch, dass ein Mitgliedstaat nicht den Verlust der eigenen Staatsangehörigkeit wegen dauerhafter Niederlassung in einem anderen Mitgliedstaat anordnen darf, weil dies mit der unionsrechtlichen Freizügigkeit unvereinbar wäre, so *Schönberger* Unionsbürger (Fn. 44), 284. Dies bedeutet aber keinen unmittelbaren Zugriff der Union auf das Staatsangehörigkeitsrecht, sondern ist lediglich Folge des allgemeinen Verbots, an die legale Ausübung der Grundfreiheiten nachteilige Folgen – welcher Art auch immer – anzuknüpfen. Die im Lissabon-Urteil an der angegebenen Stelle in Bezug genommenen kulturellen Voraussetzungen von funktionierender Demokratie normieren keinen statischen Befund einer kulturellen Identität, da die politische Kommunikation und ihre Voraussetzungen auf grundrechtlicher Freiheit beruhen, die sich von vornherein einer kollektiven Definition entzieht. Insoweit übereinstimmend *Britz* (Fn. 199), 166; *K. F. Gärditz* in: K. Odendahl (Hrsg.) Europäische (Bildungs-)Union?, 2011, 25 (36). Allerdings lassen sich die kulturellen Demokratie-Voraussetzungen auch nicht auf ein rein praktisches Problem reduzieren, da es auch ohne inhaltliche Festlegungen entscheidend darauf ankommt, wer institutionell die entsprechenden Regelungen treffen darf. Das BVerfG hat hier bislang mit Recht die definitorische Rolle der nationalen Parlamente gestärkt und insoweit einen ebenenspezifischen Kompetenzvorbehalt ohne Vorfestlegungen zum Regelungsinhalt erhoben.

346 Die Verleihung des Wahlrechts an Unionsbürger muss auch nicht zwingend zu einer Stärkung des europäischen Bürgerstatus führen, sondern könnte auf Grund der stärkeren Einbindung in die politischen Legitimationspfade des Mitgliedstaats auch eine Nationalisierung der Unionsbürger bedeuten. Vgl. *Shaw* (Fn. 12), 171.

Europäische Union für eine Schubumkehr der personellen Legitimationsrichtung nicht gerüstet. Der demokratische Verfassungsstaat bleibt weiterhin der primäre Bezugsraum sowohl individueller als auch demokratischer Selbstbestimmung.[347] Zwar lässt sich legitimationstheoretisch abstrakt keine primäre Regelungsebene zur Bestimmung von Legitimationssubjekten begründen.[348] Deutet man die Demokratie als Konsequenz von Selbstbestimmung aus einer individuellen Perspektive,[349] besteht aber doch eine relative Präferenz für die Entwicklung von Legitimationssubjekten von unten nach oben entlang tradierter[350] und überschaubarer Identifikationsebenen,[351] die eine *prozedurale* Gemeinwohlkonstruktion noch zulassen.[352]

---

[347] BVerfGE 123, 267 (356 f., 363); *Di Fabio* (Fn. 9), 122 ff.; *Schorkopf* Überstaatlichkeit (Fn. 107), 243; *Wahl* (Fn. 35), 49, 62 f.; metaphysisch-substanzialistisch überhöht *U. Volkmann* AöR 127 (2002), 575 (589 ff.). Siehe auch *Habermas* Verfassung (Fn. 86), 70, 72: freiheitssichernde Funktion des demokratischen Rechtsstaats und seiner Völker im europäischen Integrationsprozess. Empirisch hiergegen unter Verweis auf eine bereits eingetretene Kompetenzabwanderung *Nettesheim* (Fn. 178), 112 ff. Konstruktiv für eine kontextbezogene Anpassung demokratischer Strukturen *Poscher* Globalisierung (Fn. 10), 178.

[348] *Möllers* (Fn. 141), 769 ff. Den Staat kraft einer angeblichen ontischen Struktur und präeminenter untrennbarer Zusammenhänge als alleinige denkbare Basis demokratischer Legitimation auszuweisen – so prononciert *S. Haack* JZ 2012, 753 (754 f.) – ist nicht methodisch belastbar, bleibt zirkulär und übergeht die Kontingenz jedweder politischen Herrschaftsorganisation. Zutreffend hierzu *Peters* (Fn. 199), 652; auch *Bryde* (Fn. 153), 65: „Die Bestimmung der jeweils richtigen Entscheidungsebene ist nicht vorgegeben, sondern aufgegeben."

[349] Zum Problem oben Fn. 196.

[350] Mit Recht weist *Hofmann* Rechtsgeltung (Fn. 219), 73, darauf hin, dass unter einer freiheitlichen Verfassung nicht der vorhandene Normbestand, sondern die Änderung Rechtfertigungsbedarf auslöst. Dies bedingt auch eine Trägheit demokratischer Legitimationsstrukturen, die entlang kommunikativer und praktisch wirksamer Pfade wachsen müssen und deren Wachstum eben auch durch die anspruchsvollen Voraussetzungen demokratischer Verständigung begrenzt bleiben. Verständigung wird sich aber oft nur über konkret zu lösende Aufgaben herstellen lassen; eine virtuelle Universalisierung des Aufgabenprofils ist demgegenüber auch demokratietheoretisch wesentlich voraussetzungsvoller.

[351] In diesem Sinne auch *Bryde* (Fn. 153), 64 f.; *Lübbe-Wolff* (Fn. 156), 61; *Wahl* (Fn. 35), 62 f.; konkretisiert auf Staaten *Nussbaum* (Fn. 155), 262; für eine Verknüpfung von Subsidiarität und demokratischer Selbstbestimmung des Individuums *Britz* (Fn. 199), 168. Siehe zum „Primat der Politik in beherrschbaren Räumen" *Böckenförde* Staat (Fn. 202), 103 (123); analytisch auch *S. Tierney* in: Loughlin/Walker (Fn. 219), 229 (244 f.). Zur Problematik, das demokratische Majoritätsprinzip mit einer übermäßigen Zentralisierung zu verbinden, siehe bereits *Kelsen* Demokratie (Fn. 36), 66. Entgegen *Oeter* (Fn. 338), 102, hat das tradierte Staatsmodell daher durchaus einen Eigenwert, und zwar nicht, weil es zu idealisieren wäre, sondern weil es praktisch funktioniert

und Komplexität angemessen reduziert. Eine Identifikationsebene erfasst – durchaus im Sinne des BVerfG – auch den für die Legitimationserzeugung maßgeblichen Kommunikationsraum, schon weil demokratische Institutionen einem möglichst großen Mitgliederteil des Legitimationssubjekts auch politische Orientierungschancen vermitteln müssen. Damit wird aber auch die Komplexität der Verantwortungszurechnung zu einem Demokratieproblem. Zutreffend *Grzeszick* (Fn. 267), 117f.; ähnlich *S. Kadelbach* EuGRZ 2006, 384 (387). Eine inadäquate Hochzonung von Kompetenz kann eben auch dazu führen, dass Bürger ‚abgehängt' werden. Komplexitätswahrnehmung hat meist zugleich institutionelle Folgen, wenn man auf Grund (vermeintlicher) Unübersichtlichkeit nicht mehr bereit ist, auf die Politisierbarkeit von Gemeinwohlfragen und daran anschließende politische Lösungen zu vertrauen. Die Folge ist dann eine institutionelle Versachlichung durch Delegation auf Verwaltungsbürokratien, also eine Machtverschiebung hin zu einer (im Übrigen für eine Einflussnahme durch gesellschaftliche Interessengruppen besonders anfälligen) Expertokratie (mit Recht *A. Voßkuhle* FAZ v. 9.2.2012, 7; ferner *U. Volkmann*, AöR 127 [2002], 575 [607f.]) – ein typisches postdemokratisches Szenario (siehe *C. Crouch* Postdemokratie, 2008, 137 ff.). Eine Rechtsordnung, die den Einzelnen und seine Selbstbestimmung zum Ausgangspunkt nimmt, ist aber „in ihrer Substanz anti-technokratisch" (*Masing* [Fn. 4], § 7 Rn. 11). Reduktion institutioneller Komplexität ist insoweit die Fortschreibung der traditionsreichen – obschon ihrerseits unterkomplexen – Forderung nach Kleinräumigkeit zur Sicherung demokratischer Beherrschbarkeit; siehe etwa *J.-J. Rousseau* Vom Gesellschaftsvertrag, 1762 (dt. Ausgabe 2011), III. Buch, Kap. 1 (66); zusammenfassend für das parallele Grundanliegen der Antifederalists *R. Ketcham* in: ders. (Fn. 236), 1 (16 ff.); Renaissance bei *Maus* (Fn. 8), 389.

[352] *Schorkopf* Finanzkrisen (Fn. 164), 214, 224. Siehe für die Verknüpfung von Formalität und inhaltlicher Offenheit auch BVerfG, Urt. v. 12. 9. 2012, 2 BvR 1390/12 u.a., Rn. 222: „Art. 79 Abs. 3 GG gewährleistet [...] Strukturen und Verfahren, die den demokratischen Prozess offen halten". Während die Formalität und Prozeduralität des demokratischen Rechtsstaats Essentiale der Offenheit und damit demokratischen Veränderbarkeit von Gemeinwohl durch Recht sind, werden daher auf der Ebene der Europäischen Union gerade materielle Konzepte der Legitimation angeführt, die auf einen ‚richtigen' Output abstellen. Prononciert als verfassungstheoretisches Modell der EU entfaltet bei *Peters* (Fn. 199), 647 ff.; ferner etwa *T. Groß* Verantwortung und Effizienz in der Mehrebenenverwaltung, VVDStRL 66 (2007), 152 (172ff.); *Lübbe-Wolff* Verfassungsrecht (Fn. 67), 284f.; *Nettesheim* (Fn. 202), 175ff.; in der Spielart einer überzeichneten Rechtsexpertokratie jüngst *E. Peuker* Bürokratie und Demokratie in Europa, 2011, 219 ff., 228 ff., auf dessen Prämissen sich zwanglos auch die vordemokratische rechtsstaatliche Exekutive des deutschen Frühkonstitutionalismus legitimieren ließe. Output-Konzepte müssen ein materialiter richtiges Gemeinwohl voraussetzen, entziehen dann aber unvermeidbar den demokratischen Institutionen Definitionsmacht, die sich bei den (exekutivisch sowie juridisch dominierten) Experten der Gemeinwohlfindung qua wissenschaftlicher Deduktion wieder findet. Subjektive Freiheit und Selbstbestimmung werden durch Postulate objektiver Richtigkeit ersetzt. Output-Konzepte stellen anders gewendet den demokratischen Voluntarismus auf die Probe, ohne den sich Demokratie aber nicht mehr als Selbstbestimmung beschreiben lässt (vgl. Fn. 167). Zu Defiziten auch *Brunkhorst* (Fn. 86), 201 f. Hierin liegt die wohl größte Herausforderung an den demokratischen Rechtsstaat im 21. Jahrhundert.

VIII. Konsequenz: Fortschreibung des Bürgerstatus als Demokratiepolitik

Die Staatsangehörigkeit ist und bleibt der zentrale Anker formaler Zurechnung, der fluktuierenden Migrationsbewegungen demokratischen Halt gibt und die europäische Integration auf ein personales Legitimationsfundament stellt. Territorialität und Personalität von Herrschaft werden durch demokratische Entscheidbarkeit im Bürgerstatus zusammengeführt. Die Privilegierung des Mobilen wird im Politischen überwunden.

Zwingende Handlungsanleitungen, wie mit der wachsenden territorialen Migrationsfolgenverantwortung im Staatsangehörigkeitsrecht umzugehen ist, gibt es nicht. Schicksalsgemeinschaft ist nicht vordemokratische Schicksalsergebenheit. Demokratische Identität ist zukunftsoffen[353] und bedarf einer stetigen evolutiven, selbstbestimmten und deutungsvariablen[354] Fortschreibung.[355] Migrationsbewegungen können hierbei Entscheidungsbedarf über das demokratische Selbstverständnis sichtbar machen. Die Definition des Bürgerstatus ist daher originäre Demokratiepolitik und bietet die Chance, auch in einer postdemokratischen Weltgesellschaft ein Stück des zerrinnenden politischen Primats[356] durch demokratischen Pragmatismus[357] zu bewahren.[358] Dies ist eine Herausforderung ohne

[353] *Maus* (Fn. 8), 380.

[354] In guter anti-hegelianischer und anti-marxistischer Tradition *K. Popper* Die offene Gesellschaft und ihre Feinde, Bd. II, 8. Aufl. 2003, 326: „Obwohl die Geschichte kein Ziel hat, können wir ihr dennoch unsere Ziele auferlegen. Und obwohl die Geschichte keinen Sinn hat, können doch wir ihr einen Sinn geben." Ins positive Verfassungsrecht gewendet im KPD-Urteil: BVerfGE 5, 85 (197). Siehe auch *Haverkate* (Fn. 196), 38, mit dem Hinweis auf den instrumentellen Gebrauch von Geschichte, durch vermeintliche Objektivierung subjektive Verantwortung zu verschleiern.

[355] Vgl. ins Narrative gewendet *Benhabib* Andere (Fn. 33), 83ff., 121, die von der Prägung des Volkes durch die „widerstreitenden Erzählungen" (86) spricht. Zur Perspektivenabhängigkeit von Migration *Osterhammel* (Fn. 205), 235. Siehe auch *J. Isensee* JZ 1999, 265 (277): Die Nation verweise auf die in ihr integrierten Individuen und deren Selbstbestimmung, die einer fortwährenden Bestätigung und Erneuerung „im tagtäglichen Plebiszit" (*Renan*) bedürfe. Schließlich *Möllers* (Fn. 247), 234f. Demgegenüber larmoyant auf eine Verlustdiagnose angeblicher Auflösungserscheinungen reduzierend *W. Leisner* Institutionelle Evolution, 2012, 123.

[356] Verlustdiagnose *Di Fabio* Weltgesellschaft (Fn. 130), 19 f.

[357] Zur pragmatischen Seite demokratischer Legitimation *Möllers* (Fn. 141), 768 f.

[358] Dies bedeutet dann – entgegen *Benhabib* Andere (Fn. 33), 226ff. – auch, demokratische Standards von Zurechnung und Verantwortung im Interesse individueller wie demokratischer Selbstbestimmung gegen globale Entgrenzungsprozesse, gegen politische Mobilität und gegen Netzwerkgesellschaften zu setzen, statt deren Handlungsrationalitäten kritiklos zu adaptieren, also politische Steuerungsverluste Naturgesetzlichkeiten gleich hinzunehmen, statt durch Reformalisierung und Politisierung praktische

Gelingensgarantie, aber für die repräsentative Demokratie kein Krisenszenario[359].

Gestaltungschancen zurückzugewinnen. Wenn in diesem Rahmen Migrationsbewegungen zur Verunsicherung über tradierte Gemeinwohlerwartungen führen, sprich: Kontingenz und damit die Notwendigkeit zur ergebnisoffenen demokratischen Entscheidung wieder sichtbar wird – vgl. treffend *Benhabib* (Fn. 12), 4: „reflexive instability" –, läge hierin am Ende für die Demokratie sogar ein Gewinn. Man sollte hierbei die Wirkung der gesetzlichen Ausgestaltung des Staatsangehörigkeitsrechts nicht unterschätzen. Auch wenn es augenscheinlich um verwaltungsrechtliche Detailfragen der Anspruchsvoraussetzungen geht (sub VI.), kommen gerade in der Feinjustierung grundlegende konzeptionelle Entscheidungen und Vorverständnisse zum Ausdruck, deren demokratischer Bedeutungsgehalt über die bloße Programmierung der Verwaltung hinausweist.

[359] Mit realistischem Optimismus auch *Nolte* (Fn. 183), 469 ff. Instruktiv zum Begriff der Krise im Recht *Schorkopf* Finanzkrisen (Fn. 164), 184 ff.

Leitsätze des 2. Referenten über:

Der Bürgerstatus im Lichte von Migration und europäischer Integration

I. Territorialität von Herrschaft – Personalität von Herrschaftslegitimation

(1) Migration und europäische Integration berühren das personale Substrat des Staates und aktualisieren ein latentes Spannungsverhältnis im Fundament demokratischer Verfassungsstaaten: Der moderne Staat als Herrschaftsverband ist Territorialstaat. Demokratie ruht demgegenüber auf einer personalen Legitimationsstruktur von Herrschaft.

II. Bürger, Staatsbürger, Staatsangehöriger, Bürgerstatus

(2) Der Bürgerstatus meint die politische Vollmitgliedschaft in einem Legitimationssubjekt und damit die Grundlage demokratischer Gleichheit; er öffnet den Zugang zu den Institutionen und Verfahren, um die Regeln des Zusammenlebens demokratisch zu verändern. Basis des Bürgerstatus ist die Staatsangehörigkeit.

III. Gewichtsverlagerungen von der Personalität zur Territorialität

1. Differenzierung und Verfestigung des Aufenthaltsstatus Nicht-Staatsangehöriger

(3) Das Aufenthaltsrecht ist kein Privileg der Staatsangehörigen geblieben. Einen gebundenen Aufnahmeanspruch hat ein Ausländer zwar grundsätzlich nicht. Aufenthaltsentscheidungen werden aber mit weitreichenden Konsequenzen unions-, grund- und menschenrechtlich überlagert. Mit der Gewährung von Gebietszugang verfestigt sich sukzessive der Status eines Ausländers im Aufenthalt, also kraft Territorialität. Rechtlich gesicherter Daueraufenthalt tritt damit in lebensweltliche Konkurrenz zur Staatsangehörigkeit.

2. Angleichung der Freiheit im Aufenthalt

(4) Die Staatsangehörigkeit ist ein zulässiges Differenzierungskriterium, soweit es im jeweiligen Regelungskontext plausibel auf personale Zu-

gehörigkeit ankommt. Die meisten Rechtsregime knüpfen nicht (mehr) an die Staatsangehörigkeit, sondern an die (ggf. qualifizierte) Ansässigkeit an.

3. *Territorialer Rechtsgehorsam und personale Sonderpflichten*

(5) Die allgemeine Gehorsamspflicht gegenüber geltendem Recht wirkt territorial für alle der Staatsgewalt Unterworfenen. Sonderpflichten, die sich spezifisch an Inländer oder Ausländer richten, bestehen zwar fort, haben aber an Bedeutung eingebüßt.

4. *Sozialstaatlich funktionalisierte Solidarität*

(6) Solidarität wird im Sozialstaat vor allem durch soziale Teilhaberechte abgebildet. Leistungen werden einfachgesetzlich entweder nach Versicherungsprinzip oder nach spezifischer Bedürftigkeit organisiert, in der Regel jedoch nicht nach der Staatsangehörigkeit. Verfassungsrechtlich ist die fremde Staatsangehörigkeit als solche keine hinreichende Rechtfertigung mehr, Leistungen zu versagen. Das Recht auf Aufenthalt wird aber teilweise davon abhängig gemacht, keine (steuerfinanzierten) Sozialleistungen in Anspruch zu nehmen.

5. *Territorialisierte staatliche Schutzverantwortung*

(7) Auf eigenem Staatsgebiet muss der Staat ohne qualitative Abstufung auch anderen Staatsangehörigen Schutz gewähren. Eine exklusive Schutzverantwortung für eigene Staatsangehörige aktualisiert sich erst extraterritorial (z. B. durch diplomatischen oder konsularischen Schutz).

6. *Bestandsaufnahme: Statusdifferenzierung und poröse Territorialität*

(8) Unverfügbarkeit und Unentrinnbarkeit des Staatsangehörigkeitsbandes verlieren graduell an Bedeutung. Personalität und Territorialität amalgamieren zu einer anspruchsvollen Statusschichtung. Statusunterschiede, die noch vor wenigen Jahrzehnten als Proprium des Bürgerstatus ausgeflaggt wurden, verblassen mit Verfestigung des Aufenthalts. Differenzen werden zwar nicht aufgegeben, aber durch Territorialisierung erheblich eingeebnet.

IV. *Politische Teilhabe der „Anderen"?*

(9) Fundamentale Statusdifferenz zwischen Staatsangehörigen und Ausländern bleibt die demokratische Teilhabe. Der Bürgerstatus ist hier demokratisches Heimatrecht.

1. *Befund: Die politische Exklusion von Ausländern*

(10) Ausländern bleibt das nationale Parlamentswahlrecht als Herzstück des Bürgerstatus verschlossen. Die Rechtsordnung öffnet die Mitgliedschaft in Legitimationssubjekten für Nichtstaatsangehörige lediglich in Bereichen der Selbstverwaltung. Die Einführung eines allgemeinen Ausländerwahlrechts wäre verfassungswidrig. Andere Formen der Ausländerpartizipation (z.B. Beiräte) sind daher auch keine Emanation demokratischer Teilhabe, sondern formalisierter Ausdruck von Respekt vor individueller Selbstbestimmung.

2. *Divergenzen zwischen Herrschaftsbetroffenheit und Herrschaftslegitimation*

(11) Die Figur der virtuellen Repräsentation Nichtwahlberechtigter steht einem freiheitlichen Gemeinwesen nicht zur Verfügung, um Klüfte zwischen Herrschaftsbetroffenheit und Legitimationssubjekt zu überbrücken. Herrschaftsunterworfenheit der Nichtstaatsangehörigen ruht allein auf Territorialität und muss insoweit legitimierbar sein.

3. *Demokratisches Optimierungsgebot?*

(12) Das Demokratieprinzip ist kein Optimierungsgebot, das weitestgehende Deckungsgleichheit von Herrschaftsunterworfenen und Mitgliedern des Legitimationssubjekts fordert.

a) *Formalisierungsbedarf freiheitlicher Ordnungen*

(13) Eine freiheitliche Rechtsordnung muss Zuständigkeiten und Verantwortlichkeiten begrenzen sowie formale Zurechnungskriterien zur Legitimation von Herrschaft aufstellen. Hinreichend stabile Formalität des Legitimationssubjekts kann eine fluktuierende Ansässigkeit nicht gewährleisten.

(14) Die Anknüpfung von demokratischer Teilhabe an den bloßen Gebietszutritt würde die demokratische Willensbildung über die Regeln politischer Integration aushebeln. Das freiheitliche Korrespondenzverhältnis von Mitentscheidung und Mitverantwortung würde unterlaufen, wenn sich Ausländer als Wahlberechtigte den Zumutungen entziehen können, unter den von ihnen mitlegitimierten politischen Entscheidungen auch selbst leben zu müssen.

b) *Pragmatistische Demokratisierung statt demokratietheoretischer Idealisierung*

(15) Die politische Integration des Ausländers zum Bürger erfolgt durch Einbürgerung, über deren Voraussetzungen die vom bestehenden Legitima-

tionssubjekt legitimierten Organe demokratisch entscheiden müssen. Demokratien sind zwar immer im Fluss, auch personal, brauchen aber diskursiven Raum zur Politisierung von Anpassungsprozessen. Der demokratische Rechtsstaat erträgt daher auch die Aporie zwischen einem Inklusionsanspruch aller Herrschaftsunterworfenen und dem Anspruch eines Legitimationssubjekts, über sein eigenes personales Substrat selbstbestimmt zu entscheiden.

c) Individualfreiheit zur politischen Interessenartikulation

(16) Ausländern steht uneingeschränkt die Meinungsfreiheit zu, durch die auf die Fortschreibung des Legitimationssubjekts kommunikativer Einfluss genommen werden kann.

4. Politische Gleichheit als Konsequenz der Menschenwürde?

(17) Aus der Menschenwürde (Art. 1 Abs. 1 GG) folgt kein automatischer Anspruch des Nichtstaatsangehörigen auf gleiche politische Teilhabe. Denn die positiv-rechtliche Menschenwürde thematisiert in ihrem individualisierten sowie negativen Absolutheitsanspruch kollektive Mechanismen der Herrschaftslegitimation nicht unmittelbar.

V. Legitimationssubjekte als Produkte demokratisch gesetzten Rechts

(18) Das Staatsangehörigkeitsrecht definiert das Legitimationssubjekt Volk über seine individuellen Mitglieder durch die strikt formale Zugehörigkeit. Die Staatsangehörigkeit ist ein Institut des positiven Rechts, keine bloße Funktion einer vorrechtlichen Nation. Auch die Zusammensetzung eines Volkes ist nur Folge einer Sequenz kontingenter politischer Entscheidungen (Einbürgerungen eingeschlossen). Geschichtlichkeit und Kulturabhängigkeit des Rechts werden im demokratischen Rechtsstaat vor allem durch Gesetzgebung abgebildet, die Zeitlichkeit von Herrschaft und Veränderbarkeit des Rechts gewährleistet.

(19) Die verfassunggebende Gewalt des Volkes hat sich mit der (voll)positiven Verfassunggebung erledigt und begrenzt daher nicht die Gestaltungsmacht, das Legitimationssubjekt Volk demokratisch zu definieren. Die Festlegung, wer personales Substrat des Staatsvolkes sein soll, bestimmt sich rechtsendogen und wird damit zur Modelliermasse demokratischer Rechtsetzung. An die Stelle präeminenter Ordnung tritt das politische Ordnen.

VI. Demokratieadäquater Zugang zum Bürgerstatus durch Einbürgerung

1. Zumutbare Einbürgerungschancen

(20) Es gibt zwar kein allgemeines Recht auf Bürgerstatus. Der Gesetzgeber muss aber, um die Belastungen der Herrschaftsunterworfenheit auch auf der Zeitachse zumutbar zu halten, adäquate und sachlich differenzierte Einbürgerungschancen eröffnen.

2. Demokratieadäquate Begrenzungen des Zugangs zum Bürgerstatus

(21) Da es bei der Einbürgerung um eine fundamentale und folgenreiche Statusentscheidung geht, sind die Voraussetzungen nach dem Vorbehalt des Gesetzes zu vertatbestandlichen. Der Selbstbestimmungsrelevanz der Einbürgerung entspricht ein gesetzlicher Anspruch.

a) Schutz der Funktionsbedingungen des demokratischen Rechtsstaats

(22) Das Recht kann im Interesse des Gelingens gemeinsamer Freiheit die Einbürgerung als demokratische Selbstergänzung von Voraussetzungen abhängig machen. Wer demokratische Teilhabe einfordert, muss insbesondere seinerseits die konstitutiven Mindestvoraussetzungen demokratischer Willensbildung in gleicher Freiheit anerkennen.

b) Integrationsanforderungen

(23) Demokratische Institutionen bleiben voraussetzungsvoll, weil politische Interaktionen möglich und Verständigungschancen eröffnet sein müssen. Daher vertatbestandlicht das StAG legitimerweise abstrakt-generell formalisierbare Integrationsfaktoren (z.B. Aufenthaltsdauer, Spracherwerb, Grundwissen) als Einbürgerungsvoraussetzungen.

3. Staatsangehörigkeitsrechtliche Reaktionsmöglichkeiten auf Migration

a) Verfassungsrechtliche Gestaltungsoffenheit der Staatsangehörigkeit

(24) Eine deutsche Staatsangehörigkeit wird zwar vom Grundgesetz vorausgesetzt sowie institutionell gewährleistet; ihre konkrete rechtliche Gestalt ist aber nur schwach verfassungsrechtlich vorgezeichnet und daher durch den Bundesgesetzgeber weitreichend gestaltbar.

b) Territorialisierung durch Ausbau des Geburtsortsprinzips?

(25) Das Abstammungsprinzip bildet eine konfliktarme Basis des Staatsangehörigkeitsrechts; es beruht nicht auf soziokultureller oder ethnischer

Herkunft, sondern auf formeller Ableitung von der Staatsangehörigkeit der Elternteile, woher auch immer sie stammen mögen. Da die demokratische Teilhabe das Proprium des Bürgerstatus ist, ist eine Einbürgerung vor Erreichen des Wahlalters nicht erforderlich. Privilegierte Einbürgerungstatbestände für im Inland Geborene bei Erreichung der Volljährigkeit überlassen die identitätsrelevante Wahl der Zugehörigkeit dem Einzelnen und sind daher vorzugswürdig.

c) Personale Auffächerung durch Mehrfachstaatsangehörigkeit?

(26) Mehrfachstaatlichkeit bedeutet eine demokratisch dysfunktionale Privilegierung, weil politische Einflussmöglichkeiten multipliziert und asymmetrische Ausstiegs-Optionen offen gehalten werden. Das Staatsangehörigkeitsrecht sollte dem (weiterhin) entgegenwirken.

VII. Unionsbürgerschaft als europäischer Bürgerstatus

1. Politischer Bürgerstatus qua territorialer Repräsentation

(27) Der im Wahlrecht zum Europäischen Parlament abgebildete politische Bürgerstatus bezieht sich legitimatorisch weiterhin segmentiert auf die Mitgliedstaaten, mit denen die Unionsbürger jedoch nicht notwendig durch Staatsangehörigkeit verbunden sind, sondern qua Territorialität als unionszugehörige Einwohner. Die Unionsbürgerschaft ersetzt als abgeleitete sowie fragmentierte Zugehörigkeit nicht die nationale Staatsangehörigkeit und stellt für diese auch keine Konkurrenz dar, entfaltet aber als europäischer Bürgerstatus unterstützenden Legitimationswert.

2. Unionsbürgerschaft als grundlegender Status der Angehörigen der Mitgliedstaaten

(28) Wenn der Unionsbürgerstatus zur solidaritätsgeprägten Mitgliedschaft in einer Wertegemeinschaft überhöht wird, steht dahinter das anspruchslose sowie methodisch fragwürdige Unterfangen, in Nachahmung idealisierter Nationengründungen den formalen Zugehörigkeitsstatus der Unionsbürger durch eine vermeintlich vorrechtliche Substanz anzureichern.

a) Materialisierung durch Territorialisierung

(29) Der EuGH betont, dass der Unionsbürgerstatus dazu bestimmt sei, „der grundlegende Status der Angehörigen der Mitgliedstaaten zu sein". Hier wird ein materieller Bürgerstatus kraft Ansässigkeit im Unionsgebiet als staatsanalogem Bezugsraum herausgeschält.

b) Personale Verselbstständigung der Unionsbürgerschaft?

(30) Die damit verbundene Unitarisierung von Grundrechtsstandards durchbricht die materiellen Begrenzungen nach Art. 51 Abs. 1 GRCh und gefährdet das vertikale institutionelle Gleichgewicht zu den Mitgliedstaaten und deren Verfassungsgerichtsbarkeiten. Allein die materielle Anreicherung des Bürgerstatus führt jedoch noch nicht dazu, dass sich das Verhältnis von nationaler Staatsangehörigkeit und Unionsbürgerschaft umkehrt.

3. Europäisierung der Staatsangehörigkeit?

(31) Solange die Europäische Union als legitimatorisch abgeleitete Rechtsordnung konstruiert wird, muss die Definition der Mitgliedschaft im Staatsvolk autonome demokratische Entscheidung der Mitgliedstaaten bleiben. Die Europäisierung der nationalen Legitimationssubjekte wäre ein Staatsstreich von oben.

(32) Zwar lässt sich legitimationstheoretisch abstrakt keine primäre Regelungsebene zur Bestimmung von Legitimationssubjekten begründen. Als Konsequenz individueller Selbstbestimmung besteht aber eine relative Präferenz für die Entwicklung von Legitimationssubjekten von unten nach oben entlang tradierter und überschaubarer Identifikationsebenen, die eine prozedurale Gemeinwohlkonstruktion noch zulassen.

VIII. Konsequenz: Fortschreibung des Bürgerstatus als Demokratiepolitik

(33) Die Staatsangehörigkeit bleibt der zentrale Anker formaler Zurechnung, der fluktuierenden Migrationsbewegungen demokratischen Halt gibt und die europäische Integration auf ein personales Legitimationsfundament stellt. Die Privilegierung des Mobilen wird im Politischen überwunden.

(34) Die Definition des Bürgerstatus ist daher originäre Demokratiepolitik und bietet die Chance, auch in einer postdemokratischen Weltgesellschaft ein Stück des zerrinnenden politischen Primats durch demokratischen Pragmatismus zu bewahren. Dies ist eine Herausforderung ohne Gelingensgarantie, aber für die repräsentative Demokratie kein Krisenszenario.

Der Bürgerstatus im Lichte von Migration und europäischer Integration

Biaggini: Liebe Kolleginnen, liebe Kollegen, ich möchte Sie ganz herzlich zur Diskussion zu unserem ersten Tagungsthema begrüßen. Die Diskussionsbeiträge sind grob nach drei Gesichtspunkten gegliedert: Zunächst geht es um allgemeine Fragen, dann geht es über in Richtung Mehrfachbürgerschaft, und zum Schluss gibt es einen Block mit Voten, die sich im weitesten Sinne mit Fragen der Demokratie beschäftigen.

Gröschner: Beide Referenten haben den Beifall verdient, den das Auditorium gespendet hat. Ich habe mich dem Applaus gern angeschlossen, weil mir die Ausführungen plausibel, also applauswürdig, erschienen. Gleichwohl hat mir in beiden Referaten der Begriff gefehlt, den ich für den Grundbegriff der Jurisprudenz halte, und damit auch für den Grundbegriff unserer Staatsrechtslehre: der Begriff des Rechtsverhältnisses. Lassen Sie mich das am Beispiel des Referats von Herrn Walter kurz demonstrieren. Trotz der begrüßenswerten Unterscheidung zwischen Staatsangehörigkeit und Staatsbürgerschaft bleibt der Grundbegriff Ihres Systems, Herr Walter, doch der Status. Er wird zunächst in der üblichen Metaphorik als Bündel von Rechten und Pflichten bestimmt. In der zentralen These 11 ist dann die Rede von notwendiger „Entbündelung" des Status und in These 16 von dessen „Prozeduralisierung". Gerade hierfür wäre das Verfassungsrechtsverhältnis der geeignete terminus technicus gewesen. „Bündel" ist ein Bild ohne jede Bewegung, Verhältnis dagegen ein Begriff, für den die Bewegung zwischen den Rechtssubjekten, Rechte- und Pflichtensubjekten, deren Wechselbezüglichkeit oder Reziprozität, konstitutiv ist. Mit Blick auf die Lissabon-Entscheidung, die Sie ja erwähnt haben, also ausdrücklich nicht mit Blick auf Ihr Referat, drängt sich mir ein Goethe-Plagiat mit gezielter Verfälschung auf: Denn eben wo Begriffe fehlen, da stellt ein Bild zur rechten Zeit sich ein. Das Bild einer „Verankerung" demokratischer Teilhaberechte in der Menschenwürde ist zwar ein gut nach Kiel passendes, aber doch sehr unbewegliches Bild. Dankeschön.

Schorkopf: Herr Walter hat in seinem glänzenden Referat am Anfang die Frage gestellt, warum sich Menschen in Deutschland einbürgern lassen sollten. Er hat das dann unter Hinweis auf die Statistik damit begründet, dass viele ihre Staatsangehörigkeit, die sie noch darüber hinaus besitzen, nicht aufgeben wollen, sich also nicht entscheiden wollen. Dieser Bericht war sehr eindrucksvoll. Es gehört nicht viel Fantasie dazu, sich vorzustellen, was passieren wird, wenn der EGMR und der EuGH die Zeit für reif erachten, zu sagen, dass zumindest das Kommunalwahlrecht und dann vielleicht auch weitere Wahlrechte in diesen Rechtsprechungsduktus einzubeziehen wären, wenn das letzte, die Staatsangehörigkeit prägende Recht seinen Partikularitätsschutz verlöre. Ich möchte daran anknüpfend, mit Blick auf das amerikanische Verfassungsrecht fragen: „We the people", das Wort wurde gestern auch im Gesprächskreis zitiert, was ist eigentlich dieses „We"? Da muss man doch vielleicht sagen, jedenfalls denk ich das, dass die Staatsangehörigkeit bzw. der Aufenthalt da ist. Und dann diese „Entbündelung": Es verhält sich doch nicht so, dass ein Territorialstaat, ein Territorium, ein Angebot macht, und dieses Angebot durch den Aufenthalt, durch die physische Präsenz, die Entscheidung dort seinen Wohnsitz zu nehmen, angenommen wird. Es existiert etwas, das darüber hinausgeht: Es gehört auch ein Stück weit ein Bekenntnis dazu, zu diesem politischen Raum zu gehören. Vielleicht kann ich das daran deutlich machen, dass – wenn es nur um einen Aufenthalt im Sinne einer Annahme eines Angebots geht, – wir zunächst nur im Rahmen der Selbstverwaltung sind. Wir diskutieren möglicherweise auch deshalb zur Zeit über Fragen der Beteiligung an Selbstverwaltungskörperschaften; ein Territorium ist doch aber auch ein politischer Raum. Und in diesem politischen Raum geht es um ein Subjekt, es geht um dieses „We", das dort beteiligt ist. Wir sehen übrigens auch – das soll hier erwähnt werden – an dem unzeitgemässen Teso-Beschluss des Bundesverfassungsgerichts, was Staatsangehörigkeit über die lange Sicht leisten kann. Die Unionsbürgerschaft wird nicht zuletzt deshalb so intensiv von der Europäischen Union genutzt, besonders durch den EuGH und auch von der europäischen Politik, um ein Band zwischen den Bürgern Europas zu stiften. Das ist nicht nur Zweckorientierung, das hat einen Hintergrund.

Diggelmann: Wir haben hier viel von schwindenden Gestaltungsspielräumen der Staaten bei der Staatsbürgerschaft gehört. Ich möchte eine Bemerkung aus einer etwas anderen Perspektive anfügen, nämlich zu den Konsequenzen einer restriktiven Verleihung der Staatsbürgerschaft – und dies aus spezifisch schweizerischer Sicht. In der Schweiz ist die Immigration seit 1888 stets größer gewesen als die Emigration. Die Schweiz ist faktisch also schon lange ein Immigrationsland, bei dem sich die Frage der Gewährung des Bürgerstatus an Zuziehende mit einer gewissen Dringlichkeit stellt. Interessant ist die Entwicklung der Wohnsitzfrist, die für eine Einbürgerung verlangt wurde und wird. Vor dem Ersten Weltkrieg wurde für die Einbürgerung durchschnittlich ein Wohnsitz von etwa zwei Jahren verlangt. Man hat die Frist dann in der Zwischenkriegszeit – unter dem Eindruck der Flüchtlingsfrage und des damit zusammenhängenden europaweiten „Fremdenabwehrdiskurses" – auf 6 Jahre erhöht. In den 1950er Jahren erfolgte eine weitere Erhöhung auf 12 Jahre. Daran hat sich bis heute nichts geändert. Die Idee bei der schrittweisen Erhöhung war, über die Anhebung der Einbürgerungshürden Immigration zu steuern, genauer: zu verhindern. Man ging davon aus, dass Arbeitsmigranten, denen der Zugang zur Vollmitgliedschaft in der Gesellschaft verweigert wird, auf die Dauer wieder in die Ursprungsländer zurückkehren. Das war ein Irrtum. Eine Langzeitkonsequenz des sehr restriktiven Umgangs mit der Staatsbürgerschaft war ein hoher Ausländeranteil, der sich politisch leicht instrumentalisieren lässt. Ein hoher Ausländeranteil sagt aber nur beschränkt etwas über die Intensität der Immigration aus. Er ist sehr maßgeblich durch die Hürden bei der Einbürgerung bestimmt, was in der heutigen politischen Diskussion aber kaum berücksichtigt wird.

Wißmann: Ich möchte nicht über die Unterschiede in den beiden je für sich eindrucksvollen Referaten sprechen, sondern auf eine aus meiner Sicht gemeinsame Schwäche hinweisen: Beide Referate sind einem ausgetretenen Pfad der deutschen Staatsrechtslehre gefolgt, indem sie den Bürger eigentlich erst mit Volljährigkeit entdecken. Er betritt die Bühne mit 18 Jahren, und alles davor ist letztlich zu vernachlässigendes Niemandsland. Das scheint mir doch die Entwicklungsdimension des Bürgerstatus als notwendige Bedingung seiner Existenz etwas unterzubelichten. Mit Händen zu greifen ist das bei Herrn Gärditz in These 25. Und auch bei Herrn Walter in These 16 wird der Grundgedanke einer Verfertigung des Bürgerstatus, wenn ich es recht verstehe, erst entdeckt in der Migrationsgesellschaft. Das halte ich für ein fundamentales Missverständnis. Denn die Prozeduralität des Bürgerstatus ist das Grundmuster eines demokratischen Staates, und die damit zusammenhängenden Fragen stellen sich in den Erziehungsinstitutionen bereits von den ersten Jahren an. Es ist leider kein Zufall, dass das Wort „Schulpflicht" in den Referaten nicht gefallen ist, obwohl man auch das in einer historischen Langzeitperspektive zu den großen Grundpflichten des modernen Staates zählen kann. Worüber dann zu sprechen wäre, wäre, wie man die Verschränkung, ja die gegenseitige Verwiesenheit zwischen öffentlich verantworteter Bildung und bürgerlicher Freiheit an den entsprechenden Schnittflächen definiert, welche innere Struktur staatliche Erziehung haben darf und muss, wo sie ihre Grenzen findet. Ich würde mich freuen, wenn ich dazu noch etwas mehr Aufklärung aus Sicht des europäisierten Bürgerstatus finden könnte. Danke.

Mahlmann: Ich habe zwei Fragen zu der menschenrechtlichen Überlagerung des Bürgerstatus, von der gesprochen wurde, die sich insbesondere an Herrn Walter richten. Die erste Frage bezieht sich auf die Beschreibung, die Sie abgeliefert haben, die man vielleicht zusammenfassen könnte als Ansätze einer ausdifferenzierten Gestaltung des Weltbürgertums, wie es in der Aufklärung angedacht wurde – von Kant rudimentär, in einem Asylrecht, aber immerhin doch substantiell entwickelt. Die Frage, die sich daraus ergibt, ist, ob es einen Zusammenhang dieser Entwicklung mit der bekannten These von Hannah Arendt gibt, dass Menschenrechte und die Durchsetzung von Menschenrechten abhängig sind von der Zugehörigkeit zu einer konkreten politisch definierten Gemeinschaft. Das war die berühmte Aporie der Menschenrechte, die keine bloß historische Position ist, sondern in der Gegenwart in aktuellen Genealogien der Menschenrechte im internationalen Bereich große Bedeutung gewonnen hat. Die Frage, die ich gerne loswerden würde, ist: Ist diese Entwicklung zu Ansätzen eines Weltbürgerrechts die Lösung der Aporie der Menschenrechte? Zweite Frage: Sie beide haben in gewisser Weise beschrieben, besonders Herr Walter, dass die menschenrechtliche Durchbildung des Bürgerstatus immer weitere Fortschritte macht. Herr Gärditz hat davon gesprochen, dass das Wahlrecht das Proprium des Bürgerrechts sei. Sie haben das in Frage gestellt und haben auch dieses Wahlrecht im Grunde dieser weltbürgerlichen, dieser menschenrechtlichen Durchbildung anheim gestellt. Daraus ergibt sich die Frage: Gibt es eine Grenze dieser menschenrechtlichen Durchbildung und wo liegt sie? Liegt sie nur in bestimmten Aspekten des Aufenthaltsrechts, wie angedeutet wurde? Letzte kurze Anmerkung: Herr Walter hat geendet mit dem Bezug auf die Perspektive der Aufklärung eines Weltbürgerrechts und hat gesagt, dass man das als naiv oder idealistisch verstehen kann. Ich würde sagen und möchte offen bekennen, dass ich diese Perspektive nicht für peinlich halte. In einer Welt von gewalttätigen Partikularismen – national, religiös –, in einer Krise, die diese Partikularismen neu gebiert, scheint es mir so zu sein, dass diese Art von weltbürgerlicher Perspektive vielleicht sogar die Existenzbedingung einer anspruchsvollen Rechtszivilisation ist.

Wallrabenstein: Ich habe eine Anmerkung zu dem ganz vorzüglichen Referat von Christian Walter, bei dem ich nur an einer Stelle, nämlich bei dem Punkt „Unterstützung durch die Solidargemeinschaft“ nachhaken möchte. Sie haben dies als Merkmal des Bürgerstatus eingeführt und eine Auflösung dieses Merkmals durch das Europarecht – Stichwort EuGH-Entscheidungen in den Rs. Martinez-Sala oder Grzelczyk, konstatiert. Pointiert fragten Sie, ob das, was gestern noch europarechtliche Zumutung war, heute schon verfassungsrechtlich geboten sein könne. Ich glaube umgekehrt „wird ein Schuh draus", und darauf möchte ich hinweisen. Sozialleistungen der Fürsorge waren historisch gar nicht personal, sondern gerade territorial organisiert und strukturiert. Das gilt insoweit auch, aus meiner Sicht, als Korrektur zum Referat von Herrn Gärditz. Die Regelungen, die Sie ansprechen, oder auch andere Sozialleistungen, die im deutschen Recht an die Staatsangehörigkeit oder einen bestimmten Aufenthaltsstatus anknüpfen sind neuer. Dies gilt in gewisser Hinsicht für die Grundsicherung, für die bei Ausländern bestimmte Beschränkungen gelten, oder das Erziehungs- und das Elterngeld. Sie sind 10, 20 Jahre alt; davor waren solche Sozialleistungen, insbesondere die Sozialhilfe, ganz am Territorialitätsprinzip orientiert, es bedurfte keiner personalen Zugehörigkeit. Die Frage ist also: Woher kommen dann diese, wenn Sie so wollen, neueren Regelungen. Ich denke, dass das Aufenthaltsrecht, dem eigentlich die Steuerungsfunktion dafür zukommt, wer Zugang zum Territorium und damit auch Zugang zur Fürsorge hat, in bestimmten Bereichen zurückgenommen wird. Grund hierfür sind insbesondere völkerrechtliche (Flüchtlingsrecht) oder europarechtliche (Unionsbürgerschaft) Verpflichtungen Deutschlands. An dieser Stelle rutscht gewissermaßen das Sozialrecht in diese Rolle hinein. Es muss die Aufgabe erledigen, die eigentlich dem Aufenthaltsrecht obliegt, nämlich die Migrationssteuerung. Dass dies nicht richtig sein kann, ist eine wesentliche Stoßrichtung der verfassungsgerichtlichen Entscheidung zum Ayslbewerberleistungsgesetz vom 10. 07. 2012. Auch auf die Frage, ob allein der Aufenthaltstatus für die Vorenthaltung bestimmter Leistungen ausreicht, oder ob es hinter dem Aufenthaltsstatus nicht Gründe hierfür geben muss, hat das Bundesverfassungsgericht in aktuellen Entscheidungen eine klare Antwort gegeben, nämlich im letzteren Sinn. Die Staatsangehörigkeit ist daher grundsätzlich nicht Voraussetzung für soziale Leistungen. Erlauben sie mir noch einen letzten Punkt, eine Vermutung oder eine Anmerkung dazu: Woher kommt denn dieses so gängige Missverständnis? Mein Eindruck ist, dass die Idee, wonach die Staatsangehörigen eine Solidargemeinschaft bilden, letztlich eher eine Stammtischweisheit ist, sich aber im Recht, bis auf diese einzelnen neueren Punkte, nicht wiederfindet. Dort aber, wo sie sich wiederfindet, ist sie auch immer verfassungsrechtlich problematisch. Unserer Debatte tut deshalb die Rückbesinnung auf die rechtlichen Strukturen gut. Danke.

Peters: Ich möchte gerne zur zentralen These von Christian Walters ausgezeichnetem Referat, der These von der „Entbündelung" der Statusrechte, Anmerkungen aus völkerrechtlicher Perspektive machen. Der Status oder das Rechtsverhältnis der Staatsangehörigkeit hat sowohl eine zentrale Souveränitätsdimension als auch eine menschenrechtliche Dimension, besitzt Menschenwürdegehalte könnte man sagen. Meiner Ansicht nach hat im Zuge der Rechtsentwicklung sowohl auf einzelstaatlicher Ebene als auch auf völkerrechtlicher Ebene eine Verschiebung des Fokus weg von den Interessen des Staates hin zur stärkeren Berücksichtigung des Menschen stattgefunden. Das Recht der Staatsangehörigkeit hat eine Menschenwürdeanreicherung erfahren, ohne dass wir ein Menschenrecht auf Staatsangehörigkeit haben. Faktum bleibt dennoch, dass die Zuerkennung oder die Aberkennung der Staatsangehörigkeit ein zentrales politisches Steuerungsinstrument für Staaten war und ist. Der Klassiker ist die Exklusion von ethnischen, kulturellen Minderheiten oder von neuen Minderheiten, den Migranten. Ein akutes Problem insbesondere in Osteuropa ist auch die umgekehrte Konstellation, die exorbitante Verleihung von Staatsangehörigkeit an Gruppen auch außerhalb der Staatsgrenzen, um die Einflusssphäre von Staaten zu vergrößern.

Ich stimme dir zu, Christian: Normativ vorzugswürdig ist die „Entbündelung" der klassischerweise mit der Staatsangehörigkeit verbundenen Rechte. Ich halte für eine sinnvolle politische Strategie insbesondere die Abkoppelung gewisser politischer Rechte von der Staatsangehörigkeit. Allerdings betrifft das Problem der demokratischen Inkongruenz zwischen Herrschaftsunterworfenheit und Möglichkeit der Partizipation nicht nur Ausländer, sondern potentiell, in mehr oder minder starkem Masse, uns alle, weil wir aufgrund der extraterritorialen Auswirkungen fremder Hoheitsrechtsausübung und aufgrund der Ausübung öffentlicher Gewalt durch internationale Institutionen alle mehr oder minder machtlos gegenüber diesen politischen Gewalten sind. So positiv ich die „Entbündelung" finde, glaube ich, dass sie rechtstatsächlich ein im Wesentlichen auf Westeuropa beschränktes Phänomen ist, die sehr stark durch die Rechtsprechung des EuGH (zur Unionsbürgerschaft usw.) geprägt ist. In anderen Regionen der Welt bleibt nach wie vor die Staatsangehörigkeit das „Masterrecht", das Recht auf Rechte.

Masing: Beide Referenten haben überzeugend das Problem herausgearbeitet, dass Migration ein Prozess ist, der in Spannung steht zur Staatsangehörigkeit als einem eher starren Status mit seiner binären Struktur des Entweder/Oder. Ich glaube, dies ist tatsächlich die große Herausforderung: Den Status der Staatsangehörigkeit zu flexibilisieren und in einen Prozess einzubinden. Insofern ist es sehr verdienstvoll, das große Potential herauszuarbeiten, das in einer „Entbündelung" der verschiedenen Rechte liegt. Ich halte das für einen überzeugenden Ansatz, weil so den verschiedenen Lebenssituationen, die durch viele Überlagerungen geprägt und eben nicht eindeutig sind, in einem tiefen Sinn human Rechnung getragen werden kann. Dies entspricht ganz der stärkeren Zuwendung zum Individuum hin – auch im internationalen Recht – als der eigentlichen Grundlage jeder Staatlichkeit.

Meine Frage wäre allerdings, ob damit gemeint ist, dass die Staatsangehörigkeit tendenziell aufzulösen ist oder keine Bedeutung mehr haben soll. Ich habe Ihre These, Herr Walter, nicht so verstanden, sondern dahingehend, dass die Staatsangehörigkeit in ihrer Bedeutung zurückgedrängt wird, aber als letzte Zuordnung durchaus auch in einem formalen Sinne als echter Status Bedeutung hat und haben muss. Dies jedenfalls würde ich für wichtig und richtig halten. Dass sie solche Bedeutung tatsächlich noch hat, lässt sich jedenfalls kaum leugnen: Man kann eben einen Schwerverbrecher letztlich doch ausweisen, den eigenen Staatsangehörigen aber nicht, und in äußersten Krisenfällen, wie Krieg usw., liegt in der Staatsangehörigkeit doch die letzte Entscheidung, wo ich hingehöre – eine existenzielle Entscheidung, die auch nicht nur durch individuelle Präferenzen oder durch individualisierende und rationalisierende Sacherwägungen bzw. Gleichheitsgesichtspunkte abgelöst werden kann.

Dies vorausgesetzt liegt heute aber in der Tat die zentrale Herausforderung darin, die Staatsangehörigkeit selbst als Status zu prozessualisieren. Und hierbei ist insbesondere das Territorialprinzip ein wichtiges Moment. Ich stimme Ihnen völlig zu, Herr Walter: Unter den Bedingungen von Migration ist die doppelte Staatsangehörigkeit für Übergangsgenerationen hinzunehmen. Sie hat, denke ich, durchaus Nachteile, aber für eine realitätsnahe und dem Einzelnen gerecht werdende Einbindung der Betreffenden in ihr neues Umfeld ist sie erforderlich. Ich glaube allerdings, dass in der öffentlichen Diskussion eines übersehen wird. Wir brauchen nicht nur die konsequentere Anerkennung des Territorialprinzips, sondern in der Generationenfolge auch eine Kappung des Abstammungsprinzips, also Regelungen, die im Laufe der Zeit sicherstellen, dass man dem Staat seiner Urahnen irgendwann nicht mehr ohne weiteres zugehört. Es gab eine Situation, in der fast alle Bewohner Westpolens auch Deutsche waren. Nur durch eine ganz geschickte und kaum bemerkte Änderung des Staatsangehörigkeitsrechts ist es heute so, dass die Abkömmlinge von Deutschen in der dritten Generation nicht mehr automatisch Deutsche werden, selbst wenn sie in geschlossener Linie von deutschen Vorfahren abstammen. Anderes gilt nur, wenn die Eltern innerhalb eines Jahres eine entsprechende Erklärung vor der Auslandsvertretung abgeben. Diese Einschränkung des Abstammungsprinzips ist kaum wahrgenommen worden. Ich halte sie jedoch – auch wenn sie mit dem schlichten Erklärungsvorbehalt zu vorsichtig ausgefallen ist – für eine der ganz wichtigen Bestimmungen des Staatsangehörigkeitsrechts.

Das eigentliche Problem ist natürlich, dass wir solche Regelungen für andere Länder nicht einseitig staatlich durchsetzten können. Das führt auf die Internationalisierung selbst zurück sowie zu den Themen, die auch soeben Frau Peters angesprochen hat: Wenn etwa die Türkei ihre Angehörigen über Generationen hin unabhängig von einem realen Bezug zu dem Land ihrer Vorfahren nicht aus der Staatsangehörigkeit entlässt, so kann dieses zur Grundlage von Machtansprüchen werden und ebenso problematisch sein wie willkürliche Einbürgerungen von Personen in anderen Ländern nach Maßgabe von Abstammungsgesichtspunkten. Um angemessene Regeln muss es insoweit eine internationale Diskussion geben und müssen internationale Vereinbarungen gesucht werden: Die Regelungen zur Verleihung der Staatsangehörigkeit können unter den Bedingungen von Migration immer weniger als souveräne Entscheidung der einzelnen Staaten angesehen werden.

Kotzur: Ich darf, wie gerade Frau Peters und Herr Masing, ebenfalls an die zentrale These aus dem höchst eindrucksvollen Referat von Herrn Walter anknüpfen und eine etwas stärker sozialwissenschaftliche Brille aufsetzen. Sie haben die „Entbündelung" des Bürgerstatus sehr differenziert dargestellt, und diese „Entbündelung" scheint mir mit einer Vervielfältigung von jedenfalls potentiellen Zugehörigengemeinschaften zu korrespondieren. Die tradierten Zugehörigengemeinschaften – Familie, politische Gemeinde, Region und Staat – haben Konkurrenz bekommen durch die Europäische Union, durch das „Weltbürgertum" im viel berufenen „global village"; aber auch durch solche Phänomene wie das Internet und seine „Blogger", die in der leidenschaftlichen Zugehörigkeit zu ihrem Blog vielleicht viel stärker eine „Schicksalsgemeinschaft" erleben als in der Nation, in die sie hineingeboren sind, oder als in der Summe der Staatsangehörigen, deren Staatsangehörigkeit sie teilen. Der Blick auf diese neuen „imagined communities" mag, um auf die spannende Frage von Herrn Schorkopf Bezug zu nehmen, das „We, the People", die klassische Selbstzuschreibung aus der US-amerikanischen Bundesverfassung, verändern, jedenfalls eine neue Lesart nahe legen: das „we" in der Selbstzuschreibung von Zugehörigkeit weitet sich und bindet all die genannten multiplen Zugehörigkeitengemeinschaften mit ein. Das führt mich zu meiner Frage: Diese Veränderungen können für die repräsentative Demokratie eine große Gefahr und Chance zugleich sein. Mir scheint in der Dynamisierung des Bürgerstatus, in dem prozeduralen Verständnis, das

Herr Walter angelegt hat, die große Chance zu bestehen, dass wir auch Inklusionsmomente prozedural flexibel, das heißt wandelbar denken und immer neu geeignete Inklusionskriterien finden müssen. So habe ich Ihr Schlussvotum in Sachen Weltbürgertum verstanden. Inklusion muss möglich sein, aber Inklusion, und das scheint mir die zentrale Herausforderung, bedeutet noch lange nicht „all inclusive". Vielen Dank.

Bast: Ich möchte mich ebenfalls auf die zentrale These von Christian Walter beziehen, auf die These von der „Entbündelung". Zunächst: In der Sache überzeugt sie mich sehr. Grund- und menschenrechtliche Entwicklungen – vor allem durch die Rechtsprechung herausgearbeitet – haben die Einheitlichkeit des Bündels von Rechten aufgesprengt, das traditionell mit der Staatsangehörigkeit verbunden war. Allenfalls könnte man die Rückfrage stellen, inwieweit dies tatsächlich – Anne Peters hat es angesprochen – eine Entwicklung ist, die über den europäischen Rechtsraum hinaus in gleicher Verdichtung zu beobachten ist. Nach meiner Kenntnis haben wir auf universeller Ebene keine Komplementärentwicklung zur Art. 8-Rechtsprechung des EGMR. Aber das ist nur eine Modifikation der insgesamt plausiblen These.

Mein kritischer Einwand bezieht sich auf die weitere These, wie der Beitrag der Gesetzgeber zu dieser Entwicklung einzuordnen ist. Dieser ist hier beschrieben worden als einer der Beschleunigung der Entbündelung. Und da hätte ich doch die Gegenfrage, ob wir nicht Belege dafür finden, dass der Beitrag des europäischen und des deutschen Gesetzgebers gerade in der Schaffung neuer „Bündel", neuer Statusverhältnisse besteht, also gewissermaßen reaktiv zur menschen- und grundrechtlichen Dynamik. Ich sehe dort im Wesentlichen zwei zentrale Entscheidungen, die in der Sache parallel laufen: Der deutsche Gesetzgeber hat sich im Ausländergesetz 1990 für einen Rechtsanspruch auf ein Daueraufenthaltsrecht entschieden; der Titel heißt heute Niederlassungserlaubnis. Auf europäischer Ebene haben wir die im Referat angesprochene Daueraufenthaltsrichtlinie 2003/109, die ebenfalls einen Rechtsanspruch auf ein Daueraufenthaltsrecht nach fünf Jahren gesetzlich niedergelegt hat und dieses durchaus als Statusverhältnis ausgestaltet hat, indem sie an den Erwerb eines bestimmten Titels Rechtsfolgen über das Aufenthaltsrecht hinaus (sozialrechtlicher, wirtschaftlicher, freizügigkeitsrechtlicher Art) angeschlossen hat. Deswegen meine These: Wir beobachten – vorangetrieben durch die Gesetzgeber, nicht allein durch die Expansion menschenrechtlicher und grundrechtlicher Vorgaben – die Entstehung von „denizenship" als Alternative zur „citizenship", einer gesetzlich ausgestalteten „Wohnbürgerschaft", die zwar ein Minus zur „citizenship" ist, aber durchaus einen eigenen Stand als Bürgerstatus besitzt.

Letzte Überlegung: Warum ist es wichtig, dies zur Kenntnis zu nehmen? Es bringt ein politisches Element ein, das mir in dem Vortrag von Christian Walter ein bisschen gefehlt hat. Das Selbstverständnis, ein Einwanderungsland sein zu wollen, ist nicht menschenrechtlich vorgegeben. Es spiegelt sich in der Entscheidung, einen Rechtsanspruch auf Daueraufenthalt für Drittstaatsangehörige zu schaffen. Das ist keine gerichtliche, sondern eine politische Entscheidung, die die Gesetzgeber getroffen haben.

Paulus: Auch ich schließe mich dem Dank an beide Referenten an, und Sie werden gleich sehen, dass ich bei beiden ein Stück weit den Weg mitgehen möchte, den sie eingeschlagen haben. Zunächst zu Herrn Walter: Ich stimme Ihnen sehr zu in ihrer Analyse der Relativierung – nicht der Abschaffung, der Relativierung – der Staatsangehörigkeit. Wir haben ein Beispiel in unseren Tagungsmappen, diese schöne rote Textausgabe enthält viele verfassungsrechtlich relevante Gesetze, nicht mehr aber das Staatsangehörigkeitsgesetz, und dies ganz bestimmt nicht, weil es so lang wäre. Schon bei solchen verlegerischen Entscheidungen sieht man, dass eine gewisse Relativierung des Themas stattgefunden hat, und ich glaube, dass damit auch die Relativierung der Exklusivität der Staatsangehörigkeit richtig analysiert ist. Die Frage, die wir uns stellen müssen, ist die nach den Konsequenzen. Und da haben Sie gesagt, auch da bin ich bei Ihnen, dass die Hinnahme doppelter Staatsangehörigkeit eine fast notwendige Konsequenz multipler Identitäten in der heutigen Welt darstellt. Sie haben dann gesagt, man könne sie abmildern, indem man besondere völkerrechtliche Verträge abschließt. Diese Notwendigkeit kann ich allerdings nicht so ganz erkennen. Mir scheint, dass das Völkerrecht doch ganz erfolgreich gelernt hat, mit doppelten Staatsangehörigkeiten umzugehen, und das IPR tut das schon immer, auch mit der Differenzierung zwischen einer effektiven und einer vielleicht nicht so effektiven Staatsangehörigkeit, jedenfalls in den Staaten, die es im konkreten Fall betrifft. Insofern wollte ich so noch mal nachfragen, ob nicht das allgemeine Völkerrecht und das IPR hier ausreichen.

In einem Punkt allerdings würde ich mich von Ihnen trennen und ein Stück weit auf Herrn Gärditz zugehen. Wenn das denn alles richtig ist, dass wir den Zugang zur Staatsangehörigkeit erleichtern sollten, auch um idealerweise der regulativen Idee näherzukommen, dass die Betroffenen bei demokratischen Entscheidungen einbezogen werden, dann stellt sich doch die Frage, ob wir nun auch noch das Wahlrecht relativieren müssen, jedenfalls wenn man über das Kommunalwahlrecht hinausgeht. Damit würde die Binnenseite der Staatsangehörigkeit, der Status des Staatsbürgers, doch fast völlig entkernt. Wenn man den Zugang zur Staatsangehörigkeit vereinfacht, dann sollte man den Inhalt der Staatsangehörigkeit attraktiv machen und nicht selbst relativieren. Mein Ergebnis wäre: Weltbürgerliche Relativierung der Staatsangehörigkeit ja, eine Abschaffung oder Entleerung des Staatsbürgerstatus nein. Danke schön.

Oeter: Lassen Sie mich ein Schlaglicht aus einer relativ spezifischen Perspektive auf das Thema werfen. Als Angehöriger eines Stadtstaates wie Hamburg ist man sich bewusst, dass wir hier kein esoterisches Thema der Staatstheorie verhandeln, sondern ein ungemein wichtiges Thema der langfristigen Funktionsfähigkeit repräsentativer Demokratie. Warum betone ich den Stadtstaat: Die Großstädte sind quer durch Europa Laboratorien der sozialen Entwicklung, die in sehr unterschiedlichen Geschwindigkeiten in unseren Gesellschaften stattfinden. Ich möchte das mit einer statistischen Zahl beleuchten: Wir wissen oder wir können ausrechnen, dass in Hamburg die Zahl der Schulkinder mit Migrationshintergrund in wenigen Jahren die 50-Prozent-Marke überschritten haben wird. Wenn man den demographischen Trend, der sich dahinter abzeichnet, als Befund nimmt, dann sind die (man kann sagen) sehr mäßigen Einbürgerungsraten, die Herr Walter sehr schön aufgezeigt hat, doch sehr beunruhigend im Blick auf die langfristige Sicherung der Funktionsfähigkeit repräsentativer Demokratie. Diese mäßigen Einbürgerungsraten muss man in Verbindung sehen mit dem Phänomen der Mehrfachstaatsangehörigkeit. Die Einbürgerungsraten hängen sehr stark – das zeigen die Mikrountersuchungen der Soziologie – an der Praxis der Hinnahme der Mehrfachstaatsangehörigkeit. Da fand ich in den beiden Referaten doch sehr interessant, dass wir bei aller Konvergenz in der Analyse, die ja im Blick auf traditionelle Positionen in den Referaten sichtbar war, an diesem Punkt immer noch beinahe so etwas wie eine kognitive Dissonanz haben. Aus einer eher sozialwissenschaftlich informierten Perspektive muss man sagen, doppelte/mehrfache Staatsangehörigkeit ist im Grunde ein rechtliches Abbild eines Phänomens, das die Sozialwissenschaften unter den Begriff ‚transnationale Biographien' bringen. Es handelt sich dabei um ein immer stärker verbreitetes Phänomen – ein Phänomen, das sich juristisch in diesen Mehrfachstaatsangehörigkeiten ausdrückt; Aus einer derartigen Perspektive ist Mehrfachstaatsangehörigkeit im Grunde etwas normales, während es umgekehrt in tradierten staatsrechtlichen Ableitungen als ein abnormes Phänomen erscheint, das eingehegt werden muss, das möglichst bekämpft werden muss. Herr Gärditz hat das ja immer noch mit sehr starken Worten gekennzeichnet, wenn ich die entsprechende These 26 lese, wo die Rede ist von „demokratisch dysfunktionale(r) Privilegierung, weil politische Einflussmöglichkeiten multipliziert und asymmetrische Ausstiegsoptionen offen gehalten werden". Ich möchte diese Dissonanz jetzt gar nicht bewerten, obwohl meine Position dazu klar ist. Ich möchte einfach noch darauf hinweisen – und da nochmals die These von Christian Walter stärken: Wenn wir an diesen traditionellen Ableitungen festhalten, verheddern wir uns immer stärker in kaum mehr bewältigbaren Gleichheitsproblemen. Die eine Dimension dieser Gleichheitsprobleme hat Christian Walter deutlich gemacht: Wir haben ja sehr unterschiedliche rechtliche Konstruktionen und Praktiken im Umgang mit Mehrfachstaatsangehörigkeit. Die Geschlechtergleichberechtigung hat dazu geführt, dass binationale Ehen regelhaft zu mehrfacher Staatsangehörigkeit führen. Die Praxis im Blick auf unterschiedliche Herkunftsstaaten variiert dagegen bei der Einbürgerung extrem. Verwaltungssoziologische Untersuchungen zeigen uns ferner, dass die Praxis zwischen den (deutschen) Ländern in der Anwendung des gleichen Gesetzes in puncto Hinnahme von mehrfacher Staatsangehörigkeit ebenfalls extrem divergiert, mit den Stadtstaaten Berlin und Hamburg als dem einen Pol, und Flächenländern wie Bayern als dem anderen Pol. Wenn Sie diesen selektiven Umgang mit dem Phänomen als empirischen Befund in den Blick nehmen, zeigt das, dass wir diese Art von Praxis der rechtlichen Einhegung von Mehrfachstaatsangehörigkeit – in sehr unterschiedlichen Selektionsvorgängen letztlich stark diskriminierend – aus meiner Sicht nicht weiter aufrechterhalten können.

Calliess: Ich würde gerne die These 31 von Herrn Gärditz aufgreifen, wonach die Europäisierung der Staatsangehörigkeit die Gefahr eines Staatsstreichs von oben begründe, und zur These 14 von Herrn Walter Stellung nehmen, wo Sie im Hinblick auf das Wahlrecht folgern, dass es insoweit keinen Unterschied zwischen Unionsbürgern und Ausländern geben dürfe. Insoweit möchte ich den Blick etwas intensiver auf den Unionsbürgerstatus lenken, und zwar auf Art. 20 Abs. 1 Satz 2 AEUV: Unionsbürger ist, wer die Staatsangehörigkeit eines Mitgliedstaates besitzt. Hier wird der Status eines im Staaten- und Verfassungsverbund geteilten Bürgers sichtbar, an den sich natürlich auch rechtliche Konsequenzen knüpfen. Mit Blick auf Herrn Gärditz folgt hieraus eine Europäisierung der Staatsangehörigkeit, die sich darin Ausdruck verschafft, dass ein Mitgliedsstaat, eben wegen dieser strukturellen Kopplung, nicht mehr völlig frei in der Gestaltung seines Staatsangehörigkeitsrechtes sein kann. Relevant wird dies zum einen bei der Verleihung von Staatsangehörigkeit: So kann der Mitgliedstaat X nicht einfach frei entscheiden, 20.000 Drittstaatsangehörigen seine Staatsangehörigkeit zu verleihen, weil dies über die Unionsbürgerschaft Rückwirkung auf deren Aufenthaltsrecht in den anderen Mitgliedsstaaten unter dem Aspekt der Freizügigkeit hat. Es besteht insoweit ein aus der Unionstreue fließendes Rücksichtnahmegebot.

Und genau so liegt es auch beim Entzug der Staatsangehörigkeit. Insoweit gibt es, wie wir spätestens seit dem Rottmann-Fall wissen – wo der EuGH, wie ich finde, eine sehr ausgewogene Entscheidung getroffen hat –, ebenfalls Rücksichtnahmepflichten aus der Unionstreue. So gesehen hat die Europäisierung des Staatsangehörigkeitsrechts längst stattgefunden. Was jetzt den Unterschied zwischen Nicht- EU-Ausländern und Unionsbürgern im Rahmen des Art. 28 Abs. 1 Satz 3 GG anbelangt, möchte ich auf Art. 20 Abs. 2 Satz 1 AEUV hinweisen: Aus dem untrennbar mit der Staatsangehörigkeit verflochtenem Unionsbürgerstatus folgen die in den Verträgen vorgesehenen Rechte und Pflichten. Wenn wir uns dann diese Rechte und Pflichten im Unionsvertrag anschauen, dann macht Art. 22 AEUV deutlich, dass ein besonderer Status begründet wird, der zwei Formen des Wahlrechts der umfasst, das kommunale Wahlrecht und das Wahlrecht zum Europäischen Parlament (jeweils aktiv und passiv). Es gibt hier einen besonderen Status, dem man meiner Ansicht nach einerseits Rechnung tragen muss und den man andererseits nicht verwischen darf. Vielen Dank.

Gas: Ich habe eine Bitte um gewisse Ergänzungen an Sie, Herr Kollege Walter, bezüglich These 14 und bezüglich genereller Aussagen zur doppelten Staatsbürgerschaft. Bei letzterem haben sie sehr knapp, und aus meiner Sicht offen gestanden ein bisschen zu knapp, zwei Gegenargumente zu entkräften versucht. Zum einen die These, die auch Herr Masing angesprochen hat, betreffend Art. 3 GG. Ich denke, da sind wir uns in diesem Kreise alle einig, dass diese Übervorteilung Art.-3-konform ist, da bin vollkommen d'accord mit Ihnen. Aber das kann aus meiner Sicht nicht der Punkt sein, wie das Problem zu lösen ist. Wir müssen uns auch darüber unterhalten: Wollen wir das? Den Loyalitätskonflikt hat schon Herr Masing angesprochen, mit dem Beispiel, wonach es halt in extremen Situationen dazu kommen kann, dass entschieden werden muss. Ich möchte das Augenmerk ein bisschen auf die methodische Begründung legen: Sie sagten dann doch sehr schnell, dass es einen solchen Loyalitätskonflikt sowieso schon gäbe. Kann das als Begründung ausreichend dafür sein, dass man ihn entweder perpetuiert und sogar noch ausweitet? Und wenn ja: wie stark? Das gleiche Problem sehe ich offen gestanden bei der These 14 vom methodischen Ansatz her, wenn Sie ausführen, dass entscheidend für Ihre Auslegung des 79 Abs. 3 GG sei, dass wir den 28 Abs. 1 Satz 3 GG nun einmal hätten. Also auf der einen Seite: Wir haben schon einen Loyalitätskonflikt, wir können ihn noch perpetuieren. Auf der anderen Seite: Wir haben schon eine Erosion des Prinzips, das die Staatsgewalt vom deutschen Volk ausgeht, also können wir das auch ausweiten. Ist das methodisch tragfähig? Richtet sich Art. 79 Abs. 3 wirklich nach dem Art. 28 Abs. 1 Satz 3 GG? Oder muss sich nicht umgekehrt die Frage nach einem Ausländerwahlrecht nach dem Art. 79 Abs. 3 richten? Ich glaube gar nicht, dass Sie es so absolut und auf die Spitze getrieben meinen. Aber wenn das eine exklusive Begründung sein soll, über den Art. 28 Abs. 1 Satz 3 die Ewigkeitsgarantie zu bestimmen, dann besteht eine Gefahr, dass sie erodiert. Zum Schluss möchte ich, um keine Missverständnisse aufkommen zu lassen, darauf hinweisen, dass ich mit den Ergebnissen vollkommen einverstanden bin. In den genannten Punkten würde ich mir aber als Begründung noch eine Ergänzung wünschen.

Alexy: Die normativen Gründe für den Umgang mit der Staatsbürgerschaft und allem, was damit verbunden ist, lassen sich in zwei Gruppen einteilen: in solche grund- und menschenrechtlicher Art und in solche demokratietheoretischer Art. Ich möchte nur einen Blick auf die zweite Gruppe werfen und dort auch eher theoretische Fragen aufnehmen, die aber durchaus praktische Konsequenzen haben. Es geht um die These 12 von Herrn Gärditz zum Optimierungsgebot. Das Demokratieprinzip, so lautet sie, ist kein Optimierungsgebot, das weitestgehende Deckungsgleichheit von Herrschaftsunterworfenen und Mitgliedern des Legitimationssubjekts fordert. Ich widerspreche dem. Das Demokratieprinzip ist ein Optimierungsgebot, und um dahin zu kommen, muss etwas getan werden, was heute Vormittag nicht getan wurde. Das Demokratieprinzip ist normtheoretisch exakter in den Blick zu nehmen. Wir sind gewohnt, zwischen deliberativer Demokratie auf der einen Seite und dezisionistischer Demokratie auf der anderen zu unterscheiden, also zwischen Diskursdemokratie und Entscheidungsdemokratie. Aber das Demokratieprinzip, und Sie, Herr Gärditz, machen das im Grunde auch, das Demokratieprinzip ist weiter zu unterteilen in das Prinzip der Mitentscheidung und das Prinzip der Mitverantwortung. Sobald wir diesen Schritt einmal getan haben, können wir Fragen wie die der Mehrfachstaatsbürgerschaft viel präziser analysieren und beantworten. Zwischen dem Prinzip der Mitverantwortung und dem der Mitentscheidung tritt ein Spannungsverhältnis zutage, das nicht leicht zu lösen ist. Wir stehen vor großen Herausforderungen, nicht zuletzt auch deshalb, weil wir überhaupt nicht wissen, was die nächsten Jahrzehnte, sowohl in Europa als auch weltweit, bringen, welche Verwerfungen es geben könnte. Hier sind Abwägungen vorzunehmen zwischen diesen beiden Unterprinzipien des Demokratieprinzips, und Abwägung ohne Optimierung gibt es nicht. Natürlich ist all das, was ich bislang gesagt habe, eine grobe Vereinfachung, denn in diesen Abwägungsprozess ist natürlich auch die grund- und menschenrechtliche Dimension einzufügen, wobei es mir bedenklich erscheint, wenn die Menschenwürde zu weich ins Spiel gebracht wird. Letzteres geschieht, wenn es heißt, dass zwar keine Verletzung der Menschenwürde vorliegt, wenn dies oder das geschieht, dass die Menschenwürde aber dennoch dies oder das irgendwie fordert. Das ist jedenfalls nicht die Menschenwürde, die wir in Artikel 1 Abs. 1 GG finden. Es ist eine abgeschwächte Menschenwürde, und dies ist kein gutes Argument. Kurzum, neben einer größeren Präzision auf der Ebene der verschiedenen Teilprinzipien des Demokratieprinzips ist eine größere Präzision auf der Ebene der Grund- und Menschenrechte anzufordern.

Sieckmann: Ich möchte zu Herrn Gärditz und zur These 12 Stellung nehmen, die Herr Alexy ja schon zitiert hat. Sie sagen: Es ist kein Optimierungsgebot, Identität zwischen Herrschenden und Beherrschten herzustellen. Nun ist dies aber eine zentrale Idee der Demokratie, und warum soll diese nicht auch verfassungsrechtlich die Interpretation des Demokratieprinzips bestimmen. Als Optimierungsgebot oder Ideal bedeutet es natürlich nicht, dass automatisch im Wahlrecht eine Identität zwischen Beherrschten und Wahlberechtigten hergestellt werden müsste. Es ist ein Optimierungsproblem, es kann Rechtfertigungen geben, den Kreis der Wahlberechtigten einzugrenzen. Es ist notwendig, formale Regeln aufzustellen, und es kann sein, dass eine Anknüpfung des Wahlrechts an die Staatsangehörigkeit gegeben sein sollte. Aber es muss eine Rechtfertigung dafür geben. Das ist der zentrale Punkt des Optimierungsgebots. Wenn sie nun sagen, es ist kein Optimierungsgebot, dann bedeutet dies, es ist egal, ob jemand, der eigenverantwortlicher Entscheidungen fähig ist und einer politischen Herrschaft unterworfen ist, an der Ausübung dieser Herrschaft teilhat. Dies müsste verfassungsrechtlich egal sein. Und wenn sie das sagen, dann geben sie das Demokratieprinzip insgesamt auf.

Meyer, Hans: Herr Gärditz, Sie haben die Geschichte von Herrn Haake nicht zu Ende erzählt. Der deutsche Bundestag hat darüber debattiert, ob in seinem Haus ein Trog aufgestellt werden darf, auf dem steht „Der Bevölkerung“ statt „Dem deutschen Volke“, und hat sich mit großer Mehrheit dafür entschieden. Sein Argument war: Wir sind nicht nur für das deutsche Volk verantwortlich, sondern für die ganze Bevölkerung. Zweiter Punkt: Den Volksbegriff des Art. 20 Abs. 2 GG auf das deutsche Staatsvolk zu beschränken, war ein rabiater Akt der Verfassungsgerichtsbarkeit, denn das Bundesverfassungsgericht hat zugleich, was es aber nicht gemerkt hat, entschieden, was durch Art. 79 Abs. 3 GG geschützt ist. Beschlossen wurde nicht die Abweisung der Nichtstaatsangehörigen von den Wahlen, sondern beschlossen wurde die Exklusivität des Volksbegriffs bezogen auf die Staatsangehörigkeit. Damit war ein „Grundsatz“ festgelegt, der nach Art. 79 Abs. 3 GG auch durch einfache Verfassungsänderung nicht mehr geändert werden kann. Folglich ist die ohne jede Begründung dem Gesetzgeber gegebene Erlaubnis, das Ausländerwahlrecht für die Kommunen einzuführen, ein Verstoß gegen Art. 79 Abs. 3 gewesen. Denn das Volk ist, wie Art. 28 überdeutlich sagt, auf allen drei Ebenen gleich. Das Volk soll in den Ländern, Kreisen und Gemeinden eine Vertretung haben. Das heißt also, dass der Volksbegriff identisch ist. Wir nennen ja nicht zu unrecht Art. 28 Abs. 1 GG eine Homogenitätsbestimmung. Die Konstruktion funktioniert vorne und hinten nicht. Auch der Rückgriff auf die Entstehungsgeschichte zeigt, dass das Gericht unrecht hatte. Denn der parlamentarische Rat war keinesfalls der Ansicht, dass das deutsche Volk in Art. 20 GG exklusiv gemeint sei, denn er hat selbst das Wahlrecht entwickelt und dabei auch Nichtstaatsangehörige für wahlberechtigt erklärt. Wer einen Volksdeutschen im Osten geheiratet hatte – also zum Beispiel die Russin, die einen in Kasachstan lebenden deutschen Volkszugehörigen geheiratet hatte, und mit ihm nach Deutschland kam –, durfte und darf hier wählen, auch ohne deutsche Staatsangehörigkeit. Später hat das Gericht gesagt, das sei eine besondere Lage gewesen. Ist denn aber der große Zuwachs an Ausländern hier in Deutschland nicht auch eine neue Lage, auf die man irgendwie reagieren sollte? Diese Rechtsprechung ist also methodisch gesehen ebenso ein grober Missgriff gewesen wie politisch. Herr Gärditz, Sie haben in These 34 von dem zerrinnenden politischen Primat gesprochen und erstaunlicherweise dieses Zerrinnen damit begründet, dass es demokratischen Pragmatismus gibt. Ich bin immer davon ausgegangen, dass der politische Primat bei uns ein demokratischer Primat ist. Die Behauptung verstehe ich also nicht. Da ich mittlerweile alt genug bin, um mich noch daran zu erinnern: Wenn Sie diesen Vortrag vor 40 Jahren gehalten hätten – vor etwa 40 Jahren hat die Vereinigung über Ausländerrecht in Mannheim debattiert, mit Doering und Isensee als Vortragenden –, hätten Sie kein Jota ändern müssen. Nun weiß ich nicht, ob ich mich freuen soll über diese hohe Kontinuität in der deutschen Staatsrechtslehre, oder ob ich verzweifeln soll über die Unbeweglichkeit angesichts der Veränderungen, die wir nun doch erleben.

Schmahl: Ich habe eine Nachfrage zum Referat von Christian Walter, das mir freilich insgesamt schon deshalb gut gefallen hat, weil es den Bürgerstatus einmal menschenrechtlich beleuchtet und positioniert. In der Tat legt der Straßburger Menschenrechtsgerichtshof Art. 14 EMRK sehr großzügig aus und inkludiert mittlerweile die Staatsangehörigkeit in das Merkmal des „sonstigen Status“, wenn Art. 8 EMRK, also das Recht auf Privat- und Familienleben, in Frage steht. Auch dürfte es gesichert sein, dass diese gleichheitsfreundliche EGMR-Rechtsprechung die Judikatur des EuGH zunehmend leiten und beeinflussen wird. Und jetzt komme ich zu dem aus meiner Sicht neuralgischen Punkt: Art. 21 Grundrechte-Charta unterscheidet exakt zwischen 17 verpönten Differenzierungs- oder Diskriminierungsmerkmalen in Art. 21 Abs. 1 einerseits und dem in Art. 21 Abs. 2 niedergelegten Diskriminierungsverbot aus Gründen der Staatsangehörigkeit andererseits. Art. 21 Abs. 2 Grundrechte-Charta greift bekanntlich den Regelungsgehalt von Art. 18 AEUV auf. Während Art. 21 Abs. 1 Grundrechte-Charta als Menschenrecht konzipiert ist, sind Nicht-Unionsbürger sowohl vom Anwendungsbereich des Art. 18 AEUV als auch von jenem des Art. 21 Abs. 2 Grundrechte-Charta regelmäßig ausgeschlossen. Vor diesem Hintergrund hege ich Bedenken an These 14: Es gibt wohl doch einen Unterschied zwischen der Unionsbürgerschaft und nicht-deutschen Unionsbürgern auf der einen und Drittstaatsangehörigen auf der anderen Seite. Dieser Unterschied zeigt sich normativ darin, dass Art. 21 Grundrechte-Charta zwei voneinander getrennte Absätze enthält. Er kommt darüber hinaus wohl auch durch die Schicksalsgemeinschaft zum Ausdruck, die die Unionsbürger miteinander verbindet und die einem Weltbürgerstatus in nascendi entgegenstehen dürfte. Vielen Dank.

Heinig: Bekanntlich kann man nicht nur nach Deutschland einwandern, sondern auch als Deutscher aus Deutschland auswandern. Und zu dieser Problematik haben beide Berichterstatter nichts gesagt. Ich würde Sie deshalb bitten, noch mal zu reflektieren, welche möglichen Auswirkungen denn ihre Beschreibung von bürgerschaftlich-politischer Inklusion und Exklusion genau für die Frage des Wahlrechts von aus Deutschland ausgewanderten Deutschen hat. Da gibt es ja aktuelle Rechtsprechung des Bundesverfassungsgerichts und mir scheint das eigentlich eine Marginalie zu sein, aber doch ein interessanter intellektueller Prüfposten für die jeweilig vorgestellte Konzeption. Mir scheint, so unterschiedlich die Referate sonst waren, an dieser Stelle liegt es eigentlich in der Grundlinie beider Referate, Restriktionen für das Wahlrecht von Auslandsdeutschen zu fordern. Christian Walter hat einen engen Konnex geschlossen zwischen territorialer Betroffenheit und Partizipation, in der Linie liegt doch eigentlich, Auslandsdeutschen dann das Wahlrecht unter bestimmten Bedingungen eher abzusprechen. Bei Herrn Gärditz sind es vor allen Dingen die kulturkritisch-pessimistisch eingefärbten Thesen 14 und 26, die mich zu der Vermutung veranlassen, dass hier eigentlich das Wahlrecht für Auslandsdeutsche beschränkt werden müsste. Denn auch diese haben ja Teil an der, wie es da heißt, fluktuierenden Migrationsbewegung und der als Bedrohung beschriebenen Privilegierung des Mobilen, wobei ich da persönlich eher an freien Geldverkehr als an die Freizügigkeit von Personen denken würde. Beiden Referenten ist mit dieser These – sie müssten konsequenterweise restriktiv sein im Wahlrecht von Auslandsdeutschen – wahrscheinlich unbehaglich. Das würde vielleicht bei Christian Walter vor allen Dingen damit zu tun haben, dass man auf die Unionsbürgerschaft verweisen müsste und sagen müsste, solche Restriktionen, wenn sie jedenfalls die Binnenmigration im Unionsraum betreffen, berühren relativ schnell auch die Auswirkungen auf die Freizügigkeit. Daran sieht man dann ganz schön, dass eben nicht nur die Unionsbürgerschaft akzessorisch zur Staatsangehörigkeit ist, sondern umgekehrt auch die Statusrechte selber beeinflussen, sodass man das Verhältnis von Unionsbürgerschaft und Staatsangehörigkeitsrecht wahrscheinlich sehr viel komplizierter beschreiben muss als die Grundlagenverträge selber das uns imaginieren. Vielen Dank.

Hillgruber: Herr Walter, ich möchte Sie fragen: Müssten sie nicht eigentlich den letzten Satz ihres Leitsatzes 16 ergänzen und formulieren: Es wird möglich, *alle* Bürgerechte zu haben ohne die Staatsangehörigkeit zu besitzen. Denn wenn Sie auch das Wahlrecht von der Staatsangehörigkeit abkoppeln, dann verhält es sich doch genau so. So formuliert, hätte die These Ihnen aber vielleicht doch noch einmal Anlass gegeben, zu überdenken, ob diese Konsequenz wirklich überzeugend ist. Denn dann wäre, wenn man es weiterdenkt, eigentlich das, was es bisher auch völkerrechtlich zu vermeiden gilt, eigentlich der wahrhaft erstrebenswerte Status: der des Staatenlosen, der aller spezifischen staatsbürgerlichen Pflichten, die an die Staatsangehörigkeit anknüpfen, ledig ist und doch des vollen Bürgerstatus teilhaftig. Und der Staatsangehörige wäre, um Ulrich Wickert zu variieren, der eigentlich dumme, nämlich der, der eben auch noch die Pflichten zu tragen hat. Das scheint mir nicht wirklich überzeugend zu sein. Ich will jetzt gar nicht mit Ihnen – das könnte ich länger tun, wenn die Zeit es erlauben würde – über die Frage der Erstreckung des Wahlrechts auf Ausländer diskutieren. Dass ich das anders sehe, das haben Sie ja selbst schon vermerkt; das will ich jetzt gar nicht weiter vertiefen. Nur eine Bemerkung in diesem Zusammenhang: Ich fand es bemerkenswert, dass Sie die EGMR-Rechtsprechung, die Sie ja völlig zutreffend referiert haben, als sozusagen unhinterfragbaren Fixpunkt angesehen haben, aber mit erstaunlicher Leichthändigkeit die bundesverfassungsgerichtliche Rechtsprechung zum Ausländerwahlrecht gedanklich sehr schnell hinter sich gelassen haben. Ich würde gerade auch bei der EGMR-Rechtsprechung meinen, sie gäbe allen Anlass dazu, darüber nachzudenken, ob die *ultra vires*-Kontrolle nicht auch auf den EGMR zu erstrecken wäre. Einen letzten Punkt: Ihre menschenrechtliche Perspektive wurde ja hier vielfach gelobt, ich würde es etwas kritisch betrachten. Ich fand Ihren Vortrag und ihre Thesen „menschenrechts-hypertroph". Das ist gegenwärtig eine gängige Sichtweise, auch im Völkerrecht, aber sie scheint mir eine sehr selektive Wahrnehmung des positiv geltenden Völkerrechts zu sein. Herr Gärditz hat das Thema gestreift, ohne den *terminus technicus* zu nennen, deswegen möchte ich ihn hier einführen: Es gibt auch ein Selbstbestimmungsrecht der Völker, völkerrechtlich garantiert und bemerkenswerterweise in den beiden großen UN-Menschenrechtspakten in Art. 1 ganz bewusst vorgelagert, vor den Individualrechtsgarantien verbürgt. Und genau dieses Selbstbestimmungsrecht der Völker ist es doch, das es erlaubt, dass sich eine Gruppe von Menschen als Staatsvolk selbst definiert und politisch organisiert. Das ist ihr gutes Völkerrecht. Es geht also nicht nur um Staatensouveränität versus Menschenrechte, es geht auch um das Selbstbestimmungsrecht der Völker. Vielen Dank.

Streinz: Ich habe einige Nachfragen zu Herrn Walter. Herr Walter, Sie haben aufgezeigt, dass trotz der Erleichterung der Einbürgerung von dem Potential nicht so viel Gebrauch gemacht wurde, wie man sich vorgestellt hat. Die Frage ist, was die Gründe dafür sind. Sind es grundsätzliche Gründe, dass man die Einbürgerung nicht haben möchte? Dann hätte ich Probleme, das Wahlrecht gleichwohl zu vergeben. Oder sind es faktische und rechtliche Hindernisse, die ja zum einem auf deutscher Seite bestehen können, aber auch auf der Seite des anderen Staates bestehen können? Ich glaube, das müsste man näher analysieren, um daraus dann die Konsequenzen zu ziehen. Das weitere betrifft auch – Herr Calliess und andere haben das schon angesprochen – die These 14 hinsichtlich Art. 28 Abs. 1 Satz 3 GG. In der Tat bekommen einige Argumentationslinien eine problematische Erklärungs- und Rechtfertigungslast. Auf der anderen Seite muss man sehen, dass diese Zuerkennung des Wahlrechts für Unionsbürger damaligen unionsrechtlichen Tendenzen und unionsrechtlichen Verpflichtungen entsprach, denen auch ein bestimmtes Konzept zugrunde lag, nämlich – so hieß es damals im Programm der Europäischen Union – Zuerkennung besonderer Rechte für Unionsbürger, auch zur Förderung einer europäischen Identität. Ist dieser Ansatz solcher besonderer Rechte für Unionsbürger jetzt überholt? Man muss sich natürlich klar sein, dass diese Inklusion der Unionsbürger zugleich eine Exklusion aller Drittstaater ist. Soll man das also aufgeben, mit der Folge, dass der Unionsbürger insoweit – wir haben ja, und Sie haben das aufgezeigt, auch noch besondere Rechte – auf den Marktbürger reduziert wird? Das wäre die Frage. Schließlich: Staatsangehörigkeit oder Wohnsitz/Ansässigkeit als Anknüpfungspunkt? Für die Staatsangehörigkeit spricht doch auch, dass es ein formeller Anknüpfungspunkt ist, mit einer gewissen Klarheit und auch der Entmythologisierung, die Herr Gärditz in These 18 angesprochen hat. Das trifft natürlich fürs Wohnsitzerfordernis auch zu, aber die Frage, und das wurde vorher aufgeworfen, ist: Wenn man auf Wohnsitz/Ansässigkeit abstellt, wie rechtfertige ich dann noch das Auslandswahlrecht? Danke schön.

Biaggini: Damit ist die Liste der Diskussionsbeiträge geschlossen. Wir gehen über zu den Schlussworten. Wie üblich beginnt der zweite Referent, Herr Gärditz, danach folgt Herr Walter.

Gärditz: Zunächst herzlichen Dank für alle Anmerkungen, vor allem für die kritischen. Ich möchte versuchen, gebündelt auf die Diskussionsbeiträge einzugehen, ohne unbedingt jeweils den einzelnen Diskussionsteilnehmer nochmals zu nennen. Zunächst teilen ja viele hier im Auditorium ein gewisses Unbehagen, dass die Staatsangehörigen und die Einwohner im Bundesgebiet auseinanderdriften. Darauf kann man sehr unterschiedliche Antworten finden – hier waren ja auch Differenzen zwischen den Referaten erkennbar –, man kann aber auch fragen, wie groß das Problem eigentlich ist. Wenn wir uns vergegenwärtigen, dass bei der letzten Bundestagswahl knapp über 70 Prozent der Wahlberechtigten teilgenommen haben – bei den Landtagswahlen sind es in der Regel 50 bis 60 Prozent – und wenn wir die Piratenwähler als eigentlich qualifizierte Nichtwähler noch abziehen, dann kommen wir im Durchschnitt in absehbarer Zeit auf eine Teilnahme unter 50 %. Meine Damen und Herren, in dieser Gesellschaft scheint die politische Mitwirkung ein Stück weit unattraktiv geworden zu sein. Die Ausländer, über die wir hier reden, sind Teil dieser Gesellschaft, und es braucht uns nicht zu wundern, dass sie nicht besser sind als der Rest von uns. Wenn nun ein großer Teil der Ausländer sagt, sie hätten einen gesicherten Daueraufenthaltsstatus, der ihnen im Wesentlichen die gleichen sozialen Rechte gibt wie Inländern, den gleichen Zugang zur Infrastruktur, und wenn sie sich schlicht für die politische Teilhabe nicht interessieren, dann kann ich es diesen Aufenthaltsberechtigten nicht verübeln, wenn sie sagen: Dann kann ich auch auf die Einbürgerung verzichten und meine bisherige Staatsangehörigkeit beibehalten. Das ist dann aber ein gesamtgesellschaftliches Problem, kein ausländerspezifisches. Und umgekehrt – das wäre dann meine Folgerung –: Wer sich nicht einbürgern lassen möchte, weil ihm die politische Teilhabe eben nicht so wichtig ist, den muss ich auch nicht dazu nötigen bzw. ihm politische Teilhaberechte „hinterherwerfen“, die er offenbar gar nicht benötigt für sein Leben im Bundesgebiet. Ich meine, da können wir auch auf die Vernunft des Einzelnen vertrauen, für sich selber zu entscheiden, ob er politisch „mitmachen“ möchte oder nicht. Entscheidend ist dann, und darauf habe ich den Fokus gelegt, dass das Einbürgerungsrecht hinreichend offen und flexibel ist. Da hatten wir im geltenden Recht einige Bewegung. Und ich wäre mit dem ursprünglichen Staatsangehörigkeitsrecht mit Wartezeiten von 15 Jahren und ähnlichem auch nicht einverstanden. Wenn wir aber einen hinreichend offenen Zugang zur Staatsangehörigkeit haben, hat es jeder selbst in der Hand, an seinem Status etwas zu ändern.

Eine Reihe von Beiträgen bezieht sich letzten Endes auf die Frage der Formalität des Rechts und des entsprechenden Verfahrens. Herr Streinz hat zu Recht darauf hingewiesen, dass wir mit der Staatsangehörigkeit doch einen recht guten formalen Anker haben – ich meine: den einzigen, der operabel ist. Diese Formalität ist nicht ein schlichter Fetischismus, auf dem man herumreiten muss um der Form willen, sondern diese Formalität ist der eigentliche Anker, an den die Gleichheit aller Mitglieder des Legitimationssubjekts anknüpft. Und ich meine, dass wir an dieser Gleichheit festhalten müssen. Jede Entformalisierung verlagert Fragen hinein in das Materielle. Wenn wir die Verfahren formalisieren, dann behalten wir uns die inhaltliche Offenheit, selber in demokratischer Selbstbestimmung zu entscheiden, wie wir Regelungen des Statuszugangs treffen wollen. Wenn wir hingegen bei der Formalität des Zugangs Verzicht üben, dann heißt das, dass wir Identitätsbildung durch materielle Gehalte gewährleisten müssen. Das läuft dann aber einer pluralistischen Gesellschaft tendenziell zuwider. Anders gewendet: Pluralismus, demokratischer Voluntarismus einerseits und Formalität andererseits sind zwei Seiten einer Medaille, die ich sehr gerne zusammenhalten möchte, auch schon, um die Tendenz elitärer Modelle zu einer inhaltlichen Bestimmung von Identität aus Werten heraus möglichst jedenfalls im sensiblen Bereich der Zugehörigkeit zu vermeiden.

Daran anknüpfend kann ich auch auf die Fragen von Herrn Alexy und Herrn Sieckmann antworten. Ich habe hier dezidiert nicht ein deliberatives Demokratiemodell zu Grunde gelegt, sondern ich habe mit dem Referat implizit den demokratischen Voluntarismus hochgehalten, der notwendige Konsequenz von Selbstbestimmung ist. Zu dieser Selbstbestimmung gehört es auch, über die Frage der Zusammensetzung eines Legitimationssubjekts unter Freien und Gleichen zu entscheiden. Und das können eben immer nur die, die schon Mitglieder des jeweiligen Legitimationssubjekts sind. Dafür habe ich ja korrespondierend die Forderung erhoben, für die anderen adäquate Zugangschancen zu eröffnen – das muss meines Erachtens ausreichen. Würden wir uns auf deliberative Optimierungmodelle einlassen, so kämen wir zu einer beinahe automatischen und gleichermaßen typischen Konsequenz, nämlich zu einer Verrechtlichung und damit zu einem Entzug der Sachfragen von Mitgliedschaft aus den Prozessen der demokratischen Entscheidbarkeit. Im Auditorium wurde dafür plädiert, aus der Einbeziehung von Nichtmitgliedern einen Abwägungsprozess zu machen. Diese rechtlichen Abwägungsmechanismen sind aber doch gerade die Momente, die zunehmend Entscheidungsspielräume verengen und dann letzten Endes politische Fragen als schlichte Rechtsfragen ausweisen, die am Ende das Bundesverfassungsgericht entscheidet.

Schließlich möchte ich noch auf einige Punkte eingehen, die in der Diskussion im Einzelnen genannt worden sind. Herr Heinig hat gefragt nach dem Wahlrecht der Auslandsdeutschen. Entgegen seiner Vermutung würde ich in der Tendenz eher sagen, dass die Restriktionen hier verfassungsrechtlich problematisch sind, denn wenn ich personalisiere, dann muss ich das auch konsequent machen. Wenn ich die politischen Rechte nicht der Territorialität unterwerfe, so wie ich das gesagt habe, dann müssten auch die Auslandsdeutschen eigentlich ihr Wahlrecht behalten. Frau Wallrabenstein, ich bin in der Grundtendenz ganz bei Ihnen, ich würde in der Tat sagen, dass soziale Rechte in einem längeren Entwicklungsprozess von der Staatsangehörigkeit abgekoppelt wurden. Das ist unverkennbar so. Ich habe das auch nicht beklagt. Das Versicherungsprinzip gilt für alle Versicherten, sonstige Sozialleistungsansprüche gelten selbstverständlich – in der Regel jedenfalls – auch allgemein. Die Unterschiede ergeben sich daraus, wie wir mit denjenigen umgehen, die hilfsbedürftig werden, wenn sie im Inland an sich aufenthaltsberechtigt sind. Und da haben wir nun – und das haben Sie auch zu Recht gesagt – die menschenrechtlichen Hürden höher gelegt, eine entsprechende Ausweisung zu rechtfertigen, was dann verbleibende Probleme einfach ins Sozialrecht verlagert. Dies dann als einen spezifischen Prozess der Territorialisierung auch konsequent fortzusetzen und Teilhabe einzufordern, ist das Verdienst des Bundesverfassungsgerichts, dessen Entscheidungen zum Asylbewerberleistungsgesetz und zu elternbezogenen Maßnahmen aus diesem Jahr ich ja für grundsätzlich richtig halte.

Es wurde mehrmals gefragt nach dem Verhältnis von Art. 79 und Art. 28 GG. Hier möchte ich auch eine gewisse Differenzierung hineinbringen. Ich meine, das von Ihnen teils thematisierte kommunale Ausländerwahlrecht ist doch jedenfalls etwas anderes als das allgemeine Parlamentswahlrecht, weil uns Art. 79 Abs. 3 GG jedenfalls nicht dazu zwingt, die kommunale Selbstverwaltung staatsanalog auszugestalten und von einem staatsanalogen Legitimationssubjekt auszugehen. Das könnten wir, wenn wir wollten, auch anders machen, und dann sind auch Abweichungen in diesem Rahmen möglich. Herr Hillgruber hat das Selbstbestimmungsrecht der Völker angesprochen. Das ist eine völkerrechtliche Maxime, die natürlich ein Stück weit quer zu den Problemen hier liegt. Ich bin allerdings eher pessimistisch, ob wir für den vorliegenden Fragenkreis daraus irgendwelche Konsequenzen ziehen können, weil hier doch zwei sehr unterschiedliche Größen miteinander relationiert werden sollen. Ein Volk im Sinne des Völkerrechts, das das Selbstbestimmungsrecht ausübt, ist ein Volk, das nach materiellen Kriterien – welchen auch immer – bestimmt werden muss. Damit haben wir die größten Schwierigkeiten, die sich spätestens dann zeigen, wenn sich die Frage stellt, was eigentlich ein Volk im Rahmen seiner Selbstbestimmung an exklusiven Maßnahmen vornehmen darf, also wen ein selbstbestimmt wirkender Volksteil, der nach „Souveränität" strebt, aus der Mitgliedschaft ausschließen darf. Die Fragen des Staatsangehörigkeitsrechts betreffen hingegen jeweils den Einzelnen. Und ich meine daher, dass es sich letztlich um inkommensurable Bezugssubjekte handelt und ich insoweit nicht Völkerrecht und Staatsangehörigkeitsrecht miteinander verkoppeln kann. Zu guter Letzt die Frage der Schule, die Herr Wißmann aufgeworfen hat. Natürlich sind auch die Schule und die Erziehung für das Funktionieren demokratischer Institutionen wichtig. Den Bürgerstatus als solchen betrifft das meines Erachtens nicht, es geht um die vielfältigen und alle Rechtsgebiete durchziehenden bereichsspezifischen Regelungen, wie man eigentlich seinen jeweiligen Status sachgerecht ausüben kann. Da geht es vor allem auch um Befähigungserwerb; und den habe ich ausdrücklich begrüßt. Herzlichen Dank.

Walter: Ich möchte es handhaben wie Herr Gärditz und versuchen, die Dinge etwas zu bündeln, und von Vornherein um Verständnis dafür bitten, wenn ich nicht alles einzeln anspreche. Ich fange an mit den Fragen oder Bemerkungen, die sich um den Kreis „Entbündelung" und „Status" ranken. Ich möchte dazu zunächst die Wortmeldung von Herrn Masing aufnehmen und nachdrücklich unterstreichen, dass es mir nicht darum geht, die Staatsangehörigkeit zu beseitigen. Das mag vielleicht auch zugleich anderen Unklarheiten hoffentlich ein Stück weit entgegenzuwirken. Wir brauchen die Staatsangehörigkeit, schon um Personen zuzuordnen, also um Staatenlosigkeit zu vermeiden. Die Staatsangehörigkeit ist ein Element in den Fragen der Inklusion. Die Staatsangehörigkeit bleibt also und, das habe ich ja auch ausdrücklich gesagt, sie behält den binären Code. Auch darauf können wir nicht verzichten. Wir müssen wissen, welche Person welche Staatsangehörigkeit hat. Das erzeugt allerdings ein Stück weit ein Problem, was die Prozeduralisierung angeht, weil mit der binären Codierung nämlich Prozeduralisierungen innerhalb der Entscheidung über die Verleihung der Staatsangehörigkeit ausgeschlossen sind. Ich würde allerdings eine gewisse Prozeduralisierung darin sehen, dass Mehrstaatigkeit möglich wird und dass wir auch darüber reden müssen, wann eine von mehreren Staatsangehörigkeiten wieder verloren gehen muss. Das hatte Herr Masing auch angesprochen. Dies leitet über zu dem

Punkt, dass wir tatsächlich so etwas wie ein Völkerrecht der Staatsangehörigkeit brauchen und dass wir uns wegbewegen müssen von der Vorstellung, dass die Staaten völlig frei sind, unter welchen Bedingungen sie ihre Staatsangehörigkeit verleihen und unter welchen sie vielleicht auch Staatsangehörigkeiten wieder entziehen müssen. Wir brauchen Regeln darüber, die sind aber überhaupt erst im Entstehen begriffen. Damit wird es möglich, das eine oder andere zu beantworten was gesagt wurde hinsichtlich unterschiedlicher oder vervielfältigter Zugehörigkeiten: Diese werden eine Zeit lang hingenommen, dann aber wieder zurückgefahren. Das reagiert zugleich auf das, was Anne Peters gesagt hat: Über eine Zunahme und auch wieder Zurücknahme von Mehrstaatigkeit lässt sich dies ein Stück weit in den Griff bekommen. Wir brauchen aber erst noch die Regeln dafür.

Der zweite Punkt, den ich in diesem Zusammenhang ansprechen möchte: Wenn ich gesagt habe, der Bürgerstatus wird menschenrechtlich überlagert, dann habe ich damit nicht gemeint, dass alle Elemente des Bürgerstatus inzwischen vollständig durch menschenrechtliche Ansprüche ersetzt sind. Teilweise sind es Ansprüche, teilweise sind es andere Formen der Überlagerungen, etwa bei der Nichtdiskriminierung, wo nur bestimmte Teile betroffen sind. Soweit es solche Bereiche betrifft, so würde ich unterstreichen wollen – ich komme gleich noch einmal darauf zurück –, dass es mir in diesem Bereich immer zunächst einmal darum geht, Handlungsmöglichkeiten des nationalen Gesetzgebers überhaupt erst zu eröffnen. Damit ist Art. 79 Abs. 3 angesprochen. In diesem Zusammenhang eine Bemerkung in Reaktion auf Herrn Bast: Viele gesellschaftliche Entwicklungen lassen sich als Prozess von Entformalisierung und neuer Reformalisierung beschreiben. Und in der Tat mag man darüber nachdenken, ob sich im Aufenthaltsrecht oder in anderen Bereichen neue Elemente von Reformalisierung und damit neue Arten von Statusbildung entwickeln. Da sind wir aber, glaube ich, noch nicht. Und es ist auch nicht ausgemacht, ob das jeweils die gleichen Voraussetzungen sind. Man kann sich vorstellen, unterschiedlich lange Aufenthaltszeiten zu verlangen, etwa für zunächst das Verbleiben-Dürfen und vielleicht irgendwann später für die Zuerkennung eines Wahlrechts. Da gibt es also Spielräume, und gleichzeitig würde ich es auch nicht für ausgeschlossen halten, dass ein Prozess der Reformalisierung einsetzt, wo dann gewissermaßen die Wirkungen, die die Staatsangehörigkeit als Klammer hatte, durch etwas anderes, etwa eine bestimmte Dauer des Aufenthalts, ersetzt werden. Ich würde dann, in Reaktion auf die Bemerkung von Herrn Gröschner ergänzen wollen, immer noch mit Blick auf die Frage der Staatsangehörigkeit als Status: Das von Ihnen angesprochene, Rechtsverhältnis ist das Verhältnis der Person zum Staat, und daneben in meiner Analyse der „Entbündelung“

an der einen oder anderen Stelle ein Anspruch, sei er menschenrechtlich begründet, sei er verfassungsrechtlich begründet, sei er einfachrechtlich begründet (auch das ist ja denkbar).

Es gibt dann einen Komplex von Fragen, die sich um Mehrstaatigkeit und Ausländerwahlrecht ranken. Auf diese möchte ich als nächstes eingehen. Da würde ich gerne zunächst ein mögliches Missverständnis ansprechen, zwischen dem, was ich gesagt habe oder jedenfalls sagen wollte, und dem, was Herr Paulus möglicherweise verstanden hat. Ich würde vollkommen zustimmen, dass das Völkerrecht wenig Probleme hat, mit mehrfachen Staatsangehörigkeiten umzugehen. Das gleiche gilt für das IPR, das haben Sie angesprochen. Mein Punkt war nun nicht, zu sagen, dass das irgendein Problem für das Völkerrecht wäre, als ich über die variablen Staatsangehörigkeiten und die Verträge gesprochen habe. Mein Punkt war, dass es möglicherweise ein Problem für einzelne Staaten sein kann. Wenn aber ein Staat Schwierigkeiten hat, mit den Konsequenzen die sich aus der Mehrstaatigkeit ergeben, dann gibt es dafür eine völkerrechtliche Lösungsmöglichkeit, nämlich Verträge zu schließen, die dieses Problem ein Stück weit entschärfen. Nur darum ging es mir. Damit verknüpft ist die Frage der Gleichheit: Greift es nicht vielleicht doch zu kurz, wenn wir den Gleichheitssatz nur innerhalb einer Einheit betrachten, etwa beim Wahlrecht, angucken? Müssten wir nicht doch auch auf eine Statusgleichheit der Bürger achten? Das haben Herr Schorkopf und auch Herr Gas angesprochen, und das klingt natürlich auch in dem Stichwort an, es sei demokratisch dysfunktional, wenn eine Person mehrfache Staatsangehörigkeiten besitzt. Prinzipiell würde ich sagen, dass wir diese Form der Gleichheit im Status natürlich berücksichtigen müssen. Ich meine aber, dass es bei dem Ansatz, den ich vorgeschlagen habe, möglich wird, Rechtfertigungen für Unterschiede in der Gleichheit heranzuziehen, die es vielleicht erklären könnten, warum wir – möglicherweise nur für einen bestimmten Zeitraum und in bestimmten Konstellationen – von der puristischen Vorstellung, es sei völlig klar wer wo mitwählen darf, ein Stück weit abrücken müssen. Wenn eine Person tatsächlich enge Bindungen an verschiedene Staaten hat, dann mag doch darin auch ein Rechtfertigungsgrund liegen, warum sie in diesen verschiedenen Staaten auch wählen darf, etwa weil sie von bestimmten Regelungen stärker betroffen ist als andere. Ich würde hier also das mir entgegen gehaltene Argument durchaus akzeptieren, aber erwidern, dass es für den betroffenen Personenkreis Rechtfertigungsgründe für die Durchbrechung der Gleichheit geben kann.

Das leitet über zu der Frage nach der „Erosion“ von Art. 20 Abs. 2 GG und wo wir mit der Interpretation anfangen sollen. Welche Rolle spielt Art. 28 Abs. 1 Satz 3? Ich habe den Eindruck, dass möglicherweise –

zumindest teilweise – bei denjenigen, die die Fahne des Unionsrechts hier besonders hochgehalten haben, ein Missverständnis vorliegen könnte. Ich wollte damit nicht gesagt haben, Unionsbürger seien gleichzustellen mit allen anderen Ausländern. Natürlich hat aus der Sicht des Unionsrechts der Unionsbürgerstatus eine spezifische Qualität, die sich auch im nationalen Recht der Mitgliedstaaten niederschlägt. Meine Konsequenz und meine Überlegung war eine ganz andere: Mein Ausgangspunkt war Art. 79 Abs. 3 GG: Was ist ausgeschlossen aus der Sicht des verfassungsändernden Gesetzgebers? Und mein Argument war: Wenn ich es in Art. 28 GG zulasse, dass Unionsbürger für die Kommunalwahlen wahlberechtigt sind, dann kann ich vielleicht auch das Homogenitätsgebot in der Interpretation umkehren und sagen: Wenn das bei Art. 28 GG möglich ist, muss dies nicht auch Auswirkungen auf die Interpretation des Begriffs des Volkes in Art. 20 Abs. 2 GG haben? Und muss das nicht auch für Art. 79 Abs. 3 GG wiederum zur Konsequenz haben, dass sich eigentlich auch mit der gleichen Berechtigung als verfassungsändernder Gesetzgeber Drittstaatsangehörigen das Kommunalwahlrecht zugestehen kann? Ich wollte damit nicht sagen, Unionsbürger und Drittstaatsangehörige stehen gleich.

Als letzten Punkt vielleicht noch zu der Bemerkung von Herrn Hillgruber. Dazu würde ich gerne zwei Dinge sagen. Der erste Punkt betrifft die Staatenlosen Wenn meine Interpretation dazu führt, dass der Staatenlose in den materiellen Rechten gleichgestellt wird, dann erreicht sie doch das völkerrechtliche Grundanliegen, die Benachteiligung von Staatenlosen abzubauen. Das greift auch die Bemerkung von Herrn Mahlmann auf. Es fehlt dann bei Staatenlosen gerade nicht mehr an der Grundvoraussetzung, dem „right to have rights". Insofern würde ich in dem Argument mit dem Staatenlosen kein entscheidendes Problem sehen.

Ich würde, mein zweiter Punkt, auch ohne weiteres akzeptieren, wenn Sie in meiner These 16 das Wort „alle" einfügen wollen. Ich würde dann allerdings noch einmal betonen: Da steht „möglich", es wird „möglich", nicht: es ist menschenrechtlich geboten. Dann wäre ich nicht mehr dabei. Menschenrechtlich geboten ist es eben nur in bestimmten Bereichen, etwa beim Aufenthaltsrecht unter bestimmten Voraussetzungen, bei den wirtschaftlichen Betätigungsrechten, aber nicht beim Wahlrecht. Beim Wahlrecht wird es aber möglich, weil Art. 79 Abs. 3 GG in meiner Interpretation nicht entgegensteht. Hinsichtlich des Selbstbestimmungsrechts der Völker würde ich nur sagen wollen: Das entstammt einem spezifischen Kontext, der Dekolonialisierung; in diesem Kontext hatte der Begriff eine relativ klare Bedeutung. Wir haben heute beim Selbstbestimmungsrecht an vielen Stellen Schwierigkeiten, zu ermitteln, was das betreffende „Volk" ist, und ich sehe nicht, wie wir mit dem Selbstbestimmungsrecht der Völker eine klarere Position für den Volksbegriff gewinnen könnten, als das ohnehin schon in der Interpretation des Verfassungsrechts möglich ist.

Ich bitte zum Schluss alle diejenigen um Nachsicht, die ich nicht ausdrücklich angesprochen habe. Danke schön.

Zweiter Beratungsgegenstand:

Wahlrecht und Parlamentsrecht als Gelingensbedingungen repräsentativer Demokratie

1. Referat von Professor Dr. *Hermann Pünder*, LL.M. (Iowa), Hamburg*

Inhalt

* Viele befreundete Kollegen waren bereit, meine Thesen mit mir zu diskutieren. Dankbar bin ich *C. Bumke*, *D. Ehlers*, *M. Fehling*, *B. Grzeszick*, *C. Möllers*, *J. Oebbecke*, *C. Schönberger*, *C. Waldhoff*, *B. Wegener* und – für die politikwissenschaftliche Sicht – *O. W. Gabriel*. Darüber hinaus danke ich *M. v. Kielmannsegg* und *T. Pünder*, mit denen ich die praktischen Erfordernisse besprechen konnte, sowie *P. Gaitzsch*, *J. Pinkl*, *L. O'Hara* und *S. Terbrack*, die an meinem Lehrstuhl an der Bucerius Law School „sparring partner" waren. Die Grundlagen der Untersuchung wurden im Frühjahr 2012 während eines anregenden Forschungsaufenthaltes an der *Stanford Law School* geschaffen. Insofern bin ich vor allem *M. Cole* zu Dank verpflichtet.

I. Krise der repräsentativen Demokratie – Gefahren und Chancen

Von einer Krise der repräsentativen Demokratie zu reden, ist keine deutsche Besonderheit. Der britische Politologe *Colin Crouch* spricht sogar davon, dass wir in einer „nach-demokratischen“ Zeit leben, in der die demokratischen Institutionen nur noch formal intakt sind.[1] Dramatisierungen sind allerdings unangebracht. Demokratie als Regierungsform erfährt nach wie vor sehr hohe Zustimmung. In Deutschland liegen die Umfragewerte bei fast 90 Prozent.[2] Jedoch: Mit der Art, wie unsere Demokratie tatsächlich funktioniert, ist mehr als die Hälfte der Befragten nicht zufrieden.[3] Dies betrifft nicht nur, aber vor allem das Parlament.[4] Das Vertrauen in die Abgeordneten ist erschreckend zurückgegangen. Nur 15 Prozent sind überzeugt, dass sich die Parlamentarier an den Interessen der Bevölkerung orientieren. Vor zwei Jahrzehnten waren immer-

---

[1] *C. Crouch* Postdemokratie, 2008. Vergleichbar Kritisches vernimmt man etwa von *B. Barber* Starke Demokratie, 1994, *C. Mouffe* Über das Politische, 2007, *P. Norris* Democratic Deficit, 2011, und – in historischer Perspektive – von *J. Keane* The Life and Death of Democracy, 2009.

[2] *Infratest dimap* ARD Deutschlandtrend, Juli 2010, 16 (89 % der Befragten halten – „einmal abgesehen davon, wie gut oder schlecht die Demokratie in Deutschland funktioniert“ – „die Demokratie ganz allgemein für eine gute Regierungsform“.). Ähnlich *Sozialwissenschaftliches Forschungszentrum Berlin-Brandenburg* Sozialreport 2010, 98. Im Vergleich zwischen West- und Ostdeutschland *K. Völkl* Überwiegt die Verdrossenheit oder die Unterstützung?, in: Falter/Gabriel/Rattinger/Schoen (Hrsg.) Sind wir ein Volk?, 2006, 57 (61 ff.); *O. W. Gabriel/K. Neller* Bürger und Politik in Deutschland, in: Gabriel/Plasser (Hrsg.) Deutschland, Österreich und die Schweiz im neuen Europa, 2010, 57 (110 ff.). Ähnliches gilt für andere Industrienationen. Siehe *R. J. Dalton* Citizen Politics, 4. Aufl. 2006, 263.

[3] *Infratest dimap* (Fn. 2), 15 (51 % sind mit der „Art und Weise, wie die Demokratie in der Bundesrepublik Deutschland funktioniert“, „unzufrieden“). Ähnlich *Sozialwissenschaftliches Forschungszentrum* (Fn. 2), 98; *M. Walter-Rogg* Aspekte politischer Kultur in Deutschland, in: Westle/Gabriel (Hrsg.) Politische Kultur, 2009, 138 (164 ff.). In international vergleichender Perspektive *S. J. Pharr/R. D. Putnam* (Hrsg.) Disaffected Democracies, 2000; *Dalton* (Fn. 2), 245 ff.; *Norris* (Fn. 1), 57 ff. Speziell zu Großbritannien *V. Ram* Public Attitudes to Politics, Politicians and Parliament, Parl. Affairs 2006, 187 ff.; *S. Kalitowski* Parliament for the People?, Parl. Affairs 2009, 350 ff.; *R. Fox* Engagement and Participation: What the Public Want and How our Politicians Need to Respond, Parl. Affairs 2009, 673 ff. Mit einem Blick auf Norwegen *M. van Wessel* Political Disaffection – What We Can Learn from Asking the People, Parl. Affairs 2010, 504 ff.

[4] Zur „Vertrauenshierarchie“ *Völkl* (Fn. 2), 67 ff. Zum Vertrauen in „Institutionen“ im Vergleich zum Vertrauen in die „politischen Akteure“ *O. W. Gabriel* Integration durch Institutionenvertrauen?, in: Friedrichs/Jagodzinski (Hrsg.) Soziale Integration, 1999, 199 ff. Vgl. auch *W. J. Patzelt* Warum verachten die Deutschen ihr Parlament und lieben ihr Verfassungsgericht?, ZParl 2005, 517 ff.

hin noch 42 Prozent positiv gestimmt.[5] Die zunehmende „Politikerverdrossenheit“, die sich auch in einer sinkenden Wahlbeteiligung und einem Mitgliederschwund in den Parteien niedergeschlagen hat,[6] darf uns nicht kalt lassen; denn sie kann dazu führen, dass Bürger letztlich auch die demokratischen Prinzipien als solche in Frage stellen. Es wird vor einem „*Spill over*-Effekt“ gewarnt, der die Akzeptanz von Entscheidungen, die den eigenen Interessen und Werten nicht entsprechen, bedrohe.[7] „Wutbür-

---

[5] Siehe *R. Köcher* Umfrage des Allensbach-Instituts für die Frankfurter Allgemeine Zeitung, F.A.Z. v. 20.10.2010. Ähnlich *M.T. Fliegauf/S. Huhnholz* Parlamentarische Führung, APuZ 2010/4, 21 (24); *A. van Aaken* Regulierung und Transparenz – Verhaltensregeln für Parlamentarier, Der Staat 49 (2010), 369 (370f.). In vergleichender Perspektive zu den USA *O.W. Gabriel/L. Schöllhammer* Warum die Deutschen ihren Abgeordneten nicht mehr vertrauen als dem Bundestag, ZParl 2009, 414ff.

[6] Vgl. zur Entwicklung in den Parteien *E. Wiesendahl* Keine Lust mehr auf Parteien, APuZ 2001/B 10, 7ff.; *J.R. Winkler* Parteien und Parteisysteme, in: Lauth (Hrsg.) Vergleichende Regierungslehre, 3. Aufl. 2010, 215 (232). In internationaler Perspektive *Gabriel/Neller* (Fn. 2), 93ff.; *Norris* (Fn. 1), 57ff. Speziell zu Großbritannien *P. Parvin/D. McHugh* Defending Representative Democracy, Parl. Affairs 2005, 632ff.; *B. Rogers* From Membership to Management? The Future of Political Parties as Democratic Organisations, Parl. Affairs 2005, 600ff.; *A. Russell* Political Parties as Vehicles of Political Engagement, Parl. Affairs 2005, 555ff. Für Daten zur gesunkenen Wahlbeteiligung siehe *K. Weichs* Teilnahme am politischen Leben, in: Statistisches Bundesamt/Wissenschaftszentrum für Sozialforschung (Hrsg.) Datenreport 2011, Bd. 1, 365ff. International vergleichend *M. Shaw* Parliamentary Democracy Today, Parl. Affairs 2004, 702ff.; *J. Alber/U. Kohler* Die Ungleichheit der Wahlbeteiligung in Europa und den USA und die politische Integrationskraft des Sozialstaats, Leviathan 2007, 510ff.; *A. Goerres* Die soziale Norm der Wahlbeteiligung, PVS 2010, 275ff. Manche meinen, dass die nachlassende Wahlbereitschaft kein Krisensymptom, sondern ein Zeichen der Normalisierung ist (vgl. Fn. 57). Empirische Untersuchungen legen jedoch das Gegenteil nahe; die Wahlenthaltung muss zumindest auch als Ausdruck von Unzufriedenheit gewertet werden. Siehe *N. Kersting* Nichtwähler – Diagnose und Therapieversuche, ZPol 2004, 403 (423: „Entzug der politischen Unterstützung aufgrund mangelnder Responsivität“); *M. Klein* Die Entwicklung der Beteiligungsbereitschaft an Bundestageswahlen, KZfSS 2005, 494ff., und – im Hinblick auf die britischen Unterhauswahlen – *P. Whiteley/H. Clarke/D. Sanders/M. Stewart* Turnout, Parl. Affairs 2001, 775ff.; *S. Diplock* Non-Voters, Political Disconnection and Parliamentary Democracy, Parl. Affairs 2007, 715ff. Zu anderen Gründen für die Nichtwahl – auch zur gesunkenen Bedeutung der sog. Wahlnorm (Wahl als Bürgerpflicht) – *V. Neu* „Dann bleib ich mal weg“ – Der Mythos der „Partei“ der Nichtwähler, 2012, sowie *P. Kellner* Britain's Culture of Detachment, Parl. Affairs 2004, 830ff.

[7] *D. Easton* A Re-Assessment of the Concept of Political Support, British J. of Political Science 5 (1975), 435 (444ff.). Vgl. auch *B. Westle* Politische Legitimität, 1989, 27ff.; *E.-W. Böckenförde* Demokratie und Repräsentation, in: ders., Staat, Verfassung, Demokratie, 1991, 379 (401); *Gabriel* (Fn. 4), 202f.

ger“ haben immer wieder gezeigt: Ohne „Legitimitätsglauben“ kann Demokratie nicht gut funktionieren.[8]

Vor diesem Hintergrund muss Kritik am Zustand unserer Demokratie als Chance und Ressource genutzt werden.[9] Dabei geht es vor allem um eine Stärkung der repräsentativen Demokratie. Zwar meinen 65 Prozent der Bevölkerung, dass wichtige Fragen in Volksabstimmungen entschieden werden sollten.[10] In der Tat gehören Plebiszite – worauf morgen sicher eingegangen wird – zu dem, was *Benjamin Barber* eine „starke Demokratie“ nennt.[11] Sie sind jedoch schon wegen des großen Bedarfs an Entscheidungen und der Komplexität der Sachfragen, die ein Entweder-Oder vielfach nicht zulassen, sondern verhandelt werden müssen, kein Allheilmittel.[12] Die „Identität von Regierenden und Regierten“[13] ist eine

---

[8] Siehe etwa *G. Leibholz* Die Reform des Wahlrechts, VVDStRL 7 (1932), 159 (160): „Hinzukommen muß (...) stets entscheidend der Glaube des Volkes an den Legitimitätsanspruch der repräsentativen Instanzen. Erst hierdurch entsteht (...) das Vertrauensverhältnis zwischen Repräsentanten und Repräsentierten.“ Vgl. auch *D. Easton* A Systems Analysis of Political Life, 1965, 278ff. („*belief in legitimacy*“); *N. Luhmann* Legitimation durch Verfahren, 2. Aufl. 1989, 27ff. Zur Unterscheidung zwischen „Legitimität“ als normativer Kategorie und „Legitimation“ als empirischer Befund *H.-J. Lauth/C. Wagner* Gegenstand, grundlegende Kategorien und Forschungsfragen der „Vergleichenden Regierungslehre“, in: Lauth (Fn. 6), 17 (30f.). Von der politikwissenschaftlichen Differenzierung zu unterscheiden ist der Begriff der Legitimation im juristischen Sinne als Bezeichnung für den Prozess. Vgl. etwa *A. Voßkuhle/G. Sydow* Die demokratische Legitimation des Richters, JZ 2002, 673 (674), und – zur Mehrdeutigkeit des Begriffs – *E. T. Emde* Die demokratische Legitimation der funktionellen Selbstverwaltung, 1991, 26ff.

[9] Vgl. *B. Geißel* Kritische Bürgerinnen und Bürger – eine Gefahr für Demokratien?, APuZ 2006/12, 3ff.; sowie *P. Norris* (Hrsg.) Critical Citizens – Global Support for Democratic Governance, 1999; *Dalton* (Fn. 2), 262ff.

[10] Siehe *Köcher* (Fn. 5). Ähnlich *Sozialwissenschaftliches Forschungszentrum* (Fn. 2), 102.

[11] *Barber* (Fn. 1). Zu den „Elementen direkter Demokratie als Entwicklungsperspektive“ *M. Möstl/M. Schuler-Harms* in diesem Band, 355ff., 417ff.

[12] Die Stellungnahmen zur Volksgesetzgebung sind kaum noch zu überschauen. Zusammenfassend etwa *H. Dreier* in: ders. (Hrsg.) Grundgesetz, Bd. 2, 2. Aufl. 2006, Art. 20 (Demokratie) Rn. 106ff.; *B. Grzeszick* in: Maunz/Dürig, Grundgesetz, Art. 20 Rn. 111ff. Auch die Beteiligung an Verwaltungsverfahren kann – selbst wenn sie wie etwa bei der Mediation in neuen institutionellen Arrangements geschieht – die vom Grundgesetz verlangte institutionelle, personelle und sachliche demokratische Legitimation bloß ergänzen. Vgl. *H. Pünder* Verwaltungsverfahren, in: Erichsen/Ehlers (Hrsg.) Allgemeines Verwaltungsrecht, 14. Aufl. 2010, § 13 Rn. 14 (mwN). Zu „Großvorhaben als Herausforderung für den demokratischen Rechtsstaat“ siehe *K. Waechter/T. Mann* in diesem Band, 499ff., 544ff.

[13] *C. Schmitt* Verfassungslehre, 1928, 234: „Demokratie (...) ist Identität von Herrscher und Beherrschten, Regierenden und Regierten, Befehlenden und Gehorchenden.“

Utopie. An Repräsentanten führt kein Weg vorbei.[14] Dabei ist der Parlamentarismus keine Notlösung. Er ist die Regierungsform, die unserer zunehmend pluralisierten und von schwindender Homogenität[15] geprägten Gesellschaft am besten Rechnung trägt.[16]

Ähnlich *H. Kelsen* Vom Wesen und Wert der Demokratie, 2. Aufl. 1929, 4ff., 14. Dagegen etwa *R. Thoma* Der Begriff der modernen Demokratie in seinem Verhältnis zum Staatsbegriff, Erinnerungsgabe Max Weber, Bd. 2, 1923, 37 (45f.). Zur Diskussion in der Weimarer Republik *R. Poscher* Vom Werterelativismus zu einer pluralistischen Demokratietheorie, in: Gusy (Hrsg.) Demokratisches Denken in der Weimarer Republik, 2000, 191 (211). Speziell zur *Schmitt*'schen Formel differenzierend *M. Jestaedt* Demokratieprinzip und Kondominalverwaltung, 1993, 141ff. Identitäre Demokratiekonzepte sind zumeist durch Überlegungen von *J.-J. Rousseau* (Du contrat social ou principes du droit politique, 1762) sowie durch idealisierte Vorstellungen von antiken Polis-Demokratien, oberitalienischen Stadtkommunen und mittelalterlichen Dorfgemeinschaften inspiriert. Vgl. für Nachweise zu diesen Herrschaftsorganisationen *Dreier* (Fn. 12), Art. 20 Rn. 3ff.; *Grzeszick* (Fn. 12), Art. 20 Rn. 2.

[14] Kritisch gegenüber identitär-unmittelbaren Demokratiekonzepten etwa *H.H. Klein* Demokratie und Selbstverwaltung, FS Forsthoff, 1972, 165ff.; *Böckenförde* (Fn. 7), 379ff.; *K. Hesse* Grundzüge des Verfassungsrechts, 20. Aufl. 1999, Rn. 130; *R. Poscher* Das Verfassungsrecht vor den Herausforderungen der Globalisierung, VVDStRL 67 (2008), 160 (172f.). Dass „Eliten" in komplexen Demokratien unumgänglich sind, müssen auch diejenigen anerkennen, die – wie etwa *R. A. Dahl* On Democracy, 1998, 93ff. – für mehr Partizipation in der „Polyarchie" eintreten. Vgl. auch *P. Nolte* Von der repräsentativen zur multiplen Demokratie, APuZ 2011/1–2, 5ff.; *C. Möllers* Demokratie – Zumutungen und Versprechen, 2. Aufl. 2009, 29f.

[15] Über die notwendige „soziale Homogenität" wurde vor allem in der Weimarer Republik diskutiert. Siehe *H. Heller* Politische Demokratie und soziale Homogenität (ursprünglich 1928), in: Matz (Hrsg.) Grundprobleme der Demokratie, 1973, 6ff., und – in perverser Zuspitzung – *C. Schmitt* Die geistesgeschichtliche Lage des heutigen Parlamentarismus, 2. Aufl. 1926, 14: „Zur Demokratie gehört also notwendig erstens Homogenität und zweitens – nötigenfalls – die Ausscheidung oder Vernichtung des Heterogenen." Zur „Volksgemeinschaft" und „völkischen Artgleichheit" im Nationalsozialismus *H. Dreier/W. Pauly* Die deutsche Staatsrechtslehre in der Zeit des Nationalsozialismus, VVDStRL 60 (2001), 9 (33ff.), 73 (84ff.). Eine „relative Homogenität in der Gesellschaft", die in „ethnisch-kultureller Eigenart oder einem mental verfestigten kulturellen Erbe, in gemeinsam durchlebter politischer Geschichte, in gemeinsamer Religion, gemeinsamem nationalen Bekenntnis u.ä." ihren Grund haben könne, verlangt *E.-W. Böckenförde* Demokratie als Verfassungsprinzip, in: Isensee/Kirchhof (Hrsg.) Handbuch des Staatsrechts, Bd. 2, 3. Aufl. 2004, § 24 Rn. 64. Vgl. auch BVerfGE 89, 155 (186). Notwendig ist allerdings nur ein Grundkonsens über die – etwa im Grundgesetz enthaltenen – demokratischen Werte. Vgl. *H. Hofmann* Legitimität und Rechtsgeltung, 1977, 71ff.; *N. Achterberg* Deutschland nach 30 Jahren Grundgesetz, VVDStRL 38 (1980), 55 (88); *H. Hofmann/H. Dreier* Repräsentation, Mehrheitsprinzip, Minderheitenschutz, in: Schneider/Zeh (Hrsg.) Parlamentsrecht und Parlamentspraxis, 1989, § 5 Rn. 55; *D. Fuchs* Kriterien demokratischer Performanz, in: Greven (Hrsg.) Demokratie – eine Kultur des Westens, 1998, 151 (159 ff.); *U. Volkmann* in: Friauf/Höfling

II. Gelingensbedingungen der repräsentativen Demokratie

Was sind die Bedingungen für ein Gelingen der repräsentativen Demokratie? Dass sich die Staatsgewalt in einer „Legitimationskette" auf Wahlen zurückführen lässt,[17] genügt nicht. Die überkommene staatsorganisationsrechtliche Perspektive, die die Bürger bloß als Wähler wahrnimmt,[18]

(Hrsg.) Berliner Kommentar zum Grundgesetz, Art. 20 (4. Teil) Rn. 32; *S. Baer* Demografischer Wandel und Generationengerechtigkeit, VVDStRL 68 (2009), 290 (300ff.).

[16] Vgl. *T. Oppermann/H. Meyer* Das parlamentarische Regierungssystem des Grundgesetzes, VVDStRL 33 (1975), 7 (9ff.); 69ff.; *Achterberg* (Fn. 15), 85ff., 95ff. AA – bekanntermaßen – *C. Schmitt* (Fn. 15), etwa 63; *ders.* (Fn. 13), 318f. Dazu etwa *H. Becker* Die Parlamentarismuskritik bei Carl Schmitt und Jürgen Habermas, 2. Aufl. 2003, 15ff. Zum Anti-Parlamentarismus im Nationalsozialismus *Dreier* (Fn. 15), 27. Zur Parlamentarismuskritik im frühen 19. Jahrhundert *C. Schönberger* Das Parlament im Anstaltsstaat, 1997, 282ff. Zu Kontinuitäten *H. Wasser* Parlamentarismuskritik vom Kaiserreich zur Bundesrepublik, 1974. Zur „erkenntnistheoretischen Notwendigkeit des Parlamentarismus" *O. Lepsius* in: Bertschi u.a. (Hrsg.) Demokratie und Freiheit, 1999, 123ff. Man beachte: Hier geht es nicht um die parlamentarische Demokratie in Abgrenzung zu präsidentiellen Regierungsformen, sondern um den Parlamentarismus iwS, der jedes System erfasst, in dem das Parlament eine zentrale Stellung spielt. Zur Unterscheidung etwa *S. Marschall* Parlamentarismus, 2005, 59ff.

[17] Siehe dazu etwa BVerfGE 47, 253 (275f.); 52, 95 (130); 68, 1 (88); 77, 1 (40); 83, 60 (72f.); 89, 155 (182); 93, 37 (66ff.); sowie z.B. *Böckenförde* (Fn. 7), 389; *E. Schmidt-Aßmann* Verwaltungslegitimation als Rechtsbegriff, AöR 116 (1991), 239 (355ff.); *Jestaedt* (Fn. 13), 267ff. Zur Kritik am „Legitimationskettenfetischismus" (*Brun-Otto Bryde* Die bundesrepublikanische Volksdemokratie als Irrweg der Demokratietheorie, StWStP 1994, 305 [324]) vgl. nur *A. Tschentscher* Demokratische Legitimation der Dritten Gewalt, 2006, 74ff., 137ff.; *D. Ehlers* Die Staatsgewalt in Ketten, FS Stein, 2002, 125 (127ff.); *Grzeszick* (Fn. 12), Art. 20 Rn. 152ff.; *N. Petersen* Demokratie und Grundgesetz, JÖR n.F. 58 (2010), 137 (153ff.).

[18] Symptomatisch ist, dass die Ursachen für die Krise der Demokratie vor allem in „Entparlamentarisierungstendenzen" verortet werden, die sich aus dem Übergewicht der Exekutive, der verfassungsgerichtlichen Abwägungskontrolle, „Selbstentmachtungen", föderale Verschränkungen, Entformalisierungen und Nebenorganen („Bündnis für Arbeit", „Atomkonsens", „Nationaler Ethikrat" etc.), Einflüssen der Parteien, Medien und Beratungsgremien sowie aus der Verlagerung von Entscheidungen auf supra- und internationale Einrichtungen ergeben. Vgl. etwa *H. H. Klein* Die Funktion des Parlaments im politischen Prozess, ZG 1997, 209 (211ff.); *R. Dolzer/M. Sachs* Das parlamentarische Regierungssystem und der Bundesrat, VVDStRL 58 (1999), 7ff., 39ff.; *M. Ruffert* Entformalisierung und Entparlamentarisierung politischer Entscheidungen als Gefährdungen der Verfassung?, DVBl. 2002, 1145ff.; *M. Herdegen/M. Morlok* Informalisierung und Entparlamentarisierung politischer Entscheidungen als Gefährdungen der Verfassung?, VVDStRL 62 (2003), 7ff., 37ff.; *P. Kirchhof* Entparlamentarisierung der Demokratie?, FS Kielmansegg, 2004, 359ff.; *M. Brenner* Das Prinzip Parlamentarismus, in: Isensee/Kirchhof (Hrsg.) Handbuch des Staatsrechts, Bd. 3, 3. Aufl. 2005, § 44 Rn. 55ff.; *T. Puhl* Entparlamentarisierung und Auslagerung staat-

ist zu eng. Wenn man Erkenntnisse der Nachbarwissenschaften bedenkt, sind die Gelingensbedingungen komplexer: Sie ergeben sich aus einem spannungsvollen Zusammenspiel von „Responsivität" und „politischer Führung" auf Seiten der Repräsentanten und von „Partizipation" und „Akzeptanz" auf Seiten der Repräsentierten.

1. Bereitschaft der Repräsentanten zu Responsivität und politischer Führung

Unter dem Stichwort „Responsivität" werden die Präferenzen der Bürger in den Blick genommen.[19] Verfassungsrechtlich zu fordern, dass sich die Repräsentanten daran orientieren, ist nicht selbstverständlich. Wer das Grundgesetz unbefangen liest, könnte meinen, dass die Veranstaltung von Wahlen ausreicht (Art. 20 Abs. 2 S. 2, Art. 38 Abs. 1 S. 1 GG). Den Abgeordneten wird ausdrücklich ein freies Mandat eingeräumt (Art. 38 Abs. 1 S. 2 GG). Allerdings erschöpft sich die repräsentative Demokratie nicht im Formalen. Auch der Verweis auf das – im Einzelnen ohnehin

---

licher Entscheidungsverantwortung, in: Isensee/Kirchhof (ebd.), § 48; *S. Unger* Das Verfassungsprinzip der Demokratie, 2008, 34 ff.; *G. Nolte* Das Verfassungsrecht vor den Herausforderungen der Globalisierung, VVDStRL 67 (2008), 129 ff.; *Poscher* (Fn. 14), 160 ff.

[19] Der Gedanke der Responsivität kam zunächst in der U.S.-amerikanischen Repräsentationstheorie auf. Siehe *J. R. Pennock* Responsiveness, Responsibility, and Majority Rule, Am. Political Science Rev. 46 (1952), 790 ff.; *H. Eulau/J. C. Wahlke/W. Buchanan/L. C. Ferguson* The Role of the Representative, Am. Political Science Rev. 53 (1959), 742 ff.; *H. F. Pitkin* The Concept of Representation, 1967, 209; *R. A. Dahl* Polyarchy – Participation and Opposition, 1971, 1; *A. Etzioni* Die aktive Gesellschaft, 1975, 512; *L. Diamond/L. Morlino* The Quality of Democracy, Journal of Democracy 15 (2004), 20 (27 f.). Aus deutscher Sicht *H. Uppendahl* Repräsentation und Responsivität, ZParl 1981, 123 ff.; *Böckenförde* (Fn. 7), 393 ff., 396; *W. J. Patzelt* Abgeordnete und Repräsentation, 1993, 38, 43 f.; *P. Kevenhörster* Repräsentation, in: Jarren/Sarcinelli/Saxer (Hrsg.) Politische Kommunikation in der demokratischen Gesellschaft, 1998, 292 (294 ff.); *Fuchs* (Fn. 15), 162 ff.; *S. Marschall* Öffentlichkeit und Volksvertretung, 1999, 40 ff.; *Poscher* (Fn. 14), 181 f.; *A. K. Södler* Bürger und Parlament, 2010, 22 ff.; *H. H. Klein* in: Maunz/Dürig (Fn. 12), Art. 38 Rn. 41; *Volkmann* (Fn. 15), Art. 20 Rn. 23. Mittlerweile findet sich das Stichwort auch in der Rechtsprechung (BVerfG, E. v. 28. 2. 2012, 2 BvE 8/11, Rn. 108; E. v. 19. 6. 2012, 2 BvE 4/11, Rn. 113). *H. Eulau/P. D. Karps* The Puzzle of Representation: Specifying Components of Responsiveness, in: Eulau/Wahlke (Hrsg.) The Politics of Representation, 1978, 55 (62 ff.), unterscheiden näher zwischen *„policy responsiveness"*, *„service responsiveness"*, *„allocation responsiveness"* und *„symbolic responsiveness"*. Für eine empirische Untersuchung zum Bundestag, den Vorwurf der fehlenden Responsivität relativierend, *F. Brettschneider* Abgehoben oder bürgernah? Die Responsivität des Deutschen Bundestages, in: Oberreuter/Kranenpohl/Sebaldt (Hrsg.) Der Deutsche Bundestag im Wandel, 2001, 258 (264 ff.).

meist umstrittene[20] – „Gemeinwohl" genügt nicht.[21] Damit davon gesprochen werden kann, dass „alle Staatsgewalt vom Volke ausgeht" (Art. 20 Abs. 2 S. 1 GG),[22] muss sich vielmehr das, was die Repräsentierten wollen, in der parlamentarischen „Staatswillensbildung"[23] inhaltlich niederschlagen.[24]

---

[20] Nach *J. A. Schumpeter* Kapitalismus, Sozialismus und Demokratie, 8. Aufl. 2005 (ursprünglich 1942), 399, gibt es „kein solches Ding wie ein eindeutig bestimmtes Gemeinwohl, über das sich das ganze Volk kraft rationaler Argumente einig wäre oder zur Einigkeit gebracht werden könnte." Ähnlich gegenüber dem Begriff des „Volkswillens" *Thoma* (Fn. 13), 63. Die inhaltliche Offenheit des Gemeinwohlbegriffs betont *A. Hatje* Demokratie als Wettbewerbsordnung, VVDStRL 69 (2010), 135 (140 f.). Dass das Gemeinwohl nicht *a priori* vorgegeben ist, sondern sich erst im Prozess der Auseinandersetzung divergierender Interessen bildet, hob vor allem *E. Fraenkel* Pluralismus als Strukturelement der freiheitlich-rechtsstaatlichen Demokratie (zuerst 1964), in: ders., Deutschland und die westlichen Demokratien, 2011, 256 ff., hervor. Zum „prozedurale(n) Gemeinwohlverständnis" aus heutiger Zeit etwa *G. F. Schuppert* Staatswissenschaft, 2003, 224 ff.

[21] Siehe für neuere Versuche, das Gemeinwohl zu bestimmen, *R. Mayntz* Wohlfahrtsökonomische und systemtheoretische Ansätze zur Bestimmung des Gemeinwohls, in: Münkler/Fischer (Hrsg.) Gemeinwohl und Gemeinsinn, 2002, 111 ff.; *B. J. Hartmann* Eigeninteresse und Gemeinwohl bei Wahlen und Abstimmungen, AöR 134 (2009), 1 (13 ff.). In jüngerer Zeit taucht das Konzept – vor allem im Hinblick auf die mit der Europäisierung und Globalisierung verbundenen „Legitimationsdefizite" – unter dem Stichwort „Output-Legitimation" wieder auf. Vgl. *Fritz W. Scharpf* Regieren in Europa, 1999, 16 ff. (grundlegend: *ders.* Demokratietheorie zwischen Utopie und Anpassung, 2. Aufl. 1975, 21 ff.); *A. Peters* Elemente einer Theorie der Verfassung Europas, 2001, 521 ff., 577 ff., 580 ff.; *C. Tietje* Die Staatsrechtslehre und die Veränderung ihres Gegenstandes, DVBl. 2003, 1081 (1089 f.). Zu Recht kritisch z.B. *Poscher* (Fn. 14), 176 f.; *Unger* (Fn. 18), 278 ff.

[22] Das *Bundesverfassungsgericht* versteht das Volk im Hinblick auf das Wahlrecht als „Personengesamtheit" (VerfGE 83, 37 [50 f.]). Dies schließt es nicht aus, den Kreis derjenigen, deren Interessen in der parlamentarischen Entscheidungsfindung ihren Niederschlag finden müssen, im Sinne der „Kommunikationsgrundrechte" (unten bei Fn. 52 ff.) individualistisch zu bestimmen. Zu den unterschiedlichen Demokratieverständnissen etwa *Unger* (Fn. 18), 56 ff. („holistisch-monistisches" und „individualistisch-pluralistisches" Demokratieverständnis); *Petersen* (Fn. 17), 153 ff.

[23] Zur Unterscheidung zwischen dem „Volkswillensbildungsprozess" und dem „Staatswillensbildungsprozess" *W. Schmitt Glaeser* Die grundrechtliche Freiheit des Bürgers zur Mitwirkung an der Willensbildung, in: Isensee/Kirchhof (Fn. 18), § 38 Rn. 3, 32 ff.; *Klein* (Fn. 19), Art. 21 Rn. 154 ff.

[24] Schon der klassische englische Verfassungstheoretiker *W. Bagehot* Die englische Verfassung, 1971 (ursprünglich 1867), 137 f., hat hervorgehoben, dass das Parlament die Funktion hat, die Gedanken des Volkes zum Ausdruck zu bringen. Siehe zu dieser „Artikulationsfunktion" etwa *S. Schüttemeyer* Bundestag und Bürger im Spiegel der Demoskopie, 1986, 203 ff. *E.-W. Böckenförde* Demokratische Willensbildung und Repräsentation, in: Isensee/Kirchhof (Fn. 18), § 34 Rn. 28 f., spricht von der Notwendig-

Aufgrund der widersprüchlichen Vielfalt der Präferenzen, der Komplexität vieler Probleme, des – oft durch Zeitdruck verschärften – großen Entscheidungsbedarfs und der Notwendigkeit, auch nicht artikulierte Interessen zu berücksichtigen,[25] kann es allerdings ohne das nicht gehen, was in der Politikwissenschaft „politische Führung"[26] genannt wird.[27] Letztlich müssen die Parlamentarier bei der Wahrnehmung ihres „Amtes"[28] als „Treuhänder" nicht nur ihrer jeweiligen Wählerschaft, sondern „des gesamten Volkes" (Art. 38 Abs. 1 S. 1 GG)[29] eine eigene Entscheidung darüber treffen, ob sie den ihnen gegenüber artikulierten Anliegen

---

keit, dass die Abgeordneten den „Volkswillen" nicht nur formal, sondern auch „inhaltlich repräsentieren". Traditionell wird das Volk allerdings – anders als hier vertreten – bloß als eine abstrakte Einheit angesehen. Das, was die Bürger tatsächlich wollen, blieb außen vor. So sprach *E. Kaufmann* Zur Problematik des Volkswillens (ursprünglich 1931), in: Matz (Fn. 15), 20 (22 ff.), von dem durch die Repräsentanten zu artikulierenden „Volksgeist". *C. Schmitt* (Fn. 13), 212, sah als maßgeblich den Willen der „politischen Einheit des Volkes" an, die vom „Volk in seinem natürlichen Vorhandensein" zu trennen sei. Siehe auch unten bei Fn. 33 ff.

[25] Zu Kritik am Responsivitätskriterium aus Sicht der *Public-Choice*-Theorie *R. Hardin* Public Choice Versus Democracy, in: Copp/Hampton/Roemer (Hrsg.) The Idea of Democracy, 1993, 157 ff.; *Fuchs* (Fn. 15), 167 ff. Zum Problem des „Trittbrettfahrens" und zur großen Gruppe derjenigen, die „schweigend leiden", *M. Olson* Die Logik des kollektiven Handelns, 3. Aufl. 1992, 59 ff., 163 ff.

[26] Vgl. *L. Helms* Leadership-Forschung als Demokratiewissenschaft, APuZ 2010/2–3, 3 ff.; *J. S. Nye Jr.* The Powers to Lead, 2008; *M. T. Fliegauf/A. Kießling/L. Novy* Leader und Follower, ZPol 2008, 399 ff.; *A. Zimmer/R. Jankowitsch* (Hrsg.) Political Leadership, 2008; *N. O. Keohane* Thinking about Leadership, 2010, 155 ff.; *B. Kellerman* Bad Leadership – What It Is, How It Happens, Why It Matters, 2008.

[27] Dass eine „absolute Responsivität (…) das System passiv und ungesteuert den fluktuierenden Veränderungen in den Präferenzen (…) überlassen" würde, muss selbst *Etzioni* (Fn. 19), 512, ein Befürworter einer „aktiven Gesellschaft", anerkennen. Dem folgend *Uppendahl* (Fn. 19), 126 ff.; *Marschall* (Fn. 19), 40 ff.; *Södler* (Fn. 19), 27 ff. Ähnlich *G. Sartori* Demokratietheorie, 1992, 173 ff.; *Böckenförde* (Fn. 7), 388.

[28] Prägend für das Amt, das die Repräsentanten ausüben, sind seine Fremdnützigkeit und die Unabhängigkeit von Partikularbindungen. Die Repräsentanten müssen einen amtlichen Willen bilden, der die Belange des gesamten Volkes berücksichtigt. Vgl. *W. Hennis* Amtsgedanke und Demokratiebegriff, FS Smend, 1962, 51 ff.; *M. Kriele* Einführung in die Staatslehre, 6. Aufl. 2003, 257 ff.; *Böckenförde* (Fn. 7), 393 f.; *Klein* (Fn. 19), Art. 38 Rn. 191, Art. 48 Rn. 28 ff. Gegen die Rede vom „Amt" des Abgeordneten *J. Isensee* in: ders./Kirchhof (Hrsg.) Handbuch des Staatsrechts, Bd. 4, 3. Aufl. 2006, § 71 Rn. 142.

[29] Zu den verschiedenen „Repräsentationsstilen" *Eulau/Wahlke/Buchanan/Ferguson* (Fn. 19), 746 ff. („*Delegate*", „*Trustee*", „*Politico*"). Zur historischen Entwicklung *J. Hatschek* Das Parlamentsrecht des Deutschen Reiches, 1915, 568 ff. Aus neuerer Zeit *Klein* (Fn. 19), Art. 38 Rn. 10, 188.

der Bürger folgen oder nicht. Demokratie ist nicht bloß Demoskopie.[30] Scharfzüngig warnte schon *Edmund Burke* vor bloßem „Populismus“[31]: „Euer Abgeordneter schuldet euch nicht nur seinen ganzen Fleiß, sondern auch einen eigenen Standpunkt; und er verrät euch, anstatt euch zu dienen, wenn er ihn zugunsten eurer Meinung aufopfert.“[32]

Wie sollen die Repräsentanten das anspruchsvolle Spannungsverhältnis zwischen „Responsivität“ und „politischer Führung“ lösen? Traditionell heißt es paternalistisch, man solle das „Wohl“ des Volkes, nicht dessen „Willen“ im Auge haben,[33] dem „hypothetischen Volkswillen“ gebühre im Zweifelsfall der Vorzug gegenüber dem „empirischen Volkswillen“.[34] Aus Sicht der Bürger ist das Regel-Ausnahme-Verhältnis allerdings genau umgekehrt ausgerichtet. Erklärungsbedürftig ist es, wenn Abgeordnete von vorgebrachten Wünschen abweichen.[35] Dies folgt auch aus der Verfassung. Mit dem freien Mandat ist – anders als *Hermann Heller* es nahe legte[36] – keine „demokratisch nicht gebundene Macht“ verbunden. Da alle Staatsgewalt vom Volke auszugehen hat, muss gelten: So viel „Res-

---

30 Ebenso *Dreier* (Fn. 12), Art. 20 Rn. 119. Zu den Gefahren der Demoskopie bereits *W. Hennis* Meinungsforschung und repräsentative Demokratie, 1957, 42 ff.

31 Zum Vorwurf des Populismus differenzierend *Brettschneider* (Fn. 19), 259 f.; *U. Jun* Populismus als Regierungsstil, in: Decker (Hrsg.) Populismus – Gefahr für die Demokratie oder nützliches Korrektiv?, 2006, 233 ff.

32 *E. Burke* Rede an die Wähler von Bristol (1774), in: v. d. Gablentz (Hrsg.) Die politischen Theorien seit der amerikanischen Unabhängigkeitserklärung, 2. Aufl. 1963, 82 f. Zur Deutung *D. Beetham* Political Participation, Mass Protest and Representative Democracy, Parl. Affairs 2003, 597 ff.; *C. Möllers* Die drei Gewalten, 2008, 81 f.

33 Siehe *M. Greiffenhagen/S. Greiffenhagen*, Ein schwieriges Vaterland – Zur politischen Kultur in Deutschland, 1993, 73. Dass die „Untertanenkultur“ keine spezifisch deutsche Eigenschaft ist, betonen zu Recht *Gabriel/Neller* (Fn. 2), 57 ff. AA im Hinblick auf „Bismarcks politisches Erbe“ *M. Weber* Parlament und Regierung im neugeordneten Deutschland (ursprünglich 1918), in: ders., Gesammelte Politische Schriften, 5. Aufl. 1988, 306 (319 f.).

34 Siehe *E. Fraenkel* Die repräsentative und die plebiszitäre Komponente im demokratischen Verfassungsstaat (zuerst 1958), in: ders. (Fn. 20), 165. Zu den beiden Kategorien *M. Kriele* Das demokratische Prinzip im Grundgesetz, VVDStRL 29 (1971), 46 (54). Kritisch gegenüber dem „hypothetischen Volkswillen“ auch *H. Meyer* Die Stellung der Parlamente in der Verfassungsordnung des Grundgesetzes, in: Schneider/Zeh (Fn. 15), § 4 Rn. 9.

35 In den Worten der U.S.-amerikanischen Politologin *Pitkin* (Fn. 19), 224: "*The representative system must (...) be responsive to public opinion, except insofar as non-responsiveness can be justified in terms of the public interest*". Gegen eine paternalistische „*guardianship*“ im Hinblick auf das „*common good*“ auch *Dahl* (Fn. 14), 69 ff.

36 Siehe *H. Heller* Staatslehre, 6. Aufl. 1983 (1. Aufl. 1934), 279 (247). Dem folgend *Böckenförde* (Fn. 7), 387.

ponsivität" wie möglich, so viel „politische Führung" wie nötig.[37] Abweichungen von den Präferenzen der Bürger müssen erläutert werden.[38] Diese Verfassungsgebote sind wegen des freien Mandats zwar nicht einklagbar.[39] Den Bürgern bleibt aber die Sanktion bei den nächsten Wahlen.[40] Man mag von verfassungsrechtlich fundierten „Obliegenheiten" der Parlamentarier sprechen.

2. *Bereitschaft der Repräsentierten zu Partizipation und – wenn auch kritischer – Akzeptanz*

Für das Gelingen der repräsentativen Demokratie sind allerdings nicht nur die Repräsentanten verantwortlich. Auch die Repräsentierten müssen ihren Anteil leisten. Notwendig ist eine „Bürgerkultur", die von einer Bereitschaft einerseits zu politischer „Partizipation" und andererseits zu – wenn auch kritischer – „Akzeptanz" geprägt ist.[41]

---

37 Ähnlich *Fuchs* (Fn. 15), 163; *H. D. Horn* Erosion demokratischer Öffentlichkeit?, VVDStRL 68 (2009), 413 (438).

38 *Pitkin* (Fn. 19), 209, betont: "*The representative must act in such a way that there is no conflict, or if it occurs an explanation is called for. He must not be found persistently at odds with the wishes of the represented without good reason in terms of their interest, without a good explanation of why their wishes are not in accord with their interests.*" Bereits *Bagehot* (Fn. 24), 191, erklärte: „Eine freie Regierung ist wesentlich eine Regierung durch Überzeugung". Siehe auch *Kriele* (Fn. 34), 52; *Meyer* (Fn. 16), 99; *F. Brettschneider* Öffentliche Meinung und Politik, 1995, 240 f.

39 Dass die Wahrnehmung der Amtspflichten grundsätzlich keinen rechtlichen Sanktionen unterliegt, betont *Klein* (Fn. 19), Art. 48 Rn. 35.

40 Zur Bedeutung der „Abrechnung durch Wahl" für die „Responsivität" *D. Herzog* Was heißt und zu welchem Ende studiert man Repräsentation, in: ders./Weßels (Hrsg.) Konfliktpotentiale und Konsensstrategien, 1989, 307 (325).

41 Grundlegend in international vergleichender Perspektive *G. A. Almond/S. Verba* The Civic Culture, 1965, 29 f. (Mischung aus „*Participant Culture*" und „*Parochial Culture*"). Näher dazu und zu Fortentwicklungen des Konzepts *Schüttemeyer* (Fn. 24), 33 ff.; *D. Fuchs* Das Konzept der politischen Kultur, FS Klingemann, 2002, 27 (36 ff.); *R. J. Dalton/H.-D. Klingemann* Citizens and Political Behavior, in: dies. (Hrsg.) The Oxford Handbook of Policial Behavior, 2007, 3 (6 ff.); *Södler* (Fn. 19), 39 f. Vergleichend zu den „Bürgertugenden" („*civic virtues*") in Ost- und Westdeutschland *Gabriel/Neller* (Fn. 2), 129 ff. Während fehlende Akzeptanz mit Zwangsmitteln überwunden werden kann, ist die Bereitschaft zur Partizipation nur eine „vorrechtliche Verfassungserwartung". Vgl. *Isensee* (Fn. 28), Rn. 126. Zur Frage der Wahlpflicht unten Fn. 57. Gegen das hier zugrunde gelegte Verständnis der Rolle der Bürger im Staat, die Bürgerverantwortung weitgehend auf den Gesetzesgehorsam reduzierend, *O. Depenheuer* Bürgerverantwortung im demokratischen Verfassungsstaat, VVDStRL 55 (1996), 90 (99 ff., 123).

Dabei erschöpft sich die Partizipation – hier weit verstanden[42] – nicht in der – vom Grundgesetz besonders hervorgehobenen (Art. 20 Abs. 2 S. 2, Art. 38 Abs. 1 S. 1, Art. 39 Abs. 1 S. 1 GG) – Teilnahme an Wahlen. Wahlen sind eine zwar notwendige, aber keine hinreichende Bedingung für die Demokratie.[43] *Joseph Schumpeters* Einschätzung, dass Bürger, wenn sie einmal jemanden gewählt haben, einsehen müssen, dass „die politische Tätigkeit seine Sache ist und nicht die ihre",[44] kann nicht gelten. Man wird an den berühmten Satz von *Jean-Jacques Rousseau* erinnert, dass die Engländer sich zu Unrecht frei wähnten, weil sie tatsächlich nur im Augenblick der Ausübung des Wahlrechts frei seien.[45] Um sicherzustellen, dass „alle Staatsgewalt vom Volke ausgeht", müssen die Bürger auch nach den Wahlen auf die parlamentarische Entscheidungsfindung Einfluss nehmen können.[46] Dies kann individuell geschehen, gemeinsam mit anderen und durch „intermediäre" Akteure.[47] In erster Linie ist es

[42] In der hier zugrunde gelegten Begrifflichkeit reicht die „Partizipation" von der „Ausübung von Staatsgewalt" in „Wahlen" und „Abstimmungen" (Art. 20 Abs. 2 S. 2 GG) über rechtlich geregelte Chancen zur Beeinflussung der staatlichen Entscheidungsfindung bis zu informellen Einflussnahmen. Vergleichbar unterscheidet *W. Steffani* Gewaltenteilung und Parteien im Wandel, 1997, 250 ff., zwischen „plebiszitären Wahlentscheidungen", „plebiszitären Sachentscheidungen" und „plebiszitärer Mitwirkung". Vgl. auch *G Lübbe-Wolff* Europäisches und nationales Verfassungsrecht, VVDStRL 60 (2001), 246 (283 ff.), und – mit Blick auf Verwaltungsentscheidungen – *R. Walter/ W. Schmitt Glaeser* Partizipation an Verwaltungsentscheidungen, VVDStRL 31 (1973), 147 (153 ff.); 178 (183 ff.); *Schmidt-Aßmann* (Fn. 17), 373 ff.

[43] Vgl. etwa *A. Giddens* Jenseits von Links und Recht – Die Zukunft radikaler Demokratie, 1997, 161 f. Die politikwissenschaftlichen Sichtweisen zusammenfassend *A. Schmidt* Die Rolle von Wahlen in der Demokratie, in: Falter/Schoen (Hrsg.) Handbuch Wahlforschung, 2005, 3 (13 ff.).

[44] *Schumpeter* (Fn. 20), 468.

[45] *Rousseau* (Fn. 13), Buch III, Kapitel 15. Zum historischen Hintergrund *Fraenkel* (Fn. 34), 169; *M. G. Schmidt* Demokratietheorien, 5. Aufl. 2010, 83 f.

[46] In BVerfGE 20, 56 (98 f.), heißt es deutlich: „Das Volk bringt (...) seinen politischen Willen nicht nur durch Wahlen und Abstimmungen zum Ausdruck. Das Recht des Bürgers auf Teilhabe an der politischen Willensbildung äußert sich nicht nur in der Stimmabgabe bei Wahlen, sondern auch in der Einflußnahme auf den ständigen Prozess der politischen Meinungsbildung." Vgl. auch BVerfGE 69, 315 (346), sowie *Kriele* (Fn. 34), 65; *Hesse* (Fn. 14), Rn. 149 ff.; *Lübbe-Wolff* (Fn. 42), 282 ff.; *H.-P. Schneider* Das Parlamentsrecht im Spannungsfeld von Mehrheitsentscheidung und Minderheitenschutz, FS 50 Jahre BVerfG, 2001, 626 (631); *Volkmann* (Fn. 15), Art. 20 Rn. 19 ff.; *Meyer* (Fn. 16), 77 f.; *C. Starck* Teilnahmerechte, in: Merten/Papier (Hrsg.) Handbuch der Grundrechte, Bd. 2, 2006, § 41 Rn. 57; *R. Lhotta* Parlamentarismus als Gewaltenteilung, in: Schöne/v. Blumenthal (Hrsg.) Parlamentarismusforschung in Deutschland, 2009, 259 (267 ff.); *Dreier* (Fn. 12), Art. 20 Rn. 82 ff.

[47] Näher zur politischen Partizipation *E. Fraenkel* Möglichkeiten und Grenzen politischer Mitarbeit der Bürger in einer modernen parlamentarischen Demokratie (zuerst

Aufgabe der Parteien, die Interessen in der Gesellschaft aufzugreifen, in praktikable Alternativen zu aggregieren und in den parlamentarischen Entscheidungsprozess einzubringen.[48] Die Parteien haben darauf aber kein Monopol, sondern „wirken" – wie es in Art. 21 Abs. 1 S. 1 GG heißt – an der politischen Willensbildung bloß „mit".[49] Eine vergleichbare Funktion nehmen „Interessenverbände", andere „Lobbyisten"[50] und natürlich auch die Medien[51] wahr.

1966), in: ders. (Fn. 20), 283 ff.; sowie *Herzog* (Fn. 40), 331 ff.; *Gabriel/Neller* (Fn. 2), 89 ff.; *Södler* (Fn. 19), 45 ff., 88 ff. Speziell und positiv zu den sog. nichtkonventionellen Beteiligungsformen – Leserbriefe, Unterschriftensammlungen, Bürgerinitiativen, Protestdemonstrationen, Massenpetitionen, Initiativen zu Volksentscheiden etc. – *A. Hadjar/R. Becker* Unkonventionelle politische Partizipation, KZfSS 2007, 410 ff.; *D. Rucht* Protest als Kommunikation, in: Gosewinkel/Schuppert (Hrsg.) Politische Kultur im Wandel von Staatlichkeit, 2007, 337 ff.; *Nolte* (Fn. 14), 5 ff.; in internationaler Perspektive *P. Sniderman* A Question of Loyalty, 1981, 47 ff.; *Dalton/Klingemann* (Fn. 41), 13 ff.; *Keane* (Fn. 1), 585 ff.; *J. S. Fishkin* When People Speak – Deliberative Democracy and Public Consultation, 2009, 45 ff.; *P. Rosanvallon* Demokratische Legitimität, 2010, 250 ff. Die Bedeutung der Beteiligung jenseits von Wahlen relativierend *Crouch* (Fn. 1), 24 ff. Zur Lage in der Schweiz *R. A. Rhinow* Parteienstaatlichkeit – Krisensymptome des demokratischen Verfassungsstaats?, VVDStRL 44 (1986), 83 (103 ff.). Zur Abgeordnetensicht *H.-P. Bartels* Wahlkreiskommunikation, ZParl 2008, 487 ff.

[48] Vgl. etwa BVerfGE 2, 1 (11 ff.); 20, 56 (101); 44, 125 (145 f.); 52, 63 (82 f.); 60, 53 (61 f., 66 f.); 73, 40 (85); 85, 264 (284); 91, 262 (268 f.); *Enquete-Kommission Verfassungsreform* BT-Drs. 7/5924, 12; sowie *G. Leibholz* Der Strukturwandel der modernen Demokratie (ursprünglich 1958), in: Matz (Fn. 15), 170 (187 ff.); *K. Hesse* Die verfassungsrechtliche Stellung der politischen Parteien im modernen Staat, VVDStRL 17 (1959), 11 (20 ff.); *Depenheuer* (Fn. 41), 118; *D. Grimm* Parlament und Parteien, in: Schneider/Zeh (Fn. 15), § 6 Rn. 3; *P. Kunig* Parteien, in: Isensee/Kirchhof (Fn. 18), § 40 Rn. 74 ff.; *Klein* (Fn. 19), Art. 21 Rn. 1, 150 ff.; *M. Kotzur* Demokratie als Wettbewerbsordnung, VVDStRL 69 (2010), 173 (206 ff.) Aus Sicht der Politikwissenschaft zusammenfassend *Winkler* (Fn. 6), 220 f. Zur Integration und Fraktionsbildung in Parteien *K. v. Beyme* Parteien in westlichen Demokratien, 1982, 276 ff. Zur *Linkage*-Funktion im europäischen Vergleich *T. Poguntke* Parteiorganisation im Wandel, 2000, 23 ff. Speziell zu Großbritannien *Rogers* (Fn. 6), 604 ff.

[49] Siehe BVerfGE 20, 56 (114); 41, 399 (416 f.); 52, 63 (83); sowie etwa *Meyer* (Fn. 16), 78; *Kunig* (Fn. 48), Rn. 16 ff.; *Schmitt Glaeser* (Fn. 23), Rn. 11. Die Bedeutung der Parteien im Hinblick auf die immer professioneller agierenden Verbände relativierend *M. Stolleis* Parteienstaatlichkeit – Krisensymptome des demokratischen Verfassungsstaats, VVDStRL 44 (1986), 7 (14 f., 20 f.).

[50] Vor allem nehmen Interessenverbände eine wichtige demokratische Aufgabe wahr, indem sie – ähnlich den Parteien – heterogene Forderungen gebündelt in den parlamentarischen Prozess einspeisen und ihren Mitgliedern so die Möglichkeit zur mittelbaren Partizipation an der politischen Willensbildung bieten. Vgl. *E. Friesenhahn*, Parlament und Regierung im modernen Staat, VVDStRL 16 (1958), 9 (28); *J. Weber* Die Interessengruppen im politischen System der Bundesrepublik Deutschland, 1977, 343 ff.; *U. v. Alemann* Der Wandel organisierter Interessen in der Bundesrepublik, APuZ 1989/

Verfassungsrechtlich abgesichert wird der bürgerschaftliche Einfluss auf die parlamentarische Staatswillensbildung durch die „Kommunikationsgrundrechte".[52] Dass diese Gewährleistungen für die „freiheitlich-demokratische Staatsordnung (...) schlechthin konstituierend" sind, hat das *Bundesverfassungsgericht* schon früh hervorgehoben[53] und damit deutlich gemacht, dass sich der bürgerschaftliche *„status activus"*[54] nicht auf die förmliche Entscheidung über die Repräsentanten in „Wahlen" und ggf. über Sachfragen in „Abstimmungen" (Art. 20 Abs. 2 S. 2 GG) beschränkt. Dass Kommunikationsrechte z.T. auch Nichtdeutschen zukom-

---

B 49, 3 ff.; *M. Sebaldt/A. Straßner* Verbände in der Bundesrepublik Deutschland, 2004, 15, 59 ff.; *H.-D. Horn* Verbände, in: Isensee/Kirchhof (Fn. 18), § 41 Rn. 47 ff. Zum Unterschied zwischen Parteien und Verbänden *Meyer* (Fn. 16), 83 f.; *Hofmann/Dreier* (Fn. 15), § 5 Rn. 20; *Klein* (Fn. 19), Art. 21 Rn. 165. Zur Lage in der Schweiz etwa *Rhinow* (Fn. 47), 101 ff.; zu Österreich *H. Schäffer* Parteienstaatlichkeit – Krisensymptome des demokratischen Verfassungsstaats, VVDStRL 44 (1986), 46 (70 ff.). Zu den USA siehe Fn. 177. Näher zum Einfluss der Lobbyisten unten bei Fn. 174 ff.

[51] Zum „Binnenpluralismus" im öffentlich-rechtlichen Rundfunk etwa BVerfGE 57, 295 (329 ff.); 73, 118 (153, 172 f.); 83, 238 (296); 90, 60 (88 f.), zum „Außenpluralismus" des privaten Rundfunkangebots BVerfGE 95, 163 (172); *Kotzur* (Fn. 48), 212 ff. Allgemein zur Rolle der Medien aus politikwissenschaftlicher Sicht *K. v. Beyme* Der Gesetzgeber, 1997, 73 ff.; *Gabriel* (Fn. 4) 218 f.; *Marschall* (Fn. 19), 47 ff.; *F. Brettschneider* (Fn. 19), 258 ff.; *H.-G. Soffner/D. Tänzler* Medienwahlkämpfe, in: Dörner/Vogt (Hrsg.) Wahlkämpfe – Betrachtungen über ein demokratisches Ritual, 2002, 92 ff.; *U. Sarcinelli* Demokratie unter Kommunikationsstress?, APuZ 2003/B 43, 39 ff.; *G. Vowe/M. Dohle* Politische Kommunikation im Umbruch, PVS 2007, 338 ff.; *C. Reinemann* Medialisierung ohne Ende?, ZfP 2010, 278 ff.; *Gabriel/Neller* (Fn. 2), 82 ff. Speziell im Hinblick auf die „neuen Medien" *S. Marschall* Alte und neue Öffentlichkeiten, in: Kamps (Hrsg.) Elektronische Demokratie?, 1999, 109 ff.; *M. Meckel* Cyberpolitics und Cyberpolity, in: Kamps (ebd.), 229 ff.

[52] Kritisch gegenüber der demokratischen Grundrechtsdeutung *Jestaedt* (Fn. 13), 192 („Der sog. Volkswillensbildungsprozess ist [...] zwar conditio, nicht aber causa efficiens demokratischer Legitimation"); *Unger* (Fn. 18), 29 ff., 239 ff. Auch das Petitionsrecht – siehe unten bei Fn. 221 ff. – ist ein Kommunikationsgrundrecht mit demokratischer Bedeutung. Siehe nur *Klein* (Fn. 19), Art. 17 Rn. 52, 135. Zu den grundrechtlichen Grundlagen des Verbandswesens *R. Steinberg* Parlament und organisierte Interessen, in: Schneider/Zeh (Fn. 15), § 7 Rn. 100 ff.; *Horn* (Fn. 50) Rn. 12 ff.; zur Parteiarbeit *Kunig* (Fn. 48), Rn. 90 ff.

[53] Siehe BVerfGE 7, 198 (208), und etwa BVerfGE 20, 56 (97 f.); 20, 162 (174); 27, 71 (81); 62, 230 (247); 69, 315 (345); 71, 206 (219 f.); 76, 196 (208 f.). Kritisch *Depenheuer* (Fn. 41), 118 ff.

[54] Vgl. *G. Jellinek* System der subjektiv-öffentlichen Rechte, 2. Aufl. 1905, 81 ff., 86 ff., 136 ff.; sowie etwa *Starck* (Fn. 46), Rn. 1 ff. Zum *„status activus processualis"* grundlegend *P. Häberle* Grundrechte im Leistungsstaat, VVDStRL 30 (1972), 43 (80 ff., 86 ff.).

men, steht dieser Einordnung nicht entgegen, da es ja bloß um Einflussnahme, nicht um Entscheidung geht.[55]

Partizipation setzt Interesse und Informiertheit voraus.[56] Am geringsten ist der Aufwand, wenn es um die Wahl geht. Dafür ist aber auch ihr Einfluss wenig spezifisch.[57] In Parteien und Interessenverbänden mitzuarbeiten, ist effektiver, verlangt aber auch einen höheren Einsatz, der mit anderen Interessen konkurriert.[58] Dass das traditionelle politische Engagement abgenommen hat, wird allenthalben beklagt.[59] Allerdings sind nach empirischen Studien rund zwei Drittel der Bürger bereit, sich gesell-

---

[55] *Klein* (Fn. 19), Art. 17 Rn. 67, schließt – allerdings unter Zugrundelegung eines engeren Partizipationsbegriffs (siehe oben Fn. 42) – etwa aus dem Umstand, dass sich auch Nichtdeutsche auf das Petitionsrecht berufen können, auf den „Willen des Verfassungsgebers", das Petitionsrecht „nicht als ein staatsbürgerliches, auf Partizipation an der staatlichen Willensbildung ausgerichtetes, sondern als Freiheitsrecht zu konstruieren". Ähnlich *Klein* (Fn. 19), Art. 17 Rn. 81, wo betont wird, dass das Petitionsrecht kein Recht des *„status activus"* ist. Dagegen etwa *N. Achterberg* Parlamentsrecht, 1984, 453 f.; *C. Langenfeld* Das Petitionsrecht, in: Isensee/Kirchhof (Fn. 18), § 39 Rn. 13. Dass die Kommunikationsgrundrechte ursprünglich als Bürger- und nicht als Menschenrechte anerkannt wurden und erst das Grundgesetz für die Meinungs-, Presse- und Informationsfreiheit (Art. 5 GG), nicht aber für die Versammlungs- und Vereinigungsfreiheit (Art. 8 und 9 GG) davon abgewichen ist, betont *Böckenförde* (Fn. 15), Rn. 37.

[56] Skeptisch aus Sicht der „elitistischen" Demokratietheorie *Schumpeter* (Fn. 20), 413 ff. Er betont (416): „So fällt der typische Bürger auf eine tiefere Stufe der gedanklichen Leistung, sobald er das politische Gebiet betritt. Er argumentiert und analysiert auf eine Art und Weise, die er innerhalb der Sphäre seiner wirklichen Interessen bereitwillig als infantil anerkennen würde. Er wird wieder zum Primitiven." Zusammenfassend zu den verschiedenen demokratietheoretischen Konzeptionen – *„political fool"*, *„super citizen"* und *„cognitive mizer"* („kognitiver Geizkragen") – *K. Neller* Politische Informiertheit, in: Greiffenhagen/Greiffenhagen (Hrsg.) Handwörterbuch zur politischen Kultur, 2. Aufl. 2002, 363 (364 ff.).

[57] Nicht zur Wahl zu gehen (vgl. oben Fn. 6), kann vor diesem Hintergrund durchaus „rational" sein. Vgl. *A. Downs* Ökonomische Theorie der Demokratie, 1968 (ursprünglich 1957), 255; *Luhmann* (Fn. 8), 166; *Depenheuer* (Fn. 41), 117 („Wenn es nichts zu entscheiden gibt, könnte der Bürger auch ‚würfeln'. Unterschiedlich hohe Wahlbeteiligung indiziert ein gesundes Demokratieverständnis."). Die Einführung einer Wahlpflicht empfiehlt sich daher nicht. Ebenso in der Weimarer Republik *H. Pohl* Die Reform des Wahlrechts, VVDStRL 7 (1932), 131 (143); *H. Triepel* Diskussionsbeitrag, VVDStRL 7 (1932), 194. Aus neuerer Zeit *S. Hölscheidt* Das Recht der Parlamentsfraktionen, 2001, 44 f. Eher dafür *C. Labrenz* Die Wahlpflicht, ZRP 2011, 214 ff. Zur Diskussion um die Zulässigkeit einer Verfassungsänderung *D. Merten* Bürgerverantwortung im demokratischen Verfassungsstaat, VVDStRL 55 (1996), 7 (24); *S. Haak* Wahlpflicht und Demokratie, KritV 2001, 80 ff.

[58] Näher *Scharpf* (Fn. 21), 57 ff.

[59] Siehe oben Fn. 6. Zum „nichtkonventionellen" politischen Engagement oben Fn. 47.

schaftlich zu betätigen.[60] Dass sich diese Einsatzbereitschaft kaum auf die demokratische Mitwirkung richtet, ist ein Warnsignal,[61] das die Parlamentarier zu verstärkten Bemühungen aufruft.

Wenn die Repräsentanten im Rahmen ihrer Aufgabe zur „politischen Führung" Entscheidungen treffen, die Bürgerpräferenzen nicht entsprechen, ist die Bereitschaft zur „Akzeptanz" gefragt. Allerdings verlangt eine funktionierende Demokratie nicht blinde Gefolgschaft, sondern neben vertrauensvoller Loyalität[62] auch ein gesundes Misstrauen, das die Bürger als „Prinzipal" zur Kontrolle ihrer „Agenten"[63] und zum Widerspruch befähigt.[64] Um die „generelle Anerkennung" sicherzustellen, die unabhängig ist vom „Befriedungswert der einzelnen Entscheidung",[65] kommt es vor allem auf die Legitimationswirkung der zugrundeliegenden Verfahren an.

---

60 *Sozialwissenschaftliches Forschungszentrum* (Fn. 2), 104f. Manche sprechen von einem „neuen Altruismus". Siehe *Nolte* (Fn. 14), 11. Den Verlust von *„social capital"* beklagt allerdings *R. Putnam* Bowling Alone – The Colapse and Revival of American Community, 2000. Differenzierend zum „zivilgesellschaftlichen" Engagement in Deutschland *A. Hacket/G. Mutz* Empirische Befunde zum bürgerschaftlichen Engagement, APuZ 2002/9, 39ff.; *M. Alscher/E. Priller* Zivilgesellschaftliches Engagement, in: Statistisches Bundesamt/Wissenschaftszentrum für Sozialforschung (Fn. 6), 358ff.

61 Siehe *B. Weßels* Politische Integration und politisches Engagement, in: Statistisches Bundesamt/Wissenschaftszentrum für Sozialforschung (Fn. 6), 371 (373). Ähnlich *Crouch* (Fn. 1), 140ff.

62 Zur Notwendigkeit von „Vertrauen" *Leibholz* (Fn. 8), 160; *N. Luhmann* Vertrauen – Ein Mechanismus zur Reduktion sozialer Komplexität, 1968; *Fliegauf/Huhnholz* (Fn. 5), 21ff.; *Böckenförde* (Fn. 7), 397.

63 Zur sog. *Principal Agent*-Theorie allgemein etwa *R. Richter/E Furubotn* Neue Institutionenökonomik, 3. Aufl. 2003, 173ff.; im Hinblick auf Parlamente *Lhotta* (Fn. 46), 259ff.; in Bezug auf das Wahlrecht *Hatje* (Fn. 20), 159f.; mit Blick auf die Verwaltung *H. Pünder* Haushaltsrecht im Umbruch, 2003, 16ff. Zur „kybernetischen Repräsentationstheorie" *Herzog* (Fn. 40), 314ff.

64 Siehe *Gabriel* (Fn. 4) 203ff.; *dens.* Politisches Vertrauen, in: Greiffenhagen/Greiffenhagen (Fn. 56), 494 (496ff.); *K.-U. Hellmann* Gemeinwohl und Systemvertrauen, in: Münkler/Fischer (Fn. 21), 77 (89ff.); *Völkl* (Fn. 2), 59ff.; *Fliegauf/Huhnholz* (Fn. 5), 23; sowie in internationaler Perspektive *Sniderman* (Fn. 47), 13ff. (*„balanced judgment"*); *Keane* (Fn. 1), 585ff. (*„monitory democracy"*). Zur Bedeutung der „latenten" Öffentlichkeit *R. Dahrendorf* Fundamentale und liberale Demokratie, in: ders., Für eine Erneuerung der Demokratie in der Bundesrepublik Deutschland, 1968, 31ff. Zur Unerlässlichkeit eines gewissen Maßes an „Apathie" *Schmitt Glaeser* (Fn. 42), 240.

65 *Luhmann* (Fn. 8), 30 f. *Easton* (Fn. 8), 272ff., spricht von der Notwendigkeit einer „diffusen Unterstützung" (*„diffuse support"*), die sich – im Gegensatz zur „spezifischen Unterstützung" (*„specific support"*) – nicht auf die Zustimmung zu bestimmten Politikergebnissen bezieht, sondern sich als *„good will"* darstellt, der unabhängig ist vom Ergebnis des politischen Prozesses. Siehe dazu etwa *Westle* (Fn. 7), 51ff., 73ff., 91ff., 169ff.; *Schüttemeyer* (Fn. 24), 39ff.; *Södler* (Fn. 19), 41ff. Zu den *Procedural Justice*-Theorien im Überblick *K. F. Röhl* Verfahrensgerechtigkeit, ZfRSoz 1993, 1ff.

Dies gilt zunächst für die Wahl der Volksvertretung. Sie muss so gestaltet sein, dass Wähler möglichst große und gleich verteilte Einflussmöglichkeiten auf die Zusammensetzung des Parlaments haben. Darüber hinaus ist die Art der parlamentarischen Entscheidungsfindung von Bedeutung. Die „deliberative" Demokratie[66] darf sich nicht auf die Politiker beschränken, sondern muss die Bürger in einem freien und offenen Prozess der Meinungsbildung[67] möglichst weitgehend und gleichmäßig („inklusiv") einbeziehen.[68] Um ein Wort des *Bundesverfassungsgerichts* an die Verwaltung abzuwandeln: Die Notwendigkeit eines Gesprächs zwischen Parlament und Bürger entspricht dem grundgesetzlichen Verständnis der Stellung des Bürgers im Staat.[69] Bürger werden umstrittene Entscheidungen eher akzeptieren, wenn das Parlament für Transparenz sorgt und deutlich macht, dass das, was die Bürger denken und ggf. gegenüber Abgeordneten vorgebracht haben, im Sinne der „Responsivität" eine Rolle gespielt hat, es bei der Abwägung der Interessen fair zugegangen ist und die Regierungsmehrheit nicht unkontrolliert agieren kann.[70] Schließlich

---

[66] Vgl. dazu etwa *J. Cohen* Deliberation and Democratic Legitimacy (ursprünglich 1989), in: ders., Philosophy, Politics, Democracy, 2009, 16 (21 ff.); *dens.* Procedure and Substance in Deliberative Democracy (ursprünglich 1996), in: ders. (ebd.), 154 (160 ff.); *J. S. Fishkin* Democracy and Deliberation, 1991; *dens.* (Fn. 47); *J. Habermas* Faktizität und Geltung, 1992, 349 ff., 367 ff.; *A. Giddens* (Fn. 43), 160 ff.; *J. S. Dryzek* Deliberative Democracy and Beyond, 2000. Zusammenfassend *A. Tschentscher* Prozedurale Theorien der Gerechtigkeit, 2000, 242 ff., 352 ff.; *Petersen* (Fn. 17), 165 ff.; *Schmidt* (Fn. 45), 236 ff. Kritisch etwa *J. Parkinson* Legitimacy Problems in Deliberative Democracy, Political Studies 51 (2003), 180 ff.; *H. D. Horn* Erosion demokratischer Öffentlichkeit?, VVDStRL 68 (2009), 413 (429 ff.). Siehe auch unten bei Fn. 243.

[67] Vgl. im Hinblick auf Wahlen etwa BVerfGE 44, 125 (139); 89, 155 (185); 97, 350 (369).

[68] Vgl. *H. Oberreuter* Scheinpublizität oder Transparenz? Zur Öffentlichkeit von Parlamentsausschüssen, ZParl 1975, 77 (79); *A. Giddens* (Fn. 43), 158 ff.; *P. Kevenhörster* (Fn. 19), 295 ff.; *Fuchs* (Fn. 15), 175; *Fliegauf/Kießling/Novy* (Fn. 26), 407 ff.; *Helms* (Fn. 26), 8 (Erweiterung der klassischen Trias „*government of, by and for the people*" um „*government with the people*"). Vgl. zum „*Government with the people*" auch *V. A. Schmidt* Democracy in Europe – Perspectives on Politics 2005, 761 (768).

[69] Vgl. BVerfGE 45, 297 (335): „Die Notwendigkeit eines Gesprächs zwischen Verwaltung und Bürger entspricht dem grundgesetzlichen Verständnis der Stellung des Bürgers im Staat." Zur Bedeutung der Beteiligung an Verwaltungsverfahren siehe nur *Pünder* (Fn. 12), § 13 Rn. 10 ff.

[70] Dass die Öffentlichkeit staatlicher Beratungs- und Entscheidungsprozesse eine prinzipielle Voraussetzung für eine freie und offene Meinungsbildung sowie für die Kontrolle durch das Volk und das Vertrauen ist, hat das *Bundesverfassungsgericht* immer wieder betont. Vgl. BVerfGE 40, 237 (249); 40, 296 (327); 70, 324 (355, 358); 84, 304 (329); 89, 155 (185); 97, 350 (369); 103, 44 (63). Zuletzt hat das Gericht im Hinblick auf die Mitwirkung des Bundestages beim „Euro-Rettungsschirm" hervorgehoben, dass die öffentliche parlamentarische Willensbildung „die Responsivität (...) für die Interes-

müssen die parlamentarischen Entscheidungen begründet und den Bürgern erklärt werden.[71] Mit dem Hinweis auf die von Wahlen ausgehende „Legitimationskette“, auf das Prinzip der Mehrheitsentscheidung (Art. 42 Abs. 2 GG)[72], auf Alternativen versperrende „Sachzwänge“[73] oder gar bloß auf die „harten Machtressourcen“[74] der Staatsgewalt ist es nicht getan.

3. *Verbesserung der Demokratie als Verfassungsgebot*

Politikwissenschaftliche Überlegungen in die staatsrechtliche Diskussion einzubeziehen, stößt vielfach auf Argwohn.[75] Die dargelegten Bedingungen für das Gelingen der repräsentativen Demokratie sind allerdings nicht nur Gesichtspunkte der staatspolitischen Klugheit. Das Grundgesetz hat nur die für das Funktionieren der demokratischen Ordnung

---

sen und Überzeugungen der Bürger“ stärkt (BVerfG E. v. 28.2.2012, 2 BvE 8/11, Rn. 108; E. v. 19.6.2012, 2 BvE 4/11, Rn. 113). Siehe auch *B. Wegener* Der geheime Staat, 2006, 391 ff., 424 ff., und zur europäischen Ebene *Lübbe-Wolff* (Fn. 42), 276 ff.

[71] Zur Bedeutung der Plenardebatte in dieser Hinsicht unten bei Fn. 250 ff. Dass das Demokratieprinzip eine Begründung staatlichen Handelns gegenüber dem Bürger verlangt, erkennen auch diejenigen an, die sich gegen eine formelle Begründungspflicht von Gesetzen (durch Präambeln, Zweckartikel o.Ä.) wenden. Siehe etwa *U. Kischel* Die Begründung, 2003, 106 ff., 260 ff.; *C. Waldhoff* Der Gesetzgeber schuldet nichts als das Gesetz, FS Isensee, 2007, 325 ff.

[72] Grundlegend *Kelsen* (Fn. 13), 8 ff., 53 ff. Aus neuerer Zeit etwa *Luhmann* (Fn. 8), 176 ff.; *Achterberg* (Fn. 55), 583 ff.; *H. Schulze-Fielitz* Theorie und Praxis parlamentarischer Gesetzgebung, 1988, 443 ff.; *Hofmann/Dreier* (Fn. 15), § 5 Rn. 48 ff.; *W. Heun* Das Mehrheitsprinzip der Demokratie, 1993; *Volkmann* (Fn. 15), Art. 20 Rn. 25 ff.; *C. Hillgruber*, Die Herrschaft der Mehrheit, AöR 127 (2002), 460 ff.; *Böckenförde* (Fn. 15), Rn. 52 ff., 76; *Tschentscher* (Fn. 17), 70 ff.; *Petersen* (Fn. 17), 145 ff.; *Schmidt* (Fn. 45), 267 ff. In historischer Perspektive *Rosanvallon* (Fn. 47), 31 ff.

[73] Aus politikwissenschaftlicher Sicht etwa *Marschall* (Fn. 19), 81 ff. (mwN). Im Hinblick auf das Verhältnis zwischen Parlament und Regierung siehe oben Fn. 18.

[74] Zur Unterscheidung von *hard*, *soft* und – eine Mischung aus beidem – *smart power* *Nye* (Fn. 26), 28 ff.

[75] Siehe aus jüngerer Zeit etwa *Unger* (Fn. 18), 86 f., 247 f. Dagegen z.B. *Petersen* (Fn. 17), 141 f. Jedenfalls sind die „Vor-Verständnisse“ bei der Verfassungsinterpretation offen zu legen. Siehe *Hesse* (Fn. 14), Rn. 62 f. Als typisch für die traditionellen Vorbehalte mag die Einschätzung von *R. Herzog* Allgemeine Staatslehre, 1971, 32, gelten, wonach „eine auf der Rechtsdogmatik als Erfahrungsgrundlage aufbauende Staatsrechtslehre wohl noch auf Generationen hinaus zu detaillierteren und exakteren Aussagen über die Probleme des Staates imstande (ist) als die notwendigerweise auf empirischen Erfahrungen beruhende Politikwissenschaft“. Kritisch dazu *R. Lhotta* Der antiliberale Kern des neuen Institutionalismus in der Politikwissenschaft, ZPol 2006, 7 (11: „als amüsanten Anflug juristischer Hybris zu den Akten legen“).

unerlässlichen Regeln normiert.[76] Es ist eine verfassungsrechtliche Aufgabe des Parlaments und der einzelnen Abgeordneten, die Grundentscheidung für die Demokratie (Art. 20 Abs. 1 GG) über die normierten Mindestanforderungen hinaus so zu verwirklichen, dass die parlamentarischen Entscheidungen – und damit auch die darauf fußenden Entscheidungen der Exekutive und Judikative – ein möglichst hohes „Legitimationsniveau“ haben.[77] Dafür können die anderen Sozialwissenschaften wie auch Erfahrungen des Auslands wertvolle Anregungen bieten.

Dass besondere Verfassungsentscheidungen nicht „überspielt“ werden dürfen,[78] ist klar. Insofern braucht man die Annahme eines verfassungsrechtlichen Verbesserungsgebots nicht zu fürchten. Zudem braucht man

---

[76] Dass das Grundgesetz Demokratie „nicht im Sinne eines vollständigen und vollkommenen Modells“ normiert, sondern „nur in einzelnen Grundzügen, indem es die für die Funktion demokratischer Ordnung unerlässlichen Regeln schafft“, hebt *Hesse* (Fn. 14), Rn. 129, hervor. Die „Entwicklungsoffenheit“ und „Entwicklungsbedürftigkeit“ wird in BVerfGE 107, 91, betont. Ähnlich *U. Volkmann* Verfassungsrecht zwischen normativem Anspruch und politischer Wirklichkeit, VVDStRL 67 (2008), 57 (63 ff.). Zum „Regelungscharakter“ von Art. 20 Abs. 2 GG im Gegensatz zu Art. 20 Abs. 1 GG, der ein Bekenntnis zur Demokratie als „Rechtsprinzip“ mit einem „Optimierungscharakter“ enthält, etwa *Ehlers* (Fn. 17), 128 ff. Ähnlich *Unger* (Fn. 18), 157 ff., 299 f. Allgemein zur – vor allem im Hinblick auf die Grundrechte entwickelten – Unterscheidung zwischen „Rechtsprinzipien“ und „Rechtsregeln“ *R. Dworkin* Bürgerrechte ernstgenommen, 1984, 54 ff.; *R. Alexy* Theorie der Grundrechte, 3. Aufl. 1996, 75 f. Zu Einwänden gegen die Prinzipientheorie im Hinblick auf das Demokratieprinzip *Unger* (Fn. 18), 91 ff. und 123 ff. Zum änderungsfesten Kern des Demokratieprinzips zusammenfassend *K.-P. Sommermann* in: v. Mangoldt/Klein/Starck, Kommentar zum Grundgesetz, Bd. 2, 6. Aufl. 2010, Art. 20 Abs. 1 Rn. 81 ff.

[77] Fragen des „Legitimationsniveaus“ werden bislang bloß im Hinblick auf die „besonderen Organe“ (Art. 20 Abs. 2 Satz 2 GG) der Rechtsprechung und – soweit das Hierarchieprinzip gelockert wird – der „vollziehenden Gewalt“ („ministerialfreie Räume“, Mitbestimmung in der Verwaltung, „neues Steuerungsmodell“, Verlagerung auf Sachverständigengremien oder private Normungsorganisationen, funktionale Selbstverwaltung etc.) erörtert. Vgl. etwa BVerfGE 83, 60 (72); 93, 37 (66 f.); 107, 59 (87); sowie etwa *Jestaedt* (Fn. 13); *K. Waechter* Geminderte Demokratische Legitimation im parlamentarischen Regierungssystems, 1994; *Tschentscher* (Fn. 17); *Böckenförde* (Fn. 15), Rn. 16 ff., 22 ff.; *Ehlers* (Fn. 17), 138 ff.; *Grzeszick* (Fn. 12), Art. 20 Rn. 127 ff., 138 ff. Die parlamentarischen Entscheidungen (Gesetzgebung als „besonderes Organ“ iSv Art. 20 Abs. 2 S. 2 GG) werden bislang nicht im Hinblick auf das Legitimationsniveau problematisiert.

[78] Aus diesem Grund – allerdings in Bezug auf die hier nicht thematisierte demokratische Legitimation der Verwaltung – gegen die Annahme eines Optimierungsgebots im Hinblick auf die Gefahr, dass die Festlegungen des Art. 20 Abs. 2 GG „überspielt“ werden, etwa *Grzeszick* (Fn. 12), Art. 20 Rn. 160; *ders.* Rationalitätsanforderungen an die parlamentarische Rechtsetzung im demokratischen Rechtsstaat, VVDStRL 71 (2011), 49 (66).

vor einer „Konstitutionalisierung der Politik" und einem „verfassungsgerichtlichen Jurisdiktionsstaat" keine Sorge zu haben.[79] Denn zum einen muss die Demokratie nicht – koste es, was es wolle – „optimal"[80] verwirklicht werden. Erfordernisse einer effektiven und effizienten Entscheidungsfindung können, ja müssen eine Rolle spielen.[81] Und zum anderen steht dem Parlament bei der über die Mindestanforderungen hinausgehenden Verwirklichung der Demokratie wie bei anderen „Staatszielen" ein der Gerichtskontrolle weitgehend verschlossener Spielraum zu.[82] Vor

---

[79] In dieser Hinsicht gegen ein demokratisches Optimierungsgebot *C. Waldhoff* Manipulation von Wahlterminen durch die Zusammenlegung von Wahlen?, JZ 2009, 144 (146f.). Im Übrigen wird das Verhältnis zwischen Verfassungsgerichtsbarkeit und Gesetzgeber vor allem im Hinblick auf grundrechtliche Optimierungsgebote problematisiert. Vgl. *R. Wahl* Der Vorrang der Verfassung (ursprünglich 1981), in: ders., Verfassungsstaat, Europäisierung, Internationalisierung, 2003, 121 (142ff.); *P. Lerche* Die Verfassung als Quelle von Optimierungsgeboten?, FS Stern, 1997, 197 (208); *E.-W. Böckenförde* Grundrechte als Grundsatznormen, Der Staat 29 (1990), 1 (25); *A. Scherzberg* Grundrechtsschutz und „Eingriffsintensität", 1989, 169ff.; *C. Bumke* Der Grundrechtsvorbehalt, 1998, 166ff.; *M. Jestaedt* Die Abwägungslehre – ihre Stärken und ihre Schwächen, FS Isensee, 2007, 253 (269ff.); *K.-H. Ladeur* Kritik der Abwägung in der Grundrechtsdogmatik, 2004, 44f.; *M. Peters* Grundrechte als Regeln und als Prinzipien, ZöR 51 (1996), 159 (178ff.). Den Konstitutionalisierungseinwand relativierend *Unger* (Fn. 18), 130 ff. Speziell im Hinblick auf gesetzgeberische Vorgaben für die Verwaltung *T. Würtenberger/E. Riedel* Rechtliche Optimierungsgebote oder Rahmensetzungen für das Verwaltungshandeln, VVDStRL 58 (1999), 139ff., 180ff.

[80] Dem Demokratieprinzip wird vielfach ein „Optimimierungsgebot" entnommen. Siehe etwa *B.-O. Bryde* (Fn. 17), 323ff.; *A. v. Bogdandy* Demokratisch, demokratischer, am demokratischsten?, FS Hollerbach, 2001, 363 (369ff.); *M. Morlok* Demokratie und Wahlen, FS 50 Jahre BVerfG, 2001, 559 (562ff.); *Ehlers* (Fn. 17), 128ff.; *P. M. Huber* Volksgesetzgebung und Ewigkeitsgarantie, 2003, 30; *U. Schliesky* Souveränität und Legitimität von Herrschaftsgewalt, 2004, 616ff.; *S. Müller-Franken* Unmittelbare Demokratie und Direktiven der Verfassung, DÖV 2005, 489 (492); *Tschentscher* (Fn. 17), 121f., 129; *Unger* (Fn. 18), 104ff., 282ff.; *M. Droege* Herrschaft auf Zeit, DÖV 2009, 649 (654); *Petersen* (Fn. 17), 170.

[81] Vor diesem Hintergrund wird hier nicht – wie es viele tun (Fn. 80) – von einem „Optimierungsgebot", sondern bloß von einem „Verbesserungsgebot" gesprochen. Vgl. zu „dynamischen Normen", bei denen zwischen „Erfolgsnormen", „Zielnormen", „Verbesserungsgeboten" und „Optimierungsgeboten" zu unterscheiden sei, *F. Reimer* Verfassungsprinzipien, 2001, 328ff. (der dem Demokratieprinzip allerdings nur ein „statisches Niveaugebot" entnimmt [334] und sich ausdrücklich gegen ein Optimierungsgebot ausspricht [331, 488f.]). Allgemein zu den Erfordernissen der effektiven und effizienten Entscheidungsfindung auch in verfassungsrechtlicher Perspektive etwa *Pünder* (Fn. 63), 57ff. (mwN).

[82] Zur Demokratie als „Staatsziel" siehe nur BVerfGE 107, 59 (91); *W. Thieme* Demokratie – Ein Staatsziel im Wandel der gelebten Verfassung, DÖV 1998, 751ff. Zu den weiten parlamentarischen Einschätzungs- und Gestaltungsspielräumen bei der Verwirklichung von Staatszielen und zur beschränkten Justiziabilität (allenfalls Unter-

diesem Hintergrund geht es im Folgenden um zwar verfassungsrechtlich begründete, aber vielfach nicht verfassungs*rechtlich*, sondern verfassungs*politisch* zu klärende Abwägungsfragen.

Wenn man den offenkundigen „Wertewandel" in der Bevölkerung weg vom pflichtbewussten Hinnehmen hin zu Misstrauen und zum Wunsch nach Mitgestaltung bedenkt,[83] kommt es vor allem darauf an, den Einfluss der Bürger sowohl auf die Zusammensetzung des Parlaments als auch auf die parlamentarische Entscheidungsfindung zu steigern und die Transparenz der Verfahren zu verbessern. Dies wird zugleich die „Responsivität" der Abgeordneten verstärken und auch dazu beitragen, dass Bürger eine ihren Einschätzungen nicht entsprechende „politische Führung" eher akzeptieren. Was sich konkret zu tun empfiehlt, werde ich nun am Beispiel der deutschen Bundesebene zeigen.

III. Beitrag des Wahlrechts zum Gelingen der repräsentativen Demokratie

Was kann das Wahlrecht zum Gelingen der repräsentativen Demokratie beitragen? Diese Frage wurde lange Zeit nicht gestellt. Man war mit unserer einerseits „personalisierten", andererseits durch eine „Sperrklausel" beschränkten Verhältniswahl – ein System, das auch im Ausland gelobt wird – ziemlich zufrieden.[84] Es mehren sich allerdings kritische Stimmen.

---

maßverbot oder Evidenzkontrolle) *K.-P. Sommermann* Staatsziele und Staatszielbestimmungen, 1997, 377 ff., 435 ff.; *D. Hahn* Staatszielbestimmungen im integrierten Bundesstaat, 2010, 83 ff., 99 ff. Besonders deutlich im Hinblick auf das Staatsziel Sozialstaat BVerfGE 22, 180 (204): „Art. 20 Abs. 1 GG bestimmt nur das ‚Was', das Ziel, die gerechte Sozialordnung; er lässt aber für das ‚Wie', d.h. für die Erreichung des Ziels, alle Wege offen." Ähnlich BVerfGE 59, 231 (263): „Das Sozialstaatsprinzip stellt (…) dem Staat eine Aufgabe, sagt aber nichts darüber, wie diese Aufgabe im einzelnen zu verwirklichen ist (…)." Näher zur Gestaltungsfreiheit des Gesetzgebers *Schulze-Fielitz* (Fn. 72), 180 ff.

[83] Vgl. *R. Inglehart* The Silent Revolution, 1977; *G. Hepp* Wertewandel, 1994; *H. H. v. Arnim* Demokratie vor neuen Herausforderungen, ZRP 1995, 340 (349); *H. Klages* Wertewandel und bürgerschaftliches Engagement, 1998; *Marschall* (Fn. 19), 79 ff.; *Hadjar/Becker* (Fn. 47), 410 ff.; *Fliegauf/Kießling/Novy* (Fn. 26), 408; *Gabriel/Neller* (Fn. 2), 79 ff., 126 ff. (auch mit Hinweis auf die nach dem 2. Weltkrieg in Deutschland verbreitete „Ohne-Mich-Stimmung"). In international vergleichender Perspektive *Dalton* (Fn. 2), 81 ff. Unangemessen polemisch *Merten* (Fn. 57), 37: „Individualistisch-hedonistische Selbstentfaltungswerte verdrängen Pflicht- und Akzeptanzwerte, die Sekundärverstand als Sekundärtugenden bezeichnet."

[84] Vgl. *D. Nohlen* Wahlrecht und Parteiensysteme, 3. Aufl. 2000, 157 ff.; *H.-D. Klingemann/B. Wessels* The Political Consequences of Germany's Mixed-Member-System, in: Shugart/Wattenberg (Hrsg.) Mixed-Member Electoral Systems, 2001, 279 ff.; *G. Strohmeier* Vergangene und zukünftige Reformen des deutschen Wahlsystems, in: ders. (Hrsg.)

1. *Einführung eines Mehrheitswahlsystems?*

Dabei wird sogar erneut an einen Wechsel zu Mehrheitswahlen[85] gedacht.[86] Dass sie regelmäßig eine effektive „politische Führung" durch stabile Regierungen ermöglichen,[87] ist angesichts des sich auffächernden

Wahlsystemreform, 2009, 12. Für einen Überblick zur internationalen Debatte *A. Lijphart*/*B. Grofman* (Hrsg.) Choosing an Electoral System, 1984; *Shaw* (Fn. 6), 708 ff.; *G. B. Powell* Election Law and Representative Governments, British J. of Political Science 2006, 291 ff. Am deutschen Vorbild orientiert sich etwa das Wahlrecht in Schottland, Wales und Neuseeland. Dazu *J. Vowles* Introducing Proportional Representation: the New Zealand Experience, Parl. Affairs 2000, 680 ff.; *T. C. Lundberg* Second-Class Representatives? Mixed-Member Proportional Representation in Britain, Parl. Affairs 2006, 60 ff.

[85] Zu den verschiedenen Typen *C. Lenz* Die Wahlrechtsgleichheit und das Bundesverfassungsgericht, AöR 121 (1996), 337, 340 ff.; *Morlok* (Fn. 80), 602 ff.; *H. Meyer* Demokratische Wahl und Wahlsystem, in: Isensee/Kirchhof (Fn. 18), § 45 Rn. 27 ff.; *D. Nohlen* Wahlen und Wahlsysteme, in: Lauth (Fn. 6), 237 (250, 256 f., 263); *H.-H. Trute* in: von Münch/Kunig (Hrsg.) Grundgesetz, Bd. 1, 6. Aufl. 2012, Art. 38 Rn. 14.

[86] Die Diskussion über das angemessene Wahlsystem ist alt. Schon *J. S. Mill* Considerations on Representative Government, 1868, als Verfechter des Verhältniswahlrechts und *Bagehot* (Fn. 19), ein Anhänger des Mehrheitswahlrechts, haben darüber gestritten. Vgl. *E. Schütt-Wetschky* Grundtypen parlamentarischer Demokratie, 1984, 146 ff., 280 ff. In der Weimarer Republik galt auf Reichs- und Landesebene das Verhältniswahlrecht (Art. 17 und 22 WRV), allerdings wurde immer wieder überlegt, zur Mehrheitswahl zurückzukehren. Vgl. nur *Leibholz* (Fn. 8), 168 ff., der sich im Ergebnis allerdings für das Verhältniswahlrecht als Ausdruck des „Strukturwandels von der repräsentativ-parlamentarischen zur parteienstaatlichen Massendemokratie" aussprach (172). Dagegen etwa *K. Loewenstein* Diskussionsbeitrag, VVDStRL 7 (1932), 193, der mit Blick auf England betonte, dass bei der Mehrheitswahl, einem „vom ideologischen Standpunkt aus miserablen Wahlrecht", eine „legale Form der Staatswillensbildung auf parlamentarischer Basis möglich ist, die alle Vorzüge der Machtkonzentration der Diktatur aufweist". Zur Diskussion im Parlamentarischen Rat *Deutscher Bundestag*/*Bundesarchiv* (Hrsg.) Der Parlamentarische Rat – Akten und Protokolle, Bd. 6, 1994; *H. Meyer* Wahlsystem und Verfassungsordnung, 1973, 25 ff., 192 ff.; *H. Nicolaus* Offenheit des Grundgesetzes bezüglich des Wahlsystems – ein Mythos?, ZRP 1997, 185 ff.; *R. Poscher* Das Weimarer Wahlgespenst, in: Gusy (Hrsg.) Weimars lange Schatten, 2004, 256 (257 ff.). In der Bundesrepublik wurde zuletzt in den 1950er und 1960er Jahren intensiv um das Wahlsystem gerungen. Vgl. stellvertretend für die Befürworter einer Mehrheitswahl *D. Sternberger* Die große Wahlreform, 1964; *F. A. Hermens* Demokratie oder Anarchie, 2. Aufl. 1968; für die Verfechter der Verhältniswahl *T. von der Vring* Reform oder Manipulation? Zur Diskussion des neuen Wahlrechts, 1968. In greifbare Nähe rückte die Einführung des Mehrheitswahlrechts 1966 in der Großen Koalition. Erst nachdem die SPD 1969 davon abrückte, kehrte wieder Ruhe ein. Für Einzelheiten *E. Jesse* Wahlrecht zwischen Kontinuität und Reform, 1985, 91 ff., 144 ff., 169 ff.

[87] *M. Duverger* Die politischen Parteien, 1959, 219, formulierte die – als „soziologische Gesetze" bekannte – These, dass die einfache Mehrheitswahl zu einem Zweiparteiensystem führt. Vgl. auch *Nohlen* (Fn. 84), 154 ff.; *F. Hartleb* Mehrheitswahl und Gerechtigkeit, in: Strohmeier (Fn. 84), 81 (89 ff.); *H. H. von Arnim* Mehrheitswahl und

Parteienspektrums[88] ein zunehmend stärkeres Argument.[89] Zudem würde dem misslichen Umstand Rechnung getragen, dass bei Verhältniswahlen Wähler trotz vorheriger Koalitionsaussagen nicht sicher sein können, für welche Regierung sie votieren,[90] und kleine Parteien häufig das „Zünglein an der Waage" spielen.[91] Schließlich ist zu erwarten, dass Abgeordnete bei Mehrheitswahlen ihren „Repräsentationsfokus"[92] weniger auf ihre Partei

---

Partizipation, in: Strohmeier (Fn. 84), 183 (193 ff.). Dass dieser Befund allerdings nur den Regelfall beschreibt, zeigt ein Blick auf die Ausnahmen: Bei der Wahl des britischen *House of Commons* im Jahr 2010 konnte keine der beiden großen Parteien eine absolute Mehrheit erlangen, wodurch der seltene Fall eines Koalitionserfordernisses eintrat. Vgl. *S. Kalitowski* Hung-up over Nothing? The Impact of a Hung Parliament on British Politics, Parl. Affairs 2008, 396 ff. Im Übrigen zeigt die englische Politik auch, dass stabile Mehrheiten im Parlament nicht unbedingt stabile Regierungen garantieren. Siehe *Meyer* (Fn. 16), 98. Dass die Mehrheitswahl eine „Parteizersplitterung" verhindert, bezweifelte in der Weimarer Republik angesichts der „politisch-religiösen wie landsmannschaftlichen Zersplitterung, die unser ganzes parteigeschichtliches Leben durchdringt", *Leibholz* (Fn. 8), 182, mit Hinweis darauf, dass das Mehrheitswahlsystem vor dem ersten Weltkrieg „zu einer nicht geringeren Parteizersplitterung geführt hat wie das nachrevolutionäre Verhältniswahlsystem". AA damals *Loewenstein* (Fn. 86), 193.

88 Vgl. *F. U. Pappi* Regierungsbildung im deutschen Fünf-Parteiensystem, PVS 2009, 187 ff., und – im westeuropäischen Vergleich – *O. Niedermayer* Von der Zweiparteiendominanz zum Pluralismus, PVS 2010, 1 ff.

89 Vgl. *Hesse* (Fn. 14), Rn. 147, 171; *P. M. Huber* Der Parteienstaat als Kern des politischen Systems, JZ 1994, 689 (695); *E. Jesse* Ist das Wahlsystem zum Deutschen Bundestag reformbedürftig?, in: Klingemann/Kaase (Hrsg.) Wahlen und Wähler, 2001, 503 (512); *V. v. Prittwitz* Vollständig personalisierte Verhältniswahl, APuZ 2003/52, 12 (13 f.); *J. Lege* Drei Versuche über Demokratie, JZ 2009, 756 (760); *J. W. Falter* Mehrheitswahl und Regierbarkeit, in: Strohmeier (Fn. 84), 133 (136 ff., 143 ff.); *P. Horst* Koalitionsbildungen und Koalitionsstrategien im neuen Fünfparteiensystem, ZPol 2010, 327 ff.; *Hatje* (Fn. 20), 161 f.

90 Zur demokratischen Bedeutung der Koalitionsaussagen im Vorfeld von Wahlen *F. Decker* Koalitionsaussagen der Parteien vor Wahlen, ZParl 2009, 431 (442 ff.). Zu den Motiven bei der Koalitionsbildung *E. Linhart/F. U. Pappi* Koalitionsbildungen zwischen Ämter- und Politikmotivation, PVS 2009, 23 ff. Eine rechtliche Bindung an Koalitionsaussagen und Wahlprogramme besteht schon aufgrund des freien Mandats (Art. 38 Abs. 1 S. 2 GG) nicht. Vgl. *Achterberg* (Fn. 55), 89 f., 222 ff.; *Kunig* (Fn. 48), Rn. 84; *Klein* (Fn. 19), Art. 38 Rn. 73.

91 Wenn es sich um extremistische Parteien handelt, die von anderen Parteien nicht als koalitionsfähig angesehen werden, muss es ggf. zu einer „Großen Koalition" kommen. Dazu aus politikwissenschaftlicher Sicht differenzierend *M. Haas* Auswirkungen der Großen Koalition auf das Parteiensystem, APuZ 2007/35–36, 18 ff.; *G. Strohmeier* Große Koalitionen in Deutschland und Österreich ZPol 2009, 5 ff. Zum Rechts- und Linkspopulismus in international vergleichender Perspektive *Decker* (Fn. 31).

92 Zu den verschiedenen *„foci of orientation for the representative"* *Eulau/Wahlke/Buchanan/Ferguson* (Fn. 19), 744 f.; sowie *Marschall* (Fn. 16), 106 ff.; *Södler* (Fn. 19), 33 ff. In vergleichender Perspektive *T. D. Lancaster/W. D. Patterson* Comparative Pork

und mehr auf die Bürger richten, weil die Wähler einen höheren Einfluss auf den Einzug ins Parlament haben.[93]

Gegen die Mehrheitswahl spricht freilich, dass dieses System – was zunehmend auch in Großbritannien kritisiert wird[94] – zu Lasten der Wähler kleinerer Parteien ginge. Manche meinen, dass es zu einer faktischen Sperrklausel von 20 oder gar 40 Prozent käme.[95] Dies ist auch verfassungsrechtlich der entscheidende Einwand.[96] Im Parlament sollten sich vielfältige politische Strömungen widerspiegeln, auch wenn dies die „politische Führung" schwieriger macht.[97] Jedenfalls wäre der Systemwechsel politisch

---

Barrel Politics – Perceptions from the West German Bundestag, Comparative Political Studies 1990, 458 ff.

[93] Vgl. BVerfGE 95, 335 (352 f.). Aus der Literatur *Uppendahl* (Fn. 19), 133; *B. Ziemske* Ein Plädoyer für das Mehrheitswahlrecht, ZRP 1993, 369; *v. Arnim* (Fn. 87), 198 f.; *Södler* (Fn. 19), 151 f.; *Hatje* (Fn. 20), 161. Zweifelnd *Klein* (Fn. 19), Art. 38 Rn. 156. Für eine international vergleichende Perspektive *P. Mitchell* Voters and their representatives, European J. of Political Research 37 (2000), 335 (340 ff. – vor dem Hintergrund der *Principal-Agent*-Theorie); *K. Bawn/M. Thies* A Comparative Theory of Electoral Incentives, J. of Theoretical Politics 2003, 5 ff. Zur Lage in Großbritannien *Lundberg* (Fn. 84), 61.

[94] Vgl. *D. Butler* Electoral Reform, Parl. Affairs 2004, 734 ff.; *Power Commission* Power to the People – An Independent Inquiry into Britain's Democracy, 2006. Zu den Vorschlägen der Power Commission kritisch *C. Pattie/R. Johnston* Power to the People Through „Real Power and True Elections"?, Parl. Affairs 2007, 253 (268 ff.). Hingegen positiv zur personalisierten Verhältniswahl in Wales and Schottland *Lundberg* (Fn. 84), 76. Ähnlich *P. Dunleavy/H. Margetts* The Impact of UK Electoral Systems, Parl. Affairs 2005, 854 ff. International vergleichend *K. E. Cox/L. J. Schoppa* Interaction Effects in Mixed-Member Electoral Systems – Theory and Evidence From Germany, Japan, and Italy, Comp. Political Studies 2002, 1027 (1030).

[95] Vgl. *G. Dürig* in: Bundesministerium des Inneren (Hrsg.) Zur Neugestaltung des Bundestagswahlrechts, 1968, 58; *R. Bakker* Verfassungswidrigkeit des Mehrheitswahlrechts, ZRP 1994, 457 (459); *Lenz* (Fn. 85), 342; *Morlok* (Fn. 80), 605.

[96] Die erhebliche Disproportionalität von Stimmen- und Mandatsanteilen im Mehrheitswahlsystem kollidiert mit dem Verfassungsgrundsatz der Gleichheit der Wahl (Art. 38 Abs. 1 S. 1 GG). Das *Bundesverfassungsgericht* würde dies hinnehmen, obwohl es eine Erhöhung der 5%-Sperrklausel nicht zulässt (vgl. etwa BVerfGE 95, 408 [419]). Diesen Widerspruch kann das Gericht nur mit einer „wahlsystemgebundenen" Auslegung der Wahlrechtsgleichheit lösen. Vgl. BVerfGE 1, 208 (246 f., 248, 258); 6, 84 (90); 34, 81 (100); 95, 335 (349, 352 ff., 370); 121, 266 (295 f., 297); BVerfG, Urt. v. 25.7.2012, 2 BvF 3/11 u.a., Rn. 56, 61. Ebenso *U. Di Fabio/R. Mellinghoff* in: BVerfGE 129, 300 (349 f. – Sondervotum); *P. Badura* in: Bonner Kommentar zum Grundgesetz, Anh. zu Art. 38 Rn. 52; *Klein* (Fn. 19), Art. 38 Rn. 122, 158; *Hatje* (Fn. 20), 155 f. Gegen die verfassungsrechtliche Zulässigkeit von Mehrheitswahlen *Meyer* (Fn. 86), 221, 224; *Bakker* (Fn. 95), 457 ff.; *H. Dreier* Das Demokratieprinzip des Grundgesetzes, Jura 1997, 249 (254); *Morlok* in: Dreier (Fn. 12), Art. 38 Rn. 101.

[97] *A. Lijphart* Patterns of Democracy, 1999, 258 ff., 275 ff., spricht vergleichend von einer „Konsensdemokratie", die „*kinder*" und „*gentler*", aber auch nicht weniger effektiv bei der Lösung sozialer Probleme sei. Zur politikwissenschaftlichen Einordnung und

selbst durch eine „Große Koalition" kaum zu realisieren: Der Verdacht stünde im Raum, dass sich die zunehmend weniger attraktiven Volksparteien[98] von Verlierern zu Gewinnern machen wollen.[99]

2. *Reform des bisherigen Wahlsystems*

a) *Ergänzung der 5%-Sperrklausel durch ein Nebenstimmrecht*

Das heißt nicht, dass es nichts zu verbessern gäbe. Bei der 5%-Sperrklausel, deren Abschaffung oder zumindest Absenkung immer wieder zur Steigerung der bürgerschaftlichen Partizipation und der parlamentarischen „Responsivität" angedient wird,[100] sollte es allerdings bleiben. Auch wenn die Erfahrungen der Weimarer Republik nicht das maßgebliche Argument sind[101] – das Erfordernis von Mehrheiten, die zu einer effek-

---

Kritik etwa *A. Croissant* Regierungssysteme und Demokratietypen, in: Lauth (Fn. 6), 117 (126ff.). Speziell zu Deutschland *L. Helms* Die Bundesrepublik Deutschland in der vergleichenden Politikwissenschaft, ZParl 2010, 207 (212ff.). Zur „Konkordanzdemokratie" in der Schweiz *Rhinow* (Fn. 47), 86ff.; *Kotzur* (Fn. 48), 193; zu Österreich *Schäffer* (Fn. 50), 55f., 64ff.; aus politikwissenschaftlicher Sicht *Schmidt* (Fn. 45), 306ff.

[98] Vgl. *O. Niedermayer* Die Erosion der Volksparteien, ZfP 2010, 264ff.

[99] Bei den Wahlen zum Deutschen Bundestag nach 1957 gewannen die Grünen lediglich drei Direktmandate, die FDP nur ein einziges Direktmandat. Zur fehlenden Durchsetzbarkeit eines Systemwechsels *J. Jesse* Reformvorschläge zur Änderung des Wahlrechts, APuZ 2003/B 52, 3; *J. Behnke* Grundsätzliches zur Wahlreformdebatte, APuZ 2011/4, 14 (19); *F. Decker* Brauchen wir ein neues Wahlrecht?, APuZ 2011/4, 3 (7). Ähnlich schon *R. Thoma* Diskussionsbeitrag, VVDStRL 7 (1932), 200.

[100] Vgl. etwa *E. Forsthoff* Der Staat der Industriegesellschaft, 1971, 89ff.; *Meyer* (Fn. 16), 90f.; *dens.* Wahlgrundsätze, Wahlverfahren, Wahlprüfung, in: Isensee/Kirchhof (Fn. 18), § 46 Rn. 39ff.; *M. Antoni* Die Legende von Weimar, DuR 1979, 402ff.; *W. Frotscher* Die parteienstaatliche Demokratie, DVBl. 1985, 917 (925ff.); *E. Becht* Die 5%-Klausel im Wahlrecht, 1990, 94ff.; *Böckenförde* (Fn. 15), Rn. 43; *Trute* (Fn. 85), Art. 38 Rn. 58f.; *N. Achterberg/M. Schulte* in: von Mangoldt/Klein/Starck (Fn. 76), Art. 38 Abs. 1 Rn. 137; *Hatje* (Fn. 20), 156.

[101] Die Weimarer Republik ist weniger an der Vielzahl von Kleinparteien, sondern an der systemfeindlichen Haltung der Extremparteien, der mangelnden Kompromissbereitschaft in der Mitte und am fehlenden Rückhalt bei einem großen Teil der politischen und gesellschaftlichen Eliten gescheitert. Schon 1931 betonte *Leibholz* (Fn. 8), 183f., dass „die vielfachen Regierungskrisen in den letzten Jahren letzten Endes auf die mangelnde Homogenität und Regierungsunfähigkeit gerade auch und vor allem der großen Parteien" zurückging, „die bei einer Verminderung der Parteienanzahl nicht nur nicht behoben, sondern noch schärfer akzentuiert hervortreten würden". Mit einem anderen Akzent ergänzte *R. Thoma* (Fn. 99), 201: „Die Parteizersplitterung (…) war bisher nicht unser Unglück, sondern unsere Rettung. Denn in kontinentalen Verhältnissen bedeutet Zweiparteiensystem die unheilbare Klassenspaltung der Nation. Wenn aber schon mehr als zwei Parteien, dann ist in einem Vielparteiensystem (…) die Bildung regierungsfähi-

tiven und effizienten „politischen Führung" in der Lage sind, kann die Einschränkung der „Erfolgswertgleichheit" der Stimmen nach wie vor rechtfertigen, zumal die Hürde – was die Entwicklung der „*Grünen*", der „*Linken*"[102] und auf Landesebene jüngst der „*Piratenpartei*"[103] zeigt – nicht derart hoch ist, dass sich nicht immer wieder neue Gruppen im Parlament etablieren.[104]

ger Koalitionen leichter, als wenn die vermittelnden kleineren Fraktionen fehlen." Retrospektiv *Hermens* (Fn. 86), 161 ff.; *Antoni* (Fn. 100), 402 ff.; *U. Wenner* Sperrklauseln im Wahlrecht, 1986, 38 ff.; *Gabriel/Neller* (Fn. 2), 65 ff.; *Dreier* (Fn. 15), 11; *Poscher* (Fn. 86), 275 ff. In gesellschaftlicher Hinsicht grundlegend *K. Sontheimer* Antidemokratisches Denken in der Weimarer Republik, 1962. Allerdings spielt die Weimarer Erfahrung bei der Verfassungsdiskussion nach 1945 eine große Rolle. Siehe *Jesse* (Fn. 86), 75 ff. In der Endphase der Weimarer Republik hatte *Pohl* (Fn. 57), 153, eine Sperrklausel in Höhe von 1 % der im Reich abgegebenen Stimmen gefordert.

102 Die Etablierung der *Linken* (früher *Sozialistische Einheitspartei Deutschlands*, dann *Partei des Demokratischen Sozialismus*) im Parlament wurde allerdings durch die „Grundmandatsklausel" (§ 6 Abs. 6 S. 1 Alt. 2 BWahlG) erleichtert. Dass die Sperrklausel für Parteien nicht gilt, die mindestens drei Direktmandate gewonnen haben, ist unter dem Gesichtspunkt der Wahlerfolgsgleichheit problematisch; denn die Grundmandatsklausel führt zu einer Besserstellung im Vergleich zu Parteien mit gleicher oder sogar höherer Zweitstimmenzahl, die an der Fünfprozentklausel scheitern. Allerdings hat das *Bundesverfassungsgericht* zu Recht betont, dass eine Partei, die Direktmandate erlangt hat, eine „besondere politische Kraft" darstellt, die Anliegen aufgegriffen hat, „die eine Repräsentanz im Parlament rechtfertigen" (BVerfGE 95, 408 [423]). Doch sollte dem nicht durch eine komplette Außerkraftsetzung der Sperrklausel Rechnung getragen werden. Verfassungsrechtlich genügt es, wenn die Partei nur durch direkt gewählte Abgeordnete im Parlament vertreten ist. Vgl. *W. Hegels* Chancengleichheit der Parteien, ZRP 1969, 105 f.; *Meyer* (Fn. 16), 116; *Jesse* (Fn. 86), 256 ff.; *Wenner* (Fn. 101), 389 ff.; *Becht* (Fn. 100), 159 ff.; *W. Hoppe* Die Verfassungswidrigkeit der Grundmandatsklausel, DVBl. 1995, 265 ff.; *H.-J. Bücking* Der Streit um Grundmandatsklausel und Überhangmandate, in: Jesse/Löw (Hrsg.) Wahlen in Deutschland, 1998, 141 ff.; *Jesse* (Fn. 99), 5; *V. v. Prittwitz* Hat Deutschland ein demokratisches Wahlsystem?, APuZ 2011/4, 9 (10). Für die Grundmandatsklausel hingegen *M. Wild* Die Gleichheit der Wahl, 2003, 231 ff.

103 Vgl. – allerdings noch skeptisch – *O. Niedermayer* Erfolgsbedingungen neuer Parteien im Parteiensystem am Beispiel der Piratenpartei, ZParl 2010, 838 ff.

104 Zur Verfassungsmäßigkeit der 5 %-Sperrklausel BVerfGE 1, 208 (256 ff.); 4, 142 (143); 5, 77 (83); 6, 84 (92); 82, 322 (338); 95, 335 (366); 95, 408 (419); 120, 82 (109 ff.); *J. A. Frowein* Die Rechtsprechung des Bundesverfassungsgerichts zum Wahlrecht, AöR 99 (1974), 72 (89 ff.); *C. Lenz* Grundmandatsklausel und Überhangmandate, NJW 1997, 1534 ff. Für die Wahlen zum Europäischen Parlament hat das *Bundesverfassungsgericht* die 5 %-Klausel mit der Begründung für verfassungswidrig erklärt, dass das Europäische Parlament keine Regierung zu wählen hat, die auf seine fortlaufende Unterstützung angewiesen wäre (BVerfGE 129, 300 ff., mit einem Minderheitsvotum der Richter *R. Mellinghoff* und *U. Di Fabio*). Ob diese Argumentation auch bei Kommunalwahlen zutrifft (vgl. etwa BVerfGE 120, 82 [113 ff.]), mag hier dahinstehen. AA

Dem Nachteil, dass Wähler für den „Papierkorb“ gestimmt haben, wenn die Partei weniger als fünf Prozent erreicht, kann allerdings entgegengewirkt werden: Man sollte den Bürgern eine „Nebenstimme“ gewähren, die zum Zuge kommt, wenn die Hauptstimme keinen Erfolg hat.[105] Die Wähler können dann ohne die Sorge, dass sie ihre Einflussmöglichkeiten vergeuden, zunächst für die Partei votieren, die ihren Interessen am ehesten entspricht.[106]

b) Überhangmandate

Nun zum Problem der Überhangmandate: Als „Prämie“ für bei der Direktwahl erfolgreiche Volksparteien darf man sie nicht verstehen,[107]

---

aus politikwissenschaftlicher Sicht etwa *J. Bogumil/S. Grohs/L. Holtkamp* Zersplitterte Kommunalparlamente oder Stärkung lokaler Demokratie? Warum die Abschaffung der kommunalen Fünfprozenthürde ein Fehler war, ZParl 2010, 788 ff. Ausführlich *J. Dietlein/D. Riedel* Zugangshürden im Kommunalwahlrecht, 2012.

[105] Siehe *W. Speckmann* 5%-Klausel und subsidiäre Wahl, ZRP 1970, 198; *K.-H. Ladeur* Ein systemimmanenter Vorschlag zur Änderung der Fünfprozentklausel, DuR 1980, 81 f.; *J. Linck* Zur verfassungsnäheren Ausgestaltung der 5%-Klausel, DÖV 1984, 884 ff.; *Jesse* (Fn. 99), 9 f. Ausführlich *Jesse* (Fn. 86), 258 ff. Nebenstimmen sind in mehreren Demokratien – etwa in Australien und in Irland – innerhalb eines Wahlkreises gebräuchlich. Vgl. *P. Münch-Heubner* Das absolute Mehrheitswahlrecht und die Entwicklung des Parteiensystems in Australien, ZfP 2001, 148 (150 ff.); *H. Schoen* Wahlsystemforschung, in: Falter/Schoen (Fn. 43), 573 (579, 582 f.); *Nohlen* (Fn. 84), 365 ff. In Großbritannien scheiterte die Einführung von Nebenstimmen 2011 an einem Referendum. Dazu kritisch *K. Ritchie/A. Gardini* Putting Paradoxes into Perspective – In Defence of the Alternative Vote, in: Felsenthal/Machover (Hrsg.) Electoral Systems, 2012, 275 ff. Als Ausgleich für eine Sperrklausel bei Verhältniswahlen sind Nebenstimmen bisher unbekannt. Eine Haupt- und Hilfsstimme für die Kandidatenwahl im Wahlkreis war in dem Regierungsentwurf zum Wahlgesetz für die zweite Bundestagswahl vorgesehen (BT-Drs. 1/4090, 5, 18). Der Bundesrat kritisierte, dass für den Wähler das Ergebnis der Stimmabgabe nicht berechenbar wäre und verwaltungsmäßig Schwierigkeiten zu erwarten seien (ebd., 33). Der Vorschlag der Bundesregierung konnte sich daher nicht durchsetzen.

[106] Zu den Auswirkungen der Fünfprozenthürde auf das Wahlverhalten und zur „*wasted vote*“-These *Jesse* (Fn. 86), 246 ff., 254 f.; *H. Schoen* Mehr oder weniger als fünf Prozent – Ist das wirklich die Frage?, KZfSS 1999, 565 ff.; *W. Hartenstein* Den Wählern auf der Spur, 2002, 175; *M. Herrmann* Wenn wenige den Ausschlag geben – Strategisches Erststimmenwählen, PVS 2010, 665 ff.

[107] AA – auch unter Verweis auf das griechische und italienische Wahlsystem – *F. U. Pappi/M. Herrmann* Überhangmandate ohne negatives Stimmengewicht, ZParl 2010, 260 (271 f.). Wie hier *LVerfG Schleswig-Holstein*, NordÖR 2011, 389 (398); LVerfG 1/10, Rn. 154; *H. Meyer* Der Überhang und anderes Unterhaltsames aus Anlaß der Bundestagswahl 1994, KritV 1994, 312 (336); *J. Behnke* Überhangmandate: Ein (behebbarer) Makel im institutionellen Design des Wahlsystems, ZPol 2003, 1235 (1251 ff.); *C. Möllers* Wahlrecht: Das missverstandene Systemargument im Streit um die

weil sie – was in dem sich ausdifferenzierenden Parteienspektrum mehr und mehr geschieht – vor allem bei einem rückläufigen Zweitstimmenanteil zustande kommen.[108] Politische Sprengkraft hätten Überhangmandate, wenn Mehrheiten, die sich nach der Zahl der Zweitstimmen ergeben, ausgehebelt werden.[109] Dass die Wahlrechtsgleichheit eingeschränkt und der Parteienproporz im Parlament verzerrt wird,[110] hat das *Bundesverfassungsgericht* als „notwendige Folge“ der personalisierten Verhältniswahl

---

Überhangmandate, RuP 2012, 1 (7); *H. Holste* Die Reform des Bundestagswahlrechts, NVwZ 2012, 8 (10f.). Dass der hohe Anteil der Volksparteien an den Direktmandaten nicht daran liegt, dass die Wähler das Personal der kleineren Parteien als weniger kompetent ansehen, betonen zu Recht *H. Frankel/A. Grimmel* Wahlen mit System?, ZParl 2007, 591 (594). Im Übrigen erscheint es widersinnig, verlierende Parteien mit Mandaten zu belohnen, wenn man den tragenden Gedanken der Entscheidung des *Bundesverfassungsgerichts* zum negativen Stimmgewicht (BVerfGE 121, 266ff.), wonach ein Stimmenverlust einer Partei nicht zu einem Mandatszuwachs führen darf, auf Überhangmandate überträgt.

[108] Die gesetzlich festgelegte Abgeordnetenzahl wurde bei 13 der bisher 17 Bundestagswahlen durch Überhangmandate überschritten. Während sich die Zahl bis einschließlich 1990 (12 Wahlen) auf nur insgesamt 23 Überhangmandate summierte, waren es allein im Jahr 2009 bereits 24 (davon 21 für die CDU und drei für die CSU). Zu den Gründen für die Entstehung von Überhangmandaten BVerfGE 95, 335 (345ff.); *K. Schwarz* Die Ursachen der Überhangmandate und die Möglichkeiten zu ihrer Beseitigung, DÖV 1962, 373 (374f.); *Bücking* (Fn. 102), 195ff.; *F. Grotz* Die personalisierte Verhältniswahl unter den Bedingungen des gesamtdeutschen Parteiensystems, PVS 2000, 707 (712ff.); *J. Behnke* Von Überhangmandaten und Gesetzeslücken, APuZ 2003/B 52, 21ff.; *Decker* (Fn. 99), 5; *Klein* (Fn. 19), Art. 38 Rn. 177.

[109] Vgl. *J. Behnke* Ursachen und Wirkungen, ZParl 2012, 170 (182ff.); *E. Jesse* Verhältniswahl und Gerechtigkeit, in: Strohmeier (Fn. 84), 105 (126f.); *H. Holste* Die Bundestagswahl und das verfassungswidrige Wahlgesetz, RuP 2009, 152. Relativierend mit Blick auf Wahlsysteme anderer europäischer Länder *H. Kleinert* Anmerkungen zum Wahlrechtsstreit, ZParl 2012, 185 (190f.). Bislang ist das Szenario nicht eingetreten. Bei der Bundestagswahl 2002 sah es nach ersten Hochrechnungen aber zunächst danach aus, als könnte der Wahlsieger erst durch die Überhangmandate bestimmt werden. Dazu und zu weiteren politischen Folgen *Behnke* (Fn. 108), 28.

[110] Ausgleichslose Überhangmandate werden häufig als verfassungswidrig qualifiziert. Vgl. *K. Unterpaul* Zunehmende Zahl der Überhangmandate unbedenklich?, NJW 1994, 3267 (3268f.); *R. Backhaus* Neue Wege beim Verständnis der Wahlgleichheit?, DVBl. 1997, 737 (740ff.); *Morlok* (Fn. 96), Art. 38 Rn. 112; *Achterberg/Schulte* (Fn. 100), Art. 38 Abs. 1 Rn. 140; *Trute* (Fn. 85), Art. 38 Rn. 61; *Meyer* (Fn. 107), 343ff.; *G. Roth* in: Umbach/Clemens (Hrsg.) Grundgesetz, Bd. 2, 2002, Art. 38 Rn. 101; *Möllers* (Fn. 107), 5ff. AA *U. Mager/R. Uerpmann* Überhangmandate und Gleichheit der Wahl, DVBl. 1995, 273 (277 f.); *W. Pauly* Das Wahlrecht in der neueren Rechtsprechung des Bundesverfassungsgerichts, AöR 123 (1998), 232 (262ff.); *J. Isensee* Funktionsstörungen im Wahlsystem, DVBl. 2010, 269 (274); *S. Magiera* in: Sachs (Hrsg.) Grundgesetz, 6. Aufl. 2011, Art. 38 Rn. 95; *H. Lang* in: Grzeszick/Lang, Wahlrecht als materielles Verfassungsrecht, 2012, 60ff., 89.

lange hingenommen.[111] Reformbedarf entstand erst, als das Gericht 2008 den paradoxen Effekt des „negativen Stimmgewichts", wonach Zweitstimmen für Landeslisten mit Überhangmandaten wertlos, ja sogar schädlich sein können,[112] für verfassungswidrig erklärte.[113] Nachdem kürzlich auch die daraufhin erlassene Neuregelung[114] verworfen wurde,[115] steht

[111] BVerfGE 7, 63 (74 f.); 16, 130 (140); 79, 169 (171); 95, 335 (358, 360). Das letzte Urteil wurde lediglich von vier Senatsmitgliedern getragen; die anderen vier Richter erklärten, dass sie Überhangmandate wegen des „doppelten Erfolgswerts" für nicht mit dem Grundsatz der Wahlrechtsgleichheit vereinbar halten (BVerfGE 95, 367 ff.).

[112] Zuerst *Meyer* (Fn. 107), 321 f. Aus politikwissenschaftlicher Perspektive *J. Behnke* Strategisches Wählen bei der Nachwahl in Dresden zur Bundestagswahl 2005, PVS 2008, 695 (714 ff.). Zu einem negativen Stimmgewicht kann es kommen, wenn eine Partei in einem Land ebenso viele oder mehr Direktmandate als Listenmandate erringt. Vgl. dazu und zu den weiteren Voraussetzungen BVerfGE 121, 266 (275); *T. Holzner* Die Verfassungswidrigkeit des Bundeswahlrechts, ZG 2010, 167 (168 ff.); *Isensee* (Fn. 110), 272; *Lang* (Fn. 110), 72 f.; *M. König* Paradoxie des negativen Stimmgewichts, ZG 2009, 177 (179); *D. Lübbert* Zur Berechnung negativer Stimmgewichte, WD 8 – 3000 – 127/2011, 10 ff.

[113] BVerfGE 121, 266 (289 ff.). Anlass war eine Nachwahl in Dresden bei der Abstimmung zum 16. Deutschen Bundestag, wo die Wähler ihr Wahlverhalten am Ergebnis der Hauptwahl ausrichten konnten. Vgl. BVerfGE 121, 266 (276 ff.); 124, 1 ff.; *Behnke* (Fn. 112), 695 ff. Eine ähnliche Konstellation führte 1995 in Hessen dazu, dass die Nachwahl durch eine Ersatzkandidatenregelung ersetzt wurde. Siehe *D. N. Rauber* Überhangmandate – keine Überraschungen (mehr), ZParl 2003, 116 (121 f.). Entsprechendes sollte auf Bundesebene gelten. Siehe *O. Birkmeier/K.-F. Oelbermann/F. Pukelsheim/M. Rossi* Eine schonende Verbindung von Personen- und Verhältniswahl, KritV 2011, 55 (71 f.).

[114] BGBl. I, S. 2313 (G. v. 25. 11. 2011). Die Normierung ging auf den Vorschlag der Regierungsfraktionen von *CDU/CSU* und *FDP* zurück (BT-Drs. 17/6290) und konnte sich auf Vorarbeiten in der Literatur stützen. Siehe nur *D. Lübbert* Negative Stimmgewichte und die Reform des Bundestags-Wahlrechts, WD 8 – 3000 – 020/09, 2009, 10 ff.; *Pappi/Herrmann* (Fn. 107), 266 ff. Zu den einzelnen Schritten des Zuteilungsverfahrens BVerfG, Urt. v. 25. 7. 2012, 2 BvF 3/11 u.a., Rn. 23 ff.; *Lang* (Fn. 110), 38 ff.

[115] Das *Bundesverfassungsgericht* rügte zum einen, dass bei dem Zuteilungsverfahren nach § 6 Abs. 1 S. 1 BWahlG 2011 durch den Maßstab der Wahlbeteiligung neue negative Stimmgewichte entstehen können (Urt. v. 25. 7. 2012, 2 BvF 3/11 u.a., Rn. 84 ff.). Ebenso *Isensee* (Fn. 110), 275; *Lübbert* (Fn. 112), 20 ff.; *Holste* (Fn. 107), 10; *S. Klecha* Zum Zusammenhang von Wahlrechtsreform und Parteiensystem, ZfP 2011, 324 (340 f.); *W. Schreiber* Das Neunzehnte Gesetz zur Änderung des Bundeswahlgesetzes, DÖV 2012, 125 (131). Zum anderen wurde die bundesweite Sammlung der „Reststimmen" von Landeslisten und deren Umsetzung in zusätzliche Mandate (§ 6 Abs. 2a BWahlG 2011) wegen des doppelten Stimmgewichts für verfassungswidrig erklärt (Rn. 101 ff.). Die Reststimmenverwertung sollte die Erfolgswertunterschiede unter den Landeslisten ausgleichen (BT-Drs. 17/6290, 15), trug aber zur weiteren Verkomplizierung und Unverständlichkeit des Wahlsystems bei – auch ein erhebliches Manko, wenn man die in der Rechtsprechung (BVerfGE 121, 266 [316]; 122, 304 [311]) und Politikwissenschaft (*Nohlen* [Fn. 84], 157 ff.; *ders.* [Fn. 85], 254 f.) hervorgehobenen Kriterien der Einfachheit,

nun wieder eine Reform an. Dafür gibt es vielfältige Anregungen, die freilich alle ihre Nachteile haben.

Auf der einen Seite steht der – bereits in der Weimarer Republik diskutierte[116] – Vorschlag eines „Grabenwahlsystems", wonach von den Mandaten der eine Teil durch Mehrheitswahl und der andere ohne Verrechnung durch Verhältniswahl vergeben wird.[117] Gegen diese Überlegung spricht, dass die Mehrheitswahlen – wie gesehen – kleinere Parteien benachteiligen würden.[118] Dem könnte man zwar durch Mehrpersonenwahl-

Normenklarheit, Verständlichkeit und Legitimität bedenkt. Schließlich konkretisierte das Gericht den Grundsatz der Wahlrechtsgleichheit dahin, dass die Erfolgswertverzerrungen durch ausgleichslose Überhangmandate nur dann gerechtfertigt werden können, wenn ihre Anzahl 15 Mandate (halbe Fraktionsstärke nach § 10 Abs. 1 GOBT) nicht übersteigt (Rn. 140, 143f., 151). Das Fünfprozentquorum, das der Senat im ersten Überhangmandate-Urteil in einem *obiter dictum* als „Orientierungspunkt" für die Zulässigkeitsschwelle ins Spiel gebracht hatte (BVerfGE 95, 335 [366]), wurde verworfen (Rn. 141). Kritisch bereits BVerfGE 95, 335 (392 – Sondervotum); *Bücking* (Fn. 102), 189 f., 201f.; *F. Pukelsheim* Mandatszuteilung bei Verhältniswahlen, KritV 2000, 76 (91f.). Keinen Verfassungsverstoß konnte das *Bundesverfassungsgericht* im Hinblick auf das Vorbringen feststellen, dass das neue Zuteilungsverfahren den unitarischen Charakter der Bundestagswahl beeinträchtige und kleine Parteien in kleinen Ländern benachteilige (Rn. 72f., 80ff.). Dazu *H. Meyer* Lösungsmöglichkeiten nach dem Wahlrechtsurteil des BVerfG, DVBl. 2009, 137 (140f.); *Isensee* (Fn. 110), 275; *F. Pukelsheim/M. Rossi* Wahlsystemnahe Optionen zur Vermeidung negativer Stimmgewichte, JZ 2010, 922 (927); *B. Grzeszick* in: ders./Lang (Fn. 110), 126ff., 131.

[116] Vgl. nur *Leibholz* (Fn. 8), 175 (mwN).

[117] Vgl. die Andeutungen in BVerfGE 95, 335 (354); 121, 266 (296, 307); 122, 304 (311), sowie *Franke/Grimmel* (Fn. 107), 597ff.; *Hartleb* (Fn. 87), 96ff.; *Isensee* (Fn. 110), 276f. Hinsichtlich der Größe der „Gräben" gibt es unterschiedliche Auffassungen. Zumeist wird von einer hälftigen Aufteilung gesprochen. *G. Strohmeier* Ein Plädoyer für die „gemäßigte Mehrheitswahl", ZParl 2007, 578 (585ff., 587), will den Anteil der Direktmandate sogar auf bis zu fünf Sechstel anheben. Zur Grabenwahl in Japan *Cox/Schoppa* (Fn. 94), 1027ff.; *R. Pekkanen/B. Nyblade/E. Krauss* Electoral Incentives in Mixed-Member-Party Systems: Party, Posts, and Zombie Politicians in Japan, Am. Political Science Rev. 2006, 183ff.

[118] Zu welchen Verzerrungen der Proportionalität das Grabenwahlrecht führen würde, zeigt die rechnerische Simulation mit den Stimmenergebnissen der Bundestagswahl 2009. Geht man von einer hälftigen Besetzung nach Mehrheits- und Verhältniswahl aus, würde die CDU/CSU – trotz eines Zweitstimmenanteils von bloß 33,8% – über eine absolute Mandatsmehrheit verfügen. Siehe *E. Linhart* Mögliche Auswirkungen von Grabenwahlsystemen, ZParl 2009, 637 (641f.); *D. Lübbert* Negative Stimmgewichte bei der Bundestagswahl 2009, ZParl 2010, 278 (286f.); *Kleinert* (Fn. 109), 192; *Behnke* (Fn. 99), 19; *Decker* (Fn. 99), 6f. Dass bereits der Versuch von CDU/CSU und DP, auf Bundesebene 1955 ein Grabenwahlsystem einzuführen, am breiten öffentlichen (und auch koalitionsinternen) Widerstand gescheitert ist, erstaunt nicht. Vgl. *Jesse* (Fn. 86), 103ff., 164ff.; *E. Lange* Wahlrecht und Innenpolitik, 1975, 634ff. Zu verfassungsrechtlichen Bedenken *E. G. Mahrenholz* Bigamie im Wahlrecht?, FS Hassemer,

kreise entgegenwirken.[119] Diese müssten allerdings erheblich größer als bislang sein, was die Bürgernähe und damit auch die „Responsivität“ der Abgeordneten verringern würde.

Auf der anderen Seite wird die Rückkehr zu einem Einstimmensystem gefordert.[120] Soweit man an eine reine Verhältniswahl denkt, wäre zu beklagen, dass nicht mehr jeder Wahlkreis im Parlament vertreten wäre.[121] Soweit die Stimme – wie bei der ersten Bundestagswahl (1949)[122] – zugleich als Personen- und Parteistimme gewertet werden soll, steht auch dem entgegen, dass dies – wenn man nicht große Mehrpersonenwahlkreise einrichtete – zu Lasten der kleineren Parteien ginge.[123] Zudem würde es für die Parteien schwierig werden, den Einzug von Spitzenpolitikern, Fachleuten und von Vertretern bislang unterrepräsentierter Bevölkerungsgruppen, etwa von Jüngeren, Frauen, Freiberuflichen oder Bürgern mit ausländischen Wurzeln, in das Parlament „abzusichern“.[124]

2009, 111 f.; *Möllers* (Fn. 107), 4. Im Hinblick auf das japanische Grabenwahlrecht *Cox/Schoppa* (Fn. 94), 1050.

[119] Siehe *Franke/Grimmel* (Fn. 107), 599, 601; *J. Behnke* Überhangmandate und negatives Stimmgewicht: Zweimannwahlkreise und andere Lösungsvorschläge, ZParl 2010, 247 (257 ff.); *Isensee* (Fn. 110), 277.

[120] Siehe *Jesse* (Fn. 86), 307 ff.; *H. Schoen* Eine oder zwei Stimmen – fundierte Debatte oder viel Lärm um nichts?, in: van Deth/Rattinger/Roller (Hrsg.) Die Republik auf dem langen Weg zur Normalität?, 2002, 145 (169); *H. Meyer* Die Zukunft des Bundestagswahlrechts, 2010, 94 ff.

[121] Durch die Möglichkeit des Kumulierens auf „lose gebundenen“ Listen, wie sie etwa Österreich oder die Niederlande verwenden, lässt sich die verminderte Partizipationsmöglichkeit nur beschränkt ausgleichen. AA *Decker* (Fn. 99), 9.

[122] Vgl. *Klein* (Fn. 19), Art. 38 Rn. 9. Das Zweistimmensystem wurde 1953 eingeführt. Zu den Hintergründen *Lange* (Fn. 118), 411 ff.

[123] Selbst große Mehrpersonenwahlkreise – wie sie *v. Prittwitz* (Fn. 89), 12 ff., vorschlägt (60 Wahlkreise, in denen jeweils zehn Mandate zu vergeben sind) – könnten das kaum verhindern. Kritisch auch *Behnke* (Fn. 99), 21. Positiv dagegen *Decker* (Fn. 99), 8.

[124] Siehe dazu auch unten Fn. 143. Dass den Wählern in beiden Varianten des Einstimmensystems die Möglichkeit des „Stimmensplittings“ genommen würde, fällt weniger ins Gewicht. Kritisch zum Stimmensplitting etwa *Jesse* (Fn. 86), 265 ff., 272 ff.; *Schüttemeyer* (Fn. 24), 127 ff.; *R. Schmidt-Beck* Denn sie wissen nicht, was sie tun …, ZParl 1993, 393 (411 ff.); *H. Schoen* Stimmensplitting bei Bundestagswahlen, ZParl 1998, 223 (243 f.); *Behnke* (Fn. 108), 27; *Meyer* (Fn. 100), Rn. 84. Positiv z.B. BVerfGE 95, 335 (367); *Friesenhahn* (Fn. 50), 20; *Klingemann/Wessels* (Fn. 84), 285 ff.; *R. Hilmer/N. Schleyer* Stimmensplitting bei der Bundestagswahl 1998, in: van Deth/Rattinger/Roller (Fn. 120), 173 (182 ff.); *Isensee* (Fn. 110), 276; *Pappi/Herrmann* (Fn. 107), 272 ff. Aus internationaler Perspektive *G. K. Roberts* The „second-vote“ campaign strategy of the German Free Democratic Party, European J. of Political Research 1988, 317 ff.; *K. Bawn* Voter Responses to Electoral Complexity, British J. of Political Science 1999, 487 ff.

Dies alles spricht für eine Regelung, die an das überkommene Wahlsystem anknüpft. Dabei sieht sich der Vorschlag, Überhänge, die bei der Unterverteilung der Mandate auf Landesebene entstehen, durch zusätzliche Mandate für die anderen Parteien auszugleichen,[125] dem nicht zuletzt im Hinblick auf die Kosten gravierenden Einwand ausgesetzt, dass der Bundestag erheblich aufgebläht würde. Legt man das Wählerverhalten von 2009 zugrunde, hätte er statt regulär 598 insgesamt über 800 Abgeordnete![126]

Besser ist ein Zuteilungsverfahren, bei dem es allein auf die Bundesebene ankommt. Überhangmandate, die in einigen Bundesländern entstehen, sollten mit den Listenmandaten derselben Partei in anderen Ländern verrechnet werden.[127] Dass der föderale Proporz beeinträchtigt wird,[128] ist

---

[125] So der Vorschlag der *SPD-Fraktion*, die dem Problem der Vergrößerung des Parlaments mit einer Reduzierung der Wahlkreise begegnen will (BT-Drs. 17/5895). Größere Wahlkreise hätten jedoch zur Folge, dass die Bindung des Direktkandidaten an den Bürger reduziert und damit letztendlich die Personenwahl geschwächt wird. Vgl. bereits oben bei Fn. 119. Ein Ausgleichsmodell wurde bereits im Überhangmandate-Urteil von den die Entscheidung nicht tragenden Richtern vorgeschlagen (BVerfGE 95, 335 [403 f.]). Mittlerweile sehen die Wahlgesetze von 14 Bundesländern einen Ausgleich vor: Baden-Württemberg (§ 2 Abs. 4), Bayern (Art. 44 Abs. 2 S. 2), Berlin (§ 19 Abs. 2), Brandenburg (§ 3 Abs. 7–11), Hamburg (§ 5 Abs. 5 BüWG), Hessen (§ 10 Abs. 5 S. 2), Mecklenburg-Vorpommern (§ 58 Abs. 6 S. 2–5 LKWG), Niedersachsen (§ 33 Abs. 7 S. 2–4), Nordrhein-Westfalen (§ 33 Abs. 5), Rheinland-Pfalz (§ 30 Abs. 2), Sachsen (§ 6 Abs. 6 S. 2–3), Sachsen-Anhalt (§ 35 Abs. 8 S. 2–4), Schleswig-Holstein (§ 3 Abs. 5 S. 2–3), Thüringen (§ 5 Abs. 6 S. 2).

[126] So *Lübbert* (Fn. 118), 286 f.; *Decker* (Fn. 99), 8. Ähnlich *Behnke* (Fn. 99), 20 f.; *D. Lübbert/F. Arndt/F. Pukelsheim* Proporzwahrende Anpassung der Bundestagsgröße, ZParl 2011, 426 (428). Zu den Kosten *R. Augstein* Benchmarking oder wie viel Parlament braucht das Land?, DÖV 2005, 594 ff.

[127] Siehe die Vorschläge von *Bündnis 90/Die Grünen* (BT-Drs. 16/11885, 17/4694) und *Die Linke* (BT-Drs. 17/5896). Eine solche „Kompensationslösung" wurde auch vom *Bundesverfassungsgericht* als Reformoption thematisiert (BVerfGE 95, 335 [400 ff. – Sondervotum]; 121, 266 [307, 315]). Zugrunde liegt das sog. Augsburger Zuteilungsverfahren. Vgl. *F. Pukelsheim* Erfolgswertgleichheit der Wählerstimmen zwischen Anspruch und Wirklichkeit, DÖV 2004, 405 (410 ff.); *dens./Rossi* (Fn. 115), 926 f.; *Lübbert/Arndt/Pukelsheim* (Fn. 126), 429; *R. Peifer/D. Lübbert/K.-F. Oelbermann/F. Pukelsheim* Direktmandatsorientierte Proporzanpassung, DVBl. 2012, 725 (726 ff.). Zu den Möglichkeiten, wie der Kompensationsgedanke technisch umgesetzt werden kann, *Lübbert* (Fn. 114), 16 ff. Dass Überhangmandate der CSU nicht verrechnet werden können, weil neben der bayerischen keine weitere Landesliste existiert und sich ein Rückgriff auf die CDU-Landeslisten wegen Parteiverschiedenheit verbietet, ist nach dem hier vorgeschlagenen System irrelevant, weil Überhangmandate der CSU auf Bundesebene entweder ausgeglichen (unten bei Fn. 131) oder erst gar nicht besetzt (unten bei Fn. 133) werden. Vgl. zur „CSU-Problematik" *Isensee* (Fn. 110), 274; *Lübbert* (Fn. 118), 288; *Decker* (Fn. 99), 7. Man könnte auch an die Abschaffung von Landeslisten zugunsten einheitlicher Bundeslisten denken. Die Entschließung des Parlamentarischen Rates, Bundeslisten einzuführen,

hinnehmbar.[129] Wenn ausnahmsweise eine Partei selbst bundesweit mehr Wahlkreissieger hat, als ihr Mandate nach der Verhältniswahl zustehen,[130] kann es zu einem Ausgleich für die anderen Parteien kommen.[131] Die damit verbundene Vergrößerung des Parlaments wird sich in vertretbaren Grenzen halten.[132] Gänzlich verhindert würden Überhangmandate auf

---

wurde von den alliierten Besatzungsmächten aus Furcht vor einem zu starken Zentralstaat verhindert. Vgl. *Deutscher Bundestag/Bundesarchiv* (Fn. 86), XXXIX; *Meyer* (Fn. 107), 320. Dieses Argument hat heute kein Gewicht mehr. Die Aufgabe der Landeslisten wäre jedoch politisch kaum durchsetzbar, da die dezentralen Mitwirkungsmöglichkeiten bei der Kandidatenaufstellung geschwächt würden. Zudem wäre ein erheblicher Widerstand in der Union zu erwarten, weil CDU und CSU dann entweder auf Bundesebene konkurrieren oder sich vereinigen müssten. Vgl. *H.-J. Papier* Überhangmandate und Verfassungsrecht, JZ 1996, 265 (271 ff.); *Lübbert* (Fn. 114), 9 f.; *Holzner* (Fn. 112), 186 f.

128 Kritisch *Isensee* (Fn. 110), 272 ff.; *Badura* (Fn. 96), Anh. zu Art. 38 Rn. 58. Von einer Verrechnung der internen Überhangmandate zwischen den Landeslisten wären zweitstimmenstarke Landeslisten am stärksten betroffen. Es könnte der Anreiz entstehen, aus dem Listenverbund auszutreten. Weil Landeslisten außerhalb des Verbunds an die bundesweite 5%-Klausel gebunden wären (vgl. oben bei Fn. 100 ff.), erscheint dieser Schritt freilich politisch kaum realistisch. Wahlrechtlich ließe sich diesem Szenario dadurch vorbeugen, dass eine Verbindung der Landeslisten zwingend vorgeschrieben wird. Vgl. die stillschweigende Voraussetzung im Vorschlag von *Bündnis 90/Die Grünen* (BT-Drs. 16/11885, 5; 17/4694, 6); sowie *Lübbert* (Fn. 114), 20; *Behnke* (Fn. 119), 256; *G. Strohmeier* Die Geister, die Karlsruhe rief, ZParl 2011, 186 (190).

129 Die Berücksichtigung föderaler Aspekte im Wahlsystem ist zwar verfassungslegitim, aber nicht zwingend geboten. Vgl. nur BVerfGE 95, 335 (402 – Sondervotum); 121, 266 (303 ff.); *Holzner* (Fn. 112), 184 f.; *Pukelsheim/Rossi* (Fn. 115), 926 f. Im Übrigen verliert das Argument der Beeinträchtigung des innerparteilichen Länderproporzes an Überzeugungskraft, wenn man bedenkt, dass auch ausgleichslose und unverrechnete Überhangmandate eine föderale Proporzstörung verursachen. Vgl. BVerfGE 95, 335 (401 f. – Sondervotum).

130 Dass eine Partei bundesweit mehr Direktmandate gewinnt als ihr nach dem Zweitstimmenproporz zustehen, wurde lange nicht für möglich gehalten. Siehe nur *Meyer* (Fn. 107), 323 („Nach menschlichem Ermessen würde in einem solchen Fall ein Überhang nicht entstehen"). Bei der Wahl zum 17. Deutschen Bundestag (2009) konnte allerdings die CSU – als erste Partei in der Geschichte der Bundesrepublik – auf Bundesebene mehr Direktmandate erringen, als ihr nach dem Ergebnis der Verhältniswahl Listenmandate zustanden (45 Direktmandate, 42 Listenmandate). Der CDU wäre es beinahe gelungen, diese Hürde zu überspringen: 173 Parlamentssitzen nach dem Verhältnisausgleich standen 173 Wahlkreissieger gegenüber. Siehe *Lübbert* (Fn. 118), 282.

131 Siehe BVerfGE 95, 335 (403 – Sondervotum); *Behnke* (Fn. 107), 1264 f.; *Holste* (Fn. 109), 154 f.; *Lübbert* (Fn. 118), 288 f.; *Pukelsheim/Rossi* (Fn. 115), 926; *Lübbert/Arndt/Pukelsheim* (Fn. 126), 429; *Behnke* (Fn. 108), 28; *Peifer/Lübbert/Oelbermann/Pukelsheim* (Fn. 127), 726 f. Zu den unterschiedlichen Möglichkeiten, wie die Ausgleichsmandate auf die Landeslisten verteilt werden können, *Papier* (Fn. 125), 273 f.

132 Vgl. *Lübbert* (Fn. 118), 289; *Peifer/Lübbert/Oelbermann/Pukelsheim* (Fn. 127), 727; *Lübbert/Arndt/Pukelsheim* (Fn. 126), 429 f. Manche denken daran, die Ausgleichs-

Bundesebene, wenn der Gesetzgeber festlegt, dass die Mandatsverteilung nach dem Ergebnis der Verhältniswahl endgültig ist, und bestimmt, dass Wahlkreissieger mit dem schlechtesten Ergebnis nicht in den Bundestag einziehen.[133] Dies würde bei den betroffenen Kandidaten und Wählern freilich zu kaum erträglichen Frustrationen führen.[134] Ein ideales Wahlsystem gibt es allerdings ohnehin nicht. Das Konzept der „personalisierten Verhältniswahl", wonach die Direktwahl bloß dazu dient, die Verhältniswahl regional ausgewogen zu personalisieren,[135] würde in beiden

---

mandate zu deckeln. Siehe *Lübbert/Arndt/Pukelsheim* (Fn. 126), 432ff. Dies ist auf Landesebene aber bereits für unzulässig gehalten worden. Vgl. *LVerfG Schleswig-Holstein*, NordÖR 2010, 389 (396ff.); *F. Becker/F. Heinz* Offene Fragen im schleswig-holsteinischen Wahlrecht, NordÖR 2010, 131ff.; *H. Holste* Neuwahl-Urteil in Schleswig-Holstein, RuP 2010, 193ff.; *M. Morlok* Wahlrecht auf dem Prüfstand der Verfassungsgerichtsbarkeit, JZ 2011, 234 (236ff.).

133 Siehe *Bündnis 90/Die Grünen* (BT-Drs. 17/4694); *Meyer* (Fn. 120), 82 ff., 96 f., 113; *Pukelsheim* (Fn. 115), 97 f.; *dens./Rossi* (Fn. 115), 927. Zur verfassungsrechtlichen Zulässigkeit *BayVerfGH*, VerfGHE 7, 99 (104 f.). Die Abschaffung von Überhangmandaten würde zugleich die „Nachrück"-Problematik bei Ausscheiden eines Abgeordneten aus einem „Überhangland" lösen. Siehe *Holste* (Fn. 109), 155; *Pukelsheim/Rossi* (Fn. 115), 929. Zum Problem des Nachrückens BVerfGE 97, 317ff.; *W. Bausback* Zur Zulässigkeit des Nachrückens in Überhangmandate, BayVBl. 1998, 657ff.; *C. Lenz* Neues aus Karlsruhe, NJW 1998, 2878 ff.; *E. Röper* Mandatsnachfolgeregelungen verändert, ZRP 1999, 48f.; *H. Nicolaus* Nachrückverfahren im Bundestag und Überhangmandate, JuS 2000, 436ff.; *M. Rossi* Verlust von Überhangmandaten, LKV 2001, 258ff.; *P. Schumacher* Nachrücken aus Landesliste in Überhangmandat, DVBl. 2001, 800ff.

134 Dagegen etwa *Behnke* (Fn. 107), 1260; *Isensee* (Fn. 110), 274; *Holzner* (Fn. 112), 180; *Strohmeier* (Fn. 84), 20f.; *Holste* (Fn. 109), 154. Der häufig vorgetragene Einwand, dass einzelne Wahlkreise bei einer solchen Regelung nicht mehr durch einen Direktkandidaten im Bundestag repräsentiert werden, greift allerdings zu kurz; denn die Interessen eines Wahlkreises werden auch durch einen dort ansässigen Listenkandidaten vertreten. Vgl. *Pukelsheim* (Fn. 115), 97; *Meyer* (Fn. 120), 84. Erfahrungsgemäß werden zwei Drittel aller Wahlkreise auch durch mindestens einen Listenkandidaten repräsentiert. Siehe *Pukelsheim/Rossi* (Fn. 115), 928; *S.-C. Lenski* Paradoxien der personalisierten Verhältniswahl, AöR 134 (2009), 473 (504). Im Übrigen könnte dem Einwand dadurch Rechnung getragen werden, dass neben dem Erststimmenergebnis zusätzlich berücksichtigt wird, ob der Wahlkreis bereits durch einen Listenkandidaten einer anderen Partei repräsentiert ist. So der Alternativvorschlag von *Bündnis 90/Die Grünen* (BT-Drs. 17/4694, 6). Ähnlich *Birkmeier/Oelbermann/Pukelsheim/Rossi* (Fn. 113), 65ff., die im Falle nichtrepräsentierter „Ausnahmewahlkreise" die Sitzzahl so lange erhöhen wollen, bis alle Wahlkreise im Parlament vertreten sind.

135 Manche reden allerdings von einem „Mischwahlsystem", in dem der Proporz der Zweitstimmen gerade nicht der ausschließliche Maßstab für die Sitzverteilung ist. Vgl. *P. Manow/T. Zittel* Repräsentative Demokratie im deutschen Mischwahlsystem, ZPol 2008, 141ff.; *Pappi/Herrmann* (Fn. 107), 270f. Wie hier aber BVerfG, Urt. v. 25.7.2012, 2 BvF 3/11 u.a., Rn. 110, 115 (anders noch BVerfGE 95, 335 [356f.]); *Trute* (Fn. 85),

Alternativen jedenfalls stringenter durchgeführt. Zu einem negativen Stimmengewicht kann es nicht mehr kommen.[136] Um deutlich zu machen, dass es für die Mandatsverteilung – was immerhin knapp der Hälfte der Wähler nicht bewusst ist[137] – auf die Parteienwahl ankommt, sollte im Übrigen die Reihenfolge der Stimmen getauscht werden.

c) *Personalisierung der Listenwahl, Proteststimmen und Vorwahlen*

Gravierend ist die Klage, dass die Wähler zu geringe Auswahlmöglichkeiten haben. Manche sprechen gar von einer „Scheinpartizipation" und einem bloß „kosmetischen Effekt".[138] In der Tat ziehen immer wieder nicht oder nicht wiedergewählte Direktkandidaten gleichwohl über die Liste ins Parlament.[139] Auch wenn darin kein Verstoß gegen die verfassungsrechtlich garantierte Unmittelbarkeit der Wahl zu sehen ist[140] – die „starren" Kandidatenlisten schränken den Einfluss der Wähler ganz

---

Art. 38 Rn. 61; *Meyer* (Fn. 107), 317f., 338f., 343f.; *Lenski* (Fn. 134), 497; *K. v. Beyme* Das politische System der Bundesrepublik Deutschland, 11. Aufl. 2010, 90ff.; *Behnke* (Fn. 99), 17f.

[136] Siehe *Holzner* (Fn. 112), 184; *Strohmeier* (Fn. 84), 21f.; *Lübbert/Arndt/Pukelsheim* (Fn. 126), 434; *Lang* (Fn. 110), 74ff.

[137] Siehe *Jesse* (Fn. 86), 308; *Schüttemeyer* (Fn. 24), 127ff.; *Schmidt-Beck* (Fn. 124), 414; *v. Prittwitz* (Fn. 89), 16; *Neller* (Fn. 56), 367. Etwas relativierend *Bawn* (Fn. 124), 504f.; *Gabriel/Neller* (Fn. 2), 84ff. Die Unkenntnis ist umso erstaunlicher, als die Bedeutung der Zweitstimme „für die Verteilung der Sitze insgesamt auf die Parteien" auf dem Stimmzettel deutlich herausgehoben wird (Anlage 26 zur BWahlO).

[138] Vgl. etwa *B. Zeuner* Wahlen ohne Auswahl, in: Steffani (Hrsg.) Parlamentarismus ohne Transparenz, 1971, 165ff.; *Meyer* (Fn. 16), 91; *H.-H. v. Arnim* Wahlgesetze: Entscheidungen des Parlaments in eigener Sache, JZ 2009, 813 (818f.); *v. Prittwitz* (Fn. 89), 16 („Quasiwahlen, wie sie in der DDR üblich waren"); *Franke/Grimmel* (Fn. 107), 595; *Pukelsheim/Rossi* (Fn. 115), 928; *Hatje* (Fn. 20), 157f.

[139] Vgl. für empirische Untersuchungen *S. Schüttemeyer/R. Sturm* Der Kandidat – das (fast) unbekannte Wesen, ZParl 2005, 539 (548f.); *P. Manow* Wiederwahlwahrscheinlichkeiten im System der personalisierten Verhältniswahl, ZPol 2008, 147 ff.

[140] Verfassungsrechtlich ist es ausreichend, dass die Listen bei der Stimmabgabe feststehen, so dass der Wähler die Letztentscheidung trifft. Vgl. BVerfGE 3, 45 (50f.); 7, 63 (67ff.); 21, 355f.; 47, 253 (283); 122, 304 (314); BVerfG, JZ 2012, 90 (97f.). Ebenso *Klein* (Fn. 19), Art. 38 Rn. 103, 108; *F. Shirvani* Das Parteienrecht und der Strukturwandel im Parteiensystem, 2010, 428ff. AA *H. H. v. Arnim* Wählen wir unsere Abgeordneten unmittelbar?, JZ 2002, 578ff. Zweifel an der Unmittelbarkeit der Listenwahl wurden schon in der Weimarer Republik geäußert. Siehe *Pohl* (Fn. 57), 147. Klarer noch *Leibholz* (Fn. 8), 168: „Man hat nicht ganz zu Unrecht das heutige, oligarchisch organisierte, monopolartige Benennungsrecht der Parteien, das geradezu zu einem Kooptationsrecht wird, wenn diese die Kandidaten an sicherer Stelle placieren, als ein lediglich die übliche Reihenfolge der mittelbaren Wahl umkehrendes Wahlsystem bezeichnet, bei dem üblicherweise der zu zweit vorgenommene Wahlakt zuerst und zwar in den Delegiertenversammlungen der Parteien stattfindet."

erheblich ein. Andererseits darf die viel geschmähte „Ochsentour" als Qualifikationsvoraussetzung nicht unterschätzt werden.[141] Zudem können Parteien – wie erwähnt – für eine ausgewogene Abbildung sozialer Gruppen sorgen.[142] Darum ist es ohnehin nicht gut bestellt.[143]

Eine Reformoption besteht – was schon in der Weimarer Republik und im Parlamentarischen Rat diskutiert wurde[144] – in einer Öffnung der Parteilisten.[145] Jeder Wähler sollte mehrere Stimmen haben, die er aufteilen

---

141 Zur Bedeutung der Personalrekrutierung durch die Parteien *A. Römmele* Elitenrekrutierung und die Qualität politischer Führung, ZfP 51 (2004), 259 (266); *Södler* (Fn. 19), 148 f. Kritisch *J. Borchert* Die Professionalisierung der Politik, 2003, 216.

142 Vgl. *Mitchell* (Fn. 93), 344; *P. Tiefenbach* Kumulieren, Panaschieren, Mehrmandatswahlkreise, ZParl 2006, 115 (119 ff.). Die integrierende Rolle der Parteien ist jedoch nicht unumstritten. Kritisch etwa *Sternberger* (Fn. 86), 115 f.; *v. Prittwitz* (Fn. 89), 15. Zur Lage in den USA *H. Wasser* Krise des amerikanischen Parteiwesens, ZPol 1982, 50 (62); *C. Zelle* Parteien und Politiker in den USA: Personalisierung trotz „party revival", ZParl 1996, 317 (335). Die Bedeutung der sozialen Widerspiegelung relativiert *Steffani* (Fn. 42), 198.

143 Zur Unterrepräsentanz von Frauen und von staatsfernen Berufen *v. Prittwitz* (Fn. 89), 15; *M. Kintz* Die Berufsstruktur der Abgeordneten, ZParl 2010, 491 ff. Die Gefahr, dass die Aussichten von Frauenkandidaturen reduziert werden, wenn die Listenwahl eingeschränkt wird, wurde schon in der Weimarer Republik diskutiert. Vgl. *Pohl* (Fn. 57), 135 f. Zu Vorschlägen zur Erleichterung der Wahl von Frauen (z.B. durch Errichtung von Doppelwahlkreisen, Quotierungen in Parteilisten) *D. Nohlen* Wahlsystemreform: Ein wirkungsvoller Weg zur Steigerung des Frauenanteils im Parlament?, ZParl 1989, 228 ff.; *K. Heepe* Bessere Wahlchancen von Frauen durch Personalwahlsysteme?, ZParl 1989, 102 ff.; *T. Hoffhaus* Wahlsysteme und Frauenrepräsentation, APuZ 1993/45, 22 (26); *L. Holtkamp/S. Schnittke/E. Wiechmann* Die Stagnation der parlamentarischen Frauenrepräsentanz, ZParl 2001, 35 ff.; *A. Kaiser/A. Hennl* Wahlsysteme und Frauenpräsentation, ZPol 2008, 167 ff.; *Klein* (Fn. 19), Art. 21 Rn. 353. Zu Bürgern mit ausländischen Wurzeln *K. Schönwälder* Einwanderer als Wähler, Gewählte und transnationale Akteure, PVS 2009, 832 ff.; *dies.* Einwanderer in Räten und Parlamenten, APuZ 2010, 29 ff.

144 Vgl. für Stellungnahmen aus der Weimarer Republik nur *Leibholz* (Fn. 8), 179 ff. (mwN), und etwa *Loewenstein* (Fn. 86), 193; zur Diskussion im Parlamentarischen Rat *Deutscher Bundestag/Bundesarchiv* (Fn. 86), z.B. 145, 196, 203.

145 Um die Verkomplizierung des Wahlrechts zu begrenzen, mag sich diese Reform auf die Listenwahl beschränken. AA *Franke/Grimmel* (Fn. 107), 595, 599 f. Viele meinen ohnehin, dass die Wähler überfordert würden, zumindest aber nicht bereit seien, die Kosten für die Informationen aufzubringen, die für die personelle Auswahl erforderlich sind. Vgl. *L. Kaiser* Einführung begrenzt offener Listen für die Abgabe der Zweitstimme, 1982, 180; *Jesse* (Fn. 99), 9; *Schoen* (Fn. 105), 579; *Södler* (Fn. 19), 150; *v. Prittwitz* (Fn. 102), 11 ff.; *Decker* (Fn. 99), 9. Diesem Einwand ist freilich entgegenzuhalten, dass vergleichbare Verfahren – sogar mit der (hier nicht empfohlenen) Möglichkeit des Panaschierens – bei Kommunalwahlen in etlichen Bundesländern und bei den Bürgerschaftswahlen in Hamburg mit Erfolg praktiziert werden. Vgl. *Tiefenbach* (Fn. 142), 115 ff. Auch die *Enquete-Kommission Verfassungsreform* (Fn. 48), 19 f., relativierte die praktischen Bedenken.

oder auf einen Bewerber „kumulieren" kann.[146] Dies wird die Verantwortung der Parteien für die Kandidatenaufstellung erhalten[147] und zugleich den Wähler-Einfluss auf die Zusammensetzung des Parlaments, das „responsive" Bemühen der Abgeordneten um die Bürger, die Unabhängigkeit der Politiker von ihren Parteien und die Bereitschaft zur „politischen Führung" stärken. Vom „Panaschieren" über die Listen hinweg sollte abgesehen werden, da dies den Charakter der Parteienwahl verwässern würde.[148] Wohl aber sollten Wähler ihr Missfallen gegenüber den etablierten Parteien ausdrücken können, ohne ungültige Wahlzettel abzugeben, extremistische Parteien zu wählen oder erst gar nicht zur Wahl zu gehen.[149] Dies kann durch die amtliche Bekanntgabe von leeren Stimmzetteln – in Frankreich spricht man von *„votes blancs"* – oder durch separate „Proteststimmen" geschehen.[150]

[146] Vgl. den Gesetzentwurf der *Grünen* (BT-Drs. 11/5918) und der *PDS* (BT-Drs. 13/3523); sowie *W. Schmitt Glaeser* Stärkung der politischen Mitwirkungsrechte der Bürger, DÖV 1977, 544 (546 f.); *R. Grawert* Zur Verfassungsreform, Der Staat 18 (1979), 229 (238 f.). Die *Enquete-Kommission Verfassungsreform* (Fn. 48), 17 ff., sprach sich für begrenzt offene Listen nach dem Vorbild des bayerischen Landtagswahlrechts aus. Das Kumulieren wurde abgelehnt. Zur Verfassungsmäßigkeit von lose gebundenen Listen im Kommunalwahlrecht BVerfGE 12, 200 (204). Die Bedeutung des österreichischen Systems der „Vorzugsstimmen" relativierend *W. Berka* Bürgerverantwortung im demokratischen Verfassungsstaat, VVDStRL 55 (1996), 48 (79). Ähnlich bereits 1931 *Leibholz* (Fn. 8), 180: „(D)ie Minderheit, die von dem zustehenden freien Bestimmungsrecht Gebrauch gemacht hat, ist mehr als eine Gruppe von Querulanten und Eigenbrötlern als eine Gruppe von freien Persönlichkeiten betrachtet worden."

[147] Vgl. *J. Henkel* Die Auswahl der Parlamentsbewerber, 1976, 73 ff.; *v. Arnim* (Fn. 138), 820; *Klein* (Fn. 19), Art. 48 Rn. 25; sowie *Enquete-Kommission Verfassungsreform* (Fn. 48), 18.

[148] Gemeinhin wird ohne Differenzierung die Einführung sowohl des Kumulierens als auch des Panaschierens empfohlen. Vgl. nur *Merten* (Fn. 57), 41; *Borchert* (Fn. 141), 221; *J. Dittberner* Die deutschen Parteien, APuZ 2004/B 40, 12 (14, 18); *Franke/Grimmel* (Fn. 107), 597 ff.; *Lenski* (Fn. 134), 511; *v. Prittwitz* (Fn. 102), 11 ff.; *Hatje* (Fn. 20), 160. Zum Kumulieren und Panaschieren in der Schweiz siehe nur *Rhinow* (Fn. 47), 95.

[149] Zum Streit um die Bewertung der sinkenden Wahlbeteiligung siehe oben Fn. 6. Zu den methodischen Problemen der empirischen Nichtwählerforschung *Neu* (Fn. 6), 14 ff.

[150] Vgl. *M. L. Sifry* Let 'em vote for 'none of the above', The Nation 251 (1990), 221 ff.; *O. Durand* Le vote blanc – Pour un suffrage vraiment universel, 1999; *Diplock* (Fn. 6), 723. In Frankreich steigt die Abgabe „weißer Stimmzettel" seit Jahren. Siehe *A. Bellon* Vote blanc – Un droit, Le monde diplomatique, März 2007, 24. Ihre Zahl wird jedoch nicht extra ausgewiesen (*„suffrages non exprimés"*). Vorschläge zur gesetzlichen Anerkennung der *„vote blanc"* konnten sich aber nicht durchsetzen. Bemerkenswert ist, dass *„votes blancs"* in der Regel von besonders kompetenten und interessierten Wählern genutzt werden. Siehe *A. Zulfikarpasic* Le vote blanc – Abstention civique ou expression politique?, Revue française de science politique 51 (2001), 247 ff. Dass es kein

Verbesserungsmöglichkeiten gibt es auch bei der Kandidatennominierung. Diese obliegt häufig Parteidelegierten.[151] Eine solche „Oligarchie"[152] ist für viele unbefriedigend. Zur Steigerung der Partizipationschancen und auch, um den „Quereinstieg" in die Politik zu erleichtern,[153] sollte der Gesetzgeber – was auch bereits in der Weimarer Republik und bei der Schaffung des Grundgesetzes erwogen wurde[154] – unmittelbare Vorwahlen verlangen.[155] Dabei können die Parteien – in Anlehnung etwa an die

---

Verfassungsrecht auf eine Proteststimme gibt, hat das *Bundesverfassungsgericht* betont (NVwZ 2012, 161 f.).

151 § 21 Abs. 1 S. 1 BWahlG lässt offen, ob die Kreiswahlvorschläge in einer Mitgliederversammlung oder einer Vertreterversammlung gewählt werden. Dasselbe gilt gem. § 27 Abs. 5 BWahlG für die Landeslisten. Urwahlen direkt durch die Parteimitglieder sind somit bereits *de lege lata* möglich, jedoch selten. Vgl. *S. Magiera* Vorwahlen und demokratische Kandidatenaufstellung im modernen Parteienstaat, JöR n.F. 22 (1973), 621 (658); *J. Ipsen* Gesetzesrecht und Satzungsrecht bei der Kandidatenaufstellung politischer Parteien, DVBl. 2004, 532 (533 f.). Aus politikwissenschaftlicher Sicht zur Bedeutung der Kandidatenaufstellung *Manow* (Fn. 139), 160 (das „Selektorat" entscheidender als das „Elektorat").

152 Grundlegend zum „ehernen Gesetz der Oligarchie" *R. Michels* Zur Soziologie des Parteiwesens in der modernen Demokratie, 1911. Diese Einschätzungen relativierend *v. Beyme* (Fn. 48), 294 ff. Vgl. im Übrigen *B. Zeuner* Kandidatenaufstellung zur Bundestagswahl, 1970, 229 ff.; *B. Becker* Innerparteiliche Reformmöglichkeiten für die deutschen Parteien: Von Großbritannien lernen, ZParl 1999, 447 (449); *C. Fontaine* Wahlsystem und Oligarchisierung in Deutschland, 2001, 179 f. Für eine Stärkung der Parteivorstände noch der *Beirat für Fragen der Wahlrechtsreform* Zur Neugestaltung des Bundestagswahlrechts, 1968, 48.

153 Zur Verbesserung der „Demokratie als Teilhabe" durch „Seiteneinsteiger" *W. Röhrich* Im Umgang mit der Macht: Das Prinzip der Repräsentation, FS von Arnim, 2004, 639 (647 f.).

154 *Leibholz* (Fn. 8), 187 ff., sprach sich schon 1931 für Vorwahlen aus, um die „Parteibürokratie" in „näheren Kontakt mit den aktivierten Massen" zu bringen. Dagegen *Triepel* (Fn. 57), 195. Der Entwurf des Verfassungskonvents von Herrenchiemsee sah vor, dass in einem Bundeswahlgesetz bestimmt werden kann, „dass Wahlvorschläge einer Partei von den Mitgliedern im Wege der Vorwahl beschlossen sein müssen" (Art. 47 Abs. 3 S. 2 HChE). Im Parlamentarischen Rat wurden Urwahlen der Wahlkreiskandidaten der Parteien diskutiert, um für „eine gewisse Resonanz und Qualifikation" der Kandidaten zu sorgen. Vgl. *Deutscher Bundestag/Bundesarchiv* (Fn. 86), 390. In den weiteren Beratungen wurde von einer Regelung jedoch abgesehen, auch weil diese „selbstverständlich und damit überflüssig" sei (JöR n.F. 1951, 203 f.). Beschlossen wurde nur, dass „die innere Ordnung" der Parteien „demokratischen Grundsätzen entsprechen" muss (Art. 21 Abs. 1 S. 3 GG). Vgl. auch *S. T. Siefken* Vorwahlen in Deutschland?, ZParl 2002, 531 (533 mwN). Für eine historische Perspektive am Beispiel Hamburgs *H. Stubbe-da Luz* Vor-Wahlen: Aufstellung, Zulassung und Präsentation von Kandidaten zu allgemeinen Hamburger Wahlen seit 1848, Zeitschrift des Vereins für Hamburgische Geschichte 1997, 95 ff.

155 Für die Einführung von Vorwahlen – im Sinne von „*closed primaries*", für die sich mehr als 15 % der Wahlberechtigten gemeldet haben – plädierten schon *G. Dürig*/*T. Ell-*

„closed primaries“ in den USA[156] – eine bloße Parteiregistrierung ausreichen lassen.[157] Eine solche „Parteimitgliedschaft light“ wäre für Bürger attraktiv, die zwar an der Kandidatennominierung partizipieren wollen, aber – zumindest zunächst einmal – kein Interesse an der sonstigen Parteiarbeit haben.[158] Vorwahlen liegen im Hinblick auf die Wahlkreiskandidaten nahe; denn diese sind den Wählern oft wenig, wenn nicht gar unbekannt.[159] Öffentliche „Duelle“ würden dem entgegenwirken. Insofern

---

wein/E. Scheuch Besondere Stellungnahme zur Einführung einer Vorwahl (Primary) für die Kandidatenaufstellung, in: Beirat für Fragen der Wahlrechtsreform (Fn. 152), 63 ff. Vgl. auch den Gesetzesentwurf der *rot-grünen Regierungsfraktionen* zum Vorschlags- und Vorstellungsrecht auf Wahlversammlungen (BT-Drs. 14/3764). Aus der Literatur *U. Scheuner* Das Repräsentative Prinzip in der modernen Demokratie, FS Hans Huber, 1961, 222 (233); *K. Burmeister* Die Professionalisierung der Politik, 1993, 85 ff.; *Becker* (Fn. 152), 455; *F. Müntefering* Demokratie braucht Partei, ZParl 2000, 337 (341 f.); *Franke/Grimmel* (Fn. 107), 596, 600. Kritisch *Enquete-Kommission Verfassungsreform* (Fn. 48), 15 ff.; *J. H. Cohen* Political Candidate Nominations – A Comparative Study of the Law of Primaries and German Party Candidate Nominating Procedures, JöR n.F. 18 (1969), 491 (500 ff.); *U. Müller-Wigley* Primary-Wahlen in der Bundesrepublik, Politische Studien 1971, 335 (355); *Oppermann* (Fn. 16), 46; *Henkel* (Fn. 147), 44 f.; *Stolleis* (Fn. 49), 36; *Kaiser* (Fn. 145), 135 ff.; *Siefken* (Fn. 154), 546 ff. Zur Diskussion in Großbritannien *Rogers* (Fn. 6), 607 f.

[156] Vgl. *E. Kölsch* Vorwahlen – Zur Kandidatenaufstellung in den USA, 1972; *F. Plasser* Vorwahlen und Vorwahlpraxis in den Vereinigten Staaten, in: Neisser/Plasser (Hrsg.) Vorwahlen und Kandidatennominierung im internationalen Vergleich, 1992, 7, 13 ff. Auch in Österreich und einigen anderen europäischen Ländern sind Vorwahlen ein bewährtes Instrument. Vgl. die Beiträge in *H. Neisser/F. Plasser* (ebd.).

[157] Ob eine bloße Parteiregistrierung ausreicht, sollte den Parteien als Teil ihrer gem. Art. 21 GG „weitgehend autonom zu gestaltenden inneren Ordnung“ (BVerfGE 89, 243 [252]) überlassen bleiben. Nicht ganz klar ist nämlich, ob Bürger an die Parteien herangeführt werden oder sich im Gegenteil die Anreize zu einer richtigen Parteimitgliedschaft reduzieren. Vgl. für empirische Befunde – die die Befürchtungen eher relativieren – *M. Lübker* Mitgliederentscheide und Urwahlen aus Sicht der Parteimitglieder, ZParl 2002, 716 (738); *Franke/Grimmel* (Fn. 107), 602; *R. Nick* Vorwahlen in Österreich und in der Bundesrepublik Deutschland, in: Neisser/Plasser (Fn. 156), 75 (92 ff.). Zum Widerstand der mittleren Funktionärseliten *Gerd Mielke* Mehr Demokratie wagen!, Blätter für deutsche und internationale Politik 42 (1997), 38 (47); *A. Kießling* Politische Kultur und Parteien in Deutschland, APuZ 2001/B 10, 29 (36); *Siefken* (Fn. 154), 548 f.; *Schüttemeyer/Sturm* (Fn. 139), 542.

[158] Vgl. *Dürig/Ellwein/Scheuch* (Fn. 155), 65; *Franke/Grimmel* (Fn. 107), 597. AA – ein Jahr ununterbrochene Vollmitgliedschaft und Beitragszahlung als Voraussetzung – *Wissenschaftlicher Dienst des Deutschen Bundestages* Primärwahlen, 1971, 18; *Becker* (Fn. 152), 457.

[159] Vgl. *Schüttemeyer* (Fn. 24), 136 ff.; *Jesse* (Fn. 99), 6; *C. Arndt* Fraktion und Abgeordneter, in: Schneider/Zeh (Fn. 15), § 21 Rn. 8; *C. Mackenrodt* Wie wichtig ist die Person?, ZParl 2008, 69 (83). Unmittelbare Vorwahlen könnten auch bei der Aufstellung der Landeslisten stattfinden. Dagegen *M. H. Wiegandt* Die amerikanischen Primaries –

braucht man eine „Amerikanisierung“ der Politik nicht zu scheuen.[160] Von gänzlich offenen Vorwahlen sollte hingegen abgesehen werden, da diese dem Gegner zu große Manipulationsmöglichkeiten geben würden.[161]

d) Verlängerung der Bundestagswahlperiode, keine Pflicht zur Bündelung von Wahlterminen

Wenn Wahlen bevorstehen, fallen Entscheidungen der „politischen Führung“ schwer. Deswegen steht eine Verlängerung der Bundestagswahlperiode auf fünf Jahre zur Debatte.[162] Die damit verbundene Einschränkung der bürgerschaftlichen Partizipation[163] ist hinnehmbar, wenn es im Gegenzug zu direktdemokratischen Entscheidungschancen,[164] zu-

ein Vorbild für Deutschland, RuP 2000, 156 (161 f.). Insofern sollen den Bürgern jedoch nach hier vertretener Auffassung durch die Gewährung mehrerer Kandidatenstimmen beim Wahlgang ohnehin ausreichend Einflussmöglichkeiten gegeben werden.

[160] Vgl. *Franke/Grimmel* (Fn. 107), 601. Kritisch freilich *U. v. Alemann/C. Strünck* Die Weite des politischen Vorraumes – Partizipation in der Parteiendemokratie, in: Kamps (Fn. 51), 21 (34); *Dittberner* (Fn. 148), 17. Der Bundestag müsste allerdings die Rahmenbedingungen – vor allem im Hinblick auf die auch in den USA problematische Finanzierung – des Wahlkampfes der Kandidaten schaffen. Vgl. *Franke/Grimmel* (Fn. 107), 601; *Siefken* (Fn. 154), 545.

[161] Für offene Vorwahlen *Borchert* (Fn. 141), 216. Zu den USA *Römmele* (Fn. 141), 266 f.

[162] In Österreich wurde die fünfjährige Legislaturperiode des Nationalrats (Art. 27 Abs. 1 B-VG) im Jahr 2007 eingeführt. Auch in den deutschen Bundesländern dauert die Wahlperiode meistens fünf Jahre. Lediglich in Bremen und Hamburg werden die Bürgerschaften für vier Jahre gewählt. Schließlich beträgt die Wahlperiode auch auf kommunaler Ebene regelmäßig fünf Jahre (anders Bayern: sechs Jahre; Sachsen-Anhalt: vier Jahre). Für eine Verlängerung der Bundestagswahlperiode etwa *Huber* (Fn. 89), 696; *L.-A. Versteyl* in: von Münch/Kunig (Fn. 85), Art. 39 Rn. 5. Für eine Beibehaltung der bisherigen Legislaturperiode (Art. 39 Abs. 1 S. 1 GG) *Enquete-Kommission Verfassungsreform* (Fn. 48), 38 ff. (mit einem Sondervotum von *H. Lemke*); *K. Stern* Das Staatsrecht der Bundesrepublik Deutschland, Band II, 2. Aufl. 1980, § 26 Rn. 71; *Magiera* (Fn. 110), Art. 39 Rn. 5. *W. Schmitt Glaeser* Die Abhängigkeit der Politiker als Funktionsmangel der Demokratie, ZRP 2006, 10 (13), spricht sich sogar für eine Verlängerung auf sechs Jahres aus. Zudem will er eine Wiederwahl ausschließen. Ob erfahrene Parlamentarier erneut in das Parlament einziehen, sollte freilich den Wählern überlassen bleiben.

[163] Zur Notwendigkeit, dass sich Politiker nach Ablauf einer verhältnismäßig kurzen Wahlperiode der Wiederwahl stellen, siehe nur BVerfGE 18, 151 (154); 20, 56 (113); 44, 125 (139).

[164] So *W. Wieland/W. Albin* Demokratiedefizite aus einer Verlängerung der Wahlperiode können aufgefangen werden, ZRP 2006, 76 (77 f.). Vgl. auch *Enquete-Kommission Verfassungsreform* (Fn. 48), 39: „Das … ‚plebiszitäre Defizit‘ in der Verfassung spricht deutlich gegen eine Verlängerung der Wahlperiode“. Gegen eine Kompensation *H. Kube* Zehn Thesen für Demokratie und Reformfähigkeit in Deutschland, ZRP 2004, 52 (53).

mindest aber zu erweiterten Möglichkeiten zur Beteiligung an der parlamentarischen Entscheidungsfindung kommt. Manche denken auch an eine Zusammenlegung der Landtagswahlen mit der Bundestagswahl oder an eine Zusammenfassung der Landtagswahlen etwa in der Mitte der Bundestagswahlperiode.[165] Dies würde für alle Beteiligten eine erhebliche Entlastung bringen. Einer Pflicht zur Bündelung von Wahlterminen steht jedoch das Bundesstaatsprinzip entgegen.[166]

3. *Erweiterung des Kreises der Wahlberechtigten*

Zu den Diskussionen um eine Erweiterung des Kreises der Wahlberechtigten nur kurz: Gegen ein „Wahlrecht von Geburt an", das – von den Eltern zunächst „treuhänderisch" ausgeübt – für eine „kinderfreundliche Politik" sorgen soll,[167] spricht schon, dass dies faktisch zu einem „Pluralwahlrecht" der Eltern führen würde, von der Zählwertgleichheit der Stimmen aber selbst durch eine Verfassungsänderung (Art. 79 Abs. 3 iVm Art. 20 GG) nicht abgerückt werden kann.[168]

---

[165] Für eine Zusammenlegung der Landtagswahlen *K. v. Beyme* Zusammenlegung von Wahlterminen: Entlastung der Wähler – Entlastung der Politik?, ZParl 1992, 339 ff.; für eine Zusammenfassung der Bundestagswahl mit den Landtagswahlen *M. Sitsen* Anreiz für Bürger, Entlastung für Politiker? Zur Bündelung von Wahlterminen, ZParl 2007, 602 ff.

[166] Gegen eine Bündelung der Termine – z.T. mit verfassungsrechtlichen Erwägungen – *Enquete-Kommission Verfassungsreform* (Fn. 48), 46 ff.; *C. Asmussen/U. Eggeling* Empfehlungen des Bundesrates zur Stärkung des Föderalismus in Deutschland und Europa, VerwArch 84 (1993), 230 (249 ff.); *H. Maurer* Die Verlängerung und Anpassung der Wahlperioden in Bund und Ländern, JuS 1983, 45 (48); *P. Weides* Bestimmung des Wahltages von Parlamentswahlen, FS Carstens, Bd. 2, 1984, 933 (945); *E. Klein/T. Giegerich* Grenzen des Ermessens bei der Bestimmung des Wahltages, AöR 112 (1987), 544 (563 f.); *A. Haratsch* Die verfassungsrechtliche Zulässigkeit der Bündelung von Landtagswahlterminen, DVBl. 1993, 1338 ff.

[167] Insofern gab es verschiedene parlamentarische Initiativen (BT-Drs. 15/1544; BT-Drs. 15/4788; BT-Drs. 16/9868). Siehe auch *K. Löw* Das Selbstverständnis des Grundgesetzes und wirklich allgemeine Wahlen, Politische Studien 1974, 19 ff.; *dens.* Verfassungsgebot Kinderwahlrecht?, FuR 1993, 25 ff.; *dens.* Kinder und Wahlrecht, ZRP 2002, 448 ff.; *L. M. Peschel-Gutzeit* Unvollständige Legitimation der Staatsgewalt, NJW 1997, 2861 f.; *dies.* Das Wahlrecht von Geburt an, ZParl 30 (1999), 556 ff.; *W. Steffani* Wahlrecht von Geburt an als Demokratiegebot?, ZParl 30 (1999), 563 (567).

[168] Für die Möglichkeit einer Verfassungsänderung allerdings *K. Nopper* Minderjährigenwahlrecht, 1999, 164; *J. Oebbecke* Das Wahlrecht von Geburt an, JZ 2004, 987 (992); *H. Quintern* Das Familienwahlrecht, 2009, etwa 165, 235. Die Frage offen lassend *BVerfG*, NVwZ 2002, 69 f. Wie hier *Merten* (Fn. 57), 28; *W. Schreiber* Wahlrecht von Geburt an – Ende der Diskussion?, DVBl. 2004, 1341 (1348); *R. Wassermann* Wollen wir eine andere Republik?, HFR 2004, 16 ff.; *H. Holste* Wahlrecht von Geburt an: Demokratie auf Abwegen?, DÖV 2005, 110 (115); *B. Grzeszick* in: Stern/Becker (Hrsg.)

Um das Interesse der Jugend für die Demokratie soweit wie möglich zu wecken, erscheint es aber sinnvoll, das Wahlalter – wie es etwa in Österreich geschehen ist – auf 16 Jahre zu senken.[169] Für die Kandidaten und Schulen wird dies eine fruchtbare Herausforderung sein.[170] Die Wählbarkeit sollte hingegen wie bei unseren Nachbarn auf die Volljährigen beschränkt bleiben, da die Wahrnehmung des Mandats – insbesondere die anspruchsvolle Abwägung zwischen „Responsivität" und „politischer Führung" – ein besonders hohes Verantwortungsbewusstsein verlangt.[171]

Grundrechte-Kommentar, 2010, Art. 38 Rn. 42ff.; *Baer* (Fn. 15), 308. Kritisch auch *M. Wingen* Familienwahlrecht, Die neue Ordnung 1999, 118ff.; *W. Schroeder* Familienwahlrecht und Grundgesetz, JZ 2003, 917ff.; *F. Reimer* Nachhaltigkeit durch Wahlrecht?, ZParl 2004, 322ff.; *E. Zivier* Mehrfaches Wahlrecht für Kinderreiche, RuP 2004, 26ff.; *B. Westle* „Wahlrecht von Geburt an" – Rettung der Demokratie oder Irrweg?, ZParl 2006, 96ff.; *H. H. Klein* Generationenkonflikt am Beispiel des Kinderwahlrechts, FS Scholz, 2007, 277ff.; *M. Rolfsen* Eine Stimme für die Zukunft?, DÖV 2009, 348ff. Zu politischen Folgen *A. Goerres/G. Tiemann* Kinder an die Macht?, PVS 2009, 50ff.

[169] Soweit der Mangel an politischer Reife eingewandt wird, ist dem entgegen zu halten, dass einige Bundesländer diesen Reformschritt für Kommunalwahlen (in Bremen auch für die Bürgerschaft) bereits gemacht haben, ohne dass es zu Verwerfungen gekommen ist. In Österreich wurde das Wahlrecht ab 16 im Jahr 2007 eingeführt (§ 21 Abs. 1 NRWO). Zur Diskussion in Großbritannien *Pattie/Johnston* (Fn. 94), 272ff. Für die Absenkung des Wahlalters in Deutschland *U. Hoffmann-Lange/J. de Rijke* 16jährige Wähler – erwachsen genug?, ZParl 1996, 572 (685); *Hatje* (Fn. 20), 160; *K. Hurrelmann* Für eine Herabsetzung des Wahlalters, in: Palentien/Hurrelmann (Hrsg.) Jugend und Politik, 1998, 280 (288, sogar für eine Herabsetzung auf 14 Jahre). Dagegen etwa *G. Roellecke* Ravensburger Demokratie, NJW 1996, 2773f.; *K. Vogel* Diskussionsbeitrag, VVDStRL 55 (1996), 165 („politischer Schwachsinn"); *I. v. Münch* Diskussionsbeitrag, VVDStRL 69 (2010), 237; *J. Schwabe* Diskussionsbeitrag, VVDStRL 69 (2010), 240. In der Weimarer Republik hat *Pohl* (Fn. 57), 136ff., sogar die Herabsetzung des Wahlalters von 25 auf 20 Jahre (Art. 22 Abs. 1 WRV) als „unsinnig" kritisiert. Dieser Einschätzung lagen allerdings Erfahrungen mit politischen „Krawallen und Bluttaten Halbwüchsiger" zugrunde. Die Bedenken von *Klein* (Fn. 19), Art. 38 Rn. 142, im Hinblick auf die Ewigkeitsgarantie des Art. 79 Abs. 3 GG gehen jedenfalls zu weit. Dass der Zusammenhang zwischen Wahlrecht und Volljährigkeit nicht zwingend ist (aA *Hoffmann-Lange/de Rijke* ebd., 585ff.; *Jesse* [Fn. 99], 9), zeigt nicht nur das österreichische Recht, sondern auch die deutsche Wahlreform von 1970. Damals wurde das Wahlrecht von 21 auf 18 Jahre herabgesetzt. Die Volljährigkeit mit 18 Jahren wurde 1975 eingeführt. Erst ab dann war allerdings für 18-jährige auch das passive Wahlrecht gegeben. Näher zur damaligen Diskussion *Jesse* (Fn. 86), 324ff.

[170] Vgl. *M. C. Hermann* Wahlkampf und Jugendliche, ZParl 2010, 818ff. Zum politischen Interesse von Jugendlichen *S. Reinhardt/F. Tillmann* Politische Orientierungen Jugendlicher, APuZ B 45 (2001), 3ff.

[171] Auch in Österreich können nur diejenigen gewählt werden, die das 18. Lebensjahr vollendet haben (§ 41 Abs. 1 NRWO). Zu anderen Ländern, in denen das aktive und passive Wahlrecht auseinanderklafft *Klein* (Fn. 19), Art. 38 Rn. 26. *Schmitt Glaeser* (Fn. 162), 14, verlangt sogar die Heraufsetzung des passiven Wahlalters auf 25 Jahre.

Im Übrigen sollte – dies sei hier bloß erwähnt, weil darüber heute Morgen gesprochen wurde – Ausländern, die schon seit vielen Jahren bei uns leben, arbeiten und auch Steuern zahlen, etwa durch Erleichterung der Einbürgerung vermehrt das Wahlrecht zugestanden werden.[172] „*No taxation without representation*" war immerhin schon eine Parole in der amerikanischen Revolution.[173]

Dies würde die Partizipationschancen jüngerer Menschen freilich allzu sehr einschränken.

[172] Zum „Der Bürgerstatus im Lichte von Migration und europäischer Integration" *C. Walter/K. F. Gärditz* in diesem Band, 7 ff., 49 ff. Das *Bundesverfassungsgericht* ist der Auffassung, dass zwischen dem Volksbegriff in Art. 20 Abs. 2 GG und der deutschen Staatsangehörigkeit ein Junktim besteht (BVerfGE 83, 37 [50 f.]; 83, 60 [71]; 107, 59 [87]). Ebenso etwa *Jestaedt* (Fn. 13), 204 ff.; *Merten* (Fn. 57), 25 ff.; *Böckenförde* (Fn. 15), Rn. 26 ff. Soweit es bei dieser – freilich nicht zwingenden (aA z.B. *B.-O. Bryde* Die Bundesrepublik Deutschland als Einwanderungsland, FG Söllner, 1990, 1 [7 ff.]; *ders.* Ausländerwahlrecht und grundgesetzliche Demokratie, JZ 1989, 257 [259]; *M. Zuleeg* Ausländer in Deutschland, KritV 2000, 419 [420]; *Baer* [Fn. 15], 310 f.) – Einschätzung bleibt, kommt man um eine Erleichterung der Einbürgerung durch Zulassung einer doppelten Staatsbürgerschaft nicht herum. Für eine „inklusive" Staatsbürgerschaft auch *Dahl* (Fn. 14), 76 ff. Zur Frage, ob sich aus dem Demokratieprinzip Grenzen für den Gesetzgeber bei der Erleichterung der Einbürgerung im Hinblick auf die Homogenität des Staatsvolkes ergeben, siehe die Nachweise bei *Grzeszick* (Fn. 12), Art. 20 Rn. 82 Fn. 1. Zur Einbürgerungspolitik in vergleichender Perspektive *H. Hagedorn* Wer darf Mitglied werden? Einbürgerung in Deutschland und Frankreich im Vergleich, 2001; *D. Thränhardt* Einwanderungs- und Integrationspolitik in Deutschland und den Niederlanden, Leviathan 2001, 220 ff. Die doppelte Staatsangehörigkeit wird in der internationalen Staatengemeinschaft zunehmend akzeptiert. Vgl. *K. Hailbronner* Der Staat und der Einzelne als Völkerrechtssubjekte, in: Graf Vitzthum (Hrsg.) Völkerrecht, 4. Aufl. 2007, 157 (199 f.).

[173] Die Einschätzung der damaligen britischen Verfassungsrechtler, dass die amerikanischen Kolonien im *House of Commons* „virtuell repräsentiert" werden, wurde von den Amerikanern verständlicherweise abgelehnt. Ausführlich *M. Jensen* The Founding of a Nation – A History of the American Revolution, 1968. Siehe auch *Fraenkel* (Fn. 34), 170 ff. Ob der Grundsatz der „*no taxation without representation*" heute auf Immigranten übertragen werden muss, wird auch in den USA diskutiert. Vgl. *F. J. Lipman* The Taxation of Undocumented Immigrants – Seperate, Unequal, and Without Representation, 9 Harv. Latino L. Rev. (2006), 1 (4 f.); *E. E. Stefonick* The Alienability of Alien Suffrage: Taxation Without Representation in 2009, 10 Fla. Coastal L. Rev. (2009), 691 ff.

IV. Beitrag des Parlamentsrechts zum Gelingen der repräsentativen Demokratie

Wahlen sind – wie erwähnt – eine zwar notwendige, aber keine hinreichende Bedingung für die Demokratie. Deswegen soll es nun um das gehen, was das Parlamentsrecht zum Gelingen der repräsentativen Demokratie beitragen kann.

1. Offenlegung und Regulierung der Einflussnahme von „Lobbyisten"

Erstens kommt es darauf an, den Einfluss von „Lobbyisten"[174] offen zu legen und zu regulieren; denn die „stille Macht" der „fünften Gewalt"[175] relativiert das Gleichheitsversprechen der Demokratie, beeinträchtigt die parlamentarische Transparenz und gefährdet damit die Akzeptanz umstrittener Entscheidungen. Allerdings gehört das Vertreten von Interessen – seien sie auf das Gemeinwohl gerichtet oder auch bloß am privaten Nutzen orientiert – zur Demokratie wie freie Wahlen und unabhängige Medien.[176] Der faire pluralistische Wettbewerb verlangt aber, dass Interes-

[174] Hierzu gehören wirtschaftliche und zivilgesellschaftliche Interessenverbände, Unternehmen mit *In-house*-Lobbyisten, Nichtregierungsorganisationen, Bürgerinitiativen und zunehmend auch professionelle *Public-Affairs*-Firmen, Beratungs- und Lobby-Agenturen, Anwaltskanzleien und selbständige Lobbyisten. Zu den Organisationsformen *U. v. Alemann*/*F. Eckert* Lobbyismus als Schattenpolitik, APuZ 2006/B 15–16, 3 (4f.); *T. v. Winter* Vom Korporatismus zum Lobbyismus, ZParl 2004, 761 ff.

[175] Vgl. *T. Leif*/*R. Speth* (Hrsg.) Die stille Macht, 2003; *dies.* (Hrsg.) Die fünfte Gewalt, 2006. Kritisch *T. v. Winter* Lobbyismus in Deutschland: Keine heimliche fünfte Gewalt, ZParl 2004, 796 (797f.). Zur negativen Konnotation des Wortes „Lobbying" in Deutschland in vergleichender Perspektive *K. Ronit*/*V. Schneider* The Strange Case of Regulating Lobbying in Germany, Parl. Affairs 1998, 559.

[176] Zu den Kommunikationsgrundrechten oben bei Fn. 52. Aus Sicht des U.S.-amerikanischen Verfassungsrechts *A. P. Thomas* Easing the Pressure on Pressure Groups – Toward a Constitutional Right to Lobby, 16 Harv. J. of Law & Public Policy 1993, 149ff.; *S. A. Browne* The Constitutionality of Lobby Reform – Implicating Associational Privacy and the Right to Petition the Government, 4 William & Mary Bill of Rights J. 1996, 717ff.; *S. L. Fatka*/*J. M. Levien* Protecting the Right to Petition: Why a Lobbying Contingency Fee Prohibition Violates the Constitution, Harv. J. on Legislation, 35 (1998), 559ff. Hinzu kommt ganz pragmatisch: Lobbyisten liefern Abgeordneten kostengünstig Informationen. Zudem können Politiker Bürgern über Lobbyisten „Botschaften" zukommen lassen, was zur Akzeptanz der Entscheidungen beitragen kann. Vgl. – auch zu den Gefahren des Informationsgefälles – *V. Schneider* Organisationsstaat und Verhandlungsdemokratie, in: Werle/Schimank (Hrsg.) Gesellschaftliche Komplexität und kollektive Handlungsfreiheit, 2000, 243 (250ff.); *H.-J. Papier* Lobbyismus und parlamentarische Demokratie, in: Liberal – Vierteljahreshefte für Politik und Kultur 49 (2007), 16 (18); *A. Kolbe*/*H. Hönigsberger*/*S. Osterberg* Marktordnung für Lobbyisten, 2011, 12ff.

senvertreter transparent agieren und gleiche Zugangsmöglichkeiten haben. Insofern gibt es – was vor allem der Vergleich mit den USA zeigt[177] – bei uns Reformbedarf.[178]

---

[177] In den USA gab es erste Versuche zur Regulierung des Lobbyismus bereits Ende des 19. Jahrhunderts. 1946 wurde der *Federal Regulation of Lobbying Act* geschaffen, der allerdings noch viele Schlupflöcher bot. Vgl. *Thomas* (Fn. 176), 151 ff.; *Browne* (Fn. 176), 719 ff.; *Fatka/Levien* (Fn. 176), 569 ff. Seit 1995 gilt der *Lobby Disclosure Act*, der 2007 durch den *Honest Leadership and Open Government Act* noch einmal erheblich verschärft wurde. Lobbyisten müssen sich in einer öffentlichen elektronischen Datenbank registrieren lassen und dabei Angaben zu den Beteiligungen, den Klienten und der Finanzierung machen. Sämtliche Lobby-Aktivitäten sind mit den Honoraren und eingesetzten Finanzmitteln offen zu legen. Die Informationen sind vierteljährlich zu aktualisieren. Bei Falschangaben drohen Geldbußen und sogar Haftstrafen von bis zu fünf Jahren. Vgl. *V. Johnson* Regulating Lobbyists: Law Ethics, And Public Policy, 16 Cornell J. of Law & Public Policy 2006, 1 ff.; *A. Krishnakumar* Towards a Madisonian, Interest-Group-Based, Approach to Lobbying Regulation, 58 Alabama Law Review (2007), 513 ff.; *A. L. Davis* Genuine Reform or Just Another Meager Attempt to Regulate Lobbyists – A Critique of the Honest Leadership and Open Government Act, 18 Kansas J. of Law & Public Policy 2008/09, 340 ff. Im Vergleich zu Regelungen in Europa *J. B. Nipper* Lobbying the Lobbyists – A Comparative Analysis of the Lobbying Regulatory and Disclosure Models of the United States and European Union, 14 Tulsa J. of Comparative & International Law 2007, 339 ff. Transparenz schaffen darüber hinaus gemeinnützige Organisationen, die auf Grundlage der gemeldeten Daten und deren Kombination mit weiteren Quellen einen weitreichenden Überblick über Interessenverflechtungen bieten. Als Beispiel sei die Internetplattform von *Open Secrets – Center for Responsive Politics* genannt. Allgemein zur Rolle der Interessengruppen in den USA *R. A. Smith* Interest Group Influence in the U.S. Congress, Legislative Studies Quarterly 1995, 89 ff.; *M. Sebaldt* Verbändedemokratie im Umbruch, ZfP 2001, 24 ff.; *M. Brocker* Integration durch Partizipation, ZPol 2009, 237 ff.; *D. Apollonio/B. Cain/L. Drutman* Access and Lobbying – Looking Beyond the Corruption Paradigm, 36 Hastings Constitutional Law Quarterly 2009, 13 ff. In der Europäischen Union gibt es seit 2011 ein freiwilliges „Tansparenzregister" für Interessenvertreter beim Europäischen Parlament und der Europäischen Kommission (vgl. http://europa.eu/transparency-register/index_de.htm). Vergleichend zur Rechtslage in den USA, in Kanada und zu den Entwicklungen in der EU und verschiedenen Ländern Europas *R. Chari/J. Hogan/G. Murphy* Regulating Lobbying – a Global Comparison, 2010; im Überblick *H.-J. Schmedes* Mehr Transparenz wagen? Zur Diskussion um ein gesetzliches Lobbyregister, ZParl 2009, 543 (550 ff.); *T. Hoppe* Transparenz per Gesetz? Zu einem künftigen Lobby-Register, ZRP 2009, 39 ff.

[178] Im Folgenden geht es bloß um das Verhältnis der Interessenvertreter zum Bundestag. Auf Probleme im Verantwortungsbereich der Regierung – etwa im Hinblick auf „Leihbeamte", externe Zuarbeit bei der Gesetzesformulierung („Kanzleigesetze") und das „Regierungssponsoring" – wird nicht eingegangen. Vgl. dazu etwa *Kolbe/Hönigsberger/Osterberg* (Fn. 176), 78 ff.

a) *Lobbyregister und Verhaltenskodex*

Zum einen sollte das Parlament ein über die bisherige „Verbändeliste“[179] hinausgehendes „Lobbyregister“ einrichten[180] und verlangen, dass die Akteure nicht nur ihre Auftraggeber, sondern auch die Höhe und Herkunft ihrer finanziellen und sonstigen Ressourcen angeben.[181] Dies ist nicht nur ein Gebot der demokratischen Öffentlichkeit. Vielmehr müssen auch die Adressaten von Lobby-Aktivitäten wissen, wer hinter bestimmten Anliegen steht, um deren Gewicht bei der Abwägung zwischen den Erfordernissen der „Responsivität“ und der „politischen Führung“ richtig einschätzen zu können.[182]

Da die „nur ihrem Gewissen unterworfenen“ Abgeordneten (Art. 38 Abs. 1 S. 2 GG) ohnehin frei entscheiden dürfen, mit wem sie im Rahmen ihrer Mandatstätigkeit Kontakt aufnehmen, sollte die Akkreditierung

---

[179] Für die Aufnahme in die „Öffentliche Liste über die Registrierung von Verbänden und ihren Vertretern“ bedarf es nach Anlage 2 GO-BT bloß folgender Angaben: Name und Sitz des Verbandes, Zusammensetzung von Vorstand und Geschäftsführung, Interessenbereich des Verbandes, Mitgliederzahl, Name der Verbandsvertretern, Anschrift der Geschäftsstelle am Sitz von Bundestag und Bundesregierung. Kritisch *Steinberg* (Fn. 52), § 7 Rn. 118: „Der Informationsgehalt der Liste tendiert nahe Null“. Ebenso in vergleichender Perspektive *Ronit/Schneider* (Fn. 175), 565f.; *Chari/Hogan/Murphy* (Fn. 177), 63.

[180] Das Recht auf Eintragung sollten alle Institutionen und Personen haben, die im Parlament eigene oder gegen Entgelt fremde Interessen vertreten wollen. Siehe *SPD-Fraktion* (BT-Drs. 17/6442); *Kolbe/Hönigsberger/Osterberg* (Fn. 176), 48, 54f., 58; *Schmedes* (Fn. 177), 556. Wenn man – entgegen der hier vertretenen Auffassung – ein verpflichtendes Lobbyregister verlangt, bedürfte es – was etwa das amerikanische Recht zeigt (§ 3 *Lobby Disclosure Act*) – einer genaueren Definition. Im Rahmen eines freiwilligen Registers ist die Abgrenzung weniger dringlich. Zur Schwierigkeit einer Lobbyismusdefinition *H. Sodan* Lobbyregister als Verfassungsproblem, LKV 2012, 193 (195f.).

[181] Vgl. *SPD-Fraktion* (BT-Drs. 17/6442, 2); *Bündnis 90/Die Grünen* (BT-Drs. 17/2486, 2); *Schmedes* (Fn. 177), 549f., 557; *Hoppe* (Fn. 177), 39ff.; *Kolbe/Hönigsberger/Osterberg* (Fn. 176), 55, 61. Das neu zu schaffende Lobbyregister sollte vom Bundestagspräsidenten verwaltet werden. Eines besonderen „Lobbybeauftragten“ bedarf es nicht. AA *Schmedes* (Fn. 177), 556f. Unvollständige und wahrheitswidrige Angaben sollten mit dem Entzug von Privilegien oder auch Geldbußen (die allerdings finanzstarke Lobbyisten kaum schmerzen) geahndet werden. Für die Schaffung eines Ordnungswidrigkeitentatbestandes *SPD-Fraktion* (BT-Drs. 17/6442); *Schmedes* (Fn. 177), 558. Haftstrafen wie in den USA (vgl. oben Fn. 177) gehen zu weit. Eine große Kontrollbürokratie wird nicht nötig sein, da Fehlinformationen durch journalistische oder sonstige zivilgesellschaftliche Recherchen ohnehin über kurz oder lang aufgedeckt werden dürften. Ebenso *Kolbe/Hönigsberger/Osterberg* (Fn. 176), 56.

[182] „Informationsasymmetrien“ können so abgebaut werden. Näher mit einer Ableitung aus der „Spieltheorie“ *S. Ainsworth* Regulating Lobbyists and Interest Group Influence, Journal of Politics 55 (1993), 41ff.

allerdings – anders als viele vorschlagen[183] – freiwillig sein.[184] Als Anreiz müssten akkreditierten Lobbyisten – ganz abgesehen davon, dass eine offizielle Anerkennung den Ruch des Illegitimen reduziert – Vorrechte bei der Einflussnahme auf die parlamentarische Entscheidungsfindung eingeräumt werden.[185] Förmliche Anhörungen von Interessenvertretern[186] sollten – entgegen der bisherigen Praxis[187] – im Grundsatz auf akkreditierte beschränkt werden.[188] Zudem sollte mit der Akkreditierung ein Rechtsanspruch auf Stellungnahme zu Gesetzesvorhaben und darauf verbunden sein, dass der zuständige Ausschuss inhaltlich reagiert.[189] Die so ermöglichte öffentliche Auseinandersetzung kann lobbyistische Asymmetrien reduzieren, die gesellschaftliche Ungleichheiten – vor allem zwischen Kapital und Arbeit, Beschäftigten und Arbeitslosen, Ökonomie und Ökologie – widerspiegeln und die parlamentarische „Responsivität“ zu verzer-

---

183 Für eine Pflicht zur Registrierung etwa *SPD-Fraktion* (BT-Drs. 17/6442); *H. Klein/T. Höntzsch* Fliegender Wechsel – die Drehtür kreist, in: Lobby Control, Kurzstudie v. 15.11.2007, 13; *Schmedes* (Fn. 177), 556f.; *C. Lange* Lobbyistenregister in Deutschland?, RuP 2011, 196. Im Ergebnis wie hier *Bündnis 90/Die Grünen* (BT-Drs. 17/2486), die zwar von einem verbindlichen Register sprechen, die Pflicht zur Registrierung jedoch auf die Lobbyisten beschränken wollen, die die im Gesetz vorgesehenen Rechte in Anspruch nehmen möchten. Kritisch hinsichtlich der Verfassungsmäßigkeit eines verbindlichen Lobbyregisters *Sodan* (Fn. 180), 193ff. Zur Registrierungspflicht in den USA oben Fn. 177.

184 Anderes kann gelten, wenn es um Lobbyismus gegenüber Bundesministerien und nachgeordneten Bundesbehörden geht.

185 Siehe *Kolbe/Hönigsberger/Osterberg* (Fn. 176), 47, 63ff. Zu weiteren Vorteilen der Akkreditierung unten Fn. 194.

186 Zur Schwierigkeit der Abgrenzung von Interessenvertretern und Sachverständigen *v. Beyme* (Fn. 51), 235f.

187 Gem. Anlage 2 GO-BT findet eine Anhörung von Vertretern von Verbänden nur statt, wenn diese sich in die beim Bundestagspräsidenten geführte Liste eingetragen haben. Allerdings hat das Auslegungsschreiben des Geschäftsordnungsausschusses vom 18.10.1979 diesen Anreiz zur Registrierung erheblich gemindert. Entschieden wurde, dass die Bestimmung nicht so ausgelegt werden könne, dass die Ausschüsse gehindert seien, Vertreter von nicht registrierten Verbänden zur Anhörung zu laden. Vgl. dazu *J. Bücker/H. G. Ritzel/H. J. Schreiner* Handbuch für die Parlamentarischen Praxis, 2008, § 70, I 1c; *Hoppe* (Fn. 177), 41. Seitdem spielt die Verbändeliste im Parlamentsalltag faktisch keine Rolle mehr. Siehe *Schmedes* (Fn. 177), 555; *Chari/Hogan/Murphy* (Fn. 177), 61f. Die Eintragung ist bloß noch eine Voraussetzung für die Vergabe von Hausausweisen an Interessenvertreter (Anlage 2 Nr. 3 GO-BT).

188 Die Anhörung nicht akkreditierter Interessenvertreter sollte eine begründungsbedürftige Ausnahme sein. Siehe auch *Bündnis 90/Die Grünen* (BT-Drs. 17/2486).

189 Nach geltendem Recht gibt es keinen Anspruch darauf, an einer „öffentlichen Anhörungssitzung“ gem. § 70 GO-BT beteiligt zu werden. Dies gilt auch für Verbände, die in die „öffentliche Liste“ (oben Fn. 179) aufgenommen wurden (so ausdrücklich Nr. 4 der Anlage 2 zur GO-BT).

ren drohen.[190] Weil wegen der Verfahrensprivilegien ein Druck zur Akkreditierung besteht und das Recht auf informationelle Selbstbestimmung sowie die Berufsfreiheit der Interessenvertreter berührt wird,[191] ist eine gesetzliche Regelung geboten.[192]

Zum anderen sollte der Bundestag einen Verhaltenskodex schaffen, der sich an alle Interessenvertreter – nicht nur die akkreditierten – richtet und zugleich eine Selbstverpflichtung der Abgeordneten ist.[193] Alle an der parlamentarischen Entscheidungsfindung Beteiligten müssen zu Transparenz, Wahrheit, Fairness gegenüber Konkurrenten und zum Verzicht auf Einflussnahmen durch finanzielle oder andere materielle Anreize verpflichtet werden.[194] Für die Sanktionierung von Fehlverhalten sollte wegen der

---

[190] Zu den asymmetrisch verteilten Erfolgschancen im Überblick *Kolbe/Hönigsberger/Osterberg* (Fn. 176), 19ff. Vgl. zur Problematik auch *Lübbe-Wolff* (Fn. 42), 276ff.; *P. Lösche* Verbände und Lobbyismus, 2007, 126ff.

[191] Speziell im Hinblick auf die Koalitionsfreiheit (Art. 9 Abs. 3 GG) *Sodan* (Fn. 180), 197ff. (die Zulässigkeit eines verbindlichen Lobbyregisters verneinend). Das Lobbyregister kann auch Rechtsanwälte erfassen. Deren Verschwiegenheitspflicht (§ 43a Abs. 2 BRAO) beschränkt sich auf ihren „Rechtsdienst" – also die Tätigkeiten als „Organ der Rechtspflege" (§ 1 BRAO) – und steht der Offenlegung der Mandantenbeziehung bei Lobbytätigkeiten nicht entgegen. So auch *Hoppe* (Fn. 177), 40; *Schmedes* (Fn. 177), 558. Kritisch hinsichtlich der Möglichkeit der Abgrenzung *J. Hahlen* Anhörung des Hauptausschusses des Brandenburgischen Landtags zum Lobbyregister vom 2.11.2011, P-HA 5/25-2, Anlage 2, Nr. 3.2.4.

[192] AA *Hoppe* (Fn. 177), 40. Zur Frage, ob das Parlament bei rein internen Fragen zwischen den Regelungsinstrumenten Gesetz und Geschäftsordnung wählen kann, BVerfGE 70, 324 (361) mit Sondervoten von *Mahrenholz* (366ff.) und *Böckenförde* (380ff.); *H. Dreier* Regelungsform und Regelungsinhalt des autonomen Parlamentsrechts, JZ 1990, 310 (312ff.); *T. I. Schmidt* Die Geschäftsordnungen als individuell-abstrakte Regelungen des Innenrechts, AöR 128 (2003), 608 (636).

[193] *Kolbe/Hönigsberger/Osterberg* (Fn. 176), 49, 62f., schlagen vor, dass die Interessenvertreter jeweils einen eigenen Kodex vorlegen sollen, für die der Bundestag nur einen Rahmen schafft. Dies erscheint freilich – gerade für kleinere Interessengruppen – unnötig kompliziert. Zu wenig weitreichend *SPD-Fraktion* (BT-Drs. 17/6442, 2); *Schmedes* (Fn. 177), 559, wonach es den Interessenvertretern freistehen soll, ob sie sich dem Verhaltenskodex unterwerfen. Als Anreiz hierfür solle dies im öffentlichen Register vermerkt werden. Da die hier vorgeschlagenen Verhaltensregeln auch das Verhalten des Abgeordneten außerhalb des Parlaments regeln, nicht akkreditierte Interessenvertreter binden und sanktionsbewährt sein sollen, ist eine gesetzliche Grundlage erforderlich. AA zu den bisherigen Verhaltensregeln *Klein* (Fn. 19), Art. 40 Rn. 50ff.

[194] Ähnlich – freilich auf Lobbyisten beschränkt – *Bündnis 90/Die Grünen* (BT-Drs. 17/2486, 5). Allerdings sollten akkreditierten Lobbyisten – ein weiterer Vorteil – ausdrücklich das Recht gewährt werden, auf eigene Rechnung fraktionsübergreifende Abgeordnetengruppen zu Informationsveranstaltungen (parlamentarische Abende, gemeinsame Frühstücke, Wochenendseminare etc.) einzuladen. Zudem sollten sie einzelne Parlamentarier einladen dürfen, wenn diese Treffen – weil es an der gegenseitigen Kontrolle der Parlamentarier fehlt – in der Öffentlichkeit stattfinden und die Kosten geteilt

notwendigen Abwägungsspielräume nicht ein „Lobbybeauftragter“, sondern ein vom Bundestagspräsidenten geleitetes parlamentarisches Gremium zuständig sein, in dem sich das Parteienspektrum widerspiegelt.[195] Kriminalität ist Sache der Staatsanwaltschaft. Der Straftatbestand der Abgeordnetenbestechung ist allerdings – auch in internationaler Perspektive – viel zu eng gefasst und kaum mehr als Symbolik.[196]

---

werden. Zusammenkünfte, die von Parlamentariern initiiert werden, müssen hingegen ungeregelt der verfassungsrechtlich garantierten freien Mandatsausübung (Art. 38 Abs. 1 S. 2 GG) überlassen bleiben. Näher *Kolbe/Hönigsberger/Osterberg* (Fn. 176), 47, 58 f., 62. Für eine empirische Untersuchung der Kontakte von Abgeordneten zu Interessengruppen *H. Schöne* Alltag im Parlament, 2010, 207 ff.

[195] Da sich der Verhaltenskodex nach hier vertretener Auffassung nicht nur an akkreditierte Interessenvertreter und auch an die Parlamentarier richten soll, kann man diese Aufgabe nicht einem Organ der Selbstverwaltung überlassen. So aber *Schmedes* (Fn. 177), 559. In Betracht kommen das Bundestagspräsidium, in dem jede Fraktion durch mindestens einen Vizepräsidenten vertreten ist (§ 3 Abs. 1 S. 2 GO-BT), oder der „Ältestenrat“, der aus dem Präsidenten, seinen Stellvertretern und 23 weiteren von den Fraktionen im Verhältnis ihrer Stärke zu benennenden Mitgliedern besteht (§ 6 Abs. 1 GO-BT). Zu diesen Institutionen *F. Edinger* Wahl und Besetzung parlamentarischer Gremien, 1992, 163 ff., 178 ff.; *W. Zeh* Gliederung und Organe des Bundestages, in: Isensee/Kirchhof (Fn. 18), § 52 Rn. 31, 35 ff. Manche schlagen parlamentarische „Ehrenräte“ vor, in denen *„elder statesmen“* mitwirken sollen. Siehe etwa *J. Linck* Verfestigung des Leitbilds vom Bundestagsabgeordneten, NJW 2008, 24 (27). Was die Art der Sanktionen angeht: Bei akkreditierten Lobbyisten kann man an den Entzug der Privilegien (vgl. *Bündnis 90/Die Grünen* BT-Drs. 17/2486, 3) und bei nicht akkreditierten an ein Bußgeld denken. Bei Abgeordneten kann der Bundestagspräsident Ermahnungen aussprechen, öffentliche Rügen erteilen oder schließlich auch Ordnungsgelder (vgl. zum bisherigen Recht § 44a Abs. 4 und 5 AbgG) verhängen. Die Ordnungs- und Disziplinargewalt des Bundestagspräsidenten ist Bestandteil der dem Parlament gewährleisteten (Art. 40 Abs. 1 S. 2 GG) Geschäftsordnungsautonomie. Siehe *Klein* (Fn. 19), Art. 38 Rn. 225, Art. 40 Rn. 81, 100. Verfassungsrechtliche Bedenken äußern *A. Ingold/S.-C. Lenski* Ordnungsgeld und Sitzungsausschluss als Ordnungsmaßnahmen gegen Bundestagsabgeordnete, JZ 2012, 120 ff.

[196] Unzureichend ist vor allem die Beschränkung des § 108e StGB auf den „Stimmenkauf“. Vgl. die Gesetzentwürfe von *SPD*, *Bündnis 90/Die Grünen* und *Die Linke* (BT-Drs. 17/8613, 17/5933, 17/1412); sowie etwa *H. H. v. Arnim* Der gekaufte Abgeordnete, NVwZ 2006, 249 (252); *A. Käßner* Nebentätigkeiten und Nebeneinkünfte der Mitglieder des Deutschen Bundestages, 2010, 43 ff.; 188 ff. *H. E. Müller* in: Joecks/Miebach, Münchener Kommentar zum Strafgesetzbuch, 2. Aufl. 2012, § 108e Rn. 6 ff. Näher zum „weißen“ und „schwarzen Sektor“ des Lobbyismus und zur „Grauzone“ *Alemann/Eckert* (Fn. 174), 6 ff. Reformbedarf ergibt sich auch aus dem von der Bundesrepublik zwar unterschriebenen, aber noch nicht ratifizierten *Übereinkommen der Vereinten Nationen gegen Korruption*. Vgl. *A. van Aaken* Genügt das deutsche Recht den Anforderungen der VN-Konvention gegen Korruption?, ZaöRV 65 (2005), 407 ff.; *S. Wolf* Parlamentarische Blockade bei der Korruptionsbekämpfung, ZParl 2008, 493 ff. Auch die deutsche Wirtschaft fordert eine rasche Umsetzung, um das Ansehen Deutschlands und

b) *Transparenz der Einflussnahme auf die parlamentarische Entscheidungsfindung, Öffentlichkeit von Ausschusssitzungen*

Um die Akzeptanz umstrittener Entscheidungen zu sichern, kommt es weiter darauf an, den Einfluss von Interessenvertretern transparenter zu machen. Zwar ist eine Dokumentierung jeglicher „legislativer Fußspuren" nicht praktikabel,[197] doch sollte das Parlament – das verfassungsrechtliche Transparenzgebot konkretisierend – festlegen, dass alle Stellungnahmen zu Gesetzesvorhaben zentral auf der *Website* des Bundestages[198] dokumentiert werden.[199] Zudem sind die ministerialen „Referentenentwürfe" stets zu veröffentlichen, sobald sie externen Stellen zugeleitet werden.[200]

Mehr Transparenz muss es auch bei der eigentlichen parlamentarischen Entscheidungsfindung geben. Nach Art. 42 Abs. 1 S. 1 GG verhandelt der Bundestag zwar öffentlich. Ausschüsse tagen jedoch regelmäßig – obwohl die Geschäftsordnung anderes zulässt[201] – hinter verschlossenen

---

seiner Exportwirtschaft nicht zu gefährden (siehe etwa *Transparency International*, Pressemitteilung v. 8. 8. 2012).

[197] So auch *Kolbe/Hönigsberger/Osterberg* (Fn. 176), 57; *Schmedes* (Fn. 177), 548 f. AA hingegen *Lange* (Fn. 183), 196; *C. Humborg* Transparente Interessenvertretung, Forschungsjournal NSB 2009, 82 (85).

[198] Für die Papierform *E. Röper* Mit dem Internet in die parlamentarische Provinzialität, ZParl 2007, 865 ff.

[199] Vgl. *Bündnis 90/Die Grünen* (BT-Drs. 17/2486, 3, 5 f.); *Steinberg* (Fn. 52), § 7 Rn. 119; *Lübbe-Wolff* (Fn. 42), 282 ff.; *A. Voßkuhle* Sachverständige Beratung des Staates, in: Isensee/Kirchhof (Fn. 18), § 43 Rn. 75 ff. Wenn Lobbyisten dem Parlament und der Öffentlichkeit Stellungnahmen und Dokumente vorenthalten, die Ministerien oder einzelnen Bundestagsabgeordneten zugänglich gemacht wurden, sollte dies bei akkreditierten Interessenvertretern zu einer zeitweiligen Streichung aus dem Register (*Kolbe/Hönigsberger/Osterberg* [Fn. 176], 49, 63), bei anderen zu einem Bußgeld führen (vgl. oben Fn. 195).

[200] Vgl. *Schulze-Fielitz* (Fn. 72), 208 und – zur Notwendigkeit, in den Entwurfsbegründungen zu erklären, dass und warum den Wünschen von Verbänden nachgekommen wurde – 281 f., 516 ff. Zum „gemütlichen Dreieck" aus Verwaltung, politischer Führung und Interessengruppen im „Referentenstadium" *v. Beyme* (Fn. 51), 148 ff. Nach § 47 Abs. 1 GGO ist der Entwurf einer Gesetzesvorlage Ländern, kommunalen Spitzenverbänden und den Vertretungen der Länder möglichst frühzeitig zuzuleiten, wenn ihre Belange berührt werden. Wann, ob und inwieweit „Zentral- und Gesamtverbände" sowie „Fachkreise" beteiligt werden, bleibt gem. § 47 Abs. 3 GGO dem Ermessen des federführenden Bundesministeriums überlassen. Für eine Pflicht zur Anhörung *Voßkuhle* (Fn. 199), Rn. 32. Über die Einstellung des Gesetzentwurfs in das Internet entscheidet das federführende Bundesministerium nach § 48 Abs. 3 GGO im Einvernehmen mit dem Bundeskanzleramt und im Benehmen mit den übrigen beteiligten Bundesministerien.

[201] Gem. § 69 Abs. 1 S. 1 GO-BT finden die Beratungen der Ausschüsse grundsätzlich nicht öffentlich statt. Von der Möglichkeit, die Öffentlichkeit gem. § 69 Abs. 1 S. 2 GO-BT zuzulassen, wird nicht sehr häufig Gebrauch gemacht. Vgl. *W. Steffani* For-

Türen. Dies lässt Misstrauen entstehen,[202] weil in den Ausschüssen *de facto* die Entscheidungen fallen.[203] Es gibt zwar Fälle, die einen vor der Öffentlichkeit „geschützten Bereich" für die „Meinungsbildung über Fraktionsgrenzen hinweg" erforderlich machen.[204] In der Geschäftsordnung sollte aber normiert werden, dass dies – was entgegen der allzu formalistisch argumentierenden hM auch der Verfassungsgrundsatz der Parlamentsöffentlichkeit verlangt[205] – nicht die Regel, sondern eine begründungsbedürftige Ausnahme ist.

---

men, Verfahren und Wirkungen der parlamentarischen Kontrolle, in: Schneider/Zeh (Fn. 15), § 49 Rn. 84; *S. Marschall* Parlamentsreform, 1999, 114; *Klein* (Fn. 19), Art. 42 Rn. 39. „Erweiterte öffentliche Ausschussberatungen" legt § 69a GO-BT für die Schlussberatung durch eine Soll-Regelung zwar nahe. Aber auch hierzu kommt es selten. Vgl. *H.-A. Roll* Geschäftsordnung des Deutschen Bundestages, 2001, § 69a Rn. 1; *W. Zeh* Parlamentarisches Verfahren, in: Isensee/Kirchhof (Fn. 18), § 53 Rn. 60. „Öffentliche Anhörungssitzungen" ermöglicht § 70 GO-BT. Eine obligatorische Sitzungsöffentlichkeit gibt es nur in Ausnahmefällen. Siehe Art. 44 Abs. 1 GG (Untersuchungsausschüsse), § 8 Abs. 1 WahlprüfG (Wahlprüfungsausschuss). Zur Rechtslage in den Ländern *Klein* (Fn. 19), Art. 42 Rn. 24.

202 Anders freilich *G. Loewenberg* Paradoxien des Parlamentarismus, ZParl 2007, 816 (824): „Transparenz als Ursprung des öffentlichen Misstrauens". Für die regelmäßige Nicht-Öffentlichkeit der Ausschusssitzungen auch *Friesenhahn* (Fn. 50), 32; *K. J. Partsch* Parlament und Regierung im modernen Staat, VVDStRL 16 (1958), 74 (79, 83 f.); *Kriele* (Fn. 34), 68; *Achterberg* (Fn. 55), 579 f.; *Klein* (Fn. 19), Art. 40 Rn. 127. Kritisch wie hier *Oberreuter* (Fn. 68), 83 ff.; *Meyer* (Fn. 16), 117; *Steffani* (Fn. 201), § 49 Rn. 82 ff.; *Schüttemeyer* (Fn. 24), 224 ff.; *W. Hofmann/G. Rischer* Einführung in die Parlamentarismustheorie, 1999, 20; *Wegener* (Fn. 70), 253 ff.; *W. Ismayr* Ausschüsse, 2. Aufl. 2004, 38 f.; *Södler* (Fn. 19), 130 ff. Auch die *Enquete-Kommission Verfassungsreform* (Fn. 48), 80 ff., und die *Ad-hoc-Kommission Parlamentsreform* BT-Drs. 10/3600, 10 ff., empfahlen eine stärkere Öffentlichkeit von Ausschusssitzungen.

203 Siehe unten bei Fn. 248 ff.

204 BT-Drs. 10/3600, 12. Vgl. auch *Marschall* (Fn. 201), 115; *Luhmann* (Fn. 8), 189 f.; *J. Kilian* Das alte Lied vom Reden und Handeln – Zur Rezeption parlamentarischer Kommunikationsprozesse in der parlamentarisch-demokratischen Öffentlichkeit, ZParl 1996, 503 (517); sowie bereits *Hatschek* (Fn. 29), 233 ff.

205 Traditionell wird Art. 42 Abs. 1 S. 1 GG mit einem systematischen Blick auf Art. 42 Abs. 3 GG so verstanden, dass sich das Öffentlichkeitsgebot nur auf die Verhandlungen des Plenums bezieht. Vgl. schon BVerfGE 1, 144 (152), sowie etwa *Klein* (Fn. 19), Art. 42 Rn. 44. Wenn man dagegen mit *Grzeszick* (Fn. 12), Art. 20 Rn. 22 f. (allerdings ohne Bezug auf Ausschusssitzungen), davon ausgeht, dass sich das allgemeine Öffentlichkeitsprinzip zu einer „Rechtsregel" verdichtet, falls die staatliche Tätigkeit ein „politisch-diskursives Verfahren" voraussetzt oder „wesentliche Belange der Allgemeinheit" betrifft, muss man zu dem hier vertretenen Ergebnis kommen, dass Ausschusssitzungen, in denen die Parlamentsbeschlüsse weitgehend vorweggenommen werden (siehe dazu unten bei Fn. 248 f.), grundsätzlich öffentlich sein und Abweichungen gerechtfertigt werden müssen. Ähnlich *M. Morlok* in: Dreier (Fn. 12), Art. 42 Rn. 24. *J. Linck* Die Öffentlichkeit der Parlamentsausschüsse aus verfassungsrechtlicher und rechtspolitischer Sicht, DÖV 1973, 513 (516), spricht sich immerhin für ein Verfassungs-

c) *Differenziertere Offenlegung von Tätigkeiten und Einkünften neben dem Mandat, Inkompatibilitäten, nachträgliche Karenzzeiten*

Schließlich gilt es, dem Verdacht entgegenzuwirken, dass manche Parlamentarier „fremden Herren dienen". Die Befürchtung, dass sich einflussreiche Interessengruppen durch Abgeordnete vertreten lassen, während sich andere Kreise diese parlamentarische Präsenz nicht verschaffen können, ist weit verbreitet.[206] Durch die Pflicht zur Veröffentlichung von Tätigkeiten und Einkünften neben dem Mandat wurde immerhin für mehr Transparenz gesorgt.[207] Die Angaben müssten aber erheblich differenzierter sein.[208]

---

gebot zu öffentlichen Ausschusssitzungen aus, sofern das Plenum nicht eingeschaltet wird. Die Öffentlichkeit der Sitzungen des für das Plenum handelnden Ausschusses für die Angelegenheiten der EU (Art. 45 GG) wird häufig verlangt. Siehe nur *M.-E. Geis* Parlamentsausschüsse, in: Isensee/Kirchhof (Fn. 18), § 54 Rn. 6 (mwN).

[206] Siehe *P. Krause* Freies Mandat und Kontrolle der Abgeordnetentätigkeit, DÖV 1974, 325 ff.; *Achterberg* (Fn. 55), 239 f.; *v. Arnim* (Fn. 196), 249 ff.; *M. Gaugler* Sinnvoll oder Skandalös? Personelle Verflechtungen von Parlament und Wirtschaft durch Nebentätigkeiten von Abgeordneten, in: Schneider/Janning/Leifeld/Malang (Hrsg.) Politiknetzwerke, 2009, 307 ff.; *M. Schmid* Personelle Verflechtungen zwischen Unternehmensverbänden und dem Bundestag, in: Schneider/Janning/Leifeld/Malang (ebd.), 325 ff.; *K. Mause* Die Nebentätigkeiten von Abgeordneten: Was offenbaren die Veröffentlichungspflichten?, PWP 2009/10, 146 ff.; *Kolbe/Hönigsberger/Osterberg* (Fn. 176), 24 ff. Das Problem relativierend *Linck* (Fn. 195), 26 (nur eine abstrakte Gefahr). Umfassend zu den durch Nebentätigkeiten betroffenen Verfassungsgütern – Demokratieprinzip, freies Mandat, Gleichheit der Abgeordneten, gleiche Möglichkeit der Bürger, die Legislative zu beeinflussen – *Käßner* (Fn. 196), 120 ff. Auch das *Bundesverfassungsgericht* hat festgestellt, dass die Gefahr einer Beeinträchtigung der Unabhängigkeit des Abgeordneten nicht mehr vom Staat droht, sondern „eher von der politischen Partei, der er angehört, und vor allem von einflussreichen Gruppen der Gesellschaft" (BVerfGE 40, 296 [313]). Dass die Annahme von Geld oder geldwerten Zuwendungen, „die nur deshalb gewährt werden, weil dafür die Vertretung und Durchsetzung der Interessen des Leistenden im Bundestag gewährt wird", sowie von Geld oder von geldwerten Zuwendungen „ohne angemessene Gegenleistung eines Mitglieds des Bundestages" unzulässig sind, stellt § 44a Abs. 2 AbgG – im Anschluss an eine Forderung des *Bundesverfassungsgerichts* (BVerfGE 40, 296 [318 f.]) – klar. Unzulässige Zuwendungen oder ihr Gegenwert sind dem Haushalt des Bundestages zuzuführen (§ 44a Abs. 3 AbgG). Näher zum Verbot sog. Interessentenzahlungen *Käßner* (Fn. 196), 39 ff., 183 ff.

[207] Die Regelungen wurden 2005 geschaffen. Tätigkeiten und Einkünfte neben dem Mandat, „die auf für die Ausübung des Mandats bedeutsame Interessenverknüpfungen hinweisen können", sind gem. § 44a Abs. 4 S. 1 AbG anzuzeigen und zu veröffentlichen. Das Nähere ergibt sich aus § 44b Nr. 1 und 2 i.V.m. § 18 GO-BT und §§ 1 bis 4 der „Verhaltensregeln für Mitglieder des Deutschen Bundestages" (Anlage 1 zur GO-BT). Danach müssen Einkünfte, die die Schwelle von 1.000.– Euro monatlich bzw. 10.000.– Euro jährlich übersteigen, angegeben werden. Dies geschieht allerdings bloß pauschal in drei Stufen (über 1.000, 3.500 und 7.000.– Euro im Monat). Spenden sind erst ab 5.000 Euro anzugeben und werden nur veröffentlicht, wenn sie in einem Kalenderjahr den Wert von

Darüber hinaus sollte man – um die Akzeptanz der parlamentarischen Entscheidungen zu erhöhen – an Inkompatibilitäten denken.[209] Zwar sollten und können nicht sämtliche entgeltlichen Nebentätigkeiten verboten werden,[210] wohl aber solche, die Abgeordnete als Vertreter von akkredi-

---

10.000.– Euro überschreiten. Verstöße gegen die Informationspflichten werden nach einer Vorprüfung durch den Bundestagspräsidenten und einer Entscheidung des Präsidiums gem. § 44a Abs. 4 S. 2–5, § 44b AbgG, § 18 GO-BT, § 8 der Verhaltensregeln publik gemacht. Zudem kann ein Ordnungsgeld verhängt werden. Näher *Käßner* (Fn. 196), 29 ff., 41 ff. Aus der Praxis BVerwGE 135, 77 ff. (Fall Schily). Siehe auch die diese Normierungen bestätigende – allerdings bloß mit Stimmengleichheit (§ 15 Abs. 4 S. 3 BVerfGG) ergangene – Entscheidung BVerfGE 118, 277 ff. Zustimmend etwa *van Aaken* (Fn. 5), 369 ff.; *Käßner* (Fn. 196), 136 ff.; *Klein* (Fn. 19), Art. 38 Rn. 223a ff. Kritisch gegenüber dem „Weg zum gläsernen Abgeordneten" *C. Waldhoff* Das missverstandene Mandat, ZParl 2006, 250 (256 ff.). Ähnlich *Linck* (Fn. 195), 24 ff.

208 Vgl. auch BVerfGE 118, 277 (374); sowie *H. H. v. Arnim* Nebeneinkünfte von Landtagsabgeordneten, NVwZ 2007, 1246 (1247 f.); *Käßner* (Fn. 196), 181 f.; *Mause* (Fn. 206), 170; *Humborg* (Fn. 197), 84 f. Im April 2011 hat die „Rechtsstellungskommission" des Bundestages immerhin beschlossen, dass Abgeordnete jährliche Einkünfte aus Tätigkeiten neben dem Mandat zwischen 10.000 und 150.000.– Euro in sieben Stufen anzugeben haben. Vgl. Pressemitteilung des *Deutschen Bundestages* vom 14.4.2011. Zur Umsetzung dieses Beschlusses in der GO-BT ist es aber noch nicht gekommen. Reformbedürftig sind darüber hinaus die Regelungen hinsichtlich der Spenden an einzelne Abgeordnete. Die Mindestbeträge (oben Fn. 207) sind zu hoch. Zudem fehlen im Vergleich zum Parteispendenrecht effektive Sanktionen. Siehe zu diesen Problemen und zur Frage, ob Direktspenden an Abgeordnete und Mandatsbewerber verboten werden sollten, *Käßner* (Fn. 196), 189 ff.

209 Notwendig ist eine grundgesetzliche Verankerung; denn Art. 137 Abs. 1 GG, der Beschränkungen der Wählbarkeit von Angehörigen des öffentlichen Dienstes, Soldaten und Richtern zulässt und einfachgesetzlich durch Inkompatibilitätsvorschriften konkretisiert wurde (§§ 5 ff. AbG, § 4 Abs. 1 RiG, § 46 Abs. 2 Nr. 5 SoldG), lässt nach hM für darüber hinausgehende Unvereinbarkeitsregeln keinen Raum. Vgl. nur *P. Badura* Stellung des Abgeordneten, in: Schneider/Zeh (Fn. 15), § 15 Rn. 90; *Käßner* (Fn. 196), 23 f. Demgemäß stellt § 44a Abs. 1 AbG fest, dass neben der Mandatsausübung, die „im Mittelpunkt der Tätigkeit eines Mitglieds des Bundestags steht" (und gem. Art. 48 Abs. 3 Satz 1 GG „entschädigt" wird), „Tätigkeiten beruflicher und anderer Art" grundsätzlich zulässig bleiben. Vgl. BVerfGE 40, 296 (318 f.); 118, 277 ff. Ausführlich zum Mandat als Mittelpunkt der Abgeordnetentätigkeit *Käßner* (Fn. 196), 137 ff. Zu wirtschaftlichen Inkompatibilitäten im Ausland *P. Kromarek/M. Kromarek* Die Kumulation von parlamentarischem Mandat und privater Tätigkeit in Frankreich und Deutschland, DÖV 1974, 458 ff.; *M. Schuppisser* Wirtschaftliche Interessenvertretung im Parlament?, 1977; *M. Lohmeier* Ausländische Regelungen für wirtschaftliche Interessenkonflikte von Abgeordneten, ZParl 1978, 470 ff.; *H.-A. Roll* Verhaltensregeln für Abgeordnete, ZRP 1984, 9 ff.; *K. Troltsch* Der Verhaltenskodex von Abgeordneten in westlichen Demokratien, APuZ 1985/B 24–25, 3 (8 f.); *van Aaken* (Fn. 5), 373; *dies.* (Fn. 196).

210 Zur Berufsfreiheit der Abgeordneten (Art. 12 GG), zum freien Mandat (Art. 38 Abs. 1 S. 2 GG) und zum Behinderungsverbot (Art. 48 Abs. 2 GG) *Käßner* (Fn. 196),

tierten Interessengruppen[211] in Loyalitätskonflikte bringen.[212] Dies würde etwa hauptamtliche Gewerkschaftler oder Repräsentanten von Unternehmensverbänden betreffen. Mitwirkungsverbote bei Befangenheit – wie sie vor allem das Kommunalrecht kennt – empfehlen sich hingegen nicht, da sie zu zufälligen Machtverschiebungen im Parlament führen könnten.[213]

Weiter sollte es Regeln für die Zeit nach dem Mandat geben. Der Wechsel prominenter Politiker in Dienste mächtiger Unternehmen und Verbände hat dem Ansehen der Demokratie immer wieder geschadet. Der „Drehtüreffekt" gilt als besonders augenfälliges Symbol eines überbordenden Lobbyismus.[214] Zwar gibt es Verpflichtungen zur Verschwiegenheit.[215] Das genügt aber nicht. Manche wollen ehemaligen Abgeordneten – um der Gefahr einer vorgelagerten Einflussnahme auf Entscheidungen während der Amtszeit bzw. dem Eindruck der Belohnung nach dem Ausscheiden entgegen zu wirken – sogar Tätigkeiten, die nicht mit einer früheren Berufsausübung im Zusammenhang stehen, in einer zweijähri-

---

155 ff. Aus verfassungspolitischer Sicht *Klein* (Fn. 19), Art. 48 Rn. 40 (Beruf neben der parlamentarischen Tätigkeit im Interesse der Unabhängigkeit und der „Bodenhaftung" der Abgeordneten); *Käßner* (Fn. 196), 227 ff.

211 Vielfach wird vorgebracht, „wirtschaftliche Inkompatibilitäten" könnten nicht „sachgerecht und berechenbar" festgelegt werden. Vgl. etwa *Krause* (Fn. 206), 333 f.; *Badura* (Fn. 209), Rn. 90. Die Bezugnahme auf das Lobbyregister (vgl. oben bei Fn. 179 ff.) entschärft dieses Problem. Der Anreiz zur Akkreditierung dürfte sich nicht nennenswert mindern.

212 Ausdrücklich hat das *Bundesverfassungsgericht* betont, dass eine Regelung, „die klarstellt, dass (…) der Abgeordnete (…) verpflichtet ist, konkrete Interessenkonflikte, die sich für ihn aus entgeltlichen Tätigkeiten außerhalb des Mandats ergeben, durch Nichtübernahme der konfliktbegründenden Tätigkeit, statt durch Nichtausübung des Mandats zu vermeiden", einen „guten Sinn" macht (BVerfGE 118, 277 [333]). Für eine Begrenzung der Nebentätigkeiten auch *Kolbe/Hönigsberger/Osterberg* (Fn. 176), 68 ff.; *Käßner* (Fn. 196), 210 ff. Für ein Verbot von Tätigkeiten, die die Unabhängigkeit von Abgeordneten konkret gefährden, *Linck* (Fn. 195), 27. Nach aA können Abgeordnete als Repräsentanten der Zivilgesellschaft auch einseitige Interessen in das Parlament einbringen, die dann dort mit gegenläufigen Interessen zum Ausgleich gebracht werden. Vgl. insbesondere das Sondervotum der Richter *W. Hassemer*, *U. Di Fabio*, *R. Mellinghoff* und *H. Landau* in: BVerfGE 118, 277 (338 ff.).

213 Im Ergebnis ablehnend auch *Steinberg* (Fn. 52), § 7 Rn. 121; *Käßner* (Fn. 196), 51 ff., 231 ff. AA *E. Röper* Befangenheitsregelung für parallele Berufstätigkeit von Abgeordneten, ZParl 2005, 425 ff. (mit Hinweis auf Art. 84 BremLV).

214 Siehe *Kolbe/Hönigsberger/Osterberg* (Fn. 176), 27 ff., 71 ff.; *Klein/Höntzsch* (Fn. 183); *K. Otto* Drehtür-Lobbykratie, Blätter für deutsche und internationale Politik 3/2010, 13 ff.

215 Die Abgeordneten dürfen – auch nach Beendigung ihres Mandats – ohne Genehmigung weder vor Gericht noch außergerichtlich Aussagen oder Erklärungen über Angelegenheiten abgeben, die auf Grund eines Gesetzes oder nach den Bestimmungen der Geschäftsordnung der Verschwiegenheit unterliegen (§ 44d Abs. 1 AbgG).

gen Karenzzeit ganz verbieten.[216] Ein solcher Eingriff in die Berufsfreiheit ginge verfassungsrechtlich zu weit. Zulässig und sinnvoll wäre aber eine Regelung, wonach ehemalige Politiker – an amerikanische Vorgaben angelehnt[217] – innerhalb der folgenden Legislaturperiode nicht als Lobbyisten agieren dürfen.

2. *Stärkung der Einflussnahmemöglichkeiten für einzelne Bürger*

Zweitens muss die Volksvertretung an den Einfluss einzelner Bürger auf das parlamentarische Geschehen denken. Zunehmend wollen sich Bürger nach der Wahl nicht mit der Rolle eines Zuschauers begnügen.[218] Es gilt, das immerhin beachtliche politische Interesse – nur 22 Prozent haben ein geringes oder gar kein Interesse[219] – zu nutzen, um die „Responsivität" des Parlaments zu verbessern und umstrittene Entscheidungen akzeptabler zu machen.[220]

---

216 Siehe – freilich auf Abgeordnete „mit besonderen Funktionen" (wie Fraktions- und Ausschussvorsitzende) beschränkt – *Kolbe/Hönigsberger/Osterberg* (Fn. 176), 50. Wenn die Tätigkeit in Zusammenhang mit der Mandatsausübung steht, soll sogar eine vierjährige Karenzzeit gelten. Für Regierungsmitglieder könnte allerdings das Verbot anderweitiger Tätigkeiten (§ 5 Abs. 1 BMinG) entsprechend der Regelung zur Geschenkannahme und zur Verschwiegenheit (§ 5 Abs. 3, § 6 BMinG) für eine begrenzte Dauer auf die Zeit nach dem Ausscheiden ausgedehnt werden, soweit es um Tätigkeiten mit Bezug zum bisherigen Amt geht. Für Beamte sieht § 41 BeamtStG schon jetzt die Möglichkeit eines bis zu fünfjährigen Verbotes von Tätigkeiten vor, die mit der dienstlichen Tätigkeit im Zusammenhang stehen und durch die dienstliche Interessen beeinträchtigt werden können. Eine Orientierung an dieser Regelung fordern *H. H. v. Arnim* Nach-amtliche Karenzzeiten für Politiker?, ZRP 2006, 44 ff.; *Schmedes* (Fn. 177), 559.

217 In den USA dürfen ehemalige Kongressabgeordnete für eine ein- bis zweijährige Karenzzeit keine Lobbyingaktivitäten gegenüber aktuellen Kongressmitgliedern übernehmen. Zur Effektivität dieser Vorgaben und zu Umgehungsmöglichkeiten *Davis* (Fn. 177), 362 ff.

218 Dass es ausreicht, sich alle vier oder fünf Jahre an Wahlen zu beteiligen, meinen nur 20% der Bevölkerung. Siehe *Sozialwissenschaftliches Forschungszentrum* (Fn. 2), 102.

219 *Sozialwissenschaftliches Forschungszentrum* (Fn. 2), 100 f. Ähnlich *Weßels* (Fn. 61), 371 ff. Dass der Anteil derer zunimmt, die sich zumindest punktuell und sachbezogen politisch einmischen wollen, zeigen auch die sog. nichtkonventionellen Beteiligungsformen (siehe oben Fn. 47).

220 *G. Hepp* Wertewandel und Bürgergesellschaft, APuZ 1996/B 52-53, 3 (11), verlangt, dass sich die „Politik in der Bürgergesellschaft" „dialogisch stärker zu den Bürgern hin öffnen" soll. Dies werde „einerseits die Responsivität politischer Entscheidungen verbessern, andererseits Komplexität, Vernetzungen und Sachaspekte des politischen Prozesses (...) transparenter machen."

a) Petitionsverfahren, Vorsitzender des Petitionsausschusses mit Ombuds-Funktionen, Ermöglichung von „Volksinitiativen"

Ausgangspunkt ist das in Art. 17 GG verankerte Petitionsrecht. Wichtige Reformschritte wurden bereits getan. Gut ist, dass Bürger Petitionen *online* einreichen können, dass bei Petitionen von „allgemeinem Interesse" im Internet ein Diskussionsforum eröffnet wird, und dass, wenn 50.000 eine Eingabe unterstützen, der Petitionsausschuss nicht hinter verschlossenen Türen, sondern mit dem „Petenten" öffentlich berät.[221] Verbessern lässt sich diese Art von Partizipation durch ein „Petitionsmanagementsystem", das den Stand der Bearbeitung der Eingabe offen legt.[222]

Beklagt wird allerdings, dass der Petitionsausschuss im Parlamentsbetrieb eine untergeordnete Rolle spielt.[223] Ein „Ombudsmann" könnte – was der Wehrbeauftragte zeigt[224] – die bürgerschaftlichen Anliegen sichtbarer machen und die Einflussnahme verstärken.[225] Das Petitionswesen ist

---

221 Vgl. die vom Petitionsausschuss auf Grundlage von § 110 Abs. 1 GOBT festgelegten „Verfahrensgrundsätze" Nr. 4 Abs. 1 S. 2 (Schriftlichkeit elektronisch übermittelter Petitionen), Nr. 2.2 Abs. 4 (Veröffentlichung von „öffentlichen Petitionen" – d.h. von Bitten und Beschwerden „von allgemeinem Interesse") und Nr. 8.4 Abs. 4 (Anhörung in öffentlichen Ausschusssitzungen bei „Sammel- und Massenpetitionen"). Für die Behandlung von öffentlichen Petitionen wurde eine „Richtlinie" erlassen. Darin wird aber ausdrücklich festgestellt, dass es einen Rechtsanspruch auf eine öffentliche Petition nicht gibt (Nr. 1 S. 3). Näher zu den neuen Verfahren *A. Guckelberger*, Neue Erscheinungen des Petitionsrechts, DÖV 2008, 85 ff. Für eine politikwissenschaftliche Evaluation *U. Riehm/C. Coenen/R. Lindner/C. Blümel* Bürgerbeteiligung durch E-Petitionen, 2009, 207 ff.; *A. Jungherr/P. Jürgens* E-Petitionen in Deutschland, ZParl 2011, 523 ff. Die Bedeutung relativierend *Klein* (Fn. 19), Art. 17 Rn. 2: „(D)er eher publizitätsscheue Einfluss der Lobby ist mit Gewissheit wirksamer als der von Massenpetitionen".

222 Vgl. – auch für weitere Verbesserungsvorschläge – *Riehm/Coenen/Lindner/Blümel* (Fn. 221), 253 ff., 259 ff. Ein Vorschlags- und Beschwerdemanagementsystem mit „*Tracing*"-Funktionen kommt auf kommunaler und Landesebene schon häufiger zum Einsatz (vgl. z.B. www.maerker.brandenburg.de; www.klarschiff-hro.de). Als Vorbild dient das britische Portal www.fixmystreet.com.

223 Vgl. – auch mit Hinweis darauf, dass im Petitionsausschuss meist unerfahrene Parlamentarier sitzen und dass dessen Vorsitzende Mitglieder der kleineren Bundestagsfraktionen sind – *Marschall* (Fn. 201), 117; *T. Saalfeld* Parliament und Citizens in Germany, in: Norton (Hrsg.) Parliaments and Citizens in Western Europe, 2002, 43 (51); *Södler* (Fn. 19), 107; *Klein* (Fn. 19), Art. 17 Rn. 141, Art. 45c Rn. 45 („Kaum ein Parlamentarier nimmt, von Ausnahmen abgesehen, von den monatlichen Berichten des Petitionsausschusses Kenntnis.")

224 Vgl. Art. 45b GG, §§ 113 ff. GO-BT. Bemerkenswert ist, dass der Wehrbeauftragte dem Bundestag nicht angehören darf (§ 14 Abs. 3 WehrbeauftrG).

225 Vgl. den Gesetzentwurf von *Bündnis 90/Die Grünen* (BT-Drs. 13/3578). Vorbilder finden sich in skandinavischen Ländern, aber auch auf der EU-Ebene („Europäischer Bürgerbeauftragter") und in einigen Bundesländern. Üblicherweise geht es zwar um Konflikte zwischen Bürgern und der Verwaltung. In dieser Hinsicht mag man die Ein-

jedoch parlamentarisch vielfältig organisiert,[226] und dabei sollte es bleiben. Ombuds-Funktionen sollte der Vorsitzende des Petitionsausschusses wahrnehmen. Meinungsverschiedenheiten bei der Behandlung von Petitionen müssen allerdings differenziert offengelegt werden. Die bislang üblichen „Sammelübersichten" genügen nicht.[227]

Weiter sollten die bürgerschaftlichen Einflussmöglichkeiten dadurch gestärkt werden, dass eine bestimmte Anzahl von Bürgern das Parlament dazu verpflichten kann, sich im Plenum mit einem Anliegen zu befassen.[228] Solche „Volksinitiativen"[229] tragen dem Wunsch der Bürger nach

richtung mit der *Enquete-Kommission Verfassungsreform* (Fn. 48), 64, wegen des „ausgebauten und lückenlosen Systems der Verfassungsgerichtsbarkeit" für überflüssig halten. Vgl. *Marschall* (Fn. 201), 116f.; *Södler* (Fn. 19), 106. Ein Ombudsmann könnte sich aber auch mit originär parlamentarischen Aufgaben befassen. *Riehm/Coenen/Lindner/Blümel* (Fn. 221), 59ff., stellen die Vor- und Nachteile eines Ombudsmannes umfassend dar, halten die Einführung einer solchen Institution aber für „sekundär".

226 Für die Besetzung des Petitionsausschusses gelten die allgemeinen Regeln (§§ 12, 57, 58 GO-BT), die dem Verfassungsgrundsatz der „Spiegelbildlichkeit" Rechnung tragen. Siehe BVerfGE 80, 188 (222); 84, 304 (323); 96, 264 (283); 112, 118 (133); *Geis* (Fn. 205), Rn. 42ff.; *Zeh* (Fn. 195), Rn. 45. Zudem sind nach Nr. 7.11 der „Verfahrensgrundsätze" (oben Fn. 221) für jede nicht erledigte Petition zwei verschiedenen Fraktionen angehörige Ausschussmitglieder als Berichterstatter einzusetzen, wobei ein Berichterstatter einer Regierungsfraktion und ein Berichterstatter einer Oppositionsfraktion angehören soll und jede andere Fraktion einen eigenen Berichterstatter zusätzlich verlangen kann.

227 Nach bisherigem Recht wird dem Bundestag bloß monatlich eine „Sammelübersicht" vorgelegt und jährlich ein Bericht erstattet (§ 112 Abs. 1 GO-BT). *E. Röper* Notwendiger Inhalt der Berichte des Petitionsausschusses, NVwZ 2002, 53f., hält diese Praxis sogar für verfassungswidrig. Relativierend *S. Brink* Zur Unterrichtung des Plenums über Entscheidungen des Petitionsausschusses, NVwZ 2003, 853ff.

228 Vgl. *H. Peter* Parlamentsreform – eine demokratische Notwendigkeit, APuZ 1986/B 13, 46 (47); *U. K. Preuß* Plebiszite als Formen der Bürgerbeteiligung, ZRP 1993, 131 (137); *E. Röper* Parlamentarische Behandlung von Bürgeranträgen/Volksinitiativen, ZParl 1997, 461ff.; *Marschall* (Fn. 201), 117ff.; *W. Ismayr* 50 Jahre Parlamentarismus in der Bundesrepublik, APuZ 1999/B 20, 14 (26); *H. Maurer* Staatsrecht I, 4. Aufl. 2005, § 7 Rn. 50; *H. Batt* Direktdemokratie im internationalen Vergleich, APuZ 2006/B 10, 10ff.; *Södler* (Fn. 19), 108ff. Nach bisherigem Recht enthalten die dem Bundestag vom Petitionsausschuss monatlich vorgelegten „Sammelübersichten" (siehe oben Fn. 227) zwar eine Beschlussempfehlung (§ 112 Abs. 1 S. 1 und 2 GO-BT); eine Aussprache findet allerdings – entgegen der Vorgabe in § 23 GO-BT – zumeist nicht statt (§ 112 Abs. 2 S. 2 GO-BT). Der Beschluss im Plenum hat damit bloß einen formalen Charakter. So *Klein* (Fn. 19), Art. 45c Rn. 24ff., 45.

229 Der Begriff ist missverständlich, weil es nicht um eine Ausweitung des Gesetzesinitiativrechts geht, sondern um eine Ausgestaltung des Petitionsrechts. Das bürgerschaftliche Anliegen kann in Form eines Gesetzes nur umgesetzt werden, wenn sich einer der Initiativberechtigten im Sinne des Art. 76 GG den Wunsch zu eigen macht. Vgl. zu dieser Differenzierung im Hinblick auf Petitionen *R. Stettner* in: Dreier (Fn. 12),

mehr direktdemokratischer Mitwirkung Rechnung, ohne das Repräsentationsprinzip einzuschränken. Sie müssen nicht eine Vorstufe zu Volksentscheiden sein, sondern können – bei niedrigeren Quoren und einer weiter gefassten Themenpalette[230] – auch als eigenständiges Partizipationsinstrument eingesetzt werden.[231] Falls die Parlamentarier eine den artikulierten Bürgerinteressen nicht entsprechende Entscheidung treffen,[232] haben sie die plebiszitäre Frustration spätestens bei der nächsten Wahl zu verantworten. Dies ist der Preis für die „politische Führung".

b) Einflussnahme auf das Gesetzgebungsverfahren

Auch das Gesetzgebungsverfahren enthält Möglichkeiten für eine verstärkte Partizipation. In Einzelfällen bietet der Bundestag schon heute im Internet „Diskussionsforen" an, in denen man sich über die Gesetzesmaterialien und externe Stellungnahmen informieren und seine Einsichten einbringen kann.[233] Um die parlamentarische „Responsivität", die Gleichheit der Einflussnahmechancen[234] und schließlich auch die bürgerschaft-

Art. 76 Rn. 12. Wenn man das „Volksinitiativrecht" so versteht, ist für seine Einführung eine Grundgesetzänderung nicht erforderlich. Sinnvoll ist sie gleichwohl, um diese Partizipationschance in der Bevölkerung zu verankern.

[230] Zum Zweck der Hürden für Volksentscheide etwa *J. Isensee* Volksgesetzgebung – Vitalisierung oder Störung der parlamentarischen Demokratie?, DVBl. 2011, 1161 (1165 ff.): „Demokratischer Schutz vor dem Regime von Minderheiten."

[231] Vgl. zu den Regelungen in den Ländern und den Gestaltungsmöglichkeiten im Bund *Röper* (Fn. 228), 467 ff.; *J. Rux* Direkte Demokratie in Deutschland, 2008, 406 ff., 909 ff.; *M. Kloepfer/F. Schärdel* Perspektiven der Volksgesetzgebung, DVBl. 2008, 1333 (1334 Fn. 6). Das österreichische Recht kennt Volksbegehren seit 1973 (Art. 41 Abs. 2 B-VG iVm dem VolksbegehrenG). Auf europäischer Ebene besteht seit 2011 die Möglichkeit, die Kommission durch Volksinitiative zur Erarbeitung eines Rechtsakts aufzufordern, Verordnung (EU) Nr. 211/2011 v. 16. 2. 2011 über die Bürgerinitiative, ABl. 2011, L 65/1. Siehe *A. Guckelberger* Die europäische Bürgerinitiative, DÖV 2010, 745 ff.; *M. Tiedemann* Die sekundärrechtliche Ausgestaltung der europäischen Bürgerinitiative durch die Verordnung (EU) Nr. 211/2011, NVwZ 2012, 80 ff. Zur Diskussion in Großbritannien *Fox* (Fn. 3), 682 f.; *P. Riddell* In Defence of Politicians: In Spite of Themselves, Parl. Affairs 2010, 545 (554 f.).

[232] Aus diesem Grund gegen „empfehlende Volksentscheide" *Kloepfer/Schärdel* (Fn. 231), 1335 ff. Ähnlich *Klein* (Fn. 19), Art. 38 Rn. 43.

[233] Für einen Blick in die Praxis *B. Holznagel/A. Hanßmann* Möglichkeit von Wahlen und Bürgerbeteiligung per Internet, in: Holznagel/Gründwald/Hanßmann (Hrsg.) Elektronische Demokratie, 2001, 56 (69); *J. Tenscher/L. Will* Abgeordnete Online?, ZParl 2010, 504 ff. Zur Lage in Großbritannien *R. Ferguson* Convergent Evolution: The Development of Online Engagement in Westminster and Whitehall, Parl. Affairs 2008, 216 ff.

[234] Vgl. *Lübbe-Wolff* (Fn. 42), 282: „Der bekannte Einwand, dass erweiterte Partizipationsmöglichkeiten auf eine undemokratische Privilegierung (…) hinauslaufen, ist gegen die Praxis zu richten, die entsteht, wenn Partizipationschancen nicht in formalisierter, Chancengleichheit sichernder Weise eröffnet sind."

liche Akzeptanz von Entscheidungen der „politischen Führung“ zu stärken, sollten die Bürger aber einen Rechtsanspruch darauf haben, sich zu wichtigen Gesetzesvorlagen zu äußern.[235] Als Vorbild kann das schweizerische „Vernehmlassungsverfahren“ dienen.[236] Weil es nur um Stellungnahmen, nicht um Mitentscheidung geht, können sich die Informationen und Beteiligungschancen – um den parlamentarischen Aufwand zu begrenzen – auf das Internet beschränken, obwohl die Möglichkeiten zu dessen Nutzung nicht gleichmäßig verteilt sind. Die Abgeordneten müssen den „*Digital Divide*“ bei ihren Sachentscheidungen beachten und auch, dass die Repräsentativität durch ein gesteuertes „*Mass Mailing*“ verfälscht sein kann.[237] In besonders umstrittenen Fällen kann ein öffentliches „*Joint-Fact-Finding*“ nützlich sein, das von einem als neutral akzeptierten „Mediator“ geleitet wird.[238] Idealerweise kommt es zu einem Kon-

---

[235] Vgl. für einen Normierungsvorschlag für die GO-BT – allerdings mit inhaltlichen Abweichungen – *J. Linck* Unmittelbare Bürgerbeteiligung am parlamentarischen Gesetzgebungsprozess, ZG 2004, 137 (145). Zu den Anforderungen an „Diskussionsforen“ aus politikwissenschaftlicher Sicht *Riehm/Coenen/Lindner/Blümel* (Fn. 221), 250 ff.

[236] Das auf Art. 147 der Bundesverfassung (BV) beruhende Verfahren wurde 2005 durch das Vernehmlassungsgesetz (VlG) und die Vernehmlassungsverordnung (VlV) modernisiert. Es findet nach Art. 3 VlG bei der Vorbereitung von Verfassungsänderungen, grundlegenden Gesetzen, völkerrechtlichen Verträgen sowie bei Vorhaben „von grosser politischer, finanzieller, wirtschaftlicher, ökologischer, sozialer oder kultureller Tragweite“ statt. Art. 4 VlG stellt klar, dass sich „jede Person und jede Organisation“ beteiligen kann. Auf die Staatsangehörigkeit kommt es nicht an. Siehe *T. Sägesser* Vernehmlassungsverfahren im Schweizerischen Bundesstaat, ZG 2004, 364 (367). Dass die Stellungnahmen „auszuwerten und zu gewichten“ sind, hebt Art. 8 VlG hervor. Vgl. auch Art. 18 ff. VlV. Ziel des Verfahrens ist es, Widerstände frühzeitig zu erkennen und „referendumsfeste“ Lösungen zu erarbeiten. Siehe *G. Biaggini* BV Kommentar, 2007, Art. 147 Rn. 2. Zudem soll die Gefahr der Beeinflussung durch Gruppeninteressen ausgeglichen werden. Siehe *T. Sägesser* Handkommentar zum Vernehmlassungsgesetz, 2006, Art. 4 Rn. 8. Aus Sicht der Politikwissenschaft *U. Klöti/C. Vögeli* Das vorparlamentarische Gesetzgebungsverfahren, ius.full 2005, 286 ff.; *C. Anderegge* Evaluation der Vernehmlassungs- und Anhörungspraxis des Bundes, LeGes 2012, 45 ff. Zu vergleichbaren Verfahren in Österreich („Bürgerbegutachtung“) und einigen Staaten der USA *Linck* (Fn. 235), 140 ff.

[237] Vgl. *Meckel* (Fn. 51), 229 ff.; *M. Emmer/G. Vowe* Digital Divide: Ein Mythos auf dem Prüfstand, in: Gellner/Strohmeier (Hrsg.) Freiheit und Gemeinwohl, 2002, 179 ff.; *M. Emmer/G. Vowe/J. Wolling* Ein Medium wird erwachsen: Die Entwicklung der politischen Internetnutzung der Deutschen, in: Wolling/Seifert/Emmer (Hrsg.) Politik 2.0?, 2010, 87 ff. *D. Roleff* Digitale Politik und Partizipation, APuZ 7/2012, 14 (15 f.). Allerdings nimmt die Ausstattung der Haushalte mit Computer und Internet kontinuierlich zu. Siehe für Daten *S. Czaijka/U. Kleinegees/K. Kott* Freizeit und Mediennutzung, in: Statistisches Bundesamt/Wissenschaftszentrum für Sozialforschung (Fn. 6), 341 (343 ff.).

[238] Vgl. zum Verfahren *C. J. Andrews* Humble Analysis – The Practice of Joint Fact-Finding, 2002; *H.-P. Meister* Diskursive Politikgestaltung, APuZ 2004/B 14, 32 ff. Zum

sens über das Sachproblem und über konkrete Lösungen. Zumindest aber wird ein – letztlich vom Parlament zu entscheidender – Dissens transparent gemacht. Schließlich sollte man – gestützt auf Erfahrungen in den Kommunen[239] und im Ausland[240] – an „konsultative Volksbefragungen" denken.[241] Eine Grundgesetzänderung ist, weil das Parlament rechtlich nicht gebunden wird, zwar nicht erforderlich,[242] aber wegen der politischen Bedeutung von Volksbefragungen und zur Verdeutlichung der Neuerung empfehlenswert.

c) *Repräsentative Einbeziehung von Bürgern*

Bei allen Formen der Bürgerbeteiligung müssen die Parlamentarier allerdings berücksichtigen, dass die eröffneten Möglichkeiten vor allem von ressourcenstarken, gebildeten und artikulierfähigen Bevölkerungsgruppen genutzt werden, was das demokratische Gleichheitsversprechen relativiert, die Einschätzung der Interessenlage erschwert und die parla-

---

Mediationsverfahren zum Ausbau des Frankfurter Flughafens *H. Pünder* Kooperation statt Konfrontation – Möglichkeiten und Grenzen der Mediation bei Planfeststellungsverfahren, Die Verwaltung 38 (2005), 1 ff.

239 Vgl. *U. Rommelfanger* Das konsultative Referendum, 1987, 54 ff., 159 ff., 283 ff.

240 Für einen umfassenden Überblick *Rommelfanger* (Fn. 239), 172 ff. In Österreich wurde das Instrument auf Bundesebene 1989 geschaffen (Art. 49b B-VG iVm dem VolksbefragungsG). In der Schweiz gibt es kaum konsultative Volksabstimmungen. Vgl. *R. Sträuli* Konsultative Volksabstimmungen in der Schweiz, 1982.

241 Vgl. *C. Pestalozza* Volksbefragung – das demokratische Minimum, NJW 1981, 733 ff. Dagegen *Enquete-Kommission Verfassungsreform* (Fn. 48), 12 ff.; *Kriele* (Fn. 34), 61; *Maurer* (Fn. 228), § 7 Rn. 50; *C. Starck* (Fn. 46), Rn. 50; *Kloepfer/Schärdel* (Fn. 231), 1335 ff.; *Rommelfanger* (Fn. 239), 277 ff.; *Volkmann* (Fn. 15), Art. 20 Rn. 59. *P. Krause* Verfassungsrechtliche Möglichkeiten unmittelbarer Demokratie, in: Isensee/Kirchhof (Fn. 18), § 55 Rn. 23 ff., meint zu weitgehend, dass eine konsultative Volksbefragung – „ein der demokratischen Republik untergeschobener Wechselbalg" – noch nicht einmal durch eine Verfassungsänderung eingeführt werden könnte. Aus verfassungsrechtlichen Gründen sogar gegen Mitgliederbefragungen in den politischen Parteien *Merten* (Fn. 57), 33 f.

242 Vgl. *Pestalozza* (Fn. 241), 734; *I. Ebsen* Abstimmungen des Bundesvolkes als Verfassungsproblem, AöR 110 (1985), 2 (13 ff., 20 ff.); *K. Bugiel* Volkswille und repräsentative Entscheidung, 1991, 395 ff.; *Dreier* (Fn. 12), Art. 20 Rn. 111 f. AA etwa *Scheuner* (Fn. 155), 235 f.; *Stern* (Fn. 162), 16; *Maurer* (Fn. 228), § 7 Rn. 35; *Sommermann* (Fn. 76), Art. 20 Abs. 2 Rn. 162. Ausführlich zum Streit *Rommelfanger* (Fn. 239), 117 ff. (im Ergebnis wie hier). Zu den Motiven der Politiker zur Veranstaltung von Referenden *E. Hornig* Direkte Demokratie und Parteienwettbewerb, ZParl 2011, 475 (479 ff.). Das *Bundesverfassungsgericht* hat die von Hamburg und Bremen 1958 erlassenen Gesetze zur Volksbefragung über Atomwaffen bloß aus kompetenzrechtlichen Gründen für nichtig erklärt (BVerfGE 8, 104 [115 ff.]).

mentarische „Responsivität“ verzerren kann.[243] Um dem entgegen zu wirken, kommen Verfahren der empirischen „Sozialforschung“ in Betracht.[244] Auf kommunaler und regionaler Ebene hat man mit „Bürgerforen“ und „Bürgergutachten“ keine schlechten Erfahrungen gemacht.[245] Solche Maßnahmen können auch die Parlamentsarbeit befruchten. Manche denken sogar daran, Gremien, in denen zufällig ausgewählte Bürger sitzen, Entscheidungsbefugnisse – etwa ein Veto-Recht – einzuräumen.[246] Dem stünde allerdings die Verfassung entgegen.[247]

---

[243] Besonders prägnant *E. E. Schattschneider* The Semisovereign People, 1960, 34f.: "*The flaw in the pluralist heaven is that the heavenly chorus sings with a strong upper-class accent.*" Vgl. auch *R. A. Dahl* Who governs?, 1961, 305ff.; *Scharpf* (Fn. 21), 57ff.; *Böckenförde* (Fn. 7), 384; *H. Bossong* Der Sozialstaat am runden Tisch, Die Verwaltung 34 (1991), 145 (150f.); *W. Lusoli/S. Ward/R. Gibson* (Re)connecting Politics? Parliament, the Public and the Internet, Parl. Affairs 2006, 24 (39f.); *D. McHugh* Wanting to be Heard But Not Wanting to Act? Addressing Political Disengagement, Parl. Affairs 2006, 546ff.; *A. Tucker* Pre-emptive Democracy: Oligarchic Tendencies in Deliberative Democracy, Political Studies 56 (2008), 127ff.; *Fishkin* (Fn. 47), 49 ff. („*participatory distortion*“); *D. Jörke* Die Versprechen der Demokratie und die Grenzen der Deliberation, ZPol 2010, 269 (276); *T. Escher* Wi(e)der die „üblichen Verdächtigen“? Politische Beteiligung via Internet, in: Wolling/Seifert/Emmer (Fn. 237), 131ff.; *Roleff* (Fn. 237), 15f. (unter Verweis auf den aktuellen „(N)Onliner Atlas“); *Jungherr/Jürgens* (Fn. 221), 528ff. (speziell zu den Nutzern des E-Petitionssystems).

[244] Vgl. zur quantitativen Sozialforschung *R. Schnell/P. Hill/E. Esser* Methoden der Empirischen Sozialforschung 9. Aufl. 2011; zur qualitativen Sozialforschung *U. Flick/E. v. Kardorff/I. Steinke* (Hrsg.) Qualitative Sozialforschung, 9. Aufl. 2012.

[245] Grundlage ist das Konzept einer „Planungszelle“ (oder „*Focus Group*“). Vgl. *P. C. Dienel* Die Planungszelle, 1978 (5. Aufl. 2002); *dens.* Demokratisch, Praktisch, Gut – Merkmale, Wirkungen und Perspektiven der Planungszelle, 2009; sowie *H. Bongardt* Die Planungszelle in Theorie und Anwendung, 1999; *T. Weber* Bürgerbeteiligung und direkte Demokratie, in: Dienel (Hrsg.) Die Befreiung der Politik, 2005, 23ff.; *B. Hungerland* Bürgergutachten durch Planungszellen, in: Dienel (ebd.), 30ff.; *Marschall* (Fn. 201), 119f.; *Södler* (Fn. 19), 112ff. Aus Sicht der deliberativen Demokratietheorie (oben Fn. 66) *C. Landwehr/K. Holzinger* Parlamentsplenum und Bürgerkonferenz – Was leisten sie auf dem Weg zu politischen Entscheidungen?, ZParl 2009, 889ff. Die organisatorischen und finanziellen Kosten sind allerdings relativ hoch. Es wird nämlich vorausgesetzt, dass die ca. 25 Teilnehmer für eine Woche von ihren beruflichen Verpflichtungen freigestellt werden. Insofern kritisch *v. Beyme* (Fn. 51), 374f. Jedenfalls sollte den Ausschüssen in der Geschäftsordnung des Bundestages der Einsatz solcher Verfahren ausdrücklich ermöglicht werden.

[246] Vgl. *Crouch* (Fn. 1), 144 ff., zur Europäischen Union *H. Buchstein* Demokratie und Lotterie – das Losverfahren als politisches Instrument von der Antike bis zur EU, 2009, 488 („*House of Lots*“ als zweite Kammer in der EU); *Fishkin* (Fn. 47), 183ff. („*Putting Europe in one room*“).

[247] Organe der Gesetzgebung müssen sich gem. Art. 20 Abs. 2 Satz 2, Art. 38 Abs. 1 GG auf Wahlen zurückführen lassen. Davon könnte wegen Art. 79 Abs. 3 GG selbst durch eine Verfassungsänderung nicht abgewichen werden.

3. *Rolle der Abgeordneten im Parlamentsbetrieb*

Schließlich ist – drittens – der Blick darauf zu richten, auf welche Weise Abgeordnete die Bürgerpräferenzen im Sinne der „Responsivität" in die parlamentarische Entscheidungsfindung einbringen bzw. ihre Einschätzung von der Notwendigkeit einer „politischen Führung" umsetzen können.

a) *Arbeitsteilung zwischen Plenum und Ausschüssen, parlamentarische Minderheitenrechte, Normierung einer „Oppositionsklausel"*

Soweit beklagt wird, dass die Debatte im Plenum an vorher gefassten Meinungen regelmäßig nichts ändere,[248] ist dem allerdings die Notwendigkeit einer Arbeitsteilung entgegen zu halten. Es soll sogar die „Daumenregel" gelten, dass „ein Parlament umso einflussloser ist, je mehr Zeit es auf die Plenardebatte verwendet".[249] Dies bedeutet nicht, dass dem vorher in den Ausschüssen Verhandelten im Plenum lediglich eine Form mit rechtlicher Wirksamkeit gegeben würde.[250] Vielmehr dient die Plenardebatte dazu, die jeweiligen Positionen in der Öffentlichkeit zu begründen. Die Auseinandersetzungen liefern nicht nur Informationen für künftige Wahlen,[251] sondern können auch zur Akzeptanz umstrittener Entscheidungen beitragen, indem die Bürger erfahren, dass das, was sie

---

[248] *H. Hamm-Brücher* Die Krise des Parlamentarismus und Chancen zu ihrer Überwindung, APuZ 1985/B 6, 3 (4). Vgl. auch bereits *C. Schmitt* (Fn. 15), etwa 63: „Sind Öffentlichkeit und Diskussion in der tatsächlichen Wirklichkeit des parlamentarischen Betriebs zu einer leeren und nichtigen Formalität geworden, so hat auch das Parlament (...) seine bisherige Grundlage und seinen Sinn verloren."

[249] Siehe *K. v. Beyme* Parlamente, in: Lauth (Fn. 6), 264 (273). Vgl. auch BVerfGE 80, 188 (221 f.); 84, 304 (323); 112, 118 (133 ff.); *Schulze-Fielitz* (Fn. 72), 304 ff.; *Loewenberg* (Fn. 202), 819 ff.

[250] Zur Unterscheidung zwischen der „Entscheidung" und dem „Beschluss" *E. Schütt-Wetschky* Regierung, Parlament oder Parteien: Wer entscheidet, wer beschließt?, ZParl 2005, 488 ff. Soweit *A. Mechtersheimer* Parlamentsreform – eine demokratische Notwendigkeit, APuZ 1988/B 13, 50 (51), den Parlamentsbeschluss als bloße „notarielle Beurkundung" diffamiert (ähnlich *C. Schmitt* [Fn. 13], 319), ist dem entgegenzuhalten, dass auch dem „Notartermin" regelmäßig Verhandlungen vorausgegangen sind. Ausführlich zur Kritik an der mangelnden Beratung im Bundestag *Schütt-Wetschky* (Fn. 86), 249 ff. Für ein „realistisches Parlamentsverständnis" mit einer „Warnung vor einem antiparlamentarischen Effekt" *Morlok* (Fn. 18), 64 ff.

[251] Vgl. nur *Huber* (Fn. 89), 690. Namentliche Abstimmungen, die von einer Fraktion oder von anwesenden 5% der Mitglieder verlangt werden können (§ 52 GO-BT), sind zwar nicht verfassungsgeboten, aber aus Sicht des Demokratieprinzips zu empfehlen. Siehe auch *Merten* (Fn. 57), 30. Zum Streit um die Zulässigkeit geheimer Abstimmungen über Sachfragen *Klein* (Fn. 19), Art. 42 Rn. 37.

denken und ggf. gegenüber Abgeordneten vorgebracht haben, im Sinne der „Responsivität“ eine Rolle gespielt hat.[252] Dieser Aspekt darf nicht unterschätzt werden. Auch Reden fraktionsloser Abgeordneter und von Parlamentariern, die sich von der Fraktionsmeinung lösen, tragen – insbesondere wenn Regierung und weite Teile der Opposition einer Meinung sind – zum Gelingen der repräsentativen Demokratie bei.[253]

Da das Parlament als Ganzes entgegen der traditionellen Vorstellung von der Gewaltenteilung[254] als „Vetospieler“[255] zwar nicht ganz,[256] aber

---

[252] Siehe oben bei Fn. 70. *Friesenhahn* (Fn. 50), 32, formulierte treffend: „Die im Parlament gehaltenen Reden mögen ‚zum Fenster hinaus‘ gehalten werden. Das ist durchaus legitim, denn vor dem Fenster steht das souveräne Volk und erwartet die Rechtfertigung der von den Parteien getroffenen Entscheidungen.“

[253] Darauf zu achten, ist Aufgabe des Bundestagspräsidenten; denn ein Abgeordneter darf nur sprechen, wenn ihm der amtierende Präsident – innerhalb der vom Ältestenrat vereinbarten Tagesordnung (§ 20 Abs. 1 GO-BT) und der vom Bundestag auf Vorschlag des Ältestenrats festgelegten „Gestaltung und Dauer der Aussprache“ (§ 35 GO-BT) – das Wort erteilt hat (§ 27 Abs. 1 S. 1 GO-BT). Die Redezeit wird entsprechend dem Stärkeverhältnis der Fraktionen aufgeteilt („Berliner Stunde“). Vgl. *Zeh* (Fn. 201), Rn. 31, 33. Was gilt, wenn ein fraktionsloser oder ein sich von der Fraktionsmeinung lösender Abgeordneter zu reden wünscht, ist nicht regelt. Der Bundestagspräsident wird solchen Parlamentariern aus verfassungsrechtlichen Gründen das Wort außerhalb der den Fraktionen zustehenden Redezeiten erteilen müssen, da die Befugnis zur Rede zum grundgesetzlich garantierten Status des einzelnen Abgeordneten gehört. Siehe – im Hinblick auf fraktionslose Abgeordnete – BVerfGE 10, 4 (12f.); 80, 188 (228f.); *H. H. Klein* Status des Abgeordneten, in: Isensee/Kirchhof (Fn. 18), § 51 Rn. 32. Dies sollte in der Geschäftsordnung klar gestellt werden. Davon unabhängig können Abgeordnete „Zwischenfragen“ stellen und „Zwischenbemerkungen“ machen (§ 27 Abs. 2 GO-BT, sog. Kurzinterventionen), sowie nach Schluss, Unterbrechung oder Vertagung der Aussprache „Erklärungen“ abgeben (§§ 30, 31 GO-BT).

[254] Zwar hat das Grundgesetz die „Gesetzgebung“ und die „vollziehende Gewalt“ je für sich „besonderen Organen“ zugeordnet (Art. 20 Abs. 2 S. 2 GG). Es hat aber auch ein parlamentarisches Regierungssystem verankert, in dem Regierung und Parlamentsmehrheit durch Wahl und Kontrolle voneinander abhängig sind. Vgl. etwa *Meyer* (Fn. 16), 85ff.; *P. Badura* Die parlamentarische Demokratie, in: Isensee/Kirchhof (Fn. 18), § 25 Rn. 10ff.; *P. M. Huber* Regierung und Opposition, in: Isensee/Kirchhof (Fn. 18), § 47 Rn. 6ff. Dass die „Staatsleitung“ Parlament und Regierung „zur gesamten Hand“ zugewiesen ist, hat bereits *Friesenhahn* (Fn. 50), 37f., hervorgehoben. Zur ursprünglichen Intention des Parlamentarischen Rates *E. Schütt-Wetschky* (Fn. 86), 110ff.

[255] Die „Vetospieler“-Theorie geht auf *G. Tsebelis* Veto Players – How Political Institutions Work, 2002, etwa 78f., zurück. Für eine politikwissenschaftliche Einordnung *Croissant* (Fn. 97), 132ff.

[256] Nicht zu verkennen ist, dass sich die Regierung mit den sie tragenden Abgeordneten abstimmen muss. Dies erlaubt nicht nur eine nachträgliche, sondern zugleich eine begleitende Regierungskontrolle. Vgl. *Meyer* (Fn. 16), 100ff.; *Schütt-Wetschky* (Fn. 86), 226ff.; *Schulze-Fielitz* (Fn. 72), 256f.; *Steffani* (Fn. 201), § 49 Rn. 80, 119ff.; *E. Schmidt-Jortzig* Regierungskontrolle durch die Parlamentsmehrheit, FS Rauschning, 2001,

doch weitgehend ausfällt, obliegt die Kontrolle der Regierung in erster Linie der Parlamentsminderheit.[257] Da viele Bürger diese „intrainstitutionelle" Gewaltenteilung nicht durchschauen,[258] sollte eine „Oppositionsklausel" in das Grundgesetz eingefügt werden.[259] Schon jetzt können

143f.; *Morlok* (Fn. 18), 65f.; *B. Miller* Informelle Einflussnahme? Parlamentarier im Koalitionsausschuss, in: Schöne/v. Blumenthal (Fn. 46), 129ff.; *S. Schüttemeyer* Politische Führung im Parlament, APuZ 2010/2–3, 15 (18f.); *L. Helms* Der Wandel der politischen Kontrolle in den parlamentarischen Demokratien, ZParl 2005, 390ff. Zum „Dissensmanagement" in Koalitionen *Schöne* (Fn. 194), 153ff. Zum britischen Parlamentarismus *P. Cowley/M. Stuart* Parliament: More Revolts, More Reforms, Parl. Affairs 2003, 188ff. Insofern geht der Vorwurf, der Bundestag würde sich mit der Regierungsbestellung „entmannen" (*Mechtersheimer* [Fn. 249], 50), fehl. Die Möglichkeit der Regierungskontrolle durch die Mehrheitsfraktionen wird allerdings durch informelle Instrumentalisierungsmöglichkeiten relativiert. Vgl. *Meyer* (Fn. 34), § 4 Rn. 22; *Huber* (Fn. 254), Rn. 21.

257 Vgl. BVerfGE 49, 70 (86); 102, 224 (236); 114, 121 (149f.); *Friesenhahn* (Fn. 50), 31f.; *H.-P. Schneider* Die parlamentarische Opposition im Verfassungsrecht der Bundesrepublik Deutschland, 1974, 13ff.; *dens.* (Fn. 46), 657ff.; *Meyer* (Fn. 34), § 4 Rn. 116ff.; *R. Poscher* Die Opposition als Rechtsbegriff, AöR 1997, 445, 453; *M. Schmidt-Preuß* Gestaltungskräfte im parlamentarischen Regierungssystem der Bundesrepublik Deutschland, FS Leisner, 1999, 467 (473); *Huber* (Fn. 254), Rn. 38ff.; *Möllers* (Fn. 32), 121ff.; *Unger* (Fn. 18), 34ff.; *Kotzur* (Fn. 48), 201ff. Aus der Politikwissenschaft *Schütt-Wetschky* (Fn. 86), 91f., 231ff.; *Steffani* (Fn. 201), § 49 Rn. 9, 79; *W. J. Patzelt* Wider das Gerede vom „Fraktionszwang"!, ZParl 1998, 323. Wie die Geschäftsordnungen der deutschen Parlamente seit 1848 den Wandel widerspiegeln, verdeutlicht *W. Zeh* Altersschichten in der Geschäftsordnung des Deutschen Bundestages, ZParl 1986, 398ff. Zur „parlamentarischen Mitregierung der Opposition" aus politikwissenschaftlicher Sicht *v. Beyme* (Fn. 51), 264ff. Zur ganz anders gearteten „Konkordanzdemokratie" in der Schweiz *Rhinow* (Fn. 47), 86ff.

258 Umfragen haben ergeben, dass 18% der Wähler und – man glaubt es kaum – sogar 6% der Abgeordneten meinen, in einem dualistischen System zu agieren. Siehe *W. J. Patzelt* Ein latenter Verfassungskonflikt? Die Deutschen und ihr parlamentarisches Regierungssystem, PVS 1998, 725 (738f.). Die Zeit des Konstitutionalismus, als das Parlament der ihm gegenüber noch nicht verantwortlichen monarchischen Regierung antagonistisch gegenüber stand, scheint immer noch fortzuwirken. Vgl. auch *Meyer* (Fn. 34), § 4 Rn. 1 („Das missverstandene Parlament"). Zur historischen Entwicklung *v. Beyme* (249), 266ff.

259 Zehn Landesverfassungen enthalten ausdrückliche Vorschriften über die parlamentarische Opposition. Vorbildlich war die Verfassung der Freien und Hansestadt Hamburg (Art. 23a). Ausführlich *P. Cancik* Parlamentarische Opposition in den Landesverfassungen, 2000. Für die Normierung einer Oppositionsklausel im Grundgesetz *Huber* (Fn. 89), 691; *ders.* (Fn. 254), Rn. 76; *Marschall* (Fn. 19), 109f.; *Poscher* (Fn. 256), 445ff. Dagegen *Gemeinsame Verfassungskommission* BT-Drucks. 12/6000, 89f.; *S. Haberland* Die verfassungsrechtliche Bedeutung der Opposition, 1995, 172ff. Das Recht auf Bildung und Ausübung der Opposition ist allerdings auch ohne ausdrückliche Normierung als Bestandteil des Demokratieprinzips im Grundgesetz verankert. Vgl. etwa BVerfGE 2, 1 (12f.); 44, 308 (321); 70, 324 (363); *Achterberg* (Fn. 55), 86ff.

freilich Minderheitenrechte genutzt werden, um die Öffentlichkeit zum Druck auf die Regierung zu mobilisieren.[260] Der manchmal selbst von Politikern scheinheilig kritisierte „Schlagabtausch"[261] ist – wie auch der Trend zum Polit-Entertainment etwa in Talkshows[262] – keine Degenerationserscheinung, sondern Ausdruck einer fruchtbaren „Streitkultur".[263]

---

[260] Hinzuweisen ist vor allem auf die verschiedenen Informationsrechte: Große und Kleine Anfragen (§ 75 Abs. 1 lit. f., §§ 100 ff., § 75 Abs. 3, § 104 GO-BT); Fragen einzelner Abgeordneter (§ 105 GO-BT iVm Anlage 4); „aktuelle Stunde" (§ 106 Abs. 1 GO-BT iVm Anlage 5); Befragung der Bundesregierung (§ 106 Abs. 2 GO-BT iVm Anlage 7); Herbeirufung eines Regierungsmitglieds (Art. 43 Abs. 1 GG, § 42 GO-BT), Untersuchungsausschüsse (Art. 44 GG, § 54 Abs. 2, § 75 Abs. 1 lit. k GO-BT), Enquete-Kommissionen (§ 56 GO-BT). Dass die Bundesregierung die Verpflichtung hat, „auf Fragen Rede und Antwort zu stehen und den Abgeordneten die zur Ausübung ihres Mandats erforderlichen Informationen zu verschaffen", hat das *Bundesverfassungsgericht* mehrfach betont. Siehe etwa BVerfGE 13, 123 (125); 57, 1 (5); 67, 100 (129). Näher zu den Informationsrechten *Achterberg* (Fn. 55), 462 ff.; *S. Magiera* Rechte des Bundestages und seiner Mitglieder, in: Schneider/Zeh (Fn. 15), § 52 Rn. 51 ff.; *Zeh* (Fn. 201), Rn. 54 ff.; *C. Teubner* Parlamentarische Informationsrechte, 2007; aus politikwissenschaftlicher Sicht *Schütt-Wetschky* (Fn. 86), 231 ff.; *S. T. Siefken* Parlamentarische Frageverfahren – Symbolpolitik oder wirksames Kontrollinstrument?, ZParl 2010, 18 ff. Hinzu kommen die Rechte auf Einberufung des Bundestages (Art. 39 Abs. 3 S. 3 GG) und auf namentliche Abstimmung (§ 53 GO-BT), der Oppositionszuschlag bei Fraktionsfinanzierung (§ 50 Abs. 2 AbgG), oppositionsfreundliche Redezeitregeln (§ 35 Abs. 2 GO-BT), Vorgaben für die Besetzung und Leitung von Ausschüssen und anderen Gremien (§ 2 Abs. 1 S. 2, § 12 GO-BT), der Opposition zugute kommende „Parlamentsüblichkeiten" (Unterbrechung einer Plenarsitzung, Sondersitzung eines Fachausschusses) und die Nutzungsmöglichkeiten der „Wissenschaftlichen Dienste" der Bundestagsverwaltung. Näher *Steffani* (Fn. 201), § 49 Rn. 46 ff.; *Zeh* (Fn. 195), Rn. 24 f., 33 f. Darüber hinaus dient das Recht, eine abstrakte Normenkontrolle durch das Bundesverfassungsgericht zu beantragen (Art. 93 Abs. 1 Nr. 2 GG, § 76 Abs. 1 BVerfG), der Opposition. Zu den Artikulationsmöglichkeiten der Opposition im Bundesrat und – allerdings nur auf Landesebene – durch plebiszitäre Instrumente *Huber* (Fn. 254), Rn. 63 ff.

[261] Kritisch etwa *K. Biedenkopf* Parlamentsreform – eine demokratische Notwendigkeit, APuZ 1988/B 13, 48 (49).

[262] Vgl. *A. Dörner* Politainment, 2001; *dens.* Wahlkämpfe – eine rituelle Inszenierung des „demokratischen Mythos", in: Dörner/Vogt (Fn. 51), 16 ff. Positiv auch *M. Linden* Abschied von den Volksparteien?, ZPol 2003, 1205 ff.; *A. Körösényi* Political Representation in Leader Democracy, in: Government and Opposition 2005, 358 (367 ff.); *B. Holznagel* Erosion demokratischer Öffentlichkeit?, VVDStRL 68 (2009), 381 (396 ff.). Kritisch hingegen *T. Meyer* Mediokratie, 2001; *ders.* Populismus und Medien, in: Decker (Fn. 31), 81 ff.; *Böckenförde* (Fn. 24), Rn. 43 f.; *Crouch* (Fn. 1), 63 ff.

[263] Selbst politische Skandale können sich auf den Zustand der Demokratie positiv auswirken. Vgl. *S. Neckel* Das Stellhölzchen der Macht – Zur Soziologie des politischen Skandals, Leviathan 1986, 581 ff.; *Meyer* (Fn. 34), § 4 Rn. 85 f.; *Depenheuer* (Fn. 41), 118. Zur demokratischen Bedeutung des parlamentarischen Lachens *M. Hoinle* „Heiterkeit im ganzen Hause", ZParl 2001, 440 ff.

Demokratie bedeutet Kampf um das Wohlwollen der Bürger.[264] Und dafür bietet das Parlament eine Arena.

b) *Verhältnis zu den Fraktionen, Öffentlichkeit von Fraktionssitzungen*

Schwerer wiegt die Kritik an der Macht der Fraktionen. Von einer „Ent-Persönlichung" des Mandats ist die Rede und von einer „Minimalisierung" der Wirkungsmöglichkeiten einzelner Abgeordneter.[265] Verfassungsrechtlich sind die Parlamentarier allerdings frei, im Bundestag nach ihrem „Gewissen" (Art. 38 Abs. 1 S. 2 GG) ohne Rücksicht auf die „Parteiräson" zu agieren.[266] Wenn man aber bedenkt, dass die Fraktionen als „Parteien im Parlament"[267] die vielfältigen Vorstellungen der Abgeordneten zu bündeln haben[268] und dass die Bürger die Parlamentarier zumindest auch, wenn nicht sogar in erster Linie als Vertreter von Parteien gewählt haben,[269] ist gegen einen sozialen Druck zur Durchsetzung der

---

[264] Prägnant *Schumpeter* (Fn. 20), 428. Aus neuerer Zeit für einen „antagonistischen Pluralismus" und eine „Wiederbelebung der Rechts-Links-Unterscheidung" *Mouffe* (Fn. 1), etwa 156ff. Zur „Demokratie als Wettbewerbsordnung" *Hatje* (Fn. 20); *Kotzur* (Fn. 48).

[265] *Hamm-Brücher* (Fn. 248), 5. Ähnlich *J. Habermas* Strukturwandel der Öffentlichkeit, 1962, 304ff., und in der Weimarer Republik vor allem *C. Schmitt* (Fn. 15), 9ff., 26f. Aus politikwissenschaftlicher Sicht *v. Beyme* (Fn. 51), 92ff., 130ff. Orientiert an – allerdings idealisierten (vgl. *Schüttemeyer* [Fn. 256], 15f.; *E. Schütt-Wetschky* Parlamentsreform: Meilenstein- oder Sackgasse?, APuZ 1987/B 48, 3 [9]) – Vorstellungen vom Parlamentarismus des 19. Jahrhunderts meint man, dass es in Parlamenten nicht hierarchisch zugehen sollte. Auch die sog. *Rational Choice*-Theorien, die die parlamentarische Entscheidungsfindung mit „freien Märkten" vergleichen, gehen davon aus. Siehe *v. Beyme* (249), 270f. Solche Einschätzungen mögen in den USA, wo die Parteikontrolle gering ausgeprägt ist (vgl. *S. Kailitz* Unterschied wie Tag und Nacht? Fraktionsgeschlossenheit im Parlamentarismus und im Präsidentialismus, ZPol 2008, 291ff.; *v. Beyme* [Fn. 48], 283ff., 364ff.), ihre Berechtigung haben. Das deutsche parlamentarische Regierungssystem funktioniert aber anders. Grundlegend *Leibholz* (Fn. 48), 170ff.

[266] Zur grundsätzlichen Gleichheit der Abgeordneten BVerfGE 44, 308 (316); 56, 396 (405); BVerfG v. 28.2.2012, 2BvE 8/11, Rn. 103; *Schneider* (Fn. 46), 639ff.

[267] *v. Beyme* (Fn. 48), 364ff.; *G. Kretschmer* Fraktionen – Parteien im Parlament, 2. Aufl. 1992.

[268] Zu den Fraktionen als „notwendige Einrichtungen des Verfassungslebens" BVerfGE 2, 143 (160); 10, 4 (14); 20, 56 (104); 43, 142 (147); 84, 304 (324); 112, 118 (135); 118, 277 (329); *Kriele* (Fn. 34), 70f.; *Klein* (Fn. 19), Art. 38 Rn. 237ff. Von einer „Scharnierfunktion" der Fraktion spricht *E. G. Mahrenholz* in: BVerfGE 70, 324 (374 – Sondervotum).

[269] Vgl. *Meyer* (Fn. 16), 93; *Schütt-Wetschky* (Fn. 86), 259f.; *Huber* (Fn. 89), 690f.; *Klein* (Fn. 19), Art. 38 Rn. 72. *Kriele* (Fn. 34), 71f., meint sogar, dass Art. 38 Abs. 1 GG der gesetzlichen Einführung eines Mandatsverlustes bei Parteiwechsel nicht entgegenstehen würde. Dagegen zu Recht schon die Diskussionsbeiträge von *P. Badura*,

solidarischen „Fraktionsdisziplin“ verfassungsrechtlich nichts einzuwenden.[270] Zu Recht treten die Abgeordneten regelmäßig, um den gemeinsamen Erfolg nicht zu gefährden, nicht als Einzelkämpfer auf, sondern freiwillig als Mitglieder einer Mannschaft.[271]

Anderes gilt für die Willensbildung in den Fraktionen. Abgeordnete sind nicht bloß ein „organisatorisch-technisches Zwischenglied“[272] zwischen der Partei und dem Parlamentsbeschluss. Zwar gibt es in der Plenardebatte – was die Kritik an den leeren Bänken relativiert[273] – kaum noch etwas zu bewirken. Innerhalb der Fraktionen sind die Parlamentarier aber dazu berufen, „responsiv“ die Bürgerpräferenzen und ihre

---

E. Küchenhoff und *A. Sattler* in: VVDStRL 29 (1971), 97, 112, 124 f. Die Bedeutung von Wahlprogrammen allerdings relativierend *D. Rölle* Nichts genaues weiß man nicht – Über die Perzeption von Wahlprogrammen in der Öffentlichkeit, KZFSS 2002, 264 ff.

[270] AA *Achterberg* (Fn. 55), 218 f. Zur Frage, unter welchen Voraussetzungen der auf „*Dissenter*“ ausgeübte Druck, im Plenum geschlossen zu votieren, aus Sicht der Politikwissenschaft gerechtfertigt ist, *Schütt-Wetschky* (Fn. 86), 241 ff. Zu politologischen Erklärungsansätzen für Abweichungen von der Parteidisziplin *v. Beyme* (Fn. 51), 280 ff. Rechtlich unzulässig ist ein „Fraktionszwang“, bei dem „das angedrohte oder angewandte Zwangsmittel in einer verwerflichen Relation zu der bezweckten Mandatsausübung“ steht (*Hölscheidt* [Fn. 57], 456 f.). Dass Fraktionen verfassungswidrig handeln, wenn sie einem Mitglied bei Strafe des Ausschlusses verbieten, eine Rede im Bundestagsplenum zu halten, die nicht völlig mit der von der Fraktion vertretenen Auffassung übereinstimmt, hat das *Bundesverfassungsgericht* schon früh festgestellt (BVerfGE 4, 10 [15]). Wenn sich der Dissens nicht auf Einzelfälle beschränkt, sondern ins Grundsätzliche reicht, kommt ein Fraktionsausschluss allerdings in Betracht. Siehe *Meyer* (Fn. 34), § 4 Rn. 102; *Grimm* (Fn. 48), § 6 Rn. 28; *Klein* (Fn. 253), Rn. 17. Näher *W. Demmler* Der Abgeordnete im Parlament der Fraktionen, 1994, 245 ff.; *T. I. Schmidt* Der Fraktionsausschluss und das freie Mandat, DÖV 2003, 846 ff.; *J. Ipsen* Rechtsschutz gegen Fraktionsausschluss, NVwZ 2005, 361 ff.; *C. Lenz* Der Fraktionsausschluss, NVwZ 2005, 364 ff.; *Klein* (Fn. 19), Art. 38 Rn. 250 ff. Ob ein Abgeordneter von seiner Fraktion wegen inhaltlicher Divergenzen aus einem Parlamentsausschuss abberufen werden kann, ist umstritten. Wenn ein „wichtiger Grund“ vorliegt, sollte dies – dem Benennungsrecht der Fraktionen folgend (§ 57 Abs. 2 GO-BT) – zulässig sein. Siehe *M. Becker* Abberufung eines Abgeordneten aus einem Parlamentsausschuss, ZParl 1984, 24 ff.; *Geis* (Fn. 205), Rn. 61. Zum Parteiausschlussverfahren siehe § 10 Abs. 4 und 5 ParteienG sowie etwa *Klein* (Fn. 19), Art. 21 Rn. 363 ff.

[271] Siehe *Schütt-Wetschky* (Fn. 86), 180 ff.; *Steffani* (Fn. 201), § 49 Rn. 92; *S. Galka/E. Schütt-Wetschky* Parlamentarismuskritik und Grundgesetz, ZPol 2007, 1995 ff.; *Schüttemeyer* (Fn. 254), 17; *Grimm* (Fn. 48), § 6 Rn. 23; *Huber* (Fn. 89), 691; *Klein* (Fn. 19), Art. 38 Rn. 197 ff.

[272] So *Leibholz* (Fn. 48), 197 f., der freilich anschließend hervorhebt, dass der Abgeordnete „als freie Persönlichkeit“ berufen ist, „innerhalb der Partei und Fraktion seinen Einfluß auszuüben und insoweit (…) an der Bildung des Parteimehrheitswillens maßgebend mitzuwirken“.

[273] Siehe *E. Schütt-Wetschky* Bundestagskritik ohne Perspektive: Zur Medienkritik am leeren Plenum, in: Politische Studien 1984, 677 ff.

eigenen Anschauungen über die Notwendigkeit einer „politischen Führung" „gewissenhaft" und couragiert zu artikulieren.[274] Dabei könnte mehr Transparenz den negativen Einschätzungen zur „Fraktionsdisziplin" entgegenwirken. Die Fraktionen sollten bedenken, dass die Vorklärung der Probleme nicht stets hinter „verschlossenen Türen" erfolgen muss.[275] Bürger, die mit komplexen Diskussionen in zivilgesellschaftlichen Organisationen vertraut sind, erwarten nur, dass man zu Kompromissen steht. Immerhin werden auf Parteitagen konfliktreiche Themen bewusst öffentlich ausgetragen.[276]

V. Schlussbemerkungen

Die eingangs erwähnten empirischen Befunde haben deutlich gemacht: Die Demokratie des 21. Jahrhunderts kann nicht mehr diejenige sein, die nach dem Zusammenbruch des „Dritten Reiches" neu begründet wurde.[277] *Democratia est semper reformanda.* Derzeit kommt es – um die bekannte Trias von *Abraham Lincoln*[278] fortzuentwickeln – auf mehr „*Government with the People*" an.[279] Was alles getan werden kann, um den Einfluss der Bürger auf die Zusammensetzung des Parlaments und die parlamentarische Entscheidungsfindung zu steigern und die Transparenz der Verfahren zu verbessern, habe ich gezeigt.

---

[274] Vgl. *Friesenhahn* (Fn. 50), 24; *Meyer* (Fn. 16), 92 ff.; *Grimm* (Fn. 48), § 6 Rn. 18; *Steffani* (Fn. 201), § 49 Rn. 91 ff.; *Schütt-Wetschky* (Fn. 265), 7 f., 10 f.; *R. Scholz* Staatsleitung im parlamentarischen Regierungssystem, FS 50 Jahre BVerfG, Bd. 2, 2001, 663 (671); *Hölscheidt* (Fn. 57), 432 ff.; *Morlok* (Fn. 18), 67 f.; *Klein* (Fn. 19), Art. 38 Rn. 293. Zum „Dissensmanagement" in den Fraktionen *Schöne* (Fn. 194), 145 ff. Speziell zu den „Arbeitskreisen" *J. v. Oertzen* Rollentheorie als Werkzeug der Parlamentarismusforschung, in: Schöne/v. Blumenthal (Fn. 46), 217 ff.

[275] Für eine öffentliche Beratung von „wichtigen Gesetzesvorlagen" (nicht aber von Personalangelegenheiten und parteitaktischen Fragen) *W. Jäger* Repräsentationsdefizite des Deutschen Bundestages, in: Guggenberger/Meier (Hrsg.) Der Souverän auf der Nebenbühne, 1994, 134 (144 f.). Ähnlich *Mechtersheimer* (Fn. 249), 50; *Marschall* (Fn. 201), 116; *Hofmann/Rischer* (Fn. 202), 20. AA *Schütt-Wetschky* (Fn. 265), 10; *Schüttemeyer* (Fn. 254), 16; *Södler* (Fn. 19), 132 f. Jedenfalls muß die Öffentlichkeit von Fraktionssitzungen der – aus der Freiheit des Mandats folgenden – „Fraktionsautonomie" (*Klein* [Fn. 19], Art. 38 Rn. 263) überlassen bleiben; die Fraktionen sollten dies in den Geschäftsordnungen (§ 48 Abs. 2 AbgG) regeln.

[276] Die Einschätzung von *v. Beyme* (Fn. 48), 291 f., dass Parteitage die Funktion bloß eines „Akklamationsorgans" haben, trifft vielfach nicht mehr zu.

[277] *Nolte* (Fn. 14), 7.

[278] Vgl. *Abraham Lincoln* Gettysburg Address vom 19.11.1863: "*Government of the people, by the people, for the people, shall not perish from the earth.*"

[279] Siehe auch oben Fn. 68.

Euphorie ist freilich nicht angesagt. Selbst wenn das Parlament und die Abgeordneten alle Chancen zur Verbesserung des parlamentarischen Legitimationsniveaus nutzen – die bürgerschaftliche Akzeptanz einer politischen Führung, die den eigenen Interessen und Werten widerspricht, wird prekär bleiben. Je mehr aber die repräsentative Demokratie die Bürger einbezieht, desto eher kann sie auf die Hinnahme ihrer Entscheidungen hoffen, ohne dass die „Staatsgewalt" eingesetzt werden muss. Zudem zeigen bedrückende soziologische Erkenntnisse zur „*Unequal Democracy*"[280]: Schon dass eine Person zur Wahl geht, ist umso unwahrscheinlicher, je niedriger der Bildungsabschluss und das Einkommen sind.[281] Auch viele der vorgeschlagenen Reformen müssen sich den Vorwurf gefallen lassen, dass sie die ohnehin schon Aktiven begünstigen. Manche meinen gar, dass die politische Beteiligung zu einer „Spielwiese der Modernisierungsgewinner" zu verkommen droht.[282] Um dem entgegen zu wirken, müssen alle an der demokratischen Entscheidungsfindung Beteiligten alles dafür tun, um auch diejenigen zum Sprechen zu bringen, denen es – von den Sozialwissenschaften zur „neuen Unterschicht"[283] gezählt – nicht nur an Zeit und Sachkenntnis, sondern vor allem auch an rhetorischen Fähigkeiten und selbstbewusstem Auftreten fehlt.[284] Dies ist allerdings

---

[280] Vgl. *L. M. Bartels* Unequal Democracy, 2010, 252 ff. („*Economic Inequality and Political Representation*").

[281] Siehe *D. Jörke* Bürgerbeteiligung in der Postdemokratie, APuZ 2011/1–2, 13 (15); *dens.* (Fn. 243), 269 ff. Im Ergebnis ebenso *A. Schäfer* Der Nichtwähler als Durchschnittsbürger – Ist die sinkende Wahlbeteiligung eine Gefahr für die Demokratie?, in: Bytzek/Roßteuscher (Hrsg.) Der unbekannte Wähler?, 2011, 133 (139, 152); *Nolte* (Fn. 14), 11 f. Im Hinblick auf die „nichtkonventionelle" politische Partizipation (siehe dazu oben Fn. 47) *Hadjar/Becker* (Fn. 47), 414 ff. In Deutschland soll sogar eine im internationalen Vergleich sehr enge Verknüpfung zwischen Bildungsstand und sozialer Herkunft, die ggf. mit einem Migrationshintergrund korreliert, bestehen. Siehe *J. Allmendinger/R. Nikolai* Bildung und Herkunft, APuZ 2006/B 44–45, 32 (33 ff.); *Dalton* (Fn. 2), 50 ff. Im Vergleich zu den USA *Alber/Kohler* (Fn. 6), 523 ff.

[282] *Jörke* (Fn. 281), 16. Aus internationaler Perspektive *Dalton/Klingemann* (Fn. 41), 15: "*New forms of direct action are even more dependent on the skills and resources represented by social status, and thus may increase the participation gap between lower-status groups and higher-status individuals.*"

[283] Vgl. *Giddens* (Fn. 43), 199 ff.; *Jörke* (Fn. 243), 276.

[284] Vgl. bereits oben bei Fn. 243. Um möglichst alle gesellschaftlichen Gruppen zu erreichen, muss schon in den Schulen Partizipation eingeübt, politisches Interesse geweckt, staatsbürgerliches Wissen vermittelt und eine positive Grundhaltung zum politischen System mit realistischen Erwartungen geschaffen werden. Siehe *Södler* (Fn. 19), 118 ff.; *Patzelt* (Fn. 4), 538. Positiv zur Lage in Deutschland allerdings *G. K. Roberts* Political Education in Germany, Parl. Affairs 2002, 556 ff. Zu neuen pädagogischen Ansätzen *C. List/A. Sliwka* ‚Deliberative Polling' als Methode zum Erlernen des demokratischen Sprechens ZPol 2004, 87 (94 ff. mit Hinweisen auf „*Debating*", Parlaments-

eine rechtlich nicht erzwingbare, sondern dem Ethos der Volksvertreter überlassene[285] Bedingung für das Gelingen der repräsentativen Demokratie.

simulationen, „*National Issues Forum*"). Ausführlich zu solchen Konzepten *Fishkin* (Fn. 47). Zum „*Community Organizing*", dessen Ziel es ist, die Bürger zur Artikulation ihrer Interessen zu befähigen, *L. Penta* (Hrsg.), Community Organizing, 2007; *E. Baldas* (Hrsg.) Community Organizing, 2010.

[285] Zu den ethischen Voraussetzungen der Demokratie *Böckenförde* (Fn. 15), Rn. 74 (allerdings ohne Bezugnahme auf den hier hervorgehobenen Aspekt).

Leitsätze des 1. Referenten über:

Wahlrecht und Parlamentsrecht als Gelingensbedingungen repräsentativer Demokratie

I. Krise der repräsentativen Demokratie – Gefahren und Chancen

(1) Dass die Zahl derjenigen zunimmt, die mit dem Funktionieren der repräsentativen Demokratie unzufrieden sind, darf uns nicht kalt lassen; denn die Unzufriedenheit bedroht die Akzeptanz von Entscheidungen, die den eigenen Interessen und Werten nicht entsprechen.

II. Gelingensbedingungen der repräsentativen Demokratie

(2) Die überkommene staatsorganisationsrechtliche Perspektive, die die Bürger bloß als Wähler wahrnimmt, ist zu eng. Dass sich alle Staatsgewalt in einer „Legitimationskette" auf Wahlen zurückführen lässt, genügt nicht. Wenn man Erkenntnisse der Nachbarwissenschaften bedenkt, sind die Gelingensbedingungen komplexer.

1. Bereitschaft der Repräsentanten zu Responsivität und politischer Führung

(3) Das, was die Repräsentierten wollen, muss sich in der parlamentarischen Staatswillensbildung niederschlagen. Die Repräsentanten müssen „responsiv" agieren. Allerdings kann es ohne „politische Führung" nicht gehen. Letztlich müssen Parlamentarier eine eigene Entscheidung darüber treffen, ob sie Anliegen der Bürger folgen oder nicht. Dabei muss gelten: So viel Responsivität wie möglich, so viel politische Führung wie nötig. Abweichungen von Bürger-Präferenzen müssen erklärt werden.

2. *Bereitschaft der Repräsentierten zu Partizipation und – wenn auch kritischer – Akzeptanz*

(4) Notwendig ist eine „Bürgerkultur", die von einer Bereitschaft einerseits zu politischer „Partizipation" und andererseits zu „Akzeptanz" geprägt ist. Dabei erschöpft sich die Partizipation – hier weit verstanden – nicht in der Teilnahme an Wahlen. Vielmehr müssen die Bürger auch auf die parlamentarische Entscheidungsfindung Einfluss nehmen können. Um Akzeptanz sicherzustellen, kommt es vor allem auf die Legitimationswirkung der Verfahren – der Wahlen und der parlamentarischen Entscheidungsfindung – an.

3. *Verbesserung der Demokratie als Verfassungsgebot*

(5) Es ist eine verfassungsrechtliche Aufgabe des Parlaments, die Grundentscheidung für die Demokratie über die normierten Mindestanforderungen hinaus so zu verwirklichen, dass die parlamentarischen Entscheidungen ein möglichst hohes Legitimationsniveau haben. Dafür können die anderen Sozialwissenschaften wie auch Erfahrungen des Auslands Anregungen bieten.

(6) Wenn man den „Wertewandel" weg vom pflichtbewussten Hinnehmen hin zu Misstrauen und zum Wunsch nach Mitgestaltung bedenkt, kommt es darauf an, den Einfluss der Bürger sowohl auf die Zusammensetzung des Parlaments als auch auf die parlamentarische Entscheidungsfindung zu steigern und die Transparenz der Verfahren zu verbessern. Dies wird zugleich die Responsivität der Abgeordneten verstärken und auch dazu beitragen, dass Bürger eine ihren Einschätzungen nicht entsprechende politische Führung eher akzeptieren.

III. *Beitrag des Wahlrechts zum Gelingen der repräsentativen Demokratie*

1. *Einführung des Mehrheitswahlsystems?*

(7) Dass Mehrheitswahlen eine effektive politische Führung ermöglichen, ist angesichts des sich auffächernden Parteienspektrums ein zunehmend stärkeres Argument. Zudem würde dem misslichen Umstand Rechnung getragen, dass bei Verhältniswahlen Wähler nicht sicher sein können, für welche Regierung sie votieren, und kleine Parteien häufig das „Zünglein an der Waage" spielen. Schließlich ist zu erwarten, dass Abgeordnete bei Mehrheitswahlen ihren „Repräsentationsfokus" mehr auf die Bürger richten. Gegen einen Systemwechsel spricht allerdings entscheidend, dass dies zu Lasten der Wähler kleinerer Parteien ginge. Im Parlament sollten sich vielfältige politische Strömungen widerspiegeln, auch wenn dies die politischen Führung schwieriger macht.

2. Reform des bisherigen Wahlsystems

(8) Das Erfordernis einer effektiven und effizienten politischen Führung kann die 5%-Sperrklausel nach wie vor rechtfertigen. Allerdings sollte den Wählern eine „Nebenstimme" gewährt werden, die zum Zuge kommt, wenn die Hauptstimme keinen Erfolg hat.

(9) Überhangmandate darf man nicht als „Prämie" für bei der Direktwahl erfolgreiche Volksparteien verstehen, weil sie vor allem bei einem rückläufigen Zweitstimmenanteil zustande kommen. Politische Sprengkraft hätten sie, wenn Mehrheiten, die sich nach den Zweitstimmen ergeben, ausgehebelt werden.

(10) Ein „Grabenwahlsystem" würde kleinere Parteien benachteiligen. Dem könnte man zwar durch größere Mehrpersonenwahlkreise entgegenwirken. Dies würde aber die Bürgernähe und damit auch die Responsivität der Abgeordneten verringern. Gegen die reine Verhältniswahl spricht, dass nicht mehr jeder Wahlkreis im Parlament vertreten wäre. Soweit die Stimme gleichzeitig als Personen- und Parteistimme gewertet werden soll, steht dem wieder entgegen, dass dies zu Lasten der kleineren Parteien ginge. Wenn Überhänge, die sich bei der Unterverteilung der Mandate auf Landesebene ergeben, durch zusätzliche Mandate für die anderen Parteien ausgeglichen werden, würde dies den Bundestag erheblich aufblähen.

(11) Überhangmandate, die in einigen Ländern entstehen, sollten auf Bundesebene mit den Listenmandaten derselben Partei in anderen Ländern verrechnet werden. Wenn ausnahmsweise eine Partei selbst bundesweit mehr Wahlkreissieger hat, als ihr Mandate nach der Verhältniswahl zustehen, kann es zu einem Ausgleich für die anderen Parteien kommen. Um deutlich zu machen, dass es für die Mandatsverteilung auf die Parteienwahl ankommt, sollte die Reihenfolge der Stimmen getauscht werden.

(12) Gravierend ist die Klage, die Wähler hätten zu geringe Auswahlmöglichkeiten. Eine Reformoption besteht in einer Öffnung der Parteilisten. Jeder Wähler sollte mehrere Stimmen haben, die er aufteilen oder auf einen Bewerber kumulieren kann. Zudem sollten Wähler ihr Missfallen gegenüber den etablierten Parteien ausdrücken können, ohne ungültige Wahlzettel abzugeben, extremistische Parteien zu wählen oder erst gar nicht zur Wahl zu gehen. „Votes blancs" sollten bekanntgegeben werden. Schließlich sollte der Gesetzgeber unmittelbare Vorwahlen bei der Kandidatennominierung verlangen. Dabei können die Parteien eine bloße Parteiregistrierung ausreichen lassen. Gänzlich offenen Vorwahlen würden dem Gegner zu große Manipulationsmöglichkeiten geben.

(13) Wenn Wahlen bevorstehen, fallen Entscheidungen der politischen Führung schwer. Eine Verlängerung der Bundestagswahlperiode ist hinnehmbar, wenn es zu direktdemokratischen Entscheidungschancen, zumindest

aber zu erweiterten Möglichkeiten zur Partizipation an der parlamentarischen Entscheidungsfindung kommt. Einer Pflicht zur Bündelung der Wahltermine steht das Bundesstaatsprinzip entgegen.

3. Erweiterung des Kreises der Wahlberechtigten

(14) Ein „Wahlrecht von Geburt an" kann selbst durch eine Verfassungsänderung nicht eingeführt werden. Allerdings erscheint es sinnvoll, das Wahlalter auf 16 Jahre zu senken. Zudem sollte Ausländern, die schon lange bei uns leben, vermehrt das Wahlrecht zugestanden werden.

IV. Beitrag des Parlamentsrechts zum Gelingen der repräsentativen Demokratie

1. Offenlegung und Regulierung der Einflussnahme von „Lobbyisten"

(15) Die „stille Macht" der „fünften Gewalt" relativiert das Gleichheitsversprechen der Demokratie, beeinträchtigt die parlamentarische Transparenz und gefährdet die Akzeptanz umstrittener Entscheidungen. Der Einfluss von Lobbyisten ist offen zu legen und zu regulieren.

(16) Interessenvertretern, die in einem „Lobbyregister" akkreditiert sind, sollten Vorrechte bei der Einflussnahme auf die parlamentarische Entscheidungsfindung eingeräumt werden. Dabei sollten die Akteure Höhe und Herkunft ihrer Ressourcen angeben müssen. Zudem sollte der Bundestag einen Verhaltenskodex schaffen, der sich an alle Interessenvertreter richtet und zugleich eine Selbstverpflichtung der Abgeordneten ist. Kriminalität ist Sache der Staatsanwaltschaft. Der Straftatbestand der Abgeordnetenbestechung ist allerdings viel zu eng und kaum mehr als Symbolik.

(17) Das Parlament sollte festlegen, dass alle Stellungnahmen zu Gesetzesvorhaben zentral auf der Website des Bundestages dokumentiert werden. Referentenentwürfe sind stets zu veröffentlichen, sobald sie externen Stellen zugeleitet werden. Nicht öffentliche Ausschusssitzungen sollten eine begründungsbedürftige Ausnahme sein.

(18) Die Veröffentlichung von Tätigkeiten und Einkünften neben dem Mandat muss differenzierter sein. Entgeltliche Nebentätigkeiten, die Abgeordnete als Vertreter von akkreditierten Interessengruppen in Loyalitätskonflikte bringen, sollten verboten werden. Befangenheitsregeln empfehlen sich nicht. Wohl aber sollte es Regeln für die Zeit nach dem Mandat geben.

2. Stärkung der Einflussnahmemöglichkeiten für einzelne Bürger

(19) Im Hinblick auf das Petitionsrecht wurden wichtige Reformschritte bereits getan. Verbessern lässt sich diese Art von Partizipation durch ein „Petitionsmanagementsystem". „Ombuds"-Funktionen sollte der Vorsitzende des Petitionsausschusses wahrnehmen. Dabei müssen Meinungsverschiedenheiten differenziert offengelegt werden. „Sammelübersichten" genügen nicht. Zudem sollte eine bestimmte Anzahl von Bürgern das Parlament dazu verpflichten können, sich im Plenum mit einem Anliegen zu befassen.

(20) Die Bürger sollten einen Rechtsanspruch darauf haben, sich zu wichtigen Gesetzesvorlagen zu äußern. Dabei können sich die Informationen und Beteiligungschancen auf das Internet beschränken. Man sollte auch an „konsultative Volksbefragungen" denken.

(21) Die Parlamentarier müssen berücksichtigen, dass Partizipationsmöglichkeiten vor allem von ressourcenstarken, gebildeten und artikulierfähigen Bevölkerungsgruppen genutzt werden, was das demokratische Gleichheitsversprechen relativiert, die Einschätzung der Interessenlage erschwert und die parlamentarische Responsivität verzerren kann. Um dem entgegen zu wirken, kommen Verfahren der empirischen Sozialforschung in Betracht. Manche denken sogar daran, Gremien, in denen zufällig ausgewählte Bürger sitzen, Entscheidungsbefugnisse – etwa ein Veto-Recht – einzuräumen. Dem stünde allerdings die Verfassung entgegen.

3. Rolle der Abgeordneten im Parlamentsbetrieb

(22) Die Plenardebatte dient dazu, die jeweiligen Positionen in der Öffentlichkeit zu begründen. Zur Verdeutlichung der „intrainstitutionellen" Gewaltenteilung sollte eine „Oppositionsklausel" in das Grundgesetz eingefügt werden. Schon jetzt können freilich Minderheitenrechte genutzt werden, um die Öffentlichkeit zum Druck auf die Regierung zu mobilisieren.

(23) Gegen die „Fraktionsdisziplin" ist nichts einzuwenden. Innerhalb der Fraktionen sind die Parlamentarier dazu berufen, responsiv die Bürger-Präferenzen und ihre eigenen Anschauungen über die Notwendigkeit einer politische Führung „gewissenhaft" und couragiert zu artikulieren. Dabei sollten die Fraktionen bedenken, dass die Vorklärung der Probleme nicht stets hinter „verschlossenen Türen" erfolgen muss.

V. Schlussbemerkungen

(24) Die Demokratie des 21. Jahrhunderts kann nicht mehr diejenige sein, die nach dem Zusammenbruch des „Dritten Reiches" neu begründet

wurde. Derzeit kommt es – um die bekannte Trias von Abraham Lincoln fortzuentwickeln – auf mehr „Government with the People" an.

(25) Euphorie ist allerdings nicht angesagt. Selbst wenn das Parlament alle Möglichkeiten zur Verbesserung des parlamentarischen Legitimationsniveaus nutzt – die bürgerschaftliche Akzeptanz einer politischen Führung, die den eigenen Interessen und Werten widerspricht, wird prekär bleiben. Je mehr aber die repräsentative Demokratie die Bürger einbezieht, desto eher kann sie auf die Hinnahme ihrer Entscheidungen hoffen, ohne dass Staatsgewalt eingesetzt werden muss.

(26) Hinzu kommen bedrückende soziologische Erkenntnisse zur „Unequal Democracy". Die an der demokratischen Entscheidungsfindung Beteiligten müssen alles dafür tun, um auch diejenigen zum Sprechen zu bringen, denen es – von den Sozialwissenschaften zur „neuen Unterschicht" gezählt – nicht nur an Zeit und Sachkenntnis, sondern vor allem auch an rhetorischen Fähigkeiten und selbstbewusstem Auftreten fehlt.

Zweiter Beratungsgegenstand:

Wahlrecht und Parlamentsrecht als Gelingensbedingungen repräsentativer Demokratie

2. Referat von Professorin Dr. *Pascale Cancik*, Osnabrück*

Inhalt

* Für Unterstützung bei der Recherche danke ich *Jan B. Daniels*, *Liska Mannefeld* und *Bianka Trötschel*; einer frühen Diskussion des Konzepts in einem Kreis von Kolleginnen und Kollegen verdanke ich viel.

I. Einleitung

1. Das „bedrohte" Parlament?

Die repräsentative Demokratie, so sei einmal angenommen, befindet sich in einer Krise. Diese Krise dürfte das, dem Konzept nach, zentrale Organ der repräsentativen Demokratie, ihr Parlament, nicht unberührt lassen.

Sammeln wir also, ohne Anspruch auf Vollständigkeit, Krisenphänomene: eine nur noch schwer erfassbare Melange aus Tatsachen und Wahrnehmungen, die ihrerseits wie Tatsachen wirken können. Sie erzeugen das düstere Bild von einem ‚bedrohten Parlament'. Bedroht von ‚außen' und von ‚innen'; bedroht durch Europäisierung und Globalisierung, durch Lobbyismus, durch vom Wahlvolk abgehobene Parteien und ihre Kartellbildungen, durch die Abwendung der Bürger von ihrem Parlament, sichtbar an dem Rückgang der Wahlbeteiligung,[1] der Krise der sogenannten Volksparteien[2] und an den verheerenden Glaubwürdigkeitswerten der professionellen Parlamentarier.[3] Bedroht aber auch durch Krisen-Reaktionsversuche

---

[1] Die Wahlbeteiligung zum Bundestag, bis 1972 auf über 90% gestiegen, sank seitdem tendenziell, mit der schlechtesten Beteiligungsquote von knapp 70% im Jahre 2009. Bundeszentrale für politische Bildung nach Angaben aus der repräsentativen Wahlstatistik http://www.bpb.de/nachschlagen/zahlen-und-fakten/wahlen-in-deutschland/55597/nach-gechlecht [*sic!*]; vgl. auch: http://www.bundeswahlleiter.de/de/bundestagswahlen/fruehere_bundestagswahlen/ (Aufruf: 30.7.2012).

Die Wahlbeteiligung zum EP fiel von jeweils über 60% EG-/EU-weit 1979 auf 43% in 2009; in Deutschland von über 65% 1979 auf 43% 2009: http://www.europarl.europa.eu/aboutparliament/de/000cdcd9d4/Wahlbeteiligung-%281979-bis-2009%29.html (Aufruf: 28.8.2012).

[2] Vgl. nur *E. Wiesendahl* Die Volksparteien in der Krise, in: J. Wieland (Hrsg.) Entscheidungen des Parlaments in eigener Sache, 2011, 121 mwH; *P. Lösche* Ende der Volksparteien, APuZ 51/2009, 6ff.

[3] Vgl. die allerdings im Gefolge des Meldegesetzfiaskos veröffentlichte Forsa-Umfrage: nur 24% der Befragten hätten Vertrauen in die Arbeit der Abgeordneten, 81% hielten sie für überfordert, 75% hielten den Einfluss von Lobbyisten für zu hoch: www.stern.de/politik/deutschland/stern-umfrage-zum-ansehen-des-bundestags-verheerendes-zeugnis-fuer-parlametarier-1859580.html vom 18.7.2012 (Aufruf: 18.7.2012). Die Befragung von infratest dimap (März 2009) zum Institutionenvertrauen (sehr groß/groß) weist für den Bundestag 2009 recht hohe 48% aus, 2007 waren es 37%. Neuere Daten waren nicht ausgewiesen. Allerdings scheinen die Deutschen dem Parlament mehr zu vertrauen als den Abgeordneten, dazu und zu den Schwierigkeiten der Vertrauensfrage: *O. W. Gabriel/L. Schöllhammer* Warum die Deutschen ihren Abgeordneten nicht mehr vertrauen als dem Bundestag, ZParl 2009, 414ff. Grundlegend und kritisch *W. J. Patzelt* Abgeordnete und Repräsentation, 1993. Gegen seinen Ansatz, Vertrauen durch Information über die Funktionslogik des parlamentarischen Systems zu schaffen, *M. Flieg-auf/S. Huhnholz* Parlamentarische Führung, APuZ 4/2011, 21ff. Sie bescheinigen dem

wie direkte Demokratie oder, etwas neuer und etwas englischer, liquid democracy.[4] Bedroht (von innen) durch scheinbare Überforderung[5] und Selbstentmachtung der Abgeordneten im Angesicht der Exekutive wie im Angesicht der Parteien, respektive Fraktionen.[6] Bedroht nicht zuletzt durch ein Verfassungsgericht, das in scheinbar immer schnellerem Takt grundlegende Entscheidungen jenes Parlaments, gerade auch im Wahl- und Parlamentsrecht, für verfassungswidrig erklärt und mit dem Topos von der „Entscheidung in eigener Sache" einen Zentralbegriff rechts- und politikwissenschaftlicher Parteien- und Abgeordnetenkritik übernommen hat.[7]

Parlament einen Ausfall hinsichtlich der spezifisch nur vom Parlament zu erbringenden Leistungen, sprich: eine Selbstentmachtung etwa gegenüber der Regierung.

[4] Dass Reaktionen auf Parlamentsdefizite, auf ‚Repräsentativitätsdefizite' ihrerseits als Gefährdung, Störung, Irritation des Parlaments wahrgenommen werden (können), macht die Diskussion zusätzlich unübersichtlich.

Zu „liquid democracy" und „Direkter Parlamentarismus" vgl. *W. Plaum* Die Wiki-Revolution, 2012, 148 ff. u. unten.

[5] Skandalisierungsfähig zugespitzt durch den Erlass von Gesetzen, an denen kurze Zeit später niemand mehr beteiligt gewesen sein will: Gesetz zur Erschwerung des Zugangs zu kinderpornographischen Inhalten in Kommunikationsnetzen (Zugangserschwerungsgesetz) v. 17.2.2010, BGBl. I S. 78, außer Kraft getreten am 29.12.2011 aufgrund Art. 1 G v. 22.12.2011, BGBl. I S. 2958. Das Gesetz zur Fortentwicklung des Meldewesens, beschlossen am 28.6.2012, BT-PlPr. 17/1788, 22470B. Die Überforderungsfrage ist ihrerseits alt, vgl. nur *J. Ertl* Gutwillig, aber überfordert?, in: E. Hübner/H. Oberreuter/H. Rausch (Hrsg.) Der Bundestag von innen gesehen, 1969, 52 ff.

[6] Empirische Forschung zum Machtlosigkeitsempfinden von Abgeordneten selbst (Fraktionalisierung vs. freies Mandat) gibt es nicht allzuviel, sie fällt aber durchaus differenziert aus, vgl. etwa *S. Lemke-Müller* Abgeordnete im Parlament. Zur Parlamentskultur des Deutschen Bundestages in den neunziger Jahren, 1999.

[7] BVerfG, Urt. v. 13.2.2008 – 2 BvK 1/07 (Sperrklausel Kommunalwahl), BVerfGE 120, 82 (105 = Rn. 103): „Eine strenge Prüfung ist insoweit auch deshalb erforderlich, weil mit Regelungen, die die Bedingungen der politischen Konkurrenz berühren, die jeweilige parlamentarische Mehrheit gewissermaßen in eigener Sache tätig wird." Aufgegriffen in BVerfG, Urt. v. 9.11.2011 – 2 BvC 4/10 u.a., Rn. 91: „[...] und gerade bei der Wahlgesetzgebung die Gefahr besteht, dass die jeweilige Parlamentsmehrheit sich statt von gemeinwohlbezogenen Erwägungen vom Ziel des eigenen Machterhalts leiten lässt, unterliegt aber die Ausgestaltung des Wahlrechts hier einer strikten verfassungsgerichtlichen Kontrolle (vgl. BVerfGE 120, 82 (105))". Es geht hier um Kompetenzabgrenzung zwischen BVerfG und Gesetzgeber mit Blick auf die Frage, wieweit das BVerfG die zur Überprüfung der Zulässigkeit von Differenzierungen relevanten tatsächlichen und rechtlichen Gesichtspunkte zu ermitteln und Zweckmäßigkeitsbeurteilungen anzustellen habe. Schließlich: BVerfG, B. v. 31.1.2012 – 2 BvC 3/11 (Wahlkreiseinteilung nach Wohnbevölkerung), Rn. 66 = NVwZ 2012, 622 (624). Allerdings sah das Gericht keinen Anlass, die konkrete Wahlkreiseinteilung weitergehend zu überprüfen, „weil vor dem genannten Hintergrund [*bisher Verteilung der minderjährigen Deutschen nicht in Frage gestellt und etwaige Gleichheitsbeeinträchtigung allenfalls marginal, PC*] Interessenkonflikte im Bereich der Gesetzgebung hier ausgeschlossen werden können."

Das leicht dramatische Raunen dieser Skizze weist auf ein bekanntes Problem bei der Wahrnehmung von „Parlamentarismuskrisen“. Erfassung und Analyse leiden nicht nur an den Schwierigkeiten der Empirie,[8] sondern auch an den Schwierigkeiten der Maßstabsbildung und an der Unklarheit, wer genau gerade mit „Parlament“ gemeint sei.[9] So sind

---

Ein weites Verständnis des Topos „Entscheidungen in eigener Sache“ umfasst die gesamte Politikfinanzierung (Abgeordnetendiäten und -versorgung, Fraktionsfinanzierung, politische Stiftungen, Parteienfinanzierung), aber auch etwa das Wahlrecht, vgl. nur *H. H. v. Arnim* Wahlgesetze: Entscheidungen des Parlaments in eigener Sache, JZ 2009, 813ff.; ähnlich *O. Jung* Direkte Demokratie als Gegengewicht gegen Kartelle der herrschenden Klasse, in: Wieland (Fn. 2), 81 (83): Entscheidungen zu Machterwerb, Machterhalt, Machtgenuss; *H. Meyer* Demokratische Wahl und Wahlsystem, HStR III, 3. Aufl. 2005, § 45 Rn. 37; im Kontext schleswig-holsteinischen Wahlrechts: *H. Meyer* Schleswig-Holsteinisches Landeswahlgesetz unter Normenkontrolle und Wahlprüfung: Wahlgewitter mit gebremstem Blitz, NordÖR 2010, 421 (425f.); *A. Käßner* Nebentätigkeiten und Nebeneinkünfte der Mitglieder des Deutschen Bundestags, 2010, 245 Fn. 524 mwH; *H.-J. Vogel* Entscheidungen des Parlaments in eigener Sache, ZG 7 (1992), 293 (294); *H.-P. Schneider* Gesetzgeber in eigener Sache, in: D. Grimm/W. Maihofer (Hrsg.) Gesetzgebungstheorie und Rechtspolitik, 1988, 327 (330); *W. Henke* Geld, Parteien, Parlamente, Der Staat 31 (1992), 98 (103f.). Enger *H. Lang* Gesetzgebung in eigener Sache, 2007; vgl. auch *H. Lang* Füller, Diäten und andere Formen staatlicher Politikfinanzierung, in: Wieland (Fn. 2), 15ff., und *ders.* Diskussionsbeitrag, ebd., 25 (27), der mit Hilfe eines „eng geführte[n] Kausalitätserfordernis[ses]“ den Topos restriktiv fassen will. „Nur solche Entscheidungen, die sich für die Entscheidungsträger *unmittelbar* statusbegünstigend, -verändernd, -begründend auswirken, sollten […] einem verfassungsstaatlichen Distanzschutz unterliegen […]“ [*Hervorhebung PC*]. Differenzierend auch *J. Isensee* Zwischen Amtsethos und Parteibindung – Entscheidungen des Parlaments in eigener Sache, ZParl 31 (2000), 402ff. Früh *H. H. v. Arnim* Abgeordnetenentschädigung und Grundgesetz, 1975, 70ff.

Unklar ist, was aus der Einstufung als „Entscheidung in eigener Sache“ folgt. Im Kontext von BVerfG-Entscheidungen wird regelmäßig auf eine sog. „strenge Kontrolle“ geschlossen. Zum Teil findet sich die (Selbst-)Ermächtigung zu „strenger Kontrolle“ aber auch im Zusammenhang mit der (Wahl-)Gleichheit, folgt also dem besonderen Schutzgut. Hier besteht durchaus noch Klärungspotential. Entscheidungen in eigener Sache sind im Übrigen schon immer ein Problem des Parlamentarismus gewesen. Zur Verschärfung des Problems aufgrund der Entstehung einer professionellen „politischen Klasse“: *Jung* Direkte Demokratie (Fn. 7), 81 (84).

[8] Empirische Parlamentarismusforschung ist eher kritisch gegenüber allgemeinen Verfallsbeschreibungen. Aus Sicht empirischer Responsivitätsforschung gegen „gebetsmühlenartige“ Bundestags- und Abgeordnetenkritik z.B. *F. Brettschneider* Abgehoben oder bürgernah? Die Responsivität des Deutschen Bundestages, in: H. Oberreuter/U. Kranenpohl/M. Sebaldt (Hrsg.) Der Deutsche Bundestag im Wandel, 2. Aufl. 2002, 258ff.; *H. Schöne* Alltag im Parlament, 2010.

[9] Dass die Wahrnehmung des Parlaments als Einheit für die Diagnose von Funktionsstörungen nicht zielführend ist, ist mittlerweile bekannt. Krisenszenarien verkürzen aber oft in dieser Weise. Dabei geht es um ganz verschiedene Akteure die, bei Wahrnehmung ihrerseits unterschiedlicher Parlamentsfunktionen, unterschiedlich betroffen

einige der genannten Phänomene zugleich, möglicherweise ausschließlich, Bedrohungen eines ahistorischen Parlamentsideals.[10] Die für eine differenzierte Bewertung erforderlichen Maßstäbe sind weniger allgemein akzeptiert, als es das verbreitete Unbehagen oder gar die viel bemühte „Verdrossenheit“[11] suggerieren.[12]

Ein zweites: Einige der Krisenphänomene weisen mittlerweile ein respektables Alter auf. Ein Vergleich meiner Auflistung mit älteren Sammlungen von „Krisensymptomen“ – etwa jenen, die der Vereinigung vor knapp dreißig Jahren in Analysen zur „Parteienstaatlichkeit“ vorgetragen wurden[13] – zeigt eine beachtliche Kontinuität.[14] Der erste Klassiker

---

sind: Abgeordnete, (kleine oder große) Fraktionen, Regierungsmehrheit, Oppositionsangehörige und nicht zuletzt Parteien, wiederum differenziert nach Parlamentsparteien und nicht im Parlament vertretenen Parteien.

[10] Zu *Carl Schmitts* Parlamentarismuskritik, die beispielhaft für eine entsprechende Argumentationsweise steht, *H. Wasser* Parlamentarismuskritik vom Kaiserreich bis zur Bundesrepublik, 1974, etwa 75f., 93ff.; früh *H. Kelsen* Das Problem des Parlamentarismus, 1976 (1. Aufl. 1925), 5ff. Zu mglw. fehlgehenden Erwartungshaltungen jüngst wieder *A. Voßkuhle* Über die Demokratie in Europa, APuZ 13/2012, 3 (5); *O. W. Gabriel/ L. Schöllhammer* ZParl 2009, 414 (426); *W. J. Patzelt* Ist der Souverän unaufgeklärt?, 1996. Auch die Frage, ob Wissen für Vertrauen erforderlich ist, ist politikwissenschaftlich umstritten.

[11] Die Diagnose „Parteienverdrossenheit“, „Politikverdrossenheit“ wird stark Ende der 1970er Jahre, wohl neueren Datums ist die Verschiebung hin zu „Politikerverdrossenheit“.

[12] Eine Krisenbeschreibung ist u.a. abhängig vom jeweiligen Demokratiekonzept, vgl. zum Pluralismus von Demokratiemodellen *U. Willems* Aktuelle Probleme der Demokratie, in: ders. (Hrsg.) Demokratie auf dem Prüfstand, 2002, 21ff.; *U. Volkmann* Die zwei Begriffe der Demokratie – Von der Übertragbarkeit staatsbezogener Demokratievorstellungen in überstaatliche Räume, in: K. Hofmann/K. Naumann (Hrsg.) Europäische Demokratie in guter Verfassung?, 2010, 14ff. Interessanterweise treffen sich Vertreter höchst unterschiedlicher Positionen z.T. bei der Konzeption von Gegen-Mitteln, z.B. der Einführung direktdemokratischer Elemente, allerdings bei wiederum höchst unterschiedlicher Erwartung, was damit verbunden sei und sein solle.

[13] Zum Thema: Parteienstaatlichkeit – Krisensymptome des demokratischen Verfassungsstaats?, *M. Stolleis* VVDStRL 44 (1985), 7 (16ff.); *H. Schäffer* ebd., 46 (54ff., 57ff.); *R. A. Rhinow* ebd., 83 (99ff.).

[14] Selbst das relativierende Fragezeichen gehört offenbar zum Krisendiskurs. Zu den Befunden aus den Zwanzigerjahren (!) des 20. Jahrhunderts: *S. S. Schüttemeyer* Modewort oder Alarmsignal? Befunde und Überlegungen zu Entparlamentarisierung, in: W. J. Patzelt/M. Sebaldt/U. Kranenpohl (Hrsg.) Res Publica semper reformanda, 2007, 240, die, allerdings ohne Quellenangabe, auflistet: „Sinkende Kompetenz der Abgeordneten, zunehmende Korruption, wachsender Parteieinfluss, zu wenig Responsivität, mangelnde Führungskraft, zu geringe Resonanz in der Öffentlichkeit, rapider Ansehensverlust.“

der deutschen Parlamentarismuskrisen[15] ist offenbar die Parlamentarismuskrise selbst,[16] medial in der Bundesrepublik durch den „leeren Plenarsaal“ symbolisiert,[17] neuerdings auch durch beschleunigte Gesetzgebung,[18] die „Rede zu Protokoll“[19] oder: zehn Minuten Redezeit für sogenannte „Fraktionsabweichler“.[20]

---

[15] Allenfalls das Staatsrechtslehrer-Caveat, die zu bearbeitende Literatur sei „unübersehbar groß“, könnte noch vorrangig eingeordnet werden, vgl. *H. Pohl* Die Reform des Wahlrechtes, VVDStRL 7 (1932), 131 (156), über die Wahlrechtsliteratur.

[16] Vgl. nur die Eröffnung der Diskussion der VDStRL durch *Vogel* um das parlamentarische Regierungssystem in: VVDStRL 33 (1975), 120, der die Frage nach der Regierbarkeit eines Industriestaates an der Wende vom 20. zum 21. Jahrhundert als Motiv für die Themenstellung angibt; ferner die Berichte von *Thomas Oppermann* und *Hans Meyer* zum Thema ebd., die beide überkommene wie zeitgenössische Kritik und Krisenbehauptungen der 1960er und frühen 1970er Jahre kritisch aufgreifen. Im gewissen Sinn ist „Bewährung“ der Gegenbegriff, vgl. *H. Meyer* Parlamentarisches Regierungssystem, VVDStRL 33 (1975), 104: Das parlamentarische Regierungssystem habe sich bewährt, „wenn man unter Bewährung nicht die Vermeidung, sondern die Meisterung von Krisen versteht“.

[17] Forderungen nach (teilweiser) Öffnung der Ausschusssitzungen sind entsprechend auch schon älter, etwa von *Meyer* VVDStRL 33 (1975), 117. Zum schwierigen Erscheinungsbild des Parlaments kurz *K. Groh* Wahlrecht und Parlamentsrecht als Gelingensbedingungen repräsentativer Demokratie, DVBl. 2012, 1064 (1069). Dass die hinter mancher Kritik stehende Erwartungshaltung den Arbeitsrealitäten des parlamentarischen Regierungssystems nicht immer gerecht wird, bleibt aber ebenfalls richtig.

[18] Etwa durch den möglichen Verzicht auf Lesungen oder ihre Zusammenlegung.

[19] Aufsehen erregte das Gesetz zur Fortentwicklung des Meldewesens, verabschiedet im beschleunigten Verfahren. Dank der schon länger praktizierten, 2009 in § 78 Abs. 6 GOBT verankerten Möglichkeit, die Reden nicht mehr zu halten, sondern direkt zu Protokoll zu geben, brauchte das Plenum für die drei Lesungen kaum zwei Minuten. Erste Beratung und Überweisung in die Ausschüsse: BT-PlPr 17/175, 20781; zweite und dritte Beratung BT-PlPr 17/187, 22464. Die Verabschiedung des Gesetzes soll laut dem Magazin „Stern“ 57 Sekunden gedauert haben, www.stern.de/politik/deutschland/umstrittenes-meldegesetz-die-union-und-ihre-adresshungrigen-lobbyisten-1858828.html vom 17.7.2012 (Aufruf: 18.7.2012). Die sich anschließende mediale Empörung greift gerade auch dieses Verfahren skandalisierend auf. Die Ausschussarbeit am Gesetz wird allerdings nicht erwähnt.

Aus verfassungsrechtlichen Gründen kritisch zur Möglichkeit, Reden zu Protokoll zu geben: *C. Kornmeier* Rede zu Protokoll, DÖV 2010, 676 ff. mit interessanten Hinweisen zur Praxis in der 16. WP: über 25 % der Reden nur zu Protokoll gegeben, 464 Tagesordnungspunkte ohne Debatte verhandelt, ebd., Fn. 6; *M. Bauer* Das Verstummen eines Parlaments, Der Staat 49 (2010), 587 ff.; als Fallbearbeitung: *L. Ketterer/O. Sauer* Effizienz zu nachtschlafender Zeit, JuS 2012, 524 ff. § 78 Abs. 6 GOBT sieht immerhin die Möglichkeit einer Fraktion oder 5 % der MdB vor, eine Aussprache abweichend von der vorherigen Ältestenrat-Vereinbarung einer bloßen ‚Protokolldebatte‘ zu verlangen.

[20] In diesem Fall: der Mehrheitsfraktionen. Die Entscheidung des Bundestagspräsidenten in der EFSF-Debatte am 29.9.2011 schien kurz das Parlament ins Wanken zu bringen und löste eine, wegen massiver medialer Empörung im Versuchsstadium

Was immer dieser Befund für die Funktion und Eignung der Krisensemantik bedeutet:[21] Dass wir derzeit – erneut – eine Intensivierung der Krisendiskurse erleben, ist nicht zu leugnen.[22] Sie werden verstärkt durch die Finanz-, Fiskal- und Eurokrisen. Sie beziehen sich häufig nicht nur auf das Parlament, sondern auf Staat und Demokratie an sich,[23] und werden von ganz unterschiedlichen politischen Lagern formuliert. In den Politikwissenschaften werden die Defizitbefunde und die zu beobachtenden Reaktionen unter Überschriften analysiert wie „Postdemokratie"[24],

---

steckengebliebene, GO-Änderung aus. Interessant ist das massive Auseinanderklaffen der Wahrnehmung von Fraktionsführungen und Medien/Bürgern/einfachen Abgeordneten. Vgl. beispielhaft Spiegel online vom 29.9.2011: „Eklat im Bundestag"; vom 14.4.2012: „Fraktionen wollen Rederecht der Parlamentarier einschränken"; oder die Reaktionen in der FR vom 16.4.2012, Titel und 11: „Reden ohne Grenzen im Bundestag"; „Komplott gegen freie Meinung" und die dazugehörige Karikatur „Machen wir's kurz – Parlamentarismus nach Maß" (11); NOZ vom 17.4.2012, 4: „Fraktionen rudern beim Streit um Rederecht zurück"; FR vom 27.6.2012, 5 und 11: „Abweichler dürfen jetzt reden"; „Ein bisschen Rederecht". Zur Wahrnehmung der ‚Rederechtsentscheidung für Abweichler' die Sammlung von Positionen von Abgeordneten, Bundestagspräsident, Wissenschaft und Bürgern in: *R. Herzog* (Hrsg.) „Oder gilt das nur in Demokratien?" Freies Mandat, Rederecht und Fraktionen, 2012.

[21] Zu Geschichte und Funktionen der Krisenbeschreibung *R. Koselleck* Art.: Krise, in: O. Brunner/W. Conze/R. Koselleck (Hrsg.) Geschichtliche Grundbegriffe Bd. III, Studienausgabe 2004, 617 ff.; seine Kritik an der inflationären Verwendung als Symptom einer ganz eigenen geschichtlichen Krise ebd., 649 f. Der Zunahme der ‚Kriselei' (seit dem 19. Jh. vor allem im Feld Wirtschaft) folgt die Zunahme der Kritik an der Kriselei, bislang offenbar recht folgenlos. Die Diagnose einer Krise hat eben zumindest eine Funktion, sie kann dienen als „Legitimationstitel politischen Handelns". Im Kontext der Finanzkrise ähnlich *F. Schorkopf* Finanzkrisen als Herausforderung der internationalen, europäischen und nationalen Rechtsetzung, VVDStRL 71 (2011), 183 (219), der zu Recht die Problematik der behaupteten Alternativlosigkeit betont.

[22] *P. Nolte* Von der repräsentativen zur multiplen Demokratie, APuZ 1-2/2011, 5 ff.

[23] Die Menge an unterschiedlich akzentuierten Demokratiemodellen und -verständnissen deutet die mögliche Bandbreite an Maßstäben an. Vgl. dazu nur *U. Volkmann* Leitbildorientierte Verfassungsanwendung, AöR 134 (2009), 157 (162 ff.); *ders.* Die zwei Begriffe der Demokratie (Fn. 12), 14.

[24] *C. Crouch* Postdemokratie, 2008 (ital. Erstausgabe 2003), der stark auf die Macht staatenunabhängiger Großunternehmen, die Ökonomisierung des Öffentlichen und daraus folgende soziale Ungleichheit fokussiert, die sich in mangelhafter Interessenrepräsentation der nicht zur wirtschaftlichen Elite gehörenden Mehrheit der Bevölkerung niederschlägt. Daran anknüpfend *T. Wagner* Demokratie als Mogelpackung. Oder: Deutschlands sanfter Weg in den Bonapartismus, 2011; *C. Mouffe* „Postdemokratie" und die zunehmende Entpolitisierung, APuZ 1–2/2011, 3 ff. Ihr zufolge besagt die zentrale These in der Diskussion um „Postdemokratie", „dass moderne Demokratien hinter einer Fassade formeller demokratischer Prinzipien zunehmend von privilegierten Eliten kontrolliert werden. Die Umsetzung neoliberaler Politik habe zu einer Kolonisierung des Staates durch die Interessen von Unternehmen und Verbänden geführt, so

„Entparlamentarisierung“[25], „postparlamentarische Demokratie“[26], „postrepräsentativer Parlamentarismus“[27], „Neoparlamentarismus“[28] und ähnlichen Signalbeschreibungen.[29] In den Rechtswissenschaften werden diese Analysen aufgegriffen[30] und um die Erkenntnis ergänzt,[31] dass das Parla-

---

dass wichtige politische Entscheidungen heute außerhalb der traditionellen demokratischen Kanäle gefällt werden. Der Legitimitätsverlust demokratischer Institutionen zeige sich in einer zunehmenden Entpolitisierung“ (ebd., 3). *Dies*. Über das Politische. Wider die kosmopolitische Illusion, dt. Erstausgabe 2007 (englisch 2005). *D. Jörke* Bürgerbeteiligung in der Postdemokratie, APuZ 1–2/2011, 13 ff. Zwar kritisch zur Kennzeichnung als Postdemokratie oder ähnlichen Zugriffen, aber die Bedeutung der Wahrnehmung der „Wirklichkeit“ und des sozialen Wandels betonend *H. Oberreuter* Do Elections Matter?, ZfP 2012, 168 ff.

[25] „Paradigma des 20. Jahrhunderts“, *M. Koß* Die Ausgestaltung der parlamentarischen Agendamacht – Plädoyer für eine holistische Analyse von Parlamenten, PVS 53 (2012), 29 ff.; *Schüttemeyer* Entparlamentarisierung (Fn. 14), 240 ff., die auf *James Bryce*, The Decline of Legislatures von 1921 (!) hinweist, den Befund Entparlamentarisierung nicht teilt, sondern von Informalisierung spricht und das „post-parlamentarische Institutionendesign“ – Reduktion der Parlamente auf „Abbildung und Austragung gesellschaftlicher Interessendivergenzen in der Öffentlichkeit“ – als „self fulfilling prophecy der Entparlamentarisierungsthese“ bezeichnet; ebd., 252 f. Zusammenfassend: *Schöne* Alltag (Fn. 8), 258 ff.; zur unterschiedlichen Wahrnehmung in Staatsrechtslehre und Politikwissenschaft ebd., 262 ff. Vgl. die Beiträge zu Parlamentarismus in: APuZ 38–39/2012.

[26] *A. Benz* Postparlamentarische Demokratie? Demokratische Legitimation im kooperativen Staat, in: M. Greven (Hrsg.) Demokratie – eine Kultur des Westens, 1998, 201 ff. Die entscheidende Schwächung parlamentarischer Institutionen folgt demnach weniger aus Verfassungsstrukturen (Föderalismus) oder korporatistischer Interessenvermittlung, sondern aus gesellschaftlicher Differenzierung und Internationalisierung. *Benz* macht sich aber die ‚Lösung‘ einer postparlamentarischen Demokratie gerade nicht zu eigen.

[27] *Nolte* APuZ 1–2/2011, 5 ff.

[28] *S. Marschall* Parlamentarismus. Eine Einführung, 2005, 283 ff.

[29] Zur sog. „Stimmungsdemokratie“ (*Theodor Geiger*) als sozial bedingte Verformung, die zum Legitimitätsdefizit in Demokratien führt, vgl. den Versuch von *B. W. Czok* Theodor Geigers Stimmungsdemokratie, 2012.

[30] Eingehender Überblick bei *T. Puhl* Entparlamentarisierung und Auslagerung staatlicher Entscheidungsverantwortung, HStR III (Fn. 7), § 48, und die, sehr unterschiedlich akzentuierenden, Beiträge von *M. Herdegen* und *M. Morlok*: Informalisierung und Entparlamentarisierung politischer Entscheidungen als Gefährdung der Verfassung, VVDStRL 62 (2003), 7 ff., 37 ff.; zu Gefährdungen: *M. Brenner* Das Prinzip Parlamentarismus, HStR III (Fn. 7), § 44 Rn. 55 ff.; zu Problembefunden wie Verhandlungsdemokratie, Expertokratie, paktierte Gesetzgebung auch der Tagungsbericht von *K. Ritgen* Dankt der Staat ab – Wo bleibt das Primat der Politik?, Tagungsbericht, ZG 2011, 288 (294); die vielen Arbeiten von *v. Arnim*; *P. Kirchhof* Entparlamentarisierung der Demokratie, in: A. Kaiser/T. Zittel (Hrsg.) Demokratietheorie und Demokratieentwicklung, 2004, 359 ff. Vgl. auch den verfassungspolitischen Diskurs Ende der 1990er Jahre, der um Reformblockade kreist, z.B. *R. Herzog* Ein neues Zeitalter der Demokra-

ment schon lange als „Zentrale der Funktionserfüllung", etwa im Bereich Rechtssetzung, eher fingiert wird, denn als solche tatsächlich wirksam ist.[32] Dass die inhaltliche Ausfüllung einer Funktion nicht oder nicht nur vom Träger der formalen Funktionszuständigkeit bewerkstelligt wird, ist nicht neu, trifft aber jetzt als zu verarbeitende Differenz von normativem Anspruch und Wirklichkeit auf erhöhte Aufmerksamkeit, wie etwa die Debatte um „Gesetzgebungs-Outsourcing" oder Expertokratie zeigt.[33]

---

tie, Paulskirchen-Rede vom 18.5.1998. *E.-W. Böckenförde* Demokratische Willensbildung und Repräsentation, HStR III (Fn. 7), § 34 Rn. 36 ff. verbindet Entparlamentarisierung besonders mit Medienkritik, ebd., 43 f.

[31] Aus der gesetzgebungssoziologischen Forschung z.B. folgende Stichworte: Entscheider hinter dem Entscheider; Auflösung von Verfahren (Beschleunigung, Zusammenlegung von Lesungen); Arbeitsteilung im Parlament; Verweisung wesentlicher Rechtssetzung in die Exekutivrechtssetzung (dazu *J. Saurer* Die Funktionen der Rechtsverordnung, 2005); Privatisierung und ihre Folgen für die Handlungsformen des Staates und mittelbar der Parlamente. Vgl. den Überblick von *H. Schulze-Fielitz* Gesetzgebungslehre als Soziologie der Gesetzgebung, in: H. Dreier (Hrsg.) Rechtssoziologie am Ende des 20. Jahrhunderts, 2000, 156 (163 ff.) mwH. Daraus folge, dass die Orientierung am Parlamentsgesetz als Fragestellung für die Gesetzgebungslehre nicht mehr ausreiche; erforderlich sei eine Rechtsetzungslehre im weiteren Sinne, weil nur so der Regulierungs‚verbund' hinreichend erfassbar werde (170 f.).

[32] Vgl. zur Ausfüllung der Legislativfunktion auch *U. Smeddinck* Integrierte Gesetzesproduktion, 2006, der verdeutlicht, dass angesichts des hoch arbeitsteiligen Verfahrens aus Sicht der Akteure Gesetzgebung kaum Sache des Parlaments ist und von diesem auch nicht zentral gesteuert werde. Für die Kompetenzverschiebung weg von der nationalen Ebene ist das natürlich weniger bedeutsam, als für die Verlustthese bezogen auf das Parlament. *E. Gurlit* Diskussionsbeitrag, VVDStRL 71 (2011), 236 f.: zum nur angeblichen Primat des Gesetzgebers Parlament.

[33] Ähnlich das Problem der paktierten Gesetzgebung, kritisch *M. Kloepfer/D. Bruch* Die Laufzeitverlängerung im Atomrecht zwischen Gesetz und Vertrag, JZ 2011, 377 ff.; *H.-J. Papier* Verfassungsrechtliche Schranken einer Verhandlungsdemokratie, in: Transparency International/dbb (Hrsg.) Dankt der Staat ab?, Tagungsdokumentation vom 31. Mai 2011, 35 ff. Zum Outsourcing von Entwurfsformulierung: *M. Kloepfer* Regierungsinitiativen ohne Ministerialverwaltung, in: ebd., 47 ff.; *J. Krüper* Lawfirm – legibus solutus?, JZ 2010, 655 ff.; *Morlok* VVDStRL 62 (2003), 37 (76 ff.); Differenzierend auch *F. Schoch* Entformalisierung staatlichen Handelns, HStR III (Fn. 7), § 37 Rn. 146 ff., besonders kritisch zur Informalität im Vermittlungsausschuss, Rn. 152. Eher gelassen: *M. Schröder* Die Beteiligung Betroffener an der Gesetzgebung, in: M. Ruffert (Hrsg.) FS Schröder, 2012, 381 ff.; kritisch *K. Meßerschmidt* Private Gesetzgebungshelfer, Der Staat 51 (2012), 687 ff. Zur sog. „Kommissionitis" *J. v. Blumenthal* Auswanderung aus den Verfassungsinstitutionen, APuZ B 43/2003, 9 (10).

2. *Konflikte um Wahlrecht und Parlamentsrecht als Indikatoren für „Repräsentativitätssensibilität“*

Kann man diese Befunde mit konkreten Fragen des Wahl- und Parlamentsrechts verbinden? Ich möchte vorschlagen, die Menge an juristischen Diskussionen um Wahl- und Parlamentsrecht, zumal die hohe verfassungsgerichtliche Entscheidungsdichte der letzten Jahre als Zeichen für eine zunehmende Sensibilität für Ablauf, Ziel und Ergebnis von Repräsentationsvorgängen zu deuten oder kurz: als zunehmende „Repräsentativitätssensibilität“.[34] Die Debatten um *grundlegende* Wahlrechtsreform versus *kleine* Wahlrechtsanpassung[35] zeigen das ebenso[36] wie Konflikte um die Fortschreibung von Repräsentativität bei der Besetzung oder Neuerrichtung parlamentarischer Gremien.

Viele verfassungsgerichtliche Entscheidungen bearbeiten in dieser Perspektive das Gelingen bzw. das wahrgenommene Misslingen von Repräsentation.[37]

---

[34] Oft ist von materialer oder „inhaltlich-empirischer Repräsentation“ die Rede, die neben der „formal-normativen“ erforderlich und mit dieser verbunden sei. *E.-W. Böckenförde* Mittelbare/repräsentative Demokratie als eigentliche Form der Demokratie. Bemerkungen zu Begriff und Verwirklichungsproblemen der Demokratie als Staats- und Regierungsform, in: G. Müller (Hrsg.) FS Eichenberger, 1982, 301 (318 ff.), der „Verwirklichungsbedingungen“ von Demokratie diskutiert. Fortgeführt etwa in *ders.* Demokratische Willensbildung (Fn. 30), Rn. 31 ff.; jüngst z.B. *H. Kube* Nationale Budgethoheit und Europäische Integration, AöR 137 (2012), 205 (221 m. Fn. 61).

[35] Zu Varianten und Wahrscheinlichkeiten *J. Behnke* Grundsätzliches zur Wahlreformdebatte, APuZ 4/2011, 14 ff.; *F. Decker* Brauchen wir ein neues Wahlrecht?, APuZ 4/2011, 3 ff.; zur resignativen Einschätzung der Bedeutung der Wahl durch die Bürger *V. v. Prittwitz* Hat Deutschland ein demokratisches Wahlsystem?, APuZ 4/2011, 9, der die Frage verneint, mH auf eine Forsa-Umfrage vom 11.11.2010.

[36] Auch bei den so technisch anmutenden, nur noch mit Hilfe von mathematischen Experten verständlichen Wahlrechtsstreitigkeiten werden letztlich Fragen von Repräsentation und Repräsentativität aufgerufen. Ähnlich *J. Behnke* Ursachen und Wirkungen – Überlegungen zur Beibehaltung der Überhangmandate im neuen Wahlgesetz, ZParl 2012, 170 (183).

[37] Die Suche nach Kriterien für das Ge- oder Misslingen führt in das Dickicht der überkommenen Repräsentationsdiskurse, die viel untersucht sind, s. nur *H. Hofmann* Repräsentation, 4. Aufl. 2003; *H. Rausch* (Hrsg.) Zur Theorie und Geschichte der Repräsentation und Repräsentativverfassung, 1968; *H. Hofmann/H. Dreier* Repräsentation, Mehrheitsprinzip und Minderheitenschutz, in: H.-P. Schneider/W. Zeh (Hrsg.) Parlamentsrecht und Parlamentspraxis, 1989, § 5; mit Bezug auf einzelne Normen des Parlamentsrechts *M. Schröder* Grundlagen und Anwendungsbereich des Parlamentsrechts, 1979, 103 ff. Die Vielfalt möglicher Perspektiven systematisierte *H. F. Pitkin* The Concept of Representation, 1967; politikwissenschaftliche Repräsentationsforschung knüpft daran an, etwa *A. Knaut* Abgeordnete als Politikvermittler, 2011, 99 ff.; *Patzelt* Abgeordnete (Fn. 3), 19 ff. Alle damit erfassten Elemente und Perspektiven können

„Repräsentativität" soll, im Unterschied zu „Repräsentation", das schwer fassbare Ziel und Ergebnis von Repräsentationsvorgängen beschreiben. Repräsentativität transportiert eine Erwartung an die Qualität der Repräsentanten, des Verfahrens und des ‚outcome'. Sie berührt Aspekte, die in der Literatur wahlweise als „materielle" oder „inhaltliche Repräsentation"[38] oder als „output-Legitimation"[39] gefasst werden, wie

---

auch für die Großfrage nach dem Gelingen von repräsentativer Demokratie relevant sein oder gemacht werden. Ich unterscheide zu Zwecken der *Beschreibung* zwischen „Repräsentation" und „Repräsentativität". „Repräsentation" wird hier nur formal verstanden, als Zurechnungszusammenhang. Sie wird durch eine organisatorisch-formale Konstruktion erreicht. Wie alle Zurechnungszusammenhänge hat Repräsentation ein fiktives Element, ist aber klar definierbar und vergleichsweise leicht operabel. Knapp *M. Stolleis* Geschichte des öffentlichen Rechts, Bd. IV, 2012, 328: „pragmatisch-technischer Kunstgriff"; mwH zu Diskussion und Forschung *C. Wefelmeier* Repräsentation und Abgeordnetenmandat, 1991. „Repräsentativität" soll über diesen Vertretungs- und Zurechnungszusammenhang hinaus die damit verbundenen Erwartungen an (Legitimität vermittelnde) Verfahren und Ergebnisse bezeichnen. Zu anderen „Verwirklichungsbedingungen" *Böckenförde* Mittelbare/repräsentative Demokratie (Fn. 34), 318ff. Die Schwierigkeit, Repräsentativität näher zu bestimmen, zeugt von der methodisch nicht präzise zu bewältigenden Aufgabe, vor die einen die „Gelingensfrage" stellt.

[38] Gelingende Repräsentation setze voraus, dass die Repräsentierten sich repräsentiert sehen, fühlen, sich „wiederfinden" und deshalb „innerlich verpflichten" lassen, *Böckenförde* Mittelbare/repräsentative Demokratie (Fn. 34), 322. Die Anknüpfung an problematische Vorstellungen von Repräsentation verdeutlicht folgendes Zitat: „Demokratische Repräsentation bedeutet die Aktualisierung und Darstellung des im Volk liegenden eigenen Selbst, des Bildes und der Gestalt, die es in der Vorstellung der Vielen von sich hat, durch das hierauf bezogene Handeln der Repräsentanten. Sie kommt zustande, wenn die einzelnen ihr eigenes Ich als Bürger (citoyen in sich) und das Volk sein eigenes (höheres) Selbst (volonté générale) im Handeln der Repräsentanten, ihren Überlegungen, Entscheidungen und Fragen an das Volk wiederfinden." (ebd., 322). Dahinter scheinen immer noch, wenn auch entschärft, Vorstellungen vom Volk als Einheit, von Repräsentation als quasi-religiösem Prozess auf. Zur Aufklärung entsprechender Traditionen und Kritik *Hofmann* Repräsentation, (Fn. 37). Nüchterner und die empirische Kategorie der Responsivität aufnehmend: *E.-W. Böckenförde* Demokratie als Verfassungsprinzip, HStR II, 3. Aufl. 2004, § 24 Rn. 26 ff., andererseits Rn. 51 f. *Hofmann/Dreier* Repräsentation (Fn. 37), Rn. 22 f., kombinieren in ihrem Repräsentationsbegriff ebenfalls den formalen Zurechnungszusammenhang mit dauernder Aktualisierung von Autorisierung und Anerkennung.

[39] Die Staatsrechtslehre tut sich in Teilen mit der Integration der output-Elemente schwer, das liegt nicht nur am notwendig unterschiedlichen methodischen Zugriff, sondern wohl auch an einem demokratietheoretischen Missverständnis. Auch Demokratiemodelle, die besonderen Wert auf input-Legitimation, also Wahl, Verfahren, Entscheidungsfindung etc. legen, können – politikwissenschaftlich formuliert – outputorientiert sein, weil sie die Qualität demokratischer Entscheidungen ‚output-orientiert' wahrnehmen etwa mit Bezug auf Rationalität, Ausschluss tyrannischer Herrschaft, sozialer Sicherung etc., so etwa liberale, deliberative, ‚sozialstaatliche' Demokratiemodelle. Zu all dem *F. W. Scharpf* Demokratietheorie zwischen Utopie und Anpassung, 1975, 21ff.

Vertrauen, Akzeptanz, Entscheidungsqualität, Responsivität des Parlaments.[40] Sie mündet in der Frage, ob sich die Repräsentierten noch repräsentiert fühlen.[41] Repräsentativität ist kein Rechtsbegriff und nicht statistisch belastbar. Repräsentation und Repräsentativität sind eng miteinander verbunden. Wie diese Verbindung genau zu denken sei, bleibe hier offen und die positive Definition skizzenhaft. Repräsentativitätsdefizite hingegen meinen wir, bei allem Streit im Einzelfall, erkennen zu können. Wenn bei Einhaltung formal korrekter Repräsentation Repräsentativität nicht mehr gelingt, mehren sich die Krisenbefunde.

Nach dem Konzept repräsentativer Demokratie ist für ihr Gelingen das Parlament zwar nicht allein zuständig, aber doch zentral. Wahl- und Parlamentsrecht ist also einerseits technisches ‚Betriebsrecht' des Parlaments, hat andererseits die Aufgabe, zur Gewähr von Repräsentation und mittelbar auch zu Repräsentativität beizutragen, es ist „materielles Verfassungsrecht". Störungen oder Gefährdungen dieser Repräsentationsgewähr sind „Repräsentativitätsdefizite"; sie werden rechtlich und politisch verhandelt. Im verfassungsrechtlichen Koordinatensystem von Art. 38 Abs. 1 S. 1 und S. 2, Art. 21, Art. 20, Art. 24 und 23 GG gilt der Grundsatz der Wahlrechtsgleichheit als besonders brisant[42] und demokratisch von besonderer Bedeutung.[43] Brisanz und Bedeutung setzen sich im

Output-Orientierung führt demnach nicht zwingend dazu, dass es auf input-Legitimation nicht mehr ankäme.

[40] Responsivität im politischen Sinne bezeichnet die Bereitschaft der Repräsentanten, Interessen, ‚den Willen' der Bürger wahrzunehmen und zu berücksichtigen. Responsivität werde häufig als eine von zwei Komponenten von Repräsentation definiert. Näher *Brettschneider* Abgehoben oder bürgernah? (Fn. 8), 260 ff.

[41] Oder, ebenso schwer: ob „das eigentlich nicht Gegenwärtige durch Repräsentation gegenwärtig gemacht werde", vgl. *Pitkin* (Fn. 37), 8 f. als Ausgangsformulierung eines kleinsten gemeinsamen Nenners: „Representation, taken generally, means the making present *in some sense* of something which is nevertheless *not* present literally or in fact."

[42] Konfliktträchtig und „politisch der brisanteste Wahlrechtsgrundsatz", *Meyer* Wahlgrundsätze, Wahlverfahren, Wahlprüfung, HStR III (Fn. 7), § 46 Rn. 29; *M. Brenner* Die Entwicklung des Wahlrechts und der Grundsatz der Wahlrechtsgleichheit im wiedervereinigten Deutschland, AöR 116 (1991), 537 (577); *P. Badura* Bonner Kommentar zum GG, Anhang zu Art. 38: BWahlG Rn. 8 ff.

[43] Vgl. nur z.B. *Voßkuhle* APuZ 13/2012, 3 (4). Ob die Wahrnehmung einer zunehmenden Formalisierung und Verwirklichung der Wahlrechtsgleichheit, einer „steten Perfektionierung" (*M. Möstl* Die Wahlrechtsgleichheit, AöR 127 (2002), 401 (402)) auch für unsere Gegenwart angemessen ist, bleibt fraglich. Sie greift eine durchaus alte, schon in der Weimarer Republik formulierte Beschreibung auf, vgl. *G. Leibholz* Die Wahlrechtsreform und ihre Grundlagen, VVDStRL 7 (1932), 159 (160, 163: „fortschreitende Demokratisierung des Wahlrechts", u.ö.). Das von *Möstl* angeführte ‚neue' Beispiel für Verfeinerungen, das Problem Wahlkreiszuschnitt, gehörte jedenfalls zum Themenbestand der Wahlrechtsdiskussion der Weimarer Republik, s.u. Fn. 123.

Parlament fort. „Wahlrechtsgleichheit und Mandatsgleichheit“, so das Bundesverfassungsgericht, „stehen in unauflösbarem, sich wechselseitig bedingendem Zusammenhang.“[44] Das Gericht spricht auch von „Repräsentationsgleichheit“.[45] Gleichheit zumindest der Beteiligungschancen lautet letztlich das verfassungsrechtlich formulierte Versprechen, von dem die wahrgenommene Realität immer weiter abzuweichen scheint.[46]

II. Europäisierung und Globalisierung

Zu den Phänomenen von Entparlamentarisierung, die auf der Tagung vor dreißig Jahren noch nicht, seitdem aber vielfach diskutiert werden, gehören Europäisierung und Globalisierung.

1. Europäisierung

Europäisierung im Sinne zunehmender europäischer Integration wird im Parlamentskontext regelmäßig verbunden mit einer Verlustgeschichte. Im Zentrum stehen die Kompetenzverluste der nationalen zugunsten der europäischen Ebene und die Kompetenzverluste des Parlaments zugunsten der Regierung.[47] Die mittlerweile zu einer eigenen Parlamentsfunktion geadelte „Integrationsverantwortung“,[48] für den Europazusammenhang

---

[44] Im Hinblick auf das durch sie konkretisierte Prinzip repräsentativer Demokratie: BVerfG, Urt. v. 28. 2. 2012 – 2 BvE 8/11 (EFSF/StabMechG; Hauptsache), NVwZ 2012, 495 (499) Rn. 124 mwH (st. Rspr.). Vgl. auch *Böckenförde* Demokratie als Verfassungsprinzip (Fn. 38), § 24 Rn. 45.

[45] BVerfG, Urt. v. 25. 7. 2012 – 2 BvF 3/11 u.a. (Wahlrechtsänderung 2011), Rn. 74. Das ist nicht gleichbedeutend mit „Repräsentativität“ im hier gebrauchten Sinne, weil dies ein politikwissenschaftlicher Beschreibungsbegriff ist, es gibt aber Überlappungen: Eine Verletzung der Repräsentationsgleichheit müsste immer ein Repräsentativitätsdefizit begründen. Umgekehrt gilt diese Aussage nicht.

[46] Zum Legitimationsproblem der Ungleichheit von Beteiligungschancen bei Verhandlung und Kooperation, die unter Effektivitätsgesichtspunkten positiv gewertet werden können, *A. Benz* Postparlamentarische Demokratie?, in: Greven (Fn. 26), 201 (204 ff.).

[47] Im Fokus der konstatierten Kompetenzverluste stehen die Legislativfunktion und, in neuester Zeit zunehmend, die Budgetkompetenz. Zu Recht ist darauf hingewiesen worden, dass eine Verlustbewertung zunächst (auch) die reale Bedeutung der Gesetzgebungsfunktion für das Parlament analysieren und berücksichtigen müsse. *W. Kluth* Möglichkeiten der Einbindung nationaler Parlamente in die europäische Gesetzgebung, in: Hofmann/Naumann (Fn. 12), 47 (61).

[48] Nachweise in BVerfG, Urt. v. 30. 6. 2009 – 2 BvE 2/08 u.a. (Lissabon), BVerfGE 123, 267 (Leitsatz 2a u. Rn. 236 ff.). Dazu *U. Hufeld* in: A. v. Arnauld/U. Hufeld (Hrsg.) SK Lissabon, 2011, Abschnitt 1; *M. Spörer* in: ebd., 2. Teil IntVG, Abschnitt 5 Rn. 1 ff.

verfassungsrechtlich vor zwanzig Jahren in Art. 23 GG verortet und besser mit „Europafunktion“ zu bezeichnen,[49] erscheint in dieser Verlust-Perspektive als doppelfunktionale Kompensationsbewegung.[50] Sie wird be-

---

Zur Diskussion des Urteils vgl. nur: *M. Nettesheim* Die Integrationsverantwortung – Vorgaben des BVerfG und gesetzgeberische Umsetzung, NJW 2010, 177ff., *ders.* Ein Individualrecht auf Staatlichkeit, NJW 2009, 2867ff., *F. Schorkopf* Die Europäische Union im Lot – Karlsruhes Rechtsspruch zum Vertrag von Lissabon, EuZW 2009, 718ff, *P. Terhechte* Souveränität, Dynamik und Integration – making up the rules as we go along?, EuZW 2009, 724ff. Teilaspekt der Integrationsverantwortung ist die sog. „haushaltspolitische Gesamtverantwortung“ (BVerfG, Urt. v. 7.9.2011 – 2 BvR 1485/10 (Eurorettung/Griechenlandhilfe), BVerfGE 129, 124), die, natürlich, an die alte Budgetkompetenz anknüpft und insofern gar nicht neu ist. Dazu *U. Häde* Euro-Rettung zwischen Exekutivprimat und Parlamentsvorbehalt, 2012, 32. *C. Calliess* Der Kampf um den Euro, NVwZ 2012, 1 (4) mwN; *H. Kube* AöR 137 (2012), 205ff.

[49] Zur Europafunktion *M. Mayer* Die Europafunktion der nationalen Parlamente in der EU, 2012, etwa 29ff. Vgl. aus vordringlich politikwissenschaftlicher Perspektive die Beiträge in: *G. Abels*/*A. Eppler* (Hrsg.) Auf dem Weg zum Mehrebenenparlamentarismus? Funktionen von Parlamenten im politischen System der EU. Aus der Praxis die Beiträge von *E. Brok* und *S. Ruppert* in: Bitburger Gespräche, Jb. 2011/I, 101ff. und 109ff. Der gegenwärtig genutzte Ausdruck „Integrationsverantwortung“ umfasst die „Europafunktion“, geht aber weiter, weil er sich auch auf andere internationale Organisationen erstrecken kann, *Häde* Euro-Rettung (Fn. 48), 24.

Auffallend ist die damit erreichte Bedeutungsvielfalt von „Integration“, vergleicht man sie mit der Smendschen Konnotation von Integration im Parteien- und Parlamentskontext. War die Integrationsaufgabe des Parlaments damals gerichtet auf die Interessen und Konflikte der Bürger in der Gesellschaft, ist sie jetzt europäisch gerichtet, also unmittelbar auf Einbindung der staatlich verfassten Organisation jener Gesellschaft, damit auch, aber eben nur noch mittelbar auf die Integration „des Volks“. Die neue Bedeutung macht den Ausdruck aber missverständlich, weil Integration immer noch im älteren Sinn benutzt wird, zuletzt etwa wieder in: BVerfG, B. v. 4.7.2012 – 2 BvC 1/11 u.a. (Wahlrecht Auslandsdeutsche), Rn. 39: Wahl als Integrationsvorgang bei der politischen Willensbildung. Von der multi-institutionellen Verwendung an anderen Stellen ganz zu schweigen, vgl. nur: *A. Voßkuhle* Die Integrationsverantwortung des Bundesverfassungsgerichts, Die Verwaltung Beiheft 10, 2010, 229ff.; *T. von Danwitz* Über die Integrationsverantwortung des Gerichtshofes der Europäischen Union, ebd., 241ff. Zur langen Karriere der Integrationsbegrifflichkeit *Stolleis* Geschichte IV (Fn. 37), 356ff.

[50] Doppelfunktional, weil sie Verschiebungen auf die supranationale Ebene und damit verbunden zwischen den nationalen Staatsorganen ausgleichen soll. Ersteres tangiert die Frage der Mehrebenendemokratie und ggf. das Demokratiedefizit, letzteres primär die mitgliedstaatliche Demokratie und ggf. das ‚Repräsentativitätsdefizit‘, wobei beide Bereiche nicht strikt zu trennen sind, ja mit zunehmender Integration zunehmend interagieren. Kurz *Kluth* Einbindung nationaler Parlamente (Fn. 47), 47 (48); ausführlicher *R. Lang* Die Mitwirkungsrechte des Bundesrates und des Bundestages in Angelegenheiten der europäischen Union gemäß Artikel 23 Abs. 2 bis 7 GG, 1997, 279f. Zur Rolle des BVerfG, das mangels ausreichenden Selbstschutzes des Parlaments mit einer „Parlamentsschutzdoktrin“ in die Bresche springe, *K. Groh* DVBl. 2012, 1064 (1068).

gleitet von der ‚demokratie-substantiellen' Aufladung des Wahlrechts in der Maastrichtentscheidung.[51] Ihr Gelingen oder Misslingen steht noch nicht fest. Ganz im Vordergrund steht derzeit die Justierung der mit dieser Funktion wiederum verbundenen Kompetenzverschiebungen im Gefüge von Regierung und Parlament auf Bundesebene.[52] Diese Justierung scheint schwierig,[53] wie nicht zuletzt die verfassungsgerichtlichen Entscheidungen zur deutsch-europäischen Fiskalgovernance zeigen.[54]

---

[51] BVerfG, Urt. v. 12.10.1993 – 2 BvR 2134/92 u.a. (Maastricht), BVerfGE 89, 155 (172); vom BVerfG aufgegriffen in den sog. Euro-Entscheidungen: BVerfG, B. v. 31.3.1998 – 2 BvR 1877/97, BVerfGE 97, 350; BVerfGK, B. v. 22.6.1998 – 2 BvR 532/98, NJW 1998, 3187f.; wieder in BVerfG, Urt. v. 30.6.2009 – 2 BvE 2/08 (Lissabonvertrag), BVerfGE 123, 267 (340, 356 = Rn. 210ff.), 246 (Aushöhlungsargument); und, trotz vielfacher Kritik am Lissabonurteil, zentral in: BVerfG, Urt. v. 7.9.2011 – 2 BvR 1485/10 (Griechenlandhilfe/ Euro-Rettungsschirm), BVerfGE 129, 124 (167ff. = Rn. 98ff.), zur kritischen Literatur Rn. 101, Rn. 124ff. (hier allerdings in Verbindung mit Demokratieprinzip und „Verfassungsidentität", weniger über Art. 38 GG).

Grundlegend auch für die Verfassungsbeschwerde gegen ESM/Fiskalvertrag, etwa: *C. Degenhart* Memorandum zur geplanten Verfassungsbeschwerde gegen ESM-Vertrag und Fiskalvertrag, Juni 2012, unter: http://www.verfassungsbeschwerde.eu/fileadmin/pdf/2012-06-25_Degenhart-Memorandum_Esm-Fiskalvertrag.pdf (Aufruf: 5.9.2012).

Die Interpretationen reichten von „subjektives materielles Recht auf Demokratie" (*C. Hillgruber*) über „Anspruch auf Existenz in einer demokratisch verfassten Staatlichkeit" (*H.-P. Ipsen*) zu „Grundrecht auf echten Parlamentarismus" (*K.-A. Schachtschneider*), zum nüchterneren „Grundrecht auf substantielle Kompetenzausstattung des Parlaments" (*E. Klein*). Auflistung und weitere Nachweise bei *M. Soppe* Parlamentarische Selbstentmachtung als faktische Wahlrechtsbeeinträchtigung, 2002, 28.

[52] Kritisch zur Verschiebung zum Bundestag *Häde* Euro-Rettung (Fn. 48), 23ff., 32, mit Verweis auf die nicht aufgabenadäquate Ausgestaltung des Organs Bundestag; ähnlich *D. Thym* Anmerkung zu BVerfG, Urteil v. 7.9.2011 – 2 BvR 987/10, JZ 2011, 1011 (1012); zum Problem auch *Kube* AöR 137 (2012), 205 (218ff.), der die Tendenz zur einzelfallbezogenen Legitimationsverschaffung durch das Parlament („einzelfallbezogener Parlamentsvorbehalt", ebd., 213) betont und zugleich skeptisch sieht.

[53] Zur „zähneknirschenden" Umsetzung der vom Bundesverfassungsgericht erzwungenen Stärkung des Bundestags *P. M. Huber* Der Beitrag des Europäischen Parlaments zur demokratischen Legitimation der EU, in: Hofmann/Naumann (Fn. 12), 33 (45f.), der zu Recht betont, dass der Bundestag seine europäische Rolle besser ausfüllen müsse.

[54] Vgl. nach der Entscheidung Griechenlandhilfe/Euro-Rettungsschirm (BVerfG, Urt. v. 7.9.2011 – 2 BvR 1485/10 u.a., BVerfGE 129, 124ff.) die neueren Entscheidungen des BVerfGs zu Informations- und Mitwirkungsbefugnissen des Bundestags: BVerfG, Urt. v. 28.2.2012 – 2 BvE 8/11 (EFSF, Sondergremium/StabMechG); BVerfG, B. v. 22.6.2011 – 2 BvR 1219/10 (Ablehnung eAo gegen EFSF/StabMechG); BVerfG, Urt. v. 19.6.2012 – 2 BvE 4/11 (ESM I/Euro-Plus-Pakt – Unterrichtungspflichten). Schließlich: BVerfG, B. v. 12.9.2012 – 2 BvR 1390/12 u.a. (ESM II/Fiskalvertrag): Die bisherige Linie wird hier fortgeführt. Bemerkenswert die nochmalige Aufwertung der Informationsrechte des Parlaments, die nun als „im Kern [...] auch in Art. 79 Abs. 3 GG verankert" bewertet werden, Rn. 215, konkret dann Rn. 254ff., 285ff.

Mittlerweile kann man diese mit ‚Europäisierung' codierten Entwicklungen aber *auch* als Erfolgsgeschichte sehen.[55] Wir verzeichnen einen eindrücklichen Vorschriftenzuwachs im nationalen und europäischen Parlamentsrecht.[56] Er wird ergänzt um verrechtlichte Mehrebenen-Interaktion.[57] Neben dem europäisch *beeinflussten* deutschen Parlamentsrecht kann man mittlerweile finden: Unions- oder Eigenparlamentsrecht,[58] Ansätze eines Mehrebenenparlamentsrechts[59] und sogar erste Ansätze europäisch *determinierten* deutschen Parlamentsrechts.[60] Wir beobachten also derzeit die Anfänge einer Europäisierung des Parlamentsrechts.[61] Die

---

Zur Unterrichtung im Parlamentarismus der Bundesländer vgl. nur *S. Storr* Die Pflicht der Landesregierungen zur Unterrichtung der Landtage in parlamentarischen Regierungssystemen, ZG 2005, 45 ff.

[55] Bejahend *A. v. Bogdandy* Parlamentarismus in Europa, eine Verfalls- oder Erfolgsgeschichte?, AöR 120 (2005), 445 ff.; ebenso *A. v. Arnauld* Parlamentarismus und Föderalismus in der EU, in: v. Arnauld/Hufeld (Fn. 48), Abschnitt 5, Rn. 1 Fn. 1.

[56] Relevante primärrechtliche Regelungen des europäischen Parlamentsrechts finden sich insbesondere in Art. 9–12, 14 EUV, aber auch in Art. 70, 71, 85, 88 AEUV, die u.a. die Information der nationalen Parlamente und ggf. sogar ihre Einbindung in die Kontrolltätigkeit des EP (Art. 88 Abs. 2 UAbs. 2 AEUV, Europol) vorschreiben.

[57] Überblick bei *v. Arnauld* Parlamentarismus und Föderalismus in der EU (Fn. 55), Rn. 11 ff.

[58] Zu den bemerkenswerten Reformen des EP (auch: GO, Parlamentspraxis) sowie noch offenen Reformbemühungen *P. Schiffauer* Parlamentarische Reform im Europäischen Parlament, in: J. v. Blumenthal/S. Bröchler (Hrsg.) Müssen Parlamentsreformen scheitern?, 2009, 201 ff.

[59] Damit möchte ich die Regelungen bezeichnen, welche die Kooperation von Europäischem Parlament und mitgliedstaatlichen Parlamenten regeln. Die neue Grundlagennorm dazu ist Art. 12 EUV, wonach die nationalen Parlamente „aktiv zur guten Arbeitsweise der Union beitragen". Inhaltlich geht es um zunehmend verrechtlichte Informations- und ggf. Rügebefugnisse im Bereich der *Sekundärrechtssetzung* (Stichworte: Subsidiaritätsprotokoll, Parlamenteprotokoll) und um Mitwirkungsbefugnisse im Bereich des *Primärrechts* (Stichwort Konventsmethode nach Art. 48 Abs. 3 UAbs. 1 EUV, wonach im ordentlichen Vertragsänderungsverfahren in der Regel ein „Konvent von Vertretern der nationalen Parlamente" zu beteiligen ist). Zusammenfassend: *P. Cancik* Rechtsquellen, in: M. Morlok/U. Schliesky/D. Wiefelspütz (Hrsg.) Handbuch des Parlamentsrechts, 2013, § 11 sub IV. (im Erscheinen). Zur Konventsmethode: *S. Hölscheidt* Die Verantwortung des Bundestags für die europäische Integration, DÖV 2012, 105 (106); *H.-J. Cremer* in: C. Calliess/M. Ruffert (Hrsg.) EUV/AEUV, Art. 48 EUV Rn. 3 ff.; *T. Schmitz* Die Stärkung der Legitimation grundlegender Reformen der Union durch die Konventsmethode, in: Hofmann/Naumann (Fn. 12), 123 ff.

[60] Hierzu zähle ich das im IntVG und der GO BT geregelte Subsidiaritätskontrollverfahren: *Cancik* Rechtsquellen (Fn. 59), sub V. (im Erscheinen).

[61] Zur ‚Europäisierung' der Parteien und Abgeordneten *M. Morlok* Sicherung der Rechtsstellung als politische Partei durch Teilnahme an den Wahlen zum Europäischen Parlament?, DVBl. 1989, 393 ff., der die Frage behandelt, ob über den Wortlaut des § 2 Abs. 2 PartG hinaus auch (nur) die Teilnahme an der Europawahl parteistatuserhaltend

Wirkungspotentiale dieser Kompetenzzuwächse und Verfahrensgestaltungen sind offen und umstritten,[62] zumal in der deutschen verfassungsrechtlichen Legitimationsdiskussion.[63] Allerdings verändert sich, deutlich zu bemerken im Gefolge des Lissabonvertrages, auch die Wahrnehmung und Bewertung des europäischen „Demokratiedefizits".[64] Denn was hier als Europäisierung des (deutschen) Parlamentsrechts skizziert wurde, ist, bezogen auf die europäische Ebene, gerade der Versuch einer Demokratisierung und Parlamentarisierung.[65] Der frühere Befund einer ‚Entparla-

---

wirken kann. Ihm folgend *S.-C. Lenski* Parteiengesetz und Recht der Kandidatenaufstellung, 2011, § 2 Rn. 35; *J. Ipsen* Parteiengesetze – Gesetze über politische Parteien, 2008, § 2 Rn. 6. Wohl anders *H. Wißmann* in: J. Kersten/S. Rixen (Hrsg.) Parteiengesetz und Europäisches Parteienrecht, 2009, § 2 Rn. 34.

[62] Das BVerfG attestiert den Beteiligten in den neueren Entscheidungen erhebliche Vollzugsdefizite. Das wirft die Frage nach der Vollzugsfähigkeit der ‚Repräsentationskompensatorik' auf. Der ex-post-Charakter des Organstreitverfahrens ist angesichts einer sachzwanggetriebenen Regierung insofern wenig hilfreich.

[63] Skeptisch, aber die Entwicklungsfähigkeit betonend *Huber* Der Beitrag des Europäischen Parlaments (Fn. 53), 33 ff., der vor allem auf die Stärkung „der europäischen Rolle der nationalen Parlamente" setzt, ebd., 45. Skeptisch auch *S. Hölscheidt* DÖV 2012, 105. Aus der zunehmenden Literatur weiter: *M. Chardon* Mehr Transparenz und Demokratie – Die Rolle nationaler Parlamente nach dem Vertrag von Lissabon, in: W. Weidenfeld (Hrsg.) Lissabon in der Analyse – Der Reformvertrag der Europäischen Union, 2008, 171 ff.; *T. Groh* Die Rolle der nationalen Parlamente, in: U. Fastenrath/C. Nowak (Hrsg.) Der Lissabonner Reformvertrag. Änderungsimpulse in einzelnen Rechts- und Politikbereichen, 2009, 77 ff.; *H.-G. Kamann* Die Mitwirkung der Parlamente der Mitgliedstaaten an der europäischen Gesetzgebung, 1997; *Kluth* Die demokratische Legitimation der Europäischen Union, 1995; weiterführend *ders.* Einbindung nationaler Parlamente (Fn. 47), 47 ff. Zur Bedeutung des Staatsbezugs von Demokratie im Rahmen der Europäisierungsdiskussion: *U. Volkmann* Setzt Demokratie den Staat voraus?, AöR 127 (2002), 575 ff.

[64] Prägnant zum Stand vor Lissabon: *G. Lübbe-Wolff* Europäisches und nationales Verfassungsrecht, VVDStRL 60 (2001), 246 ff., die das Bestehen eines europäischen Demokratiedefizits bestätigt, aber einen Abbau desselben durch Parlamentarisierung des EP für möglich und zulässig hält. Vgl. auch die Beiträge von *I. Pernice* und *P. M. Huber* ebd. In der Fachdebatte scheint diese Defizitproblematik, jedenfalls was die theoretisch-normative ‚Demokratieausstattung' angeht, nicht gelöst, aber im Vergleich zu früher doch deutlich entschärft, anders wohl in der medialen und gesellschaftlichen Wahrnehmung. Vgl. nur, sehr optimistisch: *H. G. Dederer* Zur Gewaltenteilung in der Union, in: Hofmann/Naumann (Fn. 12), 89 (106); skeptischer, aber mit Hoffnung auf aktivierbare Kompensationsmöglichkeiten durch direkt-demokratische Elemente „als zusätzliche Legitimationskette": *C. Degenhart* Direkte Demokratie in der europäischen Rechtssetzung?, in: Hofmann/Naumann (Fn. 12), 108 (111 ff.). Zu Einstellungen der Bürger zu EP und BT im Vergleich etwa *U. Hegewald/L. Schmitt* Die Deutschen vor der Europawahl 2009, APuZ 23–24/2009, 10 ff.

[65] Die Literatur zu europäischer Demokratie und europäischem Verfassungsrecht ist nicht mehr gut übersehbar, z.B. *S. Kadelbach* (Hrsg.) Europäische Integration und par-

mentarisierung allein aufgrund Kompetenzverlagerung' kann daher so nicht mehr aufrecht erhalten werden.[66]

Zutreffend ist zudem darauf hingewiesen worden, dass es über die europäische Defizitwahrnehmung hinaus seit langem „Demokratieprobleme" gibt, die den Ebenen gemeinsam sind.[67] Demnach kann die Frage nach „Wahl- und Parlamentsrecht als Gelingensbedingungen repräsentativer Demokratie" zwar für bestimmte Erkenntniszwecke auf die mitgliedstaatliche Ebene begrenzt werden, für ein tragfähiges Gesamtbild reicht diese Wahrnehmung eines Ausschnitts indessen nicht mehr aus. Bestimmte Repräsentativitätsdefizite der mitgliedstaatlichen Ebene können, jedenfalls konzeptionell, durch europäische Repräsentationsgewähr kompensiert werden.[68] Zugleich müssen Repräsentativitätsdefizite, die beide

---

lamentarische Demokratie, 2009; *A. v. Bogdandy/J. Bast* (Hrsg.) Europäisches Verfassungsrecht, 2009; *C. Franzius/F. C. Mayer/J. Neyer* (Hrsg.) Strukturfragen der Europäischen Union, 2010; *C. Franzius/U. K. Preuß* Die Zukunft der europäischen Demokratie, 2012. Ein auf Netzwerk rekurrierender Versuch, die europäischen Entwicklungen unter Beibehaltung eines ontischen Staatlichkeits- und Demokratiebegriffs zu integrieren, bei *S. Haack* Demokratie mit Zukunft?, JZ 2012, 753 ff. Von „bemerkenswerte[m] Demokratisierungsprozess" spricht *Voßkuhle* APuZ 13/2012, 3 (7 f.); Zur Bedeutung des Wahlrechts: *M. Haag* Unionsbürgerschaft und Europäisches Wahlrecht, in: A. Epiney/M. Haag/A. Heinemann (Hrsg.) FS Bieber, 2007, 137 ff. Zur Aufwertung des EP etwa *Hölscheidt* in: E. Grabitz/M. Hilf (Hrsg.) EUV/EGV, 40. Aufl. 2009, Art. 189 EGV Rn. 41 ff.; *ders.* in: E. Grabitz/M. Hilf/M. Nettesheim (Hrsg.) EUV/AEUV, Loseblatt (Stand: 2012), Art. 14 EUV Rn. 5 ff. Zum Struktur- und Funktionswandel des EP vgl. *Kluth* in: C. Calliess/M. Ruffert (Hrsg.) EUV/AEUV, Art. 14 EUV Rn. 3 ff. *B. Assenbrunner* Europäische Demokratie und nationalstaatlicher Partikularismus, 2012. *A. v. Komorowski* Demokratieprinzip und Europäische Union, 2010.

[66] *Schüttemeyer* Entparlamentarisierung (Fn. 14), 240 (249 f.); zur mittlerweile erfolgenden „Re-Parlamentarisierung" Europas *A. Maurer* Parlamentarische Demokratie in der Europäischen Union, 2002. *Ders./D. Nickel* (Hrsg.) Das Europäische Parlament, 2005. Grundlegend *P. Dann* Parlamente im Exekutivföderalismus, 2004, 163 ff.; Berichte von *Herdegen* und *Morlok* VVDStRL 62 (2003), 7 ff., 37 ff.; *A. v. Arnauld* in: v. Arnauld/Hufeld (Fn. 48), Abschnitt 2 Rn. 1 ff.; *Puhl* Entparlamentarisierung (Fn. 30), Rn. 11 ff. Zur politikwissenschaftlichen Debatte auch: *M. Koß* PVS 53 (2012), 29 (29, 46). Ausgangspunkt ist jeweils die Mehrebenenverflechtung, also das hier kurz sog. Europäisierungsphänomen. Möglicherweise kann man sagen, dass die alte Parlamentarismuskritik und auch die Feststellung einer jeweiligen Parlamentarismuskrise in der neuen, mehrebenenveranlassten Form ihre Fortsetzung findet. Allerdings wird keine bloße Entmachtung des Parlaments beschrieben, sondern Funktionsverlagerungen und Kompensationen. Es handelt sich also gerade nicht um reine Verlustgeschichten. Eine politikwissenschaftliche Beschreibung als „postparlamentarisch" ist nicht immer gleichzusetzen mit der Behauptung, es komme auf Parlamente oder parlamentarische Repräsentation tatsächlich und normativ nicht mehr an.

[67] *Lübbe-Wolff* VVDStRL 60 (2001), 246 (265 ff.).

[68] Zwischen verhalten positiv und skeptisch *Puhl* Entparlamentarisierung (Fn. 30), Rn. 11 ff. Wohl aA z.B. *Herdegen* VVDStRL 62 (2003), 7 (26), demzufolge die europä-

Ebenen betreffen können, weiter in den Blick genommen werden. Konsequenterweise muss dem ‚Betriebsrecht' auch des Europäischen Parlaments mehr Aufmerksamkeit gewidmet werden.[69]

Die jüngste Entscheidung des BVerfG zum Europawahlrecht (Ablehnung der Sperrklausel) mag insofern etwas zwiespältig erscheinen: Unterschätzt die knappe Mehrheit der Richter die Institution Europäisches Parlament, verkennt sie gleichsam die ‚Parlamentarisierung' jenes Parlaments, das zunehmend auch eine Art Regierungsbildungsfunktion, jedenfalls aber erhebliche Entscheidungsfunktionen aufweist?[70] Auf den zweiten Blick wird deutlich, dass sich in der Entscheidung und der eben angedeuteten Kritik der abweichenden Meinung zweier Richter zumindest auch der klassische Konflikt zwischen „Mehrheitsbildungsfunktion" oder genauer: Parteien-Konzentrationsförderung durch Wahlrecht einerseits[71] und Verhältniswahrung andererseits in neuem Gewande zeigt.[72]

---

ische Parlamentarisierung zwingend zu staatsrechtlicher Entparlamentarisierung führt und deshalb abzulehnen ist. Stark begrenzend BVerfG, Urt. v. 30.6.2009 – 2 BvE 2/08 (Lissabonvertrag), BVerfGE 123, 267 (371 = Rn. 278 ff.) Optimistisch bzgl. der Bewegung hin zu unitarischer Repräsentation im EP *Assenbrunner* Europäische Demokratie (Fn. 65), 209 ff.

[69] *J.-P. Eickhoff* Das Funktionsrecht des Europäischen Parlaments, 2008, bietet einen Einstieg, ist aber in Teilen durch den Vertrag von Lissabon und die neue GO EP vom März 2011 (ABl. EU 5.5.2011, L 116) überholt.

Aus deutscher Sicht wird als besonders problematisch das Wahlrechtsdefizit wahrgenommen, das in der nicht ausreichenden Gleichheitsgewährleistung gesehen wird, die föderale Repräsentation zu Lasten gleicher Bürgerrepräsentation gehen lasse. Vgl. nur im Anschluss an das Maastrichturteil (BVerfGE 89, 155) BVerfGK, B. v. 31.5.1995 – BvR 635/95, NJW 1995, 2216 und die Anmerkung von *H. H. Rupp*, NJW 1995, 2210 f. Zu noch offenen Reformbemühungen im EP *Schiffauer* Parlamentarische Reform (Fn. 58), 201 (230, 231 u.ö.).

[70] In der Entscheidung finden sich auf den ersten Blick etwas verquere Fronten: Die abweichende Meinung zweier Richter (*Di Fabio, Mellinghoff*), die eher als Kritiker der zunehmenden Europäisierung gelten, sieht die Bedeutung des EP nicht ausreichend wahrgenommen, BVerfG, Urt. v. 9.11.2011 – 2 BvC 4/10 u.a., Rn. 147 (157 ff.), NVwZ 2012, 23. Auch in einigen Medien wurde die Entscheidung harsch kritisiert, ja von „Hintertreiben der Europäisierung" war die Rede (*Hefty* FAZ 10.11.2011, 1). Kritisch auch *C. Schönberger* Das Bundesverfassungsgericht und die Fünf-Prozent-Klausel bei der Wahl zum Europäischen Parlament, JZ 2012, 80 (84): „Zugespitzt formuliert: Das deutsche Staatsorganisationsrecht ist in der Rekonstruktion des Senats auf das handlungsfähige, das Unionsrecht hingegen auf das handlungsunfähige Parlament ausgerichtet." Anders *D. Ehlers* Sicherung der Funktionsfähigkeit des Europäischen Parlaments mittels einer Sperrklausel im deutschen Wahlrecht, ZG 2012, 188 ff.

[71] Von Konzentration auf (wenige) Parteien bzw. „einigungsfördernder Wirkung" des Wahlsystems spricht *C. Lenz* Ein einheitliches Verfahren, 1995, 319, 325 u.ö.

[72] Zur langen Geschichte dieses Konflikts s. unten – Mehrheitswahl vs. Verhältniswahl III.1.

Immerhin – Diskussionen wie die um das Europawahlrecht oder die Information und Beteiligung des Bundestages wie des Europäischen Parlaments zeigen: Hier werden Wahl- und Parlamentsrecht als Bedingungen für das Gelingen von Demokratie verhandelt.[73]

2. *Globalisierung*

Bezieht man weitergehend die mit „Globalisierung“ codierten Veränderungswahrnehmungen mit ein, erscheint der eben geschilderte europäische Anpassungsprozess bei allen Schwierigkeiten und Verwerfungen als vergleichsweise harmlos.[74] Globalisierung – Stichwort: Entgrenzung und Entstaatlichung von Kommunikation und von „Märkten“ – bewirkt gleich-

---

Wer von den Beteiligten an der Entscheidung mehr auf ein Idealbild ‚Bundestag‘ rekurriert und die Besonderheiten des Europäischen Parlaments verkennt, ist nicht leicht einzuschätzen. *C. Schönberger* JZ 2012, 80ff. wirft dies der Mehrheit der Richter vor. Bei aller berechtigten Kritik bleibt er aber letztlich genauso einer angeblich der Sperrklausel zu verdankenden Stabilität verhaftet, die ihrerseits bundesdeutsches Idealbild ist.

[73] Der hier geübte Verzicht auf eine vertiefte vergleichende Perspektive darf über ihre Notwendigkeit nicht hinwegtäuschen. Die Wahrnehmung, was demokratisch hilfreich oder auch nur ‚noch vertretbar‘ sei, ist auch im nur europäischen Vergleich sehr unterschiedlich, wie nicht zuletzt die Europäische Menschenrechtskonvention zeigt, die in ihrem ersten Zusatzprotokoll die Abhaltung von freien und geheimen Wahlen garantiert. In der Rechtsprechung des EGMR ist anerkannt, dass die in Art. 3 des 1. ZP formulierte Verpflichtung der Konventionsstaaten zugleich ein subjektives Recht verleiht, *C. Grabenwarter/K. Pabel* Europäische Menschenrechtskonvention, 5. Aufl. 2012, 369ff. Eine entscheidende Differenz zur deutschen Rechtslage sehen die Autoren nicht zuletzt mit Blick auf die in der EMRK fehlende ausdrückliche Gewährleistung der gleichen Wahl, die aber mitgedacht sei, allerdings weder die Erfolgswertgleichheit noch die Erfolgschancengleichheit aller Kandidaten erfasse, ebd., 375. Ob die Differenz tatsächlich auch im Ergebnis oder eher in der Rhetorik liegt, wäre genauer zu prüfen. So hat der EGMR 2008 eine 10%-Sperrklausel bei den türkischen Parlamentswahlen für grundsätzlich unverhältnismäßig erklärt, sie nur wegen einer besonderen Ausnahmesituation gerechtfertigt, ebd., 379; EGMR, Urt. v. 8.7.2008 (GK), Yumak u. Sadak ./. TUR, Nr. 10226/03, NVwZ-RR 2010, 81. Etwaige Divergenzen und Konvergenzen werden angesichts der Europäisierung für die nationalstaatlich geprägte Sicht auf Wahl- und Parlamentsrecht zunehmend bedeutsamer werden. Vgl. nur SaarlVerfGH, B. v. 26.6.2012 – Lv 5/12, NVwZ 2012, 1117 (LS) zur Vereinbarkeit saarländischen Wahlrechts mit EMRK und Zusatzprotokoll.

[74] „Entparlamentarisierung infolge von Internationalisierung bzw. Globalisierung ist erheblich schwerer zu fassen als die Auswirkungen der Europäischen Integration […]“, *Schüttemeyer* Entparlamentarisierung (Fn. 14), 240 (250). Zu ‚demokratiekonzeptionellen‘ Reaktionen auf Globalisierung *U. Volkmann* AöR 127 (2002), 575ff.; *T. Groß* Postnationale Demokratie, RW 2011, 125ff.

sam einen dritten Schub von Entparlamentarisierung.[75] Globalisierung kann, angesichts der jüngsten Entwicklungen einer europäisch-globalen Fiskalgovernance,[76] sogar die Wahrnehmung von Entparlamentarisierung europäisieren: Eine ‚verfassungsrechtlich' bedenkliche Entmachtung trifft jetzt auch das sich als „Parlament" zunehmend etablierende Europäische Parlament,[77] jedenfalls dann, wenn man die Fiskal-Konstruktionen und

---

[75] Drei Schübe oder Pfade ergeben sich, zählt man nur die Befunde in der Bundesrepublik: erstens die bundesstaatliche Entwicklung und ihre Wirkung auf die Landesparlamente, dann die europäische Entwicklung und ihre Wirkung auf die nationalen Parlamente, schließlich: die Globalisierung/Internationalisierung und ihre – noch unklaren – Wirkungen auf nationale Parlamente wie Europäisches Parlament. Die drei Schübe sind nicht vollständig trennbar, liegen nicht zeitlich nacheinander, sondern überlappen sich.

[76] Zu den derzeit auf den Weg gebrachten Elementen („sixpack" und „Fiskalvertrag"), die noch keine Fiskalunion bedeuten sollen, etwa *C. Calliess/C. Schoenfleisch* Auf dem Weg in die europäische „Fiskalunion"?, JZ 2012, 477 ff. Zur Kritik der diskutierten Eurobonds als ggf. ‚weitere Entleerungsschritte' des nationalen Wahlrechts und der Parlamentskompetenzen bzw. als unzulässige Grenzüberschreitung: *S. Müller-Franken* Eurobonds und Grundgesetz, JZ 2012, 219 (220); früher: *S. Müller-Franken* Die demokratische Legitimation öffentlicher Gewalt in den Zeiten der Globalisierung, AöR 134 (2009), 542 (552 ff.); anders: *Nettesheim* „Euro-Rettung" und Grundgesetz, EuR 46 (2011), 765 (769 m. Fn. 16: hier wird die ganze Geschichte der europ. Integration als permanente „Entleerung" des Wahlrechts" beschrieben, zu kompensieren durch output-Legitimation). Repräsentativ für die Wahrnehmung des Parlaments in einer gänzlich neuen Defensivlage: *Schorkopf* VVDStRL 71 (2011), 183 (216 f.): „Anders als im 19. Jahrhundert [*sic!*] stehen Parlamente heute vor der Aufgabe, die bestehenden Rechte gegen eine substantielle Bürokratisierung und die Kommunitarisierung zu verteidigen. Mit dem Hinweis auf die Sachzwänge und die Funktionsgesetze überstaatlicher Zusammenarbeit kann sich parlamentarische Gestaltungsfreiheit zu einer Entscheidung über das Notwendige oder zur Ermächtigung von Experten verkürzen." Zur Wahrnehmung der Finanzkrise als Demokratiekrise auch *Calliess* ebd., 113 (115 ff.).

[77] Vgl. das Plädoyer für Reregulierung im Fiskalbereich im Rahmen europäischer Weiterentwicklung, die unter Einbindung gerade des EP stattfinden müsse, von *Wieland* Die Zukunft Europas – Krise als Chance, JZ 2012, 213 ff. Ähnlich mit Blick auf die internationale Standardsetzung im Finanzbereich *C. Ohler* Finanzkrisen als Herausforderung der internationalen europäischen und nationalen Rechtsetzung, DVBl. 2011, 1061 ff.; *C. Calliess/C. Schoenfleisch* JZ 2012, 477 (486 f.): Stichworte: Europäischer Währungsfonds, institutionalisierte Staateninsolvenz, mit dem ausgesprochen ambivalenten Hinweis, dass bei drohendem Staatsbankrott im Zweifel sowieso keine Haushaltsautonomie bestehe, so dass europäische Durchgriffsrechte dann auch kein Eingriff mehr sein könnten – nicht zuletzt für die verfassungsrechtliche Beurteilung solcher Durchgriffsrechte in noch haushaltsautonomen Staaten hilft das nicht weiter. Auch bleibt unklar, wer im Staat in die behauptete „freiwillige" Beschränkung der Haushaltssouveränität eingewilligt haben müsste. An dieser Wahrnehmung kann man einerseits sehen, wie weit die Parlamentarisierung des EP fortgeschritten ist, andererseits ist damit auch die derzeit letzte Ebene, auf der ein ungefähr demokratisches Parlament existiert, erreicht.

die sog. „Unionsmethode“ (auch) als „Flucht ins Völkerrecht“[78] respektive „Flucht ins Privatrecht“[79] und damit verbunden als „Umgehung“ gerade auch des Europäischen Parlaments deutet.[80]

Daneben und darüber hinaus bleibt der Befund großer Ratlosigkeit angesichts der offenbar werdenden Machtlosigkeit der Staaten und ihrer supra- oder internationalen Organisationen im Hinblick auf „die Märkte“.[81] Die Frage nach Wahl- und Parlamentsrecht scheint hier seltsam deplatziert. Vorschnelle Resignation ist indessen nicht angebracht: Es gibt mittlerweile eine Fülle höchst unterschiedlicher „parlamentarischer Versammlungen“ und Netzwerke, die zumindest zeigen, dass die Idee parlamentarischer Repräsentation globalen Charme besitzt.[82]

Dass derartige Parlamentarisierungsprozesse nicht unterschätzt werden sollten,[83] kann ein historisierender Blick auf bisherige Lernpotentiale des Wahl- und Parlamentsrechts erweisen.

---

[78] *Häde* Euro-Rettung (Fn. 48), 15 ff.; vgl. *M. Ruffert* Die europäische Schuldenkrise vor dem Bundesverfassungsgericht, EuR 2011, 842 (844).

[79] *F. Schorkopf* Schlusswort VVDStRL 71 (2011), 248 (249).

[80] Zum fehlenden Legitimationsstrang über das EP bei der sog. „Unionsmethode“ (die intergouvernementale Elemente umfasst, also gerade nicht stärker integriert ist als die Gemeinschaftsmethode!) und die daher erforderliche ‚Lückenfüllung‘ durch Art. 23 GG *C. Calliess* Der Kampf um den Euro: Eine „Angelegenheit der Europäischen Union“ zwischen Regierung, Parlament und Volk, NVwZ 2012, 1 ff.; *ders.* VVDStRL 71 (2011), 113 (165). Kritisch zur Möglichkeit entsprechender Legitimation *Schorkopf* VVDStRL 71 (2011), 183 (213 ff.).

[81] Die durch staatliche Politik herbeigeführte Schwächung des Staates gegenüber transnational agierenden Unternehmen ist Gegenstand der Post-Demokratie-Analysen von *Crouch* und anderen. *H. Münkler* Der Spiegel 29/2012, 100 f. spricht vom derzeit zu beobachtenden allmählichen Ende der parlamentarischen Demokratie, deren Zeitmuster denen der Märkte nicht gewachsen sei. Ähnliche Eindrücke auch in der Diskussion VVDStRL 71 (2011) zum Thema Finanzkrisen, z.B. Beitrag von *F. Schoch* ebd., 229 f.

[82] *S. Marschall* Transnationale Repräsentation in Parlamentarischen Versammlungen, 2005.

[83] Die ‚Demokratisierung‘ durch Art. 9–12 EUV als Modell für demokratische Legitimierung auch internationaler Organisationen bei *A. v. Bogdandy* The European Lesson for International Democracy, EJIL 23 (2012), 315 ff., zu Repräsentation ebd., 326 ff. Zur Reformfähigkeit von Parlamenten vergleichend *J. v. Blumenthal* Schach dem Premier! Parlamentsreformen im parlamentarischen Regierungssystem, in: dies./Bröchler (Fn. 58), 11 ff.

III. Lernpotentiale des Wahl- und Parlamentsrechts

1. Kulminationspunkte der historischen Perspektive

Die erheblichen Bedeutungsverschiebungen der zentralen Rechtsgrundsätze, die das Wahl- und Parlamentsrecht prägen und die Entwicklung des parlamentarischen Regierungssystems begleiten, können hier nur knapp in Erinnerung gerufen werden.[84] Sie verdeutlichen, dass massive Veränderungswahrnehmungen und, ihnen folgend, erhebliche Anpassungsleistungen auf diesem Gebiet nicht ungewöhnlich sind. Zugleich markieren die folgenden ‚Probebohrungen' einige der Bereiche, in denen weiterhin oder erneut hoher Problemdruck und Bedarf an juristischer Klärung besteht.[85]

Kulminationspunkt der Veränderungswahrnehmung in der Weimarer Republik war das durch die Verfassung eingeführte Verhältniswahlrecht[86] und die Aufwertung der Parteien. Beides wurde von Teilen der Staatsrechtslehre als massive Bedrohung zentraler Wahlrechtsgrundsätze, ja des „repräsentativen Parlamentarismus" überhaupt empfunden. Der Proporz, so formulierte *Leibholz* 1932, führe zu „strukturellen Veränderungen der Wahlrechtsgrundsätze".[87] Die Verhältniswahl mache aus einer unmittelbaren Wahl eine mittelbare,[88] widerspreche der Repräsentation,[89] ja zerstöre mit ihrer massendemokratischen Orientierung die parlamentarisch-

---

[84] Zur Ausdehnung des Schutzbereiches der Wahlgleichheit *Meyer* HStR III (Fn. 42), § 46 Rn. 34 f.

[85] Die erforderliche Fortschreibung für die europäische Ebene im Sinne einer Wahrnehmung von Ähnlichkeit oder gerade Differenz der Problemlagen kann hier im Detail nicht erfolgen.

[86] Art. 22 WRV: „Die Abgeordneten werden in allgemeiner, gleicher, unmittelbarer und geheimer Wahl von den über zwanzig Jahre alten Männern und Frauen nach den Grundsätzen der Verhältniswahl gewählt. […] Das Nähere bestimmt das Reichswahlgesetz."

[87] *Leibholz* VVDStRL 7 (1932), 159 (169).

[88] *Leibholz* VVDStRL 7 (1932), 159 (167). In neuem Kontext aufgegriffen bei *V. v. Prittwitz* APuZ 4/2011, 9 (10), der offenbar die Listenwahl als Verstoß gegen die Unmittelbarkeit ansieht.

[89] Im Unterschied zur Mehrheitswahl erfülle die Verhältniswahl nicht „repräsentationsbegründende oder, wie *Smend* sagt, integrierende, sondern nur noch […] rechenmäßig statistische Funktionen". Der Wahlakt führt nicht mehr „zur Überwindung der im Volk vorhandenen Gegensätze, sondern lediglich zur Offenbarung ihrer zahlenmäßigen Stärke", *Leibholz* VVDStRL 7 (1932), 159 (170), in engem Anschluss etwa an *Carl Schmitt*. Zum dahinter stehenden Repräsentationsverständnis *Hofmann/Dreier* Repräsentation (Fn. 37), Rn. 10.

repräsentativ verstandene Demokratie.[90] Vor diesem Hintergrund eines „zutiefst prekären“ Verhältnisses von Demokratie und Parlamentarismus[91] wird die enorme Anpassungsfähigkeit des Topos „repräsentative Demokratie“ im 20. Jahrhundert deutlich.[92] Die damit verbundenen Grundlagendebatten um ‚wahre‘ Repräsentation schwingen aber immer wieder mit, wenn es etwa um die Bewertung von wahl- oder parlamentsrechtlichen Einzelfragen geht.[93] Prominentes Beispiel ist die Diskussion um Mehrheitswahl versus Verhältniswahl und die damit verbundene, heftig kritisierte Gegenüberstellung zweier „Systeme“.[94] Die Kon-

---

[90] *Leibholz* VVDStRL 7 (1932), 159 (170ff.). Die WRV hat nach dieser Analyse eigentlich Unvereinbares kombiniert, nämlich das „massendemokratische Verhältniswahlrecht“ und den „klassischen repräsentativen Parlamentarismus“. Zur Auseinandersetzung mit anderen Positionen der Zeit ebd., 174. *Leibholz* realisiert vor diesem scheinbar wehmütig geschilderten Hintergrund, der u.a. bekanntlich auf höchst problematischen Vorstellungen von Repräsentation beruht, die ‚tatsächlichen‘ Veränderungen durchaus hellsichtig und attestiert der stark mehrheitswahlorientierten Wahlrechtsreformbewegung ein Verhaftetsein in „der traditionellen geistigen Umklammerung des 19. Jh.s“, aus der sie befreit werden müsse. Die „Diktatur der Parteienbürokratie“ kann demnach nicht mehr auf dem Weg der Wahlrechtsänderung, sondern muss auf anderem Weg, nämlich durch „Demokratisierung des Parteienbetriebs“, „gebrochen“ werden; ebd., 188.

[91] *C. Schönberger* Das Parlament im Anstaltsstaat, 1997, Zitat: 411, der zu Recht darauf hinweist, dass gerade auch die Parlamentswahrnehmung der „demokratischen“ Staatsrechtslehrer in Weimar der genaueren Untersuchung bedürfe; dazu jetzt näher *K. Groh* Demokratische Staatsrechtslehrer in der Weimarer Republik, 2010, 280ff.

[92] *B. Manin* Kritik der repräsentativen Demokratie, 2007 (englisch 1997): Repräsentative Regierungssysteme sind gekennzeichnet durch besondere Komplexität, die auf mehr Repräsentationsmechanismen beruhen als nur der Wahl, und durch besondere Wandlungsfähigkeit; z.B. ebd., 347ff. Zum Spannungsverhältnis zwischen normativem Anspruch und politischer Wirklichkeit aus Sicht der neuen politischen Ökonomie und zu verschiedenen Versuchen bundesrepublikanischer Staatsrechtslehrer, mit dieser Spannung umzugehen: *E. V. Towfigh* Demokratische Repräsentation im Parteienstaat, in: U. J. Schröder/A. von Ungern-Sternberg (Hrsg.) Zur Aktualität der Weimarer Staatsrechtslehre, 2011, 211ff.

[93] Differenziert: *R. Poscher* Das Weimarer Wahlrechtsgespenst, in: C. Gusy (Hrsg.) Weimars langer Schatten – „Weimar“ als Argument nach 1945, 2003, 256ff.: Weniger ausgesprochen sei tatsächlich der Schatten des Kaiserreichs wirkmächtiger gewesen; kritisch zum Weimarargument: *H. Meyer* Wahlsystem und Verfassungsordnung. Bedeutung und Grenzen wahlsystematischer Gestaltung nach dem Grundgesetz, 1973, 213ff.

[94] Zur Genese der (angeblichen) Wahlsystementscheidung in der Bundesrepublik *Meyer* Wahlsystem 1973 (Fn. 93), 25ff. Zum engen Spielraum hinsichtlich späterer Neugestaltungen des Wahlrechts ebd., 46ff., 53f. Erst „mit der Bildung der Großen Koalition [*von 1966, PC*] trat die Wahlsystemfrage in ein neues Stadium“, *Meyer* Wahlsystem 1973 (Fn. 93), 57. Zur gegenwärtigen Debatte bzw. der Aufrechterhaltung der These von den beiden ‚Grundwahlsystemen‘ kritisch *H. Meyer* Die Zukunft des Bundestagswahlrechts, 2010, 8ff. Beispielhaft für die sich gegenseitig ausschließende Gegenüber-

stanten, aber auch die Veränderungen in dieser Diskussion sind bemerkenswert.[95]

Für den Binnenbereich des Parlaments wird jene ‚Parteienstaatssorge' aufgegriffen in der Kritik an der Mediatisierung des einzelnen Abgeordneten durch die rechtliche und faktische Stärkung der Fraktionen, ausgedrückt mit kritischer Intention im Stichwort „Fraktionenparlament",[96] und rechtsdogmatisch verortet beim sogenannten „freien Mandat" der Abgeordneten.[97]

Nach den frühen „Lehrjahren der Demokratie"[98] in der jungen Bundesrepublik begründet das Aufkommen von außerparlamentarischer Opposition, Bürgerinitiativen und die Parteibildung der Grünen (1970er Jahre) einen nächsten Höhepunkt bei der Wahrnehmung von Parlamentsgefährdungen.[99] Auch die deutsche Wiedervereinigung markiert einen

---

stellung *Leibholz* VVDStRL 7 (1932), 159 (insbes. 170ff., 189). Kritisch und „pro Vermutung zugunsten eines Verhältniswahlrechts" aufgrund der Wahlrechtsgleichheit auch: *M. Morlok* in: H. Dreier (Hrsg.) GG. Kommentar Bd. 2, 2. Aufl. 2006, Art. 38 Rn. 97 mwN; *Hofmann/Dreier* Repräsentation (Fn. 37), Rn. 32ff.

[95] Vgl. die (auch) historische Untersuchung von *M. Wild* Die Gleichheit der Wahl, 2003, 14ff.; *Meyer* HStR III, (Fn. 7), § 45 Rn. 26f. zum gewandelten Sprachgebrauch hin zu „mehrheits*bildend*"; *Lenz* Ein einheitliches Verfahren (Fn. 71), 341: „einigungsfördernd", „Konzentration". Nicht zuletzt die stabilste Referenz der Mehrheitswahldiskurse, „good old England" mit stabilem Zweiparteiensystem, klarer Mehrheits- und also eindeutiger, d.h. in dieser Logik nicht-koalitionärer Regierungsbildung ist bekanntlich nicht mehr, was sie einmal war, oder zu sein schien. Zur früheren Referenzgröße kurz *Meyer* Wahlsystem 1973 (Fn. 93), 207, 223; *W. Euchner* Der Parlamentarismus der Bundesrepublik als Gegenstand politikwissenschaftlicher Untersuchungen, PVS 1969, 388 (404ff.); *T. Oppermann* Britisches Unterhauswahlrecht, 1961; grundlegend *K. Loewenstein* Der britische Parlamentarismus, 1964. Zu Veränderungen aufgrund der Wahl 2010: *G. Strohmeier* Westminster im Wandel, APuZ 4/2011, 32ff.

[96] Z.B. *H. Hamm-Brücher* Abgeordneter und Fraktion, in: Schneider/Zeh (Fn. 37), § 22 Rn. 38 u.ö.; kritisch *C. Arndt* Fraktion und Abgeordneter, in: ebd., § 21 Rn. 9ff. *Hölscheidt* Das Recht der Parlamentsfraktionen, 2001, 58.

[97] Wichtige Station ist hier BVerfG, Urt. v. 13.6.1989 – 2 BvE 1/88 (Wüppesahl), BVerfGE 80, 188. Dazu *M. Morlok* Parlamentarisches Geschäftsordnungsrecht zwischen Abgeordnetenrechten und politischer Praxis, JZ 1989, 1035ff. *H.-H. Trute* Der fraktionslose Abgeordnete – Die Wüppesahl-Entscheidung des BVerfG, Jura 1990, 184ff. Thematisiert auch im Kontext der Interessenverflechtungsdiskussion, vgl. die historische Linie von der „Mediatisierung des einzelnen durch Interessengruppen" zur Mediatisierung durch die Partei als „heutiges Problem" (= 1970er Jahre) bei *K. M. Meessen* Beraterverträge und freies Mandat, in: H. Ehmke (Hrsg.) FS Scheuner, 1973, 431 (441f.). Zur Interpretationsgeschichte: *U. F. H. Rühl* Das „Freie Mandat": Elemente einer Interpretations- und Problemgeschichte, Der Staat 39 (2000), 23ff.

[98] *Stolleis* Geschichte IV (Fn. 37), 305ff.

[99] Die fortgeschriebene Wahrnehmung einer Parlamentsgefährdung durch Parteien, vergegenwärtigt etwa im Flick-Spendenskandal, wird ergänzt durch jene außerparla-

Kulminationspunkt,[100] für den beispielhaft die Wahlrechtsentscheidung von 1990 mit ihrem intensiven Zugriff auf tatsächlich bestehende Ungleichheitslagen für kleinere Parteien stehen kann.[101] Die Sondersituation wurde im 12. Bundestag insofern aufgegriffen, als der Status der sog. „parlamentarischen Gruppe", die unterhalb des Fraktionsquorums bleibt, verbessert, nämlich mit erhöhten Mitwirkungsmöglichkeiten ausgestattet wurde.[102]

Derweil veränderten, gleichsam im Hintergrund, kontinuierliche tatsächliche Entwicklungen das Bedingungsgefüge des parlamentarischen Regierungssystems oder berührten jedenfalls das Wahrnehmungsgefüge. Die zunächst steigende, seit den 1970er Jahren sinkende Wahlbeteiligung zum Bundestag ist viel diskutiert.[103] Die Bewertung dieses Trends – Ausweis grundlegender Zufriedenheit oder gerade Verfallserscheinung – ist umstritten.[104] Neuere Forschungen widersprechen jedenfalls der zwischenzeitlich formulierten These, „dass die Höhe der Wahlbeteiligung für den Wahlausgang unerheblich und daher demokratietheoretisch nicht entscheidend" sei.[105] Korrespondierend zur Krise der sogenannten Volks-

---

mentarische ‚Gefährdung', die zugleich als Gefährdung der Parteien erscheint. Näher *Stolleis* VVDStRL 44 (1985), 7 (19 f.); *ders.* Geschichte IV (Fn. 37), 317 ff., 332 ff.

[100] Die Veränderung vom immer noch bipolaren Vierparteiensystem zum Fünfparteiensystem betonend: *F. Decker* APuZ 4/2011, 3; ähnlich *S.-C. Lenski* Paradoxien der personalisierten Verhältniswahl, AöR 134 (2009), 473 (484).

[101] BVerfG, Urt. v. 29. 9. 1990 – 2 BvE 1/90 u.a. (1. Gesamtdeutsche Wahl), BVerfGE 82, 322. Zur Vorgeschichte *M. Brenner* AöR 116 (1991), 537 ff., *K. Groh* DVBl. 2012, 1064 (1066). Auch die im Anschluss an die Wiedervereinigung in § 44b AbgG a.F., jetzt § 44c AbgG eingeführte Personalenquete, die Überprüfung gewählter Abgeordneter auf eine etwaige ‚Stasi-Vergangenheit', gerechtfertigt mit der Integrität und dem Vertrauen in das Parlament, das „parlamentswürdige" Abgeordnete erfordere, war ein bislang einmaliger Vorgang. Vgl. die Grundlagenentscheidung: BVerfG, B. v. 21. 5. 1996 – 2 BvE 1/95 (Gysi I), BVerfGE 94, 351.

[102] Darstellung in BVerfG, Urt. v. 16. 7. 1991 – 2 BvE 1/91 (PDS/ Gruppenstatus), BVerfGE 84, 304. Die von den Antragstellern angestrebte Zuerkennung eines (besonderen) Fraktionsstatus wurde abgelehnt.

[103] S.o. Fn. 1.

[104] Die Wahlbeteiligung gilt im internationalen Vergleich – immer noch – als hoch. Zu den Schwierigkeiten der Bewertung *G. Langguth* Volksparteien ohne Volk?, in: H. H. v. Arnim (Hrsg.) Systemmängel in Demokratie und Marktwirtschaft, 2011, 153 (157 f.). Umgekehrt löste die Wahl 1972 Diskussionen über eine ‚zu hohe Wahlbeteiligung' als mögliche ‚Verfallserscheinung' aus, vgl. *Meyer* Wahlsystem 1973 (Fn. 93), 16 f. zur Kritik von *Ellwein*.

[105] Anders formuliert: Der Ausschluss von Interessen ist nicht proportional. *A. Schäfer* Beeinflusst die sinkende Wahlbeteiligung das Wahlergebnis?, PVS 53 (2012), 240 (261). Demnach kann man offenbar doch eine ungleiche, genauer ungleich niedrige Wahlbeteiligung nach sozialen Schichten, mit der niedrigsten in der sog. Unterschicht,

parteien[106] konnten wir uns an die Entwicklung des bundesdeutschen Mehrfraktionenparlaments gewöhnen.[107] Mehrere große Koalitionen[108] wie auch Minderheitsregierungen auf Landesebene[109] haben die ehemals damit verbundenen Verfalls- oder gar Untergangsprognosen beruhigt.

So zeigt sich ein insgesamt erfolgreicher Lernprozess, der die systemische und verfassungsrechtliche Bedeutung von parlamentarischer Opposition und von Minderheiten im Parlament anerkennt und das Verhältnis der sie jeweils Bildenden zu Regierung und Regierungsmehrheit angemessen zu regeln versucht.[110] Nicht ausreichend wahrgenommen ist dagegen das Vor- und Begleitfeld des Parlaments: Stichwort Politikfinanzierung.[111]

---

feststellen, wenn man kleinräumige Wahlanalysen vornimmt. Zum Trend, dass sich „Unterschichten aus den Kanälen der demokratischen Beteiligung zurückziehen", also auch andere neuere Partizipationsformen meiden: *D. Jörke* APuZ 1–2/2011, 13 (15 f.).

[106] *Wiesendahl* Die Volksparteien (Fn. 2), 121 mwH. Eher zurückhaltend *Langguth* Volksparteien (Fn. 104), 153. 1972 war die Zahl der Parteien, die sich am Wahlkampf beteiligten, am niedrigsten (acht Parteien), seit 1990 sind es regelmäßig um die 30 Parteien, beim Bundeswahlleiter registriert sind derzeit 103 Parteien, so *Langguth* ebd., 155.

[107] Die Zahl der Fraktionen fiel von acht zu Beginn der 1. WP auf fünf am Ende der 1. WP. Ab der 4. WP bis zur 9. WP gab es drei Fraktionen, dann steigt die Zahl auf vier Fraktionen, in der 12. WP (1990–1994) gibt es drei Fraktionen, aber zusätzlich zwei Gruppen. In der 13. WP vier Fraktionen und eine Gruppe, seit der 14. WP sind, mit Ausnahme der 15. WP mit nur vier Fraktionen, fünf Fraktionen im Bundestag vertreten. Vgl. die Angaben in den verschiedenen Bänden des Datenhandbuchs zur Geschichte des Deutschen Bundestages, jeweils sub 5.2, 5.3.

[108] Bundesebene: 1966–1969; 2005–2009. Auf Länderebene gibt es häufiger große Koalitionen. Zur Wahrnehmung von (großen) Koalitionen als ‚Verfallserscheinung' kritisch *Meyer* Wahlsystem 1973 (Fn. 93), 210 ff.

[109] Auf Bundesebene gab es nur jeweils ganz kurze Phasen von Minderheitsregierung; auf Landesebene gibt es das häufiger und auch längerdauernd, am prominentesten das Beispiel Sachsen-Anhalts (1994–1998; 1998–2002).

[110] *H.-P. Schneider* Die parlamentarische Opposition im Verfassungsrecht der Bundesrepublik Deutschland, 1974; *S. Haberland* Die verfassungsrechtliche Bedeutung der Opposition nach dem Grundgesetz, 1995; *P. Cancik* Die parlamentarische Opposition in den Landesverfassungen, 2000; *dies.* Entwicklungen des Parlamentsrechts, DÖV 2005, 577 ff.; *dies.* Die Rezeption neuer Verfassungsregelungen. Ein Beitrag zur ‚Wirkung' der Oppositionsregelungen in den Landesverfassungen, JöR 55 (2007), 151 ff.

[111] Vgl. jüngst die im Juni 2012 eingereichte Organklage der ÖDP, vertreten von *H. H. v. Arnim*, der die enormen Zuwächse in der Politikfinanzierung jenseits der Parteienfinanzierung als Verletzung der Chancengleichheit der (kleineren) Parteien und des Gebots der Staatsfreiheit der Parteien ansieht; Antragsschrift unter www.arnimvon.de sub: Veröffentlichungen – Klagen vor dem BVerfG (Aufruf: 8. 8. 2012). Kurz *H. H. v. Arnim* Was aus dem Urteil des Bundesverfassungsgerichts zur 5-Prozent-Klausel bei den Europawahlen folgt, DÖV 2012, 224 (226 f.): Ver-450-fachung der Fraktionsfinanzierung im Bundestag seit 1950; mittlerweile 10.000 Abgeordnetenmitarbeiter im Bund und in den Ländern; Mittelzunahme der Parteistiftungen: *v. Arnim* kommt gesamt auf

2. *Funktionsfähigkeit, Repräsentationsfähigkeit, Multifunktionalität*

Im Zentrum von Wahl- und Parlamentsrecht steht die „Funktionsfähigkeit des Parlaments".[112] Als Argument gewendet soll der Schutz der Funktionsfähigkeit Einschränkungen von Proportionalität, von Gleichheitsrechten der Wähler, Wahlbewerber und Parteien sowie, parlamentsrechtlich im engeren Sinne, Einschränkungen von Abgeordnetenrechten rechtfertigen.[113] Schon länger ist kritisiert worden, dass mit der häufigen Fokussierung auf Regierungsbildung (und Gesetzgebungsfähigkeit) zwar auf eine ausgesprochen wichtige, aber eben nicht die einzige Funktion des Parlaments Bezug genommen wird.[114] Noch kaum wahrgenommen ist indessen, dass das BVerfG seit einiger Zeit, und auch nur gelegentlich, den Topos der „Funktionsfähigkeit" um den der „Repräsentationsfähigkeit" ergänzt.[115] Weshalb aber sollte man das wahrnehmen? Wenn Reprä-

über 500 Mio. Euro Staatsfinanzierung neben der gedeckelten Parteienfinanzierung im engeren Sinne (150,8 Mio im Jahr 2012). Ob der von *v. Arnim* unternommene Versuch, entsprechende Phänomene als „Autokorruption" dem Korruptionsbegriff einzuordnen, weiterführt, ist mir zweifelhaft. Vgl. *H. H. v. Arnim*/*R. Heiny*/*S. Ittner* Korruption. Begriff, Bekämpfungs- und Forschungslücken, FÖV 33 Discussion Papers, 2. Aufl. 2006.

[112] Z.B. *Meyer* Wahlsystem 1973 (Fn. 93), 206ff.; früher: *Pohl* VVDStRL 7 (1932), 131 (148). Vgl. später: BVerfGE 41, 399 (422); BVerfGE 51, 222 (236: „Handlungsfähigkeit"); BVerfGE 80, 188 (219: „Funktionstüchtigkeit"); BVerfGE 82, 322 (338); BVerfGE 84, 304 (321f.); BVerfGE 96, 264 (278) (zur Fraktionsmindeststärke); BVerfGE 112, 118 (140); BVerfGE 118, 277 (324).

[113] *Morlok* in: Dreier (Fn. 94), Art. 38 Rn. 53 (als Ziel der Wahl); Rn. 153, 155 (als Rechtfertigung zur Einschränkung von Abgeordnetenrechten), Rn. 171 (Fraktion). Schutz der Funktionsfähigkeit als „einzig seriöses Argument" für die Einschränkung der Wahlgleichheit, *Meyer* HStR III (Fn. 42), § 46 Rn. 40. Kritisch zur in der Europawahlentscheidung 2011 vorgenommenen „Umdeutung von Funktionsbeeinträchtigung in Funktionsunfähigkeit" als Maßstabsverschärfung: *C. Schönberger* JZ 2012, 80 (84). Zum Problem der Ausschussbesetzung versus Funktionsfähigkeit, *Morlok* in: Dreier (Fn. 94), Art. 40 Rn. 30. Zur Funktionsfähigkeit als Schutzzweck der Immunitätsregelung vgl. *H. Schulze-Fielitz* in: Dreier (Fn. 94), Art. 46 Rn. 8, 22. Als Grund für Begrenzung des Gesetzesinitiativrechts: *R. Stettner* in: Dreier (Fn. 94), Art. 76 Rn. 18.

[114] Kritisiert bei *Meyer* Wahlsystem 1973 (Fn. 93), 206ff., 215ff.: Letztlich werde die Regierungsbildung so zu einem rein formalen Akt, weil das sog. mehrheitsbildende Wahlrecht die Auswahlmöglichkeiten so reduziere, dass im Parlament nicht mehr viel auszuwählen oder auszuhandeln sei.

[115] Soweit ersichtlich findet sich die Bezugnahme auf die „Funktions- *und* Repräsentationsfähigkeit des Parlaments" erstmals in der Wüppesahlentscheidung, BVerfG, Urt. v. 13.6.1989 – 2 BvE 1/88 (Wüppesahl/fraktionsloser Abgeordneter), BVerfGE 80, 188 (219). Aufgegriffen in BVerfG, Urt. v. 16.7.1991 – 2 BvE 1/91, (PDS/Linke Liste als parl. Gruppe oder Fraktion), BVerfGE 84, 304 (321 = Rn. 95); BVerfG, Urt. v. 20.7. 1998 – 2 BvE 2/98 (Gysi III/Überprüfung auf Staatsicherheitstätigkeit nach § 44b AbgG a.F.) BVerfGE 99, 19 (32 = Rn. 41).

sentation eine Parlamentsfunktion ist,[116] dann ist die Ergänzung des Topos Funktionsfähigkeit um den *Zusatz* Repräsentationsfähigkeit logisch irritierend. Denn Repräsentationsfähigkeit ist dann ein Unterfall von Funktionsfähigkeit, von dieser selbstverständlich umfasst. Die logische Irritation bringt indessen das Problem zum Ausdruck. Wir weisen dem Parlament, zu Recht, mehrere Funktionen zu, die in Teilen in Spannung zueinander stehen und von unterschiedlichen Akteuren im Parlament auf unterschiedliche Weise erfüllt werden. Die Handhabung des Funktionsfähigkeitsarguments bildet diesen Funktionenpluralismus nicht immer ausreichend ab.[117]

Was das BVerfG nun mit „Repräsentationsfähigkeit" genau meint, wird nicht erklärt. Offenbar kann der Topos seinerseits multifunktional eingesetzt werden. So wird die Repräsentationsfähigkeit des Parlaments argumentativ als Rechtfertigung für Begrenzungen genutzt: Der repräsentative, hier vor allem der freie Status des einzelnen Abgeordneten kann etwa um der Repräsentationsfähigkeit des ganzen Parlaments willen begrenzt sein, so die Konstruktion der vier die Entscheidung tragenden Richter im Verfahren zu den Nebeneinkünften.[118] Dabei besteht ein enger Zusammenhang zum Schutz der Integrität, des Vertrauens in das Parlament.[119] In anderer Konstellation fungiert die Repräsentationsfähigkeit

---

[116] Repräsentationsfunktion als „Grundfunktion", die für alle Einzelbefugnisse grundlegend sei bei *Morlok* in: Dreier (Fn. 94), Art. 38 Rn. 30.

[117] Dass bestimmte Funktionen in ambivalenter Weise nutzbar sind, kommt erschwerend hinzu. So dient die Wahlfunktion „Integration von Interessen" dem BVerfG zur Rechtfertigung der Parteienexklusion im Kontext der Sperrklausel, im Grundmandatsurteil (BVerfGE 95, 408 ff.) wird sie genau gegenläufig eingesetzt und ein Spannungsverhältnis zur Funktionsfähigkeit aufgebaut, *Meyer* HStR III (Fn. 42), § 46 Rn. 44 a.E.

[118] So z.B. in BVerfG, Urt. v. 4.7.2007 – 2 BvE 1–4/06 (Nebeneinkünfte), BVerfGE 118, 277 (324 f.). Das Verfahren ist u.a. deshalb interessant, weil es tiefgehende Differenzen zwischen den Richtern in der Wahrnehmung und Bewertung von Repräsentativitätsgefahren erkennen lässt, aber auch unterschiedliche Vorstellungen, was Repräsentativität des Parlaments rechtlich bedeuten soll. Deutlich z.B Rn. 229, Rn. 279: „Transparenzregeln finden danach ihre grundsätzliche Rechtfertigung im Vorrang der Repräsentations- und Funktionsfähigkeit des Deutschen Bundestages gegenüber dem Privatinteresse des Abgeordneten an informationeller Abschirmung seiner Tätigkeiten neben dem Mandat." Die unterlegenen vier Richter stellen hingegen auf Repräsentativität im Sinne eines Berufsquerschnitts der Gesellschaft ab, die durch Verhaltensregeln faktisch nicht gefährdet werden dürfe und halten die Gefahr eines Repräsentativitätsdefizit durch Interessenverflechtungen für vernachlässigenswert, abw. Meinung der Richter *Di Fabio, Mellinghoff, Landau, Hassemer* ebd., Rn. 242. Zu den gegensätzlichen „Leitbildern" vom Abgeordneten kurz *U. Volkmann* AöR 134 (2009), 157 (158).

[119] Betont in der Gysi III-Entscheidung BVerfGE 99, 19, Rn. 41, 56, anknüpfend an Gysi I, BVerfGE 94, 351 (367 f.).

hingegen als Begrenzung der Begrenzung des einzelnen Abgeordneten, etwa wenn dessen Mitwirkungsmöglichkeiten durch Geschäftsordnungsrecht beschränkt werden.[120]

Bei aller Unklarheit im einzelnen: Der Repräsentations- oder Vertretungsfunktion, und damit der Aufgabe des Parlaments, zur permanenten Aktualisierung von Legitimation beizutragen, wird in jüngerer Zeit größeres Gewicht gegeben.[121] Dies wird auch sichtbar an der Ausdehnung der „einzelfallbezogenen Parlamentsvorbehalte". Sie sind im Grundgesetz nicht mehr nur für Auslandseinsätze der Bundeswehr, sondern neuerdings auch für die Ausfüllung der Haushaltsverantwortung gefunden worden.[122]

3. *Die Installation des Parlaments: ausgewählte Wahlrechtsfragen*

Die Bandbreite derzeit diskutierter Wahlrechtsfragen ist beachtlich: Neben den üblichen ‚Technika' des Wahlrechts, wie etwa die ausnehmend wichtige Wahlkreisgestaltung[123], und den diesen Sommer eingeführten,

---

[120] So, in Anlehnung an das Wüppesahlurteil, BVerfG, Urt. v. 8.12.2004 – 2 BvE 3/02 (Besetzung Vermittlungsausschuss), BVerfGE 112, 118 ff. zur sog. Spiegelbildlichkeit bei der Ausschussbesetzung, abw. Meinung der Richter *Gerhardt, Osterloh*, Rn. 87 (Rn. 91) zu „Repräsentationsfähigkeit des Parlaments": „Regelungen der Geschäftsordnung wirken sich, da die Rechte der Abgeordneten einander zugeordnet sind und aufeinander abgestimmt werden müssen, notwendig immer auch als Beschränkungen der Rechte der einzelnen Abgeordneten aus. Dabei darf – gerade um der Repräsentationsfähigkeit und der Funktionstüchtigkeit des Parlaments willen – das Recht des einzelnen Abgeordneten, an der Willensbildung und Entscheidungsfindung des Bundestages mitzuwirken, nicht in Frage gestellt werden (vgl. BVerfGE 84, 304 (321 f.))". Insofern zutreffend die abw. Meinung in: BVerfG, Urt. v. 4.7.2007 – 2 BvE 1–4/06 (Nebeneinkünfte), BVerfGE 118, 277 (384 = Rn. 353): „Damit ist die Argumentation mit der *Funktionsfähigkeit* und der *politischen Vertrauenswürdigkeit* des Parlaments in dem gegebenen Zusammenhang ohnehin ambivalent, da diese Anliegen grds. dazu dienen können, Eingriffe in die Rechtsstellung des Abgeordneten sowohl zu legitimieren als auch abzuwehren [...]".

[121] Zentral etwa in BVerfG, Urt. v. 28.2.2012 – 2 BvE 8/11 (EFSF/Sondergremium), 1. LS und Rn. 101 ff.

[122] *Kube* AöR 137 (2012), 205 (213 u.ö.). Sie konkretisieren die vom BVerfG angemahnte Kontrolle und Begleitung der europäischen Integration, die nicht bloß nachvollziehend sein soll. Vgl. *C. Möllers/J. Reinhardt* Verfassungsrechtliche Probleme bei der Umsetzung des Fiskalvertrages, JZ 2012, 693 (700).

[123] Zuletzt im April 2012 für die nächste Bundestagswahl: Gesetz zur Änderung des Bundeswahlgesetzes vom 12.4.2012, (BGBl. I S. 518) in Kraft seit 19.4.2012. Bezogen auf Wahlkreiskorrekturen im 18. Änderungsgesetz zum BWahlG, BVerfG, B. v. 31.1. 2012 – 2 BvC 3/11, NVwZ 2012, 622, wonach die Orientierungsgröße Wohnbevölkerung zukünftig allein nicht ausreicht, vielmehr die Zahl der Minderjährigen, also nicht Wahlberechtigten berücksichtigt werden muss, ebd., insbes. Rn. 67 ff. Das Problem wurde schon in der Weimarer Republik diskutiert, *Leibholz* VVDStRL 7 (1932), 159 (167) mH

nicht unerheblichen Veränderungen im Bereich des Rechtsschutzes[124] geht es um Wahlalter[125], Familienwahlrecht[126], Wahlpflicht[127] und Ge-

auf eine Entscheidung des BayStGH aus dem Jahr 1930. Kritisch auch *H. Nicolaus* Demokratie, Verhältniswahl und Überhangmandate, 1995, 193 (eine in Teilen allerdings fehlerhafte und schlecht lektorierte Arbeit). Kritisch bzgl. der in § 3 Abs. 1 Nr. 3 BWahlG erlaubten Abweichungsspanne von bis zu 25%: *V. v. Prittwitz* APuZ 4/2011, 9 (10); *Meyer* Verfassungsrechtliche Stellungnahme zur Vorbereitung der Anhörung durch den Innenausschuss des Deutschen Bundestages am 5. September 2011, 6f. (= BT-Innenausschuss, Ausschussdrucksache 17(4)327 B.).

124 1) Einfügung von Art. 93 Abs. 1 Nr. 4c GG, der eine Entscheidung des BVerfG „über Beschwerden von Vereinigungen gegen ihre Nichtanerkennung als Partei für die Wahl zum Bundestag" vorsieht.

2) Gesetz zur Verbesserung des Rechtsschutzes in Wahlsachen vom 12. 7. 2012, BGBl I 2012, 1501. Vgl. auch BT-Drs. 17/9391. Zum Entwurfsstadium kurz: *K. Groh* DVBl. 2012, 1064 (1065).

Anlass der Änderung war u.a. ein Bericht der OSZE/ODIHR-Wahlbewertungsmission vom 14.12.2009 zur Wahl 2009, vgl. BT-Drs. 17/9391, 6 und vorausgehend der Sonneborn-Fall („Die Partei"), BVerfG, B. v. 24. 8. 2009 – 2 BvQ 50/09. Zur lang diskutierten Kritik angesichts von Rechtsschutzdefiziten im Wahlrecht, die mit den technischen und zeitlichen Eigenheiten des Massenverfahrens Wahl nicht zu begründen sind: *Meyer* HStR III (Fn. 42), § 46 Rn. 98ff.; zur schon früher für möglich gehaltenen Tenorierung der Rechtsverletzung durch das BVerfG [*aber nicht den Bundestag, PC*] *A. Ortmann* Probleme der Wahlprüfungsbeschwerde nach § 48 BVerfGG, ThürVBl 2006, 169 (179).

125 Diese Diskussion gehört zu den ‚Klassikern' der Wahlrechtsdiskurse, z.B. die heftige Kritik an der Herabsetzung von 25 auf 20 Jahre in der WRV *Pohl* VVDStRL 7(1932), 131 (136ff.). Zur aktuellen Wahlalterdiskussion (Herabsetzung auf 16 Jahre) vgl. nur: *H. Holste* ZRP 2011, 122ff.; *H. Husein* LKV 2011, 65ff.; *S. Söllner* LKV 2010, 493ff.; *M. Breuer* NVwZ 2002, 43ff.; *K. Nopper* Minderjährigenwahlrecht, 1999; *M. M. Groß-Bölting* Altersgrenzen im Wahlrecht, 1993. Zur Absenkung in Österreich: Süddeutsche Zeitung vom 15. 3. 2007, http://www.sueddeutsche.de/politik/wahlalter-gesenkt-oesterreich-laesst-ab-waehlen-1.746212 (Aufruf: 9. 5. 2012). Neuerdings: Hamburger Abendblatt vom 8. 5. 2012, http://www.abendblatt.de/region/niedersachsen/article2270535/In-Niedersachsen-sollen-bald-16-Jaehrige-waehlen-duerfen.html (9. 5. 2012). Für Herabsetzung auf 16 Jahre, wie im Vorfeld des 19. Wahlrechtsänderungsgesetzes diskutiert: *Meyer* Verfassungsrechtliche Stellungnahme (Fn. 123), 4f.

126 Zur Entwicklung der Diskussion um das sog. Familienwahlrecht (auch derivatives Eltern- oder Stellvertreterwahlrecht) seit Beginn der 90er Jahre die Darstellung von *B. Westle* „Wahlrecht von Geburt an" – Rettung der Demokratie oder Irrweg?, ZParl 2006, 96 (98ff.). Zwei Gesetzesentwürfe wurden dazu eingebracht: BT-Drs. 15/1544 (2003); BT-Drs. 16/9868 (2008). Die Literatur diskutiert seither, ob die Einführung eines Familienwahlrechts durch Änderung von Art. 38 Abs. 2 GG und seiner einfachgesetzlichen Ausprägungen verfassungsgemäß wäre. Bejahend: *J. Oebbecke* Das Wahlrecht von Geburt an, JZ 2007, 987 (990); *F. Reimer* Nachhaltigkeit durch Wahlrecht?, ZParl 2004, 322 (338f.); aA *Holste* Wahlrecht von Geburt an: Demokratie auf Abwegen?, DÖV 2005, 110ff.; *W. Schreiber* Wahlrecht von Geburt an, DVBl. 2004, 1341 (1343, 1347); *W. Schroeder* Familienwahlrecht und Grundgesetz, JZ 2003, 917 (922); *I. v. Münch* Kinderwahlrecht, NJW 1995, 3165; *R. Wernsmann* Das demokratische Prinzip

schlechterquoten[128]. In der Perspektive dieses Referats stehen die genannten Themen für wahrgenommene Repräsentativitätsdefizite. Sie zeigen hohe ‚Repräsentativitätssensibilität'. Zwei Themen seien näher behandelt, Sperrklausel und Überhangmandat.

a) *Sperrklausel*

Die Debatte um die Sperrklausel gehört zu den Klassikern des Wahlrechts. Die Sperrklausel wurde von einer Mehrheit im Parlamentarischen Rat als Verstoß gegen die Gleichheit der Wahl verworfen, anschließend aber durch die Ministerpräsidenten der Länder 1949 ins Bundeswahlgesetz eingefügt.[129] Sie ist seitdem beständig.[130] Andererseits wurde sie nicht nur immer wieder gerichtlich angegriffen, sondern für bestimmte Wahlen zunehmend in Zweifel gezogen.[131] Die *kommunal*wahlrechtliche Sperr-

---

und der demographische Wandel, Der Staat 44 (2005), 42 (65); *E. R. Zivier* Mehrfaches Wahlrecht für Kinderreiche – Kein Ende der Debatte?, Recht und Politik 2004, 26 (27).

[127] Zuletzt, gegen die wohl derzeit hM die Zulässigkeit der Wahlpflicht bejahend, *S. Haack* Wahlpflicht und Demokratie, KritV 2011, 80 ff. Auch bei diesem Thema ist der Meinungswandel im Verlauf des 20. Jh.s eindrücklich. Offenbar nimmt die Stimmenthaltung aber sogar in Ländern mit Wahlpflicht zu, was auf ein Vollzugsproblem verweisen könnte, kurzer Hinweis bei *H. Oberreuter* ZfP 2012, 168 (181 Fn. 38).

[128] Seit kurzem wird – wieder zunehmend – die Frage diskutiert, wie mehr Frauen ins Parlament gelangen können, etwa durch Übertragung des sog. Parité-Ansatzes aus Frankreich. Dazu kurz *G. Fuchs*/*S. Bothefeld* Gleichstellung in Deutschland im europäischen Vergleich, APuZ 37/2011, 1 (1 f.); befürwortend: *S. Laskowski* Rechtsgutachten zur Frage der Übertragbarkeit des französischen Parité-Gesetzes ins deutsche Recht, März 2009, Manuskript mN zum verfassungsrechtlichen Diskussionsstand. Vergleichend zu Ansätzen, Wirkungen und Problemen: *D. Dahlerup u.a.* (Hrsg.) Geschlechterquoten bei Wahlsystemen und ihre Umsetzung in Europa, 2008, http://www.statsvet.su.se/forskning/wip/dokument/wip_Electoral_Gender_Quota_Systems_german.pdf (Aufruf: 25. 7. 2012). Kritisch wegen mangelnder Wirkungen der französischen Änderungen und erheblicher Umgehungen *M. Sineau* Frankreich, in: Dahlerup u.a., 55 ff. Auch diese ‚Frauenfrage' ist im übrigen alt und wird in der Weimarer Republik in doppelter Hinsicht aufgegriffen: Das Frauenwahlrecht sei gesetzlich nicht mehr zu beseitigen, die konkrete Ausgestaltung des Wahlrechts mit Blick auf die Aussichten von „Frauenkandidaturen" relevant, bei *Pohl* VVDStRL 7 (1932), 131 (136, 148).

[129] Zunächst, im Wahlgesetz zum ersten Bundestag von 1949, bezogen auf die Länder, im Wahlgesetz zum zweiten Bundestag von 1953 dann bezogen auf das ganze Bundesgebiet. Im folgenden „endgültigen", dem ersten unbefristeten Bundeswahlgesetz von 1956 blieb es dabei; statt des Gewinns eines Direktmandates als Alternative zur Überwindung der Sperrklausel waren nun drei Direktmandate erforderlich. Zu all dem und weiteren Änderungen *Meyer* Wahlsystem 1973 (Fn. 93), 43 ff., 49 f., 53 ff.

[130] Repräsentativ BVerfG, B. v. 22. 5. 1979 – 2 BvR 193, 197/79, BVerfGE 51, 222 (Sperrklausel Europawahlgesetz).

[131] Kritisch z.B. *M. Brenner* AöR 116 (1991), 537 (577 ff.); die damalige Diskussion um Reduktion oder „Umgehung" der Sperrklausel hat die Diskussion um die zulässige

klausel wurde von immer mehr Landesgesetzgebern abgeschafft,[132] vom BVerfG 2008 dann insgesamt für unzulässig erklärt.[133] Im Jahre 2011 folgte die schon erwähnte ähnliche Entscheidung bezogen auf das Wahlrecht zum Europaparlament.[134] Insbesondere die letztere Entscheidung zeigt einen deutlichen Sinneswandel eines Teils des Senates an.[135] Er rekurriert auf Erfahrungen mit einem Mehrparteienparlament und fasst die Anforderungen an die Tatsachengrundlage für das Prognostizieren wahrscheinlicher Funktionsstörungen jenes Parlaments recht scharf.[136] Die

Höhe einer Sperrklausel erneut angeregt. Zur Entwicklung der Rechtsprechung des BVerfG kritisch *Meyer* HStR III (Fn. 42), § 46 Rn. 36ff.: Erfahrungsgemäß könnten bis zu 3 Millionen Stimmen ‚wertlos' sein, was einer Zahl von bis zu 36 Bundestagsmandaten entspreche, die anteilsmäßig den ‚erfolgreichen' Parteien zuwachse. Kritisch auch *H. H. v. Arnim*, JZ 2009, 816ff. Kritisch zur Sperrklausel bei der Europawahl früh *D. Murswiek* Die Verfassungswidrigkeit der 5%-Sperrklausel im Europawahlgesetz, JZ 1979, 48ff.; dagegen wiederum *J. Hahlen* Europawahlgesetz verfassungskonform, DÖV 1979, 282ff. Energisch pro Sperrklausel als letztlich die Gemeinwohlorientierung fördernd *R. Wendt* Sperrklauseln im Wahlrecht?, in: Ruffert (Fn. 33), 431ff.

132 *Meyer* HStR III (Fn. 42), § 46 Rn. 42.

133 BVerfG, Urt. v. 13.2.2008 – 2 BvK 1/07 (Sperrklausel Kommunalwahl), BVerfGE 120, 82. Zur hM bis dahin vgl. nur die, ihrerseits kritische, Kommentierung von *H. Dreier* in: Dreier (Fn. 94) Art. 28 Rn. 75: Kommunale Sperrklauseln seien noch problematischer als andere, aber nach hA zulässig. Kritisch auch *Meyer* HStR III (Fn. 42), § 46 Rn. 42. Anders jetzt *Wendt* Sperrklauseln (Fn. 131), 431 (449ff.).

134 BVerfG, Urt. v. 9.11.2011 – 2 BvC 4/10 u.a., z.T. in: NVwZ 2012, 23. Zur Kritik an der Sperrklausel für die Europawahl *Meyer* HStR III (Fn. 42), § 46 Rn. 41. Art. 3 des europäischen Direktwahlaktes ermöglicht es den Mitgliedsstaaten, eine ‚Mindestschwelle' von bis zu fünf Prozent festzulegen. Bei der Europawahl vom 7.6.2009 blieben aufgrund der Fünf-Prozent-Sperrklausel 10,8% der gültigen Stimmen in Deutschland unberücksichtigt, sieben Parteien und politische Vereinigungen hätten einen oder zwei Sitze im EP errungen, BVerfG, Urt. v. 9.11.2011 – 2 BvC 4/10 u.a., Rn. 37. Insgesamt zogen über 160 (!) nationale Parteien in das EP ein, die sich zu sieben Fraktionen zusammengeschlossen haben, 27 Abgeordnete sind fraktionslos; derzeit verfügt keine Fraktion über eine absolute Mehrheit der Sitze, ebd., Rn. 38.

135 1979 hat das BVerfG die Fünf-Prozent-Sperrklausel bei der Europawahl für gerechtfertigt gehalten, BVerfGE 51, 222.

136 BVerfG, Urt. v. 9.11.2011 – 2 BvC 4/10 u.a., insbes. Rn. 113ff. Kritisch und ablehnend die Richter *Di Fabio* und *Mellinghoff*, BVerfG, Urt. v. 9.11.2011 – 2 BvC 4/10 u.a., Rn. 147ff., ein weiterer Richter lehnt die Entscheidung ab, ein weiterer Richter trägt nur das Ergebnis, nicht die Argumentation. Kritisch dazu und insgesamt *C. Schönberger* JZ 2012, 80ff., der der (knappen) Senatsmehrheit eine „gestörte Beziehung" zur europäischen Integration attestiert. Kritisch auch *Wendt* Sperrklauseln (Fn. 131), 447f. Das Urteil begrüßend: *M. Morlok* Chancengleichheit ernstgenommen – Die Entscheidung des Bundesverfassungsgerichts zur Fünf-Prozent-Klausel bei der Europawahl, JZ 2012, 76ff.; *S. Roßner* Die Verfassungswidrigkeit der Fünf-Prozent-Sperrklausel im Europawahlrecht, NVwZ 2012, 22ff.; *O. Lembcke/E. Peuker/D. Seifarth* Wandel der Wahlrechtsrealitäten – Zur Verfassungswidrigkeit des § 2 Abs. 7 EuWG,

Sperrklausel für die Bundestagswahl steht mit der Entscheidung nicht in Frage.[137] Die Diskussion um eine Abmilderung ihrer Wirkungen aber könnte neu eröffnet werden.[138]

b) *Überhangmandate*

Wie die Sperrklauselfrage sind auch die Überhangmandate als potentielles Problem eines Zweistimmensystems seit langem bekannt,[139] spielten aber zunächst keine Rolle.[140] Seit der Wiedervereinigung fielen sie mit steigender Tendenz an und lösten zunehmend Unbehagen aus.[141] In seiner

---

DVBl. 2012, 401 ff.; *K. Groh* DVBl. 2012, 1064 ff. und – naturgemäß – *H. H. v. Arnim* DÖV 2012, 224, als Beschwerdeführer des Verfahrens. Als mögliche Folge wird befürchtet, dass es zu Parteiengründungen kommen wird, die nun besonders auf die hürdenärmere EP-Wahl zielen; von besonderer Bedeutung ist insofern natürlich auch die Wahlkampfkostenerstattung, die ab 0,5 % errungener Stimmen einsetzt.

137 So auch *M. Morlok* JZ 2012, 76 (80); *S. Roßner* NVwZ 2012, 22 (25).

138 Hinweise bei *H. H. v. Arnim* DÖV 2012, 224 (225): Nicht-Anrechnung der erfolglosen Stimmen zu den erfolgreichen Parteien durch jeweils vorzunehmende Parlamentsverkleinerung; Zuweisung einer Eventualstimme für den Sperrfall (dazu *J. Linck* Zur verfassungsnäheren Gestaltung der 5-%-Klausel, DÖV 1984, 884 ff.); Beziehung Sperrklausel nur auf einzelne Bundesländer, entsprechend der Wahl 1949. Zur erforderlichen Überprüfung der Höhe angesichts der Vergrößerung des Wahlvolkes 1990: *M. Brenner* AöR 116 (1991), 537 (582 ff., 586); damit kommt es in der Tat zur Frage, wann eine Partei noch eine „Splitterpartei" ist. Die Einbindung der Konzentrationsförderung dient der Kompensation des Grundproblems der Verhältniswahl, nämlich der potentiellen „Entkoppelung von Parlamentswahl und Regierungsbildung". Angesichts der tatsächlichen Veränderungen u.a. des Parteiensystems steht aber grundlegend in Frage, ob die Erfüllung des an sich durchaus akzeptablen Ziels Konzentrationsförderung gerade durch Wahlrecht noch unter akzeptablen Bedingungen erreichbar ist. Verneinend *F. Decker* APuZ 4/2011, 3 (6); ähnlich *J. Behnke* APuZ 4/2011, 14 (19 f.), der Umstellungen auf ein Mehrheitswahlsystem oder ein Grabensystem für illegitim hält.

139 Erste BVerfGE dazu 1957 und 1963, in den 1970ern im eher kleinen Kreis diskutiert.

140 Entsprechend knapp: *Meyer* Wahlsystem 1973 (Fn. 93), 25 Fn. 4 u.ö., zusammenfassend: 268. Für noch unproblematisch erklärt in BVerfG, B. v. 24.11.1988 – 2 BvC 4/88, BVerfGE 79, 169.

Auch die (verfassungsgerichtliche) Wahrnehmung des sog. *negativen Stimmgewichts* hat sich über die Jahrzehnte deutlich verändert. Vgl. neuerdings BVerfG, Urt. v. 25.7. 2012 – 2 BvE 9/11, Rn. 57 ff. in Anknüpfung an BVerfG, Urt. v. 3.7.2008 – 2 BvC 1/07 (Überhangmandate, negatives Stimmgewicht), BVerfGE 121, 266 ff.: Auf subjektive Manipulationsmöglichkeit kommt es nicht an, allein die Möglichkeit objektiv willkürlicher, „sinnwidriger" Wahlergebnisse führt jetzt zum verfassungsrechtlichen Verdikt (Rn. 93 ff.); Bespr. von *M. Morlok* NVwZ 2012, 1116 f. Zur späten Problemwahrnehmung des BVerfG: *S.-C. Lenski* AöR 134 (2009), 473 (490 ff.).

141 *J. Behnke* Überhangmandate bei der Bundestagswahl 2009, ZParl 2009, 620 ff.; *ders.* ZParl 2012, 170 ff.; *J. E. Blumenstiel/O. Fürnberg* Wissen und Einstellungen zu

neuesten Entscheidung hat das BVerfG, anknüpfend an ältere Entscheidungen,[142] die Entstehung von ausgleichslosen Überhangmandaten für verfassungsrechtlich hinnehmbar erklärt, allerdings nur in gewissem Umfang.[143] Als ‚verfassungsgerichtlichen Grenzwert' setzt das Gericht nun die Zahl von 15 (ausgleichslosen) Überhangmandaten fest.[144] Die Problematik dieser als „Normkonkretisierung" bezeichneten Setzung wird ausdrücklich formuliert, dadurch jedoch nicht entschärft. Die Entscheidung wird insofern als eindrückliches Beispiel für den Umgang eines Gerichts ohne Vollzugsapparat mit defizitärer Implementation seiner Entscheidungen in die Verfassungswissenschaft eingehen.[145] Zwei weitere Kritikpunkte

---

Überhangmandaten, ZParl 2012, 132, ebd., Fn. 7 zu Beiträgen zum Thema in der ZParl seit 1995. *F. Decker* APuZ 4/2011, 3 (4ff.) mwH. Kritisch *Nicolaus* (Fn. 123). Sehr kritisch auch *H. Holste* Die Reform des Bundestagswahlrechts: Wiedervorlage in Karlsruhe!, NVwZ 2012, 8ff. Sieht man Überhangmandate als gleichheitswidrig und als Störungen des sog. föderalen Proporzes an, dann wird die Aussicht, mit Hilfe solcher Überhangmandate die politischen Mehrheitsverhältnisse ‚umzukehren', also eine Stimmenminderheit zur Mandatsmehrheit zu machen, als demokratische Legitimationskrise deutbar, z.B. ebd., 11. Aus Sicht der Verhältniswahl sind Überhangmandate, die gerade auch in Folge absinkender Zustimmung zu den ehemals großen Parteien entstehen, gleichsam (und polemisch) als eigene Art inverser Erfolgswert zu werten. Weiterführend auch *S.-C. Lenski* AöR 134 (2009), 473 (482ff.); kritisch auch *Böckenförde* Demokratie als Verfassungsprinzip, HStR II (Fn. 38), § 24 Rn. 43 Fn. 92.

[142] Insbesondere die aus dem Jahre 1997: BVerfG, Urt. v. 10.4.1997 – 2 BvF 1/95, BVerfGE 95, 335 (361).

[143] Die Option Ausgleichsmandate ist u.a. wegen der damit verbundenen Vergrößerung des Parlaments umstritten. Nach *F. Decker* APuZ 4/2011, 3 (8), bestünde der derzeitige Bundestag bei vollem Ausgleich aus 801 statt regulär 598 Abgeordneten. Jedenfalls bei vollständigem Ausgleich, der auch die föderalen Gesichtspunkte berücksichtigt, werde die Arbeitsfähigkeit des Bundestages ernsthaft gefährdet, so *S.-C. Lenski* AöR 134 (2009), 473 (495); *J. Behnke* APuZ 4/2011, 14 (20f.). *J. Isensee* Funktionsstörung im Wahlsystem, DVBl. 2010, 269 (274) hält Ausgleichsmandate für „parasitär" bzw. für „Gerechtigkeitsplomben".

[144] Begründet wird das inhaltlich mit der Orientierung an der Fraktionsstärke von 30 Abgeordneten. Durch ausgleichslose Überhangmandate soll eine Fraktion, als die parlamentarisch relevante Bezugsgröße, nicht entstehen können. Die Entscheidung bietet damit ihrerseits einen Hinweis auf die Durchsetzung der Fraktionalisierung des deutschen Parlamentarismus, die anderen Orts konstatiert wurde. Eher formal, aber rechtsprechungstechnisch nicht weniger bedeutsam, ist die Anknüpfung an die Entscheidung von 1997, in welcher die damals angefallenen 16 Überhangmandate als noch zu billigen angesehen wurden, BVerfGE 95, 335 (366f.); BVerfG, Urt. v. 25.7.2012 (Fn. 140), Rn. 143f. Zur jeweiligen politischen Fundierung der Rechtsprechung bzw. Wahlrechtsgesetzgebung im Punkte Überhangmandate: *F. Decker* APuZ 4/2011, 3 (5f.).

[145] Verfassungshistorisch ist die vorhergehende Wahlrechtsentscheidung mit ihren Bezugsentscheidungen nicht die erste, die vom Gesetzgeber nicht oder nicht ausreichend wahrgenommen und implementiert wird. Das Gericht hat die Implementationsverweigerung durch die verspätete und das sonst übliche konsensuale Verfahren missachtende

seien genannt. Zum einen überzeugt die Referenz auf föderale Belange wenig.[146] Dass diese bestimmte Gleichheitsbeeinträchtigungen tragen sollen, wird vom Gericht mehr behauptet, denn begründet. Angesichts der Kritik am sog. föderalen Proporz hätte man sich eine genauere Klärung gewünscht, welcher föderale Belang vom Gesetzgeber denn berücksichtigt werden darf. Entscheidend aber ist, zum zweiten, dass das Dilemma der überkommenen Wahlsystemargumentation und damit die Behauptung von der „Wahlsystemfreiheit" des Gesetzgebers mit der Entscheidung fortgeschrieben wird.[147] Ob der zweite Senat sich von dieser „Tradition" hätte lösen können, ist allerdings zweifelhaft.

Wahlrechtsänderung im Jahre 2011 mit großer Deutlichkeit thematisiert. Auch die weitgehend ausgesprochene Nichtigkeitsfolge, die ja angesichts der Kürze der noch verbleibenden Legislaturperiode ein gewisses Risiko bedeutet, dürfte in diesem Kontext stehen. Die dezisionistische Festlegung auf eine konkrete Zahl ist, neben der Anknüpfung an die Vorentscheidung 1997 mit 16 noch zulässigen Überhangmandaten, vermutlich damit zu erklären, dass das Gericht vorbauen möchte. Dem Gesetzgeber werden Anhaltspunkte für eine nicht allzu aufwendige Korrektur an die Hand gegeben. Angesichts der Kürze der Zeit bis zur nächsten regulären Wahl ist fraglich, ob der Weg einer vorherigen gerichtlichen Kontrolle nochmals offenstehen wird. Wenn nicht, verlagert sich die Last in die nachträgliche Wahlprüfungsbeschwerde, zu der es voraussichtlich auch nach einer nächsten Bundestagswahl kommen wird. Die negativen Folgen, wenn der zulässige Umfang von Überhangmandaten erst dann (wieder) geklärt werden könnte und ggf. mit einer (Teil-)Ungültigerklärung der Wahl verbunden werden müsste, wären erheblich. Insofern ähnlich die Situation bei der Entscheidung zur ersten gesamtdeutschen Wahl: BVerfG, Urt. v. 29.9.1990 – 2 BvE 1/90 u.a., BVerfGE 82, 322, etwa die detaillierten Vorgaben dort, Rn. 77. Zur Umsetzung im 10. Änderungsgesetz und zu den weiteren Begleitumständen der damaligen Sondersituation *M. Brenner* AöR 116 (1991), 537 (561 ff.). Dass die angenommene Zulässigkeit von ausgleichslosen Überhangmandaten überhaupt auf einen politischen Kompromiss innerhalb des Gerichts hindeutet, kommt hinzu. Vgl. auch *M. Morlok* NVwZ 2012, 1116 (1117).

[146] BVerfG, Urt. v. 25.7.2012 (Fn. 140), Rn. 81 ff. Besonders relevant, weil durch die neue Referenzgröße Land als „Wahlgebiet" in kleinen Ländern erhebliche faktische Sperrwirkungen entstehen konnten.

[147] Das Dilemma besteht in dreifacher Hinsicht: 1) Erstens ist es kaum plausibel zu machen, dass die Verfassung eine für die Demokratiekonkretisierung so grundlegende Frage wie die Grundentscheidung zum Wahlverfahren („Systementscheidung") dem Gesetzgeber zur freien Auswahl zugewiesen hat und dieser dazu noch mit relativer Mehrheit entscheiden kann, die ja bezogen auf die Wahlberechtigten regelmäßig nichts anderes ist als die relevante Minderheit. Sollte man das GG so auslegen können, wie die hM mit ja durchaus beachtlichen Argumenten annimmt, wirft das jedenfalls Zweifel auf, ob das GG seine Verfassungsfunktion insofern erfüllt. Mir ist wenig plausibel, weshalb ein Gesetzgeber durch Wahl der (relativen) Mehrheitswahl Parteien- und Stimmerfolgexklusion in einem Ausmaß zulassen dürfte, das bei der Option Verhältniswahl durch entsprechend hohe Sperrklauseln ebenfalls leicht zu erzielen wäre, aber ‚in diesem System' nicht zulässig sein soll. Vielleicht beginnt das wahlrechtliche Transparenzproblem doch schon an dieser Stelle?

4. *Der Betrieb des Parlaments: ausgewählte Parlamentsrechtsfragen*

Von den auf die Europafunktion bezogenen parlamentsrechtlichen Auseinandersetzungen um Unterrichtung und Beteiligung des Bundestags einmal abgesehen, erregen die parlamentsrechtlichen Konflikte derzeit

---

Andere Verfassungen enthalten recht weitgehend gewisse Grundfestlegungen zum Wahlverfahren. Überwiegend finde sich dort die Normierung des Wahlrechtsgrundsatzes der Gleichheit der Wahl und eine Festlegung auf eine Form von Verhältniswahl, anders Großbritannien und Frankreich, so *A. Weber* Europäische Verfassungsvergleichung, 2010, 122. Mit verblüffend anderer Tendenz (größtmögliche Freiheit der ‚Systemwahl'), wohl wegen der Fokussierung auf *„reine* Verhältniswahl" (und in Teilen überholt) *Lenz* Ein einheitliches Verfahren (Fn. 71), z.B. 316, 322ff. Im einzelnen zu den europäischen Verfassungen: Eine Form der Verhältniswahl in: Art. 26 Abs. 1 Verf. AUT; Art. 62 Abs. 2 Verf. BEL; Art. 18 Abs. 1 Verf. CZE; Art. 68 Abs. 3 Verf. ESP; Art. 60 Abs. 1 Verf. EST; § 25 Abs. 1 S. 1 Verf. FIN; Art. 16 Abs. 2 Nr. 5 Verf. IRL; Art. 56 Abs. 4 Verf. ITA; Art. 6 Verf. LAT; Art. 51 Abs. 5 Verf. LUX; Art. 56 Abs. 1 Verf. MLT; Art. 53 Abs. 1 Verf. NL; Art. 96 Abs. 2 Verf. POL; Art. 113 Abs. 5 Verf. POR; Kap. III, §§ 6–8 Verf. SWE; Art. 31 Abs. 2 Verf. DK. Eine nähere Entscheidung ausdrücklich dem Gesetzgeber überlassend: Art. 38 Abs. 3 Verf. GER (GG); Art. 54 Abs. 1 Verf. GRE; Art. 55 Abs. 3 Verf. LTU; Art. 59 Abs. 1 Verf. RO; Art. 74 Abs. 3 Verf. SVK; Art. 80 Abs. 4 Verf. SLO. Die Regelungen sind allerdings sehr unterschiedlich, so dass eine Aussage, dass damit jeweils völlige Systemwahlfreiheit des Gesetzgebers verbunden wäre, vorschnell erscheint, vgl. nur Art. 54 Abs. 2 und 3 Verf. GRE, die auf Mehrmandatswahlkreise und auf die Möglichkeit einer anteiligen Verhältniswahl abstellen. Keine Festlegung findet sich in den Verfassungen BUL; CYP; HUN.

In den Bundesländern sehen 14 Verfassungen Formen der Verhältniswahl vor oder setzen sie voraus, z.B. (nur) durch Sperrklauselfestlegung, z.B. Art. 8 Abs. 3 NdsVerf. (dazu *J. Ipsen* Niedersächsische Verfassung – Kommentar, 2011, Art. 8 Rn. 22.); ähnlich Art. 75 Abs. 3 S. 2 HessVerf. (dazu *W. v. Rupp-Brünneck/G. Konow* in: G. A. Zinn/ E. Stein (Hrsg.) Verfassung des Landes Hessen – Kommentar, Loseblatt, Stand: Okt. 1990, Art. 75 Nr. 10). Nur in Hamburg und Nordrhein-Westfalen finden sich gar keine Hinweise auf das Wahlverfahren.

Zum vielzitierten „Schweigen" des Grundgesetzes auch *Meyer* HStR III (Fn. 42), § 46 Rn. 38.

2) Zweitens führt die Systemwahlfreiheitsannahme in der Folge dazu, dass für jedes „Mischsystem" ein neuer angepasster Systemkongruenzmaßstab (systemspezifische Gleichheitsanforderungen) entwickelt werden muss. Die Wahlrechtsfälle der letzten Zeit zeigen, wie schwierig, d.h. auch für den Wahlgesetzgeber schwer kalkulierbar, das ist. Mit der viel beschworenen Gestaltungsfreiheit des Gesetzgebers scheint es dann so weit nicht her zu sein. Die jetzt wieder genutzte Formel: „Grundsätze der Verhältniswahl" hilft darüber nicht hinweg.

3) Ob schließlich die – in sich konsequent – vom BVerfG offengehaltenen Wahlrechtsreformoptionen alle überzeugen können, ist jedenfalls mit Blick auf das Grabensystem zumindest verfassungspolitisch zweifelhaft. Dazu auch *F. Decker* APuZ 4/2011, 3 (6f.), der bezweifelt, dass die erwünschten Effekte (Vermeidung unerwünschter Koalitionszwänge) damit erzielt werden könnten. Zu anderen Systembrüchen: *S.-C. Lenski* AöR 134 (2009), 473ff.

weniger Aufmerksamkeit als das Wahlrecht.[148] Dabei besteht, zumal wenn man die Länder mit einbezieht, an Konflikten etwa zum Untersuchungsausschussrecht[149] oder zu Fragerechten und Informationspflichten kein Mangel.[150]

Sie werden von den Verfassungsgerichten recht routiniert abgearbeitet. Nach meinem Eindruck werden die Entscheidungen, in Maßen, minderheits- und oppositionsfreundlicher.[151] Der grundsätzliche ex-post-Effekt des Rechtschutzes hat allerdings, wie im Wahlrecht auch, spezifische Folgen. Er ist strukturell mehrheitsschützend, Revisionen verfassungswidri-

---

148 Diskutiert wird (erneut) über eine andere Regelung der Immunität respektive ihre Aufhebung, vgl. etwa *P. Glauben* Immunität der Parlamentarier, DÖV 2012, 378ff. Von größerer Relevanz mit Blick auf die Repräsentationsfunktion des Parlaments versus die des Abgeordneten ist die neue Debatte um Änderungen der Ordnungsmaßnahmen auf Bundesebene (Einführung eines Ordnungsgelds, §§ 44a Abs. 5 AbgG, 36ff. GOBT). Dazu kritisch *A. Ingold/S.-C. Lenski* Ordnungsgeld und Sitzungsausschluss als Ordnungsmaßnahmen gegen Bundestagsabgeordnete, JZ 2012, 120ff.; z.T. anders aus der (hier allerdings etwas engen) Sicht des Parlamentspraktikers: *O. Borowy* Parlamentarisches Ordnungsgeld und Sitzungsausschluss: Verfassungsrechtliche Aspekte, ZParl 2012, 635ff.

149 Regelmäßig geht es um Informationsbegehren, Aktenvorlage und Fragen der Beweiserhebung (z.B. BVerfG, Urt. v. 8.4.2002 – 2 BvE 2/01 (Parteispendenuntersuchungsausschuss), BVerfGE 105, 197), aber auch um die Änderung von Untersuchungsaufträgen, dazu: *P. Cancik* Vom Charme formaler Anknüpfungen im Parlamentsrecht – Zur Änderung des Auftrags eines Untersuchungsausschusses, Der Staat 2010, 251ff. mwH. Umfassend *P. Glauben/L. Brocker* PUAG, 2011, und *dies.* Das Recht der parlamentarischen Untersuchungsausschüsse in Bund und Ländern: ein Handbuch, 2. Aufl. 2011. In entsprechenden Konstellationen wird typischerweise auch die Funktionsfähigkeit der Regierung relevant, regelmäßig gefasst unter dem Topos: Kernbereich der Exekutive oder Regierung.

150 Im Kontext Beteiligung des Parlaments bzgl. Genehmigung von Rüstungsexporten sorgt derzeit für Unmut (auch bei Regierungsabgeordneten) die nicht ausreichende, nicht rechtzeitige Information durch die Bundesregierung über Entscheidungen des Bundessicherheitsrats, Spiegel online vom 6.8.2012 – www.spiegel.de, unter: politik, deutschland. (Aufruf: 6.8.2012). Ein knapper Überblick bei *P. Cancik* Parlamentarische Kontrolle in den deutschen Bundesländern – Neuere Entwicklungen, in: P. Bußjäger (Hrsg.) Die Zukunft der parlamentarischen Kontrolle, 2008, 27ff.; *K.-A. Schwarz* Stärkung des Parlaments durch Verpflichtung der Regierung zur Informationsgewährung, NWVBl. 2008, 245ff.; *A. Klenke* Stärkung der Informationsrechte des Landesparlaments in Bezug auf beabsichtigtes Regierungshandeln, 2009; *P. Glauben/T. Mayen/F. Edinger* Parlamentarisches Fragerecht in den Landesparlamenten, DÖV 1995, 941ff. Umfassend zum früheren Stand: *S. Magiera* Rechte des Bundestags und seiner Mitglieder, in: Schneider/Zeh (Fn. 37), § 52.

151 Z.B. HessStGH, Urt. v. 16.11.2011, DVBl. 2012, 169ff. (zu Beweiserhebungsrechten der Minderheit), m. Anm. *Broker* ebd., 174; HessStGH, Urt. v. 13.4.2011, NVwZ 2011, 938f.

gen Verhaltens finden nicht statt, die Verhinderung zukünftigen, ähnlich gelagerten Verhaltens hängt von außerrechtlichen Faktoren ab. Zwei Themen seien mit Blick auf die Perspektive Repräsentativität vertieft, Lobbyismus und Repräsentation in Gremien.

a) Lobbyismus und Repräsentation

Das Verhältnis von Interessenvertretungen zu Parlament und Regierung ist ein altes Thema, früher unter dem Stichwort „Verbändeeinfluss" verhandelt,[152] gegenwärtig meist mit dem Titel „Lobbying" oder „Lobbyismus" versehen, ein Titel, der verschiedene Akzentverschiebungen markiert.[153] Was davon demokratische Normalität, ja demokratisch erforderlich, und was demokratieschädlich sei, wird derzeit zunehmend disku-

---

[152] Umfassend und weiterführend: *R. Steinberg* Parlament und organisierte Interessen, in: Schneider/Zeh (Fn. 37), § 7; kurz *Stolleis* VVDStRL 44 (1985), 7 (20f.) mwH; zur wiss. Aufarbeitung: *Stolleis* Geschichte IV (Fn. 37), 367ff.; *H.-J. v. Merkatz* Regiert die Lobby? Parlament, Regierung und Interessenverbände, in: Hübner/Oberreuter/Rausch (Fn. 5), 196.

Die politikwissenschaftliche Verbändeforschung ist mittlerweile sehr differenziert und geht von moderaten Wechseln zwischen stärker korporatistisch oder stärker pluralistisch geprägten Phasen aus, vgl. zur Geschichte etwa *W. Bührer* Unternehmerverbände und Staat in Deutschland, APuZ 15–16/2006, 17ff. Die Bewertung von Verbändeeinfluss ist indessen umstritten, die Überlagerung durch die Lobbyismusdebatte macht die Forschung unübersichtlicher. Vgl. *A. Straßner* Funktionen von Verbänden in der modernen Gesellschaft, APuZ 15–16/2006, 10ff.; sehr kritisch die Arbeiten von *T. Leif/R. Speth* (Hrsg.) Die stille Macht: Lobbyismus in Deutschland, 2003; *dies.* (Hrsg.) Die fünfte Gewalt, 2006.

[153] Dazu gehören die internationale, vor allem europäische Konnotation, aber auch die Differenzierung der Akteure, da mittlerweile (teil-globale) Großunternehmen ohne Verbändeeinbindung Lobbying betreiben, aber auch die NGOs. Vgl. *C. Woll* Herrschaft der Lobbyisten in der Europäischen Union, APuZ 15–16/2006, 33. *T. Leif/R. Speth* Einleitung, in: dies., Fünfte Gewalt (Fn. 152), 10 (17ff.). Vgl. die neuere empirische Studie von *A. Kolbe/H. Hönigsberger/S. Osterberg* Marktordnung für Lobbyisten, 2011 – Teil A Lobbyismus: Ein Überblick aus verschiedenen Perspektiven, OBS (Otto Brenner Stiftung) Arbeitsheft 70 (Onlineteil); *Lobbycontrol* (Hrsg.) Externe Mitarbeiter in der Bundesverwaltung; http://www.lobbycontrol.de/download/UebersichtFaelle2011_ Bericht7.pdf, (Aufruf: 13.12.2011). Eine professionelle Anleitung zu europäischem Lobbying bietet *A. Geiger* EU Lobbying Handbook, 2. Aufl. 2012, in der Selbstbeschreibung ein „how-to-do-it-handbook". Der Autor ist Partner einer sog. „EU government relations law firm", die u.a. frühere EU-Beamte umfasst. In Teilen wissenschaftlicher angelegt, aber durchaus auf Vermittlung von Kompetenzen für public affairs management zielend: *R. van Schendelen* Die Kunst des EU-Lobbyings, 2012 (= More Macchiavelli in Brussels, 3. Aufl. 2010). Zur negativen Konnotation *A. Straßner* APuZ 15–16/2006, 10; *C. Woll* APuZ 15–16/2006, 33 (34).

tiert,[154] nicht zuletzt deswegen, weil Lobbyismus auf der europäischen Ebene,[155] die zugleich anscheinend ‚gelassener', vielleicht auch transparenter mit dem Problem umgeht,[156] offenbar weniger skeptisch wahrgenommen wird als in der Bundesrepublik. Inwieweit Transparenz etwaigen Problemen abhelfen kann, ist allerdings noch offen.[157] Die seit 2011 inten-

---

[154] *Kolbe/Hönigsberger/Osterberg* Lobbyisten Teil A (Fn. 153), 16ff. Von rechtswissenschaftlicher Seite, allerdings eher verfassungspolitisch etwa die Beiträge und Interviews von *H.-J. Papier* Zum Spannungsverhältnis von Lobbyismus und parlamentarischer Demokratie, http://www.bpb.de/files/LD34GU.pdf (Aufruf: 13.12.2011); vgl. auch: *Papier* kritisiert „Entmachtung des Bundestages", FAZ v. 14.9.2003; Was macht Staat, Herr Papier? Tagesspiegel v. 14.9.2003. Die Abgrenzung zwischen wissenschaftlicher Politikberatung und – nicht-wissenschaftlichem – Lobbying fällt schwer, wie z.B. *T. Hustedt/S. Veit/J. Fleischer* Wissen ist Macht?, APuZ 19/2010, 15ff. zeigen. Verbindungslinien bestehen zur Diagnose der Entwicklung zum „kooperierenden" oder „verhandelnden Staat" mit den ihm eigenen Informalitätsanteilen. Dazu kurz *Willems* Aktuelle Probleme (Fn. 12), 30. Ausdrücklich als positiv für die EU-Demokratie bewertet *van Schendelen* EU-Lobbying (Fn. 153), 403ff., das Lobbying, wenn es denn möglichst weit verbreitet ist. Das Verhältnis zu Korruptionsproblematik und -forschung ist, wenn ich richtig sehe, ungeklärt. Einen ausgesprochen weiten Korruptionsbegriff schlagen *von Arnim/Heiny/Ittner* Korruption (Fn. 111), 55, vor.

[155] Angesichts der schwächeren formal-demokratischen Legitimation setzen jedenfalls Kommission und EP auf Interessengruppen auch als Mittel der Rückbindung an die Unionsbürger, also gerade zur Generierung von ‚Repräsentativität'; besonders deutlich wurde das als Konzept im Weißbuch Europäisches Regieren von 2001 KOM/2001/0428 endg. ABl. C 287 v. 12.10.2001, S. 21–29; ähnlich wohl: *H.-J. Schmedes* Das Mosaik der Interessenvermittlung im Mehrebenensystem Europas, APuZ 19/2010, 22 (23).

[156] Einrichtungen wie das Lobbyregister („Interessengruppen beim Europäischen Parlament") sind auf EP-Ebene verankert, vgl. neuerdings Art. 9 Abs. 4 GO EP (2011) iVm Anlage X, ABl. EU vom 5.5.2011, L 116/1 (16 und 101). Vgl. näher die „Vereinbarung zwischen dem Europäischen Parlament und der Europäischen Kommission über die Einrichtung eines Transparenz-Registers für Organisationen und selbstständige Einzelpersonen, die sich mit der Gestaltung und Umsetzung von EU-Politik befassen", ABl. EU vom 22.7.2011, L 191/29. Dazu, mit weiteren Forderungen, der Beschluss des Europäischen Parlaments vom 11.5.2011 zu dem Abschluss einer Vereinbarung zwischen dem Europäischen Parlament und der Kommission über ein gemeinsames Transparenzregister (2010/2291(ACI)); Art. 9 Abs. 1 GO EP (2011) iVm Anlage I (betrifft die Transparenz bzgl. wirtschaftlicher Verflechtungen sowie die Verhaltensregeln für Abgeordnete). An den Regelungen, die zum Teil schwer aus sich selbst heraus verständlich sind, ist vieles näher zu untersuchen und ggf. zu kritisieren. Sie zeigen aber an, dass ein gewisses Problembewusstsein besteht. Zur Verkomplizierung der Interessenvermittlung *H.-J. Schmedes* APuZ 19/2010, 22ff.; *ders.* Wirtschafts- und Verbraucherschutzverbände im Mehrebenensystem, 2008.

[157] Skeptisch *C. Woll* APuZ 15–16/2006, 33 (38), wonach Transparenz zum Abbau von effizienzfördernder Konstruktivität in der Interaktion von Lobbyisten und Adressaten führen kann, weil die Lobbyisten dann der Mitgliedschaftslogik (gegenüber ihren Verbandsmitgliedern) stärker ausgesetzt sind als der Einflusslogik. Zu Recht verweist die Autorin aber auch darauf, dass die Zielgröße Effizienz für bestimmte Arten von

sivierte europäische ‚Transparenzbürokratie' ist jedenfalls beachtlich und im Netz leicht zugänglich.[158]

Dem Parlament kommt im Lobbying-Zusammenhang eine doppelte Rolle zu. Das Parlament, respektive seine Mitglieder, sind Adressaten von Lobbying.[159] Zugleich ist ihm mit seiner Kontrollfunktion gegenüber Regierung und Exekutive die Aufsicht über einen weiteren, wichtigen Adressaten von Lobbyingmaßnahmen zugewiesen. Im Zusammenhang mit den sog. externen „Leihbeamten" in Ministerien wurde diese Kontrolle einmal und offenbar wirkungsvoll realisiert.[160] Andere Maßnahmen, wie die Aus-

---

Entscheidungen – politische nämlich – legitimatorisch nicht ausreichend ist; dann ist Transparenz eben doch wieder ein richtiger Problemzugriff, weil es auf die Debatte und ihre öffentliche Verfolgbarkeit gerade ankommt.

[158] Das „gemeinsame Transparenzregister-Sekretariat" (Kommission und Parlament) sollte mit dem Inkrafttreten der interinstitutionellen Vereinbarung am 23.6.2011 seinen Betrieb aufnehmen. Für Informationen: http://europa.eu/transparency-register/index_de.htm (Aufruf: 29.8.2012). Im ersten Jahr haben sich über 5000 Verbände, Interessengruppen etc. registrieren lassen. Thematisiert wird die Problematik seit 1992 bzw. seit 1996 zunehmend auch vom EP, vgl. http://europa.eu/transparency-register/about-register/key-events/index_de.htm (Aufruf: 29.8.2012). Offenbar registrierten sich aber bei weitem nicht alle Interessenvertreter in Brüssel; *T. Leif* Von der Symbiose zur Systemkrise, APuZ 19/2010, 3 (8 Fn. 22), geht von nur 40% aus.

Für die Bundesebene, deren Register aber begrenzter zugreift: Anlage 2 zur GOBT und: „Bekanntmachung der öffentlichen Liste über die Registrierung von Verbänden und deren Vertretern" vom 2.5.2012, veröffentlicht im BAnz AT 24.5.2012, als pdf über: http://www.bundestag.de/dokumente/parlamentsarchiv/sachgeb/lobbyliste/index.html (Aufruf: 29.8.2012), registriert sind 2087 Verbände. Kritisch zum begrenzten Zugriff *U. v. Alemann/F. Eckert* Lobbyismus als Schattenpolitik, APuZ 15–16/2006, 3 (9). Kurzer Überblick zu Lobbyisten-Register im internationalen Vergleich: Deutscher Bundestag – Wissenschaftliche Dienste, Aktueller Begriff, Nr. 68/08 v. 10.11.2008, u.a. die Genauigkeit der Angaben, aber auch die Sanktionsmöglichkeiten unterscheiden sich erheblich. Die an sich auf Bundesebene vorgesehene Sanktionsmöglichkeit bzw. der Registrierungsanreiz, Ausschluss von Anhörungen, wurde durch einen Auslegungsbeschluss des GO-Ausschusses des Bundestags obsolet; dazu und insgesamt kritisch: *H.-J. Schmedes* Mehr Transparenz wagen?, ZParl 2009, 543 (555). Das Kürzel für das dort erwogene Interessenvertretungsgesetz – IntVG – ist mittlerweile allerdings anders belegt.

[159] Zu den Adressaten von Lobbying: *U. v. Alemann/F. Eckert* APuZ 15–16/2006, 3 (5).

[160] Die „Leihbeamten" gehörten zum Projekt „Seitenwechsel" unter Otto Schily. Motor für die Kontrolltätigkeit des Parlaments, genauer des Haushaltsausschusses, war allerdings ein Bericht des Bundesrechnungshofes an den Haushaltsausschuss über „Die Mitarbeit von Beschäftigten aus Verbänden und Unternehmen in obersten Bundesbehörden" vom 25.3.2008. In der Folge muss das BMI nun dem Haushaltsausschuss regelmäßig über den Einsatz externer Personen in der Bundesverwaltung berichten. Dazu *T. Leif* APuZ 19/2010, 3 (4, 6f.). Zu externen Beratern und damit verbundenen Problemen schon: *Bundesrechnungshof* (*D. Engels*) Einsatz externer Berater in der Bundesverwaltung, 2006.

weitung des Lobbyregisters,[161] der sog. legislative Fußabdruck[162] oder ein Lobbybeauftragter des Bundestages werden hingegen zwar regelmäßig diskutiert, aber nicht umgesetzt.[163] Der zentrale Punkt aus verfassungsrechtlicher und demokratietheoretischer Sicht ist der chancengleiche Zugang zur Interessenvermittlung ins Parlament.[164] Diesen rechtlich abzusichern, ist ausgesprochen schwierig, wenn nicht unmöglich.[165] Nicht zufällig setzen die diskutierten Instrumente auf Öffentlichkeit, Sensibilisierung und ethische Selbstregulierung der Branche.[166]

Zu den wenigen parlamentsrechtlichen Zugriffen auf die spezifische Kontaktstelle von Parlament und Lobbyismus gehören seit 1972 die Verhaltensregeln für Abgeordnete.[167] Sie haben nachfolgend Verschärfungen und eine Teil-Vergesetzlichung im Abgeordnetengesetz erfahren.[168] Die im Verfahren zu den Offenlegungspflichten von Nebentätigkeiten geäußerten Befürchtungen über nachteilige Folgen für die „Repräsentativität" des Parlaments, falls sich gewisse Berufsgruppen nicht mehr zur Wahl stellen

---

161 Näher *H.-J. Schmedes* ZParl 2009, 543 ff.

162 Legislative Footprint: Es gibt verschiedene Ausgestaltungen, z.B. soll Gesetzen eine Information über Formulierungen, die von Interessenvertretern vorgeschlagen wurden, beigefügt werden oder alle Interessenvertretungen genannt werden, die bei der Ausarbeitung des Entwurfs konsultiert wurden. Statt dessen eine Sammlung und öffentlich zugängliche Dokumentation aller relevanten Materialien an einer Stelle vorschlagend *Kolbe/Hönigsberger/Osterberg* Lobbyisten (Fn. 153), 63 ff.

163 *T. Leif* APuZ 19/2010, 3 (8 f.). Auflistung und Diskussion auch bei *Kolbe/Hönigsberger/Osterberg*, Lobbyisten (Fn. 153), Teil B (Die Diskussion der Regulierungsfelder). Kritik kommt auch aus den Fraktionen, z.B. *M. Bülow* Wir Abnicker. Über Macht und Ohnmacht der Volksvertreter, 2010.

164 Dass es auch zu Gefährdungen des freien Mandats kommen kann, mag zutreffen; das ist aber im Zweifel noch schwerer erfassbar, weil und soweit es davon abhängig ist, dass Abgeordnete entsprechenden Einfluss zulassen, etwa wegen des Informationsgefälles oder aus politischer Überzeugung.

165 Wohl ähnlich *Papier* Zum Spannungsverhältnis (Fn. 154), 4.

166 Mit einem Verhaltenskodex für Lobbying und Politikberatung etwa. Zur erforderlichen Regulierung *M. Redelfs* Mehr Transparenz gegen die Macht der Lobbyisten, in: Leif/Speth Fünfte Gewalt (Fn. 152), 333 ff.

167 Davor prägten auch Stichworte wie „Mandatsmissbrauch" und „Ehrenordnung des Bundestags" die Debatte, z.B. *P. Krause* Freies Mandat und Kontrolle der Abgeordnetentätigkeit: Zu Notwendigkeiten und Möglichkeiten der Disziplinierung des Mandatsmißbrauchs, DÖV 1974, 325 ff.; ebd., 335 etwa zu „Publizität von Bundestagsabgeordneten".

168 §§ 44a ff. AbgG. Dazu etwa: *T. Groß* Erweiterung veröffentlichungspflichtiger Angaben, ZRP 2002, 472 ff.; Kritisch *C. Waldhoff* Das missverstandene Mandat: Verfassungsrechtliche Maßstäbe zur Normierung der erweiterten Offenlegungspflichten [...], ZParl 2006, 251 ff.; *Käßner* Nebentätigkeiten (Fn. 7); *M. Kühn* Verhaltensregeln für Bundestagsabgeordnete, 2010.

sollten,[169] haben sich bislang nicht bewahrheitet. Das Verfahren hat aber deutlich gemacht, wie kontrovers die Einschätzung von Repräsentativitätsdefiziten ist.[170] Dieser Streit ist, angesichts der weiter diskutierten und erforderlichen Verschärfung der Transparenzregeln,[171] noch nicht beendet.

b) *Repräsentativität in parlamentarischen Gremien*

Dass „die Repräsentation des Volkes vom Parlament als Ganzem bewirkt werde", und das heißt auch: von jedem einzelnen Abgeordneten, nicht etwa nur der Mehrheit, ist verfassungsrechtliches Allgemeingut.[172] Daraus folgt, dass möglichst alle Abgeordneten an möglichst allen Aufgaben sollten mitwirken können. Aus der Arbeitsrealität aber folgt, dass

---

[169] Zu diesem Argument: BVerfG, Urt. v. 4.7.2007 – 2 BvE 1/06 u.a. (Offenlegungspflichten/Nebeneinkünfte), BVerfGE 118, 277 (333). Mit vergleichendem Blick auf die viel strengeren Offenlegungsregeln in den USA und GB, die solche Folgen nicht zeitigen, *Redelfs* Mehr Transparenz (Fn. 166), 333 (339 f.) Kritisch auch: *A. van Aaken* Regulierung durch Transparenz – Verhaltensregeln für Parlamentarier und ihre Realfolgen, Der Staat 49 (2010), 369 ff.

[170] Etwa abw. Meinung in BVerfGE 118, 277, Rn. 237 (241); *Käßner* Nebentätigkeiten (Fn. 7), 221 ff.

[171] Im April 2011 wurden im Bundestag Änderungen der Offenlegungsregeln diskutiert, die nach Kritik im Netz offenbar stillschweigend ‚beerdigt' wurden, vgl. *Lobbycontrol* (Ohne Autor), Kritik vom 15.4.2011, unter: http://www.lobbycontrol.de/blog/index.php/2011/04/drastische-transparenzlucken-bei-neuregelung-von-nebeneinkunften/ (Aufruf: 31.8.2012). Der kritisierte Beschluss der Rechtsstellungskommission des Bundestags vom 14.4.2011 ist offenbar nicht veröffentlicht. Angeblich sollten Einkünfte über 10.000.– € durch eine differenzierte Stufung besser ausgewiesen werden, allerdings war eine Deckelung bei 150.000.– € vorgesehen. Zudem war für Einkünfte unter 10.000.– € keine Veröffentlichung mehr vorgesehen, und zwar offenbar pro Einzeleinkommensanlass (Bsp. Vortrag). Das hätte erhebliche Summen, wenn nur entsprechend gestückelt, unveröffentlicht gelassen. Vgl. näher zum gänzlich intransparenten Vorgehen des Parlaments: *M. Reyher* Formulierungsfehler oder nicht durchdachter Schnellschuss? Verwirrung um Transparenz bei Nebeneinkünften, vom 10.5.2011, http://blog.abgeordnetenwatch.de/2011/05/10/verwirrung-um-transparenz-bei-nebeneinkunften/ (Aufruf: 31.8.2012). Bei den Angaben zu Nebentätigkeiten im Netz – wo sie seit März 2010 (?) nach zwischenzeitlicher Unzugänglichkeit wieder zu finden sind – wird, wenn überhaupt veröffentlicht wird, die alte Drei-Stufen-Kategorisierung (seit 2006) genutzt. Im Oktober 2012 wurde die Debatte überraschend wieder aufgenommen, in Folge eines – frühem Wahlkampf geschuldeten – Angriffs auf den neuen SPD-Kanzlerkandidaten. Eine Verschärfung der Offenlegungsregelungen durch Staffelung in 10 Stufen von 1.000.– € bis 250.000.– € wurde im Februar 2013 vom Geschäftsordnungsausschuss beschlossen, der Bundestag müsste noch zustimmen.

[172] Z.B. BVerfG, Urt. v. 24.3.1981 – 2 BvR 215/81 (Agententätigkeit), BVerfGE 56, 396 (405 = Rn. 24 f.); BVerfGE 80, 188 (217 f.) (Wüppesahl). Deutlich wird das auch im Kontext der Immunitätsgewährung und -aufhebung, Art. 46 Abs. 2–4 GG. BVerfG, Urt. v. 17.12.2001 – 2 BvE 2/00 (Pofalla II/Immunität), BVerfGE 104, 310 (329). *H. H. Klein* Status des Abgeordneten, HStR III (Fn. 7), § 51 Rn. 2.

kaum je alle Abgeordneten mitwirken können, jedenfalls nicht an der konkret-inhaltlichen Arbeit. Dieser Konflikt zwischen den Funktionslogiken wird zum einen relevant bei der rechtlichen und faktischen Ausstattung der einzelnen Akteure im Parlament: auch dem fraktionslosen Abgeordneten, auch der parlamentarischen Gruppe, die Fraktionsstatus nicht erreicht, müssen ausreichende Handlungsmöglichkeiten verbleiben.[173] Das Repräsentativitätsproblem wird zum zweiten relevant bei der Besetzung von Ausschüssen und anderen Gremien, welche als Zentren parlamentarischer Arbeit und mithin der Konkretisierung der Repräsentation fungieren.[174] Forderungen nach weitergehender – nicht: umfassender – Ausschussöffentlichkeit haben daher ihren guten Sinn.[175] Regelungen, die mehr Öffentlichkeit ermöglichen würden, sind vorhanden.[176] Im Kontext umstrittener Gremienbesetzung wird zur Sicherung von Repräsentativität auf den „Grundsatz der Spiegelbildlichkeit" zurückgegriffen.[177] Dass dieser an Grenzen stößt, wurde mehrfach deutlich, etwa im Verfahren über die angemessene Besetzung der Bundestagsbank im Vermittlungsausschuss.[178] Was genau gespiegelt werden soll, die relevanten politischen Kräfte im Parlament, alle Fraktionen oder die Mehrheitsverhältnisse, und im Konfliktfall: was vorrangig gespiegelt werden soll, ergibt sich aus der Abbildmetaphorik offen-

---

[173] Das gilt m.E. auch für die ad-hoc-Minderheit oder ad-hoc-Opposition, weshalb die Zuweisung von Minderheiten- oder Einzelrechten nicht nur an Fraktion oder Gruppe, sondern auch an Abgeordnetenquoren erforderlich ist. Näher *Cancik* Opposition (Fn. 110), 234f., 244f. u.ö.

[174] Wenn im Ausschuss die Entscheidung falle, müsse – grundsätzlich – die Repräsentation in die Ausschüsse vorverlagert werden, BVerfG, Urt. v. 14.1.1986 – 2 BvE 14/83 (Haushaltskontrolle Geheimdienste, parl. Kontrollkommission), BVerfGE 70, 324 (363 = Rn. 147).

[175] Angesichts des Rede-zu-Protokoll-Verfahrens gilt das umso mehr, zutreffend *C. Kornmeier* DÖV 2010, 676 (677, 682); *Morlok* in: Dreier (Fn. 94), Art. 42 Rn. 24.

[176] §§ 69, 69a GOBT. Hilfreich wäre wohl eine Umkehrung des Regel-Ausnahme-Verhältnisses von Nichtöffentlichkeit und Öffentlichkeit.

[177] Grundsätzlich müsse jeder Ausschuss „ein verkleinertes Abbild des Plenums sein und in seiner Zusammensetzung die Zusammensetzung des Plenums widerspiegeln", BVerfGE 80, 188 (221f.), BVerfGE 84, 304 (323 = Rn. 100); jüngst: BVerfG, Urt. v. 28.2.2012 – 2 BvE 8/11 (EFSF/Sondergremium), Rn. 126ff., 154. *Morlok* in: Dreier (Fn. 94), Art. 40 Rn. 29ff.

[178] BVerfG, Urt. v. 8.12.2004 – 2 BvE 3/02 (Sitzverteilung im Vermittlungsausschuss), BVerfGE 112, 118ff. Der Fall liegt insofern besonders, als die bei rein parlamentarischen Gremien bestehende Möglichkeit, ‚Abbildungsprobleme' mit Anpassung der Gremiengröße zu reagieren, nicht besteht. Zentraler Streitpunkt war, ob der Grundsatz der Spiegelbildlichkeit auch die ‚Abbildung' des konkreten Mehrheitsverhältnisses oder nur die Spiegelung der Fraktionen erfasst. Deutlich das Minderheitsvotum von *G. Lübbe-Wolff* ebd., Rn. 87ff., 94.

sichtlich nicht eindeutig.[179] Wo nicht durch Vergrößerung des Gremiums auf Abbildungsprobleme reagiert werden kann,[180] bricht die Frage nach der relevanten Bezugsgröße von Repräsentativität wieder auf.

Die Frage, wie eine verkleinerte Repräsentation ausreichend repräsentativ gestaltet werden kann, wird jüngst wieder ergänzt durch die Frage nach dem Ob: Bislang durfte der Ausschussmodus als Umsetzung des Verfassungswerts „Funktionsfähigkeit" die Repräsentation durch das Parlament als Ganzes recht weitgehend überspielen.[181] In den neueren Entscheidungen zur EU-Fiskalgovernance wird die Repräsentationsfunktion nun mit einer ‚staatsorganisatorischen Wesentlichkeitsargumentation' verbunden, die den grundsätzlichen Plenarvorbehalt ernster zu nehmen scheint.[182] Im Konflikt zwischen sachangemessener Funktions-

---

[179] Art. 53a GG hat insofern zu besonderen Auslegungsproblemen geführt, weil er ausdrücklich auf die Besetzung entsprechend dem Stärkeverhältnis der *Fraktionen* rekurriert, im Verfahren zum Gruppenstatus der PDS (BVerfGE 84, 304ff.) dann aber unklar war, ob eine parlamentarische Gruppe mit gewisser Annäherung an den Fraktionsstatus völlig ausgeschlossen werden konnte, obwohl die Gruppe so groß war, dass sie proportional mit einem Mandat hätte abgebildet werden können.

[180] Gremienbesetzung kann – natürlich – auch bewusst zur Exklusion unerwünschter Mitglieder gestaltet werden, vgl. die damals von der Mehrheit des Gerichts gebilligte Konstellation in: BVerfG, Urt. v. 14.1.1986 – 2 BvE 14/83 (Haushaltskontrolle Geheimdienste, parl. Kontrollkommission), BVerfGE 70, 324ff.; entsprechend kritisch, gerade unter ‚Repräsentativitätsaspekten', die zwei abweichenden Meinungen von *E. G. Mahrenholz* ebd., 366ff. = Rn. 154ff. u. *E.-W. Böckenförde* ebd., 380ff. = Rn. 206ff.

[181] Vgl. die Zusammenfassung des Zusammenspiels von Plenarvorbehalt und Funktionsfähigkeit in BVerfG, Urt. v. 28.2.2012 – 2 BvE 8/11 (EFSF/Sondergremium), Rn. 113ff. Die Delegation von *Entscheidungskompetenz* zur sog. plenarersetzenden Wahrnehmung ist zu Recht schon immer restriktiv behandelt worden. Umstritten ist, ob eine Übertragung durch nur einfaches Gesetz erfolgen dürfte: entgg. der Literatur bejaht für den Haushaltsausschuss in einem besonderen Ausnahmefall in BVerfG, Urt. v. 7.9.2011 – 2 BvR 1485/10 (Griechenlandhilfe Euro-Rettungsschirm), BVerfGE 129, 124 (186 = Rn. 141); vgl. BVerfG, Urt. v. 28.2.2012 – 2 BvE 8/11 (EFSF, Sondergremium), Rn. 123. Zur Staatspraxis *D. Wiefelspütz* Das Primat des Parlaments, ZParl 2012, 227 (230ff.). Ebd., 248f. zur Umsetzung der Gremiengestaltung nach dem Urteil: „sowohl Mehrheitsverhältnissen als auch dem Grundsatz der Spiegelbildlichkeit entsprechend".

[182] Die „haushaltspolitische *Gesamt*verantwortung" ist Plenarverantwortung, nun zu unterscheiden von der bloßen Haushaltsverantwortung. BVerfG, Urt. v. 28.2.2012 – 2 BvE 8/11 (EFSF, Sondergremium), Rn. 133 ff.; zustimmend *D. Wiefelspütz* ZParl 2012, 227ff.; ähnlich *C. Möllers/J. Reinhardt* JZ 2012, 693 (700). BVerfG, Urt. v. 7.9.2011 – 2 BvR 1485/10 (Griechenlandhilfe Euro-Rettungsschirm), BVerfGE 129, 124 (177 = Rn. 121, 124); angesichts eines Revokationsrechts des Plenums in § 5 Abs. 5 ESMFinG wurden entsprechende Fragen für den ESM wesentlich dem Hauptsacheverfahren vorbehalten in: BVerfG, Urt. v. 12.9.2012 – 2 BvR 1390/12 u.a. (ESM/Fiskalpakt), Rn. 294ff. Die Verteilung zwischen Haushaltsausschuss und Plenum ist mithin noch nicht abschließend geklärt.

logik für die jeweilige Entscheidung und Repräsentation soll letztere nicht allzu leicht mit Verweis auf Geheimhaltungs- und Eilbedürftigkeit umgangen werden können.

IV. Aufgaben

Wahl- und Parlamentsrecht sind Teil des bewegten Feldes Parlamentarismus. Von den vielen Aufgaben für ‚Forschung und Entwicklung' auf nationalstaatlicher wie europäischer Ebene seien vier genannt.

1. „Mehr Wirklichkeit"

Die historische Kontextualisierung ist nicht nur rechtswissenschaftlich, sondern auch rechtsdogmatisch relevant. Im Wahlrecht wird das besonders deutlich.[183] Der Zugriff auf Wirkungen des Wahlrechts, d.h. auf die politische Realität, auf wahlsoziologische und wahlgeographische Gegebenheiten,[184] der u.a. durch das Abstellen auf Gleichheit[185] erforderlich wird, führt zu erheblichem Anpassungspotential, aber eben ggf. auch Anpassungsbedarf an tatsächliche Veränderungen.[186] Die Frage, welche

---

[183] Zum insofern zutreffenden Zugriff des LVerfG SH: *H. Meyer* NordÖR 2010, 421 (426f.); die Raum- und Zeitbindung sei allgemein anerkannt, meint *Lenz* Ein einheitliches Verfahren (Fn. 71), 319 Fn. 114.

[184] Zur „bemerkenswerten" Wirklichkeitsorientierung der Europawahlentscheidung des BVerfG von 2011 *M. Morlok* JZ 2012, 76 (78). Auf das „jeweilige Staatsganze" und auf „lebensnahe" Berücksichtigung der konkreten politischen Situation abstellend schon BVerfG, Urt. v. 5.4.1952 – 2 BvH 1/52, BVerfGE 1, 208 (259); auch *Meyer* HStR III (Fn. 42), § 46 Rn. 43.

[185] M.E. nicht nur im Rahmen von Erfolgs*wert*gleicheit, sondern auch bei Erfolgs*chancen*gleichheit.

[186] Markant bei der erforderlichen ad-hoc-Anpassung im Gefolge der Wiedervereinigung, vgl. BVerfG, Urt. v. 29.9.1990 – 2 BvE 1/90 ua, BVerfGE 82, 322 (344 = Rn. 60). Letztlich war hier auf zwei faktische Ungleichheiten zu reagieren, erstens ein ungleich großes, zu ‚eroberndes' neues Wählerpotential für Ost- und Westparteien und zweitens ungleich große Wahlkampffähigkeit (zwischen Ost und West, aber auch innerhalb des Ostens: ehemals privilegierte SED einerseits, unterdrückte Alternativen ohne Vermögen und andere Ressourcen andererseits). Änderungsbedarf wegen tatsächlicher Änderung jüngst wieder betont in BVerfG, B. v. 4.7.2012 – 2 BvC 1/ 11 u.a. (Wahlrecht Auslandsdeutsche ohne Dreimonatsaufenthalt im Bundesgebiet), Rn. 36ff., dort mit Bezug auf den Rechtsgrundsatz der Allgemeinheit der Wahl und tatsächliche Veränderungen der Kommunikationsrealitäten. Sehr kritisch wegen mangelhafter Berücksichtigung der gesetzgeberischen Typisierungsbefugnis das Sondervotum von *G. Lübbe-Wolff* ebd. Rn. 66ff., welche die tatsächlichen Veränderungen aber wohl ähnlich sieht wie die Senatsmehrheit, vgl. Rn. 70.

tatsächlichen Veränderungen oder Ungleichheiten berücksichtigt werden können oder gar müssen, und welche als Ausdruck demokratischen Parteien- und Repräsentantenwettbewerbs gerade nicht, bleibt relevant. Dies zeigen neuere Diskussionen um die nicht ausreichende Repräsentanz von Frauen in Parlamenten.[187] Auch das Argument der Funktionsfähigkeit ist wegen sich wandelnder Funktionsbedingungen und angesichts neu zuwachsender Funktionen wie der Europafunktion historisch kontingent. Anhaltende Reformdiskussionen begründen demnach keinen Krisenbefund, fehlende Reformierbarkeit allerdings schon.

2. *Reformbedarf*

Bei aller Abneigung gegen inflationäre Krisensemantik: Wie ist es zu bewerten, dass nach drei Jahren mit verfassungswidrigem Wahlrecht[188] und einer Wahl unter Anwendung dieses verfassungswidrigen Wahlrechts zum Zeitpunkt der Tagung wiederum kein funktionsfähiges Wahlgesetz existiert,[189] weshalb es möglicherweise erneut zu einem ‚Einwege'-Wahlgesetz kommen wird?

Eine grundlegende Wahlrechtsreform ist wenig wahrscheinlich, aber dringend erforderlich.[190] Sie scheitert an der strukturellen – nicht der indi-

---

[187] Zur Paritédebatte *Laskowski* (Fn. 128). Zu Frauen im Parlament *Lemke-Müller* Abgeordnete (Fn. 6), 213 ff., 337 ff.

[188] Zur Vorgeschichte der wegen der Entscheidung des BVerfG aus dem Jahre 2008 erforderlich werdenden Änderungen *Meyer* Bundestagswahlrecht 2010 (Fn. 94); kritisch zum 19. Wahlrechtsänderungsgesetz 2011: *H. Holste* NVwZ 2012, 8 ff.; verteidigend z.B. *B. Grzeszick*/*H. Lang* Wahlrecht als materielles Verfassungsrecht, 2012.

[189] BVerfG, Urt. v. 25. 7. 2012 – 2 BvF 3/11 u.a.

[190] Zu Recht wird das Zweistimmensystem als Grundproblem angeführt, etwa *F. Decker* APuZ 4/2011, 3 (8) mwN; *Meyer* Bundestagswahlrecht 2010 (Fn. 94), 94, 105 f.; früh *J. Ipsen* Das Zwei-Stimmen-System des Bundeswahlgesetzes – reformbedürftig?, JA 1987, 232 ff. Auch ein Einstimmensystem eröffnet Verfahrensgestaltungen, um etwa das personelle Element der Wahl zu stärken. Vgl. auch *V. v. Prittwitz* APuZ 4/2011, 9 (11 ff.), der zur Umsetzung einer wirklichen personalisierten Verhältniswahl ein Einstimmensystem mit impliziter Listenwahl und kooperativen Duellen vorschlägt. Grundlegenden Reformbedarf angesichts der Systembrüche im BWahlG sieht zu Recht auch *S.-C. Lenski* AöR 134 (2009), 473 ff.; zur Grundmandatsklausel etwa *Meyer* HStR III (Fn. 42), § 46 Rn. 44. Gegen einen grundlegenden Systemwechsel, aber auch strikt gegen Überhangmandate *J. Behnke* APuZ 4/2011, 14 ff.

Die Fraktionen erwogen für die neue erforderliche ‚Reform' ein Ausgleichsmodell und ein Kompensationsmodell. „Beim Ausgleichsmodell erhalten Parteien, die nicht so viele Überhangmandate erzielt haben, einen vollständigen Ausgleich durch Extra-Mandate. Dieser soll in der jetzt diskutierten Variante aber nicht in jedem einzelnen Land, sondern nur auf Bundesebene geschehen. Bei der Variante des Kompensationsmodells, die nun diskutiert wird (‚Pukelsheim III mit Puffer'), werden – im Prinzip – die in einem

viduellen – Überforderung der Akteure.[191] Die Annahme, es bestehe ein „Schleier des Nichtwissens", der für ausreichende Unbefangenheit bei der Konzeption des Wahlrechts sorge,[192] überzeugt nicht.[193] Allenfalls halten sich gegenläufige Befangenheiten einigermaßen in Schach, was allerdings den nicht oder noch nicht im Parlament vertretenen Parteien nur wenig hilft und auch die Systembrüche des bundeswahlgesetzlichen Konzepts nicht ausräumt.

Dabei ist daran zu erinnern, dass Wahlen demokratietheoretisch auch deshalb so große Bedeutung haben und neben anderen Formen der Parti-

---

Bundesland für eine Partei angefallenen Überhangmandate teilweise mit in anderen Ländern gewonnenen Listenmandaten der Partei verrechnet", so *R. Rossmann* SZ vom 12. 9. 2012, http://www.sueddeutsche.de/45b38V/830862/Fortschritt-beim-Wahlrecht.html (Aufruf: 12. 9. 2012). Im Februar 2013 wurde das Ausgleichsmodell vom Bundestag beschlossen.

[191] Ein Beispiel dafür bietet auch der verfassungsrechtliche Konflikt um die Entwicklung des Schleswig-Holsteinischen Wahlrechts, kulminiert in den beiden (wesentlich identischen) Entscheidungen des LVerfG, Urt. v. 30. 8. 2010 – LVerfG 3/09, LVerfG 1/10, NordÖR 2010, 389 ff. und die Besprechung von *H. Meyer* NordÖR 2010, 421 ff. Möglicherweise erstreckt sich die strukturelle Überforderung zum Teil auch auf die Verfassungsgerichte. Ein Indiz dafür ist der Umgang mit den Folgen von Wahlfehlern, etwa Korrekturfristen, die nicht nur den Bestand fehlerhaft gewählter Parlamente ermöglichen, sondern sogar eine fehlerhafte Neuinstallation. Für den Schleswig-Holstein-Fall: *Meyer* ebd., 421 (428 f.). Als Ausweg wird u.a. neuerdings das Losverfahren, das in der antiken Demokratie wichtige Bedeutung hatte, auch für die Wahlrechtsreform ins Gespräch gebracht. Da für eine solche auch der Entscheidungsmodus Volksabstimmung ungeeignet sei, sollte man, wie in British Columbia, auf eine ausgeloste Bürgerversammlung setzen, so *H. Buchstein/M. Hein* FR v. 5. 6. 2012, 10, auch wenn dort der erarbeitete Vorschlag dann offenbar an besonders hohen Hürden der Volksabstimmung scheiterte. Auf Strukturen verweist auch die Erklärung der besonderen Entscheidungsrolle von Abgeordneten bei Entscheidungen in eigener Sache bei *Jung* Direkte Demokratie (Fn. 7), 81 (86): „In solchen Fällen handelt zwar der Bundestag, aber er handelt nicht als Parlament, d.h. als gemeinwohlorientierte Vertretung des Volkes, sondern er „vertritt" nur noch seine eigenen Mitglieder und setzt deren materielle Interessen durch."

[192] *H. Lang* in: Grzeszick/Lang (Fn. 188), 59.

[193] So auch *Meyer* HStR III (Fn. 42), § 46 Rn. 29; zur ‚Befangenheit' der Richter des BVerfG *ders.* HStR III (Fn. 7), § 45 Rn. 38. Auch die Wahlprüfung durch den Bundestag, also, anders als nach der Konzeption des Art. 31 WRV („Wahlprüfungsgericht" aus Abgeordneten und Richtern des „Reichsverwaltungsgerichts"), ausschließlich durch die Abgeordneten ist eine, bewusst so angelegte, Entscheidung in eigener Sache. Kurz *Meyer* HStR III (Fn. 42), § 46 Rn. 94. Die Einschätzung, das deutsche Wahlsystem könne „als allgemein verständlich und – auch daher – von der Bevölkerung weitgehend akzeptiert" bezeichnet werden bei *Grzeszick/Lang* (Fn. 188), 13, ist kühn; zutreffend anders *F. Decker* APuZ 4/2011, 3 (8).

zipation auch behalten, weil Wahlen die Partizipationsform mit der geringsten Zugangshürde, also am wenigsten sozial selektiv sind.[194]

Verbesserungsbedarf, auf der deutschen und der europäischen Ebene, besteht ebenfalls im Bereich der parlamentarischen Transparenz- und Abgrenzungsregelungen. Sie sollten nicht nur die Abgeordneten, sondern auch deren Mitarbeiter erfassen, da diese offenbar zunehmend das Interesse des professionellen Lobbyismus finden.[195] Auch der Sonderbereich „Abgeordnetenbestechung", der nach Jahren der Untätigkeit jetzt auf der Agenda des Bundestages steht,[196] sollte intensiver als bisher behandelt werden.[197]

3. *Die Europafunktion des nationalen, die Parlamentsfunktion des Europäischen Parlaments*

Die Ausfüllung der Europafunktion durch die nationalen Parlamente bedarf weiterer Bearbeitung. Die Aufgaben des Europaausschusses, des Haushaltsausschusses und, wegen des Plenarvorbehalts, ggf. auch des gesamten Bundestags, sind groß. Wie diese Gremien jene Aufgaben bewältigen werden, ist eine offene Frage.[198] Ob es gelingen wird, das Konzept im

---

194 Nur: *D. Jörke* APuZ 1–2/2011, 13 ff.

195 „Freibier im Massagestuhl", Der Spiegel 1/2012, 42. Auch hier tut sich die europäische Ebene besonders hervor.

196 Die Öffentliche Anhörung zum Thema Abgeordnetenbestechung im Rechtsausschuss war für 17.10.2012 terminiert. Folgende Entwürfe eines Strafrechtsänderungsgesetzes zur Bestechung und Bestechlichkeit von Abgeordneten liegen vor (in zeitlicher Reihenfolge):

1) Fraktion DIE LINKE, BT-Drs. 17/1412 v. 21. 4. 2010
2) Fraktion BÜNDNIS 90/DIE GRÜNEN, BT-Drs. 17/5933 v. 25. 5. 2011
3) SPD BT-Drs. 17/8613 v. 8. 2. 2012.

Offenbar kommt nun etwas Bewegung in die Sache.

197 Zur Kritik an der derzeitigen Fassung vgl. die Zusammenfassung bei: *B. Heinrich* Stellungnahme Neuregelung des Straftatbestands der Abgeordnetenbestechung, 1 ff. (unter: http://www.bundestag.de/bundestag/ausschuesse17/a06/anhoerungen/26_ Bek_ mpfung_Abgeordnetenbestechnung/04_Stellungnahmen/index.html (Aufruf 31. 8. 2012); *Käßner* Nebentätigkeiten (Fn. 7), 198 ff.; *M. Reyher* Internes Bundestagsgutachten empfiehlt schärferes Gesetz gegen Abgeordnetenbestechung, vom 16. 8. 2012 unter: http://blog.abgeordnetenwatch.de/2012/08/16/internes-bundestagsgutachten-empfiehlt-scharferes-gesetz-gegen-abgeordnetenbestechung/ (Aufruf: 31. 8. 2012). Zur Vorgeschichte auch: Wissenschaftliche Dienste des Deutschen Bundestags (*A. Schenk*), Rechtsfragen im Kontext der Abgeordnetenkorruption (WD 7-3000-148/08), 2008. *A. van Aaken* Genügt das deutsche Recht den Anforderungen der VN-Konvention gegen Korruption?, ZaöRV 65 (2005), 407 ff.

198 Zur Ausfüllung der parlamentarischen Möglichkeiten im Kontext des IntVG in der Praxis gibt es noch wenig Erfahrungen. Dazu Evaluierungsbericht vom 17. 6. 2011

Integrationsverantwortungsgesetz und den anderen Begleitgesetzen umzusetzen, ja ob es überhaupt ausreichend vollzugsfähig ist, steht noch nicht fest. Eine immer noch nicht veröffentliche Evaluation durch den Wissenschaftlichen Dienst des Bundestages zeichnet ein insgesamt positives Bild, zeigt aber auch Verbesserungsbedarf.[199] Die Funktionserfüllung durch den Bundestag ist insbesondere bei eilbedürftigen Vorhaben in besonderer Weise vom Verhalten der Bundesregierung abhängig.[200] Der Bundestag, unterstützt oder gedrängt durch das BVerfG, arbeitet derzeit an einer Verbesserung seiner Position.[201] Die Debatte dazu wird allerdings bislang im Modus „Reden zu Protokoll" mehr archiviert, denn geführt.[202]

(17. Legislaturperiode des Deutschen Bundestages von der Konstituierung am 27.10. 2009 bis zum 31.1.2011 umfassend; nichtöffentlich, soll aber veröffentlicht werden), 65ff. Mehrere Fälle betrafen die sog. Flexibilitätsklausel, § 8 IntVG iVm Art. 352 AEUV („Vertragsabrundungskompetenz" bei fehlender Spezialkompetenz). Die Änderung von Art. 136 AEUV im Rahmen der Fiskalgovernance ist nun das erste Beispiel für den wichtigen Fall eines vereinfachten Vertragsänderungsverfahrens und seiner Begleitung durch den Bundestag. Eher skeptisch *S. Hölscheidt* DÖV 2012, 105ff.

[199] Evaluierungsbericht (Fn. 198). Darauf Bezug nehmend: 1) Beschluss der 54. Europaministerkonferenz (der Bundesländer) vom 26.5.2011, TOP 3: Bitte an Bundesregierung, die Kritikpunkte im Bericht zu berücksichtigen. 2) Antrag der Fraktionen der CDU/CSU und FDP vom 13.12.2011, BT-Drs. 17/8137: „Begleitgesetzgebung zum Vertrag von Lissabon konsequent anwenden – Mitwirkungsrechte des Bundestages in Angelegenheiten der Europäischen Union weiter stärken."; Antrag der Fraktion DIE LINKE vom 13.12.2011, BT-Drs. 17/8138: „Demokratie stärken – parlamentarische Rechte in EU-Angelegenheiten ausbauen." 3) Beratung durch Reden zu Protokoll und Überweisung in die Ausschüsse, PlProt. 17/149 vom 15.12.2011.

Literatur dazu ist noch rar, vgl. aber: *H. Schröder* Die Mitwirkung des Bundestags in EU-Angelegenheiten nach dem EUZBBG in der Praxis – ein Kurzkommentar, ZParl 2012, 250ff.; zur Diskussion um ein Weisungsrecht des Bundestages gegenüber der Regierung: *R. Wichmann* Die Bindungswirkung von Stellungnahmen des Deutschen Bundestages im Rahmen der Zusammenarbeit mit der Bundesregierung in EU-Angelegenheiten, ZParl 2012, 278ff.

[200] Im Evaluierungsbericht (Fn. 198), 77ff., ist der Ablauf der Unterrichtung im Kontext des EFSF geschildert. Dem Bundestag war hier die vorgeschriebene Möglichkeit zur Stellungnahme nicht eingeräumt worden, obwohl das Instrumentarium des EUZBBG die Befassung nach Ansicht der Evaluation ermöglicht hätte.

[201] Als Reaktion zum Urteil EFSF/Unterrichtungspflichten vom Juni 2012: Entschließungsantrag aller Fraktionen außer der Fraktion DIE LINKE vom 27.6.2012, BT-Drs. 17/10152, der die zentralen Aussagen des Urteils bekräftigt und die Absicht des Bundestages festhält, bis Ende 2012 die bestehende Begleitgesetzgebung zu überarbeiten. Insbesondere die Definition der Vorhaben, über die zu unterrichten sei, sowie Umfang, Schnelligkeit und Schriftlichkeit stehen im Fokus.

[202] PlProt. 17/149 vom 15.12.2011, 17969ff., Anlage 7. *Huber* Der Beitrag (Fn. 53), 33 (45f.), betont zu Recht, dass der Bundestag seine europäische Rolle besser ausfüllen müsse.

Weiter kritisch zu begleiten ist auch die ‚Parlamentarisierung' des Europäischen Parlaments. Die Frage, wie ein einheitliches Wahlrecht zum Europäischen Parlament geschaffen werden könnte,[203] scheint derzeit kaum beantwortbar zu sein. Unabhängig davon besteht Forschungs- und Beratungsbedarf etwa hinsichtlich der Verfahren, nach denen die interinstitutionelle Zusammenarbeit gestaltet wird. Entsprechend dem Kompetenzzuwachs für die europäischen Abgeordneten und der damit verbundenen demokratischen Vertretungs-Erwartung der Bürger rücken parlamentarische Verfahren, Abgeordnetenverhalten und etwaige Repräsentativitätsdefizite auf dieser Ebene ins Blickfeld.[204] Problemstellungen des nationalstaatlichen Parlamentarismus wiederholen sich in Teilen, eine entsprechende Verrechtlichung im Wege von Außen- und Selbstregulierung ist die Folge. Sie kann von mitgliedstaatlichen Erfahrungen profitieren und ist zugleich komplexer, wegen der Vielfalt der Parlaments- und Demokratiekulturen, die aufeinander treffen.

4. *Von der Integration direkter Demokratie zur „Elektronischen Demokratie"*

Zu den Aufgaben juristischer Forschung und Beratung gehört ferner das Verhältnis von direkter zu parlamentarischer Demokratie. Elemente direkter Demokratie werden bekanntlich als ein Mittel gegen Repräsentativitätsdefizite auch auf Bundesebene diskutiert.[205] Zugleich gelingt die fundamentale Abwehr direkter Demokratie als ‚dem Grundgesetz fremd' nicht mehr.[206] Ihre Aktivierung droht indessen die eingeübten Verläufe

---

[203] Kritisch („wahlrechtliches Demokratiedefizit") *E. Peuker* Das Wahlrecht zum Europäischen Parlament als Achillesferse der europäischen Demokratie, ZEuS 2008, 453 ff.; BVerfG, Urt. v. 30. 6. 2009 – 2 BvE 2/08 (Lissabon-Urteil), BVerfGE 123, 267 ff. Zur Entwicklung *W. Schreiber* Die Wahl zum Europäischen Parlament in der Bundesrepublik Deutschland, NVwZ 2004, 21 ff.

[204] Vgl. nur die Diskussionen um den sog. Verhaltenskodex, der Offenlegung von Nebentätigkeiten und Geschenken fordert; FR vom 3. 8. 2012, 7. Die Diskussion um den sog. legislative footprint als ein Instrument zum Umgang mit Lobbyismus wird auch hier geführt.

[205] Z.B. *Jung* Direkte Demokratie (Fn. 7), 81 ff.; *H. H. v. Arnim/R. Heiny/S. Ittner* Politik zwischen Norm und Wirklichkeit, 2. Aufl. 2006, 65 ff. Kritisch wegen der auch hier bestehenden sozialen Selektivität z.B. *D. Jörke* APuZ 1–2/2011, 13 ff.

[206] Vgl. nur *Dreier* (Fn. 133), Art. 20 (Demokratie) Rn. 106 ff. Die angebliche Exklusivität parlamentarisch-repräsentativer Herrschaftsausübung unter dem Grundgesetz gehört zu den in den 1950er Jahren entwickelten Gründungsmythen bundesrepublikanischer Verfasstheit. Die Veränderung der Bewertung dieses Punktes insbesondere in der Staatsrechtslehre ist beachtlich. Repräsentativ für die Diskussionen dürfte die lang geführte Debatte zwischen *Isensee* und *Meyer* sein. Vgl. nur *H. Meyer* Volksabstimmun-

parlamentarischer Entscheidung zu stören. Wie Parlamente darauf reagieren, kann man auf Ebene der Bundesländer beobachten.[207] Dort findet ein verfassungsrechtlicher und verfassungspolitischer Lernprozess zu etwaigen Kollisionskonstellationen statt, der wissenschaftlich zu begleiten ist.

Das gilt auch für das Lernfeld Internet[208] und für etwaige Entwicklungen hin zu „Elektronischer Demokratie".[209] Neben Veränderungen der *politischen* Willensbildung[210] geht es gegebenenfalls auch um *direkte* Ver-

---

gen im Bund: Verfassungslage nach Zeitgeist?, JZ 2012, 538 ff. Die Verbindung von Plebiszit mit Entparlamentarisierung findet sich etwa bei *Kirchhof* Entparlamentarisierung (Fn. 30), 359 (374 f.)

[207] Vgl. *F. Wittreck* (Hrsg.) Volks- oder Parlamentsgesetzgeber: Konkurrenz oder Konkordanz? Dokumentation eines Thüringer Verfassungsstreits, 2012; *M. Martini* Wenn das Volk (mit-)entscheidet, 2011; *A. v. Arnauld* „Refolution" an der Elbe […], JbDirDem 2009, 90 ff.; *E. G. Mahrenholz* Zur Änderung des durch Volksbegehren angenommenen Hamburgischen Wahlrechts in derselben Wahlperiode, NordÖR 2007, 11 ff.; *H. Dreier/F. Wittreck* Repräsentative und direkte Demokratie im Grundgesetz, JbDirDem 2009, 1 ff.; *M. Rossi/S.-C. Lenski* Treuepflichten im Nebeneinander von plebiszitärer und repräsentativer Demokratie, DVBl. 2008, 416 ff.; *M. Oldiges* Grenzen und Bestand plebiszitärer Gesetzgebung im Lichte landesverfassungsgerichtlicher Rechtsprechung, NdsVBl 2010, 144; *P. Cancik* Konfrontation oder Kooperation: Zur Verschränkung von direktdemokratischen und parlamentarischen Verfahren, in: M. Efler/T. Mörschel (Hrsg.), im Erscheinen. Zur mit der Einführung direkt-demokratischer Elemente befürchteten Marginalisierung des Parlaments vgl. *Kirchhof* (Fn. 30). Vermittelnd: *P. Krause* Verfassungsrechtliche Möglichkeiten unmittelbarer Demokratie, HStR III (Fn. 7), § 35 Rn. 45 ff. Vgl. auch die Beiträge von *Möstl* und *Schuler-Harms* in diesem Band, 355 ff., 417 ff.

[208] Zu einem grundlegenden Problem, der neuen Zeittaktung: *K.-R. Korte* Beschleunigte Demokratie, APuZ 7/2012, 21 ff.

[209] Die Bezeichnungen sind noch variabel, zum Teil auch unsystematisch und falsch gebraucht, vgl. *D. Roleff* Digitale Politik und Partizipation, APuZ 7/2012, 14 (16 f.); verwendet wird u.a. Digitale Demokratie, kurz aufgegriffen bei *U. Volkmann* AöR 127 (2002), 575 (603 Fn. 107), sonst: e-democracy, liquid democracy.

Zu den diskutierten „tools" gehören Informationsfreiheitsgesetze, Bürgerhaushalte, Planungszellen etc., aber eben auch Software-Werkzeuge wie: liquid feedback, adhocracy, mumble, etherpad. Neue technische Möglichkeiten könnten etwa auch Veränderungen im Wahlverfahren erleichtern, z.B. den Einfluss auf die Listengestaltung, Personalisierung durch flexible Listen wäre also womöglich leichter; kurz *J. Wieland* Diskussionsbeitrag, in: Wieland (Fn. 2), 76. Kritisch bzgl. Heilserwartungen nur etwa *B. R. Barber* Which Technology for which Democracy? Which Democracy for which Technology?, in: B. Holznagel/A. Grünwald/A. Hanßmann (Hrsg.) Elektronische Demokratie, 2001, 209 ff.

[210] Zu E-Government/Open-Government vgl. die Sammelbände von *H. Hill/U. Schliesky* (Hrsg.) Innovationen in und durch Recht – E-volution des Rechts- und Verwaltungssystems II, 2010; *dies.* (Hrsg.) Die Vermessung des virtuellen Raums – E-volution des Rechts- und Verwaltungssystems III, 2012. *Holznagel/Grünwald/Hanßmann* (Hrsg.)

änderungen der *parlamentarischen* Willensbildung.[211] Nur dieser Aspekt soll hier aufgegriffen werden. „Liquid Democracy“ oder für unsere Zwecke genauer: „Direkter Parlamentarismus“ lautet die Bezeichnung für ein Konzept, das die Mitwirkung der einzelnen Bürgerinnen und Bürger an allen Abstimmungen im Parlament ermöglichen will.[212] Repräsentative und direkte Entscheidungsmodi sollen durch die Möglichkeit der flexiblen Stimmendelegation verbunden werden. Die technische Realisierbarkeit einmal unterstellt, würde die Umsetzung jenes Konzepts erhebliche Veränderungen etwa im Wahlverfahren voraussetzen. Zugleich dürfte es zu massiven Strukturveränderungen im Parlament und für die parlamentarische Arbeit führen. Zwar bliebe wohl das freie Mandat und die Unabhängigkeit der Abgeordneten rechtlich unangetastet. Zurechnung und Verantwortlichkeit, Funktionsausfüllung durch Abgeordnete und Fraktionen aber könnten sich erheblich ändern. Genau dies streben entsprechende Konzepte an. Wie die Wirkungen und Nebenwirkungen ausfallen, ist aber unsicher. Welche verfassungspolitischen, aber auch verfassungsrechtlichen Debatten entsprechende Veränderungsforderungen auslösen werden, lässt

---

(Fn. 209). Grundlegend *M. Eifert* Electronic Government, 2006; *B. W. Wirtz* (Hrsg.) E-Government. Grundlagen – Instrumente – Strategien, 2010; *M. Seckelmann/C. Bauer* Mehr Netzbeteiligung wagen, VuM 2012, 81 ff. Vgl. zu „digitalen Politikprozessen“ auch *C. Leggewie/C. Bieber* Interaktive Demokratie, APuZ B 41-42/2001, 37 ff.

[211] Kurz zu liquid democracy *Seckelmann/Bauer* VuM 2012, 81 (84 f.).

[212] Als eine Ausarbeitung von liquid democracy: *Plaum* (Fn. 4). Auch „delegated voting“ genannt, also die flexible Übertragung von Stimmen bei allen Debatten und Abstimmungen. Eine Delegation der Stimmen wäre möglich an andere Bürger, an andere Abgeordnete etc. Im Parlamentskontext würde eine abweichend delegierte Stimme vom Stimmenkontingent, das der gewählte Abgeordnete aufgrund der Wahl vertritt (Wahlkreisbezug), abgezogen. „Wer sich also durch einen Abgeordneten vertreten lassen will, kann dies wie bisher tun. Wer aber allgemein oder nur zu bestimmten Themen selbst wählen [*sic!*] will, kann via Internet seine Stimme im Parlament direkt einbringen. Dadurch entsteht eine Demokratieform, die eine Mischung aus direkter und parlamentarischer Demokratie darstellt. […]. Grundvoraussetzung für dieses System ist, dass Parlamentarier nicht mehr mit einfachem Stimmgewicht, sondern mit dem Stimmgewicht votieren, das direkt der Zahl der Bürger entspricht, welche sie vertreten.“; ebd., 149 f. Dieses Konzept versteht Vertretung anders als die normative Konstruktion in Art. 38 Abs. 1 S. 2 GG, kann aber das freie Mandat und die Unabhängigkeit der Abgeordneten formal bestehen lassen, die Gleichheit der Repräsentation wird aber faktisch erheblich tangiert. Kritisch zum weiter gefassten Konzept: *S. Buck* Liquid Democracy – Eine Realisierung deliberativer Hoffnungen?, ZParl 2012, 626 ff.; zur Piratenpartei zusammenfassend mwN *Bieber* Die Piratenpartei als neue Akteurin im Parteiensystem, APuZ 7/2012, 27 ff.; *H. Onken/S. Schneider* Zu den Aussichten der Piratenpartei im deutschen Parteiensystem, ZParl 2012, 609 ff.

die Entscheidung zum Einsatz von Wahlcomputern erahnen. Wer hätte gedacht, dass ausgerechnet der „ungeschriebene Grundsatz" der Öffentlichkeit der Wahl plötzlich so prominent auf der Agenda steht?[213]

V. Schluss

Das ‚Betriebsrecht' des Parlaments kann den Betrieb des Parlaments sichern und damit die Suchbewegung repräsentative Demokratie ermöglichen. Ihr Gelingen kann es nicht erzwingen. Den Versuchen, mit Hilfe von Recht mehr Repräsentativität zu sichern, haftet daher notwendig etwas Hilfloses an.[214] Diese Erkenntnis spricht nicht gegen, sondern für eine fortdauernde Arbeit am Wahl- und Parlamentsrecht.

---

[213] Zum Grundsatz der Offenheit der Stimmerfassung und -auszählung BVerfG, Urt. v. 3.3.2009 – 2 BvC 3/07 u.a (Elektronische Wahlgeräte), Rn. 106ff., BVerfGE 123, 39ff. Instruktiv dazu *D. Heckmann* Die Wahlcomputerentscheidung des Bundesverfassungsgerichts, jurisPR-ITR 6/2009, Anm. 2; *W. Schreiber* BWahlG Kommentar, 8. Aufl. 2009, § 35 Rn. 9, zu Online-Wahl: Rn. 10 mwH. Sehr kritisch zum e-voting *H. Buchstein* Modernisierung der Demokratie durch e-voting?, Leviathan 29 (2001), 147ff. Der Konnex zum Grundsatz der geheimen Stimmabgabe ist komplex: Die Öffentlichkeit der Wahlhandlung ist Voraussetzung für die Möglichkeit der Gewähr geheimer Stimmabgabe. Online-Voting von privaten Räumen aus würde diese Öffentlichkeit (vgl. nur: öffentliches Wahllokal) massiv tangieren.

[214] Nicht umsonst spielen in den Debatten parlamentskulturelle Appelle und die vage Forderung nach Stärkung der Parlamente eine herausragende Rolle. Sie begleiten den Großtrend von Verrechtlichung und Justizialisierung, der zugleich als (Selbst-)Entmachtung des Parlaments bewertet werden kann. Beispielhaft die Wiedergabe bei *K. Ritgen* ZG 2011, 288 (299f.), aber auch etwa *P. Cancik* Der Staat 49 (2010), 252 (273); *dies.* Entwicklungen des Parlamentsrechts, DÖV 2005, 577 (587). *F. Decker* APuZ 4/2011, 3 (6): keine Steuerung durch Wahlrecht, sondern „durch klare Koalitionsaussagen und die Etablierung fester Regeln beim Regierungsauftrag". Im Lobbyismus-Kontext *Papier* Spannungsverhältnis (Fn. 154), 8f., der zur Unterstützung der Parlamentarier eine Stärkung der Persönlichkeitswahl, ja sogar eine Einführung der Mehrheitswahl erwägt. Inwiefern das helfen könnte, bleibt allerdings offen. Die insofern angenommene Steuerungswirkung des Wahlverfahrens, das zu unabhängigeren Abgeordneten führen soll, ist m.W. für Mehrheitswahlverfahren empirisch nicht belegt.

Leitsätze der 2. Referentin über:

Wahlrecht und Parlamentsrecht als Gelingensbedingungen repräsentativer Demokratie

I. Einleitung

1. Das „bedrohte" Parlament?

(1) Erfassung und Analyse von „Parlamentarismuskrisen" leiden nicht nur an den Schwierigkeiten der Empirie, sondern auch an den Schwierigkeiten der Maßstabsbildung und an der Unklarheit, wer genau jeweils mit „Parlament" gemeint sei.

(2) Wir erleben derzeit eine Intensivierung der Krisendiskurse. Sie beziehen sich nicht nur auf das Parlament, sondern auf Staat und Demokratie an sich, ihre Kurzformeln lauten: „Postdemokratie", „Entparlamentarisierung", „postparlamentarische Demokratie", „postrepräsentativer Parlamentarismus", „Neoparlamentarismus".

2. Konflikte um Wahlrecht und Parlamentsrecht als Indikatoren für „Repräsentativitätssensibilität"

(3) Die Menge an juristischen Diskussionen um Wahl- und Parlamentsrecht ist als Zeichen für eine zunehmende Sensibilität für Ablauf, Ziel und Ergebnis von Repräsentationsvorgängen zu deuten, als zunehmende „Repräsentativitätssensibilität". Wenn bei Einhaltung formal korrekter Repräsentation Repräsentativität nicht mehr gelingt, mehren sich die Krisenbefunde.

(4) Im verfassungsrechtlichen Koordinatensystem von Art. 38 Abs. 1 Satz 1 und Satz 2, Art. 21, Art. 20, Art. 24 und 23 GG ist der Grundsatz der Wahlrechtsgleichheit von besonderer Bedeutung. Er setzt sich im Parlament als Mandatsgleichheit fort. Gleichheit zumindest der Beteiligungschancen lautet letztlich das verfassungsrechtlich formulierte Versprechen, von dem die wahrgenommene Realität immer weiter abzuweichen scheint.

II. Europäisierung und Globalisierung

1. Europäisierung

(5) Die „Integrationsverantwortung“ (Art. 23 GG), besser mit „Europafunktion“ zu bezeichnen, erscheint als doppelfunktionale Kompensationsbewegung. Sie wird begleitet von der ‚demokratie-substantiellen‘ Aufladung des Wahlrechts in der Maastrichtentscheidung. Ihr Gelingen oder Misslingen steht noch nicht fest.

(6) Wir beobachten derzeit die Anfänge einer Europäisierung des Parlamentsrechts, bezogen auf die europäische Ebene den Versuch einer Demokratisierung und Parlamentarisierung. Der frühere Befund einer ‚Entparlamentarisierung allein aufgrund Kompetenzverlagerung‘ kann nicht mehr aufrecht erhalten werden.

(7) Die Frage nach „Wahl- und Parlamentsrecht als Gelingensbedingungen repräsentativer Demokratie“ kann zwar für bestimmte Erkenntniszwecke auf die mitgliedstaatliche Ebene begrenzt werden, für ein tragfähiges Gesamtbild reicht diese Wahrnehmung nicht mehr aus. Repräsentativitätsdefizite, die beide Ebenen betreffen, müssen in den Blick genommen werden.

2. Globalisierung

(8) Globalisierung – Stichwort: Entgrenzung und Entstaatlichung von Kommunikation und von „Märkten“– bewirkt gleichsam einen dritten Schub von Entparlamentarisierung. Dabei trifft eine ‚verfassungsrechtlich‘ bedenkliche Entmachtung jetzt auch das Europäische Parlament.

III. Lernpotentiale des Wahl- und Parlamentsrechts

1. Kulminationspunkte der historischen Perspektive

(9) Die erheblichen Bedeutungsverschiebungen der zentralen Rechtsgrundsätze, die das Wahl- und Parlamentsrecht prägen, verdeutlichen, dass massive Veränderungswahrnehmungen und Anpassungsleistungen auf diesem Gebiet nicht ungewöhnlich sind. Vor dem Hintergrund eines „zutiefst prekären“ Verhältnisses von Demokratie und Parlamentarismus im 19. und frühen 20. Jahrhundert wird die Anpassungsfähigkeit des Topos „repräsentative Demokratie“ im 20. Jahrhundert deutlich.

(10) Insgesamt zeigt sich ein erfolgreicher Lernprozess, der die systemische und verfassungsrechtliche Bedeutung von parlamentarischer Opposition und von Minderheiten im Parlament anerkennt und das Verhältnis der sie jeweils Bildenden zu Regierung und Regierungsmehrheit angemessen zu

regeln versucht. Nicht ausreichend wahrgenommen ist dagegen das Vor- und Begleitfeld des Parlaments: Stichwort Politikfinanzierung.

2. Funktionsfähigkeit, Repräsentationsfähigkeit, Multifunktionalität

(11) Die Handhabung des Funktionsfähigkeitsarguments bildet den Funktionenpluralismus des Parlaments nicht immer ausreichend ab. Der neuere Topos „Repräsentationsfähigkeit" wird multifunktional eingesetzt: zur Rechtfertigung für Begrenzungen der Abgeordnetenrechte oder zur Begrenzung solcher Begrenzungen.

(12) Der Repräsentationsfunktion, und damit der Aufgabe des Parlaments, zur permanenten Aktualisierung von Legitimation beizutragen, wird in jüngerer Zeit größeres Gewicht gegeben, sichtbar nicht zuletzt an der Ausdehnung der einzelfallbezogenen Parlamentsvorbehalte.

3. Die Installation des Parlaments: ausgewählte Wahlrechtsfragen

(13) Die Bandbreite derzeit diskutierter Wahlrechtsfragen ist beachtlich: Wahlkreisgestaltung, Veränderungen im Bereich des Rechtschutzes, Wahlalter, Familienwahlrecht, Wahlpflicht und Geschlechterquoten. Ihnen allen geht es auch um Repräsentativität.

a) Sperrklausel

(14) Die Europawahl-Entscheidung von 2011 (Abschaffung der Sperrklausel) zeigt einen deutlichen Sinneswandel an. Sie fasst die Anforderungen an die Tatsachengrundlage für das Prognostizieren wahrscheinlicher Funktionsstörungen jenes Parlaments recht scharf. Die Sperrklausel für die Bundestagswahl steht mit der Entscheidung nicht in Frage. Die Diskussion um eine Abmilderung ihrer Wirkungen könnte neu eröffnet werden.

b) Überhangmandate

(15) Überhangmandate lösen zu Recht Unbehagen aus. Die neue Lösung des BVerfG, einen ‚verfassungsgerichtlichen Grenzwert' von 15 ausgleichslosen Überhangmandaten für zulässig zu erklären, ist problematisch. Die Entscheidung tradiert das Dilemma der überkommenen Wahlsystemargumentation und damit die Behauptung von der „Wahlsystemfreiheit" des Gesetzgebers.

4. Der Betrieb des Parlaments: Ausgewählte Parlamentsrechtsfragen

(16) Die zahlreichen parlamentsrechtlichen Konflikte werden von den Verfassungsgerichten recht routiniert abgearbeitet. Die Entscheidungen werden, in Maßen, minderheits- und oppositionsfreundlicher. Der grundsätzliche ex-post-Effekt des Rechtsschutzes hat spezifische Folgen. Er ist strukturell mehrheitsschützend, Revisionen verfassungswidrigen Verhaltens finden nicht statt, die Verhinderung zukünftigen, ähnlich gelagerten Verhaltens hängt von außerrechtlichen Faktoren ab.

a) Lobbyismus und Repräsentation

(17) Die Wahrnehmung von Lobbyismus auf europäischer und auf deutscher Ebene differiert. Inwieweit Transparenz etwaigen Problemen abhelfen kann, ist noch offen. Die seit 2011 intensivierte europäische ‚Transparenzbürokratie' ist jedenfalls beachtlich.

(18) Dem Parlament kommt im Lobbying-Zusammenhang eine doppelte Rolle zu: als Adressat von Lobbying und als Kontrolleur anderer Adressaten. Maßnahmen wie die Ausweitung des Lobbyregisters, der sog. legislative Fußabdruck oder ein Lobbybeauftragter des Bundestages werden zwar regelmäßig diskutiert, aber nicht umgesetzt.

(19) Aus verfassungsrechtlicher und demokratietheoretischer Sicht ist der chancengleiche Zugang zur Interessenvermittlung ins Parlament zentral. Diesen rechtlich abzusichern, ist ausgesprochen schwierig, wenn nicht unmöglich. Die diskutierten Instrumente setzen auf Öffentlichkeit, Sensibilisierung und ethische Selbstregulierung. Eine Verschärfung der Transparenzregeln ist erforderlich.

b) Repräsentativität in parlamentarischen Gremien

(20) Zwischen den Funktionslogiken der Plenarrepräsentation einerseits, der Arbeitsfähigkeit andererseits besteht ein Konflikt. Forderungen nach weitergehender – nicht: umfassender – Ausschussöffentlichkeit haben daher ihren guten Sinn.

(21) Im Kontext umstrittener Gremienbesetzung wird zur Sicherung von Repräsentativität auf den „Grundsatz der Spiegelbildlichkeit" zurückgegriffen. Was genau gespiegelt werden soll, die relevanten politischen Kräfte im Parlament, alle Fraktionen oder die Mehrheitsverhältnisse, und im Konfliktfall: was vorrangig gespiegelt werden soll, ergibt sich aus der Abbildmetaphorik nicht eindeutig.

(22) Neuerdings wird die Repräsentationsfunktion mit einer ‚staatsorganisatorischen Wesentlichkeitsargumentation' verbunden, die den grundsätzlichen Plenarvorbehalt ernster zu nehmen scheint.

IV. Aufgaben

1. „Mehr Wirklichkeit"

(23) Die historische Kontextualisierung ist nicht nur rechtswissenschaftlich, sondern auch rechtsdogmatisch relevant. Das Arbeiten mit Gleichheitsgewährleistungen wie das Argument der Funktionsfähigkeit ist historisch kontingent. Anhaltende Reformdiskussionen begründen demnach keinen Krisenbefund.

2. Reformbedarf

(24) Eine grundlegende Wahlrechtsreform ist erforderlich. Sie scheitert an der strukturellen – nicht der individuellen – Überforderung der Akteure. Wahlen behalten besondere Bedeutung, weil sie die Partizipationsform mit der geringsten Zugangshürde, also am wenigsten sozial selektiv sind.

(25) Verbesserungsbedarf, auf der deutschen und der europäischen Ebene, besteht auch im Bereich der parlamentarischen Transparenz- und Abgrenzungsregelungen. Sie sollten nicht nur die Abgeordneten, sondern auch deren Mitarbeiter erfassen.

3. Die Europafunktion des nationalen, die Parlamentsfunktion des Europäischen Parlaments

(26) Wie die zuständigen Gremien die Aufgaben der „Europafunktion" bewältigen werden, ist eine offene Frage. Die Funktionserfüllung durch den Bundestag ist in besonderer Weise vom Verhalten der Bundesregierung abhängig. Die Debatte über die Vollzugsfähigkeit der konkreten Regelungen muss öffentlich geführt werden.

(27) Entsprechend dem Kompetenzzuwachs für die europäischen Abgeordneten und der damit verbundenen demokratischen Vertretungs-Erwartung der Bürger rücken parlamentarische Verfahren, Abgeordnetenverhalten und etwaige Repräsentativitätsdefizite auf dieser Ebene ins Blickfeld. Die Rechtsentwicklung kann von mitgliedstaatlichen Erfahrungen profitieren.

4. Von der Integration direkter Demokratie zur „Elektronischen Demokratie"

(28) Die Aktivierung direkt-demokratischer Elemente droht die eingeübten Verläufe parlamentarischer Entscheidung zu stören. Der verfassungsrechtliche und verfassungspolitische Lernprozess zu etwaigen Kollisionskonstellationen auf Länderebene ist wissenschaftlich zu begleiten.

(29) Das mit „Liquid Democracy" oder „Direkter Parlamentarismus" bezeichnete Konzept, das die Mitwirkung der einzelnen Bürgerinnen und Bürger an allen Abstimmungen im Parlament ermöglichen will, setzt erhebliche Veränderungen im Wahlverfahren voraus. Das freie Mandat und die Unabhängigkeit der Abgeordneten blieben rechtlich wohl unangetastet. Zurechnung und Verantwortlichkeit, Funktionsausfüllung durch Abgeordnete und Fraktionen aber könnten sich erheblich ändern. Entsprechende Veränderungsforderungen machen intensive verfassungsrechtliche und verfassungspolitische Debatten erforderlich.

V. Schluss

(30) Das ‚Betriebsrecht' des Parlaments kann das Gelingen der Suchbewegung repräsentative Demokratie nicht erzwingen. Den Versuchen, mit Hilfe von Recht mehr Repräsentativität zu sichern, haftet notwendig etwas Hilfloses an. Diese Erkenntnis spricht nicht gegen, sondern für eine fortdauernde Arbeit am Wahl- und Parlamentsrecht.

3. Aussprache und Schlussworte

Wahlrecht und Parlamentsrecht als Gelingensbedingungen repräsentativer Demokratie

Ruffert: Sehr geehrte Kolleginnen und Kollegen, ich habe den Versuch unternommen, die Diskussion in insgesamt vier Abschnitte zu gliedern. Sie beginnt gleich mit den Grundfragen, setzt dann fort mit einem Abschnitt, der sich auf beide Referate und eine Grundrichtung Demokratieprinzip etc. fokussiert, sodann, wie es die Überschrift schon andeutet, mit je einem Block zum Wahlrecht und zum Parlamentsrecht.

Alexy: Ich habe eine Frage zum System der Gelingensbedingungen. Dabei geht es zunächst um das Problem, was genau die beiden Referenten unter dem Gelingen der repräsentativen Demokratie verstehen. Mir scheinen gewisse Dinge angesprochen, aber nicht wirklich elaboriert zu sein. Da finde ich bei Herrn Pünder in These 4 erst die Bereitschaft zu politischer Partizipation benannt und dann die zur Akzeptanz. Bei Frau Cancik finde ich den Begriff der Repräsentativität. Was genau ist das alles? Brauchen wir, zum Beispiel, eine bestimmte Quote der Akzeptanz? Das wäre, als Gelingensbedingung, nichts Normatives. Es gehörte in die politische Wissenschaft. Akzeptanz und Mitwirkungsbereitschaft sind soziale Tatsachen. Nach Kelsen dürften wir in dieser Runde darüber gar nicht theoretisieren. Aber er ist ja nicht dabei. Unter den Gelingensbedingungen waren nach der Aufgabenstellung nur das Wahlrecht und das Parlamentsrecht zu behandeln. Das ist eine Einengung des Themas. Im Allgemeinen ist die Einengung eines Themas gut. Aber es wurden auch andere Dinge in den Blick genommen. Frau Cancik hat unter anderem die Europäisierung benannt. Ja, da wären Fragen zu stellen. Das Europäische Parlament ist mehrfach erwähnt worden. Nicht aufgeworfen wurde das große Demokratieproblem des Europäischen Parlaments, das sich in die Frage fassen lässt, ob die degressive Proportionalität des Art. 14 Abs. 2 Satz 3 EUV gegen den urdemokratischen Satz „one man, one vote“ verstößt und deshalb beseitigt werden muss. Des Weiteren ist vom interessierten Bürger die Rede gewesen. Mit jeder Schwächung des Nationalstaats steigen die Probleme der in ihm stattfindenden repräsentativen Demokratie. Warum soll man auf nationaler Ebene noch ein interessierter Bürger sein, wenn so viele Dinge nicht mehr auf dieser Ebene entschieden werden können?

Diese Frage kann nur durch eine integrale Theorie der repräsentativen Demokratie in Europa beantwortet werden, die alle Ebenen verknüpft. Vor diesem Hintergrund wollte ich noch einen letzten Punkt ansprechen. John Rawls hat gesagt, daß der demokratische Konstitutionalismus nur funktionieren könne, wenn wir die *liberal person*, die liberale Person, voraussetzen. Eine repräsentative Demokratie kann nur funktionieren, wenn wir die demokratische Person voraussetzen. An dieser Stelle führt die Frage von allgemeinen soziologischen und ökonomischen Faktoren zu dem Problem, das Habermas mit dem Begriff des privatistischen Syndroms zu erfassen versucht hat.

Waldhoff: Ich möchte den Fokus auf eine Grundfrage richten, die in beiden Vorträgen etwas unterbelichtet blieb. Was heißt eigentlich staatsrechtlich Repräsentation? Und was folgt daraus? Und daran schließt sich die Frage an: Inwieweit kann das, was Repräsentation staatsrechtlich sein soll, diese Schnittstelle zwischen normativen Erwartungen der Verfassung einerseits und dem tatsächlichen Geschehen andererseits, inwieweit kann diese Schnittstelle verrechtlicht werden? Die Vorschläge beider Referate laufen in unterschiedlichem Ausmaß auf Verrechtlichung von Repräsentation hinaus. Diese Frage wird noch verstärkt dadurch, dass alle Vorschläge im Grunde Zielkonflikte implizieren. Als Beispiel: Wenn man den Abgeordnetenstatus weiter reguliert, nimmt die Attraktivität des Mandats ab, denn das ist notwendig mit Sanktionen verbunden. Damit kann die Unterscheidung zwischen „wer kontrolliert eigentlich wen" unklar werden. Auch beim Wahlrecht liegen entsprechende Zielkonflikte auf der Hand. Die Elektronisierungsvorschläge geraten in Zielkonflikte mit der Öffentlichkeitsfunktion des Parlaments, weil E-Mails strukturell einen geringen Grad an Öffentlichkeit haben. Wenn man bestimmte Arkan-Bereiche schließt, in dem man einer alten Forderung folgend etwa Ausschusssitzungen öffentlich macht, verlagern sich die Arkan-Bereiche in andere Zonen – sofern man davon ausgeht, dass irgendwelche Arkan-Bereiche für die politische Willensbildung, etwa für die parlamentarische Kompromisssuche erforderlich sind. Im Übrigen bleibt zu fragen, was eigentlich „Gelingensbedingungen" (für diesen Begriff können die Referenten natürlich nichts) sind? Gelingensbedingungen kann man sinnvollerweise nur als Voraussetzungen verstehen. Ich glaube, wir haben hier ein ähnliches Phänomen wie bei den Verfassungsvoraussetzungen und Verfassungserwartungen: Wenn überhaupt, können diese nur sehr begrenzt verrechtlicht werden. Ich möchte ein radikales Gedankenexperiment vorschlagen: Angenommen alle Vorschläge beider Referenten würden von heute auf morgen verwirklicht werden. Würden sich die „Gelingensbedingungen" von Repräsentation dann wirklich mit einem Schlag verbessern?

Das institutionelle Design dieser Gelingensbedingungen in der Bundesrepublik war ja immer ähnlich, es hat sich nur ganz graduell verändert; die Wahrnehmung, ob das Ganze gelingt oder nicht, war demgegenüber sehr unterschiedlich. Es gab Konjunkturen, in denen große Teile der Bevölkerung davon ausgingen, es „gelingt“, und es gab Phasen, vielleicht die jetzige, wo eher Pessimismus angezeigt ist. Kurz und gut, mein Petitum ist, dass noch viel stärker als in beiden Referaten auf die Regelungs*grenzen* hingewiesen werden muss, auf die Verrechtlichungsgrenzen in diesem Bereich, welche mit den spezifischen Bedingungen dessen zusammenhängen, was staatsrechtlich Repräsentation ist. Ich plädiere für etwas mehr Demut vor Rechtsperfektionismus in diesem Bereich.

Engel: Was ist das normative Anliegen beider Referate? Ich glaube, in dem Referat von Frau Cancik gibt es einen Begriff, der als Brennglas wirken könnte. Sie hat das Wort „Repräsentationsfähigkeit“ verwendet. Ich glaube, das lässt sich gut charakterisieren in Auseinandersetzung mit den beiden politikwissenschaftlichen Kategorien, die auch gefallen sind, die aber, wenn ich es recht verstehe, gerade nicht passen. Die eine Kategorie ist Input-Legitimation. Sie ist dadurch verwirklicht, dass die Entscheidung auf dem Wahlakt der Bürger beruht. Die Voraussetzung ist formal erfüllt. Die zweite Kategorie nennen die Politikwissenschaftler Output-Legitimation. Das ist Legitimation, die darauf beruht, dass die konkrete Sachentscheidung des Parlaments den Adressaten überzeugend erscheint. Darum ging es nicht, denn es ging um keine einzige konkrete Entscheidung. Ich glaube, was mit Repräsentationsfähigkeit gemeint ist, kann man relativ gut beschreiben als den Wunsch zu und das Streben nach generalisiertem Vertrauen in repräsentative Demokratie als Verfahren der Regelbildung.

Wenn dies das normative Ziel ist, dann wissen wir jetzt auch, wonach wir bei den Reformvorschlägen suchen müssen. Ich greife einen heraus, den Herr Pünder besonders stark gemacht hat, nämlich den Wunsch, die effektive Partizipation der Bürger zu stärken. Ich glaube, wenn man das vorhat, dann muss man sich als erstes fragen: Welche Bürger habe ich vor mir? Das heißt, das ist eine empirische Frage nach Verhaltensannahmen. Und wenn man da zunächst einmal das theoretisch einfachste Angebot nimmt, nämlich, dass einer seinen unmittelbaren Nutzen maximiert, dann landet man bei der breiten Diskussion über das Voting-Paradox. Es ist rational nicht rekonstruierbar, warum jemand zur Wahl geht. Denn die Chance, dass er pivotal ist, ist so klein, dass er – wenn die Zahl der Wahlberechtigten nur mehr als verschwindend klein ist – am besten zu Hause bleibt. Nun gehen die Menschen tatsächlich ja in gewisser Zahl zur Wahl. Das heißt, diese Verhaltensannahme, die dem Rationalmodell zugrunde liegt, ist offensichtlich nicht richtig.

Wenn man jetzt genauer wird, dann kommt man zum Punkt. Man kann sagen, wir setzen ganz idealistisch auf das Bürgerethos und wollen das stärker machen. Das wäre schön, aber dann müsste man empirisch nachlegen und sagen, dass Bürgerethos auch etwas hinreichend Wahrscheinliches ist. Wenn das weniger wahrscheinlich ist, dann ist man beim Protestpotential, punishing sentiments. Das ist schon nicht mehr ganz koscher, weil die Leute nicht mehr bei allem protestieren, sondern nur bei dem, was sie individuell erregt. Oder, noch wahrscheinlicher, man ist bei der Ausnützung von Partizipationschancen, die getrieben wird von dem Interesse an der konkreten Entscheidung, auf die man Einfluss nehmen will. Und dann wird es aus der Sicht des großen Ziels, um das es ging, nämlich die Repräsentationsfähigkeit des Prozesses zu stärken, ausgesprochen problematisch. Denn diejenigen, die sich da ganz besonders einmischen, sind dann diejenigen, die gerade nicht zu einer besonderen Verlässlichkeit des Prozesses führen. Im Gegenteil macht höhere Partizipation den Prozess dann besonders verzerrt.

Lege: Frau Cancik, Sie hatten richtig gefragt nach dem *Ziel* der Repräsentation, und ich will die Frage etwas umformulieren, ähnlich wie Herr Engel: *Was* wird in der repräsentativen Demokratie repräsentiert, und wann *gelingt* dies? Ich möchte zu dieser Frage – *was* wird repräsentiert? – erinnern an die Tagung in Graz, wo es um Demokratie als Wettbewerbsordnung ging – Herr Kotzur und Herr Hatje hatten die Referate. Und vielleicht kann man jetzt als These aufstellen: Was die repräsentative Demokratie repräsentiert, ist das Ergebnis des Kampfes um politische Macht in einem geordneten Wettbewerb. Bei *Wahlen* handelt es sich um das Ergebnis betreffend den *Zugang* zu politischer Macht. Bei Parlamentsbeschlüssen aller Art, insbesondere bei Gesetzesbeschlüssen, handelt es sich um das Ergebnis betreffend die *Verwendung* politischer Macht im Kampf um, letztlich, knappe Ressourcen. Mir scheint nun wichtig zu sein – wenn man Demokratie als Wettbewerbsordnung ansieht und die repräsentative Demokratie als das, was richtige Ergebnisse repräsentiert –, dass auch *Niederlagen* repräsentiert werden müssen. Ressourcen sind immer knapp, und deshalb müssen Niederlagen spürbar sein. Sonst gelingt Wettbewerb eben auf Dauer nicht.

In praktischer Konsequenz bedeutet dies, jetzt bezogen auf das Referat von Herrn Pünder: Es ist ein starkes Argument für das Mehrheitswahlsystem, dass dort Niederlagen besser repräsentiert werden, als es bei einem Verhältniswahlsystem der Fall ist. Meine Kritik richtet sich deshalb gegen Ihre These 7. Sie schreiben: „Gegen einen Systemwechsel spricht allerdings entscheidend, dass dies zulasten kleiner Parteien ginge. Im Parlament sollten sich vielfältige politische Strömungen wiederfinden.“ Die

Frage ist schlicht: *Warum* sind viele kleine Parteien – rechnerisch denkbar bei einer Fünf-Prozent-Klausel immerhin 20 –, die sich nicht einigen können auf einen großen Kurs und letztlich ihre partikularen Interessen durch immer neue Kompromisse auf Kosten des Gemeinwesens verwirklichen, besser als wenige große, die für klare Entscheidungen sorgen? Und die Zusatzfrage: Wo steht im Grundgesetz diese Bevorzugung kleinerer Parteien, die Sie voraussetzen? – Ein letzter Punkt noch zu Frau Cancik: Sie haben „mehr Wirklichkeit" eingefordert am Ende Ihrer Thesen. Zu mehr *Wirklichkeit* gehört das, was ich als Hauptthese formuliert habe: die Repräsentation von Niederlagen. Das zeigt sich ja auch im Wirtschaftssystem: Wo es keine real existierenden Konkurse gibt, wird das System auf Dauer kollabieren. Vielen Dank.

Volkmann: Ich will, weil es noch niemand gemacht hat, zunächst einmal die beiden Referate loben, die mir gerade in ihrem Zusammenspiel ausnehmend gut gefallen haben. Wenn wir je einen Zweifel daran hatten, was wir tun müssen, um die repräsentative Demokratie zu retten, seit dem Referat von Hermann Pünder wissen wir es nun, und nun muss nur noch zur Tat geschritten werden. Pascale Cancik hat uns demgegenüber aus der Beobachterperspektive die dabei auftauchenden Probleme vor Augen geführt und darüber hinaus deutlich gemacht, dass wir nicht einmal sicher sein können, ob das, was wir aus der Beobachterperspektive als Krise wahrnehmen, irgendeinen Realitätsgehalt hat. Und auch das ist ja zunächst einmal ein Erkenntnisgewinn. Ich habe dazu eine Frage und eine Anregung. Meine Frage zielt auf beide Referenten, und zwar auf den verwendeten Begriff von Repräsentation. Das ist ja ein Begriff mit einer langen Theoriegeschichte. Man kann Repräsentation wie Gerhard Leibholz definieren als Vergegenwärtigung eines Abwesenden, man kann darin wie Edmund Burke eine elitäre Form der Stellvertretung sehen, man kann Repräsentation wie Carl Schmitt aus einem prinzipiellen Gegensatz zum Konzept der Identität erklären. In der amerikanischen Theorie gibt es darüber hinaus einen von Hannah Pitkin entwickelten Begriff, der Repräsentation als einen dynamischen Prozess der Angleichung zweier maßgeblicher Einheiten sieht, als einen nie abgeschlossenen Prozess, der insgesamt darauf abzielt, dass die Repräsentierten sich in dem, was die Repräsentanten tun, wiederfinden, und zwar sowohl mit ihren unterschiedlichen Auffassungen als auch in dem, was sie gemeinsam für richtig halten. Ich habe den Eindruck, dass dies der Repräsentationsbegriff ist, der den beiden Referaten unausgesprochen zugrunde lag. Wenn das aber so ist, dann könnte sich daraus eine Brücke ergeben, über die sich die Defizite des demokratischen Prozesses, die wir wahrnehmen, mit dem Recht in Verbindung bringen ließen. Dann sind nämlich Repräsentation und damit auch Demokratie – anders als es

Herr Gärditz heute Morgen vertreten – hat in der Tat Optimierungsgebote. Dann gibt es eben nicht nur Demokratie und Nicht-Demokratie, sondern auch mehr oder weniger Demokratie, bessere oder schlechtere Demokratie; oder auch mehr oder weniger Repräsentation, bessere und schlechtere Repräsentation. Und von hier aus ließen sich die wahrgenommenen Defizite vielleicht ja doch in ein rechtliches Programm einbinden. Die Frage ist nur, wieso wir alle meinen, dass uns das am Ende nur begrenzt weiterhilft. Da scheint mir doch ein Umstand erwähnenswert, der bislang nicht angesprochen wurde. Das ist der Umstand, dass diese Vorstellung von Repräsentation sehr stark auf dem Vorhandensein identifizierbarer Gegensätze aufbaut: Wir brauchen identifizierbare Gegensätze zwischen politischen Lagern, wir brauchen gegensätzliche Haltungen, die wir politischen Exponenten zuordnen können, wir brauchen einen allgemeinen Gegensatz von Regierung und Opposition. Das ist in alledem sozusagen die Grundvoraussetzung. Das Problem ist aber, dass diese politischen Gegensätze sich heute mehr und mehr verlieren und damit eben auch Repräsentation notwendig defizitär wird. Besonders deutlich wird dies zuletzt auf der Ebene des Europäischen Parlaments, wo wir so etwas wie Fraktionsdisziplin oder Fraktionszwang überhaupt nicht kennen, wo stattdessen sachorientiert und über Parteigrenzen hinweg zusammengearbeitet wird, aber gerade deshalb kein Wähler sagen kann, was die Partei, der er seine Stimme gegeben hat, im Europäischen Parlament damit tatsächlich anfangen wird. An diesem Grundproblem dürfte sich allein durch ein rechtliches Programm nicht viel ändern lassen.

Ruffert: Nach dieser einleitenden Gruppe, in der es vor allem um den Repräsentativitäts- und den Repräsentationsbegriff ging, kommen nun fünf Wortbeiträge zu weiteren Grundfragen und Fragen, die beide Referate in eine Beziehung zueinander setzen.

Pitschas: Ganz im Gegensatz zu Herrn Volkmann bin ich der Meinung, dass wir wenig Aufklärung bekommen haben durch das Referat von Herrn Pünder. Die Frage, die sich mir stellt ist doch: Leitet eigentlich die Krisenrhetorik, die der Ausgangspunkt seiner Erörterungen war, wirklich weiter zu Erkenntnissen? Die Komplexität der Begriffe Partizipation oder Responsivität – oder anderer Begriffe, wie zum Beispiel derjenige der Akzeptanz – wird im gesamten sozialwissenschaftlichen Schrifttum seit Jahrzehnten diskutiert und führt im Grunde, wenn man sie hier verwendet, zurück auf die Frage: Welches Bild von repräsentativer Demokratie liegt eigentlich dem Referat zugrunde?

Wenn wir diesem Bild nachspüren, dann enthält es offenbar ein Muster von Krisen und ihrer reaktiven Bewältigung, zu dem sich repräsentative

Demokratie entwickelt hat. Das ist doch gar nicht der Fall. Umgekehrt ist zu betonen, dass wir, wie Frau Cancik richtig gesagt hat, ein *semper reformanda*-Demokratieverständnis haben, also von einer Demokratie ausgehen, die in ihren Erscheinungsformen – Herr Volkmann hat gerade auch darauf hingewiesen – immer wieder sich verwirklicht, sich in Innovationen fortsetzt. Wir haben jetzt nur eine Momentaufnahme. Die Vorschläge, die wir insoweit zu deren Umsetzung von Herrn Pünder gehört haben, die führen eigentlich nicht recht weiter. Man kann sich an den Thesen orientieren und etwa fragen: Ist es Partizipation, wenn wir These 16 (Bestimmte Vorrechte bei der Einflussnahme auf die parlamentarische Entscheidungsfindung) lesen? Oder wenn wir in These 18 vermerkt finden, die Veröffentlichung von Tätigkeiten und Einkünften helfe der repräsentativen Demokratie? Ich glaube weder, dass dem Kandidaten „mit der Beinfreiheit" damit geholfen ist, noch dass andere Aspekte einer besseren Demokratie, eines „Mehr" an Demokratie darauf zurückzuführen wären. Also im Grunde fehlt mir doch die Verbindung zu dem Leitbild der repräsentativen Demokratie, wie wir es jenseits der Krisenrhetorik dem Grundgesetz entnehmen können.

Ich habe noch zwei Fragen an Sie, Frau Cancik. Die erste Frage gilt der These 9: Sie sprechen von der Interessenvermittlung ins Parlament. Gäbe es dann auch eine Interessenvermittlung aus dem Parlament zu den Bürgern, aus der sich heraus so etwas wie eine Vervollkommnung von Governance ergeben würde? Und dann habe ich eine zweite Frage an Sie zu der These 28: Sie sagen, die Aktivierung direktdemokratischer Elemente drohe die eingeübten Verläufe parlamentarischer Entscheidung zu stören. Ich würde sagen, sie droht nicht, sondern sie ergänzt glücklicherweise und ist dazu geeignet. Könnten Sie sich dem anschließen? Danke.

Morlok: Beide Referate haben je eine eigene Signatur. Herr Pünder scheint mir deutlich konkreter gewesen zu sein, er machte auch eine ganze Reihe von konkreten Verbesserungsvorschlägen. Frau Cancik war demgegenüber stärker theorieorientiert, was erkauft werden muss durch den Grad höherer Abstraktion. Auf dieser Abstraktionsebene hat mir der Hinweis auf die offenbare Lernfähigkeit des Parlamentarismus sehr gut gefallen. Das institutionelle Arrangement von Parteien und Parlament hat sich über die letzten 100, 150 Jahre als durchaus anpassungsfähig erwiesen. Die unterschiedlichsten Randbedingungen haben dazu geführt, dass sich sowohl das Parlament als auch die Parteien gewandelt haben. Das scheint mir eine ganz spannende Erfolgskombination zu sein. Und wenn es so ist, dass wir hier eine bemerkenswerte Lernfähigkeit haben, besteht auch kein Anlass zum Pessimismus für die Zukunft. Wir müssen nur eben darauf achten, dass die konkreten Herausforderungen vernünftig aufgearbeitet werden. Wie Sie so schön sagten: durch das „Betriebsrecht" des Parlaments.

Eine der aktuellen Herausforderungen ist die Europäisierung. Die nationalen Parlamente in der EU werden bereichert/belastet mit Fragen der europäischen Rechtsetzung. Ich fand wichtig, dass man das hier eingeführt hat. Die Frage ist nun: Kann das interne System des Parlaments damit fertig werden? Schließlich handelt es sich um ungeheure Mengen an Information, die verarbeitet werden müssen. Wie gestalte ich die Ausschussstruktur? Muss nicht in jedem Ausschuss ein Unterausschuss Europa gebildet werden? etc., etc. Es führte zu weit, das jetzt im Detail auszuführen.

Der Begriff der Repräsentation ist ja gerade theoretisiert worden (Repräsentativsensibiliät). Da scheint mir eigentlich der Begriff von Herrn Pünder, Responsivität, ganz geschickt: dass man nämlich im politischen System seine Fühler ausstreckt auf die Bedürfnisse und Interessen der Bürger hin. Ein letztes, eine Frage an Herrn Pünder: Sie schlagen vor, dass die Bürger größeren Einfluss bekommen auf die personelle Zusammensetzung der Parlamente, insbesondere durch Panaschieren und Kumulieren. Dafür habe ich große Sympathie, aber man muss im Hinblick auf die – zugegeben wenigen – empirischen Belege aus Süddeutschland damit rechnen, dass das zu einer Bevorzugung der traditionellen Eliten führt. Da werden typischerweise die Anwälte und die Ärzte gewählt. Wie verträgt sich das mit ihrem Postulat nach mehr *equal democracy*?

Sieckmann: Ich habe eine Frage an Herrn Pünder, und zwar finde ich es interessant, dass Sie sagen, Verbesserung der Demokratie ist ein Verfassungsgebot, und Demokratie soll so realisiert werden, dass das Legitimationsniveau parlamentarischer Entscheidungen möglichst hoch wird. Das finde ich durchaus zustimmungsfähig. Aber dann haben sie gesagt, es seien Abwägungen erforderlich – wo auch Effizienz und andere Belange eine Rolle spielen – und diese Abwägungen seien verfassungspolitische, nicht verfassungsrechtliche Abwägungen. Nun ist mir nicht klar, was sie damit meinen. Natürlich sind diese Fragen auch verfassungspolitische Fragen, aber wenn ein Verfassungsgebot an der Abwägung beteiligt ist, dann ist es doch auch eine verfassungsrechtliche Abwägung.

von Arnim: Beide Themen, Wahlrecht und Parlamentsrecht, haben eines gemeinsam. In beiden Fällen entscheidet – alle Feinheiten beiseite gelassen – das Parlament in eigener Sache. Frau Cancik, Sie haben erwähnt, dass das Bundesverfassungsgericht diesen Topos übernommen hat. Sie haben in These 10 auch die Politikfinanzierung angesprochen und darauf hingewiesen, dass sie noch nicht ausreichend wahrgenommen werde.

Deren größtes Problem scheint mir derzeit die Finanzierung der Fraktionen und der persönlichen Mitarbeiter von Abgeordneten zu sein. Das sieht man an den Zahlen. Die Parteien bekommen heute wegen der absoluten Obergrenze „nur“ 151 Mio. Euro Staatszuschüsse im Jahr. Für Fraktionen und Abgeordnetenmitarbeiter bewilligen sich der Bundestag und die Landesparlamente inzwischen über 400 Mio. Euro im Jahr. Die Beträge dafür haben sich seit 1966, als die staatliche Parteienfinanzierung vom Bundesverfassungsgericht gedrosselt wurde, verachtzigfacht (Mitarbeiter gab es damals noch nicht). Fraktionen und Abgeordnetenmitarbeiter leisten inzwischen vielfach Parteiarbeit. Das verändert die Parteien. Die Politikwissenschaft spricht von „party change“, von „Fraktionsparteien“, und davon, dass Abgeordnetenmitarbeiter inzwischen das Rückgrat der Parteien auf regionaler und lokaler Ebene bilden. Eine absolute Obergrenze und die Notwendigkeit, die Erhöhungen durch ein Spezialgesetz vorzunehmen, fehlen bei Abgeordnetenmitarbeitern und Fraktionen, obwohl eine wirksame Kontrolle bei Entscheidungen des Parlaments in eigener Sache besonders notwendig wäre. Das geht zulasten der Mitwirkung der Bürger und der Chancengleichheit der Parteien.

Nun noch eine Bemerkung zum Referat von Herrn Pünder: Viele Ihrer Reformvorschläge (Thesen 8 bis 13) gefallen mir sehr gut: Das wird Sie nicht überraschen. Sie haben aber alle als rechtspolitisch, nicht als verfassungsrechtlich geboten dargestellt. Nun hat auch Frau Cancik in These 24 gesagt, beim Wahlrecht sei zwar eine grundlegende Reform erforderlich, die aber scheitere regelmäßig. Meines Erachtens kann nur das Gericht solche Reformen erzwingen. Wir sind wieder bei der Entscheidung des Parlaments in eigener Sache. Deswegen besteht ja die Reformblockade. Urteilt das Gericht bei Entscheidungen des Parlaments in eigener Sache, bedeutet das, wie wir inzwischen aus mehreren Urteilen des Zweiten Senats wissen, intensive Gerichtskontrolle. Vor diesem Hintergrund möchte ich fragen, Herr Pünder: Sind Ihre Forderungen etwa nach flexiblen Listen (These 12) und nach Eventualstimmen (These 8), die schon seit Jahrzehnten von anderen erhoben, aber eben bisher nicht realisiert worden sind, nicht nur dann auch durchzusetzen, wenn man darin ein verfassungsrechtliches Gebot sieht, im Sinne der Erforderlichkeit und Verhältnismäßigkeit in Bezug auf die Gleichheit des Wahlrechts? Nur das Gericht kann das meines Erachtens erzwingen. Auch die Unterbindung der eingangs von mir angesprochenen verkappten staatlichen Parteienfinanzierung kann nur durch das Gericht erzwungen werden – auch das wird seit längerem diskutiert. Dazu, das sage ich, um das gestern diskutierte Selbstplagiat offen zu legen, habe ich Mitte Juni 2012 eine Organklage für eine außerparlamentarische Partei beim Bundesverfassungsgericht eingebracht, die auch auf meiner Internetseite einzusehen ist.

Hochhuth: Vier Bemerkungen. Zunächst zur Begriffsgeschichte der Demokratie. Hermann, Du hast, wie es üblich ist, Abraham Lincoln genannt und zitiert: „Herrschaft des Volkes, durch das Volk und für das Volk." Ich möchte einfach klarstellen: Als Lincoln das 1863 im November auf dem Schlachtfeld von Gettysburg aussprach, übernahm er ein Zitat. Es war bei der Helvetischen Gesellschaft am 5. 5. 1830 auf der Jahresversammlung in Olten von dem Zürcher Oberrichter Dr. Schinz geprägt worden, der „Über die gegenwärtige Lage des Vaterlandes" vortrug. Wir Deutsche mussten den Gedanken reimportieren, die Österreicher ebenfalls, aber die Schweizer nicht. Dort wurde das zuerst gesagt: „Alle Regierungen (...) müssen es erkennen, dass sie blos aus dem Volke, durch das Volk und für das Volk da sind." – Mehr als 33 Jahre vor der *Gettysburg Address*. Soweit das Historische.

Nun formuliert das Olten-Gettysburger Zitat auch schon das Ideal der Demokratie. Pascale, Du weist darauf hin, das Demokratieideal sei ahistorisch. Ja, das ist es, insofern es nämlich dynamisch ist. Eine regulative Idee, der wir uns immer annähern müssen: *semper reformanda*. Aber wohin, in welcher Richtung denn? Der Vorschlag wäre: Möglichst viel unmittelbare Entscheidung durch das Volk selbst, also durch die, die dann gar nicht repräsentiert zu werden brauchen. Soweit das aber nicht geht – dann, wenn also doch repräsentiert werden muss – dann so gute Repräsentation wie möglich.

Aber wie kriegen wir gute Repräsentation hin? Da widerspreche ich Herrn Pitschas mit allem Respekt und nehme die Referenten in Schutz. Herr Pitschas, wir verzeichnen zwar große Fortschritte, wenn wir zurückschauen auf die Entwicklung der Demokratie in den letzten zweieinhalb Jahrtausenden. Im Moment sieht es in Mitteleuropa noch ganz gut aus. Trotzdem sind Colin Crouch und andere Kritiker im Recht. Es war gut, dass beide Referate sich auf solche Krisenfeststellungen bezogen haben, denn wir könnten viel weiter sein, wenn wir gegenüber den Instrumenten, mit denen wir uns der Demokratie annähern, wenn wir da kritischer wären und entschiedener – übrigens gerade auch wir als Verein – auf Reformen bestünden.

Jetzt meine Nachfrage, Hermann: Warum bist du für die „Ochsentour" und gegen das Panaschieren? Panaschieren ermöglicht dem Wähler, der Gnadenwahl der Partei zu widersprechen. Es schwächt den Einfluss der Netzwerker. Einen Typus, den die Ochsentour so viel Zeit und Kraft kostet, dass er verführt ist, stets instrumentell zu denken und kaum etwas anderes noch richtig zu betreiben. Die Plagiatsdebatte, die uns zu Beginn dieses Jahrestreffens stundenlang aufgehalten hat ist kein Zufall: Guttenberg, Koch-Mehrin, Chatzimarkakis, Schavan – lauter, bei allen sonstigen Unterschieden, berufspolitische Ochsentouristen. Das Panaschieren schwächt den Einfluss genau dieser gefährdeten Gruppe auf die Zusammensetzung der Parlamente und damit, indirekt, auch auf die Besetzung der anderen Gewalten. Spricht das nicht eher dafür?

Ruffert: Es kommt nun eine größere Gruppe zum Wahlrecht.

Oppermann: Ich möchte zunächst mit dem Dank an die beiden Referenten beginnen. Herr Volkmann, dem, was Sie gesagt haben, schließe ich mich voll an. Ich möchte mich aber auf die Wahlrechtsreform beschränken, wie sie im Augenblick im Bundestag vor uns liegt. Sie ist das Ende einer höchste Besorgnis erregenden Entwicklung. Man fasst sich manchmal an den Kopf. Alles, was über das Wahlrecht in den Jahrzehnten nach 1949 gesagt worden ist – dass es nicht nur der Meinungsmessung, sondern auch der Regierungsbildung nützen soll, all das ist inzwischen in Schall und Rauch aufgegangen. Wir haben zweimal den Übergang zum Mehrheitswahlrecht versucht, in den 50er und in den 60er Jahren. Er ist meines Erachtens mit Recht gescheitert. Das reine Mehrheitswahlrecht entspricht in Deutschland nicht unserer Kultur. Aber wir haben immerhin das personalisierte Wahlrecht, das in den vergangenen Jahrzehnten wesentlich zur Regierungsfähigkeit beigetragen hat. Zentrale Elemente: Überhangmandate und Fünf-Prozent-Klausel. Was erleben wir jetzt? 24 Überhangmandate bei der letzten Bundestagswahl für eine Partei! Schrecklich! Ich würde sagen, es war ein Segen, dass 2009 24 Überhangmandate zusammenkamen. Nur so konnte die jetzige Regierung in der Finanzkrise einigermaßen agieren. Wenn sie ohne Überhangmandate hätte arbeiten müssen wäre, die Regierung längst auseinander geflogen. Es hätte vielleicht mitten in der Finanzkrise Neuwahlen gegeben. Das ist nur ein Beispiel, wie segensreich die Überhangmandate für die Regierungsfähigkeit sind. Laut Bundesverfassungsgericht dürfen es noch 15 sein. Es läuft alles im Grunde, ich möchte es mal so sehen, auf eine „Weimarisierung" des Bundestages hinaus. Wir nähern uns dem reinen Verhältniswahlrecht. Nur die Fünf-Prozent-Klausel ist noch da.

Sie, Frau Cancik, haben gesagt, durch das Europa-Urteil des Bundesverfassungsgerichts wird die 5%-Klausel für den Bundestag nicht tangiert. Ich hoffe es. Das Urteil zur Verfassungswidrigkeit der 5%-Klausel bei den Europawahlen ist bereits schlimm genug. Es beruht auf einer krassen Fehleinschätzung der Entwicklung im Europäischen Parlament. Herr Di Fabio hat in seiner abweichenden Meinung das Nötige dazu gesagt. Man kann nur hoffen, dass die Fünf-Prozent-Klausel wenigsten auf nationaler Ebene erhalten bleibt. Es wird wahrscheinlich, wenn zu den fünf Parteien im Parlament, welche wir jetzt bereits haben, noch die Piraten dazu kommen, auf ein Sechs-Parteien-Parlament hinauslaufen. Wir werden dann sehen, wie es mit der Regierungsbildung weitergeht, wenn, was zu erwarten ist, die volle Anrechnung der Überhangmandate erfolgt. Eine erhebliche Vergrößerung des Bundestages ist in diesem Fall wahrscheinlich. Eine schwierige Situation.

Noch ein Wort: Man blicke einmal ins Ausland, etwa nach England oder Frankreich. In Deutschland haben wir ja entweder verbrecherische Diktaturen, oder wir versuchen heute die Demokratie in lupenreinster Form zu praktizieren. Die Engländer leben seit 750 Jahren mit dem relativen Wahlrecht. Churchill hat sogar mal 1950 ohne die Mehrheit der Wählerstimmen die Wahl gewonnen. Kein Mensch hat sich aufgeregt. Das hat sich bald wieder eingerenkt. Die Franzosen haben dem rechtsradikalen Front National bei der Parlamentswahl dieses Jahres 16 Prozent gegeben. Über das absolute Mehrheitswahlrecht sind diese 16% unter den Tisch gefallen. Sind Engländer und Franzosen mit solchem Wahlrecht etwa keine Demokratien mehr?

Oebbecke: Ich möchte die These 14 von Herrn Pünder zum Anlass nehmen, beide Referenten danach zu fragen, ob es rechtliche Maßstäbe für die Gewährung des aktiven Wahlrechts gibt. Ich denke, dass der einzelne das aktive Wahlrecht hat, hängt zusammen mit Menschenwürde, mit Staatsbürgerschaft (darüber haben wir heute Morgen gesprochen). Kann es sein, dass es dann außer der Wahlrechtsgleichheit keine Maßstäbe gibt? Zur Erinnerung: Ab Geburt hat man Menschenwürde, ist Staatsbürger. Irgendwann hat man dann das Wahlrecht, 16, 18, 21, und wer dann das Unglück hat, dass er einen erheblichen Verlust seiner geistigen Kräfte erleidet, der verliert es wieder (wenn das Amtsgericht das falsche Formular benutzt, sonst auch nicht). Dann kommt Herr Pünder und sagt, damit die Jugend an die Politik herangeführt wird, sollten wir es ab 16 gewähren. Ist das ein zulässiges Kriterium? Wenn man ab 16 fähig ist zu wählen, müsste man es dann nicht gewähren? Kann es sein, dass wir das so maßstablos diskutieren? Zweite Frage, immer noch These 14. Wieso ist ausgerechnet das Wahlrecht ein Recht, in dem man nicht vertreten werden kann? Alle anderen Rechte können vertreten werden in ihrer Ausübung, nur das Wahlrecht nicht. Es ist keineswegs so, dass das nicht geht – wir haben im Ausland die vertretungsweise Stimmabgabe. Aber solche Fragen kommen gar nicht vor. Wir haben an dieser Stelle einen blinden Fleck. Wir haben eine gewisse Gleichgültigkeit gegenüber diesen Grundlagen beim Wahlrecht, und da haben mir auch heute beide Referate nicht so sehr viel Trost gespendet. Danke schön.

Eberhard: Beide Vorträge haben sehr eindrucksvoll die Rolle der Rahmenbedingungen der repräsentativen Demokratie deutlich gemacht. Es stellt sich dabei aber immer wieder die Frage, wann diese Rahmenbedingungen – im Sinne des Titels – zugleich die Gelingensbedingungen sind oder solche werden können. Eine der Rahmenbedingungen – so scheint mir das nicht nur für die österreichische Rechtslage, von der ich ausgehe, sondern auch für die deutsche Situation zu gelten – ist der Umstand, dass die von Herrn Pünder in seiner These 3 angesprochene politische Führung unter dem Blickwinkel der Gewaltenteilung letztendlich dergestalt in Erscheinung tritt, dass vor allem die Verwaltung die Gesetzgebung inhaltlich beeinflusst. Das Parlament ist daher in einem derartigen System auch oder vor allem der Kontrolleur der legislativen Arbeit der Verwaltung. Diese Verkehrung der herkömmlichen Zusammenhänge ist durchaus ein Symptom moderner Formen repräsentativer Demokratie. Was wird daraus deutlich? Daraus wird deutlich, dass man sich auf jene Elemente konzentrieren muss, die uns das jeweilige System bereitstellt, und es daher um eine Effektuierung jener Regelungen geht, welche die Grundgedanken repräsentativer Demokratie im einfachgesetzlichen Recht ausführen. Einerseits ist es hier das Parlamentsrecht, das die Transparenz und die Öffentlichkeit dieses Legislativprozesses sicherzustellen hat. Dies geschieht vor allem dadurch, dass es diese Kontrollfunktion effektiv macht, indem sie den parlamentarischen Diskurs und die parlamentarische Kontrolle öffentlich macht. Öffentlichkeit ist ein Faktor, der in einer Demokratie für die Effektivität der Kontrolle steht. In Österreich wurden in den letzten Jahren angesichts mehrerer parlamentarischer Untersuchungsausschüsse zum einen die Defizite und Reformerfordernisse dieses parlamentarischen Kontrollrechts besonders deutlich, zum anderen zeigt sich, dass sich das Parlamentsrecht an sich als eigenständige Disziplin im Verband der Lehre des Verfassungsrechts in Österreich noch weiter entfalten muss. Hier besteht aus meiner Sicht ein gewisser Aufholbedarf der österreichischen Dogmatik. Dem vorgelagert, scheint mir auch die Rolle des Wahlrechts, und dabei vor allem das „Wie" des Wahlrechts von Bedeutung zu sein. In dieser Hinsicht ist zunächst die von beiden Referaten angesprochene Senkung des Wahlalters relevant: In Österreich wurde mit der Wahlrechtsreform 2007 eine Senkung des Wahlalters für die bundesverfassungsgesetzlich zu regelnden Wahlen, also die Wahlen zu den allgemeinen Vertretungskörpern Nationalrat, die Landtage und die Gemeinderäte (Art. 26, 95 und 117 B-VG), vorgenommen. Man soll diese Reformschritte nicht überbewerten, aber man sollte sich des Umstandes bewusst sein, dass eine Ausweitung des wahlberechtigten Stimmvolkes gewiss jene Verzerrungen verringert, die jeder repräsentativen Demokratie bis zu einem gewissen Grad immanent sind. Es ist aber auch die Nutzung der ebenfalls im Jahr 2007 in Österreich verfassungsrechtlich verankerten Briefwahl und der neuen Technologien, wie die Distanzwahl auf elektronischem Weg (e-voting), die dem Gedanken Rechnung tragen, dass das Wahlrecht die Effektivität von Partizipation in einem weit verstandenen Sinn sicherzustellen hat. Wer die Gewichtungen im Wahlrecht verschiebt, verändert auch die Balance zwischen Mehrheit und Minderheit im Vertretungskörper. Er verändert zuweilen auch die Relation von einzelnem Mandatar und politischer Partei. Mein Eindruck ist, dass diese Elemente – vor allem das e-voting – in der österreichischen Diskussion bislang vor allem unter Bedrohungsgesichtspunkten, aber nicht unter der Etikette von Gelingensbedingungen repräsentativer Demokratie im Vordergrund gestanden sind. Eine objektive Neubewertung dieser Instrumentarien im Lichte der Verfassungsvergleichung, ihre Verankerung im Verfassungsrecht und damit ihre Verrechtlichung stellen sich somit als Programmpunkte für die Zukunft dar. Vielen Dank.

Gas: Zunächst an Frau Prof. Cancik. Sie sagen in These 24: „Eine grundlegende Wahlrechtsreform ist erforderlich" und in den Thesen 14 und 15, dass die dort genannten besonderen Aspekte in der Diskussion wieder neu belebt werden sollten, also die Überhangmandate und die Sperrklausel. Ich sage: Wir sind hier, wir Staatsrechtslehrer, wir diskutieren das jetzt. Das ist keine Kritik, ich sehe auch, dass das nicht Ihr eigentliches Ziel war, Frau Cancik. Aber vielleicht können Sie sich dann doch in Ihrer Entgegnung an der Stelle sich ein bisschen konkreter positionieren zu den Vorschlägen, die hier diskutiert werden. Damit zu den konkreten Vorschlägen von Ihnen, Herr Pünder. Speziell zu den Thesen 8 und 11. Ich möchte ergänzen, dass man an dieser Stelle aus meiner Sicht schon sehr gut prognostizieren könnte, was das Bundesverfassungsgericht dazu wohl sagen würde, wenn man sich die neueste Entscheidung zum Bundeswahlgesetz ansieht. Lebhafte Zustimmung bei der These 11. Wenn das Bundesverfassungsgericht sagt, man dürfe die Länderkontingente nicht nach Wählern, sondern entweder nach Wahlberechtigten oder Einwohnern berechnen, dann steckt doch da die Aussage schon drin, dass der Länderproporz nicht gewahrt werden muss, denn dann wird ein Land mit geringer Wahlbeteiligung bevorteilt und umgekehrt. Bei der These 8 dachte ich zunächst: Ja, das hat einen gewissen Charme. Ich habe aber doch meine Bedenken. Zum einen ist eben auch in dieser Entscheidung gesagt worden, dass das negative Stimmengewicht gegen die Unmittelbarkeit der Wahl verstößt mit der Begründung, der Wähler muss wissen können, was er mit seiner Stimme macht und wen er mit seiner Stimme fördert. Das scheint mir, wenn das Bundesverfassungsgericht dabei bleibt, zwingend gegen diesen Vorschlag zu sprechen. Nun sind wir hier Wissenschaftler und dürfen auch Dinge diskutieren, die möglicherweise nicht durchsetzungsfähig sind, ich gebe das aber zu bedenken. Darüber hinaus möchte ich die Frage aufwerfen, ob wir das wirklich wollen. Genauso wie eine Wahl durch einen Stellvertreter problematisch ist, ist auch eine Wahl unter Bedingung meines Erachtens problematisch. Die Stimmenabgabe soll unbedingt sein. Ihr Vorschlag ist letzten Endes eine Stimmenabgabe unter Bedingung, und da frage ich mich: Warum kann ich nicht ganz andere Bedingungen setzten, zum Beispiel einem potentiell kleineren Koalitionspartner eine Stimme geben, aber nur unter der Bedingung, dass der nicht mehr als 10 Prozent bekommt, damit er nicht größenwahnsinnig werde. Da habe ich doch sehr große Sympathie für die Unbedingtheit einer Stimmabgabe. Wir müssen natürlich über Zufallsergebnisse nachdenken. Kann es denn wirklich sein, dass es sich zwischen „Rot-Grün" und „Schwarz-Gelb" beispielsweise danach entscheidet, ob die Piraten 5 Prozent bekommen? Das Problem haben wir zwar bei der jetzigen Fünf-Prozent-Hürde in gewissem Maße auch, aber ich sehe es als das kleinere Übel.

Sacksofsky: Ich bin beiden Referenten sehr dankbar, denn Sie haben beide darauf hingewiesen, dass Wahlen die Beteiligungsform darstellen, die am wenigsten sozial selektiv ist. Deshalb ist die Frage, was jetzt aus unserem gerade nicht existierenden Wahlrecht wird, in der Tat eine ganz entscheidende Frage ist. Ich bedaure es außerordentlich, dass darüber praktisch keine öffentliche Diskussion stattfindet. Stattdessen wird im kleinen Kreise im Bundestag verhandelt, ebenso wie bei der letzten Reform; Dies ist schade, da es sich lohnte, Reformoptionen intensiver zu diskutieren. Wie sollte also eine solche Reform aussehen? Wieder einmal wurde das Mehrheitswahlrecht in die Debatte gebracht – nicht von den Referenten, glücklicherweise – aber doch in der Diskussion hier. Der Hinweis darauf, dass andere Länder das Mehrheitswahlrecht kennen, ist legitim, verkennt aber, dass Wahlsysteme nicht von den je spezifischen kulturellen, gesellschaftlichen Kontexten isoliert betrachtet werden dürfen. Wir haben in Deutschland ein Fünf-, bald vielleicht Sechs-Parteiensystem, und zu diesem Zeitpunkt eine Forderung nach Einführung des Mehrheitswahlrechts zu erheben, ist mit einer klaren politischen Stoßrichtung versehen. Dies ist beim Wahlrecht, das die Spielregeln der Demokratie darstellt, problematisch. Hingegen scheint es mir sehr sinnvoll, sich für Reformoptionen an Ländern zu orientieren, die eher zu unserem kulturellen Gegebenheiten passen. Das Wahlrecht der skandinavischen Staaten ist beispielsweise etwas, von dem wir lernen könnten. Die Devise unserer Politiker – soweit ich informiert bin – lautet hingegen: minimalinvasive Reform. Wahrscheinlich wird also ein irgendwie gearteter Ausgleich für die Überhangmandate herauskommen. Als Ergebnis wird der Bundestag größer; er bläht sich auf. Nur als Schmankerl sei an Weimarer Zeiten erinnert: In Weimar hatten wir ein System, bei dem der Reichstag desto kleiner wurde, je weniger Wahlberechtigte ihre Stimme abgegeben haben: Die Listen erhielten jeweils automatisch für eine bestimmte Anzahl von Stimmen einen Sitz. Zurück zum skandinavischen Wahlsystem. Ich plädiere für Mehrmandatswahlkreise mit personeller Komponente. Mehrmandatswahlkreise müssen nicht alle gleich groß sein. Man kann also gut lokale Strukturen und überkommene Bezirks- und Verwaltungsstrukturen abbilden, indem man etwa für Großstädte mehr Mandate pro Wahlkreis vergibt als in ländlichen Gebieten. Hält man zudem einen gewissen Prozentsatz für Listenplätze vor, könnte man leicht dem Proporz entsprechen. Mehrmandatswahlkreise würden darüber hinaus auch einen Einfluss des Wählers auf die Auswahl der Kandidaten, insbesondere Kumulieren oder Panaschieren, in sinnvoller Weise ermöglichen.

Meyer, Hans: Ich habe drei Punkte. Der erste Punkt ist: Das Grundgesetz kennt den Begriff der repräsentativen Demokratie nicht. Was wir haben ist ein parlamentarisches Regierungssystem. Wäre es nicht besser zu fragen, welche Wirkungsbedingungen vorhanden sein müssen, damit das parlamentarische Regierungssystem ordentlich funktioniert? Der zweite Punkt: Ich kann Ihnen etwas sagen über den Stand der erzwungenen Reform. Ich bin zwar nicht beteiligt, aber ich glaube, einigermaßen informiert zu sein. Der erste wichtige Punkt ist ein Verfahrenspunkt. Zum ersten Mal sollen alle Fraktionen daran beteiligt sein, und zwar wird auf Ebene der Geschäftsführer der Fraktionen verhandelt. Der inhaltliche Punkt ist: Die Überhangmandate sollen jedenfalls als ausgleichslose Überhangmandate verschwinden. Unter diesen Bedingungen war die derzeitige Opposition nur bereit, daran teilzunehmen. Dies wiederum führt natürlich zu Schwierigkeiten, so zu der Schwierigkeit, wie man einen Bundesproporz der Parteien, der notwendig ist und dann erzwungen wäre, mit einem föderalen Proporz verbindet. Dieser föderale Proporz ist aber insbesondere für die amtierenden Abgeordneten außerordentlich wichtig ist und deshalb für die Mehrheitsbeschaffung im Bundestag von großer Bedeutung. Zum dritten Punkt hat mich Herr Oppermann gereizt. Also wirklich zum alten Mehrheitswahlrecht zurückzukehren, Herr Oppermann, bedeutete, dass man 60 Prozent der Wähler einen Einfluss auf die Zusammensetzung des Bundestages absprechen will. Nichts ist einfacher als das, aber glauben Sie wirklich, dass die Legitimation eines solchen Bundestages sehr hoch wäre, wenn man weiß, dass er nur von 40 Prozent der Wähler, und das heißt von 20 oder 25 Prozent der Wahlberechtigten, getragen wird? Ich glaube das nicht. Außerdem käme man nicht zu einem Zweiparteiensystem, sondern im Bundestag zumindest zu einem Vierparteiensystem, denn wir haben die CSU als eigenständige Partei, wir haben die Ost-Partei der Linken als eine Regionalpartei, und wir haben noch die Möglichkeit, dass die Grünen in Berlin oder anderswo Direktmandate erreichen. Das heißt, Ihr makelloses Parlament mit großen Mehrheiten ist eine Utopie. Außerdem weiß man seit Adenauer, dass knappe Mehrheiten sehr viel besser zum Regieren sind als starke Mehrheiten, denn erst starke Mehrheiten fangen an, unter sich die Differenzen auszutragen. Knappe Mehrheiten sind dazu gezwungen, hinter der Führung herzureiten, auf die Gefahr hin, dass sonst das Parlament aufgelöst wird.

Michael: Gegen etwas zu sein, ist viel einfacher als einen konstruktiven Vorschlag zu machen. Deshalb sollten wir Hermann Pünder dankbar für seine vielen konkreten Vorschläge sein. Mir sind dabei allerdings die verfassungsrechtlichen „Gelingensbedingungen repräsentativer Demokratie" zu kurz gekommen. Ist es nicht eine Bedingung für das Gelingen einer repräsentativen Demokratie, den Wahlakt als notwendig konstruktiven Akt zu begreifen? Deshalb habe ich große Bedenken gegen die Option eines *vote blanc*. Der Sinn der Wahl liegt darin, zwischen Alternativen zu wählen und mit den Konsequenzen auf begrenzte Zeit zu leben. Bei allen negativen Konsequenzen, die eine geringe Wahlbeteiligung und Protestwählerschaft mit sich bringen – wir dürfen den Wähler und die politischen Parteien in ihrem Werben um Stimmen nicht formal davon befreien, dass der Wahlakt nicht nur eine Meinungskundgabe ist, sondern repräsentative Konsequenzen hat.

Eine Nachfrage habe ich an Frau Cancik: Sie sprachen von strukturellen Ursachen, die hinter den Schwierigkeiten stehen, dass sich Parlamentarier so schwer auf eine Reform des Wahlrechts einigen können. Mit dem Thema gesprochen haben Sie „Misslingensbedingungen der repräsentativen Demokratie" analysiert. Haben Sie eine Idee für ein demokratisches Verfahren bzw. eine Veränderung parlamentarischer Strukturen, um dieses wahlrechtliche Problem parlamentsrechtlich zu lösen? Oder müssen wir darauf hoffen, dass einmal wieder das Bundesverfassungsgericht die Demokratie auf rechtsstaatlichem Wege rettet, indem es etwas postuliert? Ist also das Verfassungsgericht statt des Parlamentsrechts die Gelingensbedingung für ein besseres Wahlrecht?

Ruffert: Der letzte Abschnitt zum Parlamentsrecht beginnt.

Hanschel: Ich beziehe mich auf die Thesen 15 bis 18 von Herrn Pünder und die Thesen 17 bis 19 von Frau Cancik zur Lobbyarbeit. Mein Wortbeitrag beschäftigt sich mit den Grenzen der Regulierbarkeit einer solchen Tätigkeit. Genannt wurden durchaus sinnvolle Kontrollinstrumente – insbesondere die Herstellung und Stärkung von Transparenz, etwa durch die

Publikation von Stellungnahmen seitens unterschiedlicher Interessenvertreter. Mir scheint es indes erforderlich, auch die Grenzen einer möglichen Einhegung der Lobbyarbeit im repräsentativ-demokratischen Prozess zu betonen. Ich habe den Eindruck, dass Herr Pünder, was die Möglichkeit einer solchen Grenzziehung bzw. Offenlegung von Lobbyarbeit angeht, etwas optimistischer war als Frau Cancik. Ich frage mich etwa, ob es wirklich möglich ist, zum Beispiel Vorrechte für registrierte Interessenvertreter wirksam zu etablieren. Hier hat Frau Cancik, so meine ich, ganz zu Recht darauf hingewiesen, dass trotz der Erfolge der europäischen Transparenzbürokratie es doch auch Grenzen gibt bei der tatsächlichen Umsetzung, etwa der Einrichtung eines Lobbyregisters, eines legislativen Fußabdruckes, etc. Ich glaube, dass die Lobbyarbeit sich zwangsläufig zum Teil im informellen Bereich bewegt und insoweit nicht ohne Erfolg bemüht sein wird, sich Einhegungs- und Offenlegungsversuchen durch ein Ausweichen in den noch weniger formellen Bereich zu entziehen. Die Betonung des Informellen, etwa des sog. „esprit du couloir", ist meines Erachtens solchen Bemühungen zu einem gewissen Grade geradezu immanent – ob man dies nun gut heißen möchte oder nicht.

Ich glaube, es ist schwer, hier zu allgemein gültigen Regeln zu kommen, so wichtig es sein mag, danach zu streben. Eine Frage scheint mir dabei auch zu sein: Wenn man, wie vorgeschlagen, mit einem Lobbyregister arbeiten möchte, müsste man dann nicht noch einen Schritt weiter gehen und sich überlegen, welche Kriterien der Binnenorganisation Lobbygruppen erfüllen müssten, um eine solche Registrierung erlangen zu können? Dies sind ähnliche Überlegungen, wie sie schon seit längerer Zeit etwa mit Blick auf die Beteiligung von Nichtregierungsorganisationen an internationalen Verhandlungsprozessen angestellt werden. Da wird es also sehr schnell relativ kompliziert.

Lepsius: Der Sinn von Repräsentation besteht darin, dass das Volk, das aus sich selbst heraus nicht politisch handeln kann, politisch handlungsfähig wird, indem es ein Organ mit der politischen Handlung schafft. Dadurch bleibt das Volk selbst in seinen Entscheidungen frei, wenn das Organ entschieden hat. Das wiederum ist die Voraussetzung für ein politisches Leben. Die Handlungen des Organs werden dem Volk nur zugerechnet. Es selbst muss sie aber inhaltlich nicht billigen. In der Öffentlichkeit entsteht oft der falsche Eindruck, es sei vorzugswürdig, wenn die Handlungen des Organs von den Vertretenen geteilt werden müssten. Das würde aber die politische Freiheit der Vertretenen gefährden. Für die Funktionsbedingungen der Demokratie bedeutet dies: Wir erwarten vom Parlament politische Handlungen. Das Parlament kann aber nur entscheiden, wenn es eine Mehrheit gibt. Sonst bleibt alles Diskurs. Mehrheiten finden wir jedoch nicht vor; sie müssen erst geschaffen und erzeugt werden: zuerst in den Fraktionen – eine Fraktion ist keineswegs mit einer einheitlichen Meinung ausgestaltet –, sodann zwischen den Fraktionen und schließlich in unserem föderativen System auch noch zwischen Bundestag und Bundesrat. Um eine Mehrheit zu erzeugen, gibt es nur eine Möglichkeit, nämlich einen Kompromiss zu erzielen. Mehrheiten sind immer Kompromissentscheidungen, und damit sind parlamentarische Entscheidungen Kompromisse. Der Kompromiss hat aber in unserer politischen Wahrnehmung einen negativen Klang. Er gilt als faul, obwohl er der Normalzustand ist. Wenn wir also über die Gelingensbedingungen von repräsentativer Demokratie nachdenken, müssen wir uns fragen, wie wir die Kompromissfähigkeit des Organs erhöhen. Das, glaube ich, gelingt uns weder durch zusätzliche Transparenz noch durch Vervollkommnung der Partizipationsfrage. Die Transparenz erhöht nicht die Kompromissfähigkeit, sondern erschwert sie, weil typischerweise der Kompromiss ein gegenseitiges Nehmen und Geben ist. Wenn dabei die Öffentlichkeit zuschaut, ist der Akteur nicht bereit nachzugeben. Deswegen brauchen wir Vorkehrungen, die diese Kompromissfähigkeit sicherstellen. Die Öffnung zur allgemeinen Öffentlichkeit dient dem nicht. Wir müssen stattdessen Sorge tragen, verfassungsrechtlich den Ort des Kompromisses zu sichern – Herr Waldhoff hat das arcanum genannt. Dafür gibt es zwei Strategien: eine organisationsrechtliche, die Beratungsgremien bei der Kompromissbildung vor der Öffentlichkeit auch schützt. Hier muss es ein Refugium für politische Entscheidungen geben. Die zweite lautet, einen inhaltlichen Raum der Kompromissfreiheit zu sichern. Gerade dieses Anliegen liegt uns Verfassungsrechtlern am Herzen, denn in 60 Jahren funktionierendem Rechtsstaat haben wir viele verfassungsrechtliche Hürden eingezogen, die die inhaltliche Kompromissfindung mehr und mehr erschweren. Das reicht von der Erhebung bestimmter Interessen zu Grundrechtspositionen, das geht weiter über das Rückwirkungsverbot, über System- und Konsistenzerwartungen, die an den Gesetzgeber gerichtet werden. Das sind Fragen, die auch hinzugehören, wenn wir das Thema der Gelingensbedingungen repräsentativer Organe behandeln.

Hölscheidt: Für mich waren beide Referate ausgesprochen interessant. Sie haben die wissenschaftliche Analyse sehr gut verbunden mit einer praxisnahen Diskussion. Und das ist auch gut so. Parlamentsrecht ohne Parlamentspraxis kann nicht funktionieren. Wenn man sich mit dem Parlamentsrecht beschäftigt, ohne auf die Praxis und auf die Wissenschaften einzugehen, die sich damit näher beschäftigen, insbesondere die Politologie, dann diskutiert man über ein bloßes Normengerüst. Frau Cancik möchte ich dafür danken, dass Sie die Repräsentationsfunktion des Parlaments herausgestellt hat. Ein Parlament muss nicht nur funktionieren, es muss auch repräsentieren. Eine konkrete Frage habe ich an Herrn Pünder. Sie bezieht sich auf das Spannungsverhältnis zwischen der notwendigen Macht der Fraktionen auf der einen Seite und der Einflussmöglichkeit des einzelnen Abgeordneten auf der anderen Seite. Wäre es nicht eine interessante Idee, mit Hilfe einer geschickten geschäftsordnungsrechtlichen Konstruktion in bestimmten Sonderfällen für geheime Abstimmungen im Parlament zu sorgen? Es wäre doch vielleicht ganz reizvoll zu sehen, wie Fragen, die auch innerhalb der Fraktion umstritten sind, Stichwort zum Beispiel Beschneidung oder Betreuungsgeld, in geheimer Abstimmung ausgehen würden. Selbstverständlich gibt es dann einen Transparenzverlust. Das ist richtig, aber kein Einzelfall. Gerade hier in Kiel, in Schleswig-Holstein, erinnere ich an die Frage: Wer war der „Heide-Mörder"? Wir haben ja die Regel in der Bundesrepublik, dass gerade bei einer besonders wichtigen Wahl, nämlich bei der Wahl des Regierungschefs, geheim abgestimmt wird.

Weiß, Norman: Auch ich fand, dass beide Referate eine treffliche Analyse von Krisenerscheinungen und von Bedrohungspotentialen geboten haben. Zusätzlich haben sie uns ein sehr umfangreiches Pflichtenheft aufgegeben. Die Frage ist nur, was folgt aus der Umsetzung dieser Pflichten? Da würde ich Herrn Waldhoff schon zustimmen: Letztendlich ist es ein „Herumdoktern" an den Symptomen. Mehrfach fiel die Kennzeichnung der Demokratie als *semper reformanda*, und diesem Begriff hängt nach der Erfahrung der letzten Jahrzehnte eher etwas Blässlich-Graues an: Es wird also nicht viel passieren. Das ist bedauerlich, vor allem, wenn man einen zweiten Gesichtspunkt hinzunimmt. Herr Alexy hat das zu weckende Bürgerethos angesprochen, über das wir heute Morgen diskutiert haben: Wie wird der Bürger, der sich dann in diesem System mitgestaltend bewegt, eigentlich herangebildet? Kann ihn die gräulich-selbstbezogene Geschäftigkeit des Betriebs faszinieren, zum Mitmachen animieren?

Deswegen, inspiriert von dem Ort Kiel und der Matrosenrevolution, wäre es doch vielleicht angebracht aufzurufen, auch über eine Neugründung der Republik nachzudenken. Um auf diesem Wege dem Recht, das mit uns geboren ist und von dem leider nie die Rede ist, einen neuen Impuls und eine Berechtigung zu verschaffen. Ich glaube schon, dass es dann Raum geben könnte für ein neu entfachtes Demokratie- und auch Verfassungsethos. Ich meine, die Angst vor Instabilität und vielleicht auch die ästhetische Sorge, dass der neue Verfassungstext nicht so schön würde wie der 1949er, müssen eigentlich hintanstehen hinter den Willen, das Gemeinwesen auf eine neue zeitgemäße Grundlage zu stellen, die wirklich umfassend angelegt sein sollte.

Ruffert: Es folgen nun die Schlussworte der Referenten.

Cancik: Vielen Dank, Herr Vorsitzender. Guter Übung folgend bitte ich um Verständnis dafür, dass ich nicht alle Fragen werde beantworten können. Ich nehme aber alles mit und bedanke mich für alle Fragen, alle Anregungen, alle Kritik. Ich möchte folgende Punkte aufgreifen. Erstens: Grundfragen. Unter diesem Titel würde ich gerne die beiden ersten Fragen-Pakete verbinden, dann das Wahlrecht ansprechen und als drittes das Parlamentsrecht.

Zu den Grundfragen gehört entscheidend die Frage nach der Methodik und natürlich auch nach der von mir benutzten Terminologie – also der Differenz zwischen Repräsentation und Repräsentativität –, sowie die Frage, was das eigentlich sein soll, das „Gelingen". In der Tat stellt einen diese Frage vor erhebliche methodische Probleme. Ich glaube, wir sind uns einig, dass wir sie rechtsdogmatisch nicht beantworten können. Wie aber kann man dann zugreifen? Die Frage führt sicher in den Bereich der Politikwissenschaft, diese Einschätzung würde ich teilen, aber auch dann fragt man sich: Ist das jetzt eine Frage nach Konzeptionen oder eine Frage nach Empirie, und wenn ja, woher bekommen wir die Empirie? Ich habe versucht dieser Schwierigkeit gerecht zu werden, indem ich die beschreibende Ebene gewählt und versucht habe, zu erfassen, was diskutiert wird, und zu klären, ob man das systematisch verbinden kann. Dementsprechend ist meine Bezeichnung *Repräsentativität* zunächst nur ein Beschreibungsbegriff, der sozusagen der Zusammenfassung verschiedener Defizitbefunde dient. In einer zweiten Schleife gibt es aber natürlich eine normative Anbindung. Diese Frage ist auch angeklungen; es muss Maßstäbe geben, auf die gestützt wir sagen, etwas sei defizitär oder nicht. Diese normative Anbindung findet sich im Prinzip repräsentativer Demokratie, wobei ich den Einwand, dass dieser Ausdruck im Grundgesetz gar nicht vorkommt und wir uns stärker auf *parlamentarische Demokratie* und damit auch auf die konkreten Parlamentsfunktionen beziehen sollten, teilen würde. Das Problem dieser normativen Anbindung ist ihre Abstraktionshöhe. Während ich *Repräsentation* strikt formal gefasst habe und damit schlicht den Vertretungs- und Zurechnungszusammenhang bezeichne, den wir juristisch mit Hilfe einer Fiktion eigentlich ganz leicht operationalisieren können, habe ich versucht mit *Repräsentativität* den materialen Anteil, der hier immer wieder angeklungen ist, zu erfassen. Den aber, sozusagen rechtsdogmatisch, dingfest zu machen, ist ausgesprochen schwierig. Ich würde sogar behaupten, dass es nicht funktioniert. Mein Anliegen war, deutlich zu machen, dass auf dieser Ebene ein dauerhaftes Lernen und kontinuierliche Veränderungen stattfinden. Unsere Schwierigkeit als Staatsrechtslehrer ist dann, dass wir in rechtsdogmatischen Situationen gezwungen sind, diese Veränderbarkeit irgendwie dingfest zu machen. Wie schwierig das ist, sehen wir an den Diskussionen, die darum geführt werden.

Selbstverständlich ist es so, dass andere Verwirklichungsbedingungen (Böckenförde hat es damals so genannt) ebenfalls von großer, vielleicht von größerer Bedeutung sind als das Recht. Bildung ist angeklungen oder die Medien. Mir ist in der Tat auch sehr wichtig die Frage nach dem Ethos der Bürger – es gibt schon so etwas wie eine demokratische Pflicht von Bürgern. Was ist also Repräsentativität und das Verhältnis zu Repräsentation? Der in der Diskussion formulierte Vorschlag eines „Optimierungsgebots", zu dem ich mich hier in Kürze nur bekennen kann, der aber natürlich viele Vagheiten transportiert, gefällt mir als Ansatz gut.

Ich möchte ferner noch einmal deutlich machen, dass ich durchaus geprägt bin von einer gewissen Steuerungsskepsis. Das sollte nicht zuletzt mit Blick auf Hoffnungen, die mit dem Mehrheitswahlrecht verbunden werden, deutlich werden. Auch hier gilt, dass wir an bestimmte Mechanismen rechtlich schlicht nicht herankommen. Ob tatsächliche Veränderungen, konkret die Abnahme der Folgebereitschaft bezogen auf die Großparteien, durch ein anderes Wahlrecht bewältigt werden könnten, ist mir schon im Tatsächlichen nicht klar. Abgesehen davon fände ich einen solchen Ansatz in der Tat demokratisch problematisch.

Auf die Frage, ob die Niederlagen repräsentiert werden müssen und man das nur durch ein Mehrheitswahlrecht erreichen kann, lautet meine Antwort: nein. Die Wahlniederlagen werden auch in einem Verhältniswahlsystem repräsentiert. Die Opposition fühlt die Niederlage jedenfalls in Entscheidungssituationen relativ deutlich. Da es auch noch andere Parlamentsfunktionen gibt, in denen die Opposition mehr bewirken kann, ist dieses Dauerspiel zwischen Minderheit und Mehrheit ja gerade ein *essentiale* von parlamentarischer Regierungsweise. Ich hielte es nicht für hilfreich, diese Interaktion durch ein Wahlverfahren ins Vorfeld des Parlaments, also aus dem Parlament heraus zu verlagern.

Zu den Grundfragen gehört natürlich auch die Frage nach dem Bild der repräsentativen Demokratie, das ist auch in einer der letzten Äußerungen noch einmal angeklungen. Wir werden uns in dieser Frage nur schwer einigen können, da wir sehr unterschiedliche Vorstellungen darüber haben, was parlamentarische Demokratie bewirken soll, wie sie zu lesen ist und vor allem was die Funktionen eines Parlaments sind. Da gibt es, glaube ich, durchaus Unterschiede zwischen einigen der Anmerkungen und meiner Position. Zu den Grundfragen zähle ich auch die Frage nach der direkten Demokratie. Meine Redewendung von der „Störungserfahrung" ist schlicht Empirie. Wir erleben es, dass die Parlamente auf direktdemokratische Gesetzgebungsversuche reagieren wie auf eine Störung. Ich bin der Auffassung, dass man nicht allzu viel Hoffnung auf das Ergänzen der parlamentarischen Demokratie um direktdemokratische Elemente setzen sollte, finde es aber sehr diskussionswürdig und würde die Aufgabe der Staatsrechtslehre darin sehen, die Kollisionspotentiale, die es dann gibt, zu bewältigen. Ich wollte also nicht sagen, dass eine solche Kombination verfassungspolitisch nicht möglich sei. Zur Lernfähigkeit des Parlamentarismus bleibt zu sagen: In der Tat ist mir das ein sehr wichtiger Punkt, und um die Praxis mit einzubeziehen, die in Parlamentsfragen immer besonders bedeutsam ist, kann ich vielleicht eine Zahl beisteuern aus dem genannten Evaluierungsbericht. Für einen Zeitraum von knapp eineinhalb Jahren sind 30'000 Dokumente in EU-Angelegenheiten zum Bundestag gekommen, also wahrlich große Aufgaben.

Zur Wahlrechtsreform: Da ist zu Recht eine etwas deutlichere Positionierung zu aktuellen Fragen eingefordert worden, die ich gerne leiste. Sie wird möglicherweise schlimmer werden, als Sie es erwartet haben. Mein erster Punkt ist: Ich gehe davon aus, dass dem Grundgesetz eine Vorgabe zum Wahlverfahren zu entnehmen ist, dass es in seinen Grundzügen ein Verhältniswahlverfahren sein muss. Grundzüge heißt nicht reines Verhältniswahlrecht, so dass dieser Ausgangspunkt für viele der wahlrechtlichen Probleme, die wir jetzt haben, keine schnelle Lösung ermöglicht. Zum zweiten: Warum eine grundlegende Wahlrechtsreform? Der Grund für dieses Petitum liegt nicht darin, dass ich im Besitz des „wahren Wissens" um das „wahre Wahlrecht" wäre und das Ergebnis hier nur kurz skizzieren müsste. Begründet ist es in drei Hoffnungen bzw. Erwartungen: Erstens glaube ich, dass das Bundeswahlgesetz nach so vielen Änderungen festgefahren ist. Da ist immer gleichsam von hinten geschraubt worden, und es wäre vielleicht hilfreich, einmal von vorne auf den Änderungsbedarf zu schauen. Zweitens gibt es eine Menge tatsächlicher Fragen, die man grundlegend besprechen sollte, zum Beispiel das Zweistimmensystem, zum Beispiel die tatsächliche Bedeutung der Personalisierung der Wahl. Und drittens ergibt sich bei einer grundlegenden Reform eine Chance, andere Akteure mit einzubeziehen. In der Tat kann man sich ja vorstellen, dass es eine Versammlung geben könnte, zum Beispiel aus Sachverständigen und, *horribile dictu*, Bürgern, die sich mit dem Wahlrecht befassen. Es gibt Vorschläge für solche Kommissionen. Das ist ein Wagnis, das ist klar, es ist sicher auch schwierig, aber ich fände es viel angemessener als die Arkan-Verhandlungen, die wir derzeit zum Wahlrecht erleben müssen.

Ich muss zum Schluss kommen und würde das gerne mit einem letzten Satz tun; Sie merken und sehen mir nach, dass ich dafür die versprochenen Antworten zum Parlamentsrecht überspringe. Ich habe von der Diskussion hier und von der Arbeit am Thema sehr viel profitiert. Allen, die dafür mitverantwortlich sind, danke ich sehr herzlich.

Pünder: Liebe Kolleginnen und Kollegen! *Matthias Ruffert* hat mir im Vorfeld unserer Tagung ziemlich deutlich gemacht, dass mir für mein Schlusswort nur $7^1/_2$ Minuten zur Verfügung stehen. Und da mich – zumindest hier in der Staatsrechtslehrervereinigung – der gesellschaftliche Wertewandel weg vom pflichtbewussten Hinnehmen hin zum selbstbewussten Überschreiten von Grenzen noch nicht voll erfasst hat, werde ich versuchen, mich an die Vorgabe zu halten. Allzu gerne würde ich zu jedem einzelnen der anregenden Diskussionsbeiträge Stellung nehmen. Aber dazu reicht die Zeit nicht aus. Ich möchte nur drei Aspekte hervorheben.

Erstens zum Gegenstand meiner Überlegungen: Ganz am Anfang der Diskussion wurde bemerkt, dass ich auf die spezifischen Demokratieprobleme des Europäischen Parlaments nicht eingegangen bin. Das war eine bewusste Entscheidung; denn über das „Legitimationsdefizit" der Union und die mit der Europäisierung und Globalisierung verbundenen „Entparlamentarisierungstendenzen" wurde schon viel – auch in unserer Vereinigung – diskutiert. Vor diesem Hintergrund habe ich meine Überlegungen allgemein auf das bislang eher wenig erörterte Verhältnis zwischen Parlamentariern und Bürgern fokussiert. Gemeinhin wird davon ausgegangen, dass parlamentarische Entscheidungen allein schon durch die Wahl der Volksvertreter hinreichend demokratisch legitimiert sind. Dass es Möglichkeiten gibt, das Legitimationsniveau der parlamentarischen Entscheidungen zu verbessern, wird in der Staatsrechtslehre bisher kaum bedacht. Am Beispiel des Deutschen Bundestages zu zeigen, was sich im Hinblick auf das Wahlrecht und das Parlamentsrecht zu tun empfiehlt, war Ziel meiner Ausführungen.

Zweitens zu meiner Methode: Am Anfang der Diskussion wurde auch gesagt, dass Vieles von dem, was ich vorgetragen habe, doch in die Politikwissenschaft gehöre, und nach Kelsen dürfe man darüber nicht sprechen. Wenn man sich fragt, wie sich das Gelingen der repräsentativen Demokratie verbessern lässt, kann mal allerdings nicht nur auf die Verfassung schauen. Im Grundgesetz wurden nur die Mindestbedingungen der Demokratie normiert. Wenn man sich das eingesteht, dann weitet sich der Blick aus meiner Sicht automatisch auf die Politikwissenschaft, die sich ja quasi hauptberuflich auch mit der Frage beschäftigt, wie rechtliche Regelungen tatsächlich funktionieren und was es zu verbessern gibt. Ich selbst habe jedenfalls bei unseren Nachbarwissenschaften vielfältige Anregungen gefunden. Besonders wichtig sind die empirischen Sozialwissenschaften. In der Diskussion wurde bezweifelt, ob es überhaupt eine Krise der repräsentativen Demokratie gibt; es wurde verharmlosend von einer bloßen „Krisenrhetorik" gesprochen. Es gibt aber seriöse empirische Untersuchungen, die die Krisenphänomene deutlich machen. Eine ganz erschreckend zunehmende Zahl von Bürgern ist mit dem Funktionieren unserer Demokratie nicht zufrieden. Der Handlungsbedarf ist unverkennbar. Weiter wurde behauptet, man wisse gar nicht, wer eigentlich von den Parlamentariern repräsentiert werde. Auch insoweit gibt es empirische Erkenntnisse. Dies gilt auch für das Phänomen des Nichtwählers. Man kann nicht sagen, dass diejenigen, die nicht zur Wahl gehen, dies nicht tun, weil sie zufrieden sind. Empirische Untersuchungen zeigen genau das Gegenteil. Viele Bürger gehen nicht zur Wahl, weil sie sich über ihre geringen Einflussnahmemöglichkeiten ärgern. Welche Schlussfolgerungen aus alledem zu ziehen sind, wollte ich in meinem Vortrag zeigen.

Überhaupt – wenn ich das so nebenbei sagen darf – fiel mir bei der Vorbereitung meines „Berichts" auf, dass in der politikwissenschaftlichen Literatur unsere staatsrechtlichen Auseinandersetzungen kaum zur Kenntnis genommen werden. Das war schon eine Enttäuschung. Auf der anderen Seite merkte ich, dass in der staatsrechtlichen Literatur kaum auf die Erkenntnisse der Politikwissenschaft zurückgegriffen wird. Auch dies ist ein Manko. In der Weimarer Republik war man noch viel unbefangener interdisziplinär. Eines meiner Anliegen war es, die Diskurse der Rechtswissenschaft und der anderen Sozialwissenschaften wieder zusammenzuführen.

Drittens zum Verhältnis von Verfassungsrecht und Verfassungspolitik: Es wurde in der Diskussion die Hoffnung geäußert, dass meine Vorschläge, die positiv bewertet wurden, vom Verfassungsgericht durchgesetzt werden. Das entspricht allerdings gar nicht meiner Meinung. Nach meiner Auffassung gibt es zwar eine verfassungsrechtliche Pflicht des Parlaments, das parlamentarische Legitimationsniveau zu verbessern. Wie dies im Einzelnen geschehen soll, ist aber – wie bei anderen Staatszielen – Sache des Parlaments. Dabei gibt es weite Einschätzungs- und Gestaltungsspielräume. Nicht das Bundesverfassungsgericht hat über Maßnahmen zum verbesserten Gelingen der repräsentativen Demokratie zu entscheiden. Das müssen die gewählten Repräsentanten tun.

Liebe Kolleginnen und Kollegen! Als mich Herr *Wieland* Ende des letzten Jahres bat, vor Ihnen über die Gelingensbedingungen der repräsentativen Demokratie zu sprechen, war mir klar, dass dies – wie es in den Mafiakreisen des *Paten Don Corleone* hieß, ein „Angebot" war, „das ich nicht ablehnen konnte". Ich war erfreut, aber auch erschrocken. Vor allem kam es mir darauf an, Sie nicht zu langweilen, zumal man nach der Mittagspause ja erfahrungsgemäß mit dem *daimonion mesembrinon*, dem Mittagsdämon, kämpft, der einem – so der Einsiedlermönch *Euagrios* – das melancholische Gefühl vermittelt, dass die Zeit besonders langsam vergeht, und dazu führt, dass man Freunde und Kollegen als verständnislos erlebt. Insofern bin ich einigermaßen beruhigt; denn wir hatten ja eine sehr lebendige Diskussion. Und dafür danke ich sehr herzlich.

Dritter Beratungsgegenstand:

Elemente direkter Demokratie als Entwicklungsperspektive

1. Referat von Professor Dr. *Markus Möstl*, Bayreuth

Inhalt

I. Einleitung

Der Vorstand hat das Thema „direkte Demokratie" zwei Deutschen anvertraut, d.h. Angehörigen einer Nation, für die direkte Demokratie nicht, wie für die Schweiz[1], ein prägendes Stück Verfassungsidentität bedeutet, sondern die zur direkten Demokratie ein gespaltenes[2] und gebrochenes[3] Verhältnis hat. Den mutigen[4] direktdemokratischen Ansätzen der Weimarer Verfassung[5] blieb Bewährung in stabilen Verhältnissen versagt, im Nationalsozialismus verkamen Plebiszite zum Akklamationsinstrument,[6] so dass das Grundgesetz zwar nicht monokausal wegen, aber doch vor dem Hintergrund dieser historischen Erfahrung mit der Weimarer Volksgesetzgebung brach[7] und sich für eine konsequent parlamentarische „Demokratie ohne Volksabstimmung"[8] entschied.[9] In Kontrast zu diesem

---

[1] *G. Kirchgässner/L. Feld/M. Savioz* Die direkte Demokratie, 1999, 1; *P. Nolte* Was ist Demokratie?, 2012, 62f.; *W. Wittmann* Direkte Demokratie, 2001, 7. *D. Thürer* in: ders. Kosmopolitisches Staatsrecht, 2005, 41 (45).

[2] *M. Martini* Wenn das Volk (mit)entscheidet ..., 2011, 16.

[3] Als ein politisches System mit (in Bezug auf die direkte Demokratie) „großen Bruchstellen" wird Deutschland von *S. Möckli* Direkte Demokratie, 1994, 75, 380 bezeichnet.

[4] Vgl. *C. Waldhoff/H. v. Aswege* in: Feld u.a. (Hrsg.) Jahrbuch für direkte Demokratie 2011, 2012, 9 (16): „bemerkenswerte Neuerung" im Vergleich zum konstitutionellen Staatsrecht; *C. Eder* Direkte Demokratie auf subnationaler Ebene, 2010, 117 (im internationalen Vergleich).

[5] Dazu: *H.-J. Wiegand* Direktdemokratische Elemente in der deutschen Verfassungsgeschichte, 2006, 32ff.; *R. Schiffers* Elemente direkter Demokratie im Weimarer Regierungssystem, 1971.

[6] *C. Schwieger* Volksgesetzgebung in Deutschland, 2005, 202ff., 379; *O. Jung* Plebiszit und Diktatur, 1995.

[7] Zur Frage, inwieweit die „Weimarer Erfahrungen" für die plebiszitäre Zurückhaltung des Grundgesetzes ausschlaggebend waren und diese sachlich zu rechtfertigen vermögen, gibt es eine ausgedehnte, zumeist differenziert geführte Debatte: *Schwieger* (Fn. 6), 270ff., 309ff., 380f.; *J. Isensee* in: Hillgruber/Waldhoff (Hrsg.) 60 Jahre Bonner Grundgesetz – eine geglückte Verfassung?, 2010, 117 (122–125); *M. G. Schmidt* Demokratietheorien, 4. Aufl. 2008, 338; *J. Rux* Direkte Demokratie in Deutschland, 2008, 108ff.; *O. Jung* Direkte Demokratie in der Weimarer Republik, 1989; *R. Schiffers* in: Heußner/Jung (Hrsg.) Mehr direkte Demokratie wagen, 2. Aufl. 2009, 71ff.; *W. Frotscher* DVBl. 1989, 541; *H. Meyer* JZ 2012, 538; *I. Strenge* ZRP 1994, 271; *H. Maurer* Plebiszitäre Elemente in der repräsentativen Demokratie, 1997, 10ff.; *H.-P. Hufschlag* Einfügung plebiszitärer Komponenten in das Grundgesetz?, 1999, 185f., 280f.; *E. Mahrenholz* in: Däubler-Gmelin/Adlerstein (Hrsg.) Menschengerecht, 1986, 371 (372).

[8] *J. Isensee* Demokratie ohne Volksabstimmung: das Grundgesetz, in: Hillgruber/Waldhoff (Fn. 7), 117.

[9] *P. Badura* HStR II, 3. Aufl. 2004, § 25 Rn. 44.

antiplebiszitären[10] Grundzug im Bund standen von Beginn an die Länder[11], die ihrerseits sehr wohl an Weimar anknüpften, ausnahmslos realplebiszitäre[12] Verfahren kennen und ihnen, wie etwa Bayern, teils hohe Wertschätzung zollen.[13] Ergebnis ist eine eigentümliche bundesstaatliche Spaltung[14] in Sachen direkter Demokratie.[15] Gespalten ist auch die Wissen-

---

[10] *K. Stern* Das Staatsrecht der Bundesrepublik Deutschland, Bd. I, 2. Aufl. 1984, 608.

[11] *Rux* (Fn. 7), 259 ff., 404 ff.; *P. Neumann* Sachunmittelbare Demokratie, 2009, 53 ff., 291 ff.; *Eder* (Fn. 4); siehe auch die Länderberichte in: *H. K. Heußner/O. Jung* (Hrsg.) Mehr direkte Demokratie wagen, 2. Aufl. 2009, 195 ff.; *Martini* (Fn. 2), 23 ff. Bezeichnenderweise haben alle noch vor dem Grundgesetz entstandenen Landesverfassungen direktdemokratische Verfahren vorgesehen (wenn auch z.T. restriktiver als die WRV); anders zunächst ein Teil der nach dem Grundgesetz entstandenen Landesverfassungen; zu einem Aufschwung direktdemokratischer Formen kam es sodann insbesondere nach der Wiedervereinigung (Schaffung der neuen Landesverfassungen; Revisionen auch einiger westdeutscher Landesverfassungen), so dass mittlerweile alle Länder direktdemokratische Instrumente kennen.

[12] Die Begriffe „plebiszitär“ und „direktdemokratisch“ werden in diesem Beitrag – dem deutschen Sprachgebrauch entsprechend – weitgehend bedeutungsgleich und austauschbar verwendet (anders der Sprachgebrauch namentlich in der Schweiz, wo der Begriff „Plebiszit“ negativ besetzt ist, allein „von oben“, d.h. von Funktionsträgern angesetzte und ihren Interessen dienende Abstimmungen umfasst und daher nicht der direkten Demokratie zugerechnet wird; vgl. z.B. *B. Kaufmann/R. Büchi/N. Braun* Handbuch zur Direkten Demokratie in der Schweiz und weltweit, 2008, 12 f., 99 f.; zur international uneinheitlichen Begriffsverwendung auch *A. Weber* Europäische Verfassungsvergleichung, 2010, 7. Kap. Rn. 38, 52). Betrachtet werden im Rahmen dieser Abhandlung des Weiteren allein Sachplebiszite (Realplebiszite, d.h. Abstimmungen über Sachfragen), nicht jedoch Personalplebiszite (Direktwahl von Funktionsträgern), die trotz ihres „plebiszitären“ Charakters im Schwerpunkt eine Erscheinungsform der repräsentativen Demokratie darstellen, ebenso wenig die Sonderkategorie der sog. Territorialplebiszite (z.B. Art. 29 GG); zur Begriffsverwendung insgesamt vgl. *Neumann* (Fn. 11), 158 ff., 168 ff.; wie hier z.B. *S. Przygode* Die deutsche Rechtsprechung zur unmittelbaren Demokratie, 1995, 44; *S. Jung* Die Logik direkter Demokratie, 2001, 13.

[13] BayVerfGH 52, 104 (126) = BayVBl. 1999, 719 (722) = DÖV 2000, 28 (29); dazu *M. Möstl* in: Lindner/Möstl/Wolff, Verfassung des Freistaates Bayern, 2009, Art. 72 Rn. 6.

[14] Vgl. *H. Hofmann* in: ders., Verfassungsrechtliche Perspektiven. Aufsätze aus den Jahren 1980–1994, 1995, 146 ff. Hinzu kommt ein (in jüngerer Zeit abgeschwächtes) Nord-Süd-Gefälle (*P. M. Huber* FAZ vom 20.12.2011, 4).

[15] Weder die plebiszitären Impulse aus der Revolution 1989 und der Wiedervereinigung (*A. Klages/P. Paulus* Direkte Demokratie in Deutschland. Impulse aus der deutschen Einheit, 1996; *Neumann* (Fn. 11), 41 ff.; Empfehlungen der Gemeinsamen Verfassungskommission BT-Drs. 12/6000, S. 83 ff.) noch weitere Vorstöße (BT-Drs. 14/8503; 16/474; 16/680; 16/1411; dazu *P. Badura* FS Schröder, 2012, 307 [309 f.]) haben zur Einführung von Volksbegehren und Volksentscheiden auf Bundesebene geführt. In den Ländern und v.a. auch auf kommunaler Ebene sind die direktdemokratischen Elemente dagegen tendenziell erweitert worden (*O. Jung* JöR n.F. 41 [1993], 29; *ders.* ZG 1998, 297; *V. Mittendorf* in: Heußner/Jung [Fn. 11], 327 ff.).

schaft:[16] Für die deutsche Staatsrechtslehre prägend war lang eine schroffe, ungewohnt rigide[17] Ablehnung;[18] eine zunehmend wirkmächtige Propagierung direkter Demokratie steht auf der anderen Seite des Spektrums.[19]

Unverkennbar ist freilich, dass in die Diskussion Bewegung gekommen ist:[20] Der alte demokratietheoretische Grundkonflikt darüber, ob die direkte oder die repräsentative Demokratie die „eigentliche" Form der Demokratie sei,[21] ist in den Hintergrund gerückt; pragmatischer geht es

---

[16] Umfassend zum wissenschaftlichen Umgang mit plebiszitärer Gesetzgebung in Deutschland: *Schwieger* (Fn. 6); im Rahmen der Staatsrechtslehrertagung wurde das Thema behandelt bzw. gestreift u.a. auf den Tagungen Wien 1995 (VVDStRL 55, darin *D. Merten*, *W. Berka*, *O. Depenheuer* zum Thema „Bürgerverantwortung im demokratischen Verfassungsstaat"), Freiburg i. Ue/CH 1985 (VVDStRL 44, darin *M. Stolleis*, *H. Schäffer*, *R. Rhinow* zum Thema „Parteienstaatlichkeit – Krisensymptome des demokratischen Verfassungsstaats?") und Bielefeld 1974 (VVDStRL 33, darin *Th. Oppermann* und *H. Meyer* zum Thema „Das parlamentarische Regierungssystem des Grundgesetzes") sowie am Rande auch auf der Tagung 2009 in Graz (VVDStRL 69, darin *A. Hatje* und *M. Kotzur* zum Thema „Demokratie als Wettbewerbsordnung", insb. *A. Hatje* ebd., 135 [160 f.]).

[17] Vorsichtig kritisch hierzu: *P. Lerche* in: Huber/Mößle/Stock (Hrsg.) Zur Lage der parlamentarischen Demokratie, 1995, 179 (187).

[18] Exemplarisch der Beitrag zur direkten Demokratie im Handbuch des Staatsrechts: *P. Krause* HStR III, 3. Aufl. 2005, § 35, z.B. Rn. 48. Kritisch hierzu: *H. Dreier*/*F. Wittreck* in: Feld u.a. (Hrsg.) Jahrbuch für direkte Demokratie 2009, 2010, 11f.; aus der Sicht der Politikwissenschaft: *T. Evers* in: Heußner/Jung (Fn. 11), 23 f.

[19] Ein Beispiel für eine ausgesprochen werbende Anpreisung (freilich aus der Schweiz, aber mit internationalem Anspruch) ist *Kaufmann*/*Büchi*/*Braun* (Fn. 12); kritisch zur Tendenz, die direkte Demokratie z.T. fast reflexartig als Allheilmittel für alle möglichen Krisensymptome in Betracht zu ziehen: *J. Isensee* in: Hillgruber/Waldhoff (Fn. 7), 117 (118) (in diese Richtung z.B. *H. H. v. Arnim* in: ders. [Hrsg.] Systemmängel in Demokratie und Marktwirtschaft, 2011, 19 [26]). Ein für die Propagierung der direkten Demokratie wichtiger Faktor sind Vereinigungen und Institutionen (auch unter Mitwirkung von Staatsrechtslehrern), die sich der Förderung von bzw. Beschäftigung mit direkter Demokratie verschrieben haben: Zu nennen wäre etwa der Verein „Mehr Demokratie e.V." (www.mehr-demokratie.de; zu dessen Rolle auch *Kaufmann*/*Büchi*/*Braun*, ebd., 240) oder das Deutsche Institut für Sachunmittelbare Demokratie an der Universität Dresden (www.disud.de). Eine neuere Plattform der wissenschaftlichen Beschäftigung mit direkter Demokratie ist das von *L. P. Feld*/*P. M. Huber*/*O. Jung*/*H.-J. Lauth*/*F. Wittreck* herausgegebene, jährlich erscheinende „Jahrbuch für direkte Demokratie".

[20] *F. Wittreck* Vorwort, in: ders. (Hrsg.) Volks- und Parlamentsgesetzgeber: Konkurrenz oder Konkordanz?, 2012, 5.

[21] Dazu mwN: *E.-W. Böckenförde* HStR III, 3. Aufl. 2005, § 34 Rn. 1ff.; *ders.* FS Eichenberger, 1982, 301ff.; *P. Badura* HStR II, 3. Aufl. 2004, § 25 Rn. 35; *Schmidt* (Fn. 7), 80–142, 336ff.; *G. Sartori* Demokratietheorie, 1992; *L. Hager* Wie demokratisch ist direkte Demokratie?, 2005; *T. Evers* in: Heußner/Jung (Fn. 11), 23ff.; *C. Schmitt* Verfassungslehre, 1928, 204ff., 223ff.; *H. Rausch* (Hrsg.) Zur Theorie und Geschichte der Repräsentation und Repräsentativverfassung, 1968; *G. Rüther* (Hrsg.) Repräsentative

darum, ob die Ergänzung einer im Grundzug unstreitig repräsentativen Ordnung um einzelne direktdemokratische Elemente vitalisierende oder delegitimierende Wirkung hat.[22] In traditionell antiplebiszitären Kreisen machen sich Öffnungstendenzen bemerkbar;[23] im plebiszitfreundlichen Lager dagegen rückt vermehrt die sozial selektive und ergebniskonservative Grundtendenz plebiszitärer Entscheidungen ins Blickfeld und wird Skepsis erkennbar.[24] Durch die stark angewachsene plebiszitäre Praxis in Ländern und Kommunen[25] konnte Erfahrung gewonnen werden und tritt Gewöhnung ein. Die Zeit scheint nach alledem günstig, um auch für

---

oder plebiszitäre Demokratie – eine Alternative?, 1996; *G.-A. Decurtins* Die rechtliche Stellung der Behörde im Abstimmungskampf, 1992, 21 ff.; *H. Meyer* Das parlamentarische Regierungssystem des Grundgesetzes, VVDStRL 33 (1975), 69 (78 ff.); *M. Kriele* Das demokratische Prinzip im Grundgesetz, VVDStRL 29 (1971), 46 ff.; *H. K. Heussner* Volksgesetzgebung in den USA und in Deutschland, 1994, 67 ff.; *ders.* in: v. Arnim (Fn. 19), 27 (28 ff., 41).

[22] *Maurer* (Fn. 7), 1, 21; *P. Badura* FS Redeker, 1993, 111 (120); *H. Dreier/F. Wittreck* in: Feld u.a., Jahrbuch 2009 (Fn. 18), 38 f.; *E.-W. Böckenförde* HStR III, 3. Aufl. 2005, § 34 Rn. 53; *C. Möllers* Demokratie – Zumutungen und Versprechen, 2008, 29, 32; *Martini* (Fn. 2), 16; *H. Meyer* JZ 2012, 537 (543); *R. Lehner* Direkte Demokratie und Gruppenrechte – Probleme der Kollektivierung individueller Partizipation in plebiszitären Rechtsetzungsverfahren, in: Verein Junge Wissenschaft im Öffentlichen Recht (Hrsg.) Kollektivität – Öffentliches Recht zwischen Gruppeninteressen und Gemeinwohl (Assistententagung 2012), 2012, 271 f.; *R. Steinberg* FAZ v. 16.2.2012, 7; *Nolte* (Fn. 1), 401; vgl. auch den Titel des Aufsatzes von *J. Isensee* DVBl. 2001, 1161.

[23] Politisch signifikant insbesondere das verstärkte Pochen auf direktdemokratische Elemente durch die CSU (dazu *F. Müller* SZ vom 14.2.2012, 34; *G. P. Hefty* FAZ vom 10.3.2012, 1). Ein generationsspezifisches Gefälle macht *P. M. Huber* FAZ vom 20.12. 2011, 4, aus. Aus der Wissenschaft z.B. *S. Müller-Franken* in: Baus/Montag (Hrsg.) Perspektiven und Grenzen „direkter Demokratie", Konrad-Adenauer-Stiftung, 2012, 51 ff. (das obligatorische Referendum in Betracht ziehend, und zwar gerade auch im Lichte der empfundenen Legitimitätskrise der repräsentativen Demokratie; tendenziell und prinzipiell ablehnender noch *ders.* DÖV 2005, 489 sowie in: Meier/Panzer [Hrsg.] Direkte Demokratie im Grundgesetz?, Hofgeismarer Protokolle 353, 2010, 45 ff.). Eine Lösung von traditionellen Vorbehalten in der Judikative und zunehmend plebiszitfreundliche Rechtsprechung konstatieren *J. Kühling/F. Wintermeier* DVBl. 2012, 317 (325). Zu einer signifikanten Aufweichung der traditionell antiplebiszitären Haltung in der deutschen Staatsrechtslehre insgesamt: *F. Wittreck* in: ders. (Fn. 20), 9 (10). Zur insgesamt geänderten Stimmungslage in Wissenschaft und Politik – über das 12. Karlsruher Verfassungsgespräch berichtend – auch: *R. Soldt* FAZ vom 24. 5. 2012, 4.

[24] Z.B. *W. Merkel/A. Petring* Partizipation und Inklusion, in: Friedrich-Ebert-Stiftung (Hrsg.) Demokratie in Deutschland 2011 (abrufbar unter http://www.demokratie-deutschland-2011.de; zuletzt abgerufen am 23.8.2012), 22 f.

[25] Zu den Zahlen siehe z.B. *G. Jürgens/F. Rehmet*, 197 ff., *V. Mittendorf*, 327 ff., beide in: Heußner/Jung (Fn. 11); *J. Kühling* JuS 2009, 777.

Deutschland auf eine abgeklärtere, reifere Haltung zur direkten Demokratie hoffen zu dürfen.[26]

Die eigentlichen Argumente, die für und wider ein „mehr" an direkter Demokratie ins Feld geführt werden, sind seit Jahrzehnten erstaunlich stabil.[27] Es kann nicht Sinn dieses Vortrags sein, den alten „Glaubensstreit"[28] von Grund auf neu aufzurollen. Der Akzent soll vielmehr zum einen auf der Frage liegen, was gerade heute für eine Verstärkung direktdemokratischer Elemente sprechen könnte (ist die Zeit reif für mehr direkte Demokratie?[29]) und zum anderen, wie solche Elemente ausgestaltet sein sollten, um erfolgreich zu sein (derartige Fragen des intelligenten „wie" mögen letztlich fruchtbarer sein als der alte Streit um das „ob"[30]).

---

[26] Vgl. auch die Hoffnung bei *Neumann* (Fn. 11), 852. Indes gibt es auch Momente, die die Diskussion um mehr direkte Demokratie belasten: Belastend ist zunächst, dass die Diskussion um die direkte Demokratie (auch gemäß dem Obertitel dieser Tagung) vermehrt unter dem Vorzeichen einer „Krise der repräsentativen Demokratie" geführt wird (näher dazu unten II. am Anfang und III.3.); hier nur *A. Gross* Die doppelte Krise der europäischen Demokratien und die Bedeutung der Direkten Demokratie zu deren Überwindung, in: Beck/Ziekow (Hrsg.) Mehr Bürgerbeteiligung wagen. Wege zur Vitalisierung der Demokratie, 2011, 127ff. Misslich ist sodann, dass sie zunehmend in den Sog des Streits um die Notwendigkeit einer Volksabstimmung für weitere europäische Integrationsschritte gerät, obwohl die Frage, wo die Integrationsermächtigung des Grundgesetzes endet und sich das Volk eine neue Verfassung geben muss, an sich nichts mit der hier interessierenden Frage zu tun hat, ob direktdemokratische Elemente im täglichen Betrieb des Verfassungslebens sinnvoll sind oder nicht (näher dazu unten IV.7.; hier zu dieser Verquickung nur: *H. Prantl* SZ vom 25.6.2012, 4; siehe auch SZ vom 29.6.2012, 2). Das gestiegene Interesse gerade an vorhabenbezogenen Plebisziten (vom Transrapid bis zu Stuttgart 21) erwischt das traditionell auf die abstrakt-generelle Volksgesetzgebung fokussierte deutsche Recht drittens auf dem kalten Fuß (näher dazu unten IV.2.). Im Zeitalter des Internet schließlich treten unter dem Stichwort „liquid democracy" völlig neue Modelle der digitalen Partizipation auf den Plan, die die gewohnten Konturen repräsentativer oder direkter Demokratie gänzlich zu sprengen und hinter sich zu lassen drohen (näher dazu unten IV.1.; hier nur *W. Plaum* Die Wiki-Revolution, 2012).

[27] *Rux* (Fn. 7), 93; *Maurer* (Fn. 7), 28; *W. Merkel* WZB Mitteilungen 2011, Heft 131, 10; *Möckli* (Fn. 3), 83, 380.

[28] *E.-C. Hornig* Die Parteiendominanz direkter Demokratie in Westeuropa, 2011, 21; *P. Krause* HStR III, 3. Aufl. 2005, § 35 Rn. 2 (auch dazu, dass dieser Kampf nicht mit einem Sieg enden kann).

[29] Vgl. die These von *R. Huber*/*B. Kurz* in: Heußner/Jung (Fn. 11), 459.

[30] *Rux* (Fn. 7), 904; *Kaufmann*/*Büchi*/*Braun* (Fn. 12), 95ff.; *A. Gross* in: Pallinger u.a. (Hrsg.) Direct Democracy in Europe, 2007, 64 ff.

II. Vorrang der repräsentativen Demokratie und Grenzen der Volksrechte

Wenn gefragt wird, was heute für mehr direkte Demokratie spricht, ist man unweigerlich auf jenes Vorzeichen verwiesen, das bereits durch den Obertitel dieser Tagung vorgegeben ist: die weithin geteilte und fast zum Gemeinplatz gewordene These von einer Krise der repräsentativen Demokratie und einem messbaren Vertrauensverlust in ihre Institutionen.[31] Vor überzogener Krisenrhetorik ist freilich zu warnen, nicht nur deshalb, weil ein gesundes Krisenempfinden auch eine Stärke sein kann und zur Normalität der Demokratie gehört, sondern, wichtiger noch, weil nach aller historischen Erfahrung immer dann, wenn in Zeiten des Umbruchs die Krise der Repräsentation beschworen wurde, antiparlamentarische Ressentiments und identitäre Träume mit von der Partie gewesen sind.[32] Auch heute ist es ein im Ausgangspunkt schwer begreifliches Paradoxon, warum die notleidende repräsentative Demokratie gerade dadurch gestärkt werden soll, dass man partiell von ihr abrückt.[33] Auch heute steht, wenn mehr direkte Demokratie gefordert wird, sehr wohl zu befürchten, dass die Krise der repräsentativen Demokratie mit einem Mittel bekämpft werden könnte, das diese letztlich mehr schwächt als stärkt.

Denn eines muss klar sein: Eine repräsentative Demokratie kann nicht beliebig um direktdemokratische Formen angereichert und mit diesen vermischt werden, ohne ihren repräsentativen Grundzug in Frage zu stellen

[31] Vor allem in der Politikwissenschaft und im politischen Journalismus wird diese These fast einhellig vertreten. Dazu: *H. Oberreuter* Communio, 40. Jg., Heft 4/2011, 323 ff.; *M. Linden* FAZ vom 1.12.2010, N3; *K. Bergmann* APuZ 25–26/2012, 17 (20); *M. Schröder* Akademie-Report 4/2011, 21 ff.; *C. Leggewie* Mut statt Wut. Aufbruch in eine neue Demokratie, 2011, 15 ff.; *Friedrich Ebert-Stiftung* (Hrsg.) Demokratie in Deutschland 2011 (abrufbar unter: http://www.demokratie-deutschland-2011.de; zuletzt abgerufen am 24.8.2012; darin z.B. *P. Struck* Vorwort; *S. Embacher* Einstellungen zur Demokratie; *W. Merkel/A. Petring* Partizipation und Inklusion); *R. Lehner* (Fn. 22), 271 (272, 284); *H. J. Lietzmann* Dimensionen einer Bürgerbeteiligung bei Planungsverfahren, abrufbar unter http://www.brd.nrw.de/wirueberuns/Veranstaltungen/Werkstattgespraech 2011/pdf/02.pdf (zuletzt abgerufen am 11.9.2012); *S. Müller-Franken* in: Baus/Montag (Fn. 23), 51, 60 f. mwN; aus internationalem Blickwinkel *W. A. Johnston/H. Krahn/T. Harrison* in: Lindaman (Hrsg.) Direct Democracy, 2011, 49. Besonders einflussreich die Diagnose von *C. Crouch* Postdemokratie, 2008; kritisch dazu *Nolte* (Fn. 1), 283, 471 f. Deutlich positiver noch die Einschätzung auf der Wiener Staatsrechtslehrertagung 1995, VVDStRL 55 (1996), darin z.B. *D. Merten,* 7 (40 ff.) („bewährt"), *O. Depenheuer*, 90 (100) (kritisch zur angeblichen Politikverdrossenheit).

[32] *Nolte* (Fn. 1), 226, 258 ff. (zu *Carl Schmitt* und zur „großen Krise" der Demokratie zu Beginn des 20. Jh.), 471 f.; s.a. *H. Münkler* in: Der Spiegel 29/2012, 100 f.

[33] Darauf hinweisend: *P. Badura* FS Redeker, 1993, 111 (120); *ders.* FS Schröder, 2012, 307 (317 f.).

und die Funktionsfähigkeit ihrer Organe zu schwächen.[34] Zwar ist die repräsentative Demokratie – so die These – keineswegs per se inkompatibel mit punktuellen direktdemokratischen Elementen;[35] und es wäre übertrieben, bereits in jedem einzelnen vom Parlamentsvotum abweichenden Volksentscheid eine grundsätzliche Schwächung der Repräsentativorgane erblicken zu wollen.[36] Zu einem systemsprengenden Umschlagen[37] der repräsentativdemokratischen Grundform kommt es indes, wenn plebiszitäre Entscheidungen so gehäuft auftreten, dass sie über eine bloß exzeptionell-punktuelle Ergänzungsfunktion hinausgehend in eine Art regelmäßige Kontroll- und Mitgestaltungsfunktion hineinwachsen.[38] Denn ganz konstitutiv für eine funktionstüchtige repräsentative Demokratie ist der dialogische[39] Grundzusammenhang zwischen dem der Regierungsmehr-

---

[34] *M. Möstl* in: Lindner/Möstl/Wolff (Fn. 13), Art. 72 Rn. 9; *ders.*, Stellungnahme im Rahmen der Anhörung der Sonderkommission des Südtiroler Landtages zum Thema „Direkte Demokratie" am 6./7. Oktober 2004 (Landesgesetzentwürfe 1/03, 11/04, 47/04 sowie Entwurf Pöder/Dr. Klotz) unter 1. (dazu Pressemitteilung des Südtiroler Landtages vom 6.10.2004); ähnlich: *W. Luthardt* Direkte Demokratie, 1994, 162; *H. Wefing* Die Zeit vom 30.4.2008, 1.

[35] Ähnlich: *Merkel/Petring* (Fn. 24), 22 (gegen *E. Fraenkel* in: Rausch (Fn. 21), 330 [355]: „prinzipielle Strukturwidrigkeit", dazu auch *Schwieger* [Fn. 6], 315 ff.; für eine weitreichende „logische" Inkompatibilität auch *Jung* [Fn. 12], 210; für Österreich: VfGH EuGRZ 2002, 62); gegen die These der prinzipiellen Unvereinbarkeit jedoch auch *H.-P. Hufschlag* Einfügung plebiszitärer Komponenten in das Grundgesetz?, 1999, 126 f. Allgemein zur Interaktion von repräsentativer und direkter Demokratie weltweit und zur komplementären Rolle direktdemokratischer Elemente: *D. Altman* Direct Democracy worldwide, 2011. Unter III.2. und 3. wird dementsprechend argumentiert werden, dass direktdemokratische Elemente – wohl dosiert eingesetzt und unterhalb der Schwelle des Umschlagens in eine andere Demokratieform verbleibend – die repräsentative Ordnung stabilisieren und verbessern können.

[36] *H. Dreier/F. Wittreck* in: Feld u.a., Jahrbuch 2009 (Fn. 18), 11 (24 f.); ähnlich: *Rux* (Fn. 7), 246 (keine Schwächung der Arbeitsfähigkeit); *K. Schweiger* BayVBl. 2002, 65 (69) (keine Lähmung des parlamentarischen Systems); *Kaufmann/Büchi/Braun* (Fn. 12), 55 (in der Schweiz kein „Störfaktor"); aA *S. Müller-Franken* in: Meier/Panzer (Fn. 23), 45 (62 f.).

[37] Zu einem solchen „Umschlagen" vgl. *E.-W. Böckenförde* FS Eichenberger, 1982, 301 (316); *ders.* HStR III, 3. Aufl. 2005, § 34 Rn. 23.

[38] Zu diesem Unterschied am Beispiel des Vergleichs Deutschland-Schweiz: *C. Waldhoff* in: Bertschi u.a. (Hrsg.) Demokratie und Freiheit, Assistierendentagung 1999, 1999, 181 (220 ff.); *H. F. Zacher* BayVBl. 1998, 737 (742); *Kaufmann/Büchi/Braun* (Fn. 12), 13; instruktiv auch: *K. Hernekamp* Formen und Verfahren direkter Demokratie, 1979, 326 ff.; *U. Glaser* Direkte Demokratie als Routineverfahren, 1997, 28 f.

[39] Zu dieser „dialogischen" Struktur und Verfasstheit: *P. Badura* in: Deutscher Bundestag, Innenausschuß 14. WP, Ausschussdrucksache Nr. 809A zur Öffentlichen Anhörung in der 94. Sitzung vom 19.4.2002, 2; *J. Isensee* in: Hillgruber/Waldhoff (Fn. 7), 117 (127).

heit durch Wahl erteilten, zeitlich begrenzten Mandat zu einer kohärenten Politikverwirklichung einerseits und dem durch Wahl erfolgenden periodischen Zur-Verantwortung-Gezogen-Werden für eine Politik, die man tatsächlich gestaltet hat und daher verantworten kann, andererseits. Dieser Konnex zerbricht, wenn Entscheidungen durch Volksentscheid so regelmäßig aus ihm herausgebrochen[40] und in das parlamentarische Regieren hineingeschnitten[41] werden, dass dem Parlament die Gesamtverantwortung für den zu verfolgenden Politikentwurf entgleitet und diese unter eine Art permanenten Vorbehalt der Korrektur und Mitwirkung des Volkes gestellt wird.[42] Die Wahlen werden dann unweigerlich ihre zentrale Rolle der politischen Richtungsbestimmung einbüßen.[43] Der Dualismus von

---

40 *P. Badura* FS Schröder, 2012, 307 (316).

41 *P. Lerche* in: Huber/Mößle/Stock (Fn. 17), 179 (184).

42 *M. Möstl* in: Lindner/Möstl/Wolff (Fn. 13), Art. 72 Rn. 8; *ders.*, Stellungnahme (Fn. 34); Schlussbericht der Enquete-Kommission Verfassungsreform, BT-Drs. 7/5924, 12 (dazu *Wiegand* [Fn. 5], 252 f.); *O. Depenheuer* Bürgerverantwortung im demokratischen Verfassungsstaat, VVDStRL 55 (1996), 90 (116); *Schmidt* (Fn. 7) 347 (zur Gefahr der Verhinderung einer kohärenten Politik); *J. Ziekow* in: Beck/Ziekow (Fn. 26), 33 (35) (mit der zutreffenden Feststellung, dass diese Gefahren nicht gegen direkte Demokratie an sich sprächen, sondern dass sich aus ihnen nur Grenzen für den Einsatz direkter Demokratie ableiten ließen); instruktiv dazu, dass Volksgesetzgebung gerade in einem parlamentarischen i.G. zu präsidentiellen Regierungssystem potentiell systemsprengend wirken kann: *F. Decker* in: Feld u.a. (Hrsg.) Jahrbuch für direkte Demokratie 2010, 2011, 37 (42 ff.); dazu grundlegend auch bereits *Jung* (Fn. 12) (für Deutschland z.B. 285; allgemein 212 ff.), die die Volksgesetzgebung/Referendumsinitiative – m.E. unter Verkennung der nützlichen und systemstabilisierenden Wirkungen ausnahmsweiser Plebiszite (siehe unten III.2. und 3. und oben Fn. 35) – sogar kategorisch und nicht nur (wie hier) jenseits einer bestimmten Häufigkeit ablehnt. Zur Problematik der fehlenden Einpassung in das politische Gesamtkonzept der parlamentarischen Mehrheit auch BayVerfGH 53, 42 (63 f.), 68 = DÖV 2000, 911 (912, 913); s.a. BremStGH DVBl. 2000, 915/917 (Verantwortung für die „gesamte Politik"); s.a. *H. F. Zacher* BayVBl. 1998, 737 (742). Die angesichts pluralistischer Interessenvielfalt zu treffenden Prioritätsentscheidungen zu einem kohärenten Ganzen zu verbinden, ist die eigentliche Leistung des parteienstaatlichen Parlamentarismus (*P. Badura* FS Schröder, 2012, 307 [316]; s.a. *S. Clark* in: Lindaman [Fn. 31], 67 ff.); sie wird durch ausnahmsweise greifende plebiszitäre Einzelkorrekturen noch nicht strukturell in Frage gestellt, sehr wohl aber durch einen regelmäßigen plebiszitären Mitwirkungs- und Kontrollvorbehalt, der dazu führt, dass alle wichtigen politischen Entscheidungen vom Volk selbst getroffen oder kontrolliert werden (so für die Schweiz: *Kaufmann/Büchi/Braun* [Fn. 12], 13).

43 *W. Linder* Schweizerische Demokratie, 2. Aufl. 2005, 349; zu den Auswirkungen direktdemokratischer Volksrechte auf die Wahlbeteiligung: *M. Freitag/I. Stadelmann-Steffen* in: M. Freitag/U. Wagschal (Hrsg.) Direkte Demokratie, 2007, 189 ff.; *D. Schlozman/ I. Yohai* 81 ff, *T. Donovan/C. J. Tolbert/D. A. Smith* 115 ff., beide in: Lindaman (Fn. 31); allgemein zum Charakter der Wahl als dem „entscheidenden" Integrationsvorgang und „ausschlaggebenden" Vorgang der politischen Meinungs- und Willens-

Regierung und Opposition wird von der Frontstellung Volk gegen Repräsentativorgane überlagert.[44] Und die Gemeinwohlchance,[45] die darin liegen kann, dass die Volksvertretung auch einmal gegen die momentane Stimmung im Volk entscheidet, wird strukturell verspielt. Dass diese Überlegungen nicht nur Theorie, sondern auch praktisch belegbar sind, zeigt das Beispiel der Schweiz.[46] Denn dass zwischen ihren sehr weit reichenden Volksrechten einerseits und ihrer sehr speziellen und trotz Endes der „Zauberformel" ungebrochenen Konkordanzdemokratie (mit einer Art „ewigen" großen Koalition und dem faktischen Ausschluss des Machtwechsels)[47] andererseits ein untrennbarer Zusammenhang besteht, wird

bildung: *P. Badura* Staatsrecht, 5. Aufl. 2012, D 12. Für Deutschland ist bei alledem zu bedenken, dass sein politisches System – aufgrund des zu Koalitionen zwingenden Wahlrechts und aufgrund der Mitentscheidungsrechte des Bundesrates – ohnehin einige gewichtige konkordanzdemokratische Elemente kennt, ohne dass dadurch der mehrheitsdemokratische Grundcharakter (mit der regelmäßigen Chance des Regierungs- und Richtungswechsels bei Wahlen) bislang ganz in den Hintergrund getreten wäre (dazu *Schmidt* [Fn. 7], 310, 385; *Jung* [Fn. 12], 284). Umso sorgfältiger muss darauf geachtet werden, dass der – durch konkordanzdemokratische Elemente vorbelastete – majoritäre Grundcharakter nicht durch ein Übermaß an plebiszitären Elementen ganz in Richtung Konkordanzdemokratie (Beispiel Schweiz s.u.) umgestaltet wird.

44 Zur Abschwächung des Regierungs-/Oppositions-Dualismus: *F. Decker* in: Feld u.a., Jahrbuch 2010 (Fn. 42), 37 (56).

45 Siehe dazu *J. Isensee* in: Hillgruber/Waldhoff (Fn. 7), 117 (133 f.); *K. Bergmann* in: APuZ 25–26/2012, 17 (20) (jeweils mit Beispielen aus der Geschichte der Bundesrepublik); allgemeiner *P. Badura* in: Bonner Kommentar, Art. 38 (Zeitbearbeitung 1966), Rn. 33.

46 In den USA (Bsp. Kalifornien) ist wegen des dort ganz anderen verfassungsrechtlichen Kontexts (insbesondere: präsidentielles Regierungssystem!; s.o. Fn. 42 und z.B. *Jung* [Fn. 12], 261 ff.) der für die Schweiz (siehe sogleich) charakteristische Schritt zur Konkordanzdemokratie zwar nicht feststellbar; auch dort hat die direkte Demokratie, wo sie (wie in Kalifornien) sehr stark ausgeprägt ist, jedoch z.T. in Bezug auf das Funktionieren der repräsentativen Demokratie systemschwächende Wirkungen gezeigt. Dazu: *W. J. Patzeld* in: Feld u.a. (Hrsg.) Jahrbuch 2010 (Fn. 42), 63 (102); *L. Trankovits* Weniger Demokratie wagen!, 2011, 223 ff.; *J. Gebhardt* in: H.-H. v. Arnim (Hrsg.) Direkte Demokratie, 2000, 13 (22 ff.); *K. P. Miller* Direct Democracy and the Courts, 2009, 67 ff., 219; *Glaser* (Fn. 38), 111 ff.; *C. Stelzenmüller* Direkte Demokratie in den Vereinigten Staaten von Amerika, 1994, 291 ff.; differenzierend: *H. K. Heußner* in: Feld u.a. (Hrsg.) Jahrbuch 2011 (Fn. 4), 175 ff. (Fehler der Ausgestaltung der Volksrechte).

47 *W. Linder* Schweizerische Konkordanz im Wandel, ZSE 2/2009, 1 (http://www.ipw.unibe.ch/unibe/wiso/ipw/content/e1867/e7855/e7856/e7934/files7941/Konkordanzwandel ZSE7-09_ger.pdf; zuletzt abgerufen am 17.7.2012); ausführlich: *ders.* (Fn. 43), 241 ff., 301 ff.; *ders.* FS Ismayr, 2010, 599 ff.; allgemein zum Konkordanzsystem: *Schmidt* (Fn. 7), 306 ff. Die jüngeren Probleme der Einbeziehung der SVP und das Abrücken von der bis 2003 geltenden „Zauberformel" einer stets gleich bleibenden Regierungszusammensetzung (dazu: http://www.swissworld.org/de/politik/regierung_und_parlament/zauberformel/; zuletzt abgerufen am 24.8.2012) haben am Grundprinzip der Kon-

einhellig angenommen.[48] Es liegt mir fern, das Demokratiemodell der Schweiz zu kritisieren. Gesagt werden muss jedoch, dass sie um der Verwirklichung ihrer ehrgeizigen direkten Demokratie willen bereit ist, auch tief greifende Modifikationen der repräsentativdemokratischen Funktionsmechanismen in Kauf zu nehmen, die (wie die weitgehende Zurückdrängung des Regierungs-/Oppositions-Schemas[49]) in einem rein repräsentativen System als problematisch angesehen werden müssten. Eben deswegen ist es auch richtig, das spezifische Mischungsverhältnis von repräsentativer und direkter Demokratie in der Schweiz als eine vom repräsentativen Grundtypus verschiedenartige Demokratieform einzustufen, die zu Recht mit Attributen wie „halbdirekte Demokratie"[50] zu erfassen versucht wird.

Wäre es zulässig, eine so weitreichende halbdirekte Demokratie, die greifbare Funktionsbeeinträchtigungen der repräsentativen Ordnung in Kauf nimmt, in Deutschland zu installieren? Legen wir uns, bevor nach Gründen für mehr direkte Demokratie gefragt wird, diese Frage vor, damit von vornherein Klarheit über den verfassungsrechtlichen Rahmen

---

kordanz und der breit abgestützten nach Proporz gebildeten großen Koalition nichts geändert; allein die Spielregeln der Zusammensetzung sind offener geworden; zur aktuellen Lage auch: *B. Steppacher* Knirschende Konkordanz, KAS Auslandsinformation 3/2012, 56ff., abrufbar unter http://www.kas.de/wf/doc/kas_30494-544-1-30.pdf?120315182845; zuletzt abgerufen am 24.8.2012).

[48] *G. Biaggini* in: Bauer u.a. (Hrsg.) Demokratie in Europa, 2005, 107 (122); *Linder* (Fn. 43), 246, 301ff., 344; *Schmidt* (Fn. 7), 347; *Jung* (Fn. 12), 271ff., 285; *R. A. Rhinow* Parteienstaatlichkeit – Krisensymptome des demokratischen Verfassungsstaats?, VVDStRL 44 (1986), 84 (87); *S. Müller-Franken* in: Baus/Montag (Fn. 23), 51 (55); *J. Giehl* Direkte Demokratie, Diss. 1996, 139f.; *A. Vatter* in: Freitag/Wagschal (Fn. 43), 71 (81ff.); *A. Vatter* European Journal of Political Research 38 (2000), 171ff.; *F. Decker* in: Feld u.a. (Hrsg.) Jahrbuch 2010 (Fn. 42), 37 (43); *U. Karpen* ZG 2012, 68 (70); *T. Schiller* Direkte Demokratie, 2002, 106, 159 (dort zu Recht und im Einklang mit der hier vertretenen These differenzierend dahingehend, dass nicht jeder Einbau direktdemokratischer Elemente zur Konkordanzdemokratie führt; entscheidend ist vielmehr, ob plebiszitäre Kontrollen von der punktuellen Ausnahme zum systemverändernden Regelvorbehalt werden; s.a. *O. Jung* in: Kost [Hrsg.] Direkte Demokratie in den deutschen Ländern, 2005, 312 [347]); *Hornig* (Fn. 28), 225; *Kaufmann/Büchi/Braun* (Fn. 12), 14, 37; *C. Mannhart Gomes* Das Verwaltungsreferendum in Bund und Kantonen, 2007, 30, 38f. Dies gilt nicht nur in der Richtung, dass die weitreichende direkte Demokratie zu einem „Konkordanzzwang" und einem Zusammenrücken aller „referendumsfähigen" Parteien geführt hat (siehe obige Nachweise), sondern auch umgekehrt, dass in einem System ohne Regierungswechsel der Bedarf nach plebiszitären Korrekturen besonders hoch ist (zu letzterem: *Möllers* [Fn. 22], 29f.; *F. Decker* in: Feld u.a. (Hrsg.) Jahrbuch 2010 [Fn. 42] 37 [60]; für Italien: *A. Capretti* Öffnung der Machtstrukturen durch Referenden in Italien, 2001).

[49] *Nolte* (Fn. 1), 67; kritisch: *Wittmann* (Fn. 1), 159 f.

[50] *Linder* (Fn. 43), 241 ff.

herrscht.[51] Die Antwort ist: nein. Zwar ist der Streit um Zulässigkeit und Grenzen der direkten Demokratie unter dem Grundgesetz noch immer nicht ausgestanden;[52] doch gibt es in Rechtsprechung[53] und Literatur[54] eine seit langem herrschende Linie, von der abzurücken keinerlei Anlass besteht: Lebendige Elemente direkter Demokratie in Ländern und Bund sind demnach möglich; die hierzu nötigen Verfassungsbestimmungen[55] sind jedoch an die Grenzen der Ewigkeitsgarantien[56] und des Homogenitätsgebots[57] gebunden, aus denen bei aller plebiszitärer Offenheit übereinstimmend[58] ein „Vorrang der repräsentativen Demokratie“[59] dergestalt

---

[51] Zur Notwendigkeit der sauberen Trennung verfassungspolitischer und verfassungsrechtlicher Argumente: *F. Wittreck* ZSE 2010, 553 (555). Zu beachten ist freilich, dass der bestehende verfassungsrechtliche Rahmen nicht ohne Rückwirkung auf die verfassungspolitische Diskussion bleiben kann.

[52] Gegen die hM zuletzt z.B. *H. Meyer* JZ 2012, 538; dazu in journalistischer Überhöhung auch *H. Prantl* SZ vom 25.6.2012, 4.

[53] BVerfGE 123, 267 (367); BayVerfGH 53, 42 = DÖV 2000, 911; StGH Bremen DVBl. 2000, 915; ThürVerfGH ThürVBl. 2002, 31; mit anderer Stoßrichtung (stärker den Gleichrang betonend), allerdings nicht zu den Grenzen möglicher Verfassungsänderung: SächsVerfGH SächsVBl. 2002, 236; HmbVerfG NordÖR 2005, 524; zum Ganzen (mit Kritik an der h.Rspr.): *F. Wittreck* JÖR n.F. 53 (2005), 110; umgekehrt die Rspr. des SächsVerfGH für grundgesetzwidrig haltend: *P. Badura* FS Schröder, 2012, 307 (312).

[54] Im Überblick mwN: *M. Paus/A. Schmidt* JA 2012, 48/50; aus der Lit. z.B. *B. Grzeszick* in: Maunz/Dürig (Begr.) Grundgesetz, Art. 20 II. Rn. 77, 115; ausführlich zum Thema: *Hufschlag* (Fn. 35); *K. Bugiel* Volkswille und repräsentative Entscheidung, 1991.

[55] Zum diesbezüglichen Verfassungsvorbehalt: *J. Isensee* FS Leisner, 1999, 359 (395 ff.); *M. Möstl* in: Depenheuer/Grabenwarter (Hrsg.) Verfassungstheorie, 2010, § 17 Rn. 31; *C. Waldhoff/H. von Aswege* in: Feld u.a. (Hrsg.) Jahrbuch 2011 (Fn. 4), 9 (18 f.) mwN; s.a. BayVerfGH 47, 265 = BayVBl. 1995, 46; aA jüngst erneut *H. Meyer* JZ 2012, 538. Für den Verfassungsvorbehalt spricht vor allem die abschließende (und die Volksgesetzgebung nicht einschließende) Regelung des Gesetzgebungsverfahrens in Art. 77 ff. GG sowie die grundsätzliche Überlegung, dass über das Verhältnis von Parlaments- und Volksgesetzgeber ohne ausdrückliche verfassungsrechtliche Ermächtigung nicht von vornherein einseitig die Parlamentsgesetzgebung entscheiden kann sondern vielmehr eine höherstufige verfassungsrechtliche Regelung nötig ist; Art. 20 Abs. 2 S. 2 GG („Wahlen und Abstimmungen“) steht nicht entgegen, da dieser aufgrund seiner systematischen Stellung im Abschnitt „Der Bund und die Länder“ auch durch Sachplebiszite auf Landesebene eingelöst werden kann und daher nicht zwingend (im Sinne eines Verfassungsauftrags) direktdemokratische Elemente auch auf Bundesebene verlangt.

[56] Für den Bund: Art. 79 Abs. 3 GG; in den Ländern sind ggf. landesrechtliche Ewigkeitsklauseln zu beachten, in Bayern z.B. Art. 75 Abs. 1 S. 2 BayVerf.

[57] Art. 28 Abs. 1 GG.

[58] Zum diesbezüglichen Gleichlauf der Anforderungen aus Art. 79 Abs. 3 und 28 Abs. 1 GG: *M. Paus/A. Schmidt* JA 2012, 48 (50); *P. M. Huber* AöR 126 (2001), 165 (173), jeweils mwN.

[59] ThürVerfGH ThürVBl. 2002, 31, LS. 5 und 37, 39; *P. M. Huber* AöR 126 (2001), 165 (183 ff.); *ders.* ZG 2009, 311 (312 ff.); *ders.* Volksgesetzgebung und Ewigkeitsgaran-

folgt, dass die Funktionstüchtigkeit der repräsentativen Demokratie durch plebiszitäre Elemente niemals geschwächt werden darf,[60] dass zwischen repräsentativer und direkter Demokratie ein Regel-Ausnahme-Verhältnis zu wahren ist[61] und dass das Parlament der „Primärraum“[62] der demokratischen Willensbildung bleibt. Hiergegen kann nicht eingewandt werden, dass Art. 20 Abs. 2 S. 2 GG „Wahlen und Abstimmungen“ in einem Atemzug, d.h. ohne klar ersichtliche Vorrangentscheidung nennt.[63] Denn zwar ist richtig, dass Art. 79 Abs. 3 GG nur die in Art. 20 niedergelegten Grundsätze und nicht jede antiplebiszitäre Einzelausprägung des Grundgesetzes schützt; und doch kann, wenn es Art. 79 Abs. 3 um den Schutz der Verfassungsidentität Deutschlands geht,[64] das, was Art. 20 meint, nicht ohne wertende Gesamtschau aller identitätsprägenden Grundentscheidungen des Grundgesetzes bestimmt werden;[65] noch klarer sagt es Art. 28 Abs. 1 GG, der auf die Demokratie „im Sinne dieses Grundgesetzes“ abstellt. Die Systementscheidung für eine voll funktionstüchtige repräsentative Demokratie, die niemals als solche aufs Spiel gesetzt werden darf (auch durch direktdemokratische Elemente nicht), ist nach hier vertretener These Teil der deutschen Verfassungsidentität sowie bleibendes Erbe der bei der Schaffung des Grundgesetzes obwaltenden Vorsicht.[66] Ebenso sieht es die überwiegende Judikatur der Landesverfassungsgerichte,[67] die bereits mehrfach über die Grenzen der Ausweitung von Volksrechten zu judizieren hatten und dabei wichtige Pionierarbeit

---

tie, 2003, 39ff.; *J. Isensee* DVBl. 2001, 1161 (1167); *S. Müller-Franken* Der Staat 44 (2005), 19 (30).

60 *P. Badura* FS Schröder, 2012, 307 (312).

61 BayVerfGH 53, 42 (61f.) = DÖV 2000, 911; berichtend zur hM auch: *Neumann* (Fn. 11), 342.

62 In Abwandlung eines Diktums des BVerfG aus dem Lissabon-Urteil: BVerfGE 123, 267 (411).

63 So aber *H. Dreier/F. Wittreck* in: Feld u.a. (Hrsg.) Jahrbuch 2009 (Fn. 18), 11 (16ff.); *F. Wittreck* in: Heußner/Jung (Fn. 11), 397 (406ff.); gegen die Aufladung des Art. 20 GG mit Wertungen eines grundgesetzlichen Demokratiebildes auch *H. Hofmann* in: ders. (Fn. 14), 151; *S. Unger* Das Verfassungsprinzip der Demokratie, 2008, 79f., 241ff., 288ff., 303; zum Ganzen auch: *C. Waldhoff/H. v. Aswege* in: Feld u.a. (Hrsg.) Jahrbuch 2011 (Fn. 4), 9 (20 ff.).

64 Besonders deutlich in: BVerfGE 123, 267 (350, 354); zum Leitbild des Identitätsschutzes durch Art. 79 Abs. 3 und 28 Abs. 1 GG: *Huber* AöR 126 (2001), 165 (173 f.).

65 Ähnlich *Hufschlag* (Fn. 35), 125; *S. Müller-Franken* Der Staat 44 (2005), 19 (23 f).

66 Zu letzterem: *J. Isensee* in: Hillgruber/Waldhoff (Fn. 7), 117 (124f.); *Schmidt* (Fn. 7), 338; *B. Grzeszick* in: Maunz/Dürig (Begr.) Grundgesetz, Art. 20 II Rn. 77.

67 Siehe Nachweise oben Fn. 53.

auch für das Verständnis des Grundgesetzes geleistet haben.[68] Mit dem Beharren auf dem Ausnahmecharakter von Plebisziten wird auch nicht etwa ein schlichtes Faktum zum Sollens-Satz hochstilisiert;[69] vielmehr liegt in der Grenzlinie, dass plebiszitäre Elemente über eine bloß punktuell ergänzende Wirkung nicht in eine regelmäßige Kontroll- und Mitgestaltungsfunktion hineinwachsen dürfen, wie gezeigt, der entscheidende normative Schutz gegen ein Umschlagen des repräsentativen Grundtypus in eine von ihm verschiedene „halbdirekte" Demokratieform, die (Bsp. Schweiz) zwar sehr wohl möglich, aber unter dem Grundgesetz nicht zulässig ist. Der verfassungsrechtliche Rahmen ist demnach klar, und auch das Vorzeichen, unter dem die Diskussion um mehr direkte Demokratie zu führen ist: Dass direktdemokratische Elemente die repräsentative Ordnung bereichern und verbessern, nicht aber beeinträchtigen und gefährden, ist der entscheidende Maßstab. Die Lebendigkeit und Leistungskraft der Demokratie plebiszitär zu stärken, ohne die Schwelle des Umschlagens in eine andere Demokratieform zu überschreiten, das ist der Balanceakt, den es zu bewältigen gilt.

III. Gründe für mehr direkte Demokratie heute

Was also spricht heute für mehr direkte Demokratie? Ihre Befürworter sagen, die Zeit sei reif für sie;[70] sie verweisen auf ihren Aufschwung in Ländern und Kommunen[71] und halten die völlige plebiszitäre Abstinenz des Grundgesetzes für nicht länger zu rechtfertigen.[72] Liegen sie richtig?

---

[68] *J. Kühling* JuS 2009, 777 (781); *M. Möstl* in: Lindner/Möstl/Wolff (Fn. 13), Art. 72 Rn. 3, 6 ff.

[69] So aber *F. Wittreck* in: Heußner/Jung (Fn. 11), 397 (407); *ders.* JöR n.F. 53 (2005), 111 (134).

[70] *R. Huber/B. Kurz* in: Heußner/Jung (Fn. 11), 459; siehe auch. *T. Franke-Polz* Direkte Demokratie, 2003, 7 mwN.

[71] *Neumann* (Fn. 11), 90 ff., 117 ff., 142 f.; *Rux* (Fn. 7), 35; *H. K. Heußner/O. Jung* in: dies. (Fn. 11), 11 (12 ff.); *H. H. v. Arnim* ebd., 39 (40); *H. K. Heußner* in: v. Arnim (Fn. 19), 27 ff.; *Eder* (Fn. 4), 102; *H. Obermann* LKV 2012, 241; siehe auch die Überblicke von *T. Schiller,* 115 ff., und *R. Magin/C. Eder,* 151 ff., beide in: Freitag/Wagschal (Fn. 43); *O. Jung* ZG 1998, 296 (zu den neuen Ländern); zur These eines internationalen Aufschwungs: *M. Freitag/U. Wagschal* in: dies. (Fn. 43), 9 ff.; *Hager* (Fn. 21), 11 mwN; *Kaufmann/Büchi/Braun* (Fn. 12), 209 ff.; *Jung* (Fn. 12), 9; siehe auch *Altman* (Fn. 35).

[72] Allgemein zum Charakter des Landesverfassungsrechts als „Experimentierfeld": *Martini* (Fn. 2), 23; *C. Pestalozza* Der Popularvorbehalt, 1981, 14; zum Argument der „Reife" der bundesrepublikanischen Demokratie, die es nicht länger rechtfertige, die (anfangs vielleicht verständliche) plebiszitäre Skepsis des GG aufrechtzuerhalten:

Drei Gründe möchte auch ich dafür anführen, mehr direkte Demokratie in Betracht zu ziehen:

1. Empirischer und politischer Ausgangsbefund

Da ist erstens der Umstand, dass nach allen empirischen Erhebungen im Volk ein stabiler Wunsch nach mehr direkter Demokratie zu bestehen scheint.[73] Wenn wir in einer Demokratie leben und ein nachhaltiger plebiszitärer Wille vorhanden ist, wird man sich dem auf Dauer nicht widersetzen können[74]. Bezeichnenderweise konnten in Bundesländern, in denen die vollplebiszitäre Verfassungsänderung möglich ist, plebiszitäre Vorstöße für noch mehr direkte Demokratie bereits mehrfach nur mit der schärfsten Waffe der Verfassungsgerichte, der Ewigkeitsklausel, abgewehrt werden.[75] Aber auch, wo diese Möglichkeit nicht besteht, wird der Druck wachsen: In den letzten 10 Jahren haben alle Fraktionen des Bundestages außer der Union Anträge auf Einführung der Volksgesetzgebung eingebracht;[76] und auch innerhalb der Union bröckelt die Ablehnung, wenn sich neuerdings etwa die CSU anschickt, Volksentscheide auf Bundesebene zu fordern.[77]

H. J. Vogel u. *C. Degenhart*, beide in: Deutscher Bundestag, Innenausschuss, 14. WP. Ausschussdrucksachen Nr. 809, 809E; *Rux* (Fn. 7), 209; *E. Mahrenholz* in: Däubler-Gmelin/Adlerstein (Fn. 7), 371 (372); *G. Rittger* Der Streit um die direkte Demokratie in Deutschland, 1992, 217; zum Argument, die Abstinenz des GG erscheine im Vergleich zur Situation in Ländern und Kommunen als rechtfertigungsbedürftige Ausnahme bzw. eine Einführung auch auf Bundesebene würde die gesamtstaatliche Verfassungsrechtslage abrunden: *C. Degenhart* GS Burmeister, 2004, 87 (90); *O. Jung* in: Kost (Hrsg.) Direkte Demokratie in den deutschen Ländern, 2005, 312 (354).

73 *L. Feld/Z. Hessami/L. Reil* in: Feld u.a. (Hrsg.) Jahrbuch 2010 (Fn. 42), 107 ff.; *R. Köcher* FAZ vom 20.10.2010, 5; *C. C. Henke* Direkte Demokratie auf Bundesebene, 2011, 9; *Plaum* (Fn. 26), 96; *O. Jung* in: Deutscher Bundestag, Innenausschuss, 14. WP. Ausschussdrucksache Nr. 809B, 4; *J. Kühling/F. Wintermeier* DVBl 2012, 317; *Martini* (Fn. 2), 16; *H. K. Heußner/O. Jung* in: dies. (Fn. 11), 11 (16); *H.-G. Borck* in: v. Arnim (Fn. 19), 81 (83 f.); *Meier/Panzer* (Fn. 23), Vorwort; allgemeiner: *Hager* (Fn. 21), 1; mit dem Hinweis, dass bei aller Befürwortung mehr direkter Demokratie in inkonsistenter Weise gleichzeitig wenig Zutrauen in die Kompetenz der Bürger für Sachentscheide besteht, allerdings: *H. Oberreuter* Communio, 40. Jg., Heft 4/2011, 323 (329 f.); die Bereitschaft zu mehr Partizipation anzweifelnd: *L. Trankovits* (Fn. 46), 189 ff.

74 Ähnlich: *H. J. Vogel* in: Heußner/Jung. (Fn. 11), 9 (10).

75 BayVerfGH 53, 43 = DÖV 2000, 911; 53, 81= NVwZ-RR 2000, 737; StGH Bremen DÖV 2000, 915; ThürVerfGH ThürVBl. 2002, 31.

76 BT-Drs. 14/8503; 16/474; 16/680; 16/1411; 17/1199.

77 *F. Müller* SZ vom 14.2.2012, 34; *G. Hefty* FAZ vom 10.3.2012, 1; http://www.csu.de/partei/aktuelles/12351120.htm (zuletzt abgerufen am 26.7.2012); in den Ländern ist, soweit es politisch opportun ist, auch die CDU flexibler, am Beispiel Bremen: *R. Wiegand* SZ vom 11.7.2012, 5.

2. *Kanalisierung gestiegener Partizipationsbedürfnisse*

Der Wunsch nach mehr direkter Demokratie ist Ausdruck eines größeren Trends: des gestiegenen Bedürfnisses der Bürger nach Partizipation an konkreten Sachentscheidungen; Politik- und Geschichtswissenschaft sehen in diesem erweiterten Partizipationsbedürfnis den Kern eines die heutige Demokratie prägenden Transformationsprozesses; im Zeitalter des Internet mit seinem expertenfeindlichen Vertrauen in die Schwarmintelligenz wird das partizipative Anspruchsdenken weiter wachsen.[78] Für Deutschland kennzeichnend ist hierbei – und ich komme zum zweiten für mehr direkte Demokratie sprechenden Grund –, dass sich die gestiegene partizipative Energie, gerade auch wegen des Fehlens oder der Erschwernis direktdemokratischer Formen, zunehmend in Kanälen entlädt, die der Legitimität der repräsentativen Ordnung sichtbaren Schaden zufügen:[79] Etwa die „stimmungsdemokratische" Überbewertung der Scheinplebiszite der Meinungsumfragen[80] oder der notorische Missbrauch der Landtagswahlen als Ersatzplebiszite zu bundespolitischen Sachfragen wären hier zu nennen.[81] Gravierender ist, dass in Zeiten der Mediendemo-

---

[78] *Nolte* (Fn. 1), 356 ff., 369 ff., 407 ff., 424 f., 471 ff.; *Hager* (Fn. 21), 1 f.; *Hornig* (Fn. 28), 15 f.; *Martini* (Fn. 2), 14; *Beck/Ziekow* (Fn. 26); *M.-H. Bacqué/Y. Sintomer* (Hrsg.) La démocratie participative inachevée, 2010; *Plaum* (Fn. 26), 95 f.; *Schmidt* (Fn. 7), 236, 244; (berichtend) s.a. *W. Graf Vitzthum* in: Huber/Mößle/Stock (Fn. 17), 71 (75 f.); *H.-G. Henneke* Der Landkreis 3/2012, 74 (zum „Wutbürger" als Ausdruck des Phänomens); *N. Stockhammer* Der Tagesspiegel vom 26. 3. 2012, 21; *R. Süssmuth* APuZ 44–45/2011, 3 ff.; mit grundlegend gegenläufigem Ansatz *Trankovits* (Fn. 46). Partizipation wird hier – weit – im Sinne von in vielen Formen denkbarer Beteiligung an Sachentscheidungen verstanden (direkte Demokratie ist also nur ein Unterfall); bei engerem Verständnis (Partizipation durch prozedurale Beteiligung an Verwaltungsentscheidungen z.B. in Form von Öffentlichkeitsanhörungen) ist Partizipation etwas anderes als direkte Demokratie (*P. Badura* FS Schröder, 2012, 307 [311]; zum engen und weiten Begriffsverständnis auch *G. Henneke* Der Landkreis 3/2012, 74 und *ders.* DVBl. 2012, 1072).

[79] Zu Recht daher die Mahnung, erweiterten Partizipationsbegehren in rechtlich geordneter Weise Rechnung zu tragen; so *H. Oberreuter* Krise der Demokratie?, Communio, 40. Jg., Heft 4/2011, 323 (331); siehe (für Österreich) auch *W. Berka* Bürgerverantwortung im demokratischen Verfassungsstaat, VVDStRL 55 (1996), 48 (79 f.); ähnlich auch *M. Stolleis* Parteienstaatlichkeit – Krisensymptome des demokratischen Verfassungsstaats?, VVDStRL 44 (1986), 7 (35).

[80] *H. Oberreuter*, Communio, 40. Jg., Heft 4/2011, 323 (329); *N. Lammert* Die politische Meinung 2011, Nr. 498, 7 (12); *W. Kahl/A. Glaser* in: K. Lange (Hrsg.) Nachhaltigkeit im Recht, 2003, 9 (32); siehe auch bereits *W. Schürmann* Die unmittelbare Demokratie in Bayern und im Bund im Vergleich zur Schweiz, 1961, 168 ff.

[81] Die diesbezüglich positive Würdigung bei *J. Isensee* in: Hillgruber/Waldhoff (Fn. 7), 117 (129), vermag ich nicht zu teilen. Kritisch zu Recht: *Unger* (Fn. 63), 41;

kratie[82] und der „wutbürgerlichen“[83] Protestkultur[84] immer mehr auch die grundrechtsgeschützte Meinungskundgabe in Medien, Demonstrationen und sonstigen Foren eine über einen Beitrag zur öffentlichen Meinungsbildung hinausgehende ersatzplebiszitäre Schlagkraft zu entfalten vermag,[85] die die parlamentarische Willensbildung deformieren,[86] ihre Legitimität untergraben und sie äußerstenfalls auch in die Knie zwingen kann – und das obwohl niemand weiß, ob der von Massenmedien, Wutbürgern und Internetforen inszenierte Bürgerprotest wirklich eine Mehrheit im Volk hinter sich hat.[87] Das uns allen vor Augen stehende Beispiel ist Stuttgart 21, bei dem der Protest die Legitimität der repräsentativen Entscheidung mit einer solchen Wucht zu erschüttern vermochte, dass sich die Politik zunächst nur in den Ausweg einer für die Würde der Demokratie peinlichen Schlichtung zu flüchten wusste, und bei dem es bezeichnenderweise erst eine Volksabstimmung war, die, indem sie die von den Repräsentativorganen getroffene Entscheidung im Ergebnis stützte, die Politik einigermaßen zu rehabilitieren und für Befriedung zu sorgen vermochte.[88] Der direkten Demokratie wird gerne vorgeworfen, sie verschaffe

---

H. K. Heußner in: v. Arnim (Fn. 19), 27 (40); *Trankovits* (Fn. 46), 81ff. Legitim und systemimmanent ist freilich, dass der Bürger, der schließlich auch über den Bundesrat im Bund repräsentiert wird und hierauf über die Landtagswahl Einfluss nehmen kann, seine Landtagswahlentscheidung auch an bundespolitischen Präferenzen orientiert (dazu *M. Möstl* Bundesstaat und Staatenverbund, 2012, 27); problematisch ist es indes, wenn die Landtagswahl zur Abstimmung über konkrete bundespolitische Sachfragen degeneriert.

[82] *U. Sarcinelli* Medien und Demokratie, in: Friedrich-Ebert-Stiftung (Hrsg.) Demokratie in Deutschland 2011 (abrufbar unter www.demokratie-deutschland-2011.de; zuletzt abgerufen am 24.8.2012).

[83] *D. Kurbjuweit* in: Der Spiegel 2010, Nr. 41, 26; s.a. (mit Nachweisen zur Entstehung und Bedeutung des Begriffs) *H.-G. Henneke* Der Landkreis 3/2012, 74; *ders.* DVBl. 2012, 1072; *H. Abromeit* ZSE 2011, 29; *M. Bertrams* NWVBl. 2012, 289 (290).

[84] Vgl. das Themenheft „Protest und Beteiligung“ in APuZ, 62. Jg., 25–26/2012.

[85] Dass die insbesondere mit Art. 5 und 8 GG verbundenen Rechte auf Teilhabe an der öffentlichen Meinungsbildung auch ein plebiszitäres Potential aufweisen, ist nicht neu (*Badura* [Fn. 43], C 103; *W. Schmitt Glaeser* HStR, Bd. III, 3. Aufl. 2005, § 38 Rn. 32); gesteigert hat sich – aufgrund des erweiterten Partizipationsbedürfnisses – jedoch die Dynamik und Schlagkraft dieser (zunehmend gegen die Repräsentativorgane gerichteten und ihre Legitimität in Frage stellenden) plebiszitären Wirkungsweise.

[86] *P. Badura* FS Schröder, 2012, 307 (314, 315); *ders.* HStR, Bd. II, 3. Aufl. 2004, § 25 Rn. 39. Diese „deformierende“ Wirkung geht über die seit jeher vorausgesetzte und unerlässliche Funktion der Meinungs- und Medienfreiheiten, den Staatswillensbildungsprozess „vorzuformen“ und zum Gelingen inhaltlicher Repräsentation beizutragen, weit hinaus.

[87] *W. J. Patzelt* in: Feld u.a. (Hrsg.) Jahrbuch 2010 (Fn. 42), 63 (104f.); *Möllers* (Fn. 22), 34.

[88] So die hier vertretene Interpretation der – freilich vielen Sichtweisen zugänglichen – Vorgänge um Stuttgart 21. Zu Stuttgart 21 z.B.: *K. Schönenbroicher* VBlBW 2010,

aktiven Minderheiten die Chance, die parlamentarische Mehrheit vor sich herzutreiben;[89] aber ist es heute nicht genauso wahrscheinlich, dass die gewählten Organe gegenüber der Macht der Medien und der Straße bisweilen so schwach geworden sind, dass sie des Schutzes durch ein plebiszitäres Verfahren bedürfen, das den selbsternannten Meinungsmachern und Wutbürgern endlich den Spiegel des wahren Volkswillens entgegenhält?[90] Freilich ist richtig, dass Volksentscheide regelmäßig geringere Beteiligungen erzielen als Parlamentswahlen und insofern ein Legitimitätsdefizit aufweisen;[91] aber ist es, wenn die Legitimität der parlamentarischen Entscheidung bestritten wird, nicht besser, zu einem plebiszitären Verfahren zu greifen, das immerhin alle in die Verantwortung nimmt[92] und eine klare artikulationswillige Mehrheit ermittelt,[93] als dem lautstarken Druck einer elitären Zivilgesellschaft nachzugeben, obwohl völlig unklar ist, ob sie die Mehrheit hinter sich hat?[94] Die repräsentative Demo-

---

462ff.; *G. Kirchgässner* NZZ vom 12.1.2011, 23; *W. Leisner* NJW 2011, 33; *H. Prantl* SZ vom 25.11.2011, 4; *ders.* ZRP 2011, 24ff.; *H. Geißler* SZ vom 1.12.2011, 2; *M. Schröder* Akademie-Report 4/2011, 21ff.; *D. Posch* FAZ vom 4.5.2012, 11; *H.-G. Henneke* DVBl. 2012, 1072 (1080); *K. F. Gärditz* GewArch 2011, 273 (279) mit berechtigter Kritik an der „Schlichtung". Ähnlich wie hier die Wertung bei *S. Müller-Franken* in: Baus/Montag (Fn. 23), 51 (57); zur befriedenden Wirkung: *O. Jung* Recht und Politik 1/2012, 11 (13).

89 *P. Badura* HStR, Bd. II, 3. Aufl. 2004, § 25 Rn. 60; *P. Lerche* in: Huber/Mößle/Stock (Fn. 17), 179 (184); *Martini* (Fn. 2), 94.

90 Vgl. *Maurer* (Fn. 7), 32; *S. Müller-Franken* in: Baus/Montag (Fn. 23), 51 (57); siehe auch unten Fn. 131. Mit „wahrem Volkswillen" ist hier – ohne jede Überhöhung (diesbezüglich zu Recht kritisch: *R. Steinberg* FAZ vom 16.2.2012, 7) – schlicht das Ergebnis der Volksabstimmung (d.h. die artikulationswillige Mehrheit, siehe Fn. 93) gemeint.

91 *K.-R. Korte* in: Walter-Raymond-Stiftung (Hrsg.) Digitale Demokratie, Netzfreiheiten, plebiszitäre Kampagnen: Auswirkungen auf Politik und Gesellschaft, 2012, 57 (66); *Merkel/Petring* (Fn. 24), 23.

92 *Möllers* (Fn. 22), 113.

93 *W. J. Patzelt* in: Feld u.a. (Hrsg.) Jahrbuch 2010 (Fn. 42), 63 (104 f.).

94 Zur bei alternativen Partizipationsformen noch weitaus höheren sozialen Selektivität: *Merkel/Petring* (Fn. 24), 23; kritisch zur Idee der zivilgesellschaftlichen Bürgerverantwortung auch *Depenheuer* (Fn. 42), 90 (99ff.). Die legitimatorische Kraft klassischer direktdemokratischer Instrumente ist (trotz typischerweise geringerer Beteiligung als bei Wahlen) allemal besser als neuere (diffusere) Konzepte einer partizipatorischen Demokratie oder des Dialogs mit der Zivilgesellschaft (paradigmatisch z.B. Art. 11 Abs. 1 bis 3 EUV; dazu *M. Ruffert* in: Chr. Callies/M. Ruffert (Hrsg.) EUV/AEUV, 4. Aufl. 2011, Art. 11 EUV, zu den Grenzen und Gefahren dieses Ansatzes insb. Rn. 11; allgemein zu partizipatorischen Demokratiekonzeptionen und zur Kritik an ihnen: *Schmidt* [Fn. 7], 236 ff.), die stets die Gefahr in sich tragen, aktiven Minderheiten zu viel Gehör zu schenken.

kratie – so die These – braucht direktdemokratische Verfahren als Ventil, um die gestiegenen Partizipationsbedürfnisse der Gesellschaft in Bahnen zu lenken, die ihr nicht schaden.[95] Derartige Verfahren müssen und dürfen nach hier vertretener Konzeption nicht oft, sondern nur dann greifen, wenn ein Thema solch außergewöhnliche partizipatorische Mobilisierungskraft hat, dass die Legitimität der parlamentarischen Entscheidung ohne dieses Ventil beschädigt zu werden droht.[96] Lässt sich die repräsentative Demokratie in solchen Fällen auf Plebiszite ein, hat sie nichts zu verlieren: Mit keineswegs geringer Wahrscheinlichkeit wird das Volk ihre Entscheidung stützen[97]. Und sollte es anders kommen, so bedeutet es, wie dargelegt, keine Schwächung des Parlaments, wenn ihm singuläre Entscheidungen plebiszitär aus der Hand genommen werden, solange dies die Ausnahme bleibt und die kontinuierliche Politikverwirklichung nicht in Frage gestellt wird; im Gegenteil bietet das Plebiszit die Chance, eine rein negative Protesthaltung in eine positive Gestaltungsoption umzumünzen und ihr so die delegitimierende Wirkung zu nehmen.[98]

---

[95] Zu dieser Ventilfunktion (Kanalisierung von Bürgerprotest): *Martini* (Fn. 2), 91, 96; s.a. *Rux* (Fn. 7), 105, 905; *Altman* (Fn. 35), 197. Eine begrenzte Ventilfunktion gesteht sogar *P. Lerche* in: Huber/Mößle/Stock (Fn. 17), 179 (187) zu. Verkannt wird diese Ventilwirkung nach hier vertretener Sicht von *Trankovits* (Fn. 46), z.B. 15. Aus der Tatsache, dass die repräsentative Demokratie derzeit darunter leidet, dass sich der partizipatorische Wille in falschen Kanälen entlädt, z.B. Dauerwahlkampf, Orientierung an Umfragen etc., kann nicht geschlossen werden, dass exzeptionelle Plebiszite keine entlastenden Wirkungen haben könnten.

[96] Ein Beispiel für eine positiv-befriedende Wirkung eines Volksentscheids in einer Situation, in der die Politik unter Druck gerät und selbst nicht mehr einzuschätzen vermag, wie die tatsächliche Meinung im Volk ist, liefert die bayerische Volksabstimmung zum Nichtraucherschutz im Jahre 2010 (dazu *B. M. Weixner* in: Feld u.a. [Hrsg.] Jahrbuch 2010 [Fn. 42], 255 ff.): Die CSU hatte zunächst ein striktes Rauchverbot eingeführt, diese strikte Linie dann aber, nachdem sie in der öffentlichen Diskussion unter Druck geraten war und die Stimmenverluste bei der Landtagswahl u.a. als Antwort auf das zu scharf geratene Rauchverbot deutete, nicht mehr durchgehalten und das Verbot gelockert. Durch Volksentscheid wurde dann zur ursprünglichen strengen Linie zurückgekehrt. Dies wurde (anders als bei der zunächst parlamentarisch beschlossenen Regelung, die zu Protesten geführt hatte) weitgehend akzeptiert; der Volksentscheid hat in einer lange umstrittenen Frage Befriedung gebracht.

[97] Dazu, dass die direkte Demokratie oft die repräsentativen Verhältnisse widerspiegelt und ihre Ergebnisse stützt: *Hornig* (Fn. 28), 323. Im Übrigen dürften ohnehin gerade die plebiszitfeindlichen konservativen Kräfte das tendenziell ergebniskonservative Plebiszit am wenigsten zu fürchten brauchen (dazu *A. Christmann* In welche politische Richtung wirkt die direkte Demokratie?, 2009; *Merkel/Petring* [Fn. 24], 24; *Hufschlag* [Fn. 35], 263).

[98] Vgl. insgesamt den Ansatz von *C. Giesa* Bürger.Macht.Politik, 2011 („dafür statt dagegen").

3. *„Krise der repräsentativen Demokratie"*

Es ist offensichtlich, dass ich mit meinem zweiten, auf vernünftig zu kanalisierende Partizipationsbedürfnisse abstellenden Argumentationsstrang nun doch bereits Aspekte der „Krise der repräsentativen Demokratie" berührt habe, denn das gestiegene Partizipationsbedürfnis kann seinen Grund ja nur darin haben, dass viele Bürger in den Wahlen offenbar immer weniger den Akt ihrer Zustimmung erkennen und Unzufriedenheit mit den Entscheidungsverfahren der parteienstaatlichen Volksvertretung empfinden.[99] Hieran – an den Befund der „Krise"[100] – knüpft nun mein dritter Argumentationsstrang an. Es liegt mir dabei fern, die Lage zu dramatisieren;[101] denn der Krisendiskurs ist weder neu[102] noch ist erkennbar, dass in ihm der Keim eines für die repräsentative Ordnung existenzgefährdenden Systemwechsels angelegt sein könnte;[103] das suggestive und potentiell destruktive[104] Wort von der „Postdemokratie"[105] werde ich nicht im Munde führen. Und doch kommen wir nicht umhin, dass nach wohl einhelliger[106] Einschätzung sowie am Indikator stetig sinkender Wahlbeteili-

---

[99] *P. Badura* Die parteienstaatliche Demokratie und die Gesetzgebung, 1986, 20; *ders.* FS Redeker, 1993, 111 (120); *H. Abromeit* ZSE 2011, 29; *M. Bertrams* NWVBl. 2012, 289 f., 293.

[100] Siehe bereits Nachweise in Fn. 31.

[101] Dazu, dass ein übertriebenes Beschwören der Krise kein guter Ratgeber ist, siehe bereits oben bei Fn. 32. Außerdem: *U. Sarcinelli* in: M. Schröder (Hrsg.) Die Web-Revolution, 2012, 69 f.

[102] Vgl. bereits das Thema der Staatsrechtslehrertagung 1985 (VVDStRL 44 [1986]): „Parteienstaatlichkeit – Krisensymptome des demokratischen Verfassungsstaates?", dort z.B. *K. Stern,* 126: „Fehlentwicklungen", aber keine „echte Krise"; s.a. *G. Rüther* in: ders. (Fn. 21), 9 (17); *M. Linden* FAZ 2010, N 3; *Neumann* (Fn. 11), 76 ff.; *Hufschlag* (Fn. 35), 27 ff.

[103] *Nolte* (Fn. 1), 12, der davon spricht, es gebe ein (ohne Systemalternative bleibendes) Unbehagen „in" und nicht „an" der Demokratie; ähnlich auch *H. Münkler* in: Der Spiegel 29/2012, 100 f, der allerdings dennoch ein „allmähliches Ende der parlamentarischen Demokratie" zu erkennen meint.

[104] So zu Recht die Einschätzung bei *Nolte* (Fn. 1), 471.

[105] *Crouch* (Fn. 31); dazu (mit unterschiedlichen Zugriffen, d.h. dem Befund mehr oder weniger zustimmend): *H. H. von Arnim* in: ders. (Fn. 19), 19 (25 f.); *H. Abromeit* ZSE 2011, 29 ff.; *H. Oberreuter* Communio, 40 Jg. Heft 4/2011, 323 (326 f.); *P. Sloterdijk* in: Der Spiegel 45/2011, 136 ff.; *B. Holland-Cunz* in: Feld u.a. (Hrsg.) Jahrbuch 2011 (Fn. 4), 65 ff.

[106] Siehe oben Fn. 31. Die Einschätzung wird, was ihre Bedeutung unterstreicht, quer über die Lager (d.h. auch von den Verteidigern der repräsentativen Ordnung und nicht nur von den Befürwortern direkter Demokratie) geteilt, worauf z.B. *U. Berlit* KritV 1993, 318 (347) hinweist. Vgl. z.B. den Befund eines Skeptikers in Bezug auf mehr direkte Demokratie (*H. H. Klein* FAZ vom 29. 8. 2011, 7: „die Distanz … wächst") einer-

gung ablesbar[107] eine zunehmende Distanz und Entfremdung zwischen Wählern und Gewählten zu beklagen ist, die es als notwendig erscheinen lässt, über mögliche Verbesserungen der repräsentativen Ordnung – und sei es durch Einbau direktdemokratischer Elemente – nachzudenken.

Fragt man nach Gründen, so ist wichtig, dass nicht etwa die rechtlichen Instrumente in der Krise sind,[108] die eine einwandfreie formale Repräsentation garantieren; z.T. in der Krise[109] sind vielmehr diejenigen vom Grundgesetz zwar vorausgesetzten, durch das Recht jedoch nur schwer steuerbaren Instrumente,[110] mittels derer über die bloß formale Repräsentation hinausgehend eine echte inhaltliche Repräsentation des Volkswillens[111] erreicht werden soll, d.h. jene subtilen Mechanismen der kommunikativen Rückbindung[112] und responsiven Willensbildung[113], die – in einer fein austarierten Spannung – dafür sorgen, dass trotz aller gewollten Freiheit der Abgeordneten, auch einmal gegen die empirische Stimmungslage zu entscheiden,[114] aufs Ganze gesehen dennoch ein Zustand eintritt, in dem sich das Volk mit der Art der parlamentarischen Problemlösung identifizieren kann und diese als legitim empfindet. Vor allem die wohl in der Tat krisenhafte Situation der Parteien[115] als des nach dem Grund-

seits und eines Befürworters (*A. Gross* FAZ vom 2.12.2010, 8: Erschöpfung der „Integrations- und Legitimationskräfte der repräsentativen Demokratie") andererseits.

107 *H. Oberreuter* in: ders. (Hrsg.) Am Ende der Gewissheiten, 2011, 11 (13ff., insb. 15, wo darauf hingewiesen wird, dass die sinkende Wahlbeteiligung nicht mehr als Ausdruck genereller Zufriedenheit gedeutet werden kann, sondern Indiz schwindender Legitimation ist). Siehe auch: *Merkel/Petring* (Fn. 24), 5ff.; *H. Dreier/F. Wittreck* in: Feld u.a. (Hrsg.) Jahrbuch 2009 (Fn. 18), 11 (34); zurückhaltender: *G. Langguth* in: v. Arnim (Fn. 19), 153 (157 f.).

108 *P. M. Huber* in: Huber/Mößle/Stock (Fn. 17), 105 (111).

109 Von einer Erosion der – inhaltlich zu verstehenden – integrativen Repräsentanz spricht *H. Oberreuter* in: ders. (Fn. 107), 11 (32).

110 *H. H. Klein* in: Rüther (Fn. 21), 33 (50).

111 Zu dieser Unterscheidung: *E.-W. Böckenförde* HStR III, 3. Aufl. 2005, § 34 Rn. 28 f.; *ders.* FS Eichenberger, 1982, 301 (317, 318 ff.); *P. Badura* FS Schröder, 2012, 307 (315); *Lindaman* (Fn. 31), 1 („representation of the public will" or „democratic responsiveness").

112 *H. H. Klein* in: Rüther (Fn. 21), 33 (43 f.).

113 Zur Responsivität: *W. Rudzio* in: Rüther (Fn. 21), 136 (142 f.); *W. J. Patzelt* in: Feld u.a. (Hrsg.) Jahrbuch 2010 (Fn. 42), 63 (72 f.); *J. P. Müller* VVDStRL 55 (1996), 128f.; *K. L. Lindaman (Hrsg.)* Direct Democracy: The Struggle for Democratic Responsiveness and Representation, 2011.

114 Hierzu siehe oben Fn. 45.

115 *D. Grimm* in: Huber/Mößle/Stock (Fn. 17), 3 (9f.); *H. Prantl* ZRP 2011, 24f.; *H. H. Klein* FAZ vom 29.8.2011, 7; *J. Borchert* in: v. Arnim (Fn. 46), 113 ff.; *E.-G. Mahrenholz* in: Däubler-Gmelin/Adlerstein (Fn. 7), 371ff.; *E. Niehuis* APuZ 44–45/2011, 7ff.;

gesetz erstrangigen[116] Instruments der Willensbildung fällt dabei ins Gewicht: Dass ihre Bindungskraft schwindet,[117] dass ihre Responsivität Schwächen hat,[118] dass sie für Lobbyismus anfällig sind,[119] dass es zu einer Art Sprachstörung zwischen Parteien und Volk gekommen ist[120] und dass bei alledem der Hang zum parteienstaatlichen Ausgriff ungebrochen ist,[121] lässt sich kaum leugnen. Hinzu kommen die Medien, die ihre Vermittlungsaufgabe z.T. nur schlecht erfüllen, inhaltliche Repräsentation mit ihren eigenmächtigen Akzentsetzungen auch stören können, die Politikverdrossenheit tendenziell noch verstärken und das ihre dazu beitragen, dass Politik und Journalismus teilweise wie ein selbstreferenzielles System erscheinen.[122] Das Internet verspricht keine Abhilfe, sondern birgt mit seiner Vielfalt der Foren die Gefahr einer weiteren Segmentierung und Erosion der Öffentlichkeit.[123] Der realplebiszitäre Charakter der Wahlen

---

vgl. insgesamt bereits VVDStRL 44 (1986): „Parteienstaatlichkeit – Krisensymptome des demokratischen Verfassungsstaats?".

[116] Vgl. Art. 21 GG; *Badura* (Fn. 43), D 13. Übertrieben ist es indes, die Parteien – über ihre hervorgehobene Rolle bei der Gewährleistung inhaltlicher Repräsentation hinaus – als Erscheinungsform unmittelbarer/plebiszitärer Demokratie aufzufassen (so *G. Leibholz* Die Repräsentation in der Demokratie, 1973, 118, 226, 258; dagegen: *P. Badura* in: R. Dolzer/K. Graßhof/W. Kahl/Chr. Waldhoff (Hrsg.) Bonner Kommentar, Art. 38 [Zweitbearbeitung] Rn. 30; *P. Lerche* in: Huber/Mößle/Stock [Fn. 17], 179 [186]).

[117] *Oberreuter* in: ders. (Fn. 107), 11 (26 ff.); *Merkel/Petring* (Fn. 24) sowie *E. Wiesendahl* Engagement und Partizipationsbereitschaft in Parteien, in: Friedrich-Ebert-Stiftung (Hrsg.) Demokratie in Deutschland 2011 (abrufbar unter www.demokratie-deutschland-2011.de, zuletzt abgerufen am 24. 8. 2012); *G. Langguth* in: von Arnim (Fn. 19), 153 ff.

[118] *R. Steinberg* FAZ vom 16. 2. 2012, 7.

[119] *H. H. Klein* FAZ vom 29. 8. 2011, 7.

[120] *Giesa* (Fn. 98), 101 ff.

[121] Vgl. *D. Grimm* in: Huber/Mößle/Stock (Fn. 17), 3 (10, 13, 15) zum „Ausgreifen" der Parteien in Institutionen und Funktionsbereiche, die nicht dem politischen Wettbewerbsprinzip unterliegen, und zu ihrer Tendenz, alle möglichen Sozialbereiche politisch „kurzzuschließen".

[122] *N. Lammert* Die politische Meinung, 2011, Nr. 498, 7 ff.; *M. Schröder* in: ders. (Hrsg.) Demokratie unter Druck, 2011, 23 ff., 32; *H. Oberreuter* in: ders. (Fn. 107), 11 (20 ff.); *W. Donsbach* ebd., 225 ff.; *P. Badura* FS Schröder, 2012, 307 (314); *W. Rudzio* in: Rüther (Fn. 21), 136 (142); *Sarcinelli* (Fn. 82); *E. Niehuis* APuZ 44–45/2011, 7 (10); *J. Kühling* DVBl. 2008, 1098 (1103).

[123] *W. Donsbach* in: Oberreuter (Fn. 107), 225 (241–243); *J. Kühling* DVBl. 2008, 1098 (1104); *H. H. Klein* FAZ vom 29. 8. 2011, 7.

hat nachgelassen.[124] Symptome des Verlusts an Lebendigkeit klassischer repräsentativdemokratischer Verfahren sind unverkennbar.[125]

Können Elemente direkter Demokratie in dieser Lage nützliche Wirkung entfalten? Ich möchte die Frage – in aller Nüchternheit[126] – mit einem vorsichtigen Ja beantworten.[127] Es scheint mir v.a. plausibel, dass

---

[124] *P. M. Huber* FAZ vom 20.12.2011, 4; *Unger* (Fn. 63), 40; *H. K. Heußner* in: von Arnim (Fn. 19), 27 (29 ff.).

[125] Vgl. die Diagnose bei *P. Struck* in: Friedrich-Ebert-Stiftung (Hrsg.) Demokratie in Deutschland 2011, Vorwort (abrufbar unter www.demokratie-deutschland-2011.de; zuletzt abgerufen am 24.8.2012); am Beispiel der Zurückdrängung der parlamentarischen Debatte für die Meinungsbildung: *E.-W. Böckenförde* HStR III, 3. Aufl. 2005, § 34 Rn. 43; an den Befund eines Verlusts an Lebendigkeit knüpfen diejenigen Ansätze an, die sich von mehr direkter Demokratie eine vitalisierende Wirkung erwarten: z.B. *Beck/Ziekow* (Fn. 26) (dort z.B. *A. Gross,* 127: „erschöpft"); *Martini* (Fn. 2), 11, 17, 96.

[126] Zu Recht kritisch gegenüber der Tendenz, die direkte Demokratie zum „Allheilmittel" hochzustilisieren: *J. Isensee* in: Hillgruber/Waldhoff (Fn. 7), 117 (118); *G. Rüther* in: ders. (Fn. 21), 9 (14 f).

[127] Ähnlich z.B. *U. Volkmann* K. H. Friauf/W. Höfling (Hrsg.) Berliner Kommentar zum GG, 2011, Art. 20 Rn. 58; *J. Kühling* JuS 2009, 777 (783); *Martini* (Fn. 2), 91 ff.; *U. Berlit* KritV 1993, 318 (337).

Hierdurch soll nicht in Abrede gestellt werden, dass Defiziten der repräsentativen Ordnung und der Parteiendemokratie zuallererst auch durch (systemimmanente) Korrekturen am Repräsentativsystem und in den Parteien selbst (Wahlrecht, innerparteiliche Demokratie; Schärfung der programmatischen Profile der Parteien; erweiterte Partizipationsmöglichkeiten etc.) begegnet werden könnte (dafür, dass hier angesetzt werden müsste z.B.: *P. Badura* FS Schröder, 2012, 307 [317 f.]; *H. H. Klein* FAZ vom 29.8.2011, 7; *R. Steinberg* FAZ vom 16.2.2012, 7; *Merkel/Petring* [Fn. 24], 26 f.; *G. Rüther* in: ders. [Fn. 21], 9 [14 f.]); allerdings schließen solche Verbesserungsmöglichkeiten nicht aus, dass (ggf. daneben) auch von direktdemokratischen Elementen nützliche Wirkungen ausgehen können, so dass die Frage nach mehr direkter Demokratie berechtigt bleibt.

Unbestritten ist auch, dass direktdemokratische Elemente eine „kranke" Demokratie, deren Legitimität insgesamt in Frage steht, nicht heilen können (Bsp. Weimar; dazu *Hufschlag* [Fn. 35], 184); einen solchen „Krankheitszustand" hat die Demokratie des GG allerdings eindeutig nicht erreicht, so dass kein Grund besteht, auszuschließen, dass die direkte Demokratie innerhalb eines insgesamt nach wie vor auf große Akzeptanz stoßenden Systems einzelnen Krisensymptomen (mit) abhelfen kann (fragwürdig daher *Hufschlag* ebd., 294).

Richtig ist, dass unsicher ist, ob sich Erfahrungen anderer Staaten (z.B. die messbaren hohen Zufriedenheitswerte mit der demokratischen Ordnung in der Schweiz) ohne weiteres auf Deutschland übertragen lassen (*Hufschlag* ebd., 287 ff.); jedenfalls geben die direktdemokratischen Erfahrungen anderer Staaten aber auch keinen Anlass, direktdemokratische Elemente als insgesamt systemstabilisierendes Instrument von vornherein in Zweifel zu ziehen (dazu allgemein: *H. K. Heußner* in: v. Arnim [Fn. 19], 42; *Wiegand* [Fn. 5], 495 ff.; am Beispiel Schweiz: *A. Vatter* in: Freitag/Wagschal [Fn. 43], 71 ff.; *K. Heußner/O. Jung* in: dies. [Fn. 11], 115 ff.; am Beispiel Kalifornien/Staaten der USA:

sie (wohl dosiert eingesetzt) die Responsivität[128] und Lebendigkeit[129] unserer repräsentativen Ordnung steigern und so zu ihrer Akzeptanz beitragen können. Es dürfte unstreitig sein, dass direkte Demokratie die Qualität des öffentlichen Diskurses verbessern und die demokratische Öffentlichkeit stärken kann.[130] Abgehobenheitstendenzen von Parteien und Medien

---

S. Moeckli in: Freitag/Wagschal [Fn. 43], 19 [38]; *Hager* [Fn. 21], 257; *H. K. Heußner* in: Hirscher/Huber [Hrsg.] Aktive Bürgergesellschaft durch bundesweite Volksentscheide?, 2006, 37 ff; am Beispiel Italien: *Capretti* [Fn. 48]; *R. Ridola* JÖR n.F. 49 [2001], 369 ff.).

Kein Argument gegen mehr direkte Demokratie ist schließlich, dass die Existenz direktdemokratischer Elemente in den Bundesländern bislang wachsende Politikverdrossenheit offenbar nicht hat aufhalten können (dazu *Hufschlag* ebd., 295; *H. H. Klein* FAZ vom 29. 8. 2011, 7), denn erstens ist für das politische Gesamtempfinden der Bürger die Bundesebene (auf der direktdemokratische Elemente fehlen) der weitaus wichtigere Faktor als die Landespolitik (dazu auch unten IV.3. bei Fn. 195) und zweitens sind die direktdemokratischen Elemente in vielen deutschen Bundesländern traditionell an so hohe Hürden gebunden, dass sie kaum praktische Relevanz haben entfalten konnten (*Rux* [Fn. 7], 904 f.; s.a. *J. Kühling* JuS 2009, 777 [783], der zusammenfasst, trotz aller nüchternen Einschätzung sprächen die Erfahrungen auf Länderebene durchaus dafür, auch auf Bundesebene mit moderaten plebiszitären Elementen zu experimentieren; ähnlich auch *A. Hatje* Demokratie als Wettbewerbsordnung, VVDStRL 69 [2010], 135 [161]). Zur direkten Demokratie in den Ländern vgl. die Aufsätze in *Heußner/Jung* (Fn. 11), 195–304; *G. Jürgens* Direkte Demokratie in den Bundesländern, 1993).

Übertrieben erscheint die (z.T. in der Politikwissenschaft ventilierte) Hoffnung, direktdemokratische Elemente könnten in einer allgemeinen Weise die Partizipationsbereitschaft der Bürger erhöhen (kritisch zu Recht mit entsprechenden empirischen Ergebnissen: *J. Drewitz* ZParl 2/2012, 429 ff.); namentlich die Wahlbeteiligung kann bei einem Übermaß an plebiszitären Elementen auch negativ beeinflusst werden (siehe bereits oben Fn. 43). Richtig dürfte indes sein, dass direktdemokratische Elemente der Gefahr der Entfremdung (siehe oben Fn. 106) entgegenwirken können (*Kaufmann/Büchi/Braun* [Fn. 12], 15).

[128] *Lindaman* (Fn. 31), z.B. 6, differenzierter 9; *Altman* (Fn. 35), 197; *Hornig* (Fn. 28), 17. Zweifelhaft erscheint mir allerdings die dort z.T. ebenfalls vertretene These, auch die Inklusivität werde gesteigert, da direktdemokratische Instrumente tendenziell noch weniger inklusiv und sozial selektiver sind als (die ihrerseits zunehmend weniger inklusiven) Wahlen; so zu Recht: *Merkel/Petring* (Fn. 24), 21 ff.; *Möckli* (Fn. 3), 359 ff., 385 f.; *R. Steinberg* FAZ 2012, 7.

[129] *W. J. Patzelt* in: Feld u.a. (Hrsg.) Jahrbuch 2010 (Fn. 42), 63 (77). Hierzu steht nicht in Widerspruch, dass direktdemokratische Elemente – gegenüber dem stets wachsenden Druck zu Beschleunigung (dazu *H. Münkler* in: Der Spiegel 29/2012, 100 f.) – auch entschleunigende Wirkung haben können.

[130] *J. Kühling* DVBl. 2008, 1098 (1102); *R. Kampwirth* in: Schiller (Hrsg.) Direkte Demokratie in Theorie und kommunaler Praxis, 1999, 17 ff.; *Rux* (Fn. 7), 904; *A. Gross* in: Pallinger u.a. (Fn. 30), 64 ff.; *W. Berger* Die unmittelbare Beteiligung des Volkes an staatlichen Entscheidungen durch Volksbegehren und Volksentscheid, 1978, 318; mit z.T. einseitigem Zungenschlag: *Kirchgässner/Feld/Savioz* (Fn. 1), 50 ff.; *Kaufmann/Büchi/*

wirkt es entgegen, wenn diese damit rechnen müssen, u.U. mit einem Verfahren der plebiszitären Ermittlung des Volkswillens konfrontiert zu werden.[131] Gegenüber parteienstaatlichen Fehlentwicklungen können Plebiszite gleichermaßen als heilsame „Unterbrecher" wirken,[132] wie sie den Parteien (als naturgemäß starken Akteuren auch bei der plebiszitären Willensbildung[133]) andererseits neue Felder der unmittelbaren Interaktion mit dem Bürger erschließen.[134] In einer Zeit, in der den Bürgern die langfristige Bindung durch Parteimitgliedschaft zunehmend schwer fällt, schaffen Plebiszite Räume für immerhin kurzfristiges politisches Engagement.[135] Die Konkurrenz von Parlament und Volksgesetzgeber kann zu belebender Reibung im Herzen der politischen Willensbildung führen;[136] zugleich bietet die plebiszitäre Option die Chance der Entstörung, wenn die Willensbildung in Koalitionen oder zwischen Bund und Ländern blockiert ist.[137]

All diese Wirkungen setzen – gemäß der hier vertretenen Linie – erneut nicht voraus, dass direktdemokratische Instrumente häufig zum Einsatz kommen. Bereits ihr potentielles Vorhandensein reicht vielfach, um den

---

Braun (Fn. 12), 69 ff., 79 ff.; *B. Holland-Cunz* in: Feld u.a. (Hrsg.) Jahrbuch 2011 (Fn. 4), 65 (74 f.); zur amerikanischen Diskussion: *S. Reilly* Design, Meaning and Choice in Direct Democracy, 2010, 29 f.

[131] *H. Dreier/F. Wittreck* in: Feld u.a. (Hrsg.) Jahrbuch 2009 (Fn. 18), 11 (35) zur steigenden Responsivität; zum von plebiszitären Instrumenten ausgehenden „Lerndruck" auf die Politik: *W. J. Patzelt* in: Feld u.a. (Hrsg.) Jahrbuch 2010 (Fn. 42), 71 ff.; s.a. *H. Abromeit* ZSE 2011, 29 (42 f.); *Altman* (Fn. 35), 197 (citizen initiated mechanisms of direct democracy „ground the political system in reality"). Wegen der zusätzlichen „Erdung", die auch die Medien dadurch gewinnen, dass ihrer Willensbildung gelegentlich der Spiegel des plebiszitären Volkswillens entgegengehalten wird, erscheint mir die Einschätzung einseitig, dass die Medien durch direktdemokratische Elemente vor allem zusätzliche Einflussnahmemöglichkeiten erhielten (so aber *S. Müller-Franken* in: Meier/Panzer [Fn. 23], 46 [64]).

[132] *D. Grimm* in: Huber/Mößle/Stock (Fn. 17), 3 (9 ff., 15); *P. Lerche* ebd., 179 (186 f.); *H. Maurer* (Fn. 7), 31; *Unger* (Fn. 63), 51.

[133] *Hornig* (Fn. 28); *Hufschlag* (Fn. 35), 131, 264, 270; (mit allerdings negativer Bewertung) *P. Badura* FS Redeker, 1993, 111 (121).

[134] Vgl. *Hufschlag* (Fn. 35), 293 f. (mit allerdings letztlich anderer Schlussfolgerung).

[135] Vgl. *Giesa* (Fn. 98), 204; *W. Berka* VVDStRL 55 (1996), 48 (69 f.); *Leggewie* (Fn. 31), 140; *Wiesendahl* (Fn. 117), 28 f.; *Hager* (Fn. 21), 256 f.; *J. Plottka* ZParl 2/2012, 419 (422 f.).

[136] *Martini* (Fn. 2), 17, 91, 96; *Möllers* (Fn. 22), 113; *H. Dreier* SZ vom 25./26. 2. 2012, 16; von einem zusätzlichen Element an „checks and balances" spricht *Heussner* (Fn. 21), 83; s.a. *R. Kampwirth* in: Schiller (Fn. 130), 17 (59); *U. Preuß* ZRP 1993, 131 (138); *Decurtins* (Fn. 21), 47, 391.

[137] Vgl. *Heussner* (Fn. 21), 82.

gewünschten Effekt zu erzielen.[138] Das für die repräsentative Demokratie essentielle Mandat der gewählten Organe, einen Politikentwurf zu verwirklichen, der keineswegs in jedem Einzelpunkt dem empirischen Volkswillen entsprechen muss, solange er nur als insgesamt legitim empfunden wird, darf durch Plebiszite nicht strukturell hintertrieben werden. Völlig ausreichend ist, dass Plebiszite ausnahmsweise dann punktuell korrigierend zum Einsatz gelangen, wenn die Mechanismen zur Gewährleistung inhaltlicher Repräsentation in einer wichtigen Frage so massiv zu versagen drohen, dass das Vertrauen in die Leistungsfähigkeit der parteienstaatlich-parlamentarischen Willensbildung insgesamt geschwächt und die gefühlte „Krise der repräsentativen Demokratie" somit noch weiter verschärft werden könnte.[139]

IV. Fragen der Ausgestaltung direktdemokratischer Elemente

Gehen wir nun einen Schritt weiter und fragen uns, wie direktdemokratische Elemente ausgestaltet sein sollten, um erfolgreich wirken zu können:

1. Klassische Volksrechte oder „liquid democracy"?

Hierzu zunächst eine Vorbemerkung: Ich behandle im Folgenden klassische Instrumente direkter Demokratie: Volksgesetzgebung, Referendum. Es ist mir dabei bewusst, dass, während noch über diese klassischen Instrumente gestritten wird, die Diskussion überholt zu werden droht von der Perspektive, dass im Zuge der kommunikativen Revolution durch das Internet ein Aufbruch zu ganz neuen Formen der elektronischen Partizipation möglich erscheint. Die derzeit größte Faszination übt das Konzept der sog. liquid democracy[140] aus, die ein permanentes Ineinanderfließen repräsentativer und direkter Demokratie dergestalt anstrebt, dass einerseits zwar weiter Abgeordnete gewählt werden, die über ein ihrer Wähler-

---

[138] *P. M. Huber* FAZ vom 20.12.2011, 4; *U. Berlit* KritV 1993, 318 (359); *K. Bergmann* APuZ 25–26/2012, 17 (21); *O. Jung* in: Hirscher/Huber (Hrsg.) Aktive Bürgergesellschaft durch bundesweite Volksentscheide?, 2006, 15 (19). Dies gilt insbesondere für die Verbesserung der Rückbindung und Responsivität der Repräsentativorgane, aber auch in einem allgemeinen Sinn für eine Steigerung der Akzeptanz der demokratischen Ordnung.

[139] Vgl. insgesamt *E. W. Böckenförde* HStR, Bd. III, 3. Aufl. 2005, § 34 Rn. 23 f.

[140] http://liqd.de; *Plaum* (Fn. 26), 147 ff.; *Giesa* (Fn. 98), 176 ff.; s.a. *H. Münkler* in: Der Spiegel, 29/2012, 100 (101).

schaft entsprechendes Stimmgewicht verfügen, dass andererseits aber jeder Wähler zu jeder Zeit elektronisch entscheiden kann, seinem Abgeordneten sein Stimmrecht wieder zu entziehen,[141] um dieses in einer konkreten Sachfrage entweder unmittelbar selbst auszuüben oder aber auf einen anderen Abgeordneten zu übertragen, durch den er sich besser repräsentiert fühlt. Es ist sicher zu früh zu beurteilen, wie das Internet die Demokratie verändern wird.[142] Bereits jetzt kann und muss indes in aller Deutlichkeit gesagt werden, dass liquid democracy keinen unter dem Grundgesetz gangbaren Weg darstellt: Die durch sie bewirkte Verflüssigung[143] repräsentativer und direkter Demokratie verstößt gegen den Vorrang der repräsentativen Grundform und stellt diese unter genau jenen Dauervorbehalt direktdemokratischer Kontrolle, der unter dem Grundgesetz verboten ist.[144] Das Parlament als zentraler Ort demokratischer Willensbildung[145] wird durch das ortlose Internet[146] und ein technisches Zählverfahren[147] ersetzt. Freies Mandat und egalitäre Repräsentation[148] erodieren, weil Abgeordnete entweder, soweit sie auf der Basis konkreter Stimmrechtsübertragungen operieren, eine Art gebundenes Mandat ausüben oder aber, soweit dies nicht der Fall ist, nur noch ein nicht artikulationswilliges Teilvolk repräsentieren. Man kann nicht ausschließen, dass liquid democracy im Rahmen der innerparteilichen Willensbildung eine gewisse Berechtigung hat,[149] und man wird sehen, welche Erfahrungen

[141] Mit der Folge, dass sich das Stimmgewicht des Abgeordneten entsprechend um eine Stimme vermindert.

[142] Vgl. dazu *Nolte* (Fn. 1), 407 ff.; *Schröder* (Fn. 101); *Walter-Raymond-Stiftung der BDA* (Fn. 91); *D. Roleff* Das Parlament 2012, Nr. 7 (Beilage), 14 ff.

[143] Vgl. *M. Siemons* Die Verflüssigung der Politik, FAZ vom 26. 5. 2012, 29.

[144] Zu Recht: *Trankovits* (Fn. 46), 195. Repräsentation ist nach der Konzeption von liquid democracy nur noch eine Auffangkategorie für dasjenige Teilvolk, das von den Möglichkeiten der elektronischen Direktdemokratie keinen Gebrauch macht.

[145] *Möllers* (Fn. 22), 32.

[146] *K.-R. Korte* in: Walter-Raymond-Stiftung der BDA (Fn. 91), 57 (60).

[147] Zu Recht kritisch äußert sich *O. Lepsius* in: *A. Lehmann* in: Der Tagesspiegel vom 10. 6. 2012, 4 (5).

[148] Dazu *Badura* (Fn. 43), E 27 f.

[149] Hier, im Binnenbereich der Parteien, ist für „direktdemokratische" Elemente mehr Raum als im staatlichen Bereich, da die auf den Bereich staatlicher Herrschaft zugeschnittenen Grundsätze des Art. 20 I, II GG – trotz Art. 21 I 3 GG – nicht ohne Modifikationen auf im Gesellschaftlichen wurzelnde Freiwilligenorganisationen mit Tendenzcharakter übertragen werden können (*R. Streinz* in: v. Mangoldt/Klein/Starck [Hrsg.] GG, Bd. 2, 6. Aufl. 2010, Art. 21 Rn. 150; *M. Morlok* in: Dreier [Hrsg] GG, Bd. 2, 2. Aufl. 2006, Art. 21 Rn. 123; mit anderer Konstruktion, aber im Ergebnis ähnlich: *Unger* (Fn. 63), 293 ff.; in der Gleichsetzung fragwürdig, aber im Ergebnis auch für Möglichkeiten „direkter Demokratie" in Parteien: *H. Meyer* JZ 2012, 538 [539]).

v.a. die Piratenpartei damit macht.[150] Für die staatliche Willensbildung ist jedoch daran festzuhalten, dass liquid democracy als – diesmal technischer – Verwirklichungsversuch jenes alten identitären Traums der herrschaftsfreien Selbstregierung angesehen werden muss,[151] den das Grundgesetz verworfen hat und der deswegen auch nicht weiter verfolgt werden sollte.[152]

2. *Gegenstände und thematische Begrenzungen*

Kehren wir also zur Ausgestaltung klassischer Volksrechte zurück und fragen wir zunächst nach ihrem zulässigen Gegenstand. Gegenstand des für Deutschland klassischen Volksrechts (der Volksgesetzgebung) ist das Gesetz.[153] Bereits der Aufschwung administrativer Bürgerentscheide in den Kommunen[154] und erst recht der neuere Trend zu Volksabstimmun-

---

[150] Die bisherigen Erfahrungen sind keineswegs durchgehend ermutigend (geringe Beteiligung): *M. Siemons* FAZ vom 26. 5. 2012, 29; *S. Schulz* FAZ vom 19. 9. 2012, 27; *L. Trankovits* Weniger Demokratie wagen!, 2011, 194f.; *A. Lehmann* Der Tagesspiegel vom 10.6.2012, 4; positiver zum in der Piratenpartei benutzten System „Liquid Feedback": *C. Kurz* in: Der Spiegel 2012, Heft 15, 112f. Die sich aus dem „freien Mandat" des Abgeordneten ergebenden Grenzen sind freilich zu beachten: *D. Merten* Bürgerverantwortung im demokratischen Verfassungsstaat, VVDStRL 55 (1996), 7 (33 f.).

[151] *W. Nippel* Antike oder moderne Freiheit?, 2008, 345ff., 348f.; *N. Piper* SZ vom 26./27./28. 5. 2012, V2/1; *S. Eisel* Die Politische Meinung 2011, Nr. 498, 30 ff. (auch zur Idee einer durch Schwarmintelligenz erzeugten „volonté générale"); *Trankovits* (Fn. 46), 195. Interessanterweise hat bereits *C. Schmitt* Verfassungslehre, 1928, 245f., darüber nachgedacht, dass „eines Tages durch sinnreiche Erfindungen jeder einzelne Mensch, ohne seine Wohnung zu verlassen, fortwährend seine Meinungen über politische Fragen durch einen Apparat zum Ausdruck bringen könnte" (dann allerdings mit der Schlussfolgerung, hier würde keine volonté générale, sondern nur eine Summe von Privatmeinungen generiert). Im Unterschied zu anderen Verwirklichungsversuchen des identitären Traums erkennt liquid democracy an, dass sich nicht alle Bürger sinnvollerweise an den Möglichkeiten direkter Demokratie beteiligen wollen oder können; für die Nichtbeteiligungswilligen wird deswegen ein repräsentatives Parlament als „Auffangbecken" vorgehalten. Das identitäre Ideal bleibt nichtsdestoweniger die permanente direktdemokratische Beteiligungsmöglichkeit, wie sie durch das Internet ermöglicht wird. Repräsentation wird konzeptionell zur Auffangkategorie für das nicht beteiligungswillige Teilvolk. Mit der Idee einer parlamentarischen Repräsentation des ganzen Volks hat dies nur noch sehr begrenzt etwas zu tun.

[152] Vgl. auch *P. Badura* HStR II, 3. Aufl. 2004, § 35 Rn. 35, 40; dazu allgemeiner auch *R. Steinberg* FAZ vom 16. 2. 2012, 7; *Sartori* (Fn. 21), 128 ff. (notwendiges Scheitern der „regierenden Demokratie" an „kognitiver Unfähigkeit").

[153] *Rux* (Fn. 7), 40.

[154] Vgl. den Überblick bei *R. Geitmann* 307ff. und *V. Mittendorf* 327ff., beide in: Heußner/Jung (Fn. 11).

gen über konkrete Infrastrukturprojekte[155] stellen diesen traditionell legislativen Fokus in Frage. Unter Druck geraten ist auch der klassische thematische Ausschluss der Volksgesetzgebung, das sog. Finanztabu,[156] denn bereits mehrfach (vom Transrapid[157] bis zu Stuttgart 21[158]) ist ja versucht worden, über den Finanzbeitrag der Länder Volksentscheide über strittige Vorhaben zu erwirken. Was sollen wir von diesen Entwicklungen halten?

Zunächst zu den Grundlagen: Volksabstimmungen sind nicht von vornherein auf eine bestimmte Gewalt (etwa die Legislative) beschränkt,[159] sondern treten an die Stelle von sachlichen Zuständigkeiten einer gewählten Volksvertretung.[160] Ist die Volksvertretung, wie im staatlichen Bereich, Träger der Legislativgewalt, ist das Gesetz der natürliche Gegenstand der Volksrechte;[161] Abstimmungen über Akte der vollziehenden Gewalt da-

---

155 *W. Ewers* NJW 2011, 1328; *M. Bertrams* NWVBl. 2012, 289; zu den diesbezüglichen Möglichkeiten: *J. Ziekow* Neue Formen der Bürgerbeteiligung? Gutachten D zum 69. Deutschen Juristentag, 2012, D 111 ff.

156 Hier nur: *C. Waldhoff* in: Bertschi u.a. (Fn. 38), 180 (191 ff.). Zu Art. 73 IV WRV z.B. *O. Jung* Der Staat 38 (1999), 41 ff.; *Schwieger* (Fn. 6), 133 ff.; zu ähnlichen Vorkehrungen in anderen Staaten: *Pestalozza* (Fn. 72), 27; *Weber* (Fn. 12), 7. Kap. Rn. 41, 42 (Italien, Spanien).

157 BayVerfGH 61, 78 (auch abrufbar unter http://www.bayern.verfassungsgerichtshof.de).

158 Dazu *M. Haug* ZParl 2/2012, 446 ff.; *F. Kirchhof* Gutachtliche Stellungnahme zum Antrag für eine Volksabstimmung über Stuttgart 21, 2010 (abrufbar unter http://www.dhv-speyer.de/kropp/Gutachten_Volksabstimmung_Kirchhof.pdf; zuletzt abgerufen am 24.8.2012); *G. Hermes/J. Wieland* Rechtliche Möglichkeiten des Landes Baden-Württemberg, die aus dem Finanzierungsvertrag „Stuttgart 21" folgenden Verpflichtungen durch Kündigung oder gesetzliche Aufhebung auf der Grundlage eines Volksentscheides zu beseitigen, 2010 (abrufbar unter http://www.dhv-speyer.de/kropp/Hermes_Wieland_Gutachten_Okt_2010_zu_Stuttgart_21.pdf; zuletzt abgerufen am 24.8.2012; auch abgedruckt in Feld u.a. (Hrsg.) Jahrbuch 2010 [Fn. 42], 350 ff.).

159 Hierfür spricht auch die Anordnung in Art. 20 II 2 GG, wo die Wahlen und Abstimmungen noch vor der Ausdifferenzierung in die drei Gewalten genannt sind; wie hier: *M. Heidebach* Wir sind das Volk? Direkte Demokratie und Großprojekte, 2012 (abrufbar unter http://www.schleyer-stiftung.de/pdf/pdf_2012/leipzig_2012/referate/Heidebach_Referat.pdf; zuletzt abgerufen am 24.8.2012), 1 (5); s.a. *R. Gutmann* ZRP 1988, 126 (130).

160 *Rux* (Fn. 7), 910 f.; *Mannhart Gomes* (Fn. 48), 7 f.

161 Grundsätzlich denkbar wäre, wie in einigen Bundesländern der Fall (z.B. Art. 62 I BerlVerf.; Art. 76 I VerfBbg, Art. 50 I HmbVerf., 41 I SchlHVerf.), Volksentscheide auch auf sonstige (sonst durch schlichte Parlamentsbeschlüsse gefasste) Akte der politischen Willensbildung zu erstrecken; da der Aufwand und politische Geltungsanspruch eines Volksentscheids jedoch in keinem Verhältnis zur völligen rechtlichen Unverbindlichkeit solcher schlichter Parlamentsbeschlüsse steht (die diese typischerweise insbesondere im Verhältnis zur Exekutive haben), ist hiervon abzuraten. Vgl. dazu: *C. Pestalozza*

gegen sind ausgeschlossen.[162] Ist die Volksvertretung[163], wie im kommunalen Bereich, hingegen mit Aufgaben der Selbstverwaltung betraut, öffnet sich Raum auch für administrative Bürgerentscheide.[164]

---

in: Feld u.a. (Hrsg.) Jahrbuch 2009 (Fn. 18), 295 (301f.), der dann wegen des Missverhältnisses jedoch den Schluss zieht, Volksbegehren, die auf unverbindliche Beschlüsse gerichtet seien, seien unzulässig; *M. Rossi/S.-C. Lenski* DVBl 2008, 416 (419): rechtliche Unverbindlichkeit der durch (zulässigen) Volksentscheid gefassten schlichten Beschlüsse; so auch BerlVerfGH vom 27.10.2008 (Az. 86/08), abgedruckt bei *F. Wittreck* in: Feld u.a. (Hrsg.) ebd., 317 (323) – Flughafen Tempelhof (die dort behandelte Ankündigung des Regierenden Bürgermeisters, der Volksentscheid werde nicht dazu führen, dass der Senat seine Beschlüsse revidiere, zeigt das ganze Dilemma solcher auf unverbindliche Entscheidungen gerichteter Volksentscheide). Etwas anderes könnte in Betracht gezogen werden, soweit Parlamentsbeschlüsse ausnahmsweise doch nicht völlig unverbindlich sind, sondern z.B. die Exekutive von der Ermächtigung durch Parlamentsbeschluss abhängig ist. Etwa im Haushaltsrecht gibt es solche Gestaltungen (z.B. bzgl. Einwilligungsvorbehalten bei Sperrvermerken, §§ 22 S. 3, 36 S. 3 BHO); aufgrund der strukturellen Spannung, die solche Beschlüsse mit dem (sogleich zu behandelnden) Finanztabu für plebiszitäre Akte haben, spricht jedoch nichts dafür, ausgerechnet für solche Haushaltsbeschlüsse eine prinzipiell plebiszitäre Öffnung vorzusehen (zu der unaufgebbaren Budgetverantwortung des Bundestages unterfallenden – und daher wohl auch dem Plebiszit prinzipiell verschlossenen – Beschlüssen im Haushaltsbereich z.B. auch BVerfG vom 28.2.2012 – 2 BvF 8/11, Abs.-Nr. 109ff. sowie BVerfG vom 12.9.2012 – 2 BvR 1390/12 u.a., Abs.-Nr. 214, 294: Beschlüsse zur Inanspruchnahme der haushaltspolitischen Gesamtverantwortung des Parlaments im Zuge der Euro-Rettung und des ESM; zur Bindungswirkung solcher Beschlüsse BVerfG vom 12.9.2012, ebd., Abs.-Nr. 287). Auch die (konstitutiven) Beschlüsse des Parlaments im Rahmen der Entsendung der Bundeswehr (Parlamentsbeteiligungsgesetz vom 18.3.2005, BGBl. I 775) eignen sich aufgrund ihrer Abhängigkeit von komplexen außen- und sicherheitspolitischen Lagebeurteilungen nicht für eine prinzipielle plebiszitäre Öffnung über die Volksgesetzgebung hinaus.

[162] BayVerfGH NVwZ 1988, 242 (243). Hierfür streitet auch der Grundsatz der Gesetzmäßigkeit der Verwaltung: *P. Badura* FS Redeker, 1993, 111 (123).

[163] Die im kommunalen Bereich von der Bürgerschaft gewählten Kollegialorgane (Gemeinde- und Kreisräte), sind zwar keine Parlamente im staatsrechtlichen Sinn, werden vom Grundgesetz in Art. 28 I 2, II GG indes dennoch ausdrücklich als „Vertretung" des Volks in Gemeinden und Kreisen bezeichnet. Hierzu auch *E. Schmidt-Aßmann/H. C. Röhl* in: E. Schmidt-Aßmann/F. Schoch (Hrsg.) Besonderes Verwaltungsrecht, 14. Aufl. 2008, 1. Kap. Rn. 9, 59.

[164] Zur Legitimität direktdemokratischer Elemente im Rahmen der kommunalen Selbstverwaltung: *H.-G. Henneke* Der Landkreis 3/2012, 74 (78ff.). Da es sich bei den Aufgaben der Volksvertretung in Gemeinden und Kreisen um Selbstverwaltungsaufgaben handelt, die regelmäßig entsprechende politische Freiräume lassen, liegt (anders als beim gewöhnlichen Gesetzesvollzug) auch keine strukturelle Spannung mit dem Grundsatz der Gesetzmäßigkeit der Verwaltung vor.

Sodann ein Wort zum Finanztabu[165], dem für Deutschland typischen thematischen Ausschluss der Volksgesetzgebung:[166] Seine Selbstverständlichkeit ist fraglich geworden; die Rechtslage in den Ländern divergiert zunehmend.[167] Was sind seine tragenden Gründe?[168] Kein tragfähiger

---

[165] Dazu: *J. Krafczyk* Der parlamentarische Finanzvorbehalt bei der Volksgesetzgebung, 2005; *T. Rosenke* Die Finanzbeschränkungen bei der Volksgesetzgebung in Deutschland, 2005; *M. Klatt* Der Staat 2011, 3 ff.; *C. Waldhoff* in: Bertschi u.a. (Fn. 38), 181 ff.; *C. Waldhoff/H. v. Aswege* in: Feld u.a. (Hrsg.) Jahrbuch 2011 (Fn. 4), 9 ff.; *S. Müller-Franken* Der Staat 44 (2005), 19 ff.; *Neumann* (Fn. 11), 391 ff.; *M.-C. Schinkel* FS Driehaus, 2005, 570 ff.

[166] Die folgenden, auf die staatsrechtliche Stellung des Parlaments und die Bedeutung des Staatshaushalts abstellenden Überlegungen lassen sich auf die kommunale Ebene allenfalls zum Teil übertragen, so dass dort finanzwirksame Plebiszite in weitaus größerem Umfang möglich sind (z.B. Bayern, wo sich der Finanzvorbehalt des Art. 18a Abs. 3 BayGO nach der Rechtsprechung tatsächlich allein auf die Haushaltssatzung, nicht aber auf sonstige finanzwirksame Plebiszite bezieht; BayVerfGH BayVBl. 1997, 622 [627 f.]; BayVGH BayVBl. 2009, 247 [248]; s.a. BayVGH vom 21.3.2012 – 4 B 11.221; *C. Gebhardt* Direkte Demokratie im parlamentarischen System 2000, 203 ff.; kritisch dazu *H. G. Henneke* DVBl. 2012, 1072 (1076 ff.), insbesondere auch zum fehlenden Erfordernis eines Kostendeckungsvorschlags). Zur Bedeutung der Grundsätze der Wirtschaftlichkeit und Sparsamkeit als äußere Grenze: *K. Engelbrecht* BayVBl. 2011, 617.

[167] Die in der deutschen Judikatur klassische Linie gibt z.B. BVerfGE 102, 176 wieder (keine wesentliche Beeinträchtigung des Haushalts); siehe z.B. auch BayVerfGH 29, 244 = BayVBl. 1977, 143; 47, 276 = BayVBl. 1995, 173. Darüber z.T. noch hinausgehend hat z.B. der BayVerfGH seine Linie weiter verschärft (BayVerfGH 61, 78, auch abrufbar unter http://www.bayern.verfassungsgerichtshof.de: vollständiges Verbot von reinen Finanzentscheidungen ohne sachlichen Regelungsgehalt, unabhängig davon, ob dadurch wesentliche Beeinträchtigungen ausgelöst werden; kritisch dazu *F. Wittreck* in: Feld u.a. (Hrsg.) Jahrbuch 2009 [Fn. 18], 317 f.; tendenziell großzügiger bei nur mittelbaren und nicht zwingenden Haushaltsauswirkungen BayVerfGH vom 22.10.2012, BayVBl. 2013, 170 – Studienbeiträge) und den Haushaltsvorbehalt außerdem für im Kern der Ewigkeitsgarantie unterfallend, d.h. änderungsfest bezeichnend (BayVerfGH 53, 42 = DÖV 2000, 911). In anderen Ländern dagegen haben Verfassungsänderungen darauf abgezielt, finanzwirksame Volksentscheide unter gewissen Bedingungen ausdrücklich oder konkludent zuzulassen (Art. 62 II BerlVerf.; Art. 50 Abs. 1 S. 2 HmbVerf., Art. 70 Abs. 2 BremVerf.; dazu *P. Badura* FS Schröder, 2012, 307 [313]) und haben insbesondere der SächsVerfGH (SächsVBl. 2002, 236; dazu *F. Wittreck* JöR n.F. 53 [2005], 111/170 ff.; *D. Zschoch* NVwZ 2003, 438) und der BerlVerfGH (NVwZ-RR 2010, 169; dazu *C. Waldhoff/H. v. Aswege* in: Feld u.a. (Hrsg.) Jahrbuch 2011 [Fn. 4], 9 [36]) den Haushaltsvorbehalt enger ausgelegt (prinzipielle Zulässigkeit finanzwirksamer Plebiszite in gewissen äußersten Grenzen bzw. prinzipielle Zulässigkeit, soweit allein künftige Haushaltsgesetze betroffen sind). Zum Ganzen auch *H. G. Henneke* DVBl. 2012, 1072 (1080 ff.) mwN; *M. Klatt* Der Staat 2011, 3 ff. (insbesondere auch zu den Verfassungsänderungen in Berlin, Hamburg und Bremen); *H. Obermann* LKV 2012, 241 (243 f.).

[168] Die folgenden Ausführungen abstrahieren von den im Einzelnen unterschiedlichen Formulierungen und Ausgestaltungen der Finanzausschlussklauseln in den Landesverfassungen (aktuelle Synopse bei *Martini* [Fn. 2], 55) und beschäftigen sich insbe-

Grund wäre pauschales Misstrauen gegenüber dem Volk in Geldsachen,[169] denn die Erfahrung mit Finanzplebisziten (zumal in der Schweiz[170]) deutet eher auf eine sparsame Grundtendenz.[171] Begriffen werden muss das Finanztabu vielmehr im Lichte der oben erörterten Systementscheidung für eine repräsentative Demokratie, in der das Mandat des Parlaments für eine kohärente Politikverwirklichung nie so verkürzt werden darf, dass der für die Wahl essentielle Konnex des „Zur-Verantwortung-Gezogen-Werdens“ für einen Politikentwurf, den man in seinen wesentlichen Strukturen auch tatsächlich gestaltet hat, zerbricht.[172] Zu diesem Mandat des Parlaments gehört nämlich auch seine Budgetverantwortung, denn im Budget (als einem „Regierungsprogramm in Zahlen“) kommt wie in keinem anderen Rechtsakt das politische Gesamtkonzept zum Ausdruck.[173] Die

---

sondere mit dem von den Ewigkeitsklauseln und dem Homogenitätsgebot vorgegebenen Mindestgehalt des Finanztabus. Die Erkenntnisse können für die Auslegung der Finanzausschlussklauseln herangezogen werden, entbinden freilich jedoch nicht von der Berücksichtigung landesspezifischer Besonderheiten (Wortlaut, Systematik, Entstehungsgeschichte etc.). Zur Frage einer Abstützung der Finanzvorbehalte durch Ewigkeitsgarantien und im Homogenitätsgebot: BayVerfGH 53, 42 = DÖV 2000, 911; ThürVerfGH ThürVBl. 2002, 31; *J. Isensee* DVBl. 2001, 1161; *Huber* (Fn. 59), 54 ff.; *C. Degenhart* ThürVBl. 2001, 201.

[169] Zu dieser in Deutschland weit verbreiteten Argumentation (kritisch und mwN): *M. Klatt* Der Staat 2011, 3 (20 ff.); siehe auch *S. Müller-Franken* Der Staat 44 (2005), 19 (26 ff.).

[170] Zu den dortigen Möglichkeiten für Finanzreferenden: *C. Waldhoff* in: Bertschi u.a. (Fn. 38), 181 (204 ff.); *Mannhart Gomes* (Fn. 48).

[171] *C. Waldhoff/H. v. Aswege* in: Feld u.a. (Hrsg.) Jahrbuch 2011 (Fn. 4), 9 (12f.); *Martini* (Fn. 2), 44 ff.; *Kaufmann/Büchi/Braun* (Fn. 12), 87 ff.; *C. A. Schaltegger/L. P. Feld* in: Freitag/Wagschal (Fn. 43), 363 ff.; *A. Glaser* Nachhaltige Entwicklung und Demokratie, 2006, 373 ff.; *Eder* (Fn. 4), 16 mwN. Zu den problematischeren Erfahrungen in Kalifornien: *Leggewie* (Fn. 31), 154 f.; *Nolte* (Fn. 1), 405; *M. Bauer* Direkte Demokratie und Finanzpolitik in den USA, 1997; *H. K. Heußner* in: Feld u.a. (Hrsg.) Jahrbuch 2011 (Fn. 4), 175 ff. Allgemein zu den ökonomischen Wirkungen direkter Demokratie: *G. Kirchgässner* Perspektiven der Wirtschaftspolitik 1 (2000), 161 ff, 8 (2007), 38 ff.; *L. Blume/J. Müller/S. Voigt* Public Choice 140 (2009), 431 ff.; *Wittmann* (Fn. 1), 31 ff.; *L. P. Feld/G. Kirchgässner* in: Pallinger u.a. (Fn. 30), 108 ff.; *Kirchgässner/Feld/Savioz* (Fn. 1).

[172] Hierzu und zum Folgenden: *M. Möstl* in: Lindner/Möstl/Wolff (Fn. 13), Art. 73 Rn. 1, 6; sehr instruktiv (gerade auch dazu, warum Finanzreferenden für die Schweiz und das Finanztabu für Deutschland – in Anbetracht des unterschiedlichen Stellenwerts direktdemokratischer Elemente – jeweils systemkonform sind) und mit in den wesentlichen Ergebnissen ähnlichen Weichenstellungen wie hier: *C. Waldhoff* in: Bertschi u.a. (Fn. 38), 181 (220 ff.); *C. Waldhoff/H. v. Aswege* in: Feld u.a. (Hrsg.) Jahrbuch 2011 (Fn. 4), 9 (26–32). Dazu, dass der Haushaltsvorbehalt der Systementscheidung zugunsten des „Vorrangs“ der repräsentativen Demokratie entspricht, auch *Martini* (Fn. 2), 44.

[173] *C. Waldhoff/H. v .Aswege* in: Feld u.a. (Hrsg.) Jahrbuch 2011 (Fn. 4), 9 (28 f.); BVerfGE 79, 311 (329); BVerfG NJW 2011, 2946 (2950); *P. M. Huber* FAZ vom

vorhin erarbeitete quantitative Grenze, dass die politische Gesamtverantwortung des Parlaments nicht durch eine übermäßige Häufung von Plebisziten in Frage gestellt werden darf, ist deshalb um die thematische Grenze zu ergänzen, dass über den Staatshaushalt kein Plebiszit stattfinden darf. Dieser Vorbehalt betrifft unmittelbar allein das Haushaltsgesetz, er muss jedoch auch in den Bereich sonstiger finanzwirksamer Plebiszite erstreckt werden, soweit diese zu Vorwegbindungen des Haushaltsgesetzgebers führen und seine Budgetverantwortung tangieren.[174] Diese Erstreckung muss, soll eine lebendige direkte Demokratie möglich bleiben (fast alles ist ja finanzwirksam), behutsam erfolgen und sich auf das beschränken, was zur Sicherung der Funktionstüchtigkeit des Parlaments und seiner politischen Gesamtverantwortung unerlässlich ist.[175] Zwingend ist jedoch der Ausschluss von Plebisziten, die die Struktur des Haushalts so wesentlich verändern, dass das durch ihn verkörperte politische Gesamtkonzept modifiziert erscheint.[176] Die diesbezüglichen, von der Rechtsprechung entwickelten Maßstäbe, die auf die Wesentlichkeit der Beeinträchtigung des Haushalts abstellen,[177] sind im Grunde brauchbar.[178]

20.9.2011, 4; *S. Müller-Franken* Der Staat 44 (2005), 19 (35ff., 40). Zur durch Art. 79 Abs. 3 GG geschützten und daher unaufgebbaren haushaltspolitischen Gesamtverantwortung des Parlaments zuletzt (freilich in anderem Kontext) BVerfG vom 12.9.2012 – 2 BvR 1390/12 u.a., Abs.-Nr. 222.

[174] Bewusst wird von „Budgetverantwortung" und nicht von „Budgetrecht" gesprochen, denn ob letzteres durch finanzwirksame Gesetzgebung wirklich berührt ist, ist fraglich (dazu mwN *M. Möstl* in: Lindner/Möstl/Wolff [Fn. 13], Art. 73 Rn. 6; *M. Klatt* Der Staat 2011, 3 [27]; *K. Schweiger* BayVBl. 2002, 65 ff.; *S. Müller-Franken* Der Staat 44 (2005), 19 [23]).

[175] Ähnlich *Martini* (Fn. 2), 52 f.; BayVerfGH 47, 276 (305).

[176] Soweit in einzelnen Bundesländern finanzwirksame Plebiszite auch jenseits dieser Grenze zulässig sein sollten (vgl. Fn. 167), ist dies im Hinblick auf das Homogenitätsgebot (Art. 28 I GG) problematisch. Dies gilt (in Bezug auf Art. 79 III GG) auch für im Bundestag eingebrachte (und letztlich gescheiterte) Vorstöße (z.B. der F.D.P oder der Grünen) zur Einführung der Volksgesetzgebung, die finanzwirksame Plebiszite ausdrücklich zulassen wollten (dazu *P. Badura* FS Schröder, 2012, 307 [313 f.]).

[177] Z.B. BVerfGE 102, 176; BayVerfGH 29, 244 = BayVBl. 1977, 143; 47, 276 = BayVBl. 1995, 173.

[178] Das Kriterium der wesentlichen Beeinträchtigung setzt (so zu Recht z.B. BayVerfGH 47, 276, Ls. 4; s.a. *S. Müller-Franken* Der Staat 44 [2005], 19 [41]) eine „wertende Gesamtbeurteilung" (Art, Höhe, Dauer, Disponibilität der Vorwegbindung; finanzielle Belastung oder Entlastung?; Bedeutung für die politische Gesamtkonzeption; punktueller oder struktureller Eingriff? etc.) voraus, die zugegebenermaßen schwierig (kritisch: SächsVerfGH SächsVBl. 2002, 236 [241]; *M. Klatt* Der Staat 2011, 3 [12 ff.]), nicht aber unmöglich ist. Zu bedenken ist auch dass an der Beurteilung und Maßstabsfindung mehrere Stellen beteiligt sind (in Bayern – Art. 74 BayVerf. – obläge die Prüfung des Verstoßes gegen den Haushaltsvorbehalt, jeweils mit Letztentscheidungsrecht des

Fraglich scheint indes, ob sie nicht zu restriktiv angewendet werden. So möchte ich bezweifeln, ob es wirklich eine wesentliche Beeinträchtigung darstellt, wenn der Haushalt, und sei es auch längerfristig, um jährlich 0,07% belastet wird.[179] Auch halte ich es für akzeptabel, dass die einmalige Bewilligung von (und sei es auch hohen) Mitteln für ein Infrastrukturprojekt plebiszitär unterbunden wird, da es sich hierbei um eine bloß punktuelle Korrektur in einer Einzelfrage handelt, die die Struktur des Haushalts ansonsten nicht negativ berührt.[180]

VerfGH, erst dem Innenministerium und dann dem Landtag), in deren Zusammenwirken bei regelmäßiger plebiszitärer Praxis sich durchaus handhabbare Fallgruppen herausbilden können. Das Kriterium der „Wesentlichkeit" wird im Verfassungsrecht trotz seiner Unbestimmtheit häufig verwendet (Bsp. Wesentlichkeitslehre); es ist nicht ersichtlich, warum das Kriterium gerade im hiesigen Kontext unbrauchbar sein sollte. Der Versuch, feste numerische Grenzen zu entwickeln (so z.B. *Krafczyk* [Fn. 165], 204, 216ff.) muss skeptisch beurteilt werden (so zu Recht *C. Waldhoff/H. v. Aswege* in: Feld u.a. (Hrsg.) Jahrbuch 2011 (Fn. 4), 9 [38] mwN). Bei der Beurteilung der Frage, ob eine wesentliche Beeinträchtigung vorliegt, ist insbesondere auch zu berücksichtigen, inwieweit infolge des Plebiszit die verfassungsrechtlich vorgeschriebene Einhaltung der Schuldenbremse (Art. 109 Abs. 3, 115 GG) erschwert oder unmöglich gemacht wird.

[179] Vgl. dazu z.B. BayVerfGH 47, 276 (303ff.), wobei dort das zusätzliche Problem der Aufaddierung der jährlichen Summen zu berücksichtigen war. In BVerfGE 102, 176 (190) wurde eine Belastung von 0,5–0,7% als wesentlich eingestuft. Der VerfGHBbg hielt 0.18% für wesentlich (LKV 2002, 77). Zu Rspr.-Beispielen auch *M. Klatt* Der Staat 2011, 3 (13ff.).

[180] Ähnlich der Vorschlag von *J. Ziekow* (Fn. 155), D 126; kritisch dazu *H. G. Henneke* DVBl. 2012, 1072 (1082); tendenziell befürwortend dagegen *E. Gurlit* JZ 2012, 833 (840) und *B. Wegener* in: 69. DJT, Thesen der Gutachter und Referenten, 2012, 52 (abrufbar unter http://www.djt.de/fileadmin/downloads/69/120809_djt_69_thesen_web.pdf; zuletzt abgerufen am 20.9.2012). Die hier vertretene Ansicht wendet sich insbesondere auch gegen BayVerfGH 61, 78 (Transrapid, abrufbar auch unter http://www.bayern.verfassungsgerichtshof.de). Die dort vorgeschlagene Unterscheidung, zwischen Finanzentscheidungen ohne Sachregelungsgehalt einerseits, die als (obwohl förmlich außerhalb des Haushaltsgesetzes getroffen und dieses nicht abändernd) „materielle" Haushaltsgesetzgebung (unabhängig von Art und Höhe) per se verboten seien, und finanzwirksamen Sachgesetzen andererseits, die nur dann verboten seien, wenn die den Haushalt wesentlich beeinträchtigen, mag auf den ersten Blick plausibel klingen, kann letztlich jedoch nicht überzeugen. Zum einen erstreckt sie den Haushaltsvorbehalt auf außerhalb der Haushaltsgesetzgebung getroffene Entscheidungen weiter, als dies zum Schutz der Funktionstüchtigkeit des Parlaments notwendig erscheint (hierfür reicht das Verbot wesentlicher Beeinträchtigung). Zum anderen erscheint fraglich, ob sich diese Unterscheidung wirklich trennscharf durchführen lässt, denn liegt nicht auch jeder Finanzierungsentscheidung eine sachliche Entscheidung zugrunde? (dazu *K. Hahnzog* in: Heußner/Jung [Fn. 11], 235 [251]). Außerdem: Wie wäre es gewesen, wenn das Verbot der Mitfinanzierung nur etwas anders formuliert gewesen wäre (wie z.B. bei Stuttgart 21), nämlich als Ausübung eines Kündigungsrechts in Bezug auf eine geschlossene Mitfinanzierungsvereinbarung? Läge diesbezüglich nicht doch eine – auch kompeten-

Der letzte Punkt führt zurück zur Ausgangsfrage von Plebisziten über Infrastrukturprojekte;[181] hierbei ergibt sich: Ein Plebiszit über die administrative Planung und Zulassung des Vorhabens bleibt prinzipiell[182] unzulässig.[183] Zwar mögen Vorhabenzulassungen (durch legislative Vorplanungen oder Grundsatzentscheide) bis zu einem gewissen Grade durch Gesetz vorstrukturiert und insofern der Volksgesetzgebung zugänglich gemacht werden können; diese Möglichkeiten sind jedoch begrenzt und jedenfalls fehlt den Ländern meist die Gesetzgebungskompetenz.[184] Grundsätzlich denkbar erscheint es jedoch, die Entscheidung über die finanzielle Beteiligung der öffentlichen Hand an dem Vorhaben[185] plebiszitär zu überprüfen.[186] Derartige Möglichkeiten sollten[187] genutzt werden, denn es ist offensichtlich, dass das rechtsstaatliche Planungsverfahren – trotz all seiner Formen der Bürgerbeteiligung – das Bedürfnis nach einer demokratischen Entscheidung über das „Ob" der Vorhabenplanung bisweilen nur unzureichend befriedigt.[188]

---

ziell nur vom Land zu treffende und nicht durch Bundesgesetzgebungskompetenzen gesperrte – (freilich in hohem Maße finanzwirksame) Sachregelung vor? (vgl. *V. M. Haug* ZParl 2/2012, 446 [451 ff.]).

181 Dazu *Heidebach* (Fn. 159).

182 Dies gilt jedenfalls für den Bereich der staatlichen Verwaltung (d.h. einer staatlichen Planung und Zulassung). Im Zuständigkeitsbereich kommunaler Selbstverwaltung (z.B. kommunale Bauleitplanung) ergeben sich weitergehende Möglichkeiten: *Ziekow* (Fn. 155), D 117 ff.; *J. Kühling* DVBl. 2012, 317; *P. Durinke* ZfBR 2012, 531.

183 *Ziekow* (Fn. 155), D 113; BayVerfGH NVwZ 1988, 242; *Heidebach* (Fn. 159); *W. Ewer* NJW 2011, 1328 ff.

184 *Ziekow* (Fn. 155), D 113ff.; *Heidebach* (Fn. 159), 3f., 6f.; *D. Posch* FAZ vom 4.5.2012, 11; *J. Saurer* DVBl. 2012, 1082 (1088 Fn. 96); zum Maßnahmegesetz: *V. M. Haug* ZParl 2/2012, 446 (452 f.); *W. Ewer* NJW 2011, 1328 (1330); *C. Franzius* GewArch 2012, 225 (235); *T. Groß* DÖV 2011, 510 (513). Die bei *Groß* ebd. angesprochene Idee, über Großvorhaben als Gegenstand politischer Willensbildung (statt in Gesetzesform) abzustimmen, was nach dem Recht einiger Länder möglich ist, hat den Nachteil, dass solche (und sei es auch plebiszitär gefassten) Beschlüsse unverbindlich sind; der Aufwand der Volksabstimmung und die Unverbindlichkeit der Entscheidung stehen in keinem rechten Verhältnis zueinander, so dass m.E. hiervon abzuraten ist (s.o. Fn. 161).

185 Sei es als Projektträger oder bei der Bezuschussung von Drittvorhaben.

186 S.o. bei und in Fn. 180; allgemeiner: *C. Franzius* GewArch 2012, 225 (236). Soweit diese Möglichkeit nicht bereits aufgrund einer vernünftigen Auslegung der Finanztabus besteht (z.B. weil eine gefestigte Rechtsprechung der Landesverfassungsgerichte entgegensteht), kommt jedenfalls – und ohne Verstoß gegen die Ewigkeitsgarantien oder das Homogenitätsgebot – eine entsprechende Verfassungsänderung in Betracht.

187 Neben einer Stärkung der Rolle des Parlaments im Planungsprozess, so zu Recht: *D. Posch* FAZ 2012, 11.

188 Zu dieser Diagnose vgl. *J. Saurer* DVBl. 2012, 1082 (1087); *M. Burgi* NVwZ 2012, 277; *D. Posch* FAZ 2012, 11; *F. Wittreck* ZG 2011, 209ff.; *M. Bertrams* NWVBl. 2012,

3. *Volksrechte im Mehrebenensystem*

Fragen wir als nächstes, auf welcher Ebene des Staatsaufbaus direktdemokratische Elemente verwirklicht sein sollten. Für Kommunen und Länder sind mittlerweile durchgehend plebiszitäre Rechte vorgesehen;[189] im Bund fehlen sie weiterhin völlig;[190] in der EU gibt es erste Ansätze.[191] Es ist eine weithin anerkannte und dem Leitbild des Aufbaus einer lebendigen Demokratie von unten nach oben entsprechende Klugheitsregel, dass plebiszitäre Rechte mit zunehmender Größe und Höherstufigkeit der politischen Einheit tendenziell abnehmen sollten.[192] Dass die direkte Demokratie im Bund zumindest restriktiver gehandhabt wird als auf Landesebene, entspricht diesem Stufenbau und ist für Bundesstaaten typisch.[193] Eine andere Frage ist, ob an der völligen plebiszitären Abstinenz des Bundes festzuhalten ist. Aus den oben erwogenen Gründen meine auch ich, dass im Bund eine behutsame plebiszitäre Öffnung zu

289 (291ff.); *K. F. Gärditz* GewArch 2011, 273 (274f., 277 f.); *T. Groß* DÖV 2011, 510 (514); *W. Durner* ZUR 2011, 354 (361); *G. Kirchgässner* NZZ vom 12.1.2011, 23.

[189] Siehe die Überblicke in *H. K. Haußner/O. Jung* (Fn. 11), 7, 197 ff., 305 ff.; *Martini* (Fn. 2), 23ff.; im weiteren europäischen Kontext: *T. Schiller* (Hrsg.) Local Direct Democracy in Europe, 2011.

[190] Die in Art. 29, 118, 118a GG vorgesehenen Territorialplebiszite sind eine Sonderkategorie und von den hier interessierenden Realplebisziten und echter Volksgesetzgebung zu unterscheiden; vgl. *Neumann* (Fn. 11), 176 ff., 185, 242 ff.

[191] Zur Europäischen Bürgerinitiative gemäß Art. 11 Abs. 4 EUV und Verordnung (EU) Nr. 211/2011 vom 16.2.2011 (ABl. Nr. L 65, 1) siehe: *M. Tiedemann* NVwZ 2012, 80; *W. Obwexer/J. Villotti* JRP 18 (2010), 108; *V. Robertson* JRP 18 (2010), 133; *A. Balthasar/A. Prosser* JRP 18 (2010), 122; *H. Goerlich/B. Assenbrunner* ZG 2011, 268; *B. Kaufmann* in: Feld u.a. (Hrsg.) Jahrbuch 2010 (Fn. 42), 201ff.; *J. Plottka* ZParl 2/2012, 419ff.; grundsätzlicher bereits *G. Lübbe-Wolff* Europäisches und nationales Verfassungsrecht, VVDStRL 60 (2001), 246 (275 f.).

[192] *D. Merten* VVDStRL 55 (1996), 7 (42); *Martini* (Fn. 2), 36; *Henke* (Fn. 73), 36; *Heussner* (Fn. 21), 71; *P. C. Mayer-Tasch* FS Schenke, 2011, 233 (240); *R. Steinberg* FAZ vom 16.2.2012, 7; aA (allerdings nur von Größe, nicht von Höherstufigkeit redend) *A. Gross* in: Pallinger u.a. (Fn. 30), 64 (66). Ein Grundsatz dahingehend, dass Quoren umgekehrt proportional zur Einwohnerstärke bemessen werden sollten (d.h. geringere Quoren bei größeren Einheiten; vgl. z.B. Art. 18a Abs. 6 BayGO) kann allenfalls für Gebietskörperschaften auf der je gleichen Ebene des Staatsaufbaus (z.B. verschieden große Gemeinden) anerkannt werden; im Verhältnis unterschiedlicher Ebenen (Gemeinde-Land-Bund) gilt umgekehrt, dass die Quoren sukzessive steigen sollten; missverständlich insoweit: *K. Beck* in: ders./J. Ziekow (Fn. 26), 21 (29). Zum Leitbild des Aufbaus einer lebendigen Demokratie von unten nach oben siehe die programmatische Formulierung in Art. 11 Abs. 4 BayVerf.

[193] Für die Schweiz: *A. Vatter* in: Freitag/Wagschal (Fn. 43), 71 (76); *Kaufmann/Büchli/Braun* (Fn. 12), 31; für die USA: *S. Moeckli* in: Freitag/Wagschal (Fn. 43), 19; *Miller* (Fn. 46), 216.

befürworten ist. Ich verkenne dabei nicht, dass eine plebiszitäre Öffnung, die nicht mehr das eingebettete Bundesglied, sondern den souveränen Gesamtstaat selbst betrifft, auch Risiken birgt.[194] Andererseits können die Vorzüge direkter Demokratie auch nur auf der Ebene, die die Bürger zu Recht als den für ihre politische Befindlichkeit entscheidenden demokratischen Primärraum ansehen – und das ist der Bund –, voll zum Tragen kommen.[195] Auch sind die Gesetzgebungsbefugnisse von Bund und Ländern qualitativ nicht so wesensverschieden, dass in Bezug auf plebiszitäre Mitwirkungsrechte eine völlig unterschiedliche Handhabung zu rechtfertigen wäre.[196] Eine vorsichtige plebiszitäre Öffnung des Grundgesetzes würde die innere Stimmigkeit des deutschen Verfassungsraums stärken[197] und die in Sachen direkter Demokratie bislang gespaltene deutsche Verfassungsidentität einer wichtigen Klärung zuführen.[198]

---

[194] Vgl. hierzu: *J. Isensee* in: Hillgruber/Waldhoff (Fn. 7), 117 (131 f.). Zur schützenden Wirkung einer übergeordneten rein repräsentativen Schicht: *Heußner* (Fn. 21), 71.

[195] Wirklich systemstabilisierende und -vitalisierende Wirkung im Blick auf die „Krise der repräsentativen Demokratie“ können direktdemokratische Elemente nur auf der für die politische Befindlichkeit entscheidenden (d.h. wirklich systemrelevanten) Ebene, d.h. im Bund, entfalten. Zur herausragenden Stellung des Bundes sowohl gegenüber den Ländern als auch gegenüber der EU als Zentrum des Verfassungsverbundes: *Möstl* (Fn. 81), 83f. Demokratischer „Primärraum“ (vgl. BVerfGE 123, 267 [411]) ist die Ebene des Bundes/Nationalstaates sowohl gegenüber der EU als auch gegenüber den Ländern.

[196] *E.-G. Mahrenholz* in: Däubler-Gmelin/Adlerstein (Fn. 7), 371 (372); *U. Berlit* KritV 1993, 318 (352 f.); aA *P. Badura* FS M. Schröder, 2007, 307 (317); allgemein dazu, dass im deutschen Bundesstaat die Gesetzgebungsmaterien nicht durchgehend nach Kriterien der Wichtigkeit bzw. Regionalität/Überregionalität verteilt sind: *Möstl* (Fn. 81), 72.

[197] Eine plebiszitäre Öffnung des Grundgesetzes nach dem Vorbild der Landesverfassungen entspräche dem für den deutschen Bundesstaat typischen Experimentiercharakter des Landesverfassungsrechts, dessen Ideen und Innovationen, wenn sie sich in den Ländern bewährt haben, vom Grundgesetz übernommen werden können (dazu *M. Möstl* AöR 130 [2005], 350 [389] mwN); siehe auch bereits oben Fn. 72.

[198] Etwaige bundesstaatliche Folgeprobleme wie die Sicherung der nach Art. 79 Abs. 3 GG unverzichtbaren Mitwirkung der Länder bei der (auch plebiszitären) Bundesgesetzgebung sind lösbar, namentlich (ggf. neben sonstigen Beteiligungsrechten des Bundesrates) durch Einführung eines am Schweizer Vorbild orientierten „Ländermehrs“ bei Zustimmungsgesetzen, d.h. des Erfordernisses, dass eine plebiszitäre Vorlage nur Erfolg hat, wenn sie nicht nur im Bund eine Abstimmungsmehrheit erzielt hat, sondern auch in einer (ggf. nach dem Bundesratsschlüssel zu gewichtenden) Mehrheit der Länder. Ein solches „Ländermehr“ würde das in Deutschland bisweilen verschütt gegangene Bewusstsein stärken, dass das deutsche Volk der Bundesstaatsgewalt in zweierlei Gestalt – als einheitliches Bundesvolk und als in Länder und Landesvölker gegliedertes Volk – Legitimation zu verschaffen vermag (dies ist auch im repräsentativen Normalbetrieb so, wo in Bundestag und Bundesrat zwei Legitimationsstränge aufeinander

Ein Folgeproblem plebiszitärer Rechte auf mehreren Ebenen ist es, auf welcher Ebene über welche Frage abgestimmt werden soll. Bei den jüngeren Abstimmungen über Infrastrukturprojekte wurde dies virulent:[199] Ist es richtig, dass über ein nationales Verkehrsprojekt wie Stuttgart 21 nur Baden-Württemberg abstimmt? Kann es angehen, dass München (über den Hebel der städtischen Beteiligung an der Flughafen-GmbH) über die 3. Startbahn eines internationalen Großflughafens entscheidet?[200] Die Frage der richtigen Ebene – so die These – eignet sich nicht für abstrakte Spekulationen, sondern ist strikt akzessorisch zur Kompetenzordnung zu

---

treffen; hierzu: *Möstl* [Fn. 81], 22 ff.). Zugleich ist das „Ländermehr" die dem Modus der „Abstimmung" (iSv Art. 20 Abs. 2 S. 2 GG) gemäße Form der Mitwirkung der Länder als politische Einheiten, die einen eigenen politischen Willen zu formen und in die politische Willensbildung des Bundes einzubringen berechtigt sein müssen, im Modus der Abstimmung aber naturgemäß nicht durch ihre gewählten Verfassungsorgane, sondern nur durch das Landesvolk selbst handeln können (so m.E. zu Recht BT-Drs. 14/8503, 6), so dass auch den Anforderungen des Art. 79 Abs. 3 GG voll und ganz genügt ist (zu bedenken ist dabei auch, dass, wenn Art. 20 Abs. 2 Satz 2 die plebiszitäre Öffnung des GG gestattet, Art. 79 Abs. 3 GG im Punkt der notwendigen Mitwirkung der Länder nicht so ausgelegt werden darf, dass – z.B. durch ein Insistieren auf eine Mitwirkung gerade des Bundesrates – eine sinnvolle Ausgestaltung der Volksrechte praktisch unmöglich gemacht wird). Zu diesem in der Literatur umstrittenen Gesamtkomplex: *J. Kühling* JuS 2009, 777 (778 ff.); *D. Estel* Bundesstaatsprinzip und direkte Demokratie im Grundgesetz, 2005; *Hufschlag* (Fn. 35), 119 ff.; *Rux* (Fn. 7), 925 f.; *K. Engelken* DÖV 2006, 550 ff.; *G. Beckstein* FS Schmitt Glaeser, 2003, 119 ff.; *H. Meyer* JZ 2011, 538 (543); vgl. auch die unterschiedlichen Stellungnahmen in der Öffentlichen Anhörung des Innenausschusses des Deutschen Bundestages vom 19. 4. 2002 (14. WP, Protokoll Nr. 94, Ausschussdrucksachen 809 bis 809 H; aA z.B. *S. Müller-Franken* in: Meier/Panzer (Fn. 23), 45 (63). Ein Vorteil dieser Gestaltung (Ländermehr statt Bundesratszustimmung) könnte auch darin liegen, dass von Plebisziten eine wohltuend entstörende Wirkung ausgehen könnte, wenn (wie für Deutschland keineswegs untypisch) die Entscheidungsfindung zwischen Bundestag und Bundesrat blockiert ist (vgl. zum früheren Art. 74 WRV *Schwieger* [Fn. 6], 79; dieses entstörende Potential übersieht mE *G. Langguth* BRJ 1/2011, 63 f., der nur auf den Aspekt zusätzlicher Komplikationen der Entscheidungsfindung eingeht; ähnlich wie hier dagegen *F. Decker* in: Feld u.a. (Hrsg.) Jahrbuch 2010 [Fn. 42], 37 [60 f.]; *A. Hatje* VVDStRL 69 [2010], 135 [160 f.]).

[199] *Heidebach* (Fn. 159), 3, 4, 7; *H.-G. Henneke* DVBl. 2012, 1072 (1073, 1078 f.).; *J. Saurer* DVBl. 2012, 1082 (1088); *J. von Altenbockum* FAZ vom 25. 6. 2012, 10; *K. F. Gärditz* GewArch 2011, 273 (278); *Ziekow* (Fn. 155), D 121 f.; *O. Jung* Recht und Politik 1/2012, 11 (13); *S. Augsberg* ZG 2012, 251 ff.

[200] *Heidebach* (Fn. 159), 7, spricht von „Scheinlegitimation". Durch den Volksentscheid auf einer bestimmten staatlichen Ebene werde eine besondere demokratische Legitimation suggeriert, obwohl nur ein Teil der betroffenen Bürger das Recht gehabt habe, sich zu dem Vorhaben zu äußern. Zur Abstimmung in München siehe die Berichte in SZ vom 16./17. 6. 2012, S. 8–9.

beantworten.[201] Wo eine Zuständigkeit der jeweiligen Volksvertretung besteht, ist auch Raum für Volksabstimmungen. Wenn es hierbei zu zweifelhaften Ergebnissen kommt, ist dies nicht Schuld der direkten Demokratie, sondern zumeist Hinweis auf fragwürdig verflochtene Zuständigkeiten.[202] Wenn der Bund einen national bedeutsamen Bahnhof nicht allein finanzieren will, sondern die Beteiligung des Landes erbittet, wenn der Staat einen internationalen Flughafen nur gemeinsam mit einer Kommune betreiben will, ist es nur natürlich, wenn dem Land bzw. der Kommune hieraus Blockadepotential erwächst.

4. *Formen plebiszitärer Rechte*

Wenden wir uns nun den Formen plebiszitärer Rechte zu.[203] Die in Deutschland übliche Form ist die aus dem Volk initiierte Volksgesetzgebung.[204] Die Variante des Referendums, d.h. der Abstimmung über eine von staatlichen Organen beschlossene Vorlage, spielt dagegen kaum eine Rolle.[205] Fast unbekannt ist v.a. das für die Schweiz typische[206] fakultative

---

[201] Ähnlich *W. J. Patzelt* in: Feld u.a. (Hrsg.) Jahrbuch 2010 (Fn. 42), 63 (85).

[202] Zu den Problemen der Mischfinanzierung bei Stuttgart 21: *V. M. Haug* ZParl 2/2012, 446 (459 f.); *H. Meyer* DVBl. 2011, 449; *K.-P. Dolde/W. Porsch* NVwZ 2011, 833; *H. Gersdorf* ZG 2011, 248.

[203] Angesprochen werden im Folgenden allein Rechte, die zu verbindlichen Entscheidungen des Volkes führen. Die zur bloßen Befassung der gewählten Organe mit einer bestimmten Materie führende Volksinitiative kann sinnvoll sein (*W. J. Patzelt* in: Feld u.a. (Hrsg.) Jahrbuch 2010 [Fn. 42], 63 [90 f.]) und ist inzwischen weit verbreitet (*Neumann* [Fn. 11], 189 ff.); dazu auch *U. Rösler* Das imperfekte Gesetzesinitiativrecht des Volkes, 2010. Weitgehend unnütz und nachteilig sind jedoch unverbindliche Volksbefragungen (*W. J. Patzelt* ebd., 100 f.), die das geltende Verfassungsrecht auch nicht vorsieht (*Neumann* ebd., 180).

[204] *Neumann* (Fn. 11), 185 ff., 812 (in allen Ländern eingeführt); kritisch: *F. Decker* in: Feld u.a. (Hrsg.) Jahrbuch 2010 (Fn. 42), 37 (47, 55): „Fixierung“ auf Volksgesetzgebung, „Pfadabhängigkeit“.

[205] Etwas anderes gilt im Bereich des Kommunalrechts („Ratsbegehren“, z.B. Art. 18a Abs. 2 BayGO). In den Landesverfassungen gibt es vereinzelt die Möglichkeit eines von staatlichen Organen (d.h. „von oben“ und nicht durch Referendumsinitiative „von unten“, dazu siehe sogleich) initiierten Referendums (Art. 60 II, III BaWüVerf.; Art. 68 III NRWVerf.; Art. 114, 115 RhPfVerf.; Art. 70 I b BremVerf.), dazu *Neumann* (Fn. 11), 219 ff.; ebd. 210 ff. allgemein zum Referendum (auch zur Begriffsbestimmung). Interessant ist, dass die Aufsehen erregende Volksabstimmung über Stuttgart 21 im Wege des von „oben“ initiierten Referendums getroffen wurde, dazu: *S. Müller-Franken* in: Baus/Montag (Fn. 23), 51; *Martini* (Fn. 2), 25 ff.

[206] *Linder* (Fn. 43), 249 ff.; *H. K. Heußner/O. Jung* in: dies (Fn. 11), 115 (118, 112 ff.).

Referendum,[207] d.h. eine Art Volksveto[208], bei dem ein vom Parlament beschlossenes Gesetz dem Volk zur Abstimmung vorzulegen ist, wenn eine bestimmte Zahl Stimmberechtigter dies verlangt. In jüngerer Zeit mehren sich die Stimmen, die dazu raten, Deutschland solle in Abkehr von seiner traditionellen Fixierung auf die anspruchsvolle Volksgesetzgebung stärker auf das Referendum als das vermeintlich weniger weit reichende Volksrecht setzen.[209] Dieser These möchte ich widersprechen.

---

[207] *W. J Patzelt* in: Feld u.a. (Hrsg.) Jahrbuch 2010 (Fn. 42), 63 (92). Art. 114, 115 RhPfVerf. sind keine echte Ausnahme, da dort das Volk nur im Zusammenwirken mit einer Parlamentsminderheit, d.h. nicht von sich aus, ein Referendum erwirken kann. Ähnliches gilt für die Referendumsinitiative in Art. 50 IV HambVerf., die nicht generell, sondern nur bei Gesetzen greift, durch die ein vom Volk beschlossenes Gesetz von der Bürgerschaft geändert wird. Kritisch zu einer für Deutschland typischen Vernachlässigung des Referendums im Entwurf eines Gesetzes zur Einführung von Volksinitiative, Volksbegehren und Volksentscheid in das Grundgesetz (BT-Drs, 14/8503) z.B. *O. Jung* in: Protokoll Nr. 94 des Innenausschusses des Deutschen Bundestages, 14. WP, S. 16. Zum Unterschied Schweiz-Deutschland auch *Henke* (Fn. 73), 46f. Auch obligatorische Referenden gibt es kaum und, wenn überhaupt, allein als Verfassungsreferendum, nämlich Art. 75 II 2 BayVerf., Art. 100 S. 2 BerlVerf., Art. 129 I RhPfVerf., Art. 123 II HessVerf., dazu *Neumann* (Fn. 11), 215. Das Thema plebiszitärer Mitwirkungsrechte bei Fragen der Verfassungsänderung ist nach hier vertretener Ansicht eine gesondert zu behandelnde Frage (siehe dazu unten 7.).

[208] So die Begriffsverwendung bei *F. Decker* in: Feld u.a. (Hrsg.) Jahrbuch 2010 (Fn. 42), 37 ff.; *Henke* (Fn. 73), 46 f.; anders: *Neumann* (Fn. 11), 233.

[209] *F. Decker* in: Feld u.a. (Hrsg.) Jahrbuch 2010 (Fn. 42), 37 (42 ff., 55 ff.). Mit ähnlicher Fragestellung und Stoßrichtung *S. Müller-Franken* in: Baus/Montag (Fn. 23), 51ff., der dann allerdings letztlich (die Nachteile des fakultativen Referendums durchschauend) allein für ein obligatorisches Referendum für Entscheidungen über Grundlagen der staatlichen Ordnung und des Staates (d.h. im Wesentlichen für eine Art erweitertes Verfassungsreferendum; ähnlich auch die Überlegung bei *J. Isensee* in: Hillgruber/Waldhoff [Fn. 7], 117 [132f.]) plädiert; zur Frage von Verfassungsreferenden siehe unten 7. Über das formelle Kriterium der Verfassungsänderung hinaus, bzgl. derer obligatorische Referenden sicherlich diskussionswürdig sind (obwohl auch sie nach hier vertretener These letztlich abzulehnen sind, siehe unten 7.), habe ich Zweifel, ob sich der Kreis der Materien, die „Grundlagen" des Staates betreffen und daher dem Referendum unterliegen sollen, überzeugend abgrenzen lässt. Geringere Bedenken bzgl. fakultativen Referenden als gegenüber der Volksgesetzgebung hat auch *R. Steinberg* FAZ vom 16.2.2012, 7; s.a. *Henke* (Fn. 73), 46f. Die (nach hier vertretener Ansicht im Ergebnis zweifelhafte oder zumindest sehr missverständliche; siehe sogleich) Ansicht, die Volksgesetzgebung sei gegenüber dem fakultativen Referendum das „weiter gehende" Volksrecht (so *F. Decker* ebd., 48) dürfte daher kommen, dass das Referendum „bloß" Vetofunktion hat, während der Volksgesetzgebung darüber hinaus positiv-gestaltende Wirkung zukommen kann; vgl. auch die im Schweizerischen Recht übliche Einordnung des fakultativen Referendums als „Bremse" und der Volksinitiative als „Gaspedal", z.B. bei *Linder* (Fn. 43), 264. Richtig ist, dass Referenden im Vergleich zur Volksgesetzgebung den Vorteil haben, dass über Vorlagen abgestimmt wird, die ein parlamentarisches

Denn die Logik des Referendums, dass das Parlament ein Gesetz nicht mehr aus eigener Kraft zustande zu bringen vermag, sondern strukturell davon abhängig wird, dass das Volk stets entweder zustimmt oder auf sein Vetorecht verzichtet, ist, bei Licht besehen, der weitaus gravierendere Eingriff in die repräsentative Demokratie als eine nur punktuell konkurrierende Volksgesetzgebung.[210] Auch scheint mir sicher, dass vom fakultativen Referendum, noch dazu wenn es, wie üblich, an geringere Quoren gebunden wird als die Volksgesetzgebung[211], weitaus stärkere konkordanzdemokratische Vorwirkungen ausgehen.[212] Ein gesondertes Volksveto ist schließlich nicht nötig, da auch das Volksbegehren (das ja auch auf die Aufhebung eines Gesetzes gerichtet sein kann) abrogative Kraft hat.[213] Etwaige Sonderkonstellationen, in denen ein Volksbegehren durch Schaffung vollendeter und irreversibler Tatsachen vereitelt zu werden droht,

---

Verfahren (mit seinen Vorzügen der Pluralismussicherung und Kompromissfindung) durchlaufen haben (dazu *S. Müller-Franken* ebd., 56); dem steht allerdings der Nachteil gegenüber , dass nur die Volksgesetzgebung (bei gestörter Responsivität der politischen Willensbildung in den repräsentativen Organen) Vorstöße aufgreifen kann, die ansonsten zu kurz kommen, d.h. von den Parteien, obwohl im Volk präsent, nicht aufgegriffen und verarbeitet werden.

[210] Interessant sind vor diesem Hintergrund die bei der Schaffung der Bayerischen Verfassung gegen die Einführung der Referendumsinitiative vorgebrachten Gründe, dazu *Schürmann* (Fn. 79), 80 f. („ständige Unruhe").

[211] Zur Schweiz (50.000 Stimmberechtigte beim fakultativen Referendum im Vergleich zu 100.000 Stimmberechtigten bei der Volksinitiative) z.B. *H. K. Heußner/O. Jung* in: dies (Fn. 11), 115 (118); allgemein: *W. J Patzelt* in: Feld u.a. (Hrsg.) Jahrbuch 2010 (Fn. 42), 63 (92f.); in der WRV vgl. z.B. den referendumsähnlichen Art. 73 II einerseits (ein Zwanzigstel) und den das Volksbegehren betreffenden Art. 73 III andererseits (ein Zehntel), dazu *Schwieger* (Fn. 6), 94 ff., 100 ff.

[212] *Schmidt* (Fn. 7), 347 („Vor allem das fakultative Gesetzesreferendum fördert den Auf- und Ausbau der Konkordanzdemokratie"). Siehe auch *F. Decker* in: Feld u.a. (Hrsg.) Jahrbuch 2010 (Fn. 42), 37 (43); *Linder* (Fn. 43), 256 ff. Die Kombination von Referendumsinitiative und majoritär-parlamentarischer Demokratie wird von *Jung* (Fn. 12), 285, als „gefährlichste" Kombination aus Verfahrens- und Demokratietypen eingestuft (siehe aber auch 287). Zu den verfassungsrechtlichen Grenzen plebiszitärer Formen, die die Gefahr des Umschlagens in die Konkordanzdemokratie in sich tragen, siehe oben 2. *Linder* ebd., 260 ff. weist auch noch auf einen weiteren Nachteil des Referendums hin: seine innovationshemmenden (tendenziell den status quo sichernden) Entscheidungswirkungen; s.a. *H. K. Heußner/O. Jung* in: dies. (Fn. 11), 115 (122 f.); *A. Vatter* in: Freitag/Wagschal (Fn. 43), 71 (84 ff., 102); *Christmann* (Fn. 97), 51 ff.; allgemeiner: *Wittmann* (Fn. 1).

[213] Und in der Praxis auch so eingesetzt wird; siehe dazu *F. Decker* in: Feld u.a. (Hrsg) Jahrbuch 2010 (Fn. 42), 37 (44); *Hennekamp* (Fn. 38), 331. Für Kalifornien: *Jung* (Fn. 12), 262. *F. Wittreck* ZSE 2010, 553 (559) zu dem vom Volksbegehren ausgehenden „heilsamen Zwang", selbst bei abrogativer Generalrichtung nicht allein negativ für ein „nein" zu werben, sondern positiv einen alternativen Politikentwurf vorzulegen.

lassen sich materiell- und prozessrechtlich bewältigen;[214] dies mag im Einzelfall schwierig sein,[215] ist jedenfalls aber das geringere Übel als ein strukturelles Volksveto. Bleibt die Frage, ob staatliche Organe[216] von sich aus ein Referendum sollten ansetzen können.[217] In bestimmten Konstellationen (bei blockierter Willensbildung oder anhaltendem Protest) kann dies entstörend und befriedend wirken.[218] Andererseits besteht die Gefahr, dass die gewählten Organe sich ihrer Verantwortung entledigen und das Volk instrumentalisieren.[219] Allenfalls das Recht zur Freigabe einer fakultativen Abstimmung, falls diese von einer ausreichenden Zahl Bürgern[220] dann auch tatsächlich eingefordert wird, kann daher befürwortet werden.[221]

---

214 Hierzu: *Martini* (Fn. 2), 60ff. Hierzu bedarf es nicht der förmlichen Statuierung einer – in allgemeiner Form im Hinblick auf die Funktionstüchtigkeit der repräsentativen Organe ohnedies problematischen – Sperrwirkung. In materiellrechtlicher Hinsicht ist auf den Grundsatz der Organtreue abzustellen, in prozessrechtlicher Hinsicht kommen Organstreitverfahren und auch einstweilige Anordnungen in Betracht.

215 Siehe die umfassende Dokumentation eines diese Fragen berührenden Verfassungsstreits samt Einführung von *Wittreck* (Fn. 20), die deutlich macht, dass jedenfalls im staatsrechtlichen Bereich (Land; ggf. Bund) noch einige Fragen zu klären sind; siehe auch *P. M. Huber* ZG 2009, 311ff.; *C. Degenhart* FS Fiedler, 2011, 35ff.; *M. Rossi/S.-C. Lenski* DVBl. 2008, 416 (423); *S. Storr* in: Feld u.a. (Hrsg.) Jahrbuch 2009 (Fn. 18), 285ff.; *Przygode* (Fn. 12), 418ff. Im Bereich des Kommunalrechts dagegen dürfen die Fragen des Sicherungsanspruchs (ggf. bereits vor förmlicher Zulassung des Bürgerbegehrens) und einer etwaigen Sperrwirkung als weitgehend geklärt angesehen werden (für Bayern z.B. *G. Lissack* Bayerisches Kommunalrecht, 3. Aufl. 2009, §4 Rn. 131; s.a. *P. Karr* Institutionen direkter Demokratie in den Gemeinden Deutschlands und der Schweiz, 2003, 178ff., 213f., 221f.; *D. Zöllner* Bürgerbegehren – Erfahrungen und Perspektiven, BayVBl. 2013, 129 [136]).

216 Gedacht ist dabei an eine vom jeweiligen Organ mit Mehrheit zu beschließende Vorlage (Beschluss der Parlamentsmehrheit, ggf. auch der Regierung). Ein Vorlagerecht der parlamentarischen Minderheit, die der Opposition ein Instrument an die Hand gibt, die Regierungsmehrheit plebiszitär vor sich herzutreiben, wird hier von vornherein abgelehnt; s.a. *S. Müller-Franken* in: Baus/Montag (Fn. 23), 51 (56, 58).

217 Allgemeine Erwägungen hierzu bei *Hufschlag* (Fn. 35), 129f. Grundsätzlich kritisch (aus schweizer Sicht) gegen das von oben anberaumte „Plebiszit“: *Kaufmann/Büchi/Braun* (Fn. 12), 12, 99 f.

218 Siehe *S. Müller-Franken* in: Baus/Montag (Fn. 23), 51 (57).

219 *W. J. Patzelt* in: Feld u.a. (Hrsg.) Jahrbuch 2010 (Fn. 42), 63 (98ff.); *Leggewie* (Fn. 31), 153.

220 Diese Zahl kann auch geringer sein als das bei Volksbegehren übliche Quorum.

221 In Anlehnung z.B. an Art. 114, 115 RhPfVerf. (wobei dort, was hier abgelehnt wird, sogar eine parlamentarische Minderheit den Weg zur Referendumsinitiative eröffnen kann); zum Ganzen *D. Franke* in: Chr. Grimm/P. Caesar (Hrsg.) Verfassung für Rheinland-Pfalz, 2001, Art. 114, 115. Vorgängervorschrift und Vorbild sind Art. 72, 73 II WRV (dazu *Schwieger* [Fn. 6], 94ff.). S.a. *Jürgens* (Fn. 127), 77ff. Ähnlich jetzt die Rechtslage in Frankreich: *A. Kimmel* ZParl 39 (2008), 849 (857).

5. *Quoren*

Ich komme zum Thema Quoren. Waren für Deutschland traditionell hohe, z.T. prohibitive Quoren kennzeichnend (so dass sich nicht überall direktdemokratisches Leben entwickeln konnte),[222] ist in jüngerer Zeit eine Art Wettlauf der Länder um geringere Quoren zu konstatieren.[223] Immer öfter liegt das Unterstützungsquorum für das Volksbegehren bei nur noch 5%, zumeist freilich kompensiert durch zusätzliche Abstimmungsquoren beim Volksentscheid.[224] Ist das zu begrüßen?

Quoren sind die zentrale institutionelle Sicherung des Vorrangs der repräsentativen Demokratie und des Ausnahmecharakters der Volksgesetzgebung.[225] Der plebiszitäre Eingriff in das parlamentarische Mandat zu einer kohärenten Politikverwirklichung,[226] aber auch in die Erwartung des Bürgers, sich nicht zu jeder Sachfrage äußern zu müssen,[227] hat sich

---

[222] *Rux* (Fn. 7), 397, 905; *Neumann* (Fn. 11), 813 (zur früheren Situation in NRW); *Kaufmann/Büchi/Braun* (Fn. 12), 248 (Vergleich zur Schweiz); *T. Schiller* in: Freitag/Wagschal (Fn. 43), 115 (142 f.) zur Frage, in welchen Ländern sich überhaupt eine relevante Nutzung ergeben hat; s.a. *H. K. Heußner/O. Jung* in: dies (Fn. 11), 11 (12).

[223] Vgl. *F. Wittreck* in: ders. (Fn. 20), 10ff.; *R. Steinberg* FAZ vom 16.2.2012, 7 spricht von einem „race to the bottom"; zur aktuellen Entwicklung und Absenkungstendenz auch *H. Obermann* LKV 2012, 241 (245 f.).

[224] Siehe die Übersichten bei *T. Schiller* in: Freitag/Wagschal (Fn. 43), 115 (119); *R. Magin/C. Eder* ebd., 151 (163, 165); *G. Jürgens/F. Rehmet* in: Heußner/Jung (Fn. 11), 197 (203); *Neumann* (Fn. 11), 344ff. (auch zum Trend, korrespondierend mit niedrigeren Begehrensquoren wieder vermehrt auf Abstimmungsquoren zu setzen; z.B. 346f.). 5% sind ausreichend in Hamburg und Schleswig-Holstein; Brandenburg verlangt nur ca. 4%. 5% ist auch diejenige Marke, die von Befürwortern von mehr direkter Demokratie regelmäßig eingefordert wird (*Rux* [Fn. 7], 916; *Neumann* [Fn. 11], 814), so auch die jüngeren Vorstöße zur Änderung des GG von SPD und Grünen: BT-Drs. 14/8503; 16/680 (jeweils 5% Begehrensquorum plus Abstimmungsquorum).

[225] BayVerfGH 53, 42 (63f.; 69ff.) = DÖV 2000, 911 (912, 913f.); BremStGH DÖV 2000, 915 (919); ThürVerfGH ThürVBl. 2002, 31 (37ff.); *J. Isensee* DVBl. 2001, 1161 (1167). Die Einschätzung von *F. Wittreck* in: Heußner/Jung (Fn. 11), 397 (404), Quoren hätten allein den legitimen Sinn, gänzlich marginale Anliegen auszuschließen, bleibt weit hinter deren (hier vertretener) Aufgabe, entscheidende institutionelle Sicherung des Ausnahmecharakters von Plebisziten zu sein, zurück. Zum empirischen Zusammenhang von Quoren und tatsächlicher Häufigkeit von Plebisziten: *Eder* [Fn. 4], 200ff.; *U. Bachmann* in: Heußner/Jung (Fn. 11), 103 (104). Insgesamt zum notwendigen Vorrang der repräsentativen Demokratie und Ausnahmecharakter der Volksgesetzgebung mwN oben II.

[226] BayVerfGH 53, 42 (63 f.) = DÖV 2000, 911 (912); *P. Badura* FS Schröder, 2012, 307 (316); siehe außerdem oben II.

[227] Die Erwartung, sich zu den vielfältigen Fragen der täglichen Politik nicht unbedingt eine abschließende eigene Meinung bilden zu müssen und von der Last, zu all diesen Fragen ein verbindliches Votum abzugeben, befreit zu bleiben, ist in einer repräsentativen Demokratie prinzipiell legitim. Vgl. *Merkel/Petring* (Fn. 24), 3: Recht, nicht par-

durch ausreichende Hürden zu qualifizieren.[228] Nur durch Quoren, die eine hinreichende Mobilisierung sicherstellen, lassen sich außerdem Risiken der direkten Demokratie (wie die Gefahr der Minderheitenherrschaft[229] oder einer nicht ausreichend informierten Entscheidung[230]) minimieren. Es gibt also allen Grund, bei den Quoren weiterhin anspruchsvoll zu sein.

Deutschland setzt (mit einigen Ausnahmen, z.B. Bayern[231]) traditionell auf ein System, das neben Unterstützungsquoren für das Volksbegehren auch auf Abstimmungsquoren beim Volksentscheid beharrt.[232] Hiervon

---

tizipieren zu müssen; *Depenheuer* (Fn. 42), 90 (98f., 101, 114ff.; 118f.): grundrechtliche Fundierung der „Zuschauerdemokratie"; s.a. *D. Merten* VVDStRL 55 (1996), 7, (42 f.: Gefahr der Ermüdung und Abstumpfung).

228 Die (umgekehrte) These, Quoren bedürften als Beschränkung demokratischer Freiheit der Rechtfertigung (z.B. *Huber* [Fn. 59], 35f.) hat nur bei sehr isolierter Betrachtung etwas Richtiges an sich. Nimmt man hinzu, dass Plebiszite die (ihrerseits verfassungsrechtlich geschützte) kontinuierliche Arbeit des Parlaments beeinträchtigen und das legitime Recht des Bürgers, nicht partizipieren zu wollen, tangieren (siehe die beiden vorigen Fn.) sowie dass ein „Mehr" an demokratischer Freiheit (durch erleichterte plebiszitäre Rechte) unweigerlich zu einem „Weniger" an demokratischer Gleichheit führt (weil sich bei einem Überhandnehmen an Plebisziten nur noch eine Minderheit beteiligen wird; dazu grundsätzlich *Unger* [Fn. 63], 249ff., 303f.), wird deutlich, dass aufs Ganze gesehen ein schonender Ausgleich gegenläufiger Rechte und Prinzipien gefunden werden muss, der unter dem Aspekt einseitiger Rechtfertigungslast von Quoren jedenfalls nicht richtig erfasst wird und an dessen Ergebnis nach hier vertretener Ansicht steht, dass sich Plebiszite durch ausreichende Quoren qualifizieren müssen.

229 *J. Kühling* JuS 2009, 777 (781); *Martini* (Fn. 2), 94f.; *R. Steinberg* FAZ vom 16.2.2012, 7; *E.-W. Böckenförde* HStR III, 3. Aufl. 2005, § 34 Rn. 6f.; *U. Spies* Bürgerversammlung – Bürgerbegehren – Bürgerentscheid, 1999, 334f.; vgl. insgesamt auch *Lehner* (Fn. 22) (mit dann allerdings abweichenden Schlussfolgerungen). Die Diskussion um die Auswirkungen direkter Demokratie auf Minderheiten ist insgesamt ambivalent (vgl. *Glaser* [Fn. 38], 367; *Möckli* [Fn. 3], 330ff., 359ff.; *F. Wittreck/H. Dreier* in: Feld u.a. (Hrsg.) Jahrbuch 2009 [Fn. 18], 11 [28ff.]): Einerseits wird gefürchtet, eine aktive Minderheit könne über die passive Mehrheit herrschen (siehe Nachweise oben); andererseits wird die Gefahr gesehen, dass bei direktdemokratischen Entscheidungen Minderheitenrechte und -interessen nicht genügend berücksichtigt werden könnten (zu letzterem z.B.: *C. Bollinger* in: Freitag/Wagschal [Fn. 43], 419ff.; *Miller* [Fn. 46]; *W. Marxer* [Hrsg.] Direct Democracy and Minorities, 2012). Zum Ganzen auch *Lindaman* (Fn. 31), 8, 145 ff.

230 *Glaser* (Fn. 38), 382 („information costs"). Zur Gefahr uninformierter Entscheidung auch *K. L. Lindaman* in: dies. (Fn. 31), 7; *Reilly* (Fn. 130).

231 Außerdem Hessen und Sachsen, teilweise (bei Konkurrenzvorlage des Landtags) Sachsen-Anhalt; andere Länder (z.B. Nordrhein-Westfalen oder Rheinland-Pfalz) haben hingegen Abstimmungsquoren (neu) eingeführt, vgl. *Neumann* (Fn. 11), 346.

232 So schon Art. 75 WRV; zu den Schwierigkeiten seiner Auslegung *Schwieger* (Fn. 6), 127ff. Nach dem Krieg herrschte (nicht zuletzt wegen negativer Erfahrungen mit dem Weimarer Abstimmungsquorum), soweit die Volksgesetzgebung eingeführt

sollten wir Abstand nehmen.[233] Abstimmungsquoren verleiten zu taktischen Spekulationen bis hin zu Boykottstrategien[234] und rauben der Abstimmung jene Ernsthaftigkeit, die nur gegeben ist, wenn auf ihr Ergebnis Verlass ist. Sie führen überdies zu unguten Schwebelagen, in denen das Volk gesprochen hat, aber dieser Spruch nicht zählt, und die Politik nicht mehr weiß, welche Konsequenzen sie ziehen soll; alle sind dann beschädigt.[235] Auf Abstimmungsquoren sollte deswegen ganz verzichtet und stattdessen[236] an anspruchsvollen Begehrensquoren festgehalten werden.[237] Als vorbildhaft kann immer noch die alte bayerische Regelung aus dem Jahre 1946 gelten (kein Abstimmungsquorum, dafür 10%iges Begehrensquorum), die – mit Verfahrenseinleitungen alle 1–2 Jahre und Volksentscheiden alle 1–2 Legislaturperioden[238] – zu einem bewährten direkt-

---

wurde, zunächst die Tendenz hoher Begehrensquoren bei gleichzeitigem Verzicht auf Abstimmungsquoren vor; mittlerweile hat sich die Tendenz wiederum umgedreht, d.h. Begehrensquoren wurden tendenziell gesenkt, Abstimmungsquoren im Gegenzug neu eingeführt; dazu *Rux* (Fn. 7), 894; siehe auch *Neumann* (Fn. 11), 346. Zum Thema auch: *K. Engelken* DÖV 2000, 881 ff.

233 *Hufschlag* (Fn. 35), 272; *Neumann* (Fn. 11), 815; *Rux* (Fn. 7), 55, 918; *Przygode* (Fn. 12), 475; *V. M. Haug* ZParl 2/2012, 446 (462 f.) (am Beispiel von Stuttgart 21); *O. Jung* in: Feld u.a. (Hrsg.) Jahrbuch 2009 (Fn. 18), 40 ff.; *Kaufmann/Büchi/Braun* (Fn. 12), 200; *G. Habermann/D. Schaal* in: Heußner/Jung (Fn. 11), 431 (432 f.); *P. M. Huber* FAZ vom 20.12.2011, 4; *A. Gross* in: Pallinger u.a. (Fn. 30), 64 (68 f.); *Bugiel* (Fn. 54), 459 f.; zu Erfahrungen anderer Staaten: *Capretti* (Fn. 48), 85 f. (Italien); *Glaser* (Fn. 38), 383 (USA); *P. Karr* Institutionen direkter Demokratie in den Gemeinden Deutschlands und der Schweiz, 2003, 222 (Schweiz).

234 Ausführlich und auch in Auseinandersetzung mit Gegenansichten: *Neumann* (Fn. 11), 379 ff., auch dazu, dass das Problem nicht allein dadurch gelöst ist, dass statt Beteiligungsquoren Zustimmungsquoren eingesetzt werden (aA *H.-D. Horn* Der Staat 1999, 399 ff.).

235 Plastisch am Beispiel von Stuttgart 21: *V. M. Haug* ZParl 2/2012, 446 (462 f.).

236 Die Alternativität dieser beiden Modi der Sicherung ausreichender Hürden (anspruchsvolles Begehrensquorum, dafür kein Abstimmungsquorum oder großzügigeres Begehrensquorum, dafür zusätzliches Abstimmungsquorum) wird bei ThürVerfGH ThürVBl. 2001, 31 (38) zutreffend herausgestrichen. Ein „Rosinenpicken" dergestalt, dass ein niedriges Begehrensquorum mit einem Fehlen des Abtimmungsquorums kombiniert wird, haben der ThürVerfGH ebd., der BremStGH (DÖV 2000, 915 [919]) und der BayVerfGH (53, 42 [69 f.]) = DÖV 2000, 911 zu Recht für verfassungswidrig erklärt.

237 *V. M. Haug* ZParl 2/2012, 446 (462 f.); dies auch deswegen, weil es keineswegs selbstverständlich ist, dass eine Gruppe aus dem Volk das Recht hat, dem Volk eine Frage zur Abstimmung vorzulegen, so dass gerade dieser „repräsentative" Akt einer ausreichenden Hürde bedarf (vgl. *R. Steinberg* FAZ vom 16. 2. 2012, 7).

238 Vgl. die Zahlen in *G. Jürgens/F. Rehmet* in: Heußner/Jung (Fn. 11), 197 (210, 216 ff., 221 ff.). Zwischen 1968 und 2012 ist es in Bayern zu sechs Volksentscheiden aufgrund von Volksbegehren gekommen. Zu Zahlen aus anderen Bundesländern: *H. Obermann* LKV 2012, 241 (247).

demokratischen Leben geführt hat, bei dem das Volk über die es tatsächlich bewegenden Fragen abstimmen konnte, ohne dass irgendein Schaden für die repräsentative Demokratie erkennbar wäre.[239]

Bleibt die Frage, ob freies Unterschriftensammeln erlaubt oder an der Amtseintragung festgehalten werden sollte.[240] Prinzipiell vorzugswürdig ist auch weiter die Amtseintragung,[241] nicht nur weil sie die anspruchsvollere Hürde ist, sondern auch, weil nur sie die volle Freiheit der Willensbekundung gewährleistet,[242] einer Kommerzialisierung des Unterschriftensammelns vorbeugt[243] und Folgeregelungen über einen staatlichen Kostenersatz für das Sammeln entbehrlich macht[244].

6. *Verfahren*

Zum Verfahren der Volksgesetzgebung, meinem nächsten Punkt, ließe sich Vieles sagen;[245] ich muss mich auf vier Thesen beschränken. Erstens:

---

[239] Ähnlich: *P. M. Huber* FAZ vom 20.12.2012, 4; *Hufschlag* (Fn. 35), 271f. Es entspricht dem in oben 3. dargelegten Stufenbau zusätzlicher Hürden mit zunehmender Größe und Höherstufigkeit der politischen Einheit, dass im Bund die Quoren tendenziell höher sein sollten, in den Kommunen dagegen auch niedriger ausfallen können.

[240] Überwiegend verlangen die Länder weiter Amtseintragung; siehe *G. Jürgens/F. Rehmet* in: Heußner/Jung (Fn. 11), 197 (203). Auf Kommunalebene ist dagegen das freie Unterschriftensammeln üblich, siehe *R. Geitmann* ebd., 307 (308).

[241] Dies gilt jedenfalls für die Verfahrensstufe des Volksbegehrens. Für eine vorgelagerte Volksinitiative oder für ein vorgelagertes Einleitungsverfahren spricht nichts gegen freies Unterschriftensammeln (vgl. *Neumann* [Fn. 11], 823); dazu dass sich trotz Amtseintragung lebendiges direktdemokratisches Leben entwickeln kann: *H. Obermann* LKV 2012, 241 (247). Ein weiterer wichtiger Aspekt betrifft die für die Erreichung des Quorums zur Verfügung stehende Zeit. Gerade beim freien Unterschriftensammeln ist ausreichende Zeit wichtig. Bei der Amtseintragung hingegen kann, wie die bayerischen Erfahrungen zeigen, eine knapp bemessene Eintragungsfrist (in Bayern: 2 Wochen) auch zu einer kurzfristigen Mobilisierung und Konzentration der Kräfte führen, so dass es mir hier nicht sicher erscheint, ob lang bemessene Eintragungszeiten wirklich vorzugswürdig sind.

[242] BayVerfGH 53, 42 (71 f.) = DÖV 2000, 911 (914 f.).

[243] Zu den diesbezüglichen Erfahrungen in den USA („initiative industry"): *C. J. Tolbert/D. H. Lowenstein/T. Donovan* 27 (34ff.) und *D. McCuan/S. Bowler/T. Donovan/K. Fernandez* 55 (77ff.), beide in: Bowler/Donovan/Tolbert (Hrsg.) Citizens as Legislators, 1998; *Miller* (Fn. 46), 51ff.; *H. Meyer* JZ 2012, 538 (545); *H. K. Heußner* in: v. Arnim (Fn. 19), 27 (54 f.); *Lindaman* (Fn. 31), 5, 7 f.

[244] Zu diesem Zusammenhang: *Rux* (Fn. 7), 915. Allgemeiner zum Thema Finanzierung und Kostenersatz: *K. G. Lutz/S. Hug* (Hrsg.) Financing Election Campaigns, 2010; *R. Magin/C. Eder* in: Freitag/Wagschal (Fn. 43), 151 (171f.); *G. Jürgens/F. Rehmet* in: Heußner/Jung (Fn. 11), 197 (207 f.).

[245] Nicht behandelt werden können an dieser Stelle z.B. Fragen der Finanzierung des Volksbegehrens (siehe dazu die Nachweise in voriger Fn.), des Rechts zur Fragestellung

Zu Recht wird auf Kommunikation und Interaktion zwischen Initiatoren und Gesetzgebungsorganen gedrungen; das Parlament braucht das Recht zum Gegenentwurf, die Initiatoren Spielräume der Kompromissfindung; ab Zustandekommen des Volksbegehrens sollte der Entwurf jedoch nicht mehr zur Disposition der Initiatoren stehen.[246] Zweitens: An der Möglich-

---

und der Formulierung der Abstimmungsfrage einschließlich Koppelungsverbot (dazu z.B *Reilly* [Fn. 130]; *Martini* [Fn. 2], 39ff.), der Werbung für das Volksbegehren (dazu z.B. BayVerfGH 60, 131, auch abrufbar unter http://www.bayern.verfassungsgerichtshof.de), der sachlichen Information der Bürger durch den Staat (dazu z.B. *M. Möstl* in: Lindner/Möstl/Wolff [Fn. 13], Art. 74 Rn. 15, 19; *Martini* ebd., 58 ff.) und einer etwaigen Sperrwirkung oder prozessualen Sicherung des Volksbegehrens (dazu oben Fn. 214, 215).

246 Allgemein zur Notwendigkeit einer engen kommunikativen Verzahnung, zu der prinzipiell auch Spielräume der Initiatoren gehören, den eigenen Antrag (v.a. im Zuge einer etwaigen Kompromissfindung) zu modifizieren oder zurückzunehmen: *H. K. Heußner* in: v. Arnim (Fn. 19), 21 (50 ff.); *Rux* (Fn. 7), 421ff., 892, 905, 909ff. Dazu, dass ab dem rechtsgültigen Zustandekommen des Volksbegehrens – wegen des demokratischen Rechts der Bürger auf Abstimmung – grundsätzlich kein Spielraum mehr für Modifikationen und Kompromisse bestehen kann, die das Recht auf Abstimmung über das zustande gekommene Volksbegehren vereiteln: *M. Möstl* in: Lindner/Möstl/Wolff (Fn. 13), Art. 74 Rn. 14 mit Fn. 51; zur Rigidität des Volksgesetzgebungsverfahrens und den sehr begrenzten Spielräumen einer „Erledigterklärung" auch *P. M. Huber* in: Wittreck (Fn. 20), 151 (197ff.); *H. Meyer* JZ 2012, 538 (544), zu den Problemen einer Erledigterklärung auch *Martini* (Fn. 2), 56ff. Eine (von *Rux* ebd. befürwortete) Regelung wie in Art. 50 Abs. 3 S. 4 HmbVerf., wonach die Initiatoren den Entwurf auch noch nach Durchführung des Volksbegehrens modifizieren können, erscheint vor diesem Hintergrund nicht unproblematisch (der inhaltliche Grundcharakter muss deswegen auch unangetastet bleiben; dazu und zu den verfassungsrechtlichen Problemen *A. v. Arnauld* in: Feld u.a. (Hrsg.) Jahrbuch 2009 [Fn. 18], 90 [107f., 126f.]). Umgekehrt ist eine (in Art. 74 Abs. 2 BayVerf. angelegte) Handhabung wie in Bayern, wonach der der Initiative zugrunde liegende Entwurf nicht einmal vor der Durchführung des Volksbegehrens abgeändert werden darf (BayVerfGH 53, 81 [109f.]), sondern vom ersten Beginn an (Sammlung der Unterstützerunterschriften für die Verfahrenseinleitung) unverändert bleiben muss (obwohl doch erst das Volksbegehren über die Vorlage an das Volk entscheidet), unnötig rigide (besser insoweit ein dem Volksbegehren vorgeschaltetes Verfahren der Volksinitiative mit entsprechenden Änderungsmöglichkeiten vor dem eigentlichen Volksbegehren). Dass nach erfolgreichem Volksbegehren keine Dispositionsbefugnis mehr besteht, hat auch den Vorteil, dass damit der Gefahr vorgebeugt wird, dass sich das Parlament auf Zugeständnisse und Kompromisse gegenüber den in diesem Stadium (nach Erfolg des Begehrens) bereits politisch recht starken Initiatoren einlässt, obwohl niemand weiß, ob diese die Mehrheit im Volk hinter sich haben. Nach erfolgreichem Volksbegehren führt (abgesehen von der vollständigen Übernahme des Entwurfs durch das Parlament) kein Weg daran vorbei, dass der tatsächliche Volkswille zu dem durch das Begehren unterbreiteten Entwurf ermittelt werden muss; die Kommunikationsfunktion des Volksbegehrens (*Rux* ebd., 892) stößt insoweit an Grenzen. Zu den Nachteilen eines mit dem Parlament völlig unverbundenen „direkten" Volksgesetzgebungsverfahrens, wie es z.T. in den USA üblich ist: *S. Moeckli* in: Freitag/Wagschal

keit, das Volksbegehren bereits vorab gerichtlich auf seine Vereinbarkeit mit höherrangigem Recht überprüfen zu lassen, ist festzuhalten.[247] Drittens: Volksgesetzgebung im Bund bedarf nach Art. 79 Abs. 3 GG zwingend eines Verfahrens der Mitwirkung der Länder; ein „Ländermehr" nach Schweizer Vorbild, d.h. das Erfordernis einer Abstimmungsmehrheit nicht nur im Bund, sondern auch in einer ausreichenden Zahl Ländern, ist die dem Modus der Abstimmung gemäße und daher anzuratende Form der Ländermitwirkung.[248] Schließlich: Zum Spannungsverhältnis von Parlaments- und Volksgesetzgebung gehört, dass diese sich in funktionaler Äquivalenz und auf gleichem Fuße gegenübertreten; alle Versuche, dem volksbeschlossenen Gesetz gegenüber dem Parlament erhöhte Bindungskraft beizumessen, sind daher kritisch zu sehen.[249]

(Fn. 43), 19 (25, 35); *A. Gross* FAZ vom 2.12.2010, 8; *Heußner* (Fn. 21), 286ff., 457; *ders.* in: Feld u.a. (Hrsg.) Jahrbuch 2011 (Fn. 4), 175 (232). Zur Situation in den Kommunen, wo die Lage insofern eine andere ist, als die Initiatoren, nachdem sie selbst die Unterschriften gesammelt haben, frei entscheiden können, ob sie das Begehren einreichen und ob sie es später zurückziehen (mit entsprechenden Potentialen, Kompromisse auszuhandeln): *D. Zöllner* Bürgerbegehren – Erfahrungen und Perspektiven, BayVBl. 2013, 129 (136); auch dort allerdings ergeben sich wegen der Notwendigkeit unveränderter demokratischer Legitimation Grenzen für eine nachträgliche Abänderung der Fragestellung, vgl. *Zöllner* ebd., 134f.

247 Zur Rechtslage in Deutschland und ihrer Würdigung: *B. J. Hartmann* Volksgesetzgebung und Grundrechte, 2005; *Neumann* (Fn. 11), 818ff.; *Rux* (Fn. 7), 897ff.; *F. Wittreck* in: Heußner/Jung (Fn. 11), 297ff.; *Przygode* (Fn. 12); *V. M. Haug* ZParl 2/2012, 446 (464 ff.); *R. Magin/C. Eder* in: Freitag/Wagschal (Fn. 43), 151 (169f.). Das Fehlen der Möglichkeit einer präventiven Prüfung wird zu Recht als eine der Schwächen der Ausgestaltung sowohl in der Schweiz (Bundesebene) als auch (dort allerdings nachträgliche Prüfung möglich) der USA angesehen: *A. Gross* FAZ vom 2.12.2010, 8; *G. Kirchgässner* in: Feld u.a. (Hrsg.) Jahrbuch 2009 (Fn. 18), 66ff.; *H. K. Heußner* in: ders./Jung (Fn. 11), 135 (150f.); *ders.* in: v. Arnim (Fn. 19), 27 (49); *ders.* Recht und Politik 1/2010, 19 (22); *Miller* (Fn. 46); *Glaser* (Fn. 38), 161ff., 383. Zum Prüfprogramm der Gerichte sollte auch die Vereinbarkeit mit Völker- und Europarecht zählen (*Henke* [Fn. 73], 41ff.; *H. K. Heußner* in: v. Arnim ebd., 49f.; allgemeiner: *S. Körkemeyer* Direkte Demokratie und Europäische Integration, 1994; *J. Reich* ZaöRV 2008, 979).

248 Ausführlich und mwN dazu oben Fn. 198.

249 Die in der deutschen Verfassungsjudikatur klassische und weiterhin herrschende Linie beharrt darauf, dass dem Volksgesetz keinerlei höherer Rang zukommt als dem Parlamentsgesetz und dass dieses daher vom Parlament auch jederzeit wieder geändert werden kann; für Bayern z.B. BayVerfGH 29, 244 (265); 40, 94 (193); 32, 35 (55); 47, 1 (16); 53, 42 (61); *M. Möstl* in: Lindner/Möstl/Wolff (Fn. 13), Art. 74 Rn. 18; allgemein zur funktionalen Äquivalenz auch *P. M. Huber* ZG 2009, 311 (314f.); *M. Paus/A. Schmidt* JA 2012, 48 (51). Modifiziert wird diese Linie teilweise zum einen durch den Versuch, aus dem Gedanken der Organtreue erhöhte Rücksichtnahmepflichten des Parlaments bei der Änderung von volksbeschlossenen Gesetzen abzuleiten (HmbVerfG NVwZ 2005, 685 und NordÖR 2007, 301; dazu *M. Rossi/S.-C. Lenski* DVBl. 2008, 416

7. *Verfassungsänderungen und Hoheitsrechtsübertragungen*

Kommen wir zum letzten Punkt, der Frage von Volksabstimmungen über Verfassungsänderungen und Hoheitsrechtsübertragungen[250]. Ich habe diesen Punkt bislang bewusst ausgespart, obwohl viele diese Fragen sogar als den erstrangigen Anwendungsfall des Plebiszits ansehen und die Einführung des obligatorischen Verfassungs- und Unionsreferendums fordern.[251] Ich teile diese Ansicht nicht.

Entscheidungen über die Verfassung als die langfristige rechtliche Grundordnung sind bereits ihrer Natur nach stellvertretend (d.h. auch für

---

[423 f.]; *P. M. Huber* ZG 2009, 311 [327 ff.]; *E. G. Mahrenholz* NordÖR 2007, 11) oder zum anderen durch neuartige Bestimmungen (wie insbesondere Art. 50 Abs. 4 HmbVerf.), wonach gegen parlamentarische Änderungsgesetze ein erleichtertes fakultatives Referendum (Volksveto) zulässig ist (dazu *A. v. Arnauld* in: Feld u.a. (Hrsg.) Jahrbuch 2009 [Fn. 18], 90 [115 ff.]); allgemeiner hierzu auch *Rux* (Fn. 7), 922 ff.; *Martini* (Fn. 2), 81 ff. Auf der Ebene der Kommunen sind (begrenzte) Bindungswirkungen von Bürgerentscheiden üblicher (z.B. Art. 18a Abs. 13 BayGO; *Martini* ebd., 80 f.), wenngleich auch dort nicht unproblematisch (BayVerfGH 53, 81 [101 ff.] = BayVBl. 2000, 460, Ls. 3; bedenke auch die durch die Bindungswirkung ausgelösten Komplikationen bei der Dresdner Waldschlösschenbrücke: dazu *P. Neumann* in: Heußner/Jung [Fn. 11], 381 ff.). In Kalifornien haben sich die dort bestehenden Bindungswirkungen als ein äußerst gravierendes Problem herausgestellt (*H. K. Heußner* in: L. Feld u.a. [Hrsg.] Jahrbuch 2011 [Fn. 4], 175 [180, 230 ff.]). Die Befugnis der Repräsentativorgane, jederzeit aus eigener Kraft Gesetze ändern zu können (auch soweit sie vom Volk beschlossen wurden), gehört nach hier vertretener Ansicht zu der verfassungsrechtlichen Systementscheidung für eine plebiszitär niemals zu schwächende repräsentative Grundform. Zwar ist richtig, dass das Volksgesetzgebungsverfahren schwerfälliger ist als die Parlamentsgesetzgebung, was dem Parlament einen gewissen Vorteil verschafft. Die dem Volk zur Verfügung stehenden „Sanktionsmöglichkeiten“, entweder ein erneutes Volksgesetzgebungsverfahren zu starten, oder das Parlament bei der nächsten Wahl „abzustrafen“ oder (soweit möglich) sogar, dieses plebiszitär aufzulösen (z.B. Art. 18 Abs. 3 BayVerf), reichen dennoch völlig, um das Parlament davon abzuhalten, volksbeschlossene Gesetze leichtfertig zu ändern. Entschließt sich das Parlament dennoch, ein volksbeschlossenes Gesetz zu ändern, ist das Teil seiner politischen Gesamtverantwortung, die ihm in einer der Grundform nach repräsentativen Demokratie nicht genommen werden sollte.

[250] Mit dem Schlagwort „Hoheitsrechtsübertragungen“ sind hier – juristisch nicht ganz exakt – alle Integrationsschritte gemeint, die verfassungsändernden Charakter haben und insofern Art. 23 Abs. 1 Satz 3 GG unterfallen, d.h. einer Zustimmung mit verfassungsändernder Mehrheit bedürfen. Zu den diesbezüglichen Überschneidungs- und Abgrenzungsfragen von Art. 23 Abs. 1 S. 2 und 3 GG siehe auch unten Fn. 269.

[251] Z.B. *R. Steinberg* FAZ vom 16. 2. 2012, 7 ; *ders.* Das Volk und Gegenstände und Formen direkter Demokratie, FS Würtenberger, 2013, 305 (316); *S. Müller-Franken* in: Baus/Montag (Fn. 23), 51 (59 ff.); *H. Fliegauf* LKV 1993, 181; *Kaufmann/Büchi/Braun* (Fn. 12), 40, 236; zu dieser Überlegung auch *J. Isensee* in: Hillgruber/Waldhoff (Fn. 7), 117 (132 f.). Zur Frage von Plebisziten im Zusammenhang mit der Änderung europäischen Primärrechts: *A. Decker* BayVBl. 2011, 129.

künftige Generationen) zu treffen. Die Legitimität der Verfassung ist daher in weitaus stärkerem Maß von ihrer fortlaufend zu erneuernden Akzeptanz als von dem konkreten Modus ihres Zustandekommens oder ihrer späteren Änderung abhängig.[252] Das Grundgesetz erfreut sich weiter höchster Akzeptanz;[253] etwaige Krisensymptome der Legitimität (wie sie vorhin für den täglichen Politikbetrieb und die allgemeine Rechtfertigung plebiszitärer Elemente relevant waren) sind hier, auf Verfassungsebene, nicht erkennbar. Das kann auch nicht verwundern, macht es die hohe Hürde der 2/3-Mehrheit in Bundestag und Bundesrat für Verfassungsänderungen doch sehr unwahrscheinlich, dass diese breite Mehrheit das Ziel inhaltlicher Repräsentanz völlig verfehlt.[254] Es gibt deswegen keinen Grund, in größtmöglicher Abkehr vom bisherigen Recht sogar ein obligatorisches Verfassungsreferendum zu fordern.[255] Auch hier wäre es das falsche Signal und der gravierendste Eingriff in die repräsentative Demokratie, wenn die Repräsentativorgane aus eigener Kraft nicht mehr in der Lage wären, eine vollgültige Verfassungsänderung herbeizuführen.[256]

---

[252] *M. Heckel* HStR VII, 1. Aufl. 1992, § 197 Rn. 58 f.; *Badura* (Fn. 43), A 9; *Möllers* (Fn. 22), 20 f.; am Beispiel des (durch Volksabstimmung weder zustande gekommenen noch jemals bestätigten) Grundgesetzes: *J. Isensee* in: Hillgruber/Waldhoff (Fn. 7), 117 (134 ff.), dazu auch *R. Mußgnug* HStR I, 3. Aufl. 2003, § 8 Rn. 103.

[253] Vgl. (mit entsprechenden empirischen Zahlen): *H. Vorländer* Die Deutschen und ihre Verfassung, Aus Politik und Zeitgeschichte 18/2009 (abrufbar unter http://www.das-parlament.de/2009/18–19/Beilage/003.html; zuletzt abgerufen am 18. 8. 2012).

[254] Vgl. *F. C. Mayer* SZ vom 20. 3. 2012, 2 (allerdings am Beispiel europäische Integration, das hinsichtlich der Frage, ob die mit 2/3-Mehrheit beschlossenen Integrationsschritte den Grundkonsens im Volk widerspiegeln, im Vergleich zur normalen Verfassungsänderung, wo dies regelmäßig bejaht werden kann, sicherlich größere Probleme aufwirft).

[255] Soweit in einigen deutschen Ländern ein obligatorisches Verfassungsreferendum besteht (Art. 75 II 2 BayVerf.; Art. 123 II HessVerf.; Art. 100 S. 2 BerlVerf.; hierzu *O. Jung* ZParl 2005, 161 ff.), muss hiervon nicht abgerückt werden, da sich bei den Landesverfassungen, denen die wesentlichen Grundentscheidungen über die Form politischer Herrschaft vom Grundgesetz vorgegeben sind (Art. 28 I GG), die Frage des Modus der Verfassungsänderung nicht mit der gleichen Bedeutung und Schärfe stellt wie beim Grundgesetz. Es soll hier auch selbstverständlich nicht etwa behauptet werden, ein obligatorisches Verfassungsreferendum sei mit der (durch Art. 79 III, 28 I GG geschützten) repräsentativen Ordnung des Grundgesetzes rechtlich nicht vereinbar. Gesagt wird vielmehr allein, dass für die Ebene des Grundgesetzes ein so radikaler Schritt weg von der bisher prägenden rein repräsentativen Ausgestaltung der Verfassungsänderung nicht empfehlenswert erscheint.

[256] Grundsätzlich denken ließe sich an ein fakultatives Referendum, sofern dieses von Bundestag und Bundesrat mit jeweils verfassungsändernder Mehrheit freigegeben worden ist (vgl. den Vorschlag in BT-Drs. 16/680, 3, 6). Hiergegen bestehen jedoch die oben bei Fn. 219 erläuterten Bedenken (Abschieben der Verantwortung, Instrumentalisie-

Auf einem anderen Blatt steht, dass, wer die Volksgesetzgebung allgemein zulässt, auch die vollplebiszitäre Verfassungsänderung nicht wird völlig verhindern können. Als geklärt kann dabei gelten, dass diese – wegen der erschwerten Abänderbarkeit der Verfassung – im Vergleich zur normalen Volksgesetzgebung an erhöhte Hürden gebunden werden muss; neben höheren Begehrensquoren sind hier auch Zustimmungsquoren berechtigt.[257] Noch wichtiger wäre, eine qualifizierte 2/3-Mehrheit der Abstimmenden zu fordern.[258] Diese Anlehnung an die auch für die parlamentarische Verfassungsänderung geltende Hürde[259] wäre folgerichtiger

---

rung), so dass ein solches von den Repräsentativorganen freigegebenes Referendum nur zustande kommen sollte, wenn es zusätzlich von einer ausreichenden (ggf. aber im Vergleich zum Volksbegehren abgesenkten) Zahl Stimmberechtigter gewünscht wird. Ein weiteres Argument, das eher gegen ein fakultatives Verfassungsreferendum spricht, ist der (bei wichtigen Verfassungsfragen) unweigerlich hohe politische Druck auf die Repräsentativorgane, sich einem solchen freiwilligen Referendum nicht in den Weg zu stellen (was sich dann im Ergebnis fast einem – hier abgelehnten – obligatorischen Referendum annähert).

[257] Besonders aussagekräftig dabei BayVerfGH 52, 104 = BayVBl. 1999, 719 = DÖV 2000, 28, wo derartige verschärfte Hürden (Zustimmungsquorum) zur Sicherung des Grundsatzes der erschwerten Abänderbarkeit der Verfassung sogar im Wege der lückenschließenden Auslegung in den Verfassungstext „hineininterpretiert" wurden; dazu *M. Möstl* in: Lindner/Möstl/Wolff (Fn. 13), Art. 75 Rn. 6; die Entscheidung des BayVerfGH maßgeblich mit vorbereitend: *J. Isensee* Verfassungsreferendum mit einfacher Mehrheit, 1999, 39 ff.

[258] So zu Recht die Rechtslage in sieben Bundesländern (dazu *H. K. Heußner* Recht und Politik 1/2010, 19 [20]) sowie (auf Bundesebene) der Vorschlag in BT-Drs, 14/8503, S. 3, 6 (Entwurf eines Gesetzes zur Einführung von Volksinitiative, Volksbegehren und Volksentscheid in das Grundgesetz, getragen von den Fraktionen der SPD und der Grünen); ähnlich: BT-Drs, 16/680; 16/474. Allgemein: *Neumann* (Fn. 11), 817; *H. K. Heußner* in: v. Arnim (Fn. 19), 26 (47 f.). Wegen der nach Art. 79 III GG notwendigen Mitwirkung der Länder wäre zusätzlich ein Ländermehr zu fordern, d.h. dass die Vorlage in so vielen Ländern eine Mehrheit gefunden hat, dass bei Gewichtung der Ländern nach dem üblichen Bundesratsschlüssel eine 2/3-Mehrheit der Länder erreicht ist (zum Ländermehr siehe oben Fn. 198). Sicherungen der erschwerten Abänderbarkeit sind auch deswegen wichtig, um zu verhindern, dass verfassungswidrige (z.B. gegen Grundrechte verstoßende) Volksbegehren auf leichtem Wege mittels verfassungsändernden Plebiszits durchgesetzt werden können (vgl. vor dem Hintergrund der US-amerikanischen Erfahrungen *Miller* [Fn. 46], 10, 156, 218).

[259] Das Ziel einer möglichsten Anlehnung an die auch für parlamentarische Verfassungsänderung geltenden Hürden hat zur Folge, dass hier wie dort in Abweichung von der sonst üblichen einfachen Mehrheit eine qualifizierte Mehrheit von 2/3 (d.h. eine politisch besonders breite, nicht nur knapp majoritäre Abstützung) zu fordern ist. Die Anlehnung kann sinnvollerweise jedoch nicht so weit gehen, dass wie bei der parlamentarischen Verfassungsänderung (Art. 79 Abs. 2 GG: 2/3 der Mitglieder des Bundestages) eine 2/3-Mehrheit der Stimmberechtigten (statt der Abstimmenden) gefordert

Ausdruck der funktionalen Äquivalenz und Waffengleichheit zweier konkurrierender Verfahren der Verfassungsänderung; zugleich würde eingeschärft, dass auch das Volk hier nicht etwa als pouvoir constituant, sondern als Teil der verfassten Gewalt agiert.[260] Konsequenz wäre, dass eine parlamentarisch mit 2/3-Mehrheit beschlossene Verfassungsänderung vom Volk nur mit 2/3-Mehrheit revidiert werden kann.[261] Umgekehrt blieben die Repräsentativorgane imstande, plebiszitäre Fehlentscheidungen in Verfassungsfragen aus eigener Kraft zu korrigieren.[262]

Zuletzt ein Wort zu Europa: Bewusst ausgespart sei hierbei die (jüngst in Sachen ESM erneut virulente) Frage, wo die Integrationsermächtigung des Grundgesetzes endet und sich das Volk auf dem Weg zu einem europäischen Bundesstaat oder einer Haftungsunion eine neue Verfassung geben müsste;[263] denn dieser Grenzfall[264] hat mit dem hier zu behandeln-

---

wird, erstens weil eine solche Hürde prohibitiv wäre und praktisch nie genommen würde, zweitens weil sich im Hinblick auf die Beteiligung an der Abstimmung die Pflichtenstellung und Mobilisierbarkeit eines Abgeordneten (der ein öffentliches Amt innehat) mit der eines einfachen Bürgers auch tatsächlich und rechtlich nicht vergleichen lässt. Sinnvoll und üblich ist es dagegen, die 2/3-Abstimmungsmehrheit mit einem Beteiligungsquorum (z.B. 50%) oder einem Zustimmungsquorum (z.B. 1/3) zu verbinden.

260 *Isensee* (Fn. 257), 37 f.

261 Vermieden wird dadurch das dem obligatorischen Verfassungsreferendum (vgl. z.B Ausgestaltung in Bayern Art. 75 Abs. 2 BayVerf.: erst parlamentarische 2/3-Mehrheit, dann einfache Abstimmungsmehrheit im Volk) innewohnende Risiko, dass eine von den Repräsentativorganen mit breiter Mehrheit befürwortete Änderung an einem sehr knappen (und vielleicht keinen gefestigten Willen zum Ausdruck bringenden) Abstimmungsergebnis im Volk scheitert.

262 Dies ist ein wichtiger, gegen das obligatorische Referendum sprechender Aspekt, denn ein obligatorisches Referendum birgt die Gefahr, dass (nie auszuschließende) Fehlentscheidungen des Volks versteinert werden. Gerade auch, was die Reichweite (ggf. volksbeschlossener) direktdemokratischer Volksrechte anbelangt, ist es wichtig, dass die Repräsentativorgane in der Lage bleiben, etwaigen Fehlentwicklungen gegenzusteuern. So – im Lichte der amerikanischen Erfahrungen – z.B. *H. K. Heußner* in: Feld u.a. (Hrsg.) Jahrbuch 2011 (Fn. 4), 175 (232); ebenso *Glaser* (Fn. 38), 382.

263 Dazu BVerfGE 123, 267 (331 f., 349 f.; 356 ff.); zu ESFM/EFSF: BVerfG NJW 2011, 2946; zum ESM/Fiskalpakt: BVerfG vom 12. 9. 2012 – 2 BvR 1390/12 u.a., NJW 2012, 3145; Beschwerdeschrift von *D. Murswiek* (http://www.peter-gauweiler.de/pdf/Verfassungsbeschwerde%20ESM.pdf; zuletzt abgerufen am 18. 8. 2012), 86; Beschwerdeschrift von *C. Degenhart/H. Däubler-Gmelin* (http://www.verfassungsbeschwerde.eu/fileadmin/pdf/2012-06-29_Verfassungsbeschwerde.pdf; zuletzt abgerufen am 18. 8. 2012), 102 ff.; *W. Kahl/A. Glaser* FAZ vom 8. 3. 2012, 8; zum Ganzen auch SZ vom 29. 6. 2012, 2. Der Grenzfall einer Verfassungsneugebung über Art. 146 GG sollte nicht vorschnell heraufbeschworen werden und wäre in jedem Fall riskant (*U. Di Fabio* in: Der Spiegel 18/2010, 23 ff.; *K. Gelinsky* Finanzkrise beschäftigt die Verfassungsgerichte, http://www.kas.de/wf/doc/kas_31483-544-1-30.pdf?120727125543; zuletzt abgerufen am 18. 8. 2012).

den Thema, ob Plebiszite im Normalbetrieb des Verfassungslebens sinnvoll sind, nichts zu tun;[265] und es ist sehr misslich, wie die generelle Frage nach Plebisziten bisweilen mit dem Spezialproblem einer EU-bedingten Verfassungsneuschöpfung nach Art. 146 GG vermengt wird.[266] Unredlich wäre es auch, Volksabstimmungen allein für Europafragen zu fordern, sonst aber abzulehnen; denn die Weiterentwicklung der Union an strengere Hürden zu binden als Änderungen der eigenen Verfassung, wäre ein Bruch mit der Europarechtsfreundlichkeit des Grundgesetzes[267] und dem Geist der Verträge.[268] Für verfassungsändernde Hoheitsrechtsüber-

---

Skeptisch zur Leistungskraft einer Volksabstimmung als „Problemlösung" und „Ausweg" in der momentanen Situation der Euro-Krisenbewältigung: *M. Nettesheim* Bundesverfassungsgericht und Staatsschuldenkrise: Parlamentarisierung und Repolitisierung der Eurorettung (http://www.jura.uni-tuebingen.de/professoren_und_dozenten/nettesheim/ezff; zuletzt abgerufen am 18.8.2012) 1 (19ff.). Es ist vor diesem Hintergrund zu begrüßen, dass das BVerfG in seinem Urteil zum ESM/Fiskalpakt vom 12.9.2012 (entgegen dem Ansinnen der Antragsteller) den Gedanken einer Verfassungsneuschöpfung über Art. 146 GG nicht angesprochen und auch sonst keine Überlegungen zu etwaigen Volksabstimmungen über Europa angestellt hat. Zum Ganzen auch *M. Nettesheim* Wo „endet" das Grundgesetz? Verfassunggebung als grenzüberschreitender Prozess, Der Staat 51 (2012), 313. S.a. *C. Möllers* FAZ vom 20.10.2011, 6.

264 Vgl. den Titel bei *E.-W. Böckenförde* Die verfassunggebende Gewalt des Volkes – ein Grenzbegriff des Verfassungsrechts, 1986.

265 So zu Recht *R. Müller* FAZ vom 26.6.2012, 8.

266 Insbesondere in der Medienberichterstattung zum Problemkreis Euro-Rettung/ESM war diese Verquickung zu beklagen (hierzu: *H. Prantl* SZ vom 25.6.2012, 4; siehe auch die verschiedenen Berichte in der SZ vom 27.6.2012, 7); sie ergibt sich aber auch daraus, dass allgemeine Befürworter von mehr direkter Demokratie (z.B. der Verein „Mehr Demokratie e.V.") mit der Behauptung vor das Bundesverfassungsgericht ziehen, die Grenzen der Integration seien überschritten und daher eine Volksabstimmung nach Art. 146 GG unabdingbar, und so den Sonderfall des Art. 146 GG für ihre allgemeine plebiszitäre Idee in Dienst nehmen (vgl. die Argumentation auf www.verfassungsbeschwerde.eu; zuletzt abgerufen am 24.8.2012). Zur Frage, ob das BVerfG im Wege der Verfassungsfortbildung auch unabhängig von den Integrationsgrenzen des GG und Art. 146 GG einen Volksentscheid über Europafragen anordnen dürfte: *M. Nettesheim* Der Staat 51 (2012), 313 (334ff.); nach hier vertretener Ansicht wären angesichts des klaren Wortlauts des Art. 23 I GG die Grenzen richterlicher Rechtsfortbildung überschritten; außerdem läge ein Bruch mit der bislang hM vor, dass die Einführung plebiszitärer Elemente einem Verfassungsvorbehalt, d.h. einem Vorbehalt ausdrücklicher Verfassungsänderung unterliegt (dazu oben Fn. 55). Im Urteil des BVerfG zum ESM/Fiskalpakt vom 12.9.2012 – 2 BvR 1390/12 u.a., NJW 2012, 3145, ist eine solche Möglichkeit jedenfalls (zu Recht) nicht in Erwägung gezogen worden.

267 Zur Europarechtsfreundlichkeit: BVerfGE 123, 267 (347).

268 Vgl. den – hier sinngemäß verallgemeinerten – aus dem Bereich des (mitgliedstaatlichen) Vollzugs des Unionsrechts bekannten Grundsatz, dass die anzuwendenden

tragungen[269] sollte nichts anderes gelten als für alle Verfassungsänderungen; d.h.: Das obligatorische Referendum ist auch hier abzulehnen.[270] Zuzulassen wäre jedoch, dass das Volk eine von Bundestag und Bundesrat mit 2/3-Mehrheit getroffene Integrationsentscheidung mit 2/3-Mehrheit revidiert, wobei freilich prozedural zu gewährleisten wäre, dass diese Entscheidung noch vor Ratifizierung des Vertrags getroffen werden kann.[271]

---

nationalen Vorschriften Sachverhalte mit EU-Bezug nicht nachteiliger behandeln dürfen als rein nationale Sachverhalte (Diskriminierungsverbot); dazu z.B. *T. Oppermann/C. D. Classen/M. Nettesheim* Europarecht, 4. Aufl. 2009, § 13 Rn. 40.

[269] Gemeint sind Hoheitsrechtsübertragungen (Art. 23 Abs. 1 S. 2 GG), die verfassungsändernden Charakter haben und insofern Art. 23 Abs. 1 S. 3 GG unterfallen (zum Meinungsstreit darüber, ob dies bei allen Hoheitsrechtsübertragungen der Fall ist oder Ausnahmen denkbar sind: *R. Streinz* in: Sachs (Hrsg.) Grundgesetz, 6. Aufl. 2011, Art. 23 Rn. 71 ff., 79 ff.; *H. D. Jarass* in: Jarass/Pieroth, Grundgesetz, 12. Aufl. 2012, Art. 23 Rn. 34 ff.). Die hier vertretene These gilt darüber hinaus für alle Art. 23 Abs. 1 S. 3 GG unterfallenden, verfassungsändernden Integrationsschritte, auch soweit sie (ausnahmsweise) keine Hoheitsrechtsübertragungen iSv Art. 23 Abs. 1 S. 2 GG darstellen sollten. Zur Begriffsverwendung siehe auch bereits oben Fn. 250.

[270] Zur Frage eines fakultativen (von den Gesetzgebungsorganen anberaumten) Referendums siehe oben Fn. 256. Die Erfahrung mit fakultativen und obligatorischen Europareferenden in anderen europäischen Staaten sind jedenfalls nicht durchgehend ermutigend (teilweise knappe, mit fragwürdiger Motivation zustandegekommene oder unsichere Mehrheiten; teilweise wiederholte Ansetzung nach zunächst erfolgtem „Nein", Bsp. Irland); zur Praxis siehe *U. Wagschal* in: Freitag/Wagschal (Fn. 43), 41 ff.

[271] Ähnlich wie bei Verfassungsbeschwerden und Organstreitverfahren gegen Zustimmungsgesetze zu EU-Vertragsänderungen bereits bislang mehrfach die Ratifizierung durch den Bundespräsidenten aufgeschoben worden ist (im Kontext des Lissabon-Vertrags z.B. BVerfGE 123, 267 [304]), müsste auch hier rechtlich sichergestellt werden, dass der Bundespräsident erst ratifiziert, nachdem dem Volk Gelegenheit zu einem auf Aufhebung des Zustimmungsgesetzes gerichteten Volksbegehren/Volksentscheid gegeben worden ist. Hierdurch kommt es freilich zu Verzögerungen, die aber nicht über das hinausgehen, was bereits durch die üblichen Verzögerungen infolge von Verfahren vor dem BVerfG zu erwarten ist. Zudem könnte durch entsprechende Verfahrens- und Fristenregelungen sichergestellt werden, dass die Verzögerung nicht allzu groß ausfällt (z.B. Start einer vorbereitenden Volksinitiative mit nötigem Einleitungsquorum durch freies Unterschriftensammeln bereits während des Gesetzgebungsprozesses; Durchführung eines Volksbegehrens im Wege der Amtseintragung in kurzer Frist nach Beendigung des Gesetzgebungsverfahrens; ggf. zügig anzuberaumender Volksentscheid). Auch Sonderregelungen im Falle dringlicher Maßnahmen mit entsprechenden Beschränkungen der Volksrechte sind denkbar.

V. Schluss

Ich komme zum Schluss: *Theodor Heuss* warnte im Parlamentarischen Rat, Plebiszite könnten „die künftige Demokratie ... belasten“ und das „mühsame(n) Ansehen(s), worum sich die Gesetzgebungskörper ... noch werden bemühen müssen“, erschüttern.[272] Die Schöpfer des Grundgesetzes wussten, warum sie, ohne direktdemokratische Elemente für alle Zukunft auszuschließen, in der Situation des Jahres 1949 zunächst ganz auf die Konsolidierung der repräsentativen Ordnung setzten.[273] Dennoch hat Deutschland, durch Weimar begründet und in den Ländern fortgeführt, auch eine plebiszitäre Tradition und Identität, die niemals ganz untergegangen ist und jüngst wieder stärker hervortritt. Ich habe versucht zu zeigen, warum es sich heute – angesichts größerer Reife, aber auch neuer Herausforderungen für unsere Demokratie – lohnt, auch im Bund an diese Tradition anzuknüpfen, und wie direktdemokratische Elemente gestaltet sein sollten, um die repräsentative Ordnung zu bereichern. Es

---

[272] Parlamentarischer Rat, Bd. 9, Plenum (3. Sitzung, 9. 9. 1948), 111–112; dazu z.B. *Schwieger* (Fn. 6), 279; *Wiegand* (Fn. 5), 195 f.; *J. Isensee* in: Hillgruber/Waldhoff (Fn. 7), 117 ff. Viel zitiert sind die in diesem Kontext gefallenen, schroff-ablehnenden Worte von *Theodor Heuss* zur direkten Demokratie: „Cave Canem“ und „Prämie für jeden Dämagogen“. Für noch wichtiger halte ich indes die hier wiedergegebenen Worte, die deutlich zeigen, dass die Ablehnung der direkten Demokratie zuallererst von dem Wunsch getragen war, das zarte Pflänzchen der im Entstehen begriffenen (repräsentativ gestalteten) westdeutschen Demokratie auf keinen Fall zu gefährden und daher bis auf weiteres auch kein plebiszitäres Risiko einzugehen. Eine Neubewertung nach über 60 Jahren steht dazu nicht im Widerspruch. Namentlich die 1949 noch vorstellbare Perspektive, Plebiszite könnten von Feinden der Demokratie für ihre Zwecke instrumentalisiert werden („Prämie für ... Demagogen“), ist stark in den Hintergrund gerückt (zum Argument der Reife der deutschen Demokratie siehe bereits oben Fn. 72; zur freilich stets gegebenen Gefahr des Populismus: *F. Hartlieb* Das Parlament 2012, Heft 5–6 [Beilage], 22 ff.).

[273] Der völlige Verzicht des Grundgesetzes auf plebiszitäre Elemente lässt sich zwar nicht monokausal auf schlechte „Weimarer Erfahrungen“ oder den Eindruck der nationalsozialistischen Akklamations-Plebiszite zurückführen (siehe bereits oben Fn. 7), ist nach hier vertretener Ansicht aber doch insoweit „situationsbedingt“, als 1949 der Gedanke der Konsolidierung und Stabilisierung der neu zu schaffenden repräsentativ-demokratischen Ordnung im Vordergrund stand und auch für die (einstweilige) Ablehnung direktdemokratischer Elemente maßgeblich war (siehe vorige Fn.; aA trotz ähnlicher Erwägungen wie hier letztlich: *J. Isensee* in: Hillgruber/Waldhoff [Fn. 7], 117 [123 ff.]; ähnlich wie hier dagegen *Schmidt* [Fn. 7], 338). Bleibendes Erbe der 1949 obwaltenden Vorsicht ist nach hier vertretener Ansicht hingegen die dauerhafte (und durch die Ewigkeitsklausel abgesicherte) Systementscheidung, dass die repräsentative Ordnung – bei aller Offenheit für plebiszitäre Elemente – durch diese niemals in ihrer Funktionstüchtigkeit beeinträchtigt werden darf (siehe oben bei Fn. 66).

wäre Deutschland zu wünschen, wenn es nach Jahrzehnten erhitzter Debatte in einem so wichtigen Punkt wie der Frage von repräsentativer und direkter Demokratie nicht länger gespalten wäre, sondern zu einer auch mit seiner plebiszitären Tradition versöhnten, klaren Verfassungsidentität fände. Hierzu einen Beitrag zu leisten, war Ziel dieses Vortrags.

Leitsätze des 1. Referenten über:

Elemente direkter Demokratie als Entwicklungsperspektive

I. Einleitung

(1) Deutschland hat zur direkten Demokratie ein gespaltenes Verhältnis. Mit der Weimarer Volksgesetzgebung hat das Grundgesetz gebrochen und eine „Demokratie ohne Volksabstimmung" verwirklicht. In Kontrast zu diesem antiplebiszitären Grundzug im Bund stehen die Länder, die allesamt realplebiszitäre Verfahren kennen. Gespalten ist auch die Wissenschaft.

(2) In die Diskussion ist Bewegung gekommen; sie wird pragmatischer geführt und hat an praktischer Erfahrung gewonnen. Ziel des Vortrags ist es zu klären, was gerade heute für eine Verstärkung direktdemokratischer Elemente sprechen könnte und wie sie ausgestaltet sein sollten, um erfolgreich zu sein.

II. Vorrang der repräsentativen Demokratie und Grenzen der Volksrechte

(3) Die „Krise der repräsentativen Demokratie" darf nicht mit einem Mittel bekämpft werden, das die repräsentative Demokratie letztlich mehr schwächt als stärkt.

(4) Eine repräsentativdemokratische Ordnung kann nicht beliebig um direktdemokratische Formen angereichert und mit diesen vermischt werden, ohne ihren repräsentativen Grundzug in Frage zu stellen und die Funktionsfähigkeit ihrer Organe zu schwächen.

(5) Die repräsentative Demokratie ist zwar nicht per se inkompatibel mit punktuellen direktdemokratischen Elementen und nicht bereits jeder einzelne vom Parlamentsvotum abweichende Volksentscheid stellt eine grundsätzliche Schwächung der Repräsentativorgane dar.

(6) Zu einem Umschlagen der repräsentativdemokratischen Grundform kommt es indes, wenn Plebiszite so gehäuft auftreten, dass sie über eine bloß exzeptionell-punktuelle Ergänzungsfunktion hinaus in eine Art regelmäßige Kontroll-/Mitgestaltungsfunktion hineinwachsen und so der für die demokratische Wahl essentielle Konnex des „Zur-Verantwortung-Gezogen-Werdens" für einen kohärenten Politikentwurf, den man in seinen wesentlichen

Strukturen auch tatsächlich gestaltet hat und daher verantworten kann, zerbricht. Die Wahlen werden dann ihre zentrale Rolle der politischen Richtungsbestimmung einbüßen; der Dualismus von Regierung und Opposition wird von der Frontstellung Volk gegen Repräsentativorgane überlagert.

(7) Die Schweiz ist ein Beispiel für eine Demokratieform, die um der Verwirklichung ihrer ehrgeizigen direkten Demokratie willen auch greifbare Modifikationen der repräsentativdemokratischen Funktionsmechanismen in Kauf nimmt. Eine so weitreichende „halbdirekte" Demokratieform dürfte unter dem Grundgesetz nicht verwirklicht werden.

(8) Lebendige Elemente direkter Demokratie in Ländern und Bund sind unter dem Grundgesetz möglich; die hierzu nötigen Verfassungsbestimmungen sind jedoch an die Grenzen der Ewigkeitsklauseln und des Homogenitätsgebots gebunden, aus denen übereinstimmend ein Vorrang der repräsentativen Demokratie dergestalt folgt, dass ihre Funktionstüchtigkeit durch plebiszitäre Elemente niemals geschwächt werden darf und dass zwischen repräsentativer und direkter Demokratie ein Regel-Ausnahme-Verhältnis zu wahren ist.

(9) Maßstab der Diskussion um mehr direktdemokratische Elemente unter dem Grundgesetz ist, dass diese die repräsentative Ordnung verbessern, nicht jedoch gefährden.

III. Gründe für mehr direkte Demokratie heute

1. Empirischer und politischer Ausgangsbefund

(10) Einem stabilen Wunsch nach mehr direkter Demokratie wird man sich nicht dauerhaft widersetzen können; der entsprechende Druck ist gewachsen.

2. Kanalisierung gestiegener Partizipationsbedürfnisse

(11) Der Wunsch nach mehr direkter Demokratie ist Ausdruck eines größeren Trends: des gestiegenen Bedürfnisses der Bürger nach Partizipation an konkreten Sachentscheidungen.

(12) Die gestiegene partizipative Energie entlädt sich in Deutschland – gerade auch wegen des Fehlens oder der Erschwernis direktdemokratischer Formen – zunehmend in Kanälen, die der repräsentativen Ordnung Schaden zufügen. So vermag namentlich der von Massenmedien, Wutbürgern und Internetforen inszenierte Bürgerprotest bisweilen eine ersatzplebiszitäre Schlagkraft zu entfalten, die die parlamentarische Willensbildung deformieren und ihre Legitimität untergraben kann – und das obwohl niemand weiß, ob dieser Protest wirklich eine Mehrheit im Volk hinter sich hat (Beispiel

Stuttgart 21). Eine verlässliche Ermittlung des Volkswillens (d.h. der artikulationswilligen Mehrheit) durch Plebiszit kann die Politik in solchen Fällen auch schützen und ist allemal besser, als dem Druck einer u.U. minoritären Zivilgesellschaft nachzugeben.

(13) Die repräsentative Demokratie braucht direktdemokratische Verfahren als Ventil, um die gestiegenen Partizipationsbedürfnisse der Gesellschaft in Bahnen zu lenken, die ihr nicht schaden. Derartige Verfahren müssen nicht oft, sondern nur dann greifen, wenn ein Thema solch außergewöhnliche partizipative Mobilisierungskraft hat, dass die Legitimität der parlamentarischen Entscheidung ohne dieses Ventil beschädigt zu werden droht.

3. „Krise der repräsentativen Demokratie"

(14) Gestiegenes Partizipationsbedürfnis und „Krise der repräsentativen Demokratie" sind zwei Seiten einer Medaille. Der Krisendiskurs freilich ist weder neu noch ist erkennbar, dass in ihm der Keim eines für die repräsentative Ordnung existenzgefährdenden Systemwechsels angelegt sein könnte. Dennoch kommt man am Befund einer zunehmenden Entfremdung zwischen Wählern und Gewählten nicht vorbei.

(15) „In der Krise" sind nicht die rechtlichen Instrumente, die eine einwandfreie formale Repräsentation garantieren, sondern die durch das Recht nur schwer steuerbaren Instrumente, mittels derer eine echte inhaltliche Repräsentation des Volkswillens erreicht werden soll, d.h. jene Mechanismen der kommunikativen Rückbindung und responsiven Willensbildung, die – in einer fein austarierten Spannung – dafür sorgen, dass trotz aller gewollten Freiheit der Abgeordneten, eine Politik zu verwirklichen, die keineswegs in jedem Einzelpunkt dem empirischen Volkswillen entsprechen muss, aufs Ganze gesehen dennoch ein Zustand eintritt, in dem sich das Volk mit der Art der parlamentarischen Problemlösung identifizieren kann und diese als legitim empfindet. Vor allem der z.T. kritische Zustand von Parteien und Medien fällt dabei ins Gewicht.

(16) Elemente direkter Demokratie können in dieser Lage dazu beitragen, die Responsivität und Lebendigkeit der repräsentativen Ordnung zu steigern und so ihre Akzeptanz zu kräftigen.

(17) Erneut ist es nicht nötig, dass direktdemokratische Elemente häufig zum Einsatz kommen. Bereits ihr potentielles Vorhandensein reicht vielfach, um den gewünschten Effekt zu erzielen. Ansonsten genügt es, wenn Plebiszite ausnahmsweise dann punktuell korrigierend eingreifen, wenn die Mechanismen der Gewährleistung inhaltlicher Repräsentation in einer wichtigen Frage so massiv zu versagen drohen, dass das Vertrauen in die Leistungsfähigkeit der parteienstaatlich-parlamentarischen Willensbildung insgesamt weiter geschwächt werden könnte.

IV. Fragen der Ausgestaltung direktdemokratischer Elemente

1. Klassische Volksrechte oder „liquid democracy"?

(18) Betrachtet werden klassische Volksrechte, nicht jedoch neuartige Formen elektronischer Partizipation. Namentlich „liquid democracy" stellt keinen unter dem Grundgesetz gangbaren Weg dar, da die durch sie bewirkte Verflüssigung repräsentativer und direkter Demokratie gegen den Vorrang der repräsentativen Grundform verstößt, das Parlament als zentralen Ort demokratischer Willensbildung entwertet sowie freies Mandat und egalitäre Repräsentation erodieren lässt.

2. Gegenstände und thematische Begrenzungen

(19) Volksabstimmungen sind nicht von vornherein auf eine bestimmte Gewalt beschränkt, sondern treten an die Stelle von Zuständigkeiten einer gewählten Volksvertretung. Ist die Volksvertretung, wie im Staat, Träger der Legislativgewalt, ist das Gesetz natürlicher Gegenstand der Volksrechte. Ist sie, wie in den Kommunen, mit Aufgaben der Selbstverwaltung betraut, öffnet sich Raum auch für administrative Bürgerentscheide.

(20) Das Finanztabu muss im Lichte der Systementscheidung für eine repräsentative Demokratie begriffen werden, in der das Mandat des Parlaments für eine kohärente Politikverwirklichung nicht substanziell beschnitten werden darf; denn im Budget kommt wie in keinem anderen Rechtsakt das politische Gesamtkonzept zum Ausdruck. Das Verbot plebiszitärer Haushaltsgesetzgebung ist – behutsam – in den Bereich sonstiger finanzwirksamer Plebiszite zu erstrecken; zwingend ist nur der Ausschluss solcher Plebiszite, die die Struktur des Haushalts so wesentlich verändern, dass das durch ihn verkörperte politische Gesamtkonzept modifiziert erscheint. Die Kriterien der Rechtsprechung sind brauchbar, werden jedoch zu restriktiv angewendet.

(21) Volksentscheide über die administrative Planung und Zulassung von Infrastrukturvorhaben bleiben prinzipiell unzulässig. Möglich erscheint es jedoch, die Entscheidung über die finanzielle Beteiligung der öffentlichen Hand an dem Vorhaben plebiszitär zu überprüfen.

3. Volksrechte im Mehrebenensystem

(22) Es ist eine dem Leitbild des Aufbaus einer lebendigen Demokratie von unten nach oben entsprechende Klugheitsregel, dass plebiszitäre Rechte mit zunehmender Größe und Höherstufigkeit der politischen Einheit tendenziell abnehmen sollten.

(23) Dennoch ist eine behutsame plebiszitäre Öffnung auch im Bund zu befürworten. Zwar birgt eine solche Öffnung, die nicht mehr das eingebettete

Bundesglied, sondern den souveränen Gesamtstaat betrifft, auch Risiken; andererseits können die Vorzüge der direkten Demokratie auch nur auf der Ebene, die die Bürger zu Recht als den für ihre politische Befindlichkeit entscheidenden demokratischen Primärraum ansehen, voll zum Tragen kommen.

(24) Die Frage, auf welcher Ebene über welche Frage abgestimmt werden sollte, kann nicht abstrakt, sondern nur strikt akzessorisch zur Kompetenzordnung beantwortet werden.

4. Formen plebiszitärer Rechte

(25) Der These, Deutschland solle in Abkehr von seiner traditionellen Fixierung auf die Volksgesetzgebung stärker auf das (fakultative/obligatorische) Referendum setzen, ist zu widersprechen. Denn die Logik des Referendums, dass das Parlament ein Gesetz nicht mehr aus eigener Kraft zustande zu bringen vermag, sondern strukturell davon abhängig wird, dass das Volk entweder zustimmt oder auf sein Vetorecht verzichtet, ist der weitaus gravierendere Eingriff in die repräsentative Demokratie als eine nur punktuell konkurrierende Volksgesetzgebung. Auch die ausreichende abrogative Kraft des Volksbegehrens spricht gegen ein gesondertes Volksveto. Staatlicherseits angeordnete Referenden bleiben problematisch.

5. Quoren

(26) Quoren sind die zentrale institutionelle Sicherung des Vorrangs der repräsentativen Demokratie und des Ausnahmecharakters der Volksgesetzgebung. Nur durch Quoren, die eine hinreichende Mobilisierung sicherstellen, lassen sich Risiken der direkten Demokratie (Gefahr der Minderheitenherrschaft und der unzulänglich informierten Entscheidung) minimieren.

(27) Von Abstimmungsquoren sollte Abstand genommen werden; stattdessen ist an anspruchsvollen (freilich nicht prohibitiven) Begehrensquoren festzuhalten. Die Amtseintragung bleibt gegenüber freiem Unterschriftensammeln vorzugswürdig.

6. Verfahren

(28) Zum Verfahren der Volksgesetzgebung werden vier Thesen formuliert; sie betreffen Notwendigkeit und Grenzen der Kommunikation und Interaktion zwischen Initiatoren und Gesetzgebungsorganen, die Unverzichtbarkeit präventiver Rechtmäßigkeitskontrolle, die Einführung eines „Ländermehrs" als systemadäquate Form der Mitwirkung der Länder bei Volksentscheiden im Bund sowie Skepsis gegenüber einer erhöhten Bindungswirkung von Volksgesetzen.

7. *Verfassungsänderungen und Hoheitsrechtsübertragungen*

(29) Die Legitimität der Verfassung als der langfristigen Grundordnung ist in weitaus stärkerem Maß von ihrer fortlaufend zu erneuernden Akzeptanz als vom Modus ihres Zustandekommens oder ihrer Änderung abhängig. Eine Legitimitätskrise des Grundgesetzes ist nicht ersichtlich; die hohen Hürden der Verfassungsänderung machen es unwahrscheinlich, dass das Ziel inhaltlicher Repräsentanz völlig verfehlt wird. Es gibt deswegen keinen Grund, in größtmöglicher Abkehr vom bisherigen Recht ein obligatorisches Verfassungsreferendum zu fordern.

(30) Mit der Volksgesetzgebung wäre auch die vollplebiszitäre Verfassungsänderung zuzulassen. Sie ist wegen der erschwerten Abänderbarkeit der Verfassung an erhöhte Hürden zu binden. Vor allem eine qualifizierte 2/3-Abstimmungsmehrheit wäre zu fordern, d.h. auch: Eine parlamentarisch mit 2/3-Mehrheit beschlossene Verfassungsänderung kann vom Volk nur mit 2/3-Mehrheit revidiert werden.

(31) Das Spezialproblem einer EU-bedingten Verfassungsneuschöpfung nach Art. 146 GG sollte mit der Frage, ob Plebiszite im Normalbetrieb des Verfassungslebens sinnvoll sind, nicht vermengt werden. Die Weiterentwicklung der Union an strengere Hürden zu binden als Änderungen der eigenen Verfassung, wäre ein Bruch mit der Europarechtsfreundlichkeit des Grundgesetzes und dem Geist der Verträge. Verfassungsändernde Hoheitsrechtsübertragungen sind wie alle Verfassungsänderungen zu behandeln, d.h.: kein obligatorisches Referendum, ggf. die (vor Ratifizierung zu gewährleistende) Möglichkeit, eine von Bundestag und Bundesrat mit 2/3-Mehrheit getroffene Integrationsentscheidung mit 2/3-Mehrheit im Volk zu revidieren.

V. *Schluss*

(32) Die Schöpfer des Grundgesetzes haben 1949 mit guten Gründen zunächst ganz auf die Konsolidierung der repräsentativen Ordnung gesetzt. Dennoch hat Deutschland, durch Weimar begründet und in den Ländern fortgeführt, auch eine plebiszitäre Tradition und Identität. Angesichts größerer Reife, aber auch neuer Herausforderungen für unsere Demokratie, lohnt es sich, auch im Bund an diese Tradition anzuknüpfen. Es wäre Deutschland zu wünschen, wenn es in der Frage von repräsentativer und direkter Demokratie nicht länger gespalten wäre, sondern zu einer auch mit seiner plebiszitären Tradition versöhnten, klaren Verfassungsidentität fände.

Dritter Beratungsgegenstand:

Elemente direkter Demokratie als Entwicklungsperspektive

2. Referat von Professorin Dr. *Margarete Schuler-Harms*, Hamburg

Inhalt

I. Einleitung

Die Bundesrepublik zeigt Züge einer gemischten Demokratie.[1] Alle Länder ermöglichen heute Referenden auf Initiative des Landtags, von Teilen des Landtags oder auf Initiative einer Landesregierung. Auch Volksbegehren führen an den Landtagen, Regierungen und Gemeindevertretungen regelmäßig nicht vorbei.

Elemente direkter Demokratie ergänzen heute die Repräsentativsysteme der Länder und Kommunen und erfüllen sich dort mit Leben. Um das Kernelement der Volksgesetzgebung ranken sich in wechselnden Kom-

---

[1] Der Begriff wird für die Weimarer Demokratie als repräsentatives System mit direktdemokratischen Elementen verwandt von *R. Thoma* § 16 Das Reich als Demokratie, in: G. Anschütz/R. Thoma (Hrsg.) Handbuch des Staatsrechts Band I, 1930, 186 (194), mit einem hier nicht einschlägigen erweiterten Bezug („parlamentarisch-plebiszitär-föderalistisch-amtsrechtlich-rechtsstaatlich gemischte"); enger *R. Thoma* Wesen und Erscheinungsnormen der modernen Demokratie (1949), in: U. Matz (Hrsg.) Grundprobleme der Demokratie, 1973, 66 (100), mit Bezug auf die Schweiz, zitiert bei *R. A. Rhinow* ZSR 103 II (1984), 111 (174), und aufgenommen bei *C. Gusy* JZ 2011, 47 ff. Für das deutsche Verfassungssystem nach 1945 *F.-L. Knemeyer* FS Leisner, 1999, 911 ff.; *U. Berlit* KritV 76 (1993), 318 (335 f.); *O. Jung* FS Ismayr, 2010, 427; Diskussionsbeiträge von *F. Decker* in: J. Wieland (Hrsg.) Entscheidungen des Parlaments in eigener Sache, 2010, 111 f., und *H. Schulze-Fielitz* ebd., 113 f., mit Anschlussfragen zur Balancierung direktdemokratischer und repräsentativer Komponenten; abgewandelt („gemischte Verfassung") *H. M. Heinig/M. Morlok* ZG 15 (2000), 371 (384); *Morlok* FS 50 Jahre Bundesverfassungsgericht, Bd. II, 2001, 559 (587); *P. Häberle* Verfassungslehre als Kulturwissenschaft, 2. Aufl. 1998, 399 ff.; Bezug auf die Schweizer „‚halbdirekte' Demokratie als Mischform" bei *P. Häberle* FS Ress, 2005, 1163 (1164). Mit etwas anderer Akzentuierung und dem Bezug auf Legitimationskonzepte *E. Fraenkel* Die repräsentative und die plebiszitäre Komponente (1958), in: ders., Deutschland und die westlichen Demokratien, 2011, 165 (181: „gemischt plebiszitär-repräsentatives Regierungssystem"); *C. Möllers* Die drei Gewalten – Legitimation der Gewaltengliederung in Verfassungsstaat, Europäischer Integration und Internationalisierung, 2008, 29 ff. Anders (als Mischform von Demokratie mit aristokratischen oder monarchischen Regierungsformen) konnotieren den Begriff *T. Hobbes* Grundzüge der Philosophie – Lehre vom Bürger, 7. Kapitel: Von den Formen des Staates: Demokratie, Aristokratie, Monarchie, unter 4. (155); *P. Graf Kielmansegg* Das Experiment der Freiheit, 1988, 182. Eine weitere Lesart bietet *H. Abromeit ÖZP 18 (1989), 166,* die das System mit Bezug auf diese Elemente „als ‚Zwitterding', als gemischte Demokratie" bezeichnet. Trotz dieser Mehrdeutigkeit kann und soll hier der in der deutschen Verfassungsrechtswissenschaft kontinuierlich nachweisbare, zugleich bildhafte und für den Rechts- und Systemvergleich offene Begriff der „gemischten Demokratie" Verwendung finden. Begrifflichkeiten wie „halbdirekte" Demokratie (für die Schweiz) oder „partizipative" Demokratie (Bericht und Beschlussempfehlungen der Gemeinsamen Verfassungskommission vom 5. 11. 1993, BT-Drs. 12/6000, 84) bezeichnen ähnliche Zusammenhänge, assoziieren aber teilweise andere Erkenntnisinteressen.

binationen Volksinitiative, Volks- und Bürgerbegehren,[2] verbindlicher oder unverbindlicher Volksentscheid,[3] die direkte Bürgermeisterwahl[4] und die Auflösung der Landtage durch Plebiszit.[5] Diese mit der deutschen Einigung angestoßene Demokratieentwicklung hat die Bundesebene erreicht, wenn auch bislang nicht verändert.[6] Über Verfassungsreferendum, direktdemokratische Gesetzgebung oder die Direktwahl des Bundespräsidenten wird auch hier debattiert.[7] Im offenen Verfassungsstaat scheint

[2] Volks- und Bürgerbegehren sind in allen Ländern vorgesehen; Volksinitiativen als Vorstufen eines Gesetzgebungsverfahrens sind z.B. vorgesehen in Art. 50 HVerf., Art. 22 VerfBdbg, Art. 59 M-V, Art. 42 III, 47 VerfNds., Art. 67a, Art. 108a Rh-Pf., Art. 41 Sl-H.

[3] Gesetzgebung durch Volksentscheid ist in allen Bundesländern vorgesehen; Volksentscheide in anderen Fragen regeln z.B. Art. 62 Abs. 1 S. 2 VerfBerl., Art. 76–78 VerfBBr., Art. 70 Abs. 1b) BremVerf., Art. 50 I Hmb., Art. 72 II Sl-H. Gesetzesvorlagen der Landesparlamente oder -regierungen an das Volk (sog. Referenden) sind möglich nach Art. 60 Abs. 2, 3 VerfBW; Art. 70a, b BremVerf; Art. 68 Abs. 3 NRWVerf.; eine Annahme des Gesetzes durch Referendum hat die Auflösung des Landtags zur Folge, bei Annahme ist die Landesregierung zum Rücktritt verpflichtet; Art. 114 VerfRhPf sieht nicht das Referendum, aber den Antrag aus dem Landtag auf Aussetzung eines Gesetzes vor, der ein Volksbegehren vor Inkrafttreten ermöglicht (Art. 115).

[4] In allen Ländern und Gemeinden nach dem Vorbild Baden-Württembergs, vgl. Art. 45 ff. GemO BW.

[5] Sog. Recall des Landtags ist möglich in Baden-Württemberg (Art. 43 Abs. 2 Verf.), Bayern (Art. 18 Abs. 3 Verf.) und Brandenburg (Art. 78 Abs. 3 Verf.); die Abwahl des Bürgermeisters auf Initiative aus der Gemeindeber. ermöglichen die Gemeindeordnung zu NRW (966 I), Sachsen (§ 51 VIII) und Sl-H (657d I Nr. 2).

[6] Entsprechende Initiativen im Bund von 1993 (vgl. Bericht der Gemeinsamen Verfassungskommission vom 5.11.1993, BT-Drs. 12/6000, 83 ff.), 2002 (BT-Drs. 14/8503) und 2006 (BT-Drs. 16/680) waren nicht erfolgreich.

[7] Diese Debatte zeigt eine „recht einfache Struktur“ und trägt seit langem Züge eines „Ping-Pong-Spiel(s) von Argumenten und Gegenargumenten“, vgl. *P. Lerche* Grundfragen repräsentativer und plebiszitärer Demokratie, in: P. M. Huber/W. Mößle/M. Stock (Hrsg.) Zur Lage der parlamentarischen Demokratie, 1995, 179 (193), aufgenommen bei *H. Maurer* Plebiszitäre Elemente in der repräsentativen Demokratie, 1997, 48. Die Grundelemente der Debatte zeichnen nach *H. P. Hufschlag* Einfügung plebiszitärer Komponenten in das Grundgesetz?, 1999, 279 ff.; *T. Paterna* Volksgesetzgebung: Analyse der Verfassungsdebatte nach der Vereinigung Deutschlands, 1995, 128 ff.; *S. Jung* Die Logik direkter Demokratie, 2001, 279 ff.; Kritik bei *P. Graf Kielmansegg* Über direkte Demokratie – sechs Anmerkungen zu einer unbefriedigenden Debatte, in: U. Backes/E. Jesse (Hrsg.) Jahrbuch Extremismus und Demokratie 2006, 57 f. Bis in die jüngste Zeit wird für die höchst gegensätzlichen Standpunkte Art. 20 Abs. 2 GG zum Ausgangspunkt genommen, vgl. exemplarisch *H. Meyer* JZ 2012, 538 ff.; *C. Pestalozza* Der Popularvorbehalt, 1981, 12; nicht mehr eindeutig *ders.* BRJ 2012, 18 (25), einerseits und *J. Isensee* Der antidisziplinäre Bezug des Grundgesetzes – Verfassungsrecht im Widerspruch zum Zeitgeist, in: M. Akyürek/G. Baumgartner u.a., Verfassung in Zeiten des Wandels, 2002, 53 ff., 81 f., andererseits. Ein Verfassungsgebot der Beschränkung direkt-

überdies vielen die Mitwirkung des Volkes an grundlegenden Entscheidungen der Verfassung und der Europäischen Verträge geboten.[8]

Im Mittelpunkt meines Vortrags steht die Frage nach dem juristischen Ordnungskonzept gemischter Systeme,[9] und hierauf werden sich die Ausführungen beschränken. Elemente direkter Demokratie verändern das jeweilige Repräsentativsystem und mit ihm die gesamte Statik und Dynamik der Demokratie. Direkte und repräsentative Komponenten beeinflussen sich und durchdringen einander. Regierungen und Parlamente sind in direktdemokratische Entscheidungsprozesse eingebunden und werden durch sie betroffen. Elemente direkter Demokratie werden zu Instrumenten im Repräsentativsystem. Die Zuordnung direkter und repräsentativer Komponenten entscheidet über die Balance des Gesamtsystems.[10] Diese

---

demokratischer Elemente auf die in Art. 29 und 118 GG geregelten Fälle der territorialen Neugliederung wird heute mit Recht nicht mehr vertreten. Nachweise zur älteren Diskussion bei *H. Meyer* Das parlamentarische Regierungssystem des Grundgesetzes, VVDStRL 33 (1975), 69 (115); *H. Hofmann* FS Neumayer, 1985, 281 (284 f.); *A. Bleckmann* JZ 1978, 217 Fn. 1. Zur Frage der Direktwahl des Bundespräsidenten vgl. *R. Steinberg* FS Würtenberger, 2012, 3, 305 (III.2.); *Pestalozza* Popularvorbehalt (Fn. 7), 30; *W. Leisner* NJW 2009, 2938 ff. Gegenargumente bei *Hufschlag* Einfügung (Fn. 7), 298 ff.

[8] Hierunter finden sich auch grundsätzliche Gegner der direkten Demokratie, etwa *Isensee*, Der antidisziplinäre Bezug (Fn. 7), 82, der den „Widerstand des Grundgesetzes gegen das Plebiszit" in dem Maße schwinden sieht, in dem die Bundesrepublik zum „souveränitätslosen Gliedstaat" einer politischen EU würde; *S. Müller-Franken* Referendum versus Volksgesetzgebung, in: R. T. Baus/T. Montag (Hrsg.) Perspektiven und Grenzen „direkter Demokratie", 2012, 51 (59 f.). Zu möglichen Gründen *H. Dreier* Das Grundgesetz unter Ablösungsvorbehalt? Zu Deutung und Bedeutung des Art. 146 GG, in: ders. (Hrsg.) Macht und Ohnmacht des Grundgesetzes, 2009, 172 f.; *H. Hofmann* Über Verfassungsfieber, in: Ius Commune, Bd. XVII, 1990, 310.

[9] Begriff der Ordnungsidee bei *E.-W. Böckenförde* in: K. D. Bracher/M. Funke/H.-A. Jacobsen (Hrsg.) Die Weimarer Republik 1918–1933, 1987, 39. Allgemein *E. Schmidt-Aßmann* Allgemeines Verwaltungsrecht als Ordnungsidee, 2. Aufl. 2006, S. 1; *ders.* Das allgemeine Verwaltungsrecht als Ordnungsidee und System, 1982. Zum Erfordernis einer „Rationalität rechtlicher Umgrenzung und rechtlicher Verfahrensherrschaft" *U. Di Fabio* Das Recht offener Staaten, 1998, 128.

[10] Die Zuordnungsfrage bearbeitet grundsätzlich von *Graf Kielmansegg* Über direkte Demokratie (Fn. 7), 68 ff., unter Skalierung der („architektonische(n)") Vielfalt von Kombinationsmöglichkeiten und Forderung einer Diskussion der direkten Demokratie „in systemischen Bezügen" (71). In der Rechtswissenschaft wirft die Zuordnungsfrage erstmals grundsätzlicher *M. Martini* Wenn das Volk (mit)entscheidet … Wechselbeziehungen und Konfliktlinien zwischen direkter und indirekter Demokratie als Herausforderung für die Rechtsordnung, 2011, auf; vgl. a.F. *F. Wittreck* Einleitung: Direkte und repräsentative Demokratie zwischen Konkurrenz und Konkordanz, in: ders. (Hrsg.) Volks- und Parlamentsgesetzgeber: Konkurrenz oder Konkordanz?, 2012, 9 ff.; *J. Ziekow*, Gutachten D zum 69. DJT, 2012, mit der Forderung eines „holistische[n] Legiti-

Zuordnung ist vor allem Aufgabe des Rechts und der Rechtswissenschaft.[11] Sie ist im wörtlichen Sinne Systembildung.[12] Im reichlich vorhan-

mationskonzept[s]"; *Vosskuhle* Vorwort, in: L. P. Feld/P. M. Huber/O. Jung/C. Welzel/ F. Wittreck (Hrsg.) Jahrbuch für direkte Demokratie 2009, 2010, 5, spricht die Frage einer „verfassungsrechtlichen Neujustierung des Verhältnisses zwischen plebiszitären und repräsentativen Elementen" an, *M. Stolleis* Parteienstaatlichkeit – Krisensymptome des demokratischen Verfassungsstaats?, VVDStRL 44 (1986), 7 (36), die Frage der „Koppelungsformen zwischen repräsentativer und plebiszitärer Wahrnehmung der Staatsgewalt" als Zentrum des Problems, *Berlit* KritV 76 (1993), 318 (335 f.), die Entscheidung über eine Einführung direktdemokratischer Komponenten ins Grundgesetz als „Optimierungsfrage", *P. Cancik* Wahlrecht und Parlamentsrecht als Gelingensbedingungen, oben 319 f. das Erfordernis einer staatsrechtlichen Debatte um „Kollisionskonstellationen". Vgl. a. *H. Dreier/F. Wittreck* Repräsentative und direkte Demokratie, in: Feld u.a. (Fn. 10), 11 (39), mit der Forderung nach einem Systementwurf „der Konkordanz von repräsentativer und direkter Demokratie"; *H. Maurer* Staatsrecht I, 6. Aufl. 2010, § 7 Rn. 50; Ansätze auch bei *J. Isensee* DVBl. 2001, 1161 ff.; *Hofmann* FS Neumayer (Fn. 7), 297 f., denkt an eine „wohldurchdachte Mischung", die „den Rückkoppelungsproblemen in der parteienstaatlichen Demokratie begegnen helfen" soll; nach *S. Przygode* Die deutsche Rechtsprechung zur unmittelbaren Demokratie, 1995, 490, geht es „um das pragmatische Nebeneinander von repräsentativ-parlamentarischen und direktdemokratischen Entscheidungsformen zum Nutzen und zur Fortentwicklung des grundsätzlich notwendigen und unabdingbaren parlamentarisch orientierten politischen Systems"; nach *K. Bugiel* Volkswille und repräsentative Entscheidung, 1991, 454, bildet die Einpassung direktdemokratischer Elemente in das repräsentativ-parlamentarische Regierungssystem „die eigentliche verfassungsrechtliche und politische Nagelprobe". Kritik an der deutschen rechtswissenschaftlichen Diskussion übt *R. Bieber* Zur Ko-Existenz von Referenden und parlamentarischer Demokratie, in: S. Kadelbach (Hrsg.) Europäische Verfassung und direkte Demokratie, 2006, 57 (60 Fn. 11), mit dem Hinweis, die Vorzüge von Kombinationsmodellen gerieten aus dem Blick. Für die Kommunalverfassungen *F. Ossenbühl* FS Rommel, 1997, 247 (249, 253). Aus verfassungshistorischer Sicht behandelt *C. Schwieger* Volksgesetzgebung in Deutschland, 2005, u.a. „die zentralen Fragen nach der Kompatibilität von Parlamentarismus und Volksgesetzgebung in einem demokratischen System", vgl. 379.

[11] Allgemein *K. Hesse* Grundzüge des Verfassungsrechts, 20. Aufl. Neudruck 1999, Rn. 127: Demokratie als „juristische Aufgabe". *A. Vosskuhle* Vorwort (Fn. 10), 5, fordert (mit einschlägigem Bezug) Demokratie als „normatives Konzept". Nach „Strukturmomente[n] realisierter Demokratie" sucht *E.-W. Böckenförde* HStR III, 3. Aufl. 2005, § 35 Rn. 16; ähnlich *ders.* FS Eichenberger, 1982, 301 (303). Die Sicherung einer „nüchternen Betrachtungsweise" mahnt „als Aufgabe des Juristen" *U. Steiner* Schweizer Verhältnisse in Bayern? – Zu Bürger- und Volksbegehren im Freistaat, 2000, 26, an. Mit etwas anderer Ausrichtung *M. Nettesheim* Der Staat 51 (2012), 313 (330 ff.). „Praktische Überlegungen" nennt *Thoma* Reich (Fn. 1), 192, als bestimmendes Motiv bei der Einführung in der Weimarer Republik.

[12] Die juristische Aufgabe erfordert pragmatisches Vorgehen auf der Basis theoriegeleiteter Feststellung und Verarbeitung des mit der Fragestellung implizierten Wandels der demokratischen Verhältnisse. Das theoretisch angeleitete Forschungsprogramm skizzieren *Rhinow* ZSR 103 II (1984), 134 f.; *Morlok* VVDStRL 55 (1996), 148 f. (Diskussionsbeitrag). Bestandsaufnahme für Deutschland bei *M. Kotzur* Die Demokratiedebatte

denen Rechtsbestand der Länder vermag sie durch ordnungsstiftende Bezüge die Interpretation anzuleiten und Aufschlüsse für die Rechtsdogmatik zu geben.[13] Mit der grundsätzlichen Bedeutung der Systembildung für den juristischen Bauplan gemischter Demokratie[14] verbindet sich zusätzlich eine rechtspolitische Funktion für die rechtliche Ausgestaltung oder die Einführung in anderen Handlungsebenen.[15]

Ein juristisches Ordnungskonzept gemischter Systeme setzt an bei den vielfältigen Verschränkungen und Wechselwirkungen zwischen direktdemokratischen Komponenten und Repräsentativsystem (II.). Sie erfordert Grundlegungen zu den Maßstäben und den Grenzen demokratischer Ordnung (III.) sowie deren Entfaltung (IV.). Die Systembildung gründet auf dem Rechtsbestand der Länder, aus deren Vielfalt sich lernen lässt.[16] Sie kann historische Erfahrungen nutzbar machen.[17] Erkenntnisse gewinnt sie auch aus dem internationalen Rechts- und Systemvergleich,[18] etwa mit der

---

in der deutschen Staatsrechtslehre, in: H. Bauer/P. M. Huber/K.-P. Sommermann (Hrsg.) Demokratie in Europa, 2005, 351 (374 ff.).

[13] Mit Bezug auf „eine Folgendogmatik direkter Demokratie" *Morlok* FS BVerfG (Fn. 1), 586, unter Akzentuierung des besonderen Klärungsbedarfs für das Verhältnis zwischen parlamentarischer und Volksgesetzgebung; *M. Morlok/V. P. Voss* BayVBl. 1995, 514. Zur erforderlichen Verbindung von Verfassungstheorie und Rechtspolitik *O. Lepsius* Was kann die deutsche Staatsrechtslehre von der amerikanischen Rechtswissenschaft lernen?, in: H. Schulze-Fielitz (Hrsg.) Staatsrechtslehre als Wissenschaft, 2007, 319 (365 f.).

[14] Begriff bei *Thoma* Reich (Fn. 1), 192: „Bauplan geeigneter juristischer Strukturen".

[15] Zu kurz greift die im deutschen Verfassungsrecht übliche Unterscheidung von Verfassungsrecht und Verfassungspolitik, z.B. bei *Maurer* Plebiszitäre Elemente (Fn. 7), 28 ff. Demokratietheoretische Grundlagen z.B. bei *Graf Kielmansegg* Über direkte Demokratie (Fn. 7), 57 ff. (insb. 61 ff.). Die juristische Aufgabe wird hier weiter verstanden als im Konzept der Reinen Rechtslehre bei *H. Kelsen*; vgl. zu Kelsen *M. Jestaedt/O. Lepsius* Der Rechts- und der Demokratietheoretiker Hans Kelsen, in: H. Kelsen, Verteidigung der Demokratie, 2006, XV; zu den Anschlüssen der österreichischen Staatsrechtslehre *E. Wiederin* Denken vom Recht her: Über den *modus austriacus* in der Staatsrechtslehre, in: Schulze-Fielitz (Fn. 13), 293 ff.

[16] Auch insoweit ist der Staats- und Demokratiebildungsprozess der Schweiz vorbildlich, in dem Elemente direkter Demokratie zunächst auf den unteren Ebenen der Kommunen und Kantone erprobt und legitimiert und erst hierauf in das Regierungssystem des Bundes eingefügt wurden, vgl. *L. Neidhardt* FS Gruner, 1975, 299 (301 f.).

[17] Zu den Erfahrungen mit Elementen direkter Demokratie im Regierungssystem der Weimarer Republik, nach 1933 und den hieran anschließenden Verfassungsdebatten nach 1945 grundlegend *R. Schiffers* Elemente direkter Demokratie im Weimarer Regierungssystem, 1971; *Schwieger* Volksgesetzgebung (Fn. 10); *O. Jung* Grundgesetz und Volksentscheid, 1994.

[18] Der angestrebte Vergleich dient der Suche nach Erkenntnissen für die Weiterentwicklung des konkreten Demokratiesystems und „als Einordnungshilfe und zur Be-

Schweiz[19] oder mit Einzelstaaten der USA.[20] Züge eines Mischsystems prägen auch die Demokratie Italiens.[21]

---

reicherung der Reformdiskussion im eigenen Land" („Experimentallabore"), vgl. *K.-P. Sommermann* Demokratiekonzepte im Vergleich, in: Bauer/Huber/Sommermann (Fn. 12), 191 (197), dort auch zum Erkenntnisinteresse hinsichtlich eines acquis démocratique, das hier nicht weiter anzusprechen, der vergleichenden Sichtweise aber gleichsam mit unterlegt ist; *J. Gebhardt* Das Plebiszit in der Repräsentativen Demokratie, in: H. H. v. Arnim (Hrsg.) Direkte Demokratie, 2000, 13 (22); *J. Rux* Direkte Demokratie in Deutschland, 2008, 847. Zum Erkenntnisinteresse im Zusammenhang des Vergleichs vgl. a. *M. Schuler-Harms* Regelungsmodelle des Familienleistungsausgleichs zwischen staatlicher Nachwuchssicherung und familiärer Gestaltungsfreiheit – Deutschland, Frankreich und Großbritannien im Rechtsvergleich, in: K. Scheiwe/M. Schuler-Harms (Hrsg.) Aktuelle Probleme der Familienpolitik in vergleichender Sicht, 2008, 17ff. Als Objekte eines solchen Systemvergleichs eignen sich Demokratien, in denen direktdemokratische Verfahren komplementäre oder Routineverfahren bilden.

19 Mit dem Begriff der „halbdirekten" bzw. „semidirekten" Demokratie betont die schweizerische Staatsrechtslehre die Ergänzungsfunktion der „Volksrechte" und damit den Charakter des gemischten Systems, vgl. z.B. *K. Eichenberger* Zusammenspiel und Gegenspiel repräsentativer und plebiszitärer Komponenten im schweizerischen Regierungssystem, 1977, in: *ders.* Der Staat der Gegenwart, 1980, 95 (96ff.). *Rhinow* ZSR 103 II (1984), 200; *ders.* Parteienstaatlichkeit – Krisensymptome des demokratischen Verfassungsstaats?, VVDStRL 44 (1986), 83 (86), klassifiziert die Schweiz als „plebiszitär imprägnierte Repräsentativdemokratie". Seit langem schon löst die schweizerische Staatsrechtslehre unter Bezug auf pragmatisches Vorgehen auf mittlerer Abstraktionshöhe auch das hier mit der Frage nach der „gemischten Demokratie" aufgeworfene Forschungsprogramm ein und entfaltet insoweit Vorbildfunktion. Vgl. neben den Genannten auch *J. P. Müller* VVDStRL 55 (1986), 129 ff. (Diskussionsbeitrag) sowie – für Österreich – *P. Pernthaler* Das System der semidirekten Demokratie in Österreich, FS v. Arnim, 2004, 745 ff.

20 Obligatorische Verfassungsreferenden sind in allen Gliedstaaten außer Delaware vorgesehen; 24 Staaten enthalten Elemente direkter Demokratie im Wege der Volksinitiative. Überblick bei *A. B. Gunlicks* FS König, 2004, 407, m.Nw. in Fn. 42 zu kritischen bis desillusionierten Stimmen der jüngeren Literatur; *H. K. Heußner* Direkte Demokratie in den US-Gliedstaaten im Jahr 2008, in: Feld u.a. (Fn. 10), 165ff.; zur älteren Rechtslage *Heußner* Volksgesetzgebung in den USA und in Deutschland, 1994. Zu Kalifornien *R. Billerbeck* Plebiszitäre Praxis in Kalifornien, in: H.-D. Klingemann/W. Luthardt (Hrsg.) Wohlfahrtsstaat, Sozialstruktur und Verfassungsanalyse, 1993, 208f.; *Heußner* Die Krise Kaliforniens – Die Schuld der direkten Demokratie?, in: L. P. Feld/P. M. Huber/O. Jung/H.-J. Lauth/F. Wittreck (Hrsg.) Jahrbuch für Direkte Demokratie 2011, 2012, 175ff. (mwN insb. in Fn. 1). Die Bezüge von direkter und repräsentativer Demokratie thematisieren für die USA z.B. *S. Bowler/A. Glazer* "Hybrid Democracy" and Its Consequences, in: S. Bowler/A. Glazer (Hrsg.) Direct Democracy's Impact on American Political Institutions, 2008. Zur Ausrichtung der vergleichenden Forschung allgemein Lepsius (Fn. 13), 361ff., 364ff., mit Bezug auf „Theorien mittlerer Reichweite".

21 *A. Capretti* Direkte Demokratie in Italien, in: H. K. Heußner/O. Jung (Hrsg.) Mehr Demokratie wagen, 1999, 123 ff.; *dies.* Öffnung der Machtstrukturen durch Referenden in Italien, 2001.

Hingegen führen Elemente direkter Demokratie etwa in den Verfassungen Frankreichs, Polens oder Österreichs nicht zu gemischten Systemen.[22] Besondere rechtliche Hürden verhindern häufige Volksentscheide.[23] Solche Staaten rechnen, wie auch die Bundesrepublik vor 1990,[24] zur Kategorie der Repräsentativdemokratien.

[22] Westliche Demokratien sind überwiegend Repräsentativsysteme mit direktdemokratischen Beimischungen; für Frankreich Art. 3 Abs. 1, Art. 11, 89 der französischen Verfassung und „Zweigleisigkeit der Demokratie" bei *L. Heuschling* Krise der Demokratie und Krise der juristischen Demokratielehre in Frankreich, in: Bauer/Huber/Sommermann (Fn. 12), 33 (59). Für Polen *S. Biernat* Demokratieprinzip im polnischen Verfassungssystem, ebd., 79 (83). Die Demokratie in Österreich wird geprägt durch die auch vom Verfassungsgerichtshof vertretene verfassungstheoretische Annahme einer Systementscheidung für den Vorrang repräsentativer Demokratie vor Volksrechten im Bund und in den Ländern (VfSlg. 16.241/2001 – Vorarlberg mwN zur älteren Rechtsprechung; kritisch hierzu *E. Wiederin* § 7 Österreich, in: A. v. Bogdandy/P. Cruz Villalón/P. M. Huber, Handbuch Ius Publicum Europaeum, 2007, 389 ff. Rn. 70 mit Fn. 117); die bestehenden Mitwirkungsrechte des Volkes erweisen sich in ihrer verfassungsrechtlichen Ausgestaltung als schwach und stärker der partizipativen als der direkten Demokratie zugehörig; in der Verfassungspraxis sind verbindliche Volksabstimmungen in Form von Referenden wegen ihres engen Anwendungsbereichs nur von punktueller Bedeutung und tragen, soweit von der Mehrheit im Nationalrat anzustoßen, den Charakter von Plebisziten zur Legitimation bereits getroffener Entscheidungen; vgl. *P. Pernthaler* Österreichisches Bundesstaatsrecht, 2004, 84 ff.; Überblick bei *T. Thanner* Das Recht der direkten Demokratie, 2007; *H. Eberhard/K. Lachmayer* Ignoranz oder Irrelevanz? – Direkte Demokratie auf österreichisch, in: Feld u.a. (Fn. 10), 241 ff.; *S. Storr* Die Maßgaben der österreichischen Bundesverfassung für sachunmittelbare Demokratie in Bund und Ländern, in: P. Neumann/D. Renger (Hrsg.) Sachunmittelbare Demokratie im interdisziplinären und internationalen Kontext 2008/2009, 2010, 96 ff. *K. Poier* Sachunmittelbare Demokratie in Österreichs Ländern und Gemeinden, a.a.O., 31 ff.; *P. Bußjäger* Die territoriale Dimension der österreichischen Demokratie in vergleichender Perspektive, in: L. Helms/D. M. Wineroither (Hrsg.) Die österreichische Demokratie im Vergleich, 2012, 171 ff.

[23] Rechtliche Verfahrensgestaltung durch Quoren, Fristen und Verfahrensmodalitäten sowie der Umfang gegenständlicher Ausschlüsse prägen sowohl unmittelbar wie auch als Rahmenbedingungen individuellen und kollektiven Verhaltens die Chancen zur Durchführung erfolgreicher direktdemokratischer Verfahren und damit den Charakter als gemischte Demokratie; Zusammenstellung von relevanten Quoren und Verfahrensbedingungen z.B. bei *B. M. Weixner* Direkte Demokratie in den Bundesländern, 2002, 176 ff.

[24] Die in den Landesverfassungen von Baden-Württemberg, Bremen, Hessen, Nordrhein-Westfalen und Schleswig-Holstein normierten direktdemokratischen Komponenten erfüllten sich zunächst – auch wegen der rechtlichen Hürden – nur selten mit Leben und gaben der Staatsrechtslehre wenig Anlass zu systematisierender Behandlung. Auch in Bayern wurde von den nach dem Vorbild der Schweiz gestalteten Komponenten erst ab Mitte der 1980er Jahre nennenswerter Gebrauch gemacht. Vgl. zur älteren Rechtslage *Rux* Direkte Demokratie (Fn. 18), 259 ff.; zur Rechtsentwicklung und zur aktuellen

Auch die demokratische Ordnung der Europäischen Union ermöglicht keinen Vergleich. Das Demokratiekonzept der Union umfasst zwar aktuelle Ergänzungen der repräsentativen durch Elemente der partizipativen Demokratie.[25] Doch verweisen die regulativen Bemühungen auf Entfaltung eines dualen Legitimationskonzepts und (noch) nicht auf die Ausbildung eines gemischt-demokratischen Systems.[26]

II. Knotenpunkte von Repräsentativsystem und direktdemokratischen Elementen

In gemischten Systemen werden repräsentative und direktdemokratische Elemente tief ineinander verwoben.[27] Sie stehen zueinander in Be-

Rechtslage 404 ff.; *Pestalozza* Popularvorbehalt (Fn. 7), 15 ff.; *Hofmann* FS Neumayer (Fn. 7), 287 ff.; *Przygode* Rechtsprechung (Fn. 10), 38 ff.; *O. Jung* Grundgesetz und Volksentscheid (Fn. 17), 35 ff.; *ders.* JöR 41 (1993), 29 ff.; *ders.* JöR 48 (2000), 39 ff.; *G. Jürgens* Direkte Demokratie in den Bundesländern, 1993, 49 ff. (rechtliche Grundlagen), 162 ff. (Praxis); *R. Streinz* DV 16 (1983), 293 ff.; zur Entwicklungsgeschichte mit Bezug auf die Kommunen *F.-L. Knemeyer* BayVBl. 1996, 545 ff. Den Typus der repräsentativen Demokratie verwirklicht heute neben dem Bund auch das Saarland mit sehr restriktiv ausgestalteten direktdemokratischen Elementen. Zu Recht relativiert allerdings *B. O. Bryde* Die Reform der Landesverfassungen, in: v. Arnim (Fn. 18), 147 (150 ff.), den Befund einer qualitativen Änderung mit Blick auf die weiterhin schmalen Gesetzgebungskompetenzen der Länder.

[25] Die Bürgerinitiative entfaltet bislang keine rechtliche Bindungswirkung, vgl. Art. 11 Abs. 4 EUV und Verordnung über die Bürgerinitiative, *W. Heintschel von Heinegg* in: C. Vedder/W. Heintschel von Heinegg (Hrsg.) Europäisches Unionsrecht, Art. 11 EUV Rn. 3. Sie zählt damit nicht zu den Elementen direktdemokratischer politischer Willensbildung, *C. Calliess* Bürgerrechte als Ersatz für Demokratie? in: C. Franzius/F. C. Mayer/ J. Neyer (Hrsg.) Strukturfragen der Europäischen Union, 2010, 231 (254 f.). Mit offener Einschätzung für die demokratische Entwicklung *C. Franzius/U. K. Preuß* Zukunft der Europäischen Demokratie, 27 f., mit Entwicklungsvorschlägen 119 ff.; *S. Laskowski* ZUR 2010, 171 (179); *A. Maurer/S. Vogel* Die Europäische Bürgerinitiative. Chancen, Grenzen und Umsetzungsempfehlungen, 2009; Positivere Einschätzung bei *M. Ruffert* in: C. Calliess/M. Ruffert (Hrsg.) Verfassung der Europäischen Union, Art. 1–47 Rn. 14; *H. Goerlich* Das Europäische Bürgerbegehren nach dem Vertrag von Lissabon, in: Neumann/Renger (Hrsg.) Sachunmittelbare Demokratie im interdisziplinären und internationalen Kontext 2009/2010, 179 ff.

[26] *S. Kadelbach* Einleitung: Der Verfassungsvertrag im Legitimationsdilemma der EU, in: ders. (Hrsg.) Europäische Verfassung und direkte Demokratie, 2006, 15; *P. M. Huber* Demokratische Legitimation in der Europäischen Union, in: H. Dreier/F. W. Graf/ J. J. Hesse (Hrsg.) Staatswissenschaft und Staatspraxis, 2011, 68 (76 ff.).

[27] Das Bild von der „Systemergänzung“, z.B. bei *A. Hatje* Demokratie als Wettbewerbsordnung, VVDStRL 69 (2010), 135 (160), greift insoweit zu kurz.

ziehungen der Komplementarität und Korrespondenz, der Gewaltenteilung und Hierarchie, der Kooperation und Kontrolle, der Irritation und Konkurrenz.[28] Wie tief die Verflechtungen reichen, lässt sich am Kernelement direkter Demokratie, der Volksgesetzgebung in den Ländern, verdeutlichen.

Das volksbeschlossene Gesetz bindet die Regierung, der Bürgerentscheid die Gemeindevertretung. Dieselben Akteure sind aber auch mit Kontrollaufgaben und hoheitlichen Befugnissen in das Verfahren eingebunden. Regierungen und Gemeindevertretungen überprüfen als Zulassungsbehörden eines Volksbegehrens auch den Inhalt der Vorlage auf hinreichende Bestimmtheit und Sachlichkeit sowie auf die Wahrung der sachlichen Einheit. In manchen Ländern hat die Regierung außerdem die Aufgabe, die Vorlage mit einer inhaltlichen Stellungnahme für den Landtag zu versehen. Die in solchen Funktions- und Aufgabenzuweisungen angelegten Interessenkonflikte liegen auf der Hand.

Auch die Landtage wurden bundesweit in das plebiszitäre Gesetzgebungsverfahren eingebunden.[29] Sie können sich die Vorlage zu eigen machen, sie ablehnen und in vielen Ländern einen eigenen Gesetzentwurf mit zur Abstimmung stellen.[30] In direktdemokratischen Verfahren mischt sich auf diese Weise die Logik des plebiszitären Ja oder Nein mit dem Modus parlamentarischer Entscheidungsfindung. Hinzu tritt ein Modus der Aushandlung, denn Landtag und Initiatoren können sich in dieser Verfahrensphase über den Inhalt eines Gesetzes auch verständigen.[31]

---

[28] Ausführlich *Martini* Wenn das Volk (mit)entscheidet (Fn. 10). *Bugiel* Volkswille (Fn. 10), 455: „gegenseitige Rivalität". Früher und umfassender werden die Beziehungen in der Literatur der Schweiz thematisiert, vgl. etwa *Eichenberger* Zusammen- und Gegenspiel (Fn. 19).

[29] *Eichenberger* Zusammen- und Gegenspiel (Fn. 19), 99 f., verwendet das Bild der „stillschweigende[n] Kommunikation".

[30] Die Konkurrenzvorlage ist z.B. in Hamburg vorgesehen, vgl. Art. 50 Abs. 3 S. 6 HmbVerf.

[31] *M. Jacobsen* DÖV 2007, 949 (955). Den Aspekt der Verhandlungsdemokratie betont auch *Eichenberger* Zusammen- und Gegenspiel (Fn. 19), 107 f. Eine landesspezifische Variante bildet das in Hamburg bestehende Recht der Initiatoren, ihr Anliegen in einem Ausschuss der Bürgerschaft zu erläutern, Art. 50 Abs. 2, 3 HmbVerf, flankiert durch angepasste Fristenregelungen sowie das Recht der Initiatoren zur Rücknahme oder gar Abänderung eines Volksbegehrens; es dient (u.a.) dem Zweck, „einen Austausch zwischen Bürgerschaft und Initiatoren mit dem Ziel der Suche nach einer gemeinsamen Lösung herbeizuführen", Hamburgische Bürgerschaft, Drs. 19/1476, S. 3; näher *A. v. Arnauld* „Refolution" an der Elbe: Hamburgs neue direkte Demokratie – Die Verfassungsänderungen der Jahre 2008 und 2009 im Kontext, in: Feld u.a. (Fn. 10),

Nur auf den ersten Blick liegt die letzte Entscheidung beim abstimmenden Volk. Das volksbeschlossene Gesetz teilt mit dem parlamentarischen nach richtiger Auffassung den gleichen Rang.[32] Grundsätzlich sind beide Gesetzgeber zur wechselseitigen Aufhebung von Gesetzen des anderen Normgebers befugt. Die Vorteile scheinen beim wendigeren Parlamentsgesetzgeber zu liegen. Im langwierigen Direktverfahren könnte er die Rechtslage eigenmächtig ändern und einem Volksbegehren die Grundlage entziehen. Auch die Aufhebung eines volksbeschlossenen Gesetzes ist ihm rechtlich möglich. Mit Novellen zur Rechtschreibreform in Schleswig-Holstein im Jahre 1999 etwa und zur Reform des hamburgischen Wahlrechts im Jahre 2006 haben die jeweiligen Landtage diese Möglichkeit auch genutzt.[33]

Vergleichbare Versuche der plebiszitären Einwirkung auf das Repräsentativsystem stoßen an strukturelle Grenzen. Direktverfahren sind auf-

---

90 (107f.). Die demokratische Legitimation der Initiatoren zur Rücknahme eines Volksbegehrens und in Bezug auf die damit einhergehende Gestaltungsmacht ist umstritten, aber zu bejahen: Mit dem Recht zur Rücknahme erhöhen sich die Chancen der Kompromissbildung und damit zugleich die Qualität des Entscheidungsprozesses; die so erfolgte Gesetzgebung bleibt überdies der späteren Abänderung in einem neuen plebiszitären Verfahren zugänglich. AA *J. Isensee* FS Krause, 2006, 303 (321ff.); wie hier *v. Arnauld* ebd., 127.

[32] *Heußner* Volksgesetzgebung (Fn. 20), 100ff.; *M. Borowski* DÖV 2000, 481ff.; *O. Jung* Konterlegislatur (Fn. 1), 432f.; *v. Arnauld* „Refolution" (Fn. 31), 115f.; *Przygode* Rechtsprechung (Fn. 10), 417. Für einen höheren Rang der Volksgesetzgebung *M. Jacobsen* DÖV 2007, 958ff. Für die Rechtssituation der Weimarer Reichsverfassung *C. Schmitt* Volksentscheid und Volksbegehren, 1927, 45ff.; *A. Hensel* Die Rangordnung der Rechtsquellen insbesondere das Verhältnis von Reichs- und Landesgesetzgebung, in: Anschütz/Thoma, Handbuch (Fn. 1), 313 (318, Fn. 7); *W. Jellinek* Das einfache Reichsgesetz, in: Anschütz/Thoma, Handbuch (Fn. 1), 160 (181f. m. Fn. 72). Vorrang der Volksgesetzgebung nach *R. Thoma* Grundbegriffe und Grundsätze, in: Anschütz/Thoma, Handbuch (Fn. 1), 108 (114), unter Bezug auf *E. Jacobi* FG der juristischen Fakultäten zum 50-jährigen Bestehen des Reichsgerichts (1. 10. 1920), Bd. I: Öffentliches Recht, 1929, 233ff., insb. 256f. (Nachdruck 1983) und mit Blick auf die konkrete Ausgestaltung in der WRV. Nachzeichnung dieser Diskussion und weitere Nachweise bei *Schwieger* Volksgesetzgebung (Fn. 10), 152 ff.

[33] Das am 27. 9. 1998 durch Volksentscheid beschlossene Gesetz zur Änderung des Schulgesetzes in Schleswig-Holstein trat am 7. 1. 1999 in Kraft und wurde durch ein weiteres Änderungsgesetz des Landtags vom 30. 9. 1999 aufgehoben. Das am 13. 6. 2004 beschlossene und am 15. 7. 2004 in Kraft getretene Gesetz zur Änderung des Wahlrechts wurde durch die Hamburger Bürgerschaft mit Wirkung vom 28. 10. 2006 und damit innerhalb der im Februar 2004 begonnenen Legislaturperiode wieder geändert. Ausführlich *Rux* Direkte Demokratie (Fn. 18), 487 ff. und 828 ff.; *O. Jung* Konterlegislatur (Fn. 1), 430ff.; *H.-J. Wiegand* Direktdemokratische Elemente in der deutschen Verfassungsgeschichte, 2006, 461 ff.

wendig und schwerfällig. Sie erfordern große Motivation und viel Zeit. Ihr Gegenstand ist die punktuelle Entscheidung zu einer konkreten Frage. Das Verfahren ermöglicht nur ein Ja oder Nein, und hierauf richtet sich auch die öffentliche Debatte.[34] Eine planvolle Gestaltung politischer Prozesse lassen Direktverfahren kaum zu. Die Aufgabe der politischen Gestaltung und die Funktion der Gesamtleitung verbleiben beim Repräsentativsystem. Elemente direkter Demokratie treten nur ergänzend hinzu. Sie entfalten aber über die Einzelentscheidung hinaus Signalfunktion und vermögen das Repräsentativsystem schon kraft ihrer Existenz zu irritieren. Sie erhöhen die Darlegungs- und Rechtfertigungslast der Repräsentanten und stärken die Funktion demokratischer Öffentlichkeit.[35] Im

---

[34] Zusätzliche Gestaltungsoptionen ergeben sich nur aus der Einschaltung der Parlamente in das Verfahren, deren Vorschlag aber die Beratungskonstellation des Ja oder Nein nicht grundsätzlich ändert. Hingegen gelten „öffentliches Verhandeln von Argument und Gegenargument, öffentliche Debatte und öffentliche Diskussion [als] wesentliche Elemente des demokratischen Parlamentarismus", BVerfGE 130, 318 (344) m.Nw., allerdings mit Stoßrichtung auf Budgetöffentlichkeit als allgemeines Öffentlichkeitsprinzip von Demokratie. Die Initiativphase des parlamentarischen Verfahrens ist nicht von vergleichbarer Bedeutung, denn dieses zeichnet sich durch Professionalität und – mit Ausnahme der Ratifizierung völkerrechtlicher Verträge – durch Kompromissbildungsfähigkeit aus. Im Bund sind die Gestaltungsmöglichkeiten durch die Beteiligung des Bundesrats und die Möglichkeit der Anrufung des Vermittlungsausschusses noch erweitert.

[35] Zur Kontroll- und Korrektivfunktion plebiszitärer Verfahren *Böckenförde* HStR III, § 35 Rn. 16, 23; *Eichenberger* Zusammen- und Gegenspiel (Fn. 19), 103, 106; *Rhinow* ZSR 103 II (1984), 203 f., auch zu Rückwirkungen auf Bargaining-Prozesse in der repräsentativen Entscheidungsbildung; ähnlich *Fraenkel* Repräsentative und plebiszitäre Komponente (Fn. 1), 183 ff. In dieser Funktion sind Elemente direkter zugleich Elemente partizipativer Demokratie. In Bezug auf den Aspekt der Partizipation bestehen fließende Übergänge zwischen Massenpetition, elektronischem Bürgerdialog, europäischer Bürgerinitiative und Volksinitiative bzw. Bürgerantrag. Im parlamentarischen Alltag prägt direktdemokratische Gesetzgebung die Strategie der Regierungsmehrheit nach der Devise: „potentielle Referenden vermeiden, hilfsweise gewinnen", *Steiner* Schweizer Verhältnisse (Fn. 11), 22; *Eichenberger* Zusammen- und Gegenspiel (Fn. 19), 103; zur Zielsetzung, Mechanismen der Elitenrekrutierung aufzuheben und der Entfremdung der politischen Parteien von der Bevölkerung entgegenzuwirken, *R. Wassermann* Die Zuschauerdemokratie, 1986, 167 f.; Eine Strategie dieser Annäherung geht dahin, die Parteibasis oder die Bevölkerung stärker als bisher an der Rekrutierung des politischen Personals zu beteiligen. „Beide Verwirklichungsformen von politischer Einflussnahme dienen demselben Zweck, das politische System insgesamt empfänglicher, empfindlicher und antwortbereiter gegenüber den Bedürfnissen aus der Zivilgesellschaft zu machen", *U. K. Preuß* ZRP 1993, 131 (135), *W. J. Patzelt* Welche plebiszitären Instrumente können wir brauchen? Einige systematische Überlegungen, in: L. P. Feld/ P. M. Huber/O. Jung/C. Welzel/F. Wittreck (Hrsg.) Jahrbuch für direkte Demokratie 2010, 2011, 63 (72 ff.) mit Bezug auf Responsivität.

positiven Falle kommt es zur Annäherung der Repräsentanten an die Repräsentierten.[36] Die Kehrseite bilden Gefährdungen der Regierbarkeit und Verantwortungszurechnung sowie der Kontinuität und Konsistenz politischer Gestaltung.[37] Ob Vor- oder Nachteile überwiegen, hängt nicht nur von der Ausgestaltung der plebiszitären Komponenten ab, sondern auch von der Gestalt und Verfassung des Repräsentativsystems, auf das sie treffen.

Direktdemokratische Elemente beeinflussen die Gewaltenbalance des Repräsentativsystems als Balance zwischen Regierung sowie Regierungsmehrheit und Opposition. Oppositionsparteien sind mit Einführung direktdemokratischer Elemente nicht mehr auf die parlamentarischen Gestaltungsrechte ihrer Fraktionen beschränkt. Ihnen eröffnen sich Möglichkeiten zur Gesetzgebung und Verfassungsänderung an der Regierungsmehrheit vorbei.[38] Zugleich erhöht dies den Druck auf die Regierungsmehrheit zur Verständigung mit der Opposition, wenn jene befürchten muss, in einem Volksentscheid zu unterliegen. Referenden erweitern unter

---

[36] Direktdemokratische Elemente verändern den Modus klassisch-parlamentarischer Repräsentation und erweitern damit aus der Perspektive der gemischten Demokratie die Funktion der Repräsentation insgesamt; diese Perspektive lenkt den Blick auf die Interaktion des primär repräsentierenden Parlaments mit seiner politischen Umwelt, vgl. allgemein *R. Lhotta* Parlamentarismus als Gewaltenteilung: Institutionelle Ausprägungen komplexer Demokratie am Beispiel von Repräsentation, Regierungsbildung und Gesetzgebung, in: H. Schöne/J. v. Blumenthal (Hrsg.) Parlamentarismusforschung in Deutschland, 2009, 259 (263 f.).

[37] Der gegenständliche Ausschluss haushaltsrelevanter Entscheidungen von der Volksgesetzgebung findet hierin seinen Grund. Vgl. a. *Böckenförde* FS Eichenberger (Fn. 11), 316, mit Verweis auf den Nutzen der Fragestellung durch repräsentative Leitungsorgane sowie auf die Notwendigkeit der Begrenzung durch angemessene Quoren.

[38] *Steiner* Schweizer Verhältnisse (Fn. 11), 22; *Graf Kielmansegg* Über direkte Demokratie (Fn. 7), 72 f.; für die Schweiz *Rhinow* ZSR 103 II (1984), 208 f. Im Konkordanzsystem der Schweiz spielt mit der Schweizerischen Volkspartei (SVP) sogar eine an der Regierung befindliche Partei mit den Instrumenten direkter Demokratie, vgl. die Volksinitiativen „Lebenslange Verwahrung für nicht therapierbare, extrem gefährliche Sexual- und Gewaltstraftäter" (2004), „für die Ausschaffung krimineller Ausländer (Ausschaffungsinitiative)", „für demokratische Einbürgerungen" (jeweils 2008) sowie „gegen den Bau von Minaretten" (2009). *G. Kirchgässner* Direkte Demokratie und Menschenrechte, in: Feld u.a. (Fn. 10), 66 ff.; *G. Biaggini* ZÖR 2010, 325 ff. mwN; *J. Reich* ZaöRV 2008, 979 ff.; *R. Zimmermann* ZaöRV 2009, 829 ff.; *R. Häcki* Das Volk hat immer Recht? – Grundrechtsverletzende Volksinitiativen als Herausforderung für eine auf Ausgleich bedachte Demokratie, in: Kollektivität – Öffentliches Recht zwischen Gruppeninteressen und Gemeinwohl, 2013, 251 (257 ff.); zu den Funktionen der Volksinitiative in Bezug auf das Repräsentativsystem *W. Linder* FS Rhinow, 2009, 43 ff.

Umständen auch das Instrumentarium der Regierung und regierungsbildenden Mehrheit. Diese dürfen sich Akzeptanz, Integration und Stärkung der eigenen Politik erhoffen.[39] Doch diese Funktionen sind ambivalent. Mit der Möglichkeit des Referendums wächst der Druck auf das Repräsentativsystem zur Entwicklung besonderer Konsensbildungs- und Konfliktschlichtungsmechanismen.[40] In der Hand der Regierenden wird das Referendum auch zum Instrument der Akklamation und zum Plebiszit,[41] mit dem sich eigene Macht vermehren und diejenige politischer Gegner schwächen lässt.[42] Die Brisanz von Referenden im Repräsentativsystem

[39] Potentiale und Risiken ergeben sich hieraus sowohl im Bereich der Gesetzgebung (durch fakultatives oder obligatorisches Referendum) als auch – soweit landesrechtlich eröffnet – im Hinblick auf verbindliche oder unverbindliche Entscheidungen in Einzelfragen; ambivalente Einschätzung des aktuellen Volksentscheids um den Stuttgarter Bahnhof („Stuttgart 21") durch *F. Wittreck* ZG 2011, 209 (224 f.); zuversichtlicher *T. Groß* DÖV 2011, 510 (513 f.); mit Blick auf die fehlende Sachkompetenz der Initiatoren zur Vorlage ausgearbeiteter Gesetzes- oder Planungsentwürfe differenzierend *R. Steinberg* ZRP 1982, 113 (116 f.); Ablehnung direktdemokratischer Entscheidungsverfahren durch *K. F. Gärditz* GewArch 2011, 273 (277 f.); *V. Mehde* NdsVBl. 2012, 33 (34 f.); *M. Uechtritz* AnwBl 2012, 697 (700 f.). Die Integrationsfunktion direktdemokratischer Elemente betont für die Schweiz *Eichenberger*, Zusammen- und Gegenspiel (Fn. 19), 108.

[40] Für die Schweiz z.B. *Neidhardt* FS Gruner (Fn. 16), 314 ff.; *Häcki* Volk (Fn. 38), 252; aus der politikwissenschaftlichen Forschung z.B. *H. Abromeit*, ÖZP 18 (1989), 166 (178); *S. Jung* Logik (Fn. 7), 283 f. Für die Bundesrepublik ist ein struktureller Konsensdruck allerdings auch ohne direkte Demokratie wegen der Verflechtung der Handlungsebenen gegeben, statt vieler *R. Zippelius* NJW 1998, 1528 (1533 f.), *O. Höffe* FS Kersting, 2006, 111 (118).

[41] Der Begriff „Plebiszit" hat wohl vor allem deshalb in der schweizerischen Staatsrechtslehre einen schlechten Klang, vgl. *Eichenberger* Zusammen- und Gegenspiel (Fn. 19), 98 mwN; *J. P. Müller* VVDStRL 55 (1996), 129 (Diskussionsbeitrag); *Biaggini* § 10 Schweiz, in: Bogdandy/Cruz Villalón/Huber (Fn. 22), Rn. 61, übereinstimmend und mit unterschiedlichen Begründungen. Zu terminologischen Klarstellungen sieht sich auch *Rhinow* ZSR 103 II (1984), 145 Fn. 19, veranlasst. Zu den Gründen *Dreier/Wittreck* Demokratie (Fn. 10), 14 f.; *W. Luthardt* Direkte Demokratie – Ein Vergleich in Westeuropa, 1994, 34 f.: Der Begriff akzentuiert im Schweizer Verständnis den Einsatz von Volksabstimmungen als (schein-)konstitutionelle Inszenierung der Herrschenden, während im positiv konnotierten Begriff des „Referendums", der in der Regel nachträgliche Volksabstimmung über vom Parlament beschlossene Vorlagen bezeichnet (vgl. Fn. 3) und für demokratische Bürgerkultur sowie Aspekte der Partizipation und Selbstregierung steht.

[42] In dieser Funktion lassen sich auch direktdemokratische Elemente gegen das Bürgerengagement Betroffener in Stellung bringen und damit gegen die von einer Verwaltungsentscheidung unmittelbar Betroffenen kehren, vgl. *J. Agnoli* Auf dem Weg zur unmittelbaren Demokratie, in: A. Randelzhofer/W. Süß (Hrsg.) Konsens und Konflikt – 35 Jahre Grundgesetz, 1984, 299 (305).

verdeutlicht eine Bestimmung aus der nordrhein-westfälischen Verfassung, die ausnahmsweise der Landesregierung den Weg des Referendums über ein Gesetz eröffnet: Wird das Gesetz durch Referendum angenommen, hat dies die Auflösung des Landtags zur Folge; bei Ablehnung des Referendums ist die Landesregierung zum Rücktritt verpflichtet.

Elemente direkter Demokratie versetzen Staatsorgane und Initiatoren eines Volksbegehrens in die Position von Wettbewerbern.[43] Regierung und Verwaltung konkurrieren mit den Initiatoren um den Ausgang eines Volksentscheids, Initiatoren mit Parlamenten um „gute“ Gesetze und um die Nähe zum Volk als Legitimationssubjekt. Sie befinden sich im Suchverfahren um die beste politische Lösung.[44] Doch birgt der Modus des Wettbewerbs immer auch eine Gefahr der Manipulation und Vermachtung.

Das Landesrecht kombiniert den Modus der Konkurrenz mit solchen der Koordination, Kooperation und Kontrolle. Auch hier sind die Wirkungen ambivalent: Die Kombinationsvielfalt ermöglicht den Akteuren Wahlmöglichkeiten und erhöht ihre Flexibilität im Umgang miteinander. Sie versetzt das von Natur aus starre plebiszitäre Verfahren mit Elementen der Alternativen- und Kompromissbildung.[45] Doch der Grat zwischen strategischer und opportunistischer Nutzung direktdemokratischer Verfahren bleibt schmal.[46] Vermischte Kommunikationsprozesse bergen außerdem die Gefahr der Verwischung von Verantwortungszurechnung.[47]

Art. 146 GG normiert mit der Verfassunggebung einen Sonderfall, der hier außer Betracht bleiben muss. Die Verfassunggebung steht aufgrund ihrer Eigenart weder exemplarisch für gemischte Systeme noch bildet sie einen für das rechtliche Ordnungskonzept geeigneten Anknüpfungs-

---

[43] Zum Modus der Konkurrenz im Wechselspiel von direktdemokratischen und repräsentativen Komponenten *Heinig/Morlok* ZG 2000, 371 ff.; *Dreier/Wittreck* Demokratie (Fn. 10), 25; *M. Rossi/S.-C. Lenski* DVBl. 2008, 416 (419). Vgl. a. *Jung* FS Ismayr (Fn. 1), 428: „… ihrem politischen Sinn nach ist die Volksgesetzgebung oppositionell“; *B. J. Hartmann* Volksgesetzgebung und Grundrechte, 2005, 100: „struktureller Gegensatz zwischen Parlament und Volk“ bei der Gesetzgebung.

[44] Demokratie beruht auf der Vorstellung, dass ein Wettbewerb der Alternativen, Ansichten und Meinungen der Entscheidungsqualität förderlich ist. Vgl. *Hatje* VVDStRL 69 (2010); *Kotzur* VVDStRL 69 (2010).

[45] S.o. Fn. 31.

[46] Strategische Motive der Einführung oder Ablehnung von direktdemokratischen Elementen akzentuiert auf Seiten der Staatsrechtslehre und der Politik *Nettesheim* Der Staat 51 (2012), 313 (316) Fn. 12.

[47] Darstellung der Ambivalenz bei *Morlok/Voss* BayVBl. 1994, 514.

punkt.[48] Zwar ist das Volk als Souverän auch in solchen Verfahren nicht auf sich allein gestellt.[49] Ein normativ geordneter Übergang von einer Verfassung zur nächsten ist ohne die Stützung auf klassisch-repräsentative Strukturen kaum vorstellbar.[50] Das Verfahren unterscheidet sich dennoch kategorial von direktdemokratischen Verfahren im laufenden Staats- und Verfassungsbetrieb einschließlich der Verfassungsänderung.

III. Demokratieprinzip als maßstabs- und schrankenbildende Kraft

1. Demokratieprinzip als Vorgabe und Maßstab des Ordnungskonzepts

Ein rechtliches Ordnungskonzept gemischter Systeme empfängt seine Impulse vornehmlich durch das Demokratieprinzip als Prinzip staatlicher Herrschaftsorganisation.[51] Das Demokratieprinzip leitet Ordnungskon-

[48] Auch die vergleichbare Regelung in Art. 115 BremVerf mit konkreter Ausgestaltung des Zusammenspiels von Volksentscheidung (als pouvoir constituant) und Repräsentation ermöglicht keine Anknüpfung. Ebenso wenig lässt die Koexistenz von nationalen Referenden und Repräsentativentscheidungen als Modus der Änderung der europäischen Verträge im internationalen Vergleich Rückschlüsse zu; zu jener *Franzius/Preuß* Zukunft (Fn. 25), 83 ff. Beschreibung des Rechtszustands bei der Abstimmung über den Verfassungsvertrag *Bieber* Zur Ko-Existenz (Fn. 10), 60 ff.

[49] Für den hier zugrunde gelegten regulatorischen Charakter des Art. 146 *Dreier* Ablösungsvorbehalt (Fn. 8), 180 ff., mit dem Begriff der „normativen Brücke“ 182; *ders.* Gilt das Grundgesetz ewig? – Fünf Kapitel zum modernen Verfassungsstaat, 2008, 93 ff.; *E. Wiederin* AöR 117 (1992), 410 (416). Lediglich deklaratorische Bedeutung misst *R. Scholz* FS Lerche, 1993, 65 (69) der Norm bei.

[50] *H. Hofmann* Zur Idee des Staatsgrundgesetzes, in: ders. (Hrsg.) Recht – Politik – Verfassung, 1986, 261 (289 f.); *H. Dreier* Gilt das Grundgesetz ewig? (Fn. 49), 20. *T. Würtenberger* Die Verfassungsgebung in den neuen Bundesländern, in: D. Merten/W. Schreckenberger (Hrsg.) Kodifikation gestern und heute, 1995, 115 (116).

[51] Begriff bei *H. Dreier* in: ders. (Hrsg.) Grundgesetz Kommentar, Bd. II, 2. Aufl. 2006, Art. 20 (Demokratie) Rn. 1; *ders.* Jura 1997, 249. Überlegungen einer demokratischen Durchformung gesellschaftlicher Institutionen sind folglich nicht umfasst. Kommentierender Überblick über Vorstellungen von Demokratie als allgemeinem gesellschaftlichen Ordnungsprinzip bei *H. Bluhm/K. Malowitz* Integration durch Konflikt – Zum Programm zivilgesellschaftlicher Demokratie, in: O. W. Lembcke/C. Ritzi/G. S. Schaal (Hrsg.) Zeitgenössische Demokratietheorie, Bd. I: Normative Demokratietheorien, 2012, 189 ff. Anschlüsse an den verfassungsrechtlichen Demokratiebegriff wären fragwürdig und jedenfalls begründungsbedürftig, für die Schweiz *Rhinow* ZSR 103 II (1984), 142; für Deutschland *Hesse* Grundzüge (Fn. 11), Rn. 130. Für das Thema der gemischten Demokratie führt eine solche Erweiterung überdies auf Irrwege, da sich einerseits die Frage der Direktheit oder Repräsentation in gesellschaftlichen Institutionen anders stellt und andererseits die Rolle der Parteien, Verbände und anderer Intermediäre im staatlichen System leicht aus dem Blick gerät.

zepte gemischter Systeme zwar an, begrenzt sie aber kaum.[52] Art. 20 Abs. 2 hält das Grundgesetz für unmittelbare Sachentscheidungen durch Abstimmungen offen, fordert sie aber nicht.[53] Auch das Homogenitätsgebot zeigt sich offen für Gestaltungsvielfalt.[54] Die konkrete Ausgestaltung gemischter Systeme und auch ein Verzicht auf sie stehen im Ermessen von Bund und Ländern.[55] Das Demokratieprinzip entfaltet aber auch aktive maßstabsbildende Kraft für die Ausbildung von Regeln der politischen Willensbildung. Es gibt Impulse für unterschiedliche Wirklichkeiten der Demokratie und damit auch für unterschiedliche Kombinationen von direktdemokratischen und repräsentativen Komponenten. Es versteht sich von selbst, dass die hier nicht weiter behandelten personalbezogenen Elemente, etwa eine Direktwahl des Bundespräsidenten, andere Ordnungskonzepte erfordern als die sachunmittelbare Entscheidungsbildung.[56]

---

[52] Vgl. *U. Volkmann* in: K. H. Friauf/W. Höfling (Hrsg.) Berliner Kommentar zum Grundgesetz, Loseblatt (Stand 40. Erg.Lfg. 2012), Art. 20 Rn. 39 ff.; zur anleitenden und begrenzenden Funktion des Demokratieprinzips auch *G. Hermes* Möglichkeiten und Grenzen unmittelbarer Demokratie, in: R. Wahl (Hrsg.) Verfassungsänderung, Verfassungswandel, Verfassungsinterpretation, 2008, 457 (461 ff.).

[53] Statt vieler *M. Morlok/L. Michael* Staatorganisationsrecht, 2013, Rn. 122, entgegen der in Fn. 7 referierten Debatte; *Hermes* Möglichkeiten (Fn. 52), 460 f. Zur Abwägungsoffenheit des Prinzips der Volkssouveränität *Morlok* FS BVerfG (Fn. 1), 564. Art. 20 Abs. 2 GG begrenzt die Entscheidung über die Einführung von Elementen direkter Demokratie nicht im Grundsatz, sondern lediglich in Bezug auf die konkrete Ausgestaltung. Die Grundentscheidung ist verfassungspolitischer Natur (vgl. unten V.).

[54] *Steiner* Schweizer Verhältnisse (Fn. 11), 18 f.; *H. Dreier* BayVBl. 1999, 513 ff.; *Hofmann* FS Neumayer (Fn. 7), 281 ff.

[55] Zum Ermessen der Länder BVerfGE 60, 175 (208). Bindungswirkungen ergeben sich aus Grundsätzen, die für Abstimmungen und für Wahlen gleichermaßen gelten müssen, vgl. *Hartmann* Volksgesetzgebung (Fn. 43), 153 ff. Eine grundsätzliche Bindung der Gesetzgebung im Sinne eines Legitimationsbedarfs von Quoren und anderen Verfahrensmodalitäten ergibt sich hieraus nicht; solche Regelungen wirken nicht grundsätzlich beschränkend, sondern sind als ausgestaltende Regelungen allein an der Funktionsfähigkeit des jeweils gewählten Demokratiesystems (in seiner Gesamtheit) zu messen; dabei geht es (auch) um die Qualität der getroffenen Entscheidungen, vgl. *U. Schliesky* ZG 1999, 91 (102 f.).

[56] Die Einordnung von Direktwahlentscheidungen und der Auflösung einer Volksvertretung oder Abberufung eines anderen Organs per Volksentscheid (Recall) als Elemente „direkter Demokratie" ist zu präzisieren: Da Repräsentativorgane gewählt oder (als actus contrarius) abgewählt werden, handelt es sich um Elemente repräsentativer Demokratie, vgl. *Isensee* Der antidisziplinäre Bezug (Fn. 7), 55 f., die, soweit sie als (real- oder personal-)plebiszitär eingeordnet werden, diese Einordnung mit Parlamentswahlen teilen, zu jenen *P. M. Huber/S. Storr/M. Koch* Volksgesetzgebung und Ewig-

Die Homogenität der gemischten Systeme in den Ländern ermöglicht es, einheitliche Regeln für gemischte Systeme abzuleiten, ohne die landesbezogenen Eigenarten zu überspielen. Weitere Regeln ergeben sich teils aus dem Rechtsstaatsprinzip, teils sind sie als vernünftige Regeln der Konzeptbildung zu entwickeln.

Konsistenz[57], Konkordanz[58] und demokratische Fairness[59] fordern eine Ordnung, die – wenn die Grundentscheidung einmal gefallen ist – direkt-

---

keitsgarantie, in: P. Neumann (Hrsg.) Sachunmittelbare Demokratie im Freistaat Thüringen, 2002, 91 (108, 111); *R. Zippelius* NJW 1998, 1528 (1530); *W. J. Patzelt* Populäre Missverständnisse „direkter Demokratie" als Herausforderungen von Politik und politischer Bildung, in: Neumann/Renger (Fn. 22), 211 (215); enger *Graf Kielmansegg* Über direkte Demokratie (Fn. 7), 58 ff., mit der Differenzierung von direkter und repräsentativer Demokratie entlang der Differenzierung von Wahlen und Abstimmungen. Nach anderem, an *Fraenkel* Repräsentative und plebiszitäre Komponenten (Fn. 1), z.B. 176 f., 199 f., anschließendem Verständnis sind Direktwahlentscheidungen „plebiszitäre" Komponenten in Abgrenzung zum parlamentarisch-repräsentativen System und in dieser Bedeutung wiederum „direkt", vgl. z.B. *Heußner* Volksgesetzgebung (Fn. 20), 11 f.; *Pestalozza* Popularvorbehalt (Fn. 7), 8; wohl auch *U. Schliesky* AfK 1998, 308 (321). Ungeachtet der begrifflichen Einordnung konzentriert sich die vorliegende Betrachtung auf die unmittelbare Mitwirkungsmöglichkeit der Bevölkerung an Sachentscheidungen als „Kernstück des Plebiszitären", *Eichenberger* Zusammen- und Gegenspiel (Fn. 19), 98. Die ohne Zweifel bestehenden Wirkungsbeziehungen zwischen sachbezogenen Elementen direkter Demokratie, Direktwahl- und Abwahlentscheidungen lassen sich hingegen für ein rechtliches Ordnungskonzept gemischter Demokratie (vorerst) kaum systembildend verarbeiten; Ansätze aber bei *U. Schliesky* AfK 1998, 332 f. mit dem verbindenden Bezugspunkt einer „funktionsgerechte[n] Organstruktur". Vor allem mit Bezug auf Wirkungsbeziehungen zwischen personal- und sachunmittelbaren Elementen bleiben in dieser Debatte auch die historischen Erfahrungen, die anfängliche Skepsis der verfassunggebenden Instanzen und der Staatsrechtslehre sowie die Bedeutung des verfassungsgenetischen Arguments nach langem Zeitablauf zu wägen. Zum verfassungsgenetischen Argument *E.-W. Böckenförde* Überlegungen und Empfehlungen der Enquete-Kommission Verfassungsreform zur demokratisch-parlamentarischen Verfassungsorganisation, in: E.-W. Böckenförde/K. Stern (Hrsg.) Überlegungen zur Verfassungsreform, Empfehlungen der Enquete-Kommission des Deutschen Bundestages, 1977, 7 (10 ff.); *Isensee* Der antidisziplinäre Bezug (Fn. 7), 60 ff.; *Schwieger* Volksgesetzgebung (Fn. 10), 278 ff., 335 ff., 357 ff. Die Ungleichgewichte der Weimarer Verfassung im Verhältnis von Reichstag, Reichspräsident und Volksentscheid betont *Fraenkel* Repräsentative und plebiszitäre Komponenten (Fn. 1), 188 ff., 199 ff.; vgl. a. *W. Weber* Weimarer Verfassung und Bonner Grundgesetz, 1949, 16 f. Hingegen vermochte der Bezug auf die Weimarer Erfahrungen die Ablehnung des sachunmittelbaren Elements der Abstimmung in Art. 20 Abs. 2 GG von vornherein nicht allein zu stützen, *Maurer* Plebiszitäre Elemente (Fn. 7), 10 ff.; ähnlich *Isensee* Der antidisziplinäre Bezug (Fn. 7), 55 f.; weitere Argumente bei *Schwieger* Volksgesetzgebung (Fn. 10), 281 ff.

[57] Zum Erfordernis schlüssiger Konzepte von Entscheidungsprozessen *U. Schliesky* AfK 1998, 332.

[58] Z.B. *R. Gröschner* ThürVBl. 2001, 193 (199); der SächsVerfGH, NVwZ 2003, 472 (473), fordert eine „sachgerechte Zuordnung, … wo sie um der Effektivität beider Ver-

demokratische Komponenten im Gesamtsystem zur Wirkung kommen lässt, ihre Einfügung in das Repräsentativsystem ermöglicht und auf Förderung der Gesamtbalance angelegt ist.[60] Wird mit der Einführung direktdemokratischer Komponenten ein Spannungsverhältnis zwischen parlamentarischer und Volksgesetzgebung institutionalisiert und die Kompetenz sowie Verantwortungsfähigkeit zur Volksgesetzgebung implizit bejaht, so verbieten sich auch interpretatorische Bemühungen mit dem Ziel, direktdemokratische Elemente unter Generalverdacht zu stellen, sie zu marginalisieren oder sie sogar auszuschalten.[61]

Eine Leitlinie und ein Ziel rechtlicher Ordnung gemischter Systeme bildet Vertrauen.[62] Krisenbefunde und -erzählungen eignen sich zur Anknüpfung des normativen Konzepts nur bedingt.[63] Sie begünstigen infor-

---

fahren und ihrer Einpassung in die Verfassungsordnung erforderlich ist." Der für die Begrenzung von Grundrechten entwickelte Grundsatz praktischer Konkordanz, *Hesse* Grundzüge (Fn. 11), Rn. 317ff., lässt sich als Grundidee auf die optimierende Zuordnung von Repräsentativsystem und Elementen direkter Demokratie übertragen; hierfür spricht auch die Natur der plebiszitären Elemente als politische Rechte und ihre Nähe zum personalen status activus.

[59] Den bildhaften Begriff, der ein politisches Gebot gerechter Haltung, wechselseitigen Geltenlassens und wechselseitiger Rücksichtnahme im Verhältnis von Staatsorganen des Repräsentativsystems einerseits und Initiatoren sowie Abstimmenden andererseits zum Ausdruck bringt und auch einen rechtlichen Kern von Mindestanforderungen enthält, verdanke ich *W. Hoffmann-Riem*. Die Notwendigkeit der Herausbildung von „Regeln der Fairness" für direktdemokratische Formen der Entscheidungsbildung thematisiert z.B. *J. P. Müller* Demokratische Gerechtigkeit, 1993, 160.

[60] Vgl. z.B. *Dreier/Wittreck* Demokratie (Fn. 10), 39. Zu einseitig auf die „Festigung des demokratisch-repräsentativen Systems und die Stärkung in seiner Legitimationskraft" hin orientierte die Enquete-Kommission Verfassungsreform ihre Beratungen zur Einführung von direktdemokratischen Elementen, BT-Drs. 7/5924 vom 9.12.1976, 10, 13. Für die Schweiz *Eichenberger* Zusammen- und Gegenspiel (Fn. 19), 113: Ziel rechtlicher Ordnung ist eine Rechtsfortbildung, die „unter realistischer Einrechnung der Ziele, Aufgaben und Mittel dieses demokratisch-freiheitlichen Gemeinwesens [...] die Demokratie als Auftrag versteht, in der die plebiszitäre und die repräsentative Komponente je praktikable Synthesen eingehen."

[61] Vgl. BremStGH, NordÖR 1998, 297 (299); SächsVerfGH, NVwZ 2003, 472 (243 ff.). Für die Interpretation kommt es auf die Zielsetzung des Gesetzgebers an.

[62] Begriff des politisch-moralischen Signalgebers bei *C. Offe* Wenn das Vertrauen fehlt, in: A. Perger/T. Assheuer (Hrsg.) Was wird aus der Demokratie?, 2000, 59 (66).

[63] So z.B. die Krisenbezüge bei *C. Crouch* Postdemokratie, 2008 (Nachdruck 2011); mit Bezug zu plebiszitären Elementen *W. Schmitt Glaeser* DÖV 1998, 824 (825f.). Krisen-Bezüge und -erzählungen zeigen sich schon in historischen Debatten um die Demokratie, vgl. Federalist Papers Nr. 10 (zugunsten der repräsentativen Demokratie); *Thoma* Reich (Fn. 1), 192; *H. Kelsen* Verteidigung der Demokratie (1932), in: *ders.* Verteidigung der Demokratie (Fn. 15), 229 ff. Ob direktdemokratische Elemente Politik-

melle und institutionelle Ausschlüsse, in denen grundsätzliche Zweifel an der Kompetenz und Vertrauenswürdigkeit des jeweils anderen Systems zum Ausdruck gelangen.[64] Die Gesamtperspektive verdeutlicht, dass die charakteristischen Stärken beider Formtypen gleichartig (aber nicht gleich) zur Geltung gebracht werden müssen.[65]

---

verdruss und Politikentfremdung entgegen zu wirken vermögen, ist allerdings offen; zumindest besteht die Gefahr stärkerer Einflussnahme von Interessengruppen; zum Einfluss „schwerreicher Individuen" in den USA *Gunlicks* FS König (Fn. 20), 417f., *D. Broder* Democracy Derailed: Initiative Campaigns and the Power of Money, 2000. *Rhinow* Parteienstaatlichkeit – Krisensymptome des deutschen Verfassungsstaats, VVDStRL 44 (1986), 83 (100, 108), nennt den Krisen-Begriff „schillernd und inflationär", mit Bezug auf *K. D. Bracher* Verhandlungen zum 55. DJT, 1984, 6 ff.; sozialpolitische Erklärungsversuche (Krise als allgemeines Unbehagen an der bestehenden Situation oder auch als Feststellung von Demokratieaversion, -müdigkeit, -gleichgültigkeit etc.) bei *H. Schäffer* Parteienstaatlichkeit – Krisensymptome des deutschen Verfassungsstaats, VVDStRL 44 (1986), 46 (54f.); vgl. a. *R. Stettner* VVDStRL 44 (1986), 132f. (Diskussionsbeitrag). Allzu leicht bildet ein idealistisch-utopisches Bild der Demokratie den Ausgangspunkt, vor dem sich die Realität immer oder – historisierend – jeder Wandel als „Krise" beschreiben lässt, *Rhinow* VVDStRL 44, 1986, 108f.; zurückhaltend auch *M. Stolleis* VVDStRL 44 (1986), 7 (16). Exemplarisch die Studie von *A. Gross* Die doppelte Krise der europäischen Demokratien und die Bedeutung der Direkten Demokratie zu ihrer Überwindung, in: K. Beck/J. Ziekow (Hrsg.) Mehr Bürgerbeteiligung wagen – Wege zur Vitalisierung der Demokratie, 2011, 127 ff.

[64] Bezug von direkter Demokratie und Misstrauen gegenüber dem Parlament z.B. bei *W. Maihofer* in: E. Benda/W. Maihofer/H.-J. Vogel (Hrsg.) Handbuch des Verfassungsrechts der Bundesrepublik Deutschland, 2. Aufl. 1994, 1699 (1712ff.); *O. Jung* Direkte Demokratie als Gegengewicht gegen Kartelle der herrschenden Klasse?, in: Wieland (Fn. 1), 94f.; *H. H. v. Arnim* NJW 2009, 1ff. und öfter. Misstrauen prägte auch die durch BayVerfGE 50, 181 (juris Rn. 73ff.) verworfenen Sperr- und Bindungswirkungen eines Bürgerentscheids. Zur Zweifelhaftigkeit von Misstrauen im Zusammenhang mit finanzpolitischen Entscheidungen *J. Krafczyk* Der parlamentarische Finanzvorbehalt bei der Volksgesetzgebung, 2005, 129ff. mwN. Die Einführung direktdemokratischer Elemente in den Einzelstaaten der USA zu Beginn des 20. Jahrhunderts war eine Reaktion auf die Korruption der „Parteiapparate" in (vor allem großen) Städten und Parlamenten, Entfremdung zwischen Politikern und Volk hat zum weiteren Ausbau der Komponenten in den letzten Jahren dieses Jahrhunderts geführt, vgl. *Broder* Democracy Derailed (Fn. 63), 222, 228 f.; *Heußner* Krise (Fn. 20), 181f. mwN, benennt als „zentrales Ziel der Einführung direkter Gesetzgebung in Kalifornien (1910) […], den korrumpierenden Einfluss von Wirtschaftsunternehmen auf Parteien und Parlament zu unterbinden".

[65] So auch der Hinweis in VerfGH Brandenburg v. 20. 9. 2001 – VfGBbg 57/00; HmbVerfG v. 3. 5. 2005 – LVerf 5/04, Umdruck S. 29.

Recht ist zwar nicht die einzige, aber eine wichtige Ressource zur Herstellung von Vertrauen innerhalb der Willensbildungsformen und zwischen ihnen. Vorkehrungen gegen einseitigen Partikularismus, Eigennützigkeit und Manipulation sind auch darauf angelegt, im Modus des Wettbewerbs ein Minimum an wechselseitigem Vertrauen zu sichern.[66]

Die Leitlinien der Regelbildung sind um die Erkenntnis zu ergänzen, dass direktdemokratisches Entscheiden auf beiden Seiten des Systems und in Bezug auf seine rechtliche Ordnung erlernt werden muss.[67] Auch das Verfassungssystem der Schweiz, ein Vorbild und Anschauungsfall für gemischte Demokratiekonzepte, befindet sich im ständigen Reparaturbetrieb und in fortlaufender Überprüfung seiner Funktionsbedingungen.[68] An anderen Demokratien lässt sich beobachten, dass manche Entscheidungen in der Verbindung mit Elementen direkter Demokratie nur

---

[66] Auf den Prozess des verfassungspraktischen Lernens und die Funktion des dogmatischen Treuegebots verweisen auch *Rossi/Lenski* DVBl. 2008, 425.

[67] *Häberle* FS Ress (Fn. 1), 1166. Eine Erziehungsfunktion für Mandatsträger (Repräsentanten) hin zu mehr Offenheit und Öffentlichkeitsarbeit erwartet *Knemeyer* FS Leisner (Fn. 1), 924. Für die Analyse, Vermeidung und Behebung von Webfehlern des Ordnungskonzepts sowie für die Feinjustierung seiner Elemente erweisen sich auch Krisenbeschreibungen als wertvoll.

[68] *Rhinow* ZSR 103 II (1984), thematisiert für die Schweiz Gefährdungen der politischen Humanität durch Demokratie (154) und die Anfälligkeit der Schweizer Verfassung durch ihre spezifische demokratische Offenheit für potentielle Einbrüche in rechtsstaatliche Essentialien (160). Zur gegenwärtigen Debatte um die Möglichkeit der Kontrolle von Volksinitiativen auf Teilrevision der Bundesverfassung als Folge problematischer Volksentscheide (s.o. Fn. 32) *Biaggini* ZÖR 2010, 340 f.; *Kirchgässner* Direkte Demokratie (Fn. 38), 84 ff.; *J. Reich* ZaöRV 68 (2008), 979 ff.; *A. Christmann* Die Grenzen direkter Demokratie – Volksentscheide im Spannungsverhältnis von Demokratie und Rechtsstaat, 2012, zu den Dysfunktionen direkter Demokratie 62 ff., zur Debatte über die Grenzen direkter Demokratie aus gegebenem Anlass 207 ff.; Reformvorschläge im Zweiten Bericht des Bundesrats zum Verhältnis von Völkerrecht und Landesrecht vom 5. 3. 2010, BBl 2010 2263 (2314 f.); Zusatzbericht vom 30. 3. 2011, BBl 2011 3613 f. (in den Reformvorschlägen und Reformen aus 1997 und 2003, vgl. *W. Linder* Schweizerische Demokratie, 2. Aufl. 2005, 296 ff., war das richterliche Prüfungsrecht noch nicht enthalten). In der Frage der völkerrechtlich bedenklichen „Ausschaffungsinitiative" (Fn. 38) behilft sich das Bundesgericht einstweilen mit der Feststellung, dass die Umsetzung des Volksentscheids der Ausführungsgesetzgebung bedarf, vgl. Entscheidungen vom 12. 10. 2012 – 2C_828/2011 u.a., unter 4.3.2., aufrufbar unter http://jumpcgi.bger.ch/cgi-bin/JumpCGI?id=12.10.2012_2C_828%2F2011. Zur Möglichkeit der Überprüfung eines Volksentscheids auf Vereinbarkeit mit völkerrechtlichen Verträgen vgl. BVerfG DVBl. 2007, 901 ff.

schwer reversibel sind.[69] Politische Vernunft gebietet es, bei der Formulierung des Ordnungskonzepts auf Reversibilität sowie Entwicklungsoffenheit zu achten und Lernfähigkeit zu gewährleisten. Auch insoweit ist Regelbildung auf geschichtliche Wirklichkeit zu beziehen.

2. *Verfassungsrechtliche Grenzziehungen*

Absolute Schranken setzt vor allem die beim Repräsentativsystem verbleibende Regierungsaufgabe und parlamentarische Verantwortung für die Gesamtsteuerung. Äußerste Grenzen setzt insoweit das Gewaltenteilungsprinzip als Vorbehalt funktionsgerechter Aufgaben- und Kompetenzverteilung. Art. 79 Abs. 3 GG und Art. 28 Abs. 1 GG[70] fordern in Bund und Ländern auch die Rückführbarkeit der Wahrnehmung staatlicher Aufgaben und die Ausübung staatlicher Befugnisse auf das Volk und gebieten die Wahrung eines entsprechenden Verantwortungszusammenhangs.[71] In gemischten Systemen bleiben die Grundbedingungen für einen offenen politischen Prozess verbindlich. Hierzu zählen das Mehrheitsprinzip und die zeitliche Begrenzung der Legitimation der Organe zu politischer Gesamtleitung und Willensbildung. Wahlrechtsgrundsätze und Freiheit der Parteienbildung bleiben geschützt. Geschützt ist zwar nicht

---

[69] Zur stark erschwerten Reversibilität der „Volksrechte" in der Schweiz bereits *Eichenberger* Zusammen- und Gegenspiel (Fn. 19), 107. Die erschwerte Reversibilität von verfassungsrechtlich bedeutsamen Entwicklungen ist wiederum relevant für das Ordnungskonzept; für das insoweit vergleichbare Ordnungskonzept des dualen Rundfunksystems stellt das Bundesverfassungsgericht schwer rückgängig zu machende Fehlentwicklungen im Bereich des Entstehens publizistischer Meinungsmacht im Rundfunk in einen Zusammenhang mit der Strenge gebotener gesetzlicher Vorkehrungen, BVerfGE 57, 295 (323); 73, 118 (173).

[70] Der Inhalt des Homogenitätsgebots läuft für den Bereich direktdemokratischer Elemente mit dem der Ewigkeitsgarantie weitgehend parallel, *Dreier* Grundgesetz Kommentar (Fn. 51), Art. 28 Rn. 62; *Hofmann* FS Neumayer (Fn. 7), 157; *Huber/Storr/Koch* Volksgesetzgebung (Fn. 56), 103; *M. Müller* Bürgerbeteiligung in Finanzfragen – Mittelbare und unmittelbare Bürgerbeteiligung im kommunalen Haushaltswesen de lege lata und de lege ferenda, 2009, 220; *J. Kersten* Homogenitätsgebot und Landesverfassungsrecht, DV 1993, 896 (898); *K. Stern* Staatsrecht I, 1984, 552. AA *P. Selmer/L. Hummel* NordÖR 2009, 137 (140), mit Folgerung der Verfassungsmäßigkeit von Art. 50 Abs. 1 S. 2 HmbVerf. Spezifische Grenzen ergeben die landesverfassungsrechtlichen Ewigkeitsgarantien.

[71] BVerfGE 89, 155 (LS 1 und 182); *Volkmann* Berliner Kommentar (Fn. 52), Art. 20 Rn. 49; *D. Estel* Bundesstaatsprinzip und direkte Demokratie im Grundgesetz, 2006, 69 ff.

das parlamentarische System selbst,[72] aber in einem solchen die Funktion des Parlaments zur politischen Gesamtleitung und parlamentarischen Kontrolle,[73] das Recht auf parlamentarische Opposition sowie das Budgetrecht des Parlaments.[74] Der Wesensgehalt der für den Meinungs- und Wil-

---

[72] *B. O. Bryde* in: I. v. Münch/P. Kunig (Hrsg.) Grundgesetz Kommentar, Bd. II, 6. Aufl. 2012, Art. 79 Rn. 45; *M. Sachs* in: ders. (Hrsg.) Grundgesetz Kommentar, 6. Aufl. 2011, Art. 79 Rn. 72; *Estel* Bundesstaatsprinzip (Fn. 71), 72 m. Fn. 336; *H. Hofmann* Verfassungsrechtliche Sicherung der parlamentarischen Demokratie, in: Randelzhofer/Süß (Fn. 71), 267 (276 f.), zugleich aber mit Forderung nach Schutz des Prinzips parlamentarischer Repräsentation, 275.

[73] Die Bedeutung der Funktionsfähigkeit des Parlaments zur Wahrnehmung seiner Aufgaben als Grenze zulässiger Direktdemokratie und ihre verfassungsrechtliche Ableitung sind nicht endgültig geklärt. Erörterung als Aspekt der „funktionsfähigen Demokratie" durch *S. Müller-Franken* Der Staat 44 (2005), 19 (32); zutreffender mit Bezug auf das Gewaltenteilungs- und das Rechtsstaatsprinzip *Huber/Storr/Koch* Volksgesetzgebung (Fn. 56), 110; mit Bezug auf die demokratische und rechtsstaatliche Komponente *Krafczyk* Finanzvorbehalt (Fn. 64), 273 ff.; *Müller* Bürgerbeteiligung (Fn. 70), 232 f.; unter dem Aspekt der „Funktionsfähigkeit" und des „responsible government" referierend *Hufschlag* Einfügung (Fn. 7), 125 mwN; *Bugiel* Volkswille (Fn. 10), 455: „funktionelle Garantie des parlamentarischen Wirkungskreises" aus Art. 28 Abs. 1 S. 2 GG; ebenso BayVerfGHE 50, 181 ff.; grundsätzlich zustimmend *Knemeyer* FS Leisner (Fn. 1), 920; *K.-A. Schwarz* BayVBl. 1998, 710 ff.; *P. M. Huber* AöR 121 (2001), 165 (172 ff.); *A. Schmehl* BayVBl. 2006, 325 (327). Zum Gewaltenteilungsprinzip als funktionsorientiertem Organisationsprinzip allgemein BVerfGE 68, 1 (86); 95, 1 (15); *Hesse* Grundzüge (Fn. 11), Rn. 482, 488 f., 705. Die mit Sperrwirkungen einhergehenden Gefahren für die Funktionsfähigkeit eines Repräsentativsystems als Teil einer gemischten Demokratie schildert *Heußner* Krise (Fn. 20), 210 ff., und plädiert für vermehrte „Korrekturmöglichkeiten des Parlaments", 230.

[74] Zum absoluten Schutz des parlamentarischen Budgetrechts statt vieler *M. Herdegen* in: T. Maunz/G. Dürig u.a., Grundgesetz Kommentar, Loseblatt (Stand 66. Erg.Lfg. Aug. 2012), Art. 79 Rn. 145; *S. Müller-Franken* Der Staat 44 (2005), 25; *C. Waldhoff/H. v. Aswege* Direkte Demokratie und Staatsfinanzkrise – Abschaffung der Finanztabus als Ausweg?, in: Feld u.a. (Fn. 20), 9 (29) m. zahlr. Nw.; *S. Blasche* Die grundsätzliche Mitwirkung der Länder an der Gesetzgebung, 2006, 111; ThürVerfGH, LKV 2002, 83 (91 ff.); BerlVerfGH v. 6. 10. 2009 – Az. 143/08 –, LS. 7a; mit anderer Stoßrichtung BVerfGE 129, 124 (179 ff.). Ableitung des Budgetrechts ausschließlich aus dem Rechtsstaatsprinzip bei *Huber/Storr/Koch* Volksgesetzgebung (Fn. 56), 122. Der Regierung und Regierungsmehrheit verschafft das Initiativrecht die Möglichkeit zur Steuerung und Durchsetzung der Staatsleitung, indem die Politik im Ganzen entworfen und der dafür notwendige Finanzbedarf veranschlagt werden kann, vgl. *R. Mußgnug* Der Haushaltsplan als Gesetz, 1976, 358; die evidente Nichteignung eines Haushaltsplans als Gegenstand der Volksabstimmung stützt diese absolute Grenze; enger *Dreier/Wittreck* Demokratie (Fn. 10), 26, die zwar die Evidenz konstatieren, diese Grenzziehung aber dennoch nicht verfassungsrechtlich, sondern verfassungspolitisch begründen wollen.

lensbildungsprozess maßgeblichen Grundrechte setzt ebenfalls absolute Schranken.[75]

Die besondere Eigenart direkter Demokratie erfordert das repräsentative System; Elemente direkter Demokratie haben im gemischten System ergänzende Funktion.[76] Die Ewigkeitsgarantie normiert aber keine absolute Schranke zugunsten des Repräsentativsystems oder gar dessen Prävalenz.[77] Von direktdemokratischen Entscheidungen ausgehende Span-

---

[75] Meinungs-, Versammlungs- und Vereinigungsfreiheit sind wenigstens in ihrem „Wesensgehalt" einer Änderung entzogen, *Bryde* Grundgesetz Kommentar (Fn. 72), Art. 79 Rn. 41, 43; *Herdegen* Grundgesetz Kommentar (Fn. 74), Art. 79 Rn. 125 („normativ geschützter Raum offener Meinungsbildung"), 135. Die Bedeutung der Grundrechte (in berechtigender Funktion) für die Volksgesetzgebung prüft grundsätzlich *Hartmann* Volksgesetzgebung (Fn. 43), 112ff., 133 ff.

[76] Statt vieler *Bugiel* Volkswille (Fn. 10), 98f.; *Hofmann* Verfassungsrechtliche Sicherung (Fn. 72), 275f.; *Böckenförde* FS Eichenberger (Fn. 11), 306; *v. Arnauld* „Refolution" (Fn. 31), 123. Art. 28 Abs. 1 S. 4 GG ermöglicht zwar noch die Gemeindeversammlung als Versammlung der aktiven Bürgerschaft zur Beratung und Entscheidung in eigenen Angelegenheiten und damit eine ursprüngliche Form identitärer Demokratie, doch passt die demokratische Form der Gemeindeversammlung für Gemeinden heutigen Zuschnitts nicht, vgl. *Knemeyer* FS Leisner (Fn. 1), 925; *R. Streinz* DV 16 (1983), 293 (300f.); *H. Nawiasky* FS Giacometti, 1953, 195 (200f.). Auch in der Schweiz sind die „Landsgemeinden" seit den 1990er Jahren selten geworden, vgl. *A. Tschentscher/ D. Blonski* Direkte Demokratie in der Schweiz – Länderbericht 2010/2011, in: Feld u.a. (Fn. 20), 139 (160ff.). Die Versammlung der Aktivbürgerschaft hat in Konkurrenz mit der Abstimmung an der Urne und in einer Zeit moderner Kommunikationsmittel keine Entwicklungsperspektive.

[77] *C. Degenhart* Volksgesetzgebungsverfahren auf Verfassungsänderung, in: P. Neumann/St. v. Raumer (Hrsg.) Die verfassungsrechtliche Ausgestaltung der Volksgesetzgebung, 1999, 57 (62ff.); *Rux* Direkte Demokratie (Fn. 18), 88. *Volkmann* Berliner Kommentar (Fn. 52), Art. 20 Rn. 49 m. Fn. 266. Für Prävalenz des repräsentativen Systems (und damit ein verfassungsnormativ begründetes Regel-Ausnahme-Verhältnis) *J. Isensee* FS Mußgnug, 2005, 101 (126); *B. Grzeszick* Grundgesetz Kommentar (Fn. 74), Art. 20 Abs. 2 Rn. 63, 112; *Huber/Storr/Koch* Volksgesetzgebung (Fn. 56), 116ff.; *W. Schmitt Glaeser* DÖV 1998, 824 (828); *O. Depenheuer* Bürgerverantwortung im demokratischen Verfassungsstaat, VVDStRL 55 (1996), 90 (104, 124) (allgemeiner auf „unmittelbare Bürgerverantwortung" bezogen); *Hufschlag* Einfügung (Fn. 7), 127f.; *P. Neumann* Sachunmittelbare Demokratie im Bundes- und Landesverfassungsrecht unter besonderer Berücksichtigung der neuen Länder, 2009, Rn. 654, formuliert zusätzlich ein Verbot „sachlicher Aushöhlung"; der Sache nach auch *M. Oldiges* FS Universität Leipzig, 2010, 547f.; für eine funktionale Verhältnisbestimmung plädiert mit Bezug auf Art. 123 GG *v. Arnauld* „Refolution" (Fn. 31), 123; zur älteren Literatur *Bugiel* Volkswille (Fn. 10), 446f. mwN. Aus der Rechtsprechung BayVerfGHE 53, 42 (63 f.); die Ableitung einer „Prävalenz" des Repräsentativsystems und eine „antiplebiszitäre Tendenz" der Verfassung lässt sich allerdings weder auf den Text des Grundgesetzes noch auf seine Systematik und Entstehungsgeschichte stützen und findet daher eine Grundlage nur in der ohnehin sachgesetzlichen Ergänzungsfunktion direktdemokratischer Kompo-

nungen und Reibungsverluste sind gewollt und hinzunehmen, sofern Zurechnung von Verantwortung möglich bleibt. Die Verfassung nimmt die ganze Vielfalt und den gesamten Konfliktreichtum gemischter Systeme auf.

IV. Ein gemischtes Ordnungskonzept als Entwicklungsperspektive

1. Verfassungsrechtliche Anforderungen an die Ausgestaltung

a) Verfassungsvorbehalt

Verfassungsrechtliche Impulse empfängt die rechtliche Ordnung gemischter Systeme in der Frage des Verfassungsvorbehalts. Strukturändernde Entscheidungen und elementare Entscheidungsregeln sind in die Verfassungen aufzunehmen.[78] Die Regeln sind dort so präzise zu umschreiben, dass zumindest erkennbar wird, wer zur Entscheidung berechtigt ist, in welcher Weise entschieden wird und welche Wirkungen eine Entscheidung entfaltet.[79] Die Einführung von Abstimmungen im Bund bedürfte schon aus diesem Grunde einer Änderung des Grundgesetzes.[80]

---

nenten. Das verfassungssystematische Argument des Regelungsschwerpunkts beim Repräsentativsystem vermag zwar die nichtplebiszitäre, nicht aber die antidisziplinäre Tendenz des Grundgesetzes zu belegen. Verfassungsrechtlich gewichtiger, zugleich aber gegenüber Elementen direkter Demokratie weniger belangreich ist der (teleologische) Belang der Funktionsfähigkeit, s.o. Fn. 73.

[78] *Dreier* Grundgesetz Kommentar (Fn. 51), Art. 20 (Demokratie) Rn. 110 und Fn. 321 m.Nw. zum Verfassungsvorbehalt; *Hofmann* FS Neumayer (Fn. 7), 159; *I. Ebsen* AöR 110 (1985), 2 (4ff.); *P. Krause* HStR III (Fn. 11), § 35 Rn. 7, 19; *Bugiel* Volkswille (Fn. 10), 135ff. Dies schließt im Auftrag des Verfassungsrechts und zu seiner Ausführung ergehende einfachrechtliche Gesetzgebung (materielles Verfassungsrecht) nicht aus, vgl. BVerfGE 102, 176 (183 f.).

[79] *Volkmann* Berliner Kommentar (Fn. 52), Art. 20 Rn. 59.

[80] Neben systematischen Argumenten (insbesondere der sorgfältigen verfassungsrechtlichen Ausgestaltung von Grundzügen des Wahlrechts und Gesetzgebungsverfahrens für das Repräsentativsystem) streiten auch verfassungsgenetische Argumente für einen Verfassungsvorbehalt, statt vieler *Dreier* Grundgesetz Kommentar (Fn. 51), Art. 20 (Demokratie) Rn. 110; *Grzeszick* Grundgesetz Kommentar (Fn. 74), Art. 20 Rn. 113; *Volkmann* Berliner Kommentar (Fn. 52), Art. 20 Rn. 59; *Hermes* Möglichkeiten (Fn. 52), 461f.; *Hufschlag* Einfügung (Fn. 7), 60ff., 89ff. Ein einfaches Bundesgesetz genügt nach Ansicht von *Meyer* Regierungssystem (Fn. 7), VVDStRL 33 (1975), 115; *ders.* JZ 2012, 538ff.; *A. Bleckmann* JZ 1978, 217 (222f.). *Pestalozza* Popularvorbehalt (Fn. 7), 11ff; *I. Ebsen* AöR 110 (1985), 2 (8f.); *Jürgens* Direkte Demokratie (Fn. 24), 274ff. Nicht einmal dies fordert *M. Elicker* ZRP 2004, 225 (229); dagegen *T. Herbst* ZRP 2005, 29ff. Umstritten bleibt die – wenig bedeutsame – Frage des Verfassungsvor-

b) *Ausgestaltung des Zurechnungs- und Verantwortungszusammenhangs*

Zu den ausgestaltungsbedürftigen Fragen zählt die Herstellung des Zurechnungs- und Verantwortungszusammenhangs zwischen Staatsorganen und Volk. Einer solchen Zurechnung bedarf es auch im Falle direktdemokratischer Elemente. Sie bewirken keine Annäherung der Demokratie an die „Selbstregierung" des Volkes,[81] sondern verwirklichen sich in spezifischen Strukturen der formalen Repräsentation.[82] Auch direktdemokratische Elemente sind „Organisationsmuster zur Realisierung von Volks-

---

behalts für die Einführung konsultativer Volksbefragungen; dagegen *Dreier* Grundgesetz Kommentar (Fn. 51), Art. 20 (Demokratie) Rn. 111 mwN; offen gelassen bei *Volkmann* Berliner Kommentar (Fn. 52), Art. 20 Rn. 59 (m. Nw. zum Streitstand in Fn. 319); dafür *Krause* HStR III (Fn. 78), § 35 Rn. 23 ff.; *Martini* Wenn das Volk (mit-) entscheidet (Fn. 10), 22; differenzierend *Grzeszick* Grundgesetz Kommentar (Fn. 74), Art. 20 Rn. 114. Zur besonderen Konstellation einer Anrufung des Volks als „pouvoir constituant" im Rahmen von Art. 146 GG durch die Verfassungsorgane s.o. II. und u. V.

[81] Reine Direktdemokratien gibt es in der Praxis nie und in der Theorie äußerst selten. *Volkmann* Berliner Kommentar (Fn. 52), Art. 20 (Demokratieprinzip) Rn. 9, 11f.; *P. Graf Kielmansegg* Volkssouveränität – Eine Untersuchung der Bedingungen demokratischer Legitimität, 1977, 9; *ders.* Über direkte Demokratie (Fn. 7), 61f.; *Jung* Logik (Fn. 7), 57. Bei der staatsrechtlichen Diskussion eines Konzepts identitärer Demokratie sind die Kritiker unter sich, vgl. *Hesse* Grundzüge (Fn. 11), Rn. 131; *Böckenförde* HStR III (Fn. 11), § 35 Rn. 4ff.; *R. Scholz* Krise der parteienstaatlichen Demokratie?, 1983, 6 (9); *J. Isensee* Befindlichkeit deutscher Demokratie, in: P. M. Huber (Hrsg.) Das Grundgesetz zwischen Stabilität und Veränderung, 2007, 19ff. Auch in der Demokratietheorie ist der Nachhall des Rousseau'schen Konzepts gering. Siehe bereits *A. de Tocqueville* Bericht über die Demokratie in der Schweiz (1848), in: ders., Kleine politische Schriften, hrsg. v. H. Bluhm, 2006, 163 (168), bezogen auf die kantonalen Regierungen: „Die reine Demokratie bildet in der modernen Welt eine Ausnahme, selbst in der Schweiz, denn nur ein Dreizehntel der Bevölkerung wird auf diese Weise regiert." Aber auch in der Schweiz zählt eine tiefreichende Einsicht sowohl in den Bestand als auch in den Wert repräsentativer Komponenten zum Gemeingut der Staatsrechtslehre. *W. R. Lovan/M. Murray/R. Shaffer* Participatory Governance in a Changing World, in: dies., Participatory Governance, 2005, 1 (14).

[82] *Böckenförde* FS Eichenberger (Fn. 11), 312; *ders.* HStR III (Fn. 11), § 35 Rn. 3; *M. Kriele* Einführung in die Staatslehre, 2. Aufl. 1981, 245; *Wittreck* ZG 2011, 222f. Zum weiten Repräsentationsbegriff im Sinne einer Distanz zwischen Trägerschaft und Ausübung von Staatsgewalt *C. Gusy* ZfP 1989, 264f. Für die Schweiz *H. Huber* Die schweizerische Demokratie (1963), in: ders., Rechtstheorie, Verfassungsrecht, Völkerrecht. Ausgewählte Aufsätze 1950–1970, 1971, 410; *Rhinow* ZSR 103 II (1984), 174. Eine Ausnahme mag für kleinste Entscheidungseinheiten, vgl. Art. 28 Abs. 1 S. 4 GG und die Schweizer Landsgemeinde (s.o. Fn. 76) anzunehmen sein. Auch der BayVerfGHE 47, 1 (13), bezeichnet Volksgesetzgebung als unmittelbare Ausübung der Staatsgewalt – allerdings im Kontext der Legitimation.

souveränität".[83] Momente der Aggregation und Repräsentation prägen die für das plebiszitäre Verfahren bedeutsame Initiative und Vorlagefrage.[84] Im Volksentscheid wird das „Volk" als Träger staatlicher Herrschaft durch die aktive Stimmbevölkerung repräsentiert.

Volksgesetz und Parlamentsgesetz basieren aber auf je spezifischen Vermittlungsstrukturen und Zurechnungen.[85] Die mit der Wahl begründete Legitimation verpflichtet die Repräsentanten auf das Wohl des ganzen Volkes und konstruiert insoweit ihre Verantwortlichkeit.[86] In einer vergleichbaren Verantwortungsbeziehung stehen weder Initiatoren und Unterstützer eines Volksbegehrens noch die aktive Stimmbevölkerung beim Volksentscheid. Sie sind weder rechtlich auf das Gemeinwohl verpflichtet, noch werden sie durch wiederholten Wahlakt legitimiert. Diese Verantwortungsschwäche steht im Spannungsverhältnis mit dem Anschein einer erhöhten Legitimität des volksbeschlossenen Gesetzes als unmittelbarer Entscheidung des Souveräns.[87] Die Schweiz vermag dieses Span-

---

[83] *Böckenförde* HStR III (Fn. 11), § 35 Rn. 4; *Morlok* FS BVerfG (Fn. 1), 587; *Rhinow* ZSR 103 II (1984), 174; ferner *Isensee* DVBl. 2001, 1167. Vgl. a. BVerfGE 96, 231 (240), das als Träger des Gesetzesinitiativrechts das rechtsgültige Volksbegehren und als Gesetzgeber den Volksentscheid bezeichnet sowie das Gesetzesinitiativrecht als „Kompetenz" der Gruppe der Unterzeichner zuordnet, das der Gesamtheit der Träger des erfolgreichen Volksbegehrens eine Funktion im Verfassungsleben verleihe und sie insoweit in die Organisation des Staates einbeziehe. Zur hiervon verschiedenen Frage der Organqualität s.u. Fn. 157.

[84] *W. Weber* Mittelbare und unmittelbare Demokratie, 1959; *Böckenförde* FS Eichenberger (Fn. 11), 307f., auch zur Analogie mit dem Repräsentativsystem. Allerdings werden die Initiatoren hierdurch nicht zu „Repräsentanten" im eigentlichen Sinne, weil es hierfür an der Verantwortungszurechnung fehlt; unklar insoweit die Begrifflichkeit bei *Krause* HStR III (Fn. 78).

[85] Weit verstandene Repräsentation als Vermittlung und enger zu verstehende Repräsentation als Zurechnung unterscheiden *C. Gusy* ZfP 1989, 264f.; *Cancik* (Fn. 10), 278 ff. (mit der terminologischen Unterscheidung von Repräsentation und Repräsentativität); zum doppelten Zurechnungszusammenhang der Volkssouveränität als „Legitimations- und Verantwortungsprinzip" *R. Gröschner* ThürVBl. 2001, 193 (195); vgl. a. *Rhinow* ZSR 103 II (1984), 197 f.; *Morlok* FS BVerfG (Fn. 1), 562 ff.

[86] Vgl. Art. 38 Abs. 1 S. 2 GG und Amtscharakter des Abgeordnetenmandats sowie Verpflichtung der Bundesregierung auf das „Wohl des ganzen Volkes" in Art. 56 GG; entsprechend die Landesverfassungen. Hierin sowie in der Eröffnungsphase bestehen wesentliche Unterschiede zwischen Wahl- und Abstimmungsakt, die unterschiedliche Bedeutungen des Mehrheits-/Minderheits-Problems nahelegen und auf unterschiedliche Lösungsansätze der Zurechnungsfrage verweisen, z.B. *W. Schäuble* FS Benda, 1995, 221 (225f.). AA *H. Dreier* BayVBl. 1999, 513 (520); *Dreier/Wittreck* Demokratie (Fn. 10), 29f.

[87] Tendenzen zur Betonung einer höheren Legitimation direktdemokratischer Komponenten bei *E. G. Mahrenholz* NordÖR 2007, 11 (12). Den „Anschein" einer ‚höheren

nungsverhältnis mit Hilfe ihrer Traditionsprägung und politischen Abstimmungskultur aufzulösen.[88] In einem wenig traditionsgeprägten gemischten System wie dem deutschen bedarf es hierfür komplexer rechtlicher Vorkehrungen.[89]

c) *Entscheidungs- und Kompetenzzuweisungen*

Verfassungsrechtlicher Grundentscheidung bedürfen die Bereiche direktdemokratischer Entscheidungsbildung. Das deutsche Verfassungsrecht normiert in langer Tradition gegenständliche Ausschlussklauseln für finanzwirksame Entscheidungen.[90] Es ordnet die Befugnis zur Initiierung von Direktentscheidungen und weist diese im Falle des Referendums Parlament oder Regierung zu. Auch die Frage, ob die gewählte Volksvertretung an Volksentscheide gebunden und in der Befugnis zur Abänderung volksbeschlossener Gesetze eingeschränkt sein soll, erfordert eine Grundentscheidung.

d) *Vermittlung von demokratischer Kompetenz und Verantwortung*

Demokratische Entscheidungsbildung erfordert Wissen, kognitive Fähigkeiten und die Bereitschaft der Stimmbürgerschaft zur Übernahme von

---

Legitimität des Volksgesetzes‘ gegenüber dem ‚nur mittelbaren Parlamentsgesetz‘ referiert als Argument gegen die Aufnahme direktdemokratischer Elemente ins Grundgesetz z.B. die Gemeinsame Verfassungskommission (Fn. 1), 85; pointiert *Graf Kielmansegg* Über direkte Demokratie (Fn. 7), 63. Erläuterung der legitimitätsstiftenden Wirkung bei *Müller-Franken* Referendum (Fn. 8), 59.

[88] In der älteren Staatsrechtswissenschaft der Schweiz richteten sich Forderungen nach „Demokratisierung“ – ausgehend vom Verständnis der „Halbdirektheit“ – auf einen Idealzustand des identitär-demokratischen Gemeinwesens, vgl. *Eichenberger* Zusammen- und Gegenspiel (Fn. 19), 96, mit Verweis auf die ältere schweizerische Staatsrechtslehre; *Rhinow* ZSR 103 II (1984), 202, mit Bezug auf den alteidgenössischen Genossenschaftsgedanken. Mit diesem ist die Vorstellung von der Selbstregierung des Volks auch in das Alltagsverständnis der Bevölkerung eingeschrieben; vgl. *S. S. Tschopp* Politische Systembildung aus dem Geist der Geschichte: Zu den kulturellen Wurzeln der direkten Demokratie in der Schweiz, in: Feld u.a. (Fn. 20), 41ff. Der im internationalen Vergleich einzigartige Zurechnungszusammenhang wird gestützt durch die in der Ritualisierung und Routine der Schweizer Abstimmungsverfahren zutage tretende Kontinuität.

[89] Ähnlich *R. Gröschner* ThürVBl. 2001, 193 (195). Die Behauptung der Unmöglichkeit rechtlicher Ordnung mit Blick auf die Unterscheidung von Staat und Gesellschaft und die Freiheit der Bürger bei *Müller-Franken* Referendum (Fn. 8), 55, wird allein schon durch den im deutschen und ausländischen Recht evidenten und tradierten Bestand an rechtlichen Standards und prozeduralen Vorkehrungen widerlegt.

[90] Zur Verfassungstradition *Waldhoff/v. Aswege* Staatsfinanzkrise (Fn. 74), 16ff. mwN.

Verantwortung.[91] Solche Kompetenzen liegen rechtlicher Ordnung zwar voraus. Vorstellungen über demokratische Kompetenz und Motivation verleihen dieser Ordnung aber sinnstiftenden Zusammenhang.[92] Jede Idee von Demokratie gründet auf einem Bild vom Wähler und Stimmberechtigten und auf Vorstellungen über kollektive Bewirkung des Gemeinwohls. Demokratietheorien unterscheiden sich vor allem in diesen Bildern. Auch die rechtliche Ordnung der Demokratie kommt ohne solche Bilder nicht aus.[93]

---

[91] In der Bedeutung des verfassungsrechtlich geschützten Prozesses öffentlicher Meinungs- und Willensbildung ist die Kompetenz der Bürger als politisch interessierte, informationswillige und differenzierungsfähige Menschen und sind Konflikte bei der Entscheidungsbildung angelegt. Vgl. *Hesse* Grundzüge (Fn. 11), Rn. 133; *P. M. Huber* Jura 1998, 505 (508 f.); mit Bezug auf das hierin enthaltene Bürgerbild *C. Bumke* Der gesellschaftliche Grundkonsens im Spiegel der Rechtsprechung des Bundesverfassungsgerichts, in: G. F. Schuppert/C. Bumke (Hrsg.) Bundesverfassungsgericht und gesellschaftlicher Grundkonsens, 2000, 197 (204 f., 211 f.).

[92] *W. Berka* Bürgerverantwortung im demokratischen Verfassungsstaat, VVDStRL 55 (1996), 48 (60 ff.); *M. Kotzur* Die Demokratiedebatte (Fn. 12), 355 mwN; *K.-P. Sommermann* in: H. v. Mangoldt/F. Klein/C. Starck (Hrsg.) Grundgesetz Kommentar, Bd. II, 6. Aufl. 2010, Art. 20 Rn. 91, spricht vom Demokratieprinzip als „staatsorganisatorische[r] Konsequenz des im Grundrechtsteil des Grundgesetzes vermittelten Menschenbildes". Zur sinngebenden Funktion von Menschenbildern *C. Bumke* JöR 57 (2009), 125 (137 ff.). Definition demokratischer Kompetenz bei *S. Huber* Strukturen des politischen Kontexts und die demokratische Kompetenz der Wähler, 2012, 23 ff., als das Wissen und die Fähigkeiten, die benötigt werden, um zu angemessenen Urteilen zu kommen.

[93] *Kotzur* Die Demokratiedebatte (Fn. 12), 355 ff.; *Krafczyk* Finanzvorbehalt (Fn. 64), 24; für die bayerische Verfassung *H. Holzheid* Maßgebliche Verfassungsgrundsätze bei Wahlen und bei Volksbegehren, 1995, 12. Die hier thematisierten Bürger-Bilder sind Menschenbilder als zwischen Erfahrungssatz und Norm stehende „Idee" im Sinne von *C. Bumke* JöR 57 (2009), 125 (129). Demokratietheoretisch formulierte Menschen- und Bürgerbilder neigen teils zum Erfahrungssatz (und geraten häufig pessimistisch), teils zur Norm (und formulieren dann zumeist auch den Aspekt der Erziehung und des Erlernens). Im Rahmen der Demokratietheorie bildet das Bürgerbild einen konstitutiven Bezugspunkt gesellschaftlicher Ordnung und eines hierauf gerichteten rechtlichen Ordnungskonzepts. Zugleich bildet es einen Verknüpfungspunkt für den Anschluss der Demokratie- und Verfassungstheorie an ökonomische und sozialpsychologische Verhaltensforschung; zu diesem Zusammenhang allgemein *C. Bumke* JöR 57 (2009), 134, 135 f., 141. Zum Begriff des Menschenbilds im Recht auch *U. Becker* Das „Menschenbild des Grundgesetzes" in der Rechtsprechung des Bundesverfassungsgerichts, 1996; *ders.* Sozialmodell und Menschenbild in der „Hartz-IV"-Gesetzgebung, in: O. Behrends/E. Schumann (Hrsg.) Gesetzgebung, Menschenbild und Sozialmodell im Familien- und Sozialrecht, 2008, 39 (40); *P. Häberle* Das Menschenbild im Verfassungsstaat, 3. Aufl. 2005; *ders.* Menschenwürde, HStR II, 3. Aufl. 2004, § 2. Ein idealistisches Menschenbild als Grundlage eines verfassungsrechtlichen Wertesystems, wie es *F. Kopp* FS Obermayer, 1986, 53 ff., entwickelt, eignet sich als Grundlage der Demokratie als Prozess aber nicht.

Aus der Perspektive der gemischten Demokratie verbietet es sich, das Bild des bevorzugten Typs idealistisch zu zeichnen und ihm ein pessimistisches Bild des Gegentyps gegenüber zu stellen. Die Befürwortung plebiszitärer Verfahren wird häufig mit der politischen Reife der Bevölkerung begründet[94] oder diese wenigstens als ein Ziel ausgegeben, das sich durch plebiszitäre Verfahren fördern lässt.[95] Damit werden anspruchsvolle, aber letztlich nicht einlösbare Erwartungen an die Kompetenz und Verantwortungsbereitschaft der Bürgerschaft auf sachunmittelbare Abstimmungsprozesse übertragen. Das „Paradox des rationalen Wählers"[96] ist auch das Paradox des rationalen Stimmbürgers. Mangelndes Wissen mag sich auch im Abstimmungsprozess durch Ausrichtung der Meinungsbildung an Routinen und parteipolitischen Orientierungen kompensieren lassen.[97] Noch weniger als bei Wahlen gelten aber für Abstimmungen Faust- und Strategieregeln, die etwa die Einordnung einer Sachfrage in ein politisches Rechts-Links-Schema ermöglichen. Fehlende Motivation, mangelnde Verantwortungsbereitschaft und die Verfolgung partikularer Interessen blei-

---

[94] Begründung des Gesetzentwurfs zur Einführung von Volksinitiative, Volksbegehren und Volksentscheid in das Grundgesetz vom 13. 3. 2002, BT-Drs. 14/8503, 4. Vgl. a. Gemeinsame Verfassungskommission (Fn. 1), 84.

[95] Zur Ereignis- und Erziehungsfunktion direktdemokratischer Elemente *D. Majer* Die Angst der Regierenden vor dem Volk, in: v. Arnim (Fn. 18), 27 (46f.); *H. Bütler* Direkte Demokratie – aus Schweizer Sicht, in: v. Arnim (Fn. 18), 175 (177f.); in Bezug auf Art. 73–76 WRV *G. Kaisenberg* Volksentscheidung und Volksbegehren, 1922, 4. In dieser Funktion der Demokratie (keineswegs nur ihrer direktdemokratischen Elemente) deutet sich ein reziprokes Verhältnis an, wenn etwa die aus Bürgerbegehren und -entscheiden auf kommunaler Ebene erwachsende Kompetenz der Bürger betont, die demokratische Tradition der Schweiz in Unterscheidung zur deutschen Demokratie hervorgehoben, auf den Ereignischarakter von Volksabstimmungen eingegangen oder, wie bei *J. P. Müller* VVDStRL 55 (1996), 131, (Diskussionsbeitrag), der Bezug zur politischen Kultur hergestellt wird.

[96] *J. Habermas* Faktizität und Geltung, 1992, 404; *M. Kotzur* Demokratie als Wettbewerbsordnung, VVDStRL 69 (2010), 173 (200).

[97] *Huber* Strukturen (Fn. 92), 31ff., mit dem Verweis auf den Wert komplexitätsreduzierender „Heuristiken", die den Wählern ermöglichen, sich mit Hilfe vereinfachender Entscheidungsregeln so zu verhalten, als ob sie rational handelten. Vernünftige, den eigenen Interessen angemessene Entscheidungen wären hiernach auch aufgrund von weniger Informationen und mit geringeren Verarbeitungskapazitäten möglich, ebd., 33f. Auch die politische Meinungsbildung zu Sachfragen kann von der ausreichenden Strukturierung der Wählermeinungen durch unterscheidbare Parteipositionen und klare Eliten-Hinweise (z.B. Rechts-Links-Schema) abhängen, ebd., 55; *M. Levendusky* Political Behavior 32 (2010), 111ff.; *ders.* Public Opinion Quarterly 75 (2011), 42ff. Nw. auch bei *Kotzur*, VVDStRL 69 (2010), 173 (200 f.).

ben ein Problem.[98] Volksentscheide verfügen strukturell weder über professionelle Akteure noch über Fraktionsdisziplin, ja nicht einmal zwingend über eine Fraktionierung. Auch eine Aggregation des Gemeinwohls im Volksentscheid lässt sich nicht einfach unterstellen. Abstimmungsprozesse sind ereignis- und kampagnenanfällig, Abstimmungsergebnisse zufallsgeprägt.[99]

Vergleichbare Paradoxien gelten jedoch auch für das Repräsentativsystem.[100] Die Befürwortung des Verzichts auf Elemente direkter Demokratie beruht häufig nicht nur auf einem skeptischen Bild der uninformierten Masse, sondern auch auf einem freundlich-idealistischen Bild der Repräsentanten.[101] Repräsentative Politik weist ebenfalls Bereiche und

---

[98] Demokratie werde angesichts dieser Entwicklung zu einem „privatisierten Projekt", einem „Servicebetrieb für die Herstellung erwünschter Lagen aller Art". *Volkmann* FAZ 26.2.2010, Nr. 48, 9 ff.; ähnlich *ders.* Berliner Kommentar (Fn. 52), Art. 20 Rn. 47. Diese Zustands-„Beschreibung" ist nicht neu, vgl. bereits *H. Huber* ZSR 80 I (1961), 1 (22 f.): „In der Gegenwart aber schwebt dem Gesetz, insbesondere dem raschlebigen Maßnahmengesetz, dem instrumentalen und Situationsrecht, vor allem das Bild des abhängigen, unselbständigen, angreifbaren, verletzlichen Menschen vor, daneben auch das Bild des unersättlichen Konsumenten, wahllos von Nahrungsmitteln, Gebrauchsgegenständen und sogenannten Kulturleistungen umgeben, dessen Bedürfnisse durch Technik, Werbung und Produktion fortlaufend erst noch eingeflüstert und gesteigert werden."

[99] Vgl. *Eichenberger* Zusammen- und Gegenspiel (Fn. 19), 104 f., mit der Feststellung für die Schweiz, beinahe jede Volksabstimmung erscheine irgendwie verfrüht oder verspätet. Für die politische Abstimmungskultur scheint aber auch die Vorstellung wichtig, dass dem Volk jenseits einer punktuell fehlerhaften Abstimmung aufs Ganze gesehen politische Rationalität zu eigen ist, vgl. *Rhinow* ZSR 103 II (1984), 167 f.; *Biaggini* ZÖR 2010, 342 f.

[100] *H. Krüger* Allgemeine Staatslehre, 2. Aufl. 1966, 249 f. mwN, begründet die Stufung der Entscheidungsprozesse bei der Repräsentation als Methode der gemeinwohlförderlichen Willensbildung; Bezugnahme auf *Krüger* bei *Krause* HStR III (Fn. 78), § 35 Rn. 48, für die Differenzierung von Wahl- und Sachabstimmungsentscheidung: Während der Wähler bei der Personalentscheidung sein „besseres" Ich sprechen lasse, entscheide der Bürger bei der Volksabstimmung „verstärkt eigennützig", insbesondere in finanzwirksamen Entscheidungen. Vgl. bereits *E. Sieyès* Politische Schriften, 1796, Bd. I, 510 f., mit der Feststellung, dass die Bürger der neuen Zeit mit Rücksicht auf ihre wirtschaftliche „Unabkömmlichkeit" der Repräsentanten bedürfen; *J. S. Mill* Utilitarianism, On Liberty, and Considerations on Representative Government, 1861, H. B. Acton (ed.), 1972, 306: Repräsentation durch „instructed one or few"; *J. Madison* Federalist Paper No. 10.

[101] Beim Vergleich von direktdemokratischer mit repräsentativer Entscheidungsbildung sind dabei auf Seiten des Repräsentativsystems sowohl der Wahlakt als auch der Akt repräsentativer Sachentscheidung in den Vergleich einzustellen, vgl. *Morlok/Voss* BayVBl. 1995, 513 (515).

strukturelle Eigenheiten auf, die mit dem Postulat einer anspruchsvoll-rationalen Gesetzgebung in Konflikt geraten können.[102]

Das gemischte Ordnungskonzept erfordert den Abgleich der Bilder demokratischer Kompetenz und Verantwortungsbereitschaft in allen Formen politischer Gestaltung.[103] Es verweist auf prozedurale Regeln der Entscheidungsbildung zur Herstellung des Gemeinwohls, auch durch die Rahmung und Förderung demokratischer Kompetenz.[104] Demokratische Kompetenz und Verantwortung bilden mit den Prozessen und Regeln der Entscheidungsfindung einen institutionellen Zusammenhang.[105]

e) *Ausgestaltung des Entscheidungsverfahrens*

Als „Form und Verfahren" ist Demokratie auf besondere Institutionen, Instrumente und Infrastruktur für die wirksame Bildung des Gemeinwillens angewiesen.[106] In gemischten Systemen zählen hierzu Ent-

---

[102] *G. F. Schuppert* Gute Gesetzgebung – Bausteine einer kritischen Gesetzgebungslehre, ZG Sonderheft, 18 (2003), 14; *H. Schulze-Fielitz* Theorie und Praxis parlamentarischer Gesetzgebung – besonders des 9. Deutschen Bundestages (1980–1983), 1988, 393 ff.; *ders.* Gesetzgebungslehre als Soziologie der Gesetzgebung, in: H. Dreier (Hrsg.) Rechtssoziologie am Ende des 20. Jahrhunderts, 2000, 156 ff.; *J. Ennuschat* DVBl. 2004, 986 ff. mwN; *C. Starck* ZG 3 (1988), 1 ff. Auch das Amt als Vorkehrung für gemeinwohlförderliche Entscheidungen verkörpert ein Bild, das mit der Wirklichkeit (auch) partikularer und eigennütziger Interessenwahrnehmung kontrastiert, *Krafczyk* Finanzvorbehalt (Fn. 64), 145 f.

[103] Vgl. a. *Maurer* Plebiszitäre Elemente (Fn. 7), 31 f.; *U. K. Preuß* ZRP 1993, 135; in der Sache *v. Arnauld* „Refolution" (Fn. 31), 124. Folgen z.B. bei *Holzheid* Maßgebliche Verfassungsgrundsätze (Fn. 93), 12 f. Unzulässig ist es hiernach, ein ideales Bild des dem „Amt" verpflichteten Abgeordneten mit direktdemokratischen Entscheidungen als „Ad-hoc-Entscheidungen", „vereinzelte[n] Wunsch- und Schreckensprojekte[n]" zu kontrastieren, wie z.B. *Isensee* Der antidisziplinäre Bezug (Fn. 7), 70 f., 72 f., und – mit entgegengesetzter Stoßrichtung – *H. H. v. Arnim* ZRP 2002, 223 (231 f.).

[104] Mit Bezug auf die „Weisheit des Volkes" *U. K. Preuß* ZRP 1993, 132 f. Mit Bezug auf Gefahr von „Insichgeschäften" der Initianten und politisch Interessierten *Steiner* Schweizer Verhältnisse (Fn. 11), 21 f. Ähnlich *Dreier/Wittreck* Demokratie (Fn. 10), 26 f.; *Huber* Strukturen (Fn. 92), 45, 355 ff., der außerdem auf die Korrelation von Kompetenz einerseits und Relevanz der Verfahrensgestaltung andererseits verweist.

[105] Vgl. *Volkmann* Berliner Kommentar (Fn. 52), Art. 20 Rn. 29. Über die konkrete Entscheidung hinaus reichen Erwartungen an die Förderung demokratischer Fähigkeit und Motivation durch Einrichtung direktdemokratischer Verfahren.

[106] „… weil Entscheidungsprozesse der Organisation bedürfen und somit handlungsfähige Organe mit festgelegten Kompetenzen voraussetzen.", *Rhinow* ZSR 103 II (1984), 156; mit der Forderung nach „institutionell ‚richtige[r]' Ausgestaltung der Volksrechte", ebd., 212. Mit Bezug auf den europäischen Prozess betont auch *Nettesheim* Der Staat 51 (2012), 313 (331), die Erforderlichkeit „des institutionellen 'setting', in dem der politische Prozess organisiert wird".

scheidungsregeln für die Bewältigung von Interessenkonflikten und die Austragung von Meinungsverschiedenheiten.[107]

Die Vorbereitung der Sachvorlage erfordert als unveränderliche Grundlage des Volksentscheids rechtliche Vorkehrungen. Volksbegehren können klar oder unklar formuliert sein, sie können eine politische Frage mit einer anderen verknüpfen, ein partikulares Anliegen oder eines von breiterem Interesse aufnehmen. Die Vorlage kann in einem offenen und transparenten Prozess oder im kleinen Kreis, mit oder ohne professionellen Sachverstand erarbeitet worden sein. Die digitale Kommunikationstechnik bietet Möglichkeiten der offenen, online-gestützten Diskussion über die Fassung eines Vorlagetextes in Foren und auf Plattformen des Internets.[108] Solche Möglichkeiten sind jedoch nicht nur vielversprechend, sondern auch voraussetzungsvoll. Sie erfordern Erweiterungen der demokratischen Kompetenz um technische Fertigkeiten, strategische Erfahrung im Umgang mit online geführten Diskussionsprozessen und die Bereitschaft zur Beteiligung. Solche Anforderungen schließen einen großen Teil der Bevölkerung von der Vorbereitungsphase aus.[109] Inhaltliche Standardsetzung und prozedurale Vorkehrungen für ihre Kontrolle bleiben erforderlich.[110]

---

[107] *Morlok* FS BVerfG (Fn. 1), 559: Rechtsregeln demokratischer Prozesse beziehen sich im Kern auf Verfahren und Wirkungen der Entscheidungsbildung; *Kotzur* Die Demokratiedebatte (Fn. 12), 357; *Volkmann* Berliner Kommentar (Fn. 52), Art. 20 Rn. 32.

[108] Vgl. zu den Ansätzen, aber auch mit recht engem Leitbild der (erforderlichen) „Medienkompetenz" Enquete-Kommission für Internet und digitale Medien, Zweiter Zwischenbericht vom 21. 10. 2011, BT-Drs. 17/7286, 10f., und zu den strukturellen Defiziten 13, 14f.; zu Strukturmerkmalen und Grenzen der Internetöffentlichkeit *B. Holznagel* NordÖR 2011, 205 (207ff.); *M. Emmer/G. Vowe* PVS 45 (2)2004, 191; *C. Neuberger* Wandel der aktuellen Öffentlichkeit im Internet, 2004, 16.

[109] Zur Vorsicht rät *Sommermann* Grundgesetz Kommentar (Fn. 92), Art. 20 Rn. 195; vgl. a. Rn. 80a, jeweils mwN; *Martini* Wenn das Volk (mit-)entscheidet (Fn. 10), 92f.; *Volkmann* Berliner Kommentar (Fn. 52) Art. 20 Rn. 57, mit dem zusätzlichen Aspekt der Vergemeinschaftung in „monadenhafter Isolation". Ein aktuelles Anwendungsbeispiel für Online-Kommunikation bietet der Dialog über Deutschlands Zukunft mit der Plattform www.dialog-ueber-deutschland.de im Rahmen des „Dialogs über Deutschlands Zukunft" 2012; Darstellung und zurückhaltende Bewertung bei *A. Merkel* (Hrsg.) Dialog über Deutschlands Zukunft, 2012, 232 ff.; www.buergerhaushalt.org.

[110] Diese vor allem für die Gesetzgebung erforderlichen Vorkehrungen erübrigen sich bei Referenden über vom Parlament bereits beschlossene Gesetze sowie bei plebiszitären Aufforderungen an das Parlament, ein Gesetz zu erarbeiten. Referenden über vom Parlament bewilligte Gesetze kennen 23 sowie über vom Parlament bewilligte Verfassungsänderungen alle Staaten der USA außer Delaware, *Gunlicks* FS König (Fn. 20), 412, 414. Das Referendum über beschlossene Gesetze ist die auf nationaler Ebene gängige Form des Volksentscheids in der Schweiz.

Grundsätzlicher sind Entscheidungsregeln auf einen offenen Prozess der Willensbildung auszurichten. Auch für direktdemokratische Entscheidungen gilt, dass ein Wettbewerb der Alternativen, Ansichten und Meinungen der Qualität des politischen Prozesses förderlich ist. Auf die Wahrheit und Sachlichkeit des einzelnen Beitrags kommt es nicht an. Wie beim Wahlkampf sollen auch im Direktentscheidungsverfahren fehlerbehaftete, tendenziöse oder verzerrende Äußerungen die Chance erhalten, gehört und gewogen zu werden. Mit den Entscheidungsalternativen steigt jedoch auch der Bedarf an entscheidungserheblichen Informationen. Sie zu gewährleisten ist Aufgabe rechtlicher Ordnung.

Erforderlich sind auch Vorkehrungen gegen einseitige Durchsetzung partikularer Interessen.[111] Die Initiierung eines Volksbegehrens erfordert hohe Motivation sowie kognitive, finanzielle und organisatorische Ressourcen. Über diese Voraussetzungen verfügen vor allem Vereine, Verbände und Parteien, in denen politische Interessen und Aktivitäten bereits aggregiert sind oder die über die erforderlichen Finanzmittel, Netzwerke und Wege der Mobilisierung und Kampagnenführung verfügen.[112] Verkörpern auch die Abstimmenden ein bestimmtes Segment der Bevölkerung, kann ein Volksentscheid zum „Insichgeschäft der Entscheider" werden.[113] Vorkehrungen treffen die Länder durch eine staatliche Organi-

---

[111] Diese Vorkehrungen sind für das Repräsentativsystem möglicherweise lückenhaft, aber vorhanden. Zur erhöhten gerichtlichen Kontrolldichte bei Tätigwerden eines Parlaments „in eigener Sache" BVerfGE 120, 82 (113); BVerfGE 129, 300 (322 f.); 130, 212 (229). Zum Problem der Entscheidung „in eigener Sache" *H. H. v. Arnim* Die Abgeordnetendiäten, 1974; *ders.* ZRP 2002, 223 ff. (zur Einschaltung direktdemokratischer Elemente 231 f.); *T. Streit* Entscheidung in eigener Sache, 2006 (ohne verfassungspolitische Vorschläge zur Direktdemokratie); *H. Lang* Gesetzgebung in eigener Sache: Eine rechtstheoretische und rechtssystematische Untersuchung von Distanzgebot und Eigennutz, 2007, 314 ff. (zur Einschaltung direktdemokratischer Elemente 505 ff.); *H. J. Vogel* ZG 7 (1992), 285; *J. Borchert* Politische Klasse ohne demokratische Kontrolle? Die Pathologien der politischen Professionalisierung und die Zukunft der Demokratie, in: v. Arnim (Fn. 18), 113 ff.; *O. Jung* Direkte Demokratie als Gegengewicht gegen Kartelle der herrschenden Klasse?, in: Wieland (Fn. 1), 81 ff. Die gegenständliche Abgrenzung dieses Bereichs ist schwierig und anfällig für tendenzorientierte Argumentation.

[112] S.o. bei Fn. 38 *Müller-Franken* Referendum (Fn. 8), 53 f.; differenzierend und ausgewogen *Berlit* KritV 76 (1993), 348 ff.

[113] Exemplarisch für solche Tendenzen stehen der Hamburger Volksentscheid über die Einführung der sechsjährigen Primarschule vom 18. 7. 2010 sowie der Volksentscheid vom 4. 7. 2010 über den Entwurf eines Nichtraucherschutzgesetzes in Bayern. Die Verhaltensforschung zur Frage der Entscheidungspräferenzen steht angesichts der späten Entwicklung direktdemokratischer Handlungsformen in Deutschland noch am Anfang.

sation der Entscheidungsverfahren und durch Quoren zur Gewährleistung eines breiten gesellschaftlichen Konsenses.

f) Befugnis zur Verfassungsrevision und zur Ausgestaltung des Ordnungskonzepts

Einer verfassungsrechtlichen Grundentscheidung bedarf auch die Erstreckung der Volksgesetzgebung auf Verfassungsänderungen.[114] Viele Landesverfassungen ermöglichen den verfassungsändernden Volksentscheid nach Volksbegehren und binden ihn an qualifizierte Mehrheiten und Zustimmungsquoren.[115] Gemischte Ordnungen erfordern darüber hinaus eine Entscheidung, ob der Volksgesetzgebung auch die Änderung der politischen Entscheidungsregeln eröffnet sein soll.[116] Mit dieser Kom-

---

Es gibt aber Anzeichen dafür, „dass die Beteiligung an Volksabstimmungen in der Regel niedrig und eine niedrige Beteiligung immer sozial ungleich ist.", *A. Schäfer* Mehr Mitsprache, aber nur für wenige? Direkte Demokratie und politische Gleichheit, MPIfG Jahrbuch 2011/2012, 53 ff.; *H. Schoen* PVS Sonderheft 45 (2012), 514; vgl. a. *Böckenförde* FS Eichenberger (Fn. 11), 309; für die Schweiz *W. Linder* FG Treiber, 2010, 409 (413 ff., insb. 423 f.).

[114] Zur kategorialen Verschiedenheit von Gesetzgebung und Verfassungsänderung, pouvoir constitué und pouvoir constituant constitué *Dreier* Gilt das Grundgesetz ewig? (Fn. 49), 41; *Morlok* FS BVerfG (Fn. 1), 562: „Gleiches gilt für die Absicherung von Freiheitssphären gegen die demokratische Macht. Diese Sicherungen müssen zum einen die demokratischen Regelungen der Entscheidungsfindung selbst umfassen, damit die einmal etablierte Mehrheit nicht diese abschaffen kann und die demokratische Entscheidungsfindung zu einem einmaligen Akt werden lässt." vgl. a. *C. Möllers* Demokratie – Zumutungen und Versprechen, 2. Aufl. 2009, Rn. 93, 109; Ansätze (beschreibend) bei *Nettesheim* Der Staat 51 (2012), 313 (327 f.); *H. Hofmann* JZ 1999, 1065 (1072); vgl. a. *Böckenförde* HStR III (Fn. 11), § 35 Rn. 20: „Grundregeln politischen Entscheidens" (die dieser direktdemokratisch ausgestalten würde). Zum Risiko erschwerter Umkehrbarkeit einer Verfassungsentwicklung oben (Fn. 69).

[115] Ein obligatorisches Verfassungsreferendum sehen Bayern und Hessen vor, ein fakultatives (ausgelöst durch die Mehrheit des Landesparlaments) Baden-Württemberg und Sachsen. Mit Ausnahme des Saarlands sind Verfassungsänderungen auf der Grundlage von Volksbegehren zugelassen, häufig allerdings bei erhöhten Anforderungen für den Antrag auf ein Volksbegehren sowie deutlich erhöhten Quoren für das Zustandekommen eines Volksbegehrens und oftmals sehr hohen Quoren für einen erfolgreichen Volksentscheid.

[116] Politische Regeln der Demokratie resultieren wiederum aus Prozessen demokratischer Entscheidungsbildung; Demokratie als politischer Prozess hält folglich auch die eigenen Funktionsbedingungen in Schwingung. Die Ordnung gemischter Demokratie ist auch auf diese Beweglichkeit und Zukunftsoffenheit auszurichten, *H.-G. Henneke*

petenz wird die Verfassungsänderung zum Wettbewerb, die Änderung von Entscheidungsregeln zur Gesetzgebung „in eigener Sache" – gleich welcher Seite.[117] Quoren bilden ein prozedurales Korrektiv. Sie konkretisieren zugleich das Verfassungspostulat der erschwerten Abänderbarkeit.[118] Verfassungsrechtliche Maßstäbe für ein Mindestquorum lassen sich hieraus jedoch nicht ableiten.[119] Landesverfassungsgerichte, die dieses dennoch unternahmen,[120] reagierten auf einen zutreffend erkannten Problembefund mit einem fragwürdigen Mittel.[121]

DVBl. 2012, Heft 17. Formale Position („Demokratie als politische Form") zum Wandel bei *Kelsen* Verteidigung der Demokratie (1932), in: ders. (Fn. 15), 229 (237). Zur Spannungslage von Stabilität und Wandel *A. Voßkuhle* Stabilität, Zukunftsoffenheit und Vielfaltsicherung – Die Pflege des verfassungsrechtlichen „Quellcodes" durch das Bundesverfassungsgericht, in: C. Hillgruber/C. Waldhoff (Hrsg.) 60 Jahre Grundgesetz – eine geglückte Verfassung?, 2009, 97 (100 ff.) mwN.

[117] Beispiele für von Konkurrenzlogik geprägte Reformen des Repräsentativsystems „in eigener Sache" sind die Aufhebung des Hamburger Volksentscheids zur Wahlrechtsreform im Jahre 2004 sowie der Hamburger Konflikt um das Volksgesetzgebungsverfahren und den weiteren Ausbau direktdemokratischer Elemente, nachgezeichnet in HmbVerfG DVBl. 2006, 1590, und bei *v. Arnauld* „Refolution" (Fn. 31), 97 f., 98 f.; *A. Fraude* Direkte Demokratie in Hamburg, in: A. Kost (Hrsg.) Direkte Demokratie in den deutschen Ländern, 2005, 113 (122); vgl. auch das in BayVerfGHE 50, 181 ff. teilweise für ungültig erklärte Volksbegehren über die Einführung des kommunalen Bürgerentscheids. *Dreier/Wittreck* Demokratie (Fn. 10), 30 f., erklären regulative Begrenzungen für Volksabstimmungen aus verfassungsrechtlichen Gründen für begründungsbedürftig; ebenso *P. Neumann* Sachunmittelbare Demokratie im Bundes- und Landesverfassungsrecht unter besonderer Berücksichtigung der neuen Länder, 2009, 344 ff., 814 f.; vgl. bereits *Thoma* Grundbegriffe (Fn. 32), 114 ff.

[118] BayVerfGHE 53, 42 (70; a.A. abw. Meinung 78 ff.). Grundsätzlich befürwortend *A. Rinken* FS Hollerbach, 2001, 403 (414 ff.) mwN zum Streitstand; *Isensee* Verfassungsreferendum, 44 ff.; *D. Horn* Der Staat 38 (1999), 399 ff., aA *Dreier* BayVBl. 1999, 513 ff.

[119] Das Argument der (zu) leichten Reversibilität, die als Möglichkeit auch der Volksgesetzgebung nicht vorenthalten werden dürfe (angedeutet bei *Dreier* BayVBl. 1999, 513) wirkt ebenfalls nicht vertrauensbildend; Kritik an der zu leichten Reversibilität des Grundgesetzes üben z.B. *H. Schulze-Fielitz* Schattenseiten des Grundgesetzes, in: Dreier (Fn. 8), 9 (25 ff.); *J. Masing* Der Staat 44 (2005), 1 (4).

[120] Insbesondere BayVerfGHE 50, 181 ff.; ThürVerfGH, LKV 2002, 83.

[121] *J. Lege* DÖV 2000, 283 ff.; *Hermes* Möglichkeiten (Fn. 52), 464 ff. Der Weg über die Haltekraft der Ewigkeitsklauseln ist aber mit hohen Kosten verbunden, denn er erfordert einen Bedeutungswandel der Klauseln durch Umorientierung ihrer Schutzrichtung von den Fundamenten hin zum Bekannten und Bewährten; dabei wird die Stärke der Ewigkeitsgarantien als identitätsstiftender Elemente der Verfassung gefährdet.

Das Problem der Regelsetzung „in eigener Sache" wird in Landesverfassungen mit obligatorischem Verfassungsreferendum von vornherein vermieden.[122]

2. *Ausgewählte Rechtsfragen*

Die Verwobenheit repräsentativer und gemischter Komponenten erfordert besondere, hierauf gerichtete Antworten. Sie betreffen sowohl die grundsätzliche Zuordnung von Direktentscheid, politisch-parlamentarischer Gestaltung und Regierung als auch konkrete Regeln der Entscheidungsbildung.

a) Gegenständliche Begrenzungen

Grundentscheidungen zum Verhältnis von direktdemokratischer Entscheidung und politischer Gestaltung prägen sich in den Gegenständen der Volksentscheidung und ihren Ausschlüssen aus. Weit verbreitet und ebenso umstritten sind die sog. Finanzausschlussklauseln. Hinter der Debatte um diese Klauseln werden oft grundsätzliche Einstellungen zu direktdemokratischen Verfahren im Wege des Volksbegehrens verhandelt.[123] Diese Einstellungen prägen nicht nur die Interpretation der verfassungsrechtlichen Ausschlussklauseln, sondern bestimmen zugleich und damit korrespondierend die Antworten auf die Frage nach der Offenheit der Verfassung für eine Abschaffung der Klauseln im Wege der Verfassungsänderung.[124] Für die rechtliche Ausgestaltung kommt es maßgeblich auf die verfassungsrechtliche Grenzziehung an.

---

[122] Art. 75 BayVerf; Art. 79 BrVerf; Art. 123 HessVerf; Art. 69 Abs. 2 NWVerf (fakultativ); beschränkt auf direktdemokratische Elemente Art. 100 BerlVerf. Im Saarland finden direktdemokratische Entscheidungen zur Änderung der Verfassung nicht statt, Art. 100 SaarlVerf. Auf eine besondere Weise behandelt die Verfassung des Landes Berlin das Problem, indem sie Änderungen der Verfassungsregeln über Volksbegehren und Volksentscheid einem Referendum unterwirft und damit der alleinigen Kompetenz des Abgeordnetenhauses entzieht, Art. 100 Abs. 2; zugleich ist auch die Verfassungsänderung im Wege des Volksentscheids erheblich erschwert, da ein auf Verfassungsänderung gerichtetes Volksbegehren den Nachweis von 50000 Unterschriften sowie ein Unterstützungsquorum von mindestens 20% der Wahlberechtigten erfordert und der Volksentscheid dem doppelten Erfordernis der 2/3-Mehrheit der Abstimmenden sowie der Mehrheit der Stimmbevölkerung genügen muss (Art. 63 Abs. 2).

[123] *J. D. Kühne* ZG 6 (1991), 116 (118).

[124] Die Diskussion wird mit verfassungsrechtlichen, verfassungspolitischen und verfassungstheoretischen Argumenten geführt, *Waldhoff/v. Aswege* Staatsfinanzkrise (Fn. 74), 13. Die Fragen der Interpretation einfachrechtlicher Vorbehalte und des ver-

Das Landesverfassungsrecht nimmt flächendeckend den Haushaltsplan von der Volksgesetzgebung aus und konkretisiert damit eine absolute Schranke des Demokratieprinzips.[125] Die darüber hinaus bestehende Regelungsvielfalt bleibt möglich. Ein grundsätzliches und konkretes Verbot finanzwirksamer Volkscheidungen bis zu einer Bagatellgrenze lassen sich Art. 28 Abs. 1 GG nicht entnehmen.[126] Ein solches Verständnis der Norm birgt einerseits die Gefahr einer Verkürzung und Marginalisierung, ohne andererseits die Vagheit der Grenzziehung einzufangen.[127] Zugleich ergibt sich ein Wertungswiderspruch, denn ein allgemeiner Finanzvorbehalt schließt Entscheidungen von großer politischer und möglicherweise auch fiskalischer Tragweite im Wege der Volksgesetzgebung nicht aus. Auch der internationale Vergleich spricht gegen eine solche Grenzziehung.

Der Funktionsvorbehalt zugunsten des Repräsentativsystems ist in Bezug auf die Volksgesetzgebung allgemeiner und grundsätzlicher auf Zu-

---

fassungsrechtlichen Spielraums für legislative Änderungen werden häufig und zutreffenderweise zusammen diskutiert – stellt sich doch mit der Frage nach der bestehenden Reichweite von plebiszitären Elementen zugleich auch die Frage einer legislativen Öffnung des geltenden Rechts für die Volksgesetzgebung.

125 Zum unantastbaren Kern des Demokratie- und des Gewaltenteilungsprinzips (vgl. o. III.2.) zählt neben der „politisch-rechtlichen Leitungsfunktion des Parlaments" auch „ein gewisser Kernbereich exekutiver Eigenverantwortung", *Dreier* Grundgesetz Kommentar (Fn. 51), Art. 79 Abs. 3 Rn. 50. Der politisch-rechtlichen Leitungsfunktion des Parlaments sind das Budgetrecht des Parlaments und die Haushaltsinitiative zuzurechnen, s.o. Fn. 74).

126 Für Regelungsvielfalt BremStGH, NordÖR 1998, 297 (300); ThürVerfGH, LKV 2002, 83. BerlVerfGH v. 6.10.2009 – Az. 143/08 –, juris Rn. 102 ff.; BayVerfGH, BayVBl. 2012, 170 ff. AA weiterhin *Isensee* DVBl. 2001, 1163 f.; *D. Birk*/*R. Wernsmann* DVBl. 2000, 669 (672); *Müller-Franken* Der Staat 44 (2005), 30 f.; *Waldhoff*/*v. Aswege* Staatsfinanzkrise (Fn. 74), 32; *v. Arnauld* „Refolution" (Fn. 31), 124 f., jener freilich im „Kontext" des von Bindungswirkungen geprägten Hamburger Modells (s.u. Fn. 155).

127 Bezeichnenderweise tritt auch bei der Interpretation der verfassungsrechtlichen Finanzvorbehalte die Wortbedeutung entsprechender Verfassungsbestimmungen regelmäßig in den Hintergrund und gewinnen teleologischer Gehalt und mit ihm die Funktionsorientierung tragende Bedeutung für die Reichweite gegenständlicher Ausschlüsse, vgl. z.B. BremStGH, NordÖR 1998, 297 (298 f.); anders aber die abw.M., Rn. 47, freilich ebenfalls nicht ohne Bezug auf die Möglichkeit „erweiternde[r] Auslegung", Rn. 47); BVerfGE 102, 176 (185 ff.); Hamburgische Enquete-Kommission Parlamentsreform (Fn. 73), Bürgerschafts-Drs. 15/2881 v. 21.2.1995, S. 3: Erforderlichkeit wertender Gesamtbetrachtung, in die neben der absoluten und relativen Höhe der Kosten eines Volksbegehrens auch „die Umstände des Einzelfalls" einbezogen werden, „z.B. die Art und Dauer der zu erwartenden Belastungen"; HmbVerfG, DVBl. 2006, 631 (635); SächsVerfGH, NVwZ 2003, 472 (476); *Birk*/*Wernsmann* DVBl. 2000, 670 ff.; *Krafczyk* Finanzvorbehalt (Fn. 64), 119 ff.

sammenhänge von Funktion, Repräsentation und Zurechnung bezogen.[128] Der Vorbehalt setzt eine absolute Grenze für Durchbrechungen oder ernstliche Beeinträchtigungen des Funktions- und Verantwortungszusammenhangs durch direktdemokratische Verfahren. Die Wirkung direktdemokratischer Elemente hängt nicht nur von den Gegenständen ab, sondern auch von prozeduralen Weichenstellungen. Ist die Volksvertretung an der Abänderung eines Volksgesetzes rechtlich nicht gehindert, beeinträchtigt das Gesetz nicht die Funktion politisch-parlamentarischer Gestaltung.[129] Setzt ein Land die Quoren für Direktverfahren niedrig an und werden diese häufiger durchgeführt, kommt es zu größeren Reibungsverlusten als im Falle höherer Quoren. Die Verpflichtung der Initiatoren zur Verbindung finanzwirksamer Vorlagen mit Kostendeckungsvorschlägen bildet ein spezifisches, noch erprobungsbedürftiges Korrektiv.[130]

Der Funktionsvorbehalt zugunsten des Repräsentativsystems ist jenseits des absolut schützenswerten Kerns mit der Grundentscheidung für Elemente direkter Demokratie abzuwägen. Diese Abwägung ist zunächst Aufgabe der Gesetzgebung. Die dadurch mögliche Vielfalt der rechtlichen Ausgestaltung prägt auch die Anforderungen an die Interpretation der

---

[128] Auf Funktionsvorbehalte verweisen allgemeiner auch *Dreier/Wittreck* Demokratie (Fn. 10), 18f.; *F. Wittreck* JÖR 51 (2005), 111 (134f.); *ders.* ZG 2011, 224f., mit Figur eines symmetrisch wirkenden, „zugunsten beider Spielarten der Demokratie“ streitenden Funktionsvorbehalts, der so allerdings im Demokratie- oder Rechtsstaatsprinzip keine Grundlage findet. Zu aktivieren ist er vielmehr mit Bezug auf die Funktionsfähigkeit des Gesamtsystems (s.o. bei Fn. 55) und kann dadurch auch zu Anpassungen und Begrenzungen des Repräsentativsystems führen.

[129] *Pestalozza* Popularvorbehalt (Fn. 7), 28. Der Modus der Verantwortungszurechnung wäre allerdings betroffen, sofern ein Parlament durch finanzwirksame Volksgesetzgebung rechtlich für gewisse Zeit gebunden und zugleich gehalten wäre, die Ausgabeneffekte des Volksentscheids an anderer Stelle auszugleichen; ausführlich und konkret zur Beeinträchtigung des parlamentarischen Gestaltungsspielraums durch finanzwirksame Entscheidungen *Krafczyk* Finanzvorbehalt (Fn. 64), 269ff. Gute verfassungsrechtliche Gründe sprechen angesichts der bis zu dreijährigen Bindungswirkung kommunaler Bürgerentscheide in den Gemeindeordnungen für den gegenständlichen Ausschluss des Bürgerentscheids in finanziellen Fragen.

[130] Überblick über die kommunalen Regelungen bei *Ossenbühl* FS Rommel (Fn. 10), 254ff. Auf prozedurale Vorkehrungen wurde bereits in Art. 73 Abs. 4 WRV ausgewichen und der finanzwirksame Volksentscheid nach Veranlassung durch den Reichspräsidenten ermöglicht, vgl. a. *Birk/Wernsmann* DVBl. 2000, 670f. Prozedurale Vorkehrungen rechtfertigen auch die volksentscheidungsfreundliche Fassung des Negativkatalogs in BayVerfGHE 50, 181 (209ff.) sowie die enge Auslegung des Haushaltsvorbehalts in SächsVerfGH, NVwZ 2003, 472 (473ff.). Eine „Gefahr verzerrender Zufälligkeiten“ durch Normierung solcher gegenständlicher Einschränkungen konstatiert *Eichenberger* Zusammen- und Gegenspiel (Fn. 19), 106 Rn. 19.

Ausschlussklauseln: Wortlaut, Systematik und Entstehungsgeschichte gewinnen neben dem teleologischen Argument an Gewicht.[131] Die in den Landesverfassungen regulativ angelegte Variantenvielfalt wird hierdurch entfaltet und bietet eine Chance zum Wettbewerb unter den Ländern um gute Lösungen.[132]

b) Quoren

Quoren zielen auf die Herstellung des Zurechnungszusammenhangs von Volkswillen und Volksentscheid. In dieser Funktion ergänzen sie das Mehrheitsprinzip. Im gestuften Verfahren der Volksgesetzgebung sind zu unterscheiden: Unterschriften zur Unterstützung des Antrags auf Volksbegehren, ein Mindestquorum als Wirksamkeitsvoraussetzung eines Volksbegehrens (Eingangsquorum) sowie ein Mindestquorum von Abstimmenden (Beteiligungsquorum) oder Zustimmungen (Zustimmungsquorum) im Verhältnis zur Gesamtzahl der Stimmberechtigten. Die Kombinationen in den Ländern reichen vom quorenlosen Volksentscheid in Bayern bis zum Zustimmungsquorum von 50 % im Saarland.[133]

Quoren bewirken mehr als die Vermittlung des Zurechnungszusammenhangs von Volksentscheid und Volkswillen. Hohe Beteiligungs- oder Zustimmungsquoren korrelieren mit einer niedrigen Zahl erfolgreicher Volksentscheide.[134] Je strenger aber die Anforderungen sind, desto eher wissen die Stimmbürger um die Möglichkeit des Scheiterns und bleiben

---

[131] Ausführlich *M. Klatt* Der Staat 50 (2011), 3 (12 ff.).

[132] Die noch 2010 festzustellende „erstaunliche Homogenität" (*v. Arnauld* „Refolution" (Fn. 31), 105) beginnt aufzubrechen; vgl. Änderungen der Verfassungen in Hamburg und Berlin nach restriktiven Entscheidungen der Landesverfassungsgerichte; allmählicher Wandel der Rechtsprechung, zuletzt BerlVerfGH v. 6.10.2009 – Az. 143/08 –, juris Rn. 78 ff., 109 in Abkehr von BerlVerfGH v. 22.11.2005, Az. 35/04, juris Rn. 115 ff.; vgl. a. Rechtsprechungsübersicht in BayVerfGH, BayVBl. 2012, 170 (171 f.); vgl. dort a. d)aa) juris Rn. 63 ff. mit Betonung des Charakters von Finanzvorbehalten als „Ausnahmeregelungen"). Bestandsaufnahme der Auslegung von Haushaltsvorbehalten und des allmählichen Auslegungswandels bei *M. Klatt* Der Staat 50 (2011), 5 ff., 31 ff.

[133] Die geforderte Mindesthöhe der Eingangsquoren bewegt sich zwischen 5% und 20% (5% in Brandenburg und Schleswig-Holstein; 10% in Bayern; 16,66%, d.h. ein Sechstel in Baden-Württemberg; 20% in Berlin, Bremen, Hessen, NRW, Rheinland-Pfalz und im Saarland).

[134] Quorenregeln spielen dabei zusammen mit Regelungen über einzuhaltende Fristen und über Verfahrensmodalitäten, etwa die Förmlichkeit der Unterschriftensammlung, vgl. nur *v. Arnauld* „Refolution", (Fn. 31), 109 f. *Bugiel* Volkswille (Fn. 10), 456 f., erörtert die Bedeutung von Quoren (neben gegenständlichen Beschränkungen) für das Verhältnis von repräsentativen und direktdemokratischen Elementen.

einer Abstimmung fern.[135] Verbände, Parteien und Staatsorgane erhalten die Chance zum Spiel über die Bande durch Förderung des Abstimmungsboykotts.[136] Ein dennoch erfolgreicher Volksentscheid lässt sich aber auch zum Misstrauensvotum des Volks gegen die Regierung stilisieren.[137]

Das Demokratieprinzip leitet die Gesetzgebung bei der Bestimmung von Quoren nur schwach an.[138] Es streitet im Grundsatz für Quorenbildung,[139] enthält aber keine konkret-mathematische Untergrenze.[140] Zustimmungsquoren sind vielmehr nach Maßstäben politischer Vernunft zu

---

[135] Für eine Nichtbeteiligung an Abstimmungen kommen unterschiedliche Gründe in Betracht: die Gewissheit etwa, durch die Abstimmungsmehrheit bereits gut vertreten zu sein, mangelnde politische Kultur, Abstimmungsmüdigkeit und politisches Desinteresse oder auch die Erfahrung, dass die erforderlichen Quoren ohnehin regelmäßig verfehlt werden. Die Wahrscheinlichkeit des Verfehlens ist bei einem Teilnahmequorum von über 50% und einem Stimmquorum von über 25% (wie z.B. in Art. 75 Abs. 3 der italienischen Verfassung vorgesehen) besonders hoch. Bei derartigen Quoren kommt sowohl der Motivation der Bevölkerung als auch der staatlichen Infrastruktur für die Durchführung der Volksabstimmung große Bedeutung zu.

[136] *Przygode* Rechtsprechung, (Fn. 10), 472 mwN. Zum Abstimmungsboykott im Zusammenhang mit dem Beteiligungsquorum nach Art. 75 WRV (Beteiligung einer Mehrheit der Stimmberechtigten für die Außerkraftsetzung eines Reichstagsbeschlusses) *Schwieger* Volksgesetzgebung (Fn. 10), 127 f., 175 ff. mwN.

[137] Vgl. z.B. *H.-J. Schlamp* Italiener sagen nein zur Atomkraft – und zu Berlusconi, SpiegelOnline 13.6.2011.

[138] Zum gesetzlichen Ermessen s.o. Fn. 55. Angemessenheit als rechtlichen Anknüpfungspunkt nennt *Steiner* Schweizer Verhältnisse (Fn. 11), 19; im Hinblick auf die Häufigkeit von Volksabstimmungen bemüht *R. Gröschner* ThürVBl. 2001, 193 (199) das Zuordnungsprinzip der praktischen Konkordanz. AA mit Bezug auf die prinzipielle Rechtfertigungsbedürftigkeit von Quoren sowie auf rechts- und systemvergleichende Beobachtungen *Dreier* BayVBl. 1999, 521 (522 f.); die dort vorgenommene rechtsvergleichende Betrachtung der Ordnungskonzepte bedarf allerdings der Ergänzung um gelebte Traditionen und Entwicklungen. So verweist die Tradition und politische Abstimmungskultur in der Schweiz auf ein einzigartiges Ordnungskonzept. Die Erfahrungen mit plebiszitären Elementen in den Gliedstaaten der USA bedürfen angesichts der jüngsten Entwicklung Kaliforniens einer erneuten Bewertung. Hier haben sich möglicherweise rechtliche Konstruktionsmängel des Bauprinzips aktualisiert, die jedenfalls auch auf das Fehlen von Zustimmungsquoren zurückgeführt werden, vgl. die Empfehlungen bei *Heußner* Krise (Fn. 20), 232, die eine Zweidrittelmehrheit für Verfassungsinitiativen umfassen; vgl. a. *J. Kühling* JuS 2009, 777 (782). Zur Verfassungsrevision s.u. 5.

[139] Vgl. a. *Gunlicks* FS König (Fn. 20), 421; *Heußner* The Challenge of Direct Democracy, in: Gunlicks (Hrsg.) German Public Policy and Federalism: Continuing Issues in the Post-Unification Era, 2003; aA *Przygode* Rechtsprechung (Fn. 10), 473 ff.

[140] V*gl. J. Lege* DÖV 2000, 283; Konkretisierungsversuch durch Verfassungsvergleich aber bei *R. Gröschner* ThürVBl. 2001, 193 (200); Andeutung einer bundesverfassungsrechtlichen Höchstgrenze (Art. 28 Abs. 1 S. 1 GG) auch bei *Dreier/Wittreck* Demokratie (Fn. 10), 30 f.

bemessen.[141] Differenzierter ist das Eingangsquorum zu beurteilen. Zustimmungsquorum und Eingangsquorum stehen in funktionalem Zusammenhang. Das Eingangsquorum rechtfertigt die im Volksbegehren liegende Anmutung an die Stimmbevölkerung, auch zwischen den Wahlen zur Urne zu gehen. Diese Anmutung steigt mit sinkendem Zustimmungsquorum.[142] In gleichem Maße wächst die Legitimationsfunktion des Eingangsquorums. Sie kann sich beim quorenlosen Volksentscheid zum Verfassungsgebot verdichten.

Beteiligungsquoren sind freilich mit der Ungewissheit für die Gegner eines Volksbegehrens verbunden, gerade durch die aktive Abstimmung mit „Nein" einem Volksentscheid zur Gültigkeit und damit zum Erfolg zu verhelfen. Die dysfunktionale, geradezu paradoxe und bei der Abstimmung nicht erkennbare Wirkung legt den Verzicht auf Beteiligungsquoren nahe.[143]

c) *Entscheidungsregeln*

Rechtliche Einhegung erfordern auch die Knotenpunkte der gemischten Entscheidungsbildung. Dies soll an drei Konstellationen deutlich werden.

Ein Knotenpunkt ist die Kontrollzuständigkeit von Staatsorganen und Verwaltung in Bezug auf ein Volksbegehren. Organisationsentscheidungen und Verfahrensregeln sind am Ziel der Vermeidung von Interessenkonflikten auf staatlicher Seite auszurichten. Im Konflikt befindet sich eine Regierung oder Gemeindevertretung, die über die inhaltliche Zulässigkeit einer Sachvorlage abschließend entscheidet.[144] Viele Landesverfassungen beauftragen die Regierung deshalb nur mit der Prüfung und über-

---

[141] Die den politischen Rechten innewohnende, eigentümliche Ambivalenz von Berechtigung und Verantwortung veranlasst den BayVerfGHE 50, 181 (213), zur Prüfung der freiheitsbeschränkenden Wirkung einer weitgehend schrankenlosen Einräumung solcher Rechte.

[142] *Patzelt* Plebiszitäre Instrumente (Fn. 35), 79 f.

[143] Ausführlich dargelegt bei *O. Jung* Zur Problematik des Beteiligungsquorums, in: Feld u.a. (Fn. 10), 40 (59 ff.); *Patzelt* Plebiszitäre Instrumente (Fn. 35), 81. ThürVerfGH, LKV 2002, 83, zur Funktion von Abstimmungs- und Beteiligungsquoren; dazu *Wittreck* JÖR 2005, 160 f.

[144] *S. Muckel* NVwZ 1997, 223 (225). Für die Schweiz wird als Konsequenz der zuletzt menschen- und völkerrechtlich problematischen Volksentscheide ein erweitertes Vorprüfungsverfahren vorgeschlagen, vgl. *Bundesrat* Zusatzbericht (Fn. 68), BBl 2011 3632 ff.; die Entscheidung einer politischen Instanz wird aber als unbefriedigend empfunden, *Biaggini* ZÖR 2010, 340 f., nicht zuletzt weil das Parlament bei der Ungültigerklärung einer Volksinitiative „Richter in eigener Sache" ist, *Kirchgässner* Direkte Demokratie (Fn. 38), 86.

tragen die Letztentscheidung über die Nichtzulassung eines Volksbegehrens der Verfassungsgerichtsbarkeit.[145]

Der Interessenkonflikt der Regierung verweist auf eine grundsätzlichere Spannungslage in plebiszitären Verfahren. Staatsvertretern obliegt einerseits die Aufgabe der Informationsvorsorge. Informationen sind erforderlich, um sowohl wirksame formale Teilhabe als auch inhaltliche Mitwirkung an der Willensbildung zu ermöglichen. Staatsvertreter sind aber immer auch Partei im Meinungskampf. Als Partei neigen sie zu überzeichnender, ja auch zu unsachlicher Äußerung in der öffentlichen Debatte. Ihre ambivalente Rolle erfordert prozedurale Entscheidungen.

Zur staatlichen Aufgabe der Informationsvorsorge finden sich im Landesrecht unterschiedliche Ausgestaltungen. Auch jenseits der zugewiesenen Aufgaben sind staatliche Informationen der Bevölkerung nicht nur zulässig, sondern auch sinnvoll und unter Umständen notwendig.[146] In der Frage der Streitordnung schweigen die Landesgesetze jedoch. Das für Wahlen geltende verfassungsrechtliche Neutralitätsgebot kommt nicht zur Anwendung, denn bei direktdemokratischer Entscheidungsbildung geht es nicht um die Übertragung von Herrschaft, sondern um Abstimmung

---

145 Der zur Organisation von landesweiten Vorbereitungs- und Abstimmungsvorgängen erforderliche hohe Aufwand und das damit einhergehende Frustrationspotential sprechen für frühzeitige Kontrollkompetenzen im laufenden Volksabstimmungsverfahren, BayVerfGHE 50, 181 (197 f.). Den Gerichten kommt dabei auch die Aufgabe zu, den Inhalt eines Volksentscheids und seine Tragweite zu ermitteln, was besondere, noch nicht ausformulierte Anforderungen an die Interpretation von Volksentscheiden und insbesondere Volksgesetzen stellt, etwa in Bezug auf die Normverständniskompetenz der abstimmenden Bürger, vgl. BremStGH, NordÖR 2000, 150 (151), und sich hieraus ergebende Besonderheiten der Normgenese; auch Maßstäbe und Kontrolldichte, etwa in Bezug auf die erforderliche Kontrolle der Rechtssetzungsqualität, sind noch klärungsbedürftig. Zum Erfordernis eines hinreichenden Qualitätsniveaus *H. Schmitz* DVBl. 2012, 731 ff. Über Funktion und Erfordernis einer gerichtlichen Kontrolle wird gegenwärtig auch in der Schweiz anlässlich der zuletzt problematischen Entscheide auf Bundesebene eingehend diskutiert (s.o. Fn. 38, 68). Diese Frage betrifft zwar auch die repräsentative Gesetzgebung, lässt sich aber nur durch gleichgerichtete Entscheidungen (Haltungen) von Parlament und Volk lösen und bildet insoweit doch ein Problem (und wohl auch eine Konstruktionsschwäche) der gemischten Demokratie in der Schweiz.

146 BayVerfGHE 47, 1 (15) mit Verweis auf BVerfGE 20, 56 (99 f.); 44, 125 (147 f.); 63, 230 (242 f.). *Steiner* Schweizer Verhältnisse (Fn. 11), 13 f.; enger *Morlok/Voss* BayVBl. 1995, 516. Ein eigenartig pessimistisches Bürgerbild zeichneten die Kläger im Verfahren um das Neutralitätsgebot vor dem BayVerfGH, vgl. BayVerfGHE 47, 1 (2 f.).

über eine Sachfrage.[147] Die Rechtsprechung leitet aus der Chancengleichheit politischer Betätigung stattdessen ein Sachlichkeitsgebot ab. Es empfiehlt sich, dieses Gebot wegen des Wertes unsachlicher und polemischer Beiträge für die politische Willensbildung eng zu halten und auf die Funktion offener Willensbildung hin zu orientieren.

Äußerungen von Staatvertretern sind als Beiträge zum Wettbewerb der Meinungen auch jenseits der ihnen zugewiesenen Informationsfunktionen erwünscht. Demokratische Kompetenz verträgt und erfordert eine lebendige Streitkultur, in der auch den Repräsentanten wenig Zurückhaltung geboten ist.[148] Entscheidungsbildung vollzieht sich auch im direktdemokratischen Verfahren über Alternativen.[149] Das Demokratieprinzip streitet dafür, unsachliche, tendenziöse und überspitzte Äußerungen von staatlicher Seite zu ermöglichen.

Zu verhindern ist aber, dass Staatsvertreter ihre bessere Informationslage und ihre spezifischen Artikulationsmöglichkeiten in Form von einseitiger Meinungsmacht ausspielen können.[150] Sie dürfen nicht mit Hilfe ihrer gesetzlich zugewiesenen Unterstützungs-, Kontroll- und Informa-

---

[147] BayVerfGHE 47, 1 (13 f.); BerlVerfGH v. 27.10.2008, Az. 86/08, juris Rn. 61 mwN.

[148] *Steiner* Schweizer Verhältnisse (Fn. 11), 13 f.; HmbOVG, DVBl. 2010, 1123 (Leitsatz 2); HmbVerfG v. 14.12.2011, HVerfG 3/10, LS 4 und juris Rn. 207 ff.; *M. Möstl* in: J.F. Lindner/M. Möstl/H.A. Wolff, Verfassung des Freistaats Bayern – Kommentar, 2009, Art. 74 Rn. 19. Vgl. a. BerlVerfGH, JR 1997, 58 (59). Enger *Morlok/Voss* BayVBl. 1995, 517; *W. Schmitt Glaeser/D. Horn* BayVBl. 1994, 299, 300.

[149] Das Informationsniveau scheint mit der Umstrittenheit der zur Abstimmung gestellten Vorlage zu steigen und mit ihr der Informationstand und die demokratische Kompetenz der abstimmenden Bevölkerung, vgl. *S. Huber* Strukturen (Fn. 92), 52 ff., 60; *Gunlicks* FS König (Fn. 20), 418 f.; zum oftmals einseitigen, emotional gefassten, gefärbten, oberflächlichen oder anderweitig Wünsche offen lassenden Gehalt der Information von Seiten der Initiatoren *J.H. Gallagher* Corporate Influence on Initiative Campaigns in Masachusetts and Oregon, 1986–1992, 1995, 186 f.; *D. Magleby* Direct Legislation: Voting on Ballot Propositions in the United States, 1984, 167 f., 179.

[150] Beiträge zur Sachdebatte sind außerdem von staatlichen Informationspflichten mit Bezug auf den Abstimmungsvorgang zu unterscheiden. Sind erstere der Logik der Konkurrenz verhaftet, handelt es sich bei letzteren um Ausprägungen staatlicher Infrastrukturverantwortung für die Ausübung des Abstimmungsrechts und die Ordnungsmäßigkeit des Entscheidungsverfahrens. Im Rahmen dieser Verantwortung ist auch über die formalen Abstimmungsalternativen zu informieren. Zur Informationsordnung vgl. BayVerfGHE 50, 181 (198). Der Einsatz finanzieller Mittel etwa zur Erstellung von Publikationen oder zur Veröffentlichung von Anzeigen ist möglich, zu eng daher OVG Berlin-Brandenburg, LKV 2009, 284 f.; inhaltlich sind solche Materialien an den Maßstäben für Öffentlichkeitsarbeit der Regierung zu messen, zu jenen *C. Engel* Öffentlichkeitsarbeit, HStR IV, 3. Aufl. 2006, § 80 Rn. 5 ff.

tionsfunktionen eine Abstimmung manipulativ zu einer Richtung hin leiten. An die Gestaltung der Abstimmungsunterlagen etwa sind strenge Anforderungen zu stellen.[151]

Mit den konkreten Wechselwirkungen von direktdemokratischer und parlamentarischer Gesetzgebung ist ein dritter Knotenpunkt angesprochen.[152] Beide Gesetzesformen genießen gleichen Rang.[153] Sie können sich wechselseitig aufheben und abändern, solange keine anderen Vorkehrungen getroffen sind.[154] Normativer Spielraum für Sperrwirkungen und andere Vorkehrungen zugunsten der Volksgesetzgebung ist grundsätzlich gegeben.[155] Sperrfristen stoßen aber an absolute verfassungsrechtliche Grenzen, wenn dem Parlament die Möglichkeit genommen ist, auf eine Ände-

---

Staatliche Stellen dürfen ihre Positionen hiernach auch zwingend vertreten und werbend dafür eintreten – insoweit sind sie aber auch zur Wahrheit verpflichtet.

[151] Die Bedeutung klarer Hinweise verdeutlicht *S. Huber* Strukturen (Fn. 92), 314ff., am Beispiel der Koppelung von Verhältnis- und Mehrheitswahlrecht und der Anordnung von Direkt- und Parteistimme in den Wahlunterlagen im Vergleich von Deutschland und Neuseeland.

[152] Ein weiterer, sachlich nahe bei dem hier angesprochenen liegender Knotenpunkt betrifft das Verhältnis von Parlament oder Gemeindevertretung und Volksbegehren während des laufenden Direktabstimmungsverfahrens. Parlamente und Gemeindevertretungen können in den zeitaufwendigen Prozess der Volksgesetzgebung hinein regulieren, Vorlagen des Volksbegehrens übernehmen, dieses durch eigene Gesetzgebung konterkarieren und sogar einfachgesetzlichen oder verfassungsändernden Einfluss auf die Verfahrensgestaltung der Volksgesetzgebung nehmen. Dieser Wettbewerb ist Ausdruck des Spannungsverhältnisses in der gemischten Demokratie und grundsätzlich hinzunehmen, öffnet er doch den politischen Prozess über das Ja-Nein des Volksentscheids hinaus weiteren Alternativen und Debatten. Nicht zuletzt ermöglicht er dem Parlament die jederzeitige politische Behandlung unaufschiebbarer Angelegenheiten. Entscheidungen der Volksvertretungen mit irreversiblen Folgen finden ihre Grenze wiederum am Prinzip der Organtreue, *Ossenbühl* FS Rommel (Fn. 10), 266. Eines Art. 165 der Schweizerischen Bundesverfassung entsprechenden Dringlichkeitsrechts des Parlaments bedarf es hierfür nicht, solange deutsche Gesetze nicht dem Referendum unterworfen werden. AA *Przygode* Rechtsprechung (Fn. 10), 423, 425: Sperrwirkung eines Volksbegehrens. Zum Spannungsverhältnis im Hinblick auf den Vollzug *F.-J. Peine/T. Starke* DÖV 2007, 740 ff.

[153] Nachweise oben Fn. 32.

[154] *C. Starck* ZG 1992, 1 (18). Die Gemeindeordnungen regeln Sperrwirkungen von einem bis zu drei Jahren für Bürgerentscheide, teilweise bei Befugnis der Gemeindevertretungen zu vorzeitiger Abänderung bei Änderungen der Sach- oder Rechtslage. Zu den erschwerten Abänderungsbefugnissen des Parlaments im Recht Kaliforniens kritisch *Heußner* Krise (Fn. 20), 230.

[155] Art. 50 Abs. 4 HmbVerf versieht Änderungsgesetze der Bürgerschaft mit dreimonatiger Sperrfrist und ermöglicht in dieser Zeit die Einleitung eines Referendums, vor dessen Ausgang das Änderungsgesetz nicht in Kraft tritt; befürwortend *H. Meyer*

rung der Sach- und Rechtslage zu reagieren. Auch jenseits dieser Grenze streitet das Demokratieprinzip gegen starre Fristen, denn sie wirken einem freien politischen Prozess entgegen. In Bayern ist die Einführung einer dreijährigen Sperrfrist am Verfassungsgerichtshof gescheitert.[156]

Dieser Prozess erfordert aber Vorkehrungen gegen manipulative, rücksichtslose und eigennützige parlamentarische Rechtssetzung. Eine von der Organtreue abgeleitete ungeschriebene Treuepflicht[157] bildet das verfassungsrechtliche Instrument.[158] Ihr Gehalt ist an der Eigenart der Volks-

---

JZ 2012, 532 (545); ähnlich Art. 141 der Schweizerischen Bundesverfassung. Die Auffassung von *F. J. Peine* Der Staat 18 (1979), 375 (399), wonach die Aufhebung oder Abänderung dem jeweiligen Gesetzgeber vorbehalten sei, hat sich nicht durchgesetzt. Im Falle der – in diesem Zusammenhang ebenfalls häufiger genannten – Art. 58 Abs. 1 HmbVerf von 1921 und Art. 72 S. 1, 73 Abs. 2 WRV lag die Initiative zum Referendum nicht bei den Wahlberechtigten, sondern bei den Abgeordneten und damit bei der parlamentarischen Opposition; ebenso heute Art. 114 S. 1, 115 S. 1 RhPfVerf. Eine Sperrwirkung anderer Art normiert Art. 6 Abs. 4 HmbVerf, indem er Wahlgesetzgebung an die Regularien der Änderungsgesetzgebung aus Art. 50 Abs. 4 HmbVerf bindet. Art. 73 Abs. 2 BremVerf erschwert die Abänderung von volksbeschlossenen Gesetzen binnen einer Geltungsfrist von zwei Jahren. Dieser Weg ist einer absoluten Sperrfrist mit Blick auf den offenen politischen Prozess vorzuziehen und macht die von *F. Decker* ZParl 38 (2007), 118 (128) geforderte „Schamfrist" überflüssig. In vielen Ländern könnte das Volk der Änderungsgesetzgebung außerdem durch Auflösung des Landtags zuvorkommen, vgl. *Przygode* Rechtsprechung (Fn. 10), 433 f.

[156] BayVerfGHE 50, 181 (203). Der vom BayVerfGH hergestellte Zusammenhang von Legitimationsanforderungen (durch Quoren) und der gesetzlich angeordneten Sperrwirkung (referiert bei *H.-J. Blanke/H.-P. Hufschlag* JZ 1998, 653 (659): „Je geringer das Legitimationserfordernis eines Bürgerentscheids, desto kürzer seine Bindungswirkung.") ist verfassungsrechtlich und demokratietheoretisch nicht unbedenklich, wegen der Bedeutung für Zahl und Dichte möglicher Volksentscheide für das Funktionieren des gesamten demokratischen Systems aber vertretbar; eine Differenzierung von Volkentscheiden nach der demokratischen Qualität ist aber nicht möglich, aA *K. Engelken* DVBl. 2005, 415 (421 ff.). Zum Argument der Funktionsfähigkeit s.o. Fn. 73.

[157] Volksinitiative, Volksbegehren und Volksentscheid sind zwar staatsorganisationsrechtliche Ordnungsmuster, das Volk wird dadurch aber nicht zum Staats-„Organ". Auch Volksbegehren und Volksentscheid sind nicht Staatsorgane, sondern Entitäten mit verfassungsrechtlich zugeschriebener staatsorganisatorischer Funktion. Für die Begründung der Treuepflicht ist der funktionelle Aspekt maßgeblich und ausreichend. Nicht ganz präzise daher *Rhinow* ZSR 103 II (1984), 169 f.; *Rossi/Lenski* DVBl. 2008, 420 ff.; *K. Hernekamp* Formen und Verfahren direkter Demokratie, 1979, 18 f.; SächsVerfGH LKV 1998, 443; zutreffend hingegen BerlVerfGH, DVBl. 1999, 979 f. und v. 27. 10. 2008, Az. 86/08, juris Rn. 76 f. Die organschaftliche Konstruktion auf kommunalrechtlicher Ebene grundsätzlich ablehnend *U. Schliesky* DVBl. 1998, 169 (170 f., 175) entgegen der Rechtsprechung einiger Oberverwaltungsgerichte (Nw. ebd., 169 f.); *ders.* ZG 1999, 91 (114); vgl. a. *Steiner* Schweizer Verhältnisse (Fn. 11), 8 Fn. 24.

[158] *R. A. Lorz* Interorganrespekt im Verfassungsrecht, 2001, 601; *H. P. Bull* NordÖR 2005, 99 (100 f.); *E. G. Mahrenholz* NordÖR 2007, 11 (16 ff.); *Rossi/Lenski* DVBl. 2008,

gesetzgebung sowie am Ziel eines offenen politischen Prozesses auszurichten. Anerkannt ist bereits die Pflicht des Parlaments, sich im Gesetzgebungsverfahren mit dem im ursprünglichen Gesetz zum Ausdruck kommenden Volkswillen ernsthaft und substantiiert auseinanderzusetzen.[159] Gesteigerte Anforderungen dürften für parlamentarische Gesetzgebung „in eigener Sache“ abzuleiten sein. Als solche war etwa die Wahlrechtsreform in Hamburg 2004 einzuordnen.[160] Solche Konstellationen verlangen nach geeigneten Vorkehrungen, etwa einer geschriebenen oder ungeschriebenen Regel, die die Abänderung entsprechender direktdemokratischer Gesetze durch das Parlament in der laufenden Legislaturperiode verhindert.[161]

Vorsorge ist auch gegen eine parlamentarische Änderung der Regeln für direktdemokratische Entscheidungsbildung im laufenden Verfahren zu treffen.[162]

---

420 ff.; *P. M. Huber* ZG 2009, 311 ff.; SächsVerfGH LKV 1998, 443 (444); HmbVerfG NordÖR 207, 301 ff. Vgl. a. *W.-R. Schenke* Die Verfassungsorgantreue, 1977, 97.

159 *Rossi/Lenski* DVBl. 2008, 416 (432 f.).

160 Ausbildung von Verhaltenspflichten in Abhängigkeit vom konkreten Gegenstand der Gesetzgebung durch *Mahrenholz* NordÖR 2007, 16 ff.; vgl. a. HambVerfG, NordÖR 2007, 301 (311 f.), abw. Meinung. Zur Notwendigkeit und Technik des Tatsachen- und Sachverhaltsbezugs *Lepsius* Staatsrechtslehre (Fn. 152), 320 ff., 335 ff.

161 Für die Wahlgesetzgebung in Hamburg z.B. *Mahrenholz* NordÖR 2007, 11 (17 f.), mit Hinweis auf das 27. Amendment der US-amerikanischen Verfassung (“No law, varying the compensation for the services of the Senators and Representatives, shall take effect, until an election of Representatives shall have intervened.”). Über Gesetzgebung „in eigener Sache“ hinaus lassen sich allerdings solche Grenzen ebenso wie der Rückgriff auf die clausula rebus sic stantibus weder aus dem ungeschriebenen Prinzip der Organtreue ableiten noch – mangels Regelungslücke – aus anderen Regelungen im Wege der Analogie begründen, sondern bedürfen ausdrücklicher gesetzlicher Regelung; Beispiele oben Fn. 155. AA *v. Arnauld* „Refolution“ (Fn. 31), 116 f., mit Ableitung aus der Organtreue; *U. Ramsauer/M. Heidmann* NordÖR 2003, 482 (485), mwN zum Streitstand; Analogiebildung für Sachsen bei *M. Fritz/P. Musall* SächsVBl. 2001, 233 (235) (mit Bezug auf Art. 73 Abs. 2 SächsVerf); für die Weimarer Reichsverfassung *Thoma* Grundbegriffe (Fn. 32), 116 (zur Korrektur des von *Thoma* angenommenen Vorrangs der Volksgesetzgebung); für Baden-Württemberg *P. Feuchte* Verfassung des Landes Baden-Württemberg, Kommentar, 1987, Art. 60 Rn. 11.

162 *Rossi/Lenski* DVBl. 2008, 416 (422 ff.); *Wittreck* ZG 2011, 225; *Mahrenholz* NordÖR 2007, 11 (15); dem Grundsatz nach SächsVerfGH LKV 1998, 443 (444).

V. Ausblick

Die Antworten auf die Frage nach dem juristischen Ordnungskonzept gemischter Systeme weisen über dieses Konzept hinaus. Die Verfassung zeigt sich offen für vielfältige Kombinationsmöglichkeiten und Ordnungsvarianten demokratischer Repräsentation. Zugleich enthält das Demokratieprinzip Maßstäbe für das konkrete System und seine Ordnung.

Die juristischen Baupläne der Länder und Gemeinden bieten ein Bild des Übergangs. Gesetzgeber, Verfassungsgerichtsbarkeit und Rechtswissenschaft befinden sich im dialogischen Lernprozess. Die Entwicklungsperspektive ist vielversprechend, wenn es gelingt, das in der föderalen Vielfalt liegende Potential für das Ordnungskonzept fruchtbar und die Erfahrungen anderer Demokratien nutzbar zu machen.

Eine Einführung direktdemokratischer Elemente im Bund wäre gegenwärtig nicht zu empfehlen.[163] Das rechtliche Ordnungskonzept für den Bund gestaltete sich komplexer, die Herstellung eines Zurechnungs- und Verantwortungszusammenhangs schwieriger als in den Ländern. Im Bund träfen Elemente direkter Demokratie auf eine Ordnung, die wegen der Mitwirkung der Länder an der politischen Willensbildung bereits auf Konsens und Mischung von Verantwortung orientiert ist. Auch die Rückkoppelung an die Entscheidungen der Wählerschaft erfolgt mit Rücksicht auf 16 Landtagswahlen bereits kurzatmig.

Nicht ausgeschlossen ist freilich ein Rationalitätsgewinn aus der Kenntnis solcher Prozesse für eine zukunftsoffene Perspektive auf das Grundgesetz und die Möglichkeit der plebiszitären Grundentscheidung. Angesichts tiefgreifender Veränderungen der Bundesrepublik hin zu einem offenen Verfassungsstaat erweist sie sich auch für die verfassungspolitische Diskussion um eine Revision des Grundgesetzes kraft Referendum als fruchtbar. Im europäischen Integrationsprozess ermöglichen Art. 20

---

[163] Für die Entscheidungsbildung auf Bundesebene geben partizipative Elemente wie die unionsrechtliche Bürgerinitiative oder auch die Volksinitiative im Übergang von der partizipativen zur direkten Demokratie geeignetere Vorbilder ab als das Element der Volksgesetzgebung. Diesen funktionalen Zusammenhang nimmt z.B. *Biaggini* ZÖR 2010, 325 f., auf, der auf die Besonderheiten des politischen Systems abhebt und hieraus die bedeutende Korrektivfunktion der Mitwirkungsrechte des Volkes in Sachfragen begründet. Gerade das Schweizer Modell zeigt aber auch die Zirkelförmigkeit solcher Prozesse, da diese Besonderheiten im Einfluss der „Volksrechte" auf das Repräsentativsystem ihren Ursprung finden, s.o. Fn. 40. Entsprechende Befürchtungen hegt für die Bundesrepublik *Müller-Franken* Referendum (Fn. 8), 55, 58, allerdings in nicht nachvollziehbarer Weise auf den Charakter der Bundesrepublik als einer (reinen) Konkurrenzdemokratie abstellend, in der politische Auseinandersetzungen „transparent" ausgetragen würden.

und 23 GG sowohl die Fortentwicklung einer die Handlungsebenen übergreifenden demokratischen Struktur als auch die Einführung eines Referendums. Die Entscheidung liegt jeweils beim verfassungsändernden Gesetzgeber. Das Verfahren der Verfassunggebung nach Art. 146 GG beendete hingegen nicht nur die unantastbare Identität des Grundgesetzes einschließlich des demokratischen Prinzips, sondern wiese auch über die bestehenden Strukturen der Staatsorganisation hinaus. Dieses Verfahren durch interpretierende Fortentwicklung des Grundgesetzes einem Funktionswandel zu unterwerfen hieße, den kategorialen Unterschied zwischen Verfassunggebung und Verfassungsrevision aufzuheben und die Integrität des Grundgesetzes zu gefährden.[164]

[164] Verfassungsbeschwerde der Beschwerdeführer, S. 112, im Verfahren, das der einstweiligen Anordnung des BVerfG vom 12.9.2012, 2 BvE 6/12 u.a. (ESM-Vertrag) zugrunde liegt, aufrufbar unter http://www.verfassungsbeschwerde.eu/fileadmin/pdf/2012-06-29_Verfassungsbeschwerde.pdf; *Nettesheim* Der Staat 51 (2012), 313 (335); *T. Herbst* ZRP 2012, 33 (34 f.).

Leitsätze der 2. Referentin über:

Elemente direkter Demokratie als Entwicklungsperspektive

I. Einleitung

(1) Die Bundesrepublik Deutschland zeigt Züge einer gemischten Demokratie, in der das repräsentative Regierungssystem mit direktdemokratischen Entscheidungsformen eng verbunden wird.

(2) Die Zuordnung direkter und repräsentativer Komponenten im Wege der Systembildung ist (auch) Aufgabe von Recht und Rechtswissenschaft. Sie vermag die Interpretation des Landesrechts durch ordnungsstiftende Bezüge anzuleiten und Aufschlüsse für die Entwicklung der Rechtsdogmatik zu geben. Systembildung leitet auch Ordnungsbildung durch Gesetzgebung an und entfaltet dabei rechtspolitische Funktion.

(3) Anknüpfen lässt sich an den Rechtsbestand der Länder und Gemeinden sowie ergänzend an ausländische Demokratien, insbesondere an die Schweiz als „halbdirekte Demokratie" oder an einige Einzelstaaten der USA. Auch Italien prägen Züge eines Mischsystems.

II. Knotenpunkte von Repräsentativsystem und direktdemokratischen Elementen

(4) An direktdemokratischen Entscheidungen sind Staatsorgane in unterschiedlichen Rollen beteiligt. In den Entscheidungsverfahren werden unterschiedliche Logiken der Entscheidungsbildung kombiniert. Über die punktuelle Entscheidung hinaus entfalten Elemente direkter Demokratie Signalfunktion für das Repräsentativsystem und irritieren dieses in der Wahrnehmung der Aufgabe politischer Gesamtgestaltung. Elemente direkter Demokratie verändern als Instrumente in der Hand von Repräsentanten auch die Balance innerhalb des Repräsentativsystems.

(5) Initiatoren von Volksbegehren stehen mit Regierung und Regierungsmehrheit im Wettbewerb um gute Entscheidungen und um die Nähe zum Volk als Legitimationssubjekt. Als Suchverfahren um die beste politische Lösung verbindet sich Wettbewerb auch mit Gefahren der Manipulation und Vermachtung. Modi des Wettbewerbs und der Verhandlung reichern

die plebiszitäre Entscheidung des Ja oder Nein um Elemente der Alternativen- und Kompromissbildung an. Hieraus ergeben sich wiederum Gefahren der opportunistischen Nutzung direktdemokratischer Verfahren und der Verwischung von Verantwortungszurechnung.

(6) Das in Art. 146 GG normierte Element der Verfassunggebung ergibt keinen für das rechtliche Ordnungskonzept gemischter Systeme geeigneten Anknüpfungspunkt. Es kann aber von jenem Impulse empfangen.

III. Demokratieprinzip als maßstabs- und schrankenbildende Kraft

(7) Verfassungsrechtlich leitet vor allem das Demokratieprinzip die Ordnung gemischter Systeme an, es begrenzt sie aber kaum. Art. 20 Abs. 2 GG und Art. 28 Abs. 1 GG ermöglichen Gestaltungsvielfalt. Zugleich enthält das Demokratieprinzip Vorgaben und Maßstäbe für die Ausbildung von Regeln der Entscheidungsbildung mit Bezug auf konkrete Systeme und auf unterschiedliche Kombinationen von direktdemokratischen und repräsentativen Komponenten.

(8) Die in den Ländern und Gemeinden bestehende Homogenität ermöglicht es, einheitliche Regeln abzuleiten, ohne die landesbezogenen Eigenarten zu überspielen. Rechtliche Ordnungen gemischter Systeme sind auszurichten am Grundsatz praktischer Konkordanz, ergänzt um ein Ordnungsprinzip der Konsistenz. Sie sind am Ziel der Vertrauensbildung zu orientieren. Charakteristische Stärken beider Formtypen eines gemischten Systems sind gleichartig (aber nicht gleich) zur Geltung zu bringen und Schwächen gleichartig einzuhegen. Entwicklungsoffenheit und Lernfähigkeit der Systeme sind zu gewährleisten.

(9) Absolute Schranken ergeben sich aus der beim Repräsentativsystem verbleibenden Regierungsaufgabe und der parlamentarischen Verantwortung für die politische Gesamtsteuerung. Das Repräsentativprinzip bleibt beim Hinzutreten von Elementen direkter Demokratie erhalten und in seinen Kernbestandteilen geschützt. Staatliches Handeln und Entscheiden muss auch unter den besonderen Bedingungen gemischter Systeme auf das Volk rückführbar sein, und es muss ein entsprechender Verantwortungszusammenhang bestehen. Der Wesensgehalt der für den Meinungs- und Willensbildungsprozess maßgeblichen Grundrechte verweist auf den Schutz eines freien und offenen Prozesses der Meinungs- und Willensbildung, dem auch in gemischten Systemen Rechnung zu tragen ist.

(10) Weder Art. 79 Abs. 3 GG noch Art. 28 Abs. 1 GG oder die landesverfassungsrechtlichen Ewigkeitsgarantien normieren absolute Schranken zugunsten des Repräsentativsystems oder dessen Prävalenz. Von Elementen direkter Demokratie ausgehende Spannungen und Reibungsverluste sind gewollt und hinzunehmen, sofern Zurechnung von Verantwortung möglich bleibt.

IV. Ein gemischtes Ordnungskonzept als Entwicklungsperspektive

1. Verfassungsrechtliche Anforderungen an die Ausgestaltung

(11) Strukturändernde Entscheidungen und elementare Entscheidungsregeln zählen als Grundentscheidungen der Demokratie zum Verfassungsrecht. Verfassungsrechtlicher Ordnung bedürfen der gegenständliche Umfang verbindlicher direktdemokratischer Mitwirkung, Grundzüge des direktdemokratischen Entscheidungsverfahrens und Entscheidungswirkungen.

(12) Direktdemokratische Entscheidungen verwirklichen sich in spezifischen Strukturen der Repräsentation. Als „Organisationsmuster zur Realisierung von Volkssouveränität" (Morlok) bedürfen auch Elemente direkter Demokratie der Herstellung eines auf den Volkswillen führenden Zurechnungs- und Verantwortungszusammenhangs. Diese Aufgabe erfordert rechtliche Entscheidungen zum Mehrheitsprinzip und zur Frage der Quoren.

(13) Die verfassungsrechtliche Grundentscheidung über die Bereiche und Gegenstände direktdemokratischer Entscheidungsbildung verwirklichen gegenständliche Ausschlüsse, insbesondere – einer deutschen Verfassungstradition entsprechend und in Bezug auf ihren Kern zwingend – allgemeine Finanzausschlussklauseln.

(14) Vorstellungen von und Erwartungen an Wissen, Fähigkeiten und Verantwortlichkeit der Stimmbürgerschaft vermitteln als „Bild" des Wählers und Stimmbürgers sinnstiftenden Zusammenhang für die rechtliche Ordnung. Sie verbinden sich mit Vorstellungen zur Kompetenz und Verantwortlichkeit von Repräsentanten. Die Perspektive der gemischten Demokratie verdeutlicht die Notwendigkeit, die „Bilder" für direktdemokratische und repräsentative Formen zu überprüfen und aufeinander abzustimmen.

(15) Demokratie als Form und Verfahren erfordert Regeln über die Bildung des Gemeinwillens durch Entscheidungen. Besonderer rechtlicher Vorkehrungen bedürfen in direktdemokratischen Entscheidungsverfahren die Initiative zum Volksentscheid und die Vorbereitung einer Vorlage. Alle Entscheidungsregeln sind auf einen offenen Prozess der politischen Willensbildung auszurichten. Ein Wettbewerb der Alternativen, Ansichten und Meinungen fördert auch bei Sachabstimmungen die Qualität der Entscheidungsbildung. Erforderlich sind Vorkehrungen gegen partikulare Interessenverfolgung.

(16) Gemischte Ordnungen bedürfen einer Grundentscheidung, ob das in allen Ländern verwirklichte Instrument der Volksgesetzgebung auf Änderungen der Verfassung allgemein und auf die Änderung der Grundregeln politischen Entscheidens im Besonderen erstreckt werden soll. Die Länder treffen diese Grundentscheidung in unterschiedlicher Weise.

2. *Ausgewählte Rechtsfragen*

(17) Das Landesverfassungsrecht nimmt den Haushaltsplan von der Volksgesetzgebung aus. Es konkretisiert damit den absolut geschützten Funktionsvorbehalt zugunsten der Gesamtleitungsfunktion des Parlaments und der Funktionsfähigkeit der Regierung. Darüber hinaus bleibt Regelungsvielfalt verfassungsrechtlich möglich. Der Funktionsvorbehalt erlaubt unterschiedliche Akzentuierungen bei der Abwägung mit der Grundentscheidung für Elemente direkter Demokratie. Den Schutz des Funktionsvorbehalts verwirklichen bei der Ausgestaltung direktdemokratischer Formen nicht nur gegenständliche Ausschlüsse, sondern auch prozedurale Vorkehrungen.

(18) Die mögliche Vielfalt der rechtlichen Systembildung prägt auch die Anforderungen an die Interpretation der Finanzausschlussklauseln. Die im Landesrecht angelegte, begrenzte Vielfalt sollte nicht im Wege teleologischer Auslegung beseitigt, sondern vielmehr durch grammatische, systematische und genetische Interpretation entfaltet werden. Dies fördert auch den föderalen Wettbewerb um gute Lösungen.

(19) Quoren sind Vorkehrungen zur Herstellung des Zusammenhangs von Volkswillen und Volksentscheid. In dieser Funktion ergänzen sie das Mehrheitsprinzip. Im gestuften Verfahren der Volksgesetzgebung sind zu unterscheiden: Unterschriften zur Unterstützung des Antrags auf Volksbegehren, ein Mindestquorum als Wirksamkeitsvoraussetzung eines Volksbegehrens (Eingangsquorum) sowie ein Mindestquorum von Abstimmenden (Beteiligungsquorum) oder Zustimmungen (Zustimmungsquorum) im Verhältnis zur Gesamtzahl der Stimmberechtigten. Quoren sind durch das Demokratieprinzip schwach vorgeprägt.

(20) Die für das Entscheidungsverfahren erforderlichen Organisationsentscheidungen und Verfahrensregeln sind auf angemessene Lösungen von Rollenkonflikten auf staatlicher Seite auszurichten. Auf Landesebene erfüllen diese Funktion z.B. Regeln, die die Letztentscheidung über die Zulassung eines Volks- oder Bürgerbegehrens nicht bei der Regierung oder Gemeindevertretung belassen, sondern den Gerichten zuweisen.

(21) Die staatliche Aufgabe der Informationsgewährleistung steht in Spannung mit der Parteilichkeit von Staatsvertretern in der öffentlichen Debatte eines Volksbegehrens. Staatsvertreter sind nicht zur Neutralität in der Sachdebatte verpflichtet. Die Anforderungen des von der Rechtsprechung entwickelten Gebotes zur Sachlichkeit sollten im Interesse eines offenen politischen Prozesses nicht überspannt werden. Staatsorgane und Staatsvertreter sind aber an der manipulativen Ausnutzung ihrer besonderen Stellung, Aufgaben und Befugnisse im Sinne einseitiger Meinungsmacht zu hindern und die informationsrechtlichen Anforderungen insoweit streng zu handhaben.

(22) Die Möglichkeit der Parlamente zur Aufhebung oder Abänderung volksbeschlossener Gesetze erfordert rechtliche Einhegung. Das Demokratieprinzip ist für entsprechende Vorkehrungen offen. Starre Sperrfristen stoßen aber an die absolute Schranke des parlamentarisch-repräsentativen Funktionsvorbehalts. Schutz gegen manipulative, rücksichtslose und eigennützige parlamentarische Rechtssetzung bieten ungeschriebene Treuepflichten nach dem Vorbild der Organtreue.

V. Ausblick

(23) Die Ordnung gemischter Systeme in der Bundesrepublik bietet ein Bild des Übergangs. Gesetzgeber, Verfassungsgerichtsbarkeit und Rechtswissenschaft befinden sich im dialogischen Lernprozess über die Grundlagen des Landes- und Kommunalrechts. Erkenntnisse und Erfahrungen aus diesem Prozess vermögen auch die Debatte um die Einführung von Elementen direkter Demokratie auf anderen Ebenen politischer Entscheidungsbildung anzureichern.

(24) Die Einführung eines gemischten Systems im Bund ist gegenwärtig nicht zu empfehlen. Die Gestaltung des europäischen Integrationsprozesses sollte sowohl in Bezug auf die Fortentwicklung demokratischer Strukturen als auch in Bezug auf die Einführung eines Referendums beim verfassungsändernden Gesetzgeber verbleiben. Ein Funktionswandel des Art. 146 GG im Wege der Verfassungsinterpretation empfiehlt sich in diesem Zusammenhang ebenfalls nicht.

Elemente direkter Demokratie als Entwicklungsperspektive

Ruffert: Meine sehr verehrten Damen und Herren, liebe Kolleginnen und Kollegen, ich möchte die Diskussion eröffnen. Ein erster Block zu Grundfragen, dann direkte und repräsentative Demokratie im Verhältnis, Grundrechtsschutz als Drittes; ein vierter Punkt sind Einzelfragen direkter Demokratie, und am Ende folgt als fünfter Punkt Art. 79 Abs. 3 GG einschließlich der europäischen Integration.

Meyer, Hans: Wenn ich nur zu den Grundfragen spreche, so gehört an den Anfang die Feststellung, dass die Volksabstimmung kein Allheilmittel für unsere Probleme ist. Zunächst sollten wir uns vielleicht darauf verständigen, dass die repräsentative Demokratie eine parlamentsvermittelte Demokratie und die rein repräsentative Demokratie eine *nur* parlamentsvermittelte Demokratie ist. Diesen Zustand kennen wir im Bund seit 60 Jahren. Er ist offensichtlich ans Ende gekommen, weil auch die politischen Parteien das einsehen. Wir haben eine Schwäche in unserem politischen System, welche jetzt offensichtlich über Volksabstimmungen wettzumachen versucht wird. Der derzeitige Zustand widerspricht auch offensichtlich der Verfassung. In Art. 20 Abs. 2 steht, für die Bundesstaatsgewalt, dass die Staatsgewalt vom Volke ausgeht und in zwei Modi realisiert wird. Der eine Modus ist die Wahl. Den kennen wir und den üben wir seit 60 Jahren aus. Der andere Modus ist die Abstimmung, den haben wir noch nie realisiert. Normalerweise müsste man sagen: Das ist ein unerfüllter Grundgesetzauftrag. Die Form der Erfüllung, so wird behauptet, kann nur durch Verfassungsänderung geschehen. Das leuchtet mir nicht ein. Auch bei der Wahl ist es nicht so. Das Wahlsystem, also die wichtigste Entscheidung über das Wahlrecht, wird durch einfaches Gesetz fixiert. Warum sollten also die Volksabstimmungsmöglichkeiten nicht durch Gesetz fixiert werden können? Natürlich kann das auch durch Verfassungsänderung geregelt werden. Ich warne nur davor, zu viel in die Verfassung hineinzuschreiben. Wenn Sie durch Verfassungsregeln Volksabstimmungen praktisch unmöglich machen, werden Sie einen Druck auf das Parlament erzeugen, die Verfassung zu ändern. Es würde wiederum eine Schwäche des parlamentarischen Regierungssystems offenkundig werden. Deshalb sollte man nur das, was man für unabdingbar notwendig hält, bei einer Verfassungsänderung regeln. Zu Herrn Möstl möchte ich sagen: Sie haben mehrmals von der Mehrheit des Volkes gesprochen, von der Sie glauben, sie würde bei Volksabstimmungen nie erfüllt. Ist Ihnen klar, dass die Mehrheit des Volkes vom Parlament keineswegs repräsentiert wird (selbst wenn Mehrheit des Volkes hier meint: Abstimmungsberechtigte bzw. Wahlberechtigte)? Die derzeitige kleine Koalition repräsentiert ganze 30 Prozent der Wahlberechtigten. Selbst die vorangegangene Große Koalition repräsentierte nur 40 Prozent der Wahlberechtigten. Eine Verfassungsänderung würde heute von 46 Prozent der Wahlberechtigten, vermittelt über deren Vertreter im Parlament, das Grundgesetz erneuern. Das heißt also, wir sollten an die Volksabstimmungen keine höheren Anforderungen stellen als wir sie als Selbstverständlichkeit bei der parlamentarischen Regierung akzeptieren.

Albers: Ich habe eine kurze Nachfrage an beide Referenten. Beide Referate – für die ich mich sehr bedanke, weil ich sehr viel gelernt habe – haben sehr schön gezeigt, wie repräsentative Demokratie und direkte Demokratie sich ergänzen oder sogar ineinander verzahnt und verwoben sind. Meine Nachfrage richtet sich auf die Punkte, die mich besonders interessieren, nämlich: Gehört es nicht zu den Folgerungen aus beiden Referaten, dass man das Demokratiekonzept etwas grundlegender durchdenken müsste? Es wäre weniger auf Wahlen oder Abstimmungen zu fokussieren und müsste stattdessen noch viel mehr ausgreifen auf weitere Elemente der Demokratiekonstitution und -verwirklichung. Die zweite Frage wäre die, die beide Referate leider ein bisschen ausgespart haben, nämlich: Inwieweit führen die neuen Kommunikationsmöglichkeiten über das Internet zu fundamentalen Veränderungen, die gerade ein möglicherweise erweitertes Demokratiekonzept mittragen könnten? Vielen Dank.

Hufen: Beide Referate haben in wohltuender Weise differenziert. So finde ich es richtig, dass Sie erst gar nicht versucht haben, die alten Schlachten zur direkten Demokratie im Bundestag zu schlagen. So sind die alten Argumente wie die angebliche „Prämie für Demagogen" nicht gekommen. Auch die widerlegte These, dass die Weimarer Republik an Plebisziten gescheitert sei, oder dass das Grundgesetz weniger stabil wäre, wenn wir Plebiszite hätten, haben Sie zu Recht nicht gebracht. Beide Referate haben stattdessen Instrumente und Problemfelder aufgezeigt, bei denen direkte Demokratie, wie ich finde, auch auf Bundesebene möglich wären. Deshalb, Frau Schuler-Harms, hat es mich eigentlich eher verwundert, dass Sie nach Ihren so differenzierten Argumenten in der letzten These anscheinend ein bisschen den Mut verloren haben, indem Sie Plebiszite auf Bundesebene nicht empfehlen wollen. Nach Ihren eigenen Ausführungen sprach eigentlich alles dafür, es auch auf Bundesebene einmal zu versuchen. Aber hinter den alten Schlachten stecken auch heute noch Probleme. Diese lassen sich wie folgt zusammenfassen: Zum einen „Wer ist das Volk?“ Das ist das Problem der Repräsentativität, das auch Herr Meyer schon angesprochen hat. Zum anderen: Was kann auf welche Frage entschieden werden? Das ist das Problem der Komplexität. Bei der ersten Frage möchte ich doch anmerken, dass beide Referate ein deutliches Empiriedefizit aufweisen. Frau Schuler-Harms hat es angedeutet: Es gibt hervorragende Untersuchungen über die Zusammensetzung von Teilnehmern an Plebisziten in Italien, in der Schweiz, in Amerika, und die Ergebnisse sind eigentlich immer dieselben: Das Volk ist eine rein fiktive Größe, und das „Volk“ von Volksabstimmungen hat ganz spezifische Eigenschaften, insbesondere erweisen sich Plebiszite immer wieder als Prämien auf den Mittelstand und als Domänen des Bildungsbürgertums. Herr Möstl hat gesagt, wenn ich das richtig verstanden habe, Plebiszite seien ein gutes Mittel die Wutbürger ein bisschen zu kanalisieren. Mein Bedenken nur: Auch in Plebisziten kanalisierte Wutbürger bleiben Wutbürger, und sie sind dann noch wirkungsmächtiger. Der alte Demagogievorwurf lässt sich heute auf sehr wirkungsmächtige Medien übertragen. Das ist auch kein Gegensatz, Medien können auch Plebiszite steuern. Diese ganzen Fragen sind empirisch untersucht, sie sind hier leider nicht vorgekommen. Ebenso das zweite Problem der Komplexität. Hier sind die Probleme seit 1949 eher größer geworden. Insbesondere: Wie stelle ich welche Frage? Plebiszite sind schlecht geeignet, die Komplexität der Probleme abzubilden und sie müssen extrem vereinfachen. Ich will hier nicht von Minaretten in der Schweiz reden, die allerdings ebenso wie das Problem des verfassungswidrigen Plebiszits in diesen Zusammenhang eine Rolle spielen. Aber ein anderes aktuelles Beispiel: Sie würden in Deutschland auf die Frage „Ausstieg aus der Kernenergie?“ eine hohe Zustimmung erzielen; Sie bekommen aber garantiert ein empörtes „Nein“, wenn es um die neuen Energieautobahnen durch Deutschland geht. Also: wer stellt welche Frage, wie kann sie beantwortet werden. Kann ein Plebiszit die unendliche Komplexität der Gesetzgebung abspiegeln? Ich denke, das sind die Probleme, die bleiben auch heute. Danke schön.

Dreier, Horst: Herr Vorsitzender, verehrte Kolleginnen und Kollegen. Vor ungefähr drei Jahrzehnten erschien ausgerechnet in der Festschrift für einen Schweizer Kollegen ein Beitrag mit dem Titel „Die mittelbare oder repräsentative Demokratie als eigentliche Form der Demokratie“. Ich glaube, Herr Möstl hat implizit am Anfang darauf angespielt. Mir scheint es gut und richtig, dass in beiden Referaten nicht der Irrweg begangen worden ist, nach der eigentlichen Form einer Demokratie, sei sie direkt oder sei sie repräsentativ, zu suchen. Schon historisch wäre das höchst fragwürdig. Wir wissen ja alle, dass jahrhunderte- oder jahrtausendelang unter Demokratie allein die direkte Demokratie verstanden wurde. Wenn die alten Griechen unser heutiges System anschauen würden, 600 Abgeordnete bei 80 Millionen Einwohnern, würden sie vermutlich sagen: Hochselektive Oligarchie. Sie kämen nicht auf die Idee, unser repräsentativ-parlamentarisches System als Demokratie zu bezeichnen. Diese Begriffsverwendung hat sich durch die Jahrhunderte durchgezogen. Luther schreibt, er kenne nur zwei Formen von Demokratie, nämlich die Schweiz und, ganz in der Nähe von hier, Dithmarschen. Das zieht sich bis Montesquieu durch. Die Federalist Papers, die als erste das Konzept einer repräsentativen Demokratie in einem Großflächenstaat und auf der Grundlage eines akzeptierten gesellschaftlichen Pluralismus entfalten, setzen sich mühselig und ausführlich mit der Autorität Montesquieus auseinander, um sein Dogma, das jahrhundertelang Tradition hatte, nämlich die Aussage „Demokratie gibt es nur als direkte Demokratie, nur in Kleinflächenstaaten und nur in Stadtrepubliken", zu überwinden. Unsere heutige Situation ist durch die normative Gleichrangigkeit von direkter und repräsentativer Demokratie im Grundgesetz geprägt. Da würde ich jetzt mit Blick auf einige Thesen von Herrn Möstl noch einmal den strukturellen Zusammenhang des Grundgesetzes in Erinnerung rufen. In Art. 20 Abs. 2 steht sinngemäß: Die Staatsgewalt wird vom Volk in Wahlen und Abstimmungen ausgeübt. Das sind zwei normativ gleichrangig nebeneinander stehende Modi. Wenn Art. 79 Abs. 3 sagt, die Grundsätze des Art. 20 sind unantastbar, dann sind die Abstimmungen ebenso unantastbar wie die Wahlen. Beide dürfen auf keinen Fall durch den verfassungsändernden Gesetzgeber gestrichen werden. Ich kann aber aus 79 Abs. 3 mit Blick auf Art. 20 unmöglich einen normativen Vorrang der repräsentativen vor der direkten Demokratie schlussfolgern. Wir alle wissen, und das ist absolut klar und nach den Vorträgen noch viel klarer: Natürlich können wir rein praktisch-empirisch dem *faktischen* Vorrang der repräsentativen Demokratie niemals ausweichen. Das Volk als Gesetzgeber könnte nicht Jahr für Jahr tausende von Seiten des Bundesgesetzblattes füllen. Aber der *normative* Gleichrang ist im Grundgesetz etabliert. An dem sollten und müssen wir festhalten, auch mit Blick auf Art. 28 Abs. 1 und 3 des Grundgesetzes.

von Arnim: Wenn man sich jahrelang mit direkter Demokratie befasst hat, ist es gar nicht so einfach, sich jetzt in wenigen Minuten dazu zu äußern. Ich will es trotzdem in drei Punkten versuchen. Beide Referenten haben Art. 146 GG weitgehend ausgespart. Dabei fragt sich doch, ob das Recht des Volkes, sich eine Verfassung zu geben, wie es in der Präambel des Grundgesetzes anklingt und in Art. 146 niedergelegt ist, nicht verfassungsrechtlich zwingend ein Ausführungsgesetz verlangt, damit das Volk von diesem Recht auch wirklich Gebrauch machen kann. Dieses Ausführungsgesetz könnte ja nur der Bundestag erlassen.

Zweitens: Herr Möstl möchte direkte Demokratie für wichtige Fragen öffnen (These 17). Frau Schuler-Harms sprach von der Problematik eigennütziger parlamentarischer Rechtssetzung (These 22), also von Entscheidungen des Parlaments in eigener Sache. Meines Erachtens betreffen die wichtigsten Fragen, die zugleich Entscheidungen des Parlaments in eigener Sache sind, die Regeln des Machterwerbs, des Machterhalts und des Machtgenusses – das ist die Terminologie der Politikwissenschaft. In der Terminologie der Rechtswissenschaft sprechen wir oft von materiellem Verfassungsrecht, welches einer der beiden Referenten auch angesprochen hat. Dazu gehören natürlich das Wahlrecht und die Politikfinanzierung. Sie sind besonders wichtig und scheinen mir für direkte Demokratie besonders geeignet. Zugleich haben sie den Vorteil, dass die Bürger dann nicht über etwas sehr Kompliziertes entscheiden müssen, sondern über etwas, das sie verstehen.

Ein dritter Komplex: Über die Ausgestaltung der direkten Demokratie in den Ländern und die davon ausgeschlossenen Bereiche (Haushalt, Abgaben- und Besoldungsgesetze) sowie die formalen Voraussetzungen (wie Quoren) urteilen die Landesverfassungsgerichte. Die aber werden allein von einer Seite bestellt. Frau Schuler-Harms hat darauf hingewiesen, dass hier ein Konkurrenzverhältnis zwischen direkter Demokratie und repräsentativer Demokratie besteht, aber nur die Repräsentanten bestimmen letztlich, wer Richter wird. Das ist so, als wenn Bayern München gegen Borussia Dortmund spielt und Bayern München seinen Schiedsrichter mitbringt und dieser dann nicht nur über Tatsachen entscheidet, sondern auch die Regeln auslegt. Hier besteht die Gefahr, dass aus der Selbstbegrenzung des Souveräns – der hat sich ja diese Vorbehalte und formalen Voraussetzungen in den Verfassungen gegeben – eine Fremdbegrenzung durch von anderer Seite gestellte Richter entsteht. Die Unabhängigkeit der Gerichte und Richter wird auf eine harte Probe gestellt. Ich möchte die Referentin und den Referenten fragen, ob Sie der These zustimmen: Hier sollten die Richter deshalb keinen *judicial activism* üben, wie das zum Beispiel der Bayerische Verfassungsgerichtshof oder andere Verfassungsgerichte gelegentlich gemacht haben, sondern *judicial restraint*.

Michael: Markus Möstl hat ein Mischsystem aus repräsentativen und plebiszitären Elementen als eine Anknüpfung an historische Traditionen in Weimar und in den Ländern bezeichnet. Dem kann man sicherlich nur zustimmen. Er hat aber dann am Schluss des Referats die These gewagt, dass wir damit zu einer klareren Verfassungsidentität kämen. Da bin ich doch etwas skeptisch und möchte eine Nachfrage zum Identitätsbegriff stellen. Gemeint war wohl nur eine Versöhnung mit der Geschichte, also eine historische Kategorie der Identität ohne verfassungsrechtliche Konsequenzen. Ich wäre vorsichtig, den auch inzwischen dogmatisch besetzten und umstrittenen Begriff der Verfassungsidentität zu verwenden. Oder soll es sich um eine Identität im Sinne von Homogenität zwischen den Ebenen der Länder, der Kommunen und des Bundes handeln, so dass die bislang bestehenden unterschiedlichen Ausprägungen zum Identitätsproblem würden. Wäre ein Mischsystem als Identitätskategorie von Art. 79 Abs. 3 GG geschützt? Könnten wir es nicht mehr abschaffen? Könnten die Länder es nicht abschaffen, wenn der Bund es einmal eingeführt hätte? Auch da wäre ich skeptisch. Wäre am Ende der Art. 146 GG der einzige Ausweg um von einem Mischsystem wieder abzuweichen? Ich bin skeptisch gegenüber jeder Überhöhung möglicher Ausprägung der Demokratie. Wer zu Recht bestreitet, dass die repräsentative Demokratie die „eigentliche“ sei, sollte auch ein Mischsystem nicht mit dem Identitätsbegriff überhöhen. Die vielen verfassungspolitischen Gründe für ein solches Mischsystem überzeugen hinreichend. Danke.

Frotscher: Beide Referenten haben die Ergänzung des repräsentativdemokratischen Systems durch Elemente direkter Demokratie vorsichtig befürwortet und dabei sorgfältig die Voraussetzungen und Grenzen dieses Vorgehens aufgezeigt. Frau Schuler-Harms hat dann allerdings die Einführung eines solchen „gemischten Systems“ nur für die Landesebene und für die kommunale Ebene empfohlen, ausdrücklich nicht dagegen für die Bundesebene (These 24). Damit wird die verfassungspolitische Diskussion, wie ich meine, erheblich verkürzt. Denn auf kommunaler Ebene ist die direkte Demokratie in Form von Bürgerbegehren und Bürgerentscheid, abgesehen von mannigfachen Streitigkeiten um die Zulässigkeitsvoraussetzungen (insbesondere im Zusammenhang mit dem notwendigen Kostendeckungsvorschlag), fest etabliert, und auch auf der Landesebene sind Volksbegehren und Volksentscheid jedenfalls grundsätzlich anerkannt. Die wirklich großen politischen Themen können auf diesen beiden Ebenen jedoch nur selten angesprochen werden. Das Stichwort „Stuttgart 21“ ist gefallen, gestört hat mich dabei, dass die Gegner des Projekts und die Demonstranten als „Wutbürger“ bezeichnet wurden, nur weil sie mehr demokratische Teilhabe eingefordert haben. Deutschland hat vergleichsweise nur wenige „Wutbürger“.

Wo liegen nun aber die großen politischen Themen, das heißt solche, die die gegenwärtige und zukünftige Entwicklung der Bundesrepublik in gleichsam existenzieller Weise berühren? Grundfragen der Nation, bei denen wir uns fragen sollten, ob hier nicht ein Mehr an unmittelbarer Volksbeteiligung notwendig ist, gerade auch, um eine Krise der repräsentativen Demokratie abzuwenden. Ein Thema hat Herr Hufen schon angesprochen: die Atomkraft. Hätte man frühzeitig die Bürger über den weiteren Ausbau oder den Ausstieg aus der Atomkraft abstimmen lassen, wären die gewaltsamen Auseinandersetzungen (Stichworte: Brokdorf und Wackersdorf) wahrscheinlich vermieden worden. Dabei wäre eine solche Volksabstimmung in den 1970er-Jahren wohl anders ausgefallen als heute. Es gibt auch andere Entscheidungen, denen eine unmittelbar-demokratische Legitimation gut tun würde, so zum Beispiel der in den letzten Jahren immer mehr ausgeweitete Einsatz der Bundeswehr in fernen Ländern, der sich auf den ursprünglichen Verteidigungsauftrag der Streitkräfte kaum stützen lässt. Das Argument, die Freiheit müsse schon am Hindukusch verteidigt werden, überzeugt nicht jeden Bürger.

Auch die politische und geographische Erweiterung der Europäischen Union und die aktuellen Maßnahmen zur Euro-Rettung sind Themen, bei denen man an eine unmittelbare Volksbeteiligung, etwa in Form eines Referendums, denken könnte. Andere Länder kennen solche Beteiligungsformen ja auch. Aufgrund persönlicher enger Beziehungen zu Schweden habe ich etwa die dortige Abstimmung über die Einführung des Euro verfolgt, die bekanntermaßen negativ ausfiel. Daraufhin hat die wirtschaftliche Elite des Landes zunächst den Niedergang der schwedischen Wirtschaft befürchtet. Heute sind die meisten Schweden sehr zufrieden: Die Wirtschaft steht sehr gut da, und ausländisches Kapital wird in die Krone investiert, nicht in den Euro.

Deutschland auf der anderen Seite ist das Land, das gegenüber direktdemokratischen Verfahren, jedenfalls auf Bundesebene, die größte Zurückhaltung übt. Hier würde ich die Krise der repräsentativen Demokratie verorten, und zwar auch deshalb, weil das Wahlrecht dem kritischen Bürger nicht weiter hilft. Die für ihn als Wahlalternative nur in Betracht kommenden etablierten Parteien der Mitte haben sich bei den angesprochenen großen Themen zumeist so weitgehend verständigt, dass eine Opposition mittels Stimmzettel ausgeschlossen ist. Vielen Dank!

Ruffert: Nun folgt der zweite größere Block, der direkte und repräsentative Demokratie in ein Verhältnis zueinander setzt.

Isensee: Das Grundgesetz stellt dem Wortlaut nach Wahlen und Abstimmungen nebeneinander. Aber es gestaltet nur die Wahlen und ihre Konsequenzen näher aus. Das Plebiszit wird bloß in Randerscheinungen thematisiert. Das Grundgesetz sieht keine Kompetenz für den Gesetzgeber vor, beliebige Plebiszite einzuführen, vollends kann der Verfassungsinterpret nicht bestimmen, heute sei die Stunde gekommen, diese Ermächtigung, die keine ist, auszuüben. Wenn das Grundgesetz allein die Wahlen zum Parlament regelt, so ist das ein Argument dafür, dass sich in diesem Prozess die grundgesetzliche Demokratie regulär verwirklicht. Wenn das Grundgesetz Abstimmungen als Modus erwähnt, ohne weitere Regelungen zu treffen, so gibt es damit zu erkennen, dass plebiszitäre Verfahren mit dem grundgesetzlichen Konzept von Demokratie nicht von vornherein unvereinbar sind und nicht gegen die Identitätsgarantie verstoßen. Der verfassungsändernde Gesetzgeber hat freien Raum, nicht jedoch der einfache Gesetzgeber. Für die Form, in der das Volk die Staatsgewalt ausübt, besteht der Vorbehalt der Verfassung.

Dann aber zu der Frage, die hier allseits stillschweigend bejaht wird: die repräsentative Demokratie stecke in der Krise. Herrscht hier überhaupt eine Krise, und wenn ja, ließe sich diese mit Hilfe von Plebisziten beheben? Deutschland kennt auf Bundesebene zwar keine formelle, wohl aber eine informelle Plebiszitärdemokratie, die gut, vielleicht sogar übermächtig funktioniert. Die Medien können durch eine vereinte Kampagne einen Bundespräsidenten stürzen, was kein Impeachment, hätten wir das, so leisten könnte. Die Volksstimmung kann über Nacht erzwingen, dass eine jähe Wende in der Kernenergiepolitik erfolgt. Gleichwohl gibt es immer Interessenten, die nach dem Plebiszit rufen, weil es der außerparlamentarische Hebel ist, um Sachziele gegen die parlamentarische Mehrheit durchzusetzen: so in den 50-er Jahren das Thema Remilitarisierung, später das Thema Notstandsgesetze, sodann die Themen Nachrüstung und Kernenergie, jetzt das Thema Europa. Niemals zuvor war der Hiatus zwischen einer geschlossen Repräsentativdemokratie und der Bevölkerungsmehrheit derart tief, derart von Skepsis, Abneigung und Furcht erfüllt wie heute in der Währungs- und der Vertrauenskrise der Europäischen Union.

Pitschas: Ich finde, wir haben heute zwei konkurrierende Konzepte der direkten demokratischen Entwicklung gehört. Herr Möstl hat in gut münchnerischer Tradition das Gesetz in den Mittelpunkt seiner Ausführungen gestellt, und zwar das Gesetz in der Rückführung auf das Parlament. Dem entspricht es, wie Ihr Lehrer es immer vorgemacht hat, die Bedeutung des Gesetzes und der Repräsentation für den demokratischen Staat zu betonen. Aber, lieber Herr Möstl, mich überzeugt Ihre rechtsdogmatische Ableitung des Vorrangs der repräsentativen Demokratie nicht. In These 8 kommen Sie zu einem Regel-Ausnahmeverhältnis im Verhältnis von Wahlen zu Abstimmungen. Verschiedene Wortmeldungen haben jedoch schon angedeutet, dass man in Art. 20 Abs. 2 GG auch etwas anderes sehen könnte als ein solches Regel-Ausnahmeverhältnis, nämlich den Auftrag zu einer situativen Abwägung, die auch zu anderen Lösungen als derzeit kommen kann.

Ich darf dann auf die Mehrebenenbetrachtung, die Sie ja auch bevorzugt haben, eingehen, und darauf hinweisen, dass man nicht gerade beim Bund, aber doch bei den Ländern und jedenfalls in den Kommunen solche Ansatzpunkte findet. Dabei wäre vielleicht nach Sachbereichen zu differenzieren. Zum Beispiel könnte ich mir im Sozialleistungsrecht, auf dem Gebiet der Fürsorge (Art. 74 Abs. 1 Ziff. 7 GG) vorstellen, dass man dort zu kleinteiligen Beteiligungen des Volkes, der „Hilfeempfänger“ durch Abstimmungen kommt, anders als in anderen Bereichen. Auch gilt ähnliches für den Bereich der Umwelt, so dass man von der Kompetenzordnung her für mehr direkte Demokratie geeignete Sachbereiche identifizieren könnte. Im Grundsatz sind Sie aber bei einer Begrenzung geblieben und haben diese Begrenzung betont.

Ganz anders ist Frau Schuler-Harms, die sogar ein Ordnungskonzept entwickelt hat, an das Thema herangegangen. Diesbezüglich, liebe Frau Schuler-Harms, habe ich etwas bedauert, dass Sie nicht die angeklungene werthafte Entwicklungsperspektive vertiefen wollten. Sie haben ihre Stellung dazu in einer These mit der Zielorientierung des Vertrauens dargelegt – das könnte man doch noch ausbauen, nicht wahr? Denn unsere heutige Situation ist ja doch die Situation des Vertrauensverlustes in die gewählten Politiker und in deren Politik-Entwürfe. Im Grunde entwickeln Sie also eine sozialpsychologische Komplementarität zum Grundsatz der Legitimation durch Verfahren, und das ist diese Verpflichtung auf das Vertrauen. Ein bisschen mehr würde ich gern noch hören dazu.

Müller, Markus: Ich möchte die Skepsis gegenüber dem Ruf nach mehr direkter Demokratie, die insbesondere im Referat von Kollege Möstl angeklungen ist, ausdrücklich unterstützen. Dies sage ich als Schweizer mit 32 Jahren Stimmbürgererfahrung und etwas Ermüdungs- und Frustrationserscheinungen. Ich will die Gelegenheit nutzen, Ihnen aus sicherer Distanz zur Schweizer Grenze darzulegen, wieso ich der schweizerischen Demokratie(praxis) mit Skepsis und Vorbehalten begegne. Ich nenne nur *zwei Gründe*. Der erste Grund ist die *quantitative* Überforderung. Wir rufen in der Schweiz das Stimmvolk viel zu häufig an die Urne und befragen dieses dann jeweils zu einer Flut von Sachvorlagen. Vor zwei Wochen wurde beispielsweise im Kanton Bern über 13 eidgenössische, kantonale und kommunale Vorlagen abgestimmt. Das ist zu viel. Wer sich da seriös vorbereiten will, ist rasch überfordert. Der zweite Grund ist die *qualitative* Überforderung. Häufig werden dem Stimmvolk Vorlagen unterbreitet, die noch nicht ausgereift und selbst unter Fachleuten umstritten sind. Können es die Stimmbürgerin und der Stimmbürger besser wissen? – Wie aber soll man schließlich einen Volksentscheid, der unter solch ungünstigen Vorzeichen zustande gekommen ist, interpretieren? In der politischen Weiterberarbeitung werden sich die Sieger lauthals auf des Volkes Stimme berufen, während die Verlierer alles daran setzen werden, des Volkes Stimme „richtig" zu interpretieren. Beides kommt letztlich einem missbräuchlichen Umgang mit demokratischen Entscheiden gleich. Volksabstimmungen sollten daher nach meinem Dafürhalten nur soweit durchgeführt werden, als das Volk vorher in die Lage versetzt werden kann, sich eine eigene Meinung zu bilden. Dies bedingt namentlich eine intakte Kommunikation zwischen Exekutive und Stimmbürgerschaft. Davon sind wir in der Schweiz bisweilen weit entfernt. Ich plädiere deshalb in Bezug auf die Ausgestaltung der demokratischen Mitwirkung für „weniger ist mehr". Dies letztlich zugunsten einer ehrlichen und glaubwürdigen Demokratie. Vielen Dank!

Gas: Ich bekenne mich dazu, mich zu denjenigen zu gesellen, die auch normativ einen Vorrang des repräsentativen Systems sehen. Ich möchte das festmachen anhand einer Gegenargumentation zu den Thesen 7, 9 und 10 von Frau Schuler-Harms. Das hat mich doch zu einem Widerspruch herausgefordert. Sie sagen in These 7, im Zusammenhang mit Art. 20 Abs. 2, dass dieser Abstimmungen zwar ermöglicht, aber nicht erzwingt. Aber Wahlen erzwingt er doch schon? Herr Isensee hat auf Art. 38 hingewiesen. Ich würde ebenfalls sagen, dass man den Art. 20 Abs. 2 eigentlich nicht ohne den Art. 38 Abs. 1 Satz 1 lesen kann. Daraus ergibt sich eine Asymmetrie, auch normativ. Das Bundesverfassungsgericht hat dann im Zusammenhang mit dem Demokratieprinzip und der Ewigkeitsklausel Art. 38 mit Leben gefüllt, dies in den großen Entscheidungen Maastricht und vor allem Lissabon. Und Sie selbst, Frau Schuler-Harms, haben gesagt, den Art. 38 Abs. 1 Satz 1 möchten Sie unangetastet lassen. Dann benennen Sie in These 9 absolute Schranken, aber in gehen in These 10 von einer fehlenden Prävalenz der repräsentativen Demokratie aus. Das erscheint mir widersprüchlich, denn Sie sehen doch in These 9 einen unantastbaren Kernbereich der repräsentativen Demokratie, aber in These 7 keinen unantastbaren Kernbereich der direkten Demokratie. Daraus scheint sich mir zwingend logisch, auch normativ, die Asymmetrie zu ergeben, die Sie doch bestreiten.

Kotzur: So strukturell und konzeptionell unterschiedlich die beiden Referate angelegt waren, teilen sie meiner Ansicht nach doch eine gemeinsame Kernfrage: die Frage nach der systemgerechten Einbindung direktdemokratischer Elemente in unser System. Für Frau Schuler-Harms war das das Leitmotiv, die große Ordnungsidee des Referates – und als Referenzgröße dient ein eher gemischtes Demokratieverständnis. Herr Möstl hat sich für eine stärker punktuelle Einbindung bei einem stärker repräsentativ orientierten Demokratieverständnis ausgesprochen. In beiden Fällen interessiert mich die Frage nach den konkreten Parametern dieser einmal mehr, einmal weniger punktuellen Einbindung. Ich glaube, dass es, je punktueller die Einbindung gerät, umso schwieriger mit allgemeingültigen Parametern wird, weil die Selektion des Punktuellen und die damit unvermeidlich verbundene Überhöhung in den Fällen, in denen man direkt-demokratische Elemente dann gerade zulässt – besonderer Rechtfertigung bedarf. Herr Möstl hat sich, wofür ich sehr dankbar bin, klar dafür ausgesprochen, nicht ergebnismotiviert ausgerechnet bei der europäischen Integration plebiszitäre Elemente einzuführen und sonst nie. Mich würde interessieren: Wie wollen Sie beide die für Ihren Theorieansatz maßgeblichen Parameter bilden? Eher bereichsspezifisch, auf bestimmte Sektoren, bestimmte Regelungsbereiche hin gedacht? Oder, vielleicht inspiriert von Frau Albers, eher orientiert auf eine Erweiterung des Demokratiekonzepts, dort wo besondere Einflussmöglichkeiten bestehen sollen, wo das Internet eine besondere Relevanz hat? Letzte Frage: Würden Sie sich bei Ihrer Parameterbildung auch europarechtlich, beispielsweise vom europäischen Bürgerbegehren, inspirieren lassen? Vielen Dank.

Diggelmann: Ich möchte etwas zum von Herrn Möstl als Selbstverständlichkeit vorausgesetzten Konnex zwischen direktdemokratischen Elementen und Konkordanz sagen. Dieser Punkt scheint mir nicht unwichtig, denn mit der Unterstellung eines selbstverständlichen Zusammenhanges zwischen direkter Demokratie und Konkordanzregierung wird der Diskussion in Deutschland ein gewisser negativer Dreh gegeben, da das Grundgesetz im Grundsatz ja von einem Konkurrenzmodell ausgeht. Direktdemokratische Elemente erscheinen im Lichte der angesprochenen Unterstellung per se als suspekt. Ich möchte hinter diese scheinbare Selbstverständlichkeit aber ein Fragezeichen setzen. Generell kann festgehalten werden, dass wir als Staatsrechtler meiner Meinung nach eine manchmal etwas starke Neigung haben, Institutionen Wirkungen quasi wesensmäßig zuzuschreiben und die Bedeutung kultureller Faktoren für die Funktionsweise von Institutionen – etwa: politische Usanzen und geschichtliche Erfahrungen – zu unterschätzen. Ich möchte mich auf zwei Hinweise beschränken. Zunächst möchte ich kurz auf Kalifornien hinweisen. In Kalifornien gibt es sehr ausgebaute direktdemokratische Elemente und ein sehr ausgeprägtes Konkurrenzmodell. Der zweite Hinweis betrifft die Schweiz, die für den angesprochenen Zusammenhang beispielhaft zu sein scheint. Ein Blick in die Verfassungsgeschichte rät auch hier zu mehr Vorsicht. Die Schweiz war 1848, als der moderne Bundesstaat geschaffen wurde, eine rein repräsentative Demokratie. Dennoch wies sie viele Konsenselemente auf. Die Einführung von Referendum und Volksinitiative haben die Konkordanzneigung verstärkt. Ich halte es aber für falsch, sie als gewissermaßen alleine ursächlich für Konkordanz und Allparteienregierung zu betrachten. Ich sehe einen gewissen Konnex, halte den kulturellen Anteil an der Entwicklung für unterschätzt. Oder anders formuliert: Die Redeweise, das Referendum im Besonderen habe zur Konkordanz geführt, ist in dieser apodiktischen Form wenn nicht falsch, so doch zumindest zu undifferenziert. Interessant ist in diesem Zusammenhang: Die schweizerische Allparteienregierung mit Einbezug aller vier großen Parteien ist während des Zweiten Weltkrieges 1943 entstanden, als die direkte Demokratie suspendiert war. Der Miteinbezug der Sozialdemokratie in die damals bürgerlich-konservative Koalition war eine Belohnung für das Bekenntnis zur Landesverteidigung, das der Linken damals sehr schwer gefallen war und hatte zumindest unmittelbar mit dem Referendum wenig zu tun. Was ich mit all dem sagen will: Es scheint mir mit Blick auf die Situation in Deutschland schwer zu sagen, welche Wirkung die Einführung neuer direktdemokratischer Elemente tatsächlich entfalten würde. Das Beispiel der Schweiz ist wohl wegen ihrer kulturell sehr ausgeprägten Konsensorientierung kaum verallgemeinerungsfähig. Die Wirkung neuer Institutionen ist stets die Folge eines subtilen Zusammenspiels kultureller und institutioneller Faktoren und nur beschränkt vorhersehbar.

Ruffert: Nun zu dem Thema Grundrechte und direkte Demokratie.

Gärditz: Vielen Dank. Ich habe eine Frage an beide Referenten, die betrifft den Grundrechtsschutz gegen direktdemokratische Gesetzgebung. Dies ist ja ein durchaus nicht unproblematischer Bereich. Herzstück des Grundrechtsschutzes nach unserem bisherigen Verständnis ist vor allem die Verhältnismäßigkeitskontrolle. Die Verhältnismäßigkeit knüpft mit einer konkreten Zwecksetzung, mit Eignung, mit Erforderlichkeit und schließlich mit der von Relationen abhängigen Angemessenheit vielleicht in starker Weise an Rationalisierungsleistungen an, die zuvor in einem parlamentarischen Gesetzgebungsverfahren erst einmal erbracht werden müssen. Das gilt etwa für die Würdigung des relevanten Sachverhalts, für die Frage, welche Güter eigentlich relationiert werden sollen, wie diese politisch zu gewichten sind. Eine Gesetzeskontrolle durch die Verfassungsgerichtsbarkeit ist eigentlich nur deswegen praktikabel, weil wir im parlamentarischen Verfahren entsprechende Vorleistungen abrufen können und eben nicht ein inhaltlich beliebiges Gesetz vor ein Gericht kommt. Ein Verfassungsgericht ist meines Erachtens institutionell überhaupt nicht geeignet, ja letztlich überfordert, diese Vorleistungen dann in einem grundrechtlichen Kontrollverfahren vollständig nachzuholen. Es erscheint mir aber auch kein sachgerechter Ausweg, deswegen die grundrechtliche Kontrolldichte zu reduzieren, was letzten Endes die Konsequenz wäre, wenn man auf die vielleicht stärker voluntative Richtung des direktdemokratischen Mandats Rücksicht nähme. Möglicherweise zwingt uns das, einen ganz anderen Aspekt nochmals näher in den Blick zu nehmen, der oft vernachlässigt wird, nämlich die grundrechtsschützende Funktion des parlamentarischen Verfahrens. Das spricht nicht kategorial gegen direktdemokratische Elemente, zeigt aber, dass wir möglicherweise noch viele andere Probleme überhaupt erst aufarbeiten müssen.

Luther: Ich war beeindruckt wie sich der Süden und der Norden repräsentiert und ergänzt haben in den beiden Vorträgen. Ich würde Sie gerne einladen, noch etwas weiter in den Süden zu schauen, nicht nur in die Schweiz, sondern auch nach Italien. Zunächst ist in Italien direkte Demokratie, wenn wir sie wörtlich übersetzen, die „democrazia diretta", wobei „diretta" rückübersetzt werden kann sowohl in „direkt" als auch in „dirigiert". Das bezeichnet bereits einige Schwierigkeiten, die wir damit haben. Man hat nun in den 90-er Jahren versucht, die Krise der Demokratie durch eine Volkswahlgesetzgebung per Referendum zu beheben. Die Frage ist, ob diese in Italien praktizierte Therapie der Krise der Demokratie erfolgreich war. Die Bewertung ist sehr umstritten. Einige sagen, es habe mehr Demokratie gebracht, andere sagen, es habe auch mehr Schulden und mehr kulturelle Probleme gebracht. Aber das ist sehr schwierig auszuloten. Das gilt auch für die Frage nach den Grenzen der Volksrechte: nun sind in der italienischen Verfassung die Volksrechte auch Grundrechte und nicht nur grundrechtsähnliche Rechte. Sie dürfen aber, wie alle Grundrechte, nicht zu einem Verzicht und nicht zu willkürlichen Eingriffen des Volkes in die Grundrechte führen. Es gibt hierzu eine differenzierte Kontrolle der Referenden. Dabei ist wichtig, dass auch die Grundrechtsausübung gewährleistende Gesetze nicht aufgehoben werden dürfen. Nicht nur die Todesstrafe oder Minarettverbote, sondern auch Sozialleistungsgesetze aufzuheben, hat das Volk sich versagt. Damit komme ich zum letzten Punkt. Das Finanztabu führt dazu, dass man sich nicht genau anschaut, wie viel nun eigentlich die Volksabstimmungen kosten. Im Piemont kostet eine Volksabstimmung ca. 50 Millionen Euro. Das wäre bei der letzten Volksabstimmung über die Jagd so teuer geworden, dass es zu Einschnitten im Sozialleistungswesen geführt hätte. Die Frage, wie man die Kosten vermeiden kann, hat dann zur weiteren Frage geführt: Sollen wir das Referendum mit den Wahlen zusammenlegen? Früher hätte man dies aus Angst vor plebiszitärer Konfusion verneint.

Heute könnte man sagen, dass die Personalisierung und Inhaltsentleerung der Wahlen durch gleichzeitige Volksabstimmungen vielleicht teilweise behoben werden könnte.

Ruffert: Nun wenden wir uns Einzelfragen der direkten Demokratie zu.

von Arnauld: Ich habe eine Anmerkung und eine Frage zum Referat von Herrn Möstl. Danach würde ich den Blick gerne wieder in Richtung Norden richten, nachdem wir gerade im weiten Süden weilten. Zunächst zu der Anmerkung: Es war in Ihrem Referat, Herr Möstl, immer wieder vom Volkswillen die Rede. Ich denke, dass wir hier einer Chimäre nachjagen. Die Verfahren müssen eben so strukturiert sein, dass sie einen Volkswillen erst hervorbringen, in Wahlen wie in Abstimmungen. Das unterscheidet diese Verfahren im Prinzip vom Transport von Stimmungen; Sie hatten hier ganz allgemein von einer Ventilfunktion gesprochen. Man kann hier, denke ich, an die Diskussion über *liquid democracy* anknüpfen: Wir müssen ein Verfahren generieren, das auch einen Willen produziert, nicht einfach nur Stimmungen, reflexhaft, abbildet. Der zweite Punkt: Meine Frage bezieht sich auf Ihre These 13, in der Sie schreiben, dass direktdemokratische Verfahren nur dann greifen müssen, wenn ein Thema solch außergewöhnliche partizipative Mobilisierungskraft hat, dass die Legitimität der parlamentarischen Entscheidung ohne dieses Ventil beschädigt zu werden droht. Ich stelle mir die Frage, wie das eigentlich geleistet werden soll. Wie soll das umgesetzt werden können? Denn dies klingt eigentlich doch eher nach einem Referendum: Dass sozusagen von oben herab gesagt wird, hier muss jetzt eine Frage entschieden werden – während wir ansonsten eher eine kontermajoritäre, eher eine oppositionelle Struktur und Drift bei der Volksgesetzgebung beobachten können. Schließlich noch der Hinweis, mit dem Blick nach Norden: Er knüpft an die Quorendiskussion an. Wir haben im Prinzip eine Quorenfixiertheit in der deutschen Diskussion. Quoren aber sind Teil eines Mobilisierungskonnexes. Wir müssen die Terminierung in den Blick nehmen, wir müssen die Quoren natürlich in den Blick nehmen, auch die Eintragungsmodalitäten. All das gehört zusammen und kann nicht getrennt verhandelt werden. Hier hilft vielleicht der Blick in Art. 50 der Hamburgischen Verfassung. Hamburg hat in Fragen der direkten Demokratie in der letzten Zeit vielleicht die größte Dynamik erlebt. In Hamburg finden wir ein relativ merkwürdiges Modell, das aber vielleicht gerade hinsichtlich der Verschränkung der parlamentarischen und der plebiszitären Demokratie interessant sein kann, weil hier die Quoren nach den Mobilisierungs- und Abstimmungsquoren und den Ergebnissen der zeitgleich stattfindenden Wahlen bestimmt werden. Das heißt, wenn die Wahlbeteiligung niedrig ist, dann wird auch die Abstimmungsbeteiligung an diesen Wahlen prozentuiert und auf diese Wahlen bezogen. Die oft gehörte Kritik, man messe die verschiedene Formen der Verwirklichung des Volkswillens mit zweierlei Maß, läuft hier leer. Danke schön.

Hofmann, Ekkehard: Ich fand beide Referate ganz wunderbar klar und danke dafür ganz herzlich. Wer so klar spricht, provoziert aber auch Nachfragen. Eine solche habe ich mir dann für das Referat von Margarete Schuler-Harms ausgewählt. Liebe Margarete, du hast das Verhältnis von Volksgesetzgebung und Parlamentsgesetzgebung als ein Kräfteverhältnis beschrieben, in dem das Parlament im Prinzip der stärke Part ist. Das ist wohl auch normativ so gewollt. Das Parlament, Herr Dreier hat es ja gesagt, ist im Prinzip schneller, kräftiger und hat weniger Transaktionskosten als die Volksgesetzgebung. Wenn das normativ so gewollt ist, dann gibt es eine Klasse von Entscheidungen – Du hast das in einem Nebensatz erwähnt, und dazu hätte ich gerne mehr gehört –, in denen das nicht so ist, nämlich die irreversiblen Entscheidungen. Wenn die Volksgesetzgebung vollendete Tatsachen schafft, dann ist dieses Verhältnis plötzlich nicht mehr das, was wir eben kennen (nämlich der normative Vorrang des Parlaments). Meine Frage wäre: Sind das jetzt nur theoretisch interessante Überlegungen, oder gibt es solche Anwendungsfälle? Bei einer Einzelfallgesetzgebung würde mir das schon einleuchten. Stuttgart 21, wir haben es gehört, wäre so ein Fall, oder andere Infrastrukturvorhaben. Wenn die gebaut sind, sind sie gebaut, dann hat sich das erledigt. Bei der normalen Gesetzgebung fällt es mir ein bisschen schwerer, mir irreversible Gesetze auszudenken. Hättest du Fälle, und wenn ja, welcher Klasse, welcher Kategorie gehören die dann an? Lässt sich daraus etwas ableiten für den möglichen Gegenstand von Plebisziten? Vielen Dank.

Lege: Nur eine kurze Nachfrage ebenfalls an Margarete Schuler-Harms. Es betrifft die These 21, das Gebot der Sachlichkeit, wenn staatliche Stellen über den Gegenstand eines Volksentscheides oder Volksbegehrens informieren. Ich denke an Stuttgart 21. Dort ist umstritten, ob die Bürgermeister und Landräte das Gebot der Sachlichkeit verletzt haben, indem sie doch recht massiv zu einem Ja zu Stuttgart 21 und einem Nein zum Volksentscheid geraten haben. Der Vorwurf lautet, überspitzt gesagt: Die Bürgermeister und Landräte hätten in schon bewusster Lügenabsicht die Dinge so dargestellt, dass die Kosten des Projekts kleingerechnet und die Kosten des Ausstiegs aus dem Projekt enorm übertrieben wurden. Die Frage ist schlicht: Wie will man das überhaupt kontrollieren? Welche Art von Kontrolle soll das Gericht ausüben? Und, letzte Frage: Welche

Konsequenz hätte es, wenn dieses Gebot der Sachlichkeit tatsächlich verletzt worden wäre? Müsste dann die Abstimmung wiederholt werden? Vielen Dank.

Geis: Frau Schuler-Harms, eine These weiter, These 22, sprechen Sie am Ende vom Schutz gegen manipulative, rücksichtslose und eigennützige parlamentarische Rechtsetzung. Das muss man sich – ganz plakativ – auf der Zunge zergehen lassen, es eignet sich fast als Titel einer Habilitationsschrift: Rücksichtslose Rechtsetzung. Ich frage Sie: Woran denken Sie dabei eigentlich? Oder, wenn ich es etwas überspitzen darf: Bauen Sie hier einen argumentativen und nicht näher konkretisierten Popanz zulasten der parlamentarischen Rechtsetzung auf? Und selbst, wenn dies nicht der Fall ist und Sie es empirisch durch Untersuchungen untermauern können, frage ich: Gilt es nicht umgekehrt genauso? Wir haben ja vorhin gehört: Auch Volksgesetzgebung kann manipuliert werden, kann rücksichtslos sein, kann eigennützig sein. Und dann müsste ich mir überlegen, ob ich nicht auch ungeschriebene Rechtspflichten und ungeschriebene Treuepflichten nach dem Vorbild der Organtreue brauche, an die der Volksgesetzgeber gebunden ist, der selber hier als Organ auftritt. Und wenn ja: Wer kontrolliert? Brauchen wir dann in diesem Fall eine Vorabtreuepflichtprüfung durch das Landesverfassungsgericht? Danke.

Kley: Wir haben direktdemokratisch sehr einfühlsame Referate gehört, für ausländische Ohren besonders anregend, weil ihre Optik etwas anders ausgerichtet ist. Ich wende mich mit zwei Fragen an Herrn Möstl und zwei Anmerkungen, wenn die Zeit reicht. Zur ersten Frage: In These 7, Herr Möstl, sagen Sie, dass die direkte Demokratie, wenn sie so ehrgeizig sei wie in der Schweiz, auch greifbare Modifikationen der repräsentativ-demokratischen Funktionsmechanismen in Kauf nimmt. Das klingt fast schon befürchtend und ich muss sagen, es ist tatsächlich auch so, dass die direkte Demokratie das politische System fundamental ändert und völlig neue Orientierungspunkte setzt. Ich merke aus Ihrer Formulierung, dass Sie die repräsentative Demokratie sehr absolut setzen. Ich würde gerne wissen, weshalb das ein sozusagen nicht hinterfragbares Axiom ist, welches gar nicht ergänzt werden darf. Eine zweite Frage: Sie haben im Unterschied zu Ihrer Nachrednerin häufig den Ausdruck Plebiszit gebraucht. Frau Schuler-Harms hat die Begriffe Referendum, Initiative usw. gebraucht. Was verstehen Sie unter dem Plebiszit? Wenn ich das jetzt mit einem ausländischen Ohr und Mund als erste Anmerkung etwas vertiefe: Der Hintergrund des Plebiszits ist ein willkürlich von oben angeordnetes Referendum, in der Erwartung, es möge das oder jenes geschehen. Es ist also faktisch eine manipulierte Volksabstimmung, wie es der große

Lehrmeister Napoleon vorexerziert hat und die französischen Präsidenten gemäß der französischen Verfassung immer noch als Instrument haben. Das ist direktdemokratisch gesehen ziemlich schlecht. Es hat nämlich mit direkter Demokratie gar nichts zu tun. Griechenland hat ja auch ein Muster gegeben: Der vormalige Ministerpräsident wollte so ein Plebiszit über den Euro abhalten. Das hat mit Demokratie m. E. deshalb nichts zu tun, weil die Sachgegenstände des Referendums normativ im Voraus festgelegt sein müssen. Die Politiker dürfen gar keine Wahl haben, ob sie etwas dem Referendum unterwerfen. Eine zweite Anmerkung historischer Art: Sie haben die Schweiz erwähnt, das freut die Schweizer vermutlich. Man muss aber sagen, dass bei der direkten Demokratie die wirklich großen Lehrmeister die Franzosen sind. Und zwar hatte man während der Französischen Revolution in der zweiten Phase mit dem Gironde-Verfassungsentwurf und dem Montagnard-Verfassungstext bemerkenswerte direktdemokratische Instrumente entwickelt. Die Schweiz war vielleicht glücklich, dass sie diese Instrumente ab 1830 aufgenommen hat. Vor dem Ersten Weltkrieg war die Schweiz tatsächlich weltweit die Missionarin der direkten Demokratie. Ihre Ideen gelangten über den Atlantik, denn etwa 20 Gliedstaaten der USA haben das übernommen. Zudem diskutierte man um die Zeit des Ersten Weltkrieges die direkte Demokratie nach dem Vorbild der Schweiz an vielen europäischen Universitäten. Es gibt zwischen 1890 und 1930 zahlreiche französische, deutsche, italienische und weitere Dissertationen zur direkten Demokratie. Das autoritäre Denken der 1930er Jahre hat diese Entwicklung dann gestoppt.

Ruffert: Es gibt nun noch eine letzte Gruppe von Fragen, die sich zunächst auf Art. 79 Abs. 3 GG beziehen und sodann auf europarechtliche oder integrationsverfassungsrechtliche Fragen.

Jestaedt: Es ist ja immer wohlfeil, von Entscheidungen in eigener Sache zu reden – wenn man über andere redet. Lassen Sie mich einen kleinen Versuch der Beobachtung zweiter Ordnung unternehmen. Die Thematik, glaube ich, gibt einen schönen und erneuten Grund zum Nachdenken über das Verhältnis von Methode und Kompetenz. Was wir hier sehen, ist, denke ich, eine sehr spezifisch deutsche Spielart der Verfassungsseligkeit mit einem expertokratischen *basso continuo*. Was will ich damit sagen? Ich will damit etwas sagen über das Rollenverständnis der deutschen Staatsrechtslehre. Wir ordnen uns, institutionell gesprochen, sehr schnell bei der Verfassungsgerichtsbarkeit ein. Die Thematik direkter Demokratie böte uns die wunderbare Gelegenheit, uns einmal beim Verfassungsgesetzgeber einzuordnen. Wenn wir uns die doppelte Testfrage stellen: Was „gewähren" wir eigentlich dem Verfassungsgesetzgeber? und:

Wie großzügig, oder, im Gegenteil, weniger großzügig sind wir im Blick auf das, was wir der Verfassungsinterpretation, der Verfassungsdogmatik, institutionell gesprochen, der Verfassungsgerichtsbarkeit – und wohl auch uns selbst – gewähren?, fällt mir auf: In der Verfassungsrechtswissenschaft und der Verfassungsrechtsprechung, wenn ich beide hier zusammennehmen darf, treffen wir auf Konzepte wie die sich selbst so nennende objektive, im Wesentlichen teleologische Verfassungsinterpretation. Frau Schuler-Harms, wir haben von Ihnen von der Systembildung als zentraler Aufgabe gehört. Oliver Lepsius würde vielleicht von einem systemokratischen, nicht so sehr von einem expertokratischen, Grundzug sprechen, der diese Haltung kennzeichnet. Wir haben ferner gehört, dass diese System- und Ordnungsbildung offenbar eine gleichartige und gleichzeitige Aufgabe von Recht *und* Rechtswissenschaft ist, die zugleich rechtspolitische Anleitungsfunktionen besitzt. Wir haben schließlich gehört von einem normativen Regel-Ausnahme-Verhältnis, das selbst der Verfassungsgesetzgeber offenbar nicht durchbrechen darf. Kurzum: Unser eigener Zugriff auf das Grundgesetz ist großzügig bemessen. Blicken wir demgegenüber auf den Verfassungsgesetzgeber, so steht dieser vergleichsweise dumm da – angesichts all' seiner Bindungen. Da haben wir zuvörderst die Ewigkeitsklausel (Art. 79 Abs. 3); aus dem Text, der letztlich – und das lässt sich entstehungsgeschichtlich, glaube ich, sehr schön nachweisen – nichts anderes markiert als eine Umschreibung für die freiheitlich-demokratische Grundordnung, machen wir eine alle in Art. 1 und Art. 20 GG aufgeführten Elemente umfassende Begrenzung der Möglichkeiten staats- oder organisationsrechtlicher Ausgestaltung. Selbst das repräsentative System soll davon umfasst sein. Die neue Zauberformel dafür ist die Verfassungsidentität. Doch damit haben wir uns ganz weit von Text und Entstehungsgeschichte der Verfassungsnorm wegbewegt. Identitäten lassen sich beliebig aufladen, und damit können wir, sei es in der Europadebatte, sei es in der bundesstaatlichen Debatte usw., schnell, strategisch und flexibel argumentieren. Dem Verfassungsgesetzgeber selbst versagen wir derlei Vorgehen. Ein weiteres Beispiel dafür, wie wir mit dem Verfassungsgesetzgeber umgehen: die von Ihnen, Frau Schuler-Harms, genannten Verfassungsvorbehalte: Gewiss ist aus einem Verfassungsvorbehalt abzuleiten, dass der Gesetzgeber eine verfassungsgesetzliche Erlaubnis braucht und nicht gegen bestehende Verfassungsbestimmungen verstoßen darf. Wenn er einen Nebengesetzgeber in Gestalt des zu einem Referendum aufgerufenen Volkes institutionalisieren möchte, dann braucht er dafür eine verfassungsgesetzliche Ermächtigung. So weit, so unproblematisch. Aber warum soll das nicht dergestalt von statten gehen dürfen, dass der verfassungsändernde Gesetzgeber lediglich die Delegationsermächtigung in die Verfassung hineinschriebe, dass nämlich der Gesetzgeber alles Weitere regeln darf? Warum wäre die Einführung direktdemokratischer Elemente, so habe ich Sie verstanden, eine Änderung einer verfassungsrechtlichen Grundentscheidung? Danke schön.

Giegerich: Eine Frage, die mir sehr am Herzen liegt, ist das Verhältnis zwischen Volksentscheiden und Völker- und Europarecht. Kann sichergestellt werden – und wie kann sichergestellt werden –, dass Volksentscheide den deutschen Staat nicht in die Völker- oder Europarechtsverletzung hinein treiben? Wer entscheidet wann darüber, ob ein Volksentscheid völkerrechtswidrig oder europarechtswidrig wäre? Das würde möglicherweise Vorlagen erfordern, etwa nach Art. 100 Abs. 2 GG an das Bundesverfassungsgericht, wenn es um allgemeine Regeln des Völkerrechts geht, oder nach Art. 267 AEUV an den EuGH, wenn es um Europarecht geht, mit den entsprechenden Verfahrensverzögerungen. Die neue Schweizerische Bundesverfassung hat sich diesem Problem zu stellen versucht, indem sie Volksinitiativen für unzulässig erklärt, die zwingende Bestimmungen des Völkerrechts verletzen. Diese *Ius-cogens-Schwelle* hat aber nicht verhindern können, dass per Volksentscheid ein Minarettbauverbot in die Bundesverfassung eingefügt wurde, das meines Erachtens mit den Verpflichtungen der Schweiz aus der EMRK in Bezug auf die Religionsfreiheit unvereinbar ist. Im US-Staat Oklahoma wurde mit großer Mehrheit ein Verfassungszusatz angenommen, der den einzelstaatlichen Richtern die Anwendung von, erstens, *sharia law* und, zweitens, *international law* verbietet. Durch einstweilige Anordnung eines Bundesgerichts ist der auch völkerrechtlich problematische Scharia-Anteil des Verbots wegen Verstoßes gegen die Diskriminierungsklausel der Bundesverfassung vorläufig ausgesetzt worden. In Dresden ist durch kommunalen Volksentscheid der Bau der Waldschlösschenbrücke über die Elbe erzwungen worden. Das hat dazu geführt, dass das Dresdner Elbtal den Welterbe-Status nach der UNESCO-Konvention verloren hat, was möglicherweise einen Verstoß der Bundesrepublik Deutschland gegen diese Konvention darstellt. Der Versuch, beim Bundesverfassungsgericht eine Aussetzung der Bauverpflichtung zu erreichen, ist leider gescheitert. Und, Herr Frotscher, das Euro-Referendum in Schweden verstieß meines Erachtens gegen den damaligen EG-Vertrag, weil sich Schweden mit dem Beitritt zur EU vorbehaltlos verpflichtet hatte, den Euro einzuführen. Die EU-Kommission hat aus politischer Klugheit aber kein Vertragsverletzungsverfahren dagegen eingeleitet. Vielen Dank.

Streinz: Herr Möstl, Sie haben sich mit jedenfalls mich überzeugenden Argumenten für die konditionierte Einführung von direktdemokratischen Elementen auch auf Bundesebene ausgesprochen. Die Einführung von solchen formellen Elementen hat ja gegenüber den informellen den Vorteil, dass man dann bestätigt bekommt, was der wirkliche Volkswille ist. Zum Beispiel glaubten manche, die damals für die Rundfunkfreiheit in Bayern stimmten, dass man dann keine Rundfunkgebühren mehr zahlen muss. Sie haben dann in These 32 darauf hingewiesen, dass die Schöpfer des Grundgesetztes 1949 mit guten Gründen zunächst auf die Konsolidierung der repräsentativen Ordnung gesetzt haben. Diese guten Gründe waren, wie Herr Hufen schon gesagt hat, nicht die Erfahrungen von Weimar. Weimar ist an manchem gescheitert, aber nicht an Plebisziten, und das Ermächtigungsgesetz ist auch, wenn ich mich recht erinnere, vom Reichstag beschlossen worden. Aber es gab damals, glaube ich, schon auch gute Gründe. Diese Gründe waren – wie in Ihrer Formulierung zum Ausdruck kommt – die Konsolidierung des damaligen Staates; eines Staates, der noch nicht die volle Souveränität hatte. Manche Entscheidungen, die getroffen wurden, waren ja auch nicht unbedingt populär gewesen und wären sonst nicht so getroffen worden. Das führt mich jetzt zu der Frage, die Herr Giegerich angesprochen hat und die Sie auch mit der Erwähnung des Problems der Ratifizierung in These 31 angesprochen haben, nämlich der Koordinierung von direktdemokratischen Elementen mit völker- und europarechtlichen Verpflichtungen. Da muss in der Tat etwas geschehen. Es wird wohl auch dazu führen, dass bestimmte Bereiche offen gehalten werden müssen für eventuelle Revisionen. Hier wäre vielleicht noch Näheres zu sagen. Danke schön.

Ruffert: Wir kommen nun zu den Schlussworten der beiden Referenten.

Schuler-Harms: Vielen Dank für eine anregende Diskussion, die nicht ganz unerwartet kontrovers verlaufen ist. Ich möchte zunächst auf die Frage von Frau Albers antworten und damit mein Statement beginnen. In der Tat wird man ein Demokratiekonzept über diese Dualität, die ich mit dem Konzept der gemischten Demokratie aufgenommen habe, erweitern müssen. Direktdemokratische Formen sind auch Elemente partizipativer Demokratie. Man muss den Begriff der Responsivität, der bereits gestern gefallen ist, zur Beschreibung mit hinzunehmen und direktdemokratische Elemente immer auch als Meinungsbildung und Haltung wahrnehmen, die im System latent vorweggenommen wird und die im politischen Prozess auch dann wirkt, wenn es zu direktdemokratischen Abstimmungen gar nicht kommt, wenn vielleicht nicht mal ein Volksbegehren zustande kommt. Formen partizipativer und gemischter Demokratie gehen ineinander über, etwa im Verhältnis von elektronischer Massenpetition, Volksinitiative und Volksbegehren. Die Übergänge sind fließend, eine Tendenz, die sich mit der Ausbildung elektronischer Kommunikation noch verstärken dürfte. Dies zeigt beispielsweise der in diesem Jahr von der Bundeskanzlerin angestoßene „Zukunftsdialog". Er wurde auch in Bezug auf die Online-Mitwirkung von Experten und Bürgern ausgewertet und erbringt für die Frage der internet-gestützten Demokratie interessante und wichtige Erkenntnisse. In diesen Zusammenhang gehört sicher auch die *liquid democracy* als neue Form politischer Willensbildung, die der Beobachtung bedarf, die mir allerdings noch nicht weit genug entwickelt schien, um sie schon jetzt in ein Ordnungskonzept der gemischten Demokratie zu integrieren. Vieles im Bereich internet-basierter politischer Willensbildung wird erprobt, vieles befindet sich in der Entwicklung. Herr Isensee, vielen Dank für Ihren nicht ganz unerwarteten Beitrag, aber wir haben die plebiszitären Elemente bereits, und es geht nun darum, sie rechtlich zu ordnen. Die Debatte, ob man solche Elemente einführen sollte oder nicht, führt nicht mehr weiter. Was ich als gemischte Demokratie beschrieben habe, befindet sich seit Anfang der 1990-er Jahre in den Ländern im Aufbau. Herr Frotscher hat zu Recht darauf aufmerksam gemacht, dass die gemischte Demokratie in den Gemeinden bereits fest etabliert ist. Für das Gemeinderecht wird, etwa durch Herrn Schliesky, schon lange ein Ordnungskonzept gefordert, und zwar eines, das auch die sinnvolle Abstimmung von personalplebiszitären und sachplebiszitären Elementen umfasst. Denn selbstverständlich steht die Direktwahl der Bürgermeister mit sachplebiszitären Elementen in Form von Abstimmungen in Zusammenhang. Zur Notwendigkeit des Ordnungskonzepts: Direktdemokratische Komponenten sind von anderen Elementen partizipativer Demokratie dennoch verschieden, denn es geht dabei um verbindliche Entscheidungen in Form von Staatlichkeit. Das ist etwas anderes als Partizipation und weist über diese hinaus. Direktdemokratische Komponenten erfordern eine eigene rechtliche Ordnung. Das Demokratiekonzept muss aber sicherlich mit Blick auf partizipative Elemente komplexer gedacht werden. Die gestrige Debatte hat schon gezeigt, wie stark repräsentativ-parlamentarische und direktdemokratische Elemente verwoben sind. Insofern brauche ich nicht mehr auszuführen, warum ich dieses Ordnungskonzept für dringlich ansehe. Herr Hufen, ich wäre gründlich missverstanden worden mit der Einschätzung, dass mich der Mut auf halber Strecke verlassen hätte. Ich stehe Elementen direkter Demokratie vielmehr grundsätzlich skeptisch gegenüber. Wenn sie aber zur Einführung stehen, dann benötigen sie rechtliche Ordnung. Es geht längst nicht mehr nur um die Frage des „Ja" oder „Nein", des „Ob" oder „Ob-Nicht", es geht zunehmend um die Frage des „Wie". Das bringt mich zu Herrn Geis und zur Frage der rücksichtslosen parlamentarischen Rechtsetzung. In der Tat gibt es solche Fälle, und zwar auf beiden Seiten des gemischten Systems. Wir verzeichnen etwa eine Entscheidung aus Bayern, die das Bayerische

Verfassungsgericht fast hilflos hat dastehen lassen vor einem Volksbegehren, das den quorenlosen Volksentscheid mit einer dreijährigen Sperrfrist für parlamentarische Änderungsgesetzgebung verbinden wollte. Das Verfassungsgericht hat zur Ewigkeitsgarantie als letztem Mittel gegriffen. Dies ist ein gravierender Vorgang! Das Hamburgische Verfassungsgericht wiederum hatte über die Aufhebung plebiszitären Wahlrechts durch das Parlament unmittelbar nach dem Volksentscheid zu entscheiden und über eine Begründung des parlamentarischen Änderungsgesetzes, die nicht sonderlich substantiiert ist. Herr Mahrenholz und andere haben auf die Rücksichtslosigkeit dieser Gesetzgebung sehr deutlich, und wie ich finde sehr richtig, aufmerksam gemacht. Zu Herrn Kotzur: Das Ordnungskonzept ist in seinen Grundlinien eine Aufgabe der Gesetzgebung. Wir bewegen uns hier in der Tat weitgehend im Bereich der Verfassungspolitik, wir können natürlich lernen und wir können Ordnungskonzepte auch weiterentwickeln über Elemente, die wir vorfinden – nicht allerdings, wie ich meine, über die europäische Bürgerinitiative: Diese bleibt ein partizipatives Element, denn sie hat keine rechtliche Bindungswirkung. Insofern würde ich hier, wie schon ausgeführt, eine kategoriale Unterscheidung treffen. In diesem Zusammenhang steht die Frage nach den historischen Erfahrungen, die ich in meinem Referat nicht ausdrücklich angesprochen habe. Ich würde sie differenzierend beurteilen. Zunächst war auch ich der Meinung, es sei gut, Weimar hinter sich zu lassen, und in Bezug auf Sachplebiszite ist dies vermutlich auch richtig. Die Weimarer Republik ist nicht an ihren Volksabstimmungen gescheitert. Man muss aber, so glaube ich, den Blick weiten. Nimmt man die personalplebiszitären Elemente hinzu, etwa die Volkswahl des Reichspräsidenten, und bedenkt, dass auch bei uns über eine Direktwahl von Ministerpräsidenten diskutiert wird und diese Frage eines Tages zur Volksabstimmung stehen könnte, indem im Wege von Verfassungsänderungen Spielregeln, Entscheidungsregeln, Regeln des demokratischen Systems verändert werden, dann zeigt sich die Frage der historischen Erfahrungen sofort in anderem Licht und erhält ein anderes Gewicht. Dies lehren auch die Erfahrungen in den Kommunen, in der die Direktwahl der Bürgermeister mit dem Bürgerentscheid verbunden sind. Solche Prozesse ermöglichen aber außerdem ein Lernen „nach oben", was mich auch zu der Aussage bringt, dass der Bund noch nicht so weit ist. Es bedarf zuerst ordnender Konzepte, die in den unteren und einfacheren Ebenen politischen Entscheidens entwickelt werden müssen.

Einen letzten Punkt würde ich gerne ansprechen, weil er mir sehr wichtig ist: die Frage der Gerichtsbarkeit. Schiedsgerichtsbarkeit, Herr von Arnim, nein. Im Befund haben Sie natürlich recht, die Wettbewerbslogik des Ganzen wird gut erkennbar. Aber es geht dennoch nicht um gerichtliche Schlichtung eines Streits unter Gleichen. Es geht weiterhin darum, die Legitimation der Gerichte über ihre Sachkunde und Unabhängigkeit zu stützen, und zwar gegenüber beiden Seiten. Im Bereich der Landesverfassungsgerichtsbarkeit gibt es hierbei Probleme, deren Ursache mir eher im Bereich der Ehrenamtlichkeit als der Unabhängigkeit zu liegen scheinen. Zu empfehlen ist deshalb auch in Bezug auf die Rechtsprechung: Lernen. Der Prozess des Lernens durch theoretische Anleitung, durch Konzeptbildung, die zunächst der Wissenschaft obliegt, durch gegenseitige Beobachtung der Landesverfassungsgerichte – dieser Prozess scheint in Gang zu kommen. Auch Fremdbeobachtung durch die Literatur ist zu verzeichnen. Dann gibt es aber natürlich auch methodische Folgerungen zu bedenken, Herr Gärditz spricht sie ganz zu Recht an. Ich habe über sie in Bezug auf die Interpretation von Volksgesetzen nachgedacht: Wortlautinterpretation mag noch gehen. Wie aber soll ein systematisches Verständnis der Norm funktionieren? Auch die Normgenese hält neue Herausforderungen für die Gerichtsbarkeit bereit, und in Bezug auf den Verhältnismäßigkeitsgrundsatz kann ich mich Herrn Gärditz nur anschließen. Damit möchte ich schließen und mich für alle Beiträge sehr herzlich bedanken.

Möstl: Ich bedanke mich für die vielen interessanten Fragen und bitte zugleich um Entschuldigung, wenn ich diese nur kursorisch beantworten kann.

Zunächst einige Punkte zum Grundverhältnis repräsentative / direkte Demokratie. Die beiden Referate haben da im Ausgangspunkt einen durchaus unterschiedlichen Zugriff gewählt: Frau Schuler-Harms hat die „gemischte Ordnung“ in das Zentrum ihrer Überlegungen gerückt. Ich habe den Akzent eher darauf gelegt, dass es sehr verschiedenartige gemischte Ordnungen gibt und dass meines Erachtens, was das exakte Mischungsverhältnis von repräsentativer und direkter Demokratie anbelangt, keineswegs alle gemischten Ordnungen unter dem Grundgesetz zulässig sind. In diesem Zusammenhang habe ich auch das Konzept des „Vorrangs der repräsentativen Demokratie“ verteidigt, und ein großer Fragenkomplex ging ja genau auf dieses umstrittene Thema zu. Hierzu folgende Bemerkungen: Es ist im Ausgangspunkt natürlich eine schwierige Gratwanderung, die Ewigkeitsgehalte des Art. 79 Abs. 3 GG so zu bestimmen, dass sie einerseits Substanz haben, andererseits aber noch hinreichende Spielräume lassen. Ich meine aber, im Rahmen dieser Gratwanderung wäre eine Sichtweise zu unbestimmt, die die durch die Ewigkeitsgarantie geschützte deutsche Verfassungsidentität allein darin erblickte, dass wir auf ein blasses Demokratieprinzip verpflichtet sind, das hinsichtlich des Mischungsverhältnisses von repräsentativer und direkter Demokratie wie auch immer ausgestaltet werden darf. Vielmehr meine ich, dass tatsächlich bestimmte identitätsprägende Grundentscheidungen des Grundgesetzes in die Auslegung der Art. 20, 79 Abs. 3 GG mit hineinzunehmen sind. Hierzu gehört meines Erachtens als bleibendes Erbe des antiplebiszitären Grundzuges des Grundgesetzes auch, dass, bei aller Offenheit für plebiszitäre Elemente, jedenfalls das Risiko einer Systemgefährdung der repräsentativen Ordnung nicht in Kauf genommen werden darf. Kein hinreichendes Gegenargument ist – das habe ich ja auch in meinem Vortrag gesagt – die bloße Tatsache, dass Art. 20 Abs. 2 Satz 2 GG Wahlen und Abstimmungen nebeneinander nennt. In diesem Zusammenhang möchte ich auch der These widersprechen, dass aus Art. 20 Abs. 2 Satz 2 GG – noch weitergehend – vielleicht sogar ein Verfassungsgebot der Einführung von Abstimmungen auf Bundesebene folgen könnte. Ich sehe Art. 20 GG so, dass er im Abschnitt „Der Bund und die Länder" steht, so dass auch Art. 20 Abs. 2 Satz 2 GG – so wie viele andere Aussagen des Art. 20, die wir selbstverständlich auch auf die Länder anwenden – eben nicht allein den Bund betrifft, sondern auch durch Volksabstimmungen auf Länderebene eingelöst werden kann. Ein uneingelöstes Verfassungsgebot gibt es deswegen nicht. Ein weiterer Aspekt ist mir wichtig: Die These vom Vorrang der repräsentativen Demokratie habe ich zwar verteidigt, im Ergebnis allerdings vielleicht etwas anders verstanden, als manche noch schärfere Kritiker der direkten Demokratie dies tun würden. Ich habe den Akzent insbesondere darauf gelegt, dass nicht schon in jedem einzelnen vom Parlamentsvotum abweichenden Volksentscheid ein per se problematischer Störfaktor für die repräsentative Ordnung gesehen werden darf. Die von einem solchen einzelnen Volksentscheid ausgehende „Irritation" für die Repräsentativorgane, wie Frau Schuler-Harms es genannt hat, ist im Gegenteil sogar gut und kann durchaus befruchtende Wirkung haben. Systemgefährdendes Potential entfalten Plebiszite vielmehr erst dann, wenn sie die repräsentative Demokratie sozusagen institutionell berühren, weil sie nämlich so gehäuft und regelmäßig auftreten, dass dem Parlament die politische Gesamtverantwortung entgleitet und diese auf das Volk bzw. auf Parlament und Volk zur gesamten Hand übergeht. Das ist nun genau der Punkt, an dem der Vergleich zur Schweiz angesetzt hat. Ich bin dankbar, dass hierzu auch einige Bemerkungen gekommen sind. Die These, dass die stark ausgeprägte Konkordanzdemokratie in der Schweiz untrennbar mit ihren weitreichenden Volksrechten zusammenhängt, mag man unterschiedlich beurteilen können; sie wird aber, wenn ich es richtig sehe und gelesen habe, auch von sehr vielen Schweizer Kollegen geteilt, so dass ich mich insoweit, wie ich meine, doch auf recht gesichertem Boden bewege. Ich glaube nicht, dass Kalifornien ein Gegenargument ist, denn in Kalifornien herrscht eine völlig andere verfassungsrechtliche Grundkonstellation, weil dort die Volksrechte auf ein präsidentielles Regierungssystem treffen. Präsidentielle Systeme aber erweisen sich, wie die politikwissenschaftliche Literatur nachgewiesen hat, als relativ stabil gegen konkordanzdemokratische Anfechtungen, während unser parlamentarisches Regierungssystem diesbezüglich besonders anfällig ist, so dass man hier auch besonders vorsichtig sein muss. Es ging mir natürlich insgesamt, wie ich noch einmal klarstellen möchte, keineswegs darum, das Schweizer Demokratiemodell, das aufs Ganze gesehen mit Sicherheit gut funktioniert, zu diskreditieren oder zu kritisieren. Nur, es baut eben darauf, dass die tiefgreifenden Modifikationen und Defizite der repräsentativdemokratischen Funktionsmechanismen, die in einem so weitreichenden Konkordanzsystem begründet liegen, sozusagen kompensiert werden durch ein Volk, das dauerhaft bereit und in der Lage ist, alle wesentlichen Entscheidungen selbst in die eigenen Hände zu nehmen. Das kann funktionieren, und in der Schweiz – mit ihrer besonderen Tradition und Einübung – funktioniert es vielleicht, aber es ist ein erhebliches Risiko, ob es funktioniert. Ich glaube, dass das Grundgesetz dieses Risiko nicht eingeht.

Innerhalb des durch den „Vorrang der repräsentativen Demokratie" gezogenen Verfassungsrahmens habe ich mich sodann relativ dezidiert für eine Ausweitung von Volksrechten auch auf den Bund ausgesprochen. Zur Begründung dieser These habe ich den Akzent dabei bewusst nicht in erster Linie auf eine „Krise" – im Sinne eines Versagens oder schlechten Funktionierens – der repräsentativen Demokratie gelegt. Ich fand in diesem Kontext interessant und signifikant, was der Ministerpräsident von Schleswig-Holstein beim Empfang gestern Abend gesagt hat. Bei seinen Worten hatte man nicht den Eindruck, dass die repräsentativen Organe schlecht funktionieren oder gar versagen, sondern eher, dass sie betroffen sind davon, auf welch misstrauische Ablehnung sie – trotz aller Erfolge – bisweilen stoßen, und dass sie ein wenig ratlos sind, wie man damit umgehen soll. Wir werden zunehmend mit Erscheinungsformen einer diffusen, von prinzipiellem Misstrauen gegen die repräsentativen Organe geprägten partizipativen Energie im Volk konfrontiert, die sich derzeit nur in informellen, ersatzplebiszitären Kanälen – in Protest, medialem Druck etc. – entladen kann und gerade dadurch der Legitimität der repräsentativen Ordnung Schaden zufügt. Meine Hauptthese war, dass wir direktdemokratische Elemente brauchen zur Kanalisierung und Formalisierung dieser partizipativen Energie, die in rechtlich geordnete Bahnen gelenkt werden muss, die sich in die repräsentative Ordnung einfügen, statt ihr zu schaden. Das birgt vielleicht auch Risiken; vor allem bin ich mir natürlich bewusst, dass der „wirkliche" Volkswille u.U. schwer zu ermitteln ist. Ich möchte jedoch darauf hinweisen, dass Volksentscheide, so sozialselektiv sie im Vergleich zu Wahlen sein mögen, den Volkswillen immer noch breiter und verlässlicher ermitteln als diffuse Orientierungen an irgendwelchen partizipativen Wünschen einer aktiven Bürgergesellschaft, deren Willensbildung tendenziell noch elitärer und sozialselektiver funktioniert, als dies bei Plebisziten der Fall ist, und vor deren Protest man dann u.U. einknickt, obwohl er im Volk nie eine Mehrheit hinter sich hatte. Deswegen glaube ich auch, dass wir nicht unbedingt eine Erweiterung des Demokratiemodells hin zu irgendeiner neuartigen partizipativen Demokratie brauchen, sondern wir müssen unser repräsentativdemokratisches Demokratiemodell eher verteidigen gegen ein Überborden partizipativer Einflüsse. Ein wohl dosiertes Zulassen direktdemokratischer Elemente kann meines Erachtens dabei helfen.

Wir hatten dann eine Fülle von Einzelfragen. Hier nur Folgendes: Insbesondere die Quoren sind nach meiner Einschätzung doch die entscheidende Stellschraube. Man darf hier nicht zu lax sein. Die hinreichende Mobilisierung im Volk, nach der gefragt wurde, erkennt man eben daran, dass anspruchsvolle Quoren genommen werden, vor allem die diesbezüglich besonders wichtigen Quoren für das Volksbegehren. Hinzukommen muss eine effektive verfassungsgerichtliche Kontrolle. Ich glaube nicht, dass gerade hier verfassungsrichterliche Zurückhaltung angezeigt ist. Die Verfassungsgerichte haben vielmehr eine essentielle Bedeutung in einem System der Zulassung direkter Demokratie – sowohl zur Verteidigung der repräsentativen Ordnung, wenn im Wege der vollplebiszitären Verfassungsänderung Vorstöße zur Verstärkung direkter Demokratie gegen die Repräsentativorgane gemacht werden, als auch zum Schutz der Grundrechte der Bürger, soweit Volksgesetze in diese eingreifen. Zusätzlich zur Kontrolle der Verfassungsmäßigkeit plebiszitärer Vorlagen wäre – dem pflichte ich bei – eigentlich auch eine präventive gerichtliche Kontrolle der Europa- und Völkerrechtskonformität sicherzustellen. Dass hier auf die Gerichte zusätzliche Aufgaben zukommen, ist die notwendige Kehrseite jeder Verstärkung direktdemokratischer Elemente.

Ich komme zum Schluss. Ich habe innerhalb der hier nochmals umrissenen Grenzen also für mehr direkte Demokratie in Deutschland plädiert. Ich habe versucht zu zeigen, dass das für Deutschland nicht etwas ganz Neues ist. Wir müssen das Rad nicht neu erfinden, wir bräuchten uns eigentlich nur der eigenen Verfassungstradition, die in den Ländern doch fortlebt und bereits vorhanden ist, zu besinnen. Dennoch ist es so, dass wir das Thema direkte Demokratie in der deutschen Staatsrechtslehre noch immer mit spitzen Fingern anfassen, das Spektrum zwischen schroffer Ablehnung und glühender Befürwortung ist größer als sonst. Wichtig wäre hier, zueinander und zu einer insgesamt konsolidierteren Linie zu finden. Ich glaube, die Tatsache, dass wir heute zwei Referate gehört haben, die, wenn auch mit unterschiedlichen Zugriffen, beide auf ihre Weise versucht haben, einen hoffentlich konsensfähigen Mittelweg zu formulieren, bei dem die direkte Demokratie letztlich doch als ein Teil unserer Verfassungsordnung erscheint, ist ein gutes Zeichen dafür, dass wir auf dem Weg dorthin sind. Danke.

Vierter Beratungsgegenstand:

Großvorhaben als Herausforderung für den demokratischen Rechtsstaat

1. Referat von Professor Dr. *Kay Waechter*, Hannover

Inhalt

I. Das Thema

Das Thema des Verhältnisses von Großvorhaben[1] zu Demokratie und Rechtsstaat[2] wirft zwei zentrale Fragen auf:

1. Soll das bestehende Verhältnis von Politik und Verwaltung bei großvorhabenrelevanten Entscheidungen verschoben werden?

2. Wie können grundrechtliche Freiheit einerseits und parlamentarische Entscheidungszuständigkeit andererseits gegen die planende Exekutive verteidigt werden?

Bei modellhafter Betrachtung fallen Entscheidungen über Großvorhaben[3] auf vier Ebenen:

Auf der *ersten Stufe* entscheidet das Parlament durch Gesetz über die Zulässigkeit einer Großvorhabentechnologie und über den Umfang ihrer grundsätzlich zulässigen Nebenwirkungen (Grenzwerte).[4]

Auf einer *zweiten Stufe* stellt das Parlament den Bedarf für ein vorhabenübergreifendes Netz von Infrastruktur-Großvorhaben durch gesetzlichen Bedarfsplan fest. Im Bereich anderer Großvorhaben treten häufig

---

[1] Der Begriff des Großvorhabens spielt eine Rolle im Verfassungsrecht (Unterrichtungspflicht der Landesregierungen gegenüber dem Parlament, z.B. Art. 25 Abs. 1 NV, Art. 22 Verf. SH; Art. 39 Verf. MV; dazu: *F. Wittreck* ZG 2011, 209 (219 mwN ebd. Fn. 63)), im Raumordnungsrecht (als Großvorhaben bezeichnet werden raumbedeutsame Vorhaben, solche nach Anhang I zu Art. 4 UVP-RiL, solche mit mehr als 300 Betroffenen sowie Vorhaben, die durch Planfeststellungsbeschluss zugelassen werden; vgl. OVG Lüneburg, DVBl 1977, 212: „Großvorhaben des Fremdenverkehrs" in einer Norm des Raumordnungsrechts) und Naturschutzrecht. JURIS bietet (14. Nov. 2011) 26 Fundstellen der Begriffsverwendung durch das BVerwG. Diese betreffen Kernkraftwerke, Flughäfen, Wasserstraßen sowie bestimmte Baumaßnahmen im Außenbereich und aufgrund von Bebauungsplänen. Eine trennscharfe Definition ist für die hier verfolgten Zwecke nicht notwendig (vgl. ähnlich: *J. Ziekow* Gutachten D zum 69. Deutschen Juristentag (DJT), 2012, D 11 f.).

[2] Zu Großvorhaben als Anlass für rechtsstaatliche Entwicklungen in historischer Sicht: *J. Saurer* DVBl 2012, 1082.

[3] Zu Merkmalen von Großvorhaben: Vgl. etwa *D. Kolb* Großvorhaben als Demokratieproblem, 1999, 52:
- Technologiegebundene Schlüssel zum Wohlstand,
- Einbindung in vorhabenübergreifende Strukturen,
- Sachlich, personell und bzgl. der Ebenen komplex, medien- und raumübergreifende Umweltauswirkungen auf zahlreiche Betroffene,
- Hohe Investitionsvolumina, Steuererträge und viele Arbeitsplätze, lange Lebensdauer,
- Strukturelles Ungleichgewicht zwischen Vorhabenträgern und –betroffenen,
- Inhaltliche Steuerung durch Gesetze vor allem in Gestalt von Rahmensetzungen; Prognoseabhängigkeit.

[4] Die Konkretisierung wird häufig niederrangigen Regelwerken überlassen.

sonstige Pläne, insbesondere Festlegungen der Landesraumplanung, an die Stelle der Bedarfsfestlegung und steuern Großvorhaben primär unter anderen Aspekten als dem Bedarf.[5]

Auf der *dritten Stufe* werden Großvorhaben durch höherstufige Fachplanung, Linienbestimmung oder Raumordnungsverfahren in konkrete Raumverhältnisse eingepasst, ohne dass schon Parzellenschärfe erreicht wird.

Im *vierten* und letzten *Schritt* folgt abschließend[6] die Einzelzulassung der Vorhaben durch Verwaltungsakt.

Soweit es um Verkehrsinfrastrukturen geht, liegt der nationalen noch die Ebene der unionsrechtlichen Transeuropäischen Netze voraus.

Der ein Einzelvorhaben zulassende Verwaltungsakt ist bei Vorhaben mit öffentlichem Interesse meist ein abwägender Planfeststellungsbeschluss nach dem jeweils einschlägigen Fachgesetz.[7] Rein privatnützige Vorhaben werden häufig durch eine gebundene Entscheidung nach dem BImSchG genehmigt.

II. Defizitbeschreibung und -analyse

Die Sichtung der an Großvorhabenverfahren geäußerten Kritik ergibt, dass von der am 23. März 1971 planfestgestellten Startbahn West des Flughafens Frankfurt bis zum Tiefbahnhof in Stuttgart 2011 vielfach dieselben Defizite bei der Zulassung von Großvorhaben gerügt worden sind:

---

[5] Grundsätzlich findet nach BImSchG keine Bedarfsplanung und -prüfung statt (*H. Schüler* Die Bedürfnisprüfung im Fachplanungs- und Umweltrecht, 2008, 144). Häufig sind Großvorhabenstandorte in der Raumplanung berücksichtigt. So legt das NROP 2008 (Ziffer 4.2.03/04) z.B. Standorte für Großkraftwerke und die Sicherung von Windkraftstandorten (mit Mindestleistungsangaben in MW) fest. Nach der Rspr. des BVerwG (vgl. Fn. 16) muss die Planrechtfertigung auch für Festlegungen der Raumordnung gegeben sein. Im Abfallrecht kann die Abfallwirtschaftsplanung Bedarfsgerechtigkeit bewirken (*Schüler* ebd., 145). In Richtung auf eine Investitionssteuerung wirkt auch die Netzkonfiguration (AbschaltVO). Die zulässige Fläche von großflächigem Einzelhandel wird über das Kongruenzgebot an den örtlichen Bedarf gekoppelt.

[6] Auf den Stufen 2–4 finden Beteiligungen der Öffentlichkeit statt. Diese werden teils für überzogen gehalten: *W. Durner* ZUR 2011, 354 (357); aA *Th. Groß* DÖV 2011, 510 (514). Dabei muss beachtet werden, dass auch in der Öffentlichkeitsbeteiligung Probleme abgeschichtet werden dürfen, was aber wiederum zu Rechtsschutzproblemen führt (so zu Recht *R. Steinberg* ZUR 2011, 341 (342)).

[7] BFStrG; AEG; MagnetschwebebahnG; LuftVG; BWassStrG; NABEG; KrlW/AbfG.

1. Mangelnde Neutralität des Verwaltungsverfahrens

Das Verwaltungsverfahren[8] auf der Stufe der Vorhabenzulassung ist nicht fair[9] und neutral.[10] Die Verwaltung prüft nicht, ob ein Vorhaben unter Abwägung aller Belange wünschenswert ist, sondern sie untersucht, ob das politisch erwünschte Vorhaben auf unüberwindliche Hindernisse stößt. Es fehlt an Neutralität und Fairness jedenfalls im Sinne von rechtsphilosophischen Perfektionsbegriffen. Das schließt nicht aus, dass das verfahrensrechtliche Fairnessgebot beachtet ist. Die Schlagseite der Verwaltung zugunsten von Großvorhaben zeigt sich besonders offen vor allem dort, wo die Exekutive rechtliche Spielräume hat oder wo Rechtsfehler für das Ergebnis unbeachtlich sind. Ein weiteres Beispiel für die Dominanz erwünschter Ergebnisse ist die Finanzplanung von Großvorhaben.[11]

---

[8] Folgende kritische Nebenpunkte werden genannt: Es werden in manchen Verfahrensarten nicht alle Interessierten als *Einwender* zugelassen (*R. Wulfhorst* DÖV 2011, 581 (587); *M. Böhm* NUR 2011, 614 zeigt diesbezüglich den Umfang der Beteiligung in den unterschiedlichen Verfahren nach BImSchG, PFRecht und BauGB (615); *Ziekow* DJT (Fn. 1), D 147). Ich gehe dieser Forderung nicht weiter nach. Im Allgemeinen ist die nicht nachteilig betroffene Öffentlichkeit nicht interessiert. Eine Öffnung kann insbesondere dazu führen, dass Fundamentalgegner einer Technologie Zugang zum Verwaltungsverfahren erhalten, das aber für die Lösung von Fundamentalkonflikten in der Regel nicht geeignet ist. Gerade bei einer Mediation, die nicht auf das Rechtserhebliche beschränkt sein soll, stellt sich die Frage nach dem Teilnehmerkreis (*P. Schütte* ZUR 2011, 169). Anstoßwirkung entfalte erst der anrückende Bagger (*R. Wulfhorst* DÖV 2011, 581 (582). Das mag im außergewerblichen Bereich teils zutreffen. Aber bei Großprojekten ist die Anstoßwirkung meist kein Problem. Deswegen wird der Punkt Anstoßwirkung nicht weiter behandelt.). ME ist es für den Akzeptanzgewinn notwendig, dass in Auslegungen alle *Gutachten* – nicht nur umweltbezogene und nicht nur einwendungsrelevante – auszulegen sind (*R. Steinberg* ZUR 2011, 341 (344); aA nach positivem Recht: BVerwG, NVwZ 2011, 1256 (1257 mwN)).

[9] Beispiele für die „kleinen Gemeinheiten“: Das Verschweigen von dem, was nicht offenbart werden muss, das Ausreizen rechtlicher Spielräume etc. Vgl. etwa das angebliche Verschweigen der Kostenentwicklung bei „Stuttgart 21“; das Verschweigen der 15-Grad Knickregelung im Flugroutenrecht beim BBI. Aus der Gerichtspraxis des Verf.: Die bewusst falsche, aber rechtsunerhebliche (§ 214 Abs. 1 BauGB) Falschinformation eines Vorhabenträgers in der frühzeitigen Beteiligung, es werde eine hermetisch dichte Anlage erstellt werden.

[10] Im Ergebnis ebenso für die Widerspruchsbehörde: *U. Battis* DÖV 2011, 340 (342); wie hier: *J. Pietzcker* Verwaltungsverfahren zwischen Effizienz und Rechtsschutzauftrag, VVDStRL 41 (1983), 151 (212f. mwN). *H. Treiber* in: W. Hoffmann-Riem/E. Schmidt-Assmann (Hrsg.) Konfliktbewältigung durch Verhandlungen, Bd. II, 1990, 287 (302 f.).

[11] Zu den Ursachen unterschätzter Kosten: *B. Flyvbjerg/M. Holm/S. Buhl* Planungsrundschau 2003, 15ff.: Unüberschaubarkeit, vor allem aber politische Vermittelbarkeit und ökonomische Rationalität der Unterschätzung. In 90% aller Großvorhaben werden die Kosten unterschätzt (Bahnprojekte: 45% Kostenüberschreitung, Tunnel und

Dieses nicht quasi-richterliche, sondern durch die Gestaltungsaufgabe geprägte Selbstverständnis der Verwaltung ist für eine parlamentarische Demokratie normal. Der Bezugspunkt der Neutralität des Beamtentums zwischen Land, politischer Spitze und Bürgern war schon immer unklar.[12] Das Selbstverständnis der Verwaltung als Helfer zur politischen Gestaltung[13] führt bei Großvorhaben dazu, dass Entscheidungsspielräume zu Lasten der Einwender genutzt werden, weil Großvorhaben wohlfahrts-[14] und wahlrelevant sind.[15] Wohlfahrtsstaat und Großvorhabenträger leben in Symbiose; öffentliches und privates Interesse sind eng verwoben. Verkürzt: Großvorhaben sind aus der Sicht von Politik und Verwaltung "too big to fail".

Dieser Befund ist dogmatisch besonders deutlich bei der Planrechtfertigung und Überwindung privater Rechte nach Planfeststellungsrecht und auch im Rahmen des § 906 BGB.[16] Das Grundproblem liegt dabei in dem

---

Brücken: 34%; Straßen: 20%; Durchschnitt: 28%). Eine Verbesserung der Schätzungen in neuerer Zeit ist nicht feststellbar (Suez-Kanal: 300%; Panama: 70–200%; Eurotunnel: 200% Kosten).

[12] Zu Unklarheiten in Webers Rationalitätsbegriff vgl.: *K. Waechter* Der beamtenrechtliche Funktionsvorbehalt, FS Treiber, 2010, 463 (466 ff.).

[13] Gestaltung selbst führt über die Zielfindungsnotwendigkeit zur „Befangenheit" der Verwaltung; vgl. *Kolb* (Fn. 3), 83.

[14] Eine sozialpolitische Schlagseite von Großvorhaben erkennen: *Kolb* (Fn. 3), 58 ff.; *D. Suhr* Die Bedeutung von Kompensationen und Entscheidungsverknüpfungen, in: W. Hoffmann-Riem/E. Schmidt-Aßmann (Hrsg.) Konfliktbewältigung durch Verhandlungen, Bd. I, 1990, 113 (118 f.). Danach profitieren vor allem „Bessergestellte" von Infrastrukturen. Die Nachteile von Großvorhaben können andererseits aufgrund der Langsamkeit im Immobilienmarkt nicht schnell an die beschwerdemachtarmen Schichten der Bevölkerung durchgereicht werden.

[15] Anders liegt es, wenn eine stark demokratisch abhängige kommunale Verfahrensbehörde davon ausgeht, dass eine klare Mehrheit gegen das Vorhaben ist und die Gewerbesteuer andernorts anfällt; so z.B. bei Abfallverbrennungsanlagen.

[16] Das BVerwG (BVerwGE 128, 358) lässt eine Überwindung privater Rechte auch bei ieS privatnützigen Vorhaben zu und beschränkt andererseits das Erfordernis der Planrechtfertigung nicht auf Eingriffsplanungen (370). Das Erfordernis soll sich aus dem Charakter der Planfeststellung als verbindlicher Raumnutzungsentscheidung mit Vorrang vor der Bauleitplanung ergeben (373) und der Vereinbarkeit mit den Zielen des Fachgesetztes zu entnehmen sein. Die Überwindung privater Rechte soll zulässig sein, weil sie auch im Gleichordnungsverhältnis (§ 906 BGB) zulässig ist. Aber § 906 BGB beruhte auf dem Gedanken der wechselseitig vorteilsausgleichenden Schicksalsgemeinschaft, wie sie im Umlegungs- und Flurbereinigungsrecht gegeben ist (zur Privatnützigkeit der Flurbereinigung: BVerwGE 139, 296 (300); zur Maßgeblichkeit der Behördenentscheidung für die Zweckrichtung: Regelflurbereinigung oder Unternehmensflurbereinigung Seite 302). Diese Wechselseitigkeit hat sich als Fehlprognose des BGB-Gesetzgebers erwiesen (*H. Roth* Staudinger, Kommentar zum BGB mit EG und Nebengesetzen, 2009, § 906 Rn. 206). Deswegen wird auch im BGB die Ortsüblichkeit

Widerspruch zwischen einer Tendenz zur meritokratischen Nicht-Neutralität des Leistungsstaates und der Gleichheitsausrichtung des Rechtsstaates.[17]

2. *Überlange Verfahrensdauer*

Kritik am Zulassungsverfahren ist darüber hinaus seit langer Zeit auch in Bezug auf die Zeitspanne zwischen erster Planung und Baubeginn eines Großvorhabens[18] geübt worden. Sie liegt immer noch über zehn Jahren und gilt damit nach wie vor als zu lang.

Die Beschleunigungspotenziale des Zulassungsverfahrens auf Stufe der Vorhabenzulassung sind im Wesentlichen ausgereizt. Zeit kann noch bei der politischen Einigung über Vorhaben im Vorfeld des Zulassungsverfahrens und durch Konzentration der Planung im Umfeld der Stufe 3 (Linienbestimmung und Raumordnungsverfahren) sowie schließlich in der Phase der Projektrealisierung nach Zulassung gespart werden.

---

als Wechselseitigkeitsgarantie in beiden Richtungen ersetzt: durch die normative Schranke der Sozialadäquanz oä für Begrenzungen von Immissionen (*Roth* ebd., 230) und durch die Figur „gemeinwichtiger Betriebe“ zugunsten der Immissionen von nicht ortsüblichen Vorhaben (*Roth* ebd., 29: Sportplätze, Umspannwerke, Buslinien, neuerdings wohl auch Kindertagesstätten, nicht aber trotz Art. 5 Abs. 1 GG: Zeitungsdruckereien). *Roth* selbst plädiert dafür, solche Wertungen nur durch Gesetz zuzulassen (ebd., 30). Dann könnte die mangelnde Neutralität des Wohlfahrtsstaates gegenüber seinen Bürgern zum politischen Thema werden.

Die Rechtsprechung des BVerwG führt im Ergebnis zu Unsicherheit und teils zur Behördendisposition darüber, zugunsten welcher privaten Interessen Rechte Dritter zurückzutreten haben (so zu Recht: *U. Ramsauer/K. Bieback* NVwZ 2002, 277 (283 ff.). Das Fachgesetz bindet den gesetzlichen Bedarfsplan nicht. Die Planrechtfertigung in der Bauleitplanung kann durch jeden städtebaulich relevanten Belang bewirkt werden.

[17] Der moderne Rechtsstaat knüpft grundlegende Rechte gerade nicht wie die Staatsentstehungslehre bei *Platon* an die Leistungen für die Gemeinschaft an. Das ist darin begründet, dass er die Existenzsicherung (iS Sicherheit gegen Bedrohung) in öffentliche Regie hatte übernehmen können und weil – siehe *Hobbes* – die Lebensgefährdung für alle Menschen gleich ist. Das ist bei der Leistungsfähigkeit nicht der Fall. Während es bei Großvorhaben nur um ein Privileg für bestimmte Eigentumsfunktionen geht, wendet sich die Argumentation beim Zweitstimmrecht für Eltern schon ins Politische. Vgl. auch die Privilegierung von Unternehmen in verschiedenen Zusammenhängen, z.B. bei der Erbschaftssteuer.

[18] Verfahren Stuttgart 21: nach *M. Böhm* NuR 2011, 614 (616): 1994 Machbarkeitsstudie; 1996–97 Raumordnungsverfahren; dann Finanzierungsstreit; 2001–2005 Planfeststellungsverfahren; 2006 Klageabweisung durch VGH Mannheim; 2008 Nichtzulassungsbeschluss BVerwG; 2010 Baubeginn.

Flughafen Frankfurt: *Chr. v. Knebel* ZUR 2011, 351: Raumordnungsverfahren von 2001–2002; Planfeststellung Werft: 5/2003–11/2004; Planfeststellung Landebahn: 1/2005–12/2007. Dennoch sieht *U. Battis* DÖV 2011, 340 (343) in der Dauer ein Problem.

3. *Bürokratische Verwaltungskultur*

Als weiteres Defizit wird gerügt, dass die Bürger in der Öffentlichkeitsbeteiligung von der Bedarfsplanung bis zur Zulassung nicht Mitgestalter auf Augenhöhe[19] sind, sondern lästige Einwender,[20] die rechtlich Irrelevantes erörtern wollen.[21] Echte Alternativen stünden nicht zur Debatte,[22] da die Bürgerbeteiligung zu spät komme.[23] Hinzu tritt, dass die Vielfalt der Planungsebenen und Entscheidungen für den Bürger undurchschaubar sei.[24]

Das sind Einwände, die auf eine von rationaler Bürokratie geprägte Verwaltungskultur zielen. Diese Kultur ist schon stets kritisch gesehen worden: *Max Weber* spricht von dem stahlhartem Gehäuse[25] der Berufswelt, *Habermas* setzt sich mittels des Begriffs der instrumentellen Vernunft[26]

---

[19] *Ziekow* DJT (Fn. 1), D 85; *K. F. Gärditz* GewArch 2011, 273 (277): Die wahre Herausforderung durch Großprojekte liege in der Vermeidung z.B. einer Rhetorik der Alternativlosigkeit (vgl. wörtlich z.B. Bahnchef *Grube* in FAZ v. 24.11.2011, 12: „keine Alternative"); *W. Durner* ZUR 2011, 354 (359) weist u.a. auf den Wert dauerhafter Beziehungen hin; aber diejenigen zwischen Behörde und Vorhabenträger tragen gerade zur Asymmetrie des Verfahrens bei. Es fehle die Kultur der Augenhöhe: *Chr. v. Knebel* ZUR 2011, 351; *G. Fuchs* UPR 2011, 81.

[20] *R. Wulfhorst* DÖV 2011, 581 (586).

[21] *R. Wulfhorst* DÖV 2011, 581 (582). Vgl. dazu etwa der Bericht von *G. Gaentzsch* zum Erörterungstermin Flughafen Frankf./M., nachdem 90% des von Einwendern Vorgetragenen irrelevant war, aber erörtert wurde (*ders.* Der Erörterungstermin im Planfeststellungsverfahren – Instrument zur Sachverhaltsaufklärung oder Einladung zur Verfahrensverzögerung?, FS Sellner, 2010, 219).

[22] *R. Wulfhorst* DÖV 2011, 581 (583).

[23] *Ziekow* DJT (Fn. 1), D 37; *R. Wulfhorst* DÖV 2011, 581 (582); *K. F. Gärditz* GewArch 2011, 273 (276) unter Hinweis auf die Notwendigkeit eines vollständigen Antrags. Vgl. *Chr. v. Knebel* ZUR 2011, 350; *R. Steinberg* ZUR 2011, 341 (344); *A. Schmidt* ZUR 2011, 296; Expertenforum Stuttgart 21 (Nachweis bei *M. Böhm* NuR 2011, 614 (618)); *B. Stüer/D. Buchsteiner* UPR 2011, 335 (336); aus der alten Diskussion von vor 30 Jahren: *R. Wahl* Verwaltungsverfahren zwischen Verwaltungseffizienz und Rechtsschutzauftrag, VVDStRL 41 (1983), 183.

[24] *R. Wulfhorst* DÖV 2011, 581 (582): „Inflation von Beteiligungsmöglichkeiten".

[25] *M. Weber* Die protestantische Ethik und der Geist des Kapitalismus, in: ders., Ges. Aufsätze zur Religionssoziologie, Bd. I, 1988, 203.

[26] Ich benutze den Begriff in vulgarisierter Form und möchte die Beziehung zur instrumentellen Vernunft in *M. Horkheimer/Th. W. Adorno* Dialektik der Aufklärung, 1944 und *M. Horkheimer* Zur Kritik der instrumentellen Vernunft, 1967, offen lassen. Ebenso bleibt offen, ob die Zweckrationalität des Verwaltungshandelns diejenige im Sinne *Max Webers* ist, die durch *Horkheimer/Adorno* und später *J. Habermas* (Theorie des kommunikativen Handelns, 4. Aufl. 1987, II. Kap., zu *Max Webers* Theorie der Rationalisierung) kritisiert wurde.

mit dem Konzept der Weber'schen Rationalität auseinander und *Forsthoff* beklagt unter etwas abweichendem Blickwinkel die Zwänge der „technischen Realisation"[27].

Aus diesem Käfig ist ein Entrinnen im Grundsatz unmöglich. Linderung suchen kann man durch eine rechtsinterne Verbesserung der institutionalisierten Diskurse (z.B. durch noch mehr Beteiligung, „Legitimation durch Verfahren"), durch eine Entformalisierung und Entspezialisierung des Verfahrens in Gestalt von Mediation oder durch kleine Fluchten in die Unmittelbarkeit, etwa in Volksabstimmungen.

4. *Planungs- und Exekutivstaat*

Hinter diesen bekannten Fragestellungen sind weitere Probleme von Großvorhaben erkennbar, die ich zunächst nur mit den Schlagworten „Planungsstaat" und „Exekutivstaat" andeuten möchte.

III. Abhilfevorschläge

Zur Abhilfe gegen die genannten Defizite werden wie vor 30 Jahren[28] gegensätzliche Therapien[29] empfohlen.

1. Eine Entpolitisierung des Zulassungsverfahrens[30] vor allem auf Stufe 4 soll mehr Fairness, Neutralität und Beteiligung, auch mehr Alternativenoffenheit ermöglichen. Die Herausforderung gilt hier der vorhandenen Ausformung von Rechtsstaatlichkeit.[31]

---

[27] *E. Forsthoff* Der Staat der Industriegesellschaft, 2. Aufl. 1971, insb. 30–51.

[28] Zum Anschluss an die Diskussion nach 1980: *K. F. Gärditz* GewArch 2011, 273; *W. Durner* ZUR 2011, 354 (357 mwN ebd. Fn. 29). Vgl. etwa *W. Blümel* (Hrsg.) Frühzeitige Bürgerbeteiligung bei Planungen, 1982.

[29] Die meisten Parteien haben dazu Papiere vorgelegt (SPD: Pressemitteilung 093/11 v. 21. 3. 2011; FDP: Positionspapier Bürgerbeteiligung; Bündnis 90/Die Grünen: Bürgernahe Planung im 21. Jahrhundert, März 2011). Der Beirat Verwaltungsverfahrensrecht beim BMI rügt den zu späten Anhörungszeitpunkt und den Ausschluss Nicht-Betroffener und fordert eine frühzeitige Bürgerbeteiligung als Obliegenheit des Vorhabenträgers (NVwZ 2011, 859). Vgl. auch die BR-Initiative von BW zur Stärkung der Öffentlichkeitsbeteiligung bei Großvorhaben (BR-Drucks. 135/11).

[30] *N. Luhmann* Legitimation durch Verfahren, 1969, 58 weist darauf hin, dass das Verwaltungsverfahren es aus zwei Gründen besonders schwer hat: Der Bürger ist nicht zur Akzeptanz prädisponiert; die häufig neue Gesetzeslage (vorliegend in Gestalt allg. Wertungen erfasst) muss in der Entscheidung mitlegitimiert werden.

[31] *Th. Groß* (DÖV 2011, 510 (511)) sieht auch in verfahrensrechtlichen Fragen „demokratischen Gehalt" oder „demokratische Funktion". Demgegenüber bestreitet *K. F. Gärditz* (GewArch 2011, 273 (275)) ausdrücklich demokratische Funktionen von

2. Richtige Reaktion ist nicht der Zu-, sondern der Abbau von Beteiligungsrechten, die überhöhte Erwartungen schüren, besonders des Erörterungstermins. Das Gesetz soll nicht mehr an Fairness und Gerechtigkeit in Aussicht stellen als rechtsstaatlich leistbar ist.[32]

3. Es gibt gar keine Herausforderung für Demokratie und Rechtsstaat. Erforderlich ist nur eine Straffung und Ordnung der Planungsschritte zwecks Beschleunigung.

4. Die direktdemokratische Politisierung[33] durch Abstimmungen, besonders auch auf den Stufen 3 und 4 der Einzelplanung und Einzelzulassung, soll vor allem die Akzeptanz für Großvorhaben stärken; eine geringere Rolle als vor 30 Jahren spielt deren demokratische Legitimation. Herausgefordert wird mit solchen Vorschlägen die repräsentative Demokratie.

Offenkundig kommt es also darauf an, die Akzente von Politisierung und Entpolitisierung jeweils an den richtigen Stellen zu setzen.

IV. Neutralität und Alternativenoffenheit durch Entpolitisierung (zu III 1.)

Auch eine Steigerung von Neutralität und Alternativenoffenheit im Zulassungsverfahren wird keine großen Akzeptanzerfolge für Großvorhaben bewirken.[34]

1. Begrenzte Akzeptanzchancen für Großvorhaben

Die notwendigen Erfolgsbedingungen[35] für Mediation speziell und Legitimation durch Verfahren allgemein fehlen: Die Zulassungsverfahren müssen häufig Gesetze mitlegitimieren, die die Bürger noch nie kennengelernt haben. Einigkeit herrscht, dass insbesondere ethisch fundierte

---

Verfahrensregelungen. Der Streit beruht auf unterschiedlicher Begriffverwendung und ist im Ergebnis unerheblich.

[32] Vgl. den fakultativen Erörterungstermin nach dem Gesetz zur Beschleunigung von Planungsverfahren für Infrastrukturvorhaben v. 9.12.2006 (BGBl I 2833). *Gaentzsch* konstatiert (Erörterungstermin (Fn. 21), 224) eine erhebliche weitere Aufklärungsleistung des Erörterungstermins.

[33] Eine gravierende Schwierigkeit liegt darin, dass der un-/politische Charakter von Entscheidungen über Großvorhaben nicht eindeutig zugeordnet werden kann, sondern nur schwerpunktartig; Beispiel für die Uneindeutigkeit ist die Entscheidungsstufe 3.

[34] Die Chance für Legitimation durch Verwaltungsverfahren wird schon bei *Luhmann* sehr skeptisch eingeschätzt (Legitimation (Fn. 30), 201 ff.).

[35] Zu diesen *U. Rüssel* Mediation in komplexen Verwaltungsverfahren, 2004, 68 ff., 116 ff.; *K. v. Schlieffen/R. Ponschab u.a.* Mediation und Streitbeilegung, Verhandlungstechnik und Rhetorik, 2006, 38 ff.; *M. Leiss* Zur Effizienz außergerichtlicher Verfahren im Wirtschaftsrecht, 2005, 90 ff.

Fundamentalkonflikte weder durch Verwaltungsverfahren noch durch Mediation befriedet werden können.[36] Die Verwaltung kann nicht wie beim Straftäter auf eine Prädisposition zur Akzeptanz setzen. Eine isolierende Individualisierung des Einwenders durch Verfahren ist aufgrund gleichgelagerter Betroffenheiten schwierig. Zwischen Vorhabenträgern und Einwendern besteht keine kontinuierliche Beziehung mit Kompensationsmöglichkeiten.[37] Darüber hinaus wird das Zulassungsverfahren nicht in dem Sinn ernst genommen, dass eine Rollenidentifikation erfolgt. Taktisches Verhalten[38] einschließlich der Mobilisierung von Öffentlichkeit ist bei Vorhabenträgern und Einwendern die Regel, Präzedenzwirkung ist unvermeidbar. Die im Positivismus naheliegende nur taktische Wahrnehmung einer Verfahrensrolle verhindert aber die Selbstbindung, die am Ende zur Akzeptanz[39] für eine Entscheidung führt. Alle diese Randbedingungen sind kaum beeinflussbar.

2. *Mehr Neutralität durch Mediation?*

Besser zu steuern ist dagegen das Ausmaß an Neutralität der Verfahrensleitung. Die Abschirmung der Entscheidung durch die Behörde auf der Zulassungsstufe 4 gegenüber dem Einfluss der politischen Spitze kann die Neutralität der Verfahrensleitung und die sachliche Alternativenoffenheit steigern. Eine „hinreichend ambivalente" Verfahrenssituation[40] ist schon nach *N. Luhmann*[41] eine Mindestbedingung für die Legitimation[42] durch Verfahren.

---

[36] *Th. Groß* DÖV 2011, 510 (513); *G. Fuchs* UPR 2011, 81 (83). Die Atomenergie stellt strukturell keine solche Fundamentalfrage; es geht um Grundrechtsrisiken wie bei anderen Projekten auch. Fundamentalfragen hängen eher mit Werthaltungen zusammen, z.B. Gegnerschaft gegen Tier-/Embryonenversuche, Massentierhaltung etc. Was die Atomenergie zur Fundamentalfrage macht, ist die anthropologische Schwäche bei der Risikowertung.

[37] Vgl. *Luhmann* (Fn. 30), 75 zu kontinuierlichen Beziehungen als „Kontaktsystemen".

[38] Ein solches Verhalten, das das Verfahren nur als Mittel der Interessenverfolgung ansieht, verhindert den legitimierenden Effekt von „Rollenübernahmen" iS *Luhmanns* (ebd., 28, 89ff.), dass sich die Beteiligten nämlich auf den Entscheidungsfindungsprozess „ernsthaft" (ebd., 102) einlassen und sich dadurch selbst binden und finden.

[39] Der Begriff der Akzeptanz verlangt tendenziell zu viel an Zustimmung; vgl. *Luhmann* (Fn. 30), 119ff. Hier liegt eine Doppeldeutigkeit von *Luhmann*, der einerseits individuelle Lernprozesse (Akzeptanz) behandelt, andererseits die soziale Isolation der nicht Lernwilligen (der Prozessverlierer als Querulant).

[40] *Luhmann* (Fn. 30), 116: „Diese Ungewissheit ist die treibende Kraft des Verfahrens, der eigentlich legitimierende Faktor."

[41] *Luhmann* (Fn. 30), 102.

[42] *Luhmanns* Legitimation durch Verfahren ist seiner erklärten Absicht nach eine rechtssoziologische Ausarbeitung zur rationalen Legitimität im Sinne *Webers*.

Das soll Mediation[43] leisten. Der Mediator als Dritter soll das Verfahren entpolitisieren und den Bürger auf Augenhöhe ernst nehmen. Die Ansätze des Mediationsgesetzes zur Sicherung der Neutralität des Mediators[44] wirken allerdings wie eine schwächere Neuerfindung des neutralen Beamten.[45]

Für den Vorhabenträger lohnt sich Mediation nur, wenn er nicht ohnehin dem Gerichtsverfahren ausgesetzt ist oder dessen Erfolgschancen nicht einschätzen kann. Beide Voraussetzungen fehlen. Ein vollständiger Klageverzicht[46] ist selten erreichbar, weil zu viele Betroffene und letztlich noch die Umweltverbände klagebefugt sind. Aufgrund der in Deutschland starken materiell-rechtlichen Determinierung kann der Vorhabenträger auch versuchen mit seinem Vorhaben vor Gericht rechtlich auf der sicheren Seite zu sein, so dass das für eine erfolgreiche Mediation erforderliche Maß an Ungewissheit nicht erreicht wird.[47] Schließlich wird Mediation[48] bei Großvorhaben noch durch weitere Eigenarten erschwert: Eine Machtsymmetrie zwischen den Beteiligten fehlt; es können nicht alle potenziell Betroffenen, etwa von Alternativtrassen, hinzugezogen werden; auch Vertraulichkeit[49] ist nicht realistisch erwartbar.

Dagegen kann ein Mediator stärker auf Augenhöhe der Einwender agieren als die Verfahrensbehörde und auch die „Konflikte hinter den

---

[43] Allg. zur Mediation bei Großvorhaben: *A. Kanngießer* Mediation zur Konfliktlösung bei Planfeststellungsverfahren, 2005; *M. Jeglitza/C. Hoyer* Verfahren alternativer Konfliktlösungen bei Umweltstreitigkeiten, in: H. Zilleßen (Hrsg.) Mediation, 1998, 137ff. Für ein Kommunikationsscoping: *Wulfhorst* DÖV 2011, 581 (588). Aus Sicht des Verf. eine klare Überforderung und Verlängerung des Verfahrens durch ein Verfahren über das Verfahren.

[44] Mediationsgesetz v. 21. Juli 2012; § 1 Abs. 2, § 3 Abs. 1–3.

[45] Deswegen wird die allgemeine Frage aufgeworfen, wer denn Mediator sein dürfe: *Schütte* ZUR 2011, 169.

[46] Zur Bedeutung des Rechtsmittelverzichts für den Vorhabenträger: *R. Wahl* Erweiterung des Handlungsspielraums: Die Bedeutung von Kompensation und Entscheidungsverknüpfungen in: Hoffmann-Riem/Schmidt-Aßmann (Fn. 14), 283 (287).

[47] Ein Verzicht auf materielle gesetzliche Vorgaben würde zunächst zu solchen Vorgaben durch die Gerichte führen. Eine Reduktion des gerichtlichen Prüfungsmaßstabes müsste auch auf eine Gleichheitsprüfung verzichten, wenn Offenheit hergestellt werden sollte. Ein solcher Verzicht ist nicht wünschenswert.

[48] Eigenarten der Mediation sind: Vertrauliche Verhandlung, neutraler Dritter, Fairness, Ergebnisoffenheit, Beteiligung aller Betroffenen (*G. Fuchs/M. Hahn/J. Wagner* UPR 2011, 81; *R. Pitschas* DÖV 2011, 333 (335)). Vgl. jetzt auch das Mediationsgesetz v. 21. Juli 2012.

[49] Die Einhaltung der Vertraulichkeit nach § 1 Abs. 1 und § 4 Mediationsgesetz ist bei Großvorhaben unrealistisch.

Konflikten“ ansprechen.[50] Eine solche Öffnung des Diskurses[51] für das rechtlich Unerhebliche ist aber nicht erfolgversprechend, weil dann wieder Fundamentalkonflikte zur Sprache kommen. Deswegen wird der Rechtsstaat in seiner bisherigen Gestalt, die von fachspezifischen Diskursen geprägt wird, nicht wegen eines darin liegenden Komplexitätsdefizits herausgefordert.

3. Institutionelle Sicherung von Neutralität

Erfolgversprechender ist eine andere Art der institutionellen Sicherung von Neutralität der Verfahrensbehörde.[52] Den richtigen Fingerzeig gibt schon das geltende Recht.[53] Ich verweise auf die Trennung zwischen Anhörungs- und Planfeststellungsbehörde, auf die Auslagerung von Verfahrensschritten in der Bauleitplanung (§ 4b BauGB),[54] auf den Einsatz externer Projektmanager nach dem Netzausbaubeschleunigungsgesetz (NABEG) sowie auf die Unabhängigkeit der Bundesnetzagentur bei der Fachplanung für Leitungstrassen. Das Unionsrecht verlangt die Unab-

---

[50] Dies wird teilweise als Vorteil der Mediation gesehen; vgl. etwa *R. Steinberg* ZUR 2011, 341 (347). Als Beispiel vgl. die Äußerung von Geißler zur allgemeinen Vertrauenskrise der Politik als Ursache von Stuttgart 21, wiedergegeben bei *M. Böhm* NuR 2011, 614 (617). Zum Umfang nicht-erheblicher Äußerungen im Erörterungstermin *Gaentzsch*: 90 % (Erörterungstermin (Fn. 21), 234). Diese müsste ein Mediator regelmäßig bewältigen.

[51] Vgl. zu Gerechtigkeit als „adäquater Komplexität“ *N. Luhmann* Ausdifferenzierung des Rechts, 1981, 374 ff.

[52] Die nicht direkt zur Realisierung des Vorhabens aufgerufenen Fachbehörden, auf die die Verfahrensbehörde angewiesen ist, stellen in der Praxis kein Neutralitätsproblem dar; so auch *Gaentzsch* (Erörterungstermin (Fn. 21), 230).

[53] *H. J. Bonk*/*W. Neumann* in: P. Stelkens u.a. (Hrsg.) VwVfG, 7. Aufl. 2008, § 73 Rn. 3; *R. Steinberg* Fachplanung, 1993, 102 mwN, auch schon mit Hinweis darauf, dass die Anhörungsbehörde Züge eines Konfliktmittlers haben kann. Damals stand noch die Problematik der Identität des Rechtsträgers von Vorhabenträger und Planfeststellungsbehörde im Vordergrund, die seit der Privatisierung an Brisanz verloren hat. Für eine Stärkung der Problemlösungsfähigkeit durch eine neutrale Anhörungsbehörde z.B. auch: *R. Steinberg* in: Hoffmann-Riem/Schmidt-Aßmann (Fn. 14), 295 (312). Gegen eine solche Trennung *K.-P. Dolde* These 12 des Referats zum DJT 2012, in: Thesen der Gutachter und Referenten, 45.

[54] Die Aufgabe selbst bleibt bei der Gemeinde (*M. Krautzberger* in: W. Ernst/W. Zinkahn/W. Bielenberg, BauGB, Stand 7/2012, § 4b Rn. 14). Die förmlichen Beschlüsse (Aufstellungs-, Auslegungs- und Satzungsbeschluss; vgl. *Krautzberger* ebd., § 4b Rn. 23) und die Verkündung des Bebauungsplans muss die Gemeinde vornehmen. § 4b BauGB kann auch der Mediation dienen: *M. Gierke* in: H. Brügelmann, BauGB, Kommentar, Stand 6/2011, § 4b, Ziff. 2.4.4.1. Ausführliche Nachweise bei *U. Battis* BauGB, 11. Aufl. 2009, § 4b Rn. 1–3.

hängigkeit der Regulierungsbehörden von der Regierung.[55] Dies Verlangen ist nicht nur regulierungsspezifisch[56]: Der EuGH fordert in seiner Datenschutzrechtsprechung der Sache nach die Ministerialfreiheit der Aufsichtsbehörden für die Wirksamkeit der gesamten Gewerbeaufsicht.[57] Auch das Bundesverwaltungsgericht erkennt eine potenzielle Neutralitätsgefährdung eines fairen[58], neutralen und distanzierten Planungsverfahrens[59] durch Einflussnahme der „politischen Ebene“[60].

---

[55] Art. 35 Elektrizitätsbinnenmarktrichtlinie (RiL 2009/72/EG) und Art. 39 Erdgasbinnenmarktrichtlinie (RiL 2009/73/EG; vgl. dort Erwägungsgründe Nr. 29, 30); für die Telekommunikation Art. 3 Abs. 3a RiL 2002/21/EG. Vgl. ausführlich *M. Ludwig* Die Verw 2011 (44), 41.

[56] Zu den Wurzeln der *independent agencies* vgl. ausführlich *J. Masing* AöR 2003 (128), 558. Die richterliche Tradition der Unabhängigkeit (*Masing* ebd., 558) ist auf Deutschland kaum übertragbar; anders aber die Stellung von Teilen der Verwaltung zwischen Regierung und Legislative (ebd., 586). Die Aufgabe, Bedarfspläne zu entwerfen, scheint mir aus dem Konzept der *independent agencies* herauszufallen. Die Schweizer Verfassungsdebatte macht das politische Steuerungsbedürfnis politischer Planung deutlich.

[57] EuGH, JZ 2010, 784: „25. Die Gewährleistung der Unabhängigkeit der nationalen Kontrollstellen soll die wirksame und zuverlässige Kontrolle der Einhaltung der Vorschriften zum Schutz natürlicher Personen bei der Verarbeitung personenbezogener Daten sicherstellen und ist im Licht dieses Zwecks auszulegen. Sie wurde eingeführt, um die von ihren Entscheidungen betroffenen Personen und Einrichtungen stärker zu schützen, und nicht, um diesen Kontrollstellen selbst oder ihren Bevollmächtigten eine besondere Stellung zu verleihen. Folglich müssen die Kontrollstellen bei der Wahrnehmung ihrer Aufgaben objektiv und unparteiisch vorgehen. Hierzu müssen sie vor jeglicher Einflussnahme von außen einschließlich der unmittelbaren oder mittelbaren Einflussnahme des Bundes oder der Länder sicher sein und nicht nur vor der Einflussnahme seitens der kontrollierten Einrichtungen.“

[58] Zum Fairnessgebot hat auch das BVerwG Stellung genommen: BVerwGE 55, 355 (360). Ein faires Gerichtsverfahren setzt nach der Rspr. des BVerfGs Distanz, Unbefangenheit und Neutralität des Richters voraus; vgl. zusammenfassend *Schulze-Fielitz* in: H. Dreier (Hrsg.) GG, 2. Aufl. 2006, Art. 20 Rn. 216. Im Bereich des Strafverfahrens scheint das Gericht den Topos der Fairness in letzter Zeit enger fassen zu wollen: BVerfGE 122, 248 (279 ff.).

[59] BVerwGE 75, 214 (230): „Bürger und Träger öffentlicher Belange setzen dabei auf die fachbezogene Integrität der Planfeststellungsbehörde. … Demgemäß muss die Planfeststellungsbehörde gegenüber jedermann jenes Maß an innerer Distanz und Neutralität wahren, das ihr in einer späteren Phase noch ein abgewogenes Urteil ermöglicht. … Die befasste Behörde hat die ihr übertragene Aufgabe in unparteiischer Weise wahrzunehmen. Dies ergibt sich auch aus dem rechtsstaatlichen Grundsatz fairer Verfahrensgestaltung, der in seinem Anwendungsbereich nicht auf das gerichtliche Verfahren beschränkt ist. … Rechtlich zu beanstanden ist eine … Verfahrensweise aber dann, wenn … der Gestaltungsspielraum der Planfeststellungsbehörde von vornherein durch aktive Einflussnahmen auf „politischer Ebene“ sachwidrig eingeengt wird. Die Behörde verliert dann die erforderliche innere Distanz und Neutralität zu dem Vorhaben, über das

Daraus ziehe ich den Schluss, dass ein erster kleiner Schritt zur Steigerung der Neutralität in einer ministerialfreien, aus Effektivitätsgründen möglichst zentralen[61] Verfahrensbehörde auf der Zulassungsebene der Stufe 4 sowie bei Fachplanung der Stufe 3 liegt.[62] Ein Problem mit dem Demokratieprinzip entsteht dabei nicht.[63]

Da bloße formelle Weisungsunabhängigkeit aber nicht zuverlässig Neutralität sichert, ist die Spitze dieser Verfahrensbehörde in einem eigenen periodischen[64] demokratischen Legitimationsmodus (denkbar etwa: Zweidrittelmehrheit) zu bestellen. Sie bildet damit ein Gegengewicht zu der parlamentarisch-mehrheitlich legitimierten Entscheidungsbehörde,[65] fällt aber auch nicht in die Hand der Klienten. Unerträgliche Mehrarbeit entsteht dadurch nicht zwangsläufig, wie die Praxis der Bauleitplanung zeigt.

Insofern stellen Großvorhaben tatsächlich eine Herausforderung für das klassische Modell der Gewaltenteilung[66] dar, die im Sinne der amerikanischen Vorstellung[67] und des Unionsrechts zu modernisieren ist.

---

zu entscheiden allein ihr gesetzlich aufgetragen ist. Zudem verfehlt dann die Beteiligung Dritter im Rahmen des weiteren Verfahrensablaufes regelmäßig ihren gesetzlichen Zweck."

[60] BVerwG, NVwZ 2011, 1256 (1258 mwN).

[61] Das Zulassungsvorhaben für Großvorhaben überfordert ohnehin häufig die Personalausstattung der örtlich bisher zuständigen Behörde; vgl. *Gaentzsch* Erörterungstermin (Fn. 21), 225.

[62] Ebenso: *Ziekow* DJT (Fn. 1), D 41, 42, 150ff.; aA *Dolde* (Fn. 53), These 13; ebenso kritisch: *B. W. Wegener* Referat DJT 2012 (Fn. 53), These 13.

[63] Vgl. zu diesen Problemen bei der Netzagentur: *M. Ludwig* Die Verw 2011 (44), 41 (54): Parlamentarische Kontrolle könne die Weisungsfreiheit bei der Regulierung kompensieren. Ein größerer Schritt wäre die Unabhängigkeit der Entscheidungsbehörde; sinnvoll ist aber mE ein vorsichtiges Vorantasten.

[64] Zu lange Amtszeiten der Spitze einer unabhängigen Behörde begünstigen die Kolonialisierung durch die Klienten, also die Vorhabenträger ("captured agencies").

[65] Dies ist bei der Struktur der Bundesnetzagentur nach dem Gesetz über die Bundesnetzagentur für Elektrizität, Gas, Telekommunikation, Post und Eisenbahnen (BEGTPG) idF v. 26.7.2011 nicht der Fall. Die Behördenspitze hängt von der Regierung ab. Vgl. zur Ernennung auf Vorschlag des Beirats § 3 Abs. 3 BEGTPG. Darüber hinaus ist die Verantwortlichkeit der Agentur für den Erfolg des Netzausbaus und gleichzeitig das Verfahren neutralitätshemmend.

[66] Befürwortend zum Aspekt inneradministrativer Gewaltenteilung bei Planfeststellungsverfahren: *Pietzcker*, Verwaltungsverfahren (Fn. 10), 214.

[67] *A. Hamilton/J. Madison/J. Jay* Die Federalist Papers, 1993, insb. Artikel Nr. 51.

4. *Die Unausweichlichkeit der Alternativlosigkeit*

a) *Die Ursachen der Alternativlosigkeit*

Auch eine besser gesicherte Neutralität der Verfahrensleitung beseitigt aber nicht das Problem der sachlichen Alternativlosigkeit auf der Zulassungsebene. Die sogenannte Null-Alternative, der Verzicht auf ein Vorhaben, ist oft unrealistisch. Die Industriegesellschaft setzt nicht nur Zwangspunkte[68] im Sinne des Planungsrechts, sondern ganze Zwangskomplexe. Wer Windkraft sagt, kann Stromtrassen nicht ablehnen.

Die geringe praktische Bedeutung auch von Standort- und Konzeptalternativen ist unvermeidbar: Jeder Antragsteller gewichtet im Vorfeld des Verfahrens seine begrenzten Teilziele[69] und die vermutlichen Ziele der Einwender. Er versucht dabei, den von ihm gesetzten minimalen Zielerreichungsgrad der Teilziele z.B. mithilfe der sog. Körth-Regel aus der betriebswirtschaftlichen Entscheidungstheorie zu maximieren.[70] Alternativenoffenheit kommt daher nur zustande, wenn eine Bereitschaft zur Neugewichtung von eigenen Belangen besteht. Das ist bei privaten Investoren nur dann der Fall, wenn der Ausgang des Verfahrens für den Vorhabenträger hinreichend unsicher ist. Glaubt der Vorhabenträger auf der sicheren Seite sein zu können – und das ist nach deutscher Rechtslage wie gesagt grundsätzlich möglich –, gibt es keinen Grund für ihn, von den Gewichtungen seiner Vorplanung abzuweichen. Ausnahmen gibt es nur dann, wenn bei der Vorplanung etwas übersehen wurde und Informationen nachkommen, die das Kalkül verändern.[71] Echte Alternativen sind genauso selten wie gleichgeeignete und gleichbelastende Rechtsfolgen bei der Prüfung der Verhältnismäßigkeit. Im Abfallrecht wird die Ausweisung von Standortalternativen folgerichtig sogar als Indiz für ein Ermittlungsdefizit gesehen.[72]

---

[68] Vgl. etwa *B. Stüer* Handbuch des Bau- und Fachplanungsrechts, 4. Aufl. 2009, Rn. 4289.

[69] Unbegrenzte Ziele spiegeln existenzielles Engagement, das verfahrenssprengend wirkt (*Luhmann* (Fn. 30), 105). Gerade Großvorhaben lösen aber „existenzielles" Engagement aus. Dies im Verfahren zu suspendieren, erscheint auch wegen der heutigen Bedeutung der Privatsphäre als sehr schwierig.

[70] Planfeststellungen haben Optimierungsaufgaben; das haben zwar politische Entscheidungen auch, aber bei ihnen sind bestimmte Variablen noch gewichtungsoffen, die bei der Planfeststellung schon gewichtet sind (Art und Umfang des Bedarfs). Deswegen kann eine Entscheidung mit Optimierungscharakter im einen Fall administrativ, im anderen Fall politisch sein.

[71] Ebenso *W. Durner* DVBl 2011, 853 (860).

[72] *G. Franßen* in: J. Fluck (Hrsg.) Kreislaufwirtschafts- und Abfallrecht, Stand 2/12, § 29 Rn. 228: Alternativstandorte sind „typisches Anzeichen dafür, dass es der Pla-

Öffentliche Vorhabenträger sind idR schon aus finanziellen Gründen nicht alternativenoffen. Verstärkt wird dies bei formeller Privatisierung.[73]

Die Mediation will Gewichtungsprobleme verhandelbar machen, indem jede Seite in der Interessendefinitions- und Gewichtungsphase ihr Entscheidungskalkül offenlegen soll. Das wird aber bei Großvorhaben nicht geschehen, weil die Verhandlungsmacht verloren geht, wenn ein Beteiligter die Mindestlinie seiner begrenzten Zielsetzungen offen benennt. Wer alle Karten auf den Tisch legt, kann im Verhandlungspoker nur verlieren.[74]

Partizipation ohne Mitentscheidungschance[75] und Verhandlungsmacht über Grundalternativen bleibt sinnvoll, wenn der begrenzte Rahmen offengelegt wird. Geschieht das nicht, folgt auf die Täuschung des Bürgers über seine Einflussmöglichkeiten die Enttäuschung.

b) *Nutzen- und wertgeprägter Protest*

Für den richtigen Einsatz von Entpolitisierung und Politisierung ist die Scheidung von nutzen- und wertgeprägter Nicht-Akzeptanz wichtig. Hinter dem Wunsch der Einwender nach Alternativen steht regelmäßig ihr Verschonungsinteresse, das auch durch Zumutbarkeitsgrenzwerte gewichtet wird. Standort- und Konzeptalternativen sind häufig ein Notbehelf, den als Zumutung empfundenen Gewichtungen auszuweichen. Protest richtet sich dann sachlich gar nicht gegen das Einzelvorhaben als solches, sondern gegen die Höhe von gesetzlich erlaubten Risiken (Atomenergie; Krankheitserreger) oder Beeinträchtigungen (Verkehrslärm) und kann

---

nungsträger an den erforderlichen … Untersuchungen … hat fehlen lassen …“. Weitergehend hält *W. Erbguth* aus denselben Gründen die Alternativenausweisung sogar für rechtswidrig (UPR 1997, 60 (62)).

[73] Sind sie rechtlich verselbständigt wie z.B. Flughäfen, entwickelt sich ein starkes Eigeninteresse. Der politische Ärger, der mit der Ingerenz z.B. gegenüber dem Flughafenträger (der womöglich von Bund und Land gleichzeitig abhängig ist) verbunden ist, kann dann abschreckender sein als das Aussitzen mangelnder Akzeptanz beim Bürger, die in der öffentlichen Meinung vor allem gegenüber dem Flughafenbetreiber geltend gemacht wird.

[74] Deswegen ist die Forderung „Alle Fakten frühzeitig auf den Tisch“ (z.B. *A. Schink* DVBl 2011, 1377 (1379)) illusorisch. Ebenso die Vorstellung, der Vorhabenträger werde eine Öffentlichkeitsinformation nicht taktisch einsetzen. Das sieht auch *Schink*, wenn er ebd. ausführt, die Kommunikationsstrategie solle „nicht das Ziel haben die Realisierungschancen des Projekts zu vermindern“.

[75] Vgl. zur Akzeptanzschwäche von Partizipation ohne Mitentscheidungschance: *W. Linder* Direkte Demokratie in der Schweiz: Erfahrungen und Entwicklungsmöglichkeiten, in: Präs des RP Landtages (Hrsg.) Volksentscheide, Demokratie und Rechtsstaat, 2012, 13 (20).

insoweit nur politisch befriedet werden. Gibt der Gesetzgeber ohne ausdrückliche politische Diskussion wie zuletzt im NABEG[76] eine einseitige materielle Gewichtung der Belange zugunsten von Großvorhaben vor, sind Konflikte vorprogrammiert.

Legitimation durch Verfahren ieS kann überhaupt nur entstehen, wenn Probleme so kleingearbeitet werden können, dass sie nicht mehr politisierbar sind;[77] Streit um generelle Grenzwerte bleibt aber politisch. Neutralität der Verfahrensbehörde hilft daher nur, wo sie im Einzelfall selbst gewichten darf und die Entscheidungsbehörde sich dann gezwungen sieht, sich öffentlich mit dieser Gewichtung auseinanderzusetzen.[78]

Wünschenswert ist im Sinne einer legitimationsfreundlichen Transparenz also einerseits eine neutrale Verfahrensbehörde, andererseits hinsichtlich insbesondere der privatnützigen Planfeststellungen ein Bekenntnis des Gesetzgebers dazu, welchen privaten Interessen er eine Vorrangstellung verleihen will.

Vorgeschlagen wird auch ein Lastenausgleich,[79] der Lebensqualitätsverluste monetarisiert. Der Ausgleich würde für die Wertverluste von Nachbargrundstücken auch in den Fällen gewährt, in denen die Zumutbarkeitsschwelle für Immissionen noch nicht überschritten wird. Aus der Sicht des Vorhabenträgers dienen solche Entschädigungszahlungen dem Erwerb eines Rechtsmittelverzichts. Unter legitimatorischem Aspekt sollen sie Akzeptanz erreichen, aus wohlfahrtsökonomischer Sicht Kosteninternalisierung. Sicher erreicht wird nur das letzte Ziel. Da die Rechtsprechung einen solchen Ausgleich de lege lata schon vor langer Zeit zurückgewiesen hat,[80] bedürfte es insoweit einer neuen Gesetzge-

---

[76] § 1 Satz 3 NABEG spricht von einem „überragenden öffentlichen Interesse". Damit ist eine offene Alternativenentscheidung sehr erschwert. Im Verhältnis zu FFH-Gebieten soll eine Verwaltungsvorschrift nach § 54 Abs. 11 BNatSchG standardisierte Gewichtungen enthalten: Ein neuer Versuch, die Abwägung numerisch zu machen (vgl. *E. Hofmann* Abwägung im Recht, 2007).

[77] *Luhmann* (Fn. 30), 118: Der Konflikt darf nicht mehr „generalisierbar" sein.

[78] So etwa beim Flughafen Berlin: Bundesumweltamt gegen Bundesministerium für Verkehr (Tagesspiegel v. 10. 1. 2012, S. 7).

[79] Forderung nach finanziellem Lastenausgleich bei *R. Steinberg* ZUR 2011, 341. Zur Lastenexternalisierung im Fluglärmbereich vgl. *Suhr* (Fn. 14), 119.

[80] Vgl. die Rechtsprechung zur Abwägungserheblichkeit von Grundstückswertminderungen. Diese sollen nicht eigenständig von Bedeutung sein, sondern nur in Folge unzumutbarer tatsächlicher Beeinträchtigungen. Ratio dieser Rspr. war es, das Geld des Vorhabenträgers zu sparen. Noch für teilweise eigenständige Bedeutung der (ggf. trotz zumutbarer Belastung unzumutbaren) Wertminderung: BVerwGE 52, 122 (124). Aufgabe dieser Rechtsprechung in DVBl 1978, 614 (617); in der Folge BVerwG, NVwZ 1995, 895 (896). Die Rspr. des BVerwG geht aus von der Bedeutung der Wertminderung als „Nachteil" in der Klagebefugnis und mündet dann in Fragen der Bedeutung als

bung. Ansätze dazu finden sich neuerdings in der Stromnetzentgeltverordnung, allerdings nicht zugunsten Privater, sondern trassenbetroffener Gemeinden.[81]

Die verfahrensmäßige Vorverlagerung der Alternativenentscheidung durch zusätzliche frühzeitige[82] oder sogar in der Betriebsphase[83] dauerhafte Öffentlichkeitsbeteiligung[84] – etwa durch die geplante Neufassung des § 25 VwVfG – ist wenig hilfreich; informelle Vorabkonsense werden dann eben noch früher vereinbart. Das ist für den Vorhabenträger auch sinnvoll, weil die politische Spitze der räumlich betroffenen Körperschaft nahezu Vetospieler ist.

Abwägungstopos. Die Aufgabe der alten Rspr. wird mit einer Anlehnung an die Entschädigungsrechtsprechung des BGH begründet. Eine solche Entscheidung ist z.B. BGHZ 64, 220 (223ff.). Der BGH stellt hier fest, Zweck der Entschädigung bei Verkehrsimmissionen sei die technische Abwehr unzumutbarer tatsächlicher Immissionen. Er verweist für die darin liegende Begrenzung und Akzessorietät der Entschädigung auf die Harmonisierung mit dem damals noch nicht in Geltung stehenden § 42 BImSchG und mit dem FluglärmG. Damit liegt also dem Gedanken der hinzunehmenden Lastenungleichheit bei zumutbaren tatsächlichen Beeinträchtigungen der Gesetzeszweck des § 42 BImSchG zu Grunde. Der Zweck des FluglärmG war insoweit Kostenersparnis für den Projektträger.

[81] BT-Drucks. 17/6073, Art. 4: Änderung der Stromnetzentgeltverordnung. In § 5 der Stromnetzentgeltverordnung vom 25. Juli 2005 (BGBl. I 2225), die zuletzt durch Artikel 6 der Verordnung vom 3. September 2010 (BGBl. I 1261) geändert worden ist, wird nach Absatz 3 folgender Absatz 4 angefügt:

„(4) Soweit Betreiber von Elektrizitätsversorgungsnetzen auf Grundlage einer Vereinbarung mit Städten oder Gemeinden oder Interessenverbänden der Städte und Gemeinden Zahlungen an Städte oder Gemeinden, auf deren Gebiet eine Freileitung auf neuer Trasse errichtet wird, entrichten, sind die Zahlungen des letzten abgeschlossenen Geschäftsjahres nach Maßgabe des Satzes 2 als Kostenposition bei der Bestimmung der Netzkosten nach § 4 zu berücksichtigen. Eine Berücksichtigung nach Satz 1 ist nur für die Fälle des § 43 Nummer 1 des Energiewirtschaftsgesetzes bei tatsächlicher Inbetriebnahme der Leitung und nur bis zu der angegebenen Höhe einmalig möglich:

1. Höchstspannungsfreileitungen ab 380 Kilovolt 40000 Euro pro Kilometer;
2. Gleichstrom-Hochspannungsfreileitungen ab 300 Kilovolt 40000 Euro pro Kilometer."

[82] Wenn die frühzeitige Beteiligung so entscheidend wäre, so müsste sie anders als nach dem BauGB (vgl. § 214 Abs. 1 Nr. 2 BauGB) auch Fehlerfolgen haben. Die mangelnden Fehlerfolgen wollen aber z.B. *B. Stüer/D. Buchsteiner* UPR 2011, 335 auch im Planfeststellungsrecht beibehalten. Man beachte auch die Folgen frühzeitiger Beteiligung für die Grunderwerbskosten durch den Vorhabenträger.

[83] Dafür: *Ziekow* DJT (Fn. 1), D 81f. Mir scheint dabei ein Ermüdungseffekt und damit eine Entwertung der Beteiligung wahrscheinlich. Es würde zu einer Polarisierung zwischen dauerhaften Teilnehmern und der übrigen Bevölkerung kommen.

[84] Dafür neben den bereits Genannten: *A. Schink* ZG 2011, 226; aA *Dolde* (Fn. 53), These 8.

c) *Alternativlosigkeit als Problem der Berufsfreiheit: Der „Planungsstaat"*

Alternativlosigkeit ist nicht nur ein Problem für die Bürger als Einwender, sondern auch für die privaten Vorhabenträger: Zunehmend wird deren Freiheit bei der Wahl des Standortes und der Kapazität eingeschränkt. Auch darin liegt eine erhebliche Herausforderung für das grundrechtliche Element der Rechtsstaatlichkeit. Diese Entwicklung zu einem Planungsstaat[85] hin hat mindestens drei zusammenwirkende Gründe:

Erstens wird die Folgenanalyse von Großvorhaben immer vollständiger.

Zweitens treffen Großvorhaben auf vorhandene Strukturen und verändern diese. Während früher solche Veränderungen als naturwüchsiger Strukturwandel akzeptiert wurden, schützt das Recht bestimmte wertvolle Strukturen heute nahezu absolut. Das zeigt sich deutlich bei der Funktionsfähigkeit von städtischen Zentren, bei FFH-Gebieten[86], bei Überschwemmungsgebieten[87] oder im Klimaschutz.[88] Dahinter steht eine ganzheitliche Betrachtung der jeweiligen Strukturen, die von einem gewollten und quantifizierten Gesamtzustand ausgeht und dann auf den Einzelfall Maßstäbe herunterbricht. Weil z.B. das städtische Nachbarzentrum als

---

[85] Unter einem Planungsstaat verstehe ich hier einen Staat, in dem die Freiheit der Investitionsentscheidung durch Pläne maßgeblich beschnitten ist. Vgl. zur zunehmenden Bindung durch Bedarfsfeststellungen und konditional formulierte Planungsleitsätze bei Planfeststellungen: *M. Beckmann* Planfeststellung zwischen Zulassungsverfahren und Planung in: W. Erbguth/W. Kluth (Hrsg.) Planungsrecht in der gerichtlichen Kontrolle, 2011, 123 (144 ff.). Das Bedürfnis nach Planung steht in Widerspruch zu der Planungsresistenz vieler tatsächlicher Entwicklungen.

[86] Die Eingriffsregelung der NatSchGe war zwar grundsätzlich ein Verschlechterungsverbot. Dies war aber durch Abwägungsfähigkeit und Ausgleichs-/Ersatzmaßnahmen doppelt flexibilisiert. Demgegenüber gilt für FFH-Gebiete nach § 34 BNatSchG ein abwägungsfestes Verschlechterungsverbot mit begrenzter Ausnahmemöglichkeit und Ausgleichspflicht. Vgl. generell: *W. Frenz* UPR 2011, 170; *M. Kohls* NuR 2011, 161; zu Ausnahmemöglichkeiten: *W. Frenz* UPR 2011, 100. *G. Winter* NuR 1985, 41 (42 f.) erkennt abweichend vom BVerwG den Sinn von Bedarfsprüfungen generell in der Ressourcenschonung.

[87] § 78 WHG. Zur Notwendigkeit, das Raumordnungsrecht für die Risikominimierung z.B. im Rahmen des Hochwasserschutzrechts zu nutzen: *M. Kment* ZUR 2011, 127 (129). Zur Berücksichtigung weiterer Umgebungsgefahren für die Anlagenbeurteilung nach BImSchG: *W. Köck* ZUR 2011, 15. Zu Verschlechterungsverbot und Verbesserungsgebot (phasing-out Pflicht) im Wasserrecht generell: *Chr. Riese/N. Dieckmann* UPR 2011, 212; *O. Reidt/G. Schiller* NuR 2011, 624. Das Wasserrecht kennt keine echte Flexibilisierung; ob anlagenübergreifende Saldierungen zulässig sind, ist strittig (vgl. *Reidt/Schiller* ebd., 626).

[88] In eine ähnliche Richtung geht der Tendenz nach trotz anderer Formulierung für den Denkmalschutz *R. Mast* NVwZ 2012, 472.

Teil der Zentrale-Orte-Struktur geschützt werden soll, wird nur noch so viel Verkaufsfläche und nur das an Sortimenten zugelassen, wie es dem normativ festgelegten Bedarf vor Ort entspricht.

Drittens werden aus ökonomischen Gründen Spielräume geringer. Wenn ein Stromleitungsnetz genau so dimensioniert wird, dass nur noch ein ganz bestimmter Stromartenmix verkraftet wird, gibt es wenig Spielräume, durch Kraftwerksbauten[89] diesen Mix zu verändern: Stichwort: Netzverträglicher Ausbau. Es kommt zur Kontingentierung, die ähnlich wie ein Bedarfsplan wirkt. Die darin liegende Marktabschottung hat der EuGH am Beispiel des großflächigen Einzelhandels bereits gebilligt.

Um Freiheit für die Investoren zurückzugewinnen, muss der Ressourcenverbrauch weiter minimiert werden. Soweit das nicht möglich ist, liegt die einzige Chance zur Kompensation des Freiheitsverlustes einmal mehr in der institutionellen[90] oder individuellen Partizipation an der einschlägigen Planung, die die Kontingente bestimmt. Individuelle Mitwirkung ist z.B. im Recht der Übertragungsnetz-Energieleitungen vorgesehen, wo die potenziellen Vorhabenträger die „Szenariorahmen" genannten Entwürfe schon für die Bedarfsplanung auf Stufe 2 an die Bundesnetzagentur liefern.

V. Keine Herabminderung des Erwartungsniveaus (zu III 2.)

Die Idee eines neutralen Leiters des Erörterungstermins[91] ist ein Minus zu einer neutralen Verfahrensbehörde und daher defizitär. Wenn man wie hier vertritt, dass das Verfahren noch verbessert werden kann, gibt es keinen Anlass, durch Abschaffung von Partizipationselementen eine Angleichung von Erwartungen und deren Einlösbarkeit zu Lasten der Gerechtigkeitserwartung zu versuchen.

---

[89] Das Problem betrifft, wie die Abschaltverordnung (Entwurf BMI v. 24.01.2012; Wortlaut noch unbekannt) zwecks Lastabwurfes zeigt, auch den Kraftwerksbetrieb.

[90] Partizipation als Lösung der Legitimitätsprobleme des Planungsstaates führte z.B. bei *W. Rathenau* zu der Forderung nach Räten; vgl. den auch aus anderen gedanklichen Traditionen (Rätesystem, Ständestaat) stammenden Reichswirtschaftsrat nach Art. 165 WRV (dazu: *F. Stier-Somlo* Reichs- und Landesstaatsrecht, 1924, 651ff.). Die Wirtschafts- und Sozialräte(-ausschüsse) auf Ebene der UN (Satzung, Art. 61ff.), der Eur. Union (Art. 300 AEUV ff.) und der Nationalstaaten (z.B. Frankreich, Art. 69ff. Verf.) haben die in sie gesetzten Hoffnungen nicht erfüllt; sie vermitteln bei fehlender Entscheidungsbefugnis keine eigenständige politisch wirksame Legitimation neben den Vertretungen, die durch sie ergänzt werden, sondern werden durch diese lediglich zur eigenen Legitimationsgewinnung genutzt.

[91] *R. Wulfhorst* DÖV 2011, 581 (585).

VI. Beschleunigungsreserven (zu III 3.)

Im Hinblick auf das Ziel Beschleunigung ist die gesetzliche Regelung des Energienetzausbaus durch das EnWG und das NABEG Modell für ein verkürztes Planungsverfahren. Das EnWG sieht eine vielfach gestufte Bundesbedarfsplanung mit Öffentlichkeitsbeteiligungen[92] – also quasi ein Bedarfserörterungsverfahren[93] – für Energieleitungen vor, die am Ende dem Parlament vorgelegt wird. Planungspflichten, -fristen und Periodizität der Planung garantieren, dass es nicht zu politisch bedingten Verzögerungen kommt. Dabei lässt sich die Bundesnetzagentur übrigens drei ausgearbeitete Alternativen[94] für die Bedarfsentwicklung vorlegen.

Auf die Bedarfsplanung folgt nach dem NABEG eine Bundesfachplanung für die Trassen, die landesrechtliche Raumordnungsverfahren und Linienbestimmungen überflüssig macht.

Eine Realisierungspflicht[95] oder gar -frist ist allerdings wegen der Investitionsfreiheit nicht vorgesehen.[96] Auch für öffentliche Vorhaben ist sie wegen der Finanzierungsschwierigkeiten schwer vorstellbar.

Es handelt sich dabei um ein grundsätzlich überzeugendes Modell für die Hebung von Restressourcen der Beschleunigung. Allerdings sind kom-

---

[92] An den Öffentlichkeitsbeteiligungen für den Szenariorahmen 2011 haben im Strombereich außer den Netzbetreibern 10 Bürger teilgenommen, im Gasbereich kein Bürger (Auskunft BNetzagentur). Künftig findet eine Beteiligung – allerdings umweltrechtlich motiviert – auch bei der Feststellung des Bundesverkehrswegeplanes statt: *R. Wulfhorst* DVBl 2012, 466. Zu den geringen Beteiligungschancen auch *Ziekow* DJT (Fn. 1), D 27, 390, 141–143.

[93] *M. Burgi* NVwZ 2012, 277. Die im NABEG vorgesehene Öffentlichkeitsbeteiligung bei der Vorbereitung des Bedarfsgesetzes ist sachlich ein Bedarfserörterungsverfahren. Dessen Ausbau ist aus mehreren Gründen nicht zu empfehlen. Die Abstraktionsstufe ist für eine Bürgerbeteiligung zu hoch. Die Bedarfsfrage ist eher für die politische Diskussion im Parlament geeignet. Eine Bedarfserörterung für ein Einzelvorhaben ist ohne Dispositionsmöglichkeit in Bezug auf den Bedarfsplan wenig sinnvoll. Letztlich wird mit einem Bedarfserörterungsverfahren hauptsächlich eine weitere Vorverlagerung der Alternativendiskussion angeregt. Eine Bedarfserörterung würde für private Vorhaben die Forderung der 80er Jahre auf politische Bedarfsprüfung in Bezug auf private Investitionen wiederbeleben. Da die damit verbundenen Grundsatzfragen offenbar vermieden werden sollen, wird der Vorschlag auf öffentliche Großvorhaben beschränkt.

[94] Zu Alternativlösungen soll *H. Kissinger* dem Sinne nach gesagt haben: Wer sein Ministerium danach frage, bekomme drei Antworten: Gar nichts tun, überreagieren oder dem Vorschlag des Ministeriums folgen.

[95] Lediglich im Abfallrecht wird über eine Realisierungspflicht diskutiert; ablehnend: *Franßen* (Fn. 72), § 29 Rn. 300.

[96] Bei öffentlich finanzierten Vorhaben wie Straßen steht die Unsicherheit der Finanzierung noch immer einer Realisierungspflicht entgegen; deswegen die Praxis des Vorrats-Planfeststellungsbeschlusses.

petenzrechtlich[97] die alleinige Gesetzgebungszuständigkeit[98] des Bundes[99] und die Verwaltungskompetenz der Netzagentur[100] für die Fachplanung zweifelhaft. Die Europäische Union beschränkt sich für die Transeuropäischen Netze auf die Definition von Anschlussstellen und Knotenpunkten. Die Beschleunigung aber ist nicht zwingend an die Kompetenzfrage gebunden. Verfassungsrechtlich ist eine weitere Beschleunigung nicht geboten.

Entscheidungsbeschleunigung und effektiver Rechtsschutz sind bekanntlich konfligierende Ziele. Rechtsschutz sollte mE one-stop-Rechtsschutz sein.[101] Er wird z.B. gegen die Trassenfachplanung dünn ausfallen, weil die auch im NABEG vorgesehenen[102] Implizitprüfungen häufig geringere Intensität haben. Der Wunsch nach Beschleunigung führt auch bei Großvorhaben im Übrigen häufig dazu, dass der Rechtsgedanke des § 80 Abs. 1

---

[97] Ausführlich zu den Kompetenzproblemen: *W. Erbguth* NVwZ 2012, 326; *Kment* NuR 2006, 217 (220), vgl. *W. Hoppe* DVBl 2007, 144.

[98] Für Verfassungskonformität: BVerwGE 62, 342 (344). Ebenso *R. Bartlsperger* in: R. Dolzer u.a. (Hrsg.) BK zum GG, Art. 90 Rn. 74ff.; aA *D. C. Umbach* in: D. C. Umbach/Th. Clemens (Hrsg.) GG, 2002, Art. 90 Rn. 21. Eine Gesetzgebungskompetenz für die eigene Raumordnung des Bundes wird aus der Natur der Sache abgeleitet. *Chr. Degenhart* in: M. Sachs (Hrsg.) GG, Art. 74 Rn. 78; BVerfGE 3, 407 (427: „Die Zuständigkeit zu ihrer gesetzlichen Regelung kommt nach der Natur der Sache dem Bund als eine ausschließliche und Vollkompetenz zu."). Soweit die Bundesfachplanung nur Verknüpfungspunkte und deren Kapazität festlegen würde, könnte sie ohnehin in der Bundesraumordnung festgelegt werden.

[99] Das NABEG nimmt die Kompetenz des Art. 74 Nr. 11 GG in Anspruch. In Betracht kommt auch die ungeschriebene bundeseigene Raumplanung. Die Schwelle des Art. 72 Abs. 2 GG wird schon beim Sondergutachten des Sachverständigenrates für Umweltfragen, Wege zur 100% erneuerbaren Stromversorgung, BT Drucks. 17/4890 (305) nur für die Anschlusspunkte genommen. Vgl. zum Problem das SRU-Gutachten (ebd. 305 f., 309; *Durner* DVBl 2011, 853 (855, 857); *J. Wagner* DVBl 2011, 1453 (1454, 1456)).

[100] Gegen die Zuständigkeit der Netzagentur für die Durchführung der Planfeststellung *Chr. Moench/M. Ruttloff* NVwZ 2011, 1040 (1041 mwN) wegen fehlender Eignung zur zentralen Erledigung iS Art. 87 Abs. 3 Satz 1 GG.

[101] Wünschenswert ist grundsätzlich ein one-stop-Rechtsschutz, damit der Bürger nicht wie bei Teilgenehmigungen wiederholt und mit nicht völlig klarem Gegenstand klagen muss. Diesem Wunsch kommt eine Implizitprüfung entgegen. aA *Wahl* Verwaltungsverfahren (Fn. 23), 181 (192), der für eine Anfechtbarkeit auch wesentlicher Planungsschritte plädiert. Die erst- und letztinstanzliche Zuständigkeit des BVerwGs für die Überprüfung von Großvorhabenzulassungen läuft mit dem Gedanken der Entpolitisierung nicht ganz konform.

[102] *Chr. Moench/M. Ruttloff* NVwZ 2011, 1040 (1043) halten diesen Implizitrechtsschutz für nicht Art. 19 Abs. 4 GG entsprechend, wenn schon bei der Fachplanung eine Grundrechtsbetroffenheit erkennbar ist. Dem Bürger wird aber mit gestuftem Rechtsschutz kein Gefallen getan. Die Intensität der gerichtlichen Überprüfung ist eine Frage der veränderbaren gerichtlichen Entscheidungskultur.

VwGO zurückgedrängt wird. Das reicht vom Ausschluss der aufschiebenden Wirkung bis zur vorzeitigen Enteignung[103] nach § 27 Abs. 2 NABEG. Akzeptanz wird damit zerstört, weil der Bürger zu Recht nicht daran glaubt, dass die Justiz bereit ist, geschaffene Werte im Millionen-Euro-Bereich zu vernichten.[104]

VII. Die Politisierung von großvorhabenrelevanten Entscheidungen (zu III 4.)

Neutralitätssteigerung zielt eindeutig auf Akzeptanzgewinn. Die Politisierung und Demokratisierung von Entscheidungen zu Großvorhaben kann dagegen zwei Stoßrichtungen haben:

- Soweit es darum geht, die Dominanz der Exekutive und den Bedeutungsverlust der gesetzlichen Steuerung bei Großvorhaben zu schmälern, drängt die Politisierung zur Parlamentarisierung[105] auch auf den Stufen 3 und 4; insofern geht es gegen den „Exekutivstaat".
- Die Forderung nach Volksabstimmungen auf allen nationalen Stufen der Verwirklichung von Großvorhaben soll dagegen mehr Legitimität für diese beschaffen und die Entwicklung zur Zuschauerdemokratie bremsen.

Für beide Aspekte ist die Schweizerische Verfassung vom 18. April 1999 (in Kraft seit dem 1. Januar 2000) ein interessantes Modell. Sie geht von einer Wesentlichkeitstheorie aus, die eine parlamentarische oder direkte demokratische Legitimation für alle wesentlichen Entscheidungen aus dem Bereich Rechtssetzung und Verwaltung fordert.[106] Sie basiert auf einer Gewaltenteilung,[107] die nach dem Bild des kommunalrechtlichen

---

[103] Für Verfassungswidrigkeit mangels Erforderlichkeit für die rasche Durchführung: *Chr. Moench/M. Ruttloff* NVwZ 2011, 1040 (1044 f.).

[104] Angesichts kurzer Verfahrensdauer jedenfalls beim BVerwG und der langen Lebensdauer von Großvorhaben (Kraftwerke: 40 bis über 100 Jahre) verursacht die aufschiebende Wirkung keinen unzumutbaren Zeitverlust. Die Rspr. des BVerwG zum Planfeststellungsrecht ist ein Beleg für den Willen zur Planerhaltung.

[105] Eine Parlamentarisierung läuft allerdings bei Annahme der obigen Analyse quer zur Neutralitätswahrung. Mehr Parlamentsbeteiligung fordert z.B. unter Berufung auf die Stendal-Entscheidung des BVerfGs der Hess. MinWi *D. Posch* FAZ v. 24.11.2011, S. 10.

[106] *M. Graf* in: Th. Sägesser (Hrsg.) Die Bundesbehörden, 2000, 113 (131).

[107] Vgl. die Ausführungen der Expertenkommission der Staatspolitischen Kommissionen v. 15.12.1995 (BBl 1996 II 428 (435 ff., 441)), die die Funktionentrennung für veraltet halten.

New Public Management[108] gestaltet ist: Normsetzung, zentrale Zielvorgaben für die Planung und wichtige Einzelfallentscheidungen sind Sache des Parlaments. Nur deren Durchführung steht der Exekutive zu.

Anlass für diese Umgestaltung des Gewaltenverhältnisses in der Schweiz war ein Befund, der hierzulande geteilt wird und gerade bei Großvorhaben besondere Bestätigung findet: Komplexitätswachstum,[109] gesteigerte Bedeutung der Verwaltung und privater Entscheidungen, abnehmende Steuerungskraft des allgemeinen Gesetzes,[110] dadurch Schwächung des Parlaments, steigerbare Effektivität[111] der Gesamtleitung des Staates durch Kooperation von Exekutive und Legislative.

Neben neuen Parlamentszuständigkeiten gibt es nach der Schweizerischen Bundesverfassung eine Fülle von obligatorischen und fakultativen Referenden. Das Parlament kann dabei in weiten Bereichen steuern, ob es zu Referenden kommen kann, indem diese durch einfaches Gesetz zugelassen werden.

Eine um der Effektivität willen gesteigerte Kooperation von Parlament und Regierung kann allerdings den Kontrolleffekt der herkömmlichen Gewaltenteilung mindern und drängt damit zum Referendum als Kontrollinstrument. Dieses führt vorwirkend wiederum zu mehr Konkordanz.[112] Es kann ein geschlossener Zirkel entstehen, der die Gewaltenteilung aus der Scheidung der Funktionen heraus in die Differenz zwischen repräsentativer und direkter Demokratie verlagert.[113]

1. Parlamentarisierung zwecks Rückgewinn des Primats der Legislative

Sichern Planungszuständigkeiten nun wirklich den Primat der Legislative? Auch und gerade Großvorhaben[114] waren in der Schweiz der Anlass,

---

[108] Expertenkommission (Fn. 107), 443, 447. Die Kommission sah auch die Aufteilung der Rechtssetzung auf Parlament und Regierung in Abhängigkeit von Wichtigkeit vor.

[109] Vgl. allg. dazu: Expertenkommission (Fn. 107), 484.

[110] Bericht der Expertenkommission (Fn. 107), 439.

[111] Vgl. die Expertenkommission (Fn. 107), 440: Das Parlament sei zu sehr legalitäts- und zu wenig effektivitätsorientiert.

[112] Dieser Zirkel wird angedeutet im Bericht der Expertenkommission (Fn. 107), 438: Die Politik müsse so gut koordiniert sein, dass sie vor dem Referendum bestehen könne.

[113] Der soziale Hintergrund dieser Gewaltenteilung wäre ein Kontrast zwischen Gesamtvolk und Abstimmungsvolk oder zwischen politischer Klasse und Abstimmungsvolk. Der Gedanke liegt nahe, dass eine solche Konstellation in die Konkordanz führt.

[114] Einen Gleichlauf von wirtschaftlich-technischer Entwicklung und Demokratisierung kann ich anders als *D. Schefold* (Bewahrung der Demokratie und wirtschaftlich-technische Entwicklung, in: ders., Bewahrung der Demokratie, 2012, 73) nicht erkennen. Die direkte Demokratie in der Schweiz ist aus sozialen Problemen entstanden,

eine stärkere Parlamentarisierung[115] von Planung und Einzelzulassung zu schaffen, um die wesentlichen Entscheidungen für die Legislative zurückzugewinnen und die Entwicklung zum Exekutivstaat[116] zu bremsen. Die Parlamente sehen sich nämlich gegenüber den Planungszielen der Regierung[117] in einer Situation der Alternativlosigkeit wie die Einwender gegenüber dem Vorhabenträger.[118]

a) Planungszuständigkeiten des Parlaments

Die Planung[119] der Staatsaufgaben nach Ziel, Maßstäben und Maßnahmen soll nach Schweizerischem Bundesstaatsrecht durch die Regierung im Zusammenwirken[120] mit dem Parlament geschehen, damit die zielsetzende Regierung nicht zur ersten Gewalt wird.[121]

Das Parlament darf Grundsatz- und Planungsbeschlüsse fassen. Diese erfassen zwar primär die politische Aufgabenplanung,[122] können aber auch für Großvorhaben von Bedeutung sein. Ein solcher Grundsatzbeschluss

---

deren Verlaufsgeschichte nicht zwingend mit der der technischen Entwicklung gekoppelt ist, wie in Schwellenstaaten zu beobachten ist.

115 Die Parlamentszuständigkeit für die Bedarfsplanung ist mE nicht durch den Wesentlichkeitsgrundsatz erzwungen, aber sinnvoll. aA *A. Leue* in: K. Kodal, Straßenrecht, 7. Aufl. 2010, Kap. 34 Rn. 19.1.

116 Diese Entwicklung geht oft von Außen- und Verteidigungspolitik aus. Vgl. für die Schweiz: *Th. Sägesser* Bundesbehörden (Fn. 106), Art. 173 Rn. 366. Im Ergebnis ist die Mitwirkung des Parlaments in der Außenpolitik in einem eigenen Artikel (Art. 166 BV) normiert worden.

117 Vgl. für zielvorgebende Exekutivakte z.B. das der förmlichen Planung noch vorhergehende, nicht dem Veto des Parlaments unterliegende Energiekonzept der Bundesregierung v. 28. 9. 2011, hrsg. v. BMWi.

118 Im Verhältnis zwischen Regierung und Parlament bildet sich die o. a. Alternativendiskussion fast 1:1 ab; vgl. *W. Hoppe* (Planung, in: HStR, Bd. III, 2. Aufl. 1996, Rn. 60) pro frühzeitige Unterrichtung des Parlaments und Vorlage von Alternativen (Rn. 62). Gegen allgemeinen Parlamentsvorbehalt auch für Planungsentscheidungen de constitutione lata: *W. Herzog* in: Th. Maunz u.a. (Begr.) GG, Stand 8/2012, Art. 20 V Rn. 31; *G. Robbers* in: R. Dolzer u.a. (Hrsg.) BK zum GG, Stand 8/2012, Art. 20, Rn. 812.

119 Planungskompetenz der Regierung in der Schweiz aus Art. 180 Abs. 1 Satz 2 BV; „Mitwirkung" des Parlaments nach Art. 173 Abs. 1 lit. g BV. Planung taucht im GG nur als Erwähnung der Landesplanung (Art. 29 Abs. 1), Verteidigungsplanung (Art. 53a Abs. 2), Finanzplanung (Art. 106 Abs. 3, 109), Bildungsplanung (Art. 143c Abs. 1) und IT-Eigenbedarfsplanung (Art. 91c) auf. Weder gibt es klare bundesstaatliche Zuordnungen noch solche zu den Staatsfunktionen.

120 Zum gewaltenübergreifenden Charakter von Planung *M. Graf* (Fn. 106), 112.

121 Expertenkommission (Fn. 107), 440.

122 Zur drohenden Verlängerung des Gesetzgebungsverfahrens vgl. Expertenkommission (Fn. 107), 462 f. Nach Art. 146–148 ParlG ist der Bundesversammlung die Legislaturplanung zum Beschluss zu unterbreiten.

lag z.B. der Eisenbahn-Alpentransversale zu Grunde.[123] Bislang ist allerdings die praktische Bedeutung solcher Beschlüsse gering.[124] Ferner kann das Parlament der Regierung Aufträge[125] insbesondere auch für Planungen erteilen und damit Alternativen einbringen.

In Deutschland entscheidet über viele Bedarfsplanungen ohnehin das Parlament. Dessen Situation weist gegenüber der des Einwenders im Zulassungsverfahren theoretisch einen entscheidenden Unterschied auf. Das Parlament kann über seine Vetofunktion jederzeit Alternativen erzwingen. Damit die dafür notwendigen Kenntnisse vorhanden sind, bindet der deutsche Gesetzgeber das Parlament auf einfach-rechtlicher Ebene in die frühzeitige Planung von Infrastrukturen ein: Bundesparlament (und Länderregierungen) entsenden z.B. (jeweils) 16 Mitglieder in einen Beirat der Bundesnetzagentur[126].

In den Ländern werden Landesraumordnungspläne als zentrales Planungsinstrumentarium in formell gesetzlicher[127] oder in Verordnungsform[128] beschlossen. Das Parlament hat bei Verordnungen teils ein Zustimmungsrecht[129], teils nur ein Stellungnahmerecht[130]. Nicht selten sind aus der Gesellschaft besetzte Beiräte bei der Landesraumplanungsbehörde.[131] Der politische Charakter dieser Planung[132] ist weniger ausgeprägt als auf

---

[123] C. *Mannhart Gomes* Das Verwaltungsreferendum in Bund und Kantonen, 2007, 95; ebenso das Konzept Bahn 2000.

[124] *Mannhart Gomes* (Fn. 123), für die Bundesebene 95, Kantonsebene 155.

[125] Art. 171 BV. Vgl. Expertenkommission (Fn. 107), 459ff.: Das Initiativrecht allein könne das Gesetzgebungsverfahren nicht steuern, weil zum Vetozeitpunkt die Alternativen schon nicht mehr sichtbar seien.

[126] § 5 BEGTPG. Die länderentsandten Mitglieder müssen das Land politisch vertreten dürfen: § 5 Abs. 1 Satz 1, 2. HS. Der Beirat hat gegenüber der Agentur Auskunfts- und Initiativrechte (vgl. im Einzelnen: *T. Contzen* Die Rolle der Politik in den Entscheidungen der Bundesnetzagentur, 2011, 88). Für den Eisenbahnsektor besteht ein eigener Beirat. Der Beirat ist derzeit recht aktiv; es finden ca. 8 Sitzungen im Jahr statt. Der Beirat ist in politischen Agenden – z.B. Netzentwicklungsplanung – auch initiativ gegenüber der Agentur tätig; er stellt die Verbindung ins Parlament her (informelle Auskünfte an den Verf.).

[127] Vgl. etwa § 16a LPlG NW.

[128] So in Nds, BW, Bay, Berlin-Brbg.

[129] § 17 Abs. 2 BayLPlG; § 8 Abs. 4 HessLPlG.

[130] § 9 Abs. 2, 3 LPlG BW; § 7 Abs. 2 NROG; Art. 8 Abs. 3 LPlVertrag Berlin-Brbg.

[131] Vgl. etwa Art. 10 LPlG Bay.

[132] Auch beim Raumordnungsverfahren herrscht Unklarheit über seinen politischen oder administrativen Charakter. Für letzten spricht, dass das Verfahren nicht selbst gewichtet, sondern nur nachvollzieht (*H. Schmitz* in: W. Bielenberg/P. Runkel/W. Spannowsky, Raumordnungs- und Landesplanungsrecht, L § 15 Rn. 29f.) und nicht als Planänderungsverfahren genutzt werden kann. Dennoch ist in manchen Landesrechten wegen politischen Charakters ein Eintrittsrecht des Ministeriums vorgesehen (*Schmitz*

Bundesebene. Der Grund dafür liegt in der Verschiedenartigkeit der Inhalte von Raumordnungsplänen. Soweit diese wie beim Einzelhandel de facto Bedarfsplanungen enthalten oder sonst Funktionen politischer Planung erfüllen, ist eine Parlamentszuständigkeit sinnvoll.

Eine Parlamentsmehrheit, deren eine wesentliche Aufgabe die Stützung der Regierung ist, kann allerdings nicht erwarten, dass diese ihr echte Alternativen vorlegt. Auch die Exekutive ist im Parlament auf der sicheren Seite. Deswegen ist die Parlamentszuständigkeit für Planung und die Vorverlagerung der Parlamentsbefassung ebenso wenig eine wirksame Abhilfe gegen Alternativlosigkeit[133] wie beim Einwender. Echte Alternativen legt stets nur ein Konkurrent vor, der berechtigt und verpflichtet ist, diese zu verwirklichen; das gibt es nur in der Situation der Wahl.[134] Dass in der Bundesrepublik auf der politischen Ebene keine Alternativlosigkeit herrscht, zeigt z.B. die Energiewende.

b) Parlamentszuständigkeit für die Einzelplanung und -zulassung

Das Schweizer Parlament ist auch zuständig für die Entscheidung über außerordentlich wichtige[135] Einzelakte[136] der Stufe 4. Es darf über Einzelvorhaben Bundesbeschlüsse fassen, soweit dies in Fachgesetzen ausdrücklich vorgesehen ist. Dort wird auch festgelegt, ob die Entscheidung durch einfachen Bundesbeschluss oder durch Bundesbeschluss mit fakultativem Referendum erfolgt. Unter Verwaltungsreferendumsvorbehalt gestellt sind derzeit die Bundesbeschlüsse zu Verwaltungsentscheidungen über Kernenergierahmenbewilligungen und die Übertragung des Enteignungsrechts

---

ebd., Rn. 79). Auf politischer Ebene ist letzthin auch im Zusammenhang mit Großvorhaben die Parlamentarisierung der Raumordnung gefordert worden.

[133] Zur Selbstbindung des Parlaments durch Planbeschluss: *Sägesser* (Fn. 106), Art. 173 Rn. 720–722, 725: erhöhte Begründungspflicht bei Abweichung; vgl. dazu *M. Graf* (Fn. 106), 130 gegen Verbindlichkeit der Grundsatzbeschlüsse für die Regierung.

[134] Für die Ansicht von *H. Münkler* (Der Spiegel, 2012 Nr. 29, S. 100f.), die parlamentarische Demokratie könne keine Alternativen hervorbringen, sehe ich keine Argumente. Seine weitere Erkenntnis, der Beschleunigungsprozess der Politik entmachte das Parlament, zielt auf keinen neuen Gegenstand. Das Parlament ist grundsätzlich nicht die treibende Kraft in der Politik. Neben der Wahl ist noch die Volksinitiative zu nennen, die aber typischerweise nicht langfristige Planungen zum Gegenstand macht.

[135] Die Wichtigkeit kann sich ergeben aus Interessenbeeinträchtigung, Finanzbedeutung oder Präzedenzwirkung. Beispiele sind: Vergabe von Eisenbahnkonzessionen, Kernenergierahmenbewilligungen, Linienführung Nationalstraßen und privates Enteignungsrecht (*Sägesser* (Fn. 106), Art. 173 Rn. 726ff.); Rüstungsprojekte, Planungsakte (*Mannhart Gomes* (Fn. 123), 90 f.); vgl. *Kolb* (Fn. 3), 132.

[136] Darunter fallen insbesondere Verwaltungsakte inklusive Allgemeinverfügungen (*Sägesser* (Fn. 106), Art. 173 Rn. 726 ff.).

auf Private für öffentliche Werke. Die rechtliche Konstruktion des Verhältnisses zwischen Zulassungsverwaltungsakt und Parlamentsbeschluss ist unterschiedlich.[137]

In Deutschland steht der Entscheidung des Parlaments über einzelne Großvorhaben das hier herrschende Verständnis des Gewaltenteilungsprinzips entgegen.[138] Die Schweizerische Konstruktion verhindert nicht, dass das Parlament die Genehmigung für eine Kernenergieanlage aus willkürlichen, personenbezogenen Gründen nicht erteilt oder erzwingt, ohne dass die Stellung des Abgeordneten jedenfalls in Deutschland für diese Rolle ausgestaltet wäre:[139] Die *ratio* des Verbotes des Einzelfallgesetzes im Grundgesetz wird nicht gewahrt. Der Gesetzgeber darf zu konkreten Infrastrukturvorhaben Privater in der Regel nicht beschließen.[140] Die ohnehin zu weit gefassten Sonderbedingungen der Entscheidung Stendal[141] liegen nicht vor.

Da auf die Bewilligung von Kernenergieanlagen nach schweizerischem Recht kein Rechtsanspruch besteht,[142] steht einem politisch begründeten Veto des Parlaments in der Schweiz nicht die Berufsfreiheit entgegen. Das BImSchG anerkennt dagegen einen grundrechtlich fundierten Zulassungsanspruch.[143] Im Bauplanungsrecht und im Planfeststellungsrecht gibt es dagegen Spielräume. Diese sind jedoch bundesrechtlich nur im Rahmen der Zwecke der einschlägigen Gesetzeswerke ausfüllbar und können ohne Gesetzesänderung[144] daher keine Öffnungsklausel für

---

137 Z.B. Genehmigung des Verwaltungsakts im Kernenergierecht; Beschluss als Grundlage des Verwaltungsakts im Enteignungsrecht. Je nachdem muss auch Rechtsschutz nicht direkt gegen den Parlamentsbeschluss nachgesucht werden. Rechtsschutz als Topos taucht in den Dokumenten zur hier besprochenen Verfassungsrevision der BV kaum auf.

138 Im Ergebnis ebenso gegen ein Vetorecht des Parlaments bzgl. Entscheidungen der Bundesnetzagentur: *M. Ludwig* Die Verw 2011 (44), 41 (54).

139 Mitwirkungsverbote etc. wären wie im Kommunalrecht erforderlich, würden aber die Repräsentativität der Entscheidungen verzerren.

140 BayVerfGH, NVwZ 1988, 242 (243) Wiederaufbereitungsanlage Wackersdorf – Volksbegehren; vgl. HessStGH, ESVGH 32, 20 (25 f.) zur Startbahn West. Die Unklarheiten in Bezug auf die Zuordnung zu Legislative oder Exekutive resultieren aus der dogmatisch noch nicht bewältigten Auseinanderentwicklung der Inhalte des Raumordnungsrechts. Früher nur Rahmenplanung tritt jetzt gesetzesgleiche Steuerung (insb. Einzelhandelsgebote) und Einzelfallplanung hinzu.

141 BVerfGE 95, 1 (Südumfahrung Stendal); dazu *K. F. Gärditz* GewArch 2011, 273 (278).

142 Art. 12 Abs. 2 KernenergieG.

143 Auch in der Schweiz findet ein Referendum über gebundene Verwaltungsentscheidungen nicht statt (*Mannhart Gomes* (Fn. 123), 184 zur kommunalen Ebene).

144 Zur dann gegebenen Notwendigkeit einer Änderung der Fachgesetze: *K. F. Gärditz* GewArch 2011, 273 (278).

die politischen Motive einer Parlamentsentscheidung oder Volksabstimmung sein.[145]

Die politische[146] offene Flanke von Großvorhaben ist – wie auch die Herkunft der Planfeststellung aus dem Enteignungsverfahren zeigt[147] – nicht die Ebene der konfliktmindernden Einzelzulassung, sondern die Zulassung der Technologie und die Bedarfsfrage.[148] Gerade am Beispiel der Kernenergie wird deutlich, dass die auf die Zulassung der Technologie bzw. einen Risikogrenzwert bezogenen Akzeptanzprobleme nicht zu Lasten einzelner Vorhabenträger gelöst werden sollten. Ein allgemeines politisches Versagungsermessen[149] gegenüber Großvorhaben ist mit der Berufs-

---

[145] Die Diskussion in der Schweiz geht denn auch davon aus, dass einzelne Verwaltungsakte so wenig rechtlich determiniert sein können, dass ein politisches Ermessen eröffnet sein kann: *H. Seiler* Verwaltungsakt – Begründungspflicht – Verwaltungsreferendum: Einbürgerungen usw. zwischen Rechtstheorie und Demokratie in: B. Bovay/ M. S. Nguyen (Hrsg.) Mélanges Pierre Moor, 2005, 529 (535).

[146] Was politisch ist, ist funktional zu entscheiden. Die Einordnung muss der besonderen Leistungsfähigkeit von Legislative (Kenntnis von Präferenzen; normativer Schwerpunkt) und Exekutive (Detailkenntnis; empirischer Schwerpunkt) folgen (aA *Seiler* (Fn. 145)).

[147] Das Verfahren nach dem pr. Enteignungsgesetz v. 1874 sah eine „politische", nicht überprüfbare Verleihung der Enteignungsermächtigung durch königliche Verordnung (als Mittelweg zwischen Gesetz und Verwaltungsinstanz) vor. Diese bezeichnete Unternehmen und Unternehmer (§ 2). Auf dieser Grundlage erging zunächst eine vorläufige Planfeststellung (§ 15). Gelang danach die Einigung nicht, wurde der Plan nach Einwendungsverfahren vor einem Kommissar (mit gerichtsfesten Sachverständigen) durch eine Kollegialbehörde, den Bezirksausschuss (dazu *W. Jellinek* Verwaltungsrecht, 1948, 64) festgestellt. Gegen den Plan war der Rekurs zum Ministerium erlaubt (§§ 18–21). Schon damals spielte „Beschleunigung" eine Rolle (*O. v. Loebell* Das preußische Enteignungsgesetz v. 11. Juni 1874, 1884, 97). Der Ausschluss der gerichtlichen Überprüfung beruhte darauf, dass die Bestimmung des öffentlichen Wohls als unscharfer Begriff mit wechselndem Inhalt als nicht justiziabel angesehen wurde (*v. Loebell* ebd., 26). In Bayern legte das Gesetz die enteignungsfähigen Unternehmen fest; deswegen war das Ermessen überprüfbar und die Planfeststellung entpolitisiert (*Jellinek* ebd., 406).

[148] Das zeigt sich auch darin, dass die landesverfassungsrechtliche Unterrichtungspflicht der Landesregierungen gegenüber dem Landesparlament nicht die Durchführung von Großvorhaben betrifft, sondern nur diesbezügliche Grundsatzfragen; vgl. Art. 25 Abs. 1 NV. Vgl. aber abweichend die einfachrechtliche Ausgestaltung in § 4 PIG SH.

[149] Das alte atomrechtliche – verfassungsrechtlich anerkannte – Versagungsermessen ist daher nicht in Gestalt eines Volksabstimmungsermessens in andere Rechtsbereiche übertragbar (gegen Versagungsermessen im Tierschutzrecht: *K. F. Gärditz* DVBl 2010, 1048). Das aus dem Wasserrecht (§ 12 WHG) bekannte Bewirtschaftungsermessen ist nichts anderes als eine Abwägung, die einem Versagungsermessen nicht gleichsteht, weil sie nur für sachliche Abwägungsgründe offen ist. Der Gesetzgeber kann allerdings die Berufsausübung einer Bedarfsprüfung unterwerfen. Diese muss aber auf Funktions-

freiheit unvereinbar. Schließlich könnte ein Vetorecht des Parlaments im Einzelfall Rückwirkungen auf die Gesetzgebung haben: Die Legislative wäre versucht, Konfliktlösungen auf die Ebene des Vetos zu verlagern.[150]

Darüber hinausgehende dogmatische Probleme wären wohl lösbar. Es würde sich allerdings die Frage stellen, ob man bei einer Implizitprüfung der Parlamentsentscheidung über eine Vorhabenzulassung oder deren Aufhebung die politische Entscheidung ganz von den Maßstäben der Gleichheit,[151] des Vertrauensschutzes und der Verhältnismäßigkeit freistellen will.

Für Deutschland halte ich eine Parlamentarisierung von Einzelentscheidungen über Großvorhaben auf der Zulassungsebene weder für derzeit verfassungsgemäß noch für sachlich notwendig. Die politische Steuerung durch Technologiezulassung und Grenzwertbestimmung sowie durch Bedarfsplanung ist ausreichend.

2. *Akzeptanzsteigerung durch den Einsatz direktdemokratischer Instrumente*

Eine Akzeptanzsteigerung wird von der Direktdemokratisierung[152] der Entscheidung über Großvorhaben erwartet. Verwaltungskulturell antwortet dieser Vorschlag auf die für den Bürger nicht mehr anschlussfähige

---

schutzargumente, also Sachargumente, gestützt werden. Nach dem Apothekenurteil (BVerfGE 7, 377 (407)) hat sich die Tendenz in der neueren Rspr. wieder etwas zugunsten der Bedarfsprüfungen verschoben: Taxen: BVerfGE 11, 168 (186); Rechtsanwälte am BHG: BVerfG, NJW 2008, 1293; Rettungsdienst: BVerfGE 126, 112 (138). Dies Argument trägt etwa bei der Netzeinbindung (vgl. die AbschaltVO) von Kraftwerken o. ä. systemeingebundenen Großvorhaben, aber grundsätzlich nicht darüber hinaus. Eine Bedarfsprüfung für Großvorhaben kann auch nicht aus einem über Emissionen verursachten Eingriff von privaten Großinvestoren in sozial schutzwürdige Positionen anderer Privater hergeleitet werden wie bei der Eigenbedarfskündigung. Ein Vorbehalt der Berufsfreiheit zugunsten willkürlich begründeter politischer Entscheidungen stellt dieses Grundrecht schrankenlos zur Disposition der souveränen Abstimmungsmehrheit. Da diese wechseln kann, wäre auch Gleichheit nicht gewährleistet.

Die Herstellung einer Nähe zwischen Abwägung in der Planfeststellung und Versagungsermessen wie bei *Beckmann* Planfeststellung zwischen Zulassungsverfahren und Planung in: W. Erbguth/W. Kluth (Fn. 85), 142 ist nicht verallgemeinerbar. *Beckmann* verdeutlicht damit lediglich, dass nur ein beantragter Plan festgestellt werden darf.

150 Vgl. im Bauplanungsrecht die Konfliktverlagerung aus dem Plan in das Genehmigungsverfahren.

151 Vgl. *Kolb* (Fn. 3), 36f., 41. ME bliebe zumindest der Gleichheitssatz maßgeblich. Im Übrigen wäre für die Anwendung des Vertrauensschutzes zwischen Rücknahme und Widerruf zu unterscheiden, weil politische Entscheidungen den Widerrufsvorbehalt gleichsam in sich tragen.

152 Für Hinweise zur direkten Demokratie in der Schweiz danke ich Herrn Prof. *Treiber* sowie Herrn Prof. *Linder*.

Komplexität von Großverfahren mit dem Ausweichen auf identitäre Unmittelbarkeit.[153]

Angesichts der Zulässigkeit direkter Demokratie in Ländern und Kommunen[154] stellt sich auch die Frage, ob verkappte Verwaltungsreferenden im Gewand von Finanz- oder sonstigen Referenden zugelassen werden sollten.

Wie bei Abstimmungen in der Schweiz[155] ist vor allem zwischen Gesetzes-,[156] Grundsatz- und Planungs-[157] sowie Verwaltungsreferenden[158] zu unterscheiden.[159] Ich beschränke mich auf die Ebenen von Bedarfsplanung und Einzelzulassung.

---

[153] Die philosophischen Bewegungen des 20. Jahrhunderts hin zur Unmittelbarkeit sind mE für die Rechtswissenschaft nicht anschlussfähig. Das gilt für *M. Heideggers* Kritik des „man" und die Betonung der Eigentlichkeit. Nicht durchgesetzt hat sich der Angriff auf die Relativität der Werte etwa durch die phänomenologische Wertphilosophie *M. Schelers*. Der Grund liegt in der mangelnden Verallgemeinerbarkeit von Unmittelbarkeit.

[154] Da vielfach Abstimmungen über Großvorhaben rechtlich nicht zulässig sind, werden Vorfragen, finanzielle Aspekte oder Umsetzungsfragen zur Abstimmung gestellt; aufgrund dieser Umgehungsstrategien kommt es zu unsinnigen Abgrenzungen des Abstimmungsvolkes, etwa wenn allein die Münchener Bevölkerung über den Flughafen für die Region abstimmt.

[155] Zur Kantonsebene: *Mannhart Gomes* (Fn. 123), 157ff.: Insb. finden sich Referenden über Konzessionen iS der Übertragung einer wirtschaftlich ausbeutbaren öffentlichen Aufgabe, vor allem im Wasserrecht. Die praktische Bedeutung ist gering (vier Anwendungsfälle von 1970–1996). Für Deutschland wäre ggf. die Vereinbarkeit mit Vergaberecht zu prüfen. Weiterhin gibt es Referenden über die kantonale Mitwirkung in Bundesangelegenheiten, insb. wieder zur Kernkraft (ebd. 161).

[156] Das allgemeine fakultative Gesetzesreferendum ist hier nicht zentral thematisch.

[157] Vgl. Art. 141 lit. c, 163 Abs. 2, 173 Abs. 1 lit. g BV iVm Art. 28 Abs. 3 ParlG v. 13.12.2002. Nicht praktikabel sind Referenden bei einer bislang seltenen Planungspflicht und bei fehlender Teilbarkeit einer Gesamtplanung. Zur Problematik von Teilreferenden bei Großplanungen: *Mannhart Gomes* (Fn. 123), 153, 156.

[158] Art. 141 lit. c, 163 Abs. 2, 173 Abs. 1 lit. h BV iVm

- Art. 29 Abs. 2 ParlG (Einzelfall„gesetze") oder
- Art. 3 Abs. 2 lit. a EnteignungsG v. 20.6.1930 (Enteignungsrecht Privater) oder
- Art. 48 Abs. 4 KernenergieG v. 21.03.2003 (Genehmigung der atomrechtlichen Rahmenbewilligung für konkreten Standort). Historisch haben materielle Verwaltungsreferenden vor allem die Kernkraft, die Eisenbahn und Truppenübungsplätze betroffen (*Mannhart Gomes* (Fn. 123), 73 f.).

[159] Weitere Referenden sind auf Kantonsebene vorgesehen.

a) *Abstimmungen insbesondere über Bedarfspläne*

Politische Planungen (Bedarfspläne[160]) der Stufe 2 in Gesetzesform stellen eher komplexe Fragen zur Abstimmung. Das BVerwG[161] fordert z.B. für die Windenergieplanung durch Raumordnungsrecht Gesamtkonzepte, die durch Schlüssigkeit und Wahrung des Gleichheitssatzes die Nachteile einer Kontingentierung begrenzen. Eine Entscheidung des Bürgers darüber verlangt die Bildung nicht durch Erfahrung prädisponierter Meinung.[162] In solchen Fällen ist die Beteiligung an der direkten Demokratie generell gering und sozial stark geschichtet.[163] Darin liegt aber kein wesentlicher Unterschied zur repräsentativen Demokratie. Allerdings ist der Einfluss von organisierter Meinungsbildung[164] durch die Interessenten bei komplexen Abstimmungsthemen besonders hoch.[165] Das führt zur Notwendigkeit einer bei Beteiligung privater Vorhabenträger schwierig zu erreichenden gesetzlichen Regelung für die Kosten der Werbung im Vorfeld einer Abstimmung. Davon abgesehen sind Referenden auf dieser Ebene vorstellbar.

b) *Abstimmungen über die Anlagenzulassung*

Einzelabstimmungen[166] über die planerische Ausweisung von Grobstandorten sowie über die Zulassungsentscheidung selbst sind nicht sinnvoll. Unmittelbare Demokratie baut auf Identität von Betroffenen und

[160] Bedarfsplanung gibt es inzwischen für alle Verkehrsträger und auch Höchstspannungsnetze (vgl. *R. Steinberg* ZUR 2011, 341). Zu der wegen SUP-Pflichtigkeit notwendigen Öffentlichkeitsbeteiligung *Th. Groß* DÖV 2011, 510 (512). Zur Fernstraßenbedarfsplanung allg. vgl. BVerwGE 72, 15. Die Bedarfsfeststellung wirkt als Planrechtfertigung im Rahmen des PFB (BVerwG, NVwZ 2003, 1120).

[161] Vgl. etwa BVerwGE 117, 287 (294; Systemanforderung als Konsequenz von Kontigentierung); BVerwGE 118, 33 (46 f.; systematischer Charakter gewahrt bei schlüssiger Gesamtplanung).

[162] Zur Frage der Befähigung des Bürgers, Sachfragen zu entscheiden, nur zwei Hinweise: Die politische Befähigung des Bürgers bereitete von Beginn an Begründungsschwierigkeiten, wie der Mythos des Protagoras zeigt. Darüber hinaus ist die Geschichte des Wahlrechts eine der Furcht vor der unzuverlässigen Masse: *W. Bagehot* Das Wahlrecht jedes Hausbesitzers bedeute die „Herrschaft von Unwissenheit und Zahl über Bildung und Kenntnisse" (zitiert nach: *G. Niedhard* Geschichte Englands, 2. Aufl. 1996, 99).

[163] *W. Linder* Schweizerische Demokratie, 1999, 284.

[164] Die Bahn AG stellte im Zusammenhang mit Stuttgart 21 Argumentationshilfen für Landräte und Bürgermeister zusammen; vgl. FAZ v. 24.11.2011, S. 12.

[165] *Linder* (Fn. 163), 272 ff.

[166] Zum Verwaltungsreferendum in der Schweiz: *R. Steinberg* ZUR 2011, 341 (348). Vgl. zum dreiphasigen schweizerischen Abstimmungsmodell: *B. Stüer*/*D. Buchsteiner* UPR 2011, 335 (337).

Entscheidern. Bei Abstimmungen direkt über Großvorhaben entscheidet dagegen eine große Gruppe von Nutznießern über eine kleine von nachteilig Betroffenen. Wird anhand von Vorfragen indirekt über ein Vorhaben entschieden, kommen – wie im Fall der dritten Münchner Startbahn – unvorhersehbare andere Konstellationen zustande.

Großvorhaben belasten die Betroffenen als in der Regel schwach organisierte Sondergruppe. Diese erleidet erhebliche nachteilige Veränderungen ihres status quo.[167] Sie hat folglich ein hohes Interesse an einem Referendum,[168] aber nur geringe Chancen auf eine Abstimmungsmehrheit. Denn sie agiert nutzengeprägt.[169] Die Mehrheit des Abstimmungsvolks der Körperschaft, die die Zulassungsbehörde trägt, spürt dagegen keine merkliche Änderung der Nutzenbilanz. Ein Abstimmungserfolg für die Betroffenen ist daher nur wahrscheinlich, wenn es Koalitionen zwischen nutzen- und wertgeprägtem[170] Protest gibt.

Die Besonderheit von Stuttgart 21 war ein rein wertgeprägter Protest in einer Koalition aus Natur- und Denkmalschutz, Verkehrspolitik und Sparsamkeit. Auch wenn bei dem als Finanzreferendum verkappten Vorhabenreferendum jeweils nur eine starke Minderheit die jeweiligen Wertungen ablehnte, wäre es dennoch nahezu zu einer Gesamtablehnung gekommen.

Abstimmungen über Einzelvorhaben können daher den Protest in die falsche Richtung lenken, wenn das Fehlen der Akzeptanz wertgeprägt ist. Der Einzelvorhabenträger wird dann zum Sündenbock für den Gesetzgeber gemacht. Geht es dagegen ausschließlich um nutzengeprägten Protest im Einzelfall, ist ein neutrales Verfahren zielführender als eine Abstimmung. Die spezifische Leistungsfähigkeit der direkten Demokratie für die Integration von politischen Minderheiten[171] ist auf der Stufe der Einzelzulassung nicht gefragt, weil die Betroffenen nicht integrationsbedürftig sind.

---

[167] Zum Zusammenhang von Direktdemokratie und Status quo als kleinstem gemeinsamem Nenner: *G. Simmel* Exkurs über die Negativität kollektiver Verhaltensweisen, in: ders., Soziologie, 5. Aufl. 1968, 359 ff. Zur Kraft des status quo bei Volksrechten speziell für die Sozialpolitik: *U. Wagschal/H. Obinger* PVS 2000, 466 (475 ff. mit empirischen Nachweisen).

[168] Vgl. *Linder* (Fn. 163), 251 ff.

[169] Zur Interpretation des Abstimmungsverhaltens: *Linder* (Fn. 163), 289.

[170] Zur Nützlichkeit/Schädlichkeit dieser Unterscheidung vgl. *Ziekow* DJT (Fn. 1), D 73. *Ziekow* weist zu Recht darauf hin, dass das konkrete Verfahren Einfluss auf die Wertbildung bei den Bürgern haben kann; hier liegt aber eine Asymmetrie, weil ein Einfluss auf die Wertungen des Gesetzes nicht möglich ist.

[171] Vgl. *Linder* (Fn. 163), 258.

Eine Abstimmung kann sogar desintegrativ wirken, wenn es um die Standortbestimmung ungeliebter Anlagen wie etwa eines atomaren Endlagers geht. Abstimmungen sind zudem nur beschränkt in der Lage Kompensationen einzubeziehen, die im repräsentativen System häufig mit belastenden Standortentscheidungen verbunden werden.

Die eingangs bei Großvorhaben monierten Defizite werden durch Referenden nur teilweise behoben:

Punktuell bei Vorhaben oder Einzelplanungen ansetzende Referenden sind nicht geeignet, die demokratische Gesamtlenkung der Infrastruktur[172] zu gewährleisten; dies geschieht besser durch Bedarfsplanung.

Auch das Neutralitätsproblem würde nicht entschärft: Denn das Verwaltungsverfahren selbst, das zu dem referendumsfähigen Vorschlag führen würde, bliebe unberührt. Hinzu käme noch der Vorwurf durch ökonomische Meinungsmacht erkaufter Abstimmungsergebnisse.

Alternativen können nicht durch Referenden, sondern nur durch Volksinitiativen eingeführt werden. Diese sind allerdings ungeeignet, dem Gebot der Abwägung zu genügen. Dagegen darf mE ein Abwägungsergebnis einem nachträglichen Referendum unterworfen werden ohne dass dies zu Abwägungsfehlern führt.[173]

Abhilfe würden Referenden lediglich im Problemfeld „Augenhöhe“ bieten: Der Bürger dürfte – ob aus Gründen oder aus Ressentiment – abstimmen und seine Stimme würde zählen. Er dürfte den gordischen Knoten aus Komplexität, Undurchschaubarkeit und staatlicher Voreingenommenheit mit seinem Abstimmungskreuz zerschlagen.

Vorhaben können auf kommunaler[174] oder Landesebene häufig indirekt einer Abstimmung unterzogen werden. Das geschieht über Bebau-

---

[172] Dies war ein Anliegen der Diskussion in den Jahren 1980 ff. Da eine demokratische Legitimation auch privater Vorhaben gefordert wurde, ging es um die Frage des legitimatorischen Gleichlaufs zwischen *oikos* und *polis*. Diese Frage erledigt sich zunehmend praktisch durch den Einplanungsbedarf privater Vorhaben. Im Übrigen kann man die Phase der Demokratisierung der Wirtschaft und die der Ökonomisierung der Politik unterscheiden. Dass die Bereiche unterschiedlichen Gesetzen folgen, zeigt z.B. *Luhmann* anhand ihrer Codes.

[173] Vgl. zu der Spannungslage Abwägung – direkte Demokratie: *P. Durinke* Bürgerentscheide in der Bauleitplanung, 2011, 85 ff.; *S. Kautz* BayVBl 2005, 193.

[174] Zur Kommunalebene: § 32 Abs. 2 Nr. 5 und 6 NKomVG schließen Bürgerbegehren über Planfeststellungsverfahren und Bauleitpläne aus. Man wird einräumen müssen, dass es gerade die davon erfassten Materien sind, die die Bürger oftmals besonders bewegen und teils auch ihre Interessen massiv betreffen. Es hat sich aber gezeigt, dass im Vorfeld der Entscheidung über einen solchen Gegenstand eine Reihe von Vorentscheidungen zu treffen ist, die nicht unter die Ausschlussklausel fallen. Die verwaltungsgerichtliche Rechtsprechung hat teilweise die darin liegende faktische Erstreckung des Referendums gebilligt und keine unzulässige Umgehung des Negativkatalogs erkannt.

ungspläne,[175] über Finanzierungsfragen[176] oder sonstige Vor- oder Durchführungsentscheidungen. Der Katalog nicht referendumsfähiger Gegenstände sollte ein solches Vorgehen ausschließen. Andernfalls kommt es uU wieder zu gravierendem Auseinanderfallen[177] von Abstimmungsvolk und Weite der Raumbedeutsamkeit.

VIII. Ende

Ich komme zum Ende und erkenne drei Hauptformen der Akzeptanzentstehung, die gegenwärtig überwiegend unter ungünstigen Bedingungen stehen:

- Akzeptanz kann durch psychische Identifikation im Verlaufe eines strukturierten Entscheidungsganges zustande kommen, wie sie von *Luhmann* als Legitimation durch Verfahren geschildert wurde. Dies wird am besten im neutralen Verwaltungsverfahren erreicht.
  Geschwächt wird diese Chance durch eine zunehmend geringe Bereitschaft zur stabilen Übernahme von Rollen.
- Akzeptanz kann auch durch den Einstellungswandel in einer Zuschauerdemokratie erzeugt werden. Wie im antiken Theater setzt diese Kathar-

[175] Bei planfeststellungsersetzenden Bebauungsplänen. Anders als *B. Stüer* im Handbuch des Bau- und Fachplanungsrechts, 4. Aufl. 2009 (Kap. E, Fachplanung, Rn. 3240) andeutet, ist das Planfeststellungsermessen nicht identisch mit dem verwaltungspolitischen Gestaltungsermessen beim Erlass eines B-Planes. Das zeigt sich schon daran, dass auf den B-Plan kein Anspruch besteht (§ 2 Abs. 3 Satz 2 BauGB), wohl aber ein Anspruch auf ermessensfehlerfreie Entscheidung über die Planfeststellung; das Ermessen kann sich bei fehlenden negativen Auswirkungen sogar auf Null reduzieren (vgl. z.B. *F. O. Kopp/U. Ramsauer* VwVfG, 13. Aufl. 2012, § 72 Rn. 41). Ausweislich juris setzt nur der VGH Kassel (Urt. v. 5. 5. 1987 – juris) Gestaltung mit Optimierung gleich: Das ist mE falsch. Optimierung ist mathematisch machbar; Gestaltung nicht: Sie ist Alternativenentscheidung über den minimalen Zielerfüllungsgrad einer Variable. Für Abstimmungen auf kommunaler Ebene *Ziekow* DJT (Fn. 1), D 157 (unter Ausschaltung von umgehenden Vorfestlegungen).

[176] Dazu *Mannhart Gomes* (Fn. 123), 132 ff. (Finanzreferenden in den Kantonen); *Chr. Waldhoff* Finanzwirtschaftliche Entscheidungen in der Demokratie, in: M. Bertschi u.a. (Hrsg.) Freiheit und Demokratie, 1999, 181 (191). Finanzreferenden als verdeckte Vorhabenreferenden sind in Deutschland nicht generell unzulässig: *Th. Groß* DÖV 2011, 510 (514); *W. Durner* ZUR 2011, 354 (361). Vgl. als Beispiel den Bürgerentscheid Stadt Gladbeck v. 25. 3. 2012 über den kommunalen Finanzierungsanteil eines Straßentunnels im Verlauf einer Bundesstraße.

[177] Vgl. § 38 BauGB; im Falle des Volksentscheids über die Münchener Flughafen-Landebahn ergibt sich die Bedeutung des Volksbegehrens nicht aus dem Planungsrecht, sondern der Eigentümerstellung der Kommune.

sis ein gutes Narrativ voraus.[178] Solche Erzählungen hervorzubringen bzw politisch aufzunehmen, ist die repräsentative Demokratie wegen der notwendigen Kontinuität besser als die direkte geeignet. Die Energiewende wird zeigen, ob es gelingen kann, z.B. den Nachhaltigkeitsgedanken[179] aus seiner Rolle als bloßer Katechont[180] zu lösen. Die Legitimationserzählungen direkt zugunsten des Planungsstaates aus der Zeit der Weimarer Republik sind allerdings gescheitert.[181]
Diese Chance auf Akzeptanz leidet aber unter dem historisch verständlichen und philosophisch begründeten verbreiteten Misstrauen gegenüber Großerzählungen überhaupt.

- Schließlich ist Akzeptanz iS von Hinnahme auch das Resultat der Erkenntnis, Verlierer zu sein. Volksabstimmungen machen Verlierer. Sie haben aber nur dort Sinn, wo der Zufall der Unterlegenheit hinnehmbar ist: Das ist nur bei politischen Fragen der Fall, also auf den Entscheidungsebenen 1 und 2.
  Solche Niederlagen hindern in der Regel aufgrund der Gruppenbetroffenheit nicht die weitere Politisierung des Themas. Referenden setzen auf einen Dezisionismus, der nicht automatisch Akzeptanz bewirkt.[182]

---

[178] Persönliche Umstrukturierungen setzen wie bei der Katharsis innere oder äußere Teilnahme voraus. Diese kann durch nicht nur punktuelles Handeln und einen Mythos (Plot iS der aristotelischen Katharsis) erzeugt werden. Je technokratischer Probleme von der Politik dargestellt werden, desto geringer die Legitimitätschancen ieS. Erreicht werden kann allenfalls, dass Konflikte im politischen System bleiben und nicht gewaltartig werden.

[179] Siehe oben zur Katharsis. Nach Verlust von Fortschritts- und Wohlstandserzählungen bietet der Nachhaltigkeitsmythos (z.B. Club of Rome) eine generationenübergreifende Sinnstiftung.

[180] *C. Schmitt* Nomos der Erde, 1950, 29. Das paulinische Katechon gewinnt seine Kraft daraus, dass es nicht nur negativ ist, sondern auch in der Perspektive der Endzeit steht. Die politische Mythologie Deutschlands ist derzeit durch den Vorrang des Negativen – wie bei der Menschenwürde – gekennzeichnet.

[181] Ein Versuch, Legitimität für das Einfügen in die instrumentelle Vernunft zu schaffen, liegt bei *E. Jünger* vor allem in „Der Arbeiter“ (1932) vor. Der daraus resultierende „heroische Realismus“ der Einpassung in den Plan ist geschichtlich gescheitert und von *Jünger* später (zugunsten eines vagen Beobachterstatus) aufgegeben worden. Denn es zeigte sich, dass es für die Schaffung von Legitimität eines Heros der Tat und nicht des Einfügens bedurfte.

[182] Das Referendum als Entscheidung des Souveräns soll wie ein Gottesurteil wirken; dieses legitimiert aber nur durch die Verwurzelung der Adressaten in der Religion (vgl. *Luhmann* (Fn. 30), 60); eine entsprechende Kraft kann das schlichte Mehrheitsprinzip nicht entfalten: Dies ist keine Art der Legitimation, sondern Verlegenheitslösung (ebd. 196).

Großvorhaben sind seit dem Turmbau zu Babel[183] Kristallisationspunkte für Gefühle bedrohter Geborgenheit und Naturnähe. Sie können tief in das gewohnte Leben der Bürger eingreifen. Angesichts der Legitimationsschwierigkeiten in einer Zeit ohne ausgeprägten Fortschrittsglauben sind die Erfahrungen der letzten 60 Jahre mit der Planung und Zulassung von Großvorhaben keineswegs entmutigend. Anhaltend fehlende Akzeptanz findet sich vor allem in Materien, bei denen die politischen Wertungen vertretbar in Frage gestellt werden.

Ich fasse die wesentlichen Einzelergebnisse zusammen:

- Die Verfahrensneutralität bei konkreter Standortplanung und Einzelzulassung sollte durch eine stärkere Eigenständigkeit der Verfahrensbehörde gestützt werden. Echte Alternativen gibt es immer nur dann, wenn Wettbewerber bereit sind die Alternative zu verwirklichen; das gibt es auf politischer Ebene, aber mangels Investorenkonkurrenz nicht in planenden und zulassenden Verwaltungsverfahren.
- Marktwirtschaftliche grundrechtliche Freiheit der Investoren für die Standortwahl und Kapazität von Großvorhaben wird durch Qualitätsziele für Strukturen und Ressourcen minimiert; Partizipation kann den unabwendbaren Freiheitsverlust mildern.
- Eine Parlamentarisierung der politischen Planung wird die Dominanz der Exekutive nicht merklich mindern und die Alternativenoffenheit nicht erheblich stärken.

  Eine Parlamentszuständigkeit für die Einzelplanung und -zulassung ist rechtlich und rechtspolitisch nicht angebracht; sie beseitigt die Vorteile der Funktionentrennung und ist nicht grundrechtskompatibel.
- Bei Technologien, Grenzwertfragen und Bedarfsplänen kann das repräsentative System grundsätzlich hinreichend Alternativen hervorbringen; Referenden könnten aber das Prä der repräsentativen Demokratie zugunsten von Großvorhaben möglicherweise mildern. Ob direkte Demokratie bei steigender gesellschaftlicher Instabilität eingeführt werden sollte, lasse ich offen.[184]

---

[183] Bis zu *M. Heideggers* Technikkritik am Beispiel eines Wasserkraftwerks; vgl. literarisch Akt 5 von Faust II: Philemon und Baucis als Repräsentanten des Widerständigen gegenüber der rationalen Machbarkeit fallen einem „Großvorhaben“ zum Opfer.

[184] Generell sind Mittel der direkten Demokratie anfangs des 21. Jahrhunderts in Deutschland auch unter der Perspektive der Demographie und des kommenden Wohlstandsverlustes zu sehen. Beide führen zu geringer Beteiligung und zu Polarisierung; direkte Demokratie wird in Deutschland zu einem Zeitpunkt salonfähig, zu dem sie riskant wird. Auch das Verfassungsrecht hat die Aufgabe antizyklischer Steuerung.

Die Probleme von Großvorhaben werden durch Verwaltungsreferenden nicht behoben. Falsch auf konkrete Großvorhaben angewandte Abstimmungen sedieren den Protest und pfuschen an Symptomen.[185]

[185] Das ergibt auch empirische Forschung: *K.-A. Müller-Erwig* Die Öffentlichkeitsbeteiligung bei atomrechtlichen Großvorhaben: Eine sozialwissenschaftliche Beschreibung am Beispiel des Planfeststellungsverfahrens zum Endlager für radioaktive Abfälle Schacht Konrad, 2000, 65 ff.

Leitsätze des 1. Referenten über:

Großvorhaben als Herausforderung für den demokratischen Rechtsstaat

I. Einleitung

1. Die entscheidenden Fragen des Themas betreffen das Verhältnis von Politik und Verwaltung sowie dasjenige von Grundrechten und Demokratie zu Planung.

2. Großvorhabenentscheidungen fallen modellhaft auf zwei politischen und zwei Verwaltungsebenen:

- *Stufe 1: Gesetzliche Technologiezulassung und Grenzwertfestsetzungen*
- *Stufe 2: Parlamentarische Bedarfsplanung bzw. Landesraumplanung*
- *Stufe 3: Raumordnungsverfahren/Linienbestimmungen/Fachplanung*
- *Stufe 4: Einzelzulassung durch Verwaltungsakt*

II. Defizitbeschreibung und -analyse

Hauptdefizite von Großvorhabenverfahren liegen in mangelnder Offenheit der Verfahrenssituation, langer Dauer und ausgeprägt bürokratischer Verwaltungskultur.

1. Das Selbstverständnis der Verwaltung bei Großvorhaben ist nicht quasirichterlich, sondern geht auf Umsetzung politischer Vorgaben. Diese begünstigen Großvorhaben aufgrund von deren Wohlfahrts- und Wahlwirksamkeit. Daraus resultiert ein Neutralitätsmangel und fehlende Alternativenoffenheit. Grundproblem bei Großvorhaben ist der Widerspruch zwischen Nicht-Neutralität des Leistungsstaates und Gleichheitserwartung der Bürger.

2. Zeitersparnis ist nur noch möglich in der Vorverfahrensphase (politische Einigung), in der Nachverfahrensphase (Realisierung) und bei der Raumeinpassung auf Stufe 3 (Linienbestimmung/Raumordnungsverfahren).

3. Der Bürger wird nicht auf Augenhöhe ernst genommen. Bürokratische Verwaltungskultur ist Kennzeichen rationaler Herrschaft. Darin ist der Bürger nicht Mitgestalter, sondern Einwender. Kleine Fluchten durch Zulassung außerrechtlicher Diskurse oder von Abstimmungen ändern daran nichts Grundsätzliches.

III. Gegensätzliche Therapievorschläge

Abhilfevorschläge gehen in Richtung auf:

- *Entpolitisierung der Stufen 3 und 4 mit verstärkter Partizipation.*
- *Reduktion von Partizipation zwecks Vermeidung der Enttäuschung von Erwartungen.*
- *Straffung der Entscheidungsprozesse auf den Stufen 2 und 3.*
- *Direktdemokratische Politisierung der Stufen 3 und 4.*

IV. Zur Entpolitisierung

1. Das Zulassungsverfahren bei Großvorhaben kann strukturell wenig Akzeptanz hervorbringen, weil viele Ausgangsbedingungen für Legitimation durch Verfahren und erfolgreiche Mediation fehlen.

2. Die Vorteile der Mediation durch Dritte beschränken sich auf Gewinne bei der Verfahrenskultur. Neutralität dabei ist nicht wie beim Beamten institutionell gesichert.

3. Sinnvoll ist eine ministerialfreie, demokratisch etwa durch 2/3 Mehrheit im Parlament periodisch legitimierte Verfahrensbehörde als Gegengewicht zu der der politischen Spitze nachgeordneten Entscheidungsbehörde.

Aus praktischen Gründen sollte die Verfahrensbehörde zentral angesiedelt sein und bei den jeweils zuständigen Behörden einspringen können.

Gleichzeitig sollten politische Wertungen auf den Stufen 1 und 2 durch den Gesetzgeber erfolgen und nicht die Verwaltung belasten.

4. Alternativlosigkeit ist insbesondere in der Phase des Zulassungsverfahrens im Wesentlichen unabwendbar. Sie betrifft Einwender, immer häufiger auch Vorhabenträger und auf vorgelagerten Ebenen auch das Parlament selbst.

a) Sachliche Alternativenoffenheit zugunsten der Einwender ist nur sehr begrenzt herstellbar. Sie setzt die Bereitschaft zur Gewichtungsänderung eigener Zielsetzungen beim Investor voraus. Diese ist nur durch einen Grad an Ungewissheit über den Verfahrensausgang herstellbar, der im deutschen Recht nicht die Regel ist.

Vorverlagerung von Alternativenerörterungen bringt nur einen geringen Gewinn an Offenheit.

b) Der Wunsch der Einwender nach Alternativen beruht häufig auf Werthaltungen, die im Zulassungsverfahren nicht Gegenstand sind, sondern auf die politischen Ebenen der Stufen 1 oder 2 gehören.

c) Die Vorhabenträger selbst sind nicht selten mit einer planungsstaatlichen Alternativlosigkeit konfrontiert.

Grund dafür ist eine ganzheitliche und quantitative Betrachtung schutzwürdiger Strukturen, die den Nebenwirkungen von Großvorhaben ausgesetzt sind. Der Wille zur Erhaltung solcher Strukturen führt zu starken Beschränkungen der Investitionsfreiheit (Art der Investition, Standort, Kapazität).

Vorsorgliche Spielräume von Netzinfrastrukturen werden aus Wirtschaftlichkeitsgründen geringer ausgelegt.

Der daraus resultierende Verlust an Freiheit der Berufsausübung kann kompensatorisch durch Mitwirkungen etwa an Bedarfsplanungen abgemildert werden.

V. Zur Angleichung von Gerechtigkeitserwartung und leistbarer Verfahrensfairness

Die Abschaffung oder generelle Freistellung des Erörterungstermins im Sinne des zweiten Abhilfevorschlages ist fernliegend, weil eine Minderung des Gerechtigkeitsversprechens von Recht keine Wirkung hat, weil Verbesserungen möglich sind und Mündlichkeit besondere Akzeptanzchancen eröffnet.

VI. Zur Beschleunigungsdebatte

Modell für eine beschleunigte Gesamtverwirklichung von Infrastrukturgroßvorhaben kann das EnWG in Verbindung mit dem Netzausbaubeschleunigungsgesetz (NABEG) sein. Diese erzwingen durch periodische und fristgebundene Planung politische Einigung und straffen die raumplanerische Einbindung von Großvorhaben.

Defizite auf der Realisierungsebene sind aufgrund der Investitionsfreiheit privater Vorhabenträger und der Finanzierungsabhängigkeit bei öffentlichen Vorhaben unvermeidbar. Das Modell NABEG ist kompetenzrechtlich prekär.

Die Durchführung der Bundesfachplanung nach dem NABEG durch die Bundesnetzagentur ist aufgrund von deren hohem Sachinteresse an der Netzfunktion wenig akzeptanzgünstig.

VII. Zur Politisierung

Die Politisierung von Entscheidungen betreffend Großvorhaben hat zwei Zielrichtungen:

- *Kompensation des Bedeutungsverlustes von Parlament und allgemeinem Gesetz durch stärkere Parlamentarisierung auch von Planungen und Einzelentscheidungen.*
- *Akzeptanzerhöhung durch Einsatz direktdemokratischer Instrumente.*

Die Schweizer Verfassung des Jahres 2000 bietet für beide Aspekte ein Modell, das auf kommunalrechtlichen Strukturen des New Public Management basiert. Dieses Modell weitet parlamentarische Zuständigkeiten im Sinne einer erweiterten Wesentlichkeitstheorie durch Mitwirkung an der Planung und bis hin zu verwaltungsrechtlichen Einzelentscheidungen aus. Über das Gesetzesreferendum hinaus können Pläne und Einzelentscheidungen einem fakultativen Referendum unterliegen.

1a) Eine stärkere Parlamentarisierung von Planungsentscheidungen zugunsten der Alternativenoffenheit im Parlament ist in Deutschland unnötig. In Deutschland werden viele Bedarfsplanungen auf Bundesebene de lege lata parlamentarisch beschlossen. Dieser Rechtszustand ist aufgrund der hohen Wohlfahrtsbedeutung und der politischen Alternativenausscheidung grundsätzlich sinnvoll.

Instrumente des einfachen Rechts wie der auch parlamentarisch besetzte Beirat bei der Bundesnetzagentur gewährleisten die Information des Parlaments über wesentliche Planungsalternativen, die theoretisch über die Vetofunktion des Parlaments durchgesetzt werden könnten.

Praktisch fehlt auch hier aufgrund des Mehrheitsprinzips eine offene Verfahrenssituation. Echte Alternativen werden stets nur von Konkurrenten vorgelegt: Das gilt für die Ökonomie wie für die Politik.

1b) Eine Parlamentarisierung von wesentlichen Zulassungsentscheidungen widerspricht dem deutschen Verständnis zum Verhältnis von Demokratie und Gewaltenteilung.

Eine Parlamentarisierung setzt voraus, dass es keinen grundrechtlich fundierten Zulassungsanspruch gibt, dass also die Berufsfreiheit von Großvorhabenträgern insoweit unter einem Demokratievorbehalt („politisches Versagungsermessen") steht.

Ein Parlamentsbeschluss würfe Fragen nach der impliziten gerichtlichen Überprüfbarkeit an den Maßstäben von Vertrauensschutz, Verhältnismäßigkeit und Gleichheitssatz auf.

Rückwirkungen auf die Legislativtätigkeit im Sinne eines Ausweichens auf die Einzelentscheidung sind zu beachten.

Parlamentarisierung auf den Stufen 3 und 4 ist iE unangebracht, weil die politisch offene Flanke von Großvorhaben nicht auf der Ebene der Einzelplanung und -zulassung liegt, sondern auf den Ebenen 1 und 2.

2a) Gesetzesreferenden über großvorhabenbezogene Entscheidungen auf den Stufen 1 und 2 sind möglich. Sie erbringen gegenüber dem repräsentativen System wenig Gewinn.

Die Beteiligung wird aufgrund der Abstraktionsstufe der Entscheidungsinhalte eher gering sein.

Notwendig wäre eine Regelung über die Kosten des Meinungskampfes im Vorfeld der Abstimmung nach dem Vorbild der Wahlkampfkostenregelungen.

Praktisch bringt die Konkurrenzdemokratie in Deutschland hinreichend politische Alternativen hervor.

2b) Referenden über Einzelzulassungsentscheidungen (Verwaltungsreferenden) sind nicht angebracht.

Sie profitieren nicht von der legitimatorischen Basis der „identitären" Demokratie, weil Abstimmungsvolk und Betroffene stark auseinanderfallen.

Sie werfen rechtlich teilweise ähnliche Probleme auf wie diesbezügliche Parlamentsentscheidungen.

Der Abwägungscharakter einer Einzelzulassungsentscheidung oder eines Plans steht einer Volksinitiative, nicht aber einem Referendum entgegen.

Strukturell hat die Gruppe von Betroffenen eines Großvorhabens keine Siegchance. Diese ergibt sich nur bei Koalitionen mit wertgeprägtem Protest gegen Entscheidungen auf Stufe 1 und 2. Die Ermöglichung solcher Referenden lenkt Protest dann in die falsche Richtung.

Verkappte Vorhabenreferenden (Finanzreferenden und Ähnliches) sind zu unterbinden, soweit sie die Verzerrung der identitären Struktur verstärken.

VIII. Fazit

Die Hauptformen von Legitimation leiden generell unter schwierigen Randbedingungen.

- *Geringe Bereitschaft zur Rollenübernahme schwächt die Legitimation im Verwaltungsverfahren.*
- *Historisch verständliches Misstrauen gegenüber Großerzählungen mindert die Legitimationschance auf der symbolischen Ebene der repräsentativen Demokratie.*
- *Gruppenbetroffenheit und die Äußerlichkeit des Mehrheitsprinzips mindern die Akzeptanz bei einer Niederlage in der Volksabstimmung.*

Angesichts dessen hat Deutschland bislang überwiegend positive Erfahrungen mit dem Verhältnis von Akzeptanz und Verweigerung gemacht.

Wesentliche Einzelergebnisse:

- *Sinnvoll ist auf den Stufen 3 und 4 eine Neutralisierung der Verfahrensbehörde durch eigenständige demokratische Legitimation.*
- *Die generelle Einführung einer frühzeitigen Beteiligung in Zulassungsverfahren ist unschädlich und weitgehend nutzlos.*
- *Alternativlosigkeit von geplanten Vorhaben lässt sich nur durch Konkurrenz bekämpfen, die es nur auf den politischen Ebenen 1 und 2 gibt.*

- *Die Alternativlosigkeit für Vorhabenträger nimmt zu; sie kann durch Partizipation gemildert werden.*
- *Entscheidungen auf den Stufen 1 und 2 sind beim Parlament gut aufgehoben, weil dort durch die politische Konkurrenz noch am ehesten Alternativen generiert werden.*
- *Eine Parlamentszuständigkeit für Einzelzulassungen von Großvorhaben widerspricht dem deutschen Verständnis der Gewaltenteilung und politisiert sachwidrig diese Entscheidungsebene auf Kosten der Vorhabenträger.*
- *Gesetzesreferenden auf den Ebenen 1 und 2 sind denkbar; ihre Wünschbarkeit hängt auch von der allgemeinen Einschätzung der direkten Demokratie ab.*
- *Verwaltungsreferenden über Einzelzulassungen sind nicht sinnvoll. Der Vorhabenträger wird dabei zum Sündenbock unzureichender Alternativengenerierung auf den Stufen 1 und 2 gemacht.*
- *Finanzreferenden sollten nicht zur Umgehung der Unzulässigkeit von Vorhabenreferenden nutzbar sein.*

Vierter Beratungsgegenstand:

Großvorhaben als Herausforderung für den demokratischen Rechtsstaat

2. Referat von Professor Dr. *Thomas Mann*, Göttingen

Inhalt

I. Einführung

Der wissenschaftliche Diskurs um die demokratische und rechtsstaatliche Einhegung von Großvorhaben hat in den zurückliegenden Jahrzehnten immer wieder unterschiedliche Aspekte in den Blick genommen. Nicht zuletzt flankiert durch wegweisende verfassungs- oder verwaltungsgerichtliche Entscheidungen[1] waren es in Wellenbewegungen regelmäßig bestimmte Themen, die zentral die Aufmerksamkeit auf sich gezogen haben. In den Anfangsjahren der Bundesrepublik waren es vor allem rechtsstaatliche Aspekte, die uns beschäftigt haben. Seit den siebziger Jahren trat dann das Thema des Grundrechtsschutzes durch Verfahren in den Vordergrund, spätestens ab den neunziger Jahren machte sich der Einfluss des Europarechts mit seiner Tendenz zu einer Aufwertung verfahrensrechtlicher Vorkehrungen im Sinne des Eigenwertes[2] des und einer Richtigkeitsgewähr durch Verfahren[3] stärker bemerkbar. Andererseits setzte aber auch eine gegenläufige Phase ein, in der Deregulierung und Verfahrensbeschleunigung die maßgeblichen Agenden gesetzgeberischen Handelns[4] und wissenschaftlichen Nachdenkens gewesen sind.[5] Heutzutage fokussiert die Diskussion, angestoßen durch die Auseinandersetzungen um „Stuttgart 21", zentral die Facetten der Öffentlichkeitsbeteiligung bei der Zulassung von Großvorhaben. Um nicht vor dem Tagestrend zu kapitulieren und allein die Detailfragen der Öffentlichkeitsbeteiligung in den Blick zu nehmen, möchte ich dem mir vorgegebenen Thema entsprechend

---

[1] Hervorzuheben sind insbesondere BVerfGE 49, 89 ff. – „Schneller Brüter"; BVerfGE 53, 30 ff. – „Mülheim-Kärlich"; BVerfGE 95, 1 ff. – „Südumfahrung Stendahl"; BVerwGE 72, 300 ff. – „Whyl".

[2] Vgl. hierzu vor allem die Referate von *E. Gurlit* und *M. Fehling* Eigenwert des Verfahrens im Verwaltungsrecht, VVDStRL 70 (2011), 227 ff. und 278 ff.

[3] Zu den hiermit verbundenen Koordinationsproblemen mit der Ausrichtung des deutschen Rechts an der Kontrolle des materiellen Rechts und denkbaren Konvergenzmöglichkeiten s. *R. Wahl* DVBl. 2003, 1285 (1291); *E. Schmidt-Aßmann* in: J. Isensee/ P. Kirchhof (Hrsg.) Handbuch des Staatsrechts, Bd. V, 3. Aufl. 2007, § 109 Rn. 44.

[4] Vgl. Verkehrswegeplanungsbeschleunigungsgesetz vom 16.12.1991 (BGBl. I, S. 2174); Investitionserleichterungs- und Wohnbaulandgesetz vom 22.04.1993 (BGBl. I, S. 446); Planungsvereinfachungsgesetz vom 17.12.1993 (BGBl. I, S. 2123); Genehmigungsverfahrensbeschleunigungsgesetz vom 12.09.1996 (BGBl. I, S. 1354); Infrastrukturplanungsbeschleunigungsgesetz vom 09.12.2006 (BGBl. I, S. 2833); Gesetz zum Ausbau von Energieleitungen – Energieleitungsausbaugesetz vom 21.08.2009 (BGBl. I, S. 2870); Gesetz zum beschleunigten Ausbau der Stromnetze – NABEG – vom 28.07.2011 (BGBl. I, S. 1690).

[5] Zusammenfassend *Th. Bunge* in: S. Schlacke/Chr. Schrader/Th. Bunge (Hrsg.) Informationsrechte, Öffentlichkeitsbeteiligung und Rechtsschutz im Umweltrecht, 2010, § 2 Rn. 12 mwN.

die rechtsstaatlichen und demokratischen Koordinaten aus einer abstrakteren dogmatischen Perspektive beleuchten, um daran anknüpfend ein Modell für eine gestufte Öffentlichkeitsbeteiligung bei der Zulassung von Großvorhaben zu entwickeln.

II. Großvorhaben als Rechtskategorie

1. Zum Terminus „Großvorhaben"

Soweit unser Beratungsgegenstand durch den zentralen Terminus des Großvorhabens gekennzeichnet ist, handelt es sich hierbei nicht um einen allgemein anerkannten Rechtsbegriff. Daher ist zur Eingrenzung des Themas zunächst eine Reflexion über das Objekt unserer Betrachtung erforderlich. Einige Landesverfassungen benutzen die Vokabel „Großvorhaben" im Umfeld parlamentarischer Informationsrechte, indem sie die Landesregierung verpflichten, den Landtag über die „Standortplanung und Durchführung von Großvorhaben frühzeitig und vollständig zu unterrichten".[6] Diese Vorschriften lassen erkennen, dass es sich um Gegenstände handeln muss, an denen aufgrund ihrer gesellschaftlichen, wirtschaftlichen oder ökologischen Auswirkungen ein so hohes öffentliches Interesse besteht, dass der Landtag in seiner Kontrollfunktion sich frühzeitig mit ihnen beschäftigen soll.[7] Blickt man in die juristische Literatur, so findet der Terminus des Großvorhabens oder des Großprojektes im Sinne des allgemeinen Sprachgebrauchs Verwendung als Sammelbezeichnung für raumbedeutsame Vorhaben und sonstige Maßnahmen[8] industrieller oder infrastruktureller Art mit überörtlicher Bedeutung.[9] Ihnen gemeinsam ist, dass sie in einem erheblichen Maß widerstreitende öffentliche und private Be-

---

[6] Vgl. Art. 94 Abs. 1 S. 1 brandb. Verf.; Art. 79 Abs. 1 brem.Verf.; Art. 39 Abs. 1 S. 1 mv.Verf.; Art. 25 Abs. 1 S. 1 nds.Verf.; Art. 22 Abs. 1 S. 1 sh.Verf.

[7] In diesem Sinne *J. Ipsen* Niedersächsische Verfassung, 2011, Art. 25 Rn. 8; *L. Hagebölling* Niedersächsische Verfassung, 2. Aufl. 2011, Art. 25 Anm. 3; *K. Wedemeyer* in: B. Thiele/J. Pirsch/K. Wedemeyer, Die Verfassung des Landes Mecklenburg-Vorpommern, 1995, Art. 39 Rn. 2; *H. Neumann* Die Verfassung der Freien Hansestadt Bremen, 1996, Art. 79 Rn. 8.

[8] Zur Legaldefinition der raumbedeutsamen Planungen, Vorhaben und Maßnahmen vgl. § 3 Abs. 1 Nr. 6 ROG. Zur Frage, ob der Maßnahmenbegriff der Oberbegriff ist, vgl. *P. Runkel* in: W. Spannowsky/P. Runkel/K. Goppel, ROG, 2010, § 3 Rn. 98, 121 ff.

[9] Siehe etwa *A. Schink* DVBl. 2011, 1377 (1384); *F. Wittreck* ZG 2011, 209 (219); *B. Stüer/D. Buchsteiner* UPR 2011, 335 (336); *M. Knauff* DÖV 2012, 1; *M. Bertrams* NWVBl. 2012, 289 f.; *J. Saurer* DVBl. 2012, 1082 (1083).

lange berühren und/oder erhebliche Umwelteinwirkungen hervorrufen.[10] In diesem Sinne, der unter der Bezeichnung „Großvorhaben" infrastrukturelle Projekte und industrielle Großanlagen vereint, möchte ich den Begriff auch hier verstanden wissen.

2. *Duales Zulassungsregime für Großvorhaben*

Zur Bewältigung der komplexen Entscheidungssituation bei der Zulassung von Großvorhaben stellt die Rechtsordnung grundsätzlich zwei unterschiedliche Verfahrensarten zur Verfügung.[11] Soweit es sich um industrielltechnische Großvorhaben handelt, sind in der Rechtspraxis regelmäßig die materiellen und prozeduralen Vorgaben des Bundesimmissionsschutzgesetzes (BImSchG) und der hierzu ergangenen Verordnungen maßgeblich.[12] Soweit es sich um raumbedeutsame Großvorhaben handelt, die einem Fachplanungsvorbehalt unterliegen, also insbesondere bei Infrastrukturprojekten wie dem Bau von Fernstraßen, Wasserstraßen, Flughäfen oder Energieleitungen, werden die Entscheidungen in aller Regel im Wege der Planfeststellung getroffen. Die Grundzüge des Planfeststellungsverfahrens, wie sie in den §§ 72 ff. VwVfG normiert sind, werden durch die vorrangigen Spezialvorschriften in den jeweiligen Fachgesetzen in Bezug genommen, ergänzt oder modifiziert.[13] Fachgesetzliche Besonderheiten, wie etwa im Bergrecht, wo die bergrechtliche Betriebsplanzulassung „als be-

---

[10] Dies deckt sich nur zum Teil mit dem Begriff der „Vorhaben", wie er in § 80 Abs. 1 S. 2 UGB-KomE 1997 vorgesehen war: „Vorhaben, die wegen der Vielfalt der berührten Belange planerischer Gestaltung und Abwägung bedürfen und die wegen der regelmäßig vorgesehenen Inanspruchnahme fremder Grundstücke und großflächiger Eingriffe in Natur und Landschaft im öffentlichen Interesse erforderlich sein müssen."

[11] Dogmatisch grundlegend *R. Wahl* DVBl. 1982, 51 ff.

[12] Daneben ist die Anlagengenehmigung vor allem bedeutsam für Großvorhaben nach dem Gentechnikgesetz (§§ 8 ff. GenTG) und dem Atomgesetz (§ 7 AtomG).

[13] Vgl. § 18 AEG, § 17 FStrG, § 8 LuftVG, § 14 WaStrG, § 9 AtomG (Endlager), §§ 43 ff. EnWG, §§ 18 ff. NABEG (Hochspannungsfreileitungen), § 35 Abs. 2 KrW-/AbfG (Deponien), § 52 BBergG (Betriebsplanfeststellung). Bisweilen ordnet der Gesetzgeber innerhalb desselben Fachverwaltungsrechts bestimmte Großvorhaben spezialgesetzlich dem einen oder anderen Typus zu, so etwa im Atomrecht, wo die Anlagenzulassung als Genehmigung ausgestaltet ist, die Errichtung von Endlagern aber im Wege der Planfeststellung erfolgen muss (vgl. §§ 7, 9a Abs. 3, 9b AtomG), oder im Kreislaufwirtschaftsrecht, wo etwa Abfallverbrennungsanlagen einer immissionsschutzrechtlichen Anlagengenehmigung, Deponien aber der Planfeststellung bedürfen – vgl. dazu nur *Th. Mann* in: L.-A. Versteyl/Th. Mann/Th. Schomerus, KrWG, 3. Aufl. 2012, § 35 Rn. 10 ff., 69 ff.; *M. Beckmann* in: ders./W. Durner/Th. Mann/M. Röckinghausen (Hrsg.) Landmann/Rohmer – Umweltrecht, § 35 KrWG Rn. 16 ff., 40 ff. (Stand der Bearbeitung: Juni 2012).

sonderes Rechtsinstitut für die präventive und laufende Betriebsüberwachung"[14] gleichsam zwischen dem förmlichen immissionsschutzrechtlichen Genehmigungsverfahren und dem Planfeststellungsverfahren steht,[15] sollen nachfolgend, soweit es um die Herausarbeitung von Grundlinien geht, ausgeblendet bleiben.

Der wesentliche konstruktive Unterschied zwischen den beiden Grundmodi der Zulassung liegt darin, dass die Verwaltung bei der immissionsschutzrechtlichen Anlagengenehmigung im Wege gebundenen Verwaltungshandelns unter ein gesetzliches Konditionalprogramm zu subsumieren hat, während sie bei der Planfeststellung eine planerische Gestaltungsaufgabe erbringen muss, indem sie den Bedarf für die betreffende Einrichtung ermittelt und in einer Raumnutzungsentscheidung die zu erwartenden Zielkonflikte von öffentlichen und privaten Belangen zu einem gerechten Ausgleich bringt; während bei dem Typus der Anlagenzulassung die einzelnen Genehmigungsvoraussetzungen mithin isoliert und additiv geprüft werden und eine Kompensation oder Saldierung zwischen ihnen nicht möglich ist, ist die Planfeststellung idealtypisch gerade dadurch gekennzeichnet, dass im Wege der planerischen Abwägung erforderlichenfalls eine Überwindung entgegenstehender Belange möglich ist.[16] Als Konsequenz für den Vorhabenträger folgt daraus, dass er im Falle der bipolar ausgestalteten immissionsschutzrechtlichen Anlagenzulassung einen Anspruch auf Ertei-

---

[14] *H. Zydek* Bundesberggesetz – Materialien, 1980, 232 f.

[15] Zur umstrittenen Einordnung vgl. nur *P. J. Tettinger* Recht des Bergbaus, in: R. Schmidt (Hrsg.) Öffentliches Wirtschaftsrecht, Besonderer Teil I, 1995, § 8 Rn. 25 – „Unternehmensgenehmigung" – und *G. Kühne* DVBl. 2006, 662 (664) – „gebundene Kontrollerlaubnis" – einerseits sowie *J. Kühling* Fachplanungsrecht, 1988, 31 – „Planungsentscheidung" – andererseits (differenzierter aber *ders./N. Herrmann* Fachplanungsrecht, 2. Aufl. 2000, Rn. 139 ff.). Hauptbetriebspläne und Sonderbetriebspläne bedürfen einer „Zulassung" durch begünstigenden Verwaltungsakt (vgl. § 56 BBergG), obligatorische Rahmenbetriebspläne für UVP-pflichtige Vorhaben bedürfen für ihre Zulassung der Durchführung eines Planfeststellungsverfahrens (§§ 52 Abs. 2a, 57a Abs. 1 BBergG) – näher *E. Kremer/P. U. Neuhaus gen. Wever* Bergrecht, 2001, Rn. 174 ff., 269 ff.; *G. Boldt/H. Weller* Bundesberggesetz, Ergänzungsband zum Kommentar, 1992, § 57a Rn. 4 ff.; *R. Piens/H.-W. Schulte/St. Graf Vitzthum* BBergG, 1983, § 56 Rn. 6 ff. –, obwohl das Abwägungsgebot für sie nicht gilt und ihnen weder eine enteignungsrechtliche Vorwirkung noch eine Gestattungswirkung für die Gewinnung von Bodenschätzen zukommt, vgl. BVerwGE 127, 259 (Rn. 28); BVerwG, NVwZ 2009, 333 (335). Zur dogmatisch fehlerhaften Bezeichnung s. *R. Steinberg* DVBl. 1992, 1501 (1505): „gesetzgeberischer Missgriff"; *M. Kloepfer* Umweltrecht, 3. Aufl. 2004, § 10 Rn. 208; *W. Durner* Konflikte räumlicher Planungen, 2005, 366 f.; *R. Steinberg/M. Wickel/H. Müller* Fachplanung, 4. Aufl. 2012, § 1 Rn. 149 f.

[16] Siehe statt vieler BVerwGE 74, 124 (133); 97, 143 (149); *Steinberg/Wickel/Müller* Fachplanung (Fn. 15), § 1 Rn. 8 f., 13 f.

lung der Genehmigung besitzt, bei dem mehrpoligen Interessengeflecht der Planfeststellung hingegen nur einen Anspruch auf fehlerfreie Ausübung des Planungsermessens, also auf gerechte Abwägung.[17]

Diese scheinbar eindeutige kategoriale Separierung von Anlagenzulassung und Planfeststellung unterliegt jedoch diversen Konvergenzentwicklungen,[18] so etwa mit Blick auf das sog. Versagungsermessen im Atomrecht,[19] die Annäherung der immissionsschutzrechtlichen Verfahrensgestaltung an das Planfeststellungsverfahren[20] oder vereinzelte Planfeststellungen ohne Geltung des fachplanerischen Abwägungsgebotes.[21] Diese Konvergenztendenzen lassen nicht nur zusehends die dogmatische Grenzziehung zwischen gebundener Entscheidung und Planungsentscheidung verschwimmen,[22] sondern haben insbesondere mit Blick auf das final programmierte Umweltrecht der Europäischen Union zu einer zunehmend erhobenen Forderung nach Schaffung einer integrierten Vorhabengenehmigung mit Abwägungsspielräumen der Verwaltung geführt,[23] wie sie auch in den diversen UGB-Entwürfen bereits vorgesehen war.[24] Für die Zwecke meines Vortrags will ich diese Unterscheidung dennoch beibehalten.

---

[17] BVerwGE 48, 56 (66); 97, 143 (148 f.); *Mann* in: Versteyl/Mann/Schomerus, KrWG (Fn. 13), § 35 Rn. 79, § 36 Rn. 9.

[18] Siehe bereits *J. Ipsen* Die Bewältigung der wissenschaftlichen und technischen Entwicklungen durch das Verwaltungsrecht, VVDStRL 48 (1990), 177 (183); *M. Beckmann* DÖV 1987, 944 (948); *H.-D. Jarass* DVBl. 1998, 1202 (1203 f.); *H. Sendler* NVwZ 1999, 132 (135); *W. Erbguth* Rechtssystematische Fragen des Umweltrechts, 1987, 160 ff.

[19] Vgl. BVerfGE 49, 89 (144 ff.); *Kloepfer* Umweltrecht (Fn. 15), § 5 Rn. 59; *R. Breuer* in: E. Schmidt-Aßmann/F. Schoch (Hrsg.) Besonderes Verwaltungsrecht, 14. Aufl. 2008, 5. Kap. Rn. 74, 231; *R. Sparwasser/R. Engel/A. Voßkuhle* Umweltrecht, 5. Aufl. 2003, § 7 Rn. 187 ff.

[20] Dazu *M. Dippel* NVwZ 2010, 145 (146 ff.).

[21] So zur atomrechtlichen Planfeststellung BVerwG, NVwZ 2007, 833 (835); 841 (842 f.); kritisch hierzu *U. Ramsauer* NVwZ 2008, 944 ff.; zu obligatorischen Rahmenbetriebsplänen nach Bergrecht BVerwGE 127, 259 (Rn. 28); *R. Steinberg* DVBl. 1992, 1501 (1505); *G. Kühne* DVBl. 2006, 662 (664 f.); *M. Beckmann* in: W. Erbguth/W. Kluth (Hrsg.) Planungsrecht in der gerichtlichen Kontrolle, 2012, 123 (136); *W. Durner* Konflikte (Fn. 15), 366 ff.

[22] Siehe statt vieler nur *H.-D. Jarass* BImSchG, 8. Aufl. 2010, § 6 Rn. 44 zu unbestimmten Rechtsbegriffen und Ermessenselementen im Immissionsschutzrecht.

[23] Vgl. etwa *W. Erbguth/M. Schubert* NuR 2008, 474 (479); *Chr. Calliess* DVBl. 2010, 1 (10 f.); *D. Kugelmann* DVBl. 2002, 1238 (1245 f.); *W. Kahl* in: W. Hoffmann-Riem/E. Schmidt-Aßmann (Hrsg.) Verwaltungsverfahren und Verwaltungsverfahrensgesetz, 2002, 67 (132); *W. Kahl/B. Welke* DVBl. 2010, 1414 ff.

[24] Vgl. insbesondere die „planerische (Vorhaben-) Genehmigung" gem. §§ 80, 102 UGB Kom-E, vgl. *BMU* (Hrsg.) Umweltgesetzbuch (UGB-KomE), 1998; § 51 Abs. 1, 3 UGB-E I (Stand 04. 12. 2008), abrufbar unter http://www.bmu.de/gesetze_verordnungen/bmu-downloads/doc/40448.php (letzter Abruf 30. 08. 2012).

3. *Die Zulassung von Großvorhaben als komplexe Verwaltungsentscheidung*

Unabhängig vom einschlägigen Grundmodus der Vorhabenverwirklichung ist es ein wesentliches Charakteristikum von Großvorhaben, dass ihre Realisierung der Verwaltung komplexe Entscheidungen abverlangt. Soweit es sich um industrielle Großvorhaben handelt, bedingt die zumeist hohe technische Kompliziertheit der Vorhaben spezifische Problemlagen, die bei „einfachen" Verwaltungsentscheidungen so nicht anzutreffen sind. Die Schwierigkeiten beginnen hier bereits bei der Erfassung des genehmigungsrelevanten technischen Tatbestandes,[25] welche der Verwaltung technisches und naturwissenschaftliches Fachwissen abverlangt und zwangsläufig das bekannte Sachverständigendilemma mit einer Entwertung demokratischer Entscheidungsstrukturen[26] nach sich zieht. Darüber hinaus folgt aus der Risikobezogenheit der Technologie und den Anforderungen des umweltrechtlichen Vorsorgeprinzips eine zusätzliche Abhängigkeit der Genehmigungsentscheidung von alternativen Kausalverläufen, Ungewissheiten und Prognosen.[27] Soweit es sich um infrastrukturelle Großvorhaben handelt, resultiert die Komplexität aus dem Umstand, dass deren Zulassung im Wege der Planfeststellung eine Raumnutzungsentscheidung beinhaltet, die gleichzeitig andere Raumnutzungsinteressen verbindlich ausschließt.[28] Insoweit obliegt der Verwaltung die zentrale Aufgabe, diverse öffentliche und private Interessen in einen gerechten Ausgleich zu bringen. Infolge dieser komplexen Strukturen erwächst der Exekutive bei der administrativen Bewältigung von industriellen und infrastrukturellen Großvorhaben eine besondere Aufgabe, die gleichermaßen hohe Anforderungen an die Rechtsstaatlichkeit und die Legitimation von Verwaltungsentscheidungen stellt.

---

[25] So schon *Ipsen* Bewältigung (Fn. 18), 193.

[26] Aus der Fülle der Literatur siehe etwa *U. Di Fabio* Risikoentscheidungen im Rechtsstaat, 1994, 78 ff.; *M. Fehling* Verwaltung zwischen Unparteilichkeit und Gestaltungsauftrag, 2001, 150 ff.; *P. Scholl* Der private Sachverständige im Verwaltungsrecht, 2005, 116 ff.; *A. Voßkuhle* in: J. Isensee/P. Kirchhof (Hrsg.) Handbuch des Staatsrechts, Bd. III, 3. Aufl. 2005, § 43 Rn. 58 ff.; *H. Schulze-Fielitz* Technik und Umweltrecht, in: M. Schulte/R. Schröder (Hrsg.) Handbuch des Technikrechts, 2. Aufl. 2011, 455 (462).

[27] *R. Wahl* Herausforderungen und Antworten: Das Öffentliche Recht der letzten fünf Jahrzehnte, 2006, 65, 73 f.; zum Umgang mit Ungewissheiten bei der Risikoabschätzung vgl. *D. Murswiek* Die Bewältigung der wissenschaftlichen und technischen Entwicklungen durch das Verwaltungsrecht, VVDStRL 48 (1990), 207 (211 ff.); *Di Fabio* Risikoentscheidungen (Fn. 26), 76 ff.

[28] Vgl. nur BVerwGE 97, 143 (148); *Steinberg/Wickel/Müller* Fachplanung (Fn. 15), § 1 Rn. 9.

III. Rechtsstaatliche und grundrechtliche Koordinaten

Bereits die Herausbildung rechtlicher Verfahrensstrukturen für die Zulassung von Großvorhaben bewirkt einen rechtsstaatlichen Orientierungsrahmen, an dem sich die Legalität des Verwaltungshandelns zu messen hat: Die Einbettung der diversen Formen von Großvorhaben in geordnete Rechtsregime, insbesondere die Konzentration des allgemeinen Planfeststellungsrechts im VwVfG,[29] ist „Garant von Vorhersehbarkeit, Gleichmäßigkeit und Stabilität".[30] Sie ermöglicht nicht nur strukturierte und nachvollziehbare Verwaltungsentscheidungen, sondern vermittelt über die dem zulassenden Verwaltungsakt anhaftende Bestandskraft zudem auch Rechtssicherheit.[31] Verfahrensrechtlich flankiert wird diese Wirkung durch die speziellen Elemente der Konzentrationswirkung und der Präklusion,[32] die sich sowohl bei der Anlagenzulassung[33] als auch bei der Planfeststellung[34] finden, sowie durch die enteignungsrechtliche Vorwirkung als besonderes Kennzeichen der Planfeststellungsbeschlüsse.[35]

1. Steuerungsverluste im Zulassungsrecht industrieller Großvorhaben

Aus rechtsstaatlicher Perspektive problematisch wird die Legalität des Verwaltungshandelns aber dort, wo die materiell-rechtliche Determinierung durch das Gesetz abnimmt. Das ist bei der zurückhaltenden gesetzlichen Vorprägung im Planfeststellungsrecht unausweichlich, aber auch bei der Anlagenzulassung der technischen Großvorhaben anzutreffen.

---

[29] Kritisch zum Vorgang der „Dekodifikation" durch grundlegende verfahrensrechtliche Änderungen im Fachverwaltungsrecht *Kahl* in: Hoffmann-Riem/Schmidt-Aßmann (Hrsg.) Verwaltungsverfahren (Fn. 23), 67 (132 f.); *M. Burgi/W. Durner* Modernisierung des Verwaltungsverfahrensrechts durch Stärkung des VwVfG, 2012, 20; *A. von Arnauld* Rechtssicherheit, 2006, 219 f.; *W. Kahl* in: P. Axer/B. Grzeszick/W. Kahl/U. Mager/E. Reimer (Hrsg.) Das europäische Recht in der Konsolidierungsphase, Die Verwaltung – Beiheft 10, 2010, 39 (64 ff.).

[30] *E. Schmidt-Aßmann* Das Allgemeine Verwaltungsrecht als Ordnungsidee, 2. Aufl. 2006, 2. Kap. Rn. 68.

[31] *Von Arnauld* Rechtssicherheit (Fn. 29), 278 ff. und, speziell zum Planungsrecht, 318 ff.; *J. Saurer* DVBl. 2012, 1082 (1086).

[32] Zur verfassungs- und unionsrechtlichen Zulässigkeit der Präklusionsvorschriften vgl. konzise *J.-P. Schneider* in: W. Hoffmann-Riem/E. Schmidt-Aßmann/A. Voßkuhle (Hrsg.) Grundlagen des Verwaltungsrechts, Bd. II, 2008, § 38 Rn. 81.

[33] §§ 10 Abs. 3 S. 5, 11, 13 BImSchG.

[34] §§ 73 Abs. 4 S. 3, 75 Abs. 1, Abs. 2 VwVfG.

[35] Siehe dazu BVerfGE 74, 264 (282); 95, 1 (21 f.); BVerwGE 85, 44 (50); 90, 96 (102); *H.-D. Jarass* DVBl. 2006, 1329 ff.

a) Unbestimmte Rechtsbegriffe

So begegnet der Gesetzgeber der technischen Dynamik und Komplexität industrieller Großvorhaben, indem er Technikstandards als unbestimmte Rechtsbegriffe einsetzt, um unterschiedliche Grade von Sicherheitsanforderungen flexibel regeln zu können. Seit dem Kalkar-Beschluss des Bundesverfassungsgerichts[36] ist diese Regelungstechnik als verfassungsrechtlich zulässig anerkannt, doch bietet der vom Gesetz geforderte Subsumtionsvorgang unter den dynamischen unbestimmten Rechtsbegriff ein Einfalltor für außerjuristische Expertisen und Gutachterscharmützel zwischen Vorhabenträger und Vorhabengegnern, welche die Verwaltung vor eine Art „Achill-Schildkrötenparadoxon"[37] stellen: Je gründlicher sie in die technische Detailprüfung einsteigt, desto eher läuft sie Gefahr, bei längerer Verfahrensdauer einer neuen Entwicklung gegenüber zu stehen, die, insbesondere beim „Stand von Wissenschaft und Technik",[38] ihrerseits nach intensiver Prüfung und Berücksichtigung verlangt.[39] Weil diese technischen Fragestellungen in der Regel auch den Verfahrenskern nachfolgender verwaltungsgerichtlicher Auseinandersetzungen bilden, hat die gesetzliche Verwendung von Technikstandards bei Großvorhaben mittlerweile zur Folge, dass der gesetzesvollziehenden Subsumtionsleistung der Verwaltung faktisch nur vorläufige Wirkung zukommt und die verbindliche Subsumtion in aller Regel erst durch die dritte Gewalt geleistet wird. Das ist eine zwingende Folge des Subsumtionsmodells und des Anspruchs der Verwaltungsgerichte, auch die unbestimmten Rechtsbegriffe des technischen Sicherheitsrechts vollständig nachzuprüfen. Eine Umkehr dieser Entwicklung wäre nur möglich, wenn die Verwaltungsgerichtsbarkeit zugestehen würde, dass die Konkretisierung der Technikstandards im Anlagenzulassungsrecht wegen hoher Komplexität und besonderer Dynamik so schwierig ist, „dass die gerichtliche Kontrolle an die Funktionsgrenzen

---

[36] BVerfGE 49, 89ff. (insbes. 134ff. zu den Standards „Allgemein anerkannte Regeln der Technik", „Stand der Technik", „Stand von Wissenschaft und Technik"). Zum abweichenden Standard „technisch möglich" s. *Th. Mann* UPR 1995, 180ff.; zu den europäischen Standards „best available technology not entailing excessive costs" (BATNEEC) und „best available techniques" (BAT); *ders.* Jahrbuch des Umwelt- und Technikrechts 2003, 7 ff.

[37] Dieses wird dem griechischen Philosophen Zenon von Elea (um 490 bis ca. 430 v. Chr.) zugeschrieben, vgl. *A. Müller* Archiv für Philosophie 2 (1948), 106ff.; *M. L. Gemelli Marciano* Die Vorsokratiker, Bd. II, 2009, 114 ff., 130 f.

[38] Vgl. §§ 11 Abs. 1 Nr. 4 GenTG; 4 Abs. 2 Nr. 3, 6 Abs. 1 Nr. 3, 7 Abs. 2 Nr. 3 AtomG.

[39] Darauf hat *L. Fröhler* WiVerw 1991, 2 (16) aufmerksam gemacht.

der Rechtsprechung stößt."[40] Ähnlich wie bei der Risikoabschätzung im Atomrecht[41] wäre dann ein der gerichtlichen Kontrolle entzogener Kern administrativer Wertungs- und Entscheidungskompetenz anzuerkennen, indem sich die Prüfung darauf konzentriert, ob die behördliche Risikoermittlung und -bewertung auf einer ausreichenden Datenbasis beruht und dem Technikstandard im Zeitpunkt der Behördenentscheidung Rechnung trägt, ob also die Behörde im Hinblick auf die Ergebnisse des von ihr durchgeführten Genehmigungsverfahrens „diese Überzeugung von Rechts wegen haben durfte".[42]

b) Verweisung auf private Regelwerke

Eine andere Art rechtsstaatlicher Bedenken ist angebracht, wenn der gesetzesvollziehenden Verwaltung bereits die Aufgabe einer Konkretisierung solcher Technikstandards abgenommen wird, weil das Recht zur Entlastung des staatlichen Normgebers[43] hinsichtlich der materiellen Genehmigungsanforderungen auf private Regelwerke demokratisch nicht legitimierter Stellen[44] verweist, anstatt eigene Regelungen zu treffen. Weil bei diesen mit präskriptivem Anspruch verfassten privaten Regelwerken sowohl der Normerzeuger (wegen fehlender demokratischer Legitimation) als auch das Normerzeugungsverfahren (fehlende institutionelle Absicherung einer Berücksichtigung aller beteiligten Inte-

---

40 So die Wendung bei BVerfGE 84, 34 (50); BVerwGE 130, 39 (48 f.). Als tiefgründiges Beispiel der weit verbreiteten Kritik an der These von der vollen Justiziabilität unbestimmter Rechtsbegriffe s. nur *K.-E. Hain* FS Chr. Starck, 2007, 35 ff. mwN.

41 In diesem Sinne *Kloepfer* Umweltrecht (Fn. 15), § 8 Rn. 62.

42 BVerwGE 78, 177 (180); 131, 129 (140, 146 f.); BVerwG, NVwZ 1999, 654 (655 f.); NVwZ 2012, 750 (752); Nds. OVG, DVBl. 2011, 115 (118).

43 Umfassend zu den Gründen für die Anwendung der Verweisungstechnik *U. Karpen* Die Verweisung als Mittel der Gesetzgebungstechnik, 1970, 11 ff.; *P. Marburger* Die Regeln der Technik im Recht, 1979, 379 ff.; *A. G. Debus* Verweisungen in deutschen Rechtsnormen, 2008, 98 ff.

44 Vgl. die Definition in Art. 1 Nr. 2 der Richtlinie des Rates 83/189/EWG vom 28.03.1983 über ein Informationsverfahren auf dem Gebiet der Normen und technischen Vorschriften, ABl. EG Nr. L 109 vom 24.04.1983, S. 8: „technische Spezifikation, die von einer anerkannten Normenorganisation zur wiederholten oder ständigen Anwendung angenommen wurde, deren Einhaltung jedoch nicht zwingend vorgeschrieben ist." Zur europäischen (Umwelt)Normung näher *M. Schulte* in: H.-W. Rengeling (Hrsg.) Handbuch zum Europäischen und Deutschen Umweltrecht, 2. Aufl. 2003, § 17; *A. Röthel* in: P. Marburger (Hrsg.) Technische Regeln im Umwelt- und Technikrecht, 2006, 31 ff.; *St. Wiesendahl* Technische Normung in der Europäischen Union, 2007, *passim*.

ressen;[45] Abwägung von Allgemeinwohl und Einzelinteressen unter Beteiligung wirtschaftlich interessierter Gruppen; nicht ausreichende Publizierung der Normtexte) nicht den verfassungsrechtlichen Anforderungen an eine rechtsstaatliche Normsetzung unterliegen, kommt ihnen unbestritten keine eigene Rechtsnormqualität zu.[46] Vor dem Hintergrund des im Rechtsstaatsprinzip verwurzelten Bestimmtheitsgrundsatzes und mit Blick auf die demokratische Verantwortungskette sieht sich eine solche Verweisung auf private Normen vor allem im Falle sog. dynamischer Verweisungen, die auf ein privates Regelwerk in seiner jeweils geltenden Fassung verweisen, verfassungsrechtlichen Bedenken[47] ausgesetzt. Soweit sie zur Konsequenz haben, dass spätere Änderungen der privaten Normen auch unmittelbar zu einer Änderung des staatlichen Rechts führen, sind sie aus verfassungsrechtlichen Gründen unzulässig.[48] Demgegenüber hält eine „steuernde Rezeption"[49] durch statische Verweisungen auf eine bestimmte Ausgabe oder einen bestimmten Stand privater Normung den rechtsstaatlichen und demokratischen Anforderungen stand,[50] sofern als Mindestvoraussetzung gewährleistet ist, dass die gewollte Inkorporierung in der

---

[45] Zur partiellen Berücksichtigung von Gemeinwohlinteressen beim Deutschen Institut für Normung vgl. § 1 Abs. 2 des Vertrages zwischen der Bundesrepublik Deutschland und dem DIN (Deutsches Institut für Normung) e.V. vom 05.06.1975 (Beil. zum BAnz Nr. 114 vom 27.06.1975).

[46] Vgl. statt aller BGHZ 139, 16 (19f.); BVerwG, NVwZ-RR 1997, 214; *M. Schmidt-Preuß* Verwaltung und Verwaltungsrecht zwischen gesellschaftlicher Selbstregulierung und staatlicher Steuerung, VVDStRL 56 (1997), 160 (203).

[47] Zu diesem Fragenkreis vgl. ausführlich *Karpen* Verweisung (Fn. 43), 123ff.; *Marburger* Regeln (Fn. 43), 405ff.; *P. J. Tettinger* Rechtsanwendung und gerichtliche Kontrolle im Wirtschaftsverwaltungsrecht, 1980, 404ff.; *W.-R. Schenke* FS Fröhler, 1980, 87 (108ff.); *E. Denninger* Verfassungsrechtliche Anforderungen an die Normsetzung im Umwelt- und Technikrecht, 1990, 117 ff.

[48] BVerfGE 64, 208 (214); 73, 262 (272); *F. Ossenbühl* DVBl. 1967, 401 (408); *Karpen* Verweisung (Fn. 43), 136, 183; *R. Breuer* AöR 101 (1976), 46 (65f.); *Schenke* FS Fröhler (Fn. 47), 87 (108f.); *Tettinger* Rechtsanwendung (Fn. 47), 406f.; *W. Hoppe/M. Beckmann/P. Kauch* Umweltrecht, 2. Aufl. 2000, § 5 Rn. 42; *Kloepfer* Umweltrecht (Fn. 15), § 3 Rn. 85; *P. Marburger/M. Klein* Jahrbuch des Umwelt- und Technikrechts 2001, 161 (167); *Voßkuhle* in: Isensee/Kirchhof (Hrsg.) HStR III (Fn. 26), § 43 Rn. 59.

[49] Begriff nach *Schmidt-Preuß* Verwaltung (Fn. 46), 205.

[50] Vgl. aus der Rechtsprechung BVerfGE 47, 285 (311f.); BVerwG, NJW 1962, 506; BVerwGE 17, 192 (197f.); 55, 250 (256); Nds. OVG, NVwZ-RR 1991, 106f.; OVG Rh.-Pf., NVwZ-RR 2005, 28 (29) sowie aus der Lit. *F. Ossenbühl* DVBl. 1967, 401 (408); *Karpen* Verweisung (Fn. 43), 136, 159; *D. Hömig* DVBl. 1979, 307 (311); *Marburger* Regeln (Fn. 43), 387; *Schenke* FS Fröhler (Fn. 47), 87 (125); *H.-D. Jarass* NJW 1987, 1225 (1231); umfassend *R. Schröder* in: M. Schulte/R. Schröder (Hrsg.) Handbuch des Technikrechts, 2. Aufl. 2011, 239 ff.

staatlichen Rechtsnorm hinreichend deutlich zum Ausdruck kommt, das private Regelwerk hinreichend bestimmt bezeichnet wird[51] sowie in einer seine Identität sichernden Weise für die Rechtsunterworfenen zugänglich ist.[52]

2. *Grundrechtliche Konstitutionalisierung des Zulassungsrechts*

Soweit in den siebziger Jahren die grundrechtliche Dimension der Großvorhaben in den zentralen Blickpunkt der Diskussionen gerückt ist, galt das in erster Linie für die schutzrechtliche Bedeutungsschicht zugunsten der vom Vorhaben betroffenen Grundrechtsträger. Hier ist, anknüpfend an Erwägungen von *Häberle* auf der Staatsrechtslehrertagung 1971[53] und die Mülheim-Kärlich-Entscheidung des Bundesverfassungsgerichts,[54] das Postulat vom Grundrechtsschutz durch Verfahren diskussionsbeherrschend geworden, demzufolge ein effektiver Grundrechtsschutz der von einem Vorhaben Betroffenen auch durch die verfahrensrechtliche Gestaltung des Zulassungsrechts zu bewirken ist. Als Folge dieser Erkenntnis werden die Auslegung der Antragsunterlagen, Einsichtnahmerechte sowie das Recht zur Geltendmachung von Einwendungen und zur Teilnahme am Erörterungstermin als wesentliche Elemente eines rechtsstaatlich zu lozierenden Grundrechtsschutzes durch Verfahren gedeutet.[55] Auf der anderen Seite wirken sich Grundrechtspositionen aber auch zugunsten des privaten Vorhabenträgers aus. So ist nicht nur die für die Variante der Planfeststellung maßgebliche Dogmatik der planerischen Abwägung ursprünglich im Städtebaurecht aus Art. 14 GG entwickelt und auf andere eigentumsrelevante Planun-

---

[51] So (zur Verweisung allgemein) BVerfGE 26, 338 (367) mwN.

[52] Vgl. OVG Rh.-Pf., NuR 2007, 31f. mwN.; ausführlich *Debus* Verweisungen (Fn. 43), 124ff.; *Marburger/Klein* Jahrbuch (Fn. 48), 161 (167). Selbstverständlich muss auch das private Regelwerk selbst den rechtsstaatlichen Grundsätzen der Normenklarheit entsprechen, also so formuliert sein, dass die Betroffenen die Rechtslage erkennen und ihr Verhalten danach einrichten können. Als Vorstoß für eine allgemeine Regelung der verfahrensrechtlichen und inhaltlichen Anforderungen für eine Inkorporation technischer Regelwerke beispielgebend vgl. die §§ 31–33 UGB-E, in: *BMU* (Hrsg.) Umweltgesetzbuch (Fn. 24), 118 f.

[53] Vgl. *P. Häberle* Grundrechte im Leistungsstaat, VVDStRL 30 (1972), 43 (86ff.) zum status activus processualis; ähnlich *W. Brohm* Die Dogmatik des Verwaltungsrechts vor den Gegenwartsaufgaben der Verwaltung, VVDStRL 30 (1972), 245 (279).

[54] BVerfGE 53, 30 (65, 72 f.); vgl. auch BVerfGE 69, 315 (355 f.) – Brockdorf.

[55] Vgl. BVerfGE 61, 82 (115); *H. Goerlich* Grundrechte als Verfahrensgarantien, 1981, 343 ff., 351; *A. Roßnagel* in: H.-J. Koch/E. Pache/D. H. Scheuing (Hrsg.) GK-BImSchG, § 10 Rn. 72 (Stand der Bearbeitung: November 2003); *J. Dietlein* in: Beckmann/Durner/Mann/Röckinghausen (Hrsg.) Umweltrecht (Fn. 13), § 10 BImSchG Rn. 7 (Stand der Bearbeitung: Juli 2009).

gen übertragen worden,[56] sondern es werden auch der für die Variante der Anlagenzulassung typische Anspruch des Vorhabenträgers auf Zulassung seines Vorhabens ausdrücklich aus seinem Eigentumsgrundrecht abgeleitet[57] und die dem Vorhabenträger dienlichen Ziele einer Deregulierung und Verfahrensbeschleunigung[58] in einen grundrechtlichen Kontext gestellt.[59]

Eine solchermaßen bestehende Grundrechtskollision zwischen dem Vorhabenträger einerseits und den von dem Vorhaben Betroffenen andererseits ist typisch für die immissionsschutzrechtliche Anlagenzulassung. Bei dem Modus der Planfeststellung hingegen ist dieser Gegensatz weniger stark verfahrensprägend, was seinen Grund darin hat, dass es hier in vielen Fällen an einer grundrechtlich verfestigten Position des Vorhabenträgers fehlt. Dies liegt auf der Hand, wenn es um öffentliche Infrastrukturvorhaben, wie etwa den Bau von Fernstraßen, geht. Ein staatlicher Vorhabenträger kann sich bekanntlich nicht auf Grundrechtspositionen berufen.[60] Ebenso wenig grundrechtsfähig sind aber auch juristische Personen privaten Rechts als Vorhabenträger, wenn deren Anteile vollständig vom Staat oder von kommunalen Körperschaften gehalten werden[61] oder in denen die öffentliche Hand, sofern es sich um gemischt-wirtschaftliche Unternehmen handelt, direkt oder über Konzernkonstellationen[62] einen beherrschenden Einfluss ausübt.[63] Das hat das BVerfG erst unlängst wie-

---

[56] Vgl. BVerwGE 45, 309 (312 ff.); *Steinberg/Wickel/Müller* Fachplanung (Fn. 15), § 3 Rn. 107 ff.; *B. Stüer* Handbuch des Bau- und Fachplanungsrecht, 4. Aufl. 2009, Rn. 1308 f.; *Schmidt-Aßmann* Ordnungsidee (Fn. 30), 2. Kap. Rn. 66; zur Existenz eines einheitlichen Abwägungsgebotes für alle Raumplanungen ausführlich *Durner* Konflikte (Fn. 15), 270 ff.

[57] *Erbguth* Fragen (Fn. 18), 159; *A. Schink* ZG 2011, 226 (247); *M. Burgi* NVwZ 2012, 277 (278).

[58] Ein verfassungsrechtliches Postulat zur Verfahrensbeschleunigung kennen Art. 53 II span. Verf. v. 29.12.1978 („Grundsätze der Priorität und der Schnelligkeit") sowie Art. 33 V („schnelles Entscheidungsverfahren") und Art. 268 VI port. Verf. („maximale Frist für die Antwort" bei Informationsrechten der Bürger).

[59] Vgl. etwa *P. J. Tettinger* NuR 1997, 1 (5, 8).

[60] Vgl. statt vieler nur *W. Rüfner* Grundrechtsträger, in: J. Isensee/P. Kirchhof (Hrsg.) Handbuch des Staatsrechts, Bd. IX, 3. Aufl. 2011, § 196 Rn. 110 ff.; *J. Isensee* ebd., § 199 Rn. 40 ff., jeweils mwN; s. aus der Rechtsprechung BVerwGE 113, 208 (211); zuletzt BVerfG, NJW 2011, 1201 (1202).

[61] BVerfGE 45, 63 (78 f.); 61, 82 (102); *D. Ehlers* Verwaltung in Privatrechtsform, 1984, 84.

[62] Zu den denkbaren Konstellationen vgl. nur *Th. Mann* Die öffentlich-rechtliche Gesellschaft, 2002,189 ff.

[63] BVerfG-K, NJW 1990, 1783; NVwZ 2009, 1282 (1283); *A. Janssen* Über die Grenzen des legislativen Zugriffsrechts, 1990, 213 f.; *J. Ipsen* Die Bewältigung der wissenschaftlichen und technischen Entwicklungen durch das Verwaltungsrecht, VVDStRL 48 (1990), 177 (183); *H. Bethge* AöR 104 (1979), 269 (272); *Isensee* in: ders./Kirchhof

der in seiner Fraport-Entscheidung[64] bestätigt, verdient aber auch insbesondere bei Planfeststellungen im Bereich der Energieleitungsanlagen besonderer Aufmerksamkeit.[65]

Mit Blick auf die hier weniger stark ausgeprägte Grundrechtskollision lässt sich daher eine Tendenzaussage dahingehend formulieren, dass eine weitere Möblierung der Zulassungsverfahren mit Elementen der Öffentlichkeitsbeteiligung bei öffentlichen Projekten eher möglich erscheint als bei Projekten in privater Trägerschaft. Immerhin ist die Investitionsentscheidung privater Vorhabenträger Ausdruck ihrer grundrechtlichen Autonomie und auch ihre im Rahmen des gerichtlichen Rechtsschutzes über Art. 19 Abs. 4 GG grundrechtlich anerkannten Beschleunigungsinteressen[66] können im Verwaltungsverfahren in Ansatz[67] gebracht werden.[68]

(Hrsg.) HStR IX (Fn. 60), Rn. 60; *J. Ziekow* Öffentliches Wirtschaftsrecht, 2. Aufl. 2010, § 7 Rn. 33; *J. Ruthig/St. Storr* Öffentliches Wirtschaftsrecht, 2. Aufl. 2008, Rn. 681; *H. Gersdorf* Öffentliche Unternehmen im Spannungsfeld zwischen Demokratie- und Wirtschaftlichkeitsprinzip, 2000, 157 ff.; aA *Ehlers* Privatrechtsform (Fn. 61), 85; *Th. Vollmöller* in: R. Schmidt/Th. Vollmöller (Hrsg.) Kompendium Öffentliches Wirtschaftsrecht, 3. Aufl. 2007, § 5 Rn. 17 mwN; kritisch auch *Rüfner* in: Isensee/Kirchhof (Hrsg.) HStR IX (Fn. 60), Rn. 137 ff.

[64] BVerfG, NJW 2011, 1201 (1202 f.) – Rn. 49 ff., 53, 56, 58. Nach den vorstehend genannten Kammerentscheidungen handelt es sich hierbei um die erste Senatsentscheidung zu gemischt-wirtschaftlichen Unternehmen.

[65] Zur Entwicklung der öffentlichen Anteilseignerschaft in der Energiewirtschaft vgl. *Erbguth* Fragen (Fn. 18), 161 f.; *Mann* Gesellschaft (Fn. 62), 193; *D. Bruch/H. Greve* DÖV 2011, 794 (796).

[66] Zur Verfahrensdauer als Element der Effektivität des Rechtsschutzes vgl. *E. Schmidt-Aßmann* in: Th. Maunz/G. Dürig (Begr.) GG, Art. 19 Abs. 4 Rn. 262 ff. (Stand der Bearbeitung: Februar 2003).

[67] Der einfache Gesetzgeber hat diese Interessen zumindest als Ausfluss eines im Rechtsstaatsprinzip verankerten Beschleunigungsgebotes anerkannt (vgl. amtl. Begr. BT-Drucks. 13/3995, S. 7), indem er 1996 den Grundsatz der Zügigkeit des Verwaltungsverfahrens in § 10 VwVfG eingefügt hat – vgl. Art. 1 des Gesetzes zur Beschleunigung von Genehmigungsverfahren (GenBeschlG) vom 12. 09. 1996 (BGBl. I, S. 1354) – sowie indem er im Rahmen der Umsetzung der Dienstleistungsrichtlinie – vgl. Art. 13 Abs. 3 und 4 der Richtlinie 123/2006/EG des Europäischen Parlaments und des Rates vom 12. 02. 2006 über Dienstleistungen im Binnenmarkt (ABl. EG Nr. L 376 vom 27. 12. 2006, S. 36) – in § 42a VwVfG eine dreimonatige behördliche Entscheidungsfrist mit Genehmigungsfiktion vorgesehen hat (zu den verfahrensrechtlichen Problemen dieser Vorschrift s. *W. Kluth* JuS 2011, 1078 ff.; *M. Uechtritz* in: M. Burgi/K. Schönenbroicher (Hrsg.) Die Zukunft des Verwaltungsverfahrensrechts, 2010, 61 ff.). Diese ist im Fachrecht freilich nur kraft gesetzlicher Anordnung anwendbar, woran es im hier relevanten Bereich der Großvorhaben mangelt (vgl. aber die Fiktionswirkung des § 15 Abs. 2 S. 2 BImSchG bei der Änderung genehmigungsbedürftiger Anlagen).

[68] Vgl. *W. Blümel* in: ders. (Hrsg.) Frühzeitige Bürgerbeteiligung bei Planungen, 1982, 23 (34 f.); *L. Fröhler* WiVerw 1991, 2 (13 f.); zum Beschleunigungsgebot als Rechtsmaxime

3. *Öffentlichkeitsbeteiligung als rechtsstaatliche Anforderung*

Dieser Gedanke leitet über zur notwendigen Verortung der Öffentlichkeitsbeteiligung bei Großvorhaben im Kräftefeld von Demokratie und Rechtsstaatlichkeit. In traditioneller Sichtweise ist zu betonen, dass die verfahrensrechtliche Beteiligung der „betroffenen Öffentlichkeit“ primär nicht aus Gründen einer demokratischen Legitimation der Verwaltungsentscheidung[69] erfolgt, sondern in erster Linie rechtsstaatlich motiviert ist:[70] Als Folge ihrer Grundrechtsbindung nach Art. 1 Abs. 3 GG und ihrer durch Art. 20 Abs. 3 GG bewirkten Bindung an Gesetz und Recht trifft die Verwaltung eine Amtspflicht zu rechtmäßigem Verwaltungshandeln,[71] weshalb sie den zugrunde liegenden Sachverhalt mit allen entscheidungsrelevanten Fakten und abwägungserheblichen Belangen vollständig und wahrheitsgemäß ermitteln muss. Zu diesem Zweck sollen das Anhörungserfordernis in § 28 VwVfG und seine besondere Ausgestaltung in den Vorschriften über die Öffentlichkeitsbeteiligung im Genehmigungs- und Planfeststellungsrecht in objektivrechtlicher Hinsicht die Informationsbasis verbreitern und sicherstellen, dass die staatliche Entscheidung frei von Rechtsfehlern ergeht, die ihren Ursprung in der mangelnden behördlichen Kenntnis von den konkreten Gegebenheiten und Rechtsverhältnissen vor Ort haben.[72] Insbesondere den Parametern des Übermaßverbots kann oft nur auf diesem Wege entsprochen werden, so dass eine Öffentlichkeitsbeteiligung in ihrer objektivrechtlichen Funktion also maß-

für den Gesetzgeber, auch bei der Ausgestaltung des Verwaltungsverfahrens die Rechtzeitigkeit zu berücksichtigen s. *Schmidt-Aßmann* in: Maunz/Dürig (Begr.) GG (Fn. 66), Rn. 263; vor „grundrechtswidriger Verfahrensverschleppung“ warnt *H. Dürr* in: H. J. Knack/H.-G. Henneke (Hrsg.) VwVfG, 9. Aufl. 2010, § 73 Rn. 11.

[69] In der von *R. Gröschner* Transparente Verwaltung – Konturen eines Informationsverwaltungsrechts, VVDStRL 63 (2004), 344 (355 f.) entwickelten Terminologie ist daher in erster Linie die auf die Legalität staatlichen Handelns ausgerichtete „rechtsstaatliche Öffentlichkeit“ betroffen, weniger die „demokratische Öffentlichkeit“, die auf die Legitimation staatlichen Handelns zielt.

[70] Grundlegend *W. Blümel* FS Forsthoff, 1972, 9 (23); *W. Schmitt Glaeser* Partizipation an Verwaltungsentscheidungen, VVDStRL 31 (1973), 179 (243 ff.).

[71] Vgl. statt vieler *H. Maurer* Allgemeines Verwaltungsrecht, 18. Aufl. 2011, § 6 Rn. 2.

[72] *Schneider* in: Hoffmann-Riem/Schmidt-Aßmann/Voßkuhle (Hrsg.) Grundlagen (Fn. 32), § 28 Rn. 43; *Schmitt Glaeser* Partizipation (Fn. 70), 245 f.; *Ipsen* Bewältigung (Fn. 63), 196; *F. Schoch* Jura 2006, 833 (834); *A. Guckelberger* DÖV 2006, 97 (99 f.); *F.-L. Knemeyer* in: J. Isensee/P. Kirchhof (Hrsg.) Handbuch des Staatsrechts, Bd. VIII, 3. Aufl. 2010, § 178 Rn. 63 ff.; *K. F. Gärditz* GewArch 2011, 273 (275 f.); *K. Ritgen* in: Knack/Henneke (Hrsg.) VwVfG (Fn. 68), § 28 Rn. 3.

geblich dazu dient, der Behörde die Besonderheiten zur Kenntnis zu bringen,[73] die ihr eine rechtmäßige und problemabgewogene Entscheidung sowie deren Komplexitätsreduktion[74] erst ermöglichen.[75]

Daneben tritt als individualrechtliche Zentralfunktion die frühzeitige subjektive Rechtewahrung der Betroffenen schon im Verwaltungsverfahren,[76] ein gleichermaßen grundrechtlich fundierter wie im rechtsstaatlich verwurzelten Gedanken rechtlichen Gehörs[77] anzusiedelnder Aspekt.[78] Die weiteren sinnvollen Verfahrensziele, durch Anhörung und Erörterung die behördliche Entscheidungsfindung in komplexen Verwaltungsverfahren transparent zu machen[79] und die Akzeptanz der Entscheidung zu er-

---

[73] In diesem Sinne sind nicht nur tatsächliche Informationen erfasst, sondern gleichermaßen auch Bewertungen und Schlussfolgerungen, die von der Öffentlichkeit getroffen werden, vgl. *K. F. Gärditz* GewArch 2011, 273 (276). Vgl. auch Erwägungsgrund 24 der Richtlinie 2008/1/EG des Europäischen Parlaments und des Rates vom 15.01.2008 über die integrierte Vermeidung und Verminderung der Umweltverschmutzung (ABl. EG Nr. L 24 vom 29.01.2008, S. 8): Die Öffentlichkeit soll „Meinungen und Bedenken" äußern.

[74] Hierzu *N. Luhmann* Legitimation durch Verfahren, 2. Aufl. 1975, 23ff., 51f., 206f.

[75] BVerwGE 75, 214 (230); OVG Lüneburg, DVBl. 1977, 347 (348); *Schneider* in: Hoffmann-Riem/Schmidt-Aßmann/Voßkuhle (Hrsg.) Grundlagen (Fn. 32), § 28 Rn. 43; *H. Pünder* NuR 2005, 71 (73); *F. O. Kopp* BayVBl. 1980, 97 (101); *A. Guckelberger* DÖV 2006, 97 (99f.); *M. Kaltenborn* Streitvermeidung und Streitbeilegung im Verwaltungsrecht, 2007, 238 f.; *A. Schink* DVBl. 2011, 1377 (1383); zur UVP *J. Wagner* in: W. Hoppe/M. Beckmann (Hrsg.) UVPG, 4. Aufl. 2012, § 9 Rn. 6. Vgl. in diesem Sinne eindeutig auch § 4a Abs. 1 BauGB.

[76] *Ipsen* Bewältigung (Fn. 63), 196; *A. Guckelberger* DÖV 2006, 97 (100); *K. F. Gärditz* GewArch 2011, 273 (275).

[77] Angesichts seines klaren Wortlauts ist Art. 103 Abs. 1 GG nicht auf Verwaltungsverfahren anwendbar, BVerfGE 27, 88 (103); 101, 397 (404); *Ph. Kunig* Das Rechtsstaatsprinzip, 1986, 373 mwN. In diesem strikten Sinne behandelt schon *O. Mayer* Deutsches Verwaltungsrecht, 3. Aufl. 1924, 142 das rechtliche Gehör nur mit Blick auf das „Verwaltungsstreitverfahren". Zur objektivrechtlichen Tatbestandsermittlungsfunktion des rechtlichen Gehörs s. *D. Lorenz* Verwaltungsprozessrecht, 2000, § 3 Rn. 39f.; *Knemeyer* in: Isensee/Kirchhof (Hrsg.) HStR VIII (Fn. 72), § 178 Rn. 53, 62.

[78] *Schneider* in: Hoffmann-Riem/Schmidt-Aßmann/Voßkuhle (Hrsg.) Grundlagen (Fn. 32), § 28 Rn. 43. Demgegenüber will *Janssen* Zugriffsrecht (Fn. 63), 207ff. die Beteiligungsrechte im Verwaltungsverfahren allein aus Art. 19 Abs. 4 GG ableiten. Ähnlich zuvor *D. Lorenz* Der Rechtsschutz des Bürgers und die Rechtsweggarantie, 1973, 14ff., 144f.; *F. O. Kopp* Verfassungsrecht und Verwaltungsverfahrensrecht, 1971, 148ff.; *R. Streinz* VerwArch 79 (1988), 272 (284, 292): „Vorwirkung" der Rechtsweggarantie.

[79] *F. Hufen* Fehler im Verwaltungsverfahren, 4. Aufl. 2002, Rn. 178; *A. Guckelberger* DÖV 2006, 97 (100).

höhen,[80] lassen sich dogmatisch wiederum als Ausdruck des in den Grundrechten in Verbindung mit dem Rechtsstaatsprinzip gewährleisteten[81] Rechts auf ein faires Verwaltungsverfahren begreifen,[82] weil sie verhindern, dass die Betroffenen auf eine Objektrolle reduziert werden. Sie sind daher ebenfalls primär im Rechtsstaatsprinzip, nicht aber in den dogmatischen Schichten des Demokratieprinzips zu verankern.[83] Schließlich erleidet eine im Einklang mit dem materiellen Recht getroffene Verwaltungsentscheidung keine Einbußen an demokratischer Legitimation, weil sie von den Betroffenen nicht akzeptiert wird.[84]

IV. Öffentlichkeitsbeteiligung und demokratische Legitimation

Damit ist aber noch nicht entschieden, dass eine Öffentlichkeitsbeteiligung bei der Zulassung von Großvorhaben allein von rechtsstaatlicher Relevanz ist. Immerhin wird eine stärkere Bürgerbeteiligung nicht nur in der politikwissenschaftlichen,[85] sondern auch in der juristischen Literatur unter das Thema einer „Demokratisierung" von Verwaltungsverfahren

---

[80] *R. Wahl* Verwaltungsverfahren zwischen Verwaltungseffizienz und Rechtsschutzauftrag, VVDStRL 41 (1983), 151 (164f.); *D. Kugelmann* Die informatorische Rechtsstellung des Bürgers, 2001, 14ff.; *Dietlein* in: Beckmann/Durner/Mann/Röckinghausen (Hrsg.) Umweltrecht (Fn. 13), § 10 BImSchG Rn. 5.; *F. O. Kopp*/*U. Ramsauer* VwVfG, 13. Aufl. 2012, § 28 Rn. 2.

[81] BVerwGE 55, 355 (360); 70, 143 (151); *A. Fisahn* Demokratie und Öffentlichkeitsbeteiligung, 2002, 344. Näher zur Frage der Herleitung aus den Grundrechten und/oder aus dem Rechtsstaatsprinzip BVerfGE 53, 30 (73); *Goerlich* Verfahrensgarantien (Fn. 55), 327f.; *H. W. Laubinger* VerwArch 73 (1982), 60 (83f.); *K. Sobota* Das Prinzip Rechtsstaat, 1997, 145 ff.; *Kunig* Rechtsstaatsprinzip (Fn. 77), 374 ff.

[82] Vgl. BVerfGE 38, 105 (111); 46, 3 25 (334f.); 52, 380 (389); 101, 397 (405); BVerwGE 75, 214 (230); *K. Stern* Staatsrecht I, 2. Aufl. 1984, 824f.; *B. Pieroth* FS Hoppe, 2000, 195 (199); *Ritgen* in: Knack/Henneke (Hrsg.) VwVfG (Fn. 68), § 28 Rn. 3; *Hufen* Fehler (Fn. 79), Rn. 178.

[83] *Ipsen* Bewältigung (Fn. 63), 196; vgl. auch *Schmidt-Aßmann* in: Isensee/Kirchhof (Hrsg.) HStR V (Fn. 3), § 109 Rn. 36 Akzeptanz gehört zu den „ideellen Schichten der Demokratie".

[84] *W. Hoffmann-Riem* AöR 115 (1990), 400 (415); *ders.* in: W. Hoffmann-Riem/E. Schmidt-Aßmann/G. F. Schuppert (Hrsg.) Reform des Allgemeinen Verwaltungsrechts, 1993, 115 (134); *Ritgen* in: Knack/Henneke (Hrsg.) VwVfG (Fn. 68), § 28 Rn. 3.

[85] Vgl. den Überblick über die deliberativen Demokratietheorien bei *J. Ziekow* Neue Formen der Bürgerbeteiligung? Planung und Zulassung von Projekten in der parlamentarischen Demokratie, in: Verhandlungen des 69. Deutschen Juristentages München 2012, Bd. I: Gutachten, 2012, D 22ff.; aus soziologischer Sicht vgl. *P. Dienel* Die Verwaltung 4 (1971), 151ff.; *A. Bora* Differenzierung und Inklusion – Partizipative Öffentlichkeit im Rechtssystem moderner Gesellschaften, 1999, 50 ff., 222 ff.

rubriziert,[86] und gefordert, die vom Grundgesetz verfasste repräsentative Demokratie mittels Vorkehrungen zur Beteiligung der sachnah Betroffenen an den sie berührenden Entscheidungen um eine zweite Säule der „partizipativen" oder „responsiv-kommunikativen Demokratie" zu ergänzen.[87] Einer solchen Neuschöpfung legitimationsstiftender Gegenentwürfe bedarf es jedoch nicht, wenn die Formen der Öffentlichkeitsbeteiligung bei Großvorhaben ihren Platz auch innerhalb der auf dem klassischen Repräsentativsystem beruhenden sog. monistischen Legitimationskonzeption[88] finden können.

1. Organisatorisch-personelle demokratische Legitimation

Es ist weitgehend unbestritten, dass sich die Forderung nach einer gesteigerten Mitsprache der Anwohner, Nachbarn und sonstigen von einem Großprojekt Betroffenen oder auch nur daran Interessierten nicht auf das Argument der organisatorisch-personellen demokratischen Legitimationsvermittlung[89] stützen kann.[90] Die Gruppe der von einem Großvorhaben

---

[86] So im Ansatz *Kopp* Verfassungsrecht (Fn. 78), 180ff.; *Kugelmann* Rechtsstellung (Fn. 80), 77; *H. Pünder* in: H.-U. Erichsen/D. Ehlers (Hrsg.) Allgemeines Verwaltungsrecht, 14. Aufl. 2010, § 13 Rn. 14, § 14 Rn. 27; *ders.* NuR 2005, 71 (73); *Schneider* in: Hoffmann-Riem/Schmidt-Aßmann/Voßkuhle (Hrsg.) Grundlagen (Fn. 32), § 28 Rn. 43 (zur Anhörung); *S. Laskowski* ZUR 2010, 171 (179f.). Zur begrifflichen Klärung der „Demokratisierung" vgl. *U. Karpen* Auslegung und Anwendung des Grundgesetzes, 1987, 86 ff.

[87] *Th. Würtenberger* Akzeptanz von Verwaltungsentscheidungen, 1996, 24ff., 64f.; *ders.* NJW 1991, 257 (261); *R. Zippelius/Th. Würtenberger* Deutsches Staatsrecht, 32. Aufl. 2008, § 10 Rn. 20f.; *R. Pitschas* Verwaltungsverantwortung und Verwaltungsverfahren, 1990, 216ff., 462f.; *H. Hill* DVBl. 1993, 973 (977); *W. Brohm* Gegenwartsaufgaben (Fn. 53), 269f., 279f.; *Fisahn* Öffentlichkeitsbeteiligung (Fn. 81), 292ff., 335ff. u. *passim*; weiter ausdifferenzierend *H.-H. Trute* in: Hoffmann-Riem/Schmidt-Aßmann/Voßkuhle (Hrsg.) Grundlagen (Fn. 32), § 6 Rn. 54f.; *U. Schliesky* Souveränität und Legitimität von Herrschaftsgewalt, 2004, 656ff. Zu den befürchteten Friktionen zwischen partizipatorischer und repräsentativer Demokratie vgl. *Ziekow* Gutachten DJT (Fn. 85), D 24 f.

[88] Zum Begriff vgl. *J. Isensee* Beamtenstreik, 1971, 120; *M. Jestaedt* Demokratieprinzip und Kondominialverwaltung, 1993, 159; *Th. Groß* Das Kollegialprinzip in der Verwaltungsorganisation, 1999, 164; *Schliesky* Souveränität (Fn. 87), 242 f.

[89] Zum Konzept der organisatorisch-personellen demokratischen Legitimation vgl. nur *E.-W. Böckenförde* in: J. Isensee/P. Kirchhof (Hrsg.) Handbuch des Staatsrechts, Bd. II, 3. Aufl 2004, § 24 Rn. 16ff.; *E. Th. Emde* Die demokratische Legitimation der funktionalen Selbstverwaltung, 41ff.; *E. Schmidt-Aßmann* AöR 116 (1991), 329 (360ff.); *V. Mehde* Neues Steuerungsmodell und Demokratieprinzip, 2000, 180 ff.

[90] Vgl. nur *Schmidt-Aßmann* in: Isensee/Kirchhof (Hrsg.) HStR V (Fn. 3), § 109 Rn. 33, 37; *K. F. Gärditz* Europäisches Planungsrecht, 2009, 68; *Schmitt Glaeser* Partizi-

Betroffenen ist weder Volk noch ein Teilvolk im Sinne des Demokratieprinzips und insofern bereits vom Ansatz her kein taugliches Legitimationssubjekt für Verwaltungsentscheidungen.[91] Im Gegenteil, sofern man Bürgern, die von einer Verwaltungsentscheidung individuell betroffen sind, besondere Mitentscheidungsbefugnisse zur Durchsetzung ihrer Sonderinteressen verleiht, schwächt man den demokratischen Legitimationsgehalt der Entscheidung unter dem Aspekt der formalen demokratischen Gleichheit.[92] Gerade bei Infrastrukturvorhaben wie im Verkehrswege- oder Energieleitungsbereich, die Gemeinwohlzielen dienen, welche weit über den Kreis der lokal Betroffenen hinausreichen, würde dieser Personenkreis nicht primär bei der Ordnung eigener Angelegenheiten mitwirken,[93] sondern in erster Linie die Angelegenheiten der Allgemeinheit mitbestimmen.[94] Die Summe aus den diversen Sonderinteressen der Betroffenen bildet aber nicht das Allgemeinwohl ab.[95] Mit anderen Worten: Weder der Umfang der Betroffenenpartizipation noch das Maß der Akzeptanz durch die Betroffenen sagt etwas über die organisatorisch-personelle demokratische Legitimation einer Verwaltungsentscheidung aus. Vielmehr verfügt die zur unparteilichen Sachentscheidung berufene Verwaltung bereits selbst über eine mittelbare organisatorisch-personelle demokratische Legitimation[96] im Sinne des Legitimationskettenmodells des

pation (Fn. 70), 210 f.; *F. Ossenbühl* Welche normativen Anforderungen stellt der Verfassungsgrundsatz des demokratischen Rechtsstaates an die planende staatliche Tätigkeit?, Gutachten B zum 50. Deutschen Juristentag, 1974, B 125 f.; *V. Mehde* NdsVBl. 2012, 33 (35 f.); *E. Gurlit* JZ 2012, 833 (835).

[91] *E. Schmidt-Aßmann* AöR 116 (1991), 329 (349); *ders.* Ordnungsidee (Fn. 30), 2. Kap. Rn. 106; *H. Hill* DVBl. 1993, 973 (977); *M. Schulte* Schlichtes Verwaltungshandeln, 1995, 168; *Mehde* Steuerungsmodell (Fn. 89), 273; *Kugelmann* Rechtsstellung (Fn. 80), 34 f.; *K. F. Gärditz* GewArch 2011, 273 (275).

[92] Vgl. BVerfGE 93, 37 (69 f.); *Schmitt Glaeser* Partizipation (Fn. 70), 214 ff.; *H. Dreier* in: ders. (Hrsg.) GG, 2. Aufl. 2006, Art. 20 (Demokratie) Rn. 67; *W. Durner* ZUR 2011, 354 (361); kritisch *Trute* in: Hoffmann-Riem/Schmidt-Aßmann/Voßkuhle (Hrsg.) Grundlagen (Fn. 32), § 6 Rn. 25; zu den Konsequenzen der demokratischen Gleichheit vgl. *Böckenförde* in: Isensee/Kirchhof (Hrsg.) HStR II (Fn. 89), § 24 Rn. 41 ff.

[93] Zum Gesichtspunkt der Entscheidung eigener Angelegenheiten für die demokratische Legitimation der funktionalen Selbstverwaltung vgl. BVerfGE 107, 59 (92 f.); *Th. Mann* in: J. Isensee/P. Kirchhof (Hrsg.) Handbuch des Staatsrechts, Bd. VI, 3. Aufl 2008, § 146 Rn. 29 ff. mwN.

[94] *Schulte* Verwaltungshandeln (Fn. 91), 172; *Chr. Möllers* Demokratie – Zumutungen und Versprechen, 2008, Tz. 85; *K. F. Gärditz* GewArch 2011, 273 (275).

[95] So schon *Schmitt Glaeser* Partizipation (Fn. 70), 220; *Ossenbühl* Verfassungsgrundsatz (Fn. 90), B 126.

[96] *Böckenförde* in: Isensee/Kirchhof (Hrsg.) HStR II (Fn. 89), § 24 Rn. 16; *E. Schmidt-Aßmann* AöR 116 (1991), 329 (360 ff.).

Bundesverfassungsgerichts,[97] die geboten, aber auch hinreichend ist, um die Verwaltungsentscheidung organisatorisch auf das Volk als dem Träger der Staatsgewalt zurückführen zu können.

2. *Sachlich-inhaltliche demokratische Legitimation*

Bessere Ansätze zur demokratischen Deutung der Öffentlichkeitsbeteiligung bietet die als weitere Komponente einer effektiven demokratischen Legitimation zu beachtende Facette der sachlich-inhaltlichen demokratischen Legitimation. Sie vermittelt als präventive Steuerung des Verwaltungshandelns eine Bindung an den Volkswillen, wie er in der Vorprägung der exekutiven Entscheidungen durch die parlamentsbeschlossenen Gesetze seinen Ausdruck findet, und verlangt auf der korrelativen Kontrollseite eine Rückbindung des Entscheidungsinhalts an den Volkswillen, der sich in der Verantwortlichkeit der Verwaltung gegenüber dem Volk für den Inhalt ihrer Entscheidungen zeigt.[98]

a) Steuerungsaspekt

Soweit zunächst der Steuerungsaspekt angesprochen ist, begegnet uns die von *Ossenbühl*[99] so genannte „demokratische Komponente des Gesetzesvorbehalts“: Unter rechtsstaatlichem Blickwinkel habe ich den Gesetzesvorbehalt vorangehend als Rechtssatzvorbehalt behandelt, soweit ich die Problemkreise der Konkretisierung von Technikstandards und der privaten Regelwerke angesprochen habe. Aus demokratischer Perspektive ist der Gesetzesvorbehalt hingegen ein Parlamentsvorbehalt,[100] so dass hier die Steuerung durch die von den Repräsentanten des Volkes getroffenen Willensentscheidungen im Vordergrund steht. Um die Ausübung der Staatsgewalt in ihrer exekutiven Funktion dem Inhalt nach auf den Wil-

---

[97] Vgl. nur BVerfGE 47, 253 (275); 52, 95 (130); 77, 1 (40); 83, 60 (72 f.); 93, 37 (67); 107, 59 (87). Zur Kritik s. *Th. Groß* Verantwortung und Effizienz in der Mehrebenenverwaltung, VVDStRL 66 (2007), 152 (171ff.); *E. Pache* Verantwortung und Effizienz in der Mehrebenenverwaltung, VVDStRL 66 (2007), 106 (139f.); *F. Wittreck* Die Verwaltung der Dritten Gewalt, 2006, 119 ff.

[98] *Böckenförde* in: Isensee/Kirchhof (Hrsg.) HStR II (Fn. 89), § 24 Rn. 21f.; *E. Schmidt-Aßmann* AöR 116 (1991), 329 (357ff.); *Jestaedt* Demokratieprinzip (Fn. 88), 270ff. (dort als „materiell-demokratische Legitimation“ bezeichnet); *Mehde* Steuerungsmodell (Fn. 89), 184ff.

[99] *Ossenbühl* in: Isensee/Kirchhof (Hrsg.) HStR V (Fn. 3), § 101 Rn. 34, 46 ff.

[100] *E. Schmidt-Aßmann* AöR 116 (1991), 329 (357); *Ossenbühl* in: Isensee/Kirchhof (Hrsg.) HStR V (Fn. 3), § 101 Rn. 51. Die insoweit zentrale Frage nach der Reichweite und dem Verhältnis von Parlamentsvorbehalt und Wesentlichkeitstheorie soll hier ausgeblendet bleiben.

len des Volkes zurückführen zu können, bedarf es einer inhaltlichen Vorprägung des der Verwaltung eröffneten Entscheidungsprogramms durch den parlamentarischen Gesetzgeber.

Einer Öffentlichkeitsbeteiligung kann daher nur insoweit unterstützende legitimatorische Bedeutung zukommen, als das Ideal einer gesetzesvermittelten sachlich-inhaltlichen demokratischen Legitimation nicht hinreichend verwirklicht ist. Je enger jedoch das normativ geprägte Entscheidungsprogramm ist, desto weniger bleibt Raum für eine Politisierung durch die „demokratische Öffentlichkeit“[101].[102] Darum sind die partizipativen Gestaltungsmöglichkeiten bei der vom Gesetz stärker determinierten Anlagenzulassung industrieller Großvorhaben zwangsläufig geringer als bei der Planung und Planfeststellung von infrastrukturellen Großvorhaben, wo im Rahmen der planerischen Konfliktbewältigung durchaus an mehreren Stellen politische Wertungen einfließen können.[103] Soweit gerade das Planungs- und das Planfeststellungsrecht in ihrer schwächeren normativen Vorprägung auf eine umfangreiche Bestimmung öffentlicher und privater Interessen und Belange sowie ihrer anschließenden Abwägung angelegt sind, kann eine Öffentlichkeitsbeteiligung die sachlich-inhaltliche Legitimation der Verwaltungsentscheidung verstärken helfen, indem sie zur Interessenbestimmung und damit zur Generierung, Verdichtung und Konkretisierung des vom Gesetzgeber nur schwach ausgeformten normativen Entscheidungsprogramms beiträgt.[104] Hier weitet sich der Zweck der Öffentlichkeitsbeteiligung von der bloßen rechtsstaatlichen Informationsbeschaffung und Rechtewahrung hin zu einer diskursiven Mitwirkung, die formal freilich noch keine Mitentscheidung ist.[105] In diesem

---

[101] Begriff nach *Gröschner* Informationsverwaltungsrecht (Fn. 69), 355 f.: In Abgrenzung zu der auf die Legalität staatlichen Handelns ausgerichteten „rechtsstaatliche Öffentlichkeit“ zielt die „demokratische Öffentlichkeit“ auf die Legitimation staatlichen Handelns.

[102] *Brohm* Gegenwartsaufgaben (Fn. 53), 279; *Pitschas* Verwaltungsverantwortung (Fn. 87), 569 f.; *I. Appel* Das Verwaltungsrecht zwischen klassischem dogmatischen Verständnis und steuerungswissenschaftlichem Anspruch, VVDStRL 67 (2008), 226 (260 ff.); *K. F. Gärditz* GewArch 2011, 273 (274).

[103] *Th. Würtenberger* NJW 1991, 257 (258).

[104] *Schmidt-Aßmann* Ordnungsidee (Fn. 30), 2. Kap. Rn. 111; *Trute* in: Hoffmann-Riem/Schmidt-Aßmann/Voßkuhle (Hrsg.) Grundlagen (Fn. 32), § 6 Rn. 48, 97; *Fisahn* Öffentlichkeitsbeteiligung (Fn. 81), 335; *G. Gaentzsch* FS Sellner, 2010, 219 (234 f.); *E. Gurlit* Eigenwert (Fn. 2), 242; *Th. Groß* DÖV 2011, 510 (511). Zu entsprechenden Legitimationserwartungen an komplexe Verwaltungsverfahren s. bereits *Wahl* Rechtsschutzauftrag (Fn. 80), 164 f.

[105] Gleichwohl ist nicht zu verkennen, dass die Mitwirkung bei der Konturierung der für die Entscheidungsfindung maßgeblichen inhaltlichen Parameter den behördlichen Entscheidungsprozess und damit letztlich auch die Entscheidung selbst gestalten kann,

Sinne kann die Bedeutung der Betroffenen- und Öffentlichkeitsbeteiligung allenfalls in einem die sachlich-inhaltliche demokratische Legitimation verstärkenden Sinn gesehen werden.[106] Sie hat aber keinen legitimatorischen Eigenwert.[107]

b) Verantwortlichkeitsaspekt

Gleiches gilt auch mit Blick auf den korrelierenden Verantwortlichkeitsaspekt. Eine sachlich-inhaltliche Rückbindung der Verwaltungsentscheidung an das Volk vollzieht sich nicht allein durch die Gesetzesbindung, sondern indem die Entscheidungen gegenüber dem Volk auch verantwortet werden.[108] Verantwortung oder Verantwortlichkeit[109] bedeutet Rechenschafts- und Einstandspflicht für die Amtsführung.[110] Die Wahrnehmung einer solchen Verantwortung setzt ein funktionierendes Einwirkungs- und Kontrollsystem voraus, das bei den wesentlichen Entscheidungen eine Rückbindung an den Legitimationsgeber sicherstellt.[111] Dies erfolgt in aller Regel durch Aufsichtshierarchien und durch die Kontroll-

---

vgl. insoweit *W. Schmitt Glaeser* in: P. Lerche/W. Schmitt Glaeser/E. Schmidt-Aßmann, Verfahren als staats- und verwaltungsrechtliche Kategorie, 1984, 35 (47); *A. Guckelberger* DÖV 2006, 97 (103). Demgegenüber stellt *Ipsen* Bewältigung (Fn. 18), 196 eine legitimierende Wirkung einer Teilhabe am Entscheidungsverfahren in Abrede, weil dadurch nicht die Entscheidung selbst beeinflusst werde.

[106] *H. Hill* DVBl. 1993, 973 (977): „demokratische Ergänzung der Verwaltungslegitimation"; *Schulte* Verwaltungshandeln (Fn. 91), 169; *H. Rossen-Stadtfeldt* in: Hoffmann-Riem/Schmidt-Aßmann/Voßkuhle (Hrsg.) Grundlagen (Fn. 32), § 29 Rn. 70 („ergänzende Funktion"); *Pünder* in: Erichsen/Ehlers (Hrsg.) Verwaltungsrecht (Fn. 86), § 13 Rn. 14; *ders.* NuR 2005, 71 (74) mit Nachweisen zum amerikanischen "democratic process ideal"; *E. Gurlit* JZ 2012, 833 (835).

[107] *E. Schmidt-Aßmann* AöR 116 (1991), 329 (373).

[108] BVerfGE 83, 60 (71 f.); 93, 37 (66); zum korrelativen Zusammenhang beider sachlich-inhaltlicher Legitimationsstränge s. *Böckenförde* in: Isensee/Kirchhof (Hrsg.) HStR II (Fn. 89), § 24 Rn. 22.

[109] Die Begriffe sollen hier wie im übrigen juristischen Schrifttum (vgl. nur *D. Czybulka* Die Legitimation der öffentlichen Verwaltung, 1989, 96 f.; *J. Oebbecke* Weisungs- und unterrichtsfreie Räume in der Verwaltung, 1986, 96; jeweils mwN) synonym benutzt werden. Differenzierend allerdings *N. Luhmann* Funktionen und Folgen formaler Organisation, 2. Aufl. 1972, 172 ff.: Verantwortung als „Gewißheitsäquivalent" (174) und „ungedeckter Informationswert einer Entscheidung" (175), Verantwortlichkeit als „Rechenschaftspflicht für Fehler" (180).

[110] *U. Scheuner* FS G. Müller, 1970, 379 (385); *D. Wilke* DÖV 1975, 509 (511 f.); *Oebbecke* Räume (Fn. 109), 96 ff.

[111] *K. Stern* Staatsrecht II, 1980, 313; *Scheuner* FS G. Müller (Fn. 110), 379 (380, 384 f.); *D. Ehlers* JZ 1987, 218 (223); *W. Graf Vitzthum* AöR 104 (1979), 580 (626 f.); *Th. v. Danwitz* AöR 120 (1995), 595 (606 f.).

funktion der Parlamente. Insoweit wird nun argumentiert, wegen der in der Rechtswirklichkeit oft unzureichenden Kontrolle der Verwaltung durch die Parlamente[112] könne eine Öffentlichkeitsbeteiligung bei Entscheidungen über die Realisierung von Großvorhaben als ergänzender Kontrollfaktor wirken.[113]

Dieser Gedanke verdient auch und gerade mit Blick auf die Gewährleistung der Unparteilichkeit der Verwaltung Beachtung, denn die gegenwärtige rechtliche Ausgestaltung des Anlagenzulassungs- und Planfeststellungsverfahrens bedingt eine gewisse Vereinnahmung der Verwaltung durch den Vorhabenträger. Es ist spätestens seit der Billigung durch das Bundesverwaltungsgericht[114] üblich geworden, dass die Pläne vom Vorhabenträger entwickelt werden und die Planfeststellungsbehörde sie überwiegend nur noch abwägend nachvollziehend auf ihre Validität überprüft und damit die rechtliche Verantwortung für die Planung übernimmt.[115] Darüber hinaus sorgen rechtliche Anforderungen wie das Scoping-Verfahren bei der Umweltverträglichkeitsprüfung[116] oder die informelle Vorabsprache nach BImSchG dafür, dass Vorhabenträger und Behörde bereits vom Verfahrensbeginn an in einem Rechtsdialog stehen. Eine Öffentlichkeitsbeteiligung durch Auslegung der Unterlagen, Einwendungsmöglichkeiten und Erörterungstermin kann insoweit ein Gegengewicht mit demokratischer Kontrollfunktion bilden, weil sie verhindert, dass die konkrete Konzeption des Großvorhabens ein Arkanum von Verwaltung und Vorhabenträger bleibt.[117] Der sich hinter dieser Sicht-

---

[112] Dazu etwa *H.-P. Schneider* AöR 105 (1980), 4 (25) mwN; ähnlich *J. Masing* Transparente Verwaltung – Konturen eines Informationsverwaltungsrechts, VVDStRL 63 (2004), 377 (394 f.); *Th. Groß* DÖV 2011, 510 (511).

[113] So im Ansatz bereits *Kopp* Verfassungsrecht (Fn. 78), 186; explizit *H. Pünder* NuR 2005, 71 (74).

[114] BVerwGE 97, 143 (148 f.) – Sonderabfallumschlagsanlage. Zur fehlenden gesetzlichen Ausgestaltung des Verfahrens zur Erstellung des Plans (hier: Vorschaltung eines informellen Lenkungsverfahrens zur Vertrauensbildung und Akzeptanzförderung) s. jüngst BVerwGE 139, 150 (155 f.).

[115] *M. Fehling* Verwaltung zwischen Unparteilichkeit und Gestaltungsaufgabe, 2001, 305; *U. Di Fabio* in: W. Blümel/R. Pitschas (Hrsg.) Verwaltungsverfahren und Verwaltungsprozeß im Wandel der Staatsfunktionen, 1997, 199 (207 f.); *M. Burgi* NVwZ 2012, 227; *C. Franzius* GewArch 2012, 225 (227).

[116] Vgl. § 5 UVPG; § 2a der 9. BImSchV.

[117] *Ipsen* Bewältigung (Fn. 18), 196 f.; *Trute* in: Hoffmann-Riem/Schmidt-Aßmann/Voßkuhle (Hrsg.) Grundlagen (Fn. 32), § 6 Rn. 97; ähnlich bereits *E. Schmidt-Aßmann* AöR (1991), 329 (373): Öffentlichkeit als „Gegenmacht zu etablierten Interessenträgern"; demgegenüber ordnet *K. F. Gärditz* GewArch 2011, 273 (275) die Gegenöffentlichkeit der rechtsstaatlichen Funktion der Öffentlichkeitsbeteiligung zu.

weise verbergende Gedanke der Verwaltungskontrolle durch Verfahrenstransparenz liegt parallel zu dem Steuerungsansatz der Europäischen Union,[118] die in den letzten Dekaden durch Richtlinienvorgaben zur Öffentlichkeitsbeteiligung[119] oder zur Informationsfreiheit[120] Regelungsimpulse für die Aktivierung der Öffentlichkeit zur Kontrolle der Einhaltung des europäischen Umweltrechts und der umweltrechtlichen Verwaltungsentscheidungen gesetzt hat.[121]

Lässt sich eine Beteiligung der Öffentlichkeit bei der Zulassung von Großvorhaben also durchaus auch dem Kontrollaspekt der sachlich-inhaltlichen demokratischen Legitimation zuordnen, so bildet sie doch, um das noch einmal zu betonen, keinen eigenen Legitimationsstrang,[122] sondern hat nur bekräftigende, ergänzende Bedeutung.[123] Mit anderen Worten:

---

[118] Zur Publikumsöffentlichkeit im Exekutivbereich anderer Mitgliedstaaten der Europäischen Union s. *F. Schoch* Öffentlich-rechtliche Rahmenbedingungen einer Informationsordnung, VVDStRL 57 (1998), 158 (201) mwN.

[119] Vgl. insbes. die Richtlinie 85/337/EWG vom 27. 06. 1985 über die Umweltverträglichkeitsprüfung bei bestimmten öffentlichen und privaten Projekten (ABl. EG Nr. L 175 vom 05. 07. 1985, S. 40) und ihre Änderung durch die Richtlinie 97/11/EG vom 03. 03. 1997 (ABl. EG Nr. L 73 vom 14. 03. 1997, S. 5); Richtlinie 2008/1/EG vom 15. 01. 2008 über die integrierte Vermeidung und Verminderung von Umweltverschmutzung (ABl. EG Nr. L 24 vom 20. 01. 2008, S. 8) als kodifizierte Fassung der frühen IVU-Richtlinie 96/61/EG vom 24. 09. 1996 (ABl. EG Nr. L 257 vom 10. 10. 1996, S. 26) und ihrer nachfolgenden Änderungen; die Richtlinie 2001/42/EG vom 27. 06. 2001 über die Prüfung der Umweltauswirkungen bestimmter Pläne und Programme – sog. SUP-Richtlinie (ABl. EG Nr. L 197 vom 21. 07. 2001, S. 30); Richtlinie 2003/35/EG vom 26. 05. 2003 über die Beteiligung der Öffentlichkeit bei der Ausarbeitung bestimmter umweltbezogener Pläne und Programme – sog. Öffentlichkeitsbeteiligungsrichtline – (ABl. EG Nr. L 156 vom 25. 06. 2003, S. 17).

[120] Vgl. insbes. die Richtlinie 90/313/EWG vom 07. 06. 1990 über den freien Zugang zu Informationen über die Umwelt (ABl. EG Nr. L 158 vom 23. 06. 1990, S. 56), später ersetzt durch die Richtlinie 2003/4/EG vom 28. 01. 2003 über den Zugang der Öffentlichkeit zu Umweltinformationen und zur Aufhebung der Richtlinie 90/313/EWG des Rates (ABl. EG Nr. L 41 vom 14. 02. 2003, S. 26).

[121] Ausführlich und detailreich hierzu *S. Schlacke/Chr. Schrader/Th. Bunge* Informationsrechte, Öffentlichkeitsbeteiligung und Rechtsschutz im Umweltrecht – Aarhus-Handbuch, 2010; s. auch *B. Müller* Die Öffentlichkeitsbeteiligung im Recht der europäischen Union und ihre Einwirkungen auf das deutsche Verwaltungsrecht, 2010, *passim*; kritisch zum uneinheitlichen Begründungsansatz *Gröschner* Informationsverwaltungsrecht (Fn. 69), 354 f.

[122] In diesem Sinne bereits *Schmitt Glaeser* Partizipation (Fn. 70), 220: „Partizipation hat also keine Legitimationsfunktion“; ihm folgend *W. Schmidt* Organisierte Einwirkungen auf die Verwaltung, VVDStRL 33 (1975), 183 (211).

[123] *E. Schmidt-Aßmann* AöR 116 (1991), 329 (373); *Schulte* Verwaltungshandeln (Fn. 91), 169.

Die gegenwärtig breit diskutierte Ausweitung der Öffentlichkeitsbeteiligung bei Großvorhaben mag wünschenswert sein, ist aber verfassungsrechtlich nicht zwingend.[124]

c) *Akzeptanz, Transparenz und Partizipation*

Nicht anders verhält es sich mit den Argumentationsfiguren Akzeptanz[125] bzw. sogar Konsens,[126] Transparenz[127] und Partizipation.[128] Die Verfassungsentscheidung für Demokratie wird durch sie nicht in ihrer normativen Wirksamkeit als Prinzip, sondern lediglich in ihrer ideellen oder ideengeschichtlichen Bedeutungsschicht[129] angesprochen.[130] Die Partizipation einer nicht institutionalisierten Öffentlichkeit und ein auf Akzeptanz und Transparenz abzielender Diskurs über die Notwendigkeit und Ausgestaltung von Großvorhaben mögen zur Rationalität staatlicher Entscheidungen beitragen,[131] doch folgt aus ihnen kein konkretisierbarer verfassungsrechtlich-normativer Gehalt. Auch soweit Demokratie sich nicht allein auf die Wahrung formaler Zurechnungsprinzipien beschränkt, sondern darüber hinaus beinhaltet, dass die administrativen Entscheidungs-

---

[124] Im Ergebnis auch *D. Ehlers* in: Erichsen/Ehlers (Hrsg.) Verwaltungsrecht (Fn. 86), § 1 Rn. 31; *Ziekow* Gutachten DJT (Fn. 85), D 87.

[125] Zum Akzeptanzbegriff s. *Würtenberger* Akzeptanz (Fn. 87), 61 f.; *Mehde* Steuerungsmodell (Fn. 89), 284 f.; *D. Czybulka* Die Verwaltung 26 (1993), 27 f.; in dessen Diktion dürfte die Kategorie der Individuallegitimation dem Akzeptanzgedanken nahe kommen, vgl. *Czybulka* Legitimation (Fn. 109), 69, 261 ff., 267.

[126] Dazu *Pitschas* Verwaltungsverantwortung (Fn. 87), 216 ff., 462 f.

[127] Zur dogmengeschichtlichen und dogmenphilosophischen Herleitung des Transparenzbegriffs s. *Gröschner* Informationsverwaltungsrecht (Fn. 69), 354 f.

[128] Zum Begriff *R. Mayntz* in: Demokratie und Verwaltung: 25 Jahre Hochschule für Verwaltungswissenschaften Speyer, 1972, 341; *Schmitt Glaeser* Partizipation (Fn. 70), 183 ff.; *ders.* in: Lerche/Schmitt-Glaeser/Schmidt-Aßmann (Fn. 105), 35 (42 ff.); abwertend *Goerlich* Verfahrensgarantien (Fn. 55), 348: „Schlagworte des politischen Kampfes".

[129] Zu den unterschiedlichen Wirkungsstufen der Staatsstrukturprinzipien vgl. *Stern* Staatsrecht (Fn. 82), 587 ff.; *K. Hesse* Grundzüge des Verfassungsrechts der Bundesrepublik Deutschland, 20. Aufl. 1995, Rn. 127 f.; *E. Schmidt-Aßmann* AöR 119 (1991), 329 (344 f.).

[130] *Schmidt-Aßmann* Ordnungsidee (Fn. 30), 2. Kap. Rn. 102; *ders.* in: Isensee/Kirchhof (Hrsg.) HStR V (Fn. 3), § 109 Rn. 36; *Mehde* Steuerungsmodell (Fn. 89), 280, 282, 287; aA *W. Hoffmann-Riem* AöR 115 (1990), 400 (415) und *ders.* in: Hoffmann-Riem/Schmidt-Aßmann/Schuppert (Hrsg.) Reform (Fn. 84), 115 (134): Verfassungsrechtlicher Auftrag zur Erreichung von Akzeptanz.

[131] Vgl. *G. F. Schuppert* Verwaltungswissenschaft, 2000, 789 f., 811 ff.; *Schliesky* Souveränität (Fn. 87), 428; *A. Guckelberger* DÖV 2006, 97 (99 f.); *Kugelmann* Rechtsstellung (Fn. 80), 78 f.

verfahren und die mit ihnen verfolgten Zielvorstellungen sichtbar und verstehbar werden und der Bürger in seiner Sprache mit der Verwaltung kommunizieren kann,[132] ist damit nur die ideelle Bedeutungsschicht, der „freiheitliche Nährboden jeder Demokratie"[133] angesprochen, nicht aber ein eigenständiger rechtsdogmatischer Legitimationsmodus für staatliches Handeln.[134]

V. Zum Kaskadenkonzept entscheidungsadäquater Öffentlichkeitsbeteiligung

Kann nach alledem der Öffentlichkeitsbeteiligung bei Großvorhaben durchaus eine legitimationsverstärkende Wirkung nicht abgesprochen werden, so muss sich die weitere Überlegung den konkreten Verfahren zuwenden, die der demokratische Rechtsstaat für eine solche Interessenartikulation bereitstellt, was gleichfalls ein Nachdenken über verfahrensrechtliche Modifikationen angezeigt sein lässt.[135]

1. Bestandsaufnahme

In Deutschland haben die Debatten um eine frühere Bürgerbeteiligung bei infrastrukturellen Großvorhaben spätestens seit der europäischen Richtlinie über die strategische Umweltprüfung[136] aus dem Jahr 2001 einen Niederschlag im Gesetz gefunden. Seitdem besteht die Pflicht, alle raumbedeutsamen Planungen einem systematischen Umweltprüfungsverfahren mit integrierter Öffentlichkeitsbeteiligung zu unterwerfen,[137]

---

[132] Vgl. BVerfGE 89, 155 (185) – Maastricht; Inbezugnahme durch BVerfGE 123, 267 (358) – Lissabon-Vertrag; ähnlich bereits BVerfGE 45, 297 (335).

[133] So *K. F. Gärditz* GewArch 2011, 273 (275); BVerfGE 70, 324 (358) spricht insoweit von einem „allgemeinen Öffentlichkeitsprinzip der Demokratie"; ähnlich *Pieroth* FS Hoppe (Fn. 82), 195 (197): Öffentlichkeit als „demokratisches Grundanliegen".

[134] In diesem Sinne auch *F. Schoch* Die Verwaltung 25 (1992), 21 (31f.); *Schulte* Verwaltungshandeln (Fn. 91), 1995, 169; *K. F. Gärditz* GewArch 2011, 273 (275).

[135] Insoweit hat schon *Pitschas* Verwaltungsverantwortung (Fn. 87), 569 vor über 20 Jahren in seiner Habilitationsschrift festgestellt: „ungeachtet der rechtlichen Ableitung des Verwaltungshandelns aus den Legitimationsgrundlagen der Verfassung sinkt die „generalisierte Zustimmungsbereitschaft" für die Genehmigung technischer Großanlagen."

[136] Richtlinie 2001/42/EG des Europäischen Parlaments und des Rates vom 27.06.2001 über die Prüfung der Umweltauswirkungen bestimmter Pläne und Programme (ABl. EG Nr. L 197 vom 21.07.2001, S. 30).

[137] Dazu allgemein *R. Hendler/P. Marburger/M. Reinhardt/M. Schröder* (Hrsg.) Die strategische Umweltprüfung (sog. Plan-UVP) als neues Instrument des Umweltrechts,

die der Öffentlichkeitsbeteiligung im späteren Planfeststellungsverfahren zusätzlich vorgelagert ist. Eine solche vorangehende strategische Umweltprüfung (nach Maßgabe der §§ 14a ff. UVPG oder nach § 9 ROG), die in einem Verfahren erfolgt, das den planerischen Rahmen einer späteren Projektzulassung festlegt, macht eine nachfolgende Umweltverträglichkeitsprüfung unter erneuter Öffentlichkeitsbeteiligung im späteren konkreten Projektzulassungsverfahren grundsätzlich nicht entbehrlich, weil beide Prüfungen ihrer Funktion nach unterschiedliche Detaillierungsgrade aufweisen. Es kommt also heutzutage nicht erst im Planfeststellungsverfahren, sondern auch bereits bei der vorgelagerten Aufstellung von Raumordnungsplänen nach § 10 Abs. 1 S. 2 ROG zu einer öffentlichen Auslegung der Unterlagen, während derer für die Öffentlichkeit die Möglichkeit besteht, Stellungnahmen abzugeben bzw. Einwendungen zu erheben.[138] In Abhängigkeit vom jeweiligen Fachgesetz sind diese Stellungnahmen für bestimmte Pläne und Programme ebenso wie die Einwendungen im Planfeststellungsverfahren in einem späteren Erörterungstermin zu behandeln.[139]

Wenn demgegenüber in der aktuellen Diskussion um eine Verbesserung der Öffentlichkeitsbeteiligung bei Großvorhaben gestritten wird, steht dabei regelmäßig das Planfeststellungsverfahren im Zentrum des Interesses. Diese Verengung der Perspektive verstellt ein wenig den Blick darauf, dass dieses Verwaltungsverfahren gleichsam nur die Endphase bei der Realisierung raumbedeutsamer Infrastrukturvorhaben darstellt. Ihm vorgelagert sind aber bereits mehrere Schritte der Vorhabenkonkretisierung, die sich – je nach Fachrecht – als ein komplexes Konglomerat aus politischer Planung, normativen Festsetzungen und nur verwaltungsinternen Entscheidungen darstellen. „Auch wenn die abschließende Zulassungsentscheidung in einem Verwaltungsverfahren im Sinne des § 9 VwVfG getroffen wird, sind zu diesem Zeitpunkt schon zahlreiche weichenstellende Vorentscheidungen getroffen worden, an denen neben politischen Entscheidungsträgern auch die Öffentlichkeit mehrfach beteiligt wurde“.[140]

2004, *passim* sowie im Detail *Gärditz* in: Beckmann/Durner/Mann/Röckinghausen (Hrsg.) Umweltrecht (Fn. 13), §§ 14a–14n UVPG (Stand der Bearbeitung: Juli 2011).

[138] Zur Entwicklung der Öffentlichkeitsbeteiligung in der Raumordnungsplanung s. *Runkel* in: Spannowsky/Runkel/Goppel, ROG (Fn. 8), § 10 Rn. 1 ff.

[139] Vgl. § 10 Abs. 1 ROG; § 14i UVPG iVm § 9 UVPG.

[140] *Burgi/Durner* Modernisierung (Fn. 29), 158.

a) Dreistufige Planungskaskade bei Zulassung von Großvorhaben

Cum grano salis wird man sagen können, dass sich die Realisierung von Großvorhaben im Infrastrukturbereich nach deutschem Recht[141] idealiter[142] in einem sachlich dreigestuften „Planungsverbund"[143] mit zunehmendem Konkretisierungsgrad vollzieht.[144] Auf einer ersten Stufe ist im Wege der Planung der grundsätzliche Bedarf für das Vorhaben zu klären.[145] Die Aufstellung entsprechender Pläne erfordert regelmäßig eine strategische Umweltprüfung mit Öffentlichkeitsbeteiligung.[146] In einem zweiten Schritt ist dann die Grobtrassierung zu bewältigen,[147] was bei Großvorhaben regelmäßig in einem Raumordnungsverfahren erfolgt, an dem die Öffentlichkeit je nach Landesrecht unterschiedlich[148] beteiligt wird.[149] Zumeist ist hierbei auch eine zusätzliche Umweltverträglich-

---

[141] Wenn man zusätzlich noch die gemeinschaftsrechtliche Planungsstufe der Entwicklung transeuropäischer Netze (Art. 170ff. AEUV) – dazu: *G. Hermes* Staatliche Infrastrukturverantwortung, 1998, 196f.; *Steinberg/Wickel/Müller* Fachplanung (Fn. 15), § 7 Rn. 76ff.; *J. Saurer* DVBl. 2012, 1082 (1084f.) – einbezieht, wird man auch von einem vierstufigen System ausgehen können.

[142] Optimal verwirklicht ist die Planungskaskade bei der Fernstraßenplanung (mit der verwaltungsinternen Linienbestimmung durch das Bundesverkehrsministerium gem. § 16 FStrG, die gem. §§ 2 Abs. 3 Nr. 2, 15 der UVP-Pflicht unterfällt, sogar vierstufig) und dem Bau von Höchstspannungsleitungen vgl. *Hermes* Infrastrukturverantwortung (Fn. 141), 199: „Leitbildfunktion" der Bundesfernstraßenplanung; *W. Köck/N. Salzborn* ZUR 2012, 203 (204).

[143] So die Bezeichnung durch das BVerwG, vgl. BVerwGE 104, 236 (251).

[144] Für das Referenzfeld der Fernstraßenplanung vgl. im konzisen Überblick *Steinberg/Wickel/Müller* Fachplanung (Fn. 15), § 7 Rn. 85ff.; *D. Lewin* Gestufte Planung von Bundesverkehrswegen, 2003, 44ff.; *Burgi/Durner* Modernisierung (Fn. 29), 156f.; für die Eisenbahnplanung vgl. *Chr. Heinze* Eisenbahn-Planfeststellung, 1997, 52ff.; *C. Franzius* GewArch 2012, 225 ff.

[145] Beim Fernstraßenbau etwa nach Maßgabe des Fernstraßenausbaugesetzes.

[146] *B. Stüer* Handbuch (Fn. 56), Rn. 3007; *A. Leue* in: Kodal (Begr.) Straßenrecht, 7. Aufl. 2010, Kap. 34 Rn. 20.3, 20.6 ff.; *Chr. Springe* ebd., § 33 Rn. 2.1. ff.

[147] Zu den Besonderheiten der Linienbestimmung nach § 16 FStrG, § 13 WaStrG s. *Kühling/Herrmann* Fachplanungsrecht (Fn. 15); *Leue* in: Kodal (Begr.) Straßenrecht (Fn. 146), Kap. 35 Rn. 1 ff.; *Stüer* Handbuch (Fn. 56), Rn. 3294, 3851.

[148] Trotz Wegfalls des lediglich rahmenrechtlichen Charakters des ROG haben die von den Ländern getroffenen Regelungen zur Öffentlichkeitsbeteiligung gem. § 28 Abs. 3 ROG ihre Gültigkeit behalten und bieten ein Spektrum, das von einer verpflichtenden Öffentlichkeitsbeteiligung (insbes., wenn das Raumordnungsverfahren als erste Stufe der Umweltverträglichkeitsprüfung ausgestaltet ist) bis hin zu einer im Ermessen der Raumordnungsbehörde stehenden Beteiligung reicht. Vgl. den Nachweis des Landesrechts bei *Goppel* in: Spannowsky/Runkel/Goppel ROG (Fn. 8), § 15 Rn. 60.

[149] Zur Entwicklung der Öffentlichkeitsbeteiligung im Raumordnungsverfahren s. *Wahl* in: Dolde/Hansmann/Paetow/Schmidt-Aßmann (Hrsg.) FS Sellner, 155 (158).

keitsprüfung unter obligatorischer Öffentlichkeitsbeteiligung durchzuführen.[150] In dem sich anschließenden Planfeststellungsverfahren findet dann nochmals eine letzte und abschließende Öffentlichkeitsbeteiligung statt.

Bereits diese holzschnittartige Strukturierung macht deutlich, dass im Infrastrukturbereich üblicherweise wesentliche Vorentscheidungen – der Bedarf und die Grobtrassierung eines infrastrukturellen Großvorhabens – schon vor dem Planfeststellungsverfahren und zwar durchaus unter Beteiligung der Öffentlichkeit getroffen werden. Je nach Fachrecht ergeben sich aber noch weitere Besonderheiten und Zwischenstufungen, wie sich am jüngsten Beispiel des Ausbaus der Höchstspannungsnetze zeigen lässt, dessen Rechtsrahmen sich mit dem Energiepaket 2011[151] erheblich fortentwickelt hat.[152]

b) Öffentlichkeitsbeteiligungen am Beispiel der Höchstspannungsnetze

Bei der Errichtung oder Änderung von Höchstspannungsleitungen vollzieht sich die Ermittlung des Netzausbaubedarfs inzwischen im Wege der bundesweiten Bedarfsplanung (§§ 12a ff. EnWG). Auf der Grundlage eines von den Übertragungsnetzbetreibern jährlich gemeinsam zu erarbeitenden Szenariorahmens ist von ihnen ein gemeinsamer nationaler Netzentwicklungsplan aufzustellen (§ 12b EnWG),[153] welcher wiederum nach Bestätigung durch die Bundesnetzagentur (§ 12c Abs. 4 EnWG) in den Bundesbedarfsplan einmündet, der als Bundesgesetz erlassen wird (§ 12e EnWG). Weil infolge der Regelung durch Gesetz der energiewirtschaftliche Bedarf für die in den Bundesbedarfsplan aufgenommenen Projekte im Rahmen eines späteren Planfeststellungsverfahrens nicht mehr in Frage gestellt werden kann (§ 12e Abs. 4 EnWG), ist für die Erstellung des Bundesbedarfsplans bereits eine umfassende Öffentlichkeitsbeteiligung vor-

---

[150] Vgl. § 2 Abs. 3 Nr. 2, Abs. 1 iVm §§ 15, 16 UVPG.

[151] Gesetz zur Neuregelung energiewirtschaftsrechtlicher Vorschriften vom 26.07.2011 (BGBl. I, S. 1554), das insbes. in Art. 1 umfangreiche Änderungen des EnWG enthält, sowie das Gesetz über Maßnahmen zur Beschleunigung des Netzausbaus Elektrizitätsnetze vom 28.07.2011 (BGBl. I, S. 1690 ff.), das insbes. in Art. 1 das Netzausbaubeschleunigungsgesetz Übertragungsnetz (NABEG) vom 28.07.2011 (BGBl. I, S. 1690) enthält.

[152] Vgl. ausführlich hierzu *Weyer/Mann/Schneider* BMU-Studie „Ökologische Auswirkungen von 380-kV-Erdleitungen und HGÜ-Erdleitungen", Bd. 4.4., Bericht der Arbeitsgruppe Recht, 2012, 28 ff., 163 f., 187 ff.; *Chr. Calliess/M. Dross* JZ 2012, 1002 (1005 ff.); s. auch *Ziekow* Gutachten DJT (Fn. 85), D 57 ff.; zu den vorhergehenden Verfahrensänderungen durch das EnLAG s. *B. Schirmer* DVBl. 2010, 1349 (1350 ff.).

[153] Der erste Netzentwicklungsplan war zum 03.06.2012 aufzustellen, vgl. § 12b Abs. 1 S. 1 EnWG.

geschrieben. Sie erfolgt sowohl bei dem ersten Teilschritt der Aufstellung des Szenariorahmens (§ 12a Abs. 2 EnWG) als auch für den Entwurf des nationalen Netzentwicklungsplans (§ 12b Abs. 3, § 12c Abs. 3, 6 EnWG).[154] Darüber hinaus findet eine Beteiligung der Öffentlichkeit auch im Rahmen der Strategischen Umweltprüfung statt, die für den Teilschritt der Erstellung des Bundesbedarfsplans erforderlich ist.[155] Die Unterlagen für die Strategische Umweltprüfung sind gemeinsam mit dem Entwurf des Netzentwicklungsplans für eine Frist von sechs Wochen auszulegen und darüber hinaus auf der Internetseite der Bundesnetzagentur (§ 12c Abs. 3 S. 4 EnWG) öffentlich bekannt zu machen. Die „betroffene Öffentlichkeit" kann sich zu den Unterlagen bis zwei Wochen nach Ende der Auslegungsfrist äußern (§ 12c Abs. 3 S. 4 und 5 EnWG) und die Bundesnetzagentur hat das Ergebnis der Öffentlichkeitsbeteiligung bei der Bestätigung des Netzentwicklungsplans zugrunde zu legen (§ 12c Abs. 4 EnWG).

Die zweite Stufe, auf der die Trassenkorridore bestimmt werden, wird in der Regel durch Raumordnungsverfahren[156] in den Ländern bewältigt, denn solche Leitungsbauvorhaben sind wegen ihrer raumbedeutsamen Auswirkungen als raumbedeutsame Planungen i.S.d. § 1 der Raumordnungsverordnung anzusehen.[157] Die erforderliche Prüfung unter „überörtlichen Gesichtspunkten" (vgl. § 15 Abs. 1 S. 2 ROG) impliziert, dass in der Regel noch kein konkreter Trassenverlauf festgelegt wird, sondern lediglich ein geeigneter Trassenkorridor.[158] Innerhalb des Korridors ist damit grundsätzlich von der Raumverträglichkeit des Vorhabens auszugehen, diejenigen unter den zwingend zu prüfenden Standort- oder Trassenalternativen (§ 15 Abs. 1 S. 3 ROG), welche als deutlich ungünstiger beurteilt worden

---

[154] Hier müssen zunächst die Netzbetreiber der Öffentlichkeit Gelegenheit zur Stellungnahme zum Entwurf des Netzentwicklungsplans geben (§ 12b Abs. 3 EnWG). Nach Prüfung dieses Planes hat die Bundesnetzagentur ihrerseits eine Öffentlichkeitsbeteiligung durchzuführen, unter deren Berücksichtigung sie dann über den Bedarfsplan entscheidet (§ 12c Abs. 3, Abs. 6).

[155] Vgl. § 14b Abs. 1 Nr. 1 UVPG iVm Anlage 3 zum UVPG Ziffer 1.10. Gegenstand der Öffentlichkeitsbeteiligung ist in diesem Fall der Umweltbericht, vgl. § 12c Abs. 3 S. 3 EnWG.

[156] Im Raumordnungsverfahren werden (gemäß § 15 Abs. 1 ROG) die raumbedeutsamen Auswirkungen einer Planung oder Maßnahme unter überörtlichen Gesichtspunkten geprüft, insbesondere auf Übereinstimmung mit anderen raumbedeutsamen Planungen und Maßnahmen.

[157] § 1 S. 3 Nr. 14 Raumordnungsverordnung (RoV) vom 13.12.1990 (BGBl. I, S. 2766), zuletzt geänd. d. Gesetz v. 24.02.2012 (BGBl. I, S. 212).

[158] Soweit ersichtlich, wird die Breite eines Trassenkorridors nicht einheitlich gehandhabt. Üblich scheinen vielfach Korridorbreiten von 400–1000 Metern zu sein, in Niedersachsen aber auch geringere Korridorbreiten.

sind, kommen auch später als Diskussionsvarianten grundsätzlich nicht mehr in Betracht. Im Raumordnungsverfahren kann die Öffentlichkeit einbezogen werden (§ 15 Abs. 3 S. 3 ROG), was zumeist im Wege der Auslegung mit Gelegenheit zur Äußerung erfolgt. Soweit für länderübergreifende oder grenzüberschreitende Höchstspannungsleitungen die Trassenkorridore neuerdings im Wege der nicht unumstrittenen[159] Bundesfachplanung (§§ 4 ff. NABEG) durch die Bundesnetzagentur bestimmt werden,[160] hat eine Öffentlichkeitsbeteiligung stattzufinden (§ 9 Abs. 3 bis 6 NABEG), bei der einen Monat lang die Unterlagen ausgelegt werden und dann noch einen weiteren Monat lang Einwendungen erhoben werden können, die in der Regel in einem mündlichen Erörterungstermin (§ 10 NABEG) abzuarbeiten sind.

Im abschließenden[161] Planfeststellungsverfahren wird dann über die Zulassung des Leitungsbauvorhabens, insbesondere des konkreten Leitungsverlaufs, entschieden, wobei die von dem Vorhaben berührten öffentlichen und privaten Belange im Rahmen der Abwägung zu berücksichtigen sind (§ 43 S. 3 EnWG, § 18 Abs. 3 NABEG). Um diese zu ermitteln, wird für länderübergreifende oder grenzüberschreitende Hochspannungsleitungen eine doppelte Öffentlichkeitsbeteiligung wirksam: Die Öffentlichkeit kann bereits an der Antragskonferenz teilnehmen (§ 20 NABEG) und wird in einem zweiten Schritt nochmals förmlich im Anhörungsverfahren beteiligt (§ 43a EnWG, § 22 NABEG).

c) *Ursachen für die Unzufriedenheit mit der Öffentlichkeitsbeteiligung*

Dieses Beispiel des Ausbaus der Höchstspannungsnetze mit einer sechsfachen[162] Öffentlichkeitsbeteiligung zeigt sehr anschaulich, dass das deutsche Recht durchaus Möglichkeiten vorsieht, um die Öffentlichkeit auch

---

[159] Zur kompetenziellen Kritik s. etwa *W. Durner* DVBl. 2011, 853 (855 f.); *M. Deutsch* NVwZ 2010, 1520 f.; *W. Erbguth* NVwZ 2012, 325 (329 f.). Anders demgegenüber *Chr. Calliess/M. Dross* JZ 2012, 1002 (1008).

[160] Einzelheiten bei *Weyer/Mann/Schneider* Erdleitungen (Fn. 152), 104 ff.

[161] Als vierte Stufe könnte man beim Energieleitungsbau noch die Kostenanerkennung in der Anreizregulierung benennen. Die Versagung der Kostenanerkennung in der Anreizregulierung durch die Bundesnetzagentur steht der Zulässigkeit einer Netzausbaumaßnahme zwar nicht entgegen. Sie behindert aber zumindest faktisch deren Durchführung. Die Bundesnetzagentur wird insoweit in den Planungs- und Genehmigungsverfahren regelmäßig als Träger öffentlicher Belange beteiligt. Vgl. näher *Weyer/Mann/Schneider* Erdleitungen (Fn. 152), 154 ff.

[162] Wenn man die Öffentlichkeit der Antragskonferenz bei der Bundesfachplanung gem. § 7 Abs. 2 S. 3 NABEG hinzurechnet, lassen sich sogar sieben Beteiligungsstufen ausmachen, so dann auch *C. Franzius* GewArch 2012, 225 (229).

auf den Vorstufen einer Zulassung von Großvorhaben zu beteiligen.[163] Insofern ist es nicht ganz zutreffend, wenn die gegenwärtig praktizierte Form der Öffentlichkeitsbeteiligung in der Literatur mitunter pauschal mit dem Argument kritisiert wird, Partizipationsmöglichkeiten würden erst zu einem Zeitpunkt eröffnet, zu dem die Entscheidung in der Sache bereits weitgehend getroffen worden sei.[164] Denn hier liegt eine Perspektive zugrunde, die allein auf das Planfeststellungsverfahren limitiert ist. Sachlich zutreffend ist hieran allerdings, dass im Zeitpunkt der Eröffnung des Planfeststellungsverfahrens in der Regel bereits mehrere vorgelagerte Planungsentscheidungen getroffen worden sind: Zumindest wurde der Bedarf für das Infrastrukturprojekt geprüft und festgestellt und es wurde seine Verträglichkeit mit anderen Zielvorstellungen der Raumordnung abgewogen und positiv beschieden. Zudem wurden unter Umständen bereits untaugliche Linien- oder Trassenvarianten verworfen. Vor diesem Hintergrund wird deutlich, dass die Vorstellung, man könne im abschließenden Planfeststellungsverfahren noch einmal umfassend, grundsätzlich und ergebnisoffen die Frage des „Ob" aufwerfen, rechtlich verfehlt ist.[165]

In ähnlicher Weise gilt dieser Befund auch für das konkurrierende Zulassungsmodell der Anlagengenehmigung. Insoweit ist eine Bedarfs- oder Alternativenprüfung bereits angesichts des gebundenen Charakters der Anlagengenehmigung und des Fehlens entsprechender gesetzlicher Genehmigungsvoraussetzungen nicht möglich.[166] Dennoch sind solche Anlagen ebenfalls in vertikale Strukturen der Entscheidungsfindung rückgebunden, soweit der Raumbezug der industriellen Großvorhaben im Wege der Raumordnung und Landesplanung[167] oder ihr Bedarf im Wege der

---

[163] *Burgi/Durner* Modernisierung (Fn. 29), 178 erscheint allgemein bereits die „Zahl der einzelnen Beteiligungsstufen insgesamt eher überzogen"; verhaltener *A. Schink* DVBl 2011, 1377: „ein zu Wenig an Öffentlichkeitsbeteiligung im Verfahren gibt es [...] nicht". Eine Reduktion auf zwei Beteiligungsstufen fordert *U. Numberger* in: W. Durner (Hrsg.) Die Zukunftsfähigkeit der Planfeststellung, 2010, 39 (47 f.).

[164] Siehe etwa *Rossen-Stadtfeldt* in: Hoffmann-Riem/Schmidt-Aßmann/Voßkuhle (Hrsg.) Grundlagen (Fn. 32), § 29 Rn. 71; *M. Wickel* in: M. Fehling/B. Kastner (Hrsg.) Hk-VerwR, 2. Aufl. 2010, § 73 VwVfG Rn. 106.

[165] Das gilt in besonderer Weise, wenn Infrastrukturvorhaben zudem völkerrechtlich prädestiniert sind, wie es etwa mit Blick auf den deutsch-dänischen Staatsvertrag über die feste Fehmarnbeltquerung vom 03.09.2008 (zum Vertragstext siehe das Zustimmungsgesetz vom 17.07.2009, BGBl II, S. 799) der Fall ist.

[166] Vgl. Bay. VGH, NVwZ-RR 2002, 335; *Jarass* BImSchG (Fn. 22), § 6 Rn. 45; *Beckmann* in: ders./Durner/Mann/Röckinghausen (Hrsg.) Umweltrecht (Fn. 13), § 35 KrWG Rn. 38; *Mann* in: Versteyl/Mann/Schomerus KrWG (Fn. 13), § 35 Rn. 27.

[167] Zur Rücksichtnahme auf die Ziele der Raumordnung bei der immissionsschutzrechtlichen Genehmigung vgl. *Jarass* BImSchG (Fn. 22), § 6 Rn. 37; *Dietlein* in: Beck-

Fachplanung zu bewältigen ist, so etwa für Abfallentsorgungsanlagen in den unter Öffentlichkeitsbeteiligung zu erstellenden Abfallwirtschaftsplänen.[168]

Ob dem Anliegen nach einer Mitsprachemöglichkeit allerdings allein durch eine weitere Multiplizierung von Öffentlichkeitsbeteiligungen auf den verschiedenen Planungsstufen gedient werden kann, erscheint zweifelhaft. Die allenthalben konstatierte Unzufriedenheit mit den bestehenden Partizipationsmöglichkeiten ist jenseits einer abstrakten Staatsverdrossenheit vor allem durch strukturelle Defizite begründet:

(aa) Wie gezeigt, müssten Argumente, die den grundsätzlichen Bedarf oder Trassenkorridore betreffen, de lege lata bereits bei der Öffentlichkeitsbeteiligung in den projektvorbereitenden Planungsebenen, nicht erst im Erörterungstermin des Planfeststellungsverfahrens vorgebracht werden, um Berücksichtigung finden zu können. Umgekehrt werden bei den Öffentlichkeitsbeteiligungen auf den vorgelagerten Stufen der Vorhabenkonkretisierung von den Bürgern aber auch konkrete Argumente vorgetragen, welche aber noch gar nicht entscheidungsrelevant sind, wenn es in diesem Planungsstadium zunächst nur um den allgemeinen Bedarf oder die Grobtrassierung geht. Hieraus entsteht ein Dilemma: Die durchaus vorhandenen Möglichkeiten einer Partizipation an der vorgelagerten Planung lassen für die Bürger nicht immer erkennen, zu welchem Zeitpunkt welche ihrer Argumente Gehör finden werden.[169] Hierdurch entsteht sehr schnell der Eindruck, mit seinen Bedenken nicht ernst genommen zu werden.[170]

---

mann/Durner/Mann/Röckinghausen (Hrsg.) Umweltrecht (Fn. 13), § 6 BImSchG Rn. 49 ff. (Stand der Bearbeitung: Juli 2011).

[168] Vgl. § 30 Abs. 1 S. 1 Nr. 4 KrWG, dazu *Beckmann* in: ders./Durner/Mann/Röckinghausen (Hrsg.) Umweltrecht (Fn. 13), § 30 KrWG Rn. 62 ff. (Stand der Bearbeitung: Juni 2012). Zur Abstimmung mit den Zielen, Grundsätzen und Erfordernissen der Raumplanung s. § 30 Abs. 5 KrWG, zur Öffentlichkeitsbeteiligung bei der Aufstellung von Abfallwirtschaftsplänen s. § 32 KrWG.

[169] So auch – speziell mit Blick auf den Energieleitungsbau – *Sachverständigenrat für Umweltfragen* Wege zur 100 % erneuerbaren Stromversorgung, 2011, Tz. 568 f.; *Chr. Calliess/M. Dross* JZ 2012, 1002 (1003). Das gilt insbesondere dann, wenn es zu bei Großverfahren nicht unüblichen Verschiebungen in der Tagesordnung auf den nächsten Verhandlungstag kommt und sich berufstätige Einwender nicht noch einen weiteren Tag für die Teilnahme am Erörterungstermin frei nehmen können.

[170] Nach Einschätzung von *Günter Gaentzsch*, Verhandlungsleiter im Erörterungstermin zum Ausbau des Frankfurter Flughafens, soll gut 90 % des im 102 Tage dauernden Erörterungstermin Gesprochenen für die zu treffende Entscheidung über das Vorhaben rechtlich „ganz und gar unerheblich" gewesen sein, s. *Gaentzsch* FS Sellner (Fn. 149), 233 f.

(bb) Ergänzend entstehen Friktionen durch fehlende Zeitgerechtigkeit. Die durchschnittliche Dauer für die Realisierung eines Großvorhabens ist bei ca. 15 bis 20 Jahren zu veranschlagen.[171] Dies hat zur Folge, dass die Zeitspanne zwischen den vorgelagerten Planungsstufen und dem Planfeststellungsverfahren so groß sein kann, dass sich zwischenzeitlich neue Argumente für oder gegen das Großvorhaben ergeben können oder schlicht aus Altersgründen ein personeller Wechsel in der interessierten Öffentlichkeit stattfindet. Beide Faktoren verstärken den Bedarf nach erneuter grundsätzlicher Erörterung des „Ob" von Großvorhaben.[172]

(cc) Hinzu tritt eine Unübersichtlichkeit beim Kreis der Beteiligungsberechtigten. Ein Blick in die einschlägigen Fachgesetze, das VwVfG und das UVP-Gesetz offenbart eine intransparente Begriffsvielfalt an Subkategorien der „Öffentlichkeit", wenn es um die Frage geht, wer berechtigt ist, Unterlagen einzusehen, Äußerungen abzugeben oder Einwendungen zu erheben.[173] Das Zuordnungsproblem betrifft insbesondere auch die zukünftigen Nutzer der geplanten Großvorhaben, die als eigenständige Subkategorie der Öffentlichkeit soweit ersichtlich gar nicht auftauchen. Dass ihre Interessen nicht nur als marginaler Unterfall des öffentlichen Interesses in die Abwägungsentscheidung einzubeziehen sind, hat das Bundesverwaltungsgericht im fachgesetzlichen Kontext des Luftverkehrsrechts schon mehrfach mit Blick auf die Interessen der künftigen Flughafennutzer betont.[174]

---

[171] Vgl. *Chr. Müllmann* DVBl. 1993, 637; *B. Schirmer* DVBl. 2010, 1349; *Burgi/Durner* Modernisierung (Fn. 29), 156.

[172] In diesem Sinne auch *R. Klinger* ZUR 2012, 201.

[173] Darauf haben *Burgi/Durner* Modernisierung (Fn. 29), 160 f. mit dem Hinweis aufmerksam gemacht, dass bisweilen verfahrensverzögernde Streitigkeiten darüber geführt werden, ob jemand einer bestimmten Subkategorie zuzurechnen sei. Ihnen folgend *Ziekow* Gutachten DJT (Fn. 85), D 61 f.; Das Spektrum sieht eine Berechtigung für Jedermann (§ 12 Abs. 1 der 9. BImSchV), „jede Person" (§ 9 Abs. 6 NABEG) oder „die Öffentlichkeit" (§ 9 Abs. 1 S. 1 UVPG; § 10 Abs. 1 S. 1 ROG; § 32 Abs. 1 KrWG; § 9 Abs. 3 NABEG) vor, mitunter haben das Recht nur „Betroffene" (§ 73 Abs. 6 VwVfG), „jeder, dessen Belange durch das Vorhaben berührt werden" (§ 73 Abs. 4 S. 1 VwVfG) oder die „betroffene Öffentlichkeit" (§ 9 Abs. 1 S. 2 UVPG iVm § 2 Abs. 6 S. 2 UVPG; § 10 Abs. 1 S. 4 ROG) bzw. „nicht ortsansässige Betroffene" (§ 17a Nr. 4 FStrG; § 14a Nr. 4 WaStrG; § 73 Abs. 5 S. 3 VwVfG).

[174] BVerwGE 82, 246 ff. (standortbezogene gewerbliche Unternehmen als Flughafennutzer); BVerwG, LKV 2008, 226 (227: angesiedeltes Fluggunternehmen bzgl. Entscheidung über Schließung eines Flughafens). Gleiches wird man wohl auch mit Blick auf private Eisenbahnverkehrsunternehmen, die einen gesetzlichen Netzzugangsanspruch haben (§ 14 Abs. 2 AEG), mit Blick auf die Stilllegung oder Neuerrichtung von Eisenbahnstrecken anzunehmen haben.

Nun mag diese terminologische Intransparenz in horizontaler Hinsicht eine negative Begleiterscheinung der vielfach kritisierten[175] Dekodifikation des Verwaltungsverfahrensrechts durch verfahrensrechtliche Ausdifferenzierung des Fachplanungsrechts sein. Doch auch innerhalb des Planfeststellungsverfahrens des VwVfG ist die vertikale Zuordnung zu den Subkategorien der Öffentlichkeit nicht immer eindeutig, wie die unterschiedlichen Rechtsauffassungen zum Kreis der Einsichtnahmeberechtigten[176] oder zu der mit Blick auf den Erörterungstermin getroffenen Differenzierung zwischen Einwendern und Betroffenen[177] belegen.

Um insoweit eine bessere Übersichtlichkeit herzustellen, ist vorgeschlagen worden, durchgängig auf die allgemeine Öffentlichkeit abzustellen und den Erörterungstermin damit, wie es inzwischen etwa bereits im Immissionsschutzrecht (§ 18 Abs. 1 S. 1 der 9. BImSchV) geschehen ist, öffentlich zu machen.[178] Eine derart allgemein publikumsoffene Ausgestaltung legt allerdings die Befürchtung nahe, dass die Erörterungstermine noch

[175] Vgl. etwa *R. Wahl* in: W. Hoffmann-Riem/E. Schmidt-Aßmann/G. F. Schuppert (Hrsg.) Reform des allgemeinen Verwaltungsrechts, 1993, 177 (214f.); *Kahl* in: Hoffmann-Riem/Schmidt-Aßmann (Hrsg.) Verwaltungsverfahren (Fn. 23), 71ff.; *Burgi/Durner* Modernisierung (Fn. 29), 20f.; *W. Hoffmann-Riem* in: ders./E. Schmidt-Aßmann (Hrsg.) Verwaltungsverfahren (Fn. 23), 9 (29 f.).

[176] Obwohl § 73 Abs. 2, Abs. 3 S. 1 VwVfG den Kreis der zur Einsichtnahme in die ausgelegten Unterlagen Berechtigten nicht begrenzt, kann anders als bei der voraussetzungslosen Einwendungsbefugnis im Immissionsschutz- oder Atomrecht (vgl. § 10 Abs. 3 S. 4 BImSchG, § 18 Abs. 1 der 9. BImSchV; § 7 AtVfV) Einwendungen nur derjenige erheben, „dessen Belange durch das Vorhaben berührt werden" (§ 73 Abs. 4 VwVfG). Hieraus wird bisweilen im Wege der teleologischen Reduktion gefolgert, dass einsichtnahmeberechtigt nicht jedermann, sondern nur diejenigen sein können, die auch einwendungsberechtigt seien, vgl. *H. J. Bonk/W. Neumann* in: P. Stelkens/H.-J. Bonk/M. Sachs (Hrsg.) VwVfG, 7. Aufl. 2008, § 73 Rn. 64; *J. Ziekow* Verwaltungsverfahrensgesetz, 2006, § 73 Rn. 33; aA *Wickel* in: Fehling/Kastner (Hrsg.) VwVfG (Fn. 164), § 73 VwVfG Rn. 67; *E. Allesch/R. Häußler* in: K. Obermayer (Hrsg.) Kommentar zum VwVfG, 3. Aufl. 1999, § 73 Rn. 77.

[177] Die anschließende Pflicht zur Erörterung im grundsätzlich nicht öffentlichen (vgl. § 73 Abs. 6 S. 6 iVm § 68 Abs. 1 S. 1 VwVfG) Erörterungstermin besteht hingegen gegenüber „den Betroffenen sowie den Personen, die Einwendungen erhoben haben" (§ 73 Abs. 6 S. 1 VwVfG). Die Einwender müssen also nicht zugleich auch Betroffene sein (vgl. *C. H. Ule/H.-W. Laubinger* Verwaltungsverfahrensrecht, 4. Aufl. 1995, § 40 Rn. 37), doch werden als Betroffene nicht nur die rechtlich Betroffenen angesehen, sondern auch die sonstwie Betroffenen, unabhängig davon, ob sie Einwendungen erhoben haben oder nicht, (BVerwG, DÖV 1998, 341 (342); *Dürr* in: Knack/Henneke (Hrsg.) VwVfG (Fn. 68), § 73 Rn. 83; *Kopp/Ramsauer* VwVfG (Fn. 80), § 73 Rn. 107.

[178] *Kaltenborn* Streitvermeidung (Fn. 75), 50; *B. Stüer* in: W. Durner (Hrsg.) Die Zukunftsfähigkeit der Planfeststellung, 10 (15); *Burgi/Durner* Modernisierung (Fn. 29), 163.

mehr als bereits heutzutage[179] in ein Forum für Grundsatzdiskussionen und destruktive Störaktionen abgleiten werden. Im Interesse einer sachdienlichen und konstruktiven Auseinandersetzung mit den Ängsten und Argumenten der konkret Projektbetroffenen dürfte demgegenüber viel eher eine Eingrenzung des Zugangs zum Erörterungstermin anzustreben sein. Dies setzt aus kompensatorischen Gründen allerdings voraus, dass sich ein gestuftes Beteiligungskonzept entwickeln lässt, das die vielfältigen Gegenstände und Möglichkeiten einer Öffentlichkeitsbeteiligung auf ein konsistentes und luzides Grundmuster zurückführt.

2. *Die Grundstruktur einer Kaskade entscheidungsadäquater Öffentlichkeitsbeteiligung*

Für die Strukturierung eines solchen Beteiligungskonzepts wird man auf die verfassungsrechtlichen Grundeinsichten zur rechtsstaatlichen und demokratischen Dimension der Öffentlichkeitsbeteiligung zurückgreifen können. Diese können eine Ordnungsfunktion übernehmen, indem man sie an dem vorangehend skizzierten dreistufigen Planungsverbund spiegelt und auf diese Weise zu einer Kaskade der Öffentlichkeitsbeteiligung gelangt. Nur wenn man den Kreis der einzubeziehenden Öffentlichkeit entsprechend dem Gegenstand der einzelnen Verfahrensstufen und dem politischen Gehalt der zu treffenden Entscheidungen bestimmt und thematische Begrenzungen vornimmt, wird es auch möglich sein, die legitimationsverstärkende Wirkung einer vom Legitimationssubjekt „Volk" entkoppelten Partizipation zur Entfaltung zu bringen.[180]

a) *Das demokratisch geöffnete Bedarfserörterungsverfahren*

Auf der ersten Stufe, auf der zu entscheiden ist, ob für ein grob nach Art, Standort und Kosten definiertes Großvorhaben ein Bedarf besteht, ist eine Entscheidung von hohem politischen Gehalt zu treffen. Hier ist die zu bewältigende Agenda noch offen für grundsätzliche Erwägungen, die ökonomische, ökologische und gesellschaftspolitische Belange berück-

---

179 Vgl. dazu die Schilderungen bei *Gaentzsch* FS Sellner (Fn. 149), 231 f.; *M. Dippel* NVwZ 2010, 145 (145 f., 148 f.); *M. Ronellenfitsch* Einführung in das Planungsrecht, 1986, 111 („Plage des Anhörungsverfahrens"); *A. Schink* DVBl. 2011, 1377 (1378): „Kampfarena", „Farce"; s. auch *J.-P. Schneider* Planungs-, genehmigungs- und naturschutzrechtliche Fragen des Netzausbaus und der untertägigen Speicherrichtung zur Integration erneuerbarer Energien in die deutsche Stromversorgung, 2010, 12 („Form vorrangig symbolischer Rituale").

180 So im Ansatz auch *Gärditz* Planungsrecht (Fn. 90), 68 und *W. Köck/N. Salzborn* ZUR 2012, 203 (208).

sichtigen müssen. Wegen der geweiteten Perspektive bleiben konkrete und individuelle Rechtsbeeinträchtigungen demgegenüber noch unbeachtlich. Damit treten die zentralen rechtsstaatlich und grundrechtlich fundierten Motive der Öffentlichkeitsbeteiligung – Informationsgewinnung über die Situation vor Ort, frühzeitige Rechtewahrung – hier in den Hintergrund oder bleiben vollends ausgeblendet.[181] Gerade wegen der normativ schwachen Determinierung bei gleichzeitiger politischer Dimension der Bedarfsplanung besteht insoweit Raum, um die legitimationsverstärkende demokratische Facette der Öffentlichkeitsbeteiligung zum Ansatz zu bringen.[182] Bei der Bestimmung der partizipationsberechtigten Subkategorie der Öffentlichkeit wird man daher auch einen weiten Kreis ziehen müssen, insbesondere sollte angesichts des Grundsatzcharakters und der Allgemeinheit der Fragestellungen auf eine Eingrenzung nach rechtlicher Betroffenheit verzichtet werden.

Eine Öffentlichkeitsbeteiligung auf dieser Stufe ermöglicht ein Vorbringen auch zu grundlegenden Fragen, wie etwa über die nachhaltige Zukunft der Infrastrukturen, Interdependenzen ökologischer Systeme oder ideologisch gewünschte Alternativen zu klassischen Entwicklungsmustern. Solches Vorbringen ist auf der Ebene des planfeststellungsrechtlichen Erörterungstermins deplatziert, könnte im Rahmen der Bedarfserörterung aber zur Gewinnung von Rationalitätskriterien beitragen. Darüber hinaus sieht das UVP-Gesetz hier auch den Ort für eine weite Alternativenprüfung.[183] Die Stellungnahmen sind zu dokumentieren und dienen der für die Bedarfsprüfung zuständigen Stelle als Entscheidungshilfe. Ansonsten muss sichergestellt bleiben, dass die Öffentlichkeitsbeteiligung hier nur der Generierung entscheidungserheblicher Argumente dient, die abschließende Planungsentscheidung aber eigenverantwortlich von

---

[181] Das mag ein Grund dafür sein, warum in einigen Infrastrukturbereichen außerhalb der Straßenplanung und des Energienetzausbaus die Phase der Bedarfsfestlegung normativ gar nicht oder nur schwach determiniert oder frei von Partizipationsmöglichkeiten der Öffentlichkeit geblieben ist.

[182] So aus soziologischer Sicht bereits *P. Dienel* Die Verwaltung 4 (1971), 151 (159); für eine Öffentlichkeitsbeteiligung bei der Bedarfsfrage auch *C. Franzius* GewArch 2012, 225 (229 f.). Genau an dieser Stelle setzt daher auch das von *Martin Burgi* vorgeschlagene Modell des Bedarfserörterungsverfahrens an, das bereits im Vorfeld des eigentlichen Planfeststellungsverfahrens eine politische Teilhabemöglichkeit eröffnen möchte, vgl. *M. Burgi* NVwZ 2012, 277 (278 ff.); ähnlich mit Blick auf ein „Bedarfsprüfungsverfahren" für industrielle Großvorhaben *A. Schink* ZG 2011, 226 (247).

[183] Vgl. § 19b Abs. 2 UVPG iVm Nummer 1.1. der Anlage zum UVPG mit Blick auf „Bedarfspläne nach einem Verkehrswegeausbaugesetz des Bundes". Insoweit positive Bewertung auch bei *Ziekow* Gutachten DJT (Fn. 85), D 91 f.

einer demokratisch legitimierten staatlichen Stelle zu treffen ist.[184] Gerade wenn Vorhaben am Ende der Bedarfsprüfung in einen als Gesetz beschlossenen Bedarfsplan aufgenommen werden und damit die Entscheidung für die spätere Planrechtfertigung verbindlich wird,[185] strahlt eine Öffentlichkeitsbeteiligung in diesem Planungsabschnitt auch bereits auf das spätere Planfeststellungsverfahren aus.[186]

b) *Die rechtsstaatliche Öffentlichkeitsbeteiligung im Planfeststellungsverfahren*

Die genau umgekehrte Konstellation im rechtsstaatlichen und demokratischen Spannungsfeld begegnet uns auf der letzten Stufe, der Öffentlichkeitsbeteiligung im Planfeststellungsverfahren. Hier dominieren aufgrund des bereits verengten räumlichen Zuschnitts und der nun anstehenden parzellenscharfen Konkretisierung des Vorhabens die oben genannten rechtsstaatlichen Zwecke der Öffentlichkeitsbeteiligung. Es geht in dieser letzten Projektphase innerhalb der dreigestuften Planungskaskade jedoch nicht mehr darum, jeden mündigen Bürger über das „Ob" des Großvorhabens mitdiskutieren zu lassen. Es sollte daher möglich sein, Personen, die keine subjektiven Rechte oder keine durch räumlichen Bezug berührte Belange zu dem auf dieser Stufe konkret projektierten Großvorhaben aufweisen können, verfahrensrechtlich auszugrenzen.[187]

---

[184] Bei privaten Vorhabenträgern bleibt die Entscheidung zur Realisierung des Großvorhabens auf dieser Stufe ohnehin noch Ausfluss ihrer privatrechtlichen Autonomie, so zutreffend *P. Schütte* ZUR 2011, 169 (170); *A. Schink* DVBl. 2011, 1377 (1383). Insoweit stellt die durch § 12a Abs. 2 und § 12b Abs. 3, § 12c Abs. 3, 6 EnWG den Netzbetreibern zur Pflicht gemachte Berücksichtigung der Öffentlichkeitsbeteiligung bei der Erstellung des Szenariorahmens und dem Entwurf des nationalen Netzentwicklungsplans einen Sonderfall dar.

[185] Vgl. BVerwGE 100, 388 (390); 120, 87 (99 f.); 128, 1 (14, 63 in Tz. 24 und 134), jeweils auch zu der Möglichkeit, dass der kraft gesetzgeberischer Entscheidung festgestellte Bedarf als in ein die Abwägung einzustellender Posten von anderen gewichtigeren Belangen überwunden werden kann.

[186] Die Dokumentation der Öffentlichkeitsbeteiligung im Rahmen der Bedarfserörterung kann bei der Abwägung (Fn. 185) vielmehr als Anhaltspunkt dienen, ob sich seitdem Verschiebungen in der Bewertung der Bedarfslage ergeben haben.

[187] Eine Sonderrolle fällt insoweit allerdings noch den Umweltverbänden zu, denen in allen Zulassungsverfahren, die gemäß der IVU-Richtlinie und der UVP-Richtlinie eine Öffentlichkeitsbeteiligung vorsehen, durch eine Änderung des Umweltrechtsbehelfsgesetzes nach der Maßgabe der Trianel-Entscheidung des EuGH (EuGH, Urt. v. 12. 05. 2011, Rs. C-115/09, NVwZ 2011, 801 ff.) sogar eine Verbandsklagemöglichkeit einzuräumen sein wird, vgl. dazu *B. W. Wegener* ZUR 2011, 363 (365 f.); *W. Köck/N. Salzborn* ZUR 2012, 203 (207).

Mir ist bewusst, dass dieser restriktive Vorschlag sehr unmodisch ist, weil er sowohl der vor einigen Jahren vollzogenen Öffnung des immissionsschutzrechtlichen Erörterungstermins,[188] der Tendenz des diesjährigen Juristentages, „jedermann" die Befugnis zur Abgabe von Einwendungen zuzuweisen,[189] als auch den vieldiskutierten[190] und nun in einen aktuellen Gesetzentwurf gegossenen Plänen[191] widerspricht, durch Schaffung einer fakultativen[192] vorgezogenen Öffentlichkeitsbeteiligung nach

---

[188] Durch Art. 5 Nr. 11 des Gesetzes zur Umsetzung der UVP-Änderungsrichtlinie vom 27. 07. 2001 (BGBl. I, S. 1950) wurde die ehemalige Beschränkung des Teilnehmerkreises auf diejenigen, die rechtzeitig Einwendungen erhoben haben, aufgehoben und in § 18 Abs. 1 S. 1 der 9. BImSchV der Erörterungstermin öffentlich gemacht. Demnach sind nunmehr auch Personen, die keine Einwendungen erhoben haben, teilnahme- und redeberechtigt, vgl. *Jarass* BImSchG (Fn. 22), § 10 Rn. 83; *Dietlein* in: Beckmann/Durner/Mann/Röckinghausen (Hrsg.) Umweltrecht (Fn. 167), § 10 BImSchG Rn. 227 (Stand der Bearbeitung: Juli 2009); aA *R. Enders/M. Krings* DVBl. 2001, 1389 (1399).

[189] Vgl. *69. Deutscher Juristentag* Beschlüsse, 2012, 14, Beschluss Nr. 21 der Abteilung Öffentliches Recht. Aus der Hervorhebung der *frühzeitigen* Beteiligung in Beschluss Nr. 22 ist davon auszugehen, dass mit „Einwendungen und Stellungnahmen" auch der Erörterungstermin im Planfeststellungsverfahren erfasst sein soll.

[190] Die Forderung nach vorgezogener Bürgerbeteiligung kann auf eine jahrzehntelange Vorgeschichte in der planungsrechtlichen Fachdiskussion verweisen, s. nur die Beiträge in: *Blümel* (Hrsg.) Bürgerbeteiligung (Fn. 68). In jüngerer Zeit vorgeschlagen etwa vom *Freie und Hansestadt Hamburg* (Hrsg.) Bericht der Kommission zur Beschleunigung und Effizienzsteigerung bei Planfeststellungen, 2005, als pdf-Dokument abrufbar unter http://epub.sub.uni-hamburg.de/epub/volltexte/2008/880/, 6 ff.; *Beirat Verwaltungsverfahrensrecht* beim BMI, NVwZ 2011, 859 f.; Entschließungsantrag der Landesregierung Baden-Württemberg, BR-Dr. 135/11; *Fehling* Eigenwert (Fn. 2), 300; *A. Fisahn* ZUR 2004, 136 (138 f.); *H. Pünder* Die Verwaltung 38 (2005), 1 (23 f.); *Wickel* in: Fehling/Kastner, VwVfG (Fn. 164), § 73 VwVfG Rn. 106; *B. Stüer/D. Buchsteiner* UPR 2011, 335 (340); *Beckmann* in: Erbguth/Kluth, Planungsrecht (Fn. 21), 155 f.; *A. Guckelberger* VerwArch 113 (2012), 38 (57 ff.); *Th. Groß* BauR 2012, 1340 (1341 f.); kritisch demgegenüber *Burgi/Durner* Modernisierung (Fn. 29), 176 ff.; *M. Bertrams* NWVBl. 2012, 289 (293).

[191] Vgl. den Entwurf eines Gesetzes zur Verbesserung der Öffentlichkeitsbeteiligung und Vereinheitlichung von Planfeststellungsverfahren (PlVereinhG) vom 16. 05. 2012, BT-Dr. 17/9666 sowie die zugehörige Stellungnahme des Bundesrates vom 11. 05. 2012, BR-Dr. 171/12 (Beschluss).

[192] Gemäß Art. 1 Nr. 3 b) des PlVereinhG soll § 25 VwVfG um einen Abs. 3 folgenden Wortlauts ergänzt werden: „Die Behörde wirkt darauf hin, dass der Träger bei der Planung von Vorhaben, die nicht nur unwesentliche Auswirkungen auf die Belange einer größeren Zahl von Dritten haben können, die betroffene Öffentlichkeit frühzeitig über die Ziele des Vorhabens, die Mittel, es zu verwirklichen, und die voraussichtlichen Auswirkungen des Vorhabens unterrichtet (frühe Öffentlichkeitsbeteiligung) [...].". Kritisch dazu *R. Klinger* ZUR 2012, 201 f.

Vorbild des § 3 BauGB[193] eine erneute Diskussion des „Ob“ eines Vorhabens unmittelbar vor der Eröffnung des Planfeststellungsverfahrens zu ermöglichen. Der restriktive Vorschlag erscheint mir vor dem verfassungsrechtlichen Hintergrund jedoch geboten und auch sachlich sinnvoll, weil er das Erörterungsverfahren verschlanken und auf seine eigentliche Kernfunktion zurückführen könnte, anstatt vor den beklagten Auswüchsen der Erörterungstermine durch deren Optionalstellung[194] oder gar Abschaffung[195] zu kapitulieren. Europäische Vorgaben sehe ich nicht verletzt: Die strategische Umweltprüfung findet auf den vorgelagerten Stufen statt und das UVPG verlangt auch nur, dass der „betroffenen Öffentlichkeit … im Rahmen der Beteiligung Gelegenheit zur Äußerung“ zu geben ist (§ 9 Abs. 1 S. 2 UVPG) – das sind diejenigen, „deren Belange durch eine Entscheidung … berührt werden“ (§ 2 Abs. 6 S. 2 UVPG).

c) *Die Gelenkfunktion der raumordnerischen Öffentlichkeitsbeteiligung*

Problematischer wird es in dem Zwischenbereich der Raumordnung, in dem eine Grobtrassierung durch Festlegung der zu sichernden Standorte und Trassen für Infrastrukturen erfolgt (§ 8 Abs. 5 S. 1 Nr. 3, § 15 Abs. 1 S. 3 ROG). Dem Charakter der Raumordnungsplanung Rechnung tragend erfolgt hier eine schematisierte Linienführung aus überörtlicher Sicht, die noch von den örtlichen Besonderheiten der künftigen Trasse abstrahiert. Die Prüfung lokaler Einzelheiten soll ebenso wie die Prüfung spezifisch fachgesetzlicher Anforderungen der Planfeststellung vorbehalten bleiben.[196] Eine Öffentlichkeitsbeteiligung auf dieser Stufe der Planungskas-

---

[193] Dazu im Überblick *W. Erbguth* in: P. J. Tettinger/W. Erbguth/Th. Mann, Besonderes Verwaltungsrecht, 11. Aufl. 2012, Rn. 900 ff. Auch die strategische Umweltprüfung bei annähernd allen vorgelagerten planerischen Entscheidungsstufen rezipiert diese Idee einer frühen Öffentlichkeitsbeteiligung, hier allerdings allein bezogen auf Umweltauswirkungen.

[194] So wurde etwa durch Art. 1 Nr. 3 des Gesetzes zur Reduzierung und Beschleunigung von immissionsschutzrechtlichen Genehmigungsverfahren vom 23. 10. 2007 (BGBl. I, S. 2470) die Durchführung des immissionsschutzrechtlichen Erörterungstermins einer Entscheidung der Genehmigungsbehörde überlassen (vgl. § 10 Abs. 6 BImSchG). Kritisch *P. Cancik* DVBl. 2007, 107 ff. Weitere optionale Erörterungstermine finden sich in der Verkehrswegezulassung und beim Netzausbau, vgl. §§ 18a Nr. 5 S. 1 AEG, 17a Nr. 5 S. 1 FStrG, 14a Nr. 5 S. 1 WaStrG, 43a Nr. 5 S. 2 EnWG.

[195] Siehe die Argumente pro und contra bei *A. Guckelberger* DÖV 2006, 97 (101 ff.). Bei unversöhnlich gegenüberstehenden Positionen für eine Entbehrlichkeit des Erörterungstermins *M. Dippel* NVwZ 2010, 145 (152 f.).

[196] Zum Problem einer demgegenüber immer konkreter werdenden Raumplanung s. *Steinberg/Wickel/Müller* Fachplanung (Fn. 15), § 7 Rn. 53 ff.; *C. Franzius* GewArch 2012, 225 (226).

kade (Umweltprüfung, §§ 9 f. ROG) dient aus verfassungsrechtlicher Sicht gleichberechtigt sowohl rechtsstaatlichen als auch demokratisch-legitimatorischen Zwecken.

Wegen der Bindungswirkung der raumordnerischen Grobtrassen- und Standortvorgaben für die spätere Planfeststellung[197] ist der Gedanke der frühzeitigen Rechtewahrung tangiert, soweit aufgrund der raumrelevanten Auswirkungen bereits eine Beeinträchtigung von Rechten oder Belangen absehbar wird. Nicht raumrelevante Auswirkungen des Vorhabens auf private Belange oder noch nicht konkretisierbare Beeinträchtigungen müssen auf dieser Stufe jedoch unberücksichtigt bleiben, da dem Grundrechtsschutz durch Verfahren insoweit noch ausreichend im späteren Planfeststellungsverfahren Rechnung getragen werden kann.[198] Soweit es weiter darum geht, die von der Planung konkret berührten öffentlichen und privaten Belange umfassend zu ermitteln, ist auch unter dem rechtsstaatlichen Gesichtspunkt der Gesetzmäßigkeit der Verwaltung eine Mitwirkung der von der Planung Betroffenen gerechtfertigt, jedoch wird man insoweit einschränkend einräumen müssen, dass auf der für die Raumordnung notwendigen räumlichen Abstraktionshöhe viele Informationen über raumbedeutsame Belange heutzutage bereits auf anderem Wege, insbesondere über die Möglichkeiten des Internets, zu beschaffen sind. Die rechtsstaatliche Begründungslinie ist mithin vorhanden, aber bei weitem nicht so stark ausgeprägt wie bei der späteren, räumlich konkretisierten Planfeststellung.

Demgegenüber kommt der Gedanke einer demokratischen Legitimationsverstärkung durch Öffentlichkeitsbeteiligung hier ähnlich wie bei der Bedarfsprüfung zum Tragen: Die schwache normative Vorprägung und die Notwendigkeit einer Abstimmung der groben Linien- oder Trassenführung mit den anderen Anforderungen an die Raumnutzung weist einen allgemeinen politisch-diskursiven Gehalt auf, so dass es angezeigt ist, eine

---

[197] Zur Bindung an die mit einer Linienbestimmung getroffene Planungsentscheidung s. BVerwGE 104, 236 (252); zur Bindungswirkung der (luftverkehrsrechtlichen) Planfeststellungsbehörde an die als Ziel der Landesplanung getroffene raumordnerische Standortentscheidung (für einen Flughafen) vgl. BVerwGE 125, 116 (137 ff.); aus der Lit.: *Steinberg/Wickel/Müller* Fachplanung (Fn. 15), § 7 Rn. 52; *Wahl* FS Sellner (Fn. 104), 170 ff.; *M. Kment* NuR 2010, 392 (394 f.); *M. Appel* UPR 2011, 161 (162 ff.).

[198] Vgl. zur Parallelproblematik bei der frühzeitigen Beteiligung nach § 3 BauGB *U. Battis* in: ders./M. Krautzberger/R.-P. Löhr, BauGB, 11. Aufl. 2009, § 3 Rn. 4; zur gegenwärtigen Rechtlage bei Raumordnungsplänen *Runkel* in: Spannowsky/Runkel/Goppel, ROG (Fn. 8), § 10 Rn. 11; zum Raumordnungsverfahren *K. Goppel* ebd., § 15 Rn. 64; Private sind nicht verpflichtet, ihr Recht auf Beteiligung durch Mitteilung ihrer Betroffenheit wahrzunehmen. Dementsprechend fehlt dem ROG auch eine Präklusionsnorm zum Ausschluss verspätet vorgebrachter Belange.

Öffentlichkeitsbeteiligung auch auf dieser Stufe ohne Nachweis der persönlichen Rechtsbetroffenheit zu etablieren,[199] wie es § 10 Abs. 1 ROG auch heute bereits vorsieht. Die zusammenfassende Erklärung, auf welche Art und Weise die Stellungnahmen der Öffentlichkeit in dem Aufstellungsverfahren berücksichtigt worden sind, bildet als ein dem Raumordnungsplan beizufügendes Dokument (§ 11 Abs. 3 ROG) eine Verkörperung der Ergebnisse der Öffentlichkeitsbeteiligung und kann auch zur Information der Planfeststellungsbehörde im anschließenden Planfeststellungsverfahren herangezogen werden.

3. Flankierende Gelingensbedingungen der Beteiligungskaskade

Zur Umsetzung dieses Kaskadenkonzepts de lege ferenda bedarf es allerdings nicht nur eines Tätigwerdens des Gesetzgebers, der auf der ersten Stufe eine obligatorische Bedarfserörterung für alle infrastrukturellen Großvorhaben einführen[200] und im Erörterungstermin eine rechtlich radizierte Einengung des Beteiligtenkreises regeln müsste. Als weitere Gelingensbedingung ist darüber hinaus vor allem auch ein Ausbau der Kommunikation erforderlich. Dies gilt zum einen, um den Bürgern die Gegenstände und Funktionen der einzelnen Planungsebenen verständlich zu machen und ihnen deutlich vor Augen zu führen, an welcher Stelle in der Planungskaskade welche Argumente Gehör finden,[201] zum anderen aber auch, um auf den vorgelagerten Planungsstufen eine verbesserte Mobilisierung der interessierten Öffentlichkeit zu erreichen.[202] Das mag bei der Bedarfsplanung wegen der sachimmanenten Informationsasymmetrie schwierig sein – auch bislang schon artikulieren sich in erster Linie Verbände als Gegenöffentlichkeit zu den Fragen des „Ob" –, doch spätestens bei der raumplanerischen Grobtrassierung müssen die Möglichkeiten der Öffentlichkeitsbeteiligung stärker als in der bisherigen Praxis kommuniziert werden, um die Betroffenheitssensoren der Bevölkerung frühzeitig zu

---

[199] In diesem Sinne auch *Ziekow* Gutachten DJT (Fn. 85), D 94; *Runkel* in: Spannowsky/Runkel/Goppel, ROG (Fn. 8), § 10 Rn. 10 („demokratische Teilhabe").

[200] Zur Befugnis des Gesetzgebers, Bedarfsprüfungen einzuführen s. grundlegend *Th. Groß* VerwArch 88 (1997), 89 (102 ff.); vgl. auch *C. Franzius* GewArch 2012, 225 (230).

[201] Eine Intransparenz der Grenzziehung zwischen Raumordnungs- und Planfeststellungsverfahren für den Bürger beklagen auch *Lewin* Bundesverkehrswege (Fn. 144), 134 f., 141, 162; *Schneider* Fragen des Netzausbaus (Fn. 179), 12; *Weyer/Mann/Schneider* Erdleitungen (Fn. 152), 86 ff. mit konkreten Beispielen.

[202] Vgl. in diesem Sinne *A. Guckelberger* VerwArch 103 (2012), 38 (61); *69. Deutscher Juristentag* Beschlüsse, 2012, S. 12, Beschluss Nr. 5 der Abteilung Öffentliches Recht.

aktivieren.[203] In diesem Rahmen wird auch zu überlegen sein, inwieweit der Rechtsschutz phasenadäquat zu verbessern ist. Denn soweit de lege lata etwa die raumordnerische Beurteilung als solche gerichtlich nicht überprüfbar ist, sondern erst im Rahmen des Planfeststellungsverfahrens angegriffen werden kann, besteht auch aus Sicht der Betroffenen wenig Anreiz, raumordnerisch bedeutsame Einwendungen bereits im Raumordnungsverfahren vorzubringen.[204]

Im planfeststellungsrechtlichen Erörterungstermin schließlich ist aus Gründen der institutionellen Sicherung der Unparteilichkeit und um die Objektivität der Planfeststellungsbehörde für die Einwender besser sichtbar zu machen,[205] darauf zu achten, dass die Funktionentrennung von Anhörungs- und Planfeststellungsbehörde auch durch eine verwaltungsorganisatorische Trennung flankiert[206] oder gar gleich, wie nunmehr in § 29 NABEG und § 43g EnWG vorgesehen, ein „Projektmanager" als verwaltungsexterner Moderator[207] hinzugezogen wird,[208] um ihm die Leitung des Erörterungstermins zu übertragen.[209]

---

[203] Zur unzureichenden Aktivierung der Bürgerschaft zum Zeitpunkt der Öffentlichkeitsbeteiligung in der Raumordnung s. *Fehling* Eigenwert (Fn. 2), 309.

[204] *Weyer/Mann/Schneider* Erdleitungen (Fn. 152), 86. Für einen „phasenspezifischen Rechtsschutz" auch *C. Franzius* GewArch 2012, 225 (230).

[205] Dass eine Behördentrennung für sich allein noch kein ausreichendes Mittel ist, um die Bürgerbeteiligung bei Großvorhaben zufriedenstellend lösen zu können, belegt die optimal verwirklichte organisatorische Behördentrennung im Fall „Stuttgart 21" zwischen dem Regierungspräsidium Stuttgart als Anhörungsbehörde und dem Eisenbahn-Bundesamt als Planfeststellungsbehörde, s. zu den Einzelheiten *K. Schönenbroicher* VBlBW 2010, 460 (466).

[206] Diese Forderung ist schon früh mit Blick auf „Planfeststellungen in eigener Sache" erhoben worden, vgl. *Goerlich* Verfahrensgarantien (Fn. 55), 351 und die Dokumentation bei *Fehling* Unparteilichkeit (Fn. 26), 258ff. und § 82 Abs. 1 UGB-KomE, vgl. *BMU* (Hrsg.) Umweltgesetzbuch (UGB-KomE), 1998, 138, 624. Zur Trennung von Anhörungs- und Planfeststellungbehörde vgl. § 89 Abs. 2 UBG-KomE sowie aus jüngerer Zeit etwa *Fehling* Unparteilichkeit (Fn. 26), 264f.; *Steinberg/Wickel/Müller* Fachplanung (Fn. 15), § 2 Rn. 5ff.; *C. Franzius* GewArch 2012, 225 (228); *Ziekow* Gutachten DJT (Fn. 85), D 63; *E. Gurlit* JZ 2012, 833 (840). Gegen eine „weisungsfreie Beteiligungsbehörde, die von der entscheidenden Behörde verschieden ist" nun der *69. Deutscher Juristentag* Beschlüsse, 2012, S. 13 in Beschluss 15 a) der Abteilung Öffentliches Recht.

[207] Verwaltungsrechtlich wäre ein solcher Moderator als Verwaltungshelfer zu qualifizieren, vgl. *Burgi/Durner* Modernisierung (Fn. 29), 173.

[208] Dazu *M. Burgi* Funktionale Privatisierung und Verwaltungshilfe, 1999, 138ff.; *Th. Groß* DÖV 2011, 510 (512); *A. Schink* DVBl. 2011, 1377 (1380f.); *P. Schütte* ZUR 2011, 169 (170); *R. Wulfhorst* DÖV 2011, 581 (585); vgl. auch § 4b BauGB.

[209] Zum Einsatz der hiervon zu unterscheidenden externen Mediatoren als Konfliktmittler im Planfeststellungsverfahren s. *Schmidt-Aßmann* Ordnungsidee (Fn. 30), 2. Kap. Rn. 104, 6. Kap. Rn. 136 f.; *Schmidt-Aßmann* in: Isensee/Kirchhof (Hrsg.) HStR V

Letztlich wird man auch überlegen müssen, ob die im Zuge der Beschleunigungsgesetzgebung eingefügten Vorschriften über die Heilung und die Folgen von Verfahrens- oder Formfehlern (§§ 45, 46 VwVfG) in ihrer jetzigen Form noch mit der traditionellen Idee vom Grundrechtsschutz durch Verfahren und dem aus dem europäischen Verwaltungsrecht zu rezipierenden Konzept einer Steuerung durch Verfahren[210] harmonisieren oder nicht vielmehr einer Korrektur bedürfen.[211] Immerhin hat *Michael Fehling* auf unserer vorletzten Tagung in Berlin nachgewiesen, dass der Eigenwert des Verfahrens steigt, je stärker die Interessenverarbeitung vom materiellen Recht in das Verwaltungsverfahren verlagert wird;[212] dies sei gerade „in komplexen, politisch umstrittenen Abwägungssituationen" der Fall, in denen auch der Sachverstand oft zu kontroversen Ergebnissen komme.[213]

VI. Schlussbemerkung

Damit schließt sich der Kreis. Die verwaltungsverfahrensrechtliche Bewältigung der Komplexität von Großvorhaben im Bezugsfeld von Rechtsstaat und Demokratie sieht sich gegenwärtig wieder einmal Forderungen nach stärkerer Bürgerpartizipation ausgesetzt. Das bedeutet nicht zwangsläufig, „dass die repräsentativ-parlamentarische Vermittlung des Volkswillens einen beträchtlichen Bedeutungsverlust erfahren hat"[214] und wir uns auf dem direkten Weg in eine „postrepräsentative Demokratie"[215]

(Fn. 3), § 109 Rn. 36; *Schulte* Verwaltungshandeln (Fn. 91), 45 f., 121; *H. Pünder* Die Verwaltung 38 (2005), 1 (23 f.); *Kaltenborn* Streitvermeidung (Fn. 75), 108 ff.; *J. Eisele* ZRP 2011, 113 ff.; *R. Steinberg*, ZUR 2011, 340 (345 f.); *B. Stüer/D. Buchsteiner* UPR 2011, 335 (349); *A. Schink* DVBl. 2011, 1377 (1382 f.); *Th. Siegel* DVBl. 2012, 1003 ff.; grundlegend *W. Hoffmann-Riem* Konfliktmittler in Verwaltungsverhandlungen, 1989, *passim*.

210 Zum hohen Eigenwert des Verwaltungsverfahrens für den indirekten Vollzug des Unionsrechts vgl. *Th. von Danwitz* Europäisches Verwaltungsrecht, 2008, 530; *M. Fehling* in: J. Ph. Terhechte (Hrsg.) Verwaltungsrecht der Europäischen Union, § 12 Rn. 81 ff.; *C. Franzius* in: W. Hoffmann-Riem/E. Schmidt-Aßmann/A. Voßkuhle (Hrsg.) Grundlagen des Verwaltungsrechts, Bd. I, 2006, § 4 Rn. 54.

211 Siehe etwa die Reformüberlegungen bei *Gurlit* Eigenwert (Fn. 2), 263; *Fehling* Eigenwert (Fn. 2), 326.

212 Ebenso *Gurlit* Eigenwert (Fn. 2), 239: „Daumenregel"; *Franzius* in: Hoffmann-Riem/Schmidt-Aßmann/Voßkuhle (Hrsg.) Grundlagen (Fn. 210), § 4 Rn. 51, 54.

213 *Fehling* Eigenwert (Fn. 2), 320.

214 *Rossen-Stadtfeldt* in: Hoffmann-Riem/Schmidt-Aßmann/Voßkuhle (Hrsg.) Grundlagen (Fn. 32), § 29 Rn. 79.

215 Begriff nach *C. Crouch* Postdemocrazia, 2003, in: dt. Übersetzung: Postdemokratie, 2008, 10; *R. Pitschas* DÖV 2011, 333 (339).

befinden, an dessen Endpunkt Plebiszite über Großvorhaben stehen werden.[216] Ich habe zeigen wollen, dass man diesen Forderungen dogmatisch durchaus einen moderaten Platz im monistischen demokratischen Legitimationsmodell des Grundgesetzes zuweisen kann. In Abhängigkeit von den jeweils dominierenden rechtsstaatlichen oder demokratischen Zwecken der Öffentlichkeitsbeteiligung auf den verschiedenen Planungsstufen eines Großvorhabens habe ich mit der Kaskade der Öffentlichkeitsbeteiligung ein konsistentes und luzides Grundmuster skizzieren wollen, das den Kreis der am Diskurs Beteiligten mit zunehmender Projektkonkretisierung und damit abnehmendem allgemein-politischen Gehalt immer weiter auf die in ihren Rechten Betroffenen hin verengt und damit zur Reduzierung der Komplexität und zur Versachlichung der eigentlichen Zulassungsentscheidung beiträgt.

[216] Vgl. zu diesem hier mit Rücksicht auf den dritten Beratungsgegenstand (s. die Beiträge von *Möstl* und *Schuler-Harms* in diesem Band) auszusparenden Komplex bereits *Blümel* in: ders. (Hrsg.) Bürgerbeteiligung (Fn. 68), 25 f.: „unfruchtbar", *R. Steinberg* ZRP 1982, 113 ff. sowie aus soziologischer Sicht befürwortend *P. Dienel* Die Verwaltung 4 (1971), 151 (157); aus der jüngeren Diskussion s. *P. Kirchhof* ZSE 2010, 412 ff.; *G. Hermes*/*J. Wieland* Rechtliche Möglichkeiten des Landes Baden-Württemberg, die aus dem Finanzierungsvertrag „Stuttgart 21" folgenden Verpflichtungen durch Kündigung oder gesetzliche Aufhebung auf der Grundlage eines Volksentscheides zu beseitigen, als pdf-Dokument abrufbar unter http://www.dhv-speyer.de/kropp/Hermes_Wieland_Gutachten_Okt_2010_zu_Stuttgart_21.pdf (letzter Abruf vom 31. 10. 2012); *Th. Groß* DÖV 2011, 510 (513 f.); *F. Wittreck* ZG 2011, 209 (221 ff.); *R. Steinberg* ZUR 2011, 340 (348 f.); *K. F. Gärditz* GewArch 2011, 273 (277 f.); *C. Franzius* GewArch 2012, 225 (235 f.); *E. Gurlit* JZ 2012, 833 (840 f.).

Leitsätze des 2. Referenten über:

Großvorhaben als Herausforderung für den demokratischen Rechtsstaat

I. Einleitung

(1) Der wissenschaftliche Diskurs um die demokratische und rechtsstaatliche Einhegung von Großvorhaben hat in den zurückliegenden Jahrzehnten in Wellenbewegungen immer wieder andere Aspekte zentral in den Blick genommen. Die gegenwärtig fokussierte Thematik der frühzeitigen Öffentlichkeitsbeteiligung bei Großvorhaben steht in einer Kontinuitätslinie zu Vorläuferdiskussionen, die bis in die sechziger Jahre zurückreicht.

II. Großvorhaben als Rechtskategorie

(2) Der Terminus „Großvorhaben" soll hier verstanden werden als Sammelbezeichnung für raumbedeutsame und sonstige Vorhaben industrieller oder infrastruktureller Art, die in einem starken Ausmaß widerstreitende öffentliche und private Belange berühren und/oder erhebliche Umwelteinwirkungen hervorrufen.

(3) Die von der Rechtsordnung zur Verfügung gestellten Verfahrensarten für eine Zulassung von Großvorhaben lassen sich auf die Grundmuster der (zumeist immissionsschutzrechtlichen) Anlagengenehmigung und der Planfeststellung zurückführen, wenngleich diverse Konvergenzentwicklungen die dogmatische Grenzziehung zwischen diesen beiden Verfahrensarten zunehmend erschweren.

(4) Die Zulassung von Großvorhaben erfordert eine komplexe Verwaltungsentscheidung, welche den hohen Anforderungen an die Rechtsstaatlichkeit und die Verwaltungslegitimation gleichermaßen gerecht werden muss.

III. Rechtsstaatliche und grundrechtliche Koordinaten

(5) Bei den industriellen Großvorhaben resultieren rechtsstaatliche Bedenken hinsichtlich der Legalität des Verwaltungshandelns aus der Verwendung von Technikstandards und der Verweisung auf private Regelwerke. In

der Rechtswirklichkeit der Großvorhabenzulassung hat die Subsumtionsleistung der Verwaltung häufig nur vorläufige Wirkung, weil Klagen die Regel sind und die verbindliche Subsumtion erst durch die Verwaltungsgerichte erfolgt. Eine Änderung ist nur möglich, wenn der Anspruch einer vollen gerichtlichen Kontrolle der Technikstandards aufgegeben und ein Kernbereich administrativer Wertungskompetenz anerkannt wird.

(6) Ein Grundrechtsschutz durch Verfahren muss nicht nur die vom Vorhaben Betroffenen in den Blick nehmen, sondern auch die Grundrechte des Vorhabenträgers berücksichtigen. Weil es bei der Planfeststellung öffentlicher infrastruktureller Großvorhaben jedoch in aller Regel an einer grundrechtlich verfestigten Position des Vorhabenträgers fehlt, erscheint eine weitere Möblierung des Verfahrensrechts mit Elementen der Öffentlichkeitsbeteiligung bei öffentlichen Projekten eher möglich als bei Projekten in privater Trägerschaft.

(7) Die verfahrensrechtliche Beteiligung der Öffentlichkeit bei der Zulassung von Großvorhaben ist in erster Linie rechtsstaatlich motiviert: Die objektivrechtliche Funktion der Informationsgewinnung folgt aus der Grundrechts- und Gesetzesbindung der Verwaltung und die individualrechtliche Funktion einer frühzeitigen Wahrung subjektiver Rechte ist ein gleichermaßen grundrechtlich fundierter wie im rechtsstaatlich verwurzelten Gedanken rechtlichen Gehörs anzusiedelnder Aspekt.

IV. Öffentlichkeitsbeteiligung und demokratische Legitimation

(8) Einer Ergänzung des traditionellen Legitimationskonzepts um eine zweite Säule der „partizipativen" oder „responsiv-kommunikativen Demokratie" bedarf es nicht, wenn die Formen der Öffentlichkeitsbeteiligung ihren Platz auch innerhalb der auf dem klassischen Repräsentativsystem beruhenden sog. monistischen Legitimationskonzeption finden können.

(9) Eine Beteiligung von Betroffenen oder einer nicht institutionalisierten Öffentlichkeit am Verwaltungsverfahren kann keine organisatorisch-personelle demokratische Legitimation vermitteln.

(10) Ihr kann jedoch eine unterstützende legitimatorische Bedeutung zukommen, soweit das Ideal einer gesetzesvermittelten sachlich-inhaltlichen demokratischen Legitimation nicht hinreichend verwirklicht ist. Daher sind die Möglichkeiten partizipativer Gestaltung bei der vom Gesetz stärker determinierten Anlagenzulassung industrieller Großvorhaben geringer als bei der Planung und Planfeststellung von infrastrukturellen Großvorhaben, wo eine Öffentlichkeitsbeteiligung im Rahmen der planerischen Konfliktbewältigung zur Generierung, Verdichtung und Konkretisierung des vom Gesetzgeber nur schwach ausgeformten normativen Entscheidungsprogramms beitragen kann.

(11) Auch unter dem Verantwortlichkeits- und Kontrollaspekt der sachlich-inhaltlichen demokratischen Legitimation kann die Öffentlichkeitsbeteiligung ein Gegengewicht bilden, welches verhindert, dass die konkrete Konzeption des Großvorhabens ein Arkanum zwischen der Verwaltung und dem vom Verfahrensbeginn an mit ihr in einem Rechtsdialog stehenden Vorhabenträger bleibt. In diesem Gedanken begegnen sich die unterstützende legitimatorische Funktion und das verfahrensrechtliche Steuerungskonzept der Europäischen Union.

(12) Durch die Argumentationstopoi Akzeptanz, Konsens, Transparenz und Partizipation wird die Verfassungsentscheidung für Demokratie nicht in ihrer normativen Wirksamkeit als Prinzip, sondern lediglich in ihrer ideellen Bedeutungsschicht angesprochen.

V. Das Kaskadenkonzept entscheidungsadäquater Öffentlichkeitsbeteiligung

(13) Die Diskussion um eine verbesserte Öffentlichkeitsbeteiligung bei Großvorhaben muss auch die vorgelagerten Stufen der Vorhabenkonkretisierung in den Blick nehmen, auf denen seit der europäischen Richtlinie über die strategische Umweltprüfung die Öffentlichkeit auch mehrfach beteiligt wird.

(14) Idealiter vollzieht sich die Realisierung von Großvorhaben im Infrastrukturbereich in einem sachlich dreigestuften Planungsverbund mit zunehmendem Konkretisierungsgrad, der ausgehend von der Bedarfsfeststellung über die Bestimmung der Grobtrassierung bis hin zum abschließenden Planfeststellungsverfahren führt.

(15) Es ist zweifelhaft, ob die Unzufriedenheit mit den bestehenden Formen der Öffentlichkeitsbeteiligung durch eine weitere Multiplizierung der Beteiligungsmöglichkeiten ausgeräumt werden kann, wie sie zuletzt das neue Zulassungsregime für Höchstspannungsleitungen vorgenommen hat. Vielmehr erscheint es angezeigt, die vielfältigen Möglichkeiten und Gegenstände einer Öffentlichkeitsbeteiligung auf ein konsistentes und luzides Grundmuster zurückzuführen.

(16) Für die Strukturierung eines solchen Beteiligungskonzepts de lege ferenda wird man auf die verfassungsrechtlichen Grundeinsichten zur rechtsstaatlichen und demokratischen Dimension der Öffentlichkeitsbeteiligung zurückgreifen können. Diese können eine Ordnungsfunktion übernehmen, indem man sie an der vorgenannten dreistufigen Planungskaskade spiegelt und den Kreis der einzubeziehenden Öffentlichkeit entsprechend dem sachlich begrenzten Gegenstand und dem politischen Gehalt der einzelnen Verfahrensstufen bestimmt.

(17) Ein solches dreistufiges Kaskadenkonzept reicht dann von einer für die Beteiligung der allgemeinen Öffentlichkeit geöffneten Bedarfsprüfung, bei der der Gedanke der demokratischen Legitimationsverstärkung zum Tragen kommt, bis hin zu einem Erörterungstermin im Planfeststellungsverfahren, bei dem die rechtsstaatlichen Zwecke dominieren, weshalb sein Teilnehmerkreis auf die konkret Rechtsbetroffenen beschränkt bleiben sollte.

(18) Zur Umsetzung des Kaskadenkonzepts bedarf es jedoch weiterer Gelingensbedingungen, so vor allem einer besseren Information und Mobilisierung der Bevölkerung, einer phasenadäquaten Verbesserung des Rechtsschutzes und flankierender verwaltungsorganisatorischer Maßnahmen zur institutionellen Sicherung der Objektivität der Planfeststellungsbehörde.

3. Aussprache und Schlussworte

Großvorhaben als Herausforderung für den demokratischen Rechtsstaat

Biaggini: Liebe Kolleginnen, liebe Kollegen, ich freue mich, dass Sie sich hier wieder eingefunden haben für die Diskussion. Diese ist grob gegliedert in drei Teile. Zunächst geht es um allgemeine Fragen, dann um Fragen der Beschleunigung und der Öffentlichkeitsbeteiligung und zum Schluss um Probleme des Kaskadenmodells.

Engel: Es ist mir eine echte Freude zu sagen: Dies waren zwei vorzügliche Referate. Und auf vorzügliche Referate lässt man sich gern in der Sache ein. Das möchte ich tun mit dem Versuch, in etwas anderen Worten zu sagen, wo meines Erachtens der Kern des normativen Problems liegt. Unsere normativen Vorstellungen, sowohl von Rechtsstaatlichkeit wie von Demokratie, sind von einer Vorstellungswelt geprägt, in der der Gesetzgeber im politischen Prozess zu normativen Entscheidungen kommt und diese normativen Entscheidungen in generell-abstrakte Regeln gießt. Dann haben Individuen nicht die Pflicht, sondern nur die Möglichkeit, von diesem vom Gesetzgeber geschaffenen Raum Gebrauch zu machen. Sie entscheiden sich also zum Beispiel, ein Haus zu bauen, und die Aufgabe der Administration und im nächsten Schritt der Gerichte ist es, diese privatautonome Entscheidung des Individuums auf Übereinstimmung mit den vom Gesetzgeber gesetzten Maßstäben zu überprüfen. In dieser Vorstellungswelt sind sowohl Rechtsstaatlichkeit wie Demokratie völlig problemlos aufgehoben.

Mir scheint, dass sich die Art von Problemen oder von Vorhaben, über die wir heute gesprochen haben, kategorial für dieses Modell nicht eignet. Das ist im Grunde, woran sich beide Referate auf unterschiedliche Weise gerieben haben. Warum ist das so? Weil die Vorhaben, um die es geht, erst in Auseinandersetzung mit einem Vertreter des öffentlichen Interesses so weit konkretisiert werden können, dass man die Frage überhaupt sinnvoll stellen kann: was sind normative Erwartungen an dieses Vorhaben? Derjenige, der etwas will als Privater, kann auch mit dem besten Willen nicht hingehen und in Ruhe das Gesetz studieren, das für einen Möglichkeitsraum nehmen, sich in diesem Möglichkeitsraum bewegen, und dann sehen, ob ihm das gelungen ist oder nicht. Er ist darauf angewiesen, in einem frühen Stadium in einen Aushandlungsprozess einzutreten, in dem die öffentlichen und seine privaten Interessen in einen Ausgleich gebracht werden.

Das ist prinzipiell gar kein schlechtes Modell. Nur ist unsere Vorstellung von Rechtsstaatlichkeit und Demokratie auf dieses Modell nicht ausgerichtet. Die sich aufdrängende Lösung wäre, dass alle, die positiv wie negativ betroffen sind, in diesen Aushandlungsprozess einbezogen werden. Dann wäre auch das nahe liegende Ergebnis des Aushandlungsprozesses nicht etwa, dass ja oder nein gesagt wird, sondern, dass diejenigen, die etwas hingeben müssen, also zum Beispiel eine Beeinträchtigung ihres Lebensgefühls, dies zu akzeptieren haben für den Rest ihrer Existenz, jedoch dafür in irgend einer Form kompensiert werden. Die Schwierigkeit, mit der wir hier fertig werden müssen, ist, dass nicht nur unsere Vorstellung von Rechtsstaat und Demokratie ganz anders gebaut ist, sondern, dass wir – selbst wenn wir auf solche Aushandlungsprozesse umstellen wollten, was wir implizit an vielen Stellen tatsächlich tun – ganz unterschiedlich leicht in Verhandlungen einzubringende Interessen vor uns haben. Die typischen Interessen sind ganz asymmetrisch zwischen dem Vorhabenträger, der genau weiß, was er will, der sich das genau durchrechnen kann, und denen verteilt, die positiv wie negativ betroffen sind und die typischerweise diffuse Interessen haben. Diffuse Interessen kann man zwar, wenn man möchte, über Verfahrenslösungen wieder zu integrieren versuchen. Das wäre ein denkbarer Weg, über den wir heute nicht so sehr gesprochen haben. Dann müsste man das in Verbände einfügen und sehen, wie die sich an Verhandlungen beteiligen. Aber die näherliegende Lösung ist, dass dies treuhänderisch, durch einen Vertreter, geschieht, dem man vertraut, dass er das auch redlich macht. Und hier scheint mir das Problem zu liegen: Die Bürger trauen der öffentlichen Hand nicht mehr, dass sie ihr Interesse redlich vertritt.

Groß: Beide Referate folgen, wenn ich es recht verstanden habe, der traditionellen Planungsphilosophie. Über öffentliche Infrastrukturvorhaben wird politisch entschieden, über private Großvorhaben wird unternehmerisch entschieden, und das weitere Planungsverfahren dient im Wesentlichen nur der Detailoptimierung und, mehr oder weniger als Neben- oder zweiter Zweck, der Akzeptanzbeschaffung für die einmal getroffene Grundsatzentscheidung. Ich glaube nicht, dass man heute noch so an Infrastrukturplanung – ich will mich jetzt mal auf den öffentlichen Bereich, der auch der größere ist, beschränken – herangehen kann. Es gibt in unserer dicht besiedelten Landschaft einfach zu viele Gegengründe, im Bereich des Lärmschutzes, im Bereich des Naturschutzes, im Bereich des

Klimaschutzes und dann auch insbesondere – was immer mehr auch in Stuttgart eine Rolle gespielt hat – bei der Prioritätensetzung der Verwendung öffentlicher Mittel.

Jetzt gibt es, glaube ich, grundsätzlich zwei Möglichkeiten: Entweder wird dies sehr früh auf der politischen Ebene abgearbeitet, so habe ich Herrn Waechter verstanden, und dann das Planungsverfahren weiter wie bisher durchgeführt. Oder es gäbe die Alternative zu sagen: Wir können auf der frühen Ebene, wo auch die Betroffenheiten noch gar nicht so klar sind, das Verfahren über das „Ob" nicht schon abschließen, sondern wir müssen die Entscheidung auch über das „Ob" in das Einzelzulassungsverfahren oder jedenfalls in die Stufe unmittelbar vor dem Zulassungsverfahren verlagern. Erst dann sind die konkreten Betroffenheiten hinreichend klar erkennbar, auch die Gegengründe so gut zu gewichten, dass ein entscheidungsoffener Prozess erst möglich wird.

Das wäre dann auch der Punkt, und da kommt die Verknüpfung zum Vormittag hin, wo gegebenenfalls auch Volksabstimmungen sinnvollerweise über Einzelprojekte eingreifen könnten. Da widerspreche ich Herrn Waechter. Ich glaube nicht, dass auf der oberste Ebene, bei der Bedarfsplanung, sinnvoll abgestimmt werden könnte. Ein solcher Bedarfsplan enthält Dutzende von Einzelprojekten, über die ein Volk nur mit ja oder nein abstimmen könnte. Was wäre die Konsequenz eines Neins? Es müsste ein mehrjähriger Planungsprozess neu starten, ohne dass man jetzt weiß, ob das Autobahnteilstück XY Grund für die Ablehnung war oder die Bahntrasse Z. Das scheint mir nicht praktikabel zu sein, sondern man muss einen Weg finden, auf dieser Zwischenstufe, zwischen dem konkreten Zulassungsverfahren und der abstrakten Bedarfsfestlegung, die endgültige Entscheidung des Volkes und dann auch eine funktionierende ergebnisoffene Form der Partizipation einzuführen.

Rauschning: Ich wollte eigentlich gar nichts mehr sagen, doch hat mich manches herausgefordert. Zunächst die Frage: Ist das alles unter den Demokratiebegriff zu fassen? Ich sehe die demokratisch legitimierte Entscheidung als wichtig an auch auf der Verwaltungsebene. Ich halte die Verwaltung für demokratisch legitimiert, und ich wehre mich dagegen, grundsätzlich zu sagen, die Verwaltung sei in diesen Verfahren nicht neutral. Das ist praktisch eine Dienstwidrigkeit, was man da voraussetzt. Das kann ich jedenfalls aus meiner Erfahrung nicht bestätigen. Wenn ein Elektrizitätsversorgungsunternehmen und gegebenenfalls öffentliche Einwänder gegeneinander stehen, dann soll die Behörde das nicht neutral beurteilen? Das würde ich als Unterstellung nicht hinnehmen.

Das ist die nächste Frage: Wer ist denn eigentlich hier beteiligt? Es sind dies der Vorhabenträger und die Betroffenen. Und die werden jeweils, wie

Herr Mann es sagt, in ihrem Verhältnis und für die Entscheidung in einem rechtsstaatlichen Verfahren beschieden. Es stellt sich die Frage: Ist die Beteiligung Nichtbetroffener eigentlich eine Frage der Demokratie? Es mag sein, dass man auf diese Weise Argumente sammelt für Entscheidungen, die der Abwägung bedürfen oder die im Verwaltungsermessen stehen. Aber dass das generell ein Gebot der Demokratie ist, bezweifele ich. Ich meine auch, dass die Berücksichtigung von Bürgerstimmen außerhalb der Betroffenen über die Frage der Verwendung öffentlicher Mittel auch nicht in unser Demokratiesystem gehört. Wir haben gestern über die Budgethoheit gesprochen. Schließlich hat jeweils das Parlament über die Ausgaben zu entscheiden, und die selbsternannten Vertreter des öffentlichen Interesses, die dann zum Widerstand aufrufen, halte ich nicht für demokratisch legitimiert. Das ist die eine Gruppe, die der sozusagen selbsternannten Vertreter des öffentlichen Interesses. Die zweite Gruppe, bei der ich auch gewisse Probleme habe, ist die der Anhänger des Sankt Florians-Prinzips. Diese sagen z. B: Ich bin natürlich dafür, dass die alternativen Energien die anderen Energieformen zurückdrängen, aber es dürfen in meiner Gegend keine Leitungen dafür gezogen werden. Dass man diese aber ernsthaft berücksichtigt und dass man ihnen vor allen Dingen ein Mitwirkungsrecht einräumen will, halte ich jeweils nicht für ein Gebot der Demokratie.

Saurer: Beide Referenten haben im Begriff des Großvorhabens ja nicht nur planfeststellungsbedürftige Vorhaben, sondern auch Vorhaben im Verwirklichungsmodus der Anlagengenehmigung erfasst. Ich möchte nun anschließen an diese Differenzierung. Deren Kern liegt in der Unterscheidung zwischen vorwiegend öffentlichen und privaten Vorhabenträgern – und sie hat unterschiedliche Gestaltungsfreiräume für die zuständigen Behörden zur Folge. Meine Frage betrifft den zweiten Verwirklichungsmodus der Anlagengenehmigung und die hier zu ziehenden Konsequenzen aus der Hinwendung des Verfahrensverständnisses zum Demokratieprinzip. Nach der gesetzlichen Ausgestaltung handelt es sich ja gerade bei der Anlagenzulassung nach dem Bundes-Immissionsschutzgesetz um einen gebundenen Anspruch. Nach tradiertem Verständnis ist dies aus Gründen des Grundrechtsschutzes des zumeist privaten Vorhabenträgers auch genau so geboten. Man kann von einer grundrechtlichen Konstitutionalisierung des Zulassungsanspruchs sprechen. Nun lässt sich spätestens seit den 1990er-Jahren beobachten, dass dieses Verständnis des Zulassungsanspruchs als gebundener Anspruch erodiert, wozu zwei Aspekte maßgeblich beigetragen haben. Zum einen die vordringende Charakterisierung von Großvorhaben durch komplexe, mehrpolige Interessenlagen. Zum anderen, das haben ja auch beide Referenten herausgearbeitet, die europäische Stärkung des Verfahrensgedankens. Und nun scheint also ein dritter Faktor hinzuzukommen, der demokratische Faktor. Denn ein demokratisch konnotiertes Verfahrensverständnis verlangt eine Mindestoffenheit des Verwaltungsverfahrens, unabhängig davon, ob man es nun schlicht partizipativ anlegen oder gar weitergehend mit direktdemokratischen Elementen aufladen würde. Diese Mindestoffenheit steht dem gebundenen Verständnis strukturell entgegen. Meine Frage an beide Referenten wäre nun, ob Sie diese Einschätzung teilen, und ob gegebenenfalls das Verständnis des Anlagengenehmigungsanspruchs als gebundener Anspruch auf den Prüfstand zu stellen wäre.

Isensee: Ich gehöre der Staatsrechtslehrervereinigung jetzt vier Jahrzehnte an. Vier Jahrzehnte habe ich Übung, Referate zum Thema „Verfahren" zu hören. Und ich darf vorab sagen: Die heutigen Referate bilden einen intellektuellen Höhepunkt, einen Höhepunkt an dogmatischer Konsistenz und Subtilität. Nie zuvor führten so viele Stufen zu den Höhen der Differenziertheit, nie zuvor so viele Kaskaden zu den Tiefen verfassungsrechtlicher Begründung. Dennoch bekenne ich, ungeachtet der vielen Referate, die ich gehört habe: ich fühle mich eigentlich immer noch als Fremder auf diesem Feld. Die *arcana processualia* sind mir noch niemals völlig aufgegangen. Mir bleibt nur die Parallelwertung aus der Laiensphäre:

Der Trend durch alle Tagungen hindurch ist ein Überbietungswettbewerb, das Verfahren zu verfeinern, immer neue Finessen zu finden, den Kreis der virtuell Beteiligten zu erweitern, aber auch das Verfahren zu verselbständigen, abzulösen vom materiellen Recht, auf das es sich eigentlich bezieht. Am Anfang stand „Grundrechtsschutz durch Verfahren", heute heißt es „Verfahrensgarantie anstelle von Grundrechtsschutz". Wo sind die materiellen Grundrechte der Betreiber und der Anlieger geblieben, wenn es um die Genehmigung von Großanlagen geht? Wo die materiellen Grundrechte der Eigentümer und der sonst Betroffenen beim bevorstehenden Bau der gewaltigen Überlandleitungen? Wo die Grundrechte der Stromgebührenzahler, die wider Willen die Energiewende bezahlen? Wer die weitere Zerstörung der Landschaft durch Windräder und Großmasten bekämpfen will, braucht sich nicht auf grundrechtliche Positionen wie Gesundheit oder Eigentum zu berufen; es genügt, dass er sich als Naturfreund ausgibt. Die konkrete Betroffenheit im Sinne der grundrechtlichen Schutzpflichten hat sich aufgelöst ins abstrakt Allgemeine, für das jedermann als Naturfreund oder als Wutbürger das Wort führen kann. Eine spontane Öffentlichkeit tritt als Widersacherin oder als Konkurrentin zur staatlich repräsentierten Allgemeinheit auf.

In einem Punkt, Herr Waechter, möchte ich Bedenken anmelden: dass Sie die staatliche Exekutive als von vornherein betroffen und befangen, also nicht als neutral im Wettstreit der partikularen Interessen sehen. Die Exekutive ist dem Gemeinwohl verpflichtet; sie interpretiert im Rahmen und nach Maßgabe von Verfassung und Gesetz, was das Gemeinwohl erheischt. Wenn Sie hier eine neutrale Einrichtung erfinden, eine Nebenregierung, dann ist das ein Abbau von Demokratie. Eine Institution, die das Verwaltungsverfahren leitet, aber nicht an Weisungen der Regierung gebunden ist, die nicht zum regulären Verwaltungskörper gehört, die auf einer breiteren demokratischen Basis steht als die Regierung, bricht aus dem Gefüge des parlamentarischen Regierungssystems aus und trägt keine Verantwortung vor der Wählerschaft.

In dem Trend zu immer mehr rechtsstaatlicher Weitung und Verfeinerung des Verfahrens steht der demokratische Freiheitstraum, dass am Ende des Prozesses jedermann der Sachentscheidung zustimmen werde. Man will nicht wahrhaben, dass, wo individuelle Freiheit und Vielfalt der Interessen walten, entschieden – also enttäuscht werden muss.

Die Folge der Verfahrenskomplikation ist die zunehmende Verfahrensdauer. Tendenziell dauern Genehmigungsverfahren für Großvorhaben eine Generation und länger. So mancher, der am Ende des Verfahrens als Wutbürger juristisch verspätet agiert, lag am Anfang, als die regulären Anhörungen stattfanden, noch in den Windeln. Die *vita brevis* ist überhaupt kein Gesichtspunkt für die Gestaltung des Verfahrensrechts. Die Folge: ein neues Grundrecht dazu, den jeweiligen *status quo* zu verteidigen gegen mögliche Veränderungen, und diese aufzuhalten oder zu verzögern. Ein katechontisches Grundrecht! Die expansiven Verfahrensvorstellungen können ihr demokratisch-rechtsstaatliches Ziel nie erreichen, das Menschenleben aber können sie verfehlen.

Marti: Auch in der Schweiz sind wir natürlich bei Fragen der Realisierung von Großprojekten hin und her gerissen zwischen den Forderungen nach Beschleunigung einerseits und nach Sicherstellung und Förderung der Akzeptanz andererseits. Wie ist der Stand heute? Bei der Beschleunigung hat vor 12 Jahren ein eigentlicher Paradigmenwechsel stattgefunden bei allen Infrastrukturvorhaben, bei denen der Bund umfassende Gesetzgebungskompetenzen besitzt. Das sind die Eisenbahnen und Seilbahnen, die Luftfahrtanlagen, die Nationalstraßen, sprich Autobahnen, die Schifffahrtanlagen, Rohrleitungen und Elektrizitätsleitungen, Militäranlagen und nachträglich dann auch Kernanlagen. Da war die Situation zuvor so: Völlig uneinheitliche Verfahren, Zersplitterung der Kompetenzen für Teilbelange der Plangenehmigung zwischen Bund und den Kantonen. Und das bot natürlich ein sehr großes Verhinderungspotential für die Kantone, namentlich aufgrund ihrer Raumplanungszuständigkeit, wobei das sehr oft direktdemokratisch abgestützt war. So ist es denn erstaunlich, dass es

1999 gelungen ist durch das Bundeskoordinationsgesetz (ein Sammelgesetz, das 18 Bundesgesetze in diesen Bereichen änderte) ein einheitliches Verfahren in dem Sinne einzuführen, dass vorgesehen ist, jeweils eine Grundlagenplanung in einem behördenverbindlichen Sachplan des Bundes zu erlassen und dann ein Plangenehmigungsverfahren – und das ist das Wesentliche – konzentriert und zentralisiert bei der zuständigen technischen Bundesverwaltungsbehörde durchzuführen. Da sind dann natürlich auch Fragen aufgetaucht, ob das neutrale Behörden seien. Aber es war der politische Wille, sie einzusetzen als Genehmigungsbehörden, und zwar nach dem Motto: Ein Verfahren, ein Entscheid, ein Rechtsmittel. Wir haben heute den Begriff one-shop-Konzept gehört, vielleicht entspricht unser System diesem Begriff sehr gut. Es ist erstaunlich für ein Land, das man landläufig als erzföderalistisch hält, dass es gelungen ist, ein solches Verfahren einzuführen. Wir könnten in der Schweiz heute also eine ganz neue Eisenbahnlinie vom Bodensee an den Genfersee durch x Kantone bauen mit einer einzigen Plangenehmigungsverfügung des Bundesamtes für Verkehr. Oder in einem Luftkurort könnten wir eine neue Seilbahn bauen mit einer Plangenehmigungsverfügung nicht aus der Region, sondern aus Bern (Bundesamt für Verkehr). Diese ganzen Änderungen haben natürlich die Akzeptanzfrage nicht gerade erleichtert, zumal keine neuen Partizipationsinstrumente eingeführt wurden. Es ist zwar richtig, dass mit der neuen Bundesverfassung von 1999 vorgesehen worden ist, dass Planfeststellungsbeschlüsse durch die Bundesgesetzgebung dem fakultativen Referendum unterstellt werden können. Das ist aber meines Wissens bisher, wie von Herrn Waechter erwähnt, nur bei den Rahmenbewilligungen für Kernanlagen geschehen. Es wäre ja auch problematisch, vor allem dort wo wir, wie jetzt schon mehrfach erwähnt, Grundrechtsansprüche der Träger haben. Übrigens gab es die Möglichkeit, Planfeststellungsbeschlüsse durch Bundesgesetzgebung dem fakultativen Referendum zu unterstellen, schon vor der neuen Bundesverfassung. Es wurde auch schon erwähnt, dass die neue Alpentransversale (NEAT) – noch nach altem Recht – durch einen Bundesbeschluss, der dem Referendum unterstellt war, bewilligt wurde; und da kam es ja auch zu einer positiv ausgegangenen Volksabstimmung. Im Übrigen haben wir die traditionellen Mittel des Planungsrechts, also die Einwendungen der Bürger im Rahmen der Bürgerbeteiligung bei Planungen, aber – sofern keine besondere Betroffenheit besteht – ohne nachfolgenden Rechtsschutzanspruch. Vor einigen Jahren haben wir sodann auch die Mediation im Verwaltungsverfahrensgesetz des Bundes eingeführt. Die ist aber meines Wissens bei Großprojekten – das wäre ja auch schwierig – noch nie zum Einsatz gekommen. Ein altes Ventil in diesen Bereichen stellt eine andere direktdemokratische Institution der Schweiz dar: die Verfassungsinitiative auf Bundesebene. Diese wurde auch schon als Verhinderungsinstrument eingesetzt, beispielsweise als es in den 1980-er Jahren darum ging, einen neuen Waffenplatz im Kanton Schwyz zu verhindern. Damals hat man einen Moorschutzartikel in die Verfassung eingefügt. Oder 10 Jahre später den Alpenschutzartikel, der die Verkehrsverlagerung auf die Bahn verlangt und – darunter leiden Sie (als Automobilisten) vielleicht manchmal – einen weiteren Ausbau der Gotthard-Autobahn verunmöglicht. Im Übrigen haben auch wir eigentlich keine neuen Rezepte. Vielfach wird ein Problem einfach ausgesessen. Ein Beispiel für Aussitzen und Mini-Lösungen sehe ich in meinem Herkunftsort – Sie kennen es vielleicht auch. Es ist diese merkwürdige zweispurige Autobahnbrücke in Schaffhausen über den Rhein, mit 60-Kilometer-Geschwindigkeitsbeschränkung und großer „Bussenfalle" für alle durchreisenden Touristen – ein Kompromiss nach über zwanzigjährigem politischem Kampf. Danke.

Calliess: Wenn wir auf die Herausforderungen schauen, dann ist es wichtig, auf ein aktuelles Beispiel, die Energiewende und den damit einhergehenden Netzausbau, einzugehen. Insoweit gibt es zwei Herausforderungen, einerseits die Beschleunigung des Netzausbaus, andererseits die Akzeptanzsicherung. Im Sachverständigenrat für Umweltfragen haben wir uns intensiv mit diesem Fragenkreis befasst. Bei der Beschleunigung spielte eine große Rolle, dass im Netzausbau bislang einerseits informelle Prüfungen und andererseits Mehrfachprüfungen stattfinden. Deswegen haben wir dafür plädiert, das Raumordnungsverfahren wegfallen zu lassen und in nur noch zwei formellen Verfahrensstufen, einem Bundesfachplan „Übertragungsnetze" mit einer Bedarfs- und Alternativenprüfung und einem darauf aufbauenden Planfeststellungsverfahren, zu entscheiden. Dies mit der entsprechenden zweistufigen Öffentlichkeitsbeteiligung: beim Bundesfachplan ist diese ohnehin aus der insoweit gebotenen Strategischen Umweltprüfung (SUP) heraus geboten, im Planfeststellungsverfahren ist sie seit jeher etabliert. Im Übrigen, insoweit kann ich mich kurz fassen, haben wir uns rechtsvergleichend von den Erfahrungen der Schweiz inspirieren lassen, wo im Hinblick auf eine vorhabensbegleitende Einbindung aller Akteure vorbildliche Ansätze vorhanden sind, die sich auch in unser Recht integrieren lassen. Ich brauche das jetzt nicht näher ausführen, manches ist soeben angeklungen. In der Tat sollten wir uns daher nicht auf die uns bekannten Verfahren und Instrumente beschränken. Wir sollten vielmehr stärker vergleichend arbeiten und berücksichtigen, wie es andere Länder machen, wie man dort die Herausforderungen im Rahmen großer Infrastrukturvorhaben löst. Wie generieren andere Länder Akzeptanz? Und wie werden dort Großvorhaben beschleunigt? Vielen Dank.

Wielinger: Erlauben Sie mir zunächst eine allgemeine Bemerkung. Es ist nicht nur mir aufgefallen, dass in den Erörterungen dieser Tagung bei keinem der Themen Österreich vorgekommen ist. Es hätte sich das etwa bei der direkten Demokratie durchaus angeboten. Ich kann Ihnen sagen: Sie verstoßen nicht gegen das Anschlussverbot im österreichischen Staatsvertrag, wenn Sie das tun würden. Nun, zum Thema. Ich habe mein Berufsleben hauptsächlich in der Verwaltung verbracht und war auch wesentlich an der Schaffung der Novelle zum Allgemeinen Verwaltungsverfahrensgesetz betreffend die Großverfahren in den Jahren 97 und 98 beteiligt. Auch Herr Wiederin, der ebenfalls Mitglied der Vereinigung ist, war dabei. Und es hat sich damals gezeigt, dass das Thema Öffentlichkeit ein ganz anderes ist, je nachdem, welche Möglichkeiten der Mobilisierung der Öffentlichkeit die Rechtsordnung offen lässt. Bis zu der erwähnten Verfahrensnovelle musste nämlich auf jede Einwendung, die in einem Verwaltungsverfahren – vom wem immer und mag sie noch so absurd gewesen sein – erhoben worden war, im Bescheid, der das Verfahren erledigt hat, eingegangen werden. Damit war die Möglichkeit geschaffen, die Entscheidung zu verzögern, ja zu blockieren. Das Ergebnis war: Bei jeder besseren Abfallbeseitigungsanlage, bei jedem besseren Straßenprojekt wurden von den Personen, die an der Verhinderung interessiert waren, Einwendungen organisiert. Das wildeste war ein Verfahren in Oberösterreich mit 40.000 Einwendungen. Seit der Verfahrensnovelle, deren Studium ich anheimstelle, gibt es das nicht mehr. Denn nunmehr muss nicht mehr auf jede Einwendung eingegangen werden. Und es gibt die Möglichkeit, und die hat sehr zur Entschärfung beigetragen, der öffentlichen Erörterung eines Projekts. Das hat zwei Wirkungen. Einerseits Befriedung und andererseits auch die Möglichkeit der Zerstörung von Legenden. Denn wir dürfen eines nicht übersehen: Der Widerstand gegen Großprojekte wird oft um des Konfliktes willen betrieben, weil es immer wieder Leute gibt, die einen Konflikt provozieren, weil ihnen ihre Führungsrolle im Konflikt Sozialprestige vermittelt. Wenn es nun die Möglichkeit gibt, rational über ein Thema zu sprechen, kann es auch zu einer Erhöhung des Grades an Rationalität und zur Zerstörung von Legenden führen. Meine Damen und meine Herren, wir dürfen nicht übersehen, dass es gerade bei Großprojekten in sehr vielen Fällen nicht um Interessen, sondern um den Konflikt als solchen geht. Das sollte man auch bei der Diskussion über Lösungsmöglichkeiten beachten und darauf sehen, dass man Regelungen schafft, die es verhindern, dass Konflikte um des Konfliktes Willen provoziert werden können. Danke.

Schoch: Verehrte Kolleginnen und Kollegen, gestatten Sie mir eine Vorbemerkung und Ausführungen zu drei Punkten. Zur Vorbemerkung: Beiden Referenten danke ich für sachliche Referate, die die Thematik angenommen und reflektiert behandelt haben. Sie sind vor allem nicht modischen Erscheinungen des Zeitgeistes hinterher gehechelt, haben zu den Wirkungen von Öffentlichkeitsbeteiligung keine überzogenen Erwartungen geweckt und haben den Aspekt der „Akzeptanz“ von Entscheidungen – ungeachtet der großen Bedeutung – nicht zum Selbstzweck erhoben. Das alles hat einen Grund, der genannt werden muss: Wir haben in unserem Verwaltungsverfahrensrecht mittlerweile einen ziemlich hohen Standard erreicht; Genehmigungsverfahren, Planfeststellungsverfahren oder auch Bauleitplanverfahren sehen vielfach, wie die Referenten gezeigt haben, eine Öffentlichkeitsbeteiligung vor, wir müssen das Rad also nicht neu erfinden. Dies darf einmal deutlich gesagt werden. Wo waren denn die selbsternannten „Parkschützer“ in Stuttgart, als die regulären Verfahren abliefen? Es liegen rechtskräftige Gerichtsentscheidungen vor. Haben die „Parkschützer“ seinerzeit alle geschlafen? Zu dem Punkt von Herrn Isensee komme ich gleich. Zu „Stuttgart 21“ sind rechtsstaatlich korrekt Verfahren mit vielfältigen Beteiligungsmöglichkeiten durchgeführt worden. Wieso ist es, etwas pathetisch formuliert, in unserem Gemeinwesen offenbar nicht mehr möglich, dass sich Verantwortliche zu den Verfahren bekennen und deren Ergebnisse verteidigen? In der Öffentlichkeit wird, verstärkt durch die Medien, so getan, als gebe es in Stuttgart jetzt erstmals die Öffentlichkeitsbeteiligung. Und dann wird Heiner Geißler „eingeflogen“, der aber doch ganz andere Funktionen erfüllen soll, z. B. Befriedung der Lage. Unabhängig davon müssen wir aber darauf hinweisen, was verfahrensmäßig bereits geleistet worden ist.

Drei Punkte in den Referaten sind kritisch anzusprechen. Der erste Punkt betrifft die Dimension des Faktors „Zeit“. Herr *Waechter* ist kurz darauf eingegangen; er hat gesagt, im Grunde sei in seinem vierstufigen Konzept auf der letzten Stufe bezüglich einer möglichen Verfahrensbeschleunigung „nichts mehr drin“. Das war mir eine etwas vorschnelle Abhandlung der Problematik. Die viel zu lange Verfahrensdauer ist ein ganz wesentliches Problem; folglich muss überlegt werden, wo – auch – auf den vorgelagerten Stufen eine Zeitersparnis erreicht werden kann. Dazu eine Beobachtung: Die Ortsumfahrung (Autobahn) Colmar in Frankreich ist zügig geplant und durchgeführt worden, die neue Straße wird längst genutzt; in Deutschland befänden wir uns bei vergleichbaren Vorhaben noch in Anhörungsterminen. Die lange Verfahrensdauer verursacht zudem Frustrationen bei den Betroffenen; die Leute wissen nach einer allzu langen Zeit gar nicht mehr genau, worum es konkret geht. Die Straffung der Verfahren in zeitlicher Hinsicht ist dringend geboten.

Der zweite Punkt betrifft die Öffentlichkeitsbeteiligung auf den der Verwaltungsentscheidung vorgelagerten Verfahrensstufen. Herr *Mann* hat sich dafür stark gemacht; dieser Ansatz verdient uneingeschränkt Zustimmung. Nach wie vor bestehen zur Öffentlichkeitsbeteiligung auf den vorgelagerten Stufen Defizite, es gibt – nebenbei bemerkt – insoweit auch Rechtsschutzdefizite, aber das war nicht das Thema. Wenn dem so ist, leuchtet mir nicht ein, warum Sie, Herr *Mann*, auf den der Entscheidung vorgelagerten Stufen die Kategorie „Grundrechtsschutz durch Verfahren" eingeführt haben; denn dann müssen Sie mit „Betroffenen" arbeiten. Von beiden Referenten haben wir aber gehört, dass z. B. Linienbestimmungen oder Standortentscheidungen noch gar nicht parzellenscharf getroffen vorgehen können. „Grundrechtsschutz durch Verfahren" passt da nicht; es muss um eine allgemeine Öffentlichkeitsbeteiligung, wie sie etwa im Änderungsentwurf zu Art. 25 Abs. 3 VwVfG vorgesehen ist, gehen. Mit einer Linienbestimmung oder einer Standortfestlegung, und sei es nur im Groben, fallen wichtige Entscheidungen zum „Ob" und „Wo" einer Infrastrukturmaßnahme; dagegen erheben sich nicht selten Fundamentalwiderstände. Bezug nehmen darf ich dazu auch auf den Diskussionsbeitrag von Herrn *Wielinger*.

Der dritte Punkt, die von Amts wegen erfolgende Information der Öffentlichkeit, ist in beiden Referaten etwas stiefmütterlich behandelt worden. Wenn es richtig ist, dass mit der Beteiligung der Öffentlichkeit in einem Verfahren auch einmal Schluss sein muss und dass mit dem Instrument der „Präklusion" gearbeitet werden darf, ist die vorherige behördliche Kommunikation mit der Öffentlichkeit umso wichtiger. Dieser Komplex ist bislang „unterbelichtet". In Bezug auf Reaktionen der Öffentlichkeit kennen wir zwei „Aufreger": Großvorhaben und Lebensmittelskandale. Man schaue sich einmal die zum 1. September 2012 in Kraft getretene Änderung des LFGB (§ 40) an, um zu erkennen, wie die Verwaltung vom Gesetzgeber verpflichtet werden kann, mit der Öffentlichkeit zu kommunizieren. Dann aber, Herr *Mann*, geht es – entgegen Ihrer Skepsis – nicht ohne Verbände; mit wem denn sonst? Der Einzelne ist, wie allein das Stichwort „Wissensproblem" deutlich macht, in der Regel komplett überfordert. So hat sich zum Bahnprojekt „Oberrhein drittes und viertes Gleis" eine Bürgerinitiative, der ich mich angeschlossen habe, mit Experten gebildet, die Alternativkonzepte entwickelt hat. Die Arbeit hat im Ergebnis sogar gefruchtet, die offiziellen Pläne werden geändert. Für ein derartiges Vorgehen ist sehr viel „know how" notwendig; hinzu tritt der Informationstransfer, die Information der Öffentlichkeit. Und dann müssen die Interessen – nicht der „Fundamentalopposition", sondern der „Wohlmeinenden" – gebündelt werden. Das gelingt nur über Verbände. Deshalb sehe ich es etwas kritisch, wenn Herr *Mann* die Verbände eher „mit spitzen Fingern" angefasst hat. Vielen Dank.

Lege: Konflikte um der Konflikte Willen – Herr Wielinger, Sie haben das aufgeworfen – werden vielleicht häufig gesucht aus einem Gefühl der Machtlosigkeit heraus, weil einfach keine Mittel vorhanden sind, um sich wirkungsvoll zu wehren.

Ich will mit einem Fall beginnen, dann auf die Thesen von Herrn Waechter eingehen und am Ende zum Rechtsschutz auf den Ebenen 1 und 2, genauer: bei der Bedarfsfeststellung im Eisenbahnrecht kommen und fragen, ob man hier durch eine Stärkung des Rechtsstaats zu mehr Demokratisierung kommen kann. Der Fall ist die ICE-Trasse von Nürnberg nach München. Im Zuge der Verkehrsprojekte „Deutsche Einheit" gab es Überlegungen, wie diese Strecke geführt werden sollte. Es gab eine Ausbaustrecke über Augsburg und eine Neubaustrecke über Ingolstadt, die beide möglich erschienen. Die Neubaustrecke über Ingolstadt – Sie kennen sie alle – war aus damaliger Sicht erheblich teurer, sie brachte keinen großen Zeitvorteil (die beiden Strecken sind im Grunde ein Parallelogramm), und sie erschien verkehrstechnisch auch weniger sinnvoll. Es sprach also nahezu alles gegen diese Strecke. Zur damaligen Zeit, 1990, war im Bundesschienenwegeausbaugesetz als vordringlicher Bedarf der Ausbau der Strecke „Nürnberg-München" vorgesehen. Irgendwann, etwa 1993, hieß es dann plötzlich im Bundesschienenwegeausbaugesetz neuer Fassung: „Nürnberg–*Ingolstadt*–München". Da wurde also eine Alternativenwahl getroffen, und es gibt nirgends in den Materialen oder sonst wo Gründe für diese Alternativenwahl. Man weiß es einfach nicht, man kann Mutmaßungen aufstellen (Ingolstadt ist der Wahlkreis von Herrn Seehofer, aber gut, das ist eine unsachliche Bemerkung). Rechtsschutz gegen diese Alternativenwahl besteht selbstverständlich nicht. Es handelt sich zwar um ein Einzelfallgesetz, aber es greift ja noch nirgends in Grundrechte ein, insbesondere nicht in irgendein konkret zu benennendes Eigentum, also keine Verfassungsbeschwerde. Und es hat auch niemand eine verwaltungsgerichtliche Klagebefugnis. Man wartet dann also so lange, bis der Planfeststellungsbeschluss am ersten Zwangspunkt fertig ist. Dann besteht die Möglichkeit, diese Entscheidung nachzuprüfen. Aber dann heißt es: Nun gut, die Alternativenwahl auf der Vorstufe wird nicht mehr im Einzelnen überprüft, insofern sei die gerichtliche Prüfungskompetenz per Gesetz verkürzt worden. Kurz und gut, der Rechtsschutz kommt dann viel zu spät, zu einem Zeitpunkt, in dem diese Alternativenwahl gar nicht mehr sinnvoll problematisiert werden kann.

Ich komme jetzt zur These von Herrn Waechter. Sie schreiben im dritten Spiegelstrich am Ende: „Alternativlosigkeit von geplanten Vorhaben lässt sich nur durch Konkurrenz bekämpfen, die es auf den politischen Ebenen 1 und 2 gibt." Und dann zwei Spiegelstriche weiter: „Entscheidungen auf den Stufen 1 und 2 sind beim Parlament gut aufgehoben, weil dort durch die politische Konkurrenz noch am ehesten Alternativen generiert werden." Aber bei dieser Feststellung des Bedarfs auf der Stufe 1 oder 2 ist auf Seiten des Gesetzgebers der Zwang, Alternativen zu entwickeln, offenbar noch gar nicht vorhanden, oder er wird gar nicht gespürt. Irgendeine Interessengruppe legt die Alternative fest und sagt sich: Nun gut, irgendeine Überprüfung wird später im Rahmen des Planfeststellungsverfahrens stattfinden, aber dann wird das Gericht schon nicht den ganzen Aufwand, der in der Zwischenzeit betrieben wurde, in Frage stellen.

Wie kann man nun dazu kommen, auf dieser vorgelagerten Ebene eine höhere Demokratisierung zu erreichen, also zu erreichen, dass dort Alternativen *wirklich* generiert und erörtert werden? Mir fällt dazu nur ein: Durch schärferen Rechtsschutz, nämlich einen Rechtsschutz der Gerichte, der sich nicht scheut, auch diese vorgelagerten Entscheidungen zu überprüfen. Und zwar auch im Hinblick auf Kriterien, die den Bürgern wichtig sind, etwa die Wirtschaftlichkeit. Und da finde ich es nun sehr problematisch, dass der VGH Mannheim in der Entscheidung zu Stuttgart 21 mehr oder weniger wörtlich gesagt hat: Die Wirtschaftlichkeit des Projekts entzieht sich der gerichtlichen Kontrolle, kurz: Geld spielt für uns bei der Überprüfung keine Rolle. Denn wenn das so ist, wenn hier von den Gerichten ein Freibrief für Verschwendung erteilt wird, dann entsteht in der Tat bei den Bürgern ein Gefühl der Machtlosigkeit, ein Gefühl, sich nicht wehren zu können – und wenn das Ganze wirtschaftlich auch noch so unsinnig sein mag. Vielen Dank.

Püttner: Ja, meine Damen und Herren, zum Schluss vielleicht noch einmal die Wiederholung, dass wir die Referate mit Vergnügen gehört haben. Zur Sache hat ja Herr Isensee das Nötige ausgeführt, das möchte ich nicht wiederholen. Aber ich muss sagen, zu Herrn Mann: Dieses Kaskadenmodell, das Sie vorgestellt haben, hat doch bei mir einen gewissen Schrecken ausgelöst. Ich sehe ein, dass es gewisse Abstufungen wohl von der Sache her gibt, und verstehe auch, dass man dem Rechnung tragen will. Aber wenn das dazu führen könnte, dass wirklich eine Abschichtung erfolgt, dass also bestimmte Probleme, die auf der ersten Stufe erledigt werden, auf der zweiten Stufe nicht mehr zur Debatte stehen, dann ist das ja recht erfreulich. Aber, Sie haben selbst gesagt, dass das im Zweifel nicht gelingen wird, denn wenn die Verhältnisse sich ändern, dann wird auch die Grundfrage wieder neu aufgerufen. Also fällt selbst die Präklusion als der Hauptvorteil solcher Stufung dann wohl nicht gerade weg, aber er ist nicht so prägnant, wie er sein sollte. Bleiben also nur die Nachteile dieser Stufung. Nachteile nenne ich, dass das Verfahren mehrfach in die Öffentlichkeit gehen muss, dass mehrfach der Aufwand der Information der

Öffentlichkeit betrieben werden muss, dass es mehrfach den Rechtsschutz gibt, der alles aufhalten kann, dass also eine enorme Verfahrenskomplizierung stattfindet. Ich antworte daher mit der Gegenforderung: Auch bei Großvorhaben sollte es nach Möglichkeit nur eine einheitliche Entscheidung mit einer einmaligen Öffentlichkeitsbeteiligung geben. Damit muss dann auch Schluss sein, damit zügig voran gegangen wird, wie das, soweit ich gehört habe, in anderen Ländern auch der Fall ist. Ich gebe zu, dass dies nicht immer mit geltendem Recht so ganz zu vereinbaren ist. Wir haben auch im Baugesetzbuch mehrfach diese Abstufung, das ist mir bekannt. Aber man sollte doch vielleicht darauf hinarbeiten, dass es möglichst nur einheitliche Entscheidungen gibt. Danke schön.

Biaggini: Bevor wir zu den Schlussworten kommen, möchte ich Ihnen noch ein kleines Geheimnis verraten. Wir haben stillschweigend die Redezeit von drei auf vier Minuten verlängert. Trotz längerer Redezeit ist das „Ampelbild" etwa dasselbe geblieben. Die Selbstregulierung scheint zu funktionieren. Nun hat bei den Schlussworten Herr Mann zunächst das Wort, dann Herr Waechter.

Mann: Liebe Kolleginnen und Kollegen, lassen Sie mich mein Schlusswort mit einem unserem Tagungsort Kiel geschuldeten maritimen Bild beginnen. In der Diskussion ist mein kleines Segelboot zum Entern freigegeben worden. Einige Enterhaken haben verfangen, dafür sind aber auch Kanonenkugeln, ich denke an die Kanonenkugel von Herrn Lege, an meinem Schiff vorbeigeschossen und haben dafür den Viermaster von Herrn Waechter getroffen. Nachdem der Pulverdampf jetzt verraucht ist, bin ich froh, dass die Masten stehen geblieben sind und einige von Ihnen sogar zur Stabilisierung des Bugs beigetragen haben, damit das Schiffchen noch schnittiger werden kann. Nicht nur für diese, sondern für alle Diskussionsbeiträge sage ich Ihnen Dank. Ich möchte mein Schlusswort nach der Reihenfolge der Beiträge und nicht thematisch gliedern.

Herr Engel, Sie haben auf die Gesetzestreue des Betreibers hingewiesen und auf den Konflikt zwischen seinen frühzeitigen konkreten Planungen und den spät vorgebrachten diffusen Bedenken der Einwender. Daraus folgte ihre Forderung, es bedürfe einer Instanz, der die Bürger vertrauen. Das muss meiner Meinung nach die Verwaltung sein. Bei ihr kommen die Informationen zusammen, aufgrund derer entschieden wird. Ob das nun durch eine Sonderbehörde passiert, wie in der Schweiz oder in Frankreich – ich meine, dass Herr Groß einmal über eine solche Sonderbehörde in Frankreich berichtet hat –, oder durch Landesbehörden, ist eine Folgefrage. Für Deutschland scheint mir dies ein föderales Problem zu sein. Im Energiebereich ist es die Bundesnetzagentur für die länderübergreifenden

Leitungen geworden, aber dass man die Zuständigkeit generell auf eine Behörde konzentriert, wäre mir eher suspekt. Herr Rauschning, ich bin ja vollkommen bei Ihrem Ansatz. Ich habe nicht behauptet, die Verwaltung sei nicht neutral – das kann man von mir als einem deutschen Beamten auch nicht erwarten. Ich habe nur gesagt, es entstehe leicht ein solcher Eindruck für die außen stehenden Einwender, wenn die Verwaltung mit dem Vorhabenträger schon Vorabsprachen im Vorfeld führt, wie es gesetzlich vorgegeben ist. Die demokratische Legitimation habe ich auch nicht verwässert. Was ich versucht habe, ist, die durchaus vertretenen deliberativen oder diskursiven Demokratiemodelle in einer moderaten Form in die bisherigen monistischen Modelle zu integrieren. Ich bin diesen alternativen Demokratiemodellen also nicht gefolgt, sondern ich habe es zu machen versucht wie Johannes Rau: „Versöhnen statt Spalten".

Zu Herrn Groß: Ihr Plädoyer dafür, die Entscheidung über das „Ob" erst dann zu treffen, wenn das Projekt hinreichend konkretisiert ist – wenn ich Sie richtig verstanden habe –, läuft ja ein bisschen auf den aktuellen Gesetzesvorschlag hinaus. Ich meine nur, dass da zwei Dinge verbunden werden, die gar nicht zusammengehören. Denn ich kann doch über die Frage des „Ob" – etwa, ob ich neue Energieleitungen brauche, die von der Nordsee bis hinunter nach Bayern gehen – besser unabhängig von einem konkreten Projekt diskutieren. Ich sehe es daher gerade umgekehrt. Wenn ein Vorhaben schon hinreichend konkretisiert ist, dann diskutieren die Leute die Frage des „Ob" doch gar nicht mehr offen, weil sie nämlich wissen, dass das Endlager in ihre Kommune kommen soll. In diesem Stadium kann man nicht mehr unbefangen über ein „Ob" diskutieren. Man muss also das „Ob" zu einem Zeitpunkt diskutieren, zu dem das Projekt gerade noch nicht konkretisiert ist. Daher habe ich die abstrakte Stufe der Bedarfserörterung vorgeschlagen. Ich gebe zu, dass meine Sichtweise auf diese Dinge vielleicht etwas negativ ist. Viele von Ihnen haben möglicherweise eine idealistischere Vorstellung von der Öffentlichkeitsbeteiligung und dem Erörterungstermin. Mein Bild, und das mag auch meine Argumentation sicher beeinflussen, ist davon geprägt, dass ich seit nunmehr 10 Jahren im 7. Senat des Niedersächsischen OVG sitze und wir dort für Straßenplanung, Wasserstraßenplanung, Bergrecht, Abfallverbrennungsanlagen, Energierecht und Atomrecht zuständig sind. „Atomrecht", das heißt in Niedersachsen: Castor-Transporte, Schacht Konrad, Endlager Gorleben, Asse II und Zwischenlager Unterweser. In meiner Praxiserfahrung habe ich also ständig Großvorhaben auf dem Tisch, bei denen es verhärtete Fronten gibt. Verfahren auf dem Vergleichswege zu erledigen, wie das ja sonst auch in der Verwaltungsgerichtsbarkeit möglich ist, scheidet hier aus. Ich erinnere mich nur an einen Fall in den letzten 10 Jahren, wo das gelungen ist. Das ging es um eine Müllverbrennungsanlage, bei der die Kläger damit zufrieden waren, dass sie vorher angerufen werden und die Wäsche reinholen können, wenn es einen Störfall gibt. Den Regelfall aber bilden Gutachterschlachten, Demonstranten vor dem Gericht, aufgebrachte Zuhörer im Sitzungssaal und Befangenheitsanträge gegen die Richterbank. Das ist mein Erfahrungshorizont, unter dem ich dieses Referat geschrieben habe und daraus speist sich, das gebe ich gerne zu, meine Einschätzung von den Erfolgsaussichten einer moderierenden Öffentlichkeitsbeteiligung in einem Erörterungstermin. Deswegen möchte ich den Erörterungstermin auf die in ihren Rechten Betroffenen reduziert wissen. Zudem: Bei allem Zutrauen in die Problemlösungskraft der von Herrn Waechter angesprochenen Mediation möchte ich doch bezweifeln, ob es angesichts der Radikalisierung und Verhärtung der Fronten bei der Genehmigung von Großprojekten einem Mediator gelingen kann, den schmalen Bereich des Konsenses zu treffen. Es wird immer Gruppen geben, für die alles andere als die Null-Lösung, also Projektverhinderung, nicht konsensfähig ist. Und denen können Sie – es tut mir leid, wenn das jetzt so nach 19. Jahrhundert klingt – nur mit einer staatlichen Verwaltungsentscheidung begegnen, die notfalls auch vollstreckbar ist. Natürlich muss man überlegen, wie wir möglichst viele mit ins Boot nehmen können. Aber „Akzeptanz" wird zu Recht in den Sozialwissenschaften diskutiert, das ist keine rechtsdogmatische Kategorie. Ich habe sie dem rechtsstaatlichen Gedanken des fairen Verfahrens zugeordnet. Herr Saurer, Ihre Frage ging, wenn ich Sie richtig verstanden habe, dahin, ob auch bei der industriellen Anlagenzulassung so ein Kaskadenmodell entstehen soll. Wir haben das im Grunde heutzutage schon, indem – wenn ich das jetzt richtig überblicke – solche großen Vorhaben in ein Raumordnungsverfahren gegeben werden, um ihre Raumverträglichkeit zu prüfen. De lege ferenda könnte man auch solche Verfahren mit in dieses Konzept hineinnehmen.

Zu Herrn Isensee: Es bestätigt mich, wenn Sie auf die Grundrechte der Betreiber und der Nutzer aufmerksam machen, denn das habe ich in meinem Referat auch schon getan. Es ging mir ja gerade darum, dass nicht immer nur auf die Wutbürger gesehen, sondern erkannt wird, dass auch der Vorhabenträger Grundrechte hat, es sei denn, es ist ein öffentlicher Vorhabenträger. Ich denke, wir sind auch nahe beieinander, wenn ich die Reichweite der Beteiligung im Erörterungstermin auf die Rechtsbetroffenen reduzieren möchte. Der Kreis der Teilnahmeberechtigten bestimmt sich nach der Reichweite der subjektiv-öffentlichen Rechte. Ist kein subjektiv-öffentliches Recht ersichtlich, das betroffen sein könnte, lässt sich auch aus den verfassungsrechtlichen Rechtsschutzgarantien kein Anspruch auf Beteiligung ableiten, weil diese als formale Sicherung der Freiheit eben eine Betroffenheit dieser Freiheit voraussetzen. Sehr zutreffend finde ich die Beschreibung von Günter Gaentzsch in der Festschrift Sellner. Er war der Leiter des Erörterungstermins am Frankfurter Flughafen und hat geschätzt, dass wohl 90 Prozent des Gesprochenen bei dem Erörterungstermin für die Entscheidung – ich habe es mir extra aufgeschrieben – „rechtlich völlig unerheblich“ war. Und das entspricht auch meiner Erfahrung. Nur ein Beispiel: Es wäre sinnvoll, von einem Erörterungstermin ein Ergebnisprotokoll zu machen. Die Einwender wollen aber immer ein Wortlautprotokoll. Welchen Vorteil bringt denn ein Wortlautprotokoll? Nun, man kann damit nach Hause gehen und sagen: Seht her, ich habe mich dagegen gewehrt. Also nur Schaulaufen für die eigene Klientel. Diese Beobachtung spricht im Grunde auch Ihren Einwand an, dass es vielen Leuten allein um das Dagegensein geht, nicht aber um ein konstruktives Sachergebnis. Demgegenüber wollen diejenigen, deren Grundstücke betroffen sind, vernünftig argumentieren, und ich bin überzeugt, dass auch die Verwaltung und die Betreiber sehr daran interessiert sind, zu vernünftigen Lösungen zu kommen, die dann auch für die Betroffenen akzeptabel sind. Zu Ihrem zweiten Einwand, Herr Isensee: Zeitgerechtigkeit! Ist das nicht ein grundsätzliches Problem politischer Entscheidungen? Diskutieren wir das nicht auch auf anderen Feldern, nur unter dem Stichwort der „Generationengerechtigkeit“? Als Ende der 50er-Jahre die Entscheidung für Atomkraft gefallen ist, da durfte ich auch nicht mitbestimmen.

Zu Herrn Calliess und seinen Stichwörtern „NABEG, EnWG, Beschleunigung“. Ja, das NABEG ist ein guter Versuch, Beschleunigung und Öffentlichkeitsbeteiligung zu verbinden. Mir ist da aber schon zu viel Öffentlichkeitsbeteiligung eingebaut. Ich habe das im Referat ausgeführt. Auch die Idee mit der Bundesfachplanung, die das Raumordnungsverfahren ersetzt, ist ebenfalls gut. Aber das ist doch nur für länderübergreifende und grenzüberschreitende Leitungen vorgesehen. Dafür ist es auch sinnvoll, wenn eine Bundesbehörde die Planung für das Bundesgebiet macht. Genauso wie es wünschenswert wäre, wenn wir eine bundesweite Flughafenplanung hätten. Tendenziell bin ich aber eher kritisch, dem Bund nun sämtliche Planungsaufgaben zu übertragen. Herr Schoch, Sie haben hervorgehoben, dass es in der aktuellen Diskussion auch darum geht, Errungenschaften zu verteidigen. Da stimme ich Ihnen zu. Der von Ihnen eingeforderte Grundrechtsschutz durch Verfahren findet in meinem Modell bei der Planfeststellung, beim Erörterungstermin statt. Nicht aber bei der Bedarfsprüfung, weil ich da keine Rechtsbetroffenheit sehe. Ambivalent ist es, wenn man Grobtrassierungen festlegt. Denn wenn bei der Grobtrassierung beispielsweise klar wird, ob die Linie durch das Sauerland geht oder an der Rheinschiene vorbei, dann kann ich als Bürger bereits erkennen, ob ich möglicherweise betroffen bin oder nicht. Ich würde das an dieser Stelle aber immer noch nicht ausreichen lassen, um dann Klagerechte zu geben. Stichwort Verbandsbeteiligung: Ich habe die Verbände nicht mit spitzen Fingern angefasst, wie Sie meinen, ich habe sie gar nicht angefasst. Verbände haben eine wichtige Bündelungsfunktion. Sie sollten meines Erachtens auf allen drei Stufen beteiligt sein. Nach der Trianel-Entscheidung des EuGH werden die Verbände bei uns in Zukunft eine noch größere Bedeutung haben, weil sie dann wahrscheinlich überall auch Verbandsklagerechte bekommen werden.

Abschließend zu Herrn Püttner: Das Kaskadenmodell, haben Sie gesagt, verlängert ja alles, und das führt zu einer Mehrfachöffentlichkeitsbeteiligung. Herr Püttner, insofern muss ich Sie auf den Boden der Tatsachen zurückholen. Eine solche Mehrfachbeteiligung haben wir doch jetzt schon. Seit der SUP-Richtlinie müssen wir bei allen Planungen die Öffentlichkeit beteiligen. Eine nur einmalige Bürgerbeteiligung, wie sie Ihnen vorschwebt, ist eigentlich gar nicht mehr möglich, wenn man Entscheidungen planerisch abschichtet. Mir ging es ja gerade darum, Auswüchse wie die sechs oder sieben Stufen der Beteiligung, die wir jetzt bei den Energieleitungen haben, auf drei luzide Stufen zu reduzieren, bei denen klar ist, wann es um Bedarf, die Grobtrassierung oder die Planfeststellung geht. In dem Kaskadenmodell kann man abschichten, wenn man Präklusion einführt. Das zementiert aber nicht: Wenn ich etwa bei der Bedarfsprüfung feststelle, dass für ein Vorhaben ein Bedarf besteht, dann kann man bei der Planrechtfertigung hinterher nicht mehr sagen: „Wir brauchen das Projekt nicht“. Das ist festgelegt. Erst recht bei einer gesetzlichen Bedarfsfeststellung. Die Behörde kann aber in der Abwägung feststellen, dass zwar ein Bedarf besteht, aber genau an dieser konkreten Stelle etwa Umweltbelange so gewichtig sind, dass er in der Abwägung überwunden wird. Das aber macht in meinem Modell die Behörde. Ich öffne nicht wieder das Tor und lasse zu, dass der Erörterungstermin mit erneuten grundsätzlichen Auseinandersetzungen über das „Ob“ überfrachtet wird. Mir erscheint die Reduktion des Erörterungstermins auf die Rechtsbetroffenen auch deshalb sinnvoll, weil einige Kollegen momentan in vielen Rechtsbereichen resignierend die Arme heben und vor den Zuständen kapitulieren, indem sie resümieren, das Erörterungsverfahren bringe ja sowieso nichts, also sei es abzuschaffen. Damit verletzt man aber den Grundrechtsschutz durch Verfahren derjenigen, deren Grundstücke von dem Vorhaben konkret betroffen sind.

Liebe Kolleginnen und Kollegen, ich meine, unsere Aufgabe als Staatsrechtslehrer in dieser Diskussion sollte es sein, Orientierungslinien vorzugeben, die für Konsistenz und Klarheit bei der Bewältigung der einzelnen Sachfragen im Kontext von Großvorhaben sorgen. Ob die Frist für die Auslegung der Unterlagen nun einen Monat oder zwei Monate beträgt, oder ob im Internet oder in der Wochenendbeilage der Tageszeitung darauf aufmerksam gemacht werden soll – damit soll sich der Deutsche Juristentag beschäftigen. Ich wollte mit meinem Segelschiffchen vielmehr ein Modellboot in die Staatsrechtslehrerwerft geben, an dem wir alle zusammen arbeiten können. Einige von Ihnen haben ja bereits heute damit begonnen. Wenn am Ende dann ein schnittiger Katamaran zum Stapellauf kommt, bin ich sehr zufrieden. Vielen Dank!

Waechter: Ich hoffe, unser Segelboot ist nicht die Gorch Fock, die im Augenblick im Tirpitzhafen liegt, denn der geht es ja derzeit nicht besonders gut. (Mann: Wird aber generalüberholt.) Ich möchte beginnen mit der Frage: politisch und nicht politisch, mit anderen Worten mit der Differenz Demokratie und Rechtsstaat. Das liegt ja meinen Ausführungen und, wenn ich es recht verstanden habe, auch denen von Herrn Mann zu Grunde. Und das wirft natürlich zunächst die Frage auf, Herr Engel hat sie angesprochen: Kann man einzelne Entscheidungen überhaupt in dieser Weise qualifizieren? Natürlich habe ich mir darüber Gedanken gemacht, und ich glaube eine mögliche Konkretisierung wäre, dass man sagt, in beiden Fällen, bei sachlichen Entscheidungen und bei, in Anführungsstrichen, „politischen" Entscheidungen, geht es um Reduktion von Komplexität und um Optimierung. Der Unterschied ist, dass die Fähigkeit zur Reduktion dieser Komplexität bei politischen Entscheidungen darauf beruht, dass man über besondere Kenntnisse und Fähigkeiten in Bezug auf Präferenzen in der Bevölkerung verfügt, und bei sachlichen Entscheidungen verfügt man über besondere Erkenntnisse über Fakten und nicht über Präferenzeinstellungen. Damit, meine ich, kann man diese Ebenen etwas sortieren. Der zweite Punkt ist, dass ich nicht davon ausgegangen bin, dass Öffentlichkeitsbeteiligung vom Demokratieprinzip geboten sei. Das bin ich schon deswegen nicht, weil ich ja auf dem Hintergrund der Diskussion der 80-er Jahre spreche, und in den 80-er Jahren war ein Thema, das heute offenbar nicht mehr virulent ist – verständlicherweise, wie ich finde –, die demokratische Legitimation innerhalb der Privatwirtschaft, insbesondere bei Großvorhaben. Das heißt, die dahinter stehende Frage war: Gehorchen Polis, also Staat, und *oikos*, also Gesellschaft, denselben Steuerungsprinzipien? Soll das so sein? Ich meine, das Versiegen dieser Diskussion zeigt, dass es sinnvoll ist, dass verschiedene Steuerungsprinzipien Anwendung finden. Das ist zwar im Verlaufe der letzten 2000 Jahre in der Rechtsphilosophie immer wieder unterschiedlich gesehen worden, aber ich glaube, im Augenblick kann man das so festhalten. Und auch deswegen die Scheidung nach eher politischen und eher sachlichen Stufen. Und dem entspricht eben auch die Unterscheidung zwischen wertgeprägtem und nutzengeprägtem Protest. Und schließlich kann man dazu noch sagen – das ist in den Beiträgen nicht wesentlich angesprochen worden –, wenn man das Referendum in den Blick nimmt: Es wäre ja seltsam, wenn wir bisher immer davon gesprochen haben, dass wir die Entscheidung über Großvorhaben durch Verfahrensrecht rationalisieren wollen, jetzt plötzlich dieses ganze Verfahren wegzuschlagen mit einer Dezision. Und das Gleiche gilt in Bezug auf die Funktion von Gutachtern. Ganz viele Großvorhabenentscheidungen hängen, nach meinem Eindruck, stark von Gutachteraussagen ab. Es wäre auch für den Vorhabenträger wenig einleuchtend – nachdem er möglicherweise ein ganzes Dutzend von Gutachtern aufgeboten hat, die ihm bescheinigen: Die Sache ist in Ordnung –, das Ergebnis dann einer politischen Entscheidung auszusetzen, die sagt, das interessiert alles nicht. Das vorweg.

Herr Engel, Sie haben gesagt, wir brauchen eine Stelle, der die Bürger trauen können. Das habe ich ja versucht zu erreichen, und das leitet über zu der Frage, die von Herrn Rauschning und auch von Herrn Isensee angesprochen worden ist: Neutralität der Verwaltung. Natürlich habe ich darüber keine soziologischen Erhebungen. Aber, erstens habe ich die Beobachtung, dass zumindest in einem Wohlfahrtsstaat die politische Spitze ein Interesse daran hat, dass wohlfahrtsrelevante Entscheidungen von der Verwaltung getragen werden. Zweitens: Natürlich hat jeder Beamte, der etwas werden will, einen gewissen vorauseilenden Gehorsam gegenüber dem, was er als Meinung des Hauses kennt. Das ist doch ganz zweifellos so. In der Literatur wird darüber hinaus vorgebracht: Wenn die Verwaltung Zielfindungsaufgaben hat – und natürlich muss sie sich überlegen, wenn sie von dem Großvorhabenträger im Vorfeld der ganzen Sache angesprochen wird: Was hältst du davon? –, dann muss sich die politische Spitze darüber klar werden, was sie will. Dazu wird sie häufig auch die nachgeordneten Abteilungen und Referate befragen. Das heißt, es findet ein Zielfindungsprozess statt. Dass hinterher keine wirkliche Offenheit mehr da ist, wenn man einmal diesen Zielfindungsprozess durchlaufen hat, ist doch relativ naheliegend. Und ich meine, Sie alle haben Absolventen, die in den Beruf gehen. Und Sie alle kennen das, wenn Sie zum ersten Mal danach mit jenen sprechen, die in die Verwaltung eingetreten sind. Was wird ihnen gesagt? Du sollst nicht prüfen, *ob* das geht, du sollst prüfen, *wie* das geht. Das zeigt doch die Sache. Der Untersuchungsbericht zur Asse ist – für mich als Niedersachsen – ein einziger Sumpf von Nichtneutralität, wenn man es mal ganz brutal sagen will. Herr Isensee hat dann in diesem Zusammenhang auch noch gesagt, dass ich eine Nebenregierung installieren möchte. Ich habe ja bewusst diese Neutralität auf die Verfahrensbehörde beschränkt und nicht auf die Entscheidungsbehörde erstreckt. Das hätte ich auch tun können, davon haben mich aber mehrere Dinge abgehalten. Erstens einmal der gemischte

Charakter des Raumordnungsverfahrens, also der dritten Stufe, wo doch noch ein bisschen politischer Charakter dabei ist. Ich wahre also da die traditionelle demokratische Legitimation. Und zum anderen eine aristotelisch geprägte Vorsicht: Ich will nicht die absolut beste Verfassung oder Lösung propagieren, sondern die relativ beste, die auch eine politische Anschlussfähigkeit hat und Chancen auf Verwirklichung. Im Übrigen: Nebenregierung ist traditionell ja der Effekt der Gewaltenteilung. Vor Montesquieu hat man so gesprochen, wie Sie das getan haben. Aber spätestens in den Federalist Papers haben doch die Amerikaner gesagt: Es geht gerade darum, Interessen so zu institutionalisieren, dass sie gegeneinander wirken. Das ist die Idee der Nebenregierung. Gewaltenteilung ist immer Nebenregierung. Es kommt darauf an, dies im Detail auszubalancieren. Was die Verfahrensdauer angeht, ich meine, das ist ein Vorgriff auf die Beschleunigungsfrage. Man muss sich auch die Lebensdauer der Vorhaben anschauen. Wenn man das recherchiert, dann beginnt das ungefähr bei 50 Jahren für ein Kohlekraftwerk, wenn die Technik erneuert werden muss, und reicht bis weit über 100 Jahre bei Infrastrukturvorhaben. Dann relativeren sich auch die Verfahrenszeiten, glaube ich. Herr Groß, die Idee, die Frage des „Ob“ vor das Zulassungsverfahren zu ziehen, dazu hat ja Herr Mann schon etwas gesagt. Ich glaube, dass es richtig ist, wenn man es auf die Ebene der Bedarfsfrage zieht, dann wirkt die Bedarfsplanung quasi wie ein Schleier des Nichtwissens. Das ist immerhin ein kleiner Gewinn. Dass der Volksentscheid auf der Bedarfsplanebene im Prinzip nicht sinnvoll ist, finde ich auch. Die Lösung vieler hier angesprochener Fragen liegt in einer Veränderung der politischen Kultur: Bei uns hat bisher die Opposition diese Aufgabe nicht erkannt. Und das ist ein wesentlicher Punkt. Natürlich muss die Opposition Alternativen vorlegen, das ist ihre originäre Aufgabe. Und wenn dann die Opposition eine echte Alternative vorlegt, dann kann vielleicht auch eine Volksabstimmung, der ich aber an sich nicht zuneige, über so einen Bedarfsplan eine sinnvolle inhaltliche Aufgabe haben, dass man nämlich das andere alternative Konzept will. Zu der Neutralitätsfrage von Herrn Rauschning habe ich bereits Stellung genommen. Hinsichtlich der Frage von Herrn Saurer möchte ich einfach auf Herrn Mann verweisen. Ja, Herr Marti, wir sind uns vollkommen einig. Sie haben gesagt, man muss die Beschleunigung erreichen durch Konzentration und Straffung und durch Zentralisierung. Es ist ja auch so, dass viele Verfahrensbehörden sowohl personell wie fachlich überfordert sind. Wenn nicht allzu häufig ein Großverfahren kommt, muss eine Behörde sich umfangreich einarbeiten. Wenn man da eine landeszentrale oder gegebenenfalls, wenn das kompetenzrechtlich möglich ist, eine bundeszentrale Behörde hätte, die dann als Verfahrensbehörde dienstleistend dieses Verfahren abwickelt – und in einer Neutralität, wie ich sie versucht habe zu konstruieren –, dann würde viel Zeit gewonnen werden können. Und diese Behörde wäre auch fachkompetent. Ja, das gilt auch für Herrn Calliess. Im Prinzip finde ich diese Systematisierung der Planungsschritte im NABEG nicht schlecht. Das Problem ist, dass wir möglicherweise ein bisschen Schwierigkeiten mit der Kompetenzordnung kriegen. Aber jedenfalls könnte man einige dieser Gedanken auf der Landesebene reproduzieren. Dieser Unsinn von paralleler Linienbestimmung und Raumordnungsverfahren jedenfalls – das kann man ziemlich eindeutig sagen – sollte abgeschafft werden. Herr Wielinger, ich habe natürlich auch versucht, nach Österreich zu schauen, aber die Schweiz hat nun einmal die Marke auf unmittelbare Demokratie. Darum kommt man nicht herum. Im Übrigen, die Berücksichtigungspflicht in Deutschland geht ja nicht auf die einzelne Einwendung, sondern wir fassen ja immer ganz viele Einwendungen zusammen und berücksichtigen nur den Belang als solchen. Wenn ich Sie recht verstanden habe, haben Sie pro Öffentlichkeit des Erörterungstermins gesprochen – da bin ich mir aber nicht ganz sicher – und haben sich gleichzeitig gegen potentielle Konfliktsucher gewandt. Aber wenn es da wirklich ein erhebliches Potential gäbe, die wären ja froh um die Öffentlichkeit. Denn politische Profilierung braucht Öffentlichkeit. Und ob das dann nicht gerade kontraproduktiv wäre für eine solche von Ihnen als existent unterstellte Gruppe, eine stärkere Öffentlichkeit herzustellen, da bin ich mir sehr unsicher. Herr Schoch, ich mache in Frankreich immer Urlaub und führe dann gerne Gespräche mit Bürgermeistern, wenn ich im *chambre d'hôte* logiere. Ich habe den Eindruck, die haben eine so unterschiedliche Verwaltungskultur, dass man das schwer übertragen kann. Zur Lebensdauer der Anlagen und der Notwendigkeit von Beschleunigung habe ich schon etwas gesagt. Information von Amtes wegen, da stimme ich Ihnen völlig zu, das wäre schön, wenn die Behörden das Internet mehr nutzen und viel mehr einstellen würden. Diese Geheimnistuerei, das weckt ja gerade das Misstrauen, insbesondere diese Zurückhaltung von Gutachten usw. Das halte ich auch im Bauleitplanungsverfahren, wo ich als Richter überwiegend tätig bin, für groben Unsinn. Dass nicht zwingend alle Gutachten offengelegt werden müssen führt zwangsläufig dazu, dass die Bürger die Verwaltung für befangen halten, auch wenn sie es gar nicht sein sollte. Verbände, das ist natürlich ein bisschen problematisch, weil die Interessen der Betroffenen und die der Verbände auseinandergehen. Da würde ich also Vorsicht walten lassen und erst einmal abwarten, wohin sich die Lage entwickelt. Herr Lege, im Grunde fordern Sie ja eine Begründungspflicht für den Gesetzgeber, jedenfalls wenn er Bedarfspläne macht. Ich glaube nicht, dass das sonderlich sinnvoll ist, weil das ja wieder auf die judizielle Überprüfung dieser Bedarfspläne hinausläuft, die aber aus meiner Sicht in der Tat einen überwiegend politischen Charakter haben. Deswegen würde ich auch insoweit lieber darauf setzen, dass die politische Kultur sich so ändern muss, dass die Opposition ihre Alternativen präsentiert, und dann gerät automatisch die Mehrheit, die ihren Bedarfsplan beschließt, unter Begründungszwang. Und insofern ist das Problem nicht nur auf der Seite der Staatsrechtslehrer, sondern das Problem ist auch auf der Seite der Bürger und der Parteien, dass sie auf diese Großvorhaben in adäquater Weise reagieren und eine entsprechende politische Kultur sich erarbeiten. Und dann kann man nicht solche Bedarfsplanfeststellungen im Bundestag stillschweigend als Opposition an sich vorbeigehen lassen. Dass Geld keine Rolle spielen soll, das ist schön. Aber der Bürger glaubt es nicht, schlicht und einfach. Und selbst wenn Gerichte bereit sind – wir hatten ja zuletzt den Fall Kraftwerk Datteln, da war das Gericht ja bereit, das Geld keine Rolle spielen zu lassen – aber der Bürger glaubt es nicht, und bei Befangenheit kommt es eben auch darauf an, was geglaubt wird. Schließlich Herr Püttner. Sie sprechen für eine umfassende Konzentrationswirkung. Das ist natürlich wünschenswert, das ist völlig klar. Ich habe ja auch beim Rechtsschutz gesagt, ich hätte gerne konzentrierten Rechtsschutz. Aber erstens kann man konzentrieren nur insoweit, wie die Struktur der Entscheidungen zueinander passt. Wenn sie unterschiedlich strukturierte Entscheidungsmuster haben wie zwischen politischen Entscheidungen und rechtsstaatlichen Entscheidungen, also Sachentscheidungen, dann können sie nicht dieselben Maßstäbe zur Kontrolle anlegen. Das erschwert so eine Konzentration. Im Übrigen stimme ich völlig mit Ihnen überein: Der Nachteil – das habe ich ja auch gesagt – jedenfalls bei der Konzentration des Rechtsschutzes ist, dass Implizitprüfungen bisher schwächer ausfallen. Das wäre meines Erachtens aber wiederum eine Frage der Gerichtskultur, dass die Gerichte erkennen müssen, wenn wir einen konzentrierten Rechtsschutz haben, wie auch jetzt nach dem neuen NABEG, wo die Trassenfestlegung nur im Rahmen der Planfeststellung angegriffen werden kann, dann muss man auch die Implizitprüfung ein bisschen gründlicher machen. Ich danke Ihnen für Ihre Aufmerksamkeit und der Vereinigung für die Gelegenheit zum Vortrag.

Verzeichnis der Redner

Verzeichnis der Mitglieder der Vereinigung der Deutschen Staatsrechtslehrer e.V.

(Stand: 8. Januar 2013; ständige Aktualisierung unter www.staatsrechtslehrer.de)

Vorstand

1. Prof. Dr. Joachim *Wieland*
Deutsche Universität für Verwaltungswissenschaften Speyer
Lehrstuhl für Öffentliches Recht, Finanz- und Steuerrecht
Freiherr-vom-Stein-Straße 2
67346 Speyer
Tel.: (0 62 32) 65 4-3 55
Fax: (0 62 32) 6 54-1 27
E-Mail wieland@uni-speyer.de

2. Prof. Dr. Giovanni *Biaggini*
Universität Zürich
Lehrstuhl für Staats-, Verwaltungs- und Europarecht, Rechtswissenschaftliches Institut
Freiestrasse 15
CH-8032 Zürich
Tel.: (00 41) 4 46 34-30 11 od. -36 68
Fax: (00 41) 4 46 34-43 89
E-Mail giovanni.biaggini@rwi.uzh.ch

3. Prof. Dr. Matthias *Ruffert*
Friedrich-Schiller-Universität Jena
Rechtswissenschaftliche Fakultät
Carl-Zeiss-Straße 3
07743 Jena
Tel.: (0 36 41) 94 22 01
Fax: (0 36 41) 94 22 02
E-Mail m.ruffert@recht.uni-jena.de

Mitglieder

Adamovich, Dr. Dr. h.c. mult. Ludwig, o. Univ.-Prof., Präsident des Österreichischen Verfassungsgerichtshofs a.D., Rooseveltplatz 4, A-1090 Wien, (00 43) 66 42 42 75 26; Österreichische Präsidentschaftskanzlei, Hofburg, Ballhausplatz, A-1014 Wien, (00 43-15 34 22-3 00, Fax (00 43) 15 34 22-2 48, E-Mail ludwig.adamovich@hofburg.at

Albers, Dr. iur., Dipl. soz. Marion, Professorin, Sulzer Straße 21a, 86159 Augsburg; Universität Hamburg, Fakultät für Rechtswissenschaften, Lehrstuhl für Öffentliches Recht, Informations- und Kommunikationsrecht, Rechtstheorie, Rothenbaumchaussee 33, 20148 Hamburg, (0 40) 4 28 38-57 52, Fax (0 40) 4 28 38-26 35, E-Mail marion.albers@jura.uni-hamburg.de

Alexy, Dr. Dr. h.c. mult. Robert, o. Professor, Klausbrooker Weg 122, 24106 Kiel, (04 31) 54 97 42; Universität Kiel, 24098 Kiel, (04 31) 8 80 35 43, Fax (04 31) 8 80 37 45, E-Mail alexy@law.uni-kiel.de

Alleweldt, Dr. Ralf, LL.M., Privatdozent, Halbe Stadt 12, 15230 Frankfurt (Oder), (03 35) 6 22 47; Europa-Universität Viadrina, Postfach 1786, 15207 Frankfurt (Oder), (03 35) 55 34 78 75, E-Mail alleweld@euv-ffo.de

Anderheiden, Dr. Michael, Privatdozent, Stephanienstr. 32, 76133 Karlsruhe, (07 21) 4 70 08 17; Ruprecht-Karls-Universität Heidelberg, Juristisches Seminar, Friedrich-Ebert-Anlage 6–10, 69117 Heidelberg, (0 62 21) 54 74 97, Fax (0 62 21) 54 74 63, E-Mail anderheidenm@jurs.uni-heidelberg.de

Appel, Dr. Ivo, Professor, Eisvogelweg 28, 82140 Olching, (0 81 42) 2 84 23 17; Universität Hamburg, Fakultät für Rechtswissenschaft, Rothenbaumchaussee 33, 20148 Hamburg, (0 40) 4 28 38-54 43, Fax (0 40) 4 28 38-62 80, E-Mail ivo.appel@jura.uni-hamburg.de

Arnauld, Dr. Andreas von, Professor, Lange Reihe 103, 20099 Hamburg, (0 40) 31 81 74 17, E-Mail andreas.arnauld@gmx.de; Universität Münster, Lehrstuhl für Öffentliches Recht, insbesondere Völker- und Europarecht, Bispinghof 24/25, 48143 Münster, (02 51) 83-2 20 21, Fax (02 51) 83-2 20 43, E-Mail andreas.arnauld@uni-muenster.de

Arnim, Dr. Hans Herbert von, o. Professor, Im Oberkämmerer 26, 67346 Speyer, (0 62 32) 9 81 23; Deutsche Universität für Verwaltungswissenschaften Speyer, 67324 Speyer, (0 62 32) 65 43 43, E-Mail vonarnim@uni-speyer.de

Arnold, Dr. Rainer, o. Professor, Plattenweg 7, 93055 Regensburg, (09 41) 7 44 65; Universität Regensburg, 93053 Regensburg, (09 41) 9 43-26 54/5, E-Mail Rainer.Arnold@jura.uni-regensburg.de

Aschke, Dr. Manfred, Professor,
Kantstr. 14, 99425 Weimar,
(0 36 43) 40 22 83, Fax (0 36 43) 40 22 84;
E-Mail winckelmann.aschke@t-online.de;
c/o Professur Öffentliches Recht II,
Hein-Heckroth-Str. 5, 35390 Gießen oder
Thüringer Oberverwaltungsgericht
Kaufstr. 2–4, 99423 Weimar,
(0 36 43) 2 06-2 69

Augsberg, Dr. Steffen, Professor,
Semperstr. 20, 22303 Hamburg,
(01 78) 8 31 40 00;
Justus-Liebig-Universität, Professur für
Öffentliches Recht,
Hein-Heckroth-Str. 5, 35390 Giessen,
(06 41) 99-2 10 90/91,
Fax (06 41) 99-2 10 99,
E-Mail steffen.augsberg@recht.
uni-giessen.de

Aulehner, Dr. Josef, Privatdozent,
Hans-Böcker-Str. 8, 80995 München,
(0 89) 1 23 84 02, Fax (0 89) 12 74 96 88;
Ludwig-Maximilians-Universität
München, Ref. I A 3 – Rechtsabteilung,
Geschwister-Scholl-Platz 1,
80539 München,
(0 89) 21 80-37 30, Fax (0 89) 21 80-29 85,
E-Mail Aulehner@lmu.de

Axer, Dr. Peter, Professor,
Ruprecht-Karls-Universität Heidelberg,
Lehrstuhl für Sozialrecht in Verbindung
mit dem Öffentlichen Recht,
Friedrich-Ebert-Anlage 6–10,
69117 Heidelberg,
(0 62 21) 54-77 68, Fax (0 62 21) 54-77 69,
E-Mail axer@jurs.uni-heidelberg.de

Baade, Dr. Hans W., Professor,
6002 Mountain Climb Drive,
Austin/Texas, USA, 78 731,
(0 01-5 12) 4 52 50 71;
dienstl., (0 01-5 12) 4 71 51 51,
E-Mail hbaade@mail.law.utexas.edu

Badura, Dr. Peter, o. Professor,
Am Rothenberg Süd 4,
82431 Kochel am See, (0 88 51) 52 89;
Universität München,
Professor-Huber-Platz 2,
80539 München, (0 89) 21 80-35 76

Baer, Dr. Susanne, LL.M., Professorin,
Richterin des Bundesverfassungerichts,
Bleibtreustrasse 55, 10623 Berlin;
Humboldt-Universität zu Berlin,
Juristische Fakultät,
Unter den Linden 9, 10099 Berlin,
(0 30) 20 93 34 67,
Fax (0 30) 20 93 34 31,
E-Mail sekretariat.baer@rewi.
hu-berlin.de

Baldus, Dr. Manfred, Universitäts-
professor,
Roter Stein 8, 99097 Erfurt,
(03 61) 5 54 70 54;
Lehrstuhl für Öffentliches Recht
und Neuere Rechtsgeschichte,
Staatswissenschaftliche Fakultät,
Universität Erfurt, Nordhäuserstr. 63,
99089 Erfurt, (03 61) 7 37 47 11,
E-Mail manfred.baldus@uni-erfurt.de

Barfuß, Dr. iur. Dr. rer. pol. Walter,
o. Universitätsprofessor,
Tuchlauben 11/31; 1010 Wien;
Präsident des Österreichischen
Normungsinstituts,
Generaldirektor für Wettbewerb a.D.
(Bundeswettbewerbsbehörde),
Heinestraße 38, A-1020 Wien,
(00 43) 1/2 13 00/6 12,
Fax (00 43) 1/2 13 00/6 09,
E-Mail walter.barfuss@as-institute.at

Bartlsperger, Dr. Richard, o. Professor,
Schleifweg 55, 91080 Uttenreuth,
(0 91 31) 5 99 16,
Fax (0 91 31) 53 33 04,
E-Mail Bartlsperger.richard@t-online.de

Bast, Dr. Jürgen, Professor,
Radboud University Nijmegen,
Department of International
and European Law,
Postbus 9049, NL-6500 KK Nijmegen,
The Netherlands, (00 31) 2 43 61 54 88,
Fax (00 31) 2 43 61 61 45,
E-Mail j.bast@jur.ru.nl

Battis, Dr. Dr. h.c. Ulrich, Professor,
Beiersdorfer Weg 42, 12589 Berlin-Rahnsdorf, (0 30) 6 48 19 47;
Humboldt-Universität zu Berlin,
Lehrstuhl für Staats- und Verwaltungsrecht sowie Verwaltungswissenschaften,
Unter den Linden 6, 10099 Berlin,
(0 30) 20 93-35 33, Fax (0 30) 20 93-36 89,
E-Mail sekretariat.battis@rewi.hu-berlin.de

Bauer, Dr. Hartmut, Professor,
Am Hegereiter 13, 01156 Cossebaude,
(03 51) 4 52 16 03;
Lehrstuhl für Europäisches und Deutsches Verfassungsrecht, Verwaltungsrecht, Sozialrecht und Öffentliches Wirtschaftsrecht, Universität Potsdam,
August-Bebel-Straße 89, 14482 Potsdam,
(03 31) 9 77-32 64, Fax (03 31) 9 77-33 10,
E-Mail hbauer@rz.uni-potsdam.de

Baumeister, Dr. Peter, Professor,
Langebrücker Str. 24, 68809 Neulußheim,
(0 62 05) 39 78 17;
SRH Hochschule Heidelberg,
Ludwig-Guttmann-Str. 6, 69123 Heidelberg, (0 62 21) 88 22 60,
Fax (0 62 21) 88 34 82,
E-Mail peter.baumeister@fh-heidelberg. de;
Schlatter Rechtsanwälte,
Kurfürsten-Anlage 59, 69115 Heidelberg,
(0 62 21) 98 12 17,
Fax (0 62 21) 18 24 75,
E-Mail p.baumeister@kanzlei-schlatter.de

Baumgartner, Dr. Gerhard, Univ. Prof.,
Institut für Rechtswissenschaft,
Alpen-Adria-Universität Klagenfurt,
Universitätsstr. 65–67,
A-9020 Klagenfurt am Wörthersee,
+ 4 34 63 27 00 33 11,
Fax + 4 34 63 27 00 99 33 11,
E-Mail Gerhard.Baumgartner@aau.at

Bausback, Dr. Winfried, Univ.-Prof. a. D., MdL,
Im Neurod 8, 63741 Aschaffenburg,
(0 60 21) 45 66 06, Fax (0 60 21) 45 66 07;
Büro: Roßmarkt 34, 63739 Aschaffenburg, (0 60 21) 44 23 20,
Fax (0 60 21) 44 23 18;
E-Mail info@winfried-bausback.de

Bayer, Dr. Hermann-Wilfried, Professor,
Henkenbergstr. 45a, 44797 Bochum,
(02 34) 79 17 44; Universität Bochum,
44780 Bochum, (02 34) 32-2 57 24

Beaucamp, Dr. Guy, Professor,
Nordstr. 21, 18107 Elmenhorst,
(03 81) 7 68 69 50; Department Public Management, Fakultät Wirtschaft und Soziales,HAW Hamburg, Berliner Tor 5,
20099 Hamburg,
E-Mail AnkeBeauc@aol.com

Becker, Dr. Florian, LL.M.(Cambridge),
Professor, Universität Kiel,
Olshausenstr. 75, Gebäude II,
(Postanschrift: Olshausenstr. 40),
24098 Kiel, (04 31) 8 80-53 78 oder
(04 31) 8 80-15 04, Fax (04 31) 8 80-53 74,
E-Mail f.becker@law.uni-kiel.de

Becker, Dr. Joachim, Privatdozent,
Kreuznacher Str. 6, 14197 Berlin,
(0 30) 8 22 40 12; Humboldt-Universität zu Berlin, Juristische Fakultät,
Unter den Linden 6, 10099 Berlin,
(0 30) 20 93 33 83,
E-Mail Joachim.Becker@rewi.hu-berlin.de

Becker, Dr. Jürgen, o. Professor,
Kellerstr. 7, 81667 München;
E-Mail ksjbecker@gmail.com

Becker, Dr. Ulrich, LL.M. (EHI),
Professor, Pfarrsiedlungsstr. 9,
93161 Sinzing, (0 94 04) 34 78;
Max-Planck-Institut für ausländisches
und internationales Sozialrecht,
Amalienstr. 33, 80799 München,
(0 89) 3 86 02-5 11,
Fax (0 89) 3 86 02-5 90,
E-Mail Becker@mpisoc.mpg.de

Belser, Dr. Eva Maria, Professorin,
Chemin du Riedelet 7, CH-1723 Marly,
(00 41) 2 64 36 22 36;
Universität Freiburg i. Ue., Lehrstuhl für
Staats- und Verwaltungsrecht, Institut für
Föderalismus, Route d'Englisberg 7,
CH-1763 Granges-Paccot,
(00 41) 2 63 00 81 30,
evamaria.belser@unifr.ch

Berchtold, Dr. Klaus, Universitäts-
professor,
Bräunerstr. 4–6/22, A-1010 Wien,
(00 43) 1 53 14 34

Berg, Dr. Wilfried, o. Professor,
Waldsteinring 25, 95448 Bayreuth,
(09 21) 9 90 08 14; Universität Bayreuth,
95440 Bayreuth, (09 21) 55 28 76,
Fax (09 21) 55 84 28 75 oder 55 29 85,
E-Mail wilfried@cwberg.de

Berka, Dr. Walter, o. Universitäts-
professor,
Birkenweg 2, A-5400 Hallein,
(00 43) 66 24 57 67 58;
Institut für Verfassungs- und Verwal-
tungsrecht der Universität Salzburg,
Kapitelgasse 5–7, A-5020 Salzburg,
(00 43) 6 62-80 44 36 21,
Fax (00 43) 6 62-80 44 36 29,
E-Mail Walter.Berka@sbg.ac.at

Bernhardt, Dr. Dr. h.c. Rudolf,
o. Professor,
Gustav-Kirchhoff-Str. 2a, 69120 Heidel-
berg, (0 62 21) 41 36 99;
MPI für ausländisches öffentliches Recht
und Völkerrecht,
Im Neuenheimer Feld 535,
69120 Heidelberg, (0 62 21) 48 22 53,
E-Mail rbernhar@mpil.de

Bernstorff, Dr. Jochen von, Professor,
Eberhard-Karls-Universität Tübingen,
Juristische Fakultät, Lehrstuhl für Staats-
recht, Völkerrecht und Verfassungslehre,
Geschwister-Scholl-Platz,
72074 Tübingen,
E-Mail jvbernst@mpil.de

Bethge, Dr. Herbert, o. Professor,
Am Seidenhof 8, 94034 Passau,
(08 51) 4 16 97, Fax (08 51) 4 90 18 97,
E-Mail H.I.Bethge@t-online.de

Beusch, Dr. Michael, Privatdozent,
Limmattalstraße 43, CH-8049 Zürich,
(00 41) 4 43 41 06 04;
Bundesverwaltungsgericht, Kreuzacker-
straße 12, Postfach, CH-9023 St. Gallen,
(00 41) 5 87 05 25 33,
Fax (00 41) 5 87 05 25 59
E-Mail michael.beusch@isistax.com

Beyerlin, Dr. Ulrich, apl. Professor,
Luisenstr. 7, 69151 Neckargmünd;
MPI für ausländisches öffentliches Recht
und Völkerrecht,
Im Neuenheimer Feld 535,
69120 Heidelberg, (0 62 21) 48 22 30,
E-Mail ubeyerli@mpil.de

Biaggini, Dr. Giovanni, o. Professor,
Kantstrasse 12, CH-8044 Zürich,
(00 41) 4 42 51 11 58;
Lehrstuhl für Staats-, Verwaltungs- und
Europarecht, Rechtswissenschaftliches
Institut, Freiestrasse 15, CH-8032 Zürich,

(00 41) 4 46 34 30 11,
Fax (00 41) 4 46 34 43 89,
E-Mail giovanni.biaggini@rwi.uzh.ch

Bieber, Dr. Uwe Roland, o. Professor,
Mainzer Str. 135, 53179 Bonn,
(02 28) 35 71 89; Université de Lausanne,
Faculté de Droit – CDCE BFSH 1,
CH-1015 Lausanne-Dorigny,
(00 41) 21-6 92 27 90,
Fax (00 41) 21-6 92 27 85,
E-Mail Roland.Bieber@unil.ch

Binder, Dr. Bruno, Universitätsprofessor,
Wischerstr. 30, A-4040 Linz,
(00 43) 7 32-71 77 72-0,
Fax (00 43) 7 32-71 77 72-4;
Universität Linz, Altenbergerstr. 69,
A-4020 Linz, (00 43) 73 22 46 80,
Fax (00 43) 7 32-24 68 10,
E-Mail vwrecht@jku.at

Birk, Dr. Dieter, Universitätsprofessor,
Büschingstr. 2, 10249 Berlin,
(0 30) 25 35 32 02;
Direktor des Instituts für Steuerrecht
Westfälische Wilhelms-Universität
Münster, Universitätsstraße 14–16
48143 Münster, (02 51) 8 32 27 95,
Fax (02 51) 8 32 83 86,
E-Mail birk@uni-muenster.de

Blanke, Dr. Hermann-Josef, Universitätsprofessor, Lehrstuhl für Öffentliches
Recht, Völkerrecht und Europäische
Integration, Universität Erfurt,
Nordhäuser Straße 63, 99089 Erfurt,
(03 61) 7 37-47 51, (03 61) 7 37-47 00
(Sekr.), Fax (0361) 7 37-47 09,
E-Mail LS_Staatsrecht@uni-erfurt.de

Blankenagel, Dr. Alexander, Professor,
Türksteinstraße 10, 14167 Berlin,
(0 30) 8 54 95 82;
Humboldt-Universität zu Berlin,
Juristische Fakultät, Unter den Linden 6,
10099 Berlin, (0 30) 20 93-33 81,
Fax (0 30) 20 93-33 45,
E-Mail blankenagel@rewi.hu-berlin.de

Blümel, Dr. Willi, Universitätsprofessor,
Angelhofweg 65, 69259 Wilhelmsfeld,
(0 62 20) 1 80;
Deutsche Universität für Verwaltungswissenschaften Speyer, 67324 Speyer,
(0 62 32) 6 54-3 62 oder -3 60,
Fax (0 62 32) 9 10-2 08 oder 9 10-2 90

Bock, Dr. Wolfgang, Professor,
Richter am Landgericht Frankfurt am
Main, Schalkwiesenweg 44,
60488 Frankfurt am Main,
Privat: (0 69) 76 57 17; (01 63) 6 36 25 52,
Dienstlich: (0 30) 40 04 63 14
E-Mail wolfgang.bock@baks.bund.de

Böckenförde, Dr. iur. Dr. phil. Dr. h.c.
Ernst-Wolfgang, o. Professor,
Türkheimstr. 1, 79280 Au bei Freiburg,
(07 61) 40 56 23;
Albert-Ludwigs-Universität Freiburg,
79098 Freiburg, (07 61) 2 03 22 63
oder -22 62

Bogdandy, Dr. Armin von, M.A.,
Professor,
Mühltalstr. 117, 69121 Heidelberg,
(0 62 21) 58 94 33;
Max-Planck-Institut für ausländisches
öffentliches Recht und Völkerrecht,
Im Neuenheimer Feld 535,
69120 Heidelberg, (0 62 21) 48 26 02,
Fax (0 62 21) 48 26 03,
E-Mail sekreavb@mpil.de

Bogs, Dr. Harald, o. Professor,
Anton-Bartl-Str. 4, 82327 Tutzing,
(0 81 58) 90 65 83

Böhm, Dr. Monika, Professorin,
Lerchenweg 7, 65719 Hofheim/Ts.,
(0 61 92) 2 48 29, Fax (0 61 92) 2 48 14;

Philipps-Universität Marburg,
Institut für Öffentliches Recht,
Savignyhaus, Raum 404, Universitätsstraße 6, 35032 Marburg/Lahn, (0 64 21) 2 82-38 08, Fax (0 64 21) 2 82-89 82,
E-Mail Monika.Boehm@staff.uni-marburg.de

Bohne, Dr. Eberhard, M.A., Professor,
Conrad-Hist-Straße 35, 67346 Speyer,
(0 62 32) 7 37 04, Fax (0 62 32) 6 01 08 71;
Deutsche Universität für Verwaltungswissenschaften Speyer,
Freiherr-vom-Stein-Straße 2,
67346 Speyer, (0 62 32) 6 54-3 26,
Fax (0 62 32) 6 54-4 16,
E-Mail bohne@uni-speyer.de

Borowski, Dr. Martin, Professor,
Beseleralle 29, 24105 Kiel;
Universität Heidelberg,
Institut für Staatsrecht,
Verfassungslehre und Rechtsphilosophie,
Friedrich-Ebert-Anlage 6–10,
69117 Heidelberg, (0 62 21) 54-74 62,
E-Mail borowski@jurs.uni-heidelberg.de

Bothe, Dr. Michael, Universitätsprofessor,
Theodor-Heuss-Str. 6, 64625 Bensheim,
(0 62 51) 43 45;
Universität Frankfurt am Main,
Juridicum Zimmer 210, Senckenberganlage 31, 60054 Frankfurt am Main,
(0 69) 79 82 22 64,
E-Mail bothe-bensheim@t-online.de

Brandt, Dr. Edmund, Professor,
Technische Universität Braunschweig,
Carl-Friedrich-Gauß-Fakultät,
Institut für Rechtswissenschaften,
Lehrstuhl Staats- und Verwaltungsrecht sowie Verwaltungswissenschaften,
Bienroder Weg 87, 38106 Braunschweig,
(05 31) 3 91-24 61, Fax (0531) 3 91-24 66
E-Mail edmund.brandt@tu-bs.de

Breitenmoser, Dr. Stephan, Professor,
Ordinarius für Europarecht,
Juristische Fakultät der Universität Basel,
Peter Merian-Weg 8, Postfach,
CH-4002 Basel, (00 41) 6 12 67 25 51,
Fax (00 41) 6 12 67 25 79,
E-Mail stephan.breitenmoser@unibas.ch

Brenner, Dr. Michael, Professor,
Drosselweg 8, 73550 Waldstetten,
(0 71 71) 99 67 42 Fax (0 71 71) 99 68 65;
Lehrstuhl für Deutsches und Europäisches Verfassungs- und Verwaltungsrecht, Universität Jena, Carl-Zeiss-Str. 3,
07743 Jena, (0 36 41) 94 22 40 oder -41,
Fax (0 36 41) 94 22 42,
E-Mail prof.brenner@t-online.de

Breuer, Dr. Marten, Professor,
Universität Konstanz, Lehrstuhl für Öffentliches Recht mit internationaler Ausrichtung, Universitätsstr. 10,
78464 Konstanz, (0 75 31) 88 24 16,
Fax (0 75 31) 88 30 41,
E-Mail Lehrstuhl.Breuer@uni-konstanz.de

Breuer, Dr. Rüdiger, Professor,
Buschstr. 56, 53113 Bonn,
(02 28) 21 79 72, Fax (02 28) 22 48 32;
Köhler & Klett Rechtsanwälte, Köln,
(02 21) 42 07-2 91, Fax (02 21) 42 07-255,
E-Mail breuer.ruediger@arcor.de

Brinktrine, Dr. Ralf, Universitätsprofessor,
Margaretenstr. 31, 97276 Margetshöchheim, (09 31) 30 44 58 84;
Lehrstuhl für Öffentliches Recht, deutsches und europäisches Umweltrecht und Rechtsvergleichung, Juristische Fakultät,
Universität Würzburg,
Domerschulstraße 16, 97070 Würzburg,
(09 31) 3 18-23 31,
E-Mail Ralf.Brinktrine@jura.uni-wuerzburg.de

Britz, Dr. Gabriele, Professorin, Richterin des Bundesverfassungsgerichts, Justus-Liebig-Universität Gießen, Professur für Öffentliches Recht und Europarecht, Hein-Heckroth-Straße 5, 35390 Gießen, (06 41) 9 92 10 70 Fax (06 41) 9 92 10 79, E-Mail Gabriele.Britz@recht.uni-giessen.de

Bröhmer, Dr. Jürgen, Professor, 11 Kennedy Street, 2350 Armidale, (00 61) 2-67 72-46 47; Dean and Professor of Law, School of Law, Murdoch University, Murdoch, WA 6150, Australien, (00 61) 8 93 60 60 50, E-Mail j.brohmer@murdoch.edu.au

Brosius-Gersdorf, Dr. Frauke, LL.M., Professorin, Alte Leipziger Str. 10, 10117 Berlin, (030) 20 61 96 59, Fax (0 30) 20 61 96 62; Gottfried Wilhelm Leibniz Universität Hannover, Lehrstuhl für Öffentliches Recht, insb. Sozialrecht, Öffentliches Wirtschaftsrecht und Verwaltungswissenschaft, Königsworther Platz 1, 30167 Hannover, (05 11) 7 62-82 25, Mobil (01 73) 6 09 14 54, Fax (05 11) 7 62-82 28; E-Mail brosius-gersdorf@jura.uni-hannover.de

Brühl-Moser, Dr. Denise, Privatdozentin, EDA Kurier (Taschkent), Freiburgstr. 130, CH-3003 Bern, (00 41) 99 89 31 82 36 85, E-Mail d.bruehl-moser@unibas.ch

Brüning, Dr. Christoph, Professor, Kiebitzredder 12, 24220 Flintbek, (0 43 47) 7 13 42 95; Universität Kiel, Olshausenstr. 75, 24118 Kiel, (04 31) 8 80-45 40 oder -15 05, Fax (04 31) 8 80-45 82, E-Mail cbruening@law.uni-kiel.de

Brünneck, Dr. Alexander von, Professor, Blumenhagenstr. 5, 30167 Hannover, (0511) 71 6911; Europa-Universität Viadrina, Postfach 17 86, 15207 Frankfurt (Oder), (03 35) 55 34-22 64 oder -22 95, Fax (03 35) 55 34-24 18, E-Mail raue@euv-frankfurt-o.de

Bryde, Dr. Brun-Otto, o. Professor, Richter des Bundesverfassungsgerichts a.D., Universität Gießen, Hein-Heckroth-Str. 5, 35390 Gießen, (06 41) 99-2 10 60/61, Fax (06 41) 99-2 10 69, E-Mail Brun.O.Bryde@recht.uni-giessen.de

Bull, Dr. Hans Peter, o. Professor, Falckweg 16, 22605 Hamburg, (0 40) 8 80 56 52, E-Mail HP-Bull@t-online.de

Bullinger, Dr. Dr. h.c. (Université de Dijon), Martin, o. Professor, Altschlößleweg 4, 79280 Au bei Freiburg, (07 61) 40 23 89; Universität Freiburg, 79085 Freiburg, (07 61) 2 03 22 48 oder -47, E-Mail martin.bullinger@jura.uni-freiburg.de

Bultmann, Dr. Peter Friedrich, Privatdozent, Am Pankepark 51, 10115 Berlin, (0 30) 44 05 64 43; Humboldt-Universität zu Berlin, Unter den Linden 6, 10099 Berlin, E-Mail piet.bultmann@rz.hu-berlin.de

Bumke, Dr. Christian, Professor, Apostel-Paulus-Str. 19, 10825 Berlin, (0 30) 7 82 67 87; Bucerius Law School, Jungiusstraße 6, 20355 Hamburg, (0 40) 3 07 06-2 37, Fax (0 40) 3 07 06-2 59, E-Mail christian.bumke@law-school.de

Bungenberg, Dr. Marc, LL.M. (Lausanne), Professor, Pirmasenser Str. 3, 30559 Hannover, (05 11) 2 19 34 13 oder (01 77) 4 34 97 22;
Universität Siegen, Fachbereich Wirtschaftswissenschaften, Wirtschaftsrecht und Wirtschaftsinformatik, Lehrstuhl für Öffentliches Recht und Europarecht, Hölderlinstr. 3, 57068 Siegen, (02 71) 7 40 32 19, Fax (02 71) 7 40 24 77, E-Mail marc.bungenberg@gmx.de

Burgi, Dr. Martin, Professor, Institut für Politik und Öffentliches Recht der LMU München, Lehrstuhl für Öffentliches Recht, Wirtschaftsverwaltungsrecht, Umwelt- und Sozialrecht, Prof.-Huber-Platz 2, 80539 München, (0 89) 21 80-62 95, Fax (0 89) 21 80-31 99, E-Mail martin.burgi@jura.uni-muenchen.de

Burkert, Dr. Herbert, Professor, Uferstr. 31, 50996 Köln-Rodenkirchen, (00 49) 2 21 39 77 00, Fax (00 49) 2 21 39 77 11;
MCM-HSG, Universität St. Gallen, Müller-Friedberg-Str. 8, CH-9000 St. Gallen, (00 41) 71-2 22 48 75, Fax (00 41) 71-2 22 48 75, E-Mail herbert.burkert@unisg.ch

Bußjäger, Dr. Peter, Privatdozent, Institut für Föderalismus, Maria-Theresien-Straße 38b, A-6020 Innsbruck, (00 43) 5 12-57 45 94, Fax (00 43) 5 12-57 45 94-4

Butzer, Dr. iur. Hermann, Professor, Moltkestr. 4, 30989 Gehrden, (0 51 08) 8 78 23 23;
Leibniz-Universität Hannover, Lehrstuhl für Öffentliches Recht, insbesondere Recht der staatlichen Transfersysteme, Königsworther Platz 1, 30167 Hannover, (05 11) 7 62 81 69, Fax (05 11) 7 62 82 03, E-Mail butzer@jura.uni-hannover.de

Calliess, Dr. Christian, LL.M. Eur., M.A.E.S. (Brügge), Professor, (01 75) 2 05 75 22;
Freie Universität Berlin, Lehrstuhl für Öffentliches Recht und Europarecht, Van't-Hoff-Str. 8, 14195 Berlin, (0 30) 8 38-5 14 56, Fax (0 30) 8 38-5 30 12, E-Mail europarecht@fu-berlin.de

Cancik, Dr. Pascale, Professorin, Schreberstraße 19, 49080 Osnabrück, (05 41) 9 70-19 77, E-Mail pcancik@uni-osnabrueck.de;
Institut für Kommunalrecht und Verwaltungswissenschaft, Fachbereich Rechtswissenschaft, Universität Osnabrück, Martinistraße 12, 49078 Osnabrück, (05 41) 9 69-60 99 (Sekr.), Fax (05 41) 9 69-60 82 E-Mail instkv@uni-osnabrueck.de

Caspar, Dr. Johannes, Privatdozent, Tronjeweg 16, 22559 Hamburg, (0 40) 81 96 11 95, Fax (0 40) 81 96 11 21;
Universität Hamburg, Fachbereich Rechtswissenschaft, Edmund-Siemers-Allee 1, Flügel West, 20146 Hamburg, (0 40) 4 28 38-57 60, Fax (0 40) 4 28 38-62 80,
Der Hamburgische Beauftragte für Datenschutz und Informationsfreiheit, Klosterwall 6 (Block C), 20095 Hamburg, E-Mail johannes.caspar@datenschutz.hamburg.de

Classen, Dr. Claus Dieter, Professor, Olchinger Str. 57g, 82178 Puchheim, (0 89) 89 41 88 00, Fax (0 89) 89 41 88 01;
Ernst-Moritz-Arndt-Universität Greifswald, 17487 Greifswald, (0 38 34) 86 21 21 oder 21 24, Fax (038 34) 86 20 02, E-Mail Classen@uni-greifswald.de

Coelln, Dr. Christian von, Professor, Prinz-Georg-Str. 104, 40479 Düsseldorf, (02 11) 99 54 38 38, E-Mail coelln@web.de;

Universität zu Köln, Institut für Deutsches und Europäisches Wissenschaftsrecht, Albert-Magnus-Platz, 50923 Köln, (02 21) 4 70-40 66, Fax (02 21) 4 70-16 92, E-Mail cvcoelln@uni-koeln.de

Collin, Dr. Peter, Privatdozent, Rykestr. 18, 10405 Berlin; MPI für europäische Rechtsgeschichte, Hausener Weg 120, 60489 Frankfurt am Main, (0 69) 7 89 78-1 61, (0 30) 40 05 62 92, Fax (0 69) 7 89 78-1 69, E-Mail collin@mpier.uni-frankfurt.de

Cornils, Dr. Matthias, Professor, Adelheidstr. 92, 65185 Wiesbaden, (06 11) 9 71 99 97, (01 78) 4 98 73 11, E-Mail mcornils@arcor.de; Johannes Gutenberg-Universität Mainz, Fachbereich Rechts- und Wirtschaftswissenschaften, Jakob-Welder-Weg 9, 55099 Mainz, (0 61 31) 39-2 20 69, E-Mail cornils@uni-mainz.de

Cremer, Dr. Hans-Joachim, Universitätsprofessor, Steinritzstr. 21, 60437 Frankfurt am Main; Universität Mannheim, Fakultät für Rechtswissenschaft, Schloß Westflügel, 68131 Mannheim, (06 21) 1 81-14 28, -14 29 (Sekr.), Fax (06 21) 1 81-14 30, E-Mail Hjcremer@rumms.uni-mannheim.de

Cremer, Dr. Wolfram, Professor, Schellstraße 13, 44789 Bochum; Ruhr-Universität Bochum, Lehrstuhl für Öffentliches Recht und Europarecht, GC 8/160, 44780 Bochum, (02 34) 32-2 28 18, Fax (02 34) 32-1 42 81, E-Mail wolfram.cremer@rub.de

Czybulka, Dr. Detlef, Universitätsprofessor, Bergstraße 24-25, 18107 Elmenhorst, (03 81) 7 95 39 44, Fax (03 81) 7 95 39 45; Universität Rostock, Lehrstuhl für Staats- und Verwaltungsrecht, Umweltrecht und Öffentliches Wirtschaftsrecht, Universitätsplatz 1, 18051 Rostock, (03 81) 4 98-82 50, Fax (03 81) 4 98-82 52, E-Mail detlef.czybulka@uni-rostock.de

Dagtoglou, Dr. Prodromos, Professor, Hippokratous 33, GR-Athen 144, (00 30) 13 22 11 90; dienstl.: (00 30) 13 62 90 65

Dann, Dr. Philipp, LL.M., Privat: Rohrbachstr. 54, 60389 Frankfurt, (0 69) 36 70 23 31; Dienstlich: Licher Str. 64, 35394 Gießen, (06 41) 9 92 11 20, E-Mail pdann@mpil.de

Danwitz, Dr. Dr. h.c. Thomas von, Professor, Klinkenbergsweg 1, 53332 Bornheim, (0 22 27) 90 91 04, Fax (0 22 27) 90 91 05; Richter am Gerichtshof der Europäischen Union, L-2925 Luxemburg, (0 03 52) 43 03-22 30, Fax (0 03 52) 43 03-20 71, E-Mail thomas.vondanwitz@curia.europa.eu

Davy, Dr. Benjamin, Universitätsprofessor, Korte Geitke 5, 44227 Dortmund, (02 31) 77 99 94; Technische Universität Dortmund, Fakultät Raumplanung, Lehrstuhl für Bodenpolitik, Bodenmanagement und kommunales Vermessungswesen, August-Schmidt-Str. 10, 44221 Dortmund, (02 31) 7 55 22 28, Fax (02 31) 7 55 48 86, E-Mail benjamin.davy@udo.edu

Davy, Dr. Ulrike, Universitätsprofessorin, Korte Geitke 5, 44227 Dortmund,

(02 31) 77 99 94 oder 7 94 99 79;
Lehrstuhl für öffentliches Recht, deutsches und internationales Sozialrecht und Rechtsvergleichung,
Universität Bielefeld,
Postfach 10 01 31, 33501 Bielefeld,
(05 21) 1 06 44 00 oder 68 93 (Sekr.),
Fax (05 21) 1 06 80 83,
E-Mail udavy@uni-bielefeld.de

Dederer, Dr. Hans-Georg, Professor,
Holländerstr. 13c, 94034 Passau;
Universität Passau, Lehrstuhl für Staats- und Verwaltungsrecht,
Völkerrecht, Europäisches und Internationales Wirtschaftsrecht,
Innstr. 39, 94032 Passau,
(08 51) 5 09-23 40, Fax (08 51) 5 09-23 42,
E-Mail Hans-Georg.Dederer@uni-passau.de

De Wall, Dr. Heinrich, Professor,
Schronfeld 108, 91054 Erlangen,
(0 91 31) 97 15 45;
Hans-Liermann-Institut für Kirchenrecht der Friedrich-Alexander-Universität Erlangen-Nürnberg, Hindenburgstraße 34,
91054 Erlangen, (0 91 31) 85-2 22 42,
Fax (0 91 31) 85-2 40 64,
E-Mail hli@jura.uni-erlangen.de

Degenhart, Dr. Christoph, Universitätsprofessor,
Stormstr. 3, 90491 Nürnberg,
(09 11) 59 24 62, Fax (09 11) 59 24 62;
Juristenfakultät, Universität Leipzig,
Burgstr. 27, 04109 Leipzig,
(03 41) 97-3 51 91, Fax (03 41) 97-3 51 99,
E-Mail degen@rz.uni-leipzig.de

Delbanco, Dr. Heike, Privatdozentin,
Großbeerenstraße 83 A, 28211 Bremen,
(04 21) 2 43 63 81,
Fax (04 21) 3 30 49 40;
Ärztekammer Bremen,
Schwachhauser Heerstraße 30,
28209 Bremen, (04 21) 34 04-2 00,
Fax (04 21) 34 04-2 09,
E-Mail delbanco@t-online.de

Delbrück, Jost, Dr. Dr. rer.pol.h.c.,
LL.D. h.c., Professor em.,
Schoolredder 20, 24161 Altenholz,
(04 31) 32 39 95;
Universität Kiel, 24098 Kiel,
(04 31) 8 80 21 88, Fax (04 31) 8 80 16 19,
E-Mail jdelbrueck@web.de

Denninger, Dr. Dr. h.c. Erhard,
Professor em.,
Am Wiesenhof 1, 61462 Königstein,
(0 61 73) 7 89 88;
Universität Frankfurt, Institut für Öffentliches Recht, Senckenberganlage 31,
60325 Frankfurt am Main,
E-Mail Denninger@jur.uni-frankfurt.de

Depenheuer, Dr. Otto, Professor,
Joachimstraße 4, 53113 Bonn,
(02 28) 92 89 43 63,
Fax (02 28) 92 89 43 64;
Universität zu Köln, Seminar für Staatsphilosophie und Rechtspolitik,
Albertus-Magnus-Platz, 50923 Köln,
(02 21) 4 70 22 30, Fax (02 21) 4 70 50 10,
E-Mail Depenheuer@uni-koeln.de

Desens, Dr. Marc, Universitätsprofessor,
Ferdinand-Lassalle-Str. 2, 04109 Leipzig,
(03 41) 35 58 73 65;
Universität Leipzig, Juristenfakultät,
Lehrstuhl für Öffentliches Recht, insb. Steuerrecht und Öffentliches Wirtschaftsrecht, Burgstr. 21, 04109 Leipzig,
(03 41) 97 35-2 70, Fax (03 41) 97 35-2 79
E-Mail marc.desens@uni-leipzig.de

Determann, Dr. Lothar, Privatdozent,
1275 California Street,
USA-San Francisco, CA 94109,
E-Mail lothar.determann@bakernet.com;
Freie Universität Berlin, Ehrenbergstr. 17,
14195 Berlin

Detterbeck, Dr. Steffen, o. Professor,
Stettiner Str. 60, 35274 Kirchhain,
(0 64 22) 45 31;
Institut für Öffentliches Recht, Universität Marburg, Savignyhaus, Raum 407,
Universitätsstr. 6, 35032 Marburg,
(0 64 21) 2 82 31 23,
Fax (0 64 21) 2 82 32 09,
E-Mail brechta@staff.uni-marburg.de

Di Fabio, Dr. Dr. Udo, Professor,
Richter des Bundesverfassungsgerichts a. D.,
Institut für Öffentliches Recht,
Abt. Staatsrecht, Rheinische Friedrich Wilhelms-Universität, Adenauerallee 44,
53113 Bonn, (02 28) 73 55-73,
Fax (02 28) 73 79 35,
E-Mail difabio@uni-bonn.de

Dietlein, Dr. Johannes, Professor,
Heinrich-Heine-Universität, Lehrstuhl für Öffentliches Recht und Verwaltungslehre, Zentrum für Informationsrecht,
Universitätsstr. 1, 40225 Düsseldorf,
(02 11) 81-1 14 20,
Fax (02 11) 81-1 14 55,
E-Mail dietlein@uni-duesseldorf.de

Dietz, Dr. Andreas, Privatdozent,
Bayerischer Verwaltungsgerichtshof,
Postfach 34 01 48, 80098 München,
(089) 21 30-3 38,
E-Mail Andreas.Dietz@vgh.bayern.de

Diggelmann, Dr. Oliver, Professor,
Alte Landstrasse 49, 8802 Kilchberg,
(00 41) 4 32 44 45 35;
Institut für Völkerrecht und ausländisches Verfassungsrecht, Lehrstuhl für Völkerrecht, Europarecht, Öffentliches Recht und Staatsphilosophie,
Rämistrasse 74/36, 8001 Zürich,
(00 41) 4 46 34-20 54 oder -20 33,
Fax (00 41) 4 46 34-53 99
E-Mail oliver.diggelmann@rwi.uzh.ch

Dittmann, Dr. Armin, o. Professor,
Karl-Brennenstuhl-Str. 11,
72074 Tübingen, (0 70 71) 8 24 56;
Universität Hohenheim – Schloß,
Postfach 70 05 62, 70593 Stuttgart,
(07 11) 4 59-27 91, Fax (0711) 4 59-34 82,
E-Mail adittman@uni-hohenheim.de

Dolzer, Dr. Dr. Rudolf, Professor,
Am Pferchelhang 4/1, 69118 Heidelberg,
(0 62 21) 80 33 44;
Rechts- und Staatswissenschaftliche Fakultät, Universität Bonn, Adenauerallee 24–42, 53113 Bonn, (02 28) 73 91 72,
Fax (02 28) 73 91 71,
E-Mail rdolzer@jura.uni-bonn.de

Dörr, Dr. Dieter, Universitätsprofessor,
Am Stadtwald 6, 66123 Saarbrücken;
Lehrstuhl für Öffentliches Recht,
Völker- und Europarecht, Medienrecht,
Johannes-Gutenberg-Universität Mainz,
55099 Mainz, (0 61 31) 3 92 26 81 oder
3 92 30 44, Fax (06131) 392 5697,
E-Mail ddoerr@uni-mainz.de;
Mainzer Medieninstitut (MMI), Mainzer Medieninstitut e.V., Jakob-Welder-Weg 4,
55128 Mainz, (0 61 31) 1 44 92 50,
Fax (0 61 31) 1 44 92 60,
E-Mail doerr@mainzer-medieninstitut.de

Dörr, Dr. Oliver, LL.M. (London),
Professor,
Universität Osnabrück, Fachbereich Rechtswissenschaft, European Legal Studies Institute, 49069 Osnabrück,
(05 41) 9 69 60 50 oder -60 51,
Fax (05 41) 9 69 60 49,
E-Mail odoerr@uos.de

Dreier, Dr. Horst, o. Professor,
Bismarckstr. 13, 21465 Reinbek,
(0 40) 7 22 58 34;
Lehrstuhl für Rechtsphilosophie, Staats- und Verwaltungsrecht, Universität Würzburg, Domerschulstraße 16,

97070 Würzburg, (09 31) 31-8 23 21,
Fax (09 31) 31-29 11,
E-Mail dreier@mail.uni-wuerzburg.de

Dreier, Dr. Ralf, o. Professor,
Wilhelm-Weber-Str. 4, 37073 Göttingen,
(05 51) 5 91 14;
Universität Göttingen, 37073 Göttingen,
(05 51) 39 73 84

Droege, Dr. Michael, Universitätsprofessor,
Victor-Achard-Str. 14a, 61350 Bad Homburg v. d. H., (0 61 72) 8 56 94 76,
Fax (0 32 21) 1 29 56 38;
Johannes Gutenberg-Universität Mainz,
Fachbereich Rechts- und Wirtschaftswissenschaften, Jakob-Welder-Weg 9,
55128 Mainz, (0 61 31) 3 92 30 45,
Fax (0 61 31) 3 92 30 09,
E-Mail droege@uni-mainz.de

Drüen, Dr. Klaus-Dieter, Professor,
Heinrich-Heine-Universität Düsseldorf,
Lehrstuhl für Unternehmenssteuerrecht,
Universitätsstraße 1, 40225 Düsseldorf,
(02 11) 81-1 58 68, Fax (02 11) 81-1 58 70,
E-Mail klaus-dieter.drueen@uni-duesseldorf.de

Durner, Dr. jur., Dr. phil. Wolfgang,
LL.M. (London), Professor,
Viktoriaplatz 1,
53173 Bonn-Bad Godesberg;
Rheinische Friedrich-Wilhelms-Universität Bonn, Rechts- und Staatswissenschaftliche Fakultät, Adenauerallee 44,
53113 Bonn, (02 28) 73 91 51,
Fax (02 28) 73 55 82,
E-Mail durner@uni-bonn.de

Eberhard, Dr. Harald, Universitätsprofessor,
Troststr. 89/16, A-1100 Wien;
Wirtschaftsuniversität Wien, Institut für
Österreichisches und Europäisches
Öffentliches Recht, Althanstraße 39–45,
A-1090 Wien, (00 43) 13 13 36-50 88, Fax
(00 43) 13 13 36-7 13
E-Mail harald.eberhard@wu.ac.at

Eberle, Dr. Carl-Eugen, Professor,
Kapellenstr. 68a, 65193 Wiesbaden,
(06 11) 52 04 68;
E-Mail eberle.ce@zdf.de

Ebsen, Dr. Ingwer, Professor,
Alfred-Mumbächer-Str. 19, 55128 Mainz,
(0 61 31) 33 10 20;
FB Rechtswissenschaft, Universität
Frankfurt, Postfach 11 19 32,
60054 Frankfurt am Main,
(0 69) 79 82 27 03,
E-Mail Ebsen@jur.uni-frankfurt.de

Eckhoff, Dr. Rolf, Professor,
Bornwiesweg 37, 65388 Schlangenbad-Georgenborn, (0 61 29) 48 93 70,
Fax (0 61 29) 48 93 72;
Lehrstuhl für Öffentliches Recht, insbesondere Finanz- und Steuerrecht,
Universitätsstr. 31, 93040 Regensburg,
(09 41) 9 43 26 56/57, Fax (09 41) 9 43 19 74,
E-Mail Rolf.Eckhoff@jura.uni-regensburg.de

Egli, Dr. Patricia, LL.M. (Yale), Privatdozentin,
Lehrbeauftragte an der Universität
St. Gallen, Meienbergstr. 65,
CH-8645 Jona, (00 41) 7 97 68 94 65,
E-Mail patricia.egli@unisg.ch

Ehlers, Dr. Dirk, Professor,
Am Mühlenbach 14, 48308 Senden,
(0 25 97) 84 15;
Institut für öffentliches Wirtschaftsrecht,
Westfälische Wilhelms-Universität
Münster, Universitätsstr. 14–16,
48143 Münster, (02 51) 83-2 27 01,
Fax (02 51) 83-2 83 15,
E-Mail ehlersd@uni-muenster.de

Ehmke, Dr. Horst, o. Professor,
Am Römerlager 4, 53117 Bonn

Ehrenzeller, Dr. Bernhard, o. Professor,
Kirchlistraße 36a, CH-9010 St. Gallen;
Institut für Rechtswissenschaft und
Rechtspraxis (IRP-HSG), Bodanstr. 4,
CH-9000 St. Gallen, (00 41) 71-2 24 24 40
oder -46, Fax (00 41) 71-2 24 24 41,
E-Mail Bernhard.Ehrenzeller@unisg.ch

Eifert, Dr. Martin, LL.M. (Berkeley),
Professor,
Beethovenstr. 57, 53115 Bonn;
Humboldt-Universität zu Berlin,
Lehrstuhl für Öffentliches Recht, insbesondere Verwaltungsrecht, Postanschrift:
Unter den Linden 6, 10099 Berlin,
Sitz: Gouverneurshaus, Raum 303,
Unten der Linden 11, Berlin-Mitte,
(0 30) 20 93 36 20, Fax (0 30) 20 93 36 23,
E-Mail martin.eifert@rewi.hu-berlin.de

Eisenmenger, Dr. Sven, Privatdozent,
Hamburg,
E-Mail sven.eisenmenger@gmx.de
zugehörig Ludwigs-Maximilians-Universität München

Ekardt, Dr. Felix, LL.M., M.A.,
Professor,
Forschungsstelle Nachhaltigkeit und
Klimapolitik, Könneritzstraße 41,
04229 Leipzig,
Tel. + Fax: (03 41) 9 26 08 83;
Ostseeinstitut für Seerecht, Umweltrecht
und Infrastrukturrecht, Juristische Fakultät, Universität Rostock, Richard-Wagner-Straße 31, 18119 Rostock,
Tel. + Fax: (03 41) 9 26 08 83,
E-Mail felix.ekardt@uni-rostock.de

Elicker, Dr. Michael, Professor,
Dunzweiler Straße 6, 66564 Ottweiler,
(0 68 58) 69 98 53, Fax (0 68 58) 69 98 53;
Universität des Saarlandes, Lehrstuhl für
Staats- und Verwaltungsrecht,
Wirtschafts-, Finanz- u. Steuerrecht,
Im Stadtwald, 66123 Saarbrücken,
(06 81) 3 02-21 04, Fax (06 81) 3 02-47 79,
E-Mail m.elicker@gmx.de

Emmerich-Fritsche, Dr. Angelika,
Privatdozentin,
Hornschuchpromenade 17, 90762 Fürth,
(09 11) 70 66 60;
E-Mail info@emmerich-fritsche.de

Enders, Dr. Christoph, Universitätsprofessor,
Prellerstraße 1A, 04155 Leipzig,
(03 41) 5 64 33 71, Fax (03 41) 5 64 33 72;
Universität Leipzig, Juristenfakultät,
Lehrstuhl für Öffentliches Recht, Staats- und Verfassungslehre, Burgstr. 21,
04109 Leipzig, (03 41) 9 73 53 50,
Fax (03 41) 9 73 53 59,
E-Mail chenders@rz-uni-leipzig.de

Engel, Dr. Christoph, Professor,
Königsplatz 25, 53173 Bonn,
(02 28) 9 56 34 49, Fax (02 28) 9 56 39 44;
Max-Planck-Institut zur Erforschung von
Gemeinschaftsgütern, Kurt-Schumacher-Straße 10, 53113 Bonn, (02 28) 9 14 16-10,
Fax (02 28) 9 14 16-11,
E-Mail engel@coll.mpg.de

Englisch, Dr. Joachim, Professor,
Nettelbeckstr. 11, 40477 Düsseldorf,
(02 11) 41 65 87 35,
E-Mail jo.e@gmx.de;
Westfälische Wilhelms-Universität Münster, Lehrstuhl für Öffentliches Recht und
Steuerrecht, Universitätsstr. 14–16,
48143 Münster, (02 51) 83-2 27 95,
Fax (02 51) 83-2 83 86,
E-Mail jengl_01@uni-muenster.de

Ennuschat, Dr. Jörg, Professor,
Elberfelder Str. 23, 58452 Witten,
(0 23 02) 39 00 28;

FernUniversität Hagen, Universitätsstraße 11, 58097 Hagen,
(0 23 31) 9 87-23 41,
E-Mail Joerg.Ennuschat@FernUni-Hagen.de

Epiney, Dr. Astrid, Professorin,
Avenue du Moléson 18,
CH-1700 Fribourg, (00 41) 26-3 23 42 24;
Universität Fribourg i.Ue./CH, Lehrstuhl für Europa-, Völker- und Öffentliches Recht, Av. de Beauregard 11,
CH-1700 Fribourg, (00 41) 26-3 00 80 90,
Fax (00 41) 26-3 00 97 76,
E-Mail Astrid.Epiney@unifr.ch

Epping, Dr. Volker, Professor,
Neddernwanne 38, 30989 Gehrden,
(0 51 08) 91 26 97;
Leibniz Universität Hannover, Juristische Fakultät, Königsworther Platz 1,
30167 Hannover, (05 11) 7 62 82 48/49,
Fax (05 11) 7 62 82 52,
E-Mail epping@jura.uni-hannover.de

Erbel, Dr. Günter, Professor,
Bornheimer Straße 106, 53111 Bonn;

Erbguth, Dr. Wilfried, Professor,
Friedrich-Franz-Str. 38, 18119 Rostock-Warnemünde, (03 81) 5 48 67 09,
Fax (03 81) 5 48 67 15;
Universität Rostock, Juristische Fakultät,
Richard-Wagner-Str. 31 (Haus 1),
18119 Rostock-Warnemünde,
(03 81) 4 98 82 11, Fax (03 81) 4 98 82 12,
E-Mail Wilfried.Erbguth@jurfak.uni-rostock.de

Erichsen, Dr. Hans-Uwe, o. Professor,
Falkenhorst 17, 48155 Münster,
(02 51) 3 13 12;
Kommunalwissenschaftliches Institut,
Universität Münster, Universitätsstr. 14–16, 48143 Münster, (02 51) 83 27 41,
E-Mail erichse@uni-muenster.de

Errass, Dr. Christoph, Privatdozent,
Lehrbeauftragter an der Universität St. Gallen, Ritterstr. 20R,
CH-3047 Bremgarten bei Bern,
(00 41) 3 17 41 21 17,
E-Mail christoph.errass@unisg.ch

Faber, Dr. Angela, apl. Professorin,
Am Dörnchesweg 42, 50259 Pulheim,
(0 22 34) 6 43 70, Fax (0 22 34) 80 29 93,
E-Mail faber@fair-relations.de;
Hauptreferentin beim Deutschen Städtetag, Lindenallee 13–17, 50968 Köln,
(02 21) 37 71-172,
Fax (02 21) 37 71-2 00,
E-Mail angela.faber@staedtetag.de

Faber, Dr. Heiko, em. Professor,
Universität Hannover, Königsworther Platz 1, 30167 Hannover,
(05 11) 7 62-82 06,
E-Mail faber@jura.uni-hannover.de

Faßbender, Dr. Bardo, LL.M. (Yale),
Universitätsprofessor,
Institut für Öffentliches Recht und Völkerrecht, Universität der Bundeswehr München, Werner-Heisenberg-Weg 39,
85577 Neubiberg,
(0 89) 60 04-42 62,
E-Mail fassbender@unibw.de

Faßbender, Dr. Kurt, Professor,
Pölitzstr. 25, 04155 Leipzig,
(03 41) 5 82 01 18;
Universität Leipzig, Lehrstuhl für Öffentliches Recht, insb. Umwelt- und Planungsrecht, Otto-Schill-Str. 2,
04109 Leipzig, (03 41) 97 35-1 31,
Fax (03 41) 97 35-1 39,
E-Mail fassbender@uni-leipzig.de

Fastenrath, Dr. Ulrich, Professor,
Liliensteinstraße 4, 01277 Dresden,
(03 51) 2 54 05 36;
Juristische Fakultät der TU Dresden,

Bergstr. 53, 01069 Dresden,
(03 51) 46 33-73 33,
Fax (03 51) 46 33-72 13,
E-Mail fastenrath@jura.tu-dresden.de

Fechner, Dr. Frank, Professor,
Fischersand 57, 99084 Erfurt,
(03 61) 6 44 56 96;
TU Ilmenau, Institut für Rechtswissenschaft, Postfach 100 565, 98684 Ilmenau,
(0 36 77) 69-40 22,
E-Mail Frank.Fechner@tu-ilmenau.de

Fehling, Dr. Michael, LL.M. (Berkeley), Professor,
Farmsener Landstr. 39 B, 22359 Hamburg, (0 40) 60 95 14 65;
Bucerius Law School, Hochschule für Rechtswissenschaft, Jungiusstraße 6, 20355 Hamburg, Postfach 30 10 30,
(0 40) 3 07 06-2 31,
Fax (0 40) 3 07 06-2 35,
E-Mail michael.fehling@law-school.de

Feik, Dr. Rudolf, Ao. Univ.-Prof.,
Hans Sperl Straße 7, A-5020 Salzburg,
(00 43) 6 76 73 04 33 74;
Universität Salzburg, Fachbereich Öffentliches Recht, Kapitelgasse 5–7,
A-5020 Salzburg, (00 43) 6 62 80 44 36 03,
Fax (00 43) 6 62 80 44 36 29,
E-Mail rudolf.feik@sbg.ac.at

Felix, Dr. Dagmar, Professorin,
An den Fischteichen 47, 21227 Bendestorf, (0 41 83) 50 06 67,
Fax (0 41 83) 50 07 29;
Universität Hamburg, Öffentliches Recht und Sozialrecht, Fakultät für Rechtswissenschaft, Rothenbaumchaussee 33, 20148 Hamburg, (0 40) 4 28 38-26 65,
Fax (0 40) 4 28 38-29 30,
E-Mail dagmar.felix@jura.uni-hamburg.de

Fetzer, Dr. Thomas, LL.M., Professor,
Lehrstuhl für öffentliches Recht und Steuerrecht, Fakultät für Rechtswissenschaft und Volkswirtschaftslehre,
Abt. Rechtswissenschaft, Universität Mannheim, 68131 Mannheim;
(06 21) 1 81 14 38,
E-Mail lsfetzer@mail.uni-mannheim.de

Fiedler, Dr. Wilfried, o. Professor,
Am Löbel 2, 66125 Saarbrücken-Dudweiler, (0 68 97) 76 64 01;
Forschungsstelle Internationaler Kulturgüterschutz, Universität des Saarlandes,
Gebäude 16, Postfach 15 11 50,
66041 Saarbrücken, (06 81) 3 02-32 00,
Fax (06 81) 3 02-43 30,
E-Mail w.fiedler@mx.uni-saarland.de

Fink, Dr. Udo, Univ.-Professor,
Johannes-Gutenberg-Universität Mainz,
Fachbereich Rechts- und Wirtschaftswissenschaften, 55099 Mainz,
(0 61 31) 3 92 23 84,
E-Mail pfink@uni-mainz.de

Fisahn, Dr. Andreas, Professor,
Grüner Weg 83, 32130 Enger;
Universität Bielefeld, Fakultät für Rechtswissenschaft, Postfach 10 01 31,
33501 Bielefeld, (05 21) 1 06-43 84,
E-Mail andreas.fisahn@uni-bielefeld.de

Fischer, Dr. Kristian, Privatdozent,
Deidesheimer Str. 52, 68309 Mannheim,
(06 21) 73 82 45;
Lehrstuhl für Öffentliches Recht und Steuerrecht, Universität Mannheim,
Schloss Westflügel, 68131 Mannheim,
(06 21) 1 81-14 35,
Fax (06 21) 1 81-14 37,
E-Mail kfischer@jura.uni-mannheim.de

Fischer-Lescano, Dr. Andreas, LL.M. (EUI, Florenz), Professor,
Hobrechtsstr. 48, 12047 Berlin;
Zentrum für Europäische Rechtspolitik (ZERP), Universität Bremen, Fachbereich Rechtswissenschaft,

Universitätsallee GW 1, 28359 Bremen, (04 21) 21 86 62 22, Fax (04 21) 21 86 62 30, E-Mail fischer-lescano@zerp.uni-bremen.de

Fleiner, Dr. Dr. h.c. Thomas, o. Professor, rte. Beaumont 9, CH-1700 Fribourg, (00 41) 26-4 24 66 94, Fax (00 41) 26-4 24 66 89; Institut für Föderalismus, Universität Fribourg, Route d' Englisberg 7, CH-1763 Granges-Paccot, (00 41) 26-3 00 81 25 oder -28, Fax (00 41) 26-3 00 97 24, E-Mail Thomas.Fleiner@unifr.ch

Folz, Dr. Hans-Ernst, Professor, Bispinger Weg 11, 30625 Hannover, (05 11) 57 57 19 oder 56 28 92; Universität Hannover, Lehrstuhl für Öffentliches Recht, Völker- und Europarecht, Königsworther Platz 1, 30167 Hannover, (05 11) 7 62-82 48 oder -82 49, Fax (05 11) 7 62-82 52

Folz, Dr. Hans-Peter, Privatdozent, Christoph von Schmid-Straße 11, 86159 Augsburg, (08 21) 5 89 41 83; Juristische Fakultät, Universität Augsburg, Universitätsstraße 24, 86159 Augsburg, (08 21) 5 98 45 73, Fax (08 21) 5 98 45 72, E-Mail Hans-Peter.Folz@jura.uni-augsburg.de

Fraenkel-Haeberle, Dr. Cristina, Privatdozentin, Schießstandweg 28, I-39100 Bozen/Italien, (00 39) 04 71-98 18 18, Fax (00 39) 04 71-30 95 39, Mobil (00 39) 3 35-7 05 50 78; Senior Researcher, Institut für Föderalismus- und Regionalismusforschung, Europäische Akademie Bozen, Drususallee 1, I-39100 Bozen/Italien, (00 39) 04 71-05 52 00, Fax (00 39) 04 71-05 52 99, E-Mail cristina.fraenkel@eurac.edu

Frank, Dr. Dr. h.c. Götz, Professor, Cäcilienplatz 4, 26122 Oldenburg, (04 41) 7 56 89; Carl von Ossietzky Universität Oldenburg, Juristisches Seminar, Öffentliches Wirtschaftsrecht, 26111 Oldenburg, Paketanschrift: Ammerländer Heerstraße 114–118, 26129 Oldenburg, (04 41) 7 98-41 43, Fax (04 41) 7 98-41 51, E-Mail Goetz.Frank@uni-oldenburg.de

Frankenberg, Dr. Dr. Günter, Professor, Buchrainweg 17, 63069 Offenbach; Institut für Öffentliches Recht, Goethe-Universität Frankfurt, Rechtswissenschaft, Grüneburgplatz 1, 60629 Frankfurt am Main, (0 69) 7 98 34-2 70 oder -2 69, E-Mail Frankenberg@jur.uni-frankfurt.de

Franzius, Dr. Claudio, Privatdozent, Goernestr. 13, 20249 Hamburg, (0 40) 23 80 29 52; Universität Hamburg, Fakultät für Rechtswissenschaft, Seminar für Öffentliches Recht und Staatslehre, Rothenbaumchaussee 33, 20148 Hamburg, (0 40) 4 28 38 54 43, Fax (0 40) 4 28 38 29 30, E-Mail claudio.franzius@jura.uni-hamburg.de

Friauf, Dr. Karl Heinrich, o. Professor, Eichenhainallee 17, 51427 Bergisch-Gladbach, (0 22 04) 6 19 84; Universität Köln, 50923 Köln

Fromont, Dr. Dr. h.c. mult. Michel, Professor, 12, Boulevard de Port Royal, F-75005 Paris, (00 33) 1 45 35 73 71, E-Mail Fromont.michel@wanadoo.fr

Frotscher, Dr. Werner, Professor,
Habichtstalgasse 32, 35037 Marburg/Lahn, (0 64 21) 3 29 61;
Universität Marburg, Universitätsstr. 6, 35032 Marburg/Lahn,
(0 64 21) 28-2 31 22/1 26 (Sekr.),
Fax (0 64 21) 2 82-38 40,
E-Mail Frotsche@staff.uni-marburg.de

Frowein, Dr. Dr. h.c. Jochen Abr., o. Professor,
Blumenthalstr. 53, 69120 Heidelberg,
(0 62 21) 47 46 82, Fax (0 62 21) 41 39 71;
MPI für ausländisches öffentliches Recht und Völkerrecht, Im Neuenheimer Feld 535, 69120 Heidelberg,
(0 62 21) 4 82-2 58, Fax (06221) 4 82-6 77,
E-Mail jfrowein@mpil.de

Frye, Dr. Bernhard, Richter am Finanzgericht, Privatdozent,
(03 61) 3 46 21 04;
Thüringer Finanzgericht, Bahnhofstr. 3a, 99867 Gotha, (0 36 21) 4 32-2 21, -2 35,
Fax (0 36 21) 4 32-1 99,
E-Mail b.frye@gmx.de

Führ, Dr. Martin, Professor,
Rostockerstr. 17, 63303 Dreieich/Sprendlingen, (0 61 03) 93 66 17,
Fax (0 61 03) 93 66 19;
Fachhochschule Darmstadt, Haardtring 100, 64295 Darmstadt,
E-Mail fuehr@sofia-darmstadt.de

Funk, Dr. Bernd-Christian, o. Professor,
Franz Grassler Gasse 23, A-1230 Wien,
(00 43) 1889 29 35,
Fax (00 43) 18 89 29 35;
Institut für Staats- und Verwaltungsrecht, Universität Wien, Juridicum, Schottenbastei 10–16, A-1010 Wien,
E-Mail bernd-christian.funk@univie.ac.at;
Institut für Universitätsrecht und Universitätsmanagement, Johannes Kepler Universität Linz, Altenbergerstr. 69, A-4040 Linz, (00 43) 7 32-24 68-93 36,
Fax (00 43) 7 32-24 68 93 99,
E-Mail bernd-christian.funk@jku.at

Funke, Dr. Andreas, Professor,
Kochstraße 21, 91054 Erlangen,
(0 91 31) 8 29 05 97;
Friedrich-Alexander-Universität Erlangen-Nürnberg, Institut für Staats- und Verwaltungsrecht, Lehrstuhl für Öffentliches Recht, Schillerstraße 1, 91054 Erlangen, (0 91 31) 85-2 28 20,
Fax (0 91 31) 85-2 63 81,
E-Mail andreas.funke@jura.uni-erlangen.de

Gächter, Dr. Thomas, Professor,
Ausserdorferstr. 12g, CH-8052 Zürich,
(00 41) 13 63 37 24;
Universität Zürich, Treichlerstr. 10, CH-8032 Zürich, (00 41) 4 46 34 30 62,
E-Mail thomas.gaechter@rwi.uzh.ch

Gaitanides, Dr. Charlotte, LL.M. (Barcelona), Professorin,
22041 Hamburg, (0 40) 68 28 48 77;
Universität Flensburg, Internationales Institut für Management, Campusallee 3, 24943 Flensburg, (04 61) 8 05-27 66,
Fax (04 61) 8 05-25 61
E-Mail charlotte.gaitanides@uni-flensburg.de

Galetta, Dr. Diana-Urania, LL.M., Professore Ordinario,
Via Galla Placidia 6, I-20131 Milano;
Diritto Amministrativo e Diritto Amministrativo europeo, Università degli Studi di Milano, Facoltá di Giurisprundenza, Dipartimento di diritto pubblico italiano e sovranazionale, Via Festa del Perdono 7, I-20122 Milano, (00 39) 02-50 31 25 90,
Fax (00 39) 02-50 31 25 46,
E-Mail diana.galetta@unimi.it

Gallwas, Dr. Hans-Ullrich, Universitätsprofessor,
Hans-Leipelt-Str. 16, 80805 München,
(01 70) 2 16 72 08;
Obermaisperg, 84323 Massing,
(0 87 24) 13 86,
E-Mail hu-gallwas@t-online.de;
Universität München, Professor-Huber-Platz 2, 80539 München

Gamper, Dr. Anna, Univ.-Prof.,
Universität Innsbruck, Institut für Öffentliches Recht, Staats- und Verwaltungslehre, Innrain 52d, A-6020 Innsbruck, (00 43) 51 25 07-82 24,
Fax (00 43) 51 25 07-28 28,
E-Mail Anna.Gamper@uibk.ac.at

Gärditz, Dr. Klaus Ferdinand, Professor,
Kastanienweg 48, 53177 Bonn,
(02 28) 28 05 27 97;
Rheinische Friedrich-Wilhelms-Universität Bonn, Institut für Öffentliches Recht, Adenauerallee 24–42, 53113 Bonn,
(02 28) 73-91 76,
E-Mail gaerditz@jura.uni-bonn.de

Gas, Dr. Tonio, Professor,
Bertolt-Brecht-Str. 59, 49088 Osnabrück,
E-Mail tgas@uos.de;
Niedersächsisches Studieninstitut für kommunale Verwaltung e.V., Kommunale Hochschule für Verwaltung in Niedersachsen, Professur für Staats-, Verfassungs- und Europarecht, Wielandstr. 8, 30169 Hannover, (05 11) 16 09-4 48,
Fax (05 11) 1 55 37,
E-Mail tonio.gas@nds-sti.de

Gassner, Dr. Ulrich M., Mag.rer.publ., M.Jur. (Oxon), Professor,
Scharnitzer Weg 9, 86163 Augsburg,
(08 21) 6 32 50,
E-Mail ugassner@web.de;
Universität Augsburg, Universitätsstr. 2, 86135 Augsburg, (08 21) 5 98-45 46,
Fax (08 21) 5 98-45 47,
E-Mail Ulrich.Gassner@jura.uni-augsburg.de

Geis, Dr. Max-Emanuel, o. Professor,
Valentin-Rathgeber-Str. 1, 96049 Bamberg, (09 51) 51 93-3 05 oder -3 06,
Fax (09 51) 51 93-3 08;
Friedrich-Alexander-Universität Erlangen, Institut für Staats- und Verwaltungsrecht, Schillerstr. 1, 91054 Erlangen,
(0 91 31) 8 52 28 18,
Fax (0 91 31) 8 52 63 82,
E-Mail max-emanuel.geis@jura.uni-erlangen.de

Gellermann, Dr. Martin, apl. Professor,
Schlesierstraße 14, 49492 Westerkappeln,
(0 54 04) 20 47, Fax (0 54 04) 91 94 75;
Universität Osnabrück, Fachbereich Rechtswissenschaften, 49069 Osnabrück,
(0 54 04) 91 96 95,
E-Mail M.Gellermann@t-online.de

Germann, Dr. Michael, Professor,
Rathenauplatz 13, 06114 Halle,
(03 45) 5 23 89 32;
Martin-Luther-Universität Halle-Wittenberg, Lehrstuhl für Öffentliches Recht, Staatskirchenrecht und Kirchenrecht,
Universitätsplatz 5, 06108 Halle,
(03 45) 55-2 32 20, Fax (03 45) 55-2 76 74,
E-Mail Germann@jura.uni-halle.de

Germelmann, Dr. Claas Friedrich, LL.M. (Cantab.), Privatdozent,
Friedensstr. 4, 95447 Bayreuth;
Universität Bayreuth, Rechts- und Wirtschaftswissenschaftliche Fakultät,
Universitätsstr. 30, 95447 Bayreuth,
(09 21) 55 62 54, Fax (09 21) 55 62 52,
E-Mail Friedrich.Germelmann@uni-bayreuth.de

Gersdorf, Dr. Hubertus, Professor,
Alte Leipziger Str. 10, 10117 Berlin,
(03 0) 20 61 96 61, Fax (0 30) 20 61 96 62;

Universität Rostock, Juristische Fakultät, Gerd Bucerius-Stiftungsprofessur, Richard-Wagner-Straße 7, 18055 Rostock, (03 81) 2 03 60 76, Fax (03 81) 2 03 60 75, E-Mail hubertus.gersdorf@uni-rostock.de

Giegerich, Dr. Thomas, Professor, LL.M. (Virginia),
Birkenweg 90, 24211 Preetz; Lehrstuhl für Europarecht, Völkerrecht und Öffentliches Recht, Chair of EU Law, Public International Law and Public Law, Europa-Institut der Universität des Saarlandes, Institute of European Studies, Saarland University, Postfach 15 11 50, 66041 Saarbrücken, (06 81) 3 02 32 80 (od. -36 95 Sekr.), Fax (06 81) 3 02 48 79 E-Mail t.giegerich@mx.uni-saarland.de

Glaser, Dr. Andreas, Privatdozent,
Panoramastraße 91, 69126 Heidelberg, (0 62 21) 3 37 07 44;
Ruprecht-Karls-Universität Heidelberg, Institut für deutsches und europäisches Verwaltungsrecht, Friedrich-Ebert-Anlage 6-10, 69117 Heidelberg (0 62 21) 54 74 23, Fax (0 62 21) 54 77 43, E-Mail glaser@jurs.uni-heidelberg.de

Goerlich, Dr. Helmut, Professor,
Universität Leipzig, Institut für Staats- und Verwaltungsrecht, Burgstr. 27, 04109 Leipzig, (03 41) 97-3 51 71, Fax (03 41) 97-3 51 79, E-Mail helmut.goerlich@gmx.de

Gornig, Dr. Dr. h c. mult. Gilbert, Professor,
Pfarracker 4, 35043 Marburg-Bauerbach, (0 64 21) 16 35 66, Fax (0 64 21) 16 37 66; Institut für Öffentliches Recht, Universität Marburg, Universitätsstr. 6, 35032 Marburg, (0 64 21) 2 82 31 27, Fax (0 64 21) 2 82 38 53, E-Mail Gornig@voelkerrecht.com

Görisch, Dr. Christoph, Privatdozent,
Martin-Niemöller-Str. 61, 48159 Münster;
Westfälische Wilhelms-Universität, Institut für Öffentliches Recht und Politik, Wilmergasse 28, 48143 Münster, (02 51) 83-2 18 61, Fax (02 51) 5 10 49-19, E-Mail gorisch@uni-muenster.de

Götz, Dr. Volkmar, o. Professor,
Geismarlandstr. 17a, 37083 Göttingen, (05 51) 4 31 19;
Universität Göttingen, Abt. Europarecht des Instituts für Völkerrecht, Platz der Göttinger Sieben 5, 37073 Göttingen, (05 51) 39-47 61, Fax (05 51) 39-21 96, E-Mail europa@uni-goettingen.de

Grabenwarter, Dr. Dr. Christoph, Universitätsprofessor,
Institut für Europarecht und Internationales Recht, Wirtschaftsuniversität Wien, Althanstr. 39–45, A-1090 Wien, (00 43) 13 13 36-44 23, Fax (00 43) 13 13 36-92 05;
Mitglied des Verfassungsgerichtshofs, Verfassungsgerichtshof, Freyung 8, A-1010 Wien, (00 43) 15 31 22-13 94, E-Mail sekretariat.grabenwarter@wu.ac.at

Gramlich, Dr. Ludwig, Professor,
Justus-Liebig-Str. 38 A, 64839 Münster;
Fakultät für Wirtschaftswissenschaften, TU Chemnitz-Zwickau, Postfach 9 64, 09009 Chemnitz, (03 71) 5 31 41 64, -65, Fax (03 71) 5 31 39 61, E-Mail l.gramlich@wirtschaft.tu-chemnitz.de

Gramm, Dr. habil. Christof, Ministerialdirigent,
Wilhelmstraße 10, 53604 Bad Honnef, (0 22 24) 48 34;
Bundesministerium der Verteidigung, Postfach 1328, 53003 Bonn,

(02 28) 12-91 78,
E-Mail ChristofGramm@bmvg.bund.de

Graser, Dr. Alexander, Professor,
Brennereistraße 66, 85662 Hohenbrunn,
(0 81 02) 77 88 55;
Universität Regensburg, Fakultät für Rechtswissenschaft, Lehrstuhl für Öffentliches Recht und Politik, Universitätsstraße 31, 93053 Regensburg,
(09 41) 9 43-57 60, Fax (09 41) 9 43-57 71,
E-Mail: Alexander.Graser@jura.uni-regensburg.de

Grawert, Dr. Dr. h.c. Rolf, o. Professor,
Aloysiusstrasse 28, 44795 Bochum,
(02 34) 47 36 92, Fax (02 34) 5 16 91 36;
Ruhr-Universität Bochum, Juristische Fakultät, Universitätsstrasse 150,
GC 8/59, 44721 Bochum,
(02 34) 32 22 52 65, Fax (02 34) 3 21 42 36,
E-Mail Rolf.Grawert@ruhr-uni-bochum.de

Grewe, Dr. Constance, Universitätsprofessorin,
4 Rue Louis Apffel – F 67 000 Strasbourg, (00 33) 3 88 37 37 84,
E-Mail Constance.Grewe@orange.fr;
Université de Strasbourg, Faculté de droit
1 Place d'Athènes, BP 66, F-67045 Strasbourg Cedex

Grigoleit, Dr. Klaus Joachim, Universitätsprofessor,
Eisenacher Str. 65, 10823 Berlin;
TU Dortmund, Fakultät Raumplanung, Fachgebiet Raumplanungs- und Umweltrecht, August-Schmidt-Straße 10,
44227 Dortmund, (02 31) 7 55 32 17,
Fax (02 31) 7 55 34 24,
E-Mail klaus.grigoleit@tu-dortmund.de

Griller, Dr. Stefan, Universitätsprofessor,
Hungerbergstr. 11–13, A-1190 Wien,
(00 43) 1 32 24 05;
Europainstitut, Wirtschaftsuniversität Wien, Althanstr. 39–45, A-1090 Wien,
(00 43) 13 13 36-41 35 oder 41 36,
Fax (00 43) 13 13 36-7 58,
E-Mail Stefan.Griller@wu-wien.ac.at

Grimm, Dr. Dr. h.c. mult. Dieter, LL.M. (Harvard), o. Professor (em.),
Humboldt-Universität zu Berlin,
Juristische Fakultät, Unter den Linden 6,
10099 Berlin, (0 30) 20 93-35 66,
Fax (0 30) 20 93-35 78;
Wissenschaftskolleg zu Berlin, Institute for Advanced Study, Wallotstr. 19,
14193 Berlin, (0 30) 8 90 01-0 (Zentrale),
(0 30) 8 90 01-1 24,
Fax (0 30) 8 90 01-1 00,
E-Mail grimm@wiko-berlin.de

Gröpl, Dr. Christoph, Professor,
Lehrstuhl für Staats- und Verwaltungsrecht, Rechts- und Wirtschaftswissenschaftliche Fakultät, Universität des Saarlandes, Postfach 15 11 50,
66041 Saarbrücken, (06 81) 3 02-32 00,
Fax (06 81) 3 02-43 30,
E-Mail groepl@mx.uni-saarland.de

Gröschner, Dr. Rolf, o. Professor,
Stormstr. 39, 90491 Nürnberg,
(09 11) 59 14 08;
Rechtswissenschaftliche Fakultät,
Universität Jena, Carl-Zeiss-Str. 3,
07743 Jena,
E-Mail r.groeschner@uni-jena.de

Groh, Dr. Kathrin, Universitätsprofessorin,
Arcisstraße 61, 80801 München;
Fakultät für Staats- und Sozialwissenschaften, Institut für öffentliches Recht, Universität der Bundeswehr München,
Werner-Heisenberg-Weg 39,
85577 Neubiberg, (0 89) 60 04 38 64,
E-Mail kathrin.groh@unibw.de

Gromitsaris, Dr. Athanasios,
Privatdozent,
E-Mail gromitsaris@hotmail.com;
Friedrich-Schiller-Universität, Rechtswissenschaftliche Fakultät, Carl-Zeiss-Str. 3, 07737 Jena, (0 36 41) 94 22 30,
E-Mail R.Ullrich@recht.uni-jena.de

Groß, Dr. Thomas, Professor,
Schreberstr. 19, 49080 Osnabrück;
Universität Osnabrück, European Legal Studies Institute, Süsterstr. 28,
49069 Osnabrück, (05 41) 9 69-45 00,
E-Mail thgross@uni-osnabrueck.de

Grote, Dr. Rainer, LL.M. (Edinburgh),
Privatdozent,
Im Sand 3A, 69115 Heidelberg,
(0 62 21) 16 43 46, Fax (0 62 21) 91 47 35;
Max-Planck-Institut für ausländisches öffentliches Recht und Völkerrecht,
Im Neuenheimer Feld 535,
69120 Heidelberg, (0 62 21) 48 22 44,
Fax (0 62 21) 48 22 88,
E-Mail rgrote@mpil.de

Grupp, Dr. Klaus, Universitätsprofessor,
Stephanieufer 5, 68163 Mannheim,
(06 21) 82 21 97, Fax (06 21) 82 21 97

Grzeszick, Dr. Bernd, LL.M. (Cambridge), Professor,
Henkestraße 74–76, 91052 Erlangen,
(0 91 31) 1 23 28 14,
E-Mail Grzeszick@web.de;
Universität Heidelberg, Institut für Öffentliches Recht, Verfassungslehre und Rechtsphilosophie, Friedrich-Ebert-Anlage 6–10, 69117 Heidelberg,
(0 62 21) 54 74 32

Guckelberger, Dr. Annette, Professorin,
Lehrstuhl für Öffentliches Recht,
Rechts- und Wirtschaftswissenschaftliche Fakultät, Universität des Saarlandes,
Postfach 15 11 50, 66041 Saarbrücken,
(06 81) 3 02-5 74 01,
E-Mail a.guckelberger@mx.uni-saarland.de

Gundel, Dr. Jörg, Professor,
Lehrstuhl für Öffentliches Recht, Völker- und Europarecht, Universität Bayreuth,
95440 Bayreuth, (09 21) 55-29 43,
E-Mail joerg.gundel@uni-bayreuth.de

Gurlit, Dr. Elke, Universitätsprofessorin,
Rüdesheimer Straße 18,
65197 Wiesbaden, (06 11) 1 37 51 25
oder (01 79) 5 92 2215;
Fachbereich Rechts- und Wirtschaftswissenschaft, Johannes Gutenberg-Universität Mainz, Jakob-Welder-Weg 9,
55099 Mainz, (0 61 31) 3 92 31 14,
Fax (0 61 31) 3 92 40 59,
E-Mail gurlit@uni-mainz.de

Gusy, Dr. Christoph, Professor,
Wendischhof 14, 33619 Bielefeld,
(05 21) 9 67 79 67;
Universität Bielefeld, Fakultät für Rechtswissenschaft, Universitätsstr. 25,
33615 Bielefeld, (05 21) 1 06 43 97,
Fax (05 21) 1 06 80 61,
E-Mail christoph.gusy@uni-bielefeld.de

Haack, Dr. Stefan, Professor,
Rheinische Friedrich-Wilhelms-Universität Bonn, Professur für Öffentliches Recht, Adenauerallee 18–22,
53113 Bonn, (02 28) 73-6 24 11,
E-Mail haack@jura.uni-bonn.de
E-Mail StefanHaack@web.de

Häberle, Dr. Dr. h.c. mult. Peter,
o. Professor,
Forschungsstelle für Europäisches Verfassungsrecht, Universität Bayreuth,
Universitätsstraße 30, Postfach,
95440 Bayreuth, (09 21) 55 70 88,
Fax (09 21) 55 70 99,
E-Mail Peter.Haeberle@uni-bayreuth.de

Häde, Dr. Ulrich, Universitätsprofessor,
Lennéstraße 15, 15234 Frankfurt (Oder),
(03 35) 6 85 74 38;
Europa-Universität Viadrina, Lehrstuhl
für Öffentliches Recht, insb. Verwaltungsrecht, Finanzrecht und Währungsrecht,
Postfach 17 86, 15207 Frankfurt/Oder,
Hausanschrift: Große Scharrnstr. 59,
15230 Frankfurt (Oder), (03 35) 55 34-26 70,
Fax (03 35) 55 34-25 25,
E-Mail haede@europa-uni.de

Haedrich, Dr. Martina, Professorin,
Im Ritzetal 20, 07749 Jena,
(0 36 41) 44 85 25, Fax (0 36 41) 44 44 14;
Rechtswissenschaftliche Fakultät,
Friedrich-Schiller-Universität,
Carl-Zeiss-Straße 3, 07743 Jena,
(0 36 41) 94 22 15, Fax (0 36 41) 94 20 02,
E-Mail m.haedrich@recht.uni-jena.de

Hafner, Dr. Felix, Professor,
Hirzbrunnenschanze 67, CH-4058 Basel,
(00 41) 61-6 91 40 64;
Universität Basel, Lehrstuhl für Öffentliches Recht, Peter Merian-Weg 8,
Postfach, 4002 Basel,
(00 41) 6 12 67 25 64,
Fax (00 41) 6 12 67 07 95,
E-Mail Felix.Hafner@unibas.ch

Hailbronner, Dr. Kay, o. Professor,
Toggenbühl, CH-8269 Fruthwilen,
(00 41) 71-6 64 19 46,
Fax (00 41) 71-6 64 16 26;
Universität Konstanz, (0 75 31) 88 22 47,
E-Mail migration@uni-konstanz.de

Hain, Dr. Karl-E., Professor,
Herrenstr. 10, 57627 Hachenburg,
(0 26 62) 94 20 64;
Universität zu Köln, Institut für Medienrecht und Kommunikationsrecht,
Lehrstuhl für Öffentliches Recht und
Medienrecht, Aachener Str. 197–199,
50931 Köln, (02 21) 2 85 56-1 12,
Fax (02 21) 2 85 56-1 22,
E-Mail haink@uni-koeln.de

Haller, Dr. Herbert, Universitätsprofessor,
Felix-Mottl-Str. 48, Haus 2,
A-1190 Wien, (00 43) 13 68 05 68,
E-Mail r.haller@verkehrt.info;
ehemals Wirtschaftsuniversität Wien und
Mitglied des österreichischen Verfassungsgerichtshofs

Haller, Dr. Walter, o. Professor,
Burgstrasse 264, CH-8706 Meilen,
(00 41) 4 49 23 10 14;
Forchstr. 59, CH-8032 Zürich,
(00 41) 4 33 43 96 00,
E-Mail w-haller@bluewin.ch

Haltern, Dr. Ulrich, LL.M. (Yale),
Universitätsprofessor,
Bölschestr. 2, 30173 Hannover,
(05 11) 3 57 62 59;
Universität Hannover, Lehrstuhl für
deutsches und europäisches Staats- und
Verwaltungsrecht, Königsworther Platz 1,
30167 Hannover, (05 11) 7 62 81 86,
Fax (05 11) 7 62 81 73,
E-Mail LS.Haltern@jura.uni-hannover.de

Hammer, Dr. Felix, apl. Professor,
Gelber Kreidebusen 33/5,
72108 Rottenburg;
Justitiar und Kanzler der Diözese Rottenburg-Stuttgart, Bischöfliches Ordinariat,
Eugen-Bolz-Platz 1, 72108 Rottenburg,
(0 74 72) 16 93 61
Fax (0 74 72) 16 98 33 61,
E-Mail kanzler@bo.drs.de

Hammer, Dr. Stefan, Univ.-Doz.,
Anton Frank-Gasse 17, A-1180 Wien,
(00 43) 14 70 59 76;
Universität Wien, Institut für Staats- und
Verwaltungsrecht, Schottenbastei 10–16,
A-1010 Wien, (00 43) 1 42 77-3 54 65,

Fax (00 43) 1 42 77-3 54 69,
E-Mail stefan.hammer@univie.ac.at

Hänni, Dr. Peter, o. Professor,
Stadtgraben 6, CH-3280 Murten,
(00 41) 26-6 70 58 15;
Lehrstuhl für Staats- und Verwaltungsrecht, Universität Fribourg, Les Portes de Fribourg, Route d'Englisberg 7,
CH-1763 Granges-Paccot,
(00 41) 26-3 00 81 29,
Fax (00 41) 26-3 00 97 24,
E-Mail Peter.Haenni@unifr.ch

Hanschel, Dr. Dirk, M.C.L.,
Privatdozent,
Hauptstr. 154, 69117 Heidelberg,
(0 62 21) 16 69 58,
E-Mail hanschel@googlemail.com;
Universität Mannheim, Fakultät für Rechtswissenschaft und Volkswirtschaftslehre, 68131 Mannheim

Haratsch, Dr. Andreas, Universitätsprofessor,
Berliner Straße 18c, 58313 Herdecke,
(0 23 30) 92 67 13;
Lehrstuhl für Deutsches und Europäisches Verfassungs- und Verwaltungsrecht sowie Völkerrecht, FernUniversität in Hagen, Universitätsstraße 21,
58084 Hagen, (0 23 31) 9 87-28 77
oder -43 89, Fax (0 23 31) 9 87-3 24,
E-Mail Andreas.Haratsch@fernuni-hagen.de

Härtel, Dr. Ines, Professorin,
Schinkelstr. 13, 44801 Bochum,
(02 34) 8 90 33 63;
Ruhr-Universität Bochum, Lehrstuhl für Öffentliches Recht, Verwaltungs-,
Europa-, Agrar- und Umweltrecht,
GC 8/39, Universitätsstr. 150,
44780 Bochum, (02 34) 3 22 22 65,
Mobil (01 79) 6 63 64 22,
E-Mail LS-Haertel@ruhr-uni-bochum.de

Hartmann, Dr. Bernd J., LL.M.(Virginia),
Privatdozent,
Max-Planck-Str. 5 B, 45657 Recklinghausen, (0 23 61) 9 37 72 59,
Fax (0 23 61) 4 07 51 86;
Universität Münster, Institut für Öffentliches Recht und Politik, Wilmergasse 28,
48143 Münster, (02 51) 51 04 90,
Fax (02 51) 5 10 49 19,
E-Mail hartmab@uni-muenster.de

Hase, Dr. Friedhelm, Professor,
Bandelstraße 10b, 28359 Bremen,
(04 21) 24 27 84 40;
Universität Bremen, Fachbereich 6,
Rechtswissenschaft, Universitätsallee,
28359 Bremen, (04 21) 2 18-6 60 10,
Fax (04 21) 2 18-6 60 52,
E-Mail fhase@uni-bremen.de

Hatje, Dr. Armin, Professor,
Universität Hamburg, Fakultät für Rechtswissenschaft, Abt. Europäisches Gemeinschaftsrecht, Schlüterstr. 28,
20146 Hamburg, (0 40) 4 28 38-30 46,
Fax (0 40) 4 28 38-43 67,
E-Mail armin.hatje@jura.uni-hamburg.de

Hebeler, Dr. Timo, Professor,
Universität Trier, Professur für Öffentliches Recht, 54286 Trier, (06 51) 2 01 25 88,
E-Mail hebeler@uni-trier.de

Heckel, Dr. iur. Dr. theol. h.c. Martin,
o. Universitätsprofessor, Lieschingstr. 3,
72076 Tübingen, (0 70 71) 6 14 27

Hecker, Dr. Jan, LL.M. (Cambridge),
apl. Professor,
Richter am Bundesverwaltungsgericht,
Platanenstr. 25, 13156 Berlin,
(01 76) 23 29 28 26;
Bundesverwaltungsgericht, Simsonplatz 1, 04107 Leipzig, (03 41) 20 07-20 65,
E-Mail jan.hecker@bverwg.bund.de

Heckmann, Dr. Dirk, Universitätsprofessor,
stv. Mitglied des Bayerischen Verfassungsgerichtshofs, Schärdinger Straße 11e,
94032 Passau, (08 51) 75 38 83,
Fax (08 51) 4 90 58 20;
Universität Passau, Ordinarius für Internet- und Sicherheitsrecht, Innstraße 40,
94032 Passau, (08 51) 5 09-22 90,
Fax (08 51) 5 09-22 92,
E-Mail Heckmann@uni-passau.de

Heinig, Dr. Hans Michael, Professor,
Rochstr. 17, 10178 Berlin,
(01 71) 6 46 11 21;
Kirchenrechtliches Institut der EKD,
Goßlerstr. 11, 37073 Göttingen,
(05 51) 39-1 06 02;
Universität Göttingen, Lehrstuhl für Öffentliches Recht, insb. Kirchen- und Staatskirchenrecht, Goßlerstr. 11,
37073 Göttingen, (05 51) 39-1 06 02,
Fax (05 51) 39-1 06 07, E-Mail
info@kirchenrechtliches-institut.de

Heintschel von Heinegg, Dr. Wolff,
Professor,
Europa-Universität Viadrina, Frankfurt (Oder), Lehrstuhl für Öffentliches Recht, August-Bebel-Str. 12, 15234 Frankfurt (Oder), (03 35) 55 34-29 16,
Fax (03 35) 55 34-29 15,
E-Mail heinegg@europa-uni.de

Heintzen, Dr. Markus, Professor,
Freie Universität Berlin, Fachbereich Rechtswissenschaft, Van't-Hoff-Str. 8,
14195 Berlin, (0 30) 8 38-5 24 79,
Fax (0 30) 8 38-5 21 05,
E-Mail Heintzen@zedat.fu-berlin.de

Heitsch, Dr. Christian, apl. Professor,
72 Queens Road, Caversham, Reading,
Berks., RG4 8DL, U.K.,
(0044) 1189 4749 13,
E-Mail c_heitsch@web.de;
Lecturer in Law, Brunel Law School,
Brunel University West London,
Kingston Lane, Uxbridge, Middlesex
UB8 3PH, United Kingdom,
(00 44) 18 95 26 76 50,
E-Mail christian.heitsch@brunel.ac.uk

Hellermann, Dr. Johannes, Universitätsprofessor,
Hardenbergstr. 12a, 33615 Bielefeld,
(05 21) 16 00 38;
Universität Bielefeld, Fakultät für Rechtswissenschaft, Universitätsstr. 25,
33615 Bielefeld, (05 21) 1 06-44 22,
Fax (05 21) 1 06-60 48, E-Mail
Johannes.Hellermann@uni-bielefeld.de

Hendler, Dr. Reinhard, Universitätsprofessor,
Laurentius-Zeller-Str. 12, 54294 Trier,
(06 51) 9 37 29 44;
Universität Trier, Fachbereich Rechtswissenschaft, Universitätsring 15,
54286 Trier, (06 51) 2 01-25 56 oder 25 58,
Fax (06 51) 2 01-39 03,
E-Mail Hendler@uni-trier.de

Hengstschläger, Dr. Johannes,
o. Universitätsprofessor,
Steinfeldgasse 7, A-1190 Wien,
(00 43) 1 32-8 17 27;
Johannes-Kepler-Universität,
Altenbergerstr. 69, A-4040 Linz,
(00 43) 7 32-24 68-4 01,
Fax (00 43) 7 32-2 46 43,
E-Mail johannes.hengstschlaeger@jku.at

Hense, Dr. Ansgar, Professor,
Institut für Staatskirchenrecht der Diözesen Deutschlands,
Adenauerallee 19,
53111 Bonn, (02 28) 26 74-3 62,
E-Mail hense@institut-staatskirchenrecht.de

Herbst, Dr. Tobias, Privatdozent,
Seehofstr. 116, 14167 Berlin,
(0 30) 8 17 11 04;
Humboldt-Universität zu Berlin,
Juristische Fakultät, Unter den Linden 6,
10099 Berlin, (0 30) 20 93-34 26
oder -33 81,
Fax (0 30) 20 93-33 45,
E-Mail tobias.herbst@rewi.hu-berlin.de

Herdegen, Dr. Matthias, Professor,
Friedrich-Wilhelm-Str. 35, 53113 Bonn;
Rechts- und Staatswissenschaftliche
Fakultät, Universität Bonn,
Adenauerallee 44, 53113 Bonn,
(02 28) 73 55 70/-80, Fax (02 28) 73 79 01,
E-Mail Herdegen@uni-bonn.de

Hermes, Dr. Georg, Professor,
Berliner Str. 14a, 61440 Oberursel,
(0 61 71) 5 08 19 91,
Fax (0 61 71) 6 94 75 70;
Universität Frankfurt, Fachbereich
Rechtswissenschaft, Campus Westend,
Grüneburgplatz 1 (RuW),
Postfach 11 19 31, 60054 Frankfurt am
Main, (0 69) 7 98-3 42 75,
Fax (0 69) 7 98-3 45 12,
E-Mail G.Hermes@jur.uni-frankfurt.de

Herrmann, Dr. Christoph, LL.M.,
Professor,
Florianstr. 18, 94034 Passau,
(08 51) 21 55 33 89, (01 76) 10 49 77 20;
Universität Passau, Lehrstuhl für Staats-
und Verwaltungsrecht, Europarecht,
Europäisches und Internationales Wirt-
schaftsrecht, Innstraße 39,
94032 Passau,(08 51) 5 09-23 30,
Fax (08 51) 5 09-23 32,
E-Mail christoph.herrmann@eui.eu

Herrmann, Dr. Günter, Professor,
Intendant i.R.
Wankweg 13, 87642 Buching/Allgäu,
(0 83 68) 16 96;
Fax (0 83 68) 12 97
E-Mail herrmann.medienrecht@t-online.de

Herzog, Dr. Roman, Professor,
Bundespräsident a. D.,
Im Stahlbühl 20,74074 Heilbronn,
(0 71 31) 3 95 21 60,
Fax (0 71 31) 3 95 21 68,
E-Mail buerobprherzog@gmx.de

Heselhaus, Dr. Sebastian,
Professor, M.A.,
Kehlhofweg 10, CH-6043 Adligenswil,
Schweiz, (00 41) 4 13 70 25 00;
Universität Luzern, Rechtswissen-
schaftliche Fakultät,
Lehrstuhl für Europarecht,
Völkerrecht und Öffentliches Recht,
Hofstr. 9, Postfach 7464,
CH-6000 Luzern 7, Schweiz,
(00 41) 4 12 28 74 11,
Fax (00 41) 4 12 28 74 31
E-Mail sebastian.heselhaus@unilu.ch

Heun, Dr. Werner, Professor,
Bürgerstraße 5, 37073 Göttingen,
(05 51) 70 62 48;
Universität Göttingen, Institut für
Allgemeine Staatslehre und Politische
Wissenschaften, Goßlerstraße 11,
37073 Göttingen, (05 51) 39-46 93,
Fax (05 51) 39-22 39,
E-Mail staatsl@gwdg.de

Hey, Dr. Johanna, Professorin,
Wiethasestraße 73, 50933 Köln,
(02 21) 4 91 17 38,
Fax (02 21) 4 91 17 34;
Universität zu Köln,
Institut für Steuerrecht,
Albertus-Magnus-Platz,
50923 Köln, (02 21) 4 70-22 71,
Fax (02 21) 4 70-50 27,
E-Mail johanna.hey@uni-koeln.de

Heyen, Dr. iur. Lic. phil. Erk Volkmar, Universitätsprofessor,
Arndtstraße 22, 17489 Greifswald, (0 38 34) 50 27 16;
Ernst Moritz Arndt-Universität, Domstr. 20, 17489 Greifswald,
E-Mail lsheyen@uni-greifswald.de

Hidien, Dr. Jürgen W., Professor, Goebenstr. 33, 48151 Münster, (02 51) 4 78 77

Hilf, Dr. Meinhard, Universitätsprofessor,
Bahnsenallee 71, 21465 Reinbek bei Hamburg, (0 40) 78 10 75 10,
Fax (0 40) 78 10 75 12;
Bucerius Law School, Jungiusstraße 6, 20355 Hamburg, (0 40) 3 07 06-1 58,
Fax (0 40) 3 07 06-2 46,
E-Mail meinhard.hilf@law-school.de

Hill, Dr. Hermann, Professor, Kilianstraße 5, 67373 Dudenhofen;
Deutsche Universität für Verwaltungswissenschaften Speyer, Postfach 14 09, 67324 Speyer, (0 62 32) 6 54-3 28,
E-Mail hill@uni-speyer.de

Hillgruber, Dr. Christian, Professor, Zingsheimstr. 25, 53359 Rheinbach;
Institut für Öffentliches Recht, Adenauerallee 24–42, 53113 Bonn, (02 28) 73 79 25,
Fax (02 28) 73 48 69,
E-Mail lshillgruber@jura.uni-bonn.de

Hobe, Dr. Stephan, LL.M., Universitätsprofessor,
In der Asbach 32, 53347 Alfter-Impekoven, (02 28) 9 48 93 00;
Universität zu Köln, Institut für Luft- und Weltraumrecht und Lehrstuhl für Völker- und Europarecht, europäisches und internationales Wirtschaftsrecht, Albertus-Magnus-Platz, 50923 Köln, (02 21) 4 70 23 37,
E-Mail Stephan.Hobe@uni-koeln.de

Hochhuth, Dr. Martin, Privatdozent, Kaiser-Joseph-Straße 268, 79098 Freiburg;
Albert-Ludwigs-Universität Freiburg, Institut für Öffentliches Recht, Abteilung III, Staatsrecht, Platz der Alten Synagoge 1, 79085 Freiburg, (07 61) 2 03-22 43,
Fax (07 61) 2 03-22 40,
E-Mail hochhuth@jura.uni-freiburg.de

Hoffmann-Riem, Dr. Wolfgang, Professor, Richter des Bundesverfassungsgerichts a. D.,
Auguststr. 15, 22085 Hamburg, (0 40) 64 22 58 48,
Fax (0 40) 69 64 58 06,
E-Mail whoffmann-riem@gmx.de;
Universität Hamburg, Rothenbaumchaussee 33, 20148 Hamburg, (0 40) 4 28 38-30 33,
Fax (0 40) 4 28 38-26 35
E-Mail ceri@jura.uni-hamburg.de

Höfling, Dr. Wolfram, M.A., Professor, Bruchweg 2, 52441 Linnich, (0 24 62) 36 16;
Universität zu Köln, Institut für Staatsrecht, Albertus-Magnus-Platz, 50923 Köln, (02 21) 4 70-33 95,
Fax (02 21) 4 70-50 75, E-Mail Sekretariat@institut-staatsrecht.de

Hofmann, Dr. Ekkehard, Professor, Koselstr. 51, 60318 Frankfurt am Main, (0 69) 17 49 89 27;
Julius-Maximilians-Universität Würzburg, Institut für Staats- und Verwaltungsrecht, Rechtsphilosophie, Domerschulstr. 16, 97070 Würzburg, (09 31) 31-8 37 38,
Fax (09 31) 31-8 29 88,

E-Mail ekkehard.hofmann@jura.
uni-wuerzburg.de

Hofmann, Dr. Dr. h.c. Hasso,
o. Professor,
Christoph-Mayer-Weg 5,
97082 Würzburg, (0 91) 8 73 88,
Fax (09 31) 78 32 88,
oder Torstr. 176, 10115 Berlin,
(0 30) 2 81 30 75,
E-Mail hasso-hofmann@gmx.de;
Humboldt-Universität zu Berlin,
Unter den Linden 6, 10099 Berlin,
(0 30) 20 93-35 53

Hofmann, Dr. Dr. Rainer, Universitätsprofessor,
Bergstr. 83, 69121 Heidelberg,
(0 62 21) 40 10 04;
Johann-Wolfgang-Goethe-Universität
Frankfurt am Main, Lehrstuhl für
Öffentliches Recht, Völkerrecht und
Europarecht, Senckenberganlage 31,
60325 Frankfurt am Main,
(0 69) 7 98-2 53 17,
Fax (0 69) 7 98-2 53 18,
E-Mail R.Hofmann@jur.uni-frankfurt.de

Hohmann, Dr. Harald, Privatdozent,
Furthwiese 10, 63654 Büdingen,
(0 60 49) 95 29 12, Fax (0 60 49) 95 29 13;
Hohmann & Partner Rechtsanwälte,
Schloßgasse 2, 63654 Büdingen,
(0 60 42) 95 67-0, Fax (0 60 42) 95 67-67,
E-Mail harald.hohmann@hohmann-partner.com

Hollerbach, Dr. Dr. h.c. Alexander,
o. Professor,
Runzstraße 86, 79102 Freiburg i.Br.,
(07 61) 2 17 14 13

Holoubek, Dr. Michael, Universitätsprofessor,
Zehenthofgasse 36/8, A-1190 Wien,
(00 43) 13 17 73 72,
Fax (0 43) 13 17 73 72 18;
Institut für Österreichisches und Europäisches Öffentliches Recht, Wirtschaftsuniversität Wien, Althanstraße 39–45,
A-1090 Wien, (00 43) 13 13 36-46 60,
Fax (00 43) 13 13 36-7 13,
E-Mail michael.holoubek@wu.ac.at

Hölscheidt, Dr. Sven, Minsterialrat,
apl. Professor,
Westfälische Straße 45, 10711 Berlin;
Deutscher Bundestag, Fachbereich
Verfassung und Verwaltung,
Platz der Republik 1, 11011 Berlin,
(0 30) 2 27-3 24 25/3 23 25,
Fax (0 30) 2 27-3 64 71/3 62 07,
E-Mail vorzimmer.wd3@bundestag.de

Holzinger, Dr. Gerhart, Professor,
Präsident des Österreichischen Verfassungsgerichtshofs, Judenplatz 11,
A-1010 Wien, (00 43) 1 53 12 24 12,
Fax (00 43) 1 53 12 25 12

Holznagel, Dr. Bernd, LL.M., Professor,
Kronprinzenstraße 105,
44135 Dortmund, (02 31) 5 89 87 06,
Fax (02 31) 5 89 87 09;
WWU Münster, Juristische Fakultät,
ITM, Abt. II, Leonardo-Campus 9,
48149 Münster, (02 51) 83-3 86 41,
Fax (02 51) 83-3 86 44,
E-Mail holznagel@uni-muenster.de

Horn, Dr. Hans-Detlef, Professor,
Am Heier 22, 35096 Weimar (Lahn)-Roth, (0 64 26) 96 71 41,
Fax (0 64 26) 96 71 44;
Philipps-Universität Marburg, Fachbereich Rechtswissenschaften, Institut für
Öffentliches Recht, Universitätsstr. 6,
35032 Marburg, (0 64 21) 2 82 38 10 od.
2 82 31 26,
Fax (0 64 21) 2 82 38 39,
E-Mail Hornh@staff.uni-marburg.de

Hösch, Dr. Ulrich, apl. Professor, RA,
Kirchenstraße 72, 81675 München;
Kanzlei Dr. Gronefeld, Thoma & Kollegen, Prinzregentenplatz 23,
81675 München, (0 89) 96 07 13 80,
Fax (0 32 12) 8 46 37 24
E-Mail uhoesch@juradvance.de

Huber, Dr. Peter M., o. Professor,
Richter des Bundesverfassungsgerichts,
Josef-Heppner-Str. 2, 82049 Pullach i. I.,
(0 89) 74 42 46 62, Fax (0 89) 74 42 48 52;
Universität München, Lehrstuhl für
Öffentliches Recht und Staatsphilosophie,
Professor-Huber-Platz 2,
80539 München, (0 89) 21 80-35 76,
Fax (0 89) 21 80-50 63, E-Mail
peter.m.huber@jura.uni-muenchen.de

Hufeld, Dr. Ulrich, Universitätsprofessor,
Stratenbarg 40a, 22393 Hamburg,
(0 40) 21 00 74 40;
Helmut-Schmidt-Universität/Universität
der Bundeswehr Hamburg, Fakultät für
Wirtschafts- und Sozialwissenschaften,
Professur für Öffentliches Recht und
Steuerrecht, Holstenhofweg 85,
22043 Hamburg, (0 40) 65 41-28 59,
Fax (0 40) 65 41-37 33,
E-Mail Hufeld@hsu-hh.de

Hufen, Dr. Friedhelm, o. Professor,
Backhaushohl 62, 55128 Mainz,
(0 61 31) 3 44 44, Fax (0 61 31) 36 14 49;
Johannes-Gutenberg-Universität Mainz,
Fachbereich Rechts- und Wirtschaftswissenschaften, 55099 Mainz,
(0 61 31) 39-2 23 54 od. -2 30 45,
Fax (0 61 31) 39-2 42 47,
E-Mail hufen@uni-mainz.de

Huster, Dr. Stefan, Professor,
Ruhr-Universität Bochum, Lehrstuhl für
Öffentliches Recht, Sozial- und Gesundheitsrecht und Rechtsphilosophie,
Universitätsstraße 150, 44780 Bochum,
Gebäude GC 7/135, (02 34) 3 22 22 39,
Fax (02 34) 3 21 42 71,
E-Mail stefan.huster@rub.de

Ibler, Dr. Martin, Professor,
Lindauer Straße 3, 78464 Konstanz;
Universität Konstanz, Fachbereich
Rechtswissenschaften, Postfach D 106,
Universitätsstraße 10, 78457 Konstanz,
(0 75 31) 88-24 80/-2 28,
E-Mail Martin.Ibler@uni-konstanz.de

Iliopoulos-Strangas, Dr. Julia,
Professorin,
A. Metaxa 2, GR-10681 Athen,
(00 30) 2 10-3 82 60 83 oder -3 82 33 44,
Fax (00 30) 2 0-3 80 54 3,
Mobil (00 30) 69 44 59 52 00;
Universität Athen, Juristische Fakultät,
Ippokratous 33 (5. Stock),
GR-10680 Athen, (00 30) 2 10-3 68 84 22,
E-Mail juliostr@law.uoa.gr

Ipsen, Dr. Jörn, o. Professor,
Präsident des Niedersächsischen Staatsgerichtshofs, Luisenstr. 41,
49565 Bramsche, (0 54 61) 44 96,
Fax (0 54 61) 6 34 62;
Institut für Kommunalrecht, Universität
Osnabrück, 49069 Osnabrück,
(05 41) 9 69-61 69 oder -61 58,
Fax (05 41) 9 69-61 70,
E-Mail instkr@uos.de

Ipsen, Dr. Dr. h.c. mult. Knut,
o. Professor,
Nevelstr. 59, 44795 Bochum,
(02 34) 43 12 66;
Deutsches Rotes Kreuz (DRK),
Königswinterer Str. 29, 53227 Bonn

Isensee, Dr. Dr. h.c. Josef, o. Professor,
Meckenheimer Allee 150, 53115 Bonn,
(02 28) 69 34 69;
Universität Bonn, Adenauerallee 24–42,
53113 Bonn, (02 28) 73 58 50,

Fax (02 28) 73 48 69,
E-Mail isensee@uni-bonn.de

Ismer, Dr. Roland, Professor,
Werderstr. 11, 86159 Augsburg;
Lehrstuhl für Steuerrecht und Öffentliches Recht, Friedrich-Alexander-Universität Erlangen-Nürnberg,
Lange Gasse 20, 90403 Nürnberg,
(09 11) 53 02-3 53, Fax (09 11) 53 02-1 65,
E-Mail Roland.Ismer@wiso.uni-erlangen.de

Jaag, Dr. Tobias, o. Professor,
Bahnhofstr. 22, Postfach 2957,
CH-8022 Zürich, (00 41) 4 42 13 63 63,
Fax (00 41) 4 42 13 63 99,
E-Mail jaag@umbricht.ch

Jachmann, Dr. Monika, Universitätsprofessorin,
Richterin am Bundesfinanzhof,
Am Feldkreuz 2a, 82467 Garmisch-Partenkirchen, (01 72) 7 40 44 48,
E-Mail monika.jachmann@bfh.bund.de;
Bundesfinanzhof München,
Ismaninger Straße 109, 81675 München,
(0 89) 92 31-0, Fax (0 89) 92 31-2 01

Jaeckel, Dr. Liv, Privatdozentin,
Augustusweg 27, 01445 Radebeul,
(03 51) 5 63 62 86,
Mobil (01 70) 7 06 54 80,
E-Mail jaeckel@rz.uni-leipzig.de

Jahndorf, Dr. Christian, Professor,
Brunnenweg 18, 48153 Münster,
(02 51) 7 61 96 83;
Westfälische Wilhelms-Universität,
Institut für Steuerrecht,
Universitätsstr. 14–16, 48143 Münster,
(02 51) 8 32 27 95, Fax (02 51) 8 32 83 86,
E-Mail jahndorf@uni-muenster.de

Janko, Dr. Andreas, Univ.-Prof.,
Schwindstraße 4, A-4040 Linz/Auhof;
Institut für Staatsrecht und Politische Wissenschaften,
Johannes Kepler Universität Linz,
Altenberger Straße 69, A-4040 Linz/Auhof, (00 43) 7 32 24 68 84 56,
Fax (00 43) 7 32 24 68 89 01,
E-Mail andreas.janko@jku.at
oder Elisabeth.Kamptner@jku.at

Janssen, Dr. Albert, apl. Professor,
Landtagsdirektor i.R.,
Langelinienwall 16, 31134 Hildesheim,
(0 51 21) 13 11 12;
E-Mail a.a.janssen@t-online.de

Janz, Dr. Norbert, Privatdozent,
Koch-Gotha-Str. 10, 18055 Rostock,
(03 81) 87 72 93 13;
Landesrechnungshof Brandenburg,
Dortusstr. 30–34, 14467 Potsdam,
(03 31) 8 66-85 35, Fax (03 31) 8 66-85 18,
E-Mail janz@uni-potsdam.de

Jarass, Dr. Hans D., LL.M. (Harvard), o. Professor,
Baumhofstr. 37d, 44799 Bochum,
(02 34) 77 20 25;
ZIR Forschungsinstitut für deutsches und europäisches öffentliches Recht an der Universität Münster,
Wilmergasse 12–13, 48143 Münster,
(02 51) 8 32 97 81, Fax (02 51) 8 32 97 90,
E-Mail jarass@uni-muenster.de

Jestaedt, Dr. Matthias, Professor,
Marchstraße 34, 79211 Denzlingen;
Albert-Ludwigs-Universität,
Rechtswissenschaftliche Fakultät,
79085 Freiburg i. Br., (07 61) 20 39 78 00,
Fax (07 61) 20 39 78 02
E-Mail matthias.jestaedt@jura.uni-freiburg.de

Jouanjan, Dr. Olivier, Professor,
32, rue de Vieux Marché aux Poissons,
F-97000 Strasbourg, (00 33) 6 61 33 25 59;

Université de Strasbourg, Institut de Recherches Carré de Malberg, 11, rue du Maréchal Juin B.P. 68, F-67046 Strasbourg Cedex, (00 33) 3 88 14 30 34;
Albert-Ludwigs-Universität, Rechtswissenschaftliche Fakultät, Institut für öffentliches Recht (Abt. 2), Platz der Alten Synagoge, 79085 Freiburg i. Br.,
E-Mail olivier.jouanjan@unistra.fr

Jochum, Dr. Georg, Professor,
Oberhofstraße 92, 88045 Friedrichshafen, (01 0) 2 38 67 58;
Zeppelin University, Lehrstuhl für Europarecht & Internationales Recht der Regulierung, Maybachplatz 5, 88045 Friedrichshafen,
(0 75 41) 60 09 14 81,
Fax (0 75 41) 60 09 14 99,
E-Mail Georg.Jochum@zeppelin-university.de

Jochum, Dr. jur. Heike, Mag. rer. publ., Professorin,
Buchsweilerstraße 77, 66953 Pirmasens;
Institut für Finanz- und Steuerrecht an der Universität Osnabrück,
Martinistraße 10, 49080 Osnabrück,
(05 41) 9 69-61 68 (Sek.), -61 61 (direkt),
Fax (05 41) 9 69-61 67,
E-Mail Heike.Jochum@gmx.net

Kadelbach, Dr. Stefan, LL.M., Professor,
Goethe-Universität, Institut für Öffentliches Recht, Lehrstuhl für Öffentliches Recht, Europarecht und Völkerrecht,
Grüneburgplatz 1, 60323 Frankfurt am Main, (0 69) 79 83 42 95,
Fax (0 69) 79 83 45 16,
E-Mail s.kadelbach@jur.uni-frankfurt.de

Kägi-Diener, Dr. Regula, Professorin, Rechtsanwältin,
Marktgasse 14, CH-9004 St. Gallen,
(00 41) 71-2 23 81 21,
Fax (00 41) 71-2 23 81 28,
E-Mail switzerland@ewla.org
oder regula.kaegi-diener@ewla.org

Kahl, Dr. Arno, Privatdozent,
Lärchenstraße 4a, A-6063 Rum,
(00 43) 5 12-26 55 00;
Universität Innsbruck, Institut für Öffentliches Recht, Finanzrecht und Politikwissenschaft, Innrain 82,
A-6020 Innsbruck, (00 43) 51 25 07 82 04,
Fax (00 43) 51 25 07 27 48,
E-Mail arno.kahl@uibk.ac.at

Kahl, Dr. Wolfgang, M. A., o. Professor,
Albert-Schweitzer-Straße 2,
95447 Bayreuth, (0921) 150 9287;
Universität Heidelberg, Institut für deutsches und europäisches Verwaltungsrecht, Friedrich-Ebert-Anlage 6–10,
69117 Heidelberg, (0 62 21) 54 74 28,
Fax (0 62 21) 54 77 43,
E-Mail kahl@jurs.uni-heidelberg.de

Kaltenborn, Dr. Markus, Universitätsprofessor,
Neue Tremoniastr. 30, 44137 Dortmund,
(02 31) 1 81 59 09;
Ruhr-Universität Bochum, Juristische Fakultät, 44780 Bochum,
(02 34) 32-2 52 52 oder -2 52 63,
Fax (02 34) 32-1 44 21,
E-Mail markus.kaltenborn@ruhr-uni-bochum.de

Kämmerer, Dr. Jörn Axel, Professor,
Am Kaiserkai 53, 20457 Hamburg,
(0 40) 48 09 22 23;
Bucerius Law School, Hochschule für Rechtswissenschaft, Jungiusstraße 6,
20335 Hamburg, (0 40) 3 07 06-1 90,
Fax (0 40) 3 07 06-1 95,
E-Mail axel.kaemmerer@law-school.de

Karpen, Dr. Ulrich, Professor,
Ringstr. 181, 22145 Hamburg,
(0 40) 6 77 83 98,

E-Mail ulrich.karpen@yahoo.de;
Universität Hamburg, Schlüterstr. 28,
20146 Hamburg, (0 40) 4 28 38-30 23
oder -45 14 od. -45 55

Kästner, Dr. Karl-Hermann, o. Professor,
Josefinenstr. 3, 72488 Sigmaringen,
(0 75 71) 32 23, Fax (0 75 71) 32 12;
Universität Tübingen, Juristische Fakultät, Geschwister-Scholl-Platz,
72074 Tübingen, (0 70 71) 2 97 29 71,
Fax (0 70 71) 29 50 96,
E-Mail Kaestner@jura.uni-tuebingen.de

Kaufmann, Dr. Christine, Professorin,
Lehrstuhl für Staats- und Verwaltungsrecht, Völker- und Europarecht, Universität Zürich, Rämistrasse 74/5,
CH-8001 Zürich, (00 41) 4 46 34 48 65,
Fax (00 41) 4 46 34 43 78,
E-Mail Lst.kaufmann@rwi.uzh.ch

Kaufmann, Dr. Marcel, Privatdozent,
Rechtsanwalt,
Senefelderstraße 7, 10437 Berlin;
Freshfields Bruckhaus Deringer,
Environment, Planning and Regulatory
(EPR), Potsdamer Platz 1, 10785 Berlin,
(0 30) 2 02 83-8 57 (Sekretariat),
(0 30) 2 02 83-6 00,
Fax (0 30) 2 02 83-7 66, E-Mail
marcel.kaufmann@freshfields.com

Keller, Dr. Helen, Professorin,
Eigenstrasse 16, CH-8008 Zürich,
(00 41) 4 44 22 23 20;
Universität Zürich, Rechtswissenschaftliches Institut, Rämistrasse 74,
CH-8001 Zürich, (00 41) 4 46 34 36 89,
Fax (00 41) 4 46 34 43 39,
E-Mail helen.keller@rwi.uzh.ch

Kempen, Dr. Bernhard, o. Professor,
Rheinblick 1, 53424 Remagen/Oberwinter, (0 22 28) 91 32 91,
Fax (0 22 28) 91 32 93;
Institut für Völkerrecht und ausländisches öffentliches Recht, Universität zu Köln, Gottfried-Keller-Straße 2,
50931 Köln, (02 21) 4 70 23 64,
Fax (02 21) 4 70 49 92,
E-Mail Bernhard.Kempen@uni-koeln.de

Kersten, Dr. Jens, Professor,
Hoheneckstr. 28, 81243 München,
(0 89) 95 47 93 40;
Ludwig-Maximilians-Universität München, Lehrstuhl für Öffentliches Recht
und Verwaltungswissenschaften,
Professor-Huber-Platz 2,
80539 München, (0 89) 21 80-21 13,
Fax (0 89) 21 80-1 35 15, E-Mail
jens.kersten@jura.uni-muenchen.de

Khakzadeh-Leiler, Dr. Lamiss, ao. Univ.-Professorin,
Mähderweg 37c, A-6841 Mäder,
(00 43) 67 64 33 87 65;
Universität Innsbruck, Institut für
Öffentliches Recht, Staats- und Verwaltungslehre, Innrain 52d, A-6020 Innsbruck, (00 43) 5 07-82 32,
Fax (00 43) 5 07-28 28,
E-Mail lamiss.khakzadeh@uibk.ac.at

Khan, Dr. Daniel-Erasmus, Professor,
Institut für Öffentliches Recht und Völkerrecht, Universität der Bundeswehr
München, Werner-Heisenberg-Weg 39,
85579 Neubiberg, (0 89) 60 04-46 90 oder
-42 62 oder -20 48,
Fax (0 89) 60 04-46 91,
E-Mail Khan@unibw.de

Kielmansegg, Dr. Sebastian Graf,
Privatdozent,
Siegelsmauer 11, 69126 Heidelberg,
(0 62 21) 65 28 68;
Universität Mannheim, Fakultät
für Rechtswissenschaft und Volkswirtschaftslehre, 68131 Mannheim,
E-Mail kielmansegg@uni-mannheim.de

Kilian, Dr. Michael, Professor,
Am Burgwall 15, 06193 Löbejün-Wettin,
OT Brachwitz;
Juristische Fakultät, Universität Halle-Wittenberg, Universitätsplatz 3–5,
Juridicum, 06099 Halle (Saale),
(03 45) 55-2 31 70,
Fax (03 45) 55-2 72 69,
E-Mail michael.kilian@jura.uni-halle.de

Kingreen, Dr. Thorsten, Professor,
Agnes-Miegel-Weg 10, 93055 Regensburg, (09 41) 7 04 02 41;
Lehrstuhl für Öffentliches Recht, Sozialrecht und Gesundheitsrecht, Universität Regensburg, Universitätsstr. 31,
93053 Regensburg, (09 41) 9 43 26 07 od. 26 8, Fax (09 41) 9 43 36 34,
E-Mail king@jura.uni-regensburg.de

Kirchhof, Dr. Ferdinand, o. Professor,
Walther-Rathenau-Str. 28,
72766 Reutlingen, (07121) 4902 81,
Fax (07121) 4794 47;
Universität Tübingen, Juristische Fakultät, Geschwister-Scholl-Platz,
72074 Tübingen, (07071) 297-2561
oder -8118, Fax (07071) 2943 58,
E-Mail Kirchhof@uni-tuebingen.de

Kirchhof, Dr. Gregor, LL.M., Universitätsprofessor,
Fasanenstr. 12, 85591 Vaterstetten,
(0 81 06) 3 48 09 34;
Universität Augsburg, Lehrstuhl für Öffentliches Recht, Finanzrecht und Steuerrecht, Universitätsstr. 24,
86159 Augsburg, (08 21) 5 98-45 41,
E-Mail mail@gregorkirchhof.de

Kirchhof, Dr. Dr. h.c. mult. Paul,
o. Professor,
Am Pferchelhang 33/1, 69118 Heidelberg,
(0 62 21) 80 14 47;
Universität Heidelberg, Friedrich-Ebert-Anlage 6–10, 69117 Heidelberg,
(0 62 21) 54 74 57,
E-Mail paul.kirchhof@paul-kirchhof.de

Kirn, Dr. Michael, o. Professor,
Rummelsburgerstr. 3, 22147 Hamburg,
(0 40) 6 47 38 43;
Universität der Bundeswehr, Institut für Öffentliches Recht, Postfach 70 08 22,
22043 Hamburg, (0 40) 65 41-27 82 oder
(0 40) 65 41-25 90

Kirste, Dr. Stephan, Professor,
Am Gutleuthofhang 18, 69118 Heidelberg, (0 62 21) 8 45 03,
Fax (0 62 21) 80 45 03;
Universität Salzburg, Rechts- und Sozialphilosophie, FB Sozial- und Wirtschaftswissenschaften an der Rechtswissenschaftlichen Fakultät, Churfürststraße 1,
A-5010 Salzburg, (00 43-6 62) 80 44-35 51,
Fax (00 43-6 62) 80 44-74-35 51,
Mobil (00 43-6 64) 82 89-2 23,
E-Mail kirste.stephan@sbg.ac.at

Kischel, Dr. Uwe, LL.M. (Yale),
Attorney-at-law (New York), o. Professor,
Dorfstraße 34, 17121 Düvier,
(03 99 98) 3 15 46;
Ernst-Moritz-Arndt-Universität
Greifswald,
Domstr. 20a, 17489 Greifswald,
(0 38 34) 86-21 80,
Fax (0 38 34) 86-21 82,
E-Mail kischel@uni-greifswald.de

Klaushofer, Dr. Reinhard, az. Prof.,
Universität Salzburg, Kapitelgasse 5–7,
5020 Salzburg, 00 43 (0) 6 62 80 44-36 34,
Fax 00 43 (0) 6 62 80 44-3 03,
E-Mail reinhard.klaushofer@sbg.ac.at

Klein, Dr. iur. Eckart, Universitätsprofessor,
Heideweg 45, 14482 Potsdam,
(03 31) 70 58 47;
E-Mail klein@uni-potsdam.de

Klein, Dr. Hans Hugo, Universitätsprofessor,
Heilbrunnstr. 4, 76327 Pfinztal,
(0 72 40) 73 00,
E-Mail hanshklein@web.de

Kley, Dr. Andreas, Professor,
Stallikerstr. 10a, CH-8142 Uitikon Waldegg;
Rechtswissenschaftliches Institut,
Rämistr. 74/34, CH-8001 Zürich,
(00 41) 44-6 34 50 20,
Fax (00 41) 44-6 34 50 29
E-Mail andreas.kley@rwi.uzh.ch

Kloepfer, Dr. Michael, o. Professor,
Taubertstraße 19, 14193 Berlin,
(0 30) 8 25 24 90, Fax (0 30) 8 25 26 90;
Institut für Öffentliches Recht und Völkerrecht, Humboldt-Universität zu Berlin, Unter den Linden 9–11 (Palais),
10099 Berlin, (0 30) 20 93-33 40 oder -33 31,
Fax (0 30) 20 93-34 38, E-Mail
Michael.Kloepfer@rewi.hu-berlin.de

Kluth, Dr. Winfried, Professor,
Eilenburger Straße 12,
06116 Halle (Saale);
Martin-Luther-Universität Halle-Wittenberg, Juristische und Wirtschaftswissenschaftliche Fakultät, Lehrstuhl für Öffentliches Recht, Universitätsplatz 10a,
06099 Halle (Saale), (03 45) 5 52 32 23,
Fax (03 45) 5 52 72 93,
E-Mail winfried.kluth@jura.uni-halle.de

Kment, Dr. Martin, LL.M. (Cambridge), Professor,
Mergelberg 89, 48161 Münster,
(02 51) 29 53 54;
EBS Universität für Wirtschaft und Recht, HEUSSEN-Stiftungslehrstuhl für Öffentliches Recht und Europarecht, Recht der erneuerbaren Energien sowie Umwelt- und Planungsrecht, Gustav-Stresemann-Ring 3, 65189 Wiesbaden,
(06 11) 71 02 22 34,
Fax (06 11) 71 02 10 22 34,
E-Mail martin.kment@ebs.edu

Knauff, Dr. Matthias, LL.M. Eur., Professor,
von-Salza-Str. 10,
97980 Bad Mergentheim,
(0 79 31) 4 81 00 97,
(01 63) 7 29 83 71;
Friedrich-Schiller-Universität Jena, Rechtswissenschaftliche Fakultät, Lehrstuhl für Öffentliches Recht, insbesondere Öffentliches Wirtschaftsrecht,
Carl-Zeiss-Str. 3, 07743 Jena.
(0 36 41) 94 22 21,
Fax (0 36 41) 94 22 22,
E-Mail matthias.knauff@uni-jena.de

Kneihs, Dr. Benjamin, Univ. Professor,
Niederland 73, A-5091 Unken, Österreich;
Universität Salzburg, Fachbereich öffentliches Recht, Kapitelgasse 5–7,
A-5020 Salzburg, (00 43) 6 62 80 44-36 11,
Fax (00 43) 6 62 80 44-3 03,
E-Mail benjamin.kneihs@sbg.ac.at

Knemeyer, Dr. Franz-Ludwig, o. Professor,
Unterdürrbacher Str. 353,
97080 Würzburg, (09 31) 9 61 18;
Universität Würzburg, Domerschulerstr. 16, 97070 Würzburg, (09 31) 31-8 28 99,
Fax (09 31) 31-23 17,
E-Mail aseubert@jura.uni-wuerzburg.de

Knies, Dr. Wolfgang, o. Professor,
Am Botanischen Garten 5,
66123 Saarbrücken, (06 81) 39 98 88,
Fax (06 81) 39 98 88;
Universität Saarbrücken, Postfach 15 11 50,
66041 Saarbrücken, (06 81) 3 02-31 58,
E-Mail w.knies@mx.uni-saarland.de

Knöpfle, Dr. Franz, em. Professor,
Höhenweg 22, 86391 Stadtbergen;
Universität Augsburg, Universitätsstr. 2,
86159 Augsburg, (08 21) 5 98-46 59,
Fax (08 21) 5 98-45 47

Koch, Dr. Hans-Joachim, Professor,
Wendlohstr. 80, 22459 Hamburg,
(0 40) 5 51 88 04, Fax (0 40) 5 51 88 04;
Universität Hamburg, Fakultät für
Rechtswissenschaft, Edmund-Siemers-Allee 1, 20146 Hamburg,
(0 40) 4 28 38-39 77 oder -54 43,
Fax (0 40) 4 28 38-62 80,
E-Mail hans-joachim.koch@jura.uni-hamburg.de

Koch, Dr. Thorsten, Privatdozent,
Emanuel-Geibel-Str. 4, 49143 Bissendorf-Schledehausen, (0 54 02) 77 74;
Institut für Kommunalrecht Universität
Osnabrück, Martinistr. 12,
49069 Osnabrück, (05 41) 9 69-61 69,
Fax (05 41) 9 69-61 64,
E-Mail tkoch@uos.de

Köck, Dr. Wolfgang, Professor,
UFZ-Umweltforschungszentrum Leipzig-Halle GmbH, Permoserstraße 15,
04318 Leipzig;
Universität Leipzig, Lehrstuhl für Umweltrecht, Postfach 10 09 20,
04009 Leipzig, (03 41) 2 35-31 40,
Fax (03 41) 2 35-28 25,
E-Mail Wolfgang.Koeck@ufz.de

Koenig, Dr. Christian, LL.M. (London),
Universitätsprofessor,
Zentrum für Europäische Integrationsforschung, Rheinische Friedrich-Wilhelms-Universität, Walter-Flex-Str. 3,
53113 Bonn, (02 28) 73-18-91/-92/-95,
Fax (02 28) 73-18 93,
E-Mail sekretariat.zeia@uni-bonn.de

Kokott, Dr. Juliane, LL.M. (Am. Un.),
S.J.D. (Harvard),
Universitätsprofessorin, Generalanwältin,
(0 62 21) 45 16-17;
Gerichtshof der Europäischen Gemeinschaften, Th. More 2214, Bd. Konrad
Adenauer, L-2925, Luxemburg,
(0 03 52) 43 03 22 21,
E-Mail juliane.kokott@curia.europa.eu

Kolonovits, Dr. Dieter, Mag., M.C.J.,
ao. Universitätsprofessor,
Berggasse 17/41 A-1090 Wien,
(00 43) 6 99 19 20 28 95;
Universität Wien, Institut für Staats- und
Verwaltungsrecht, Schottenbastei 10–16,
A-1010 Wien (Juridicum),
(00 43) 14 27 73 54 16,
Fax (00 43) 14 27 73 54 19,
E-Mail dieter.kolonovits@univie.ac.at

König, Dr. Doris, Professorin,
Bucerius Law School,
Hochschule für Rechtswissenschaft,
Jungiusstr. 6, 20355 Hamburg,
(0 40) 3 07 06-2 01
Fax (0 40) 3 07 06-1 90,
E-Mail doris.koenig@law-school.de

König, Dr. Dr. Klaus, Universitätsprofessor,
Albrecht-Dürer-Str. 20, 67346 Speyer,
(0 62 32) 29 02 16;
Deutsche Universität für Verwaltungswissenschaften Speyer, Postfach 14 09,
67324 Speyer, (0 62 32) 6 54-3 69 oder
-3 50 oder -3 55,
Fax (0 62 32) 6 54-3 06,
E-Mail k.koenig@uni-speyer.de

Kopetzki, DDr. Christian, Universitätsprofessor,
Institut für Staats- und Verwaltungsrecht,
Medizienrecht, Universität Wien,
Schottenbastei 10–16, A-1010 Wien,
(00 43) 14 27 73 54 11,

Fax (00 43) 14 27 73 54 19,
E-Mail christian.kopetzki@univie.ac.at

Korinek, Dr. Dr. h.c. Karl, o. Professor,
Präsident des Österreichischen Verfassungsgerichtshofs a. D.,
Auhofstr. 225–227, A-1130 Wien,
(00 43) 18 76 48 76;
Institut für Staats- und Verwaltungsrecht,
Universität Wien, Schottenbastei 10–16,
A-1010 Wien, (00 43) 1 42 77-3 54 42,
Fax (00 43) 1 42 77-3 54 49

Korioth, Dr. Stefan, Professor,
Institut für Politik und Öffentliches Recht
der Universität München, Professor-Huber-Platz 2/III, 80539 München,
(0 89) 21 80-27 37,
Fax (0 89) 21 80-39 90,
E-Mail Korioth@jura.uni-muenchen.de

Kotulla, Dr. Michael, M.A., Professor,
Universität Bielefeld, Fakultät für
Rechtswissenschaft, Postfach 10 01 31,
33501 Bielefeld, (05 21) 1 06-25 00,
Fax (05 21) 1 06-80 91,
E-Mail Michael.Kotulla@uni-bielefeld.de

Kotzur, Dr. Markus, LL.M. (Duke Univ.), o. Professor,
Am Sandtorkai 64b, 20457 Hamburg,
(0 40) 41 91-93 44;
Universität Hamburg, Institut für Internationale Angelegenheiten, Fakultät für
Rechtswissenschaft, Rothenbaumchaussee 33, 20148 Hamburg,
(0 40) 4 28 28-46 01,
Fax (0 40) 4 28 38-62 62,
E-Mail markus.kotzur@rz.uni-leipzig.de

Krajewski, Dr. Markus, Professor,
Frommannstr. 19, 90419 Nürnberg,
Friedrich-Alexander-Universität Erlangen-Nürnberg, Fachbereich Rechtswissenschaft, Schillerstr. 1, 91054 Erlangen,
(0 91 31) 8 52 22 60,
Fax (0 91 31) 85 269 50,
E-Mail markus.krajewski@jura.uni-hamburg.de

Krause, Dr. Peter, o. Professor,
Weinbergstr. 12, 54317 Korlingen,
(0 65 88) 73 33; Universität Trier,
54286 Trier, (06 51) 2 01-25 87,
Fax (06 51) 2 01-38 03,
E-Mail Krausepe@uni-trier.de

Krausnick, Dr. Daniel, Privatdozent,
Bubenreutherstr. 19b, 91094 Bräuningshof, (01 60) 92 96 70 79;
Friedrich-Alexander-Universität Erlangen-Nürnberg, Institut für Staats- und
Verwaltungsrecht, Schillerstr. 1,
91054 Erlangen, (0 91 31) 8 52 22 41,
Fax (0 91 31) 8 52 63 82,
E-Mail Daniel.Krausnick@jura.uni-erlangen.de

Krawietz, Dr. Werner, o. Professor,
Nienbergweg 29, 48161 Münster,
(02 51) 86 14 51;
Lehrstuhl für Rechtssoziologie,
Universität Münster, Bispinghof 24–25,
48143 Münster, (02 51) 83 25 91,
E-Mail Krawiet@uni-muenster.de

Krebs, Dr. Walter, Professor,
Waldmannstr. 19, 12247 Berlin,
(0 30) 7 71 07 58, Fax (0 30) 7 71 07 58;
Freie Universität Berlin,
Boltzmannstr. 4, 14195 Berlin,
(0 30) 8 38-59 21,
Fax (0 30) 8 38-59 22,
E-Mail lehrstuhl-krebs@fu-berlin.de

Kreßel, Dr. Eckhard, Professor,
Körschtalstr. 21, 73760 Ostfildern,
(09 31) 3 13 05;
Juristische Fakultät der Universität
Würzburg, Domerschulstr. 16,
97070 Würzburg,
E-Mail eckhard.kressel@daimler.com

Krieger, Dr. Heike, Professorin,
Freie Universität Berlin, Fachbereich Rechtswissenschaft, Van't-Hoff-Straße 8, 14195 Berlin, (0 30) 83 85 14 53,
E-Mail hkrieger@zedat.fu-berlin.de

Kriele, Dr. Martin, o. Professor,
Dorf 11, A-6900 Möggers,
(00 43) 55 73-8 24 96,
Fax (00 43) 55 73-8 24 97;
Universität Köln, Albertus-Magnus-Platz 1, 50923 Köln, (02 21) 4 70-22 30,
Fax (02 21) 4 70-50 10

Kröger, Dr. Klaus, Universitätsprofessor,
Hölderlinweg 14, 35396 Gießen,
(06 41) 5 22 40;
Universität Gießen, 35394 Gießen,
(06 41) 99 23-1 30, Fax (06 41) 99 23-0 59

Krüper, Dr. Julian, Privatdozent,
Waterloostraße 13, 50733 Köln;
Heinrich-Heine-Universität, Juristische Fakultät, Universitätsstraße 1/24.91,
40225 Düsseldorf, (02 11) 81-1 53 51,
E-Mail julian.krueper@hhu.de

Krugmann, Dr. Michael, Privatdozent,
Stellaustieg 3, 22143 Hamburg,
(0 40) 6 77 88 60,
Fax (0 40) 6 77 88 60,
E-Mail dr@michaelkrugmann.de

Kube, Dr. Hanno, LL.M. (Cornell),
Universitätsprofessor,
Am Langenstück 23, 65343 Eltville,
(0 61 23) 7 95 78 48;
Lehrstuhl für Öffentliches Recht und Steuerrecht, Fachbereich Rechts- und Wirtschaftswissenschaften, Johannes Gutenberg-Universität Mainz,
Jakob Welder-Weg 9, Zimmernr. 03.214,
55099 Mainz, (0 61 31) 3 92 27 25 /
3 92 30 43 (Sekr.),
Fax (0 61 31) 3 92 38 26,
E-Mail hkube@uni-mainz.de

Kucsko-Stadlmayer, Dr. Gabriele, Ao. Universitätsprofessorin,
Rooseveltplatz 4–5, A-1090 Wien,
(00 43) 14 08 38 59;
Universität Wien, Institut für Staats- und Verwaltungsrecht, Schottenbastei 10–16,
A-1010 Wien, (00 43) 14 27 73 54 18,
Fax (00 43) 1 42 77 93 54,
E-Mail gabriele.kucsko-stadlmayer@univie.ac.at

Kühling, Dr. Jürgen, LL.M. (Brüssel),
Universitätsprofessor,
Kellerweg 12b, 93053 Regensburg,
(09 41) 7 05 60 79;
Universität Regensburg, Lehrstuhl für Öffentliches Recht und Immobilienrecht,
Universitätsstr. 31, 93053 Regensburg,
(09 41) 9 43-60 60,
Fax (09 41) 9 43-60 62,
E-Mail juergen.kuehling@jura.uni-regensburg.de

Kühne, Dr. Jörg-Detlef, Professor,
Münchhausenstr. 2, 30625 Hannover,
(05 11) 5 56 63;
Universität Hannover,
Königsworther Platz 1, 30167 Hannover,
(05 11) 7 62-81 48, Fax (05 11) 7 62-82 28,
E-Mail Kuehne@oera.uni-hannover.de

Küpper, Dr. Herbert, Professor,
Stubaier Str. 9, 81739 München;
Institut für Ostrecht, Landshuter Str. 4,
93047 Regensburg, (09 41) 9 43 54 50,
Fax (09 41) 9 43 54 65,
E-Mail Herbert.Kuepper@ostrecht.de

Kugelmann, Dr. Dieter, Professor,
Am Klosterwald 24, 48165 Münster,
DieterKugelmann@web.de;
Deutsche Universität der Polizei,
Zum Roten Berge 18–24, 48165 Münster,
(0 25 01) 8 06-4 37, -2 79 (Sekr.),
-5 25 (Fax),
E-Mail dieter.kugelmann@dhpol.de

Kunig, Dr. Dr. h.c. (Univ. Athen) Philip, Professor,
Freie Universität Berlin, Institut für Staatslehre, Boltzmannstraße 3, 14195 Berlin, (0 30) 83 85 30-10, Fax (0 30) 83 85 30-11,
E-Mail Kunig@zedat.fu-berlin.de

Lachmayer, Dr. Konrad, Privatdozent, Weitlofgasse 12/10, 1180 Wien;
Universität Wien, Rechtswissenschaftliche Fakultät, Institut für Staats- und Verwaltungsrecht, Schottenbastei 10–16, 1010 Wien, (00 43) 14 27 73 54 71,
Fax (00 43) 14 27 73 54 79,
E-Mail konrad.lachmayer@univie.ac.at

Ladeur, Dr. Karl-Heinz, Professor, Universität Hamburg, Fakultät für Rechtswissenschaft, Schlüterstraße 28, 20146 Hamburg, (0 40) 4 28 38-57 52, Fax (0 40) 4 28 38-26 35,
E-Mail karl-heinz.ladeur@jura.uni-hamburg.de

Lang, Dr. Heinrich, Professor, Dipl.-Sozialpädagoge,
Nikolausstraße 48, 51149 Köln;
Ernst-Moritz-Arndt Universität Greifswald, Lehrstuhl für Öffentliches Recht, Sozial- und Gesundheitsrecht, Domstraße 20, 17489 Greifswald, (0 38 34) 86-21 74,
Fax (0 38 34) 86-21 13,
E-Mail bribraun@uni-greifswald.de

Lange, Dr. Klaus, Universitätsprofessor, Lilienweg 22, 35423 Lich, (0 64 04) 56 81;
Universität Gießen, Fachbereich Rechtswissenschaften, Hein-Heckroth-Straße 5, 35390 Gießen, (06 41) 92 11-80 oder -81, Fax (06 41) 9 92 11-89,
E-Mail Klaus.Lange@recht.uni-giessen.de

Langenfeld, Dr. Christine, Professorin, Menckestraße 30, 04155 Leipzig,
(03 41) 56 11 49 40,
Fax (03 41) 56 11 49 41,
E-Mail Dr.Langenfeld@t-online.de;
Juristisches Seminar der Georg-August-Universität, Platz der Göttinger Sieben 6, 37073 Göttingen, (05 51) 39-73 84,
Fax (05 51) 39-1 23 92,
E-Mail enomiko@gwdg.de

Laskowski, Dr. Silke Ruth, Professorin, Gertigstraße 13, 22303 Hamburg,
(0 40) 36 66 15, Fax (0 40) 36 66 15,
Mobil (01 79) 2 31 56 63;
Universität Kassel, Institut für Wirtschaftsrecht, FG Öffentliches Recht, Völker- und Europarecht, Schwerpunkt Umweltrecht, Diagonale 12,
34127 Kassel, (05 61) 8 04 32 22,
Fax 05 61/8 04 28 27,
E-Mail Laskowski@uni-kassel.de

Laubinger, Dr. Hans-Werner, M.C.L., Professor,
Philipp-Wasserburg-Str. 45, 55122 Mainz, (0 61 31) 4 31 91;
Universität Mainz, 55099 Mainz,
(0 61 31) 39 59 42,
E-Mail Laubinger@mail.jura.uni-mainz.de

Laurer, Dr. Hans René, a.o. Universitätsprofessor,
Scheffergasse 27a, A-2340 Mödling,
(00 43) 2 63 62 04 02;
Wirtschafts-Universität, Augasse 2–6,
A-1190 Wien, (00 43) 13 13 36 oder 46 69 oder 41 58

Lecheler, Dr. Helmut, o. Professor,
Freie Universität Berlin, Fachbereich Rechtswissenschaft, Institut für Völkerrecht, Europarecht und ausländisches öffentliches Recht, Vant'-Hoff-Str. 8,
14195 Berlin, (0 30) 7 73-63 17,

Fax (0 30) 7 73-58 23
E-Mail mail@lecheler.eu

Lege, Dr. Joachim, Professor,
Fischstr. 19, 17489 Greifswald,
(0 38 34) 77 39 41;
Rechts- und Staatswissenschaftliche Fakultät, Ernst-Moritz-Arndt-Universität, Domstr. 20, 17489 Greifswald,
(0 38 34) 86-21 50, Fax (0 38 34) 86-21 56,
E-Mail lege@uni-greifswald.de

Lehner, Dr. Moris, Universitätsprofessor,
Kaiserplatz 7, 80803 München,
(0 89) 34 02 06 46;
Ludwig-Maximilians-Universität, Lehrstuhl für Öffentliches Recht, insbesondere öffentliches Wirtschaftsrecht und Steuerrecht, Ludwigstr. 28 (Rgb.), 80539 München,
(0 89) 21 80 27 18, Fax (0 89) 33 35 66,
E-Mail Moris.Lehner@jura.uni-muenchen.de

Leisner, Dr. mult. Dr. h.c. Walter,
o. Professor,
Pienzenauerstr. 99, 81925 München,
(0 89) 98 94 05, Fax (0 89) 98 29 09 97

Leisner, Dr. Walter Georg, Privatdozent,
Knöbelstr. 16, 80538 München,
(0 89) 98 94 24;
Universität Hamburg, Fakultät für Rechtswissenschaft, Schlüterstr. 28, 20146 Hamburg,
E-Mail leisner@lz-legal.de

Leisner-Egensperger, Dr. Anna,
Universitätsprofessorin,
Bachmairstrasse 15, 81243 München-Pasing, (0 89) 88 90 93 56,
Mobil (01 73) 3 92 41 45;
Lehrstuhl für Öffentliches Recht und Steuerrecht, Friedrich-Schiller-Universität Jena, Carl-Zeiss-Straße 3,
07743 Jena, (0 36 41) 94 22 51,
Fax (0 36 41) 94 22 52,
E-Mail A.Leisner@recht.uni-jena.de

Leitl-Staudinger, Dr. Barbara,
Universitätsprofessorin,
Hohe Straße 135, A-4040 Linz;
Institut für Fernunterricht in den Rechtswissenschaften, Johannes Kepler Universität Linz, Petrinumstraße 12,
A-4040 Linz, (00 43) 7 32 24 68 19 00,
Fax (00 43) 7 32 24 68 19 10,
E-Mail barbara.leitl-staudinger@jku.at

Lenski, Dr. Sophie-Charlotte,
Privatdozentin,
Universität Konstanz, Universitätsstraße 10, 78457 Konstanz, (0 75 31) 88-36 54,
Fax (0 75 31) 88-21 94,
E-Mail: sophie.lenski@uni-konstanz.de

Lenze, Dr. Anne, Privatdozentin,
Sandstraße 19, 64625 Bensheim,
(0 62 51) 58 08 52;
Fachhochschule Darmstadt,
Adelungstraße 51, 64283 Darmstadt,
(0 61 51) 16 89 65, Fax (0 61 51) 16 89 90,
E-Mail anne.lenze@t-online.de

Lepsius, Dr. Oliver, LL.M. (Chicago),
Professor,
Romanstr. 53, 80639 München,
(0 89) 14 33 24 82 und (09 21) 15 08 44 30;
Lehrstuhl für Öffentliches Recht, Allgemeine und Vergleichende Staatslehre, Universität Bayreuth, Universitätsstr. 30, 95440 Bayreuth, (09 21) 55-62 61,
(09 21) 55-62 62,
E-Mail oliver.lepsius@uni-bayreuth.de

Lerche, Dr. Dr. h.c. Peter, o. Professor,
Junkersstr. 13, 82131 Gauting,
(0 89) 8 50 20 88, Fax (0 89) 8 50 20 88

Lewinski, Dr. Kai von, Privatdozent,
Bismarckstr. 70, 10627 Berlin,
(0 30) 37 30 55 13;

Humboldt-Universität zu Berlin, Juristische Fakultät, Unter den Linden 9, 10099 Berlin, (0 30) 20 93-33 31, Fax (0 30) 20 93 20 21 33 41, E-Mail kai.lewinski@rewi.hu-berlin.de

Lienbacher, Dr. Georg, Universitätsprofessor, Obere Donaustr. 43/2/44, A-1020 Wien; Institut für Österreichisches und Europäisches Öffentliches Recht, Wirtschaftsuniversität Wien, Althanstraße 39–45 (UZA 3), A-1090 Wien, (00 43) 13 13 36-54 02, Fax (00 43) 13 13 36-92 22, E-Mail Georg.Lienbacher@wu.ac.at

Lindner, Dr. Josef Franz, Professor, Großhaderner Straße 14b, 81375 München, (0 89) 70 32 45, Fax (0 89) 74 00 93 85; Lehrstuhl für Öffentliches Recht, Universität Augsburg, Eichleitnerstraße 30; 86159 Augsburg, (08 21) 5 98 46 22, Fax (08 21) 5 98 14 46 22 E-Mail josef.lindner@jura.uni-augsburg.de

Link, Dr. jur. Dres. theol. h.c. Heinz-Christoph, em. Professor, Rühlstraße 35, 91054 Erlangen, (0 91 31) 20 93 35, Fax (0 91 31) 53 45 66; Hans-Liermann-Institut für Kirchenrecht, Hindenburgstr. 34, 91054 Erlangen, (091 31) 8 52 28 25, Fax (0 91 31) 8 52 40 64

Listl, Dr. Joseph, o. Professor, Jesuitengemeinschaft Pedro Arrupe, Bibergerstr. 8, 82008 Unterhaching; dienstlich (stets für die Post benutzen!): Institut für Staatskirchenrecht der Diözesen Deutschlands, Adenauerallee 19, 53111 Bonn

Lorenz, Dr. Dieter, o. Professor, Bohlstr. 21, 78465 Konstanz, (0 75 33) 68 22; Universität Konstanz, Postfach 55 60 D 100, 78434 Konstanz, (0 75 31) 88 25 30, E-Mail Dieter.Lorenz@uni-konstanz.de

Lorz, Dr. Ralph Alexander, LL.M. (Harvard), Attorney-at-Law (New York), Universitätsprofessor, Eickelscheidt 8a, 40883 Ratingen, (01 70) 4 12 18 66; Universität Düsseldorf, Lehrstuhl für deutsches und ausländisches öffentliches Recht, Völker- und Europarecht, Universitätsstraße 1, 40225 Düsseldorf, (02 11) 8 11-14 35, Fax (02 11) 8 11-14 56, E-Mail Al.Lorz@uni-duesseldorf.de

Losch, Dr. phil. Dr. iur. Bernhard, Professor, Ulrich-Hofmaier-Str. 45, 86159 Augsburg, (08 29) 66 09 61 64

Löwer, Dr. Wolfgang, Professor, Hobsweg 15, 53125 Bonn, (02 28) 25 06 92, Fax (02 28) 25 04 14; Universität Bonn, Adenauerallee 24–42, 53113 Bonn, (02 28) 73 92 78/73 92 80, Fax (02 28) 73 39 57, E-Mail w.loewer@uni-bonn.de

Lübbe-Wolff, Dr. Gertrude, Professorin, (05 21) 88 26 59; Universität Bielefeld, Fakultät Rechtswissenschaft, Universitätsstr. 25, Postfach 100131, 33615 Bielefeld, (05 21) 1 06-43 86, Fax (05 21) 1 06-80 85, E-Mail Gertrude.Luebbe-Wolff@uni-bielefeld.de

Luchterhandt, Dr. Otto, Professor, Im Wendischen Dorfe 28, 21335 Lüneburg, (0 41 31) 23 29 65, Fax (0 41 31) 23 29 65;

Universität Hamburg, Schlüterstr. 28 (Rechtshaus), 20146 Hamburg, (0 40) 4 28 38-45 62, E-Mail ottolucht@arcor.de

Ludwigs, Dr. Markus, Universitätsprofessor,
Sterntalerweg 116, 97084 Würzburg; Lehrstuhl für Öffentliches Recht und Europarecht, Universität Würzburg, Domerschulstraße 16, 97070 Würzburg, (09 31) 31-8 99 79,
E-Mail ludwigs@jura.uni-wuerzburg.de

Lühmann, Dr. Hans, Privatdozent, Pannebäcker Str. 7a, 40593 Düsseldorf, (02 11) 2 39 95 34

Luther, Dr. Jörg, Professor
Via Roero di Cortanze 2,
I-10124 Torino, (00 39) 0 11 83 56 07, Dipartimento POLIS Via Cavour 84,
I – 15100 Alessandria,
(00 39) 01 31 28 37 45,
Fax (00 39) 01 31 28 37 04
luther@sp.unipmn.it

Mächler, Dr. iur. August, Professor, Schindellegistrasse 15,
CH-8808 Pfäffikon, (00 41) 5 54 10 43 20; Sicherheitsdepartement des Kt. Schwyz, Postfach 1200, 6431 Schwyz,
(00 41) 4 18 19 20 02,
Fax (00 41) 4 18 19 20 19,
E-Mail august-maechler@swissonline.ch

Magen, Dr. Stefan, M.A., Professor, Kallenweg 6, 53129 Bonn,
(02 28) 90 91 76 79;
Ruhr-Universität Bochum,
Lehrstuhl für Öffentliches Recht, Rechtsphilosophie und Rechtsökonomik, Universitäts-str. 150, 44780 Bochum, (02 34) 32-2 28 09,
Fax (02 34) 32-1 43 27
E-Mail magen@rub.de

Mager, Dr. Ute, Universitätsprofessorin, Universität Heidelberg, Juristische Fakultät, Friedrich-Ebert-Anlage 6–10, 69117 Heidelberg, (0 62 21) 54 77 37 oder (01 71) 5 54 00 78,
E-Mail ute.mager@jurs.uni-heidelberg.de

Magiera, Dr. Siegfried, Universitätsprofessor,
Feuerbachstr. 1, 67354 Römerberg, (0 62 32) 8 48 98;
Deutsche Universität für Verwaltungswissenschaften Speyer, Freiherr-vom-Stein-Str. 2, 67346 Speyer, (0 62 32) 65 43 48,
E-Mail s.magiera@uni-speyer.de

Mahlmann, Dr. Matthias, Professor, Rindermarkt 7, CH-8001 Zürich;
Lehrstuhl für Rechtstheorie, Rechtssoziologie und Internationales Öffentliches Recht, Universität Zürich, Treichlerstr. 10, CH-8032 Zürich, (00 41) 4 46 34 15 87,
Fax (00 41) 4 46 34 43 91,
E-Mail matthias.mahlmann@rwi.uzh.ch

Majer, Dr. jur. utr. Diemut, Rechtsanwältin,
Universitätsprofessorin, Universität Bern; Welfenstr. 35, 76137 Karlsruhe,
(07 21) 81 66 50 Fax (07 21) 81 76 63,
E-Mail majer@kanzlei-karlstr62.de

Mangoldt, Dr. Hans von, Professor, Goetheweg 1, 72147 Nehren,
(0 74 73) 79 08;
Universität Tübingen, Juristische Fakultät, Geschwister-Scholl-Platz, 72074 Tübingen, (0 70 71) 2 97 33 02

Mann, Dr. Thomas, Professor,
Im Torfveen 19, 46147 Oberhausen,
(02 08) 67 54 98;
Juristisches Seminar der Georg-August-Universität Göttingen, Platz der Göttinger Sieben 6, 37073 Göttingen,
(05 51) 39-47 23, Fax (05 51) 39-79 78,

E-Mail sekretariatmann@jura.
uni-goettingen.de

Manssen, Dr. Gerrit, Universitäts-
professor,
Konrad-Adenauer-Allee 15,
93051 Regensburg, (09 41) 9 28 45;
Juristische Fakultät, Universität Regens-
burg, 93040 Regensburg,
(09 41) 9 43-32 55, Fax (09 41) 9 43-32 57,
E-Mail Gerrit.Manssen@jura.
uni-regensburg.de

Mantl, Dr. Dr. h.c. Wolfgang, em. o. Uni-
versitätsprofessor,
Wiener Str. 256/XI/33, A-8051 Graz,
(00 43) 3 16-68 13 06;
Institut für Österreichisches, Europä-
isches und Vergleichendes Öffentliches
Recht, Politikwissenschaft und Verwal-
tungslehre, Karl-Franzens-Universität
Graz, Universitätsstr. 15/K3,
A-8010 Graz, (00 43) 3 16-3 80 33 70,
E-Mail wolfgang.mantl@uni-graz.at

Marauhn, Dr. Thilo, M.Phil.,
Professor,
An der Fels 20, 35435 Wettenberg,
(06 41) 8 77 32 75, Fax (06 41) 8 77 32 75,
E-Mail thilo.marauhn@recht.
uni-giessen.de;
Professur für Öffentliches Recht, Völker-
recht und Europarecht, Justus-Liebig-
Universität Gießen, Licher Straße 76,
35394 Gießen, (06 41) 9 92 11 50/51,
Fax (06 41) 9 92 11 59,
E-Mail intlaw@recht.uni-giessen.de

Marko, Dr. Joseph, o. Professor,
Kasernstr. 35, A-8010 Graz,
(00 43) 3 16-46 22 38;
Institute of Austrian, European and
Comparative Public Law and Political
Sciences, University of Graz,
Universitätsstraße 15/B4, A-8010 Graz,
(00 43) 31 63 80-33 74,
Fax (00 43) 31 63 80-9 42,
E-Mail josef.marko@uni-graz.at

Marti, Dr. Arnold, Titularprofessor der
Universität Zürich,
Fernsichtstraße 5, CH-8200 Schaff-
hausen, (00 41) 52-6 24 18 10,
E-Mail a.g.marti@swissonline.ch;
Obergericht des Kantons Schaffhausen,
Frauengasse 17, CH-8200 Schaffhausen,
(00 41) 52-6 32 74 24,
Fax (00 41) 52-63 27 86,
E-Mail arnold.marti@ktsh.ch

Martínez Soria, Dr. José, Universitäts-
professor,
Braschzeile 9, 14109 Berlin,
(0 30) 80 58-67 66;
Stiftungsprofessur für Agrarrecht und
Öffentl. Recht, Institut für Landwirt-
schaftsrecht der Universität Göttingen,
Juristische Fakultät, Platz der Göttinger
Sieben 6, 37073 Göttingen,
(05 51) 39-74 15, Fax (05 51) 39-9 12 68,
E-Mail jmartin@gwdg.de

Martini, Dr. Mario, Professor,
Adams-Lehmann-Str. 8, 80797 München,
(0 89) 32 00 26 10;
Deutsche Universität für Verwaltungs-
wissenschaften Speyer, Lehrstuhl für Ver-
waltungswissenschaft, Freiherr-vom-
Stein-Straße 2, 67346 Speyer,
(0 62 32) 6 54-3 38,
Fax (0 62 32) 6 54-4 04,
E-Mail martini@uni-speyer.de

März, Dr. Wolfgang, Professor,
Zelckstraße 1, 18055 Rostock,
(03 81) 3 77 92 55, Fax (03 81) 3 77 92 56;
Lehrstuhl für Öffentliches Recht und Ver-
fassungsgeschichte, Universität Rostock,
Möllner Str. 10, 18109 Rostock,
(03 81) 4 98 81 90,
Fax (03 81) 4 98 80 02,
E-Mail wolfgang.maerz@uni-rostock.de

Masing, Dr. Johannes, Professor,
Richter des Bundesverfassungsgerichts,
Schlossbezirk 3, 76131 Karlsruhe;
Albert-Ludwigs-Universität Freiburg,
Platz der Alten Synagoge, 79085 Freiburg,
(07 61) 2 03-22 52, Fax (07 61) 2 03 22 93,
E-Mail johannes.masing@jura.
uni-freiburg.de

Maurer, Dr. Hartmut, o. Professor,
Säntisblick 10, 78465 Konstanz,
(0 75 33) 13 12;
Universität Konstanz, Fachbereich
Rechtswissenschaft, Postfach 118,
78464 Konstanz, (0 75 31) 88 36 57,
Fax (0 75 31) 88 31 96,
E-Mail hartmut.maurer@uni-
konstanz.de

Mayer, Dr. Franz, LL.M. (Yale), Universitätsprofessor,
Universität Bielefeld, Lehrstuhl für
Öffentliches Recht, Europarecht,
Völkerrecht, Rechtsvergleichung
und Rechtspolitik, Postfach 10 01 31,
33501 Bielefeld, (05 21) 1 06-44 12,
Fax (05 21) 1 06-8 90 16,
E-Mail franz.mayer@uni-bielefeld.de

Mayer-Tasch, Dr. Peter Cornelius,
Professor,
Am Seeberg 13, 86938 Schondorf,
(0 81 92) 86 68;
Hochschule für Politik München,
Ludwigstr. 8, 80539 München,
(0 89) 2 88 03 99-0,
Fax (0 89) 2 88 03 99-22

Meessen, Dr. Karl Matthias, Professor,
Rotterdamer Straße 45,
40474 Düsseldorf, (02 11) 1 59 42 11,
Fax (02 11) 1 59 42 12,
E-Mail Karl.Meessen@t-online.de

Mehde, Dr. Veith, Mag.rer.publ.,
Professor,
Lilienstr. 23, 30167 Hannover,
(05 11) 98 29 06;
Lehrstuhl für Öffentliches Recht,
insbesondere Verwaltungsrecht,
Leibniz Universität Hannover,
Königsworter Platz 1,
30167 Hannover,
(05 11) 7 62-82 06, Sekr.: -82 07,
Fax (05 11) 7 62-1 91 06,
E-Mail mehde@jura.uni-hannover.de

Meng, Dr. Werner, Universitätsprofessor,
Im Herrengarten 8, 55263 Wackernheim,
(0 61 32) 97 70 65;
Europa-Institut, Universität
des Saarlandes, Postfach 151150,
66041 Saarbrücken, (06 81) 3 02 66 60,
Fax (06 81) 3 02 66 62,
E-Mail w.meng@kabelmail.de

Menzel, Dr. Jörg, Privatdozent,
The Senate of the Kingdom of Cambodia, Chamcar Morn, State Palace,
Norodom Blvd., Phnom Penh,
Cambodia, (0 08 55) 12 33 35 28,
Fax (0 08 55) 23 21 14 46,
E-Mail joergmenzel@gmx.net

Merli, Dr. Franz, Universitätsprofessor,
Institut für Österreichisches, Europäisches und Vergleichendes Öffentliches
Recht, Politikwissenschaft und Verwaltungslehre, Karl-Franzens-Universität
Graz, Universitätsstraße 15,
A-8010 Graz, (00 43) 31 63 80-36 02,
Fax (00 43) 31 63 80-94 50,
E-Mail merli@uni-graz.at

Merten, Dr. Dr. Detlef, o. Professor,
Von-Dalberg-Str. 8, 67487 St. Martin,
(0 63 23) 18 75;
Deutsche Universität für Verwaltungswissenschaften Speyer, Freiherr-vom-Stein-Str. 2–6, 67346 Speyer,
(0 62 32) 6 54-3 49; oder -3 30,
E-Mail merten@uni-speyer.de

Meßerschmidt, Dr. Klaus, Privatdozent, Hynspergstr. 29, 60322 Frankfurt am Main, (0 69) 55 45 87; University of Latvia, EuroFaculty, Raina bulv. 19, LV-1586 Riga/Lettland, (0 03 71) 7 82 02 78, Fax (0 03 71) 7 82 02 60, E-Mail Messerschmidtkl@aol.com

Meyer, Dr. Dr. h.c. Hans, Professor, Georg-Speyer-Str. 28, 60487 Frankfurt am Main, (0 69) 77 01 29 26, Fax (0 69) 7 01 29 27; Humboldt-Universität zu Berlin, Juristische Fakultät, Unter den Linden 6, 10099 Berlin, (0 30) 20 93-35 28 (Sekr.) oder -33 47, Fax (0 30) 20 93-27 29, E-Mail Hans.Meyer@rewi.hu-berlin.de

Meyer, Dr. Stephan, Privatdozent, Universität Erfurt, Nordhäuser Str. 63, 99089 Erfurt, (03 61) 7 37–47 62, Fax (03 61) 7 37–47 09, E-Mail stephan.meyer@uni-erfurt.de

Meyn, Dr. Karl-Ulrich, Professor, Leyer Str. 36, 49076 Osnabrück, (05 41) 1 64 82; Universität Jena, Schillerhaus, Schillergässchen 2, 07745 Jena, (0 36 41) 93 11 85, Fax (0 36 41) 93 11 87, E-Mail karl-ulrich.meyn@t-online.de

Michael, Dr. Lothar, Professor, Kapellenstraße 51, 40670 Meerbusch; Professur für Öffentliches Recht, Universitätsstraße 1, Geb. 24.91, 40225 Düsseldorf, (02 11) 8 11 14 12, E-Mail Lothar.Michael@uni-duesseldorf.de

Möllers, Dr. Christoph, LL.M., Professor, Zehdenicker Str. 14, 10119 Berlin; Humboldt-Universität zu Berlin, Lehrstuhl für Öffentliches Recht, insbesondere Verfassungsrecht und Rechtsphilosophie, Unter den Linden 6, 10099 Berlin, (0 30) 20 93-35 85, Fax (0 30) 20 93-35 52, E-Mail sekretariat.moellers@rewi.hu-berlin.de

Morgenthaler, Dr. Gerd, Professor, Tilsiter Str. 33, 57250 Netphen; Universität Siegen, Fachbereich 5, Hölderlinstr. 3, 57068 Siegen, (02 71) 7 40 24 02, E-Mail morgenthaler@recht.wiwi.uni-siegen.de

Morlok, Dr. Martin, Professor, Poßbergweg 51, 40629 Düsseldorf, (02 11) 28 68 68; Heinrich-Heine-Universität, Juristische Fakultät, Universitätsstr. 1, Gebäude 24.91, 40225 Düsseldorf, (02 11) 8 11 53 51, Fax (02 11) 8 11 14 60, E-Mail ls.morlok@uni-duesseldorf.de

Morscher, Dr. Siegbert, em. Universitätsprofessor, Tschiggyfreystr. 11a, A-6020 Innsbruck, (00 43) 5 12-28 62 10; Leopold-Franzens-Universität, Institut für Öffentliches Recht, Staats- und Verwaltungslehre, Innrain 52d, A-6020 Innsbruck, (00 43) 5 12-5 07 82 10 od. -11, Fax (00 43) 5 12-5 07 28 28, E-Mail siegbert.morscher@uibk.ac.at

Möstl, Dr. Markus, Professor, Birkenstraße 77, 95447 Bayreuth, (09 21) 50 71 68, E-Mail Markus.Moestl@t-online.de; Rechts- und Wirtschaftswissenschaftliche Fakultät, Universitätsstr. 30, 95440 Bayreuth, (09 21) 55-28 66, Fax (09 21) 55-20 41, E-Mail markus.moestl@uni-bayreuth.de

Muckel, Dr. Stefan, Universitätsprofessor, Ringstraße 122, 42929 Wermelskirchen, (0 21 93) 53 10 74;
Universität zu Köln, Institut für Kirchenrecht, 50923 Köln, (02 21) 4 70-37 77 oder 4 70-26 79,
E-Mail Kirchenrecht@uni-koeln.de

Mückl, Dr. Stefan, apl. Professor, Adenauerallee 129, 53115 Bonn;
Albert-Ludwigs-Universität Freiburg i.Br., Institut für Öffentliches Recht IV, Platz der Universität 3, 79085 Freiburg i.Br., (07 61) 2 03-22 64,
Fax (07 61) 2 03-22 97,
E-Mail s.mueckl@gmx.de

Müller, Dr. Bernhard, Privatdozent, Lisseeweg 36/2, A-1210 Wien, (00 43) 67 69 34 93 43,
E-Mail b_mueller@tele2.at;
Dorda Brugger Jordis Rechtsanwälte GmbH, Dr.-Karl-Lueger-Ring 10, A-1010 Wien, (00 43) 15 33 47 95 57,
Fax (00 43) 15 33 47 95 50 57,
E-Mail bernhard.mueller@dbj.at

Müller, Dr. Dr. h.c. Georg, o. Professor em., Sugenreben 10, CH-5018 Erlinsbach, (00 41) 6 28 44 38 73,
Fax (00 41) 6 28 44 42 04,
E-Mail georg-mueller@sunrise.ch

Müller, Dr. Dr. h.c. Jörg Paul, o. Professor em., Universität Bern, Kappelenring 42a, CH-3032 Hinterkappelen bei Bern, (00 41) 3 19 01 05 70,
E-Mail jpmueller@bluewin.ch

Müller-Franken, Dr. Sebastian, Professor, Schützenstr. 1c, 35039 Marburg/Lahn, (0 64 21) 2 07 03 40 oder Westermühlstr. 28, 80469 München, (0 89) 20 23 98 28;
Professur für Öffentliches Recht, Philipps-Universität Marburg, Universitätsstraße 6, 35032 Marburg/Lahn, (0 64 21) 2 82 31 22,
Fax (0 64 21) 2 82 38 40,
E-Mail mueller-franken@jura.uni-marburg.de

Müller-Terpitz, Dr. Ralf, Professor, Albrecht-Dürer-Str. 11, 40489 Düsseldorf, (02 03) 7 28 18 97,
Fax (02 03) 7 28 18 98;
Universität Passau, Lehrstuhl für Staats- und Verwaltungsrecht sowie Wirtschaftsverwaltungs-, Medien- und Informationsrecht, Innstr. 40 (Nikolakloster), 94032 Passau, (08 51) 5 09 22 20,
Fax (08 51) 5 09 22 22,
E-Mail mueller-terpitz@uni-passau.de

Münch, Dr. Dr. h.c. Ingo von, Professor, Hochrad 9, 22605 Hamburg, (0 40) 82 96 24, Fax (0 40) 82 34 49

Murswiek, Dr. Dietrich, o. Professor, Lindenaustr. 17, 79199 Kirchzarten, (0 76 61) 9 92 37;
Institut für Öffentliches Recht, Universität Freiburg, 79085 Freiburg, (07 61) 2 03-22 37 oder -41,
Fax (07 61) 2 03-22 40,
E-Mail Dietrich.Murswiek@jura.uni-freiburg.de

Musil, Dr. Andreas, Professor, Mendelssohn-Bartholdy-Str. 34, 14480 Potsdam, (03 31) 7 45 34 53;
Universität Potsdam, Lehrstuhl für Öffentliches Recht, insbesondere Verwaltungs- und Steuerrecht, August-Bebel-Str 89, 14482 Potsdam, (03 31) 9 77 32 33,
E-Mail musil@uni-potsdam.de

Mußgnug, Dr. Reinhard, o. Professor, Keplerstr. 40, 69120 Heidelberg,

(0 62 21) 43 62 22, Fax (0 62 21) 40 83 09;
Universität Heidelberg, Institut für Finanz- und Steuerrecht, Friedrich-Ebert-Anlage 6–10, 69117 Heidelberg,
(0 62 21) 5474 66,
Fax (0 62 21) 54 76 54,
E-Mail Reinhard.Mussgnug@urz.uni-heidelberg.de

Mutius, Dr. Albert von, o. Professor,
Hof „Frankenthaler Moor“, Poseritz-Ausbau Nr. 8, 18574 Poseritz auf Rügen,
(03 83 07) 4 05 99,
Mobil (01 76) 21 82 05 81,
Fax (03 83 07) 4 03 49,
E-Mail avm.law@gmx.de

Nettesheim, Dr. Martin, o. Professor,
Horemer 13, 72076 Tübingen,
(0 70 71) 25 46 04;
Universität Tübingen, Juristische Fakultät, Geschwister-Scholl-Platz, 72074 Tübingen, (0 70 71) 2 97 25 60,
Fax (0 70 71) 29 58 47,
E-Mail Nettesheim@jura.uni-tuebingen.de

Neumann, Dr. Volker, Professor,
Neckarstaden 10, 69117 Heidelberg,
(0 62 21) 16 12 66;
Humboldt-Universität zu Berlin, Lehrstuhl für Öffentliches Recht, Sozialrecht und Staatstheorie,
Unter den Linden 6,
10099 Berlin, (0 30) 20 93 34 60,
Fax (0 30) 20 93 34 52,
E-Mail volker.neumann@rewi.hu-berlin.de

Nicolaysen, Dr. Gert, Professor,
Bockhorst 68a, 22589 Hamburg,
(0 40) 8 70 17 47;
Universität Hamburg, Seminar für Öffentliches Recht und Staatslehre, Abteilung Europarecht,
Schlüterstraße 28, 20146 Hamburg,
E-Mail gert.nicolaysen@jura.uni-hamburg.de

Niedobitek, Dr. Matthias, Universitätsprofessor,
Weststr. 99, 09116 Chemnitz,
(03 71) 27 55 04 18;
Professur für Europäische Integration mit dem Schwerpunkt Europäische Verwaltung, Technische Universität Chemnitz, Thüringer Weg 9, 09126 Chemnitz,
(03 71) 5 31-3 49 12,
E-Mail matthias.niedobitek@phil.tu-chemnitz.de

Nierhaus, Dr. Michael, Professor,
Am Moosberg 1c, 50997 Köln,
(02 2 36) 6 36 29,
Fax (0 22 36) 96 37 95,
E-Mail michael@nierhaus.org

Nolte, Dr. Georg, Professor,
Ansbacher Str. 73, 10777 Berlin,
(0 30) 53 67 41 92;
Institut für Völker- und Europarecht, Humboldt-Universität zu Berlin,
Unter den Linden 6, 10099 Berlin,
(0 30) 20 93-33 49, Fax (0 30) 20 93-33 84,
E-Mail georg.nolte@rewi.hu-berlin.de

Nolte, Dr. Martin, Professor,
Judenpfad 9, 50996 Köln,
(0 22 36) 8 95 29 84,
(01 51) 54 44 06 06 (Mobil);
Deutsche Sporthochschule Köln, Professur für Sportrecht,
Am Sportpark Müngersdorf 6,
50933 Köln, (02 21) 49 82 60 88,
Fax (02 21) 49 82 81 45,
E-Mail M.Nolte@dshs-koeln.de

Novak, Dr. Richard, o. Professor,
Thadd. Stammel-Str. 8, A-8020 Graz,
(00 43) 3 16-5 35 16;
Universität (00 43) 3 16-3 80-33 71,
E-Mail richard.novak@uni-graz.at

Nowak, Dr. Carsten, Universitätsprofessor,
Jevenstedter Str. 69g, 22547 Hamburg,
(0 40) 8 80 03 17;
Lehrstuhl für Öffentliches Recht,
insb. Europarecht, Europa-Universität
Viadrina Frankfurt (Oder),
Große Scharrnstr. 59,
15230 Frankfurt (Oder),
(03 35) 55 34-27 10, -27 11,
Fax (03 35) 55 34-7 27 11,
E-Mail cnowak@euv-frankfurt-o.de

Nußberger, Dr. Angelika, Professorin,
Eichenhainallee 15,
51427 Bergisch Gladbach;
Institut für Ostrecht an der Universität
zu Köln, Klosterstr. 79 d, 50931 Köln,
(02 21) 4 70 55 83, Fax (02 21) 4 70 55 82,
E-Mail angelika.nussberger@uni-koeln.de

Odendahl, Dr. Kerstin, Professorin,
Goethestrasse 43, CH-9008 St. Gallen;
Christian-Albrechts-Universität zu Kiel,
Walther-Schücking-Institut für Internationales Recht,
Westring 400, 24118 Kiel,
(04 31) 8 80-21 49,
Fax (04 31) 8 80-16 19,
E-Mail odendahl@internat-recht.uni-kiel.de

Oebbecke, Dr. Janbernd, Universitätsprofessor,
Huberstr. 13a, 48155 Münster,
(02 51) 2 30 51 70;
Kommunalwissenschaftliches Institut,
Universität Münster,
Universitätsstr. 14–16, 48143 Münster,
(02 51) 83-2 18 06,
Fax (02 51) 83-2 18 33,
E-Mail oebbecke@uni-muenster.de

Oeter, Dr. Stefan, Professor,
Wulfsdorfer Weg 122, 22359 Hamburg,
(0 40) 60 95 19 57;
Universität Hamburg, Institut für
Internationale Angelegenheiten,
Rothenbaumchaussee 33,
20148 Hamburg,
(0 40) 4 28 38 45 65,
Fax (0 40) 4 28 38 62 62,
E-Mail S-Oeter@jura.uni-hamburg.de

Ohler, Dr. Christoph, LL.M., Professor,
Berghoffsweg 4, 07743 Jena,
(0 36 41) 20 70 81;
Rechtswissenschaftliche Fakultät,
Friedrich-Schiller-Universität Jena,
Carl-Zeiss-Str. 3, 07743 Jena
(0 36 41) 94 22 60,
Fax (0 36 41) 94 22 62,
E-Mail christoph.ohler@recht.uni-jena.de

Öhlinger, Dr. Theo, o. Universitätsprofessor,
Tolstojgasse 5/6, A-1130 Wien,
(00 43-1) 8 77 12 60;
Universität Wien,
Schottenbastei 10–16, A-1010 Wien,
E-Mail theodor.oehlinger@univie.ac.at

Oldiges, Dr. Martin, Universitätsprofessor,
August-Bebel-Straße 31, 04275 Leipzig,
(03 41) 2 11 92 33, Fax (03 41) 1 49 68 16,
E-Mail martin@oldiges.de;
Universität Leipzig, Juristenfakultät,
Otto-Schill-Str. 2, 04109 Leipzig,
(03 41) 9 73 51 31, Fax (03 41) 9 73 51 39

Oppermann, Dr. Dres. h.c. Thomas,
o. Professor,
Burgholzweg 122, 72070 Tübingen,
(0 70 71) 4 95 33, Fax (0 70 71) 4 47 02,
E-Mail oppermannprof@aol.com;
Universität Tübingen, Juristische
Fakultät, Geschwister-Scholl-Platz,
72074 Tübingen, (0 70 71) 2 97 25 58,
Fax (0 70 71) 29 58 47,

E-Mail Thomas.Oppermann@uni-tuebingen.de

Ossenbühl, Dr. Fritz, Professor,
Im Wingert 12, 53340 Meckenheim,
(0 22 25) 1 74 82;
Universität Bonn, 53113 Bonn,
(02 28) 73 55-72 oder -73

Osterloh, Dr. Lerke, Professorin,
Richterin des Bundesverfassungs-gerichts a.D.,
Dünkelbergsteig 6, 14195 Berlin,
(0 30) 82 00 75 52, Fax (0 30) 82 00 75 50;
Institut für Öffentliches Recht, Universität Frankfurt, Postfach 11 19 32,
60054 Frankfurt am Main,
(0 69) 79 82 27 11 oder 2 86 11,
Fax (0 69) 79 82 25 62,
E-Mail osterloh@jur.uni-frankfurt.de

Pabel, Dr. Katharina, Professorin,
Scherzergasse 10/8, A-1020 Wien
(00 43) 1 21 25 30 2;
Johannes Kepler Universität Linz,
Institut für Verwaltungsrecht und
Verwaltungslehre,
Altenberger Straße 69, A-4040 Linz,
(00 43) 7 32/24 68-84 90,
Fax (00 43) 7 32/24 68-84 89,
E-Mail katharina.pabel@jku.at

Pabst, Dr. Heinz-Joachim, Privatdozent,
Universität zu Köln, Prüfungsamt der
Rechtswissenschaftlichen Fakultät,
Albertus-Magnus-Platz, 50923 Köln,
(02 21) 4 70-57 99, Fax (02 21) 4 70-67 22,
E-Mail hpabst@uni-koeln.de

Pache, Dr. Eckhard, Professor,
Hauptstraße 82, 97218 Gerbrunn;
Julius-Maximilians-Universität
Würzburg,
Domerschulstraße 16, 97070 Würzburg,
(09 31) 31-8 23 09, Fax (09 31) 31-23 19,
E-Mail pache@jura.uni-wuerzburg.de

Palm, Dr. Ulrich, Professor,
Kastanienweg 5, 67256 Weisenheim
am Sand, (0 15 25) 3 78 24 49,
E-Mail ulrich.palm@googlemail.com;
Universität Hohenheim, Lehrstuhl für
Öffentliches Recht, Öffentliches Wirtschaftsrecht und Steuerrecht,
Schloss Osthof-Nord, 70559 Stuttgart,
(07 11) 4 59-2 27 91,
Fax (07 11) 4 59-2 34 82,
E-Mail palm@uni-hohenheim.de

Papier, Dr. Dr. h.c. Hans-Jürgen,
em. o. Professor, Präsident des Bundesverfassungsgerichts a.D.,
Institut für Politik und Öffentliches
Recht, Universität München,
Professor-Huber-Platz 2,
80539 München,
(0 89) 21 80-62 94 oder -62 95,
Fax (0 89) 21 80 31 99,
E-Mail LS.Papier@jura.uni-muenchen.de

Paulus, Dr. Andreas, Professor,
Hermann-Föge-Weg 17,
37073 Göttingen;
Institut für Völkerrecht und Europarecht,
Platz der Göttinger Sieben 5,
37073 Göttingen,
(05 51) 39 47 51, Fax (05 51) 39 47 67,
E-Mail apaulus@jura.uni-goettingen.de

Pauly, Dr. Walter, o. Professor,
Lehrstuhl für Öffentliches Recht,
Rechts- und Verfassungsgeschichte,
Rechtsphilosophie, Universität Jena,
Carl-Zeiss-Str. 3, 07743 Jena,
(0 36 41) 94 22 30 oder -31,
Fax (0 36 41) 94 22 32,
E-Mail W.Pauly@recht.uni-jena.de

Pechstein, Dr. Matthias, Universitätsprofessor,
Lindenallee 40, 14050 Berlin,
(0 30) 3 01 94 17, Fax (0 30) 3 01 94 17;
Jean-Monnet-Institut für Öffentliches

Recht und Europarecht, Europa-Universität Viadrina Frankfurt (Oder),
Große Scharrnstr. 59,
15230 Frankfurt (Oder),
(03 35) 55 34-27 61,
Fax (03 35) 55 34-27 69,
E-Mail Pechstein@euv-frankfurt-o.de

Peine, Dr. jur. Dr. h.c. Franz-Joseph, Professor,
Kurpromenade 56, 14089 Berlin-Kladow,
(0 30) 3 65 61 93, Fax (0 30) 3 65 61 93;
Lehrstuhl für Öffentliches Recht, insbesondere Verwaltungsrecht, Europa-Universität Viadrina Frankfurt (Oder),
Große Scharrnstr. 59,
15230 Frankfurt (Oder),
(03 35) 5 54-25 28,
Fax (03 35) 55 34-25 69,
E-Mail fjpeineberlin@t-online.de

Pernice, Dr. Ingolf, Universitätsprofessor,
Laehrstraße 17a, 14165 Berlin,
(0 30) 84 72 36 15, Fax (0 30) 84 50 91 62;
Lehrstuhl für Öffentliches Recht, Völker- und Europarecht,
Humboldt-Universität zu Berlin,
Unter den Linden 6, 10099 Berlin,
(0 30) 20 93-34 40, Fax (0 30) 2 93-34 49,
E-Mail ingolf.pernice@rz.hu-berlin.de

Pestalozza, Dr. Christian Graf von, Universitätsprofessor (em.),
Freie Universität Berlin, Institut für Staatslehre, Staats-und Verwaltungsrecht,
Dienstanschrift: Van't-Hoff-Str. 8,
14195 Berlin (Dahlem),
Postanschrift: Bayernallee 12,
14052 Berlin (Westend),
(0 30) 3 04 63 29 od. 83 85 30 14,
Fax (0 30) 30 81 31 04,
E-Mail c.pestalozza@fu-berlin.de

Peters, Dr. Anne, LL.M., Professorin,
Bollwerkstr. 134, CH-4102 Binningen;
Lehrstuhl für Völker- und Staatsrecht,
Universität Basel, Peter Merian-Weg 8,
Postfach, CH-4002 Basel,
(00 41) 6 12 67 25 65,
Fax (00 41) 6 12 67 25 71,
E-Mail Anne.Peters@unibas.ch

Pielow, Dr. Johann-Christian, Professor,
Stiepeler Str. 96, 44801 Bochum,
(02 34) 7 46 33;
Ruhr-Universität Bochum, Fakultät für Wirtschaftswissenschaft – Recht der Wirtschaft –, Universitätsstr. 150,
44780 Bochum,
(02 34) 32 25 72 34,
Fax (02 34) 3 21 40 74,
E-Mail christian.pielow@ruhr-uni-bochum.de

Pieper, Dr. Stefan Ulrich, apl. Professor,
Bundespräsidialamt,
Spreeweg 1, 10557 Berlin,
(0 18 88) 5 00 21 20,
Fax (0 30) 20 00-1 99,
E-Mail stefan.pieper@bpra.bund.de

Pieroth, Dr. Bodo, Professor,
Gluckweg 19, 48147 Münster,
(02 51) 23 32 91, Fax (02 51) 23 32 94;
Institut für Öffentliches Recht und Politik, Universität Münster,
Wilmergasse 28, 48143 Münster,
(02 51) 83-2 63 11, Fax (02 51) 83-2 63 19,
E-Mail pieroth@uni-muenster.de

Pietzcker, Dr. Jost, Professor,
Hausdorffstr. 95, 53129 Bonn,
(02 28) 23 39 54;
Universität Bonn, 53113 Bonn,
(02 28) 73 91 77,
E-Mail Pietzcker@jura.uni-bonn.de

Pirson, Dr. Dr. Dietrich, o. Professor,
Brunnenanger 15, 82418 Seehausen,
(0 88 41) 4 78 68;
Universität München,
Professor-Huber-Platz 2,

80539 München,
(0 89) 21 80-27 15,
E-Mail d.pirson@gmx.de

Pitschas, Dr. Dr. h.c. Rainer,
o. Universitätsprofessor,
Hermann-Jürgens-Str. 8,
76829 Landau-Godramstein,
(0 63 41) 96 93 81, Fax (0 63 41) 96 93 82;
Deutsche Universität für Verwaltungswissenschaften Speyer,
Postfach 1409, 67324 Speyer,
(0 62 32) 6 54-3 45,
Fax (0 62 32) 6 54-3 05,
E-Mail rpitschas@uni-speyer.de

Pöcker, Dr. Markus, Privatdozent,
Zollhofstr. 4, 67061 Ludwigshafen;
Johann-Wolfgang-Goethe-Universität,
Lehrstuhl Prof. Dr. G. Hermes,
Senckenberganlage 31,
60325 Frankfurt am Main,
(0 69) 79 82 38 64,
E-Mail poecker@jur.uni-frankfurt.de

Poscher, Dr. Ralf, Universitätsprofessor,
Zasiusstr. 6, 79102 Freiburg,
(07 61) 6 12 41 91;
Albert-Ludwigs-Universität Freiburg,
Institut für Staatswissenschaft
und Rechtsphilosophie, Abt. 2: Rechtsphilosophie, Platz der Alten Synagoge 1,
79085 Freiburg,
(07 61) 20 39 75 70,
Fax (07 61) 20 39 75 71,
E-Mail rechtsphilosophie@jura.uni-freiburg.de

Pöschl, Dr. Magdalena, Univ.-Prof.,
Klosterwiesgasse 31, A-8010 Graz;
Universität Graz, Institut für Österreichisches, Europäisches und Vergleichendes Öffentliches Recht,
Politikwissenschaft und Verwaltungslehre,
Universitätsstr. 15/D3, A-8010 Graz,
(00 43) 31 63 80-6 07,
Fax (00 43) 31 63 80-94 50,
E-Mail magdalena.poeschl@uni-graz.at

Potacs, Dr. Michael, Professor,
Hammerschmidtgasse 5/3/2,
A-1190 Wien, (00 43) 13 24 66 23;
Institut für Österreichisches und
Europäisches Öffentliches Recht,
Wirtschaftsuniversität Wien,
Althanstraße 39–45, A-1090 Wien,
(00 43) 13 13 36 46 69,
E-Mail michael.potacs@wu.ac.at

Preuß, Dr. Ulrich K., Professor,
Friedbergstraße 47, 14057 Berlin,
(0 30) 30 81 94 33;
Hertie School of Governance,
Schlossplatz 1, 10178 Berlin,
(0 30) 2 12 31 23 10,
Fax (0 30) 2 12 31 29 99,
E-Mail ukpreuss@hertie-school.org

Proelß, Dr. Alexander, Professor,
Peter-Thomas-Str. 4, 54296 Trier;
Fachbereich V – Rechtswissenschaft,
Universität Trier, Universitätsring 15,
54296 Trier
(06 51) 2 01 25 87, Fax (06 51) 2 01 38 03
E-Mail proelss@uni-trier.de

Puhl, Dr. Thomas, o. Professor,
In der Aue 26a, 69118 Heidelberg,
(0 62 21) 80 36 64,
Fax (0 62 21) 80 36 69;
Universität Mannheim, Fakultät
für Rechtswissenschaft,
Schloss – Westflügel (W 226),
68131 Mannheim,
(06 21) 1 81 13 54/-13 55,
Fax (0 21) 1 81 13 61,
E-Mail puhl@staffmail.uni-mannheim.de

Pünder, Dr. Hermann, LL.M (Iowa),
Universitätsprofessor,
Hagedornstraße 25, 20149 Hamburg,
(0 40) 41 46 69 34;
Bucerius Law School, Lehrstuhl für

Öffentliches Recht (einschließlich Europarecht), Verwaltungswissenschaft und Rechtsvergleichung,
Postfach 30 10 30, 20304 Hamburg,
(0 40) 3 07 06-2 60,
Fax (0 40) 3 07 06-2 35,
E-Mail hermann.puender@law-school.de

Puttler, Dr. Adelheid, LL.M. (University of Chicago),
diplomée de l'E.N.A., Universitäts-professorin,
Lehrstuhl für Öffentliches Recht, insbesondere Europarecht, Völkerrecht und Internationales Wirtschaftsrecht,
Ruhr-Universität Bochum,
44780 Bochum, (02 34) 3 22 28 20,
Fax (02 34) 3 21 41 39,
E-Mail LS-Puttler@Ruhr-Uni-Bochum.de

Püttner, Dr. Dr. h.c. Günter, o. Professor,
Schwerdstraße 3, 67346 Speyer,
(0 62 32) 7 19 97

Ramsauer, Dr. Ulrich, Professor,
VRiOVG,
Wiesenstraße 5, 20255 Hamburg,
(0 40) 43 18 1 53;
Universität Hamburg,
Fakultät für Rechtswissenschaft,
Seminar für Verwaltungslehre,
Rothenbaumchaussee 33,
20148 Hamburg,
(0 40) 4 28 38-49 65,
Fax (0 40) 4 28 38-56 70,
E-Mail ulrich.ramsauer@uni-hamburg.de

Randelzhofer, Dr. Albrecht, o. Professor,
Wulffstr. 12, 12165 Berlin,
(0 30) 79 26 0 85

Raschauer, Dr. Bernhard, o. Universitäts-professor,
Pfeilgasse 7/2/6, A-1080 Wien,
(00 43) 14 08 33 53;
Universität Wien, Institut für Staats- und Verwaltungsrecht, Abt. Wirtschaftsrecht,
Schottenbastei 10–16, A-1010 Wien,
(00 43) 1 42 77-3 53 52,
Fax (00 43) 1 42 77-3 54 59,
E-Mail sekretariat.raschauer.staatsrecht@univie.ac.at

Raschauer, Dr. Nicolas, Universitäts-professor,
Institut für Staatsrecht – Öffentliches Unternehmensrecht,
Institut für Umweltrecht – Allgemeine Umweltrechtsdogmatik und Umwelt-technikrecht,
Johannes Kepler Universität Linz,
Altenberger Straße 69,
A-4040 Linz, (00 43) 7 32-24 68-84 50
od. -84 54 (Sekretariat),
Fax (00 43) 7 32-24 68-2 84 57,
E-Mail Nicolas.Raschauer@jku.at

Rasenack, Dr. Christian A.L., LL.M., Professor,
Taunusstr. 8, 12309 Berlin,
(0 30) 7 45 25 43;
TU Berlin, Fakultät VIII,
Institut für Volkswirtschaftslehre
und Wirtschaftsrecht,
Straße des 17. Juni 135, 10623 Berlin,
(0 30) 31 42-58 74, Fax (0 30) 7 45 25 43,
E-Mail c.rasenack@ww.tu-berlin.de

Rauschning, Dr. Dr. h.c. Dietrich,
o. Professor,
Rodetal 1, 37120 Bovenden,
(0 55 94) 9 31 74, Fax (0 55 94) 9 31 75;
Institut für Völkerrecht,
Universität Göttingen,
Platz der Göttinger Sieben 5,
37073 Göttingen, (05 51) 39 47 51,
E-Mail drausch@gwdg.de

Reimer, Dr. Ekkehart, Professor,
Institut für Finanz- und Steuerrecht,
Lehrstuhl für Öffentliches Recht

und Prinzipien des Europäischen
und Internationalen Steuerrechts,
Friedrich-Ebert-Anlage 6–10,
69117 Heidelberg, (0 62 21) 54 74 67,
Fax (0 62 21) 54 77 91,
E-Mail Reimer@uni-heidelberg.de

Reimer, Dr. Franz, Professor,
Ebelstr. 37, 35392 Gießen;
Justus-Liebig-Universität Gießen,
Fachbereich 1 (Rechtswissenschaft),
Hein-Heckroth-Str. 5, 35390 Gießen,
E-Mail franz.reimer@recht.uni-giessen.de

Reinhardt, Dr. Michael, LL.M. (Cantab.),
Professor,
Auf dem Stumpelrott 9, 50999 Köln,
(02 21) 35 17 30;
Universität Trier, Fachbereich V,
54286 Trier, (06 51) 2 01-25 78,
Fax (06 51) 2 01 25 80,
E-Mail reinharm@uni-trier.de

Remmert, Dr. Barbara, Universitäts-
professorin,
Bei der Fruchtschranne 4,
72070 Tübingen;
Eberhard Karls Universität Tübingen,
Lehrstuhl für Öffentliches Recht,
Geschwister-Scholl-Platz,
72074 Tübingen,
E-Mail remmert@jura.uni-tuebingen.de

Rengeling, Dr. Hans-Werner,
Universitätsprofessor,
Langeworth 143, 48159 Münster,
(02 51) 21 20 38, Fax (02 51) 21 20 44;
European Legal Studies Institute,
Universität Osnabrück,
Martinistr. 10, 49069 Osnabrück,
(05 41) 9 69-45 05 oder -45 04,
Fax (05 41) 9 69-62 82,
E-Mail H.-W.Rengeling@t-online.de

Rensmann, Dr. Thilo, LL.M. (University
of Virginia), Universitätsprofessor,
Sedanstr. 12, 53173 Bonn,
(02 28) 21 44 12;
Technische Universität Dresden,
Juristische Fakultät, Lehrstuhl für
Völkerrecht, Europarecht und Öffent-
liches Recht, 01062 Dresden,
(03 51) 46 33 73 66,
Fax (03 51) 46 33 74 65,
E-Mail rensmann@jura.tu-dresden.de

Ress, Dr. iur. Dr. rer. pol. Dr. iur. h.c.
mult. Georg, em. Universitätsprofessor,
Europa-Institut Universität des Saar-
landes, 66041 Saarbrücken,
(06 81) 3 02 25 03 od. 41 14,
Fax (06 81) 3 02 43 69,
Professor an der Jacobs University
Bremen, Richter am EGMR a.D.,
Am Botanischen Garten 6,
Uni-Campus B6.6,
66123 Saarbrücken, (06 81) 37 25 45
oder (06 81) 3 02 30 55,
E-Mail ress@mx.uni-saarland.de

Rhinow, Dr. René, o. Professor,
em. Ordinarius für öffentliches Recht
an der Universität Basel,
Leisenbergstr. 26, CH-4410 Liestal,
(00 41) 6 19 11 99 35,
E-Mail rene.rhinow@gmail.com

Richter, Dr. Dagmar, Privatdozentin,
Birkenweg 90, 24211 Preetz;
Walther-Schücking-Institut für Inter-
nationales Recht an der CAU Kiel,
Westring 400, 24098 Kiel,
E-Mail drichter@internat-recht.
uni-kiel.de

Riedel, Dr. Eibe H., Universitäts-
professor,
Haagwiesenweg 19, 67434 Neustadt,
(0 63 21) 8 48 19;
Lehrstuhl für Deutsches und Ausländi-
sches Öffentliches Recht, Völkerrecht und
Europarecht, Universität Mannheim,

Schloß/Westflügel, 68131 Mannheim,
(06 21) 1 81-14 17 oder 14 18 oder
14 20-22, Fax (06 21) 1 81-14 19,
E-Mail riedel@uni-mannheim.de

Rill, Dr. Heinz Peter, em. o. Univ.-Prof.,
Peter-Jordan-Str. 145, A-1180 Wien,
(00 43) 14 79-86 74;
Forschungsinstitut für Europafragen,
Wirtschaftsuniversität Wien,
Althanstraße 39–45, A-1090 Wien,
(00 43) 3 13 36 46 65 oder -66

Rinken, Dr. Alfred, Universitätsprofessor,
Präsident des Staatsgerichtshofs der
Freien Hansestadt Bremen,
Treseburger Str. 37, 28205 Bremen,
(04 21) 44 07 62,
E-Mail rinken@uni-bremen.de

Rixen, Dr. Stephan, Universitäts-
professor,
Universität Bayreuth, Rechts- und Wirt-
schaftswissenschaftliche Fakultät,
Lehrstuhl für Öffentliches Recht, Sozial-
wirtschafts- und Gesundheitsrecht,
Universitätsstraße 30, 95447 Bayreuth,
(09 21) 55-60 10, Fax (09 21) 55-60 12,
E-Mail stephan.rixen@uni-bayreuth.de

Robbers, Dr. Gerhard, Universitäts-
professor,
Dagobertstr. 17, 54292 Trier,
(06 51) 5 37 10;
Universität Trier, Postfach 38 25,
54286 Trier,
(06 51) 2 01-25 42,
Fax (06 51) 2 01-39 05,
E-Mail Robbers@uni-trier.de

Röben, Dr. Volker, LL.M., Professor,
School of Law Swansea University,
Singleton Park, Swansea SA2 8PP,
Wales, UK, (00 44) 17 92 60 27 23,
Fax (00 44) 17 92 29 58 55,
E-Mail V.Roeben@swansea.ac.uk

Rodi, Dr. Michael, M.A., Universitäts-
professor,
Richardstr. 82, 12043 Berlin;
Ernst-Moritz-Arndt-Universität Greifs-
wald, Lehrstuhl für Öffentliches Recht,
Finanz- und Steuerrecht,
17487 Greifswald, (0 38 34) 86 21 00,
E-Mail mrodi@uni-greifswald.de

Röger, Dr. Ralf, Professor,
Fachhochschule des Bundes für öffent-
liche Verwaltung, Fachbereich Bundes-
polizei,
Ratzeburger Landstraße 4, 23562 Lübeck,
(04 51) 2 03-17 36, Fax (04 51) 2 03-17 09,
E-Mail roeger@roeger.info

Röhl, Dr. Hans Christian, Professor,
Mainaustraße 207a, 78464 Konstanz,
(0 75 31) 8 07 14 46;
Universität Konstanz, Lehrstuhl für
Staats- und Verwaltungsrecht,
Europarecht und Rechtsvergleichung,
Fach D 115,
Universitätsstr. 10, 78457 Konstanz,
(0 75 31) 88-23 13,
Fax (0 75 31) 88-25 63,
E-Mail hans.christian.roehl@uni-
konstanz.de

Ronellenfitsch, Dr. Michael, o. Professor,
Augusta-Anlage 15, 68165 Mannheim,
(06 21) 41 23 34;
Universität Tübingen, Juristische Fakul-
tät, Geschwister-Scholl-Platz,
72074 Tübingen, (0 70 71) 97 21 09,
Fax (0 70 71) 2 97 49 05,
E-Mail ronellenfitsch@jura.uni-
tuebingen.de

Rossen-Stadtfeld, Dr. Helge, Professor,
Marklandstraße 17, 81549 München,
(0 89) 74 42 79 29;
Universität der Bundeswehr München,
Fakultät für Wirtschafts- und Organisa-
tionswissenschaften,

Werner-Heisenberg-Weg 39,
85577 Neubiberg, (0 89) 60 04-46 04,
Fax (0 89) 60 04-37 00,
E-Mail helge.rossen-stadtfeld@unibw.de

Rossi, Dr. Matthias, Professor,
Universität Augsburg, Juristische
Fakultät, Lehrstuhl für Staats-
und Verwaltungsrecht,
Europarecht sowie Gesetzgebungslehre,
Universitätsstr. 2, 86135 Augsburg,
(08 21) 5 98-45 45, Sekr. -45 46,
Fax (08 21) 5 98-45 47,
E-Mail matthias.rossi@jura.
uni-augsburg.de

Roth, Dr. Wolfgang, LL.M. (Michigan),
apl. Professor,
An der Elisabethkirche 48, 53113 Bonn,
(02 28) 9 12 52 73;
RAe Redeker Sellner Dahs & Widmaier,
Mozartstraße 4–10, 53115 Bonn,
(02 28) 7 26 25-5 42,
E-Mail roth@redeker.de

Rozek, Dr. Jochen, Universitätsprofessor,
Pfaffendorfer Str. 1, 04105 Leipzig,
(03 41) 2 25 59 32;
Lehrstuhl für Staats- und Verwaltungs-
recht, Verfassungsgeschichte und Staats-
kirchenrecht, Universität Leipzig,
Burgstr. 27,
04109 Leipzig, (03 41) 97 35-1 71,
Sekr. -1 70, Fax (03 41) 97 35-1 79,
E-Mail rozek@uni-leipzig.de

Ruch, Dr. Alexander, o. Professor em.,
ETH Zürich
Gartenstr. 85, CH-4052 Basel,
(00 41) 61 2 72 36 22,
E-Mail ruch@recht.gess.ethz.ch

Rudolf, Dr. Walter, o. Professor,
Rubensallee 55a, 55127 Mainz,
(0 61 31) 7 19 42,
E-Mail inge.rudolf@t-online.de;
FB Rechts- und Wirtschaftswissen-
schaften, Universität Mainz,
55099 Mainz, (0 61 31) 39-2 20 73,
Sekretariat (0 61 31) 39-2 30 41

Ruffert, Dr. Matthias, Professor,
Naumannstraße 12, 07743 Jena,
(0 36 41) 20 72 63;
Rechtswissenschaftliche Fakultät,
Friedrich-Schiller-Universität Jena,
Carl-Zeiss-Straße 3, 07743 Jena,
(0 36 41) 94 22 01, Fax (0 36 41) 94 22 02,
E-Mail m.ruffert@recht.uni-jena.de

Rüfner, Dr. Wolfgang, Professor,
Hagebuttenstr. 26, 53340 Meckenheim,
(0 22 25) 71 07,
E-Mail Ruefner@t-online.de;
zugehörig Universität zu Köln

Rühl, Dr. Ulli F. H., Professor,
Hermann-Allmers-Str. 34, 28209 Bremen,
(04 21) 3 46 74 84;
Universität Bremen, FB 6: Rechtswissen-
schaft, Universitätsallee, GW 1,
Postfach 33 04 40, 28334 Bremen,
(04 21) 2 18-46 06,
Sekretariat: (04 21) 2 18-21 27,
E-Mail uruehl@uni-bremen.de

Ruland, Dr. Franz, Professor,
Geschäftsführer des Verbandes Deutscher
Rentenversicherungsträger a. D.,
Honorarprofessor an der Johann-Wolf-
gang-Goethe Universität Frankfurt,
Strasslacher Straße 1B, 81479 München,
(0 89) 72 77 97 92, Fax (0 89) 74 90 94 82,
E-Mail Ruland.Franz@t-online.de

Rupp, Dr. Hans Heinrich, o. Professor,
Am Marienpfad 29, 55128 Mainz,
(0 61 31) 3 45 88

Ruthig, Dr. Josef, Universitätsprofessor,
Dreiweidenstr. 6, 65195 Wiesbaden;
Johannes-Gutenberg-Universität Mainz,

Fachbereich Rechts- und Wirtschaftswissenschaften, Lehrstuhl für Öffentliches Recht, Europarecht und Rechtsvergleichung, 55099 Mainz, (0 61 31) 3 92 09 64, Fax (0 61 31) 3 92 40 59, E-Mail Ruthig@uni-mainz.de

Rütsche, Dr. Bernhard, Professor, Jubiläumsstr. 87, CH-3005 Bern, (00 41) 3 13 11 15 84, E-Mail bernhard.ruetsche@bluewin.ch; Universität Zürich, Rechtswissenschaftliches Institut, Treichlerstr. 10, CH-8032 Zürich, (00 41) 44 63 461 03, Fax (0041) 4 46 34 15 89, E-Mail bernhard.ruetsche@unilu.ch

Ruppert, Dr. Stefan, Privatdozent, Jean-Sauer-Weg 1, 61440 Oberursel; MPI für europäische Rechtsgeschichte, Hausener Weg 120, 60489 Frankfurt am Main, E-Mail ruppert@rg.mpg.de; Deutscher Bundestag, Platz der Republik 1, 11011 Berlin, E-Mail stefan.ruppert@bundestag.de (0 30) 22 77 34 42, Fax (0 30) 7 64 42, Mobil (01 70) 8 55 44 77

Rux, Dr. Johannes, apl. Professor, Sophienstr. 32, 76133 Karlsruhe, (07 21) 3 83 12 47, Fax (07 21) 3 83 12 48; Nomos Verlagsgesellschaft mbH & Co. KG, Programmleitung Wissenschaft – Juristisches Lektorat, Waldseestr. 3–5, 76530 Baden-Baden E-Mail rux@nomos.de

Sachs, Dr. Michael, Universitätsprofessor, Dattenfelder Str. 7, 51109 Köln, (02 21) 84 46 57, Fax (02 21) 8 06 70; Universität zu Köln, Lehrstuhl für Staats- und Verwaltungsrecht, Albertus-Magnus-Platz, Bauteil V, 2. OG, 50923 Köln, (02 21) 4 70-58 03, Fax (02 21) 4 70-51 35, E-Mail Sachs@uni-koeln.de

Sacksofsky, Dr. Ute, Professorin, Bundenweg 16, 60320 Frankfurt am Main, (0 69) 95 62 20 51, Fax (0 69) 95 62 20 52; Goethe-Universität, Fachbereich Rechtswissenschaft, Institut für öffentliches Recht, Grüneburgplatz 1, 60323 Frankfurt am Main, (0 69) 79 83 42 85, Fax (0 69) 79 83 45 13, E-Mail Sacksofsky@jur.uni-frankfurt.de

Sarcevic, Dr. Edin, apl. Professor, Thomasiusstr. 15, 04009 Leipzig, (03 41) 6 01 73 93; Juristenfakultät Leipzig, Postfach 100 920, (03 41) 9 73 52 10, Fax (03 41) 9 73 52 18, E-Mail edin@rz.uni-leipzig.de

Saurer, Dr. Johannes, LL.M. (Yale), Privatdozent, Abtalstr. 9, 76137 Karlsruhe, (07 21) 15 64 05 57; Universität Bayreuth, Rechtswissenschaftliche Fakultät, Lehrstuhl Öffentliches Recht IV, 95447 Bayreuth, (09 21) 55 29 45, E-Mail johannes.saurer@uni-bayreuth.de

Saxer, Dr. Urs, Titularprofessor, LL.M., Kantstrasse 15, CH-8044 Zürich, (00 41-44) 4 22 40 42; Steinbrüchel Hüssy Rechtsanwälte, Grossmünsterplatz 8, CH-8001 Zürich, (00 41-44) 69 40 00, Fax (00 41-44) 2 69 40 01, E-Mail Saxer@steinlex.ch

Schachtschneider, Dr. Karl Albrecht, o. Professor, E-Mail Kaschachtschneider@web.de

Schambeck, Dr. Dr. h.c. mult. Herbert,
o. Universitätsprofessor,
Hofzeile 21, A-1190 Wien,
(00 43-1) 36 34 94;
Universität Linz,
(00 43) 73 22 46 84 24

Schefer, Dr. Markus, Professor,
Gartenstadt 18, CH-4142 München-
stein/BL, (00 41) 6 14 11 36 28;
Universität Basel Juristische Fakultät,
Lehrstuhl für Staats- und Verwaltungs-
recht, Peter Merian-Weg 8, Postfach,
CH-4002 Basel, (00 41) 6 12 67 25 13,
E-Mail markus.schefer@unibas.ch

Schefold, Dr. Dian, Universitäts-
professor,
Mathildenstraße 93, 28203 Bremen,
(04 21) 7 25 76;
FB Rechtswissenschaft der Universität
Bremen, Universitätsallee, GW 1,
Postfach 33 04 40, 28334 Bremen,
(04 21) 2 18-6 60 07,
Fax (04 21) 2 18-6 60 30,
E-Mail schefold@uni-bremen.de

Schenke, Dr. Ralf P., o. Professor,
Hofstattstr. 3, 97209 Veitshöchheim,
(09 31) 30 17 11 31;
Julius-Maximilians-Universität Würz-
burg, Lehrstuhl für Öffentliches Recht,
Deutsches, Europäisches und Internatio-
nales Steuerrecht,
Domerschulstr. 16,
97070 Würzburg, (09 31) 31-8 23 60,
Fax (09 31) 31-8 60 70,
E-Mail schenke@jura.uni-wuerzburg.de

Schenke, Dr. Wolf-Rüdiger, o. Professor,
Beim Hochwald 30, 68305 Mannheim,
(06 21) 74 42 00;
Universität Mannheim,
68131 Mannheim, (06 21) 1 81 14 10,
E-Mail Schenke@jura.uni-mannheim.de

Scherer, Dr. Joachim, LL.M.,
apl. Professor,
Privatweg 9, 64342 Seeheim-Jugenheim,
(0 62 57) 90 37 39;
RAe Baker & McKenzie,
Bethmannstr. 50–54,
60311 Frankfurt am Main,
(0 69) 29 90 81 89,
Fax (0 69) 29 90 81 08,
E-Mail Joachim.Scherer@Bakernet.com

Scherzberg, Dr. Arno, Professor,
Wartburgstr. 34, 99094 Erfurt,
(03 61) 7 37 47 61;
Universität Erfurt, Staatswissenschaft-
liche Fakultät,
Postfach 900 221,
99105 Erfurt, (03 61) 7 37-47 61,
(03 61) 7 37-47 60 (Sekr.),
Fax (03 61) 7 37-47 09,
E-Mail Arno.Scherzberg@uni-erfurt.de

Scheuing, Dr. Dieter H., o. Professor,
Finkenstr. 17, 97204 Höchberg,
(09 31) 4 83 31, Fax (09 31) 40 81 98;
Universität Würzburg,
97070 Würzburg,
E-Mail Scheuing@jura.uni-wuerzburg.de

Schiedermair, Dr. Hartmut, o. Professor,
Wittelsbacher Str. 7,
53173 Bonn-Bad Godesberg;
Institut für Völkerrecht und
ausländisches öffentliches Recht,
Universität Köln,
Gottfried-Keller-Str. 2, 50931 Köln,
(02 21) 4 70 23 64

Schiedermair, Dr. Stephanie, Privat-
dozentin,
117er Ehrenhof 3, 55118 Mainz;
Johannes Gutenberg-Universität Mainz,
Jakob-Welder-Weg 9, 55099 Mainz,
(0 61 31) 3 92 55 36,
E-Mail schiedermair@uni-mainz.de

Schilling, Dr. Theodor, apl. Professor,
Le Mas des Roses, Fontcaudette,
F-84220 Gordes;
Humboldt-Universität zu Berlin,
10117 Berlin;
Gerichtshof der EG, L-2925 Luxemburg,
(0 03 52) 43 03-34 13,
E-Mail thsch@web.de

Schindler, Dr. Benjamin, MJur (Oxford),
o. Professor,
Ober Bendlehn 32, CH-9042 Speicher;
Universität St. Gallen, Law School,
Tigerbergstraße 21, CH-9000 St. Gallen,
(00 41) 7 12 24 21 63,
Fax (00 41) 7 12 24 21 62,
E-Mail benjamin.schindler@unisg.ch

Schindler, Dr. Dr. h.c. Dietrich, Professor,
Lenzenwiesstr. 8, CH-8702 Zollikon;
Universität Zürich,
(00 41-1) 3 91-71 18 oder -41 40,
Fax (00 41-1) 3 91-71 18

Schlacke, Dr. Sabine, Professorin,
Querstr. 9, 18107 Elmenhorst,
(03 81) 5 10 60 82;
Universität Bremen, Professur für Öffentliches Recht mit dem Schwerpunkt deutsches, europäisches und internationales Umweltrecht, Verwaltungsrecht,
Universitätsallee, 28353 Bremen,
(04 21) 2 18-72 49,
Fax (04 21) 2 18-74 90,
E-Mail schlacke@uni-bremen.de

Schlieffen, Dr. Katharina Gräfin von,
Universitätsprofessorin,
FernUniversität Hagen, Fachbereich Rechtswissenschaft,
Universitätsstr. 21, 58084 Hagen,
(0 23 31) 9 87-28 78,
Fax (0 23 31) 9 87-3 95,
E-Mail LG.vonSchlieffen@fernuni-hagen.de

Schliesky, Dr. Utz, apl. Professor,
Direktor des Schleswig-Holsteinischen Landtages,
Goosdiek 22, 24229 Dänischenhagen;
Schleswig-Holsteinischer Landtag,
Düsternbrooker Weg 70,
24105 Kiel (04 31) 9 88-10 10;
Lorenz-von-Stein-Institut für Verwaltungswissenschaften an der Christian-Albrechts-Universität zu Kiel,
Olshausenstr. 75, 24098 Kiel,
E-Mail Utz.Schliesky@landtag.ltsh.de

Schlink, Dr. Bernhard, Professor,
Viktoria-Luise-Platz 4, 10777 Berlin;
Institut für Öffentliches Recht
und Völkerrecht,
Humboldt-Universität zu Berlin,
Unter den Linden 6, 10099 Berlin,
(0 30) 20 93-34 54 oder -34 72,
Fax (0 30) 20 93-34 52,
E-Mail Schlink@rewi.hu-berlin.de

Schmahl, Dr. Stefanie, LL.M.,
Professorin,
Wittelsbacherstraße 10 A, 10707 Berlin;
Lehrstuhl für deutsches und ausländisches öffentliches Recht, Völkerrecht und Europarecht, Universität Würzburg,
Domerschulstr. 16, 97070 Würzburg,
(09 31) 31-8 23 24, Fax (09 31) 31-27 92,
E-Mail schmahl@jura.uni-wuerzburg.de

Schmalenbach, Dr. Kirsten, Professorin,
Markus Sittikus-Str. 19/20,
A-5020 Salzburg;
Fachbereich Öffentliches Recht/Völkerrecht, Paris Lodron Universität Salzburg,
Churfürststraße 1, A-5020 Salzburg,
(00 43) 6 62 80 44-36 51,
Fax (00 43) 6 62 80 44-1 35,
E-Mail kirsten.schmalenbach@sbg.ac.at

Schmehl, Dr. Arndt, Universitätsprofessor,
Professur für Öffentliches Recht, Finanz-

und Steuerrecht, Universität Hamburg,
Schlüterstr 28 (Rechtshaus),
20146 Hamburg, (0 40) 4 28 38-30 26
(Sekr.) und -30 25 (direkt),
Fax (0 40) 4 28 38-30 28,
E-Mail arndt.schmehl@jura.
uni-hamburg.de

Schmid, Dr. Gerhard, Professor,
Hochwaldstr. 24, CH-4059 Basel,
(00 41) 6 13 31 84 25;
c/o Wenger Plattner, Aeschenvorstadt 55,
CH-4010 Basel, (00 41) 6 12 79-70 00,
Fax (00 41) 6 12 79-7 01,
E-Mail Gerhard.Schmid@wenger-
plattner.ch

Schmid, Dr. Viola, LL.M., Universitäts-
professorin,
Kirchenweg 3, 91126 Schwabach,
(0 91 22) 7 73 82, Fax (0 91 22) 6 23 45;
Institut für Öffentliches Recht,
Technische Universität Darmstadt,
Hochschulstr. 1, 64289 Darmstadt,
(0 61 51) 16 64 64, Fax (0 61 51) 16 39 84,
E-Mail schmid@jus.tu-darmstadt.de

Schmidt, Dr. Reiner, o. Professor,
Bachwiesenstr. 5, 86459 Gessertshausen,
(0 82 38) 41 11, Fax (0 82 38) 6 09 01,
E-Mail Rein.Schmidt@t-online.de;
Lehrstuhl für Öffentliches Recht, Wirt-
schaftsverwaltungsrecht und Umwelt-
recht, Universität Augsburg,
Universitätsstr. 24, 86159 Augsburg,
(08 21) 5 98-45 26

Schmidt, Dr. Thorsten Ingo, Univer-
sitätsprofessor,
Köhlerstr. 31, 12205 Berlin,
(01 63) 1 35 54 87;
Professur für Öffentliches Recht,
insbesondere Staatsrecht, Verwaltungs-
und Kommunalrecht,
Universität Potsdam,
August-Bebel-Str. 89, 14482 Potsdam
(03 31) 9 77-32 84,
E-Mail thorsten.ingo.schmidt@uni-
potsdam.de

Schmidt, Dr. Walter, Universitäts-
professor,
Brüder-Knauß-Str. 86, 64285 Darmstadt,
(0 61 51) 6 47 10;
Universität Frankfurt,
60054 Frankfurt am Main,
(0 69) 79 82 21 89

Schmidt am Busch, Dr. Birgit, LL.M.
(Iowa), Privatdozentin,
Schmellerstr. 28, 80337 München,
(0 89) 7 25 74 20,
E-Mail BSaB@aol.com;
Ludwig-Maximilians-Universität
München, Ludwigstr. 28, Rgb.,
80539 München,(0 89) 21 80-20 82,
E-Mail Schmidt-am-Busch@jura.uni-
muenchen.de

Schmidt-Aßmann, Dr. Dres. h.c. Eber-
hard, o. Professor,
Höhenstr. 30, 69118 Heidelberg,
(0 62 21) 80 08 03;
Universität Heidelberg,
69117 Heidelberg, (0 62 21) 54 78 07,
E-Mail schmidt-assmann@uni-hd.de

Schmidt-De Caluwe, Reimund, Univer-
sitätsprofessor,
Unterer Hardthof 17 B, 35398 Gießen,
(06 41) 3 45 66,
Fax (06 41) 9 60 99 66;
Juristische Fakultät der Martin-Luther-
Universität Halle-Wittenberg,
Universitätsplatz 3–5,
06099 Halle (Saale),
(03 45) 55-2 31 38 oder -39,
E-Mail Schmidtdc@jura.uni-halle.de

Schmidt-Jortzig, Dr. Edzard, o. Professor,
Moltkestraße 88, 24105 Kiel,
(04 31) 8 95 01 95, Fax (04 31) 80 34 71,

E-Mail esjot@web.de
Christian-Albrechts-Universität zu Kiel,
Leibnitzstraße 6, 24118 Kiel,
(04 31) 8 80-35 45,
E-Mail eschmidt-jortzig@law.uni-kiel.de

Schmidt-Preuß, Dr. Matthias,
o. Professor,
E.-T.-A.-Hoffmann-Straße 12,
53113 Bonn, (02 28) 67 80 91;
Universität Bonn, Rechts- und Staatswissenschaftliche Fakultät,
Adenauerallee 24–42, 53113 Bonn,
(02 28) 73 65 02,
Fax (02 28) 73 65 07,
E-Mail schmidt-preuss@jura.uni-bonn.de

Schmidt-Radefeldt, Dr. Roman, Privatdozent,
Schleiermacherstr. 5, 68165 Mannheim,
(06 21) 8 20 75 02,
E-Mail romansr69@yahoo.de;
Deutscher Bundestag, Wissenschaftliche Dienste, Fachbereich WD 2 – Auswärtiges, Verteidigung, Völkerrecht, Menschenrechte und humanitäre Hilfe,
Platz der Republik 1, 11011 Berlin,
(0 30) 2 27-3 86 22,
Fax (0 30) 2 27-3 65 26,
E-Mail Roman.Schmidt-Radefeldt@bundestag.de

Schmitt Glaeser, Dr. Alexander, LL.M. (Yale), Privatdozent,
Kaulbachstraße 64, 80539 München,
(0 89) 38 54 79 31,
E-Mail a.schmitt-glaeser@aya.yale.edu

Schmitt Glaeser, Dr. Dr. h.c. Walter,
o. Professor,
Rübezahlweg 9 A, 95447 Bayreuth,
(09 21) 3 20 70, Fax (09 21) 7 56 38 66

Schmitt-Kammler, Dr. Arnulf,
Universitätsprofessor,
Katzenberg 6, 96049 Bamberg;
Universität zu Köln, Rechtswissenschaftliche Fakultät,
Albertus-Magnus-Platz, 50923 Köln,
(02 21) 4 70-40 66 oder -40 67,
E-Mail schmitt-kammler@gmx.de

Schmitz, Dr. Thomas, Professor,
(vormals Universität Lettlands, Riga),
Mittelstr. 1, 31535 Neustadt am Rübenberge, (0 15 25) 4 87 95 26,
E-Mail tschmit1@gwdg.de

Schnapp, Dr. Friedrich E., o. Professor,
Efeuweg 22, 44869 Bochum,
(0 23 27) 7 42 13;
Universität Bochum, 44780 Bochum,
(02 34) 32-2 22 39,
Fax (02 34) 32-1 42 71,
E-Mail friedrich.e.schnapp@rub.de

Schneider, Dr. Dr. h.c. Hans-Peter,
em. Professor,
Deutsches Institut für Föderalismusforschung, Drosselweg 4, 30559 Hannover,
(05 11) 51 10 50, Fax (05 11) 5 44 54 92;
Juristische Fakultät, Leibniz-Universität Hannover, (05 11) 7 62-81 85,
E-Mail hps@dif.uni-hannover.de

Schneider, Dr. Jens-Peter, Professor,
Lorettostr. 36, 79100 Freiburg,
(07 61) 29 08 63 00;
Albert-Ludwigs-Universität Freiburg,
Rechtswissenschaftliche Fakultät,
79085 Freiburg, (07 61) 2 03-9 77 31,
Fax (07 61) 2 03-9 75 42,
E-Mail jp.schneider@jura.uni-freiburg.de

Schöbener, Dr. Burkhard, Professor,
Am Glösberg 27, 97342 Obernbreit,
(0 93 32) 50 00 04;
Professur für Öffentliches Recht, Völkerrecht und Europarecht, Universität zu Köln, Gottfried-Keller-Straße 2,
50931 Köln, (02 21) 4 70-38 34
oder -38 75,

E-Mail burkhard.schoebener@uni-koeln.de

Schönberger, Dr. Christoph, Professor, Wintererstr. 7, 79104 Freiburg i. Br., (07 61) 3 19 68 72; Universität Konstanz, Fachbereich Rechtswissenschaft, Postfach D 110, Universitätsstr. 10, 78457 Konstanz, (0 75 31) 88 30 04, Fax (0 75 31) 88 40 08, E-Mail Christoph.Schoenberger@uni-konstanz.de

Schoch, Dr. Friedrich, o. Professor, Kastelbergstr. 19, 79189 Bad Krozingen, (0 76 33) 94 81 04, Fax (0 76 33) 94 81 05; Institut für Öffentliches Recht IV, Universität Freiburg, Postfach, 79085 Freiburg, (07 61) 2 03-22 57 oder -22 58, Fax (07 61) 2 03-22 97, E-Mail oerecht4@jura.uni-freiburg.de

Scholz, Dr. Rupert, o. Professor, Königsallee 71a, 14193 Berlin; Universität München, Institut für Politik und Öffentliches Recht, Ludwigstr. 28/RG, 80539 München, (0 89) 21 80-21 13, E-Mail rupert.scholz@jura.uni-muenchen.de

Schorkopf, Dr. Frank, Professor, Schillerstr. 49, 37083 Göttingen, E-Mail schorkopf@web.de; Georg-August-Universität Göttingen, Juristische Fakultät, Institut für Völkerrecht und Europarecht, Platz der Göttinger Sieben 5, 37073 Göttingen, (05 51) 39-46 10, Fax (05 51) 39-2 21 96, E-Mail Frank.Schorkopf@jura.uni-goettingen.de

Schott, Dr. Markus, Privatdozent, Rütistr. 38, CH-8032 Zürich (00 41) 4 43 63 14 44; Bär & Karrer AG, Brandschenkestr. 90, CH-8027 Zürich, (00 41) 5 82 61 50 00, Fax (00 41) 5 82 63 54 77 E-Mail markus.schott@baerkarrer.ch

Schröder, Dr. Meinhard, o. Professor, Zum Wingert 2, 54318 Mertesdorf, (06 51) 5 78 87; Universität Trier, 54286 Trier, (06 51) 2 01 25 86, E-Mail schroedm@uni-trier.de

Schröder, Dr. Rainer Johannes, Privatdozent, Wormser Str. 65, 01309 Dresden, (03 51) 6 56 97 00; Technische Universität Dresden, Juristische Fakultät, Bergstr. 53, 01069 Dresden, (03 51) 46 33 73 65, E-Mail rschroed@jura.tu-dresden.de

Schroeder, Dr. Werner, LL.M., Professor, Universität Innsbruck, Institut für Völkerrecht, Europarecht und Internationale Beziehungen, Innrain 52, A-6020 Innsbruck, (00 43) 5 12-5 07-83 20, Fax (00 43) 5 12-5 07-26 51, E-Mail Werner.Schroeder@uibk.ac.at

Schuler-Harms, Dr. Margarete, Professorin, Heidkoppel 19, 22145 Hamburg, (0 40) 6 78 60 61, Fax (0 40) 678 83 73; Helmut-Schmidt-Universität, Universität der Bundeswehr, Institut für Öffentliches Recht, Holstenhofweg 85, 22043 Hamburg, (0 40) 65 41-27 82, Fax (0 40) 65 41-20 87, E-Mail Schuler-Harms@hsu-hh.de

Schulev-Steindl, Dr. MMag. Eva, LL.M. (London), a.o. Universitätsprofessorin, Auhofstraße 158/20, A-1130 Wien; Institut für Staats- und Verwaltungsrecht,

Universität Wien,
Schottenbastei 10–16, A-1010 Wien,
(00 43-1) 42 77-3 54 53 oder -51,
Fax (00 43-1) 42 77-3 54 59,
E-Mail eva.schulev-steindl@univie.ac.at

Schulte, Dr. Martin, Professor,
Neuostra 15, 01219 Dresden,
(03 51) 4 72 25 50;
Lehrstuhl für Öffentliches Recht,
Umwelt- und Technikrecht,
Juristische Fakultät, TU Dresden,
von-Gerber-Bau, Bergstr. 53,
01069 Dresden, (03 51) 46 33-73 62,
Fax (03 51) 46 33-72 20,
E-Mail schulte@jura.tu-dresden.de

Schulz, Dr. Wolfgang, Privatdozent,
Bismarckstr. 4, 20259 Hamburg,
(0 40) 40 40 75;
Hans-Bredow-Institut für Medienforschung, Heimhuder Str. 21,
20148 Hamburg,
(0 40) 45 02 17 11 (Sekr.), -34 (Durchwahl), Fax (0 40) 45 02 17 77,
E-Mail w.schulz@hans-bredow-institut.de

Schulze-Fielitz, Dr. Helmuth, Professor,
Klara-Löwe-Str. 5, 97082 Würzburg,
(09 31) 7 84 10 25,
Fax (09 31) 7 84 10 34;
Universität Würzburg, Lehrstuhl für öffentliches Recht, Umweltrecht und Verwaltungswissenschaften,
Domerschulstraße 16, 97070 Würzburg
E-Mail L-Schulze-Fielitz@jura.uni-wuerzburg.de

Schuppert, Dr. Gunnar Folke, Professor,
Kaiserdamm 28, 14057 Berlin,
(0 30) 30 61 21 68;
Wissenschaftszentrum Berlin für Sozialforschung, Forschungsprofessur Neue Formen von Governance,
Reichpietschufer 50, 10785 Berlin,
(0 30) 2 54 91-5 46 oder -2 46,
Fax (0 30) 2 54 91-5 42,
E-Mail schuppert@wzb.eu

Schwabe, Dr. Jürgen, Professor,
Erlenweg 1, 21614 Buxtehude,
(0 41 61) 8 71 41, Fax (0 41 61) 72 26 00;
Universität Hamburg, Juristische Fakultät, Schlüterstraße 28, 20146 Hamburg,
E-Mail Juergen_Schwabe@gmx.de

Schwartmann, Dr. Rolf, Professor,
Brucknerstraße 18, 50931 Köln,
(02 21) 4 00 90 94;
Fachhochschule Köln, Fakultät für Wirtschaftswissenschaften, Claudiusstraße 1,
50678 Köln, (02 21) 82 75-34 46,
Fax (02 21) 82 75-7 34 46,
E-Mail rolf.schwartmann@fh-koeln.de

Schwarz, Dr. Kyrill-A., Professor,
Dönersberg 13, 91550 Dinkelsbühl,
(01 77) 8 31 07 68;
Universität Würzburg, Juristische Fakultät, Professor für Öffentliches Recht,
Domerschulstr. 16, 97070 Würzburg,
(09 31) 3 18-23 35,
E-Mail kyrill-alexander.schwarz@uni-wuerzburg.de

Schwarze, Dr. Jürgen, Professor,
Universität Freiburg, Institut für Öffentliches Recht Abt. I,
Platz der Alten Synagoge 1, 79098 Freiburg, (07 61) 2 03-22 38, oder -22 51,
Fax (07 61) 2 03-22 34,
E-Mail juergen.schwarze@jura.uni-freiburg.de

Schwarzer, Mag., Dr. Stephan, Universitätsdozent,
Rodlergasse 7/10, A-1190 Wien,
(00 43-1) 3 69 17 46;
Bundeswirtschaftskammer,
Wiedner Hauptstr. 63, A-1045 Wien,
(00 43-1) 5 01 05-41 95

Schweitzer, Dr. Michael, Professor,
Göttweiger Str. 135, 94032 Passau,
(08 51) 3 45 33;
Universität Passau, 94032 Passau,
(08 51) 5 09-23 30,
Fax (08 51) 5 09-23 32,
E-Mail Schweitzer@uni-passau.de

Schweizer, Dr. Rainer J., o. Professor,
Kirchgasse 9, CH-9220 Bischofszell,
(00 41) 71-2 23 56 24;
Universität St. Gallen, Tigerbergstr. 21,
CH-9000 St. Gallen,
Forschungsgemeinschaft für Rechtswissenschaften, (00 41) 71-2 24 21 61,
Fax (00 41) 71-2 24 21 62,
E-Mail Rainer.Schweizer@unisg.ch

Schwerdtfeger, Dr. Gunther, Universitätsprofessor,
Hülsebrinkstr. 23, 30974 Wennigsen/Deister, (0 51 03) 13 11;
Juristische Fakultät, Universität Hannover, Königsworther Platz 1,
30167 Hannover, (05 11) 7 62-8 69

Seer, Dr. Roman, Universitätsprofessor,
In den Birken 156d, 42113 Wuppertal,
(02 02) 2 72 15 4, Fax (02 02) 2 72 15 35;
Ruhr-Universität Bochum, Lehrstuhl für Steuerrecht, Gebäude GC 8/137,
Universitätsstr. 150, 44780 Bochum,
(02 34) 3 22 82 69,
Fax (02 4) 3 21 46 14,
E-Mail LS.seer@jura.ruhr-uni-bochum.de

Seewald, Dr. Otfried, o. Professor,
Schärdingerstraße 21 A, 94032 Passau,
(08 51) 3 51 45, Fax (08 51) 3 51 45,
E-Mail otfried_seewald@gmx.de;
Universität Passau, Innstr. 40,
Postfach 25 40, 94030 Passau,
(08 51) 5 09-23 40 oder -41,
Fax (08 51) 5 09-23 42,
E-Mail otfried.seewald@uni-passau.de

Seiler, Dr. Christian, Professor,
Stauffenbergstr. 70/1, 72074 Tübingen,
(0 70 71) 5 49 77 80;
Universität Tübingen, Lehrstuhl für Staats- und Verwaltungsrecht, Finanz- und Steuerrecht, Geschwister-Scholl-Platz,
72074 Tübingen, (0 70 71) 2 97 29 43,
E-Mail christian.seiler@jura.uni-tuebingen.de

Selmer, Dr. Peter, Professor,
Akazienweg 9, 22587 Hamburg,
(0 40) 86 47 43;
Universität Hamburg, 20146 Hamburg,
(0 40) 4 28 38-45 74 oder -30 26,
Fax (0 40) 4 28 38-30 28,
E-Mail peter.selmer@jura.uni-hamburg.de

Shirvani, Dr. Foroud, Privatdozent,
Grafinger Str. 91, 81671 München,
(0 89) 49 00 36 63;
Ludwig-Maximilians-Universität München, Ludwigstr. 28 (Rgb.),
80539 München, (0 89) 21 80 28 83,
Fax (0 89) 21 80 31 99,
E-Mail foroud.shirvani@jura.uni-muenchen.de

Sieckmann, Dr. Jan-Reinhard, Professor,
Fachbereich Rechtswissenschaft,
Friedrich-Alexander-Universität Erlangen Nürnberg, Schillerstraße 1,
91054 Erlangen, (0 91 31) 8 52 40 97,
E-Mail Jan-Reinhard.Sieckmann@jura.uni-erlangen.de

Siedentopf, Dr. Dr. h.c. Heinrich,
o. Professor,
Langstr. 1, 76829 Landau,
(0 63 41) 6 07 57;
Deutsche Universität für Verwaltungswissenschaften Speyer,
Freiherr-vom-Stein-Str. 2–6,
67324 Speyer,
E-Mail heinrich@siedentopf.net

Siegel, Dr. Thorsten, Privatdozent,
Dr. Semmelweis-Str. 25, 67433 Neustadt an der Weinstraße, (0 63 21) 48 28 51;
Deutsches Forschungsinstitut für öffentliche Verwaltung Speyer,
Freiherr-vom-Stein-Str. 2, 67346 Speyer,
(0 62 32) 6 54-3 79,
Fax (0 62 32) 6 54-2 90,
E-Mail siegel@foev-speyer.de

Siehr, Dr. Angelika, LL.M. (Yale), Professorin,
Zickzackredder 9, 24850 Schuby,
(0 46 21) 94 88 88;
Universität Bielefeld, Lehrstuhl für öffentliches Recht, Völkerrecht, Rechtsphilosophie und Bildungsrecht,
Postfach 10 01 31, 33501 Bielefeld,
(05 21) 1 06-44 30, (05 21) 1 06-68 93 (Sekretariat),
E-Mail angelika.siehr@uni-bielefeld.de

Siekmann, Dr. Helmut, Professor,
Johann Wolfgang Goethe-Universität, Professur für Geld-, Währungs- und Notenbankrecht,
IMFS im House of Finance,
Grüneburgplatz 1,
60323 Frankfurt am Main,
(0 69) 7 98-3 40 14

Silagi, Dr. Dr. Michael, Privatdozent,
Institut für Völkerrecht, Universität Göttingen, Platz der Göttinger Sieben 5,
37073 Göttingen,
(05 51) 39-47 34

Skouris, Dr. Wassilios, Professor,
Nikolaou Manou 18,
GR-54643 Thessaloniki,
(00 30-31) 83 14 44;
Gerichtshof der Europäischen Gemeinschaften,
Palais de la Cour de Justice, L-2925 Luxembourg, (0 03 52) 43 03 22 09,
Fax (0 03 52) 43 03 27 36

Smeddinck, Dr. Ulrich, Privatdozent,
Sommerhuder Str. 35, 22769 Hamburg,
(01 74) 2 48 99 90;
Umweltbundesamt,
Wörlitzer Platz 1, FB III, 06844 Dessau,
(03 40) 21 03-20 77,
E-Mail ulrich.smeddinck@uba.de;
Martin-Luther-Universität Halle-Wittenberg,
Juristische und Wirtschaftswissenschaftliche Fakultät,
Universitätsplatz 10a, 06108 Halle/Saale,
E-Mail Ulrich.Smeddinck@jura.uni-halle.de

Sodan, Dr. Helge, Universitätsprofessor,
Fachbereich Rechtswissenschaft, Lehrstuhl für Staats- und Verwaltungsrecht, Öffentliches Wirtschaftsrecht, Sozialrecht,
Freie Universität Berlin,
Van't-Hoff-Str. 8, 14195 Berlin,
(0 30) 8 38-5 39 72 oder -7 39 73,
Fax (0 30) 8 38-5 44 44;
Präsident des Verfassungsgerichtshofes des Landes Berlin,
Elßholzstr. 30–33, 10781 Berlin,
(0 30) 90 15-26 50, Fax (0 30) 90 15-26 66,
E-Mail sodan@zedat.fu-berlin.de

Söhn, Dr. Hartmut, o. Professor,
Eppanerstr. 9, 94036 Passau,
(08 51) 5 85 20,
E-Mail hsoehndr@web.de;
Universität Passau, Lehrstuhl für Staats- und Verwaltungsrecht
insbesondere Finanz- und Steuerrecht,
94032 Passau, (08 51) 5 09-23 50,
Fax (08 51) 5 09-23 52

Somek, Dr. Alexander, Professor,
Görgengasse 23a/8, A-1190 Wien;
University of Iowa, College of Law,
Melrose and Byington Iowa City,
Iowa USA 52242,
(3 19) 3 35 90 34,

Fax (31 91) 33 59 01 98,
E-Mail alexander-somek@uiowa.edu

Sommermann, Dr. Karl-Peter, Universitätsprofessor,
Lehrstuhl für Öffentliches Recht, Staatslehre und Rechtsvergleichung, Deutsche Universität für Verwaltungswissenschaften Speyer, Postfach 14 09,
67346 Speyer, (0 62 32) 6 54-3 44,
Fax (0 62 32) 6 54-4 14,
E-Mail Sommermann@uni-speyer.de

Spannowsky, Dr. Willy, Universitätsprofessor,
Auf dem Kleehügel 17, 67706 Krickenbach, (0 63 07) 99 39 63,
Fax (0 63 07) 99 39 49;
Lehrstuhl für Öffentliches Recht,
Postfach 30 49, 67653 Kaiserslautern,
(06 31) 2 05-39 75,
Fax (06 31) 2 05-39 77,
E-Mail oerecht@rhrk.uni-kl.de

Spiecker genannt Döhmann, Dr. Indra, LL.M. (Georgetown Univ.),
Universitätsprofessorin,
Karlsruhe Institute of Technology (KIT),
Lehrstuhl für Öffentliches Recht, insbes. Telekommunikationsrecht, Informationsrecht, Datenschutzrecht, Institut für Informations- und Wirtschaftsrecht
Vincenz-Prießnitz-Str. 3, Geb. 07.08,
76131 Karlsruhe, (07 21) 6 08-4 33 97 od. -4 77 59,
Fax (07 21) 6 08-4 80 23,
E-Mail spiecker@kit.edu

Spranger, Dr. Dr. Tade Matthias, Privatdozent,
Eichhörnchenweg 10, 53125 Bonn;
c/o Institut für Wissenschaft und Ethik,
Bonner Talweg 57, 53113 Bonn,
(02 28) 33 64 19 53,
Fax (02 28) 33 64 19 50,
E-Mail spranger@iwe.uni-bonn.de

Staff, Dr. Ilse, Universitätsprofessorin,
Am Forum 4, 65779 Kelkheim,
(0 61 95) 33 08;
Universität Frankfurt,
60054 Frankfurt am Main

Starck, Dr. Christian, o. Professor,
em. Professor für öffentliches Recht an der Georg-August-Universität Göttingen,
Schlegelweg 10, 37075 Göttingen,
(05 51) 5 54 54,
E-Mail cstarck@gwdg.de

Steiger, Dr. Heinhard, Universitätsprofessor,
Oberhof 16, 35440 Linden,
(06 41) 2 32 52;
Universität Gießen, 35394 Gießen,
(06 41) 9 92 11-50 oder -51,
Fax (06 41) 9 92 11-59

Stein, Dr. Katrin, Professorin,
Reinhold-Tiling-Weg 61,
49088 Osnabrück, (05 41) 9 11 84 51;
Hessische Hochschule für Polizei und Verwaltung,
Schönbergstraße 100, 65199 Wiesbaden
(0 61 08) 6 03-5 16,
E-Mail katrin.stein@hfpv-hessen.de

Stein, Dr. Torsten, Universitätsprofessor,
Ludolf-Krehl-Str. 1b, 69120 Heidelberg,
(0 62 21) 48 04 38,
Fax (0 62 21) 48 04 38;
Universität des Saarlandes, Europa-Institut, Am Stadtwald, 66041 Saarbrücken,
(06 81) 3 02-45 67 oder -36 95,
Fax (0 81) 3 02-48 79,
E-Mail t.stein@mx.uni-saarland.de

Steinberg, Dr. Rudolf, Universitätsprofessor, Universitätspräsident a.D.,
Wingertstr. 2 A, 65719 Hofheim;
Goethe-Universität Frankfurt am Main,
Grüneburgplatz 1, 60323 Frankfurt,
E-Mail Rudolf-Steinberg@t-online.de

Steinberger, Dr. Helmut, o. Professor,
Saphirweg 13, 69181 Leimen,
(062) 26 99 06 30;
MPI für ausländisches öffentliches Recht und Völkerrecht,
Im Neuenheimer Feld 535,
69120 Heidelberg, (0 62 21) 4 82-2 61,
Fax (0 62 21) 4 82-2 88;
Juristisches Seminar, Universität Heidelberg, Friedrich-Ebert-Anlage 6–10,
69117 Heidelberg, (0 62 21) 54-74 54
oder -74 55, Fax (0 62 21) 54-77 44,
E-Mail hsteinber@mpil.de

Steiner, Dr. Udo, o. Professor, Richter des Bundesverfassungsgerichts a. D.,
Am Katzenbühl 5, 93055 Regensburg,
(09 41) 70 09 13, Fax (09 41) 76 06 19,
E-Mail udo.steiner@web.de;
Universität Regensburg, 93040 Regensburg, (09 41) 9 43-42 84,
E-Mail udo.steiner@jura.uni-regensburg.de

Stelkens, Dr. Ulrich, Universitätsprofessor,
Webergasse 3a, 67346 Speyer;
Deutsche Universität für Verwaltungswissenschaften Speyer,
Freiherr-vom-Stein-Str. 2,
67346 Speyer, (0 62 32) 6 54-3 65,
Fax (0 62 32) 6 54-2 45,
E-Mail stelkens@uni-speyer.de

Stelzer, Dr. Manfred, Universitätsprofessor,
Anton-Wildgansgasse 12/4,
A-2380 Perchtoldsdorf,
(00 43) 66 42 12 56 18;
Universität Wien, Schottenbastei 10–16,
A-1010 Wien,
(00 43-1) 42 77-3 54 31 oder -32,
E-Mail Manfred.Stelzer@univie.ac.at

Stender-Vorwachs, Dr. Jutta, LL. M. (USA,UVA), apl. Professorin,
Am Ortfelde 99A, 30916 Isernhagen N.B.,
(05 11) 7 24 08 07, Fax (05 11) 7 24 08 54,
E-Mail jutta.stender-vorwachs@gmx.de;
Leibniz Universität Hannover, Juristische Fakultät, Königsworter Platz 1,
30167 Hannover, (05 11) 7 62-82 50
oder -82 49, Fax (05 11) 7 62-82 52,
E-Mail jutta.stender-vorwachs@jura.uni-hannover.de

Stern, Dr. Dr. h.c. mult. Klaus,
o. Professor,
Am Stockberger Busch 10, 51515 Kürten,
(0 22 68) 61 67;
Institut für Rundfunkrecht an der Universität zu Köln,
Aachener Straße 197–199, 50931 Köln,
(02 21) 9 41 54 65,
E-Mail klaus.stern@uni-koeln.de

Stettner, Dr. Rupert, Professor,
Alpenstr. 11a, 85221 Dachau,
(0 81 31) 27 89 96, Fax (0 81 31) 27 89 98;
Institut für Staatswissenschaften, Universität der Bundeswehr München,
Werner-Heisenberg-Weg 39,
85579 Neubiberg,
(0 89) 60 04-38 64 oder -37 02 oder -20 43,
Fax (0 89) 60 04-28 41,
E-Mail Rupert.Stettner@unibw-muenchen.de

Stober, Dr. Dr. h.c. mult. Rolf, Universitätsprofessor,
Prins-Claus-Str. 50, 48159 Münster,
(02 51) 1 62 41 62, Fax (02 51) 1 62 41 63,
E-Mail rolf-stober@gmx.de;
Universität Hamburg;
Deutsche Universität für Weiterbildung,
Pacelliallee 55, 14195 Berlin,
(030) 20 00 30 62 53,
Fax (030) 20 00 30 62 92,
E-Mail rolf.stober@duw-berlin.de

Stock, Dr. Martin, Professor,
Lina-Oetker-Str. 22, 33615 Bielefeld,

(05 21) 12 19 95;
Fakultät für Rechtswissenschaft,
Universität Bielefeld,
Postfach 10 01 31, 33501 Bielefeld,
(05 21) 1 06 43 90,
Fax (05 21) 1 06 15 43 90,
E-Mail martin.stock@uni-bielefeld.de

Stöger, Dr. Karl, MJur, Universitäts-professor,
Höhenstr. 24–26, A-3400 Klosterneuburg,
(00 43) 06 99 10 36 77 45;
Karl-Franzens-Universität Graz,
Institut für Österreichisches, Europäisches und Vergleichendes Öffentliches Recht, Politikwissenschaft und Verwaltungslehre, Universitätsstr. 15/C3,
A-8010 Graz, (00 43) 0 31 63 80 33 84,
E-Mail karl.stoeger@uni-graz.at

Stoll, Dr. Peter-Tobias, Professor,
E-Mail ptstoll@web.de;
Institut für Völkerrecht, Abteilung für Internationales Wirtschaftsrecht,
Universität Göttingen,
Platz der Göttinger Sieben 5,
37073 Göttingen, (05 51) 39 46 61,
E-Mail pt.stoll@jur.uni-goettingen.de

Stolleis, Dr. Dr. h.c. mult. Michael,
Universitätsprofessor,
Waldstr. 15, 61476 Kronberg,
(0 61 73) 6 56 51;
Universität Frankfurt, MPI für europäische Rechtsgeschichte,
Hansaalle 41,
60323 Frankfurt am Main,
(0 69) 7 89 78-1 51,
Fax (0 69) 7 89 78-1 69,
E-Mail stolleis@rg.mpg.de

Stolzlechner, Dr. Harald, o. Universitäts-professor,
Gneiser Straße 57, A-5020 Salzburg,
(00 43) 6 62-82 39 35;
Universität Salzburg,
(00 43) 6 62-80 44 36 01,
E-Mail Harald.Stolzlechner@sbg.ac.at

Storr, Dr. Stefan, Universitätsprofessor,
Klosterwiesgasse 72, A-8010 Graz;
Institut für Österreichisches, Europäisches und Vergleichendes Öffentliches Recht, Politikwissenschaft und Verwaltungslehre,
Karl-Franzens-Universität Graz,
Universitätsstraße 15 C 3, A-8010 Graz,
(00 43) 31 63 80-66 95,
Fax (00 43) 31 63 80-94 50,
E-Mail stefan.storr@uni-graz.at

Streinz, Dr. Rudolf, o. Professor,
Waldsteinring 26, 95448 Bayreuth,
(09 21) 9 47 30,
E-Mail rudolf.streinz@gmx.de;
Ludwig-Maximilians-Universität München, Lehrstuhl für Öffentliches Recht und Europarecht,
Professor-Huber-Platz 2,
80539 München, (0 89) 21 80-33 35,
Fax (0 89) 21 80-24 40,
E-Mail streinz.pers@jura.uni-muenchen.de

Stumpf, Dr. Dr. Christoph,
Privatdozent,
Raupach & Wollert-Elmendorff Rechtsanwaltsgesellschaft mbH,
Hanse-Forum, Axel-Springer-Platz 3,
20355 Hamburg, (0 40) 37 85 38-0,
(0 40) 37 85 38-11,
E-Mail cstumpf@raupach.de

Suerbaum, Dr. Joachim, o. Professor,
In der Uhlenflucht 3, 44795 Bochum,
(02 34) 47 26 26,
E-Mail Joachim.Suerbaum@t-online.de;
Universität Würzburg, Domerschulstraße 16, 97070 Würzburg,
(09 31) 31-8 28 97 oder 31-8 28 99,
E-Mail Suerbaum@jura.uni-wuerzburg.de

Sydow, Dr. Gernot, M.A.,
apl. Professor,
Schornstr. 13, 65553 Limburg,
(0 64 31) 5 70 95 20;
Justitiar des Bistums Limburg, Bischöfliches Ordinariat,
Roßmarkt 4, 65549 Limburg,
(0 64 31) 29 52 08, Fax (0 64 31) 29 55 21,
E-Mail G.Sydow@bistumlimburg.de,
Gernot.Sydow@jura.uni-freiburg.de

Talmon, D. Phil. (Oxon.) Stefan, LL.M. (Cantab.), Universitätsprofessor,
Institut für Völkerrecht,
Adenauerallee 24–42, 53113 Bonn
(02 28) 73 91 72 od. 73 39 32 (Sekr.),
Fax (02 28) 73 91 71,
E-Mail talmon@jura.uni-bonn.de

Thieme, Dr. Werner, Professor,
Berggartenstraße 14, 29223 Celle,
(0 51 41) 3 73 69, Fax (0 51 41) 93 13 73;
Universität Hamburg, 20146 Hamburg,
(0 40) 4 28 38-45 69

Thiel, Dr. iur. Dr. rer. publ. Markus,
Privatdozent,
Gleueler Str. 114–116, 50935 Köln,
(02 21) 40 87 83;
Heinrich-Heine-Universität Düsseldorf,
Juristische Fakultät,
Universitätsstr. 1, 40225 Düsseldorf,
(02 11) 8 11 14 24, Fax (02 11) 8 11 14 55,
E-Mail markus.thiel@gmx.de

Thienel, Dr. Rudolf, Universitätsprofessor,
Vizepräsident des Verwaltungsgerichtshofes, Judenplatz 11, A-1010 Wien,
(00 43-1) 5 31 11-2 45,
Fax (00 43-1) 5 31 11-1 40,
E-Mail rudolf.thienel@vwgh.gv.at

Thürer, Dr. Dr. h.c. Daniel, LL.M.,
o. Professor,
Abeggweg 20, CH-8057 Zürich,
(00 41) 13 62 65 47 oder -46,
Fax (00 41) 13 62 65 46,
E-Mail thuerer@swissonline.ch;
Universität Zürich, Institut für Völkerrecht und Ausländisches Verfassungsrecht, Rämistrasse 74, CH-8001 Zürich,
(00 41) 16 34-20 31 oder -20 59 oder -20 64, Fax (00 41) 16 34-49 92,
E-Mail thuerer@ivr.uzh.ch

Thym, Dr. Daniel, LL.M. (London),
Professor,
Pallasstr. 22, 10781 Berlin,
(01 51) 56 60 69 37;
Universität Konstanz, Lehrstuhl für Öffentliches Recht, Europa- und Völkerrecht, Fach 116, Universitätsstr. 10,
78457 Konstanz,
E-Mail daniel.thym@uni-konstanz.de

Tietje, Dr. Christian, Professor,
Heinrich-Heine-Str. 8,
06114 Halle (Saale),
(03 45) 5 48 39 12 oder (03 45) 5 24 83 12,
Mobil (01 75) 37 36 134,
Fax (03 45) 5 17 40 48;
Martin-Luther-Universität Halle-Wittenberg, Juristische Fakultät, Juridicum,
Universitätsplatz 5, 06108 Halle (Saale),
(03 45) 5 52-31 80,
Fax (03 45) 5 52-72 01,
E-Mail tietje@jura.uni-halle.de

Tomuschat, Dr. Christian, Professor,
Odilostraße 25a, 13467 Berlin,
(0 30) 4 04 14 86, Fax (0 30) 40 54 14 88;
Humboldt-Universität zu Berlin,
Institut für Völker- und Europarecht,
Unter den Linden 6, 10099 Berlin,
(0 30) 20 93-33 35 oder -33 05 oder -33 22,
Fax (0 30) 20 93-33 65,
E-Mail christian.tomuschat@rewi.hu-berlin.de

Traulsen, Dr. Christian, Privatdozent,
Stieglitzweg 13,

72108 Rottenburg am Neckar,
(0 74 72) 9 89 68 58;
Universität Tübingen, Juristische Fakultät, Geschwister-Scholl-Platz, 72074 Tübingen, (0 70 71) 2 97 26 90,
Fax (0 70 71) 29 50 96,
E-Mail traulsen@jura.uni-tuebingen.de

Trute, Dr. Hans-Heinrich, Universitätsprofessor,
Wettinplatz 3, 01896 Pulsnitz,
(03 59 55) 4 53 01;
Universität Hamburg, Fakultät für Rechtswissenschaft, Schlüterstraße 28, 20146 Hamburg, (0 40) 4 28 38-57 21 oder -56 25, Fax (0 40) 4 28 38-27 00,
E-Mail Hans-Heinrich.Trute@jura.uni-hamburg.de

Tschentscher, Dr. Axel, LL.M., Professor,
Lehrstuhl für Staatsrecht, Rechtsphilosophie und Verfassungsgeschichte, Universität Bern, Institut für öffentliches Recht, Schanzeneckstraße 1, CH-3001 Bern,
(00 41) 31-6 31 88 99 (direkt),
(00 41) 31-6 31 32 36 (Sekretariat),
Fax (00 41) 31-6 31 38 83,
E-Mail axel.tschentscher@oefre.unibe.ch

Uebersax, Dr. Peter, Privatdozent,
Chemin des Grands-Champs 19,
CH-1033 Cheseaux,
(00 41) 2 17 31 29 41;
Schweizerisches Bundesgericht,
Av. du Tribunal-fédéderal 29,
CH-1000 Lausanne 14,
(00 41) 2 13 18 91 11,
E-Mail peter.uebersax@bger.admin.ch

Uerpmann-Wittzack, Dr. Robert, Professor,
Universität Regensburg, Juristische Fakultät, 93040 Regensburg,
(09 41) 9 43-26 60 oder 26 59,
Fax (09 41) 9 43-19 73,
E-Mail Robert.Uerpmann@jura.uni-regensburg.de

Uhle, Dr. Arnd, Professor,
Stiftungslehrstuhl für Öffentliches Recht, insbesondere für Staatsrecht und Staatswissenschaften, Technische Universität Dresden,
01062 Dresden, (03 51) 46 33 73 14,
Fax (03 51) 46 33 72 07,
E-Mail uhle@jura.tu-dresden.de

Uhlmann, Dr. Felix, LL.M., Professor,
Bruderholzallee, CH-4059 Basel;
Rämistrasse 74 / 33, CH-8001 Zürich,
(00 41) 4 46 34 42 24,
Fax (00 41) 4 46 34 43 68,
E-Mail felix.uhlmann@rwi.uzh.ch

Unruh, Dr. Peter, apl. Professor,
Hakensoll 8a, 24226 Heikendorf;
Nordelbisches Kirchenamt,
Dänische Str. 21–35, 24103 Kiel,
E-Mail punruh.nka@nordelbien.de

Vallender, Dr. Klaus A., Professor,
Unterbach 4, CH-9043 Trogen,
(00 41 71) 94 27 69;
Law School St. Gallen, IFF,
Varnbüelstrasse 19. 4,
CH-9000 St. Gallen,
(00 41-71) 2 24 25 19,
Fax (00 41-71) 2 29 29 41,
E-Mail klaus.vallender@unisg.ch

Vedder, Dr. Christoph, Professor,
Sollner Str. 33, 81479 München,
(0 89) 79 10 03 83,
Fax (0 89) 79 10 03 84;
Juristische Fakultät, Universität Augsburg, Postfach, 86135 Augsburg,
(08 21) 5 98-45 70,
Fax (08 21) 5 98-45 72,
E-Mail christoph.vedder@jura.uni-augsburg.de

Vesting, Dr. Thomas, Universitätsprofessor,
Konradstraße 2, 80801 München,
(0 89) 38 87 95 45, Fax (0 89) 38 87 95 47;
Lehrstuhl für Öffentliches Recht,
Recht und Theorie der Medien,
Johann Wolfgang Goethe-Universität,
Grüneburgplatz 1, RuW 04, 60629 Frankfurt am Main, (0 69) 79 83 42 74,
Fax (0 69) 7 98 76 33 42 73,
E-Mail T.Vesting@jur.uni-frankfurt.de

Vitzthum, Dr. Dr. h.c. Wolfgang Graf,
o. Professor,
Im Rotbad 19, 72076 Tübingen,
(0 70 71) 6 38 44, Fax (0 70 71) 96 84 89;
Universität Tübingen, Juristische Fakultät, Geschwister-Scholl-Platz,
72074 Tübingen, (0 70 71) 2 97 52 66,
Fax (0 70 71) 2 97 50 39,
E-Mail wolfgang-graf.vitzthum@uni-tuebingen.de

Vöneky, Dr. Silja, Professorin,
Am Schmelzofen 20, 79183 Waldkirch,
(0 76 81) 4 92 52 39;
Albert-Ludwigs-Universität Freiburg,
Institut für Öffentliches Recht, Abt. II
Völkerrecht und Rechtsvergleichung,
79085 Freiburg im Breisgau,
(07 61) 2 03 22 07,
Fax (07 61) 2 03 91 93,
E-Mail voelkerrecht@jura.uni-freiburg.de

Vogel, Dr. Stefan, Privatdozent,
Dübendorfstr. 11c, CH-8117 Fällanden,
(00 41) 4 33 55 52 29,
E-Mail stefan_vogel@bluewin.ch

Volkmann, Dr. Uwe, Professor,
Am Bonifatiusbrunnen 231,
60438 Frankfurt am Main, (0 69) 51 86 73;
Johannes-Gutenberg-Universität Mainz,
FB Rechts- und Wirtschaftswissenschaften, Lehrstuhl für Rechtsphilosophie und Öffentliches Recht,
55099 Mainz, (0 61 31) 39-2 34 53,
Fax (0 61 31) 39-2 30 90,
E-Mail volkmann@uni-mainz.de

Vosgerau, Dr. Ulrich, Privatdozent,
Bachemer Straße 225, 50935 Köln,
(02 21) 4 06 40 58;
Universität zu Köln, Seminar für Staatsphilosophie und Rechtspolitik,
Albertus-Magnus-Platz, 50923 Köln,
(02 21) 4 70-40 49, Fax (02 21) 4 70-50 10,
E-Mail ulrich.vosgerau@uni-koeln.de

Voßkuhle, Dr. Andreas, Professor,
Präsident des Bundesverfassungsgerichts,
Schloßbezirk 3, 76131 Karlsruhe,
(07 21) 91 01-3 13;
Albert-Ludwigs-Universität Freiburg,
Institut für Staatswissenschaft und
Rechtsphilosophie, Postfach,
79085 Freiburg i.Br., (07 61) 2 03-22 09,
Fax (07 61) 2 03-91 93,
E-Mail staatswissenschaft@jura.uni-freiburg.de

Waechter, Dr. Kay, Professor,
Ceciliengärten 12, 12159 Berlin;
FB Rechtswissenschaft, Universität
Hannover, Königsworther Platz 1,
30167 Hannover, (05 11) 7 62-82 27,
E-Mail waechter@jura.uni-hannover.de

Wahl, Dr. Rainer, o. Professor,
Hagenmattenstr. 6, 79117 Freiburg,
(07 61) 6 59 60;
Universität Freiburg, Institut für Öffentliches Recht V, Postfach, 79085 Freiburg,
(07 61) 2 03 89 61, Fax (07 61) 2 03 22 93,
E-Mail rainer.wahl@jura.uni-freiburg.de

Waldhoff, Dr. Christian, Professor,
Lennéstraße 47, 53113 Bonn,
(02 28) 2 89 10 64;
Humboldt-Universität zu Berlin,
Lehrstuhl für Öffentliches Recht und
Finanzrecht, Unter den Linden 6,

10099 Berlin, (0 30) 20 93-35 37,
E-Mail christian.waldhoff@rewi.hu-berlin.de

Waldmann, Dr. Bernhard, Professor,
RA Alfons-Aebystrasse 29,
CH-3186 Düdingen, (00 41) 2 64 93 57 05;
Universität Freiburg i. Üe.
Route d' Englisberg 7,
CH-1763 Granges-Paccot,
(00 41) 2 63 00 81 56,
E-Mail bernhard.waldmann@unifr.ch

Wallerath, Dr. Maximilian, Universitätsprofessor,
Gudenauer Weg 86, 53127 Bonn,
(02 28) 28 32 02,
E-Mail max.wallerath@web.de;
Universität Greifswald, Rechts- und Staatswissenschaftliche Fakultät,
17487 Greifswald, (0 38 34) 8 621 44,
Fax (0 38 34) 8 68 00 77

Wallrabenstein, Dr. Astrid, Professorin,
Prälat-Diehl-Str. 17, 64285 Darmstadt,
(0 61 51) 6 51 09;
Goethe-Universität Frankfurt am Main,
Fachbereich Rechtswissenschaften, Professur für Öffentliches Recht mit einem Schwerpunkt im Sozialrecht,
Postfach 11 19 32,
60054 Frankfurt am Main,
(0 69) 7 98-3 42 88, Fax (0 69) 7 98-3 45 14
E-Mail professur-wallrabenstein@jura.uni-frankfurt.de

Walter, Dr. Christian, Professor,
Friedrich-List-Str. 98, 81377 München,
(0 89) 78 70 77 04;
Ludwig-Maximilians-Universität München, Institut für Internationales Recht, Lehrstuhl für Öffentliches Recht und Völkerrecht, Prof.-Huber-Platz 2,
80539 München, (0 89) 21 80-27 98,
Fax (0 89) 21 80-38 41,
E-Mail cwalter@jura.uni-muenchen.de

Weber, Dr. Albrecht, Professor,
Weidenweg 20, 49143 Bissendorf,
(0 54 02) 39 07;
Universität Osnabrück,
49069 Osnabrück, (05 41) 9 69-61 38,
E-Mail aweber@uos.de

Weber, Dr. Karl, o. Universitätsprofessor,
Noldinstr. 14, A-6020 Innsbruck,
(00 43) 06 64-1 62 57 39;
Universität Innsbruck, Institut für Öffentliches Recht, Finanzrecht und Politikwissenschaft, Innrain 80,
A-6020 Innsbruck,
(00 43) 5 12-5 07-82 30,
E-Mail karl.weber@uibk.ac.at

Weber-Dürler, Dr. Beatrice,
o. Professorin,
Ackermannstr. 24, CH-8044 Zürich,
(00 41) 4 42 62 04 20;
E-Mail beatrice.weber-duerler@rwi.uzh.ch

Wegener, Dr. Bernhard W., Professor,
Friedrich-Alexander-Universität, Lehrstuhl für Öffentliches Recht,
Schillerstraße 1, 91054 Erlangen,
(0 91 31) 8 52 92 85,
Fax (0 91 31) 8 52 64 39,
E-Mail sekretariat.wegener@jura.uni-erlangen.de

Wehr, Dr. Matthias, Professor,
Alter Kirchweg 24, 28717 Bremen,
(04 21) 69 08 00 25;
Hochschule für Öffentliche Verwaltung Bremen (HfÖV),
Doventorscontrescarpe 172 C,
28195 Bremen, (04 21) 36 11 96 17,
E-Mail matthias.wehr@hfoev.bremen.de

Weiß, Dr. Norman, Privatdozent,
Martin-Luther-Str. 56, 10779 Berlin;
MenschenRechtsZentrum
der Universität Potsdam,

August-Bebel-Str. 89, 14482 Potsdam,
(03 31) 9 77 34 50, Fax (03 31) 9 77 34 51,
E-Mail weiss@uni-potsdam.de

Weiß, Dr. Wolfgang, Universitätsprofessor,
Deutsche Universität für Verwaltungswissenschaften Speyer, Lehrstuhl für Öffentliches Recht, Völker- und Europarecht, Freiherr-vom-Stein-Str. 2,
67346 Speyer, (0 62 32) 6 54-3 31,
Fax (0 62 32) 6 54-1 23,
E-Mail wweiss@brookes.ac.uk

Welti, Dr. Felix, Professor,
Marquardplatz 3, 23554 Lübeck,
(04 51) 8 13 27 42, Fax (04 51) 8 13 27 43;
Universität Kassel, FB 01 Humanwissenschaften, Institut für Sozialwesen,
Abteilung Sozialpolitik,
Recht und Soziologie,
Arnold-Bode-Str. 10, 34109 Kassel,
(05 61) 8 04 29 70,
E-Mail mail@felix-welti.de

Wendt, Dr. Rudolf, o. Professor,
Schulstr. 45, 66386 St. Ingbert-Hassel,
(0 68 94) 5 32 87, Fax (0 68 94) 5 32 50;
Lehrstuhl für Staats- und Verwaltungsrecht, Wirtschafts-, Finanz- und Steuerrecht, Rechts- und Wirtschaftswissenschaftliche Fakultät, Universität des Saarlandes, Postfach 15 11 50,
66041 Saarbrücken, (06 81) 3 62-21 04 oder -31 04,
Fax (06 81) 3 02-47 79,
E-Mail r.wendt@mx.uni-saarland.de

Wernsmann, Dr. Rainer, Professor,
Johann-Bergler-Straße 8, 94032 Passau;
Universität Passau, Lehrstuhl für Staats- und Verwaltungsrecht, insb. Finanz- und Steuerrecht, Innstr. 40,
94032 Passau, (08 51) 5 09-23 51,
Fax (08 51) 5 09-23 52,
E-Mail wernsmann@uni-passau.de

Wessely, Dr. Wolfgang, Privatdozent,
Universität Wien, Institut für Staats- und Verwaltungsrecht,
Schottenbastei 10–16,
A-1010 Wien, +43 (0)19 00 51 12 16,
Fax +43 (0)1 9 00 51 12 10,
E-Mail wolfgang.wessely@univie.ac.at

Wiederin, Dr. Ewald, Universitätsprofessor,
Universität Wien, Institut für Staats- und Verwaltungsrecht, Schottenbastei 10–16,
A-1010 Wien, (00 43) 14 27 73 54 82,
Fax (00 43) 14 27 73 54 89,
E-Mail ewald.wiederin@univie.ac.at

Wieland, Dr. Joachim, LL.M., Universitätsprofessor,
Gregor-Mendel-Straße 13, 53115 Bonn,
(02 28) 923 993 34,
Fax (02 28) 329 48 98;
Lehrstuhl für öffentliches Recht,
Finanz- und Steuerrecht,
Deutsche Universität für Verwaltungswissenschaften Speyer, Postfach 14 09,
67324 Speyer, (0 62 32) 65 43 55,
Fax (0 62 32) 65 43 06,
E-Mail wieland@uni-speyer.de

Wielinger, Dr. Gerhart, Universitätsdozent,
Bergmanngasse 22, A-8010 Graz,
(00 43) 3 16-31 87 14,
dienstl. (00 43) 3 16-70 31 24 28,
E-Mail gerhart.wielinger@uni-graz.at

Wieser, DDr. Bernd, a.o. Universitätsprofessor,
Wittenbauerstr. 76, A-8010 Graz;
Institut für Öffentliches Recht, Politikwissenschaft und Verwaltungslehre,
Karl-Franzens-Universität Graz,
Universitätsstr. 15/C3, A-8010 Graz,
(00 43) 3 16-3 80-33 81 oder -33 83,
Fax (00 43) 3 16-3 80-94 50,
E-Mail bernd.wieser@uni-graz.at

Wildhaber, Dr. Luzius, LL.M., J.S.D., Dres. h.c., LL.D. h.c., o. Professor, Auf der Wacht 21, CH-4104 Oberwil, (00 41) 6 14 01 25 21, E-Mail luzius.wildhaber@unibas.ch

Wilke, Dr. Dieter, Präsident des OVG Berlin a.D., Universitätsprofessor a.D., apl. Professor an der Freien Universität Berlin, Schweinfurthstr.10, 14195 Berlin

Will, Dr. iur. Dr. phil. Martin, M.A., LL.M. (Cambr.), Professor, Hartmann-Ibach-Straße 105, 60389 Frankfurt, EBS Universität für Wirtschaft und Recht, Lehrstuhl für Staatsrecht, Verwaltungsrecht, Europarecht, Recht der neuen Technologien und Rechtsgeschichte, Gustav-Stresemann-Ring 3, 65189 Wiesbaden, (06 11) 71 02 22 32, Fax (06 11) 71 02 10 22 32, E-Mail martin.will@ebs.edu

Will, Dr. Rosemarie, Professorin, Humboldt-Universität zu Berlin, Juristische Fakultät, Unter den Linden 6, 10099 Berlin, (0 30) 20 93 33 00-36 82, Fax (0 30) 20 93 34 53, E-Mail Rosemarie.Will@rewi.hu-berlin.de

Wimmer, Dr. Norbert, o. Universitätsprofessor, Heiliggeiststr. 16, A-6020 Innsbruck, (00 43) 5 12-58 61 44; Universität Innsbruck, Institut für Öffentliches Recht und Politikwissenschaften, Innrain 80/82, A-6020 Innsbruck, (00 43) 5 12-82 00 oder -82 01, E-Mail Veronika.Obojes@uibk.ac.at

Windoffer, Dr. Alexander, Privatdozent, Deutsches Forschungsinstitut für öffentliche Verwaltung Speyer, Freiherr-vom-Stein-Str. 2, 67346 Speyer, (0 62 32) 6 54-3 99, Fax (0 62 32) 6 54-2 90, E-Mail windoffer@foev-speyer.de

Windthorst, Dr. Kay, Professor, Prinzregentenstr. 75, 81675 München, (01 62) 9 02 00 76; Professur für Öffentliches Recht, Universität Bayreuth, Rechts- und Wirtschaftswissenschaftliche Fakultät, Universitätsstr. 30, Gebäude B 9, 95447 Bayreuth, (09 21) 55-35 19, Fax (09 21) 55-43 31, E-Mail kwindt@t-online.de

Winkler, Dr. Daniela, Privatdozentin, Hauserstraße 48, 72076 Tübingen; Eberhard Karls Universität Tübingen, Neue Aula, Sophie-Scholl-Platz, 72074 Tübingen, (0 70 71) 44 03 97, E-Mail daniela.winkler@uni-tuebingen.de

Winkler, Dr. Dr. h.c. Günther, o. Universitätsprofessor, Reisnerstr. 22/5/11, A-1030 Wien, (00 43) 17 13 44 15; Universität Wien, Schottenbastei 10–16, A-1010 Wien, (00 43) 14 01 03-31 31

Winkler, Dr. Markus, Privatdozent, Kaffeegasse 2a, 65510 Idstein, E-Mail winkler.jura@web.de; Johannes-Gutenberg-Universität Mainz, Fachbereich Rechts- und Wirtschaftswissenschaften, 55099 Mainz, E-Mail mwinkl@uni-mainz.de; Hessisches Kultusministerium, Luisenplatz 10, 65185 Wiesbaden, (06 11) 3 68 25 17, E-Mail markus.winkler@hkm.hessen.de

Winkler, Dr. Roland, a.o. Univ.-Prof., Borromäumstraße 10/2, A-5020 Salzburg,

(00 43) 6 62 64 12 60 oder
(00 43) 67 69 07 01 71;
Fachbereich Öffentliches Recht,
Universität Salzburg,
Kapitelgasse 5–7, A-5020 Salzburg,
(00 43) 6 62 80 44 36 24,
Fax (00 43) 6 62 80 44 36 29,
E-Mail roland.winkler@sbg.ac.at

Winter, Dr. Gerd, Professor,
FB 6: Rechtswissenschaft, Universität
Bremen, Postfach 33 04 40,
28334 Bremen, (04 21) 2 18-28 40,
Fax (04 21) 2 18-34 94,
E-Mail gwinter@uni-bremen.de

Winterhoff, Dr. Christian, apl. Professor,
Theodor-Storm-Straße 1,
22869 Schenefeld, (0 40) 85 40 03 76,
Fax (0 40) 85 41 48 80,
E-Mail post@christianwinterhoff.de;
Graf von Westphalen,
Große Bleichen 21,
20354 Hamburg, (0 40) 3 59 22-2 64,
Fax (0 40) 3 59 22-2 93,
E-Mail christian.winterhoff@
grafvonwestphalen.com

Winzeler, Dr. Christoph, LL. M. (Harv.),
Privatdozent,
St.-Jakobs-Strasse 96, CH-4052 Basel,
(00 41) 6 12 95 93 93 (Büro),
Fax (00 41) 6 12 72 53 82 (Büro),
E-Mail christoph.winzeler@span.ch;
Universität Fribourg, Institut für Religionsrecht, Miséricorde, Büro 4119,
CH-1700 Fribourg, (00 41) 2 63 00 80 23,
Fax (00 41) 2 63 00 96 66,
E-Mail christoph.winzeler@sba.ch

Wißmann, Dr. Hinnerk, Professor,
Universität Bayreuth, Lehrstuhl für
Öffentliches Recht und Wirtschaftsrecht,
95440 Bayreuth, (09 21) 55-28 76
od. -28 75 (Sekr.),
Fax (09 21) 55-58 23,
E-Mail hinnerk.wissmann@uni-bayreuth.de

Wittinger, Dr. Michaela, Professorin,
Schauinslandstraße 1, 76199 Karlsruhe,
(07 21) 59 16 81,
E-Mail MichaelaWittinger@web.de;
FH des Bundes für öffentliche Verwaltung, FB Bundeswehrverwaltung,
Professur für Öffentliches Recht
(insb. Staats- und Europarecht),
Seckenheimer Landstraße 10,
68163 Mannheim, (06 21) 42 95-44 79,
Fax (06 21) 42 95-4 22 22

Wittmann, Dr. Heinz, a.o. Universitätsprofessor,
Steinböckengasse 4/14, A-1140 Wien,
(00 43) 19 14 31 75;
Verlag Medien und Recht GmbH,
Danhausergasse 6, A-1040 Wien,
(00 43) 15 05 27 66,
Fax (00 3) 15 05 27 66-15

Wittreck, Dr. Fabian, Professor,
Cheruskerring 51, 48147 Münster,
(02 51) 2 00 62 88;
Westfälische Wilhelms-Universität
Münster, Professur für Öffentliches
Recht, Bispinghof 25/25, 48143 Münster,
(02 51) 8 32 11 99,
Fax (02 1) 8 32 24 03,
E-Mail fwitt_01@uni-muenster.de

Wolf, Dr. Joachim, Professor,
Von-Velsen-Straße 17, 44625 Herne,
(0 23 23) 45 96 25;
Juristische Fakultät, Ruhr-Universität
Bochum, Umweltrecht, Verwaltungsrecht
und Verwaltungslehre, Gebäude GC,
Universitätsstr. 150, 44789 Bochum,
(02 34) 3 22-52 52,
Fax (02 34) 3 21 44 21,
E-Mail LS.Wolf@jura.ruhr-uni-bochum.de

Wolff, Dr. Heinrich Amadeus, Professor,
Rudolf-Ditzen-Weg 12, 13156 Berlin,
(0 30) 48 09 79 48;
Lehrstuhl für Öffentliches Recht, insbesondere Staatsrecht und Verfassungsgeschichte, Europa-Universität Viadrina,
Große Scharrnstr. 59,
15230 Frankfurt (Oder),
(03 35) 55 34 22 95,
Fax (03 35) 55 34 24 18,
Mobil (0163) 901 2445,
E-Mail Heinrich.Wolff@euv-frankfurt-o.de

Wolfrum, Dr. Dr. h.c. Rüdiger,
o. Professor,
Mühltalstr. 129b, 69121 Heidelberg,
(0 62 21) 47 52 36;
MPI für ausländisches öffentliches Recht und Völkerrecht,
Im Neuenheimer Feld 535,
69120 Heidelberg, (0 62 21) 48 22-55 oder -56,
Fax (0 62 21) 48 22 88,
E-Mail wolfrum@mpil.de

Wollenschläger, Dr. Ferdinand, Professor,
Max-Planck-Str. 8, 81675 München,
(0 89) 47 02 79 73;
Universität Augsburg, Juristische Fakultät, Lehrstuhl für Öffentliches Recht, Europarecht und Öffentliches Wirtschaftsrecht, Universitätsstr. 24,
86135 Augsburg, (08 21) 5 98-45 51,
Fax (08 21) 5 98-45 52,
E-Mail ferdinand.wollenschlaeger@jura.uni-augsburg.de

Wolter, Dr. Henner, Privatdozent, RA,
Rechtsanwälte Hensche & Wolter,
Knesebeckstr. 76, 10623 Berlin
(0 30) 9 39 33 30,
Fax (0 30) 93 93 33 33,
E-Mail info@rawolter-berlin.de;
Humboldt-Universität zu Berlin,
Institut für Öffentliches Recht und Rechtsphilosophie, Unter den Linden 6,
10099 Berlin, (0 30) 20 93-34 72,
Fax (0 30) 20 93-34 52

Würtenberger, Dr. Thomas, o. Professor,
Beethovenstr. 9, 79100 Freiburg,
(07 61) 7 86 23;
Universität Freiburg, Postfach,
79085 Freiburg, (07 61) 2 03-22 46 oder -22 49,
E-Mail Thomas.Wuertenberger@jura.uni-freiburg.de

Wyduckel, Dr. Dieter, Professor,
Juristische Fakultät, TU Dresden,
01062 Dresden, (03 51) 46 33-73 22,
Fax (03 51) 46 33-72 09,
E-Mail wyduckel@jura.tu-dresden.de

Wyss, Dr. iur. Martin, Professor,
Höheweg 62, CH-3097 Liebefeld,
(00 41) 3 19 72 99 93,
Fax (00 41) 3 19 72 99 91,
E-Mail mpwyss@bluewin.ch;
Stellvertretender Chef Fachbereich II für Rechtsetzung, Bundesamt für Justiz,
Bundeshaus West, CH-3003 Bern,
(00 41) 3 13 22 75 75,
Fax (00 41) 3 13 22 78 37,
E-Mail martin.wyss@bj.admin.ch

Zacher, Dr. Dr. h.c. mult. Hans F.,
o. Professor,
Starnberger Straße 47, 82343 Pöcking,
(0 81 57) 13 84;
MPI für ausländisches und internationales Sozialrecht,
Amalienstr. 33, 80799 München,
Postfach 34 01 21, 80098 München,
(0 89) 3 86 02-5 02,
Fax (0 89) 3 86 02-5 90

Zeh, Dr. Wolfgang, Professor,
Ministerialdirektor a.D.,
Marktstr. 10, 72359 Dotternhausen,
E-Mail cowo.zeh@gmx.de

Zezschwitz, Dr. Friedrich von,
em. Universitätsprofessor,
Petersweiher 47, 35394 Gießen,
(06 41) 4 51 52;
Universität Gießen, 35390 Gießen,
(06 41) 7 02 50 20

Ziegler, Dr. Andreas R., LL.M.,
Professor,
Gründenstraße 66, CH-8247 Flurlingen;
Universität Lausanne,
Juristische Fakultät, BFSH 1,
CH-1015 Lausanne,
E-Mail andreas.ziegler@unil.ch

Ziekow, Dr. Jan, Universitätsprofessor,
Gartenstraße 3, 67361 Freisbach,
(0 63 44) 59 02, Fax (0 63 44) 59 02;
Deutsche Universität für Verwaltungswissenschaften Speyer, Postfach 14 09,
67324 Speyer, (0 62 32) 6 54-0,
E-Mail ziekow@uni-speyer.de

Ziller, Dr. Jacques, Professor,
Università degli Studi di Pavia,
Dipartimento di Economia,
Statistica e Diritto, Via Strada Nuova 65,
I-27100 Pavia,
(00 39) (0) 3 82-98 44 37,
Fax (00 39) (0) 3 82-98 44 35,
E-Mail jacques.ziller@unipv.it

Zimmer, Dr. Gerhard, Professor,
Waldschützpfad 9, 12589 Berlin,
(0 30) 6 48 95 90

Zimmermann, Dr. Andreas,
LL.M (Harvard), Professor,
Heimat 29, 14165 Berlin,
E-Mail azimmerm@freenet.de;
Universität Potsdam, Lehrstuhl für
Öffentliches Recht, insbesondere Staatsrecht, Europa- und Völkerrecht sowie
Europäisches Wirtschaftsrecht
und Wirtschaftsvölkerrecht,
August-Bebel-Str. 89, 14482 Potsdam,
(03 31) 9 77-35 16,
Fax (03 31) 9 77-32 24,
E-Mail andreas.zimmermann@uni-potsdam.de

Zippelius, Dr. Dr. h.c. Reinhold,
o. Professor,
Niendorfstr. 5, 91054 Erlangen,
(0 91 31) 5 57 26;
Universität Erlangen-Nürnberg,
91054 Erlangen, (0 91 31) 85 28 20

Zuleeg, Dr. Dr. h.c. Manfred, Professor,
Kaiser-Sigmund-Str. 32,
60320 Frankfurt am Main,
(0 69) 56 43 93,
E-Mail sigrid.zuleeg@gmx.de

Satzung

(Nach den Beschlüssen vom 21. Oktober 1949, 19. Oktober 1951, 14. Oktober 1954, 10. Oktober 1956, 13. Oktober 1960, 5. Oktober 1962, 1. Oktober 1971, 6. Oktober 1976, 3. Oktober 1979, 6. Oktober 1999, 4. Oktober 2006, 3. Oktober 2007 und 29. September 2010)

§ 1

Die Vereinigung der Deutschen Staatsrechtslehrer stellt sich die Aufgabe:

1. wissenschaftliche und Gesetzgebungsfragen aus dem Gebiet des Öffentlichen Rechts durch Aussprache in Versammlungen der Mitglieder zu klären;
2. auf die ausreichende Berücksichtigung des Öffentlichen Rechts im Hochschulunterricht und bei staatlichen und akademischen Prüfungen hinzuwirken;
3. in wichtigen Fällen zu Fragen des Öffentlichen Rechts durch Eingaben an Regierungen oder Volksvertretungen oder durch schriftliche Kundgebungen Stellung zu nehmen.

§ 2

(1) [1]Der Verein führt den Namen „Vereinigung der Deutschen Staatsrechtslehrer". [2]Er soll in das Vereinsregister eingetragen werden; nach der Eintragung führt er den Zusatz „e. V.".

(2) Der Verein hat seinen Sitz in Heidelberg.

(3) Das Geschäftsjahr des Vereins ist das Kalenderjahr.

§ 3

(1) Mitglied der Vereinigung kann werden, wer auf dem Gebiet des Staatsrechts und mindestens eines weiteren öffentlich-rechtlichen Fachs

a. seine Befähigung zu Forschung und Lehre durch hervorragende wissenschaftliche Leistung nachgewiesen hat[1] und

---

[1] Mit der oben abgedruckten, am 1.10.1971 in Regensburg beschlossenen Fassung des § 3 hat die Mitgliederversammlung den folgenden erläuternden Zusatz angenommen: „Eine hervorragende wissenschaftliche Leistung im Sinne dieser Vorschrift ist eine den bisher üblichen Anforderungen an die Habilitation entsprechende Leistung."

b. an einer deutschen oder deutschsprachigen Universität[2] einschließlich der Deutschen Universität für Verwaltungswissenschaften Speyer als Forscher und Lehrer tätig ist oder gewesen ist.

(2) [1]Das Aufnahmeverfahren wird durch schriftlichen Vorschlag von drei Mitgliedern der Vereinigung eingeleitet. [2]Ist der Vorstand einstimmig der Auffassung, dass die Voraussetzungen für den Erwerb der Mitgliedschaft erfüllt sind, so verständigt er in einem Rundschreiben die Mitglieder von seiner Absicht, dem Vorgeschlagenen die Mitgliedschaft anzutragen. [3]Erheben mindestens fünf Mitglieder binnen Monatsfrist gegen die Absicht des Vorstandes Einspruch oder beantragen sie mündliche Erörterung, so beschließt die Mitgliederversammlung über die Aufnahme. [4]Die Mitgliederversammlung beschließt ferner, wenn sich im Vorstand Zweifel erheben, ob die Voraussetzungen der Mitgliedschaft erfüllt sind. [5]Von jeder Neuaufnahme außerhalb einer Mitgliederversammlung sind die Mitglieder zu unterrichten.

§ 4

[1]Abweichend von § 3 kann Mitglied der Vereinigung werden, wer, ohne die Voraussetzungen des § 3 Abs. 1 lit. b) zu erfüllen,

a. eine Professur inne hat, die einer Professur an einer juristischen Fakultät einer deutschen oder deutschsprachigen Universität entspricht,
b. seine Befähigung zu Forschung und Lehre durch hervorragende wissenschaftliche Veröffentlichungen auch in deutscher Sprache zum Öffentlichen Recht Deutschlands, Österreichs oder der Schweiz nachgewiesen und
c. seine Verbundenheit mit der Vereinigung durch mehrmalige Teilnahme als Gast an den Jahrestagungen bekundet hat.

[2]Das Aufnahmeverfahren wird durch schriftlich begründeten Vorschlag von mindestens zehn Mitgliedern der Vereinigung eingeleitet. [3]Für das

[2] In Berlin hat die Mitgliederversammlung am 3.10.1979 die folgende zusätzliche Erläuterung aufgenommen: „Universität im Sinne dieser Vorschrift ist eine wissenschaftliche Hochschule, die das Habilitationsrecht in den Fächern des Öffentlichen Rechts und die Promotionsbefugnis zum Doctor iuris besitzt und an der Juristen durch einen Lehrkörper herkömmlicher Besetzung ausgebildet werden.“

In Berlin hat die Mitgliederversammlung am 29. 09. 2010 die folgende weitere Erläuterung aufgenommen: „Gleichgestellt sind wissenschaftliche Hochschulen, die das Habilitationsrecht in den Fächern des Öffentlichen Rechts und die Promotionsbefugnis zum Dr. iuris besitzen, wenn an ihnen Staatsrecht und ein weiteres öffentlich-rechtliches Fach von mindestens drei der Vereinigung angehörenden Mitgliedern gelehrt wird.“

weitere Verfahren findet § 3 Abs. 2 Sätze 2 bis 5 entsprechende Anwendung.

§ 5

(1) [1]Eine Mitgliederversammlung soll regelmäßig einmal in jedem Jahr an einem vom Vorstand zu bestimmenden Ort stattfinden. [2]In dringenden Fällen können außerordentliche Versammlungen einberufen werden. [3]Die Mitgliederversammlung wird vom Vorstand unter Einhaltung einer Frist von vier Wochen schriftlich oder in elektronischer Form unter Angabe der Tagesordnung einberufen. [4]Auf jeder ordentlichen Mitgliederversammlung muss mindestens ein wissenschaftlicher Vortrag mit anschließender Aussprache gehalten werden.

(2) Eine außerordentliche Mitgliederversammlung wird außer in den nach Absatz 1 Satz 2 vorgesehenen Fällen auch dann einberufen, wenn dies von einem Zehntel der Mitglieder beim Vorstand schriftlich unter Angabe des Zwecks und der Gründe beantragt wird.

(3) [1]Verlauf und Beschlüsse der Mitgliederversammlung werden protokolliert. [2]Der Protokollführer wird vom Versammlungsleiter bestimmt. [3]Das Protokoll ist vom Versammlungsleiter und vom Protokollführer zu unterzeichnen. [4]Es wird mit dem nächsten nach der Mitgliederversammlung erfolgenden Rundschreiben den Mitgliedern übermittelt.

(4) Für Satzungsänderungen, die Änderung des Vereinszwecks und für die Auflösung des Vereins gelten die gesetzlichen Mehrheitserfordernisse (§§ 33, 41 BGB).

§ 6[3]

(1) [1]Der Vorstand der Vereinigung besteht aus einem Vorsitzenden und zwei Stellvertretern. [2]Die Vorstandsmitglieder teilen die Geschäfte untereinander nach eigenem Ermessen. [3]Der Vorstand wird von der Mitgliederversammlung auf zwei Jahre gewählt; er bleibt jedoch bis zur Bestellung eines neuen Vorstandes im Amt. [4]Zur Vorbereitung der Jahrestagung ergänzt sich der Vorstand um ein Mitglied, das kein Stimmrecht hat. [5]Auch ist Selbstergänzung zulässig, wenn ein Mitglied des Vorstandes in der Zeit zwischen zwei Mitgliederversammlungen ausscheidet. [6]Auf der nächsten Mitgliederversammlung findet eine Nachwahl für den Rest der Amtszeit des Ausgeschiedenen statt.

---

[3] § 6 Abs. 1 in der Fassung des Beschlusses der Mitgliederversammlung in Heidelberg vom 6.10.1999; in Kraft getreten am 1.10.2001.

(2) [1]Der Verein wird gerichtlich und außergerichtlich durch ein Mitglied des Vorstandes, in der Regel durch den Vorsitzenden, vertreten. [2]Innerhalb seines ihm nach Absatz 1 Satz 2 zugewiesenen Aufgabenbereichs ist das jeweilige Vorstandsmitglied alleinvertretungsberechtigt; insbesondere ist in allen finanziellen Angelegenheiten dasjenige Vorstandsmitglied alleinvertretungsberechtigt, dem der Vorstand nach Absatz 1 Satz 2 die Funktion des Schatzmeisters übertragen hat. [3]Das nach Absatz 1 Satz 4 kooptierte Mitglied des Vorstandes ist in allen Angelegenheiten alleinvertretungsberechtigt, die die Vorbereitung und Durchführung der Jahrestagung betreffen. [4]Ist in den Fällen des Satzes 2 oder 3 das vertretungsberechtigte Vorstandsmitglied verhindert, übernimmt der Vorsitzende die Vertretung, im Falle seiner Verhinderung ist eines der gewählten Vorstandsmitglieder alleinvertretungsberechtigt.

§ 7

Zur Vorbereitung ihrer Beratungen kann die Mitgliederversammlung, in eiligen Fällen auch der Vorstand, besondere Ausschüsse bestellen.

§ 8

[1]Über Eingaben in den Fällen des § 1 Ziffer 2 und 3 und über öffentliche Kundgebungen kann nach Vorbereitung durch den Vorstand oder einen Ausschuss im Wege schriftlicher Abstimmung der Mitglieder beschlossen werden. [2]Ein solcher Beschluss bedarf der Zustimmung von zwei Dritteln der Mitgliederzahl; die Namen der Zustimmenden müssen unter das Schriftstück gesetzt werden.

§ 9

[1]Der Mitgliedsbeitrag wird von der Mitgliederversammlung festgesetzt. [2]Der Vorstand kann den Beitrag aus Billigkeitsgründen erlassen.

§ 10

(1) Die Mitgliedschaft endet durch Tod, Austritt aus dem Verein, Streichung von der Mitgliederliste oder Ausschluss aus dem Verein.

(2) [1]Der Austritt erfolgt durch schriftliche Erklärung gegenüber einem Mitglied des Vorstandes. [2]Für die Erklärung ist eine Frist nicht einzuhalten. [3]Der Austritt wird zum Schluss des Kalenderjahres vollzogen.

(3) [1]Ein Mitglied kann durch Beschluss des Vorstandes von der Mitgliederliste gestrichen werden, wenn es trotz zweimaliger schriftlicher Mahnung mit der Beitragszahlung in Rückstand ist. [2]Die Streichung wird erst beschlossen, wenn nach der Absendung der zweiten Mahnung zwei Monate verstrichen sind, in dieser Mahnung die Streichung angedroht

wurde und die Beitragsschulden nicht beglichen sind. [3]Die Streichung ist dem Mitglied mitzuteilen.

(4) [1]Ein Mitglied kann durch Beschluss des Vorstandes aus dem Verein ausgeschlossen werden, wenn es in grober Weise gegen die Vereinsinteressen verstoßen hat. [2]Vor der Beschlussfassung ist dem Mitglied unter Einräumung einer angemessenen Frist Gelegenheit zur Stellungnahme zu geben. [3]Der Beschluss über den Ausschluss ist schriftlich zu begründen und dem Mitglied zuzusenden. [4]Gegen den Beschluss des Vorstandes kann das Mitglied innerhalb eines Monats nach Zugang der Entscheidung des Vorstandes die Mitgliederversammlung anrufen. [5]Die Anrufung der Mitgliederversammlung hat bis zu deren abschließender Entscheidung aufschiebende Wirkung.

§ 11

(1) Im Falle der Auflösung des Vereins sind die Mitglieder des Vorstandes gemeinsam vertretungsberechtigte Liquidatoren, falls die Mitgliederversammlung nichts anderes beschließt.

(2) Das nach Beendigung der Liquidation vorhandene Vermögen fällt an die Deutsche Forschungsgemeinschaft, die es unmittelbar und ausschließlich für Zwecke des Fachkollegiums Rechtswissenschaft zu verwenden hat.

Gute wissenschaftliche Praxis im Öffentlichen Recht

Die Mitglieder der Vereinigung der deutschen Staatsrechtslehrer verstehen die folgenden Leitsätze guter wissenschaftlicher Praxis als Selbstvergewisserung über die Grundlagen ihrer Arbeit in ihrem Teilgebiet der Jurisprudenz. Sie gehen nicht davon aus, dass sich die Arbeit im Öffentlichen Recht von der in anderen juristischen Fächern substantiell unterscheidet, halten es aber gleichwohl für sinnvoll, disziplinär die eigene Sicht darzulegen, weil das Gespräch über gute wissenschaftliche Praxis in der Jurisprudenz auf den in den Fächern gesammelten Erfahrungen aufbauen muss.

Die Leitsätze wollen als die Arbeit begleitende „Regeln der Kunst" gelesen werden, die das wissenschaftsadäquate Verhalten beschreiben, und nicht als Verbandsregelwerk mit gesetzesgleicher Kraft. Sie erheben auch nicht den Anspruch, die autonomen Normgeber in den Fakultäten zu verpflichten. Wo Organisationsvorstellungen die Leitsätze grundieren, orientieren sie sich an häufig vorfindlichen Strukturen, die aber selbstverständlich auch anders gestaltet sein können, ohne den Zweck der Regel – auf den es ankommt – zu gefährden.

I.
Plagiate, Autorschaft, Zitierstandards

1. Wissenschaftsplagiate, d.h. die vollständige oder teilweise Übernahme eines fremden Textes oder einer fremden Idee unter Anmaßung der wissenschaftlichen Urheberschaft, verstoßen gegen die Pflicht zur Wahrhaftigkeit der Wissenschaft.
2. Gleichermaßen wissenschaftlich unredlich ist die Veröffentlichung eines von Anderen verfassten Textes unter eigenem Namen mit deren Einverständnis – entgeltlich oder unentgeltlich („Ghostwriting").
3. Es ist wissenschaftlich unredlich, wenn ein Hochschullehrer Textentwürfe durch seine Mitarbeiter fertigen lässt und diese unter eigenem Namen als Alleinautor veröffentlicht.
4. Eine Mitwirkung, die in ihrer intellektuellen Leistung für einen Beitrag wesentlich ist, führt zur (Mit-)Autorschaft.
5. Eine bloß sprachliche Überarbeitung lässt die Autorschaft des Entwurfsverfassers nicht entfallen. Ob die Hochschullehrerin oder der

Hochschullehrer überhaupt eine Autorschaft für sich beanspruchen kann, hängt davon ab, ob sie oder er qualitativ oder quantitativ Wesentliches zum Entwurf beigesteuert hat.

6. Die unterstützende Mitwirkung wissenschaftlicher Mitarbeiterinnen und Mitarbeiter begründet nur dann keine Autorschaft, wenn die Mitwirkung sich in bloßen Hilfstätigkeiten wie Recherche, Materialsammlung, Arbeit an den Fußnoten und vergleichbaren Routinen erschöpft. Dafür kann in einer Fußnote gedankt werden.

7. Bei gemeinsamer Veröffentlichung mehrerer Autoren soll soweit möglich zukünftig ausgewiesen werden, welche Leistung die jeweilige Autorschaft begründet.

8. In wissenschaftlichen Veröffentlichungen muss der Leser erkennen können, inwieweit der Autor sich jenseits des Allgemeinkundigen auf Ergebnisse und Formulierungen Dritter stützt.

9. Wörtliche Übernahmen eines fremden Textes bzw. Textteils sind durch Zitatzeichen oder, insbesondere bei Übernahme längerer Textpassagen, in anderer geeigneter Form (z.B. eingerückter Text in abweichender Schriftart) zu kennzeichnen.

10. Bei der wörtlichen oder sinngemäßen Übernahme eines fremden Textes bzw. Textteils ist die Quelle (Autor/-in und Fundstelle) durch die Platzierung oder Gestaltung der Fußnote so präzise anzugeben, dass sie überprüft werden kann. Es genügt nicht, die wissenschaftliche Literatur lediglich in einer „Sammelfußnote“ oder in einem Literaturverzeichnis aufzuführen. Bei einem Zitat sind den Zitierten keine Aussagen zuzuschreiben, die diese nicht oder nicht in der angegebenen Weise gemacht haben.

11. Im Grundsatz entspricht es wissenschaftlicher Redlichkeit, primär den Urheber einer Idee zu zitieren; Sekundärquellen werden deshalb nur neben und nach Primärquellen aufgeführt.

12. „Blindzitate“, d.h. die ungeprüfte Übernahme der Zitate Anderer, verstoßen grundsätzlich gegen die Standards der Wissenschaft. Wenn Quellen nicht mit zumutbarem Aufwand überprüft werden können, erfolgt ein entsprechender Hinweis (etwa „zitiert nach …“).

13. Allgemeinwissen im Sinne von Grundwissen, dessen Kenntnis im Fach vorausgesetzt werden kann, ist nicht zitierbedürftig. Insbesondere Wissen, das Allgemeingut geworden ist, muss dem Urheber oder der Urheberin nicht mehr zugeordnet werden. Zitierbedürftig ist die Wiedergabe von Allgemeinwissen nur, wenn eine vorfindliche besondere Formulierung Ausdruck einer urheberrechtlich schützenswerten persönlichen geistigen Schöpfung ist.

14. Die Auswahl von Zitaten ist ausschließlich anhand wissenschaftsadäquater Kriterien vorzunehmen. Für die Darstellung des Standes der

Wissenschaft des öffentlichen Rechts verbietet die Zitierredlichkeit wissenschaftsfremde Kriterien für die Auswahlentscheidung anzuwenden, etwa solche „wissenschaftspolitischer“ oder persönlicher Art (z.B. Freundschaft, Verbundenheit in Wissenschaftszirkeln) und so „Zitierkartelle“ zu bilden.

15. Abweichungen von den vorgenannten Zitierstandards können mit Blick auf die zweck- und zielgruppenadäquate Gestaltung einer Publikation gerechtfertigt sein (z.B. bei einem Beitrag in einer Zeitung). Der Grundsatz, dass die Übernahme fremden Gedankenguts offen gelegt werden muss, gilt allerdings auch hier.

II.
Gute wissenschaftliche Praxis zur Plagiatsvermeidung bei wissenschaftlichen Qualifikationsschriften

16. Es gehört in Prüfungsverfahren für wissenschaftliche Qualifikationsarbeiten ebenso wie im fachwissenschaftlichen Diskurs zur guten wissenschaftlichen Praxis, durch die Ausgestaltung der organisatorischen Rahmenbedingungen zur Vermeidung von Plagiaten beizutragen.

17. Die Betreuer wissenschaftlicher Arbeiten wirken als Mentoren im Rahmen der Verfahren zur wissenschaftlichen Qualifizierung nach ihrem Ermessen darauf hin, dass bestehende Anreize zum Plagiieren soweit wie möglich wirkungslos bleiben.

18. Die Betreuer begründen in den Gutachten für die Prüfungsverfahren, welche Maßnahmen sie für angemessen gehalten und durchgeführt haben.

19. Wissenschaftliche Arbeiten sind im Rahmen von Prüfungsverfahren auch als elektronische Datei einzureichen, um sie leichter mit vorhandenen Datenbeständen abgleichen zu können. Es bleibt den Betreuern, Prüfern oder anderen Mitgliedern der Prüfungs- oder Promotionsausschüsse im Verfahren überlassen, aus welchem Anlass und in welchem Umfang sie die entsprechenden Überprüfungen vornehmen.

20. Das vielfach praktizierte „Patentrezept“ einer eidesstattlichen Versicherung über eine täuschungsfreie, die Regeln guter wissenschaftlicher Praxis beachtende Erarbeitung der Dissertation bei Einreichung der Arbeit ist weniger empfehlenswert, weil ihre Leistungsfähigkeit gemeinhin überschätzt und die damit verbundenen strafrechtlichen Probleme unterschätzt werden.

21. Es entspricht guter wissenschaftlicher Praxis, auch jenseits von Prüfungsverfahren im wissenschaftlichen Diskurs auf Text- und Ideendiebstahl aufmerksam zu machen, statt ihn zu beschweigen.

22. Bei Prüfungsarbeiten ist eine Zweit- oder Mehrfachverwertung nicht ausgeschlossen, wenn sie offengelegt wird und nach der Prüfungsordnung rechtlich zulässig ist.

23. Im Umfang beschränkte Seminararbeiten dürfen zu Diplom- oder Bachelor-/Masterarbeiten ausgeweitet werden, diese im Zuge von Dissertationen berücksichtigt und dabei zweit- oder gar drittverwertet werden, soweit die neue Studie in ihrer Gesamtheit quantitativ und qualitativ einen eigengearteten Neuigkeitswert von Gewicht aufweist.

III.
Promotionsverfahren

Annahme

24. Promotionsverhältnisse werden mit der Fakultät dadurch begründet, dass ein Hochschullehrer einen Bewerber dem Promotionsausschuss als Doktoranden vorschlägt. Der Promotionsausschuss prüft die Voraussetzungen der Zulassung.

25. Die Zugangsvoraussetzungen sind normativ so zu fassen, dass ein hohes Leistungsvermögen der Doktoranden vorausgesetzt wird. Dieses wird durch qualifizierte Examensleistungen und zusätzlich durch während des Studiums erbrachte hervorragende Seminarleistungen oder durch ein, einer hervorragenden Seminarleistung entsprechendes, Exposé zu dem zu bearbeitenden Thema nachgewiesen.

26. Doktoranden können ihre Dissertation in einem Beschäftigungsverhältnis mit der Universität, in einem Stipendienverhältnis oder auch extern erbringen. Die nebenberuflich erarbeiteten Dissertationen ermöglichen es, Wissenspotentiale der Praxis für das Öffentliche Recht fruchtbar zu machen. Sie sind nicht täuschungsanfälliger oder qualitativ minderwertiger als im Näheverhältnis zur Universität entstehende Arbeiten, wenn allen Doktoranden die Regeln guter wissenschaftlicher Arbeit vermittelt werden.

27. Graduiertenschulen mit einem Promotionsstudium sind ein geeignetes Format zur Förderung des Promovierens. Aber auch die für eine hermeneutische Wissenschaft typische Individualbetreuung bleibt möglich – auch um die intrinsischen Ressourcen eines Betreuungsverhältnisses zu nutzen.

28. Bereits für etwaige Probleme in der Phase der Begründung eines Doktorandenverhältnisses sollte die Fakultät eine Vertrauensperson bestellen, die mit Rat und ggf. Vermittlung helfen kann.

Betreuung

29. Die Betreuung von Doktorandinnen und Doktoranden und von Habilitandinnen und Habilitanden ist zeitlich und inhaltlich anspruchsvoll. Betreuung beginnt u.a. mit der Unterstützung bei der Auswahl und Eingrenzung des Promotions- bzw. Habilitationsthemas und setzt stete Gesprächsbereitschaft voraus.

30. Der Betreuer oder die Betreuerin begleitet den Arbeitsfortschritt durch das Angebot von Statusbesprechungen, die Hinweise zum Fortschritt der Qualifikationsarbeit beinhalten. Ein weiteres Mittel der Betreuung außerhalb von Graduiertenschulen ist ein Doktorandenseminar, das zur Rechenschaft über den Stand der Arbeit zwingt.

31. Wenn der Doktorand seine sich aus dem Promotionsverhältnis ergebenden Pflichten nicht erfüllt, ist der Betreuer berechtigt, das Doktorandenverhältnis zu beenden.

32. Betreuung darf von der Intensität her die für eine selbständige Leistung notwendige Distanz zwischen Betreuer und Doktorand nicht unzulässig verkürzen. Die Autorschaft muss trotz Betreuung beim Doktoranden verbleiben.

33. Betreuung ist zeitbeanspruchende Arbeit im Ensemble der Hochschullehrerpflichten. Deshalb muss die Zahl der Doktoranden, für die der Betreuer oder Betreuerin Verantwortung übernimmt, notwendig limitiert sein. Als Orientierungsgröße ist an etwa zehn gleichzeitige Individualbetreuungsverhältnisse zu denken.

Prüfungsphase

34. Für die Erstellung der Voten ist eine Regelfrist von je drei Monaten angemessen.

35. Der Promotionsausschuss bestimmt die Gutachter; als Erstgutachter bestellt er regelmäßig den Betreuer, soweit die Promotionsordnung Betreuung und Begutachtung nicht trennt.

36. Der Zweitgutachter wird so ausgewählt, dass sich nicht ohne sachlichen Grund regelmäßige Berichterstatter-Paare bilden, um der Besorgnis möglicher Unsachlichkeit vorzubeugen.

37. Lässt sich eine hinreichende Gutachter-Rotation innerhalb einer Fakultät personell nicht verwirklichen, werden Zweitgutachten auswärtig vergeben. Das gilt vor allem, wenn es um Spezialthemen geht, für die es in der Fakultät keinen zweiten mit der Problematik hinreichend vertrauten Gutachter gibt.

38. Obligatorische auswärtige Drittgutachten, etwa für mit summa cum laude bewertete Arbeiten, schwächen die Profilbildung der Fakultät; abgesehen davon ist zweifelhaft, ob die Drittgutachten die in sie gesetzten Erwartungen hinsichtlich einer Qualitätskontrolle erfüllen können.

39. Dissertationsvoten erschöpfen sich nicht in einer bloßen Plausibilitätskontrolle. Beide Voten müssen jene Wissensvermehrung in der Dissertation präzise benennen, die die Annahme der Arbeit rechtfertigen; die bewertungsmäßige Verbindung des Grades des Wissensfortschritts ist im Abgleich mit dem Stand der Forschung zu der vorgeschlagenen Note darzulegen. In die Bewertung wird weiter der Grad der Vollständigkeit der Materialverwertung, die Verständlichkeit der Gedankenführung und deren sprachliches Niveau einbezogen. Der Vorschlag der Höchstnote muss die hervorragende Bedeutung der Dissertation begründen.

40. Das mündliche Examen sollte so konzipiert sein, dass die intellektuelle Urheberschaft des Doktoranden für die Arbeit durch die Art der Fragestellung mitgeprüft wird.

IV.
Förderung des wissenschaftlichen Nachwuchses

41. Es gehört zu den Aufgaben der Hochschullehrerinnen und Hochschullehrer, sich gezielt um die Förderung des wissenschaftlichen Nachwuchses zu bemühen. Dazu kann z.B. der Abschluss von (schriftlichen) Betreuungsvereinbarungen mit Doktorandinnen und Doktoranden und Habilitandinnen und Habilitanden beitragen.

42. Dem wissenschaftlichen Nachwuchs wird ausreichend Gelegenheit – auch über das gesetzlich angeordnete Maß hinaus – zu eigener Forschung und hochschuldidaktischer Qualifikation gegeben. Insbesondere ist hinreichend Zeit für die Arbeit an den Qualifikationsschriften zu geben.

43. Habilitandinnen und Habilitanden erhalten auf eigenen Wunsch Gelegenheit, selbständig Vorlesungen zu halten.

44. In der Zusammenarbeit von Hochschullehrerinnen und Hochschullehrern und wissenschaftlichem Nachwuchs sind dessen autorschaftliche Ansprüche zu respektieren und eine selbständige Publikationstätigkeit zu fördern.

45. Es ist geboten, den wissenschaftlichen Nachwuchs von Anfang an in wissenschaftsethischen Fragen zu schulen. Die hier formulierten Standards guter wissenschaftlicher Praxis müssen dem wissenschaftlichen Nachwuchs auch vorgelebt werden.

V.
Transparenz

46. Staatsrechtslehrerinnen und Staatsrechtslehrer erstatten u.a. Staatsorganen und Körperschaften Gutachten. Wenn daraus, was durchaus geboten ist, Publikationen hervorgehen, ist die Beziehung zu einem Auftraggeber in einer Fußnote offenzulegen. Das gilt auch für Folgeveröffentlichungen in Orientierung an solchen Rechtsgutachten. Entsprechendes gilt, wenn ein Wissenschaftler an einem Prozess als Bevollmächtigter beteiligt gewesen ist und zu dem Prozessthema publiziert.

47. Interessenkonflikte, die die Besorgnis der Befangenheit begründen können, sind offenzulegen. Das gilt insbesondere für Begutachtungen in wissenschaftsbezogenen Antragsverfahren, Peer-Review-Verfahren, Evaluationsverfahren und Berufungsverfahren, aber auch bei einer finanziellen Förderung eines Forschungsvorhabens und seiner Veröffentlichung durch Dritte.

48. Es ist schlechte wissenschaftliche Praxis, eigene veröffentlichte Texte später im Wesentlichen unverändert ohne Nachweis auf ihre ursprüngliche Fundstelle zu publizieren, so dass der Anschein einer Erstpublikation entsteht.

49. Öffentlich-rechtliche Zeitschriften mit wissenschaftlichem Anspruch sichern einen hohen Qualitätsstandard. Sie legen offen, in welchem Verfahren und nach welchen Kriterien über die Annahme von Beiträgen entschieden wird.

50. Über die Annahme von Beiträgen wird ausschließlich nach wissenschaftsadäquaten Kriterien entschieden; Peer-Review-Verfahren sind dazu ebenso geeignet wie kollegiale Herausgeberentscheidungen.

In der Fassung der Beschlüsse der Mitgliederversammlung am 3. Oktober 2012 in Kiel.